James Logan, John MacKenzie

Sar-Obair Nam Bard Gaelach, or, the Beauties of Gaelic Poetry

And Lives of the Highland Bards

James Logan, John MacKenzie

Sar-Obair Nam Bard Gaelach, or, the Beauties of Gaelic Poetry
And Lives of the Highland Bards

ISBN/EAN: 9783337160852

Printed in Europe, USA, Canada, Australia, Japan

Cover: Foto ©Thomas Meinert / pixelio.de

More available books at **www.hansebooks.com**

SAR-OBAIR NAM BARD GAELACH:

OR,

THE BEAUTIES OF GAELIC POETRY,

AND

LIVES OF THE HIGHLAND BARDS;

WITH

HISTORICAL AND CRITICAL NOTES,

AND

A COMPREHENSIVE GLOSSARY OF PROVINCIAL WORDS.

BY JOHN MACKENZIE, ESQ.,
Honorary Member of the Ossianic Society of Glasgow, the Gaelic Society of London, &c., &c.

WITH AN

HISTORICAL INTRODUCTION

CONTAINING AN ACCOUNT OF

THE MANNERS, HABITS, &c., OF THE ANCIENT CALEDONIANS.

BY JAMES LOGAN, ESQ., F.S.A.S.,
Corresponding Member S. Ant., Normandy, Author of the Scottish Gael, &c., &c.

GLASGOW:
JOHN MUIR, ATHENÆUM BUILDINGS, INGRAM STREET;
EDINBURGH: M'LACHLAN & STEWART.

MDCCCLXV.

PREFACE.

In presenting the "BEAUTIES OF GAELIC POETRY" to the public, I find myself in a position which demands some explanation of the motives that induced me to undertake this arduous task, and the principles that guided me throughout its execution. I would premise, however, that although they are called, and, I trust not inappropriately, BEAUTIES, it is not to be expected that every line, or stanza, or even poem, of the Collection, could be of itself *beautiful*. The name under which the work is ushered into the world does not warrant so high an anticipation. It is merely intended to signify, that the richest and most valuable gems of the Keltic Muse combine to form this constellation of our country's minstrelsy; and, in instances where poems may not be so brilliant in poetical genius or grandeur, they will be found to throw a stream of light on many of the manners and customs of our ancestors.

In the compilation of such a work as this, however, it is impossible to meet the wishes of every reader; and, indeed, until the public agree among themselves on points of literary taste, it will be impossible for the most skilful and sagacious compiler to gratify every palate. Enough, however, it is hoped, has been collated to make the work as generally acceptable as possible.

Regarding the cause which induced me to undertake a task so arduous, no one, who knows me, will question my veracity when I say, that, veneration for the productions of my country's talented sons and daughters, and an honest desire to preserve them in the most imperishable form, were the impelling motives. In the morning of my days, it was my happy lot to inhale the mountain air of a sequestered spot, whose inhabitants may well be designated the *children of Song*; and, in a state of society, whose manners were but little removed from that of primitive simplicity, I had frequent opportunities of witnessing the influence of poetry over the mind, and uniformly found, that cheerfulness and song, music and morality, walked almost always, hand in hand. Thus nurtured, and thus tutored, the intrinsic excellence of the poetry which I was accustomed to hear in my younger days, made such an impression on my mind, that neither time, distance, nor circumstances, have been able to obliterate. I was therefore bred with an enthusiasm which impelled me, as I advanced in life, to dig deeper and deeper into the invaluable mine, until, having obtained a view of the whole available materials, my admiration became fixed, and my resolution to rear the present monument was immovably formed.

The compilers who have preceded me, either from the irresistible pressure of circumstances, or, from prejudices resulting from geographical considerations, have interspersed their collections with a preponderating amount of doggerel and inferior rhymes; nay, many of their best pieces are given in an imperfect, or garbled form; while not a single attempt has been made to explain obscure phrases, or to develop the real and legitimate meaning of doubtful idioms and passages. The task thus left for the future gleaner, although no doubt considerably facilitated, was still great; and it was not until I had completely traversed the Highlands, and secured a variety of old manuscripts, that I ascertained the nature of the labour I had imposed upon myself, in appreciating the character and quality of the materials.

It is not for me to say with what success I have brought my labours to a close. Without, however, arrogating to myself any exclusive means of information, or any thing beyond ordinary abilities, I should hope, at least, that credit for indefatigable perseverance, and diligent untiring research will be awarded to me; and that, while the transcribed part of the work will be found superior to productions of the same nature, the amount of original and curious matter which it contains will bear ample testimony to the extensiveness of the inquiries I have instituted.

Some small items of self-interest are ever apt to be interwoven, even with our most patriotic actions; and, therefore, to steer wholly clear of all personal considerations, in whatever we undertake, requires more virtue than is possessed by the generality of men. Yet I sincerely trust that purity of motives will be a sufficient shield from the aspersions and insinuations which have been levelled at me, by individuals who measure their neighbours' actions by their own. These, however, I shall contentedly bear, provided I can only be the means of wreathing one laurel more for the brow of departed genius. I would gladly be spared the pain of animadverting upon a class of men, whose assistance I had a right to expect in so national an undertaking,—I mean our clergymen and schoolmasters. Those gentlemen who hurl their invectives against the high-minded, patriotic, and talented Dr M'Leod, for his unwearied efforts to enlighten his countrymen, and to exalt them to a higher status of moral and intellectual excellence, will very naturally be as forward in discouraging my endeavours to preserve from oblivion the songs of our native country. An indiscriminate charge, however, would be as ungenerous, as it would be unjust; and, therefore, with great pleasure I record, among both classes, many honourable exceptions; and, to them I take this opportunity of conveying my heartfelt thanks.

I may here notice a few deviations from what is generally recognised as the standard of Gaëlic orthography, that have been made in the following pages. Had I been writing prose, where no inflections could offend the ear, or destroy the smoothness or harmony of a sentence, these emendations, however justifiable in themselves, would not have been introduced. But in poetry it is far otherwise. Indeed, to do justice to the harmony of the versification, no acknowledged rules will apply. A north-country poet uniformly writes *ian*, where one belonging to Argyle sings *cun*; both taking care that the accordant word chimes with their peculiar orthoepy. How murderous, then, would it have been to the cadence and *clink* of the bard, were either of these words made to conform to the stiffness of established rules! This is but a solitary instance where thousands might be produced, of anomalies and provincial phraseologies which render a sameness of orthography impossible in poetical composition.

The difference of termination in the nominative plural of nouns ending in *a*, and the dative in *aibh*, has been done away with here; and both cases, which, correctly speaking, are the same, have been made to terminate in *an* or *ean* as the case may be—except where, for the sake of harmony, their retention, in the vulgar terminations, has been indispensable. This, however, has seldom been the case; for, such terminations do not belong to Scottish Gaëlic. No Highlander would say *Fo na h-eachaibh* (*eich*). *Bho na marbhaibh* (*mairbh*), *Air do chasaibh* (*chasan*). With the learned translator of Ossian's poems, I am anxious to yield the credit of such discoveries to the monks of Ireland, who, regardless of the only legitimate source of correctness, *the language as spoken by the Aborigines*, have tortured their vernacular tongue into a similarity with the Latin! And strangely enough, our grammarians are endeavouring to perpetuate the error, notwithstanding that any old woman in the Highlands could put them right on the subject; for

"These RULES of old discover'd, *not devised*,
Are *Nature still, but Nature methodiz'd.*"

I have also thrown out the Irish words *fuidh*, *luidhe*, *tigh*, and *dhoibh*, and supplied their place by their correct Gaëlic synonymies *fo*, *laidhe*, *taigh*, and *dhaibh*—which are consonant with the orthoepy in every part of the Highlands; nor am I aware of any reason why these words should be spoken in one way and written in another. The letter *t*, which should always be used for the possessive pronoun, has been restored in the following pages, in contradistinction to the "Revisers" of the Gaëlic Bible, who have excluded it, as in *d'athair*, instead of *t-athair*, which is evidently the most eligible, the word being a contraction of *tu athair* (thy father). With these slight innovations, if such they can be called, the orthography throughout will be found to accord with the recognised standards.

Before leaving this point, I may quote the words of Owen Connellan, Esq., Irish Historiographer to her Majesty. "I regret," says he, "to be compelled to observe, that it has been but too common among Irish scholars, to display extreme jealousy of each other; each appearing to wish that he should be looked up to as the sole expositor and oracle of this neglected dialect; and, prompted by a desire of exhibiting his own superior knowledge, he is ever ready to find fault with every other Irish production whatever." Now, had Mr Connellan been a Scottish Gaëlic writer, he would have had to complain, not of the "exhibition of superior knowledge," but of the dogged tenacity of many of our pretending Gaëlic scholars, and, that too, on a matter subject to so many anomalies and inflections which often derive their caste from provincialism, where it is perhaps impossible that harmony of opinion should exist, even among competent scholars. But the evil is, that, instead of co-operating to establish a grammatical system of uniformity, our *literati* have thought fit to render no higher services to their country, than to play a game of cross-purposes on the subject.

In a land of song, like the Highlands of Scotland, where every strath, glen, and hamlet, had its bard, and, possibly, every bard his host of admirers, some obscure votary of the Muses may have escaped our notice; and, a few day-dreamers have been designedly passed over in silence. In the first case, the charge of intentional neglect does not apply to me; and, with regard to the second class, I could mention the names of many poetasters, who have not been admitted into our galaxy of Keltic minstrels; and, for this obvious reason that they were not worthy of the enviable position. Their friends, therefore, will pardon in me the oversight of not mentioning names that could not otherwise be noticed.

The lives of the Bards form, perhaps, the most interesting part of the work. Biography has always been found a useful study; and, although these sketches are necessarily condensed, they will be found to extend in length, and in minuteness of circumstantial detail, in proportion to the claims of the subject of the memoir. The Highland bards filled a most important station in society; and I know no better mirror than their works, to shadow forth the moral and intellectual picture of the community among whom they lived. In collecting materials for lives of which no written records, not even, perhaps, the date of their natal day was kept, I experienced considerable difficulty. Frequently have I blushed to find among my countrymen, individuals who could learnedly tell me of Virgil's bashfulness, and the length of Ovid's nose, with as much precision as if they had measured it by rule and compass, and put me right as to the cut and colour of Homer's coat when he was a ballad-singer; but who knew nothing of our own poets—simply because they were their own countrymen, and sang in their vernacular language!

These memoirs are generally commingled or followed by short critiques on the productions of the bard under notice. My opinions, in this respect, are freely given, and if they should run counter to the prepossessed notions of any one, it is submitted whether, perhaps, we shall not agree on a reconsideration of the subject. I am aware how firmly early prepossessions and local partialities lay hold of our esteem, and how difficult it is for us, in after years, to exercise our judgment unfettered by first impressions; but I can say with perfect truth, that I have divested myself of every vestige of partiality when adjudging laurels to the Highland bards. If, therefore, I have bestowed more florid encomiums on any one than he merited—if I have anywhere taken a lower estimate than the reader would be disposed to do—if I have been unjust in the distribution of praises or animadversions, I hope it will be attributed, as it ought to be, to an error in judgment, and not to prejudice, partiality, or evil intention. In writing them, much more attention has been paid to simple and authentic detail, than to illustrative or excursive comments.

In the arrangement of the poets, due regard was had, as far as practicable, to seniority, that being the most unobjectionable mode that could be adopted; and the same rule was observed in the classification of the poems.

It may be deemed out of place, in a prefatory notice, to allude to my list of subscribers; but I feel so grateful on this subject, and so proud of their number, respectability and intelligence, that I cannot help adverting to it. Their literary taste and discrimination afford me the best assurance that the nature of my labours will be fully appreciated. From the plan I have adopted, those who were accustomed to see the poems occupy so much space in other works, may be apt to think that they have undergone curtailment—a perusal of them, however, will not only obviate this misconception, but convince the reader that they are given at greater length and in a more improved form than they ever appeared before. Where spurious verses and monastic interpolations had intruded themselves, they have, of course, been thrown out. The same system of ejectment has been carried to indecent phrases and objectionable passages; and, while nothing of the fire, or grandeur, or general beauty has been lost, the utmost vigilance has been exercised that nothing should be allowed to creep in, which could offend the most delicate, or afford ground of complaint to the most fastidious.

The idea of this undertaking was first suggested to me by a worthy friend, who is now no more, James Robertson, Esq., Collector of Customs, Stornoway. Mr Robertson, himself a gentleman of high poetic talent, possessed a fund of curious information about the bards, and several written documents, to which he obligingly gave me free access, and from which, some of the anecdotes with which this work is interspersed, have been extracted.

After having collected all the materials which I deemed necessary for the completion of the work, I met with so little encouragement, that I was on the eve of abandoning my design, when Mr Donald M'Pherson, Bookseller, London, with an enthusiasm and high patriotic feeling that do honour to his heart, entered into my projects, and, by his warmly exercised influence, put me into a position in which I soon enjoyed the pleasing assurance of being able to carry my intentions into execution.

With equal gratitude I have to record the disinterested kindness of Archibald M'Neil, Esq., W.S., Edinburgh—a gentleman whose name carries along with it associations of all that is noble-minded and generous. To this gentleman I owe much. His exertions to further my views were characterized by a warmth of zeal, and promptitude of action, in the way of urging others to give the work their support, for which no words of mine can sufficiently thank him.

I feel myself also deeply indebted to another gentleman, the mention of whose name is sufficient to convince the reader of the sincerity of my feelings—I allude to Mr Lachlan M'Lean, Merchant, Glasgow, author of the "History of the Gaëlic Language," &c., who, in the most handsome manner, gave me the use of his library, and exerted himself with his wonted enthusiasm to enlist public sympathy and support in favour of the undertaking.

There are other favourable circumstances and kind friends that might well elicit from me the tribute of grateful acknowledgment but as I am more inclined to be concise than ceremonious, my *devoirs* must be expressed in general terms; and I therefore assure all such, that I shall fondly cherish the recollection of their kindness until the latest hour of my existence.

It is customary in a notice of this kind to take the precaution of disarming the critics,—a custom I would gladly honour in my own case. That errors have crept in, and that imperfections may appear to the eye of critical acumen, is readily conceded; but these will form no greater defalcation than candour will allow it was impossible to eschew. If I am afterwards convinced of any unintentional errors—convinced, as I have a right to demand, by the force of argument and the power of philological reasoning, I will be as ready to acknowledge my mistakes, as I shall be imperturbable at the innocuous shafts of ill-natured pedantic invective and declamation.

And now, Reader, having conducted you to the threshold of the palladium of the Highland Minstrels, let me crave your leisure hours to the study and contemplation of their works. We speak of by-gone ages in terms which seem to imply that we are morally, intellectually, and religiously superior to our ancestors. Would that it were so! We exult in the progress of civilization, improvement and scientific knowledge; but we are retrograding in another point of view. Time was, when the hours which are now so assiduously devoted to the propagation of gossip, to circumvention, scandal and chicanery, were spent in singing songs, and reciting legends in the innocent comfort and simplicity of unsophisticated manners. But the Bards have ceased to lash the backbiter, the drunkard, and the moral delinquent; and as snails shoot out their horns in a calm, so the human owlets of our country have multiplied in a fearful degree!

Reader, farewell!—but ere I pronounce that doleful word, allow me, in the sincerity of a warm Highland heart, to wish you the innocence, beauty, and simplicity of the mountain maid—the prowess and patriotism of the plaided warrior—the lofty talent of the Keltic bard—the age of our Apollo, silvery-locked Ossian—and the death-bed of one who is conscious of nothing worse than having read and studied and sung the " BEAUTIES OF GAELIC POETRY."

JOHN MACKENZIE.

INTRODUCTION.

Those who compose the poems and melodies which stimulate or mollify the passions of mankind, possess a much greater influence in society than can be readily conceived.

If national airs, in ages of refinement and artificial feeling, are found to have so strong a power over the mind, as in the "Ranz des vaches," or "Erin gu brath," how much more forcibly must the bold chanting of heroic verse—the plaintive tones of injured innocence—the impressive notes of impassioned exhortation, or the keen touch of satiric spirit, have affected a people like the Gaël, imbued with all the fervour of unaffected nature, and who paid ardent devotion at the shrine of freedom? How highly must an order have been venerated, which possessed an influence, the effects of which were so deeply and so universally felt, and how greatly must the general applause have fanned the flame which burned so ardently in the poet's heart? The deference paid to the professors of poetry and music, was prompted by a sense of the utility of their labours, and by enthusiastic approbation.

The retention of the Celtic Language and Manners by the unmixed descendants of the most ancient people of Europe, is a singular phenomenon in the history of mankind; and not the least remarkable trait in the character of the race, is their genius for the sister arts of poetry and music. The patriarchal system, as incompatible with an altered state of society, has been broken up, and much indeed of national characteristic has been lost since its abolition. The different condition of the Highland population has lowered the Bardic profession from its former high standing. The powerful stimulus of "the man of song," is no longer required to animate the clansmen for the battle field, or to preserve by his captivating recitations, the memory of the days of old. His useful services as the Laureat, moral preceptor, and historical instructor, are not now rewarded by the free possession of a good farm, and other rights, but the innate love of poetry has still preserved the unbroken generation of Bards. The people yet highly appreciate the poet's lays, and the feelings of unabated delight with which the Highlander continues to cherish the Song, show that the ancient spirit has not decayed.

The numerous collections of Gaëlic pieces which have from time to time appeared, evince the national taste, and display the poetical acquirements of the writers, but how

INTRODUCTION.

small a proportion these bear to the stores yet floating in oral record, selections from which are now submitted to the public! The following pieces will give natives a more extended idea of the value of poetic treasure in their rugged and romantic country, while to the reader who is a stranger to the language in which the immortal Bard of Selma formed his imperishable compositions, the varied lives of so many remarkable and talented individuals, must prove an interesting novelty.

An appropriate introduction to the Beauties of the Gaëlic Poets, appears to be a brief account of that long descended race, which so justly demands regard, and of which they ever formed so important a class. Connected with this is a demonstration that the language in which the following poems appear, is that handed down to their authors from ancestors the most remote.

The Celtic race were the first known inhabitants of Europe, which was occupied throughout by various tribes or clans. The appropriate name which this remarkable people gave themselves was Celtæ, but the terms Calatæ, Galatæ, or Gallatians, and Galli, or Gauls, were adopted by the Greeks and Romans, and were the appellations by which in later ages they were usually distinguished.*

Various etymological conjectures are advanced as explanatory of these designations. A name descriptive of locality does not appear reasonably applicable to nations spread over an extensive continent and its numerous islands; they could neither be described as living in woods, nor on the hills, nor beside the waters, with any propriety, either by themselves or by others.† A more probable derivation is from the fair complexion by which the ancients characterized the race. This is the etymon given by Greek scholars, as if the body was "Galactoi," milky coloured; and as G and C are commutable letters, it must be confessed that the Gaëlic Gealta or Cealta, has the closest possible resemblance to Celta.

The original seat of the human race was undoubtedly the fertile plains of Asia, but when the Celtic stream first rolled from that productive storehouse of nations, is never likely to become known.‡ Successive waves of migratory hordes must have flowed from the east, impelled by a want of food or a thirst for conquest, long before the Trojan war, when the Keltoi were first known to the Greeks, or when Herodotus, the father of history, informs us they inhabited to the farthest west.§ Their daring enterprise and mighty conquests had shaken the well-settled empires of Greece and Rome, when these nations were yet unacquainted with the regions whence issued the overwhelming hosts, and scarcely knew their terrific foes, save through the disturbed vision of a frightened imagination.||

Various sections of the dense population of western Europe came alternately under historical notice, as their power and influence brought them more prominently into view. The Cimmerii, or Cimbri, the Getæ or Goths, the Scythæ or Celto-Scyths, the Germanni,

---
* Appian. Pausanias.
† A host of original writers, British and foreign, have exercised their ingenuity to give this word a satisfactory signification.
‡ Prichard demonstrates their eastern origin from the language. See many curious analogies with the Hebrew &c., in Maclean's Hist. of the Celtic Language—1840.
§ Book IV. c. 3. he flourished 500 years, A. C.
|| Livy, Appian, Plutarch, on the Cimbrian war, &c., &c., &c., show what frightful beings fear had painted these formidable invaders.

the Teutoni, and the three divisions of Gallia proper; the Celts, Belgs, and Aquitains, successively occupy a predominant share in the eventful page of history. From the testimony of numerous ancient authorities, these appear rather subdivisions of an identic race, than different nations. If Celtæ gave place to Galli, Scythæ became Germanni, &c. The name Lochlin and Lychlin was applied by the British tribes to Germany, and they considered it the same country as Gaul.*

There can be no doubt, that local position, commerce, and other circumstances, will, in process of time, occasion so much difference between branches of an original race, that they will appear, and may be justly considered different nations. Thus, the Greeks and Barbarians so closely resembled each other, previous to the time of Homer, that no distinction in manners or language appears to have then existed.†

When continental Europe had become fully peopled, emigration to the British isles must have speedily taken place, and the obvious route was from the opposite coast of Gaul, to South Britain, but at what period the first adventurers arrived, can only be matter of conjecture. Some part of the maritime population were known to the Romans as mercantile settlers from the continent, but those who inhabited the interior, had lost all tradition of their origin, and, like their Gaulish ancestors, believed themselves the indigenous possessors of the island.‡ To the early Greeks and Romans it was unknown, but the assertion has been reiterated that the Phœnicians had established a commercial relation with the natives upwards of 2,800 years ago, and carried on a lucrative trade with them in lead and tin.§

The author of the Argonautica, writing nearly 600 years before our era, speaks of Iernis, which, signifying the western island, [Iar-innis,] would apply to either Britain or Ireland, and Aristotle, who flourished two centuries and a half later, calls the former both Albium and Brettania. These and other scanty notices of a certain island opposite Gaul, are more curious than satisfactory or important; the fact of an early colonization is proved by the numerous population at the period of the Roman advent, 55, A. C.,‖ and the whole was composed of various tribes represented as arriving at different times from the continent, forcing back the previous settlers and presenting those great divisions, in the illustration of whose descent, historians have so laboriously employed themselves.

The Welsh or Cumri, from their general appellation of Ancient Britons, are considered as the original inhabitants,** but it is admitted by their own antiquaries, and shown by others, that the Gaël, or in their own lingual form, the Gwyddel must have preceded them.†† The Welsh authorities preserve the names of other colonies which arrived at uncertain periods. The Lloegrws came from Gwasgwn or Gascony, and were the progenitors of those who possessed England, and the Brython, from Lhydaw or Bretagne, who it is said gave name to the island, both being of Cumraeg descent.‡‡

---

* Welsh authorities, and the Highland Society's Report on the Poems of Ossian, App. 309.
† Thucydides. ‡ Cæsar, of the Gallic wars, book. V. chap. 12.
§ The Cassiterides, or Tin islands, are believed to be the Scillies. See various authorities cited "Scottish Gael," 1. 34.
‖ Cæsar, Diodorus Siculus. ** Welsh Triads and other authorities.
†† Edw. Lhwyd, &c. ‡‡ Talliesen. Whittaker.

INTRODUCTION.

The Romans found the southern coasts occupied by tribes of Belgic origin, who are supposed to have arrived three or four centuries before the birth of Christ. Successive emigrations forced the inhabitants westward, and to the north, but certainly nothing is recorded to warrant the belief, that the whole were not of Gaulic origin.* Scotland was possessed by a Celtic people, divided into twenty-one tribes, some of whom became at times conspicuous from more daringly contending with their ambitious foes, or being chosen to direct the national confederations, but the collective inhabitants were, as they have ever been, denominated by themselves and their brethren in Ireland, Albanich, Albanians; natives of Alban or Albion, a name of which they still are justly proud, thus vindicating their claim to be considered the primordial race.

Several of the great divisions lost their names in the fluctuations of a predatory and unsettled state of society and were ultimately incorporated with more powerful neighbours. The Mæatæ, (Magh-aitich,) dwellers on the plain, whose situation between the prætentures, a sort of debateable land, exposed them more particularly to the devastations of war, but gave ample scope for the acquisition of military renown, lost their prominence when the Romans succeeded in forming their territories into the province of Valentia, and when the legions were finally compelled to leave the island, the Meats, losing their consequence, were quickly amalgamated with the general body. The CALEDONII who were the ruling tribe in the great confederation which Galgacus led to battle at the Grampians, ceded their warlike pre-eminence to other branches who came into power. The term by which they were distinguished, whatever may be its precise meaning, displays in its composition Caël or Gaël, the appropriate name of the most ancient inhabitants of both Albion and Erin, and it still subsists, if not the native, yet the classical appellation.† The redoubted Picts themselves were at last embodied with their more successful countrymen the Scots, but long retained the evidence of their descent in the designation of Gaëlwedians, and Galloway is still applied to a greatly reduced portion of their ancient kingdom.

No more prolific subject of literary contention has offered itself to the national controversialists, than the lineage of the Pictish nation, that powerful division which so long shared the sovereignty of the kingdom. A prevailing tradition from most early ages, held them as the original inhabitants;‡ the Roman writers identified them with the Caledonians,§ and in later ages they were recognised as Scots.‖ One opinion has many able advocates: it is that they were a Cumraeg nation, using that branch of the Celtic language, but were expelled by the Gaël. Certainly we look in vain for a proof of this in the names which remain, even in the territories of the Strathclyde Welsh, which are believed to have extended to Cumberland—all are Gaëlic.¶ But reverting to another opinion not less keenly supported: were the Picts of Gothic extract? It is not probable, that at so early an epoch, the Scandinavian wastes could furnish such a force as would be sufficient to expel the Celts and supplant their language, for except there was a very considerable number of colonists, the strangers would inevitably lose their own tongue in mixture with the natives. Language, like manners, is liable to change from many operating causes,

---
* Chalmers' Caledonia. I. † Upwards of twenty etymologies are given of this name.
‡ Bede. See the arguments of Innes, Crit. Essay. § Eumenius, &c. ‖ Galfridus Monumutensis.
¶ Pinkerton,—Betham.

and differences in one which is widely spread, especially when unwritten, will greatly increase by the long estrangement of the branches, who own a common descent. Grammarians raise the polished structures, but the simple vocables attest the kindred alliance. The affinity of languages most certainly evinces the ancient connexion of nations, that in course of time become very widely separated. The Greek and Gothic have satisfactorily displayed to the learned their common parentage, and we know that Gallic words predominated in the Latin, derived through that most ancient Celtic race, the Umbri, who were the aborigines of Italy, and this classic tongue in grammatical construction, bore close resemblance to the Gaëlic.*

The assertion has been confidently repeated, that the Belgic portion of the British tribes, Gothic as the Picts, like them, obtruded a different language, which in the form of Saxon and English has superseded in the greater portion of Britain, the primeval tongue. How far this argument can be supported, it will be satisfactory to inquire. Do the names applied to natural objects on record, and as yet preserved in those parts which the two nations inhabited, favour the assumption, or do the Roman historians, our only guides, afford their evidence in its favour? Cæsar describes the South Britons as being in all respects like the people of Gaul, from which country he says they were.† Tacitus informs us, the Gothinian was the Gaëlic, and he particularizes two distinguished Belgic tribes, the Cimbri and Æstii, as using the proper British language.‡

The Gothic tribes came to the west of Europe, long after the Celtic migrations had spread population over the land, but the Getæ were Scyths, and these retained the name of Celto-Scyths,§ when their ancient brethren and precursors, the Keltæ, had fixed themselves far distant in the west. The Gothic first prevailed in England, and a striking evidence of the progressive change of language among nations of dissimilar pursuits, is the fact related in the Sagas, that widely different as the present English is from the northern tongues, a Saxon could converse so easily with a Scandinavian, in the 10th century, that he could not discover him to be a foreigner.‖ The Gothic did not become the language of the low country of Scotland, until comparatively recent times. The whole inhabitants were originally of one race, whatever shades of difference may have been observable in separate districts, of which a clear demonstration is afforded by the entire coincidence of local names, personal appellations, similar modes of interment, and relics of superstition throughout the whole extent of the country ; that this race was Celtic, is satisfactorily proved by the terms being significant in the Gaëlic language, and in no other. In the years 547 and 650, the kings of Northumberland ravaged the southern districts, and seizing the country between the Forth and Tweed, filled the province with their Anglo-Saxon vassals, thus first inducing the adoption of the Anglo-Saxon language ; and the events of the Norman conquest, 1066, when the royal family, the nobility and their followers were compelled to seek the protection of Malcolm III., mightily assisted in the introduction ; for the kingdom became so filled with them, that there was not a farm-house or cottage in the south, which did not contain English men and women servants !¶ The refugees were located

* Quintilian. Appendix to Report on the Poems of Ossian. 263. † De Bello Gallico.
‡ De moribus Germanorum. § Aristotle, Strabo, Plutarch. ‖ Gunlaug saga, &c.
¶ Simeon Dunelmensis, L. II. c. 34.

on the borders and east coast by the policy of our kings, as a good means of defence against the English and Danes, and it may not have been so practicable to plant them in the inland, the Highlanders bearing such intruders no good will. Moreover, the enterprise of the Saxons led them to prefer the east coast, where the powerful stimulus of commercial advantage, hastened the adoption of their speech; finally, the Scottish kings, from Malcolm Cean-mor to Alexander II., spent part of their lives in England, where they acquired the language, and married princesses of that country, and when the seat of government was removed from the Highlands, theirs became the court language, which gradually extended in the maritime parts. In the heights and distant isles, the pastoral and agricultural population clung with increased tenacity to their original tongue, the patriarchal institutions of Clanship being peculiarly calculated to prevent any disturbance of their social state.

Another portion of the inhabitants remains to be noticed, which had the fortune to preserve its appropriate name, and impart it to the whole. The appellation Scoti or rather Scuite, is apparently a modification of Scyth, the name by which the great unsettled branch of the continental Celts were distinguished, and is descriptive of the wandering life which a large portion of the inhabitants led through their predatory habits, and for the easy pasturage of their numerous flocks.* Those who had store of herds, possessed the only riches of the pastoral state. In Ireland, which was inhabited by the Britons,† who were forced over, as we are told, on the arrival of the Belgs in England,‡ the Scots were the dominant and noble class, the natives or aborigines being considered an inferior order.§ The epithet was adopted by the monkish writers, but does not appear to have been acknowledged by the Gaël, at least in Scotland, where they have stedfastly adhered to their national distinction.

In Erin as in Albion, the Scotic people were named the Pictish, and were known also as Cruthenich, a name indicative of peculiar habits.‖ The close connexion between the Scots of both countries, was such as became nations owning a common origin, in which they had an equal pride. The Dalriadic Kinglet, which the county of Antrim nearly represents, was long subject to the Scottish line, but at last the regal seat was removed to Argyle, and from this little sovereignty came the race of princes who crushed the vigorous independence of the Pictish throne, and so long ruled over the united Gäel. This transfer of the dynasty, whatever may have been the motives which swayed the minds of those who favoured it, was not accomplished without a display of " the high hand."¶

Did the Dalriadic colony, as a different people, bring to Scotland their own language, and become the first disseminators of the Gaëlic, vulgarly called Erse? This has been rashly asserted, but after what has been said on the subject of language, it seems unnecessary to devote more time in disproving an evident absurdity.** The Gaëlic, the primordial tongue used by the whole inhabitants of both countries, has gradually given way

---

* " The wandering nation" of the Seanachies and " restless wanderers" of Ossian. Ammianus, Dio, &c. attest the vagrant habits of the Scots; Herodotus, Horace, Ammianus, &c., of the Scyths.
† Diodorus Sic., Dionysius Periegetes. ‡ Ricard. Cirencestrensis. § Bede.
‖ " Eaters of corn." MacPherson. It is not improbable that this is the term Dhraonich, Agriculturists. Grant's Thoughts on the Gaël. ¶ The Albanic Dunn.
** See the authorities quoted. Ritson's Annals of the Scots, Picts, &c.

INTRODUCTION.

on the south and east sides of Scotland. In Carrick it was only lately extinguished: in Galloway it was spoken in the reign of Queen Mary 1542—1566,* and during the same reign we find it the common language in the Gariach district of Aberdeenshire, from the upper parts of which it has receded in our own memory.† This much is to be observed, that within the Garbh-Criochan, or boundaries of the Highlands, where the recession of the Gaëlic has not been in consequence of Saxon settlements, the manners of the people are essentially Gaëlic, and they retain at home and abroad the predilections of their birth, particularly cherishing a just admiration of the bardic art, and possessing the characteristic taste for national melody.

The foregoing opinions are not newly formed : the writer of these pages having in another publication, some years ago, gone at greater length into the subject, is happy to find that his views are now generally adopted.

The Celts, from whom it was reluctantly acknowledged by both Greeks and Romans, that they had derived many of the useful arts and sciences, nay, even their philosophy,‡ were distinguished by very remarkable habits and customs, many of which still characterize their descendants ; and their personal appearance offered a striking contrast to that of the inhabitants of Italy and Greece. To whatever cause is to be attributed the general mixture of dark-complexioned individuals among the Gaël, inducing the assertion, so often repeated, that they display the genuine Celtic hue, nothing is more particularly noticed than the fairness of skin, the blue eyes and the yellow hair of all branches of the race. So anxious were the Gauls to improve the glowing brightness of their flowing locks, that in the desire to heighten, by frequent washing and other artificial means, its natural colour, they hit on the manufacture of soap.§ The general appearance of the Celts must have been very peculiar to excite the notice of so many writers,‖ and their aspect must have been a matter of ostentation, when its preservation was an object of national care.¶ The bardic effusions have always extolled the golden ringlets as imparting beauty to both sexes, comparing them to the gracefulness of flowing gold—to the loveliness of the golden-haired sun ; while one of an opposite colour is alluded to as an exception. The Welsh are perhaps the darkest of the race, for they called the others Gwyddil coch, the red-haired Gaël. The careful arrangement of the hair, was one of the most particular duties of a Celtic toilet, and the practice of trimming or " glibbing" it, was put down in Ireland as an anti-English practice, by act of Parliament.

The comeliness and great stature of the Celts were acknowledged ; the Britons and Caledonians, particularly exhibiting that stately appearance which in early society would be an object of pride, and a favourite theme for bardic compliment. The commanding figures of the Fingalian heroes, and those of later date, are always kept in view.

The dispositions of a people are however more worthy of consideration, personal appearance being dependent on physical causes, while the mental affections and moral feelings are influenced by other circumstances.

---

* Buchanan, &c. † Chalmers' Caledonia, vol. 1. ‡ Diogenes Laertius. § Pliny, xxviii. 12.
‖ Herodotus, Cæsar, Strabo, Lucan, Livy, Silius, Diodorus, Tacitus, Pliny, Isidorus, &c., all describe the Celts as fair. ¶ Amm. Marc. xxvii. 1. Tacitus, &c.

INTRODUCTION.

On the ministers of religion devolve the care of forming the morals, and on legislators the regulation of society by the enaction of laws, the coercion of the wicked, and encouragement of the virtuous. These two important functions, so naturally allied, were combined in one individual among the early Celts. That highly interesting and venerable order the Druids, who presided over a religion the most ancient, included the singularly important class, the Bards, the disseminators of knowledge, or rather as some maintain, they were in truth the body, of which the Druids formed a part, if more exalted in rank, certainly not a more numerous nor popular division.

Britain seems to have been the hyperborean island alluded to by Hecatæus, a very ancient writer, who describes it as lying opposite to Gaul, and being as large as Sicily. The inhabitants led the most happy lives, spending great part of their time in playing on the harp, and worshipping the gods in groves and circular temples.* It is certain that in Britain was the grand seminary for Druidic learning, to which the youth from Gaul resorted to complete their course of education, and to which reference was made in all cases of controversy or doubt. In the southern province, therefore, we find the wondrous remains of the stupendous works of Avebury and Stonehenge, with many other circular erections of the *Clachan mor* of less note throughout England and Wales. In Anglesea was the sacred fane and last retreat of the British druids, while seeking to escape the Roman sword. In Ireland the great Feis, or bardic convention, was held on the hill of Tara, (Teamhair) in Meath, and the science studied in different seminaries. In Scotland, besides other consecrated precincts, was Ellan Druinich, now Iona, the isle wherein the chief establishment of bards was placed, which the celebrated Colum or Columba supplanted by a college of the scarcely less famous Christian order of Culdees, as he did with that sacred grove where now stands the town of Derry in Ireland.† To this latter country the bards are supposed to have been first introduced by the colony of Danas, and the name, believed to have come from Dan a song, is noticed as a corroborative proof. They would no doubt accompany the first Celtic settlers, and in all probability held their appropriate place among the Milesian adventurers.

Legislation—the services of religion, and the poetic art, were blended in primitive society, and the united duties performed by one person; the priests, the historians, and the lawgivers, were consequently of the bardic order. Although it cannot be admitted as true that "poetry preceded prose," yet it is not paradoxical to assert that verse was anterior to prose as the medium of record. It was used in intercession with the Deity, and was the vehicle of all praise. The ethics of antiquity were delivered and orally preserved in pithy rhymes; in this way, the earlier decrees of Greece were promulgated, and remained for ages ere they were engraven on tablets in the public ways, and even then the metrical form was not abandoned, nor did the people find another word for law than verse.‡ Strong indeed was the attachment to oral record, but still stronger was the predilection for rhyme; even after writing had come into use, the form of versification was fondly retained. The Brehons or Gaëlic judges delivered their decrees in sententious poetry, and

---

* Diodorus.   † Hence the name, from *Darach*, an oak.
‡ Wood on the genius of Homer. The Spartans would not permit their laws to be written.

Columba, who is himself believed to have been of the bardic order, and other early ecclesiastics delivered their moral precepts, as no doubt was the common practice, in impressive verse.* It was in this style of composition, that the Gaëlic genealogies of the Scottish kings, repeated by the seanachies at coronations were formed.† In Wales, numerous moral triplets are confidently ascribed to the Druids: in the Highlands, many such apothegms, handed down from the Sean'ir, or men of antiquity, are of similar origin.

The Druids, like the Pythagoreans, a similar sect, were most careful to exercise the memory, and it was a positive law that there should be no written record; the first deviation from which appears to have been, as far as respected religion, but the poems were too mystical to be understood, save by the initiated, and it was not permitted to speak openly of the ceremonials or secrets of their profession; to sing in heroic verse the praises of illustrious men, was the unrestricted and most congenial duty of the bard. How admirably fitted for the assistance of recollection was the use of poetry—how well adapted for diffusing throughout the community, a knowledge of the laws by which foreign and internal relations were directed; of the misfortunes which depressed, or the successes which brightened the national prospects;—the song kept alive the memory of transactions which gained the friendship of neighbours, or exalted military renown—it transmitted to succeeding generations the nistory of illustrious individuals—the woes and calamities of the unfortunate! How little even now, are the people in general indebted for their acquaintance with events, to the pages of the historian? It is the record of vocal song which so long preserves among the illiterate the remembrance of bygone transactions.

There is much truth in what has been observed on this sort of vehicle for the conveyance of opinion; "songs are more operative than statutes, and it matters little who are the legislators of a country, compared with the writers of its popular ballads." With the Celts the statutes were really poems, and the observation of Macpherson is just: "The moral character of our ancestors owed more to the compositions of the bard, than to the precepts of the Druids."‡ The druidic injunction for cultivating the power of recollection, long affected the national character, and in the Highland districts, it cannot be said to have altogether ceased as a popular object. The Gaël frequently met for the purpose of friendly contest in the repetition and singing of their ancient poems, and poetic talent was one of the most respected accomplishments. In Wales, its possession elevated one to rank. A Highland amusement which Johnson describes, is illustrative of the poetic spirit. A person enveloped in a skin enters the house, when the company affecting to be frightened, rush forth; the door is then closed, and before they are admitted, for the honour of poetry, says the doctor, each must repeat, at least a verse. The young men who celebrate the festival of Colain, or bringing in of the new year, are obliged to recite an extempore rhyme before they are admitted to any house. The Dronn, or rump, was called the bard's portion; whoever received it, was obliged to compose a verse; and many a humorous couplet has the present elicited. This is called Beanneachadh Bhaird,

---
* Dr Macpherson's Dissertation, 215.
† The last repetition of a Gaëlic genealogy was at the coronation of Alexander III., in 1249.
‡ Introduction to the Hist. of Britain.

or the Bard's Blessing, and it was customary to give a metrical salutation as a mark of respect; a composition in praise of one whose kindness or hospitality had been experienced, was an equally common effort of the muses. Dr Donald Smith, speaking of MS. poems of Ossian, and those collected by Duncan Kennedy, which scarcely differed, observes, " The test which such an agreement affords at a distance of almost three hundred years, of the fidelity of tradition, cannot but seem curious to such as have not had an opportunity of observing the strength which memory can attain, when unassisted by writing, and prompted to exertion by the love of poetry and song."*

The Fear Sgeulachd or reciter of tales in Ireland, although now perhaps reduced to an itinerant mendicant, was formerly a personage whose entertaining and instructive rehearsals always procured becoming respect. These men were walking chronicles, the depositaries of what was old, and the disseminators of passing novelties. A favourite pastime among the Gaël was recitations of the old poems in manner of dramas, for which they were excellently adapted, if not originally so intended.

The chief object of the Celts in the nurture and education of their children, being to promote hardiness of constitution and corporeal strength, and to instil into the mind a sense of justice, and the highest notions of freedom and of warlike renown, their institutions were of a serious and martial cast.† The population were stimulated by the bardic exhortations from early childhood, to contemn inglorious ease and death itself, and to emulate the heroic virtues for which their ancestors were so highly extolled, as the only means by which they could attain distinction here and happiness hereafter. The labours of those national preceptors were eminently successful, and the bloody and protracted wars which they so intrepidly sustained in Gaul, against the conquerors of the world, tarnishing their arms, before unsullied,‡ bear ample testimony to the love of freedom. In our own country, was the influence of those patriots less strong? " Neither by Romans, Saxons, Danes nor Normans, could they ever be conquered, either in Britain or Ireland; but as they could not successfully resist the overwhelming numbers, and superior discipline of their enemies in the plain country, they retreated with the highest spirited and most intractable of their countrymen, into the mountains, where they successfully defied the legions of the Roman and Saxon barbarians. For more than a thousand years they maintained their country's independence in the mountains of Wales and Scotland, whence they constantly made incursions upon their enemies. Here it was, where, with their native wild and beautiful music, and in poetry which would not disgrace a Homer, being the production of passion not of art, their venerable Druids deplored their country's misfortunes, or excited their heroes to the fight." These are the words of a Saxon writer, who made the history of the Druids, and their mysterious religion, subjects of the most profound research.§

An order which possessed the power of inflaming their countrymen to the fiercest resistance of invasion, and unextinguishable passion for liberty, was subjected to the direst

---

* Report of the Committee of the Highland Society of Scotland, on the authenticity of Ossian, p. 302.
† Tacitus, &c.   ‡ Ibid. c. 53. Amm. Marc. c. xxxi. Lucan.
§ Higgins' History of the Celtic Druids, 4to. p. 276.

persecution of their implacable enemies. The cruelty with which the Romans accomplished the slaughter of the British Druids, even in the sacred isle of Mona, had only a parallel in the massacre of the Welsh bards, by Edward the first of England. The indomitable spirit of resistance to aggression, which these illustrious patriots so effectually cherished in their countrymen, aroused the sanguinary vengeance of their ambitious foes, and the same policy, with a subdued severity, animated Queen Elizabeth, and Henry the Eighth, in their proscriptive legislation for the natives of Ireland.

Many instances are on record of the extraordinary power of music, which was always in ancient times an accompaniment to the song. Tyrtæus, by the chanting of his heroic verses, so inspirited the sinking Lacedemonians, that, rallying, they gained a triumphant victory, and saved the state. Terpander succeeded in appeasing a seditious outbreak, by singing an appropriate composition to the sound of his lyre, and Alcæus rescued his country by the same means. The bards not only inflamed the martial zeal of the people, rousing them to arms in defence of all they held dear, but they accompanied the armies to the field, and their persons being held inviolable by friend and foe, they employed themselves in moving about, sustaining the courage of the troops in the heat of battle; charging them to acquit themselves like men, and thereby obtain the approbation of their country, assuring them of ample fame on earth, and a joyful existence hereafter, should they bravely fall. "Ye bards, raise high the praise of heroes, that my soul may settle on their fame!" was an appropriate Celtic ejaculation. To die without this fame was a misfortune felt beyond the grave; the spirit rested not, when nothing had been done on earth to ensure its posthumous meed of praise.

The bards were also the heralds who summoned the clans to the strife of arms, a duty which was afterwards effected by the fleet bearers of the Crann taradh, and that important official in the establishment of a chief, the Piobair-mor. An instance occurs in the poem of Temora where a bard performs the ceremony; he proceeds to the hall of Shells, where the chiefs were assembled, and raising aloud the song of war, he calls on the spirits to come on their clouds, and be witness to the heroism of their descendants. The bards were in fact called upon by the leaders, as those on whose well-directed exertions rested the fate of battle, to rehearse the glorious exploits of former heroes, and by urging every motive to exertion, endeavour to carry the day by *esprit du corps*, not unlike the way in modern times of calling on the pipers—*seid suas*, play up? But they stood in no need of command; they acted in their vocation *con amore*, and they could excite or appease the warlike passions at their will; nay, with such awe were these men of song regarded, that they would step between armies which had drawn swords and levelled spears for immediate action; and the ireful combatants, as if their fury had been tamed by a charm, instantly dropt their arms.* The shaking of the "Chain of silence" by the Irish bards, produced the same effect.†

Their prophetic character added greatly to their influence; for they professed to foretell the fate of wars, and the destiny of individuals. So nearly allied are the gifts of poetry.

* Diodorus. † Walker's Hist. Ir. Bards.

and prophecy, that the same individuals were professors of both, and hence it is that we find the Romans using the terms indiscriminately, especially with reference to those in their Gaulish provinces. Of the prophecies of the Gauls, many instances are related; they were held in much estimation for their auguries and predictions, and were consulted by even the emperors of Rome. Those soldiers who were in their armies, perhaps from their national gravity, and dark and figurative manner of expression,* compared with their Italian comrades, were looked on as seeing more clearly into futurity than others. The spirit descended on their successors in the British isles. In the Principality, the faculty in the bardic order was tacitly acknowledged, and Irish history affords many proofs of the conjunction, whilst among the Scottish Gaël, the ability to prognosticate unerringly, was repeatedly claimed, and respectfully conceded. Fingal himself, by concurrent tradition, is allowed, with other attributes of one so illustrious, to have possessed in an eminent degree, the ability to predict coming events. The court poets, about 1323, delivered a prophecy respecting King David, which was fully credited.†

Numerous proofs of the unabated influence of bardic exhortations on individuals, clans, and confederated armies, could be adduced. When the orator, standing on a cairn or other eminence, harangued the assembled host, in energetic verse, descanting in glowing terms on the well earned glories of the race—their heroism and other virtues, reminding them that on present exertions depended their country's fate—their own, their wives and children's safety; that the freedom which their sires bequeathed, it was for them to maintain and faithfully transmit to following generations; and when he warned them that the shades of their noble ancestors hovered near to witness their prowess, and bear them to the realms of bliss, if they bravely fell, the climax was attained, and in the paroxysm of generous resolution, with a simultaneous shout, the whole rushed forward to the melée.

Those who survived, were welcomed by the fair with the songs of praise; the bards extolling their exploits in the most laudatory strains.

The War Song of Gaul in the fourth book of Fingal, shows the usual style of the Prosnachadh cath, which is the name applied to it, corresponding to the Irish Rosgu cath, and the Welsh Arymes prydain.‡ The address of that intrepid chief of the Caledonian confederation, Galgacus, delivered to his troops previous to the great battle of the Grampians, is highly interesting for its antiquity, the eloquence it displays, and the light it throws on the sentiments of that unconquerable race, to whom the Britons of the south alleged the gods themselves were scarcely equal. The famed Caractacus would animate his forces in a similar manner; and it is probable both delivered their harangues in verse, and may indeed have been of the bardic order. The strife was truly "kindled by the songs of the bards." "Go Ullin—go my aged bard! remind the mighty Gaul of battle—remind him of his fathers—support the yielding fight; for the song enlivens war," says the king of Morven.

It is unnecessary to multiply examples: the practice was retained as long as clanship was entire. The Brosnachadh cath Gariach, composed by Lachlan Mac Mhuireach, the

---

* Diod. Marcel. † Fordun, xiii. 5. ‡ Cambrian Register.

bard of Donald of the isles, at the bloody field of Harlaw in 1411, is a specimen, curious for the subject and the strict alliteration in its composition. It has been observed as scarcely credible, that a bard could compose and deliver such lengthened exhortations in the battle field, and impossible to preserve such effusions afterwards, except he was " attended by a secretary !" These, and many similar objections to the authenticity of the ancient remains of Gaëlic bards, have been offered by the late Rev. Edward Davies, author of " Celtic researches," in a very rare work, entitled, " The claims of Ossian considered." This writer, whose remarks we shall have occasion again to allude to, is the most severe assailant of the venerable bard who has yet appeared, and it is to be regretted, that the asperity, promoted by ignorance of the subject, which is evinced throughout his inquiry, tarnishes much the fame he acquired by his other learned productions. The bards doubtless studied the subject of their compositions, previous to rehearsal, and polished or perfected them afterwards. Ossian was as capable of composing Fingal and Temora, as Homer was to form the Iliad, and the deep misfortune, of being " blind, palsied, destitute, broken-hearted and illiterate," p. 53. and the last of his race, was rather favourable to his poetic genius, while it imparted a melancholy spirit. He might not be provided with an "amanuensis," but he had zealous admirers, and attentive auditors to his frequent repetitions; and although Malvina might be 80 years of age, by Mr Davies' chronology, she could well store her memory, less disturbed by the passions of youth, with those affecting songs, which it delighted the hoary bard to repeat.

A striking instance of the irresistible impression of these vigilant monitors occurs in Irish history. The primate of Ireland, in a conference with Fitzgerald, succeeded in convincing him of the folly and the guilt of a contemplated rebellion, when Nelan, the bard, lifting up his voice with his harp, poured forth a touching effusion, commemorative of the heroism of that noble's ancestors—of their wrongs and the inestimable value of freedom, and evoking quick revenge ; the gallant Thomas rushed forth and flew to arms.

When aid was sought from neighbouring clans, the bard was the fitting messenger to arouse the sympathy of friends. In late and altered times, the poets exercised, by means of their compositions, a power scarcely inferior to that of their predecessors, in the days of Druidism. If they could not command the favour of a chief, they could neutralize his efforts by their songs, which took the desired effect on the less politic clansmen. Iain Lom and others performed wonders by the power of verse, and respect for their profession. Rob Donn was more useful by the effect of his cutting poems, in favour of Prince Charles, than his chief was prejudicial in his operations with an unwilling clan.

It is necessary here to notice, with attention, the religious tenets maintained by the Druids, that celebrated priesthood, which held unlimited power over a mighty race— which instilled for many centuries of uninterrupted sway, those generous precepts, that not only operated on the mental faculties of the bard, himself so important a member of the community, but formed a national character, which is not even yet effaced. The progress and fall of a system are to be traced, which became like other institutions, corrupt and injurious, through the venality of the professors of poetry, who had survived the religion whence they emanated, which had long been abandoned by the human race, but which left much, long entwined with the holy faith we now maintain, strongly imbuing the poetic genius of the Gaëlic bards. The wild imaginations of the enthusiastic Celts, led them to indulge in many superstitious ideas, but if, like other Pagans, they openly and emblematically admitted a plurality of Gods; the belief in one supreme disposer of human events was the fundamental creed of the bardic hierarchy; and if the people were persuaded of the truth of metempsychosis, or transmigration of spirits into other bodies, the more enlightened portion believed the immortality of the soul, in a state of happiness or misery. In the work of that intelligent Roman soldier and historian, Marcellinus, who was well acquainted with the Gauls, he thus speaks: "the Druidæ of a higher polish and imagination, as the authority of Pythagoras decreed, being formed into societies or fellowships, were addicted wholly to the consideration of matters of divine and hidden import, and despising all human things, they confidently affirmed that the souls of men were immortal."* The simple and sublime doctrines, if it is permitted so to designate them, which the Druids taught, were to reverence the Deity—to abstain from evil, and to behave with bravery; and they enforced their observance with unremitting energy. To the Almighty being, they paid adoration under the open canopy of heaven, esteeming it unbecoming to confine within a covered edifice, the worship of Him who created all things. At His mysterious shrine—circular, as the type of eternal duration,—they invoked divine favour, under the striking symbol of the resplendent sun, the apparent source of universal life. The appellations, Be 'il and Grian, or Granais were applied to the glorious luminary, and they are still used by the Gaël, although they do not attach to them those unchristian ideas, which darkened the mind of his ancestors, or perhaps being at all aware of the origin of terms formerly repeated with feelings of gratitude and veneration.† Many superstitions which yet maintain a hold on his imagination, are traceable to the mysterious dogmas of Druidism. Feelings carried along from ages the most remote, imbued the minds of the Gaëlic poets who indulged the fond persuasion, that the aerial spirits of departed friends hovered near their earthly relatives, rejoicing in their success and happiness, warning them of impending misfortunes, and ready when meeting death, to bear their spirits on clouds to a happier region. This cannot be called a debasing belief.

The only names which the Gaël yet apply to Heaven and Hell, proclaim their origin in days of Paganism. The ideas concerning Flath-innis, the island of the brave or noble, which was supposed to lie far distant in the Western Ocean, and Ifrinn, the cold and dismal isle in which the wicked were doomed to wander, in chilling solitude, so inconsistent with, and diametrically opposed to the Christian faith, could never have been imbibed from the sacred records of divine will. The numerous imaginary beings, with which the Celts filled earth, air, and water, were admirable accessories to the poetic machinery; they were perhaps originally deified, and although not yet discarded from popular belief, they are reduced to the less awful forms of phocas, fairies, beansiths, Glasligs, &c.

By all people, heaven has been pictured as an indescribable refinement, of all that imparts pleasure to the inhabitants of earth; and it is otherwise impossible to form any idea

---

* Book xv. ch. 9. † The Romans, or Romanized Celts, raised altars to them.

of the joys awaiting the righteous, the reality of which "it hath not entered the heart of man to conceive." With the Gaël, all the amusements in which they took delight, whilst dwellers in the lower world, were pursued without alloy in their aerial abode. All descriptions of the Celtic paradise, must fall short of their own conception of its glories, but the following effort of an ancient bard to impart some notion of its imaginary excellence, is highly interesting, abounding as it does in that hyperbolic style, which is impressed on all similar compositions. It gives also a curious picture of one of the Celtic sages. " In former days, there lived in Skerr, a Druid of high renown. The blast of wind waited for his commands at the gate; he rode the tempest, and the troubled wave offered itself as a pillow for his repose. His eye followed the sun by day; his thoughts travelled from star to star in the season of night. He thirsted after things unseen—he sighed over the narrow circle which surrounded his days. He often sat in silence beneath the sound of his groves; and he blamed the careless billows that rolled between him and the green Isle of the west." One day as he sat thoughtful upon a rock, a storm arose on the sea: a cloud, under whose squally skirts the foaming waters complained, rushed suddenly into the bay; and from its dark womb at once issued forth a boat, with its white sails bent to the wind, and around were a hundred moving oars: but it was void of mariners; itself seeming to live and move. An unusual terror seized the aged Druid: he heard a voice, though he saw no human form. " Arise! behold the boat of the heroes—arise, and see the green Isle of those who have passed away!" He felt a strange force on his limbs; he saw no person; but he moved to the boat. The wind immediately changed—in the bosom of the cloud he sailed away. Seven days gleamed faintly round him; seven nights added their gloom to his darkness. His ears were stunned with shrill voices. The dull murmur of winds passed him on either side. He slept not, but his eyes were not heavy: he ate not, but he was not hungry. On the eighth day, the waves swelled into mountains; the boat rolled violently from side to side—the darkness thickened around him, when a thousand voices at once cried aloud,—" The Isle, the Isle!" "The billows opened wide before him; the calm land of the departed rushed in light on his eyes. It was not a light that dazzled, but a pure, distinguishing, and placid light, which called forth every object to view in its most perfect form. The Isle spread large before him, like a pleasing dream of the soul; where distance fades not on the sight—where nearness fatigues not the eye. It had its gently sloping hills of green; nor did they wholly want their clouds: but the clouds were bright and transparent, and each involved in its bosom, the source of a stream; a beauteous stream, which wandering down the steep, was like the faint notes of the half-touched harp to the distant ear. The valleys were open and free to the ocean; trees loaded with leaves, which scarcely waved to the light breeze, were scattered on the green declivities and rising grounds. The rude winds walked not on the mountain; no storm took its course through the sky. All was calm and bright; the pure sun of autumn shone from his blue sky on the fields. He hastened not to the west for repose; nor was he seen to rise from the east. He sits in his mid-day height, and looks obliquely on the Noble Isle. In each valley is its slow-moving stream. The pure waters swell over its banks, yet abstain from the fields. The showers disturb them not; nor are they lessened by the heat of the sun. On the rising hill, are the halls of the departed—the high-roofed dwellings of the heroes of old."*

There is here none of the barbarous ideas which distinguished the Scandinavians. The Celts never dreamt of such joys as were found in Odin's Hall, or of carrying vindictive feelings beyond the grave—no quaffing beverage from the skulls of enemies, and other marks of ferocious minds. There is here no purgatorial state—no such horrid passage, as led to the Elysium of the Greeks—the transit of the spirit from earth, is on clouds accompanied by those of relatives long before removed. There was indeed an intermediate position, occupied by the shades of those who had escaped the more awful penalty, but had no position in the abode of the virtuous. So difficult is it to control the vicious propensities of mankind, that the Druids not only were empowered to pass a sentence, of the most strict excommunication, rendering it highly criminal in any to show the smallest favour to the proscribed, but they carried their pretensions farther, and debarred them from entering Flath-innis. For those who were guilty of venial crimes, or had shown "the little soul," by coming short of the standard of goodness, through cowardice, injustice, &c., which did not incur the severer ban, it was impossible ever to reach the island of the brave. Their sluggish spirits heard no song of praise; they were doomed to hover in miserable solitude, beside fens and marshes, tormented by unavailing regrets.

To a northern people, as warmth is of all sensations the most desirable, so cold is the most to be avoided. Exposure to chilling winds, and a state of intense and continued frigidity, is a calamity, which those who were ill clad, must have dreaded even more than the want of food. It was therefore with them a natural imagination, that the place of final punishment should be wrapt in an atmosphere of everlasting frosts. Ifrinn† was therefore contemplated with feelings of horror, and the dread of being consigned for evermore to its indescribable rigour, operated as a powerful check on the unworthy passions.

Besides piety to the objects of their worship, and unflinching bravery in the battle field, Druidic morality required the exercise of other duties, to merit the beatitude of the Isle of the exalted. The profession of bardism ensured a becoming degree of respect and awe, towards itself; while the patriarchal feelings of clanship bound closely the followers to their natural chiefs and protectors.

Hospitality is a virtue of primitive society—its exercise was a positive law among the Gauls and Germans of old.‡ It continued unrestricted among the Gaël, while their ancient system remained entire, and it is now only cooled, where modern civilization and refinement have intruded on the unsophisticated manners of an open-hearted race. "The red oak is in a blaze; the spire of its flame is high. The traveller sees its light on the dusky heath, as night spreads around him her raven wings. He sees it, and is glad; for he knows the hall of the king. There," he says to his companion, "we pass the night; the door of Fion is always open. The name of his hall is the stranger's home." The feast is spread—the king wonders that no stranger from the darkly heath is come.

---

* Macpherson's Introduction, 190.   † I fuair fhuinn, the isle of the cold atmosphere or climate.
‡ Tacitus, 1. Diodorus, 5.

"I will listen," says he, "if I may hear their wandering steps. He goes. An aged bard meets him at the door."* This paragraph is from the fall of Tura, and on it Dr Smith remarks, that "hospitality is one of those virtues which lose ground, in proportion as civilization advances. It still subsists to a high degree in the highlands; though vanishing so fast, that in some years hence, its existence in some parts may be as much doubted, as that of some other virtues ascribed by Ossian to his heroes. It is not many years, since it was the general practice to look out every evening, whether any stranger appeared, before the doors were shut. When any had cast up, the host had manifestly more pleasure in giving, than the guest in receiving the entertainment."* The Gauls never closed the doors of their houses, lest they should miss the opportunity of entertaining strangers.† Cean uai na dai, the point to which the way of the stranger leads, was the poetical appellation of the house of a chief. In the praise of this virtue the bards ever indulged, and these portions may well be ranked among the beauties of their compositions. " Hospitality stood at the outer gate, and with the finger of invitation, waved to the traveller as he passed on his way."‡ " 'Turlach lived at Lubar of the streams. Strangers knew the way to his hall; in the broad path there grew no mountain-grass—no door had he to his gate. ' Why,' he said, ' should the wanderer see it shut?' "§ So a Cumraeg bard exclaims, " Cup-bearer! fill the horn with joy; bear it to Rhys in the court of the hero of treasure—the court of Owain, that is ever supported by spoils taken from the foe. It supports a thousand—its gates are ever open."|| But the entertainment of strangers and travellers was not left to individual feeling. In the Highlands, were numerous *spidals* (Hospitia) which like the Irish Founteach, were provided for at the public expense by Brehon appointment, and directed by the Bruighe or farmer of the open house.

Lest the Gaël might have an enemy under the roof, to whom they were equally bound by the honour and the rules of hospitality, the name and business of a stranger were not required, until after a considerable sojourn; a year and a day was often suffered to elapse, ere a question on the subject was put—an extraordinary effort with a people so naturally inquisitive.

The Druids would doubtless show an example of benevolence and condescension, which the extreme deference they received, could enable them to do without lowering their dignity. Had their rule been otherwise than benign, it would have been impossible for them to have maintained their undiminished influence so very long, among a people proverbially impatient of severity and coercion, yet more power was vested in them, than even in their princes; it was to them as to magistrates that the settlement of all disputes was referred, whence they obtained the name of Co' retich, peace-makers, the Curetes of the Romans. Being physicians also, their aid would be frequently required; and their kind offices were cheerfully afforded. The promptitude with which they threw their protection over the distressed, is commemorated in a saying yet current in the Highlands:

* Gallic Antiquities, 317. † Agathias, I. 13. ‡ Cave of Creyla. § Finan and Lorma.
|| Cyveiliog, Prince of Powis fl. 1160.

c

"Gè fagus clach do làr,
"S faigse na sin cobhair Choibhi."

"The stone lies not closer to the earth, than the help of Coivi is to those in distress." This personage was no other than the Ard Druid, or chief Druid. Coivi is supposed to have been the title of the primate; it is that given to the one who attended a council called by Edwin of Northumberland, when about to renounce paganism. Of their prescriptions, one is preserved in tradition, the observance of which would much conduce to health. "Bi gu sugradh, geanmnaidh mocheir 'each." Be cheerful, temperate, and rise early, or take exercise.

As those who entered the order were obliged to bear an unblemished character,* they were eminent in the practice of the virtues they sedulously inculcated. "Within this bosom there is a voice—it comes not to other ears—it bids Ossian help the helpless, in their hour of need." In the same poem, the bard shows the impropriety of sons reviving the quarrels of their fathers; had his excellent advice been attended to, in later times, it would have prevented many unfortunate feuds which were unhappily fomented, often for sinister purposes: "your fathers have been foes—forget their rage ye warriors, it was the cloud of other years!"† It was a high compliment to say that, "none ever went sad from Fingal," and proudly might a Celtic hero declare:—"my hand never injured the weak, nor did my steel touch the feeble in arms. O Oscar! bend the strong in arms, but spare the feeble hand. Be thou a storm of many tides against the foes of thy people; but like the gale that moves the grass, to those who ask thine aid. So Trenmor lived—so Trathal was—such has Fingal been. My arm was the support of the injured; the weak rested behind the lightning of my steel."‡ More examples could be given of these just and generous sentiments of the bards, who, while they could determine war, had also authority to command peace, and denounce its disturbers. Deeds of cruelty, or the indulgence in a spirit of revenge was abhorrent to bardic principle, at least before the profession became mercenary, and parasitical.

"If we allow a Celt to have been formed of the same materials with a Greek and Roman, his religion ought certainly to have made him a better man, and a greater hero."

Some have maintained, that there were no Druidesses. Among the Gaël, celibacy was certainly not a rule; for we hear of the bards having wives,—Ossian among others. The Isle of Sena, now Isle de Sain[ts], off the coast of France, contained a college of Druidesses, who, like him of Skerr, had power over the winds, which they were in the practice of selling to credulous mariners. These unfortunate damsels fell at last victims to the sanguinary system of persecution, to which the votaries of bardism were every where subjected. Conan, Duke of Bretagne, in the fervour of his zeal, committed them to the flames.§ Those who acted so conspicuous a part, when in desperation they defended themselves against Suetonius and his legions in Anglesea, were most probably the wives of the British Druids. Arrayed in black garments, they ran wildly to and fro, with dishevelled

* Welsh, Irish, and Highland authorities. † Oina morul. ‡ Lora.
§ Rojoux, Ducs de Bretagne. I. 135.

hair and drawn swords, forcing back, like the Cimbric females of old, those who were retreating. " They are for this looked upon with detestation by those who at Eton, or Westminster, imbibe the notion that every thing is good which a Greek or Roman could do; who triumph with Æneas over the unfortunate Turnus, or glory with the Romans over the fall of Carthage. But if those women had been Roman matrons defending the capitol, we should never have heard the last of their gallantry and patriotism."*

Old poems show that the bard had no partiality for a single life; and the Irish, by the ilbreacht laws, regulated the price of his wife's, as well as his own dress, in fact the succession was hereditary.

Before dismissing the subject of religious belief, which gave so peculiar a character of wild sublimity to their poetical compositions, the settled conviction that the spirits of their ancestors "came to the ear of rest," and frequently appeared to men, acting as guardian angels, must be noticed as having had a strong effect on the sensitive mind, and furnishing to the bards a subject of the grandest description. It was a topic not to be overlooked by bard nor druid, in addressing themselves to their countrymen. The system of morality was adapted for this world, and, to please the great, and secure the approbation of their immortal countrymen, was all else they expected. The appearance of Crugal, with his melancholy presages, is an extraordinary effort of the poet. " Dim and in tears he stood, and stretched his pale hand over the hero. Faintly he raised his feeble voice, like the gale of the reedy Lego. My ghost, O Connal! is on my native hills, but my corse is on the sands of Ullin. Thou shalt never talk with Crugal, or find his lone steps in the heath. I am light as the blast of Cromla, and I move like the shadow of mist. Connal, son of Colgar, I see the dark cloud of death. It hovers over the plain of Lena. The sons of green Erin shall fall,—remove from the field of ghosts?" This was not a dream, but the supposed actual appearance of the fallen warrior. At times their appearance was wishfully invoked; for the Celts seemed to have had no feelings of dislike to such meetings. How sturdily Cuchullin steeled himself against the argument of Calmar, who had appeared to give him a friendly warning, against the perils of the approaching war! He would not be persuaded by him; but, in rejecting the admonition, he gave him the ever grateful meed of praise, which sent him off in his blast with joy. Departed bards were pleased with earthly music, and would come to listen, while the harpers were performing. Agandecca, before the engagement with Swaran, mourns the approaching death of the people, a circumstance which coincides with the wailing of the Bean-sith, so well known to give presage of family bereavements, in Ireland, where its existence is not doubted.

The entertaining Mrs Grant of Laggan gives in her Superstitions of the Highlanders, many interesting and affecting anecdotes of their belief in supernatural appearances.

So highly esteemed was the profession of a bard, that those most distinguished for rank were proud to be enrolled in the fraternity; sometimes, even those of royal lineage were found in it. The possession of poetical genius entitled one to claim the daughter of nobility as his consort, and the alliance was deemed honourable among Celts and Scandinavians.† Some of the continental Celtic kings are mentioned as poets. In

---

* Higgins' Celtic Druids. † Torfæus.

Wales, we find Aneurin, a prince of the Ottadini, Llywarch hen, and many others, who gloried perhaps more in their bardic qualifications, than in their nobility of birth. Among the Gaël, Ossian stands conspicuous; Fingal is celebrated for his poetical talent, and more of the chiefs might be enumerated, as exercising the bardic spirit : indeed, the national taste led the Celts to deliver themselves, especially on matters of serious import, in a magniloquent and poetic strain.* The bards were, it is true, like other professions, hereditary; but this rule must have been modified by circumstances. One with no ear for music, or soul for poetry, could not take the place of his father; and we know besides, that aspirants were admitted. We are assured, that an irreproachable character was indispensable, and a personal defect would incapacitate one from entering the fraternity; hence they were a class of superior appearance, while their consciousness of importance gave them a commanding air.

Extraordinary honours were paid to the bards, and they enjoyed many important privileges. They were exempted from all tax and tribute, and were not compelled to serve in the army, although not prevented if they chose to do so; their persons were inviolable, their houses were sanctuaries, and their lands and flocks were carefully protected, even amid the ravages of war. In the latter ages of their prosperity, ample farms were given to many in perfect freehold, and they were entitled to live, almost solely at the public expense. The Welsh laws of Hwyll Dda gave the bards and their disciples, liberty and free maintenance. The various privileges and immunities, enjoyed by the different classes, were strictly regulated by the Irish, who divided the order into seven gradations. The first was entitled when travelling, to a horse and a greyhound, and two men as attendants for five days; he was then entitled to be kept for one day, where he might stop, be supplied with all necessaries, and rewarded by a gift of two heifers or a large cow, for his recitations or other duties. The second was entertained in like manner, for three days, and was furnished with three attendants when travelling. As a gratuity, he received three cows. The third had four attendants provided for him on a journey, and his reward was from one to five cows, according to the character of his recitations or compositions. The fourth was allowed six attendants to accompany him, for eight days. The fifth, accompanied by eight students in poetry, was entertained for ten days, and was rewarded by five cows, and ten heifers. The sixth was entertained for fifteen days, having a retinue of twelve students; and twenty cows were his reward. The seventh, or Ollamh, was entitled to be freely and amply entertained for a month, and had on all occasions twenty-four attendants—his reward for the services he might render, was twenty cows. The last four, we are told, were specially protected. Considering their number, and the erratic lives they led, the contributions they levied were by no means light. Keating says, that by law they were empowered to live six months at the public expense, and it was therefore the custom to quarter themselves throughout the country, from All hallow tide until May, from which they were designated as Cleir na shean chain, the songsters of the ancient tax. A wandering life seems to have been congenial to their feelings, from a desire to disseminate their works, as well as provide

* Diodorus. Marcellinus.

for themselves, and they believed that their public utility fully justified this practice of 'sorning' which was afterwards so grave a charge against them. "The world," says an ancient bard, "is the country, and mankind the relations of every genuine poet." The northern Scalds were held in equal esteem, and enjoyed extraordinary privileges. Among the Welsh, the institutions of bardism became ultimately much refined and complicated, although there were originally only the three primitive classes as in Gaul; and they regulated the duties and immunities of the different individuals with great precision, by express laws which existed from an unknown age, but were first imbodied in a written code, by the famous Hwyll Dda in the 10th century. Besides enjoying the same privileges, as those among the Gaël, respecting their persons, property, and domiciles, and being permitted to solicit a largess or gift, by an appropriate poem, tendered without troublesome importunity, which no doubt was often successful, the following perquisites were allowed them.—The Court bard who was the eighth officer in the Royal household, and sat at festivals next to the comptroller, received on his appointment, a harp and other presents from their majesties; the King provided him with a horse, and all his apparel which was formed of wool; the Queen supplying him with that which was of linen. In war, he received the most valuable animal of the spoil, after the leader had got his share, and this was for singing the accustomed war-song to rouse the courage of the troops when in battle. At the Christmas, Easter, and Whitsunday banquets, he received from the Queen the harp on which he performed, and had the comptroller's garment as his fee. On making his Clera or professional tour, he was entitled to double fees. Whoever did him an injury was mulcted in six cows and 120 pence; and for his slaughter, 126 cows were exacted. He paid as Gabr merch, the fine on the marriage of his daughter, 120 pence; for her Cowyll or nuptial gift, one pound and 120 pence; and for her eyweddi or dowry, three pounds. His mortuary or heriot was three pounds.

The chief bard of the district was the tenth officer in the household, and sat next the judge of the palace. An insult offered to him, subjected the offender to a fine of six cows and 120 pence, and 126 cows were the expiation of his death. When a musician had advanced so far in his art, as to drop his Telyn rawn, or hair-strung harp, he paid this chief bard twenty-four pence; and every woman on her first marriage, gave a like sum. His daughter's marriage fine was 120 pence, and his heriot was as much. These were the only two bards who performed before the sovereign; when desired, the latter was to give two songs,—one in praise of the Almighty, the other extolling the king's virtues and exploits, recounting all the famous deeds of his ancestors; the former then sang a third.

In 1100, Gruffudd ap Cynan, or Gryffyth ap Conan, finding the establishment rather disorganized, called a congress of bards to which those of Ireland were invited; and with their assistance, he not only improved the music of the principality, but reformed the order, and introduced many judicious alterations in the rules of government. By these "statute privileges for the profession of vocal song, and for instrumental music of the harp and of the crwth," the bard was to enjoy five free acres; and the chief district bard was to receive at each of the three great festivals, and on occasion of royal nuptials, forty pence and a suitable gift; at weddings the fee was settled at twenty-four pence. The bard next in gradation had also forty pence for the festivals and royal marriage, but only twelve pence for attendance at weddings of others. The next in degree was allowed twenty-four pence on the first two occasions, and eightpence for the latter; while the two lower had twelve pence, and sixpence on the first occasion; and the lowest in the profession did not officiate at weddings, but his immediate superior did so, and received sixpence. The genealogist got but twopence for a pedigree, except he accompanied the bardic cavalcade on the triennial circuit, when the fee was doubled. The Clerwr, or itinerant bards were allowed a penny from every plough-land in the district, and this humble income was secured to them, by a power to distrain for payment. There was a peculiar amusement afforded by the bards of Wales to the company assembled at their great meetings, which was a source of some honourable emolument to an individual. The most witty and satiric of the first order was appointed to an office called Cyff-cler, in which he was to be the butt of all the jests and sarcasms of the others, which he was patiently to hear, and afterwards reply to in extemporaneous verses, without betraying any heat or loss of temper. For supporting this rather unpleasant character, he was rewarded by a gratuity of eighty pence, and the doublet next to the best which a bridegroom possessed.

The heavy eric or compensation exacted for the manslaughter of a bard, and for insulting or wronging him, is an indication of the regard in which he was held.* It would indeed have been reckoned a grievous crime, to put one of these public monitors to death whatever his offence might have been, and some individuals have had their names carried down with the stigma of having avenged themselves on members of this privileged class. In the "Fall of Tura," is an affecting tale, which shows, that the most savage disposition would relax its fury, in the case of a bard. It is thus given in translation by the talented compiler. " The bard with his harp goes trembling to the door. His steps are like the warrior of many years, when he bears, mournful to the tomb, the son of his son. The threshold is slippery with Crigal's wandering blood—across it the aged falls. The spear of Duarma over him is raised, but the dying Crigal tells,—it is the bard." So infuriated was the chief, that on a passing dog he wreaked the vengeance he intended for a human being, had he not been the " voice of song."†

The English settlers sometimes massacred the Irish clergy; but it does not appear that they committed the same atrocities on the bards. One of the Triads commemorates the three heinous strokes of the battle-axe; they fell on the heads of Aneurin and Colydhan, who were bards, and on Avaon, who was the son of the famed Taliesen.

The estimation in which the bards were held, was equally the cause and effect of their extraordinary influence. They were the indispensable followers of a Celtic army, and members of the establishment of Celtic nobility at home and abroad. Struck with this fact, they were viewed by many as insatiable parasites, rather than necessary attendants.

Their utility was extensive, and as in the pastoral and predatory state of society, there

---

* The Wesigoths esteemed it a four-fold greater crime to strike a bard than any other person.
† Smith's Gallic Antiquities.

INTRODUCTION.

were alternate seasons for active exertion and inactivity, the bard was not less useful in solacing his master in the hours of retirement, and entertaining his company at their assemblies, than in aiding the military efforts of the clan in war. He conveyed information of warlike movements over the land, and laboured as hard with his poetic weapons to vanquish an enemy, as others with their sword; and his was the grateful task to extol the heroes of victory, singing loudly to his harp at the head of the returning host.

Their eager spirits often urged them to mix in the battle; but they were usually stationed where their war songs could be most advantageously poured out, and where they could best observe the gallant bearing of their friends. Care was always taken so to place the Scalds; and should the fight have been one at sea, which was of frequent occurrence with these "sons of the waves," they looked attentively from the land, protected by a guard, and qualifying themselves to perpetuate in song, the prowess of the warriors. It was no slight stimulus for such men to know, that their deeds were marked by the bard who was to chronicle their valour in lasting verse, and thus convey their names with fame to late posterity.

When Iain Lom stood on the battlements of Inverlochy castle, marking the circumstances of the battle raging below, he was taunted by Montrose for having avoided participation in the conflict. "Had I," says he, with somewhat of the pride of profession, "mixed in the engagement, how could I have marked the many deeds of valour so nobly achieved, and had I fallen, who would have sung your praise?" The heroic Bruce carried with him his bard to celebrate the heroism of the Scots at Bannockburn; and Edward of England likewise took with him a rhyming monk of Scarborough, in the same capacity, that he might delight the nation with the glorious account of the annihilation of the rebel Scots. The issue of that dire collision would probably have left us no specimen of his talents, had he not fallen into the victor's hands, who made the poet sing the praise of those whose fall he never dreamt of mourning for. Poor Richard Bastwick did his best in the doggerel Latin of the times, which has been rendered into English of a similar cast. Dolefully did the bard invoke the nine.

"With barren verse, this rhyme I make,
Bewailing, whilst this theme I take," &c.

He nevertheless describes in graphic, though uncouth language, the deeds of strength and valour, which he had witnessed.

Another bard with more congenial feeling, celebrated the whole acts and deeds of his sovereign the Bruce, in verse elegant for the age. Archdeacon Barbour of Aberdeen, no doubt, had the feeling of a Celtic bard, and had in his eye the Gaëlic duans; for he was well acquainted with the exploits of " Fin Mac Cowl" and his compatriots.

The above mishap at Bannockburn, is similar to what befell the Earl of Argyle at Aultacholachan, when he took the field in 1597, against the Catholic lords. In confidence of success, and greatly pleased with his bard's prophecy, that he should play his harp in the castle of Slains ere the victorious army returned, he was proudly taken along when

"Mac Callain-mor went fra' the west
Wi' mony a bow and bran';
An' vow'd to waste as he thought best,
The Earl o' Huntly's lan.'"

On his defeat, however, the bard was made prisoner, and verified his claim to the faculty of fore-knowledge, much to the delight of the confederates and Lord Errol, who gladly afforded him the opportunity.

Before the chiefs in the Highlands began to think it unnecessary to number a bard among their personal retainers, either from a consideration that their actions no longer required the tribute of so antiquated a recorder, or by an unavoidable departure from the former simplicity of living, finding it expedient to add the bard's farm, like that of the piper and other hereditary officers in their establishment, to the rent roll, he was one of the most respected in the number. The chiefs of Clan-Ranald retained a bard until about a hundred years ago, when Lachlan Mac Nial Mhuireach, the 17th in regular descent, lost his farm, and naturally dropt, as useless, the profession by which he and his ancestors had so long held it. Iain Breac MacLeod of Dunvegan, who died in 1693, was perhaps the last chief who upheld the ancient state by numbering in his retinue, bard, harper, piper, jester, and the full number of what has been with an attempt at wit, designated the tail. Dr Mac Pherson mentions one who kept two bards, and they held a seminary for the instruction of students. About 1690, John Glass and John Macdonald, the bards of two lairds in different parts of the country, met by appointment in Lochaber, to vindicate in a poetical contest their own excellence and their chief's honour; but the result of this duel is not related. Such challenges were not unfrequent, and it was a well-known practice for the Highlanders to make small bets as to who could repeat the most of the Sean dana, or old poems.

The bards who exercised so beneficial an influence on their countrymen while alive, rendered the necessary and becoming services to the dead. The mode of sepulture is well known; "the grey stones of the dead," half hid in the moss of ages, and the funeral hillocks and cairns appear on all sides, where the industry of man has not laid the heath under the operation of the plough—the striking monuments of ages far distant, but now the useless record of those who were honoured in their day and generation. The stones of memorial were raised amid the united voices of all around, and the plaintive music of the harpers who gave out the funeral chant.

"Bend forward from your clouds, ghosts of my fathers, bend! lay by the red terror of your course and receive the falling chief; let his robe of mist be near, his spear that is formed of a cloud. Place a half-extinguished meteor by his side, in the form of the hero's sword. And O! let his countenance be lovely, that his friends may delight in his presence. Bend from your clouds, ghosts of my fathers, bend!" In the same poem is the affecting lament for the beauteous Darthula. "Daughter of Colla, thou art low!" said Cairbar's hundred bards; "silence is at the blue streams of Selma, for Trathul's race have failed. When wilt thou rise in thy beauty, first of Erin's maids? Thy sleep is long in the tomb, and the morning distant far. The sun shall not come to thy bed, and say, awake Darthula! awake thou first of women! the wind of spring is abroad. The flowers shake their heads on the green hills, the woods wave their opening leaves. Retire, O sun, the daughter of Colla is asleep, she will not come forth in her beauty, she will not move in the steps of her loveliness."

The duty of performing the obsequies of a hero seems to have been imperative, although his life might not have offered those traits of character which so well suited the bard's eulogium. They however did justice to his memory, neither suppressing any allusion to his vices, nor refusing the praise he might deserve. A chief had broken his oath. " His tomb was raised, but what could the bards say? Manos remembered not his words. When asked what he had done with his oaths? ' Alas! he said, where I found, I left them.' Manos, thou wert generous, but wrathful and bloody was thy darkened soul."

It has already been noticed, that without the funeral dirge, the spirit would be subjected to wander in forlorn suffering about the place where the body had been laid: it was therefore a matter of the utmost solicitude, that this should be performed, and the ceremonial was observed in the Highlands to the days of our fathers. It is now discontinued as a vocal tribute, but the ' Lament' of the piper played in front of the funeral procession, is a most characteristic substitute. Many remains of the Coronach music are believed to be still preserved, and it is reasonably supposed, that the species of piobaireachd appropriate to the melancholy event, has in many cases retained in the urlar or groundwork, the spirit of the original dirge.*

The following detail of the ceremonial at the interment of an old Celtic hero, as given by the Irish authorities, is conformable to what is otherwise related. The Druid first performed those rites which may be called religious; the Senachie then repeated the eulogium of the hero departed, detailing the illustrious descent and personal titles of the deceased. He was followed by the Filea, who recited the Caoine or funeral song, which having been adapted to music by the Oirfidighe or musician, was sung by the Racaraide or rhapsodist, who was joined by the wailing notes of all present.†

The practice of Caoining at funerals is still practised by the native Irish, but since the suppression and neglect of the order of bards, the mourners in Ireland have been mercenary females, generally of advanced years, and their hackneyed or extemporaneous lamentations are not particularly creditable to the art. They, however, tenaciously hold to this rite, whether in Ireland, or elsewhere, and it is evident that there is no Christianity in it. Take a specimen. " O son of Connal, why didst thou die? royal, noble, learned youth; valiant, active, warlike, eloquent! why didst thou die? Oigh! oin-oigh!" Here follows the Uilaluia or chorus, first gone half through, poured forth in the wildest notes of extreme grief, being indeed the chief part of the performance, and as may be supposed not the most regular nor musical. " Alas! alas! he who sprung from nobles of the race of Heber, warlike chief! O men of Connal. O noble youth, why didst thou die? Alas!

---

* Pat. Macdonald on the influence of poetry and music on the Highlanders, prefixed to his admirable collection of their vocal music.

† The bards compose poems which the Rhapsodists repeat. Buchanan.

d

alas!" The semi-chorus again is given, and then the full *orgoll*. " Alas! alas! he who was in possession of flowery meads, verdant hills, lowing herds, fruitful fields, flowing rivers and grazing flocks—rich—gallant. Lord of the golden vale, why did he die? Alas! ulas!" Uilaluia, &c. " Alas! alas! why didst thou die, O son of Connal, before the spoils of victory by thy warlike arm were brought into the hall of the nobles, and thy shield with the ancients? Alas! alas! Uila—luia, luia, luia, lu, lu, ucht o ong," &c., all which had the most thrilling effect. After the interment, the bard was formerly accustomed to perform the Elegy or Counthal sitting on the grave, which mark of affectionate respect like the Christian services for the dead in the Romish Church, was repeated at the new and full moon, for several months.* The Scriptural lamentations, as that over Saul and Jonathan, are of no whit more religious character.

Adverting to the classification of the members of the bardic brotherhood, it will be seen at first, simple and vigorous; subsequently undergoing alterations and subdivisions. The Druidical order was originally divided into three classes, which are distinguished as the Druids proper, who were the priests and legislators; the Vates, Ovates, Euvates or Eubages and the Bards. The duties of the first have been briefly referred to, and a general view of the bardic office has been presented, but scanty as our knowledge respecting it is, a few more particulars may be given to improve a picture, unfortunately but meagre.

The Vates have been considered by some writers, an order inferior to the bards, and by others to have held an intermediate place in the triad, but many regard the term as simply denoting a more advanced noviciate. "The Euvates," says Marcellinus, "more deeply considering nature, made attempts to discover the highest arcana, and lay open its most secret workings, and amongst these the Druids," from which it would seem that they were bardic aspirants for druidic preferment. Lucan classes them with the bards, but allows them superiority to a simple poet. It is very probable that a claim to a prophetic spirit was the cause of distinction. All three were accustomed to compose and to sing, but all did not claim the faculty of foreknowledge. Vates, which in Latin is a prophet or interpreter, is a word no doubt borrowed from the 'barbarians,' and the Gaëlic Faid signifying the same, appears to be the original word. Dr Smith however thinks Euvates may be Eu-phaisde, promising youths.

To ascertain the etymology of names, often clears up the obscurity which envelopes a subject: on this occasion, the attempt is more curious than useful. The general opinion is, that the appellation Druid is derived from the name of the oak tree, which in Greek is Drus, Derw in Welsh, Duir in Irish, Dair in Gaëlic, Druith in the Cornish. Considering the similarity of these words, the estimation which the Druids, like others, had for the oak, and the veneration they paid to the Misletoe, the All-heal which grew thereon, it has appeared a satisfactory origin for their name, and the Welsh bards of later days have on the tree-system, raised a very ingenious allegory. The letters dd, having the sound of th, form a common termination, so Derwydd, is the trunk of an oak; bardd, from bar,

* Beauford, Trans. of the Irish Academy, Vol. IV. where the whole is set to music.

the top, is significant of the full grown branches, and Ovydd, from ov, raw, pure, indicates the saplings. Sir Samuel Meyrick gives less fanciful derivations—Der, superior; wydd, instructor; and o-wydd, subordinate instructor. In Whiter's method of determining the affinity of words, by the consonants as radices, we see the same consonants running through these words; the tr, pervading a series of terms, indicates activity, industry, improvement; and dr or tr were connected with the mystical T, a Druidical and Pythagorean symbol. The above laborious and profound etymologist, alluding to the Gaëlic "draonaich" so well illustrated by Coiremonadh,* as intimating a diligent cultivator, pronounces Druid to signify a teacher.† The appellation is undoubtedly Celtic, originating with that people, and not imposed by Greeks or others. The sense in which it is still used is that of an artist, a learned person, or vulgarly a magician, and it is the word in the Scripture translation for the wise men or priests. It is equally applied in Teutonic languages to denote a dexterous individual or enchanter.

The word Bard has been pronounced insoluble. It is uncertain whether the peculiar chant, called barditus, is the origin of the term, or its derivative. Bardachd in Gaëlic is poetry and history, literally the bard's work; barddae-th in Welsh is also bardism.

The profession has given names to many localities, as Monadh-bhaird, ach na' m bard, Tulloch-bardin, &c., and respectable families may trace their origin to those distinguished poets. There are many ancient charters in which different individuals are designated, le bard and le harper; the Bards, Bairds, MacBhairds, and Wards are their descendants; in Ireland and Argyle are the Mac Faids, and Mac Faidzeans. Throughout the principality are numerous names indicating the residences and haunts of the different branches, as Tre'r Beirdd, the bard's villages. Croes y Beirdd, the bard's cross. Tre'r and Bod Drudan, the villages, and the houses of the Druids. Bod-Ovyr, the Ovyd's dwelling, &c. &c. The Baile-bhairds in the Highlands and Harper's lands in the low-country, are memorials of the golden age of Celtic minstrelsy.

A sketch of the personal appearance of the different characters, seems an appropriate accessory to a detail of their duties. Bodily imperfection being sufficient for exclusion from the order, it gave an imposing specimen of the Gaulish race, and their dignities were marked by suitable distinctions in dress. Their garments differed from others in amplitude: they were "the wearers of long robes." The costume, as may be supposed, was of a peculiar form, calculated for the attraction of notice, as well as the becoming denotation of rank. The beard which the Celtic nations always shaved, the Druidic officials wore long, and the hair of the head they cut close. The robes flowing to the heel; whilst those of the commonalty, and even of the nobles, fell only to the knee, as sufficiently distinguished the superiority of the order, as the episcopal costume marks the sacerdotal degree. White, denoting purity and truth, was the appropriate colour of the druid's robes.

In Cathlava one of the poems translated by Dr Smith, is a picture of Sean'eur, a druid, then a subject of persecution, but believed to possess supernatural acquirements, and consulted as an oracle by those, who, like the Roman general, might be disposed to

* Thoughts on the Gaël, &c., by James Grant, Esq.   † Etymologicon magnum.

say, "I scorn them, yet they awe me." Under the awful shade of his oak he finds him, leaning on his own trembling staff. His head of age stoops to the ground, his grey beard hangs down on his breast, and his dim eyes are fixed on the earth. But his soul is mixed with the spirits of air, and his converse is with ghosts. 'What seest thou of my love,' said Ronan, 'what seest thou of Sulmina?'" The figure was that of a solitary and proscribed anchorite, who submitted to his evil destiny, doubtless for his conscience' sake, like many fellow devotees. In the original, the description is singularly striking.

> "Au crith-thaice ri luirg fein,
> Fui' gheug dhoilleir dharaich,
> Lan ogluidheachd :—a chrom aomadh,
> 'S fheasag aosda sios mu bhrollach.
> -air lar tha shuil a dearcadh
> Ach anam ann co'mdh thaibhse."

The figurative and laconic reply is very characteristic.

> "Macan an fas cruaidh,
> Barca, thar cuan, na dean;
> Shuilmhine ! 's cruaidh leam do glaodh,
> A 'taomadh air tiunn gun fhurtachd!"*

In happier ages, the raiment was an object of careful attention among the Celtic people, with whom every thing was precisely regulated; even the colours of the robes were apportioned by invariable law. In Wales, the bards wore a dress of sky-blue, the emblem of peace and fidelity, and that of the Ovydd was a vivid green, the prevailing colour of verdant nature. The Awenydd, or disciple, showed in his vestment, as an escutcheon of pretence, the three colours, white, blue, and green. When officiating at religious ceremonies, the bard had a cowl attached to the cloak, like that worn by the Capuchin friars; it was called Barddgweewll, and is the bardo-cucullus of the Romans. The Druidesses are described by Strabo, as arrayed in white garments, fastened with girdles and brazen clasps. Among the Gaël, a very remarkable difference prevailed with respect to the vesture. A variety of colours was introduced, and the number which the gradations in society were permitted to display, was regulated by a prevailing rule. It was a striking mark of the estimation in which the bards were held, that they were allowed six colours, being two more than the nobility, and only one less than royalty itself. This was the well known law in Ireland, and there can be no doubt it was equally observed by the Gaël of Albion. In Meyrick's splendid work on British Costume, coloured prints of the various classes are given, among which we remark the two figures found near Autun, one of which carries the "slat an drui' achd," or ensign of authority, and the other bears the "cornan," or crescent, emblematic of the "cead rai re;" the first quarter of the moon.† The robe is fastened by a brooch on the left shoulder.

Sumptuary laws were not forgotten in the Brehon code. In A. D. 192, as Irish Annals inform us, such enactments settled among other matters, the value of a bodkin

---

* Gallic Ant. 335, from the Druid's appearance, it is generally called "the song of the grey man."
† Pliny says of the Celts, 'ante omnia sexta luna.'

of refined silver for the king or a bard at thirty heifers. The clothes of a poet and his wife cost three milch cows, and the raiment of an Ollamh, and of an Anshruith, the next in rank, five cows.

Some proof is found that the Cochal or upper garment which was evidently, from the name, of coarse texture, was fringed and ornamented with needle-work.* The full dress is described as consisting of the Cathunas, cota or body covering, and the Triuse, the gathered or girded up portion.

The shoes were wooden, and of a pentagonal form,† and an Ollamh was entitled to wear the barred or cap of honour. Thus in all respects did the bardic order appear strikingly different from others. On the extinction of druidism, it is probable that the peculiarity of costume was abandoned, the Christian missionaries naturally discouraging a distinction, which was calculated to prolong a reverence for the professors of a pagan creed.

The course of bardic study was long and arduous. So rigid was the term of probation, that the education of a student in the science of druidism, was not completed in a shorter period than perhaps twenty years, during which time he was obliged to commit to memory, a prodigious number of verses; twenty thousand by the lowest computation, but Chambray the Celtic professor at Paris, says the number for those of the highest class was not less than sixty thousand.

In later ages, as we learn rom Irish authorities, the time occupied in acquiring the necessary bardic instruction was twelve years, three of which were devoted to each of the four principal branches of poetry. Another writer gives them sixteen or twenty years to complete their education, and he tells us he has "seen them where they kept schools, ten in some one chamber, grovelling upon straw, their books at their noses;" and although their seminary was thus rude, those men were well grounded in the classics, and invoked the muses with great success. The accommodation, it is presumed, was not in all cases so homely. We can scarcely suppose that the practice described by Martin, adopted by some in the Highlands to produce inspiration, was very usual. They would shut both doors and windows, wrap their plaids about their heads, and lie with their eyes closed, and a large stone on their bellies, for a whole day!‡ Poets are sometimes sufficiently eccentric.

If a vassal obtained permission from his lord to exercise a poetical or musical talent, he would, according to his genius, obtain rank by the courtesy of Cambria, but no one, whatever his merit might be, was classed among the bards, except he went through the regular curriculum. There were three individuals of no little celebrity otherwise, who were in this way unqualified:—the great kings Arthur and Cadwalon, and Rhyhawd ap Morgant.

It is much to be regretted, that the Scottish Gaël adhered so faithfully to the druidic injunction, not to commit their knowledge to writing. Those of the sister island were haply less obstinate, and have preserved many of the Breith-neimhe or laws of their native judges. Those which relate to the bards have been collected with praiseworthy

---

* Beauford.   † Dr Smith.   ‡ Description of the Western Isles.

care, and given to the world; and although they are likely to show considerable innovation on the primitive institutions, upon the whole, we may believe the regulations in both countries were not materially different.

The order presented three principal classes, in which were several gradations, viz. :— The Ollamh re dan, graduate of song, or bard properly so called; the Scanachadh, or historian and genealogist; and the Brehon, Breith, or judge, which last, in the eleventh century, was separated from the bardic establishment.

The following were the gradations in the order of Fileas or bards, and the qualifications required in each.

The Fochlucan, the youngest student, was required to be able to repeat twenty poems, or historical tales.

The Mac Fuirme was required to have forty tales, any of which he should be able to repeat when desired.

The Dos was qualified by being perfect in fifty poems or stories.

The Canaith, although a degree higher, was not obliged to learn more than the Dos.

The Cli, whose duties are not given in the authority we have consulted.

The Anra, or Anshruith, had to commit to memory one hundred and seventy-five compositions on different subjects.

Lastly, the Ollamh or Doctor, who was *the* bard, the others being noviciates. He was required to possess a perfect knowledge of the four principal branches of poetry, and be able to repeat three hundred and fifty pieces.*

The Aois dana preceded even the Ollamh, and sat with the chiefs in the circle. This class, however, does not appear earlier than the seventeenth century.

The Welsh had a division of bards no less complicated; the department of each class being pointed out with tedious minuteness, a comparatively modern alteration.† With them there were six classes of bards, three being poets, and three musicians.

The poetical bards were first, historical or antiquarian, who sometimes mixed prophecy with their effusions. Their duty was to sing in praise of virtue—to censure vice and immorality, and it was specially permitted them to address the clergy and married ladies, upon fitting subjects and in becoming language.

The second class, who were domestic bards, exhorted the people to a strict practice of the social virtues, and celebrated those who were patterns to others for their upright conduct and patriotism.

The third order, who were denominated the Cleirwr Arwyddveirdd, or heraldic bards, with their other duties, were assigned the composition of poems on amusing and jocular subjects.

After passing through the gradations of the Awen, or muse, the title of bard was conferred, and, retaining the ancient claim of superiority, the addition of 'Ynnys Prydain was always given.

---

* Walker. Several of these terms are of uncertain etymology; anshruith may be from an, good; srath knowing. Ollav will strike the scholar as resembling the Heb. Aluf, a prince.

† Borlase.

The activity of Welsh genius led them to remodel and refine the bardic institutions, with the same care as they have cultivated their language, so that in modern times it must exhibit a very different aspect from what it originally displayed. There were eight orders of musicians; four of which only were admitted to be bards; the Harper, Crwther, and Singer, were regularly invested poets, the Pencerdd being their chief. The four inferior orders were, the Piper, the Taborer, the Juggler, and the performers on the humble Crwth with three strings; the fee of these minstrels was a penny each, and they were to stand during their performance.

The Irish Oirfidigh, or musical order, was in like manner classified, taking their appellations from the instruments on which they performed, of which there were a considerable variety. The following enumeration is given.

The Ollamh re ceol, or Doctor of music, presided over the band consisting of the Crutairaigh who played on the cruit or fiddle. The Ciotairigh. The Tiomponaich, who played on the horn; and the Cuilleanach.

These musicians were of much consequence as a constituent portion of the Fileacht, and being good vocalists, after the introduction of Christianity, they added much to the effect of the band of choristers for which many abbeys were famed in both islands. It may be observed, that as the Welsh held the harp to be the indispensable instrument of a gentleman, so we find many instances of bishops and abbots excelling in their skilful playing. We have a curious intimation in the venerable Bede anent the harp; he describes an individual, who at an entertainment being unable to perform on the instrument which was always handed round, slunk away ashamed of his deficiency. Want of a musical taste was accounted an indication of a bad disposition.

The decline and fall of an institution which existed so long, was so widely diffused, and, after the cessation of its direct influence, left so deep an impression on the national character, is a subject of much interest, and affords ample matter for reflection. Like all human establishments, it is seen to advance from simplicity and usefulness, to refinement, corruption and decay. The epoch of Christianity was the commencement of druidic decadence; but with the pertinacity which animates the professors of proscribed opinions, the ancient system was clung to for several subsequent centuries, and indeed where full conversion was found impossible, the apostles and missionaries accepted the profession of the Christian faith, with the retention of many of the established superstitions, wisely considering it better to accomplish the great end by judicious conciliation of long-rivetted prejudices. When the Pagan priesthood was annihilated, the bardic branch, as an order of acknowledged utility, retained its place in Celtic society. Many who were touched with zealous fervour in the true religion, became clergymen, and were not the less pious, in that they continued to exercise their poetic talents, and solace themselves with the melody of the harp.* So long were the Welsh in abandoning the institutes of druidism, that Prince Hwell, who died in 1171, invokes the Deity to protect his worship in the groves and circles. This is sufficiently curious; but it is still more so to find that a small

* In Wales, the bardic clergy sometimes accompanied the chanting of the service with the harp.

society still existing, allege that they are the descendants, and possess a knowledge of the ancient mysteries of the druids, which has been transmitted purely, by a succession of the initiated, who could explain many of the mysterious triads, &c., were they at liberty to divulge their knowledge."

The Highland traditions are copious on the subject of the fall of the druids, which, from the particulars related, was not a sacrifice to the cause of Christianity. The frequent wars in which the Scottish tribes were engaged, increased the power of the Feargubreith, while it lessened that of the druid, who had long been the arbiter of all transactions. Treunmor, grandfather of Fin Mac Cumhal, was appointed commander of the Caledonian forces by general election, on which the druids sent Garmal Mac Tarno requiring the chief to lay down his office, with which order he had the fortitude to refuse compliance. On this a civil war immediately ensued, which after much bloodshed, ended in the discomfiture of the druids, whose resistance was so obstinate, that few survived the desperate contest. The bards, who it may be readily believed were prone to flatter the powerful, and avenge real or imaginary wrongs by the sharpness of invective, being no longer under the salutary control of their superiors, the druids, became exceedingly presumptuous, abusing their ample privileges, and drawing on themselves severe chastisement. The Irish legends detail the circumstances of their expulsion twice before the celebrated council of Drumceat, held in 580, where the whole order was doomed to proscription for their oppressive exactions, having gone so far as to demand the golden brooch which fastened the plaid or cloak of Aodh, the king of Ulster! The good Columba, the apostle of the Highlands, left his charge in the college of Ii, for the purpose of interposing his influence to avert the destruction of an order, which, under proper regulations, was so well suited to the genius of his countrymen, and he was successful in softening very materially the severity of their sentence. The bards were on this occasion reduced to the number of 200, one only being allowed to each of the provincial kings, and lord of a cantred, and he was enjoined for no cause to prostitute his talents in flattering the vanity of the great, or covering vice by adulatory strains. He was to compose and sing to the glory of God, honour of the country, praise of heroes and females, and exaltation of his patron and followers. There was evident necessity for restriction; the numbers having so greatly increased, that they were estimated at no less than one third of the population! The propensity which those who were so highly favoured, and possessed such influence, had, like most others, to exceed moderation, required a check. Cupidity, it has been observed, is an inherent passion; and the possession of much, begets a desire for more. The bards subjected themselves to much obloquy and dislike by their arrogance and neglect of their proper duties, which eventually led to sundry curtailments of their personal immunities.

In Wales, they were not less inclined to abuse their privileges. Several regulations had been passed previous to the time of Gruffudd ab Cynan, who, much concerned to find the bardic profession in disorder, held a congress of all who had any knowledge of

* Cambrian Mag.

the science throughout Wales and Ireland, when a great reformation was accomplished; the three classes of poets, heralds and musicians, being then instituted, whereas the offices were formerly held by one individual, and they were forbidden to demand the prince's horse, hawk, or greyhound, or any property from others above a reasonable value.

There is a curious account of this notable convention given in an ancient MS. preserved in the library of the Welsh school, London, from which it appears there were four chief judges who decided, with the approbation of the audience, as to forming the song, preserving it in memory, and performing it correctly. The names of the four were Alban ab Cynan, Rhydderch the bald, Matholwch the Gwythelian (Gaël) and Alav the songster. Mwrchan, Lord of Ireland, was umpire, and by his power confirmed the proceedings at Glen Achlach.* The judicious improvements introduced at this time, were the means of restoring bardism to a sound and flourishing state, which continued until the death of Llewelyn the last prince in 1282. From the strictness of these coercive laws, it is evident the bards were a little unruly at times. If any one left a party for which he had been engaged, offered an insult to a female, &c., he was fined, imprisoned, and his circuit fees for a proportionate time, were forfeited to the church. In fine, although Edward the First actually carried a harper with him to the Holy Land, he subsequently considered the bards a dangerous body; and although they were retained at the courts of his successors, along with minstrels, whose proper occupation was originally that of historians, yet they certainly gave at times great offence by their freedom and assumption: hence such enactments were passed as one in 1315, to restrain them from resorting in unreasonable numbers to the houses of the great; and another by Edward III., which provided that bards who perverted the imagination by romantic tales, and those who were tale-tellers, and seduced the lieges by false reports, should not be entertained in the mansions of the great, or harboured by the people. This is like the decree passed to repress the insatiable curiosity of the ancient Gauls, who were the greatest known encouragers of those who could amuse them with stories—compelling strangers to stop even on the highways, and entertain them with some recital, in consequence of which they were misled by the mendacious tales to which their importunity gave so much encouragement.

Long after the maintenance of a bard as a retainer in a Celtic establishment was confined to these portions of the kingdom, their services continued in partial requisition elsewhere; but from the advancing change in society, this neglected class, with difficulty maintained a degree of respectability, but were obliged to itinerate in considerable numbers, and trust for their support to casual employment, by those who made their efforts to please a subject of rude jest. The following no doubt excited a laugh at the expense of the Gaël: it is a curious allusion to their manners by a lowland poet—

> "Then cried Mahoun for a hieland padzean,
> Syn ran a feynd to fetch Makfadzean,
>   Far northwart in a nuke;
> Be he the coronach had shout,
> Earse men so gatherit him about,
>   In hell grit rowm they tuke:

* About 1100. The harp and style of its music were on this occasion introduced from Ireland.

> That tarmagants in tag and tatter,
> Full loud in Earse begoud to clatter,
> An' rowp like raviu rowk ;
> The deil sae deivit was wi ther yell,
> That in the deipest pot of hell
>   He smorit them wi' smouk."*

In Saxonized England and Scotland, the bards and minstrels were denounced as idlers who lived on the useful and industrious, levying their contributions on an unwilling people. In the reign of James II., 1449, an act was passed, which declared that "gif there be onie that makis them fiules, and are bairdes, thay be put in the kingis waird, or in his irons for thair trespasses, as lang as thay have onie gudes of thair awin to live upon, that thair cars be nailed to the trone, or till ane uther tree, and thair eare cutted off, and banished the cuntric." By a statute of Jas. VI., in 1579, those who were sangsters, tale-tellers, &c., and not in the special service of Lords of Parliament or boroughs as their common minstrels, were to be scourged and burnt through the ear with a hot iron.

When the court of the Scottish kingdom was Gaëlic, the ancient usages were closely observed, and the class whose history is now under investigation, continued, at least occasional services, for ages afterwards. At coronations, a Highland bard attended in his heraldic capacity, to repeat a poem on the royal genealogy. His attendance at the enthronement of Malcolm II., 1056, and the oration then delivered, are recorded, and the same duty was performed to Alexander III., in 1249, when the poet, we are informed, was clad in a scarlet dress. Various notices are found in the Lord Treasurer's accounts, of the services of seanachies and minstrels at royal entertainments, an extract from which will not be thought uninteresting. Blind Harry, the author of the metrical life of Sir William Wallace, sang his compositions to the king and nobility,† and received frequent gratuities. In 1490, and 1491, he was paid eighteen shillings. In the former year, " Martin Clareschaw and ye toder Ersche Clareschaw, at ye kingis command," were paid eighteen shillings, and shortly afterwards the same payment was made "till ane ersche harper." In 1496 are these entries :—

    April. Giffin to James Mytson, the harpar at the kingis command, xiii s. iiij d.
    June. To twa wemen that sang to the king, . . xiii s.
    Aug. 1. That same day giffin to the harpar with the ae hand, ix s.
    That samyn day, to a man that playit on the clarscha to the king, vii s.
1503. Item to Pate Harper, clarscha, ... xiiij s.
    Item to Alexander Harper, Pate Harper, Pate Harper Clarscha,
        Hew Brabanar and the blind harper, harperis, ilk ane, xiiij s.
    Item to Hog the tale-teller, . . . xiiij s.
    Item to the Countes of Crawfurdis harper, . . . xiiij s.

    In this year there were also sundry payments to minstrels: eight of which were English, and four Italian. In 1507, there was paid xiiij to the "crukit vicar of Dumfriese that sang to the king."

---

* The Dauuee. Ramsay's Evergreen, I. p. 246.   † Major, Lib. iv.

In 1512, gevin till ane barde wife called Agnes Carkell,   xlii s.
Item, to O Donelis (Irlandman) harpar quhilk past away with him,   vii L.
In the household book of the Countess of Mar, under the dates 1638—1642, we find:
To ane blind singer, who sang the time of dinner,   .   xii s.
To twa hieland singing women,   .   .   .   vi s.
To ane woman clarshochar,   .   .   .   xii s.

    The kings of England, with few exceptions, continued to employ one or more Welsh harpers in the royal establishment. The marriage of Catherine, widow of Henry V., with Sir Owen Tudor, a nobleman of Mona or Anglesea, from whom Henry VII. was descended, brought the bards into more notice, and the title of the eldest son of the reigning monarch, offered a sufficient reason for compliment to so worthy a portion of the British subjects. When James VI. succeeded to the English throne, Henry, Prince of Wales, appointed one Jones as his bard. The author of the work, whence so many curious particulars of this class have been transcribed, Edward Jones of Henblas, was the talented bard to the last of our princes who bore the title.

    That the bardic institutions have been so entirely neglected in the Highlands, is only to be accounted for by the very different position of the two countries. Wales has been for many centuries a province of England; their wars of independence have long ceased, and even internal dissensions have for a great length of time been unknown. In peace and tranquillity, the natives could therefore cultivate their poetry and music as an agreeable source of rational amusement, and if they continued to chant forth their ancient martial lays, it was a pleasing solace to have reflection drawn to departed renown. An indulgence in reminiscences of a state which no more can be reverted to, is some slight alleviation of regret.

    The Gaël, on the contrary, who had ever to struggle for national independence, were between energetic resistance of the common enemy; the civil wars in which they were involved, and the clannish feuds which were fomented by designing foes, at last plunged into a state of sanguinary turmoil, which was but ill calculated for the fosterage of such a system as their happier brethren were permitted to cherish in peace. In these inauspicious circumstances, the soft and melting strains of the clarsach might be well suited for the enlivenment of their entertainments, and as an accompaniment for the grateful themes of love, and pastoral pursuits; but the utmost fervour of the harper's efforts, would fail to rouse the vengeful ardour of the Gaëlic heroes. It was the piobaireachd's shrill summons, thrilling in their ears the sad tale of their devastated glens, and their houseless friends, which gathered them for the war, by notes which had often sounded to hard-earned victory; speaking in strains which made their blood boil with glowing emulation, as they marched to the foe, and which pealing to survivors of the battle-field in notes re-echoed by the frowning crags, drowning by its piercing tones, the loud wailings of the bereaved, and the woful shrieks of the despairing women, called in a maddening voice for speedy and unsparing retribution.

    The pipes supplanted the harp as the instrument for war among the Gaëlic tribes. The potency of bagpipe-music as a stimulus to heroism was acknowledged by the Irish, who always used pipes in their warlike operations. "As others with the sound of trumpets, so those with the sound of the pipes, are inspired with ardour for the fight." Derrick likewise alludes to its martial use, and in the representations of battles, we observe the pipers in a prominent position, but do not perceive a harper. The great pipe has survived, an equally national instrument, which is much better adapted for an accompaniment at the festive board. The exhilarating but loud-toned Piob is less suited to appear in place of the bard at the feast of Shells, who by his sweet-sounding harp and vocal melody, afforded a double gratification.

These remarks are by no means to be taken as in disparagement of the professors of this admirable instrument, the sound of which strikes so surely a responding chord in a Scotsman's heart. It is matter of delight to perceive its use so nobly upheld, and its music preserved with so much patriotic zeal. The frequent "competitions" of performers in different parts of Scotland, present a becoming counterpart to the means so successfully pursued in Wales and Ireland, for the preservation of their poetry and music; and this ancient regulation, especially in the former country, is so peculiar, bearing as it does on the subject, that it cannot with any propriety be omitted.

It appears that king Cadwaladdr, about 670, presided in a meeting assembled for the purpose of hearing the bards recite old compositions and their own productions. Those meetings were called Eisteddvodau, and were like the Clera or circuits, held triennially. Prince Gruffudd, who, with the approbation of his Gaëlic friends, did so much for the repression of abuse and introduction of improvement in poetry and music, laid down express rules for the guidance of these meetings, regulating the mode of competition, qualification of candidates, &c., the chief object being "to extinguish falsehood, and establish certainty in the relation of events," the proper observance of which excellent practice served so well to perpetuate the true history of transactions. Invention, or propagation of falsehood was declared punishable by imprisonment and fine, and the like penalty was exacted for mockery, derision, or undeserved censure. Rhys ap Gruffudd, Prince of South Wales, gave a magnificent entertainment in the manner of the country, to King Henry II., when a large assemblage of bards attended, and received a confirmation of all their franchises. Similar meetings have been held at various times and places, sometimes by royal summons; at others, under the auspices of the nobility. Henry VIII. issued a commission for one to be held at Caerwys in Flintshire, 1523, "for the purpose of instituting order and government among the professors of poetry and music, and regulating their art and profession, according to the old statute of Gruffudd ap Cynan, Prince of Aberfraw." Queen Elizabeth appointed another to assemble at the same place in 1568, and those who were not found worthy to hold so honourable a calling, were charged to betake themselves to honest labour, on pain of punishment as vagabonds. On the 22d September, 1792, "a congress of the bards of the Isle of Britain," was held on Primrose hill in a suburb of London, with the view of "recovering druidical mythology and bardic learning."* Since then, the Cymrodorion society has given frequent Eisteddvods in the

* Gentleman's Mag. LXII.

metropolis, and they are held periodically throughout Wales. The kindred people of Bas Bretagne have been desirous of a similar convention being held there, and we have heard some literati of the Principality observe, that a gathering of bards on the same principle in Iona, where, in the days of persecution, the Cumraeg druids found refuge with their Gaëlic brethren of the same order, would be a highly interesting and appropriate commemoration, and productive of much advantage to the bardic cause. Some degree of literary character was at first given to the competitions in pipe-music, when prizes were awarded for poetic compositions, and when the admirable Donchadh-Ban nan orain was accustomed to present the Comunn Gaëlach na h-Alba, with a complimentary effusion in his happiest style. If the idea of the liberal-minded archdeacon Williams, rector of the Edinburgh Academy, and several other gentlemen of literary character and respectability, is ever matured, we shall have a grand union of the three divisions still remaining unmixed in these realms—the Gaël of both islands and the Cumri, "jointly and severally," engaged in the prosecution of Celtic literature, of which the bards were from unsearchable antiquity the only conservators.

The Irish, less affected by those unpropitious circumstances which operated on the Highlanders, have retained the use of the harp and its appropriate melodies.

They however had their golden age of bardism, to which the iron naturally succeeded. They escaped the visitation of Roman persecution; but from the time of Henry II., it was an object of solicitude with the invaders, to repress the order as seriously inimical to English designs. Taking advantage of their privileges, they mixed with the enemy and acted as spies, while they excited their countrymen to unceasing opposition. In the statutes of Kilkenny, 1309, it was attempted to abolish the influence they possessed by Celtic usage, but with little effect. In the 13th of Henry VI., 1434, it being found that Clarsaghours, Tympanours, Crowthores, Kerraghers,* Rymours, Skellaghes,† Bardes, and others, contrary to that statute, were constantly passing between the armies, exercising their 'minstrelsies' and other arts, and carrying all information to the Irish camp, means were taken in order to repress so dangerous a practice. The mercenary spirit was but in few cases sufficiently strong to extinguish the patriotic; yet if any of these bards would officiate in the same vocation on the English side, he was taken under protection, and amply provided for. A precept occurs in the 49th, Edward III., 1375, for the remuneration of Dowenald O Moghane, a bard, who did great service to the English in this way.‡ Henry VIII. received with much satisfaction, 'a Breviate' of certain regulations for the good of the country, by Lord Finglass, in which it is recommended, that no Irish minstrels, Rymers, Shannaghes,§ nor Bards be "messengers to desire any goods of any man dwelling within the English pale, upon pain of forfeiture of all their goods, and their bodies to be imprisoned at the king's will."|| Their habits were no wise changed in the succeeding reign. An act was passed in 1563, for reformation of the enormities which arose in Limerick, Kerry and Cork, by certain idle men of lewd demeanour, called Rymers, Bards and Carraghs, who, under pretence of their travail, carried intelligence

* Players at chess, gamesters. † Tellers of tales. ‡ Rotul. Patentium, 258, 94.
§ Sheanachies. || Harris' edition of Wares' Hibernia, 98.

between the malefactors inhabiting these countries, to the great destruction of true subjects; it was therefore ordered that none of these sects be suffered to travail within these territories, against the statutes. "And for that these Rymers do by their ditties and rhymes to lords and gentlemen, in commemoration and praise of extorsion, rebellion, &c. &c., encourage those lords and gentlemen rather to follow those vices than to leave them, and that for making of such rhymes rewards are given, &c., for abolishing so heinous an abuse, orders be taken, that none of them, from henceforth, do give any manner of reward for any such lewd rhymes, and he that shall offend to pay to the Queen's majesty, double the value of that he shall so pay, and the Rymer that shall make any such rhymes or ditties, shall make fine according to the discretiance of commissioners, and that proclamation be made accordingly." That a bard should vent his indignation on occasion of such a stigma, is not to be wondered at. The Hibernian warmth is natural:

> "When England would a land enthral,
> She doomed the muses' sons to fall,
> Lost Virtue's hand should string the lyre,
> And feed with song the patriot's fire.
> Lo! Cambria's bards her fury feel;
> And Erin mourns the bloody steel."

The 'factions' which have continued to agitate the Irish peasantry so unhappily to the present day, had an injurious effect on the poetical character, the bards becoming mercenary and sycophantic followers of the great. The poet Spenser, who otherwise had a proper respect for the profession, gives a quaint and curious, but on the whole we may believe, a just picture of the bards.

"They were brought up idly," he says, "without awe of parents, without precepts of masters, and without fear of offence . . . for little reward or the share of a stolen cow, they wax most insolent, and half-mad with love of themselves. As of a most notorious thief and wicked outlaw, which had lived all his lifetime by spoils and robberies, one of their bards will say that he was none of the idle milk-sops brought up by the fireside, but that most of his days he spent in arms and valiant enterprises; that he did never eat his meat, before he had won it with his sword: that he lay not all night slugging in a cabin under his mantle; but used commonly to keep others waking to defend their lives, and did light his candle at the flame of their houses to lead him in the darkness; that the day was his night, and the night his day; that his music was not the harp, nor lays of love, but the cries of people, the clashing of arms, and 'finally,' that he died, not bewailed of many, but making many wail when he died, that dearly bought his death." Such a song, he adds, might be purchased for 40 crowns.*

Many who could not themselves compose, acted the rhapsodist, which Buchanan notices as a practice in the Highlands also, and sang the poems of others as a profession. In fact, the bards in Ireland became a public annoyance, and frequent petitions were made for their suppression.

Most part were extremely profligate, and consequently poor, but some became affluent,

---

* View of the state of Ireland.

and renounced a profession become disreputable.* A genuine bardic feeling animated Richard Roberts, a poor harper, who performed at a late Eisteddvod at Caernarvon, who, on receiving his fee, observed, " this money has been of service for my wants, but it has spoiled my music, for I never play so well for hire, as from my love of the art, and desire to please."

Oral poetry, the only medium through which the Celtæ preserved the memory of all transactions, was in no wise so feeble an instrument as a late Essayist considered it.† A poem of the bard Taliesen, who lived, anno 540, described the death of King Arthur, and the place of his interment, which being repeated before Henry II., about the year 1187, the king ordered search to be made for his tomb in the churchyard of Glastonbury, and there it was found. A similar discovery was made by the recitation of the duan of Cath-Gabhra by an old harper, in which an account is given of the burial of King Conan. The Irish academy, to verify the correctness of the bardic record, had the spot excavated, when the grave was found as described in the song!

It is unfortunate that the Greeks and Romans did not consider the compositions of the Celts worthy of preservation. They may not indeed have been very important, except as relics of extreme antiquity; but the glimpses of ancient manners which they would have afforded, and their curiosity as productions of ages so remote, render their loss matter of much regret. It is certain from the few intimations which are given on the subject, that there were many in existence of very distant origin. Some of the Celt- iberians asserted that they had poems, containing their laws and history, six thousand years old. So long a duration may well be doubted, but if it was only a moderate frac- tion of such a number, it would be confessedly great, and there is no question, but that other tribes made equal claims. The German poems, which formed their national annals, were ancient in the days of Tacitus, who flourished in the first century, and he mentions some composed in his own time;‡ their remains were extant seven hundred years after- wards. One of the pursuits in which Charlemagne took great delight, was, searching for those decaying relics of poetic antiquity and committing them to memory. It was a similar practice with the great Alfred. There is one fragment which may be given as the oldest specimen of the bardic genius of an ancient Celt. Luernius, king of the Arverni, was wont to court popularity by extraordinary munificence. A poet once arriving long after the others, saluted the prince with a poem extolling his virtues and his benevolence, but lamented his misfortune in being too late to receive his bounty. The song procured the gift of a purse of gold, to the happy bard, who then chanted loudly, saying that Luernius' chariot-wheels as they rolled along, scattered wealth and blessings among the children of men.§

Although not disposed to go beyond an era of probability in the belief of the alleged antiquity of many British remains, yet as the inhabitants were found by the Romans, in most parts which they explored, as far advanced in civilization as the Gauls, and were

---

* In the book of Fermoy is a collection of mercenary rhapsodies. Lawless.
† The late John Anderson, Esq., W.S.
‡ One in praise of Arminius (Armin.) a celebrated chief, is mentioned in the Annals.
§ Posidonius apud Ritson. He flourished about 30 years before Christ.

much their superiors in bardic knowledge; not to advert to the general supposition that the famed chief-druid Abaris, who visited Greece clad in a tartan robe, must have been a Caledonian, and other points which would serve to show considerable civilization in early times; there seems good reason to admit that the Britons had also preserved historical poems which may have reached a high antiquity. From certain dark and figurative verses, the early chroniclers probably drew their materials, which, incorporated in their works without sufficiently comprehending the meaning, led to erroneous constructions, and the fabulous narrations which mark the productions of the early writers. Gildas and Nennius or Neniaw, 550 and 608, who were bards, compiled their histories from such authorities; and the former deplores the destruction of many old records by the enemy, and loss of others carried away by those who were driven from the country by the inroads of the northern tribes. Many Cumraëg MSS., were at one time in the Tower of London, either the spoils of war, or carried there by Welsh captives, taken in the Saxon and Norman invasions. They are supposed to have been poetical; but whatever they were, with a policy which subsequently actuated English monarchs with respect to the national songs and records of the sister kingdoms, they were committed to the flames. Owain Glendwr's rebellion, 1400, led to the destruction of most of the remaining bardic compositions which had been committed to writing; William of Salisbury says on his defeat, not one that could be found was saved! The Llyvr du o Caerfyrddyn, Blackbook of Caermarthen, is supposed to be the most ancient British manuscript in existence; it contains the works of bards of the 6th century.*

Among the more ancient remains of bardic science are those of Merddin, or Merlin the Caledonian, who flourished in 470. He was born at Caerwerthevin, near the forest of Celyddon, supposed to be Dunkeld, where he was protected by Gwenddolau ap Ceidio, with whom his mother, a nun, had sought refuge: having through accident killed his nephew in battle, he became subject to insanity, whence he was called the Wild, and his effusions were accounted prophetic. He received a tract of fertile land from this prince, which he lost in the wars with Rhedderch, King of Strathclyde. A poem which he composed on this gift, praising it under the name of an orchard, is a fair specimen of this bard's abilities. The verses have an unequal number of lines, but in each the final syllables rhyme. A verse or two are thus translated:—

AFALLENAU MYRDDIN.

"Sweet apple tree, growing in the lonely glade! fervent valour shall keep thee secure from the stern lords of Rhydderch. Bare is the ground about thee, trodden by mighty warriors; their heroic forms strike their foes with terror. * * * * Death relieves all, why does he not visit me? for after Gwenddolau no prince honours me; I am not soothed with diversion, I am no longer visited by the fair: yet in the battle of Arderydd, I wore the golden torques, though I am now despised by her who is fair as the snowy swan.

"Sweet apple tree, loaded with the sweetest fruit, growing in the lonely wilds of the

* Jones' poetical relics of the W. bards.

woods of Celyddon! all seek thee for the sake of thy produce, but in vain; until Cadwaladr comes to the conference of the ford of Rheon, and Conan advances to oppose the Saxons in their career, &c."*

There are some pretty similes here, and the Celtic character is impressed on the composition, but how far short it comes of the Gaëlic poems of antiquity!

The Welsh having so sedulously maintained the science in all its peculiarities, a reference to their history could not with propriety be avoided. From the kingdom of the Strathclyde Britons, through that of Cumbria, which extended to the marches of North Wales, the tribes appear to have for some time formed the link between the Cumri and the Gaël; the intercourse therefore which appears to have subsisted between the two people in early ages, will justify a frequent allusion to those who at first thought might appear quite disconnected with the Gaëlic bards.

From the beginning of the 5th century there were numerous bards, the remains of whose works are still extant. The antiquaries of Wales enrol in their list the names of several who are assigned an antiquity so remote, that a degree of scepticism is excited as to their existence, but the Irish writers quite surpass them; for they lay claim to national poetry three thousand years old!† It is impossible, without a great stretch of credulity, to believe that any relic anterior to the Christian era has reached our times. Fingin and Fergus of the 2d century, and others, may be real personages, and the authors of poems ascribed to them; without questioning the truth of the legends concerning the more ancient personages, it may be sufficient to say, that from the advent of our Saviour, downwards, the numerous individuals distinguished in the science are recorded by the bardo-monkish chronicles in precise detail. We find among those most noted in the 5th century, Torna and Dubthach who is said to have written a poem in which the rights of the bards are enumerated. He subsequently became a convert to Christianity, and in this class are to be ranked Feich, Cronan, Columcille, Adamnan, Dallan, Seanchan, Angus, Amergin, &c. These primitive Christians, being of the privileged class, by the old institutions, did not fail to set forth in a favourable light, the glorious state of ancient poetry, thinking it an enhancement of the national honour, to show that Ireland was the celebrated land of bards before it acquired the more exalted title of that of saints. The powerful exhortations of St Patrick and his successors, induced numerous bards to betake themselves to the services of religion, many acquiring dignities in the church, and considerable celebrity. In 884, died Maolmhuradh—his contemporary Flann was accounted the Virgil of Ireland; Donagh O Daly, Abbat of Boyle, who died in 1244, was called the Ovid.

We find, from what is recorded of the bardic system in Ireland, that like the Welsh, they had triennial conventions, and the Iomarba, or contests, were professional competitions. The practice in Ireland must be held to be the same as was observed by the Gaël

---

* By the Orchard, Merddin perhaps means the asylum he found in Athol, Abhal or Adbul, which is believed by many etymologists to acquire its name from fruitfulness in abhlan, apple-trees. The poet therefore seems to play on the *Afallanau*, or apple-tree garden.

† Dr O'Connor.

of Scotland. The Munster bardic Sessions which were held so late as the beginning of last century, were suppressed by penal statute.* Attempts have been made to restore in some measure the ancient practice of the harp and vocal melody, as a means of preserving the poetry and music so rapidly on the decline. A Mr Dungan offered four prizes of seven, five, three, and two guineas to the best performers on the harp, in a meeting held at Granard, in 1781, at which eight or ten performers attended. In 1792, a meeting of the harpers, as the descendants and representatives of the ancient bards, was called at Belfast, by a number of gentlemen who raised funds for the purpose of reviving and perpetuating the old " music, poetry, and oral traditions," at which ten harpers attended. The Belfast Harp Society, for supporting a professor and students, was established in 1807. An institution worthy of the descendants of the ancient Dalriadic Scots deserved a more extended existence: it only survived until 1813.†

Returning to the bards of Caledonia, to whose history this essay is more particularly devoted, it must be confessed that they have not met with the ready chroniclers who have celebrated the others; but they have left a more splendid monument, in their own inimitable works.

Who were the "bards of old," whose poems were alluded to by the renowned Ossian, or in what age did they exist? The expression carries the mind back to a distant and indeterminate era, and it proves that there were poems well known in his day, which were then reckoned ancient. "Thou shalt endure, said the bard of *ancient days*, after the moss of time shall grow in Temora; after the blast of years shall roar in Selma." Fergus, Ullin, Orain, Daol, were his contemporaries, but we know not who was the author of the "Tain bo, Cualgne," a poem co-eval with the epoch of redemption. The Duan Albanach, repeated at the coronation 1056, was formed from some similar record, of much higher antiquity.

The era of Ossian is fixed by concurring opinion, formed from the evidence contained in the poems, in the third century. The compositions of several who lived in his own time, as well as the immediately succeeding ages, have come down to our own times; owing their preservation to that peculiar beauty which characterizes the works which preceded the full establishment of Christianity. Collections of the Sean-dana have been published under the general affiliation to those ancient bards; but as it cannot in the case of several pieces be with certainty shown whether it was the 'voice of Cona,' which gave them being, or the others, the descriptive appellation of Ossianic poetry seems an appropriate designation. At the same time it must be observed, that the judgment of the Highlanders may in general be relied on; some of the anonymous poems given in the following collection, although evidently formed by those who had not embraced Christianity, and compositions of acknowledged merit, are nevertheless so far from the *ne plus ultra* of the acknowledged standard of excellence, that they are never ascribed to Ossian

---

* Walker, who quotes memoirs of Clan Ricard, 1727. See Hardiman's Irish minstrelsy for a copious list of Bards and Seannachies and poetical ecclesiastics. From the identity of language and similarity of names, our Irish neighbours have laid claim to several bards, who ought assuredly to be placed in the Albanic list.

† Bunting on Irish music, 1840.

Mac Fhinn.* The authors of some of those ancient compositions are known, as of Mordubh and Collath, but many others are anonymous, or of uncertain authorship.

It will scarcely be expected that the question of the authenticity of the poems of Ossian which so long agitated the literary world, shall be resumed in the pages of this short essay. The ample proofs of the existence of those poems in the oral record of the unlettered Highlanders, as well as in several MSS., long before MacPherson undertook the labour of collecting and translating them, obtained by the searching investigation of the Highland Society, and of individuals, have, we should think, settled the controversy to the satisfaction of the unprejudiced. The evidences which the poems were supposed to exhibit of their recent composition, as urged by Laing and others ignorant of the language, have been happily overthrown by natives of the country who well understood the originals, while the correspondence of the chronology of those compositions with the events in Scottish history, is an extraordinary proof of their being the genuine production of antiquity.

"The history of the bards, is perhaps of all others the most extraordinary," is the expression of an eminent writer on poetry and music;† and another has said, that "on the construction of the old Celtic poetry we want much information."‡ Since this wish was expressed, the subject has been treated by writers qualified by a competent knowledge of the language. The Triads, which form so curious a record, commemorate Tydain, who first made an order and regulation for the record of vocal song; and it is laid down that there are three requisites for a poetical genius—an eye that can see nature, a heart that can feel it, and boldness that dares to follow it. In Ireland, Ceanfaela (who flourished about 500,) we are told, wrote or revised what is called the "uraicepht na neagir," or rules for poets, a very useful work, since we find there were upwards of 100 kinds of poetical construction. In 'Anglia Sacra,' mention is made of a Scot who was acquainted with 100 different sorts of verse, with the modulation of words and syllables to music, to which letters, figures, poetic feet, tone, and time, were necessary.§

The Triads are a sort of oracular stanzas, composed with much art in three lines. This triplet form was not unknown to the Highlanders, but it was more peculiarly Welsh, and appears to be, as is uniformly asserted, the favourite druidic style. It is generally termed Englyn Milwr, the warrior's song, which points to its use as the "cerdd voliant prosnachadh," or stimulating address which animated the troops in war. It was in this measure, doubtless, that the famed Unbeniaeth Prydain, or heroic poem called the Monarchy of Britain, was composed. This is now lost; but it had a wonderful effect on the hearers, referring to the pristine glories of the Britons when they held the sovereignty of the island. It was Eydeyrn, the golden-tongued, in the reign of Gruffudd, Prince of Aberfraw 1258-82 who made an analysis of the metres of vocal song, "to be as a record and a code."‖ Those who wish farther information respecting the Welsh bards will be amply gratified by consulting the elaborate works of Jones and Evans; it may be sufficient to

---

* There were others of the name. Those poems in which matters relative to Christianity are introduced, which are current in Ireland, were in all probability the composition of that Ossian, who became St Patrick's disciple.
    † Dr Brown.   ‡ Pinkerton "the Goth."
    § II. p. 213.   ‖ Owen's Dictionary.

say, that the three divisions of Englyn, Cywydd, Awdl, close, parallel and lyric metre, were divided into twenty-four, the last of which was " the masterpiece."

The poetical genius of the Highlanders has been often subject of remark. Pastoral occupations and an Alpine situation are congenial to it. The mountains of Bœotia were the favourite abode of the Muses, and the Arcadians, who were the Highlanders of Peloponnesus, became famous in the most early ages for their poetry and music. The modes of Gaëlic versification are various, but on a close examination are not so numerous as at first would appear; it is evident, however, that the ancient poets did not cramp their genius by adherence to any rule, although there was an attention to rhyme and cadence. In later times, the system was rendered intricate and complicated by a curious classification of the letters, in which the Irish particularly distinguished themselves. The Gaëlic language is well adapted for poetry, but it cannot we think, except in a few cases, be successfully scanned according to the rules of latinists, although this has been attempted.*

In the scarce work of Mr Davies before referred to, this learned Cambrian—endeavouring to prove that the poems of Ossian, if allowed to be older than the days of our fathers, are the productions of an age long posterior to their believed era—enters very particularly into the systems of versification, which his elaborate ‘Celtic Researches’ and intimate acquaintance with such matters, enabled him to do with great critical acumen; nevertheless most of his dicta may be very confidently repelled. ‘Rhime,’ he admits, ‘was peculiarly known to the Celtæ,’ and with alliteration it formed the true mark of antique composition; with which observations we readily agree. He subsequently says that alliteration was a more recent invention than rhyme, and that rhyming verses are the nearest resemblance to the style of versification used by the druids. The Welsh were ignorant of alternate rhymes or quatrains, their poetry being usually of such a form as the following:

    Mor yw gwael gweled,
    Cymwro cynnired,
    Brathau a brithred,
    Brithwyr ar gerdded.

It is rather surprising that this people should not have this style of versification in their heroic pieces, for which Dryden recommends it as most suited, and in which style the Ossianic poems are generally composed. Mr Davies' object is to test the antiquity of this poetry, but he does so by a comparison with the Irish system which he allows to be so full of art, and so fanciful, that it could not be of ancient origin, nor the manner "of any Celtic tribe whatever!"

The system, as Gaëlic scholars know, is by a complex and arbitrary classification of the letters, and the strict application of the rule of "caol ri caol, agus leathan ri leathan," short to short, and broad to broad. Mr Davies acknowledges that their table must have been the work of time, and says, the oldest specimen in which he found it in full force, was of the time of Queen Elizabeth: certainly the oldest Gaëlic poetry does not exhibit this feature. If 'both nations versified on the same principle,' is there not some incon-

* Dr Armstrong in his excellent Dictionary, and Mr Munro in his Grammar, have reduced the bardic works to this classical mode of testing their merit.

sistency in saying that the Highlanders were bungling copyists of the Irish? The roughness of this charge is indeed a little smoothed down by the subsequent admission, that whatever they copied they much improved, having, he confesses with unexpected candour, a genius for poetry!

The war-song of Goll he accounts a fair specimen of the poetry of the age of Ossian. He takes it from an Irish version, and a short specimen will be quite sufficient for a Gaëlic scholar to determine whether the Hibernian or Caledonian displays the finest genius, or bears the strongest marks of antiquity.

> " Goll mear mileata.   Laoch gu lan ndealbhnaig
> Ceap na crodhachta   Reim an richuraibh
> Laimh fhial arachta   Leomhan luatharmach
> Mian na mordhasa   A leonadh biodhbhaidh
> Mur leim lanteinne   Ton ag tream tuarguin
> Fraoch nach bhfuarthear   Goll nan gnath iorguil." &c.

It is within the range of our observations to consider our author's opinions a little further. He brings forward many instances of what he terms defective rhyme, but it is evident, he was not sufficiently master of his subject, for he errs in supposing that the final syllables ought to rhyme—it is the penult syllables which do so. He gives four lines which are certainly as perfect rhymes as could be produced.

> " Triath na trom channa.
> Briathra bin mhala
> Mile mear dhanna
> Dlightheach diongmhala."

Mr Davies dwells at considerable length on the sounds of the consonants and their combinations, according to the Irish table; but although he notices Shaw's observation "that the Highland poets, following their example, had also a classification," he does not let his readers know that the two differed. The sound of ch, by the Irish is accounted rough; by the Gaël of Alban, it is deemed soft, sprightly, forcible, &c. His objections therefore to laoich, which he maintains should be laoigh to agree in character with faoin; fithich, which ought to be the Irish fiaigh; oigh, and scod, and other words which he asserts do not rhyme, are therefore groundless. He may have satisfied himself and been able to persuade others, that the genuine Ossianic poetry is not a production of the Highlanders, because until late years, they had neither grammars nor dictionaries; but surely it will not be gravely maintained, that the grammarian preceded the poet! Ingenious persons would endeavour to reduce to rule, and innovate upon, or improve the acknowledged, although sometimes rather obscure laws of verse, but they no more formed those original laws than Shaw formed the language of which he first gave the ' Analysis.' The Irish poetical letter-table was not thought perfect until little more than 200 years ago. Mr Davies allows the very ancient rann on the Lia-fail, or palladium of Scotland, to rhyme very well, although he suspects it to be Irish; but in truth so much time should not have been given to the consideration of his objections to the authenticity of these poems, did not his defiance call for some reply, and the weight of so great an authority require it;

the subject at the same time being so appropriate to that in hand. Both nations versified on the same principle, and as few countries produce a Homer or an Ossian, it is not surprising that there should be contending claims for the honour of their birthplace. It no doubt astonished the antiquaries of other countries, to find that such extraordinary compositions should be the production of "a people who had never boasted of their literary treasures," but our learned objector could not find many, except among the hopelessly prejudiced, to believe that "the Scotch poems are the trivial songs of the illiterate peasant in the reign of George III."! To close these remarks, we are happy to insert Mr Davies' own opinion of the same poems, which doubtless was not hastily formed, being expressed in more elegant language than we could readily command, or becomingly use for ourselves.

"The Fingal and Temora, upon subjects so interwoven with the feelings of the people, set this corner of the island far above poetic competition, not only with any Celtic tribe, but we may almost say with any nation in Europe. What people now existing can boast of epic poems, so interesting, so original, so replete with generous sentiment, and at the same time so nationally appropriate? The man who believes himself descended from Fingal, from either of his heroes, or even from the nation which produced such characters, must be a degenerate wretch indeed, if he can do otherwise than think nobly and act honourably."*

Previous to displaying more particularly the beauties of the Gaëlic bards, their system of versification requires to be more fully developed; but it is a difficult task to convey a clear idea of that which is so much "sui generis," and constructed on principles in many cases at entire variance with the laws which govern in other languages. The variety of measure in Gaëlic poetry, is not more remarkable than its complication of rhythm and cadence, often presenting a wild excellence, which to those unacquainted with the language, appears to be a perfectly lawless arrangement of lines. Some of the early productions of untutored bards, and even portions of the Ossianic poetry, are in verse so irregular, as to present the aspect of disjointed prose. The natural flow of the passions is not restrained by attention to measure or adherence to rule, and events which produce strong mental agitation, are not likely to be commemorated, in soft, flowing and well adjusted lines. The ancient bards do not appear to have composed under any fixed laws of versification, yet the wildest effusions were not without a certain rule; their poems, although in blank verse, had a peculiar adjustment of cadence and feet, easily discoverable to a practical ear.

Polymetra, or verses of different measures, employed according to the poet's taste or feeling,—a style, capable of being rendered extremely effective, is held to be the first form of composition, and has been frequently used by both the ancient and modern Gaël. It was adopted by other nations, and successfully practised by the French and Spaniards —in England, it is first seen in the works of Ben Johnson.†

---

* Besides several literal and versified translations in English, the Poems of Ossian have appeared in Latin, Italian, Spanish, Portuguese, French, German, Russian, Danish, Swedish, &c.
† See Transactions of Irish Academy.

INTRODUCTION.

Much of the Gaëlic poetry might be scanned; but a great deal of it cannot be properly subjected to this classical test by the most ingenious; and yet a Celtic ear will tell that it is good. We are of opinion that the rules for scanning, by which Latin verses are governed, are alien to the Gaëlic, which certainly does not owe the art of poetry to the Romans. The concord does not always depend on the coincidence of final words; but rests on some radical vowel in corresponding words, and these not terminal alone, but recurring in several places throughout the verse, which will be best understood from examples.

Muir, cuir; each, creach; gleann, beann, &c., are quite perfect, but in fios, gion; làmh, bàs; feidh, sleibh; beul, speur, &c., the rhyme is in the corresponding vowels. In the same poem, especially if ancient, we frequently meet with good regular versification, and portions in which there is no rhyme at all: indeed in one piece, there are often various sorts of verse.

Rhyming lines, which are thought to be the nearest resemblance to the style of versification used by the Druids, are common.

> " Bha geal-làmh air clàrsach thall;
> Chunnaic mi a gorm-shuil mall
> Mar ghlan thaibhs an iomairt a' triall
> Le cheilte an cearb nan dubh niall."
> *Tighmora, Duan IV. Vol. III. p. 52.*

Here is a specimen of alternate rhymes, which exemplifies their independence of the final consonants. The cadence in the middle of the line is also observable.

> " O! m' anam faic an ribhinn òg,
> Fo sgeith an daraich, righ nam flath,
> 'S na lamh shneachd meisg a ciabhan òir,
> 'S a meall-shuil chiuin air òg a gràidh.
>
> " Esan a' seinn ri taobh 's i balbh,
> Le cridhe leum, 'sa snamh 'na chèol,
> An gaol bho shuil gu suil a falbh,
> Cuir stad air feidh nau sleibhtean mòr."
> *Miann a Bhaird aosda, p. 16.*

Heroic verse is usually of seven, eight, nine, or more syllables.

> Latha do Phadruic na mhur
> Ciun sailm air uigh ach ag òl
> Chaidh e thigh Oisein 'ic Fhinn
> On san leis bu bhinn a glòir.
> *Osian.*

Again :—

> " Na h-eòineanan bùidheach a's òrdamail pònng.
> Stu màrceach nan srànneach a's fàrrumach cèum."
> *MacLachlan.*

Some modes of versification are very singular, having a curious concord of vowels, without alliteration, running through the whole, and occurring in different parts of the lines, forming compound rhymes: for example:

INTRODUCTION.

> " Sin fhuil bhau cùisl' ar SINNSEAR,
> San INNSGINN a bha nan *aigne*
> A dh' fhagadh dhùinn mar DHILIB,
> Bhi RIOGHAIL ; bè sin am P*aidir*."
>
> D. LRO.

Again :—

> " Is mòr a ghreis a thug na SEOID
> 'Sna SLOIGH a coimhead an *euchdan* ;
> Ach chlàon iad araon air au FHRAOCH,
> 'S fuil CHRAObhach a ruith o' n *creuchdaibh*."
>
> *Morduth.*

Besides the regular rhymes, there is a sort of melodious cadence pervading the verse, which of course is more or less beautiful according to the genius of the poet. The following anonymous composition shows the harmonious adaptation of the language for versification ; it seems to flow with the greatest facility in the happiest agreement of rhythm and measure. It is usually sung to the fine old air of ' Johnny's grey breeks.'

> " A nighean donn na bwaile
> Gam bheil an gl*uasad* fARusda,
> Gun tug mi gaol co b*uan* duit,
> 'Snach glu*ais* e air an EARRach so ;
> Mheall thu mi le d' shùgradh
> Le d' bhriodal a' le d' chùine,
> Lùb thu mi mar fhiùran,
> 'S cha dùchas domh bhi fALLain *n*aith."

Here is another specimen of a similar style :—

> Fhuair mi sgëula moch dieëdin
> Air laimh fhëuma bha gu creùchdach,
> 'S leor a gheùrad anns An leùmsa
> Anal on trëud bha bu*aghat.*
> O Dhun Gāranach ur āllail
> Na'n trup meùrn' s na'n steud scānga,
> Na'n gleus glāna s' ceutach seālladh,
> Beichdail āllaidh *n*aibhreach.

Mary MacLeod, better known as Nighean Alastair ruadh, the daughter of red Alexander, had so fine a genius, that she appears to have struck out some new measures. Here are two specimens of a very plaintive cast.

> Righ ! gur muladach 'thā mi,
> 'S mi gun mhire gun mhānran,
> Anns an talla 'n bu gnā le Mac-Leoid,
> Righ gur, &c.
>
> Taigh mor macnasach, meāghrach,
> Nam macaibh 's nam māighdean,
> Far 'm bu tartarach gleñdhraich nan cora,
> Taigh mor, &c.
>
> *See* p. 21.
>
> Tha mo dhuils' ann an Diā,
> Guir muirneach do thriāll,

Gu Dùn ud nan cliàr,
Far bu duthchas do' m thriàth,
Bhiodh gu fiughantach fiùll foirmeil,
Bhiodh gu, &c.
See p. 30.

The following variety is by the celebrated John MacDonald, not *Iain Lom*, but *Iain dubh Mac Iain 'ic Ailein;* the Eigg bard.

Si so 'n aimsir an dearbhar
An targanach dhūinn,
'S bras meinmnach fir Alba
Fon armaibh air thūs;
Nuair dh' eireas gach treun-laoch
Na' n eideadh ghlan ūr,
Le run feirg agus gairge
Ge seirbhis a chrūin.

Donchadh Bàn, or Duncan MacIntyre, the boldness and originality of whose conceptions, clothed in poetry of the most genuine excellence, unassisted by the slightest education, have obtained for him a comparison with Ossian himself, offers many a beauty scattered profusely throughout his numerous works. In that admirable poem called Beinn Dourain, he has adapted the verses to the piobaireachd notes, commencing with the ùrlar, the groundwork or air: the second part is the suibhal, or quickening, arranged in a different measure, to which succeeds the crun-luath, swifter running music, to which a suitable measure is likewise adapted. It is a curious effort, and his model seems to have been an older piece which accompanied Moladh Mairi, the praise of Mary, otherwise the MacLachlan's salute.

His lines are extremely mellifluous, and his compositions show a great poetical versatility. Let us present a verse of his Coirre-Cheathaich, scanned according to Dr Armstrong.

'S ă' mhādăinn | chiŭin gheăl, | ăun ăm dhŏmh | dūsgădh,
'Aĭg būn nă | stălĭcŭ | b ĕ'n sŭgrădh | leam,
A cheārc lĕ | sgĭŭcăn | a gābhāil | tūchăin,
'Săn cōileăch | cŭĭrtŏĭl | ăg dŭrdāil | trom.
Ăn drĕathăn | sūrdail, | 's ă rĭbhĭd | chĭul ăige,
Ă cūr năn | smŭĭd dhĕth | gŭ lūthăr | binn;
Ăn trūĭd săm | brū dheărg | lĕ mōrăn ūnaich,
Rŭ cŭĭlĕĭr | sŭnntăch | bŭ shĭŭbhlăch | rann.

The measure is repeated at every second line. It will be observed, that there is an agreement in sound between the first syllable of the second and third foot; in the second and third lines, between the first syllable of the second, and the middle of the third foot.

His beautiful song to Mairi bhàn òg, fair young Mary "so often imitated, but never equalled," is another captivating beauty in the composition of 'Fair Duncan of the songs.'

In the fourth book of Fingal is the war song, prosnachadh, or exhortation, which the bard chanted to inspirit the renowned Gaul, when engaged in the heat of a desperate battle. So expressive is the language, and with such skill did the bard compose his address, that the very sound echoes the sense; it could never, we apprehend, be mistaken, even by one

g

totally unacquainted with Gaelic, for a gentle pastoral. An English translation is given, which is not so elegant as that by MacPherson, but it is more literal, and will, therefore, be considered more fair, i. e. if it were from this version he translated.

I.

A mhacain cheann,
Nan cùrsan srann,
Ard leumnach, Righ nan sleagh

I.

Offspring of chiefs,
Of snorting steeds,
High bounding, King of spears!

II.

Lamh threun 's gach càs;
Cridhe àrd gun sgà;
Ceann airm nan rinn geur-goirt.

II.

Strong hand in every trial;
Proud heart without dismay,
Chief of the host of deadly, sharp weapons.

III.

Gearr sios gu bàs,
Gun bhare sheol bàn,
Bhi snàmh ma dhubh Innistoir.

III.

Slay down to death,
That no white-sailed bark,
May sail by dark Inistore.

IV.

Mar thairneannach bhail
Do bhuille, a laoich!
Do shuil mar chaoir ad cheann.

IV.

Like the thunder of destruction,*
Be thy stroke, O hero!
Thy darting eye like the flaming bolt.

V.

Mar charaic chruinn,
Do chridhe gun roinn;
Mar lasair oidhch' do lann.

V.

As the firm rock,
Unwavering be thy heart.
As the flame of night be thy sword.

VI.

Cum suas do sgia,
Is crobhuidhe nial,
Mar chith bho reull a bhàis.

VI.

Uplift thy shield,
Of the hue of blood,
Portentous star of death.

VII.

A mhacan ceann,
Nan cùrsan stann,
Sgrios naimhde sios gu làr.

VII.

Offspring of the chiefs,
Of snorting steeds,
Cut down the foe to earth.

In the poem entitled Conn,† is preserved an incantation or invocation to Loda the Scandinavian deity, which seems to partake of the stern character of northern poetry, and has but a very slight approximation to rhyme in the final syllables.

Cheò na Lanna
Aom nan cara;
'S buair an cadal,
Chruth Loda nan leir-chreach.
Sgap do dhealan;
Lasaisg an talamh;
Buail an anam;
'S na maireadh ni beò dhiubh.

* Qr. of Ba'il? † Smith's Gallic Antiquities.

INTRODUCTION.   liii

The Duan Albanach is on a subject which did not admit of any copious introduction of the graces of poetry; a portion of it will nevertheless be thought curious, as exhibiting a production of the middle age, presuming, that the bard who repeated it in 1056 was the author, in Gaëlic of an orthography now rather obsolete. There are 27 verses, of which the following are the first and last.

> A colcha Alban uile,
> A shluagh feta folt bhuidhe,
> Cia ceud ghabhail an eol duibh,
> Ro ghabhustar Alban bhruigh.

> Da Righ for chaogad, cluine,
> Go mac Donucha dreach ruire,
> Do shiol Eric ardgluin a noir,
> Ghabhsad Albain, a colaigh.*

One of the most curious alliterative poems is that composed by Lachlan mòr Mac Mhuireach, bard to MacDonald of the Isles, to animate his troops at the battle of Harlaw, fought 1411. The bard gives a part for every letter of the alphabet, and each contains the most felicitous collection of epithets under the respective letter. Towards the end, the strict alliteration is abandoned, and the piece concludes as usual in heroic poems, with the opening lines, which call on the children of Conn, " of the hundred battles," to behave with becoming hardihood in the day of strife.† A portion will be found, p. 62.

Another selection from "the voice of Cona," will exemplify the freedom with which the ancient bards versified, presenting events in the most impressive language, without restraining the flow of the muse for the mere sake of making the lines ' clink,' as Burns would say.

> Mar cheud gaoth an daraig Mhoirbheinn,
> Mar cheud sruth o thorr nan aonach,
> Mar neoil a' curadh gu dubhlaibh,
> Mar chuan mor air traigh a' taomadh,
> Cho leathean, beucach, dorcha, borb,
> Thachair laoich fo cholg air Lena.
> Bha gairm an t-sluaigh air cruach nam beann,
> Mar thorruun an oidhch' nan sian,
> 'N uair bhriseas nial Chona nan gleann
> 'S mile taibhs' a' sgreadadh gu dian
> Air gaoith, fhaoin, fhiar nan carn.
> Ghluais an Righ na' neart gu luath,
> Mar thannas Threiumhoir, fuath gun bhaigh,
> 'N uair thig e' n crom-osag nan stuadh
> Gu Morbheinn, tir sinns're a ghraidh.

* Rerum Hib. scriptores veteres.
† The farm, heretofore Muir of Harlaw, is on the north side of the river Urie, about 17 English miles from Aberdeen. It is in the Gariach or rough district, whence the battle is called by the Highlanders, *cath gariach*. On the field of conflict were to be seen the sepulchral cairns of the slain—MacLean, M'Intosh, &c., but the industrious utilitarian now raises his crops on the soil which enwraps the undistinguished remains of the gallant warriors, who fell in that well-contested field.

Here in some parts the final syllables rhyme extremely well; in others, there appears no such agreement. The 5th and 11th lines prove how truly Mr MacLean speaks in his "History of the Celtic Language," when he says it is the voice of nature,—an echo, reflection, or vocal painting, so to speak, of passion and action. Celtic versification is indeed one of the most venerable remains of European literature, and its correspondence with the Hebrew style indicates the most remote antiquity.

This extract is truly one of the bardic beauties, but no translation can do it justice. MacPherson was certainly deeply imbued with the spirit which animated those who composed the poems he rendered into English, and although not always strictly literal, they are undoubtedly the most happy attempts to convey in one language the feelings displayed in another. He thus translates the passage.

"As a hundred winds on Morven; as the streams of a hundred hills; as clouds fly successive over heaven; as the dark ocean assails the shore of the desert: so roaring, so vast, so terrible, the armies mixed on Lena's echoing heath. The groan of the people spread over the hills: it was like the thunder of night, when the clouds burst on Cona, and a thousand ghosts shriek at once on the hollow wind. Fingal rushed on in his strength, terrible as the spirit of Treunmor, when in a whirlwind he comes to Morven, to see the children of his pride."*

How much has the Celtic poet here made of a simple battle—what striking accessories he has introduced, and what grandeur of simile he has employed, to impart a conception of the fiercest of fights in which his hero appears so conspicuously! In "revolving a slender stock of ideas," how admirably he has here availed himself of his scanty imagery!

It would certainly be impossible to preserve in any translation, the native simplicity, force and beauty of Gaëlic poetry. To those acquainted with the language, the representations are highly graphic and often sublime; but the feeling and felicity of description could not be clothed in an English dress without lamentable deterioration. Could MacDonald's Iorram for instance be translated so as to carry all its force of expression with it? Language is used to convey ideas and express action and feeling. In a primitive tongue it does so emphatically to a natural mind: when society becomes artificial, language undergoes a similar change. It is to be regretted, that to the English reader, the beauties in this work will be almost unknown, except from the instances submitted in this introduction, and they are merely sufficient to convey a general idea of the peculiar merit of Celtic poetry. The language is no doubt happily adapted for metrical composition, but the people possess a poetical genius, in no inconsiderable degree diffused throughout the community; for it is a fact that numerous bards were perfectly illiterate; some of the sweetest being ignorant of the A B C. Duncan MacIntyre is a celebrated instance, and a long

---

* A translator may lose the spirit and sense of an author if too metaphrastic: we shall however be forgiven for making a few remarks on the above, presuming it was the original from which the translation was made. The *oaks* of Morven are forgotten in the first line; Borb is more correctly *fierce*—dorcha, *darkening* is omitted. The gairm was not a groan or cry of affright, but the *battle-shout* of defiance. For the 'hollow wind,' the 11th line would be more literally ' on the *idle, eddying wind of the cairn.*' It is curious to find sinns're, *ancestors*, instead of progeny! These unimportant criticisms can never deteriorate from the just fame of MacPherson, and are by no means penned in a spirit of detraction.

list of others who lived in comparative obscurity could be given, many of them in the humblest walks of life. The feeling which animated these plebeian composers was reciprocated by the taste of their countrymen, and many a popular song is the work of obscure or unknown peasants and seafaring men. Such are Fhir a bhata, Air mo run geal òg, and numerous others. The Rebellions, particularly that conducted by Tearlach òg Stiuart, 1745, inspired many an individual of both sexes with poetic fervour, who never, before or after, felt the same irresistible impulse to invoke the muse.

The Gaëlic poetry and music are usually of a melancholy cast, and this has been attributed to the atrabilious temperament of a depressed people. Such a character is surely unsuitable to a people who have been characterized as high-spirited, proud and pugnacious. Yet the tender and affecting poems of the ancient bards, and the titles of popular airs, have been considered as satisfactory proofs of the justice of the assertion.* The unhappy situation of Ossian will fully account for the plaintive character of most of his pieces, but, admitting that the muses are most frequently invoked in seasons of trouble and adversity, and that in general the poems are of that gloomy and sorrowful cast, it will show undoubtedly a keenness of sensibility towards affliction, yet it will not follow that the Highlanders are naturally a querulous, dejected people. Poems, commemorative of calamity and distress, took stronger hold on the memory, and more powerfully excited the feelings than those of an opposite character, according well with a grave and reflective race. Dr Beattie speaks thus on the subject: " The Highlands are a picturesque, but in general a melancholy country. Long tracts of mountain desert, covered with dark heath, and often obscured by misty weather; narrow valleys thinly inhabited and bounded by precipices, resounding with the fall of torrents ; a soil so rugged, and climate so dreary, as in many parts to admit neither the amusements of pasturage, nor the labours of agriculture ; the mournful dashing of waves along the friths and lakes that intersect the country; the portentous noises which every change of the wind, and every increase or diminution of the waters, is apt to raise in a lonely region, full of echoes and rocks and caverns ; the grotesque and ghastly appearance of such a landscape by the light of the moon ; objects like these diffuse a gloom over the fancy, which may be compatible enough with occasional and social merriment, but cannot fail to tincture the thoughts of a native in the hour of silence and solitude. What then would it be reasonable to expect from the fanciful tribe, from the musicians and poets of such a region ? strains expressive of joy, tranquillity, or the softer passions? No: their style must have been better suited to their circumstances ; and so we find in fact, that their music is. The wildest irregularity appears in its composition ; the expression is warlike and melancholy, and approaches even to the terrible."

No doubt there is much truth in this, but it will not account for a similar character in the compositions of the Irish, whose country is comparatively champaign, and who are blessed with a genial climate and fruitful soil. Whence also the plaintive and tender melodies of the low country and southern counties of Scotland? Both people were im-

* Dauney—Ancient Scottish Melodies; a curious and valuable work.

bued with the same feelings—they used the same musical scale to poetry constructed on the same principle.

The prevalence of poems which detail the calamities of war, deaths of heroes, disappointments of lovers, ravages of storms, disasters at sea, &c., with melodies suitable to such lamentable subjects, shows, that tragic events leave a deep and enduring impression; while convivial, humorous and satiric effusions, are usually forgotten with the persons or incidents from which they arose.* The bards sought not to avoid the melancholy vein—they rather gave way to the feeling, and in this mood, many of their best productions were executed. "Pleasant is the joy of grief! it is like the shower of spring when it softens the branch of the oak, and the young leaf lifts its green head." That mind must be little susceptible of the softer feelings of human nature, which does not sympathize with the poet in the recital of a moving tale of wo. The sensitive bards are represented as at times bedewing the harp-strings with their tears, while repeating the sad story which the sterner chiefs could not listen to unmoved. A bard of Wales, about 1450, describes a similar effect.

> "The harper blest with lofty muse,
> His harp in briny flood imbrues."

"Cease the lightly trembling sound. The joy of grief belongs to Ossian, amid his dark-brown years. Green thorn of the hill of ghosts that shakest thy head to nightly winds; I hear no sound in thee; Is there no spirit's windy skirt now rustling in thy leaves? Often are the steps of the dead in the dark-eddying blasts; when the moon, a dun shield from the east is rolled along the sky."† Beautifully does the bard again express himself. "I am alone at Lutha. My voice is like the last sound of the wind, when it forsakes the woods. But Ossian shall not be long alone. He sees the mist that shall receive his ghost—he beholds the cloud that shall form his robe, when he appears on his hills. The sons of feeble men shall behold me, and admire the stature of the chiefs of old; they shall creep to their caves."‡ The closing portion of the aged bard's wish is of a similar cast. See page 15.

The generous sentiments which animated the Caledonian heroes, are worthy of the brightest age of chivalry.

> "Fuil mo namh cha d' iarus riamh
> Nam bu mhiann leis triall an sith."

"The blood of my foe I never sought if he chose to depart in peace."
Female beauty was a very congenial subject for bardic eulogium. The berries of the mountain-ash afforded a simile for the complexion of health, and snow, or the Canach, the white, flossy down of a plant which grows in moors and marshy ground, with the plumage of the Swan, for the fairness of the skin.

---

* It must strike a student in the poetry of the Highlanders, as remarkable, that it exhibits much more to indicate the state of hunters, than of shepherds or agriculturists.
† Tighmora, 404.   ‡ Berrathon.

"Bu ghile bian na canach sleibhte,
No ur-sneachd air bharra gheuga."*

"The star of Gormluba was fair. White were the rows within her lips, and like the down of the mountain under her new robe was her skin. Circle on circle formed her fairest neck. Like hills beneath their soft snowy fleeces, rose her two breasts of love. The melody of music was in her voice. The rose beside her lip was not red; nor white beside her hand, the foam of streams. Maid of Gormluba, who can describe thy beauty! Thy eyebrows, mild and narrow, were of a darkish hue; thy cheeks were like the red berry of the mountain-ash. Around them were scattered the blossoming flowers on the bough of the spring. The yellow hair of Civadona was like the gilded top of a mountain, when golden clouds look down upon its green head after the sun has retired. Her eyes were bright as sunbeams; and altogether perfect was the form of the fair. Heroes beheld and blessed her."

What a poetical picture of a vessel in a gale does Alexander MacDonald, in his Prosnachadh Fairge or stimulus to a Biorlin's crew, give us: the imagined bellowing and roaring of the monsters of the deep, whose brains were scattered on every wave by the prow, the boat being damaged in the furious collision! &c., evince a truly imaginative genius.

The old bards called Echo, " the son of the rock"—MacIntyre's "ghost of sound," is much more poetical.

There is fortunately less necessity for extending the number of examples, inasmuch as the bardic "beauties" are so liberally spread before the reader in the succeeding pages; yet before closing our extracts, it will not be accounted a digression, to give a short specimen from the compositions of the Sister-kingdom. 'The Songs of Deardra,' are held by the Irish to be of equal, if not greater antiquity than those of Selma. As the poetry of a kindred people, it is similar in character; but those who are conversant with the subject of ancient Gaëlic versification and its peculiar idioms, will be able to say whether it carries the mark of so remote an era as is claimed for it.

I.

Soraidh soir go h Albain uaim,
Faith maith radhare cuan is gleann,
Fare clann Uisneach a seilg,
Aobhinn sughe os leirg a mbeann.

II.

Iarla maithe Albann ag ol,
Is clann Uisneach dar cuir cion,
Dingean thiarna Dhun na Ttreoin,
(iu thig Naoise pog gan fhios, &c.

"Farewell for ever, fair coasts of Albion, your bays and vales shall no more delight me. There oft I sat upon the hill, with Usno's sons, and viewed the chase below. The chiefs of Albion met at the banquet. The valiant sons of Usno were there, and Naesa gave a kiss in secret to the fair daughter of the chief of Duntroon. He sent her a hind from the hill, and a young fawn running beside it. Returning from the hosts of Inverness, he visited her by the way. My heart was filled with jealousy when I

---
* Bas Airt 'ic Ardair. Smith's Antiquities, 350.

heard the news. I took my boat and rushed upon the sea, regardless whether I should live or die," &c.* This is the 'Clan Uisneachan' of the Highlanders.

A few passages, too, from Cumraeg poets, will serve for comparison with their brother-bards among the Gaël. David ap Guilym, who is called the Welsh Ovid, flourished about 1370. His Ode to the Sun is a feeble effort compared with that of Ossian, and is less striking than those by Milton or Thomson. The allusions are commonplace, as 'ruler of the sky,' 'ornament of summer,' 'looking on the manly race of Cambrians,' &c., David ap Edmwnt, about 1450, composed a Monody on Sion Eos, a bard who was executed for manslaughter. The poet makes good use of the epithet Eos, nightingale, which was given for his mellifluous strains, and he sorely laments that the unfortunate man was not tried by the impartial laws of Howel the Good, which would have found the act justifiable. " A man," says David, " punished for an act in his own defence ! Let misfortune fall on such as fail therein—of evils the lesser the better. Is the soul of the slain made happier, or his ghost appeased by life for life as an atonement ? * * * Neither the passions of man, nor the virtue of angels was unmoved by the melody of his harp, which whirled the soul upon wings of ecstasy. * * * What have I said ? they deprived him of life: he has life—their verdict only changed the scene of mortality for that of immortality. Their wilful judgment will have no effect in that court of equity, which is held at the gates of heaven. He now sings before the throne of mercy with an incorruptible harp." &c. It seems the weight of John the Nightingale in gold was offered for his ransom, but the days were long gone, when the law would be satisfied with an eric of any amount for such a crime.

Sion Tudor, who lived about 1580, is the author of an elegy on the death of twenty poets and musicians who departed this life in his own time. He names each individual with varied terms of praise and regret. The expressions are peculiarly bardic, and approximate to those of a much older generation. " It was God's pleasure," he observes, "to send for these men to hold a feast with him in heaven; may their souls enjoy the celestial mansion! Peace to their shades; their like will never more be seen. They are gone to their heavenly abode; let us hasten to follow."†

There is a decidedly Celtic and pleasing vein in these compositions, but there is not wild grandeur and elevated sentiment, that originality of conception and nervous expression, which characterize the works of the Gaëlic bards.

The Celtic poems were framed by the bard to suit the melody of the harp, the instrument sacred to the order; and to its music they were sung,—a music simple and natural, which long preceded the artificial and complicated. The peculiarity of the Scottish scale is well known as the enharmonic, consisting of six notes in the key of C, with C D E G A C, corresponding to the black keys in a piano. Defective as this scale may appear to be, it is admirably suited to express the passions in the effective tones of nature, the harmony of which is felt long previous to the adoption of scientific rules, and it strengthens our arguments for the unity of the ancient inhabitants of Scotland, that the melodies of the

---

* Nalson, Introduction to the Irish language—1808. Another version is given by Gillies.
† Jones. One of those commemorated, is David ap Hywell Grigor.

INTRODUCTION.

high and low country are invariably formed on the same scale, and possess the same character. The larger harp was strung with wire, and was the clarsach of the Gaël, the lesser being the cruit.

Cambrensis describes the Irish performances on this Celtic instrument in terms of great praise; and, had he visited North Britain, he would have had no reason to speak otherwise of the Scottish harping.

" The attention of this people to musical instruments, I find worthy of commendation; (he was a bard himself,) in which their skill is beyond all comparison superior to any nation I have ever seen," &c. And he then describes the music as being quick, not slow and solemn as that of Britain, yet at the same time sweet and pleasing. Girald entertained a strong dislike to the Irish, which adds to the value of his favourable testimony. Major, the Scottish historian, who was rather willing to underrate his "upthrough" countrymen, in speaking of the musical acquirements of James I., says, in performing on the harp, he excelled the Hibernians or Highlanders, who were the best of all players on it.* Roderick Morrison, better known as Rorie dàll, being blind, was the last professional harper in the Highlands. He lived about 140 years ago, was of a respectable family, and well educated, three brothers being clergymen.†

The Ossianic class of poetry is usually sung or chanted in a kind of recitative, executed with the gravity due to such revered compositions. An old Highlander considered it becoming to take off his bonnet when reciting them, and the term laoidh, hymn, by which many are distinguished, indicates the veneration with which they were regarded. The Highlanders were accustomed to sing at all their employments, and it was an excellent stimulus, serving also to relieve the irksomeness of labour. Those Highlanders of Greece, the Arcadians, were remarkable for a similar practice, and it is thus very rationally accounted for by an ancient historian, whose observations are strikingly applicable to the Gaël. " Singing is useful to all men, but truly necessary to the Arcadii, who undergo great hardships; for as the country is rugged, their seasons inclement, and their pastoral life hard, they have only this way of rendering nature mild and bearable; therefore they train up their children from their very infancy, until they are at least thirty years of age, to sing hymns in honour of gods and heroes. It is no disgrace to them to be unacquainted with other sciences, but to be ignorant of music is a great reproach, &c."‡ We have a very curious account of the vocal attainments of the people by Giraldus, from which it appears they understood counterpoint! " In the northern parts of Britain, the inhabitants

* Book VI. Hibernienses aut sylvestres Scotos. The sylvestrian Scots were the Cearnaech a choile, the Highlanders of the woods, a term formerly applied to these active warriors. Hardiman, a compiler of Irish poetry who delivers himself with sufficient confidence on matters extremely doubtful, says, " Ireland gave its music to Scotland!" with equal justice the assertion may be made in the exact reverse, but would it prove the fact? Speaking of the harp mentioned in the ancient poem which had passed through so many hands; " this," says Mr H., like every other research connected with the natives of the Highlands, leads to their Irish origin." If any discovery were made to prove this notion, it would save authors from filling their pages with much unmeaning observation, and groundless and illiberal conceit. If we thought the acerbity of feeling in Mr Davies unbecoming, how could we have grappled with O'Reilly, whose work on the same sore subject, displays so transcendent a share of national prejudice!

† See Gunn's able work on the use of the harp in the Highlands.

‡ Polybius IV.

use, in singing, less variety than the Welsh. They sing in two parts, one murmuring in the bass, the other warbling in the treble. Neither of the two nations acquired this by art, but by long habit which has made it familiar and national, and it is now unusual to hear a simple and single melody well sung, and what is more wonderful, their children from infancy sing in the same manner!"

There is nothing more remarkable in the Gaëlic mode of singing, than the repetitions of a verse, one or two lines, or sometimes a part of one in chorus, which adds much to the effect, and is a great means of diffusing a knowledge of songs, since by repeatedly joining in them, the whole must soon be impressed on the memory. These tunes or Luinigs are simple and touching, and the effect in a harvest-field is particularly pleasing. The person who sings leaves the chorus to the others, who all join, the leader taking up each succeeding verse.

The Iorrams or boat-songs are those by which seafaring men likewise alleviated the labour of rowing and managing the vessel, keeping time by the motion of the oars, and relieving the singer by carrying out the chorus. When at home, and at social entertainments, the whole company join hands or modulate time by plaids and handkerchiefs passed from one to another. All these songs were formed for the harp or the voice alone—there could be no vocal accompaniment to the bagpipe.

There is a very curious method of singing peculiar to the Welsh. It is called Penillion, and consists in adapting verses to the harper's tunes while performing, without any previous knowledge of the order in which they will follow, and it is thus performed, as we have observed at a bardic Eisteddvod. A harper is brought forward, and around him are seated several persons who are the Penill singers. He commences playing, when one of the party joins him by a song—the harper presently changes the tune; the other as promptly alters his verse, and when he chooses to stop, another takes up the air, and so it goes round. But the true penillion is the extemporary production of a verse or verses to the tune, and it is remarkable that this improvisitorial feat is frequently accomplished with astonishing success, by persons quite illiterate. Many of those 'poetical blossoms' display great command of language and considerable genius.*

After the period when Ossian, Orain, Ullin, Fergus, Fonar, Douthal, and other unknown bards flourished, which reaches to the union of the Pictish and Scottish kingdoms, there seems to have been for a long time few poets of any note. About the end of the 13th

* Walter in Dissert. de Bardis, gives a couplet which he pronounces grand.

'Tan a dwr yn ymwriaw,
Yw'r taranau dreigiau draw.'

The roaring thunder, dreadful in its ire,
Is water warring with aerial fire.

Many of these epigrammatic stanzas are preserved. The following on a silkworm is curious as being formed without a consonant.

O'i wiw wy i weu e â, aia weuau
O'i wyau y weua;
E weua ei wê aia,
A'i, weuau yw ieuau iâ!

I perish by my art; dig my own grave; I spin my thread of life; my death I weave!

century, a revival took place; and, since then, numerous bards of acknowledged excellence have from time to time appeared, besides those of lesser note whose songs were of too local and circumscribed a range for general popularity. Had any compositions of sufficient worth been produced in this dark interval in the history of Highland bardism, they would no doubt have been handed down, like those of older date.

In this essay, to illustrate that distinguished order in Celtic society, the bards—the system under which they so long flourished, beneficially exerting their accorded power, a picture has been given, rather of that which formerly existed, than what could have been witnessed in many by-gone generations. It was among the Gaël, that the primitive manners and usages were preserved, when elsewhere they were suppressed or amalgamated with those of the conquerors. Under pretence of abolishing a mischievous superstition, the Emperors prohibited the practice of druidism; but although the 'Romans carried their gods as far as they did their eagle, they were not able to extend the one or the other over the mountains of Caledonia.' Little, however, it has been seen, is to be found here or elsewhere concerning this religious belief. Most of the historians, who allude to druidism, flourished when the phenomenon had nearly disappeared, and 'all that they have done, serves only to excite our curiosity without satisfying it, and to make us regret the want of a history, which seems to have been replete with instruction and entertainment.'

If the age of bardism, in its primary sense, is gone, it is satisfactory to preserve a memorial of what it was, and evidence of its present state. In the following pages are the flowers and blossoms of Gaëlic poetry, culled with careful discrimination, and without the encumbrance of redundant stems and foliage.

The piper is now held in the same esteem as the harper of old, and his performance is a noble substitute for the softer strains of the clarsach; but would not a bard in his multifarious office, combining poet, historian, genealogist, &c., be a useful and becoming personage in the train of a chief? At a Highland banquet about fifty years ago, a call was made for the bards to be brought to the upper end of the room. "The bards are extinct," observed Mac Nicail of Scoirebreac. "No," quickly rejoined Alastair buidh Mac Ivor, "but those who patronised them are gone!"

AN CLAR-INNSIDH.

DUTHAL.

Mòrduan, ... TAOBH DUILLEAG 1

FONNOR.

Collath, ... 9

AM BARD AOSDA.

Miann a Bhàird Aosda, ... 14

DOMHNULL MAC-FHIUNNLAIDH NAN DAN.

A Chomhachag, ... 17

MAIRI NIGHEAN ALASDAIR RUAIDH.

Fuaim an t-Sáimh, ... 22
Oran do dh' Iain, Mac Shir Tòrmod Mhic-Leoid, 23
An Talla 'm bu ghnà le Mac-Leoid, . . 24
Cumha do Mhac-Leoid, ... 24
Marbhrann do dh'fhear na Comraich, . . 26
Marbhrann do dh' Iain Garbh Mac 'Ille-Chalum 26
Cumha Mhic-Leoid, ... 27
Luinneag Mhic-Leoid, ... 28
An Crònan, ... 30

IAIN LOM.

Mort na Ceapach, ... : . 36
A' Dhean leasaich an stòp dhuinn, . . 37
Oran do Shiol Dùghall, ... 38
An Ciaran Mabach, ... 39
Latha Inbhir-Lòchaidh, ... 41
Latha Thom-a-Phubail, ... 42
Latha Airde Reanaich, ... 43
Oran air Righ Uilleam agus Bannrigh Mairi, . 45
An Iorram Dharaich, do bhata Sir Seumais, . 47
Marbhrann do Shir Seumas Mac-Dòmhnuill, . 48
Marbhrann do dh' Alasdair Dubh Ghlinne-Garaidh, 49
Cumha Mhontroise, ... 50
Cumha do Shir Dòmhnull Shléibhte, . . 51

AN CIARAN MABACH.

B'annsa Cadal air Fraoch, ... 53
Marbh-rann do Shir Seumas Mac-Dhomhnuill, 54

DIORBHAIL NIC-A-BHRIUTHAINN.

Oran-do dh' Alasdair Mac Cholla, . . 55

SILIS NIGHEAN MHIC-RAONAILL.

Marbhrann air Bàs a Fir, ... TAOBH DUILLEAG 58
Marbhrann do dh' Alasdair Dubh Ghlinne-Garaidh, 59
Tha mi a'm' Chadal, na dùisgaidh mi, . . 60

NIALL MAC-MHUIRICH.

Oran do Mhac Mhic-Ailein, ... 65
Marbhrann Mhic 'Ic-Ailein, . . . 66
Scanachas Sloinnidh na Pioba Bho thùs, . 67

IAIN DUBH MAC IAIN 'IC-AILEIN.

Oran do Mhac-Mhic-Ailein, ... 68
Marbhrann do Mhac Mhic-Ailein, . . 69
Marbhrann do Shir Iain Mac 'Illeain, . . 70
Oran nam Fineachan Gàëlach, . . . 72
Cros-Dhanachd Fhir nan Druimnean, . . 74

AN T-AOSDANA MAC-MHATHAIN.

Oran do'n Iarla Thuathach, ... 75
Marbh-rann do dh' Alasdair Dubh Ghlinne-Garaidh, 76

AN T-AOSDANA MAC 'ILLEAN.

Marbhrann do Shir Lachuinn Mac-Ghillean, . 77
Oran do Lachunn Mor Mac-Ghillean, . 79

LACHUNN MAC THEARLAICH.

Latha siubhal Sléibhe, ... 81
Oran do Nighean Fhir Gheambail, . . 82
Sgian Dubh an Sprogain Chaim, . . . 83
Curam Nam Banntraichean, . . . 84

AN CLARSAIR DALL.

A Chiad Di-luain De'n Raidhe, . . . 87
Oran do dh' Iain Breac Mac-Leoid, . . 89
Creach na Ciadain, ... 91
Oran Mòr Mhic-Leoid, ... 92
Cumha do dh-Fhear Thalasgair, . . . 93

AM PIOBAIRE DALL.

Beannachadh Baird do Shir Alasdair Mac-Choinnich, 96
Dàn Comh-Fhurtachd, ... 96
Cumha Choir'-an-Easain, ... 98

CLAR-INNSIDH.

ALASDAIR MAC MHAIGHSTIR ALASDAIR.

	TAOBH-DUILLEAG
Moladh air an t-seana Chànain Ghàëlach,	105
Moladh Mòraig,	106
Oran an t-Samhraidh,	110
Oran a Gheamhraidh,	111
Oran nam Fineachan Gàëlach,	113
Oran air Prionnsa Tearlach,	115
Oran Rioghail a Bhotail,	115
Allt-an-t-siùcair,	117
Oran Luaighe no Fùcaidh,	120
Smeòrach Chloinn-Raonuill,	121
Oran do Phrionnsa Tearlach,	123
Oran eile do Phrionnsa Tearlach,	124
Failte na Mor-thir,	125
Iorram Cuain,	126
A Bhanarach Donn,	127
Oran eadar Prionnsa Tearlach agus na Gàëil,	128
Am Breacan Uallach,	129
Tearlach Mac Sheumais,	131
Mo Bhobug an Dràm,	131
Marbhrann do Pheata Calaman,	132
Moladh a Chaim-beulaich Dhuibh,	133
Moladh an Leoghainn,	134
Beannachadh Luinge,	136

IAIN MAC-CODRUM.

Smeòrach Chlann-Domhnuill,	145
Caraid agus namhaid an Uisge-Bheatha,	146
Di-moladh Piob' Dhòmhnuill Bhàin	148
A' Chomh-Stri,	150
Oran do Shir Seumas MacDhomhnuill,	151
Marbhrann do Shir Seumas,	153
Moladh Chlann-Dòmhnuill,	155
Oran do'n Teassaich,	156
Oran na h-Aoise,	157

EACHUNN MAC-LEOID.

Moladh do Choileach Smeoraich,	159
Moladh Eas Mor-thir,	160
Moladh Coille Chrois,	161
An Taisbean,	161

GILLEASPUIG NA CIOTAIG.

Marbhrann do dh' Iain Ruadh Piobair,	163
Aiscirigh Iain Ruaidh,	164
Oran Cnaideil do'n Olla Leòdach,	165
Banais Chiostal Odhair,	166

DUGHALL BOCHANNAN.

Latha' Bhreitheanais,	170
An Claigeann,	175
Am Bruadair,	178
An Ocamhradh,	179

DAIBHIDH MAC-EALAIR.

Laoidh Mhic-Ealair,	181

ROB DONN.

Oran do Phrionnsa Tearlach	189
Oran nan Caragan Dubha,	189
Iseabail Nic-Aoidh,	191
Pìobaireachd Bean Aoidh,	192
Rann air Long Ruspiunn,	193

	TAOBH-DUILLEAG
Oran nan Suiridheach,	193
Am Bruadair,	194
An Duine Sanntaich agus an Saoghal,	196
Oran do'n Olla Moiriston,	196
Marbhrann do dhithis Mhinistearan,	197
Marbhrann do Mhaigstir Murchadh	198
Cumha do'n Duine Cheudna,	200
Oran a Gheamhraidh,	200
'S trom leam an àiridh,	201
An ribhinn àluinn èibhinn òg,	202
Oran eile do'n' mhaighdein Cheudna,	203
Briogais Mhic Ruairidh,	204
Oran air sean Fhleasgach, &c.,	205
Oran nan Greisichean beaga,	206
Oran na Càraide Ilige,	207
Oran a ghamha thochraidh,	207
Am Boc Glas,	208
Oran a ghille mhath Ruaidh,	208
Oran Fhaolain,	209
Turus Dhaibhi do dh' Arcamh,	210
Oran an ainm dithis nighean,	210
Marbhrann Iain Ghrò,	211
Marbhrann Uilleim Mhuillear an Ceard,	212
Marbhrann do thriuir Sheann Fhleasgach,	212
Marbhrann do dh' Iain Mac Eachunn,	213
Marbhrann Eoghainn,	214
Ruinn an da Bhàrd,	215

DONNACHADH BAN.

Oran do Bhlàr na h-Eaglaise Brice,	219
Oran do 'n Mhusg,	220
Moladh Beinn-dòrain,	221
Coire Cheathaich,	225
Oran Nic-Coiseam,	227
Oran seacharan Seilg,	227
Cead Deireannach nam Beann,	228
Cumha Choire-Cheathaich,	229
Oran Gaoil,	230
An Nighean Donn òg,	231
Mairi Bhan òg,	232
Oran do Leanabh Altrom,	234
Oran do'n t-seann Fhreiceadan Ghàëlach,	235
Oran Ghillinn-Urchaidh,	237
Moladh Dhun-cideann,	237
Oran Dùtcha,	238
Oran do'n Iarla Bhraid-Albann,	239
Iain Caimbeul a' Bhanca,	240
Cumhadh Iarla Bhraid-Albann,	242
Cumha' Chailein Ghlinn-iubhair,	243
Oran an t-Samraidh,	245
Oran na Briogsa,	247
Oran do'n Eldeadh Ghàëlach,	248
Oran a Bhotail,	249
Oran a' Bhranndai,	250
Alasdair nan Stòp,	250
Nighean Dubh Raineach,	251
Rann Gearradh-Arm,	251
Oran Luaidh,	252
Aoir an tailcir,	253
Aoir Anna,	254
Aoir Uisdean Phìobair',	255
Aoir Iain Fhaochaig,	256
Rann Leannanachd,	258
Marbh-rann do Chù,	259
Rann Co-dhunaidh,	259
Marbhrann an Ughdair dha fein,	259

CLAR-INNSIDH. lxv

FEAR SRATH-MHAISIDH.

	TAOBH-DUILLEIG
Cumha do dh' Eobhon Mac Phearson,	260
Comunn an uisge-bheatha,	261
A bhanais bhàn,	263
A Bhrigis Lachdunn,	263

IAIN RUADH STIUBHART.

Latha Chullodair,	265
Oran eile do Iatha Chuilodair,	266
Urnaigh Iain Ruaidh,	268
Cumha do Bhaintighearna Mhic-an-Tòisich,	269

COINNEACH MAC-CHOINNICH.

Moladh na Luinge,	271
Am Feile Preasach,	272
Mairearad Mholach Mhin,	273
An Te Dhubh,	274
Dròbhar nan Caileagan,	274

UILLEAM ROS.

Oran do Mharcus nan Groumach,	279
Oran an t-Samhraidh,	280
Oran air gaol na h-òighe do Chaileau,	281
Marbhrann do Phrionnsa Tearlach,	282
Miann an òganaich Ghàëlich,	283
Miann na h-òige Gàëlich,	284
Oran air aiseadh an fhearuinn, &c.	284
Feasgar Luain,	285
Moladh a Bhàird air a thir féin,	286
Oran a rinneadh ann an Dun-éideann,	287
Mo rùn an Cailin,	287
Moladh an Uisge-Bheatha,	287
Mac na Bracha,	289
Moladh na h-òighe Gàëlich,	290
An Ladie Dubh,	291
Cumhadh a' Bhaird air son a Leannain,	292
Cuachag nan Craobh,	293
Cailleach mhilleadh-nan-dàn,	294
Brughaichean Ghlinne-Braon,	295
Oran Cumhaidh,	295
Oran Cumhaidh eile,	297

AILEAN DALL.

Oran do Mhac 'Ic-Alasdair,	300
Oran do na Ciobairean Gallda,	302
Oran Leannanachd,	303
Duanag do'n Uisge-Bheatha,	304
Oran do 'n Mhisg,	305
Smeòraich Chloinn-Dùghaill,	305
Trod nina-an-taighe ri fear,	307
Ean a' Labhairt air a shon féin,	307
Gearan na mnatha an aghaidh a' fir,	308
Oran na Caillich,	310

BARD LOCH-NAN-EALA.

	TAOBH-DUILLEIG
Oran do dh' Fhionnla Marsanta,	311
Bi'dh fonn oirre daonnan,	312
Oran do Bhonipart,	313
Duanag do Mac-an t-Saoir Ghlinne-nogha,	314

SEUMAS MAC-GHRIOGAIR.

An Soisgeul,	317
An Gearan,	319
An Aiseirigh,	320
Air foghlum nan Gàël,	320

EOBHONN MAC-LACHUINN.

An Samhradh,	328
Am Foghar,	329
An Geamhradh,	331
An t-Earrach,	333
Marbhrann, do Mr Seumas Beattie,	335
Smeòrach Chloinn-Lachuinn,	336
Ealaidh Ghaoil,	338
Rann do'n Leisg,	339
Clach-Chuimhne, Ghlinne-garadh,	339

ALASDAIR MAC-IONMHUINN.

Oran air dol air tir anns an Eiphcit,	311
Oran air blàr na h-Elphit,	312
Oran air blàr na h-Olaind,	314
An Duhh-Ghleannach,	316

AM BARD-CONANACH.

Oran do Bhonipart,	318
Oran d'a Leannan,	320

AM BARD SGIATHANACH.

Oran do Reiseamaid Mhic-Shimidh,	352
Smeòrach nan Leòdhach,	354

BARD LOCH-FINE.

Loch-Aic,	357
Rannan air Bàs Bannacharaid,	358
Duanag Ghaoil,	358

AIREAMH TAGHTA.

Moladh Chabair-feidh,	360
Mali Chruinn Donn,	362
Calum a Ghlinne,	365
Mali Bheag òg,	367
Màiri Laghach (original sct),	368
Mairi Laghach (second set),	369
Cuir a chun dileas (original set),	370
Cuir a chun dileas (modern set),	371
A nochd gur faoin mo chadal dhomh,	372
Oran Ailein (a fragment),	372
Cumha Phrionnsa,	373
Mo rùn geal og,	373

SAR-OBAIR NAM BARD GAELACH;

OR

THE BEAUTIES OF GAELIC POETRY, &c.

MORDUBH.

A' CHEUD EARRAN.*

Am beil thus' air sgiathan do luathais,
A ghaoth, gu triall le t-uile neart?
Thig le cairdeas dh'ionnsuidh m' aois—
Thoir sgriob aotrom thar mo chraig.
Co-aois m' oige ghlac an t-aog,
'S uaigneach m' aigne 'n uamh mo bhròin;
'S mòr mo leon fo lamh na h-aois.
Osag tha 'g astar o thuath,
Na dean tuasaid rium, 's mi lag.
Bha mi uair gu'n robh mo chruim
Cho aotrom riut fein, a ghaoth;
Mo neart mar chraig a Chruaidh-mhill,
'S iomadh cath 's na bhuail mi beum;
'S tric taibhse mo naimhdean ag astar,
Le ceum lag, o bhleinn gu beinn.
Ach thig àm do bhroin-sa, ghaoth,
'N uair dhìreas tu 'n t-aonach gu mall.
Cha'n imrich thu neoil thar coill,
'S cha lùb a choille fo d' laimh,
'S cha gheill am fraoch anfhann fein.—
Ach togaidh gach geug an ceann.
Bi-sa baigheil rium-s', a ghaoth,
Oir tha 'n aois ort fein ro theann.

Cuir lasair ri geug do'n ghallan,
A shealgair coire 's aille snuadh.
Tha 'n oidhche siubhal o'n ear,

Tha ghrian a' critheadh 's an iar.
D'fhosgail eilean Fhlaitheis sa' chuan,
Tri uairean dorsan nan nial,
A glaodhaich, " Dean cabhag thar a chuain
Le d' chuach-fhalt àluinn, a ghrian."
Tha neoil dubh siubhlach na h-oidhche,
Gun aoibhneas air chùl nan tonn;
'S tric iad ag amharc do thriall,
A ghnuis àluinn tha 'g astar o'n ear.
Ach eiribh le 'r sgiathan o'n chuan,
A neoil dhorch nan iomadh gruaim.
Tha sgàilean nan sonn o shean,
Tabhairt cuireadh do'n ghrein gu flath-innis.*

Beannachd le ribhinn chiùin do ruin,
Buaidh le d' shaigheid air gach beinn,
A shealgair, tha tabhairt dhomh treòir,
'S mi leointe fo laimh na h-aois'!
Ach suidh thusa ann am uaimh,
A's eisd ri tuasaid ghaoth a's chrag;
Innsidh mi dhut sgeul is mor brìgh,
Air suim tha sìnte fo'n lic:
'S taitneach na smaointean a thriall;
'S mianach dreach nam bliadhna dh-fhalbh!
Pill thusa, m' oige, le t-uile ghnìomh,
A's feuch do m' anam bliadhn' mo neirt;
Feuch gach cath 's na bhuail mi beum,
A's airm nan laoch bha treubhach borb,
Thugaibh suil o neoil 'ur suain.
'Fheara bha cruaidh anns gach cath,
Cluinnidh 'ur clann fuaim 'ur cliù,

* The Author of this Poem, whose name is Douthal, was both a Chief and a Bard of great repute. The accounts which tradition gives of him are various; but the most probable makes him the Poet of Mordubh, King of the Caledonians. A fragment of this Poem has been published in Gillies' Collection, in two Parts, consisting of the First, and nearly half the Second Part. It is now given in three Parts entire; and differs not materially from the Translation given in " Clark's Caledonian Bards"—a small Volume published in the last century.

* The Sun was supposed to sleep in Flath-innis, *the Isle of Heroes*, in the western ocean. The human mind has been in every age ambitious of obtaining a happy here-after. The Kelts, indulging in this pleasant presentiment, sent the ghosts of their departed friends to this imaginary paradise.

'S thig sileadh an sùl gu làr.
Tha m' anam a soillseachadh le gniomh,
Nam bliadhna dh-fhalbh, a's mach pill.

Dh-fhalaich a ghealach a ceann,
Bha cadal reulltan air chul neoil ;
Cabhag ghaoth a's chuan o chian,
Bu gharbh an cath 'bha edar stuaidh,
A's sileadh ghailbheach nan speur,
N uair dh' eirich co-shamhla Shailmhoir,*
O leabaidh fhuair sa' gharbh chuan ;
A siubhal air bharraibh nan stuagh,
'S a ghaoth' cur meanbh chath mu'n cuairt,
Dh' eirich mac an aoig air sgiath
Na h-osaig, gu gruaidh Chraigmhoir ;
'S bha anail fhiadhaich nan nial,
Ag eiridh ma shleagh gun ghuin.
Ag amharc anuas o leabaidh fhuair,
Bu mhòr a bridh a bha 'na ghuth :
" Duisgibh ! chlann Alba nam buadh,
'S garbh colg " ur naimhdean o thuath ;
A' gluasad air bharraibh nan tonn,
Tha clanna Lochluinn† nan lom long.
Eiribh ! chlann Alba nam buadh,
'S mor neart ur naimhdean o thuath."
Air sgiath na h-osaige fuair'
Dh-fhalbh mac na h-oidhche gu luath.
Lùb an darach garbh fo chasan,
'S chrith gach gallan roi' fheirg.
" Tionailibh mo shluin o'n t-seilg,"
Thubbairt Ceann-feadhna na h-Alba,
" Soillsichibh srad air Druim-Feinne,
A's thig mo laoich o ghruaidh gach beinne."
Labhair Mordubh, Righ nan srath,
'S lionar crag tha 'g innseadh sgeil.
Chuala clann a chath am fonn,
A's leum iomadh lann ghlas amach.
Dh' eirich a mhadainn san ear,
A's dh' iarr i air sian gailbheach gluasad.
B' àluinn, maiseach, fiamh na greine
Tigh'nn amach gu ciùin o'n chuan ;
' Boillsgeadh a gathan air airm
Nan laoch mòr-bhuadhach anns gach cath.

Air adhart dh' eirich Ciabh-ghlas treun,
A's iomadh sleagh air chul Cheann-aird.
Tha Treunmor a tional a shluaigh ;
'S c'uin'am bi Mordal air dheireadh.
Labhair Ciabh-ghlas, bu mhor aois,
" Co chunnaic Sunar o thuath ?
Am beil e togail iomadh sleagh ?

* Tradition says that Salmor was drowned in passing from the mainland to his own house in one of the Hebrides, on hearing that his wife was taken prisoner, and his lands laid waste by Tuthmar, a Chief of Norway, whose father Salmor is said to have killed in battle.
† The Lochlins, signify in Gaelic *The Descendant of the Ocean*, and comprehend all the Northern Nations who invaded the Caledonians.

Thug mi fein am òig air buaidh.
Ge fann mi'n diugh anns a chath,
Bha mi'n sin gu neartar cruaidh.
" Ni m' beil a d' neart, no d' chruadal feum."
Thuirt Mac-Corbhul bu bheag cliù,
" 'S treun meamnach, Sunar o thuath.
Tha gathan na greine a leum
Mu'n cuairt a dh' eideadh an t-seoid.
Tha suinn gharbh neartar ri thaobh,
Is ard a choille tha lùbadh fo chasan.
Tha creagan Thir-mhoir beag fo cheum,
'S trom colgar, gailbheach righ Lochluinn,
'S cha toir Siol Alb' air buaidh."

CIABH-GHLAS.

" Imich thus' a ghealtaire chlaoin
Gu aiseiridh shàmhach nam ban.
Tha t' anam air chrith mar dhuille uaine,
A ghluaiseas roimh anail nan speur,
Mar thuiteas i roi' fhuachd a gheamhraidh,
Teich thusa o na naimhdean borb :
Ach is ioma' craobh gharbh sa bheinn so
A sheasas 'n uair is gailbheach sian.
Is tric thainig naimhdean o thuath,
Ach buannachd cha tug iad riamh.
Imich thuse mhic gun chliù,
Gu aiseiridh chuil nan daoine crion'.
Mur biodh aige-san tha gun chliù,
Naimhdean nach bu mhò na thu,
B' aobhar eagail nach b' fhiù dha
Airm a rusgadh sa chath.
A feith air Clainn Lochluinn o thuath,
Bi 'n cruaidh lannan fuilteach o'n taobh.
Chualas t' fhacail bu bheag stà,
A mhic an ardain tog do ghàth."

Dh' eirich dà shleagh gu h-àrd—
Bha rusgadh lann air gach taobh.
Dhuisg anla neart na h-Alba,
Chum garbh chath thabhairt dh'i fein :
Ach, thainig sgiath laidir an t-sluaigh,
Righ aluinn Albainn a nuas,
Le corruich mhor, 's le trom ghruaim,
Dh' amhairc e air na suinn làn fuath.
Bha shuil gu fiadhaich ag siubhal,
Gu dubhach o fhear gu fear ;
Air engal gu tuiteadh an sluagh,
Borb luath ag imeachd bha ghuth :
" Na ruisgeadh lann a chloinn na fairge,
Na canaibh gu leag sibh sinn.
Is tric dh' eirich sleagh ur 'n athraiche ;
Is lionar an cill air ar tràigh ;
Ach 's aoibhinn duibhs', a chlann Lochluinn,
Leagar Alba le h-airm fein !"

Làn maslaidh bho fheirg an righ,
Shiubhail na laoich a dhuisg an strì ;

MORDUBH.

Mar dha neul tha siubhal air càrn,
'Nuair shiubhlas a ghrian air min dhriuchd:
Dubhach bha na glinn roi 'n ceum,
Ag amharc an tighinn an deoir nan speur.
Cha 'n fhiù leo an cnocan crion,
Tha triall chum gruaidh Ard-chraig.
Mar sin a shiubhlas na suinn,
An coinneamh a naimhdean borb.
Air adhart tha ceum righ Alba,
Mar gharbh chraig an aghaidh tuinn mhoir,
'N uair chruinnicheas na stuaidh,
A tabhairt garbh chath do thuilte.

Mar ghaoth oidhche shiubhlas air speur,
Thainig clann Lochluinn nan sleagh;
Cha siubhail osag na h-aonar,
'S ann comhla tha dubh ghruaim nan sian.
Dh' eirich airm Albainn gu h-ard,
Mar thairneanach tha gairm nan cnoc;
Mar thuiteas dà chlach o bheinn aird,
'S iad tachairt air ùrlar a ghlinn',
Mar sin bha toiseach garbh a chath',
Is iomadh nàmh a thuit leinn.
Bha uamhann a bhlair air an fhraoch—
Bha tuilte fala mu shleagh Cheann-ard;
B' iomadh creubhag a lot Mordal—
Bu chruaidh, borb, flathail, gach fear.
Ach co b' urrainn seasadh roi' cheud?
Chunnaic an Righ ar ceum air ais;
Las anam a ghaisgich le feirg,
'S àilt dearg a leanailt a shleagha;
Bha taibhsean a naimhdean mu'n cuairt,
Ach fad' uaith fein bha na laoich.
Thainig e mu dheireadh nan deigh,
Mar thonn a tuiteam o'n chreig;
'S tric a dh' iarr an fhairg air direadh—
S tric a thilg an stuadh e bho bhonn;
Tha gùraich a chomh-stri garg,
'S am barr glas briseadh 's a ghaoith,

C' uime tha thu gruamach 's an iar,
A ghrian àluinn ag astar nan nial?
Cha b' anfhann na suinn—
Cha do theich sinn roi 'n mheata.
'S tric chuir neoil dhorch smal ort fein,
An aimsir ghailbheach nan sian.
Ach 'n uair théid fògradh air a ghaoith,
'S théid caonnag nan spéur gu taobh;
'N uair bheir thu smachd air na neoil,
'S a ghlacas a ghaoth air do laimh;
'N uair sheallas tu oirne nuas,
'S do chunch fhalt àluinn a suiomh;
'N uair bhios fiamh ghàir air do ghnuis,
'S mòr aoibhneas 'g éideadh gach cnuic—
'S aighearach leinn do bhuaidh 's na speuran,
A's beannaichidh sinn do ghathan, a ghrian.
Imich gu d' leabaidh le ceòl,
Thusa tha measg nan reulltan mòr;

Bheir sinne buaidh fathasd,
Ged' tha sinn a nochd fo leòn.

AN DARA H-EARRANN.

Tri uairean chrath an oidhche
A sgiath dubh, cheòthach, 's an ear;
Tri uairean sheall na reulltan,
Mar neoil ghruamach nan speur.
Bha osnadh thamailte nan laoch,
'S a ghaoith ag astar nan càrn;
Bha co-shamhla nan sonn o shean,
Le corruich ag siubhal nam beann.
Chualas trom osnaidh nam marbh,
'S b' anfhann an guth 's na neoil;
Chuimhnich sinne gaisg' an lamh,
A's ghabh sinn tamailte mhòr.

Air ard-chraig dh' amhairc an righ,
'S lionar gaisgeach bha fo ghruaim;
Bha 'n smaointean soillear dha fein,
A's labhair e le briathraibh cruaidh.
Air cuis 'n uair laidheas gruaim,
Théid fuadach an cridhe crion,
'S théid fir fhann gu luath fo dhion;
Togaidh an calma cheann roi 'ghailleann;
'S cha bhi fiamh taise na ghnuis.
Tha ceuman nan sian 's an doire,
'S cha lùb an darach a ghlùn.
Abraibh sibhse Chinn-fheadhna,
An taing sin o dhaoine crion!
An ann do gheugn fann ar sleagh?
O dharach Alba nam mor ghniomh,
'S tric thainig uaimhdean o thuath,
'S c'uin a theich ar sinnsir gun bhuaidh?
An geill sibhse do chloinn na fairge,
Far am b' àbhaist taibhse nan naimhdean
Leum bho osaig gu h-osaig,
Le trom osnadh bhròin nam marbh?
Tha chlach ud le mòintich liath
A cumail cuimhne air treun laoich,
Ag radh, " Cha do theich ar n' athraiche riamh,
Fhearaibh leanaibh dian an lorg!"

Ag cisdeachd ri briathran an righ,
Bu dubhach bha na suinn mu'n cuairt.
Ag amharc claidheamh, sgiath, a's sleagh,
'S le facail gun bhrigh ann a chluais.

Sheas Morcheann, Triath Allt-duibh,
Tri uairean chrath e sgiath,
Tri uairean bhuail e an darach,
" Ainmic bha mo bhuilleau faun.
Ainmic fhuair mo naimhdean bunidh;
Ge d' thug bliadhn' air falbh mo neart,
Ni 'm bell gealtachd am ghruaidh,
Shaoil leam gu'n togadh mo mhac
Mo leac, 's gu cùireadh e mo cheann.

Chaoidh ni 'n togar sgiath, no leac
Le oigear flathail nan deus lann,
Bha cheum air adhart sa chath ;
Ach d' fhaillig gach caraid mu 'n cuairt.
Bha iomadh namhaid na strì ;
'S thuit an laoch roi' mhìle slunigh."
" Beannachd" ars 'an rìgh, " do'n laoch,
Ach na aonar ni 'm faod e falbh ;
Theid Ceann-feadhna nochd na lorg ;
'S dorch do choigrich tamh nam marbh."

Ghlac Ogan Mac-Chorbuidh a sgiath,
An diomhainn duinn gu eiridh grein'
Nan' dean sibh feathamh da'r luchd mì rùin ?
An sin do labhair Ceannard treun,
'S tric thug siol Albainn an t-slige chiuin ;
Ach c' uin a thainig bàs air coigrich,
'N uair a thachair iad le mùirn ?
Is treubhach, maiseach, linn Lochluinn,
A's buinig sinn fòs ar cliù.
Ciod uime thuiteamaid mar neul,
Thig le sgleo bho linne bhuirn,
A snamh as air bharralbh nam beann,
'N uair chaidhleas a ghealach fo shuain,
'S a chrathas gailionn clachan trom',
'S fiamh eagail air rionnag nan sian ?
Crathaidh mhadainn a ceann 's an ear,
'S eiridh a ghrian le cuach-fhalt ciuin ;
Biodh solus a gath' air gach sgiath,
'S bàs a gearradh airm gach suinn.

A cur air sgiath Dhunairm,
Deir Morfhalt,* fanaibh gach laoch,
Air an tog lamh mhìn-gheal leac,
Ach laidhidh mise nochd air fraoch.
Cha bhi deoir air gruaidh am dheigh—
Cha 'n eirich clach le mo chliù—
Cha 'n abair athair—" mo mhac,"
No gruagach—" mo chreach, mo rùin !"
Lot mo shaighead uchd na ribhinn,
Bha tlachdar thar mhìle mnà,
Bha fuil mo chairdean ag cur sinbhid,
Dheth na h-airm dhu'-ghorm 'n am laimh ;
Bu naimhdean a dh'-Alba, m'athraiche,
Aig Righ Lochluinn, b' ainmeil iad.
B'uite leam siubhal na fairge,
Thog sia gaisgioh bhorb mo bhreid.
Thainig gaoth le cabhaig o thuath,
'S thog na stuaidh le feirg an druim ;
Bha meanbh chathadh g-eiridh mu'n cuairt,
S neoil ghruamach ag astar os-cinn,
Dh' eirich Albainn air bharr tuinn,

* Morfhalt was a Scandinavian. His history, as given by himself, is full of the most affecting incidents. His character is distinguished by valour in the highest degree, and unshaken fidelity, to the Chief of Dunarm, who so hospitably received him on landing in Scotland, and to whom he occasioned the greatest misfortune—the loss of his family !

'S chrath gach doir' an ciabh le fàilte.
Bha sleibhtean gòrm gu ceolmhor, binn,
Le cathadh mi'n bho cheann ar bàrc.
Be Dunairm ceann-uighe nan coigreach,
A's shìn an Ceannard gasd' a lamh.
'S e beatha claun Lochluinn an Albainn,
'N uair bhios meirg tiochaidh air an lamh,
'S lìonar ar feidh, a's làn ar sligean ;
'S tha cliù a's maisneach 'n ar sgeul ;
'S c'uime chitear gruaim air coigreach ?
Chaidh sùrd le sòlas air cuirm ;
B' aoibhinn leinn còmhradh ar sìth ;
'S bheannaich sinn naimhdean ar tìr !

Mar ghath greine air madainn chiuin,
'N uair chromar le driuchd gach geug,
Bha Mìn-bhàs an talla na mùirn,
A's iomadh laoch toirt suil na deigh ;
Ach, thug i a rùn do Mhorfhalt.
Agam cha robh sliabh no suinn ;
Bha mi am aonar sa chath,
Thuit naimhdean Lochluinn le m' lainh—
Thuit, 's cha d' eirich mo chliù.
Imich thusa, ars' an oigh,
Gu cathaibh righrean céin ;
Eireadh do chliù-sa fad as,
A's cluinnidh Min-bhàs an sgeul.
Raineas righ Eirinn nan sleagh,
A's thuit a naimhdean le m' lainn ;
Sheinn am bard, as fad' thar chuan
Chualas m' iomradh gu fial.
B' fhaoillidh oighean Innse-fail,
Le 'n lamhan mìn-gheala caoin,
Rombam gu furanach fial,
Ach ni 'n d' fhuair a h-aon mo ghradh.
'N tra thraoigh fearg, 's a phill sith,
Phill mi gu òigh nam bàs mìn.
'N uair dh' eirich Dunairm gu h-ard,
Bha ghrian na tamh an cluain seamh,
'S a ghealach a siubhal gu luath
O nial gu nial le baoisge geal—
Thainig guth air osaig na h-oidhiche,
O chirb an doire ud thall,
Mar ghuth na mnaidue cubhraidh,
Air aiseng gu m' chluais gu min mall :
" Imich, 's ma thuiteas tu ghraidh,
Mo shuilean bi'dh silteach gach trà."
Chrith m'anam le eagal am cliabh,
Mar nach robh e roimhe riamh.
Chunncas Mìn-bhàs nan gaol
Le àrmunn gasda ri taobh.
Lùb mi 'n tiubhar, ag radh—
" A shaighead ruig cridhe na ceilg"
Nior rachadh an laoch an cein,
A bhuidheam cliù do chridhe 'n ardain.
Rainig an guin nimhe a taobh,
A's chlaon an oigh-mhìn air tom,
Bha cnuch-fhalt dearg le fuil,

A's dh'imlich a h-osnadh air osaig na h-oidhche.
Cion a thainig guin an aoig?"
Thuirt an laoch, le guth ard,
" O laimh an fhir nach bu tais,"
A's thog mi an t-sleàgh am laimh.
A mhacain na h-oidhche uaignidh,
Thuirt an t-òg le mor ioghnadh,
" Tha neart a d' laimh, a ghaisgich
'N uair is faoin do nàmh.
Nior thog an gaisgeach a shleagh,
Le cridhe gun ädhadh, gun ghean.
Falbhaidh do thaibhse duaichnidh,
Le macaibh na gaoithe duibh' ;
Far nach tog do lamhan lann,
'S nach guin do shaighead cridhe gaoil."

B' fhad a ghreis thug sinn,
Cha chualas Min-bhàs le gàir airm ;
Thuit a shleagh o laimh mo nàmh ;
A's chluon e fadheoigh air an fhraoch.
Thainig a ghealach o neoil ;
A's chunnacas mo charaid na fhuil.
" An do thuit thu, bhrathair ghaoil?"
Thuirt an òigh, 's an t-aog na beul
" 'S nach faic t-athair thu pilleadh o n t-seilg?"

O ! Mhorfhuilt an tìr chein,
C'aite an eirich do shleagh?
Cha chluinn thu guth mo bhrathar fein,
Cur fàilt ort tille le d' chliù.
Ach uair eiginn thig an laoch,
A's togaidh e 'n uaigh da rùin.
Tharuinn mi 'n t-saighead o'n chreuchd—
S a h-uchd min-gheal air a lot !
A's shil mo dheoir le braonaibh fala
Na h-ighinn, 's a suilean a plosgadh
N uair chun' i lamh Mhorfhuilt na fuil,
'Sgread i mar thannasg, a's theich
A taibhse air neulaibh na gealaich.
Ceithir chlachan le 'n còinnteich liath
Thogadh sud mu uaigh an laoich :
Ga chòir sin an suain na tàmh,
Tha 'n ribhinn bu ghile taobh.

Sileadh oighean deoir a bhròin ;
A's seinnidh na h-eoin gu tiamhaidh
Mu dhoire nan neultan dorcha.
Rè na h-oidhche ag eisdeachd na gaoitn',
Bha neoil dhubh dol tharum luath ;
A's clann an adhair, gu d' theich
Le mòr gheilt, toirt dhomh-sa fuath !
Tha Ceannard Dhunairm na onar,
Ri bròn, 's a sileadh dheur ;
Air uairbh thig e gan còir ;
A's cluinnear a leon air a ghaoith.
Cha tog es-an a shleagh ni 's mò,
Ach coinnichidh a namh ma shleagh.
Thuit Mac Dhunairm le m' laimh—

Thuit Min-bhàs fo dhailire na gealaich.
An ré na gealaiche nuaidh,
Théid mi an caramh an t-sluaigh.
Cha 'n eil mùirn an talla Dhunairm,
Theid mi, a righ ; ach ni' m pill ;
Siubhlaidh mi mar ghruaim nan speur,
A sheideas gu cruaidh air an raon,
'N tra sheargas na luibhean maoth,
Le anail fhuar na h-eigh-reotha.
Laidh an damh aig steigh na carraige ;
'S tha eunlaidh luath gun cheòl.
Tha' n darach gun duilleach uaine.
Tha cirb an doire ri crathadh ;
A's sian an adhair ga ghluasad.
Théid an duine ga theach,
O fhearg na doimione fuair' ;
Ach seallaidh athair na soillse
Air na raoin, 's ind brònach.
Dearsaidh a chiabhan le maise ;
A's fògruidh se namhuid nan luibh ;
Crathaidh na cnuic an gruaim. air falbh,
'S ni fàilte ris a dol seach.

Suidhibh sibhse so gu là,
A Cheann-feadha nan slogh,
A's tuitidh mise am aonar,
A measg ur naimhdean is geur colg ;
Nach abrar, " Nach toir sibh buaidh.
Chionn gu'm beil mi fhein na'r measg."

" 'S muladach do sgeul r'a luadh,
A Mhorfhuilt," se thuirt an Righ,
" Ach ni 'n tuit thu ad' aonar sa chath,
'S clann Alba an so na'n suain.
Mar dhealan thu an am na stri,
Ach coigil do chairdean a Mhorfhuilt,
Tuitidh fadheireadh an treun,
Treigidh samhradh an àidh,
'S thig geamradh le ghruaim gun bhàidh.
Bha Min-bhàs am madainn a b-òige,
Mar dheò greine am barraibh ògain ;
'S co dheanadh còmbrag na fheirg,
Ri mac Dhunairm a bha garg?
Cha do laidh e gun a chliù,
Anns a chria'-thaigh chumhann chaoL
Gu b' iomràiteach a ghaisge, 's an dàn,
Sheinn na baird gu blasda binn.
Ach tha sleagh t-athar, a Mhorfhuilt,
Fo smal an ad' lamh sa 'n uairs' ;
Cha tog thu i 'n aghaidh ar nàmh—
Cha bhi fuil t-athar air do chruaidh."

'S i sleagh Cheannaird Dhuinairm,
A tha dearg le fuil a nàmh.
Cha togar ma lann sa chath,
Tha i *sinte làimh' ri m' ghradh.

* The ancient custom of laying the implements of war, and of the chase, in the grave with the fallen hero, has

Bu ladair an lamh a liobh
An t-sleagh so a th' agam fhein ;
Ach tha e coimhead an taibhse,
A threig uaith air raon na nial.
'S an toir a naimhde buaidh,
Air athair an lài a shean aois ?
Cha toir—'s e na chiabhan liath,
O righ, 'n tra thogam-sa shleagh.

A's tog e a laoich le buaidh,
Arsa Ceannard bu mhòr cliù,
Ach, eisd ri truaighean is mò.
Bha mo thuireadh sa faraon,
Airson Ainnir a chaidh aog ;
Ach ni'n toir acain, no bròn,
Air ais dhuinn an dream tha fo'n fhòd.
Bu mhaiseach air sliabh Culàluinn,
Ainnir nan lamh geala, caoin ;
Dubh mar fhitheach bha a falt,
'S bha brolach mar eal' air caol.
Thigeadh smal air dearsadh, gach òigh',
An lathair nigh'n Shonmhoir nan rath
Gu'm b' àluinn mathair mo chloinne !
A bha fonnar an talla a chiùl.
Thainig nighean Aonair nan Sleagh,
Da'n robh mo rùn an tùs m' oige ;
'S ghabh a suil bu mhor goin,
Culàluinn, am maise mnà.
Na h-aonar fhuair i mo rùn,
A's labhair i rithe am foil ;
Nach ionmhuinn siubhal' an lò,
'S cubhraidh' Chulàluinn am beith.
Tha fir na seilg air beanntaibh cian ;
Thràigh a mhuir fada null,
Fagail a carraige sa ghaoith bhlàth.
A nighean Shallmhoir nam bàs min
Rachamaid siar gun dàil.
Chaidh iad tro choille nan crann,
'S fo charraig àird mu'n iadh an cuan,
Chaidil Culàluinn bu gheal snudh.
Cheangail a ghuineid mhuà
A falt amlagach grinn,
Na dhuail ri feamainn nan tonn ;
A's thill i unipe, cridhe bà !
Le h-aighear mu gniomh nach àdh.
Thain an fhairge tonn air thonn,
A's dhuisg Culàluinn à suain,
A's b' ioghna' lea ceangal a gruaige.
O fuasgail mo leadan, a ghraidh ?
Nach truagh leat fhein mi, òigh !
C' uime bhuin thu rium cho bà,
'S mo mhacain aillidh am dheigh !
Fhreagair mac talla nan creag,

been observed here by Morait. Abandoned to despair, he probably regarded his spear as of no further use to him ; and, as the only proof he could give of his affection for the deceased, who so unfortunately fell by his hand, he laid it in her grave. Dunarm, being weak through age, gave him his own spear, and made him his adopted son.

Ach bha nighean Aonair uaithe cian.
Thainig tonn baiteach thar sgeir,
'S na dheigh cha chualas a h-eigh.
D'fhagadh i na còdaibh-eun,
'N tra threig a bhuinn' an sgeir ;
Tri trathan dh'i bhi mar neul,
Air aigeal na mara ud shios.

Ach ni'n tearmunn dhut gu bràth,
A Ghuineid, do bhrathair baoth.
Thuit an laoch le 'm gheur lann,
Ged' dhion e mi aon uair sa chath.
Laimh ris ann an suram suain,
Laidh thusa a b' uabhraiche gniomh ;
Is minig an aisling na h-oidhche,
Thig do thaibhse le droch fhiamh.
Ach a Chuil-àill an fhuilt duibh,
Is ionmhuinn leam thus' am shuain !
Thig thu gun chith, gun cholg,
'S cha sheun fear cuairt do chòmhnaidh,
'N tra dh' eireas gealach gun smal.
Is minig a chluinnear do ghuth.
Ruf' thighinn na doinionna ghuirbh'.
Cluinnidh am maraich' an éigh,
A's gabhaidh tamh fo sgeith na creige ;
A coimhead nan tonn gun bheud,
Is caomh leis eigh nam boghannan,
Ged' eireadh iad ard san duibhre !
Amhuil a thuit mo chaomh, a Mhorfhuilt,
A's dh' eirich mo shleagh le buaidh ;
Cha mhaireann aon ghràdh air thalamh,
A's lengar mor ghaisgeach san uaigh.

Db' aithris Ceannard sgeula bhròin,
'S am feachd bha tosdach trom !
Bhrùchadh osnaidh a' chleibh,
'N tra dh' aithris e sgeula na truaighe.
'S an doire dhaillreach bha thamh,
Cha d' ghluais an osag am fraoch min ;
Cha do shiubhail na neoil thar bheinn,
'S ni 'n robh sian an ciabh nan crag ;
Bha gach crann n's lus an sìth,
A's laidh a ghaoth a sios gu grad.
Ciod tha dearsadh san ear,
Faoin chruth le fàite gàire ?
Tha ghealach na cadal gu seamh,
'S ni'n beil a ghrian a tighin air faire.
'S i oighe an uchd chreuchdaich a th' ann,
Le mile solus tighin' na deann.
Min-bhas gu Mhorfhalt au tìr chein,
A tha giulan sgeith a h-athar.
Ni'm beil a h-innenchd am feirg,
Is caomh i air an leirg gu h-ard.
Cuir fuadach fo smalan na h-oidhche,
Tha *reull na maidne na dearna ;
A tighin' mar dheursadh am moch thrà,
Toirt fios duinn mu eiridh na greine.

* Moidearg-mhadne.

C' uime tha t-imeachd cho luath,
Ainnir shuairce 's gile gnùis?
Ach dh-fhag thu mbadainn òg 'na t-aite,
Is caomh leth-dheàlrach do chruth ;
Thar bhadan ceathaich na leirge,
A dh-fhalbhas ro' eiridh na greine.

An Treas Earran.

Bha briseadh na fàire 's an ear,
'S theich duibhre air sgiathan luathais :
Dh' imich na reulltan fad as ;
'S bha ghrian a togail a cinn àidh,
'N tra thog am bàrd a ghuth.

Chuir Sunar, Ceann-feadhna nan laoch,
Tha treun mar charraig nan tonn,
Mar chnoc air thir-mor nach gluaisear,
Mise thugaibh, shiol nam beann.
Tha fhireun air sgiathan ro threun ;
'S tha sheobhaig ma cheum gu luath ;
Bha fhithich ma loma long !
Air imeachd nan cuaintean mòr.
An tabhair ceannard na tir'
A shuinn dhaibh mar chlosaich ?
Na 'n tuit e sios do'n ghaisgeach,
Ag tabhairt feidh a shleibhtean ard ?
Unihhse, theich o'n chath,
Tha Siol Lochluinn nan sleagh geur',
Ag iarraidh freagairt gu grad.

'S ard guth Shunar gun ag,
Fhilidh dhàn nan ciabhon liatha :
Tha bhriathran labhar neo-mheat',
A chionn nach eil a naimhdean lionmhor.

Ach, suidh thus' air an fhraoch,
A mhacain nam fonn is binn' ;
A's theid an t-slige làn mu'n cuairt ;
Cha 'n eil ar fuath air clann nam fonn:
A's pill a rithisd, gu foil,
Gu Righ Lochluinn, a ghlòir nach àdh ;
Innis dha gu'm beil eunlaidh nan sliabh,
Air sgiath an dèis an creich fein.
Thigeadh e le mhìltean sloigh ;
Tha neart n'ar cridhe-ne 'ta mòr

Chual am bard briathran an Righ,
A's dh-fhalbh e 'n ardan a chrì :
Bha aithris nan taibhse na chuairt,
O'n chunnaic e 'n sluagh a thuit.*
Mar thig an doireann bho thuath,

Le gaoth luath a's nialta fliuch,
A tuirlinn o ghruaidhean nam beann,
Nuas air aonach, ghlinn, a's shlochd—
Mar sin thainig Sunar le shuinn.
Bha 'n sgiathan mar nialaibh na h-oidhche—
Bha 'n aghaidh mar reulltan a' lasadh,
'S na plathanaibh duibhreach, nialach.

Chaidh neart na h-Alba air adhart,
Mar ghaillbheann thonn le gàir,
Tha g' imeachd an neart nan sian,
Tha gluasad o chian gu h-àrd.
Cluinnidh am maraiche an toirm,
'S le fiamh theid e na dhàil,
O nach urr' e nis a sheachnadh,
Tha 'g iomairt air aghaidh na bhàrc.

Cia mar dh'aithriseam féin
Gniomhan euchdach 'ur n-arm ?
A shealgair Choirre-nan-stùc,
Chunna' do shuil Mor-chreag—
A tha togail a chinn gu h-àrd,
'S a gabhail nan nial na chiabh,
O mhulach tha tòirleum a nuas,
Le tailmrich o ghruaidh na craig,
Sruth laidir, tha siubhal gu luath,
Gu cuan, o aonach a's ghleann,
'S a tuasaid ri buinne na fairge ;
Ach bu ghaire, a shealgair, an trod.

Mar lùbas a chuiseag fhann,
Fo dhoinionn na h-àibheis fuair',
'N uair bhios buaireas thaibhse dian,
'S na siantan uile fo gruaim.
Lùb Siol Lochluinn gu lùath
Roimh Righ Alba nan sluagh àir.
Chunnaic Sunar e tighin—
A's chrath e tri uairean a shleagh.
Ach crathaidh tu ì gu faoin,
A mhic Lochluinn a ghuth aird.
Mar charraig roi' dhoineann garbh,
Tha ceann-feadhna na h-Alba an tràs.
Am buinne tha neartar, mear,
Teichidh roimh aghaidh gun chail.

" Ach an do theich mise riamh,"
'S e labhair Righ Lochluinn nan cliar.
" Mar dhoinionn an adhair mo laimh,
Cha seas na beanntan féin le'n coill,
'S le'n stacaibh cragach, am lathair.
Air an fhairge thug mi buaidh,
'N uair le feirge do sgaoil an cuan,
Mu fhearann a's fhonn, ag eigheach,
Is bheum gach rutha, a's sgeir bheucach.
Ach 's faoin a labhair thu, chuain,
Bhuirb nan stuadh-ghlasa baoth ?
Nach tug mi féin ort roimhe buaidh ?
'S an seas Ceannard an t-sluaigh so ri m' thaobh ?"

---

* The bard, leaving the adverse host, reflected on the high spirit of either army, and inferred the effects that would naturally ensue. Being inspired with such thoughts, he looked forward with a prophetic eye, and pronounced the fall of the people. Hence often the ground of belief in the second sight.

Sin samhuil do bhriathraibh an laoich.
Ach, chrithnich an talamh mu'n cuairt,
'N tra thog iad an sleaghan ard;
Thuit craobban le m' freumhach buaint',
'S chrith creagan fo chasan nan treun?
A's leum iad o'n leabaidh thaimh.
'S iomadh cruaidh a bha á truaill,
A's saighead a siubhal a h-iubhar.
Bha seoid ag amharc an strì,
'S dà righ a gleac' gu borb.
Thuit sgiath Shunair gu lar,
'S thar a shloigh thuige le fiamh ;
Thog Mordubh a shleagh gu h-ard,
Ach chun' e uchd a nàimh gun sgiath.
Bha smaointean air gniomhan éuchd,
A's ghleidh e laimh air ais.

Bha Morfhalt air aghaidh 's a chath—
Leis thuit laoch air gach buille
Sheas Ceann-feadhna bho thuath an cein ;
Bha airde mar chraoibh fo blà.
Dh'aom clann Alba air an ais,
O sgeith laidir mar stuadh o charraig,
Amhuil darag aosda nan àrd,
'S na siantan ri comhstri dhian.
Ach togaidh tu do cheann le buaidh
Tha maiseach, gun bheud o'n stoirm :
Mu d' thimcheall tha dion gach uair ;
'S thig an sealgair o'n fhuachd a d' dhlùthas,
A's gheibh e dion o'n iunnrais fhuair :
Mar sin tha sgiath an laoich da shluagh.
Thog Morfholt a shleagh gu éuchd,
A's ghabh e'n còdhail a ghaisgich,
'S bu ghàbhaidh còmhrag nam fear borb ;
Fhreagair mac-talla nan creag
Do dh' fhuaim an lannan glas' góura—
Chuir iad coill a's fraoch á bun,
Le 'n casan air uillinn an t-sleibhe—
A's chrithnich clanna nan crion,
Ag coimhead ri gniomh nan tréun-fhear

Is mor a ghreis a thug na seoid,
'S na sloigh a coimhead an énchdan ;
Ach chlaon iad araon air an fhraoch,
'S fuil chraobhach a ruith o'n creuch.laibh.

Sin labhair Morfholt na mor ghniomh,
Cha'n eirich mo shleagh ni 's mò ;
'S cha ruisgear mo chruaidh 's a chath.
Tha aon bhrathair agam fòs,
Mas' a beò e, Solbha treun,
Sealgair an fheidh air Dunar :
Ma thuiteas tu leis gheibh thu cliù—
Oir cha tnù an t-òg gun mheang.

An do thog mi mo lamh, 's mo lann,
A Mhorfhuilt, a t-aghaidh, mo bhrathair?
A sheol an tùs dhomh cleasan lìgh ;
Ach, ni 'n t-sleagh ni 's mò.
Fàram lamh mo bhrathair chaoimh,
'S gu 'n càram an so e ri m' thaobh.
Theid sinn le cheile air chuairt,
Gu teach ar n' athraichean thug buaidh ;
Biodh ar leabaidh 's an nial,
An ionadan sian nan taibhse.

Chual an sluagh balbh a ghloir,
'S bu mhor am bròn air son an laoich.
Theich Siol Lochluinn g' an cathlach,
A's shil deoir Mhordhuibh mar bhraon ;
Philll e air ais a shuinn—
Thog iad leac-lighe gu h-ard,
A's sheinn am bàrd cliù an t-seiod.
Tha darag aosda na chòir,
'S na mheuraibh mòr tha sranna ghaoth—
Tha dealan an adhair mu'n cuair,
'S cha tig fear turais na dhàil—
Seachnaidh e 'n t luil nach àdh,
An aimsir nan reulltan cian—
Tha dà thaibhse mu'n cuairt an cònihnaidh,
Le acain bhròn tha siubhal air siantaibh.

COLLATH.

Tha acain am aisling neo-chaoin!*
An cadal do laogh, athair?
Is eagal leamsa doinionn chraidh;
Tha toirm gun àdh air na flathaibh.

    Ciod e, Chollaith, fà t-acain?
Arsa Aosar a ghuth bhinn.

Chunnacas, deir e-san, slige gu h-òl,
Do fhuil nàmh o dhortadh lann.
B' uamhann do m' anam an gniomh!
Ciod e bhrìgh, a shiol nan rann?

Ach 's faoin so aisling na suain?
Is faoin neo-bhuan gach nile nì.
Tuitidh an gaisgeach treun na threis,
A's àillteachd gach cruth gu crion.
Mar shruthas blà na coill—
Mar thig neul daillreach air a ghrein—
Is amhuil sin beatha nam beo!
Cha choigil 's cha chaomhain sinn seud.
Ach, an comhnuidh dhomhs' am thamh?
A mhic Chollaith, mo ghraidh, ca' beil thu?
Aona mhic mo chrìle chaoimh!
A t-aonar am beil thu air lear?
Fair an lann ud air an eallachainn,
Mac-samhailt do dhealan nan cath.
Thog Oglaoch an lann so g'a liobh—
Lann m' athraichean an gniomh nan rath.
Is iomadh cath a's còmhrag cruaidh
Is cuimhne leam a bhi le buaidh.

    Fhreagair an sin Aosar nan dàn,
A churaidh, a Chollaith nam buadh,
C'uime—ma bitheadh t-Inntinn fo phràmh—
Bha Oglaoch mar athraichean treun,
Curaidh treubhach e 's a chath,
A' mosgladh air faiche nan cruaidh.
'S e bheireadh buaidh thar mhile flath.

    A's aosda lag mi nis fo bhròn,
Thuirt Collath, 's a dheoir à ruith!

* Fonar, the Author of this Poem, belonged to the illustrious and once powerful family of Collath. He accompanied his young friend, in his last expedition, to rescue Annir, the betrothed bride of Oglach, and only child of Rutha, whom Ardan, a chief of a distant Isle, carried off in the absence of her friends. Her exquisite beauty gained her many admirers. She preferred the Son of Collath. By their marriage the two most powerful families of Caledonia would have been united. But these hopes were never to be realised. The Poem opens with a vision of Collath, and concludes with a lament of the fall of the race of Collath, chief of Carrig. It is partly dramatic.

Tha tuilte dol tharuinn gu dlù,
A c' ait' am beil m' annsachd fein an diugh.
Gu b' ionmhuinn thu Oglaoich threin,
Mo leanabh fein a b' aille cruth!
Bha thu fann roimh Imeachd do nàmh,
'S an triall mar thoran thar Mealldubh;
A's thig an là gun teach, gun ùigh,
Gun talla, gun fhlathaibh, gun cheòl,
'S am bi Siol Armuinn fo sprochd,
Mar fhaileas ruiteach tro' neoil.
Ach 's diomhain mo thuireadh gu leir!
Ciod so 'm fà mu'm beil mo chrì
Fo bhruaillean le aisling chruaidh?
A buaidh gu critheach, gun fhois,
Mar dhuilleach roi dhoinionn 's na cluannibh.

    Fhreagair mi fhein gu seamh,
A's tioma bhròin ga 'm chlaoi!

    " Am fanam-sa so am thamh,"
Thuirt Oglaoch, " 's mo ghradh am dhì?
Cha chaill mi, ars' e-san, mo chliu,
Ann am madainn chaomh na h-oige.
B' eug-samhuil na h-armuinn threuna,
M' athraiche feile, gun ghiomh:
'S ni 'm fanamsa so gun àdh,
Mar gheug gun duille gun bhlà;
Bheir mi buaidh air ardan fein,
Neo théid mi eug, 's e chual
Mi, as tartar a cheum
A ruighinn gu h-eutrom mo chluas.
Tha ' cruth caoin mar dhe̓o greine,
'S deirge beul no bilibh ròis;
Tha h-anail ni's cubhraidh na'n sùth,
'S a guth binn mar inneal ceoil
'S I 's aille dealbh de'n t-sluagh,
Bheireamsa buaidh da trid!
Aiteal sùl is glaine snuadh,
Ainnir shuairce 's igheann righ.
Mar torchair mi 'n oigh le m' lainn,
Ni mi còdhail rithe thall.
Mo chridhe tha 'g eiridh neo-throm,
A leumnaich le aitens am chom!
O thaibhse nan treun fhear, a threig,
C' ait an comhnuidh dhuibh o'n eug?
An comhnuidh d' ur n' anma an àdh,
Gun cheò na Lanna, no blàr?
Gach fiùran le òigh gun smal,
Neo-ionan a's sine ri gal."
Thog e ri crannaibh na seoil,
A's dhomhlaich uime a shluaigh;
Ri comh-strì ghailbheach nan tonn,

Bha fonn a ghaoil ann a bheul.
Cha mheata, am feasd, a chri,
A's Ainnir da dhì 's an iuil ;
'S an oidhche fhearthuinneach gu lò,
Ag udal cuain an aghaidh shian,
" Fagamaid acain a's bròn,"
Thuirt Oglaoch, "gu clanna nan crion,
Taosgar gach boinne de m' fhuil.
Mu'n leigear leo an òigh."
Dh' eirich leinne cairdean treun,
Thar lear a thorchar cliu—
Dh' eirich leinn Eilean nan laoch—
Dh' eirich leinn Fraoch a's a shluagh.
A chaitheadh ar slighe 's a chuan,
Ghabh sinn an sin duan mu seach ;
Sin sheinn duinn fìlidh nam fonn,
'S a ghuth bha ard thar tuinn a's lear.

Biodh anam àidh ag taomadh,
Mar chauchan ann an mulan ciuil,
Is eibhinn le m' chluas an torraghan trom!
Mar chabhlach nan caomh fo shiuil.
Is lon' le m' chri an t-aiteas ard.
Tha 'g eiridh àdhmhor a steach !
Mar chlaraibh an talla nam fonn,
Mar chuileann an sonn nach meat,
Mar fhlath-innis mhile bàrd,
Biodh smaointe graidh a chrì !
Ionmhuinn gach sile, gach braon,
Ionmhuin maraon a's Beul-bì,
Caoin chruth geal nan ioma dual,
O shìol na cathraiche nuaidh,
Càir gheal a chambair a cneas,
'S a leaca mìn mar na ròis ;
Amhuil i 's an t-sobhrach bhàn,
Reull nan ioma b' àille snundh ;
Bha i mar aiteal na greine,
'S a mhaduinn ag eiridh gun ghruaim.
Ach tuitidh fathasd luibh an raoin ;
Seargaidh a caoin chruth 's a dreach ;
" Sruthaidh a blàthan gun bhuain,"
'S e deir Mac Nuaith is geire beachd.

Thug i ceisd, a's a gaol trom
Do Shonn òg a chaidh thar lear ;
A's dh'eirich doinionn nan lann
Mu oigh chaoin gheal nan cleachd,
Tha aigne 'n laoich mar aiteal speur,
No lasair chrì air aonach ard ;
Co thraoghas a bhuirb ghàir ?

A chlanna fial nan armunn fiuidhidh,
Eiribh gu duthaich fad as,
Gu taomadh oirn mar dhoinionn ghairbh,
Ni h-aoibhinn an fheirg a tha las'.
Ach mairidh cliu nan saoidh gach ial,
A ghleachdas ri truaighean gun mheath.
A laochraidh nan sleagh liobhaidh geur,

Togadh oirbh, mear, leumnach, garg,
Mor—uaibhreach—borb,
Le uamhann cith agus colg !
Theid gathaibh leoin tre 'n cridhe ;
(Is aoibhinn fulang nan treun !)
Buirbe nan gaisgeach 's an strì,
Coigil a d' chleibh a's a d' shuain.
Lamh nan treun gu cath biodh leat,
'S an àrach fo lamh gu sguab.
'N tra thraoghas gailbheinn na h-àibheis,
Mar an t-ànrach claoite sgìth ;
Seallaidh gnuis an iunrais caoin,
Amhuil laoich n' tra philleas sìth.
Ach e-san a thuiteas le buaidh,
Tha e faighinn caochladh nuadh ;
A mhealtuinn ionmhas nan saoidh,
Nach ionmhuinn a chaoi, a chomhnuidh !

Thainig tioma air mo chrì,
Ri cuimhne na chunna' mi fhein !
Gualann-chatha nach bu tìm,
Flathaibh fuileach bha ri m' linn.
Nach eil a h-aon diu am shean aois?
Nach b' eibhinn a bhi leo seach leinn ?
Chunnacas sonn mor nam buadh,
Curaidh uaibhreach nan gniomh garg:
Lubadh nan cathan fo lainn,
'N uair a mhosgladh e am feirg.
'S e aigne an laoich a bha ard—
Bha bhuile mar chaoiribh chruach.
Cha robh e riamh ann an sìth,
'N uair ruisgeadh na lannan san strì ;
Bha imeachd mar thoran tro ghleann,
Mar dhealan an adbair bha gheann.
Ach threig an gaisgeach o chian,
Carraig-chatha a chridhe fhial ;
'S chaidh mar aon ris iomadh còmhlan,
Cha n-è mo shòlas nach eil e buan.
Ach teirigidh sinn uile fa-dheoidh,
A's chi an lò sinn smal' san uaigh.*

Ach mairidh gu suthain 's an dàn,
Gniomhan alloil aidh nan saoidh ;
'N uair chrionas a cholluinn gu smùr,
Mar an ùir an còmhdach criadh ;
Mar cheathach tra nòin air an t-sliabh,
Triallaidh an deò ag imeachd uainn,
Far nach teirig grian, no gradh—
Far a maireann àdh nan sonn.

Ach, Oglaoich, is deacair trom,
Sean aois a chromas an t-àrd,
A chaochailess cruth nam flath,

<hr>

* Fonar, who was a warrior as well as a bard, recites past events, in which he, together with the aged chief, whose mind is soothed with a recital of the deeds of former days, acted a part : and his own state frequently and naturally occurs to him.

COLLATH.

'S a dhallas fradharc chail nam bàrd.
Cia mar sheinneas mi dhut ceòl,
A laoich oig, am chlabhan liath ?
'S e labhair mi fein ris an t-saoidh,
Ceannard òg nam mìle cliar.

Chunnacas reull bu dealrach dreach,
A soillse tro' dhuibhre na h-oidhche ;
A's shoillsich a ghealach a rìs,
'S na neoil ag imeachd gu luath.
" Mar aiteal nan reull ud gu h-ard,
Tha maise Ainnir," ars' an laoch,
" A lìonadh m' anam do ghradh ;
Ged' tha thusa balbh ad' dheoir !
Còm is meuchaire, mhìne, ghile,
Taomadh gaoil mar dhearsa na h òidhche !'
A lionadh anam de shòlais,
Is binne guth no fuaim nan clàr,
Is àille dreach no cruth cubhraidh,
An noinein bhàin fo dhealt nan speur.
Is annihor an t-aiteas so am chliabh !
Ciod so an sòlas diamhair,
A tha ga'm lìonadh gun fhoghnadh ?
Tha m' aigneadh a' leumnaich a ghna,
Le buaidh a's mor ghradh na h-oighe.
Air an t-sleagh so ann am laimh,
Pillidh sinn o'n àr le buaidh !
Pillidh, no tuitidh le cliù,
Air son an rùin a tha bhuainn.
Pillidh mar aon a gaol
Ro chaoin, mar ri caochladh cath.
Tha m' aigneadh a' leumnaich gu còmhrag.
Is ionmhuinn le oighean mac rath.

Aithris dhuinn fhilidh nan dàn,
Thuirt mi fhein am briathraibh ciùin,
Mar bha oigh na h-iomair bhaigh,
Rè a latha an reull iùil.
Beul-bi,* sòlus mhile crì,
Maise mnà a bhil bhì ;
Ighean ghaoil bu bhlasda ceol,
A falt mar fhitheach, dubh mar smeoir.
Bha maise a's gradh le cheil' na sealladh,
A mala crom mar ite 'n lòin ;
A còm seamh, finealta, fuasgailt',
Cha lubadh a ceum am feoiruean.
Bu chruth ionmbolt an ribhinn ;
Ach ciod am fà mu'n robb sa 'g radh ?
Gach aona bhuaidh do bhi air finne,
Bha sud air dunach nan laoch,
A thuit mar ghallan nan gleann,
Mar sgathar fiùran nan crann.

* The history of Belvi is introduced here with great propriety. The injured are apt to think their own case without a parallel, and the burden of the afflicted becomes lighter, when they are assured that others suffer the like, or greater hardships.

Ach dh-fhailig mor mhais' a ghaoil,
Chaochail ' cruth àillidh gu h-aog !
'N uair bhuail lann Chonnlaoich uchd Dhonna- ghaill,
'S a ruith fhuil na thonnan blà !
Chlaon e air uilinn an t-armuinn,
An gath nimhe chaidh tro' airnenn ;
Gath geur guineach nan tri cholg,
Os ceann imleig shàth na bholg.
Bha tosga tiugha nam beum luatha,
A reubadh feoil, a's cnai' ga'm bruasgadh.
Gach lann, mar dhealan an adhuir,
Mar fhalaisg air sliabh na lasair,
Dh'aom na flathaibh fo mhaoim :
Bu dearg gach sruthan san raon,
Thuit e mu throma ghr idh na h-oighe !
Mar chobhar sruth bha fhuil a dortadh,
'S a ruith—'s e full a chridhe bh' ann,
A brùcadh tro' chreuchdan nan lann.
Uaith sin, chluinte caoiran na h-oigh' :—
" Och, mo dhorainn, agus m' acain !
Nach deachaidh mi eug o chian,
Mu'n d'fhuair son fhleasgach mo ghaol !
Thuit mo roghainn, thuit mo rùn,
Ach ma thuit e, fhuair e chliù.
Och ! nach robh sinn, ruin ghil còmbla,
Fo'n fhòd ghròm a gabhail comhnaidh !
Theireadh iad, an sin n'an tàmh,
Tha òg-fhlath nam buadh, 's a ghràdh,
An ceangal buan, an glais a bhàis.
Thuit iad mar luibhean an raoin,
Le'n uile bhlà, 's a mhadainn chubhraidh,
'S an dealt a boillsgeadh le gath greine."

Mar sin, thàr sinn chuige gu seamh ;
Bha ar caoimh a tighin' san duibhre ;
Thamh sinn car ghreis air an leirg,
Gu briseadh fàire na maidne.
Bha'n cuan siar mar lainnir,
Le soillse àdhmhor o'n ear ;
A's dealt nan speur air gach blà,
Gu foineil tlà mar an lear.
Chaidh sinn f'ar n' armaibh gu leir ;
'S chaidh mosgladh fa eilean nan stuadh,
" Rachadh, thuirt Oglaoch, ard, mear,
Romhainn a nis' teachdair luath."
Chuir sinn romhainn Lùghmhor òg,
Le fios gu Ardan, gun àdh !
" E chur chugainn Ainnir ua mais',
'S gu'm pilleadh ar feachd ga'n cabhlach."
'S e thuirt Ardan a chridhe bhuirb,
" Sinn fein a philleadh gu grad,
Air neo gu sguabadh e gach saoidh
Gu lear, mar fhaileas roi'n ghaoith
Gu lubadh e Oglaoch fo lann,
Mar mheangan an doire nan crann."
Dhomhlaich an sin na sloigh
Air an fhaiche gu h-ard,

A's thàr sinn a suas nan codhail
Gun fhiamh, ge b' iomadh na laoich.

Bhuail na saoidh air a chéile,
A's chrith an learg fo'n casan,
Thainig Ardan, mar bhuinne borb ;
Ag iarraidh Oglaoich gu còmhrag,
Essan sheas roimhe gu treun,
Mar charraig roimh eiridh nan tonn :
Bu chruaidh am buillean 's bu gharg,
'S an chridhe leumnaich nan com.
Mar thuiteas taosgadh a chuain,
'S a dh'islicheas huirbe nan tonn,
Roimh Oglaoch nam beuma nach cli,
Bha Ardan a faunach' 's an stri.
" Am meanglan mi nis a lùbas
Fo d' laimhse, churaidh gun àdh ?
C'uime nach leigeadh tu leam
An òigh a thug thu thar tuinn?
Ainnir nam meall-shuilean mìne,
'S an domh fhìn a thug i gradh !"
" Cha leiginn leat an oigh chaoin,
No le aon laoch ann ad t-fheachd.
Is cian a shiubhail mi 'n cuan,
Is eileauan stuadh-ghlasa sàil',
'S cha 'n fhacas a samhla fo 'n ghrein,
'S cha sgar o cheile sinn ach bàs."
Sin mar labhair na suinn,
An cruai'-ghleachd 's am buinn ga 'n stailc ;
Bha aigneadh an armuinn nach bu chli
Ag eiridh air bhoile 's an stri.
Thug e iarraidh dheacair threun,
A's shàth e chruaidh an cridhe Ardain.
Thuirlinn na cathaibh gu domhail,
'S bha Oglaoch am meadhon a nàmh.
Thainig Fraoch nan sonn ga chomhna,
'S bha abhainn fala dòl seach.
Mar dhealan an adhair bha 'n lannaibh—
An tartar mar thòran adhair,—
Shìn a's thàr iad gu chéile,
A's thuit na treun-fhir sa' bhlàr.
Cha robh Ceanna-bheirt na dhidinn—
Cha robh roinn gun reuba fuileach !
Mar sin bha iomairt nan laoch,
Gus an do theich na h-iomadh.
Thug sinn ar n'aghaidh gu lear ;
A's thog sinn leinn Oglaoch creuchdach,
A's Fraoch, a's iomadh fear treun,
A chàradh fo lic an cois na tràghad :
A's Ainnir a tharuinn nan dàil,
Fhuaradh ise urad siar,
A cruth a caochladh mar neul !
A's sleagh sàithaite na cliabh—
A com caoin bu ghile snuadh,
Air caochladh le dile fala !—
A fult am-lubach cleachdach
Na dhualaibh a falach a taobh —
Bha h-acain leoin fadheoidh,

Mu Oglaoch caomh a graidh !
Thog sinn dà lic le 'n cùinntich,
A's sheinn an filidh an cliù ;
'S am fuigheal brònach a mhair,
Thog sinn thar lear ar siuil !*
Bha sinn làtha sgìth air chuan,
Air udal seach stuadhan ard,
A seoladh gu muladach trom,
As eugais an t-suinn 's a ghràidh,

" A's dh-fhag sibh mo laogh an cèin,"
Arsa Collath, 's a dheur a ruith ;
" Bu gheal an cridhe bha na chom,
'S bu chaoine no deo grein a chruth.
Shaoileam, Oglaoich threin,
Gu biodh tu leam fhein an diugh,
Mar neart dhomh am sheau aois,
A's feasgar mo là dhomh dlù,
Is gearr an rè a fhuair
Thu, Ogain a b'uaisle gniomh !
Bu mhor treoir do lamh 's do laiun :
A's thuit thu, Oglaoch nach bu chli !
Ach mairidh do chliù 'san dàn,
A's triallaidh mise gun dàil a d' dheigh,
Gu eilean nan flath san iar,
'S mo ghrian a laidhe air lear.
'S neo-aoibhinn a sealla an tràs—
Fhilidh dhàn nach eil i 'm bròn ?"
" Tha," thuirt Binn-ghuth gu caòin ;
" Ach duisgidh i thall ud a ceòl.†"
'N uair threigeas i sinne car seal,
Cha bhi gal air saoidh tha thall,
" Ach Fhonnair, aithris do sgeul,"
Arsa Collath fein, an sin.
" Eilean mo ghaoil, 's e a t' ann,"
Arsa 'm Filidh, ar fear iuil.
" An t-eilean mu'n iadh an cuan ard,
A togail a chinn gu eùr' !
Togail a chinn tro cheo-allaidh,
A's neul a folach gach stuadh.

Mo chean ort fein, ge d' is cian,
Caraid fhial bu mhor gràdh !
De shiol Fhlathaibh nad ceud chath,
Thainig oirn' an là 'nach àdh !
Thuit na gaisgich, thuit na saoidh.
'S truagh an laoidh a tha na 'r beul !
A caoidh sliochd Chollaith nan gràdh ;
A's ‡blà an Rutha a thuit uaith cian.
O fhinne gaoil a tha gun mhairg,
'S e mo chreach ! an fhairg tha steach.

---

* This description of the heroine is beautiful and affecting. On the fall of Ardan she was set at large, and sought her friends in the midst of danger ; a spear pierced her side—they found her like a pale cloud, inquiring for the youth of her love with her latest breath !
† See Note, Mordubh, page 1, line 39,
‡ Annir, daughter of Armin, Chief of Rutha, poetically called " The bloom of beauty."

COLLATH.

Anns a cheitein ùrar, bhlà,
Bhiod dreach is àill' air gach slios.
Is gorm badanach am fraoch,
Am faigheadh na saoidh an suain ;
'S gur deacair, diamhair, cluain an fheidh,
'S am biodh Collath treun, 's a shluagh.
Bha 'n t-àm sin, arsa an Ceannard fein,
Mar là grein ghil, cubhraidh, caoin !
Ach thainig feasgar an là sin ro luath,
A's threig mo shluagh, mar dhealt fo grein,
'N uair thainig dù'-neoil o na speur,
'S a h-òr-fhalt fein bha sgaoilt' gu h-ard,
Sguabadh gu h-am-lubach air falbh,
'S cha robh a dealbh air cnoc no sliabh.
Ach, ' ghrian, thig là do bhroin,
N uair nach laidh thu le ceòl 'san iar,
S nach eirich thu 's an ear le treoir,
Ach mall mar mis', arn chiabhan liath."
Bhiodh cneas Bhrai-shealla ri grein
Shamhraidh, fo gach feur a's cneamh ;
An ealabhuidh 's an noinean bàn,
'S an t-sobhrach an gleann fàs nan luibh ;
Anns am faigheadh an leighe liath,*
Furtachd fiach do chreuchd a's leòn !
Olla shiol nan sleaghan geur,
Da'n comhnuidh o chéin an t-Sroin.
'S traugh nach robh e san àr,
'N uair thàr sinn gu tràigh fad as !
'S bheireadh e na saoidh o'n bhàs.
'S bhiodhmaid mar bu ghnàth air lear.
'S iomadh iomart bha ri m' linn,
Cruai' bheumach air chinnt gach uair ;
A's shileadh ar deoir mar fhras nan speur,
'N tra thuiteadh gaisgich threun nam buadh.

'S ann mar sin, a Chollaith, bha sinn,
Ri linn na thréig a's nach pill,
'N uair thuit do chòlan treun,
Ceannard Rutha, nach bu tiom.
Thuit an crann a b' ùrar fàs,
A failleau mo gràidh san fhonn ;
Mar mhaoim sleibh, no dealan speur,
Leagadh Ceann-feadhna nan cath.
An dh-fhag e ach am meanglan òg ?
Ainnir nach beò leinn an nochd !
'S ann o d' fhreumhach fein a bha iad,
'S ni 'm beil a lathair dhiù mac rath.

Goiridh a chomhachag á creig,
A's freagraidh guth airt-neul a h-uaimh ;
Mar sin ar guilean bhròin ro lag,

* The belief was common among the Caledonians, that for all the diseases to which mankind is liable, there grows an herb somewhere, and generally not far from the locality where the particular disease prevails—:he proper application of which would cure it.

A nis a tuireadh gu truagh.
Thar sinn mar so leis an oidhche,
Gun aoidh, gun chuilm, gun cheòl ;
Laidh smal air gach fonn a's feur,
A's dhorchaich na reulltan fo bhròn.
'S faoin carraig Chollaith a nochd—
Is faoin tha Innis fa sprochd,
Leth dhoilleir ameasg nan nial,
A's saoidh nan rath air àuradh cian.
Thainig cù* le bural bròin,
Bha'n gaothar tiamhaidh truagh !
Nach cianail a nis am bruth,
A's Rutha nan stùc ann an gruaim !
Gun laoch aig baile ni sealg ;
Gun chuilm, gun mhùirn, gun choin.

Slan leibh a bheannaibh mo ghaoil,
Anns am faighinn mang a's damh ;
Soraidh le Armuinn a thréig,
Ni h-eibhinn nan deigh ar seal.
" Tha binneas," arsa Collath, " a d' bhròn,
'N tra dhuisgeas tu smaoin mu'r n-òig' le gean.
Beannachd leibh uile gu lò
'San còdhail sinn thall o'n eug,
Far nach liobh gaisgeach a lann,
Far an dealrach òigh gun fheall.
'S am biodh Oglaoch a's Ainnir
Mar reulltan soillseach nan speur—
An anma ag lasadh le gaol,
Mar dh-o grein' an aghaidh gun smal,
Mar so biodh aisling mo shean aois,
'N uair dh'eireas mo ghuth gu bròn binn !
'S nach dirich mi Creubh-bheinn an fheidh,
Ach mall air làrach a ghlinn'.
Beannachd a's ciad soraidh slàn
Le beanntaibh mo ghraidh 's mo rùin,
O'n sgar an aois sinn san am,
'S mi gun sleagh, gun lann, gun lùgh.
Biodh tuireadh na h-eala 'na m' bheul,
A's i 'san lèig an dèis a leòn !
Air a fagail faoin lea féin,
'S e sud m' acain, éigh mo bhròin !

Dh-fhailig mo spionnadh 's mo threis,
Chaochail mo mhothach 's mo bhlas,
Ni 'm beil e ionmhuinn na their,
Tha m' intinn gun chàil, air meath,
Tha m' eibhneas uileadh air falbh
Le blianaibh calma na h-òige.
Is ciannail fuireach air traigh
Sean aois, gun ni' aiseag a null ;
'S mo thògradh ga m' ghreasad gu luath,
Gu Flath-innis shuas gu bràth."

* The dog, of all animals the most sagacious and attached mourns the absence or death of his master.

MIANN A BHAIRD AOSDA.*

O càraibh mi ri taobh nan allt,
A shiubhlas mall le ceumaibh ciùin,
Fo sgàil a bharraich leag mo cheann,
'S bi thùs' a ghrian ro-chairdeil rium,

Gu socair sìn 's an fheur mo thaobh,
Air bruaich nan ditheau 's nan gaoth tlà,
'Smo chas ga sliobadh 's a' bhraon mhaoth,
'S e lùbadh tharais caoin tro'n bhlàr.

Biodh sòbhrach bhàn is àillidh snuadh,
M'an cuairt do'm thulaich is nain' fo' dhriùchd,
'S an neòinean beag 's mo lamh air cluain,
'S an ealabhuidh' aig mo chluais gu h-ùr.

Mu'n cuairt do bhruachaibh àrd mo ghlinn',
Biodh lùbadh ghéug a's orra blà;
'S clann bheag nam preas a' tabhairt seinn,
Do chreagaibh aosd' le òran gràidh.

Brisendh tro chreag nan eidheann dlù,
Am fuaran ùr le torramam trom,
'S freagraidh mac-talla gach ciùil,
Do dh' fhuaim srutha dlù nan tonn.

Freagraidh gach cnoc, agus gach sliabh,
Le binn-fhuaim geur nan aighean mear;
'N sin cluinnidh mise mìle geum,
A' riuth m'an cuairt domh 'n iar san ear.

---

* Perhaps it is impossible, at this day, to decide with any certainty to what part of the Highlands the AGED BARD belonged, or at what time he flourished. Mrs Grant of Laggan, who has given a metrical version of the above poem, says, "It was composed in Skye," though upon what authority she has *not* said. The poem itself seems to furnish some evidence that at least the scene of it is laid in Lochaber. *Tréig*‡ is mentioned as having afforded drink to the hunters. Now Loch Treig is in the braes of Lochaber. We know of no mountain which is now called Benard or Scur-eilt. Perhaps Ben-ard is another name for Ben-nevis. The great waterfall, mentioned near the end of the poem, may have been *Eas-bhà*, near Kinloch-leven in Lochaber. The following is almost a literal translation of the above poem :—

THE AGED BARD'S WISH.

O place me near the brooks, which slowly move with gentle steps; under the shade of the shooting branches lay my head, and be thou, O sun, in kindness with me.

At ease lay my side on the grass, upon the bank of flowers and soft zephyrs—my feet bathed in the wandering stream that slowly winds along the plain.

Let the primrose pale, of grateful hue, and the little daisy surround my hillock, greenest when bedewed; my hand gently inclined, and the *ealvi*† at my ear in its freshness.

Around the lofty brow of my glen let there be bending boughs in full bloom, and the children of the bushes making the aged rock re-echo their songs of love.

Let the new-born gurgling fountain gush from the ivy-covered rock; and let all-melodious echo respond to the sound of the stream of ever-successive waves.

Let the voice of every hill and mountain re-echo the sweet sound of the joyous herd; then shall a thousand lowings be heard all around.

Let the frisking of calves be in my view, by the side of a stream, or on the activity of a hill; and let the wanton kid, tired of its gambols, rest with its innocence on my bosom.

Poured on the wing of the gentle breeze, let the pleasant voice of lambs come to my ear; then shall the ewes answer when they hear their young running towards them.

O let me hear the hunter's step, with the sound of his darts and the noise of his dogs upon the wide-extended heath; then youth shall beam on my cheek, when the voice of hunting the deer shall arise.

The marrow of my bones shall awake when I hear the noise of horns, of dogs, and of bow-strings ; and when the cry is heard, "The stag is fallen," my heels shall leap in joy along the heights of the mountains.

Then methinks I see the hound that attended me early and late, the hills which I was fond of haunting, and the rocks which were wont to re-echo the lofty horn.

I see the cave that often hospitably received our steps from night ; cheerfulness awaked at the warmth of her trees ;• and in the joys of her cups there was much mirth.

Then the smoke of the feast of deer arose ; our drink from Treig, and the wave our music ; though ghosts should shriek, and mountains roar, reclined in the cave, undisturbed was our rest.

I see Ben-ard of beautiful curve, chief of a thousand hills ; the dreams of stags are in his locks, his head is the bed of clouds.

I see Scur-eilt on the brow of the glen, where the cuckoo first raises her tuneful voice ; and the beautiful green hill of the thousand firs, of herbs, of roes, and of elks.

Let joyous ducklings swim swiftly on the pool of tall pines. A strath of green firs is at its head, bending the red rowans over its banks.

Let the beauteous swan of the snowy bosom glide on the tops of the waves. When she soars on high among the clouds she will be unencumbered.

She travels oft over the sea to the cold region of foaming billows, where a sail shall never be spread out to a mast, nor an oaken prow divide a wave.

Be thou by the summits of the mountains, the mournful tale of thy love in thy mouth, O swan, who hast travelled from the land of waves ; and may I listen to thy music in the heights of heaven.

Up with thy gentle song ; pour out the doleful tidings of thy sorrow ; and let all-melodious echo take up the strain from thy mouth.

Spread out thy wing over the main. Add to thy swiftness from the strength of the wind. Pleasant to my ear are the echoings of thy wounded heart—the song of love.

---

‡ We likewise find Treig spoken of in "*Oran na comhachaig*," where the author of that piece says, "*Oluidh mi a Trèig mo Cheam-shath.*"
† An herb called St John's wort.

* Allusion is here made to a fire of wood.

M'an cuairt biodh lù-chleas nan laogh,
Ri taobh nan sruth, no air an leirg.
'S am minnean beag de'n chòmhraig sgith,
'N am achlais a' cadal gu'n cheilg.

Sruthadh air sgéith na h-òsaig mhìn,
Glaodhan maoth nan crò mu'm chluais,
'N sin freagraidh a mheanmh-spreigh,
'Nuair chluinn, an gineil, is iad a ruith a nuas.

A ceum an t-sealgair ri mo chluais!
Le srannu ghàth, a's chon feagh sléibh,
'N sin dearsaidh an òig air mo ghruaidh,
'N uair dh-eireas toirm air senlg an fhéidh,

Dùisgidh smior am chnaimh, 'nuair chluinn,
Mi tailmrich dhòs a's chon a's shreang,
Nuair ghlaodhar—" Thuit an damh !"
Tha mo bhuinn, a' leum gu beò ri àrd nam beann.

'N sin chi roi, air leam, an gadhar,
A leanadh mi an-moch a's moch ;
'S na sleibh bu mhiannach leam ' thaghall.
'S na creagan a' freagairt do'n dòs.

Chi mi 'n uamh a ghabh gu fial,
'S gu tric ar ceumaibh roi 'n oidhch' ;
Dhùisgeadh ar sunnd le blathas a crann,
'S an sòlas chuach a bha mòr aoibhneas.

Bha ceò air fleagh bhàrr an fhéidh
An deoch á Tréig 's an tonn ar ceòl,
Ge d' sheinneadh tàisg 's ge d' rànadh sléibh,
Sinnte 's an uaimh bu sheamh ar neoil.

Chi mi Beinn-àrd is àillidh fianh,
Ceann-feadhna air mhile beann,
Bha aisling nan damh nu ciabh,
'S i leabaidh nan nial a ceann.

Chi mi Sgorr-eild' air bruach a ghlinn'
An goir a chuach gu binn au tòs.
A's gorm mheall-àild' na mile giubhas
Nan luban, nan earba, 's nan lòn.

Biodh tuinn òg a snàmh le sunnd,
Thar linne 's mìne giubhas, gu luath.
Srath ghlubhais uain' aig a ceann,
A' lubadh chaoran dearg air bruaich.

Biodh eal' àluinn an uchd bhàin,
A snàmh le spreigh air bharr nan tonn,
'Nuair thogas i sgiath an àird,
A measg nan nial cha'n fhàs i tròm.

'S tric l 'g astar thar a chuain,
Gu asraidh fhuar nan ioma' ronn,
Far nach togar breid ri crann,
'S nach sgoilt sròn dharaich tonn.

Bi thusa ri dosan nan tom,
Is cumha' do ghaol ann ad bheul,
Eala ' thriall o thir nan tonn
'S tu seinn dhomh ciùil an aird nan speur.

O! eirich thus' le t-òran ciùin,
'S cuir uaigheachd bhochd do bhròin au ceill.
'S glacaidh mac-talla gach ciùil,
An gùth tùrsa sin o d' bheul.

From what land blows the wind that bears the voice of thy sorrow from the rock, O youth, who wentest on thy journey from us, who hast left my hoary locks forlorn.

Are the tears in thine eyes, O thou virgin most modest and beauteous, and of the whitest hand. Joy without end to the smooth check that shall never move from the narrow bed.

Say, since mine eye has failed, O wind, where grows the reed with its mournful sound ? by its side the little fishes whose wings never felt the winds' soft breath, maintain their sportive conflict.

Raise me with a strong hand, and place my head under the fresh birch ; when the sun is at high noon let its green shield be above mine eyes.

Then shalt thou come, O gentle dream, who swiftly walkest among the stars; let my night-work be in thy music, bringing back the days of my joy to my recollection.

See, O my soul, the young virgin under the shade of the oak, king of the forest ! her hand of snow is among her locks of gold, and her mildly rolling eye on the youth of her love.

He sings by her side—She is silent. Her heart pants, and swims in his music ; love flies from eye to eye ; deers stop their course on the extended heath.

Now the sound has ceased ; her smooth white breast heaves to the breast of her love ; and her lips, fresh as the unstained rose, are pressed close to the lips of her love.

Happiness without end to the lovely pair, who have awaked in my soul a gleam of that happy joy that shall not return ! Happiness to thy soul, lovely virgin of the curling locks.

Hast thou forsaken me, O pleasant dream? Return yet—one little glimpse return: thou will not hear me, alas! I am sad. O beloved mountains, farewell.

Farewell, lovely company of youths! and you, O beautiful virgin, farewell. I cannot see you. Yours is the joy of summer; my winter is everlasting.

O place me within hearing of the great waterfall, with its murmuring sound, descending from the rock ; let a harp and a shell be by my side, and the shield that defended my forefathers in battle.

Come with friendship over the sea, O soft blast that slowly movest ; bear my shade on the wind of thy swiftness, and travel quickly to the Isle of Heroes,

Where those who went of old are in deep slumber, deaf to the sound of music. Open the hall where dwell Ossian and Daol. The night shall come, and the bard shall not be found.

But ah! before it come, a little while ere my shade retire to the dwelling of bards upon Ardven, from whence there is no return, give me the harp and my shell for the road, and then, my beloved harp and shell, farewell.

MIANN A BHAIRD AOSDA.

Tog do sgiath gu h-àrd thar chuan,
Glac do luathas bho neart na gaoith,
'S eibhinn ann am chluais am fuaim,
O'd chridhe leòint'—an t-òran gaoil.

Co an tir on gluais a' ghaoth,
Tha giulan glaoidh do bhroin on chreig?
Oigeir a chaidh uain a thriall,
'S a db-fhàg mo chiabh ghlas gu'n taic,

B'eil deòir do ruisg O! thusa ribhinn,
Is mìne mais' 's a's gile làmh?
Sòlas gu'n chrìoch do'n ghruaidh mhaoith,
A chaoidh nach gluais on leabaidh chaoil.

Innsibh, o thréig mo shuil, a ghaoth',
C' àit' am beil a chuil' a fàs,
Le glaodhan bròin 's na brìc r'a taobh,
Le sgiath gun deò a cumail blàir.

Togaibh mì—càraibh le'r laimh threin,
'S cuiribh mo cheann fo bharrach ùr,
'N uair dh'eireas a' ghrian gu h-àrd,
Biodh a sgiath uain' os-ceann mo shùl.

An sin thig thu O! aisling chiùin,
Tha 'g astar dlù measg reull na h-òidhch',
Biodh gnoimh m' oidhche ann ad cheòl;
Toirt aimsir mo mhùirn gu'm chuimhn'.

O! m'anam faic an ribhinn òg,
Fo sgéith an daraich, righ nam flath,
'S a lamh shneachd ' measg á ciabhan òir,
'Sa meall-shuil chiùin air òg a gràidh.

E-san a' seinn ri taobh 's i balbh,
Le cridhe leum, 's a snàmh' na cheòl,
An gaol bho shuil gu suil a falbh,
Cuir stad air féidh nan sleibhtean mòr.

Nis thréig am fuaim, 's tha cliabh geal mìn,
Ri uchd 's ri cridhe gaoil a' fas,
'S a bilibh ùr mar ròs gun smal,
Ma bheul a gaoil gu dlù an sàs.

Sòlas gun chrìoch do'n chomunn chaomh,
A dhùisg dhomh m' aobhneas àit nach pill,
A's beannachd do t-anams' a rùin,
A nighean chiùin nan cuach-chiabh grinn.

'N do thréig thu mi aisling nam buadh?
Pill fathast—non chrum beag—pill!
Cha chluinn sibh mi Ochoin! 's mi truagh.
A bheannaibh mo ghraidh—slàn leibh.

Slàn le comunn caomh na h-òige,
A's oigheannan bòidheach, slàn leibh,
Cha leir dhomh sibh, dhuibhse tha samhradh,
Ach dhomsa geamhradh a chaoidh,

O! cuir mo chluas ri fuaim Eas-mòr
Le chrònan a' tearnadh on chreig.
Bi'dh cruit agus slige ri'm thaobh,
'S an sgiath a dhian mo shinnsir sa' chath.

Thig le càirdeas thar a chuain,
Osag mhìn a ghluais gu mall,
Tog mo cheò air sgiath do luathais,
'S imich grad gu eilean fhlaitheis.

Far'm beil na laoich a dh-fhalbh o shean,
An cadal trom gun dol le ceòl,
Fosglaibh-sa thalla Oisein a's Dhaoil,
Thig an oidhche 's cha bhi'm bàrd air bhrath.

Ach o m'an tig i seal m'an triall mo cheò,
Gu teach man bàrd, air àr-bheinn as nach pill.
Fair cruit 's mo shlige dh-iunnsaidh 'n ròid,
An sin; mo chruit, 's mo shlige ghraidh, slan leibh.

Note.—This is a curious and valuable relic of antiquity. It affords internal evidence that the doctrines of Christianity were either wholly unknown to the poet, or had no place in his creed. The Elysium of bards upon Ardven, the departure of the poet's shade to the hall of Ossian and Daol, his last wish of laying by his side a harp, a shell full of liquor, and his ancestors' shield, are incompatible with the Christian doctrine of a future state.

That it is a composition, however, long subsequent to the times of Ossian, is evident from the change which the manners of the Caledonians had in the interim undergone; for in the poems of that bard there is scarcely an allusion to the pastoral state. At any rate, the art of taming and breeding cattle was certainly not practised by the Fingalians. Hunting and war seem to have been their sole occupations. Our aged bard, however, lived in the pastoral state of society; a state which many poets have made the subject of that species of poetry denominated pastoral.

Our bard exhibits tender senses, and describes happy situations. He paints the beauties of nature with the hand of a master, and expresses the warmth of his feelings in glowing numbers. His style is nervous, his manner chaste. His fancy wears the native garb of purity and simplicity: and true taste will recognise his composition as the genuine offspring of nature—as real poetry.

The poet has enumerated those rural occupations which afforded him delight in the vigour of life. He has arranged and drawn forth to view rural objects, attended by such circumstances as had made the most pleasurable and lasting impression upon his own mind; and he seems, at the same time, to have been highly sensible of the beauties of nature, and capable of producing those strokes of fancy which evince poetic merit.

This poem shows that men leading a pastoral life are capable of refined feelings and delicate sentiments, and may be actuated by the best affections of the heart; that long posterior to the days of Ossian, the Christian religion had not perhaps been heard of by the Caledonians; and that they were of opinion that the soul was an airy substance capable of existing in a state of separation from the body, and of enjoying, in the region of the clouds, those agreeable occupations which had given it pleasure upon earth.

A' CHOMHACHAG.*

A Chomhachag bhochd na Sròine,
A nochd is brònach do leabaidh,
Ma bha thu ann ri linn Donnaghaill,
Cha'n ioghnadh ge trom leat t-aigneadh.

" 'S co'-aoise mise do'n daraig,
Bha na faillean ann sa' choinntich,
'S iomadh linn a chuir mi romham,
'S gur mi comhachag bhochd na Sròine.

Nise bho na thà thu aosda,
Deun-sa t-fhaosaid ris an t-shagart,
Agus innis dhà gun cùradh,
Gach aon sgeula ga'm beil agad.

" Cha d' rinn mise braid' no breugan,
Cladh na tearmann a bhristeadh
Air m' fhear féin cha d' roinn mi iomluas,
Gur cailleach bhochd iouraig mise.

Chunnacas mac a Bhritheimh chalma,
Agus Feargus mor an gaisgeach,
As Torradan liath na Sròine,
Sin na laoich bha domhail, taiceil."

Bho 'na thòisich thu ri seannchas,
A's èigin do leanmhuinn ni's faide,
Gu 'n robh 'u triuir bha sin air foghnadh,
Ma 'u robh Donnagball ann san Fhearsaid.

" Chunnaic mi Alasdair Carrach,
An duin' is allaile bha 'n Albainn,
'S minig a bha mi ga éisteachd,
'S e aig reiteach nan tom sealga.

Chunnaic mi Aonghas na dheigh,
Cha b' e sin raghainn bu tàire,
'S ann 's an Fhearsaid a bha thuinidh,
'S rinn e muilleau air Allt-Larach,"

Bu lionmhor cogadh a's creachadh,
Bha'u an Lochabar 'san uair sin
C'àite 'm biodh tusa ga t-fhalach,
Eoin bhig na mala gruamaich.

" 'S ann a bha cuid mhor de m' shinnsir,
Eadar an Iunse a's an Fhearsaid,
Bha cuid eile dhiu' ma'n Dèaghthaigh ;
Bhiodh iad ag éigheach 'sa'u fheasgar.

'N uair a chithinnse dol seachad,
Na creachan agus am fuathas,
Bheirinu car beag far an rathaid,
'S bhithinn grathuun sa' Chreig-ghuanaich."

Creag mo chridhe-s' a Chreag ghuanach,
Chreag an dh-fhuair mi greis de m' àrach.
Creng nan aighean 's nan damh siùbhlach,
A chreag ùrail, aighearach, ianach.

Chreag ma'n iathadh an fhaoghait,
Bu mhiann leam a bhi ga taghal,
'N uair bu bhinn guth gallain gaodhair,
A' cur graidh gu gabhail chumhainn.

'S binn na h-iolairean ma bruachan,
'S binn a cuachan, 's binn a h-eala,
A's binne na sin am blaoghan,
Ni an laoghan meana-bhreac, ballach.

A's binn leam toraman na'n dòs,
Ri uillinn nan corra-bheann càs,
'S an eilid bhiorach is cuol còs,
Ni fois fo dhuilleich ri teas.

Gun de chéil aic' ach an damh,
'S e 's muime dh'i feur a's cneamh,
Mathair an laoigh mheana-bhric mhīr,
Bean an fhir mhall-rosgaich ghlain.

---

* This poem is attributed to Donald Macdonald better known by the cognomen of *Dòmhnull mac Fhiuilaidh nan Dàn*—a celebrated hunter and poet. He was a native of Lochaber and flourished before the invention of fire-arms. According to tradition, he was the most expert archer of his day. At the time in which he lived, wolves were very troublesome, especially in Lochaber, but Donald is said to have killed so many of them, that previous to his death, there was only one left alive in Scotland, which was shortly after killed in Strathglass by a woman. He composed these verses when old, and unable to follow the chase; and it is the only one of his compositions which has been handed down to us.

The occasion of the poem was this: He had married a young woman in his old age, who as might have been expected, proved a very unmeet helpmate. When he and his dog were both worn down with the toils of the chase, and decrepit with age, his " crooked rib" seems to take a pleasure in tormenting them. Fear, rather than respect might possibly protect Donald himself, but she neither feared nor respected the poor dog. On the contrary, she took every opportunity of beating and maltreating him. In fact, " like the goodman's mother," he " was aye in the way." Their ingenious tormentor one day found an old and feeble owl, which she seems to have thought would make a fit companion for the old man and his dog; and accordingly brought it home. The poem is in the form of a dialogue between Donald and the owl. It is very unlikely that he had ever heard of Æsop, yet he contrives to make an owl speak, and that to good purpose. On the whole it is an ingenious performance and perhaps has no rival of its kind in the language. Allusion is made to his " half marrow," in the 57th stanza.

'S siùbhlach a dh'-fhalbhas e raon,
Cadal cha dean e sa'n smùir,
B' fhearr leis na plaide fo' thaobh,
Bàrr an fhraoich bhadanaich ùir.

Gur àluinn sgeamh an daimh dhuinn,
'Thearnas o shireadh nam beann,
Mac na h-eilde ris an t-shonn,
Nach do chrom le spid a cheann.

Eilid bhinneach, mheargant, bhallach,
Odhar, eangach, uchd rèidh àrd,
Damh togalach, croic-cheannach, sgiamhach,
Crònanach, ceann-riabhach, dearg.

Gur gasd' a ruitheadh tu suas,
Ri leachduinn chruaidh a's i cas,
Moladh gach aon neach an cù,
Ach molams' 'n trùp tha dol as.

Creag mo chridhe-sa chreag mhor,
'S ionmhuinn an lòn tha fo ceann,
'S annsa' an lag a th' air a cùl,
Na machair a's mùr nan gall.

M' annsachd beinn sheasgaich nam fuaran,
An riasgach o'n dean an damh rànan,
Chuireadh gadhar is glan nuallan,
Fèidh na'n ruaig gu Inbhir-Mheoruin.

B' annsa' leam na dùrdan bodaich,
Os ceann leic ri eararadh sil,
Bùirean an daimh 'm bi glnè dhuinnead,
Air leacann beinne 's e ri sin.

'N uair bhùras damh Beinne-bige,
'S a bhòucas damh Beinn-na-craige,
Freagraidh na daimh ud da chéile;
'S thig féidh a' Coire-nn-snaige.

Bha mi o'n rugadh mi riabh,
Ann an caidridh fhiadh a's earb',
Ch'an fhaca mi dath air binn,
Ach buidhe, riabhach, a's dearg.

Cha mhi-fhìn a sgaoil an comunn,
A bha eadar mi 'sa Chreag-ghuanach,
Ach an aois ga'r toirt o chéile,
Gur grathunn an fhéil' a fhuaras.

'S i creag mo chridhe-s' a Chreag-ghunnach,
A chreag dhuilleach, bhiolaireach, bhraonach,
Na 'n tulach àrd, àluinn, fiarach,
Gur cian a ghabh i o'n mhaorach.

Cha mhinig a bha mi 'g éisdeachd,
Re séideadh na muice-mara,
Ach 'a tric a chuala mi mòran,
De chrònanaich an daimh allaidh.

Cha do chuir mi duil san iasgach,
Bhi ga iarraidh leis a mhadhar,
'S mor gu'm b' aunsa leam am fiadhach,
'S bhi air falbh nan sliabh as-t-fhaghar.

'S eibhinn an obair an t-shealg,
S àit a cuairt an aird gu beachd,
Gur binne a h-aighear 's a fonn
Na long a's i dol fo bheairt.

Fad 'sa bhithinn beò no maireann,
Deò dhe 'n anam an am chorp,
Dh-fhanainn am fochar an fhèidh,
Sin an spreidh an robh mo thoirt.

C'àit' an cualas ceòl bu bhinne,
Na mothar gadhair mhoir a' teachd,
Daimh sheannga na' ruith le gleann,
Miol-choin a dol annt a's ast'.

'S truagh an diugh nach beò an fheoghainn,
Gun ann ach an ceò de'n bhuidheann,
Leis 'm bu mhiannach gloir nan gadhar,
Gun mheogbail, gun òl, gun bhruidhinn.

Bratach Alasdair nan Gleann,
A sròl fathrumach ri crann,
Suaicheantas shoilleir shiol Chuinn,
Nach do chuir suim an clann ghall

'S ann an Cinn-Ghiubhsaich na laidhe,
Tha nàmhaid na graidhe deirge,
Lamh dheas a mharbhadh a bhradain,
Bu mhath e 'n sàbaid na feirge.

Dh-fhag mi san Ruaidhe so shios,
Am fear a b' olc dhoms' a bhàs,
'S tric a chuir e ' thagradh nn cruathas,
Ann cluais an daimh chabraich an sàs

Raonull Mac-Dhomhnuill ghlais,
Fear a fhuair fòghlum gu deas,
Deagh Mhac-Dhomhnuill a chuil chais,
Ni'm beò neach a chòmhraig leis.

Alasdair cridhe nan gleann,
Gun e bhi ann mor a' chreach,
'S tric a leng thu air an tom,
Sliochd nan sonn leis a chù ghlas.

Alasdair mac Ailein mhòir,
'S tric a mharbh sa' bheinn na fèidh,
'S a leanadh fad nir an tòir,
Mo dhoigh gur Domhnullach treun.

A's Dòmhnullach thu gun mhearachd,
Gur tu buinne geal na crunghach,
Gur càirdeach thu do Chlann-Chntain,
S gur h-e dalt thu do'n Chreig-ghuanaich.

A' CHOMHACHAG.

Ma dh-fhàgadh Domhnull a muigh,
Na aonar a' taigh na' fleagh,
S gearr a bhios gucag air bhuil,
Luchd a chruidh bi'dh iad a staigh.

Mi'm shuidh air sìth-bhruth nam beann,
A coimhead air ceann Locha-Trèig,
Creag ghuanach am biodh an t-shealg,
Grianan ard am biodh na féidh.

Chi mi na Dù-lochain bhuam,
Chi mi Chruach, a's Beinne-bhreac,
Chi mi Srath-Oisein nam Fiann,
Chi mi ghrian air Meall-nan-leac.

Chi mi Beinn-Neamhais gu h-àrd,
Agus an càrn-dearg ri bun,
A's coire beag eile ri taobh,
Chit' as monadh faoin a's muir.

Gur rìmheach an coire dearg,
Far 'm bu mhiannach leinn bhi sealg,
Coirre nan tulaichean fraoich,
Innis nan laogh 's nan damh garbh.

Chi mi braidh Bhidean-nan-dòs,
'N taobh so bhos do Sgurra-lìdh,
Sgurra-chòinntich nan damh seang—
Ionmhuinn leam an diugh na chì.

Chi mi Srath farsuinn a chruidh,
Far an labhar guth nan sòun,
A's Coire creagach a mhaim,
A' minig a thug mo làmh toll.

Chi mi Garbh-bheinn nan damh donn,
Agus Slat-bheinn nan tom sìth,
Mar sin agus an Leitir dhubh,
'S an tric a rinn mi fuil na' frìth.

Soraidh gu Beinn-allta bhuam,
O'n 's ì fhuair urram nam beann,
Gu slios Loch-Earrachd an fhéidh,
Gu'm b'ionmhuinn leam féin bhi ann.

Thoir soraidh uam thun an Loch',
Far am faicte 'bhos a's thall,
Gu uisge Leamhna nan lach,
Muime nan laogh breac 's nam meann.

'S e loch mo chridhse an loch,
An loch, air am biodh an lach,
Agus iomadh eala bhàn,
'S bh'idh iad a snàmh air ma seach,

Olaidh mi a' Tréig mo theann-sbàth,
Na dheidh cha bhi mi fo mhulad,
Uisge glan nam fuaran fallan,
O'n seang am fiadh a nì 'n langan.

'S buan an comunn gun bhristeadh,
Bha eadar mise 's an t-uisge;
Sùgh nam mor bheann gun mhìsge,
'S mise ga òl gun trasgadh.

'S ann a bha 'n communn bristeach,
Eadar mise 's a Chreag-shellich,
Mise gu bràth cha dirich,
Ise gu dilinn cha teirinn.

On labhair mi umaibh gu léir,
Gabhaidh mi fhéin dibh mo chead,
Dearmad cha dean mi s an àm,
Air fiadhach ghleann nam beann beag.

Cead is truaighe ghabhadh rìabh,
Do 'n fhiadhaich bu mhòr mo thoil,
Cha 'n fhalbh le bogha fo m' sgéith,
'S gu là-bhràth cha leig mi coin.

Tha blaidh mo bhogha 'n am uchd,
Le agh maol, odhar is àit,
Ise ceanalt 's mise gruamach,
'S cruaigh an diugh nach buan an t-shlat.

Mis' a's tusa ghadhair bhàin,
'S tùrsach air turas do 'n eilean,
Chaill sinn an tathunn a's an dàn,
Ge d' bha sinn grathunn ri ceanal.

Thug a choille dhìot-s' an earh',
'S thug an t-àrd dhlom-sa na féidh,
Cha n eil nàire dhuinn a laoich,
O'n laidh an aois oirnn le chéil'.

'Nuair a bha mi air an da chois,
'S moch a shiubhlain bhos a's thall,
Ach a nis on fhuair mi trì,
Cha ghluais mi ach gu min, mall.

Aois cha n'eil thu dhunn meachair
Ge nach feudar leinn do sheachnadh,
Cromaidh tu 'n duine direach,
A dh' fhàs gu mileanta gàsda.

Giorraichidh tu air a shaoghal,
Agus caochlaidhidh tu ' chasan,
Fagaidh tu cheann gun deudach,
'S ni thu eudann a chasndh.

A Shinead chas-aodannach, pheallach,
A shream-shuileach, odhar, éitidh,
Cia ma 'n leiginn leat a lobhair ?
Mo bhogha toirt dhiom air éiginn.

O'n 's mi-fhìn a b' fhearr an airidh,
Air mo bhogha ro-math iubhair,
No thusa aois bhothar, sgallach,
Bhios aig an teallach ad shuidhe.

Labhair an aois a rithist;
" 'S mo 's ruighinn tha thu leantainn.
Ris a bhogha sin a ghiùlan,
'S gur mòr bu chuibhe dhut bàta."

Gabh thusa bhuamsa 'm bàta,
Aois grànda chairtidh na plòide,

Cha leiginn mo bhogha leatsa,
Do mhathas no d' ar, eigin.

" ' S iomadh laoch a b' fhearr no thusa,
Dh-fhàg mise gu tuisleach anfhann,
'N déis fhaobhachadh as a sheasamh,
Bha riomhe na fhleasgach meamnach."

MAIRI NIGHEAN ALASDAIR RUAIDH.

The real name of this poetess was Mary M'Leod, though she is more generally known among her countrymen by the above appellation. She was born in Roudal, in Harris, in the year 1569, and was the daughter of Alexander M'Leod, son of *Alasdair Ruadh*, who was a descendant of the chief of that clan.*

It does not appear that Mary had done any thing in the poetic way till she was somewhat advanced in life, and employed as nurse in the family of her chief: neither is there any evidence that she could write, or even read. Her first production was a song made to please the children under her charge.

" *An Talla 'm bu ghnà le Mac-Leòid*" was composed on the Laird being sick and dying. He playfully asked Mary what kind of a *lament* she would make for him? Flattered by such a question, she replied that it would certainly be a very mournful one. " Come nearer me," said the aged and infirm chief, " and let me hear part of it." Mary, it is said, readily complied, and sung, *ex tempore*, that celebrated poem.

" *Hithill uthill agus hò*" was composed on John, a son of Sir Norman, upon his presenting her with a snuff-mull. She sometime after gave publicity to one of her songs, which so provoked her patron, M'Leod, that he banished her to the Isle of Mull, under the charge of a relative of his own.

It was during her exile there that she composed "'*S mi 'm shuidh' air an Tulaich*," or " *Luinneag Mhic-Leòid.*" On this song coming to M'Leod's ears, he sent a boat for her, giving orders to the crew not to take her on board except she should promise to make no more songs on her return to Skye. Mary readily agreed to this condition of release, and returned with the boat to Dunvegan Castle.

* There was another, though inferior poetess, of the family of *Alasdair Ruadh*, who is sometimes confounded with our authoress. Her name was Flora M'Leod. In Gaelic she is called *Fionaghal Nighean Alasdair Ruaidh.* This poetess lived in Troterness, and was a native of Skye. She was married, and some of her descendants are still in that country. All that we have been able to meet with, of Flora's poetry, is a satire on the clan Mac-Martin, and an elegy on M'Leod of Dunvegan. We have the authority of several persons of high respectability, and on whose testimony we can rely, that Mary M'Leod was the veritable authoress of the poems attributed to her in this work.

MAIRI NIGHEAN ALASDAIR RUAIDH. 21

Soon after this, a son of the Laird's had been ill, and, on his recovery, Mary composed a song which is rather an extraordinary composition, and which, like its predecessors, drew on her devoted head the displeasure of her chief, who remonstrated with her for again attempting song-making without his permission. Mary's reply was, " It is not a song ; it is only a *crònan*,"—that is, a hum, or " croon."

She mentions, in a song which we have heard, but which was never printed, that she had nursed five lairds of the M'Leods, and two of the lairds of Applecross. The song ends with an address to *Tòrmod nan tri Tòrmod*.* She died at the advanced age of 105 years, and is buried in Harris. She used to wear a tartan *tonnag*, fastened in front with a large silver brooch. In her old days she generally carried about with her a silver-headed cane, and was much given to gossip, snuff, and whisky.

Mary M'Leod, the inimitable poetess of the Isles, is the most original of all our poets She borrows nothing. Her thoughts, her verse, her rhymes, are all equally her own. Her language is simple and elegant ; her diction easy, natural, and unaffected. Her thoughts flow freely, and unconstrained. There is no straining to produce effect : no search after unintelligible words to conceal the poverty of ideas. Her versification runs like a mountain stream over a smooth bed of polished granite. Her rhymes are often repeated, yet we do not feel them tiresome nor disagreeable. Her poems are mostly composed in praise of the M'Leods ; yet they are not the effusions of a mean and mercenary spirit, but the spontaneous and heart-felt tribute of a faithful and devoted dependant. When the pride, or arbitrary dictate of the chief, sent her an exile to the Isle of Mull, her thoughts wandered back to " the lofty shading mountains,"—to " the young and splendid *Sir Tòrmòd*." During her exile she composed one of the finest of her poems : the air is wild and beautiful ; and it is no small praise to say that it is worthy of the verses. On her passage from Mull to Skye she composed a song, of which only a fragment can now be procured : we give a few stanzas of it :—

" Theid mi le'm dheoin do dhùthaich Mhic-Leòid,
M' iull air a mhòr luachach sin,
Bu chòir dhomh gum bi m' eòlas san tir
Leòdach, mar pill cruadail mi,
Siubhlaidh mi 'n iarr, tro dhùlachd nan sian,
Do'n tùr g'am bi triall thuath-cheathairn :
On chualas an sgeul buadhach gun bhreug,
Rinn acain mo chléibh fhuadachadh.

" Chi mi Mac-Leòid 's priseil an t-òg,
Rimheach gu mòr buadhalach,
Bho Ollaghair nan lann chuireadh sròlaibh ri crann ;
'S Leòdaich an dream uamharra,
Eiridh na fuinn ghleusd air na suinn,
'S feumail ri am cruadail iad,
'Na fiuranaibh gharg an am rusgadh nan àrm,
'S cliutach an t-ainm fhuaras leibh.

" Sìol Tòrmoid nan sgiath foirmealach fial,
Dh' eireadh do shluagh luath-lamhach ;
Dèalradh nam pios, tòrman nam pìob,
'S dearbh gu'm bu leibh 'n dualachas ;
Thainig teachdair do'n tir gu macanta min,
'S ait leam gach ni chualas leam,
O Dhun-bheagan nan steud 's am freagair luchd-theud,
Bheir greis air gach sgeul buaidh-ghloireach.

" 'Nuair chuireadh na laoich loingheas air chaol,
Turas ri gaoith ghluaiste leibh,
O bharraibh nan crann gu tarruinn nam ball,
Teannachadh teann suas rithe,
Iomairt gu leoir mar ri Mac-Leòid,
Charaich fo shròl uain-dhait' i,
Bho àrois an fhìon gu talla nam pios,
Gu'm beannaich mo Rìgh 'n t-uasal ud."

* We knew an old man, called Alexander M'Rae, a tailor in Mellen of Gairloch, whom we have heard sing many of Mary's songs, not one of which has ever been printed. Some of these were excellent, and we had designed to take them down from his recitation, but were prevented by his sudden death, which happened in the year 1833. Among these was a rather extraordinary piece, resembling M'Donald's " *Birlinn*," composed upon occasion of John, son of Sir Norman, taking her out to get a sail in a new boat.

MAIRI NIGHEAN ALASDAIR RUAIDH.

FUAIM AN T-SHAIMH.

Ri fuaim an t-shăimh
'S uaigneach mo ghean,
Bha mis' uair nach b'e sud m' àbhaist,
  Bha mis' uair, &c.

Ach piob nuallanach mhòr,
Bheireadh buaidh air gach ceòl,
'Nuair ghluaist' i le meoir Phàdruig.*
  'Nuairt ghluaist' i, &c.

Gur mairg a bheir geill
Do'n t-saoghal gu leir,
'S tric a chaochail e cheum gabhaidh.
  'S tric a chaochail e, &c.

Gur lionmhoire chùrs
Na'n dealt air an driuchd,
Ann am madainn an tùs maighe.
  Ann am madain, &c.

Cha'n fhacas ri m' rè,
Aon duine fo 'n ghrein,
Nach tug e ghreis fein dha sin.
  Nach tug e, &c.

Beir an t-soghraidh so buam,
Gu talla nan cuach,
Far 'm biodh tathaich nan truadh dàimhail.
  Far 'm biodh, &c.

Thun an taighe nach gann,
Fo 'n leathad ud thall,
Far beil aighear a's ceann mo mhàuruin.
  Far beil aighear, &c.

Sir Tòrmod mo rùn,
Ollaghaireach thu,
Foirmeil o thùs t-abhaist.
  Foirmeil o thùs, &c.

A thasgaidh, 's a' chiall,
'S e bu chleachdadh dhut riamh,
Teach farsuinn 's e fial fàilteach.
  Teach farsuinn, &c.

Bhiodh tional nan Cliar,
Rè tamul, a's cian,
Dh-fhios a bhaile 'm biodh triall chairdean.
  Dh-fhios a bhaile, &c.

'Naile chunna' mi uair,
S glau an lasadh bha d' ghruaidh,
Fo ghruaig chleachdaich nan dual àr-bhuidh,
  Fo ghruaig, chleachdaich, &c.

Fear direach deas treun,
Bu ro fhirinneach beus,
'S e gun mhi-ghean, gun cheum trailleil.
  'S e gun mhi-ghean, &c.

De'n linne a b'fhearr buaidh,
Tha 's na criochaibh mu'n cuairt,
Clann fhirinneach Ruairi làin-mhoir.
  Clann fhirinneach, &c.

Cha'n eil cleachdadh mhic righ,
No gaisge, no gniomh,
Nach eil pearsa mo ghaoil làn deth.
  Nach eil pearsa, &c.

Ann an treine, 's an lùgh,
Ann an ceutaidh 's an cliù,
Ann am feil' 's an gnuis nàire.
  Ann am feil, &c.

Ann an gaisge, 's an gniomh,
'S ann am pailte neo-chrion,
Ann am maise, 's am miagh àillteachd.
  Ann am maise, &c.

Ann an cruadal, 's an toil,
Ann am buaidh thoirt air sgoil,
Ann an uaisle gun chron càileachd.
  Ann an uaisle, &c

Tuigs-fhear nan teud,
Purpas gach sgeil,
Susbaint gach ceill naduir.
  Susbaint gach, &c.

Gu'm bu chubhaidh dhut sid,
Mar a thubhairt iad ris,
Bu tu 'n t-ubhal thar meas nird chraoibh.
  Bu tu 'n t-ubhal, &c.

Leodaich mo rùn,
Seorsa fhuair cliù,
Cha bu thoiseachadh ùr dhaibh Sir.
  Cha bu thoiseach, &c.

Bha fios co sibh
Ann an iomartas rìgh,
'Nuair bu mhulaidich strì Thearlaich.*
  'Nuair bu, &c.

---

* The celebrated PADRUIG mòr Mac Cruimein, one of the family pipers of Mac-Leod of Dunvegan.

* King Charles II.

MAIRI NIGHEAN ALASDAIR RUAIDH.

Slan Ghàëil no Ghaill
Cha' dh-fhuaras oirbh foill,
Dh-aon bhuaireadh g'n d'rinn ur nambaid.
Dh-aon bhuireadh, &c.

Lochluinnich threun
Toiseach ur sgeil,
Sliochd solta bho freumh Mhànuis.
Sliochd soita, &c.

Thug Dia dhut mar ghibht,
Bhi gu morghalach glic,
Chriosd deonaich' dha d'shliochd bhi àdhmhor.
Chriosd deonaich', &c.

Fhuair thu fortan o Dhia,
Bean bu shocraiche ciall,
'S i gu foisteineach fial nàrach.
'S i gu foisteineach, &c.

Am beil cannach a's cliù,
'S i gun mhilleadh na cùis,
'S i gu h-iriosal ciùin cairdeil.
'S i gu h-iriosal, &c.

I gun dolaidh fo 'n ghrèin,
Gu toileachadh treud,
'S a h-òlachd a reir ban-rìgh.
'S a h-òlachd, &c.

'S tric a riaraich thu cuilm,
Gun fhiabhras gun tuilg,
Nighean Oighre Dhun-Tuilm, slàn dut.
Nighean Oighre, &c.

ORAN

DO DIP IAIN MAC SIUR TORMOD MHIC-LECID.*

LUINNEAG.

H-ithill uthill agus ò,
H-ithill ò h-òireannan
H-ithill uthill agus ò,
H-ithill ŏ-h-ŏ h-òireannan
H-ithill uthill agus ò
H-ithill ò h-òriunnan
Failill ò h-ŭillill ò,
H-ò ri ghealladh h-i-il-an.

Ge do theid mi do m' leabaidh
Cha'n é cadal is miannach leam,
Aig ro mheud na tuile,
'S mo mhuilean gun iarann air,
Tha mholtair ri paidheadh,
Mur cailltear am bliadhna mi,
'S gur feumail domh faighinn,
Ge do ghubhainn an iasad i.
H-ithill, &c.

* For the air, see the Rev. Patrick Macdonald's Collec-
tion of Highland Airs, pages 28—163.

Tha mo chion air a chlachair,
Rinn m'aigne-sa riarachadh,
Fear mor, a bheoil mhreachair,
Ge tosdach, gur briathrach thu,
Gu'm faighinn air m' fhacal
Na caisteil ged iarrainn iad ;
Cheart aindeoin mo stàta,
Gun chàraich sud fiachan orm.
H-ithill, &c.

Ged a thuirt mi riut clachair,
Air m'fhacal cha b'fhior dhomh e,
Gur rioghail do shloinneadh
'S gur soilleir ri iarraidh e,
Fior Leòdach ùr, gasda,
Foinnidh beachdail, glic fialaidh thu,
De shliochd nam fear flathail,
Bu mhath an ceann chliaranach.
H-ithill, &c.

Ach a mhic ud Shir Tòrmod,
Gu'n soirbhich gach bliadhna dhut,
Chuir buaidh air do shliochd-sa,
Agus piseach air t-iarmadan ;
'S do'n chuid eile chloinn t-athar,
Anns gach rathad a thriallas iad,
Gu'n robh toradh mo dhùrachd
Dol nan rùn mar bu mhiannach leam.
H-ithill, &c.

'Nuair a theid thu do'n fhireach,
'S ro mhath chinneas an fhiadhach leat,
Le d' lothain chon ghleusda
Ann ad dheigh 'nuair thrialladh tu,
Sin, a's cuilbhear caol, cinnteach,
Cruaidh, direach, gun fhiaradh ann ;
Bu tu sealgair na h-eilid,
A chollich, 's na liath-chirce.
H-ithill, &c.

Tha mo chion air an Ruairidh,
Gur luaineach mu d' sgeula mi,
Fior bhoinne geal suairc' thu,
Am beil uaisle na peacaige,
Air an d'fhàs an cùl dualach,
'S e na chuachagan teud-bhuidhe,
Sin a's ùrla glan, suairce,
Cha bu tuairisgeul breugach e.
H-ithill, &c.

Slan iomradh dhut Iain,
Gu mu rathail a dh' eireas dut,
'S tu mac an deagh athar,
Bha gu mathasach meaghrachail,
Bha gu furbhailteach, daonnachdach,
Faoilteachail, deirceachail,

Sàr cheannard air *trùp* thu,
Na'n cuirte leat feum orra.
H-ithill, &c.

Gur àluinn am marcach
Air each an glaic diollaid thu,
'S tu cumail do phears'
Ann an cleachdadh, mar dh' iarrainn dut.
Thigeadh sud anu ad laimh-sa
Lann spainteach, ghorm, dhias-fhada,
A's paidhir mhath *phiostal*
Air crios nam ball suiomhanach.
H-ithill, &c.

AN TALLA 'M BU GHNA LE MAC-LEOID.

Righ! gur muladach ' tha mi,
'S mi gun mhire gun mhànran,
Anns an talla 'm bu gnà le Mac-Leòid.
Righ! gur, &c.

Taigh mor macnasach, meaghrach,
Nam macaibh 's nam maighdean,
Far 'm bu tartarach gleadhraich nan còrn.
Taigh mor, &c.

Tha do thalla mor prìseil,
Gun fhasgadh gun dian air,
Far am facadh mi 'm fion bhi 'ga òl.
Tha do thalla, &c.

Och mo dhiobhail mar thachair,
Thainig dìl' air an aitreabh,
'S ann a's cianail leam tachairt na còir.
Och mo dhiobhail, &c.

Chi mi 'n chliar a's na dàimhich,
A'tréigsinn na fàrdaich,
On nach éisd thu ri fàilte luchd-ceòil,
Chi mi 'n chliar, &c.

Shir Tòrmad nam bratach,
Fear do dhealbh-sa bu tearc e,
Gun sgeilm a chuir asad no bosd.
Shir Tòrmaid, &c.

Fhuair thu teist, a's deagh urram,
Ann am freasdal gach duine,
Air dheisenchd 's air uirighioll beoil.
Fhuair thu teist, &c.

Leat bu mhiannach coin lùgh-mhor,
Dol a shiubhal nan stùc-bheann,
'S an gunna nach diultadh re h-òrd.
Leat bu mhiannach, &c.

'S i do lamh nach robh tuisleach,
Dol a chaitheadh a chuspair,
Led' bhogha cruaidh, ruiteach, deagh-neoil.
'S i do lamh nach, &c.

Glac throm air do shliasaid,
An deigh a snaitheadh gun fhiaradh,
'S barr dosrach de sgiathan an eoin.
Glac-thorm, &c.

Bhiodh còir ris na crannaibh,
Bu neo-eisleanach tarruinn,
'Nuir a leumadh an t-saighead o d' mheoir.
Bhiodh còir ris, &c.

'Nuair a leigte bho d' luimh i,
Cha bhiodh oirleach gun bhathadh,
Eadar corran a gàine 's an smeòirn.
'Nuair a leigte, &c.

'Nam dhut tighinn gu d' bhaile,
'S tu bu tighearnail gabhail,
Nuair shuidheadh gach caraid mu d' bhòrd.
'Nam dhut tighinn, &c.

Bha thu measail aig uaislean,
'S cha robh beagan mar chruathas ort,
Sud an cleachdadh a fhuair thu t-aois òig.
Bha thu measail, &c.

Gu 'm biodh farum air thaileasg,
Agus fuaim air a chlàrsaich,
Mar a bhuineadh do shàr mhac Mhic-Leòid.
Gu 'm biodh farum, &c.

Gur h-e b' eachdraidh 'na dheigh sin,
Greis air uirsgeul na Feinne,
'S air cuideachda cheir-ghil nan cròc.
Gur h-e b' eachdraidh, &c.

CUMHA DO MHAC-LEOID.

Gur e maidheachd so fhuair mi,
A dh-fhuadaich mo chiall uam,
Mar nach bitheadh i agam,
'S nach fhaca mi riamh i;
Gur e Abhall an lis so,
Tha mise ga iargann;
E gun abuchadh meas air,
Ach air brisendh fo chiad bharr.

Gur e sgeula na creiche,
Tha mi nise ga éisdeachd,
Gach aon chneadh mar thig oirn',
Dol an tricead, san deinead,
Na chunnaic, 's na chualas,
'S na fhuaradh o'n cheud là,

MAIRI NIGHEAN ALASDAIR RUAIDH.

Creach nid an t-seobhaic,
Air a sgatha ri aon uair.

Ach a Chlann an fhir allail,
Bu neo mhalartaich' beusan,
Ann an Lunnuinn, 's am Pàris,
Thug sibh barr air na ceudan,
Chaidh n-ur cliù tharais
Thar talamh na h-Eiphit,
Cheann uidhe luchd ealaidh,
'S a leannan na féileachd.

Ach a fhriamhaich nan curaidh,
'S a chuilein nan leoghan,
A's ogha an dà sheanair,
Bu chaithreamaich' loistean ;
C'àit' an robh e ri fhaotuinn
Air an taobhs' an Roinn-Eòrpa,
Cha b' fhurrasd ri fhaighinn
Anns gach rathad, bu dòigh dhuibh.

Ach a Ruairidh mhic Iain,
'S goirt leam fhaighinn an sgeul-s' ort,
'S e mo chreach-sa mac t-athar,
Bhi na laidhe gun eiridh,
Agus Tòrmod a mhac-sa,
A thasgaidh mo chéille !
Gur e aobhar mo ghearain,
Gu'n chailleadh le chéil' iad.

Nach mòr an sgeul sgrìobhaidh,
S nach ioughnadh leibh féin e,
Duilleach na craoibhe,
Nach do sgaoileadh um meanglan,
An robh cliù, agus onair,
Agus moladh air deagh-bheairt,
Gu daonachdach, carthannach,
Beannachdach, ceutach.

Ge goirt leam an naidheachd,
Tha mi faighinn air Ruairidh,
Gun do chorp a bhi 'san Dùthaich,
Anns an tuama bu dual dut ;
Sgeul eile nach fusadh,
Tha mi claistinn san uair so,
Ged nach toir mi dhu creideas,
Gur beag orm ri luaidh e.

Gur ro bheag a shaoil mi,
Ri mo shaoghal gu'n eisdinn,
Gun chuinneamaid Leòdaich,
Bhi ga'm fogradh o'n òighreachd,
'S a'n còraichean glana,
'S a'm fearann gun déigh air
'S ar rauntanan farsuinn,
Na'n rach-te 'n am feum sud.

Gu'n eireadh na t-aobhar
Clann-Raonuill, 's Clann-Dòmhnuill,
Agus taigh Mhic 'Illeain,
Bha daingheann 'n-ur seòrsa,
Agus fir Ghlinne-Garaidh,
Nall tharais á Cnòideart,
Mar sud, a's Clann Chama-Shroin,
O champ Inbhir-Lòchaidh.

'S beag an t-ionghnadh Clann-Choinnich,
Dheanadh eiridh ri d' ghuailean,
'S gu'n robh thu na'm fineachd,
Air t-fhilleadh tri uairean,
'S e mo chreach gu'n do Chinneadh
Bhi ma chruinneachadh t-uaghach,
No glaodh do mhna muinntir
'S nach cluinntear, 's an uairs' i.

Tha mo cheist air an oighre,
Th'a stoidhle 's na h-Earadh,
Ged nach deach' thu san tuam' ud,
Far bo dual dut o d' sheanair.
Gur iomadh fuil uaibhreach,
A dh-fhuairich ad bhallaibh,
De shloinneadh nan rìghrean,
Leis na chìosaicheadh Manainn.

'S e mo ghaols' an sliochd foirmeil,
Bh'air sliochd Ollaghair, a's Ochraidh,
O bhaile na Boirbhe,
'S ann a stoidhleadh thu'n tòiseach ;
Gur ioma fuil mhorgha,
Bha reota sa chorp ud,
De shliochd armunn Chinntìre,
Iarl' Il', agus Ròis tbu.

Mhic Iain Stiubhairt* na h-Apunn,
Ged a's gasd' an duin' òg thu,
Ged tha Stiubhartaich beachdail,
Iad tapaidh 'n àm foirneart,
Na ghabhsa meanmadh, no aiteas,
A's an staid ud, nach còir dhut,
Cha toir thu i dhaindeoin,
'S cha'n fhaigh thu le deòin i.

C'uim' an tigeadh fear coigreach
A thagradh ur'n Oighreachd ;
Ged nach eil e ro dhearbhta,
Gur searbh e ri eisdeachd,
Ged tha sinn' air ar creachadh
Mu chloinn mhac an fhir fheilidh,
Sliochd Ruairidh mhoir allail,
'S gur airidh iad fein oir.

* Stewart of Appin was married to a daughter of Mac-Leod of Dunvegan, which made the Mac-Leods afraid that he should claim a right to the estate, on account of Mac-Leod having left no male heir.

MARBH-RANN
DO DH-FHEAR NA COMRAICH.

Tha mise air leaghadh le bròn,
O'n là dh-eug thu 's nach beò,
Mu m' fhiuran faighidneach, còir,
Uasal, aighearach, òg,
'S uaisle shuidhe mu bhòrd,
   Mo chreach t-fhaigiun gu'n treòir eiridh.

'S tu'n laoch gun laigse, gun leòn,
Macan min-geal gun sgleò,
B' fhearail, fìnealt an t-òg,
De shliochd nam fear mòr,
D'a bu dual a bhi còir,
   'S gu'm b'lhiù faiteal do bheoil eisdeachd.

'S tu chlann na h-ireinn a b'fhearr,
Glan an riamh as an d'fhàs,
Cairdeas righ as gach ball,
Bha sud sgriobt' leat am bainn,
Fo làimh duine gun mheang,
   Ach thu lion-te de dh-ardan euchdach.

A ruairidh aigeantaich aird,
O Chomraich ghreadhnaich an àidh,
Mhic an fhir bu mhor gàir,
Nan lann guineach, cruaidh, garg,
Ort cha d'fhuaradh riamh cearb,
   Iar-ogha Uilleam nan long breid-gheal.

Fhuair mi m' àilleagan ùr,
'S e gun smal air gun smùr,
Bu bhreac min dearg do ghnuis,
Bu ghorm laoghach do shuil,
Bu ghlan sliasaid, a's glùn,
   Bu deas, daingheau, a lùb ghleust thu.

A lub abhoil nam buadh,
'S mairg a tharladh ort uair,
Mu ghluic Fhionnlaidh so shuas,
Air each crodhanta luath,
Namhaid romhad na ruaig,
   Air dhaibh buille cha b'uair cis e.

Ach fhir a's curranta lamh,
Thug gach duine gu cràdh,
'S truagh nach d'fhuirich thu slan,
Ri uair cumaisg no blàir,
A thoirt cis dheth do nàmh,
   Bu leat urram an là cheudaich.

Bu tu'n sgoileir gun diobradh,
Meoir a's grinne ni sgriobhadh,
Uasal faighidneach, cinnteach,
Bu leat lagh an taigh sgriobhaidh,
'S tu nach muchadh an fhirinn,
   Sgeul mo chreiche! so shil do chreuchdan.

Stad air m'aighear an dè
Dh'fhalbh mo mharcanta fèin,

Chuir mi'n ciste nan teud,
Dhiult an gobha dhomh glèus,
Dhiult sud mi 's gach leighe
   'S chaidh m'onair, 's mo righ db'eug thu.

Thuit a chraobh thun a bhlàir,
Rois an graine gu làr,
Lot thu 'n cinneadh a's chràdh,
Air an robh thu mar bharr,
Ga'n dionadh gach là,
   'S mo chreach! bhuinig am bàs treun ort.

'N am suidhe na d' sheomar,
Chaidh do bhuidhean an òrdugh,
Cha b'ann mu aighear do phòsaidh,
Le nighean Iarla Chlann-Dòmhnuill,
As do dheigh mar bu chòir dh'i,
   'S ann chaidh do thasgaidh san t-sròl ghle-gheal.

Ach gur mis' tha bochd truagh,
Fiamh a ghuil air mo ghruaidh,
'S goirt an gradan a fhuair,
Marcach deas nan each luath,
Sàr Cheannard air sluagh,
   Mo chreach, t-fhagail ri uair m'fhéime.

Ach fhuair mi m'àilleagan òg,
Mar nach b'abhaist gun cheòl,
Saoir ri caradh do bhòrd,
Mnai ri spionadh an fheòir,
Fir gun tàilisg, gun cheòl,
   Gur bochd fulang mo sgeòil eisdeachd.

'Nuair a thionail an sluagh,
'S ann bha'n tioma-sgaradh cruaidh,
Mur ghàir sheillean am bruaich,
An deigh na meala thoirt uath,
'S ann bha'n t-eireadh bochd truagh,
   'S iad ma cheannas an t-sluaigh threubhaich.

MARBHRANN DO DH' IAIN GARBH
MACILLECHALUM RARSAIDH.*

Mo bheud, 's mo chràdh,
Mar dh'-eirich dha
'N fhear ghleusda, ghraidh,
Bha treun san spàirn,
   'S nach laicear gu bràth thu' n Rarsa.

Bu tu 'm fear curanta, mor,
Bu mhath cumadh, a's treòir,
O t' uilean gu d' dhòrn,
O d' mhullach gu d' bhròig,
Mhic Muire mo leon,
Thu bhi 'n innis nan ròn,
   'S nach faighear thu.

* This celebrated hero was drowned while on a voyage between Stornoway and Rassa.

'S math lùbadh tu pic
O chùl-thaobh do chinn,
'Nam rusgadh a ghill,
Le ionnsaidh nach pill,
'S air mo laimh gu'm bu cinnteach saighead uat.

Bu tu sealgair a gheoidh,
Lamh gun dearmad, gun leon,
Air 'm bu shuarach an t-òr
Thoirt a bhuanachd a cheòil,
'S gu'n d'fhuair thu na 's leoir,
'S na chaitheadh tu.

Bu tu sealgair an fhéidh,
Leis an deargta na bein ;
Bhiodh coin earbsach air éill
Aig an Albanach threun ;
C'ait' am faca mi fein
Aon duine fo 'n ghrein,
A dheanadh riut euchd flathasach.

Spealp nach dìbreadh,
An cath, nan strì thu,
Casan dìreach, fad' fineàlt,
Mo chreach dhiobhail
Chaidh thu dhìth oirn, le neart sine,
Lamh nach dìbreadh caitheadh orr'.

'S e dh-fhag silteach mo shuil,
Faicinn t' fhearainn gun sùrd,
'S do bhaile gun smùid
Fo charraig nan sùgh,
Dheagh mhic Chalum nan tùr a Rarsa.

Och ! m' fheudail bhuam,
Gun sgeul sa' chuan,
Bu ghlè mhath sneadh,
Ri grein, 's ri fuachd,
'S e chlaoidh do shluagh,
Nach d' fheud thu 'n uair a ghabhail orr'.

Mo bhèud, 's mo bhròn,
Mar dh' eirich dhò
Muir beucach, mor,
Ag leum mu d' bhòrd,
Thu féin, 's do sheòid
'Nuair reub 'ur seòil,
Nach d'fhaod sibh treòir
A chaitheadh orr.

'S e an sgeul' craiteach
Do'n mhnaoi a d'fhag thu,
'S do t-aon bhrathair,
A shuidh na t'aite,
Diluain Càisge,
Chaidh tonn bàit ort,
Craobh a b' aird' de 'n abhal thu.

CHUMHA MHIC-LEOID.

Cha sùrd cadail,
An runs air m'aigneadh,
Mo shuil frasach,
Gun sùrd macnais,
'S a' chùirt a chleachd mi :—
Sgeul ùr ait ri eisdeachd.

'S trom an cùdthrom so dhrùidh,
Dh-fhag mo chùslein gun lùgh,
'S tric suigh' mo shuil,
A tuiteam gu dlù ;
Chail mi iuchair mo chuil :
Ann a cuideachd lùchd-ciuil,
Cha téid mi.

Mo neart 's mo threoir,
Fo thasgaidh bhòrd,
Sàr mhac 'Ic-Leòid,
Nan bratach sròil,
Bu phailt' ma'n òr,
Bu bhinn-caismeachd sgeoil ;
Aig lùchd-astair
A's ceòil na h-Eireann.

Co neach gu'n eòl,
Fear t-fhasain beò,
Am blasdachd beoil,
'S am maise neoil,
An gaisge glois,
An ceart san còir ;
Gun aircèas nu sgleò féile.

Dh-fhalbh mo sòlas,
Marbh mo Leodach,
Calama, cròdha,
Meanamnach rò-ghlic,
Dhearbh mo sgeoil-sa,
Seannachas eolais ;
Gun chearb foghluim,
Dealbhach rò-ghlan t-eagaisg.

An treas la de'n Mhàirt,
Dh' fhalbh m'aighear gu bràth,
Bi sùd saighead mo chràidh,
Bhi 'g amharc do bhàis,
A ghnuis fhlathasach àilt ;
A dheagh mhic rathail,
An àrmuinn euchdaich.

Mac Ruairidh reachd-mhoir,
Uaibhreich, bheachdail,
Bu bhuaidh leatsa,
Dualchas farsuinn,
Snuadh-ghlaine pearsa ;
Cruadail 's smachd gun eucoir.

'Uaill a's aiteis,
'S an bhuat gu faighte,
Ri uair ceartais,
Fuasgladh facail;
Gun ghruam gu lasan;
   Gu suairce, snaiste, reusant.

Fo bhùird na ciste,
Chaidh grùnnd a ghliocais,
Fear fiughant, miseal,
Cuilmeach, gibteil,
An robh cliù gun bhriseadh;
   Chaidh ùir fò lic air m' eudail.

Gnùis na glainne,
Chùireadh sunnd air fearaibh,
Air each crùidheach ceann-ard,
'S lànn ùr than ort,
Am beart dhlu dhainghinn:
   Air cùll nan clann-fhalt teùd-bhuidh.

'S iomadh fear aineoil,
Is aoidh 's lùchd eallaidh,
Bheir turnais tamul,
Air crùin a mhalairt,
Air iùil 's air ainne,
   Bu chluith gun aithreis bhreug è.

B tu 'n sìth-thamh charid,
Ri' am tigh'n gu bail,
Ol dion aig fearabh,
Gun strì gun charraid,
'S bu mhiam leat mar ruit,
   Luchd inns' air annas sgeula.

Bu tric aoidh chairdean,
Gu d' dhùn àdhmhor,
Suilbhear, fàilteach,
Cuilm-mhor stàtoil,
Gun bhuirb gun àrdan:
   Gun diultadh air niàl dheirceach.

Thù shliochd Ollaghair
Bha mor morgha,
Nan seòl corra-bheann,
'S nan còrn gorm-ghlas,
Nan ceòl òrghan
   'S nan seòd bu bhorb ri eiginn.

Bha leath do shloinnidh,
Ri siol Cholla,
Nan cìse tromadh,
'S nam pios soilleir,
Bho choig-amh Coinneach,
   Bu lion-mhor do luingeas breid-gheal

'S iomadh gàir dalta,
'S mnài bhàs-bhuailt,

Ri là tasgaidh,
Cha 'n fhàth aiteis,
Do 'd chairdinn t-fhaicinn
Fò chlàr glaisde,
   Mu thruaidh! chreach an t-eug sinn.

Inghinn Sheumais nan crùn,
Bean chùilidh ghlann ùr,
Thùg ì ceud ghradh ga rùn,
Bu mhòr a' h-aoblıar ri sùnnd,
   Nuair a shealladh i'n ghnuis a céile.

Si fhras nach ciuin,
A thainig as ùr,
A shrac air siùil,
Sa bhrist ar stiùir,
'S ar cairt mhath iùil,
S ar taice cùil;
'S air caidridh ciùil,
   Bhiodh againn 'na d' thùr éibhinn.

'S mor an iùnndrain tha bhuainn,
Air a dùnadh 's an uaigh,
Air cuinneadh 's ar buaidh!
Air curam 's ar 'n ùaill;
'S ar sùgradh gun ghruaim
'S fad air chuimhne
   Na fhuair mi fein deth.

LUINNEAG MHIC-LEOID.

'S mi 'm shuidh' air an tulaich',
Fo mhulad 's fo ime-cheist;
'S mi coimhead air Ile,
'S ann de'm ionghnadh san am so.
Bha mi uair nach do shaoil mi,
Gus 'n do chnoclınil air m' aimsir;
Gu'n tiginn an taobh so,
A dh' amharc Iuraidh a's Sgarbaidh,

I h-urabh ò, i h-oiriunn ò,
I h-urabh ò, i h-oiriunn ò;
I h-urabh ò, h-oguidh hö- ro,
H-i-rì-ri rithibh h-ö-i ag ò.

Gun tiginn an taobh so,
A dh' amharc Iuraidh, a's Sgarbaidh:
Beir mo shoraidh do'n dùthaich,
Tha fo dhubhar nan garbh-bheann.
Gu Sir Tòrmod ùr, allail,
Fhuair ceannas air armailt;
'S gun caint' ann 's gach fearann,
Gum b' airidh fear t-ainm air.
   I hurabh o, &c.

Gun caint' ann 's gach fearann,
Gum b' airidh fear t-ainm air:

MAIRI NIGHEAN ALASDAIR RUAIDH.

Fear do chcille, 's do ghliocais,
Do mhisnich, 's do mheanmainn.
Do chruadail, 's do ghaisge,
Do dhreach, 's do dhealbha ;
Agus t-òlachd as t-uaisle,
Cha bu shuarach ri leanmhuinn.
I h-urabh o, &c.

Agus t-òlachd, as t-uaisle,
Cha bu shuarach ri leanmhuinn ;
Dh-fhuil direach righ Lochluinn ;
B' e sid toiseach do shenuachais.
Tha do chairdeas so-iarraidh,
Ris gach Iarla tha 'n Albuinn ;
'S ri uaislean na h-Eireann,
Cha breug, ach sgeul dearbt' e.
I h-urabh o, &c.

'S ri uaislean na h-Eireann,
Cha bhreug ach sgeul dearbht' e ;
A mhic an fhir chliùticb,
Bha gu fiùghantach ainmeil.
Thug barrachd an gliocas,
Air gach Ridir bha 'n Albuinn ;
Ann an cogadh 's an siο'-chainnt,
'S ann an dioladh an airgeid.
I h-urabh o, &c.

Ann an cogadh 's an siο'-chainnt,
'S ann an dioladh an airgeid ;
'S beag an t-ionghnadh do mhac-sa,
Bhidh gu beachdail mor, meanmnach.
Bhidh gu fiughant', fial, farsuinn,
O'n a ghlachd sibh mar shealbh e ;
Clann Ruairidh nam bratach,
'S e mo chrench-sa na dh-fhalbh dhiu'.
I h-urabh o, &c.

Clann Ruairidh nam bratach,
'S e mo chreach-sa na dh-fhalbh dhiu' ;
Ach an aon fhear a dh' fhuirich,
Nir chluinnean sgeul marbh ort.
Ach eudail de dh-fhearaibh ;
Ge do ghabh mi bh'uat tearbadh ;
Fhir a chuirp 's glan cumadh,
Gun uircasaidh dealbha.
I h-urabh o, &c.

Fhir a chuirp 's glan cumadh,
Gun uireasaidh dealbha ;
Cridhe farsuinn, fial, fearail ;
'S math thig geal agus dearg ort.
Suil ghorm 's glan sealladh,
Mar dhearcaig na talmhuinn ;
Lamh ri gruaidh ruiteach,
Mar mhucaig na feara-dhris.
I h-urabh o, &c.

Lamh ri gruaidh ruiteach.
Mar mhucaig na feara-dhris,
Fo thagha na gruaige,
Cul dualach, nan cama-lub.
Gheibhte sid ann a t-fhardaich,
An caradh air ealachuinn ;
Miosair a's adharc,
Agus raogha gach armachd ;
I h-urabh o. &c.

Miosair a's adharc,
Agus raogha gach armachd ;
Agus lanntainnean tana,
O'n ceannaibh gu 'm barra-dheis.
Gheibhte sid air gach slios dhiu,
Isneach a's cairbinn ;
Agus iubhair chruaidh, fhallain,
Le 'n tafaidin cainbe.
I h-urabh o, &c.

Agus iubhair chruaigh, fhallain,
Le 'n tafaidin cainbe,
A's cuilbheirean caola,
Air an daoirid gu'n ceannaicht' iad.
Glac nan ceann liobhta,
Air chuir sios ann am balgaibh ;
O iteach an fhir-eoin,
'S o shioda na Gaille-bheinn'.
I h-urabh o, &c.

O iteach an fhir-coin,
'S o shioda na Gaille-bheinn' ;
Tha mo chion air a churaidh,
Mac Mhuire chuir sealbh air.
'S e bu mhiannach le m' leanabh,
Bhi 'm beannaibh nan sealga ;
Gabhail aighear na frìdhe,
'S a direadh nan garbh-ghlac.
I h-urahh o, &c.

Ghabhail aighear na frìthe
'S a dìreadh nan garbh-ghlac ;
A leigeil na'n cuilein,
'S a furan na'n seanna-chon,
'S e bu deireadh do'n fhuran ud.
Fuil thoirt air chalgaibh,
O luchd nan céir geala ;
S nam falluinnean dearga.
I h-urabh o, &c.

O luchd nan céir geala,
'S nam falluinnean dearga,
Le d' chomhlain dhaoin' uaisle,
Rachadh cruaidh air an armaibh.
Luchd aithneachadh latha,
'S a chaitheamh na fairge,
'S a b'urainn ga seòladh,
Gu seòl-ait' an tarruinnte' i.
I hurabh o, &c.

AN CRONAN.

An naigheachd so 'n dè
Aighearach i,
Moladh do 'n léigh,
Thug maileart d'am chéil
'Nis teannaidh mi féin ri crònan,
Nis teannaidh &c.

Beannachd do 'n bheul,
Dh-aithris an sgeul
Cha ghearain mi féin
Na chailleadh 's na dh-eug
'S mo leanabh na dheidh comh-shlan
'S mo leanabh, &c,

Nam biodh agamsa fion
Gum b'àit leam a dhiol,
Air slainnte do thighinn,
Gud chairdean 's gud thìr,
Mhic àrmuinn mo ghaoil,
Be m' ardan 's mo phrìs,
Alach mo rìgh thogbhail
Alach mo rìgh, &c.

'S fàth mire dhuinn féin,
'S do'n chinneadh gu leir,
Do philleadh on eug,
'S milis an sgeul,
'S binne no gleus òrgain,
'S binne no glus, &c.

'S e m' aiteas gu dearbh,
Gu'n glacair grad shealbh,
An caisteal nan àrm
Leis a mhacan da'n ainm Tòrmod,
Leis a mhacan, &c.

Tha mo dhuils'ann an Dia,
Guir muirneach do thriall,
Gu Dùn ud nan cliar,
Far bu duthchas do 'm thriath,
Bhiodh gu fiughantach fiall foirmeil,
Bhiodh gu fiugheantach fiall, &c.

Gu Dun turaideach àrd,
Be sud innis nam bàrd,
'S nam fìlidh ri dàn,
Far bu mhinig an tàmh,
Cha b'ionad gu'n bhlas daibh sud,
Cha b'ionad gu'n bhlathas, &c.

Gu àros nach crion
Am bidh gùraich nam pìob
'S nan clàrsach a ris
Le dearsadh nam pios
A' cuir saradh am fion
'S ga leigeadh an gniomh òr-cheaird,
'S ga leigeadh an gnoomh, &c.

Buagbach am mac,
Uasal an t-slat,
Dha'n dual a bhi ceart,
Cruadalach pailt,
Duais-mhor am beachd
Runineach an neart Leòdach
Ruaineach an neart, &c.

Fiùran a chluain,
Dùisg san deagh uair,
'S dù dhut dol suas,
'N cliù 's ann am buaidh,
'S dùchas do'm luaidh,
Bhidh gu fiughantach suaire ceol-bhinn
Bhidh gu fiughantach suaire, &c.

Fasan bu dual,
Fantalach buan,
Socrach ri tuath,
Cosgail ri cuairt,
Cosunta cruaidh,
A'm brosnachadh sluaidh,
A mosgladh an uair foirneart.
A mosgladh an uair, &c.

Leansa 's na treig,
Cleachdadh a's beus,
T-aiteam gu leir,
Macanta seimh,
Pailt ri luchd theud,
Gaisgeil am feum,
Neart-mhor an deigh tòireachd
Neart-mhor an deigh, &c.

Siochd Ollaghair nan lann,
Thogadh sroiltean ri crann,
Nuair a thoisich iad ann,
Cha bu lionsgaradh gann,
Fir a b' fhirinneach bann,
Priseil an dream,
Rioghail gun chall còrach.
Rioghail gun chall, &c.

Tog colg ort a ghaol,
Bi ro-chalma 's gu'm faod,
Gur dearbhta dhut laoich,
Dheth na chinneadh nach faoin,
Thig ort as gach taobh gad chònadh,
Thig ort as gach taobh, &c.

Uasal an treud,
Deas, cruadalach, treun,
Tha'n dual'chas dhut féin,
Théid ma d' ghuaillibh ri t-fheum,
De shliochd Ruairi mhóir fheil,
Cuir sa suas a Mhic Dhé an t-og Rìgh,
Cuir sa suas a, &c.

MAIRI NIGHEAN ALASDAIR RUAIDH

Tha na Gàëil gu leir,
Cho cairdeach dhut féin,
'S gur feaird thu gu t-fheum,
Sir Domhnull á Sleibht,
Ceannard nan ceud,
  Ceannagalach treun rò ghlic,
  Ceannsgalach treun, &c.

'S math mo bhaireil 's mo bheachd,
Air na fiurain as leat,
Gu curanntach ceart,
'S ann de bharrachd do neart,
Mac-'Ic-Ailein 's a mhac
Thig le farum am feachd,
  Gud charaid a chasg t-fhoirneart.
  Gud charaid a chasg t-fhoirneart, &c.

A Gleann Garadh a nuas,
Thig am barantas sluaidh,
Nach mealladh ort uair,
Cha bu churantas fuar
  Na fir sin bho chluain Chnòideirt.
  Na fir sin bho chluain, &c.

'S leat Mac-Shimidh on Aird,
'S Mac Choinnich Chinntail,
Théid 'nad t-iomairt gun dail,
Le h-iomadaidh gràidh,
Cha b'ionghantach dhaibh,
  'S gur lionmhor do phairt dhaibh sin.
  'S gur lionmhor do phairt, &c.

'S goirt an naigheachd 's gur cruaidh,
Mac 'Illean bhi bhuainn,

Gun a thaigheadeas suas.
Bha do cheanghal ris buan,
T-ursainn-chatha ri uair deuchainn.
  T-ursainn-chatha ri uair, &c.

B'iomadh gasan gun chealg,
Bu deas falcinn fo àrm,
Bheireadh ceartachadh garbh,
Is iad a chlaistinn ort fearg,
  Eadar Bràcadal thall as Brolas.
  Eadar Bracadal, &c.

Tha mi 'g acan mo chall,
Iad a thachairt gun cheann,
Fo chasan nan Gàll,
Gun do phearsa bhi ann,
Mo chruaidh-chas nach gann,
  Thu bhi anns an Fhraing air tògradh.
  Thu bhi, &c.

A Chrosd cinnich thu féin,
An spiunnadh 's an céill,
Gu cinneadail treun,
'N ionad na dh' éug,
A Mhic an fhir nach d' fhuair beum,
  'Sa ghineadh o'n chré rò-ghlan.
  'Sa ghineadh o'n chré, &c.

A Righ nan gràs,
Bidh féin mar gheard,
Air feum mo ghràidh,
Dean oighne slàn
Do'n Teaghlaich àigh,
  Da'n robh caoimhneas air bharr sòlais,
  Da'n robh caoimhneas air bharr, &c.

IAIN LOM;

OR,

JOHN MACDONALD, THE LOCHABER POET.

This celebrated individual, a poet of great merit, as well as a famous politician, was commonly called *Iain Lom*, literally, *bare* John; but so named from his acuteness, and severity on some occasions.* He was sometimes called *Iain Manntach*, from an impediment in his speech. He was of the Keppoch family; lived in the reigns of Charles I. and II., and died at a very advanced age about the year 1710.

We know little of the early education of the Lochaber bard. Of him it might be said, "*poeta nascitur non fit;*" but from his descent from the great family, *Clann-Raonaill na Ceapach*, a sept of the M'Donalds, he must have seen and known more of the men and manners of those times than ordinary. His powers and talents soon rendered him a distinguished person in his native country; and subsequent events made him of importance, not only there, but likewise in the kingdom.

The first occurrence that made him known beyond the limits of Lochaber, was the active part he took in punishing the murderers of the heir of Keppoch: the massacre was perpetrated by the cousins of the young man, about the year 1663. The poet had the penetration to have foreseen what had really happened, and had done all he could to prevent it. He perceived that the minds of the people were alienated from the lawful heir in his absence: he and his brother being sent abroad to receive their education during their minority, and their affairs being intrusted to their cousins, who made the best use they could of the opportunity in establishing themselves by the power and authority thus acquired in the land. Although he could not have prevented the fatal deed, he was not a silent witness. He stood single handed in defence of the right. As he failed in his attempt to awaken the people to a sense of their duty, he addressed himself to the most potent neighbour and chieftain Glengarry, who declined interfering with the affairs of a celebrated branch of the great *Clann-Dughaill;* and there was no other that could have aided him with any prospect of success. Thus situated, our poet, firm in his resolution, and bold in the midst of danger, was determined to have the murderers punished. In his ire at the reception he met from Glengarry, he invoked his muse, and began to praise Sir Alexander M'Donald.

Nothing can give us a better idea of the power of the Highland clans, and of the state of the nation at this period, than this event, which happened in a family, and among a people, by no means inconsiderable. M'Donald of Keppoch could bring out, on emergency, three hundred fighting men of his own people; as brave and as faithful as ever a chieftain called out or led to battle, that would have shed the last drop of

---

* Some say he was called *Iain Lom* because he was bare in the face, and never had any beard.

their blood in his cause, and yet he had not an inch of land to bestow upon them. The M'Donald of Keppoch always appeared at the head of his own men, although only a branch of the great clan. He might have got rights, as he had just claims to land for signal services: but " would he care for titles given on sheep skin ?* he claimed his rights and titles by the edge of the sword !"

The kingdom of Scotland, as well as other nations, often suffered from the calamities that have been consequent on minorities. The affairs of Keppoch must have been in the most disordered state, when a people, warlike and independent in spirit, were trusted to the care, and left under the control of relations—selfish, and, as they proved, unworthy of their trust. The innocent, unsuspicious young men were sacrificed to the ambitious usurpation of base and cruel relatives. Our poet alone proved faithful; and, after doing what he could, it was not safe for him to rest there. The cause he espoused was honourable; and he was never wanting in zeal. Confiding in the justice of his cause, and his own powers of persuasion, (and no man better knew how to touch the spring that vibrated through the feelings of a high-spirited and disinterested chieftain,) he succeeded. Being favourably received by Sir Alexander M'Donald, he concerted measures for punishing the murderers, which met his lordship's approval, and indicated the judgment and sagacity of the faithful clansman.

A person was sent to North Uist with a message to Archibald M'Donald (*An Ciaran Mabach,*) a poet as well as a soldier, commissioning him to take a company of chosen men to the mainland, where he would meet with the Lochaber bard, who would guide and instruct him in his future proceedings.

The usurpers were seized and beheaded. They met with the punishment they so richly deserved; but the vengeance was taken in the most cruel manner; and the exultation and feelings of the man who acted so boldly, and stood so firmly in the defence of the right, have been too ostentatiously indulged, in verses from which humanity recoils. How different from his melting strains, so full of sympathy and compassion for the innocent young men whose death he avenged !

The atrocious deed has been palpably commemorated, in a manner repugnant to humanity, by " *Tobar nan Ceann.*"

Sometime thereafter the poet and Glengarry were reconciled. The chief well knew the influence of the "man of song" in the country, and had more policy than to despise one so skilled in the politics of the times—who made himself of more than ordinary consequence by the favour shown him by Sir Alexander M'Donald. No one of his rank could command greater defference. There might have been found votaries of the muses that poured out sweeter strains, but he was second to none in energy and pathos, in adapting his art to the object in view, and in producing the desired effect. He was born for the very age in which he lived. To the side he espoused he faithfully stood, and exerted all the energies of his mighty mind in behalf of the cause which he adopted. We shall not say that he was always in the right: in the one already related, he undoubtedly was; in a subsequent and greater cause he made one of a party. A poet is often led away by

---

* Alluding to vellum.

feeling, by passion and prejudice, when not left to cool reflection, or to the exercise of a better judgment. But *Iain Lom* entered on his enterprise with heart and zeal. A wider scene of action opened to his view. Usurpation, family feuds, and intestine troubles, gave way to civil war; and the vigilant seer became an active agent in the wars of Montrose.

One trait in the character of our poet, though not common, yet is not singular, and may be worthy of a remark or two. He was no soldier, and yet would set every two by the ears. Men of influence in the country, as well as chieftains at a distance, knew this, and dreaded him. An instance will put this in clear light. In the active scenes of those intestine troubles, a great politician and a famous bard was a person not to be neglected. He became an useful agent to his friends, and he received a yearly pension from Charles II. as his bard.

The Lochaber poet was the means of bringing the armies of Montrose and the Argyle-shire men together, at Inverlochay, where the bloody battle that ensued proved so fatal to so many brave men, the heads of families of the Campbell clan.

It will be unnecessary to follow here a history so well known. The Argyleshire men, on learning the intentions of their enemies to make a second descent on their country, marched north in order to divert their course, and save Argyleshire from another devastation. John M'Donald's eyes were open to all that was passing. He hastened to the army of Montrose with the intelligence that the Campbells were in Lochaber. Mr Alexander M'Donald, (better known by his patronimic, *Alasdair Mac Cholla*,) who commanded the Irish auxiliaries, took John as guide, and went in search of the Campbells. He, after search was made, and finding no trace of them, began to suspect the informer of some sinister motive; and declared, "if he deceived him, he would hang him on the first tree he met." "Unless," answered the poet, who was well informed of the fact, " you shall find the Campbells all here, for certainly they are in the country, before this time to-morrow, you may do so." The enemy at length appeared, and they prepared to give them battle. "Make ready, John," says the commander to the poet, " you shall march along with me to the fight." The poet, as has been asserted of the greatest of orators, was a coward; yet he too well knew his man to have altogether declined the honour he offered him; for Mr Alexander was not the man to be refused. The other was at his wits end. A thought arose quicker than speech; and it was fortunate for him. " If I go along with thee to-day," said the bard, " and fall in battle, who will sing thy praises to-morrow? Go thou, Alasdair, and exert thyself as usual, and I shall sing thy feats, and celebrate thy prowess in martial strains." " Thou art in the right, John," replied the other; and left him in a safe place to witness the engagement.

From the castle of Inverlochay, the poet had a full view of the battle, of which he gives a graphic description. The poem is entitled *The Battle of Inverlochay*. The natives repeat these heroic verses, as most familiar and recent ones. So true, natural, and home-brought is the picture, that all that had happened, seem to be passing before their eyes. The spirit of poetry, the language, and boldness of expression, have seldom been equalled, perhaps never surpassed; yet, at this distance of time, these martial strains are rehearsed with different and opposite feelings.

The changes which afterwards took place produced no change in the politics of our bard. He entered into all the turmoils of the times with his whole heart, and with a boldness which no danger could daunt, nor power swerve from what he considered his duty. He became a violent opposer of the union, and employed his muse against William and Mary. It mattered little to him of what rank or station his opponents were if they incurred his resentment. He treated his enemies with the same freedom and boldness whether on the throne, at the head of an army, or in the midst of a clan on whose fidelity the chief might always depend. But his friends who were of the party which he espoused were spared, while he made the nicest distinction between the shades and traits of character. How ingeniously he revenged himself on Glengarry in the praises bestowed on Sir Alexander M'Donald! Yet, would he suffer a hair of the head of any of his clan to be touched? No truly.

But how severe was he against a neighbouring clan that was always in opposition to his own. The Campbells he always lashed with the sharpest stripes of satire. The marquess of Argyle, who, on the score of heroism might have shaken hands with himself, felt the influence of the satire and ridicule of the popular bard and politician so much, that he offered a considerable reward for his head. The conduct of M'Donald on this occasion, indicates well the manner in which the character of a bard was respected and held sacred.

The poet repaired to Inverary, went to the castle, and delivered himself to the marquess, demanding his reward. We have already given an instance of his cowardly spirit. No one would accuse him of rashness; for he proved his prudence, caution, and foresight, from the long experience and trials he had in troublesome times. It was, therefore, on the safety granted to the office of bardship that he depended. Nor did he trust too much. He was perfectly safe in the midst of his enemies; even in the very castle of their chief who offered a reward for his head. The marquess received him courteously, and brought him through the castle; and on entering a room hung round with the heads of black cocks, his Grace asked John:—"*Am fac thu riamh Iain, an uiread sin de choilich dhubha an aon àite?*"—"*Chunnaic,*" ars Iain. "*C'àite?*"—"*An Inbher-Lòchaidh.*" —"*A! Iain, Iain, cha sguir thu gu bràch de chagnadh nan caimbeulach?*"—"*'Se 's duilich leam,*" ars Iain, "*nach urradh mi ga slugadh.*" i. e. "Have you ever seen, John, so many black cocks together?" "Yes," replied the undaunted bard. "Where?" demanded his grace. "At Inverlochay," returned the poet, alluding to the slaughter of the Campbells on that memorable day. "Ah! John," added his grace, "will you never cease gnawing the Campbells?" "I am sorry," says the other, "that I could not swallow them."

He was buried in Dun-aingeal in the braes of Lochaber; and his grave was till of late pointed out to the curious by the natives. Another bard, Alexander M'Donald of Glencoe, composed an elegy to him when standing on his grave, beginning thus:—

"Na shineadh an so fo na pluic,
Tha gaol an leoghainn 's fuath an tuire, &c."

Iain Lom composed as many poems as would form a considerable volume, the best of which are given in this work.

IAIN LOM.

MORT NA CEAPACH.

'S tearc an diugh mo chùis ghàire,
Tigh'n na ràidean so 'niar;
'G amharc fonn Inbher-làire,
'N deigh a stràchdadh le siol;
Tha Cheapach na fàsach,
Gun aon aird oirre 's fiach;
'S leir ri fhaicinn a bhràithrean,
Gur trom a bhàrc oirnn an t-sion.

'S ann oirnne thainig an diombuain,
'Sa 'n iomaghuin gheur;
Mur tha claidheamh ar finne,
Cho minig n' ar deigh;
Paca Thurcach gun sireadh,
Bhi a pinneadh ar cleibh;
Bhi n' ar breacain g' ar filleadh,
Measg ar clnne mor fein.

'S gearr o chomhairl' na h-aoine,
Dh' fhag a chaoidh sinn fo sprochd;
O am na feill-Mìcheil,
Ge b'e nith rinn mo lot;
Dh' fhag sud n' ar miol-mhùir sinn
'S na' r fuigheall spuirt air gach port;
'Nuair theid gach cinneadh ri chéile,
Bidh sinne sgaoilte mu 'n chnoc.

'S ann di-sathuirne gearr uainn,
Bhuail an t-earrchall orm spot;
'S mi caoidh nan corp geala,
Bha call na fala fo 'm brot;
Bha mo lamhansa cruabhach,
'N deigh bhi taosgadh 'ur lot;
Se bhi ga 'r cuir ann an ciste,
Tùrn as miste mi nochd.

B' iad mo ghraidh na cuirp chùraidh,
Anns 'm bu dlù chur na'n sgian;
'S iad na 'n sineadh air ùrlar,
'N seomar ùr ga 'n cur sios;
Fo chasan shiol Dùghaill
Luchd a spuilleadh na 'n cliabh;
Dh' fhag àlach am blodng
Mur sgàile ruidil 'nr liun.

C' aite 'n robh e fo' n adhar,
A sheall n'ur bhathais gu geur,
Nach tugadh dhuibh athadh,
A luchd 'ur labhairt 's 'ur bheus;

Mach o chlainn bhrathair n-athar,
Chaidh 'm bainn an aibhisteir threin;
Ach mu rinn iad bhur lotsa.
'S trom a rosad dhaibh fein.

Tha sibh 'n cadal thaigh duinte,
Gun smuid deth gun cheò;
Far 'n d' fhuair sibh 'n garbh dbùsgadh,
Thaobh 'ur chùil a's 'ur beoil;
Ach na 'm faigheadh sibh ùine
O luchd ur mhi-rùin bhi beo;
Cha bu bhoile gun surd e,
Biodh air' air nàuirn 's air luchd-ceoil.

A leithid de mhort cha robh 'n Albuinn,
Ged bu bhorb iad na 'm beus;
'S bochd an sgeul eadar bhraithrean,
E dhol an lathair mhic Dhé;
Mur am bàt air an linne,
Ge b'e shireadh na dèigh;
Cha tain' a leithid do mhilleadh,
Air ceann-cinnidh fo 'n ghréin.

Tha mulad air m' inntinn
Bhi 'g innseadh bhur beus
'S ann a ghabh iad am fath oirbh
'N uair chuaidh 'ur fagail leibh fein
'Sa chuir sibh cungaidh 'ur càsaibh,
Ann an Aros na 'n téud;
'S 'ur buachaillean bàth-chruibh,
Ann an garadh nam péur.

'S ann an sin a bha 'n cinneadh,
Bh' air am milleadh o 'n ceill;
Chaidh a ghlacadh droch spioraid,
Ann an lound fiamh Dhé;
Sin am fath mu 'n robh sginean,
Cho minig 'n 'ur deigh;
'S a 'neach nach do bhuaileadh,
Bhi ga bhuain anns a bhréig.

Ach a Mhoir-fhear Chlann-Domhnuill
'S fad do chomhnuidh measg Ghall,
Dh' fhag thu sinne n'ur breislich,
Nach do fhreasdail thu 'n t-am;
Nach do gleidh thu na h-itean,
Chaidh gun fhios dut air chall;
Tha sinn corrach as t-aogais,
Mur chulainn sgaoilte gun cheann.

Gur h-iom' ùganach sgaiteach,
Lub bhachlach, sgiath chrom;

Eadar drochaid Allt Eire,
'S Rugha Shleibhte nan tonn ;
A dheanadh leat eiridh
Mu 'm biodh do chreuchdan lan tholl ;
'S a rachadh bras ann a t-eirig,
Dheagh Shir Sheumais nan long.

Chuir Dia oirnn craobh shio-chaint,
Bha da 'r dionadh gu leoir ;
Da 'm bu choir dhuinn bhi striochdadh,
Fhad 'sa 'n cian bhiodhmaid beò ;
Mas sinn fhein a chuir dìth oirr',
B' olc an dioladh sin oirnn ;
Tuitidh tuagh as na flaitheas,
Leis an sgathar na meòir.

'N glan fhiuran so bh' againn,
'N taobh so fhlaitheas Mhic Dhé ;
Thainig sgiursadh a bhàls air,
Chaill sinn thoirt le srachd geur ;
'N t-aon fhiuran a b' àillidh,
Bh' ann 's phairce 'n robh speis :
Mur gu 'm buaineadh sibh àileau,
Leis an fhàladair geur.

Tha lionn-dubh air mo bhualadh,
'N taobh tuathal mo chleibh ;
'S mu mhaireas e buan ann,
B' fhearr leam uam e mur chéud :
Gar an teid mi g'a innseadh,
Tha mi cinnteach a' m' sgeul ;
Luchd dheanadh na sìthne,
Bhi feadh na tire gun deigh.

A BHEAN LEASAICH
AN STOP DHUIN.*

A bhean leasaich an stop dhuinn,
'S lion an cupa le sòlas,
Mas a branndai no beoir i, tha mi toileach a h-òl
'N deochs' air Captain Chlann-Domhnuill,
'S air Sir Alasdair òg thig on chaol.

'M fear nach dùirig a h-òl
Gun tuit 'n t-shuil air a bhord as,
Tha mo dhùrachd do'n òigear,
Crann curaidh Chlann-Domhnuill,
Righ nan dùl bhi gad chònadh fhir chaoimh.

Greas mu 'n cuairt feagh 'n taigh i,
Chum gun gluaisinn le aigbear,
Le sliochd uaibhreach an athar,
A choisin buaigh leis a chlaidheimb,
Fior ga ruagadh 's ga 'n caitheamh gu daor.

* This song was composed on account of the laird of Glengarry refusing his aid in apprehending the Keppoch murderers ; and in order to provoke the chief, the poet began by singing the praises of Sir Alexander M'Donald of Slate, and Sir James his son.

Sliochd a ghabhail nan steud thu,
Dh' fhas gu flathasach feile,
Do shiochd gasda Chuinn cheutaich,
'S a bha taghaich an Eirinn,
Ged a fhuair an claidhe 's an tèug oirbh sgriob.

Bhiodh an t-iubhar ga lubadh,
Aig do fhleasgnichean ùra,
Dol a shiubhal nan stùc-bheann,
Ann 's an uighe gun churam,
Leis a bhuidheann ro 'n ruisgte na gill.

'S tha mo dhuil ann 's an Trianaid,
Ged thainig laigsinn air t-fhion fhuil,
Slat den chuilleau bha ciatach,
Dh' fhas gn furanch fialaidh,
Sheasadh duineil air bial-thaobh an righ.

'S an am dhut gluasad o ' t-aitreamh,
Le d' cheòl cluais' agus caismeachd,
O thir-uasal nan glas-charn,
Ga'n robh cruadal 's gaisge,
Gam bu shuaineas barr gaganach fraoich.

'Nuar a thairte fo luchd i,
Bhi tarruinn suas air a cupaill,
Bord a fuaraidh 's ruidh chuip air,
Snaim air fuathail a fliuch bhuird,
'Sruth mu guailibh 's i suchta le gaoith.

'S'nuar a chairte fo seòl i,
Le crainn ghasda 's le corcaich,
Ag iomart chleasan 's ga seoladh,
Aig a comhlan bu bhoiche,
Seal m'an togt' oirre ro-sheol o thir.

Gu Dun-Tuilm nam fear fallain,
Far an greadhnach luchd ealaidh,
Gabhail failte le caithream,
As na clàrsaichean glana,
Do mhnaoi òig nan teud banala binn.

Sliochd nan cuiridhean talmhaidh,
Leis an do chuireadh cath garabbach,
Fhuair mi urrad gar seannachas,
Gun robh an turas ud ainmeil,
Gun ro taigh 's leath Alba fo'r cis.

'S ioma neach a fhuair coir uaibh,
Ann sann àm ud le'r gòraich,
Ban diu Rothaich 's Ròsaich,
Mac-Choinnich 's Diùc Gordon,
Mac-' Illeain o Dreolain 's Mac-Aoidh.

Be do shuaicheantas taitneach,
Long, 's leoghan, 's bradan,
Air chuan liobhara an aigeil,
A chraobh fhigeis gun ghaiseadh,
A chuireadh fion di le pailteas,
Lamh dhearg ro na ghaisgeach nan tìm.

Nuair bu sgìth de luchd-theud e,
Gheibhte Bioball ga leughadh,
Le fior chreideamh a's çèille,
Mar a dh' orduich mac Dhè dhuibh,
S gheibhte teagasg na Clèir' uaibh le sìth.

Mhic Shir Seumas nam bratach,
O bhun Sleibhte nam bradan,
A ghlac an fheile 's a mhaise,
O cheann còile do leapa,
Cum do reite air a casan,
Bi gu reusanta, macanta, mìn.

Sliochd na mìlidh 's nam fearabh,
Na sròl 's nam pìos 's nan cup geala,
Thogadh sioda ri crannaibh,
Nuair bu rìoghal an tarruinn,
Bhiodh pìob rimheach nam meallan da seinn.

Gum bu slàn 's gum a h-iomlan,
Gach ni tha mi g-iomradh,
Do theaghlach rìgh- Fìonghall,
Oighre dligheach Dhùn-Tuilm thu
Olar deoch air do chuilm gun bhi sgì.

ORAN DO SHIOL DUGHAILL.*

'S trom 's gur eisleanach m' aigne,
'N diugh gur feudar dhomh aideach',
O 'n a dh' eigh iad rium cabar 's mi corr.
'S trom 's gur, &c.

Mi ga m' fhogradh á Clachaig,
'S mi gun mhànus gun aitreabh,
'S nach h-e 'màl a ta fairtleachadh orm.
Mi ga m', &c.

Mi ga 'm fhogradh á m' dhùthaich,
'S m' fhearann pùst' aig siol Dùghaill,
'S iad am barail gu 'n ùraich iad còir.
Mi ga m', &c.

Mi ga m' fhogradh gun aobhar,
'S nach mi shalaich mo shaobhaidh,
Mur mhada-galla 'sa chaonnag m'a shroin.
Mi ga m', &c.

Mo nì a's m' earnais feadh monaidh,
'S mi mar ghearr eadur chonabh,
Gun chead tearnadh measg loinidh no feoir.
Mo nì a's, &c.

O nach d' fhàs mi 'm fhear morta,
Gu bhi sathadh mo chuirce,
Mur bha na cairdean curta 's taigh mhòr.
O Nach d' fhàs, &c.

* After the murder of Keppoch, the Poet was persecuted by the murderer: this song was composed on that occasion.

Fuil a taosgadh o lotan,
Dh-fhaoite thogail le copan,
Ruith na caochan ma bholtaibh am bròg.
Fuil a taosgadh, &c.

A Ruadh ropach nam maodal,
Ged a ròpadh tu caolain,
Cha n' e do chogadh a shaoil mi theachd orm.
A rugh ropach,

Cleas na blune nach maireann,
Bha 'n sgìre Cille-ma-cheallaig,*
'Nuair a dhìt iad an gearran 'sa mhòd.
Cleas a bhinne, &c.

Lagh cho chearr 'sa bha 'm Breatunn,
Itiun am mearlach a sheasamh,
Bhi ga thearnadh o leadairt nan còrd.
Lagh cho, &c.

Cleas dàn mnaoi a chruiteir,
Mun ghniomh nàrach rinn musag,
Thug i lamh air a phluiceadh le dòrn.
Cleas dana, &c.

A bhean choite gun obadh,
Bu choir a dochair a thogail,
Thilg a chlach anns an tobur 's i beo.
A bhean choite, &c.

'Nuair bha a bheisd air a buaireadh
Na cionnta fèin's i lan uabhair,
Theid an eucoir an uachdar car seoil.
'Nuair bha, &c.

Faodar cadal gu seisdeil,
Aig fadal Shir Sheumais,
Leig an ladarnas deistneach ud leo.
Faodar, &c.

Ach na 'm faicinn do loingeas,
'S mi nach bristeadh a choiuneamh,
Na 'm biodh coiseachd air chomas domh beò.
Ach na 'm, &c.

Mire shrutha r'a darach,
Ga cuir an uigheam gu h-aithghearr,
Crainne ghlubhais fo sparaibh a seoil.
Mire shrutha, &c.

* Women were the judges in this case, and a thief who was brought before them for stealing a horse, was allowed to escape while the horse was condemned to be hanged. The occasion was this:—Some time before the present action was raised, the same culprit had stolen the same horse and was prosecuted; but had the good fortune to get off in consequence of its being his first offence. It seems, however, the horse had found the thief so much the better master that he soon after " stole himself" away and returned, for which, poor fellow he had to suffer the above reward. This story is often referred to among the Highlanders when *law* and *justice* are evidently *different things*, they say—" *Cha tugadh an Cille-ma-cheallaig breath bu chlaoine.*"

IAIN LOM. 39

'Nuair a lagadh a ghaoth oirnn,
Bhiodh seol air pasgadh a h-aodaich,
'S buidheann ghasda mo ghaoil ri cuir bhòd.
   'Nuair a lagadh, &c.

Raimh mu 'n dunadh na basaibh,
'S iad a lubadh air bhacaibh,
Sud a chùrsachd o 'n atadh na leois.
   Raimh, &c.

Buird ùr air a totaibh,
'S i na deann thun na cloiche,
Muir dhu-ghorm a' sgolltadh m'a bòrd.
   Buird ùr air, &c.

AN CIARAN MABACH.

Ged' tha mi m' eun fògraidh san tir-sa,
Air mo ruagadh as na crìochan,
Glòir do Dhia 's do dh' Iarla Shì-phort,*
Cha bhi sinn tuille fo 'r binnse.

   O rù rò seinn, cò nam b'àil leibh ?
   O rù rò seinn, cò nam b'àill leibh ?
   Call abhar-inn o, calman-codhail :
   Trom orach as o, cò nam b'àill leibh ?

Sir Seumas nan tùr 's nam baideal,
Gheibh luchd muirne cuirm a' t-aitreabh,
Ge do rinn thu 'n dùsal cadail,
'S éibhinn leam do dhùsgadh madainn'.
   O ro ro sin, &c.

* "After the murder of the children of Keppoch Iain Munntach, the poet, had to flee for his life to Ross-shire, where he got a place from Seaforth in Glensheal, where he and his family might reside till such time as the murderers could be apprehended, as Seaforth, at the poet's request, had petitioned government for carrying that point into effect. This happened in the time of Sir James M'Donald, sixteenth baron of Slate, anno 1663.
"The government finding it impracticable to bring those robbers to justice in a legal way, sent a most ample commission of fire and sword (as it was then called) to Sir James M'Donald, signed by the duke of Hamilton, marquis of Montrose, earl of Eglinton, and other six of the Privy Council, with orders and full powers to pursue, apprehend, and bring in, dead or alive, all those lawless robbers, and their abettors.
"This, in a very short time, he effectually performed: some of them he put to death, and actually dispersed the rest to the satisfaction of the whole court, which contributed greatly to the civility of those parts.
"Immediately thereafter, by order of the ministry, he got a letter of thanks from the earl of Rothes, then Lord High Treasurer and Keeper of the Great Seal of Scotland, full of acknowledgments for the singular service he had done the country, and assuring him that it should not pass unrewarded, with many other clauses much to Sir James' honour.
"This letter is dated the 15th day of December, 1665, and signed Rothes. Sir James died anno 1678."—*Extracted from an unpublished Historical MS. of the M'Donalds.*

Slàn fo d' thriall, a Chiarain mhabaich,
Shlùbhladh sliabh gun bhiadh, gun chadal ;
Fraoch fo d' shìn' gun bhòsd, gun bhagradh ;
Chuir thu ceò fo 'n ròiseal bhradach.
   O ro ro sin, &c.

Rinn thu mhoch-eiridh Di-dòmhnaich,
Cha b' ann gu 'n aitreabh a chòmhdach,
Thoirt a mach nan cas-cheann dòite,
Chur sradag fo bhraclaich na feòla.
   O ro ro sin, &c.

Mhoire 's buidheach mis' a Dhia ort,
Cuid de 'n athchuing' bha mi 'g iarraidh,
'N grad spadadh le glas lannaibh liatha,
Tarruinn ghad air fad am fiacal.
   O ro ro sin, &c.

Di-ciadainn a chaidh thu t-uidheam,
Le d' bhrataich aird 's do ghillean dubha,
Sgrìob Ghilleaspuig Ruaidh a Uithist,
Bhuail e meall 'an ceann na h-uighe.
   O ro ro sin, &c.

Cha d'iarr thu bàta no long dharaich,
Ri àm geamhraidh 'n tùs na gaillinn,
Triublias teann feadh bheann a's bhealach,
Coiseachd bhonn ge trom do mhealag.
   O ro ro sin, &c.

Ach na'n cuireadh tu gach cùls gu àite,
Mu 'n sgaoil thu t-itean air sàile,
'Nuair dh'eitich thu Inbher-làire,
B' fheird do mheas e measg nan Gàel.
   O ro ro sin, &c.

'S ann leam nach bu chruai' an ghaoir ud,
Bh-aig mnaibh galach nam falt sgaoilteach,
Bhi 'gan tarruinn mar bheul-snaoisein,
Sealg nam boc mu dhos na maoilseach.
   O ro ro sin, &c.

'S mairg a rinn fhòghlum san droch-bheirt,
'N déigh am plaosgadh fhuair bhur ploicneadh,
Claigneann 'g am faoisgneadh a copar,
Mar chinn laoigh 'an déigh am plotadh.
   O ro ro sin, &c.

ORAN AIR CRUNADH
RIGH TEARLACH II.

Mi 'n so air m' uilinn,
An ard ghleann munaidh,
'S mor fath mo shulas ri gàire.
   Mi 'n so air, &c.

'S ge fad am thosd mi,
Ma 's e 's olc loibh,
Thig an sop á m' bhraghad.
   'S ge fad, &c.

O 'n bha sheanns' orinn a chluinntinn,
Ged bu teann a bha chuing oirnn ;
Gu 'n do thiondai' a chuibhle mar b'aill leinn.
    O 'n bha, &c.

An ceum so air choiseachd,
Le m' bhata 's le m' phoca,
'Sa 'n lamh ga stopadh gu sar-mhath.
    An ceum, &c.

Gur b-olc an nith dhuinn,
Bhi stad am priosan,
'N am theachd an righ g'a aite.
    Gur h-olc, &c.

Thug Dia dhuinn furtachd,
As na cliabhan druidte,
'Nuair dh' iarr sinn iuchair a gharaidh.
    Thug Dia dhuinn, &c.

'Sa Thearlaich oig Stiubhairt,
Ma chaidhe an crun ort,
Dia na fhear stiuiridh air t-fhardaich,
    'Sa Thearlaich, &c.

Ma chaidh thu 'sa chathair,
Gun aon bhuille claidheimh,
'N ainm an athar 's an ard Righ.
    Ma chuaidh, &c.

'S thu thigh'n dhachaigh gu d' rioghachd
Mur a b' oil le d' luchd mi-ruin
'N coinneamh ri mile ciad failte.
    'S thu thigh'n, &c.

'S ioma *Subseig* mhor mhisgeach,
'S measa run dut na mise,
Tha cuir staigh am *petisean* an drasda,
    'S ioma, &c.

Luchd nan torra-chaisteal liatha,
Air an sturmadh le iarunn,
B' olc na lorgairean riamh ann do gheard iad.
    Luchd na 'n, &c.

Cha b' fhas' an dùsgadh á cadal,
Na madadh-ruadh chuir a braclaich,
'Nuair a fhuaradh thu lag, ach bhi t-aicheadh.
    Cha b' fhas, &c.

Na mearlaich uile chuaidh dh' aon-taobh,
Ghearr muineal Mhoir-fhear Hunndaidh,
'S math choisinn le bunndaisd am paigheadh.
    Na mearlaich, &c.

Leam is eibhinn mur thachair,
Mur dh' eirich do 'n bhraich ud,
Bha gach ceann d' i na bachlagan bana.
    Leam is, &c.

Cha robh uidhir nan cairtean,
Nach robh tionnda' mi-cheart orr',
Bha mo shuilean ga m faicinn an trath ud.
    Cha robh, &c.

'S olc an leasan diciadain,
Mur a furtaich thu Dhia air,
A ta feitheamh an Iarla neo bhaidheil.
    'S olc an leasan, &c.

'N am rusgadh a cholair,
Theid an ceann deth o choluinn,
Gloir agus moladh do 'n ard-Righ.
    'N am, &c.

Le maighdeinn sgorr-shuileach smachdail,
Dh' fhagas giallan gun mheartuinn,
Dhuineas fiairas a Mharcuis mbi-chairdeil.
    Le maighdeann, &c.

'S ged 's e thùs cha 'n e dheireadh,
Do luchd dhusgadh an teine,
'S mar mo rùn do 'n chuid eile da chairdean.
    'S ged 's e, &c.

Mur bha *Lusifer* tamull,
'N deigh air thus bhi na Aingeal,
Chaidh sgùrsu' le an-iochd a Phàrais.*
    Mur bha, &c.

Bidh tu nis ann ad dheomhain,
Dol timchioll an domhain,
Bhrigh coltais toirt comh-fhillteachd dhasan.
    Bidh tu nis, &c.

'S mor a b' fhearr dhut na moran,
No na chruinnich thu stòras,
Bhi tional an otraich gu d' ghàradh.
    'S mor a b' fhearr, &c.

Na thu fhein 's do gheard misgeach,
Bhi 'n ait as nach tig sibh,
Mur sgaile *phictuir* 'sa 'n sgathan,
    Na thu fhein, &c.

Na farabhalaich bhreaca,
Bha tarruinn uainn ar cuid beartais,
Chuir an righ mach a *Whitehall* dhuinn.
    Na farabhalaich, &c.

---

* This poet was of the Roman catholic persuasion. It is said that he could not read himself; but that he was acquainted with the whole of the historical parts of Scripture, his poems are a clear demonstration.

LATHA INBHER-LOCHAIDH.*

LUINNEAG.

H-i rim h-ò-rò, h-ò-rò leatha,
H-i rim h-ò-rò, h-ò-rò leatha,
H-i rim h-ò-rò, h-ò-rò leatha,
Chaidh an latha le Clann-Dòmhnuill.

An cuala' sibhse 'n tionndadh duineil,
Thug an camp bha 'n Cille-Chuimein ;
'S fad chaidh ainm air an iomairt,
Thug iad as an naimhdean iomain.
H-i rim, &c.

Dhirich mi moch madainn dhòmhnaich,
Gu barr caisteil Inbher-Lochaidh,
Chunna' mi 'n t-arm a dol an ordugh,
'S bha buaidh an là le Clann-Dòmhnuill.
H-i rim, &c.

Direadh a mach glun Chuil-eachaidh,
Dh' aithnich mi oirbh sùrd 'ur tapaidh ;
Ged bha mo dhuthaich na lasair,
'S èirig air a chùs mar thachair.
H-i rim, &c.

Ged bhiodh Iarlachd a bhraghaid,
An seachd bliadhna so mar tha e,
Gun chur, gun chliathadh, no gun àiteach,
'S math an riadh bho 'm beil sinn paighte.
H-i rim, &c.

Air do laimhse Thighearna Lathair,
Ge mor do bhosd as do chlaidheamh ;
'S ioma oglaoch chinne t-athar,
Tha 'n Inbher-Lochaidh na laidhe.
H-i rim, &c.

'S ioma fearr goirseid agus pillein,
Cho math 'sa bha riamh dheth d' chinneadh,
Nach d' fhoad a bhotann thoirt tioram,
Ach faoghlum snàmh air Bun-Neimheis.†
H-i rim, &c.

Sgeul a b' àite 'nuair a thigeadh,
Air Caim-beulaich nam beul sligneach,
H-uile dream dhiu mur a thigeadh,
Le bualadh lann an ceann ga 'm bristeadh.
H-i rim, &c.

* This battle was fought between the M'Donalds and the Campbells, on Sunday, February 2, 1645.
† When the Campbells were routed, they endeavoured to cross the river at the above-mentioned ford. To their astonishment, however, the task proved more iiksome than they had anticipated; for, some of them losing their footing, their bonnets were carried down by the current. This event delighted and amused the poet; and, in order to make it at the same time ludicrous in itself, and galling to the poor Campbells, he began to address them as follows : —"*A Dhuimhneacha Dhuimhneacha, cuimhnichibh 'ur boineidean.*"

'N latha sin shaoil leo dhol leotha,
'S ann bha laoich ga 'n ruith air reothadh,
'S ioma slaodanach mor odhar,
Bha na shineadh air ach'-an-totbair.
H-i rim, &c.

Ge be dhireadh Tom-na-h-aire,
Bu liohor spog ùr ann air dùroch shailleadh,
Neul marbh air an suil gun anam,
'N deigh an sgiùrsadh le lannan.
H-i rim, &c.

Thug sibh toiteal teith ma Lochaidh,
Bhi ga 'm bualadh ma na sronan,
Bu lion'or claidheamh clais-ghorm comhnard,
Bha bualadh an lamhan Chlann-Dòmhnuill.
H-i rim, &c.

Sin 'nuair chruinnich mor dhragh na fhalachd,
'N am rusgadh na 'n greidlein tana,
Bha iongnan nan Duimhneach ri talamh,
An deigh an luithean a ghearradh.
H-i rim, &c.

'S lionmhor corp nochte gun aodach,
Tha na 'n sineadh air chnocain fhraoiche,
O 'n bhlar an greaste na saoidhean,
Gu ceann Leitir blar a Chaorainn.
H-i rim, &c.

Dh' innsinn sgeul eile le firinn,
Cho math 'sa ni cleireach a sgrìobhadh ;
Chaidh na laoich ud gu 'n dicheall
'S chuir iad maoim air luchd am mì-ruin.
H-i rim, &c.

Iain Mhuideartaich nan seol soilleir,
Sheoladh an cuan ri la doillear,
Ort cha d' fhuaradh briste coinnidh,
'S ait' leam Barra-breac fo d' chomas.
H-i rim, &c.

Cha b' e sud an siubhal cearbach,
A thug Alasdair do dh' Albainn,
Creachadh, losgadh, agus marbhadh ;
'S leagadh leis coileach Strath-bhalgaidh.
H-i rim, &c.

An t-eun dona chaill a cheutaidh,
An Sasunn, an Albainn, 's 'n Eirinn,
Is it e a curr na sgeithe,
Cha miste leam ged a gheill e.
H-i rim, &c.

Alasdair nan a geur lann sgaiteach,
Gheall thu 'n dé a bhi cuir as daibh,
Chuir thu 'n retreuta seach an caisteal,
Seoladh gle mhath air an leantuinn.
H-i rim, &c.

Alasdair nan geur lann guineach.
Na 'm biodh agad armuinn Mhnile;
Thug thu air na dh' fhalbh dhiu fuireach,
'S retreut air pràbar an duileisg.
H-i rim, &c.

Alsdair Mhic Cholla ghasda,
Lamh dheas a sgoltadh nan caisteal;
Chuir thu 'n ruaig air Ghallaibh glasa,
'S ma dh-ol iad càl gun chuir thu asd' e.
H-i rim, &c.

'M b' aithne dhuibhse 'n Goirtean-odhar,
'S math a bha e air a thothar,
Cha 'n inneir chaorach, no ghobhar;
Ach fuil Dhuimhneach an deigh reothadh.
H-i rim, &c.

Bhur sgrios mu 's truagh leam 'ur caradh,
'G eisdeachd an-shocair 'ur pàistean
Caoidh a phannail bh' ann 's 'n ùraich
Donnalaich bhan Earraghàël.
H-i rim, &c.

LATHA THOM-A-PHUBAILL.*

LUINNEAG.

*Hō-rò 's fada, 's gur fada,
'S cian fada gu leoir,
O 'n a chai th thu air thuras,
Do bhaile Lunnainn nan cleoc;
Na 'n cluinneadh tu fathunn,
Le rabhadh an eoin;
'S gu 'n taoghladh tu 'n rathad,
'S mi nach gabhadh dheth bròn!*

Ain leith-taobh Beinne-buidhe,
Sheas a bhuidheann nach gann;
Luchd dhearcadh an iubhair,
'Sa chur siubhal fo chrann;
'S diombach mise d' ur saothair,
'Nuair a dh' aom sibh a nall,
Nach deach a steach air Gleann-Aora,
Ghearradh braoisg nam beul cam.
Ho ro 's fada, &c.

A Mhoir-fhear Chlann-Dòmhnuill,
Chum thu chòdhail gu duineil;
'Nuair a sbaoil an t-Iarl Aorach,
Do chuir gun aobhar a Muile;
Bha thu roimhe 'n Dun-eideann,
'S dh' fhagh thu leigheart mu choinne,
'S gun aon eislein a' t-aigne,
Dh' eisd thu chasaid an Lunnainn.
Ho ro 's fada, &c.

Ach a Mhoir-fhear Chlann-Dòmhnuill,
'S fad do chomhnuidh measg Ghall;

* This battle was fought between the Campbells of Argyle and the men of Athol.

A laoich aigeantaich phriseil,
Oig rimheich an àigh:
Tha maise an fhiona,
Ad ghruaidh direadh an àird;
'S tha thu shliochd nan tri Cholla,
Ga 'm biodh loingeas air sàil.
Ho ro 's fada, &c.

'S truagh nach robh iad na ciadan,
Do luchd sgaith agus lann;
Do na h-oganaich threubhach,
Nach euradh *adbhans;*
Cha bhi'mid ag eigheach,
Co da 'n eireadh an call;
'S ann aig geat Inbher-Aora,
Ghabh mo laoich-sa gu càmp.
Ho ro 's fada, &c.

'M bruadar chunnaic mi 'm chadal,
B' fhearr gu 'm faicinn e 'm dhùisg;
'S mi nach fuireadh ni b' fhaide,
Ann am plaide air m' ùigh,
Sealladh 'n sin do d' ghnùis aobhach,
'Nuair a phlaosgadh mo shuil,
B' ionann eiridh do m' aigne,
'S leum a bhradain am bùrn.
Ho ro 's fada, &c.

Gur mise bha tùrsach,
'N am dhomh dùsgadh o m' bhruadar;
Bhi faicinn do chursaibh
Dol a null air Druim-uachdair;
Bhi gad chuir 'sa 'n tolla-dhubh,
'S gun mo dhuil thu thig'n uaithe;
Laidh smal air mo shugradh,
Gus an duisgear an uaigh dhomh.
Ho ro 's fada, &c.

Tha pruip air do chul-thaobh,
'S math a b' fhiu dhut am faighneachd;
Eoin Abrach o 'n Ghiùbhsaich,
Cha toir cubair a ghreim deth;
'S Gilleasbuig a Bhraighe,
Gu latha bhràth nach bi 'm foill dut;
Mac Iain 'sa chinneadh,
Gu 'n imicheadh an oidhch leat.
Ho ro 's fada, &c.

'S ioma marcaiche statail,
Gar an àir' mi ach cuid diu;
Eadar geata bhraigh Acuinn,
Gu slios Blair nam fear luidneach;
Mur ghabh sud a's braigh Ard-dhail,
Agus braighe Bochuidir;
Ghabhadh leigeadh gu statail,
'N eirig là Tom-a-phubaill.
Ho ro 's fada, &c.

'S ioma òganach guineach,
Laidir, duillich, do-aithnicht;

IAIN LOM.

Eadar braigh' uisge Thurraid,
'S caol Mhuile nan canach ;
Ghearradh beum le 'n arm guineach,
Ga 'n iomain do 'n fheamainn ;
Ann an eirig nam muineal,
Chaidh a chur sa 'n Aird-reanaich.
Ho ro 's fada, &c.

'S-fad o'n chuala' mi seanchas,
'S mi 'm sheana-ghiullan gòrach ;
Mu 'n do chuir mi crios-féilidh,
Os ceann leine no còta ;
Bhi ga innse gu soilleir,
Anns' gach coinnidh a's còdhail,
Gu 'm bu chairdeach an sluinneadh,
Siol Mhoire 's Clann-Domhnuill.
Ho ro 's fada, &c.

A Iligh ! nach robh iad an geambairn,
Lan teampuill do shluagh ;
Do luchd nam beul cama,
'S cha b' ainid sud uainn ;
'S ioma claidheamh geur guineach,
Laidir fulangach cruaidh ;
Th' aig mo chinneadh ga 'm feithcamb,
'S aig Clann-'Illeain nam buadh.
Ho ro 's fada, &c.

'S b' fhearr gu 'n tigeadh iad fhathasd,
Clann 'Illeain nan tungh ;
'S cha bhiodh sgian ann am fraighe,
No claidheamh an truaill ;
Bheirte mach na h-airm chatha,
'S cha bhiodh an latha sin buan ;
'S ged bu ghuineach na Duimhnich,
'S iad siol Chuinn a bha cruaidh.
Ho ro 's fada, &c.

Tha mo run air na gillean,
Leis an cinneadh an t-sealg ;
Dh-eireadh fearg orra 's friogban,
Dhol an iomairt nan arm,
Dhol a null thar an linne,
Le gillean na Cairge ;
'S ioma marbh bhiodh ri shireadh,
Air am pilleadh do Chearara.
Ho ro 's fada, &c.

LATHA AIRDE-REANAICH.

Slan gun dìth dhut a Mharcuis,
Direach, maiseach, gun chromadh ;
Da shuil ghorm fo d' chaol mhala,
Nach d' fhas gu balachail, bronnach ;
Cheart cho chinnteach 'sa 'm bàs,
Ged tha thu 'n dràsd as an t-sealladh ;
Gu 'm beil mulad fo d' chom ort,
Mu bhas Ghoud Iarla Moire.*

* See the sixth stanza of the foregoing Song.

'S ceart 's cho cheart mar mo dhurachd,
Le beachd mo shul gur mi chunnaic ;
Cha robh againn do sgathan,
Ach greasad trà do 'n taigh grunnaich ;
" Aisling caillich mar a dùrachd,"
Gach mio-rùn bha do 'n duin ud ;
Ged bu ladurna 'n cùl-chaiunt,
Stad a chuis air an iomall.

Cha b e aingeachd na tuatha,
Gluais am marcus le dhaoine ;
Ach togail a bhrataich,
'G iarraidh smachd air luchd aobhair ;
Fhuair thu iuchair na còrach,
Gu t-ordugh le d' dhaoine ;
Agus fosgladh gach caisteil,
Fad slait Inbher-Aora.

Gheill Dun-staf-innis grad dut,
Innis fharsuinn nam faochag ;
Ged bu daingheann a chlach i,
Fhuair thu stench air bheag saoithreach ;
Cha robh cuilibheir caol glaice.
No gunna praise gan sgaoileadh ;
Eadar Innis-Chonnain nan canach,
Gu ruig bail' Inbher-Aora.

'S ard *Lintenant* o 'n rìgh thu,
Thug thu sgrìob do dh' Earr'ghaël,
Bu leat Tairbeart 's Cinn-tire,
'S gach aon nith bh'annis an ait ud ;
Agus Ile bheag riabhach,
Mu 'n iath a mhuir shàile ;
'S guirt a chnead a ta' m chliabh-sa,
Fhad 's bha 'n t-iasad gun phàigheadh.

Thighearn oig Ghlinne-garaidh,
Na bi falach do rùin oirnn ;
Oighre 'n duin' thu tha maireann,
Tha thu 'd charaid dhuinn dùbailt ;
Cha bheo e 's cha mhairean,
Na ni ar sgaradh o d' chul-thaobh,
A luchd nan ceanna-bhearta' crabhaidh,
Thionndaidh falachd a chrùin ruibh.

'S e do charaid mor dealaidh,
Mac 'Ic-Ailein a Muideart,
Sliochd an Alasdair Gharaich,
Luchd tharruinn nam fiùran ;
Cha do chuir cainb shalach ;
Na tafaid ealamh ri d' chùl-chrann ;
Bheireadh beum air a h-athlorg,
Fhad sa mhaireadh a fiudhaidh.

Na 'm biodh Tighearn na Learguinn,
Ann an Albainn 's e mar-riut ;
Agus Tigheara an Tairbeirt,
'S iad nach tairgeadh do mheallladh :

Luchd na 'm peighinnean talmhaidh,
'S tu dh fhaodadh earbs' asd gu daigheann ;
Cha 'n eil iad beo do shliochd Cholla,
Na ni 'n comunn ud aithris.

Gur a h-ioma fear goirseid,
Gunna stoilte, 's lann dù-ghorm ;
Le 'n gunnaichean caola,
'S na daormuinn ga 'n giulan :
Mac-Laomuinn 's Mac-Lachuinn,
'S Mac-an-Ab o Ghleann-Dochart,
Mac-Neachduinn, 's Mac-Dhughaill,
'S Mac-Iain-Stiubhairt o 'n Apuinn.

Cha 'n iongnadh thusa bhi fiamhach,
'N taobh shios do Bhun-atha ;
Ged theid Duimhnich gu 'n dicheall,
'S gu dideann a chlaidheimh ;
'S leat na thubhairt mi chianamh,
Ceart cho direach ri saighead ;
'S leat Mac-Ionmhuinn an t-Stratha
Agus da Mhac-'Illeain.

'S fearr leam fhaicinn na chluinntinn,
Gu 'n do stad a chuimh air am muineal ;
Nis o 'n thionndaidh a chuibhle,
'S fad bhios Duimhnich gun urram ;
Ged a Shuoil le Mac-Cailein,
E bhi na bharraich air Muile ;
B' fhearr dha chumail na bh'aige,
Na bhi 'g agradh air tuille.

Na 'm biodh fear a bheoil mhoir ann,
O nach doirteadh gloir bhreamais !
Naile chailleadh sibh geoigh ris,
Nach b' fhiach an ròstadh ri teallaich :
Fhuair sibh sgapadh nan caorach,
Na 'm biodh a dhaoine air an talamh ;
'S ged a ghlac sibh le foill e,
B' e fhein an saighdear bu ghlaine.

Gur mairg a dh' earbadh a cairdeas,
Neach a dh-fhas dheth an t-sloinneadh,
Na 'm biodh cuimhn' air an lath' ud,
Fhuair iad t-athair fo 'n comas ;
Chuir iad smuid ri tur-arda,
Chaisteil Bhlair gu gle shoilleir ;
'S beag bha dhòchas an là sin,
Gu 'm biodh iad pàighte na 'n comainn.

'S mor tha eadar dha latha,
Ged bha e grathunn gun tighinn ;
Chaidh thu 'n cuirt na bu leatha,
'N deigh t-athar a mhilleadh ;
Gun aon bhuille claidheamh,
Gun sathadh biodaig no sgine ;
Mur gu 'm bathadh tu coinnlean,
Chaill e 'n oighreachd 'sa 'n cinneach.

'S beag a b' fhiach do Mhac Mhoirich,
Dhol n' ur coinneamh ach ainneamh ;
Na ghabhail mar chompach,
Ach fear da 'n geallt' bhi na charaid ;
'N deigh a Chomasdair Stiùbhairt,
Thain' sibh 'n tus air le h-an-iochd,
Thugadh an ceann deth gun sgrubadh,
Ann an tir *Lady Murray*.

Buail an teud sin gu senlbhach,
'S na dean searbh l gun bhlinneas ;
'S na toir t-aghaidh neo-chearbhach,
Do 'n fhear nach earb thu do shlinnein ;
Ma chuir an righ an t-slat sgiùrsuidh,
'N glaic do dhuirn gun a sireadh ;
Uair mu seach air an fhurnais,
Mur bhuill' ùird air an innein.

Gloir do 'n Righ th' air a chathair,
'S mairg a ghabhadh mun chluinneadh ;
No ghuidheadh na bhreig e ;
Gach ni dh-eirich sa chunnaic ;
Mu 's ann le droch-bheart Iudais,
Dh-fhuaigh thu chlùd air an Lunnainn ;
Chaill thu 'n luirench 's na breidean,
'S gach son eideadh bha umad.

'N cuala' sibhse 'sa 'n duthaich,
'N ranntar-bùth bh' aig na luchan ;
'S iad a trusadh ri chèile,
Na 'n droch reismeid churta ;
'Nuair bha eagal a chait orr' ;
Chaidh droch sgapadh an cuid diu ;
'Sa bheisd mhor 'sa 'n robh phlaigh dhiu,
Sgrios gun agh oirr' mar fhurtachd.

Sin 'nuair labhair Dubh-na-h-àmrai,
A bheisd ghrannd 'sa chrain mhullaich ;
Cha robh an sabhal uan àth dhiu,
Beisd le 'n àl nach do chruinnich,
Nuair bha 'm mòd ga 'r cruaidh shàrach'
'S na cuird a fasgadh ma 'r muineil ;
'S ann an sud a bha 'n gàtur,
Co a chàradh iad umaibh.

B' ionann sin sa 'm bun rutha,
Cha 'n eil iad buidheach da' r 'n an-iochd ;
Mar chlach an ionad an uibhe,
Na 'm biodh luitheachd na 'n teangaidh ;
B' ionann sin 's do shliochd Dhiarmaid,
Bhi ga 'r liadhadh an an-iochd ;
Math an agaidh an uile,
Chuir mi luchd-sa 'n Aird-reanaich.

'Nuair bha 'n ad oirbh n-uiridh,
Bha sibh urranta mòdhar ;
Am blaidhna chaill sibh an currachd,
'S eiginn fuireach gle shamhach :

IAIN LOM.

Chaill an t-Iarl air 'ur turas,
Mheud 'sa bhuinig e mhàl oirbh ;
Gar am b' fhiach leis an duin' ud,
Bhi ri cruinneachadh cnàmhaig.

B' olc a b' fhiach do dhiuc-Atholl,
Dholl an coinne riut *Eardsaidh*,
'N deigh latha Roinn-Liothunn ;
Thug sibh loc-sblaint mar earlais,
Mheall sibh null thar an abhuinn,
Marcus Atholl 'sa bhrathair ;
Chuir sibh 'n laimh an toll-dubh iad,
'S loisg sibh duthaich iarl Earlaidh.*

Tha thu 'd mharcus am bliadhna,
'S ad shàr iarl air Tulaich-bheardainn ;
'S ged a dheanadh iad diùc dhiot,
'S ro mhath b' fhiu thu an t-aite ;
Tha do thiotal cho lionor,
Chumail dion air do chuirdean ;
Geard an rìgh fo d' smachd orduidh,
'S tha thu d' mhòir-fhear Buile-mhanaidh.

ORAN AIR RIGH UILLEAM
AGUS BAN-RIGH MAIRI.

LUNNEAG.

*Hi-rinn h-á rinn, ho ro h-o bha ho,
Hi-rinn h-á rinn, ho ro h-o bha ho,
Biodh gach duine agaibh brònach,
Air son foirneart mo rìgh.*

'N DIUGH chuala' mi naidheachd,
Air alt nach b'aimhealach leinn,
'N'an cumadh e chasan—
'S gu boidh an t-ath-rgeul cho binn—
Righ Seumas le farum,
Cur a dharaich na still ;
O'n 's leat uachdar na mara,
Gluais a's taruinn gu tìr.
Hi-rinn, &c.

Mhic Mhuire na h-òighe,
Coimhead foirneart mo rìgh ;
Co b'urrainn da'r smàladh—
Ach do lamhans' bhi leinn :
Faic a nis prionns Orans',
Cur na còir os a cinn ;
Ach as do chobhair, a Shlan-'ear,
Thig furtachd a's slaint air gach tinn.
Hi-rinn, &c.

A Righ chumhachdaich, fheartaich,
Ga 'm beil beachd air gach ni,
Cum air aghaidh an ceartas—
An lagh seachranach pill :

* A title formerly in Strathmore, now extinct.

Faic luchd nam breid dàite,
Bhi gun dealt ann ri'n linn ;
'S ma tha 'n eucoir nan aigneadh,
Beum do shlat os an cinn.
Hi-rinn, &c.

'N uair a thainig thu Shasunn,
'S tu rinn aiseag a bhreamais ;
Sheilbh chòir thoirt air eiginn,
O athair ceile thug beàu dut.
Cha bi reull nan dùilean,
Bha deanadh iuil dut 'san ain-eol ;
Mar bha roimh na trì rìghrean,
'N uair bha Iosa na leanabh.
Hi-rinn, &c.

Thug thu 'm follais an t-Slàn'ear,
Sgeula gràin do luchd teagasig ;
'S gur mòr am fà nàire,
'S an coig àintean a bhriseadh.
A nighean fhéin, 's mac a pheathar,
'N aghaidh labhairt an Sgriobtuir,
Mar bhreun ghearran 'sa chathair,
'S nach b'fhear-taighe da 'n sliochd e.
Hi-rinn, &c.

'S fior mhallaichte 'n lànan,
Chum an *Spàin* anns an roinn ud ;
Seilbh chòir thoirt a dh-aindeoin,
Le mùtha malairt an t-slaighteir :
Ged' a stadadh an claidheamh,
Gun bhuille chaith' ach na rinn e,
Bi'dh gach fuil 'g eigheach am flaitheas,
A d' dheigh a latha 's a dh' oidhche.
Hi-rinn, &c.

'S mairg a chreideadh droch naidheachd,
Thig tro amhaich a nàmhaid,
Chuireadh fùdar na ghreadan,
An grund' na h-eaglaise gnàthaicht ;
'S lionor lunn tha na teine,
'S a ghrund 'n do spealadh an grain-shop
Ach, ohi sinn fhathasd sud diolte,
Mas' a fior a ta 'n fhàistinn.
Hi-rinn, &c.

'N uair chaidh *Whitehall* losgadh,
Bu mhall do choiseachd gun bhrògan ;
'S mi nach rachadh le pairti,
Air mhire, bhàthadh, na tòite.
Mas' a daoine rinn suas e,
B'fhaoin an cruadal, 's an seoltachd ;
Cha 'u eil mi gearan—mo thruaighe !
Ach a lughad 's a fhuair dhiu an ròstadh
Hi-rinn, &c.

Cha tig ach rùcas a's cealgan,
O chruitean cealgach an ràbuill ;
Cuiribh an t-aibhladear saoil ris—
Biodh Dia a's daoine ga nicheadh.

Cleas end bean a chruiteir,
 Fhuair a cursadh 'n sgàth gàraidh ;
Thog ind airsan mar uirsgeul,
 Gu 'n do mhurt e dhearbh-bhrathair.
  Hi-rinn, &c.

Gu 'm bu ghrannda na sgeoil sin,
 Thog na deomhain ga dhìbeirt !
'S nach b' urr' iad ga dhearbbadh,
 Ach mar bhuille scarbh da 'n luchd mi-ruin ;
Gu 'n cuirte iseau a chlamhain,
 An nead clannach an fhìreoin ;
Mac muice a bhalaich,
 Shalcha fala unn righrean.
  Hi-rinn, &c.

'S mairg rìgh a rinn cleamhnas,
 Ri Dùitseach shantach gun trocair ;
Cha b'e 'n onair bu ghnàs da,
 Ged' 's tu brathair-mathair an ròguir.
Ged' a thug thu dha Màiri
 Air laimh, chum a pòsaidh,
Ghabh e t-oighreachd a t-an-toil
 Thar do cheann, a's thu d' bheo-shlaint.
  Hi-rinn, &c.

Bha mac aig rìgh Daibhidh,
 'S bu deas àill air ceann sluaigh e,
Chaidh e 'n aghaidh an athar,
 S am fear nach càir da bhuaireadh ;
'N unir a sgaoileadh am blàr sin,
 Thug Dia pàigheadh na dhunis da ;
'S o'n bu droch dhuine cloinn e,
 Chroch a choill air a ghruaig e.
  Hi-rinn, &c.

Ach buaidh an droch sgeoil sin,
 Do phrionns Orains gun diadhachd,
Ged' a rachadh do bhàthadh,
 Cha b' ionann bàs dut 'sa dh' iarrainn ;
Ach mo suilean bhi t-fhaicinn,
 Edar enchabh ga d' stlalladh ;
Dol a d' smaladh 's an adhar,
 Mar luaithe dhaigte ga criathradh.
  Hi-rinn, &c.

Sgrios gun iarmad, gun duilleach,
 Cha 'n iarruinn tuille am dhàn duibh ;
Gun sliochd a dh-iathadh mu t' uillnn,
 Do ghniomh broinne droch Mhàiri ;
Ged' a ghlacadh na theum e,
 'S farsuinn beul a mhic-lamhnich ;
A shean *staoile* bhi 'n cunnart,
 Aig na rinn thu thrusadh a cràineig.
  Hi-rinn, &c.

Ach seun gun tuisleadh air Màiri,
 'S olc an làn tha na togsaid ;

'N ar fhaicear laogh càraid,
 Nuas gu làr as a poca.
Cha bhi 'n sean fhacail claoite,
 Air neo 's claon theid a thogail ;
Tha 'n dà shant 's an droch mhnaoi ud,
 'S annsadh * * * le no bòban.
  Hi-rinn, &c.

Ach na 'n tigeadh an rìgh sin,
 'S a mhac dìleas air aidmheil,
Ged' a theireadh prionns Orains,
 Nach h-i choir a bhi againn,
Cha bu mho orra Uilleam,
 Air sràid Lunnainn an Sasunn,
'N ceann fhuadach deth mhuineal,
 Na cluais cuilein an radain.
  Hi-rinn, &c.

Prionns Orains a mhì-rath,
 Mas' toil le Rìgh thoirt gu creideamh,
'S còir an duilleag so thiondadh,
 Air a bhan-rìgh nach creid e.
Ma shaoil am bith-shanntach sanntach
 Na mhac-samhla ga ghoid sud ;
Na a ruitheachd le lànnan,
 Air nighean *Scanalair Huitsein.*
  Hi-rinn, &c.

B'fhearr gu 'm buaileadh e'n *staidse,*
 Tus a *bhùidse* bu chòir dha,
N'am bu tuiteam 'sa phlaigh dhuinn,
 Mar fhuair rìgh Phàro, 's a sheorsa ;
Mar bha chomhairle bhreige,
 Chuir rìgh Seumas air fògradh ;
Aithris cleas nan droch rìghrean,
 Leis 'n do dhìiteadh *Righ-boum.*[*]
  Hi-rinn, &c.

Sgeul huan e do'n mhearcaid.
 'S nach tog a mac a cuid oighreachd ;
'S ion dith cùram a ghabhail,
 Mu'n dùinear cathair na soills' orr ;
Thoill i mallachd a h-athar,
 O'n ghabh an t-aibhisteir greim dh'i ;
'S olc an dùchas a lean rith,
 Chuinnt a seanair na throiteir.
  Hi-rinn, &c.

'S math an toiseach ar seannsa,
 Ma rinn am Frangach a thapadh—
Ma ghlacadh leis *Monsai,*
 Cha sgeul tum-sgeul ach ceartas,
Bu mhath gu'm biodh an *adbhansa,*
 Air a tiondadh gu Sasunn ;
Na gu fnicte an cunntar,
 Cho ghrad ri tionda nan cairtean.
  Hi-rinn, &c.

 * Ilchoboam, poetically.

IAIN LOM.

Ach ma stad air an diùc sin,
'S nach e a run tigh'n ni's fhaide;
Leig e cadal do'n chirein—
Stad a sgriob mar a chleachd e ;
Ma leig gach saighdear a ghleus deth :
'N uair tha leigbeart mu'n chaisteal,
B'fhearr gu'm faicinn an coileach,
No, gu'n gaireadh a chaismeachd.
    Hi-rinn, &c.

Mu tha e'n dàn dhut teachd dhachaigh,
'S nàr dhut t-fhaicinn gun speurad ;
Ged' a fhuair thu pairt leonaidh,
Ri àm fògraidh rìgh Sheumais ;
Ma tha thu cruaidh air an raipeir,
Seall air slachdan a ghleusaidh,
Leis an do spionadh mo sgròban,
Ma's fior *Tòmas an Rèumair.*
    Hi-rinn, &c.

AN IORRAM DHARAICH.
DO BHATA SIR SEUMAIS MHIC-DOMHNULL.

Moch, 's mi 'g eirigh sa mhadainn,
'S trom euslainteach m'aigne,
'S nach eighear mi'n caidreamh nam braithrean,
    'S nach eighear mi'n, &c.

Leam is aith-ghearr a cheilidh,
Rinneas mar ris an t-Seumas,
Ris na dhealaich mi'n dè moch la Càisge.
    Ris na dhealaich mi'n dè, &c.

Dia na stiùir air an darach,
A dh' fhalbh air tùs an t-siuil mhara,
Seal mu'n tug e cheud bhoinne de thràghadh.
    Seal mu'n tug e cheud bhoinne, &c.

Ge b'e àm cur a choirc e,
'S mi nach pilleadh o stoc uat,
'S ann a shuidhinn an toiseach do bhàta.
    'S ann a shuidhinn an toiseach, &c.

'Nuair bhiodh càch cur ri gniomhadh,
Bhiodh mo chuid-sa dheth diomhain,
G' ol nag ucagan fion' air a fàradh.
    G' ol na gucagan fion, &c.

Cha bu mharcach eich leumnaich,
A bhuin'geadh geall reis ort,
'Nuair a thogadh tu breid osceann sàile.
    'Nuair a thogadh tu breid, &c.

'Nuair a thogadh tu tonnag,
Air chuan meanmach nan dronnag,
'S ioma gleann ris an cromadh i h-earrach.
    'S ioma gleann ris an cromadh, &c.

'Nuair a shuidheadh fear stiuir oir',
'N àm bhi fagail na dùthcha,
Bu mhear riuth a chuain dù-ghlais fo h-earrlinn.
    Bu mhear riuth a chuain, &c.

Cha b' iad na Luch-armainn mheanbha,
Bhiodh m'a cupuill ag eileadh,
'Nuair a dh'eireadh mor shoirbheas le bàirlinn.
    'Nuair a dh'eireadh, &c.

Ach na fuirbirnich threubhach,
'S deis a dh'iomradh, 's a dh'eigheadh,
Bheireadh tulg an tùs clè air ramh bràghad.
    Bheireadh tulg an tùs clè, &c.

'Nuair a d'fhalaichte na buird d'ì,
'S nach faighte lan siuil d'ì,
Bhiodh luchd taghaich sior lùbadh nar àlach.
    Bhiodh luchd tagbaich, &c.

'S iad gu'n engal gun euslain,
Ach ag freagradh dh'a chéile,
'Nuair thigeadh muir beucach 's gach aird orr'.
    'Nuair thigeadh muir beucach, &c.

Dol tiomchioll Rugha na Caillich,
Bu ro mhath siubhal a daraich,
Gearradh shrutha gu cairidh Chaoil-Acuin.
    Gearradh shrutha gu cairidh, &c.

Dol gu uidhe chuain fhiadhaich,
Mar bu chubhaidh leinn iarraidh,
Gu Uist bheag riabhach nan cràgh-gheadh.
    Gu Uist bheag riabhach, &c.

Cha bu bhruchag air meirg' I,
Fhuair a treachladh le h-eirbheirt,
'Nuair a thigeadh mor shoirbheas le gàbhadh.
    'Nuair a thigeadh mor shoirbheas, &c.

Ach an Dubh-Chnoideartach, riabhach,
Luchd-mhor, ard-ghuailleach dhionach,
Gur lionmhor lann iaruinn m'a h-earraich.
    Gur lionmhor lann iaruinn, &c.

Cha bu chrann-lach air muir i,
Shiubhal ghleann gun bhi curaidh,
'S buill chainbe ri fulagan àrda.
    Buill chaineaba ri, &c.

Bha Domhnull an Duin innt,
Do mhac oighre 's mor cùram,
'S e do stoile fhuair cliù measg nan Gàël.
    'S e do stoile fhuair cliù, &c.

Do mhac Uisteach gle-mhor,
Dh'am bu chubhaidh bhi'n Slóibhte,
O'n Rugha d'an eighte Dun-sgathaich.
    O'n Rugha d'an eighte, &c.

Og misneachail treun thu,
('S blath na bric ort san eudainn)
Mur mist' thu ro mheud 's a do nàir innt.
　　Mur mist' thu ro mheud, &c.

Gur mor mo chion fein ort,
Ged nach cuir mi an ceill e,
Mhic an fhir leis an eireadh na Braigheich.
　　Mhic an fhir leis an eireadh, &c.

Ceist nam ban' o Loch-Tréig thu,
'S o Shrath Oisein nan reidhlean,
Gheibhte broic, agus féidh air a h-aruinn.
　　Gheibhte broic, agus féidh, &c.

Dh'eirendh buidhean o Ruaidh leat,
Lùbadh iubhar mu'n guaillean,
Thig o Bhrughaichean fuar Charn-na-Làirge.
　　Thig o Bhrugbaichean fuar, &c.

Dream eile dhe d' chinneadh,
Clann Iain o'n Einnean,
'S iad a rachadh san iomairt neo-sgàthach.
　　'S iad a rachadh san iomairt, &c.

'S iomadh òganach treubhach,
'S glac-crom air chùl sgéith air
Thig a steach leat o sgéith meall-na-Lairge.
　　Thig a steach leat, &c.

'S a fhreagradh do t-eigheach,
Gun eagal, gun easlain,
'Nuair chluinneadh iad féin do chrois-tàra.*
　　'Nuair a chluinneadh iad féin, &c.

MARBHRANN

DO SHIR SEUMAS MAC-DHONUILL.

Gur fad tha mi 'm thamh,
Thuit mo chridhe gu lar,
Righ! 's deacair dhomh tàmh 's mi beo.
　　Gur fad tha, &c.

'Se do thuras do 'n Dùn,
Dh-fhag snith' air mo shùil,
'Sa bhi faiciun do thùr gun cheò.
　　'Se do, &c.

* "Crois-tàra," or "crann-tàra," was a piece of wood, half burnt and dipt in blood, sent by a special messenger as a signal of distress or alarm. The person to whom it was sent, immediately despatched another person with it to some one else; and thus was intelligence passed from one to another over immense distances in an incredibly short time. One of the latest instances of its being used, was in 1745, by lord Breadalbine, when it went round Loch Tay, the distance of thirty-two miles, in three hours. The above method was used only in the day-time; for in the night, recourse was had to the "Sgurr-theine," a large fire kindled on an eminence. See Ossian's "Carrig-thura." The last mentioned signal is spoken of by Jeremiah to denote distress, chap. vi. l.

Tha do bhaile gun speis,
Gun eich ga 'm modhadh le srein,
Dh-fhalbh gach fasan le Seumas òg.
　　Tha do bhaile, &c.

'Nuair a rachadh tu stri,
Ann an armailt an rìgh,
Bhiodh do dhiollaid air mìl-each gorm.
　　Nuair a racha', &c.

'Nuair a rachadh tu mach,
B' ard a chluinnte do smachd,
Bhiodh Iain Muidearteach leat 's Mac-Leoid.
　　Nuair a, &c.

'S leat Mac Pharlain na 'n cliar,
Bh-aig fir t-ait-sa riamh,
Mac-an Aba le chiad na dhò.
　　Fear chann, &c.

Clann Iain a nuas,
'S fir a bhraighe so shuas,
'S Mac Ghriogair o Ruadh-shruth chnò.
　　Chlainn Iein, &c.

Clann Cham-Shroin a nall,
O bhraighe nan gleann,
Chuireadh iubhar le srann am feoil.
　　Clainn, &c.

'S leat Mac-Dhomhnuill a ris.
Na 'm bratach 's na 'm piob,
Crunair gasda na 'n righ bhrat sròil.
　　'S leat, &c.

Gu 'm faiceadh mo Dhia,
Do mhac air an t-sliabh,
Ann an duthaich nan cliar 's mi beò.
　　Gu 'm faiceadh, &c.

Thig a Atholl a nios,
Comhlan ghasda gun agios,
Ceannard rompa 's e finealt òg.
　　Thig a Atholl, &c.

Coinnlean geala de 'n cheir,
'S iad an lasadh gu geur,
Urlar farsuinn mu 'n eighte 'n t-òl.
　　Coinnlean, &c.

Bhiodh do ghillean mu seach,
A lionadh dibhe b' fhearr blas,
Fion Spainnteach dearg ac agus beoir.
　　Bhiodh do, &c.

Uisge-beatha na 'm pios,
Rachadh 'n tairgead ga dhiol,
Gheibhte 'n gloin e mar ghrìog an òir.
　　Uisge beatha, &c.

'S ann na shineadh 'sa 'n àllt,
Tha deagh cheann-taighe an aigh,
Ged a thuit e le dearmad leo.
    'S ann na, &c.

Buidheann eile mo ghaoil,
Ga 'm bu shuaithcheantas fraoch,
Och mo chreach! nach d'-fhaod iad bhi beò.
    Buidheann, &c.

Buidheann eile mo ruin,
Air nach cualas mi-chliù,
Thig le Alasdair sunndach òg.
    Buidheann, &c.

Bhiodh mnathan òg an fhuilt réidh,
Gabhail dhàn dhaibh ie 'm beul,
Ann ad thalla gu 'n èisde ceòl.
    Bhiodh, &c.

Fhir a dh' fhuilig am bàs,
'S a dhoirt t-fhuil air ar sgath,
Na leig mulad gu bràth na 'r coir.
    Fhir a, &c.

Nis on sgithich mo cheann,
Sior thuireadh do rannt,
Bi'dh mi sgur anns an àm is còir.
    Nis o 'n sgithich, &c.

MARBHRANN
DO DH' ALASDAIR DUBH GHLINNE-GARAIDH.

Mi 'g eiridh 'sa mhadainn,
Gur beag m' aiteas ri sùgradh,
O 'n dh' fhalbh uachdran fearail,
Ghlinne-Garaidh air ghiùlan ;
'S ann am flaitheas na fàilte,
Tha ceannard àillidh na dùthcha ;
Sàr choirnleir foinnidh,
Nach robh folleil do 'n chrùn thu.

LUINNEAG.

Ho rò 's fada 's gur fuda,
'S eiun fadu mo bhròn,
O 'n latha chàradh gu h-ìosal,
Do phearsa phrìseil fo 'n fhòd,
Tha mo chrid-sa ciùirte,
Cha dean mi sùgradh ri m' bheò,
O 'n dh-fhalbh ceannard na 'n uaislean,
Oighre dualchas an t-Sròim.

'S mairg a tharladh roi' d' dhaoine,
'Nuair thogte fraoch ri do bhrataich ;

Dh' éireadh stuadh an clàr t-aodaiun,
Le neart feirg agus gaisgidh ;
Sud am phearsa neo-sgàthach,
'N t-sùil bu bhlaithe gun ghaiseadh ;
Gu 'm biodh maoim air do naimhdean,
Ri linn dut spainnteach a ghlacadh.
    Ho-ro 's fada, &c.

Fhuair thu 'n cliù sin o thoiseach,
'S cha b' olc e ri innseadh ;
Craobh chosgairt sa bhlàr thu,
Nach gabhadh sgàth roimh luchd phicean ;
No roi' sbaighdeirean dearga,
Ged a b' armailtean rìgh iad ;
Le 'n ceaunardan fuilteach,
'S le 'n gunnaichean cinnteach.
    Ho-ro 's fada, &c.

Gur farsuinn do ranntaibh,
Ri sheanachas 's ri shloinneadh ;
Gur tu oighre 'n Iarl Ilich.
Nach tug cìs le gniomh foilleil ;
Marcaich ard na 'n each cruitheach,
Nan srian ùr 's na 'n lann soilleir,
Lamb threin ann an cruadal,
Ceannard sluaigh a toirt teine.
    Ho-ro 's fada, &c.

Fhuair thu onair fir Alba,
Bha meas 's ainm air fear t-fhasain ;
Ann an gliocas 'sa gcìre,
An cliù, an ceuaidh 'sa gaisge ;
Thug Dia gibhtean le buaidh dhut,
Cridhe fuasgailteach farsuinn ;
Fhir bu chiùine na mhaighdeann,
'S bu ghairge na 'n lasair.
    Ho-ro 's fada, &c.

'S goirt an t-earchall a thachair,
O 'n chaidh an iomairt so tuathal ;
O latha blàir Sliabh-an-t-Siorram,
Chaill ar cinneach an uaislean ;
Thionndaidh chuibhl' air Ciann-Domhnuill,
'N treasa conspunu bhi bhuatha ;
Ceann a's colar Chlann-Ràghnuill,
'N fhuil àrd 's i gun truailleadh.
    Ho-ro 's fada, &c.

Nis o 'n dh-fhalbh an triùir bhràithrean ;
Chleachd mar àbbaist bhi suairce ;
Laoich o Gharaidh nam bradan,
Caipteine' smachdail a chruadail ;
Dh-fhalbh Sir Domhnuill a Sléibhte ;
Bu mhor reusan a's cruadal ;
Cha tig gu bràth air Clann-Domhnuill,
Triuir chounspunn cho cruaidh riu.
    Ho ro 's fada, &c.

Chriosda dh-fhuilig am bàs duinn,
O 'n 's tu ar *patron* ùrnaigh ;
Cum an t-aog o dha bhrathair,
Fhad 'sa b' àill leinn le dùrachd ;
Dheanadh treis do 'n àlach,
S, dh-fhag e gun sùilean ;
'Sliochd an t-seubhaig 'sa 'n àrmuinn,
Nach tugadh each an sgiath chùil deth.
Ho-ro 's fada, &c.

'Nuair threig càch an cuid fearainn,
'S nach d-fhan iad 'sa 'n rìoghachd ;
'Sheas thusa gu fearail,
'S cha b' ann le sgainnel a shin thu ;
Chuir thu fuaradh na froise,
Seach ar dorsaibh g' ar dìonadh ;
Gu 'n robh t-fhaigsein cho làidir,
Iti leoghainn ard do 'n fhuil Rìoghail.
Ho-ro 's fada, &c.

Cha robh Iarl ann an Albuinn,
Gheibheadh earbsa na run riut ;
Gu 'n biodh toiseach gach naidheachd,
Gu lamhan a chùirteir ;
Seobhag firinneach suairce,
Choisinn cruadal gach cùise ;
Ceannard mhaithean a's uaislean,
Aig an t-sluagh 's iad ga ghiùlan.
Ho ro 's fada, &c.

Sgeula b' ait' leam ri Inseadh,
Sa bhi g' a leirsinn le 'r sùilean ;
Do mhac oighr' ann a t-fhearann,
Mur bu mhath le luchd dùrachd ;
Ach aon neach leis am b' oil e,
Luaidhe ghlas le neart fùdair ;
Troimh' 'n cridh' air a fiaradh,
Chor 's nach iarradh iad tionndadh.
Ho ro 's fada, &c.

CUMHA MHONTROISE

Mi gabhail Srath Dhruim-uachdair,
'S beag m'aighear anna an uair so,
Tha'n lath' air dol gu gruamachd,
'S cha 'n e tha bualu mo sprochd.

Ge duilich leam, 's ge diobhail,
M'fhear cinnidh math bhi dlùth orm,
Cha'n usa leam an sgrìobs',
Thaining air an rìoghachd bhochd.

Tha Alba dol fo chios-chain
Aig Farbhulaich gun fhìrinn,
Bhar a chulpa dhìrich
'S e cuid de m'dhiobhail ghoirt.

Tha Sasunnaich 'g ar foireigneadh,
'G ar creach', 'g ar mort', 's 'g ar marbhadh
Gu 'n ghabh ar n-Athair fearg rinn,
Gur dearmad dhuinn, 's gur bochd.

Mar a bha cloinn Israel
Fo bhruid aig rìgh na h-Eiphit,
Tha sinn air a chor cheudna,
Cha'n eigh iad rinn ach "siuc."

Ar rìgh an dèis a chrùnadh,
Mu'n gann a leum e ùr-fhas,
Na thaistealach bochd, ruisgte,
Gun *gheard*, gun chùirt, gun choisd'.

'G a fharr-fhuadach as àite,
Gun duine leis deth chàirdean,
Mar luing air uachdar sàile,
Gun stiuir, gun ràmh, gun phort.

Cha téid mi do Dhun-eideann,
O dhoirteadh fuil a Ghreumaich,
An leoghann fearail, treubhach,
'G a cheusadh air a chroich.

B'e sud am fior dhuin nasal,
Nach robh de'n linne shuaraich,
Hu ro mhath ruidhe gruadhach,
'N àm tarruinn suas gu trod.

Deud chaile, hu ro mhath dlùthadh,
Fudh mhala chaoil gun mhugaich,
Ge tric do dhàil gam' dhùsgadh,
Cha ruisg mi chàch e nochd.

Mhic Neill,* a Asainn chianail,
Na'n glacain ann am lionn thu,
Bhiodh m'fhacal air do bhìnn,
'S cha diobrainn thu o'n chroich.

* Captain Andrew Munro sent instructions to Neil Macleod, the laird of Assynt, his brother-in-law, to apprehend every stranger that might enter his bounds, in the hope of catching Montrose, for whose apprehension a splendid reward was offered. In consequence of those instructions, Macleod sent out various parties in quest of Montrose, but they could not fall in with him. "At last the laird of Assynt being abroad in arms with some of his tenants in search of him, lighted on him in a place where he had continued three or four days without meat or drink, and only one man in his company. Assynt had formerly been one of Montrose's own followers, who immediately knowing him, and believing to find friendship at his hands, willingly discovered himself; but Assynt not daring to conceal him, and being greedy of the reward which was promised to the person who should apprehend him by the council of the estates, immediately seized and disarmed him."• Montrose offered Macleod a large sum of money for his liberty, which he refused to grant. Macleod kept Montrose and his companion prisoners in the castle of Aird-bhreac, his principal residence, for a few days. He was from thence removed to Skibu castle, where he was kept two nights, thereafter to the castle of Braan, and thence again to Edinburgh.

• Bishop Wishart.

IAIN LOM.

Nan tachrainns a's tu féin,
Ann am boglachan Beinn-Eite
Bhiodh uisge dubh na féithe,
Dol troimh chéile a's ploc.

Thu féin as t-athair céile
Fear taighe sin na Leime,
Ged chrochte sibh le chéile
Cha b'eirig air mo lochd.

Craobh rùisgt' de'n Abhall bhreugach,
Gun mheas, gun chliù, gun cheutaidh,
Bha riamh ri murt a chéile,
'N ar fuigheall bheum, as chorc.

Marbh-phaisg ort a dhì-mheis,
Nach olc a reic thu'm fìrean,
Air son na mine Lìtich
A's da trian d'i goirt.*

CUMHA

DO SHIR DOMHNULL SHLEIBHTE.

'S cian 's gur fàda mi 'm thàmh,
'S trom leam 'm aigne fo phràmh,
'S nach cadal dhomh seamh 's tìm eiridh.
'S cian 's gur fada, &c.

Laidh an aois orm gach uair,
Dreach an aoig air mo ghruaidh,
Is rinn e eudail bhochd thruadh da féin diom.
Laidh an aois, &c.

Tha liunn-dubh orm gach là,
'S e ga m' theugmhail a ghnà,
Air mo chùise cha rà-sgeul breig e.
Tha liunn-dubh orm, &c.

Tha gach urra dol dhiom,
Bho faighinn furan le miadh,
Cuig urrad sa b' fhiach mi dh-eirig.
Tha gach urra dol, &c.

Chaill mi àrmainn mo stuic,
Mo sgiath laiduir 's mo phruip,
Iad ri àlteach an t-sluic a's feur orr'.
Chaill mi àrmainn mo stuic,

Fàth mo mhire 's mo cholg,
Thaobh gach iomairt so dh'fhalbh,
Luathais air 'n imeachd air lòrg a chéile.
Fàth mo mhire, &c.

* Damaged meal bought in Leith, was given to M'Leod
of Assynt for betraying the duke of Montrose.

Mhùch mo mheoghail 's mo mheas,
Na daoil bhi cladhach bhur flos,
Chaidh mo raoghainn fo lìc de leugaibh.
Mhùch mo mheoghail, &c.

Bhuail an t-earrach orm spot,
'S trom a dh-fhairich mi lot,
Chuir e lùghad mo thoirt 's beag 'm fheum air.
Bhuail an t-earruch, &c.

Bàs Shir Domhnuill bho 'n Chaol,
Chuir mo chomhnuidh fa-sgaoil,
Dh'fhàg mi 'm aonar sa 'n aois ga 'm léireadh.
Bàs Shir Domhnuill, &c.

'S ann ruit a labhrainn mo mhiann,
Gu dàna ladurna, dian,
Ge do bhithinn da thrian sa 'n eacoir.
Sann ruit a labhrainn, &c.

Tha iomad smuainte bochd truadh,
Teachd air 'm aire 's gach uair.
Bho 'n la chaochail air snuadh fir t-engais.
Tha iomınad smuainte, &c.

Leoghann fireachail àigh
Miuinte, spioradail, àrd,
Umhail, irioxal, fearrugha, treubhach.
Leoghann fiorachail, &c.

Lòig nan arm a's nan each,
Reumail, aireil, gun airc,
Gheug thu 'n Armadail ghlas nan déideag.
Leig nan arm is nan each &c.

Bha do chinneadh fo phràmh,
Do thuath 's do phaigbearan màil,
Uaislean t-fhearainn 's gach lòn-fhear-feusaig.
Bha do chinneadh, &c.

Bha mhnai bheul-dearg a bhruit.
Ri càll an ceille sa'm fuilt,
Cach ag éideadh do chuirp air déile.
Bha mhnai bheul-dhearg, &c.

Moch sa' mhadainn dìr-daoin,
Thog iad tasgaidh mo ghaoil,
Deis a phasgadh gu caol 's na leintean.
Moch sa' mhadainn, &c.

An ciste ghiubhais nam hòrd,
'N truaill chumhainn na's leoir,
'N deis a dhùsgadh bho 'n t-sròl air speicean.
'N ciste ghiubhais nam, &c.

Gu euglais Shleibhte nan stuadh,
Chosg thu fein ri cuir suas,
Ge d' nach d'fhuirich thu buan ri sgleutadh.
Gu euglais Shleibhte, &c.

Dh-fhalbh na spalpain a null,
Bha fial farsuinn na'n grunnd,
Cha b'iad na fachaich gun rùin gun leud iad.
Dh-fhalbh na spalpain, &c.

Domhnull gorm bu glan gnùis,
Fear bu mhìn bha de 'n triùir,
Cha bu chorr-cheann thu 'n cuirt righ Seurlas,
Domhnull gorm bu, &c.

Chunnaic mis thu air trian,
'S cha bu gna leat bhi crian,
'S gu'm bu nolaig le fion do réidhlean.
Chunnaic mis thu air, &c.

Cha bhola phàididh do mhiann,
'N am dhaibh falbh bhuat gu dian,
'N cois na tràghnd ga'n lionadh réidh leat.
Cha bhola pàidhidh, &c.

De dh-uisge-beatha 's do bheor,
'S iad a gabhail na's leoir,
Mur a thoilicheadh beoil ga eigheach.
De dh-uisge-beatha, &c.

Mu bhòrd gun time gun ghruaim,
Le òl, 's le iomart, 's le sluadh,
Is ceol bu bhinne na cuach 's a cheitean.
Mu bhòrd gun time, &c.

Fhuair thu deannal na dho,
Dh-fhag do pannal fo bròn,
Gu'm bu ghearran a leon m'un eighe.
Fhuair thu deannal, &c.

Air Raon-Ruairidh nan stràc,
Far na bhuannaich thu 'm blàr,
Chaill thu t-uaislean a's t-armainn ghleusta.
Air Raon-Ruairidh, &c.

Air an talamh chrion, chruaidh,
Nach falaicheadh gearrag a cluais,
Fhuair sibh deannal na luaidhe leughta.
Air an talamh, &c.

Bu neo chraobhaidh na seòid,
Fhuair sa chaonnaig an leòn,
B' ann diu Raonull a's Eoin a's Seumas.
Bu neo chraobhaidh, &c.

Cha dean mi rùn ach gu foil,
Do n-àl ùr 's th'air teachd òrnn,
Bho nach dùisgear le ceòl Sir Seumas.
Cha dean mi rùn, &c.

Dh-fhalbh thu fein 's do chuid mac,
Mala gheur sibh gu neart,
'S fada bho chéile fo cheapaibh réisg sibh.
Dh-fhalabh thu fein, &c.

'S blàth an leab' air bhur cinn,
Seach daormainn thasgaidh nan suim,
Sibh bu agapach air buinn le féile.
'S blàth an leab, &c.

Thuirt mi 'n urrad ud ribh,
Tha mi m' urainn a sheinn,
'S lann ar muineal ma pill sibh breig nil.
Thuirt mi 'n uraid, &c.

AN CIARAN MABACH.

NO,

GILLEASPUIG RUADH MAC-DHOMHNUILL.

ARCHIBALD M'DONALD, commonly called *Ciaran Mabach*, was an illegitimate son of Sir Alexander M'Donald, sixteenth baron of Slate. He was contemporary with *Iain Lom*, the Lochaber bard, and his coadjutor in punishing the murderers of the lawful heirs of Keppoch.

In no one could his father more properly have confided matters of importance, requiring sagacity, zeal, and bravery, than in this son. Accordingly he made use of his services when necessary; and put the greatest dependence in his fidelity, prudence, and activity. *Ciaran Mabach* was no doubt amply requitted by his father, who allotted him a portion of land in North Uist. Grants of land were in those times commonly given to gentlemen of liberal education, but of slender fortune; where amid their rural occupations they enjoyed pleasures unknown to those who in similar stations of life were less happily located. Of this our bard was very sensible during his stay in Edinburgh, as we learn from his poem on that occasion.

It does not appear that our poet was a voluminous writer; and of his compositions there are very few extant. It is to be regretted that so few of his poems have been preserved, as his taste, education, and natural powers, entitle him to a high place among the bards of his country. Gentlemen of a poetical genius could have resided in no country more favourable to poetry than in the Highlands of Scotland, where they led the easy life of the sportsman, or the grazier, and had leisure to cultivate their taste for poetry or romance.

B' ANNSA CADAL AIR FRAOCH.

Ge socrach mo leabaidh,
  B' annsa cadal air fraoch,
Ann an lagan beag uaigneach,
  A's bad de'n luachair ri 'm thaobh,
'Nuair dh'eirinn sa' mhadainn,
  Bhi siubhal ghlacagan caol,
Na bhi triall thun na h-Abaid,
  'G eisdeachd glagraich nan sàor.

'S oil leam càradh na frìthe,
  'S mi bhi 'n Lite nan long,
Eadar ceann Sailleas Si-phort,
  A's rutha Ghrianaig nan tonn,

Agus Uiginnis riabhach,
  An tric an d'iarr mi damh-donn,
'S a bhi triall thun nam bodach,
  Dha'm bu chosnadh cas-chrom.

Cha'n eil agam cù gleusda,
  A's cha'n eil feum agam dha,
Cha suidh mi air bachdan,
  Air sliabh fad o chàch,
Cha leig mi mo ghaothar,
  Chaidh faogh'd an tuim bàin,
'S cha sgaoil mi mo luaidhe,
  An Gleann-Ruathain gu bràth.

B'iad mo ghradh-sa a ghraidh uallach,
  A thogadh suas ris an àird,
Dh'itheadh biolair an fhuarain,
  'S air bu shuarach an càl,
'S mise féin nach tug fuath dhuibh,
  Ged a b'fhuar am mios Màigh.
'S tric a dh'fhuilig mi cruadal,
  A's moran fuachd air 'ur sgàth.

Be mo ghradh-sa fear buidhe,
  Nach dean suidhe mu'n bhòrd,
Nach iarradh ri cheannach,
  Pinnt leanna na beoir ;
Uisge-beatha math dubailt,
  Cha be b'fhiù leat ri òl,
B'fhearr leat biolair an fhuarain,
  A's uisge luainench an lòin.

B'i mo ghradh-sa a bhean uasal,
  Dha nach d'fhuaras riamh lochd,
Nach iarradh mar chluasaig,
  Ach fior ghualainn nan cnoc,
'S nach fuiligeadh an t-sradag,
  A lasadh r'i corp,
Och ! a Mhuire mo chruaidh-chas,
  Nach db'fhuair mi thu nochd.

Bean a b'aigeantaich céile,
  Nam eiridh ri driùchd,
Cha'n fhaigheadh tu bend da,
  'S cha bu leir leis ach thu
Sibh an glacaibh a chéile,
  Am fior eudainn nan stùc,
'S ann am eiridh na grèine,
  Bu ghlan leirsinn do shùl.

'Nuair a thigeadh am foghar,
  Bu bhinn leam gleadhair do chlóibh,
Dol a ghabhail a chrònain,
  Air a mhointich bhuig réidh,
Dol an cuinneamh do leannain,
  Bu ghile feaman a's céir
Gur h-i 'n eilid bu bhòiche,
  A's bu bhrisge lòghmhorra ceum.

Note.—This song was composed in Edinburgh while the poet was under the care of a surgeon for a sprain in his foot.

MARBHRANN
DO SHIR SEUMAS MAC-DHONUILL.*

B' FHEARR am mor olc a chluinntinn,
Bhrigh iomradh na fhaicinn ;
Dhomhsa b' fhurasd' sud innse,
Rug air 'm inntinn trom shac dheth ;
O 'n is mi bha 'sa 'n fhulang,
Bu chruaidh duilich ri fhaicinn ;
Ruinig croma-sglan o 'n aog mi,
Cha do shaor i bun aisne.

'S e dh' fhàg fodha dhomh 'n coite,
Aon a mhoichead a dhùisg mi,
'S mi gun fhear air barr agam,
Thogadh 'm aigneadh a dùsal ;
'Nuair a bheum an sruth tràigh orm,
Rug muir bàitht' air a chul sin,
Cha d' fhiosraich mi 'm bàs dut,
Gus an dh fhàg mi thu 'n crùiste.

Fath m' acainn 's mo thùrsa,
Nach duisgear le teud thu,
Na le tòrgan na fidhle,
Mo dhlobhail 's mo leir-chreach ;
Fhir a chumadh i dionach,
Dh' aindeoin siontan ga 'n eiread,
Thu 'n diugh fo leacan na h-ùrach,
Gun mo dhuil ri thu dh' eiridh.

'S bochd an ealtainns' thug so sgriob mi,
Thug dhiom m' earr agus m' fhéusag,
'S geur 's gur goilt spuir an rèsair,
Thrusas cnàmhan a's féithean ;
Dh-fhag sud mise dheth craiteach,
Dh-aindeoin dùil gu ro chreuchdach ;
Cha dean ballan no sàbh dheth,
Mise slàn gus an eug mi.

Ge b' e chuireadh dhomh 'n umhail,
Do mhor chumha ga m' leònadh,
Na mo dhosan a liathadh,
Coig bliadhna roimh' 'n òrdugh ;
Tha mi 'n diugh a toirt pàigheadh,
A' meud m' ùilleas as m' òige,
O 'n rug deireadh do bhàis orm,
Os cionn chàich cha b'e m' òrdugh.

'S fhad tha mi 'm Oisein gun mheoghail,
As do dheaghaidh bochd dòlum,
Osnadh fharbairneach, frithir,
Tha m' fhéith-chridh' air a leònadh ;
Leigeam fios thun a bhreitheamh,
Nach iarr slighe gu dò-bheart,

* The poet's brother.

Gur b-e " Port Raoghuill uidhir,"*
Mur nach bu dligheach is ceòl domh.

'S bochd mo naidheachd r'a h-innse ;
Ge b' e sgrìobhadh i 'n tàth-bhuinn ;
O 'n là rinn thu feum duine,
Gus' n do chuireadh 'sa 'n làr thu ;
Bha mo dheas-lamh dol sios leat,
An cladhan crìche mo chràdh-shlad ;
'S mor na b' fheudar dhomh fhulang,
Mo bhuan fhuireach o m' brathair.

'S bochd an ruinnigil fhuathais,
Rug air uaislean do chairdean,
'S goirt a bhonnag a fhuair iad,
'N latha ghluaiseadh gu tàinh leat ;
Ge h'e neach is mo huannachd,
'N lorg luathair a bhàis so,
'S mise pearsa 's mo tuairghe,
'Sa 'nuair so th' air t-àruinn.

Cha chuis fharmaid mo lethid ;
'S ann tha mi 'n deigh mo spùillidh ;
Bhuin an t-eug dhiom gu buileach,
Barr a's iomall mo chùirte ;
'S feudar tamailte fhulang,
Gun dion buill' air mo chùl-thaobh,
Stad mo chlaidheamh na dhuile,
'S bàth dhomh fuireach r'a rùsgadh.

* *Raoghull odhar* was a piper. There is a story told about
this worthy, to the following purpose :—He was a great
coward ; and being in the exercise of his calling in the
battle.field one day along with his clan, he was seized
with such fear at the sight of the enemy, whom he thought
too many for his party, that he left off playing altogether,
and began to sing a most dolorous song to a lachrymose air,
some stanzas of which had been picked up and preserved
by his fellow soldiers ; and which, on their return from the
war they did not fail to repeat. When an adult is seen crying
for some trifling cause, he is said to be singing " *Port
Raoghnuill uidhir*," " Dun Donald's tune ;" and when
a Highlander is threatening vengeance for some boisterous
and uproarious devilment which has been played off upon
him, he will say : " *Bheir mis ort gu seinn thu* ' *Port Raog-
huill uidhir* ' " i e. " I will make you sing ' Dun Ronald's
tune.'" The following are a few of the stanzas :—

" Be so an talamh mi shealbhach !
Tha gun chiadach gun gharbhlach gu'n chòs ;
Anns an rachainn da'm fhalach,
'S sluagh gun athadh a teannadh faisg oirn.

    Tha mi tinn leis an eagal,
    Tha mi cinnteach gur brag a bhios beò
    Chi mi lasadh an fhùdair,
    Chluinn mi sgailcadh nan dù-chlach ri òrd !

Fhuair mi gunna nach diult mi,
Fhuair mi claidheamh nach lùb ann am dhòrn,
Ach ma ni iad mo mharbhadh,
Ciod a feum a ni 'n àrmach sin dhomh.s'?
    Tha mi tinn. &c.

Ged do gheibhinn-sa sealbh,
Air làn a chaisteal de dh' airgead 's de dh-òr,
Oich ! 'ma ni iad mo mharbhadh !
Ciod a feum a ni 'n t-airgead sin domh.s'?"
    Tha mi tinn, &c.

Bhuin an t-eug creach gun toir dhiom
Dh' aindeoin oigridh do dhùthcha ;
Dh' fhag e m' aigneadh fo dhòruinn,
'S bhuail e bròg air mo chuinneadh ;
'S trom a dh' fhuasgail e deoir dhomh,
Bu mhor mo choir air an dubladh ;
Mu cheann-uighe nan daoiribh,
Bhi fo bhòrd ann an dùnadh.

Bu deas déile mo shior-ruith,
'S gu 'm bu dionach mo chlàraidh ;
Bha mo chala gun diobradh,
Ga mo dhion as gach sàradh' ;
Riamh gus 'n tainig an dìl orm,
Dh' fhag fo mhighean gu bràth mi ;
'S ard a dh' éirich an stailc-s' orm,
Chuir i as domh ma m' àirnean.

Call gun bhuinig gun bhuannachd,
Bha ga m' ruagadh' o 'n tràth sin ;
Cha b' i 'n iomairt gun fhuathas,
Leis 'n do ghluais mi mar chearrach ;
'N cluich a shaoil mi bhi 'm buannachd,
Dh' fhaoite ghluasad air tàileasg ;
Thainig goin a's cur suas orm,
'S tha fear fuar dhomh na t-àite.

O 'n chaidh maill' air mo fhradharc,
'S nach taoghail mi 'n ard-bheann ;
Chuir mi cul ris an fhiadhach,
Pong cha n' iarr mi air clàrsaich ;
Mo cheol laidhe a's eiridh,
M' osnadh gheur air bheag tàbhachd ;
Fad mo rè bidh mi 'g acain,
Mheud 'sa chleachd mi dheth t-àilleas.

Ach dleasaidh faighidinn furtachd,
Nach faic thu chuisle ga luaithead ;
Air fear na teasaich 'sa 'n fhiabhrais,
'S gearr mu shiuladh a bhruaidlein ;
Muir a dh' eireas ga bhraisead,
Ni fear math bealrte dh' i suaineach ;
Ach e dh' iomairt gu tapaidh,
Ceann da shlait thuig a'a uaithe.

'Nuair a bha mi am ghlille,
'S mi 'n ciad iomairt Shir Seumus,
Mar ri comhlan dheth m' chinneadh,
Seoladh air spinneig do dh' Eirinn ;
'S ann aig I Chalum Chille,
Ghabh mi giorrag mu d' dheighinn ;
Chaill thu lan mcise feodair,
Air do shròin do 'n fhuil ghlè dhearg.

Luchd a chaitheadh nan cuaintean,
'S moch a ghluaiseadh gu surdail,
Le 'n àlach chalpannan cruaidhe,
Bu bheag roimh' 'n fhuaradh an curam ;

Bu choma co dheth na h-uaislean,
Ghlacadh gluasad na stiùrach ;
'S fear math bearit air a gualainn,
B' urrainn fuasgladh gach cuise.

'N am gluasad o thìr dhuinn,
Bu neo-mhiodhoir ar lòistean,
Cornach, cupannch, fionach,
Glaineach, liontaidh a stòpaibh ;
Gu cairteach, tailensgach, disneach,
'S taile air uigh na 'ru foirnibh ;

Dhomh-sa b' fhurasd' sud innse
Bu chuid do m' gnoimh o m' aois òige.

Bu ro-eibneach mo leabaidh,
'S bha mo chadal gle chomhnard,
Fhad 'sa dh' fhuirich thu agam,
An caoin chadal gun fhòtus ;
Bu tu mo sgaith laidir dhìleas,
Ga mo dhìon o gach dòrainn,
'S e cuid a dh' aobhar mo leith-truim,
Bhi 'n diugh a seasamh do chòrach.

DIORBHAIL NIC A BHRIUTHAINN;

OR,

DOROTHY BROWN.

This poetess belonged to Luing, an island, in Argyleshire. It is uncertain when she was born; but she was cotemporary with *Iain Lom;* like him was a Jacobite, and also employed her muse in the bitterest satire against the Campbells. Indeed there must have been great pungency in her songs; for, long after her death, one Colin Campbell, a native of Luing, being at a funeral in the same burying-ground where she was laid, trampled on her grave, imprecating curses on her memory. Duncan Maclachlan, of Kilbride, in Lorn, himself a poet, and of whom the translator of Ossian makes honourable mention as a preserver of Gaelic poetry, being present, pulled him off her grave, sent for a gallon of whisky, and had it drunk to her memory on the spot. Her song to Alasdair Mac Cholla, was composed on seeing his *birlinn* pass through the sound of Luing on an expedition against the Campbells, in revenge for the death of his father, whom they had killed some time before. She is the only poetess who at all approaches *Mairi nighean Alasdair Ruaidh* as a successful votary of the muse. She composed a great many songs, but, not being much known out of her native island, perhaps, the following piece is the only thing of hers now extant. A tomb-stone, with a suitable Gaelic inscription, is about to be erected to her memory, in Luing, by a countryman of her own, Mr Artt M'Lachlan, of Glasgow, a gentleman well known for his zeal in every thing tending to promote the honour of Highlanders, and the Highlands.

ORAN DO DH' ALASDAIR MAC COLLA.

Alasdair a laoigh mo chéille,
Co chunnaic no dh' fhag thu 'n Eirinn,
Dh' fhag thu na miltean 's na ceudan,
'S cha d' fhag thu t-aon leithid féin ann,
Calpa cruinn an t-sinbhail eutruim,

Cas chruinneachadh 'n t-sluaigh ri chéile,
Cha deanar cogadh as t-éugais,
'S cha deanar sìth gun do reite,
'S ged nach bi na Duimhnich reidh riut,
Gu 'n robh an rìgh mur tha mi féin dut.

DIORBHAIL NIC A BHRIUTHAINN.

E-hò, hi u hò, rò hò eile,
E-ho, hi u ho, 's i ri ri ù,
Hò hi ù ro, o hò ò eile,
Mo dhiobhail dìth nan ceann-fheadhna.

Mo chruit, mo chlàrsach, a's m' fhiodhall,
Mo theud chiùil 's gach àit am bithinn,
'Nuair a bha mi òg 's mi 'm nighinn,
'S e thogadh m' inntinn thu thaighinn,
Gheibheadh tu mo phòg gun bhruithinn,
'S mar tha mi 'n diugh 's math do dhligh oirr'.
E-ho i u ho, &c.

Mhoire 's e mo run am fìronn,
Cha bhuachaille bhò 'sa 'n innis,
Ceann-feadhna greadhnach gun ghiorraig,
Marcaich nan steud 's leoir a mhire,
Bhuidhneadh na cruintean d'a ghillean,
'S nach seachnadh an toir iomairt,
Ghaolaich na 'n deanadh tu pilleadh,
Gheibheadh tu na bhiodh tu sireadh,
Ged a chailliinn ris mo chinneach—
Pòg o ghruagach dhuinn an fhirich.
E-ho i u ho, &c.

'S truagh nach eil mi mar a b' àit leam,
Ceann Mhic-Cailein ann am achlais,
Cailein liath 'n deigh a chasgairt,
'S a 'n Crunair an deigh a ghlacadh,
Bu shuundach a ghelbhinn cadal,
Ged a b' i chreag chruaidh mo leabaidh.
E-ho i u ho, &c.

M' eudail thu dh' fheara' na dìlinn,
'S math 's eol dhomh do shloinneadh innse,
'S cha b' ann an cagar fo 's 'n iosal,
Tha do dhreach mar dh' òrdaich righ e,
Falt am boineid tha sìnteach,
Sàr mhusg ort no cuilibhear,
Dh'eighte geard an cuirt an righ leat,
Ceist na 'm ban o 'n Chaisteal Ileach,
Dorn geal mu 'n dean an t-òr sniamhan.
E-ho i u ho, &c.

Domhnullach gasda mo ghaoil thu,
'S cha b' e Mac Dhonnchai Ghlinne-Faochain,
Na duine bha beò dheth dhaoine,
Mhic an fhir o thùr na faoileachd,

Far an tig an long fo h-aodach,
Far an òlte fion gu greadhnach.
E-ho i u ho, &c.

Mhoire 's e mo rùn an t-òigear,
Fiughantach aigeanntach spòrsail,
Ceannard da ceathairne moire,
'S mise nach diultadh do chòmhradh,
Mar ri cuideachd no am onar,
Mhic an fhir o 'n innis cheolar,
O 'n tir am faighte na geoidh-ghlas,
'S far am faighendh fir fhalamh stòras.
E-ho i u ho, &c.

Bhuailte creach a's speach mhor leat,
'S cha bhiodh chridhe tigh'n a t-fheoraich,
Aig a liuthad Iarla a's mòrair,
Thigeadh a thoirt mach do chòrach,
Thig Mac-Shimidh, thig Mac-Leod ann,
Thig Mac-Dhonuill duibh o Lochaidh,
Bidh Sir Seumus ann le mhor fbir,
Bidh na b' annsa Aonghas òg ann,
'S t-fhuil ghreadhnach fein bhi ga dortadh,
'S deas tarruinn nan geur lann gleoiste.
E-ho i u ho, &c.

'S na 'n saoileadh cinneadh t-athar,
Gu 'n deanadh Granntaich do ghleidheadh,
'S ioma fear gunna agus claidheamh,
Chotaichean uain' 's bhreacan dhathan,
Dh' eireadh leat da thaobh na h-amhunn,
Cho lionmhor ri ibht an draighinn.
E-ho i u ho, &c.

Mhoire 's iad mo run an comunn,
Luchd na 'n cul buidhe a's donna,
Dheanadh an t-iubhar a chromadh,
Dh' oladh fion dearg na thonnadh,
Thigeadh steach air mointich Thollaidh,
'S a thogadh creach o mhuinntir Thomaidh.
E-ho i u ho, &c.

Note.— The air to which this piece is sung is rather a kind of irregular chant than a tune, the poetess was not necessitated to make all her stanzas of equal length. We know of other even good songs in similar style; and, perhaps, it is in some measure owing to this circumstance that the fertility of imagination, and raciness of language, so apparent in the compositions of some of our untutored bards is to be attributed. *Marbhrann Iain ghairbh*, at page 26, is an instance of this.

SILIS NIGHEAN MHIC RAONAILL.

CICELY or JULIAN M'DONALD lived from the reign of Charles II. to that of George I. She was daughter to *Mac Raoghnaill na Ceapach*, and of the Roman Catholic persuasion. Consequently she was an enemy to Protestantism, and hence devoted the earliest efforts of her muse against the House of Hanover. It is said that in her young days she was very frolicsome. She then composed epigrams, some of which are very clever, and in our possession. She was married to a gentleman of the family of Lovat, and lived with him in *Moràghach Mhic-Shimidh*, a place which she describes in a poem, as bare and barren in comparison to her native Lochaber. This celebrated piece begins with, " *A theanga sin 'sa theanga shròil*," which was the first piece she composed after her marriage. During her residence in the North she composed " *Slan gu bràch le ceòl na clàrsaich*," as a lament for Lachlan M'Kinnon the blind harper. This harper was a great favourite of our poetess, and used to spend some of his time in her father's family. He was also in the habit of paying her a yearly visit to the North, and played on his harp while she sung :—

> " Nuair a ghlacadh tu do chlàrsach,
> Sa bhiodh tu ga gleusadh lamh rium,
> Cha mbath a tbuigte le umaidh,
> Do chuir chiul-sa,'s mo ghabhail dhan-sa."

During her residence in the North she composed several short pieces, among which is an answer to a song by Mr M'Kenzie of Gruineard called " *An obair nogha*." Her husband died of a fit of intoxication, while on a visit to Inverness. She composed an elegy on him which is here given. The song " *Alasdair a Glinne-Garaidh*" is truly beautiful, and has served as a model for many Gaelic songs. After the death of her husband, she was nearly cut off by severe illness ; and upon her recovery, engaged her muse in the composition of hymns, some of which are still in use, as appears from a Hymn-book printed at Inverness in 1821. She lived to a good old age, but the time of her death is uncertain.

MARBHRANN AIR BAS A FIR.

'S i so bliadhna 's faid' a chlaoidh mi,
Gu'n cheol gu'n aighear gun fhaoilteas,
Mi mar bhàt air tràigh air sgaoileadh,
Gun stiùir, gun seol, gun ràmh, gun taoman.

O 's coma' leam fhìn na co dhiubh sin,
Mire, no aighear, no sùgradh,
'N diugh o shin mi r'a chunntadh,
'S e ceann na bladhna thug riadh dhiom dùbailt.

'S i so bliadhn' a chaisg air m' àilleas,
Chuir mi fear mo thaighe 'n càradh,
'N ciste chaoil 's na saoir 'ga sàbhadh ;
O ! 's mis tha faoin 's mo dhaoin' air m' fhàgail.

O 's coma' leam fhin, &c.

Chaill mi sin 's mo chuilean gràdhach,
Bha gu foinnidh, fearail, àillidh,

SILIS NIGHEAN MHIC RAONAILL.

Bha gun bheum, gun leum, gun ardan;
Bha guth a bheil mar theud na clàrsaich.
O 's coma' leam fhin, &c.

Ma 's beag leam sud fhuair mi bàrr air
Ceann mo stuic is pruip nan càirdean,
A leag na ceud le bheum 's na blàraibh,
Ga chuir fo 'n fhòd le òl na gràisge.
O 's coma' leam fhin, &c.

Ciod na creachan a thug bhuainn thu?
Thug do dh' Inbheirnis air chuairt thu,
Dh' òl an fhìona làs do ghruaidhean
'S a dh'fhag thu d' chorp gu'n lot gun luaidhe.
O 's coma' leam fhin, &c.

'S mor a tha gun fhios do d' chairdean
San tìr mhoir tha null o 'n t-sàile,
Thu bhi aig na Gaill ga d' chàradh
'S do dhuthaich féin ga mort' le nàmhaid.
O 's coma' leam fhin, &c.

Bu tu 'n Curaidh fuilteach, buailteach,
Ceannsgalach, borb, laidir, uasal,
Na 'm b' ann am blàr no 'n spàirn a bhuailt' thu,
Gu 'm biodh do chairdean a' tàir-leum suas orr'.
O 's coma' leam fhin, &c.

Curaidh gasta, crodha, fumail,
Tionnsgalach, garg, beodha, euchdach;
'N Coille-chriothnaich 's là an t-slèibhe,
Bu luath do lann 's bu teann do bheumnan.
O 's coma' leam fhin, &c.

Mo chreach long nan leoghann garga,
Num brataichean sròil 's nan dath dearga,
Gur tric an t-eug gu geur g'ur sealg-sa
Leagail bhur crann-siùil gu fàirge.
O 's coma' leam fhin, &c.

Nise bho na dh'fhalbh na braithrean
'S nach eil ach Uilleam dhiu lathair,
A rìgh mhoir, ma 's deonach dàil da,
Gus an diong an t-oighre t-àite.
O 's cuma' leum fhin, &c.

Ach a rìgh mhoir tog 's an aird iad,
Mar chraoibh ubhlan, mheulair mhìaghair,
Mar ghallan ùr nach lùb droch aimsir,
Mar phreasa fiona 's lìonmhor leanmbuinn.
O 's coma' leam fhin, &c.

O 's e so deireadh 'n t-saoghail bhrionnaich
Aird-rìgh dean sinn orsta cuimhneach;
An deigh an latha thig an oidhche
'S thig an t-aog air chaochladh *Staidhle*.
O 's coma' leam fhin, &c.

MARBHRANN

DO DH' ALASTAIR DU'BH GHLINNE-GARAIDH.

ALASDAIR a gleanna-garadh,
Thug thu 'n diugh gal air mo shuilean,
'S beag ioghnadh mi bhi trom creuchdach,
Gur tric g'ar reubadh as ùr sinn,
'S deachdar dhomhsa bhi gun 'n osnaidh,
'S meud an dosgaidh th'air mo chàirdean,
Gur tric an t-eug oirn a' gearradh,
Tagha nan darag is airde.

Chaill sinn ionnan agus còmhla,
Sir Dòmhnull, a mhac, 'sa bhrathair,
Ciod e 'm feum dhuinn bhi ga ghearan?
Dh-fhan Mac-'Ic-Ailein sa bhlàr bhunin,
Chaill sinn darag laidir liath-ghlas,
Bha cumhail dion air a chairdean,
Capull-coille bharr na giubhsaich,
Seobhag sul-ghorm, lugh-mhor, laidir.

Dh-fhalbh ceann na céille 's na comhairl,
Ann 's gach gnothach am bi cùram,
Aghaidh shocrach, sholta, thaitneach,
Cridhe tial, farsuinn, mu'n chuileadh;
Bu tu tagha nan sàr-ghaisgeach,
Mo ghuallinn thaice-'s,—mo dhiubhail;
Smiorail, fearail, foineamh, treubhach,
Ceann-feadhna chaill Seumas Stiubhart.

Na b' ionnan do chach 's do ghoill,
Mu'n dh-imich an long a mach,
Cha rachadh i rithist air sàil,
Gun 'n fhios cia fàth a thug i steach,
Ach 'nuair chunaig sibh an tràth sin,
A bhi g ùr fagal air faonthragh,
Bhrist bhur cridheachan le mulad,
'S leir a bhuil cha robb sibh saogh'lach.

Bu tu'n lasair dhearg g'an losgadh,
'S bu tu sgoilteadh iad gu'n sailtean,
Bu tu gualann chur a chatha,
Bu tu'n laoch gun atha lainnhe,
Bu tu'm bradan ann san fhior-uisg,
Fìor-eun on ealtainn is airde,
Bu tu'n lenghann thar gach beathach,
'S bu tu damh leathann na cràice.

Bu tu loch nach faighe thaomadh,
'S tu tobar faoilidh na slainte,
'S tu Beinn-Neamhais thar gach aonach,
Bu tu chreag nach fhaoite thearnadh,
Bu tu clach mhullaich a chaistail,
Bu tu leac leathann na sràide,
Bu tu leig logbmhor nam buadhan,
Bu tu clach uasal an fhàine.

Bu tu'n t-iubhair as a choille,
  Bu tu'n darach daingbean laidir,
Bu tu'n cuileann bu tu'n dreaghunn,
  Bu tu'n t-abhall molach bluth-mhor,
Cha robh meur annad do' chritheanu,
  Cha robh do dhlighe ri fearna,
Cha robh do chairdeas ri leamhan,
  Bu tu leannan nam ban àluinn.

Bu tu céile na mnà priseil,
  'S oil leam fhìn ga dìth an drasd thu,
Ge d' nach ionnan dhomhsa is dhì-se
  'S goirt a tha mi-fhìn ma càradh,
Il-uile bean a bhios gun chéile,
  Guidheadh i Mac Dhé na àite,
O 's e 's urrainn bhi ga comhnadh,
  Anns gach leon a chuireas càs oirr'.

†

Guidheam do mhac bhi na t-àite,
  'An saibhreas an àiteas 's an cùram,
Alasdair a Gleanna-Garadh,
  Thug thu 'n diugh gal air mo shuilean.

THA MI AM CHADAL &c.
DO DH' FHEACHD RIGH SEUMAS.

Gus diombach mi 'n iomairt,
  Chuir gach fìn' air fògradh ;
Tha mi am chadal 's na dùisgibh mi
  Gun aighear gun eibhneas,

† The above four lines are lost.

'S gu'n reiteach o Dheòrsa ;
  Tha mi am chadal 's na dùisgibh mi.
Gur h-ioma bean uasal,
  Tha gu h-uaigneach na seomar,
Gun aighear gun eibhneas,
  'S i 'g eiridh na h-onar,
Sior chaoidh na 'n uaislean,
  A fhuair iad ri phòsadh ;
Tha mi am chadal 's na dùisgibh mi.

Mo thruaighe a chlann,
  Nach robh gann na 'n curaisde ;
Tha mi am chadal 's na dùisgibh mi,
  'N am hualadh na 'n lann,
An am na 'm buileanan ;
  Tha mi am chadal 's na dùisgibh mi.
Ge d' tha sibh 'sa'n àm,
  Feadh ghleann a's mhunainean,
Gu nochd sibh 'ur ceann
  'N am teanndachd mar churaidhnean,
'Nuair thig Seumas a nall,
  'Si bhur lann bhios fuileachdach.
Tha mi am chadal 's na dùisgibh mi.

'S e righ na muice,
  'S na Cuigse, rìgh Deòrsa ;
Tha mi am chadal 's na dùisgibh mi,
  Mu 'n tig oirnn an t-samhainn,
Bidh amhach 's na còrdaibh ;
  Tha mi am chadal 's na dùisgibh mi ;
Na 'n eireadh sibh suas,
  Le cruadal a's duinealachd,
Eadar islean a's uaislean,
  Thuath agus chumanta,
'S gu'n sgiùrsadh sibh uaibh e,
  Righ fuadain nach buineadh dhuinn ;
Dheunainn an cadal gu sunndach leibh.

NIALL MAC-MHUIRICH.

NEIL MACVURICH, the family bard and historian of Clanronald, *Mac-Dhònuill, Mhic-'Ic-Ailein*, was born in the beginning of the seventeenth century. He lived in South Uist, where he held a possession of land which is known to this day, as marked out and designated *Baile-bhàird*, i. e. the bard's farm. He was of a succession of poets that the illustrious family kept to record the history of their ancestors, and to fill the station so indispensably requisite in those days, in the halls of chiefs of renown. There were several poets of the name of *Mac-Mhuirich*, lineal descendants of the same man, who were distinguished from each other in various ways, as specified in the brief account given of *Lachunn mor Mac-Mhuirich Albannaich;* Neil was simply, if not emphatically, called *Niall Mac-Mhuirich,* Clanronald's *Seanachaidh,* or family historian.

He had written, in the Gaelic language, the history of the great clan whose records he kept, and the strains in which distinguished individuals were commemorated for their talents and prowess. But he satisfied not himself with writing what related to the family that honoured him with the office of bard: he likewise had written ancient poetry, and the history of past times.—See the Highland Society's account of the *Red Book.*

While this celebrated bard was most careful in recording every thing worthy of preservation, it is to be regretted that so little of his own history and works have been preserved. This has been often the case with men of genius. Very few Gaelic bards were at the trouble of writing their own productions: they trusted too much to memory; seldom reflected on what might happen in the lapse of time; never apprehended that succeeding generations would be indifferent about what seemed to them to be of the greatest moment. Neil M'Vurich, while he adopted the best method of handing down to posterity the invaluable relics of antiquity, might not think it worth his trouble to write his own poems, or record any anecdotes concerning himself. These, like many others, have been lost, with the exception of the two pieces given in this work. He lived to a great age, and was an old man in 1715.

To throw more light on the history of this tribe of poets, we beg to give the following, which is a copy of the declaration of Lachlan M'Vurich, a son of the bard, written in Gaelic, and addressed to Henry M'Kenzie, Esq., at the time he was writing the Highland Society's report of Ossian:—

BARRA, *9th August,* 1800.

ANN an taigh Phadruig Mhic-Neacail an Torluim goirid o Chaisteal Bhuirghi ann an Siorramachd Inbhernis, a naoidhamh latha de chiad mhios an fhoghair, anns an dà fhichead bliadhna agus naoidh-doug d'a aois, thainig Lachlunn mac Nèill, mhic Lachluinn, mhic

Nòill, mhic Dhòmhnuill, mhic Lachuinn, mhic Nèill mhòir, mhic Lachuinn,* mhic Dhòmhnuill, do shloinne chlann Mhuirich, ann an lathair Ruairidh Mhic Nèill tighearna Bhàra, thabhairt a chòdaich, mar is fiosrach e-san, gur e féin an t-ochdamh glùn déug o Mhuireach a bha leanmhuinn teaghlaich Mhic-'Ic-Ailein, ceannard Chlann-Raonuill, mar bhardàibh,

* This is LACHUNN MOR MAC MHUIRICH ALBANNAICH, or Lachlan mòr MacVuirich of Scotland, the second of this famous tribe of bards.

Where there are several individuals of the same name, it is necessary to have some marks to distinguish them. This has been always attended to by the Gaël though in various ways. It is common to call persons by their patronimics; and among clans, where many have the same name and surname, they could not be distinctly called and recognised otherwise: instead of saying Alexander M'Donald, where two, three, or four were found of the same name, in the same place, they called one, Alexander, the son of Allan, the son of John; another, Alexander, the son of Donald, the son of Neil; and another, the son of Rory, the son of Dugald, &c.

The Gaelic language being susceptible of describing beings and objects most minutely; individuals are frequently distinguished and described from their appearance, or qualities external and internal. Thus our author has been called Lachlann Mòr, in contradistinction to another of the same name who was less. *Mòr* signifies great in respect of one's person or mind. Its literal meaning is magnitude, and this is the sense in which it has been applied here. But there is another mark by which this bard was distinguished, namely, by his country, Albanach. or of Scotland. Irish bards, or minstrels, were once no strangers in Scotland, and especially the Highlands; for Albainn, the Gaelic term for Scotland, had been particularly applied to the Highlands. The cognomen, Albannach, had been given Lachlan *mòr* MacVurich *emphatically*, being the great poet of his day. The language of the two countries being the same, the Scottish Highlanders and Irish understood each other; and there was frequent intercourse between them. They, in fact, were originally the same people; and, instead of disputing about the origin of the one or the other, historians ought to regard them as one and the same, removing from the one kingdom to the other as occasion or necessity required. Of the works of this famous poet, all now extant is an extraordinary one—a war song, composed almost wholly of epithets arranged in alphabetical order, to rouse the Clan Donuil to the highest pitch of enthusiasm before the battle of Harlaw. This poem is entitled in Gaelic:—" BROSNACHA-CATHA LE LACHUNN MÒR MAC MHUIRICH ALBANNAICH DO DHOMHNULL A ILE RIGH-INNSE-GALL AGUS IARLA ROIS LATHA MACHRAICH CHATH-GAIRIACH."* The piece has a part for every letter in the Gaelic alphabet till near the end consisting altogether of three hundred and thirty-eight lines. It would occupy to much space to print it in this work. Here follow the two first, and also the thirteen last lines of the poem:—

A chlanna Cuinn cuimhnichibh,
Cruas an am na h-iorghuill.
* * * * *
Gu ur-labhrach, ur-lamhach neart-mhor,
Gu coisneadh na cath-làrach,
Ri bruidhne 'ur biubhaidh,
A chlanna Chuinn cheud-chathaich,
'Si nis uair 'ur n'aithnaichidh.

A chuileanan choufhadach,
A bheirichean bunanta,
A leoghainnean lan-ghasta
Aon-chunnaibh iorgbuilleach
De laochaibh chrodha, churanta
De chlannaibh Chùinn cheud-chathaich
A chlanna Chuinn, cuimhnichibh
Cruas an am na h-iorghuill.

This poem is very valuable in two respects;—First, It is the best proof that could be given of a language, so copious and abounding in epithets, that the number poured out under each letter is almost incomprehensible. What command of language! How well deserved our bard the

* This battle was fought, anno 1411, at a small village called Harlaw, in the district of Garioch, within ten miles of Aberdeen. The cause of it was this:—Walter Lesly, a man nobly born, succeeded to the Earldom of Ross, in right of his lady, who was daughter of that house. He had by her a son, who succeeded him, and a daughter, who was married to the Lord of the Isles. His son married a daughter of the duke of Albany, son of Robert II., at that time governor of Scotland; but dying young, left behind him only one child. It is said that she was somewhat deformed, and rendered herself a Religious. From her the governor easily procured a resignation of the Earldom of Ross in favour of John earl of Buchan, his second son, to the prejudice of Donald lord of the Isles, who was grandson of the said Lesly, and supposed the nearest heir. He claimed his right accordingly, but finding the governor, who probably regarded him already as too powerful a subject, not inclined to do him that justice he expected, he immediately raised an army of no less than 10,000 men within his own isles, and putting himself at their head, made a descent on the continent, and, without opposition, seized the lands of Ross, and after increasing his army with the inhabitants, he continued his march from Ross until he came to Garioch, within ten miles of Aberdeen, ravaging the countries through which he passed, and threatening to reduce his men with the wealth of that town. But before he could reach that place, his career was stopped by Alexander Stewart, the grandson of Robert II., and earl of Marr. For this brave youth, by orders from the governor, drew together, with great expedition, almost all the

agus o an àm sin gu robh fearann Staoileagairi agus ceithir peighinean do Dhrìomasdal aca mar dhuais bàrdachd o linn gu linn, feadh chuig ghlùin-déug : Gu'n do chaill an siathamh-glun déug ceithir peighinean Dhrìomasdail, ach gu do ghleidh an seachdamh glùn diu fearann Staoileagairi fad naoi bliadhna déug de db' aimsir, agus gu robh am fearann sin air a cheangal dhaibh ann an còir fhad 's a bhiodh fear do Chlann-Mhuirich ann, a chumadh suas sloinneadh agus seanchas Chlann-Dòmhnuill ; agus bha e mar fhiachan orra, 'nuair nach biodh mac aig a bhàrd, gu tugadh e fòghlum do mhac a bhrathar, no dha oighre, chum an còir air an fhearann a ghleidheadh, agus is ann a rèir a chleachdaidh so fhuair Niall, athair féin, ionnsachadh gu leughadh, sgrìobhadh, eachdrai agus bàrdachd, o Dhòmhnull mac Nèill mhic Dhòmhnuill, brathair athar.

Tha cuimhne mhath aige gu robh " Saothair Oisein" sgriobht' ar craicnean ann an glèidhteanas athar o shinnsiribh ; gu robh cuid dheth na craicnean air an deanamh suas mar leabhraichean, agus cuid eile fuasgailt o chéile, anns an robh cuid do shaothair bhàrd eile, bharachd ar "Saothair Oisein."

Tha cuimhne aige gu robh leabhar aig athair ris an canadh iad an " Leabhar dearg," de phaipeir, a thainig o shinnsiribh, anns a robh mòran do shean eachdraidh nam fineachan Gàëlach, agus cuid de "Shaothair Oisein" mar bha athair ag innseadh dha. Chan eil a h-aon de na leabhraichean so r'a fhaotainn an diugh, thaobh is 'nuair a chaill iad am fearann, gu do chaill iad am misneach agus an dùrachd. Cha'n eil e cinnteach ciod e thainig ris na craicnean, ach gu bheil barail aige gun tug Alasdair mac Mhaighstir Alasdair 'Ic-Dhòmhnuill ar falbh cuid diubh, agus Raonull a mhac cuid eile dhiubh ; agus gum fac e dha no trì' dhiubh aig tàileirean ga 'n gearradh sios gu criosan tomhais : Agus tha cuimhne mhath aige gu tug Mac-'Ic-Ailein air athair an " Leabhar dearg" a thabhairt seachad do Sheumas Mac Mhuirich a Bàideanach ; gu robh e goirid o bhi cho tiugh ri Bioball, ach gu robh e na b' fhaide agus na bu leatha, ach nach robh ùrad thiughaid sa chòmhdach ; gu robh na craicnean agus an " Leabhar dearg" air an sgrìobhadh anns an làimh anns an robh Gàëlig air a sgrìobhadh o shean an Albainn agus ann an Eirinn, mu'n do ghabh daoine cleachdadh air sgriobhadh na Gàëlig anns an làimh Shasunnaich ; gum b'aithne dha athair an t-shean làmh a leughadh gu math ; gu robh cuid de na craicnean aige féin an deigh bàis athar, ach a thaobh is nach d' ionnsaich e iad, agus nach robh acbhar meas aig' orra, gu deach' iad a chall. Tha e ag ràdh nach robh h-aon de shinnsiribh air a robh Pall mar ainm, ach gu robh dithis dhiubh ris an canadh iad Cathal.

Tha e 'g ràdh nach ann le h-aon duine a sgrìobhadh an " Leabhar dearg," ach gu robh

adnomen Albanach ! He lived in the fifteenth century. He could not be ignorant of letters. He was well acquainted with all the idioms of his native language, and had the greatest command over its powers and energies. Nor was he ignorant of the genius of the people whom he addressed. Clann-Domhnuill was the most powerful of the clans in his time. They were foremost in battle, and entitled to take the right in the field ; which was never disputed, till the battle of Culloden, which proved so fatal to many. Our poet, therefore, exhausted the almost exhaustless *copia verborum* of the language, for the purpose of infusing the spirit of the greatest heroism and love of conquest into the breasts of the warriors.

nobility and gentry between the two rivers Tay and Spey, and with them met the invader at the place above mentioned, where a long, uncertain, and bloody battle ensued ; so long, that nothing but the night could put an end to it ; so uncertain, that it was hard to say who had lost or gained the day ; so bloody, that one family is reported to have lost the father and six of his sons. The earl of Marr's party, who survived, lay all night on the field of battle ; while Donald, being rather wearied with action than conquered by force of arms, thought fit to retreat, first to Ross, and then to the Isles.—*Abercromby's Hist.*

e air a sgrìobhadh o linn gu linn le teaghlach Chlann-Mhuirich, a bha cunuail suas seana-
chas Chlainn-Dòmhnuill, agus ceannardan nam fineachan Gàëlach cile.

An deigh so a sgrìobhadh, chaidh a leughadh dha, agus dh-aidich e gu robh e ceart, ann an
làthair Dhòmhnuill Mhic-Dhòmhnuill, fear Bhaile Raghaill; Eoghain Mhic-Dhòmhnuill,
fear Gheara-sheilich; Eoghan Mhic-Dhomhnuill Fear Ghrìninis; Alasdair Mhic-Ghill-
eain, fear Hoster, Alasdair Mhic-Neacail, ministear Bheinne-bhaoghla; agus Ailein
Mhic-Chuinn, ministear Uist-a-Chinne-*tuath*, a fear asgrìobh a seanachas so.

     (Signed) LACHUNN × MAC-MHUIRICH.

          RUAIRIDH MAC-NEILL, J.P.

TRANSLATION OF THE ABOVE.

In the house of Patrick Nicolson, at Torlum, near Castle-Burgh, in the shire of Inver-
ness, on the ninth day of August, compeared in the fifty-ninth year of his age, Lachlan,
son of Neil, son of Lachlan, son of Neil, son of Donald, son of Lachlan, son of Neil *Mòr*,
son of Lachlan, son of Donald, of the surname of Mac Vuirich, before Roderick M'Neil,
laird of Barra, and declared, That, according to the best of his knowledge, he is the
eighteenth in descent from Muireach, whose posterity had officiated as bards to the family
of Clanronald; and that they had from that time, as the salary of their office, the farm
of Staoiligary and four *pennies* of Drimisdale during fifteen generations; that the six-
teenth descendant lost the four *pennies* of Drimisdale, but that the seventeenth descend-
ant retained the farm of Staoiligary for nineteen years of his life. That there was a right
given them over these lands as long as there should be any of the posterity of Muireach
to preserve and continue the genealogy and history of the Macdonalds, on condition that
the bard, failing of male issue, was to educate his brother's son, or representative, in order
to preserve their title to the lands; and that it was in pursuance of this custom that his
own father, Neil, had been taught to read and write history and poetry by Donald, son
of Neil, son of Donald, his father's brother.

He remembers well that works of Ossian, written on parchment, were in the custody
of his father, as received from his predecessors; that some of the parchments were made
up in the form of books, and that others were loose and separate, which contained the
works of other bards besides those of Ossian.

He remembers that his father had a book which was called the *Red Book*, made of
paper, which he had from his predecessors, and which, as his father informed him, con-
tained a good deal of the history of the Highland Clans, together with part of the works
of Ossian. That none of these books are to be found at this day, because when they (his
family) were deprived of their lands, they lost their alacrity and zeal. That he is not
certain what became of the parchments, but thinks that some of them were carried away
by Alexander, son of the Rev. Alexander Macdonald, and others by Ronald his son;
and he saw two or three of them cut down by tailors for measures. That he remembers
well that Clanronald made his father give up the red book to James Macpherson from

Badenoch; that it was near as thick as a Bible, but that it was longer and broader, though not so thick in the cover. That the parchments and the red book were written in the hand in which the Gaelic used to be written of old both in Scotland and Ireland before people began to use the English hand in writing Gaelic; and that his father knew well how to read the old hand. That he himself had some of the parchments after his father's death, but that because he had not been taught to read them, and had no reason to set any value upon them, they were lost. He says that none of his forefathers had the name of Paul, but that there were two of them who were called Cathal.

He says that the red book was not written by one man, but that it was written from age to age by the family of Clan Mhuirich, who were preserving and continuing the history of the Macdonalds, and of other heads of Highland clans.

After the above declaration was taken down, it was read to him, and he acknowledged it was right, in presence of Donald M'Donald of Balronald, James M'Donald of Garyhelich, Ewan Mac Donald of Griminish, Alexander Mac Lean of Hoster, Mr Alexander Nicolson, minister of Benbecula, and Mr Allan Mac Queen, minister of North-Uist, who wrote this declaration.

(Signed)   LACHLAN × MAC VUIRICH.

RODERICK MAC NIEL, J.P.

ORAN. DO MHAC-MHIC-AILEIN.*

Gur è naigheachd na ciadain,
Rinn mo chruitheachd a shiaradh.
Le liunn-dubh, 's le bròn cianail,
Gu'n dhrùidh i trom air mo chriochaibh,
Mo sgeul duilich nach iarr,
   Mi 'ur còmhradh.
      Mo sgeul, &c.

M' uaildh, m' aighear, is m' niteas,
Tha fo bhinn alg fir shasuinn.
Ar tighearn' òg maiseach,
An t-ogh ud Iarla nam bratach,
Mac an fhir thug dhomh fasga
   'Nuair b' òg mi.
      Mac an fhir, &c.

'S truagh gu'n mise bhi lamh ruit,
'Nuair a leagadh 's a bhlàr thu,
Gu cruaidh curanta laidir,
Agus spionnadh nan Gaël,

* The bard composed this song when a very old man, on hearing that his master was wounded at Shirriffmuir.

Nàile dhiolainn do bhàs,
   Dheanainn feòlach,
      Nàile dhiolainn, &c.

Uidhist aighearach, éibhinn,
Dhubhach, ghalanach, dheurach,
Nis o rug ort am beum so,
'S goirt r'a fhulang ni 's éiginn,
Liuthad fear a tha 'n deigh air
   Mac-Dhomhnuill.
      Liuthad fear, &c.

Cha 'n é 'n Domhnull sin roimhe,
Ach mac sin Dhomhnuill ogh Iain,
Ailean aoibhinn an aigheir,
Urram féile ; righ flatha,
Ceannard meaghreach gu caitheamh
   Na mòr-chuis.
      Ceannard, &c.

'Nuair a chiaradh am feasgar,
Gum biodh branndaidh ga losgadh,
Fion Frangach ga chosg leibh,

Coinnlein céire gan losgadh,
Sàr Cheann-feadhna 'toirt brosnachadh,
Ceòil duibh.
　Sàr Cheann-feadhna, &c.

Gum biodh fidheall ga rùsgadh ;
Buidheann thaitneach air ùrlar,
Pìob a 'sgala nan siounsar,
Fuaim talla r'a chùl sin,
'G iomairt chleas air chrios cùil
Nam fear òga.
　'G iomairt chleas, &c.

M' ulaidh m'aighear am fiùran,
An t-Ailean aighearach aoidheil,
Bha gu macanta miùnte,
Dh-fhàs gu h-aigeantach ùiseil,
Fhuair mi aoibhneas n d' chùirt,
Cha be'n dòlum,
　Fhuair mi, &c.

Bu tu m' urram is m' annsachd,
Cha seinn mi eachdraidh do bhàis ort,
Aig eagal droch fhàisneachd,
'N dùil gum faiceamsa slàn thu,
Mar a faic gun toir Gàélig,
Ni's mò bhuam.
　Mar a faic, &c.

Tha mi sgìth 's gu'n mi ullamh,
S mi 'n deigh mo chuire,
Gu'n dùil ri sud tuille ;
B'fhearr nach bitheadh na h-urrad,
O'n là chualas gu'n chuireadh
Do leòn ort.
　O'n là, &c.

MARBH-RANN MHIC-'IC-AILEIN.
A MHARBHADH SA BHLIADHNA 1715.

Och ! a Mhuire mo dhunaidh,
Thu bhi d' shìneadh air t-uillnn,
An taigh mòr Mhoireur Drumad,
Gun ar dùil ri d' theachd tuille,
Le fàilte 's le furan,
Dh-fhios na dùthcha da'm buineadh,
A charaid Iarla Choig-Ulainn,
'S goirt le ceannard fir Mhuile do dhìol.
　'S goirt le ceannard, &c.

Dh-fhalbh Dòmhnull nan Dòmhnull
A's an Raonull a b' òige,
S Mac-'Ic-Alastair Chnòideart,
Fear na misnichie mòire,
Dh-fheuch am beireadh iad beo ort,

Cha ro'n sud dhaibh ach gòrraich,
Feum cha robh dhaibh nan tòireachd,
'S ann a fhuair iad do chòmhra gu'u chlì.
　'S ann a fhuair iad do chòmhra, &c.

Mo chreach mhòr mar a thachair,
'S è chuir tur stad air m' aiteas,
T-fhuil mhòrghalach reachdar,
Bhi air bòcadh a d' chraiceann,
Gun seòl air a casgadh ;
Bu tu righ nam fear feachda,
A chum t-onoir is t-fhacal,
'S cha do phill thu le genltachd a nios.
　'S cha do phill thu le genllachd, &c.

Mo cheist ceannard Chlann-Raonuill,
Aig am biodh na cinn-fheadhna,
Na fir ùr air dheagh fhoghlum,
Nach iarradh de'n t-shaoghal,
Ach airm agus aodach,
Le 'n cuilbheirean caola,
Sheasadh iad air an aodann,
Rinn iad sud is cha d'fhaod iad do dhìou.
　Rinn iad sud, &c.

'S mòr gàir ban do chinnidh,
O'n a thòisich an iomairt,
An sgeul a fhuair iad chuir tiom orr',
T-fhuil chraobhach a' sileadh,
'S i durtadh air mhire,
Gu'n seol air a pilleadh,
Ge d' tha Raonall a d'ionad,
'S mòr ar call ged a chinneadh an rìgh.
　'S mòr ar call ge do chinneadh, &c.

'S trom puthar na luaidhe,
'S goirt 's gur chumbann a bualadh,
Nach do ruith i air t-uachdar,
'Nuair a dh-ionntrain iad uath thu,
Thug do mhuinntir gàir chruaidh uad ;
Ach 's è òrdugh a fhuair iad,
Ceum air 'n aghaidh le cruadal,
'S a bhi leantainn na ruaig air a druim.
　'S a bhi leantainn na ruaig, &c.

Dheagh Mhic-Ailein mhic Iain,
Cha robh leithid do thaighe,
Ann am Breatunn r'a fhaighinn ;
Taigh mor fiughantach, flathail,
'M bu mhòr sùgradh le h-aighear,
Bhiodh na h-uaislean ga thaghaich,
Rinn iad cuims' air do chaitheamh,
Ann an toiseach an latha dol sios.
　Ann an toiseach an latha, &c.

'S iomadh gruagach 's bréideach,
Eadar Uidhist la Slèibhte,
Chaidh am mugha mu d' dhéibhinn,
Laidh smal air na spèuraibh,

Agus sneachd air na gèugaibh,
Ghuil eunlaith an t-shlèibhe,
O'n là chual lad gun d' eug thu,
A cheann uidhe nan ceud bu mhor pris.
A cheann-uidhe nan ceud, &c.

Gheibht' a d' bhaile ma fheasgar,
Smùid mhòr, 's cha b' è 'n greadan;
Fir ùr agus fleasgaich,
A' losgu' fùdair le beadradh,
Cùirn is cupaichean breaca,
Piosan òir air an dealtradh,
'S cha b' ann falamh a gheibht' iad,
Ach gach deoch mar bu neart-mhoire brìgh.
Ach gach mar bu, &c.

'S iomadh clogaid a's targaid,
Agus claidheamh chinn airgeid,
Bhiodh mar coinneamh air ealachuin,
Dhomhsa b' althne do sheanchas,
Ge do b' fhursuinn ri leanmhuinn,
Ann an eachdraidh na h-Alba;
Raonuill òig dean beairt ainmeil,
O'n bu dual dut o d' leanmhuinn mòrghniomh.
O'n bu dual, &c.

'S cha bu lothagan cliata,
Gheibht' ad stàbuill ga'm biathadh;
Ach eich chruidheacha shrianach,
Bhiodh do mhiol-choin air iallaibh,
'S iad a' feitheamh ri fladhach,
Ann sna coireanaibh riabhach,
B' è mo chreacha nach do liath thu,
M' an tainig teachdair ga d' iarraidh on rìgh.
M' an tainig teachdair, &c.

SEANACHAS SLOINNIDH

NA PIOBA BHO THUS.

AODROMAN muice hŏ! hŏ!
Air a sheideadh gu h-ana-mhòr,
A cheud mhàla nach robh binn,
Thainig o thùs na dìlinn.
Bha seal ri aodromain mhuc,
Ga lìonadh suas as gach pluic,
Craiceann seana mhuilt na dhéigh sin,
Re searbhadus agus ri dùrdail,
Cha robh 'n uair sin ann sa phìob,
Ach seannsair agus aon liop,
Agus maide chumadh nam fonn,
Da 'm b'-ainm an sumaire.
Tamull daibh na dheigh sin,
Do fhuair as-innleachd innleachd,
Agus chinnich na trì chroinn innt,
Fear dhiu fada, leobhar, garbh,
Ri dùrdan reamhar ro shearbh.

Air faighinn an dùrdain soirbh,
Agus a ghòthaich gu loma lèir,
Chraobh-sgaoil a chrannaghail mar sin,
Ri searbhadas agus ri rùchdail.

Pìob sgreadanach Ian Mhic-Artair,
Mar eun curra air dol air nis,
Lan ronn 's i labhar Inirgneach,
Com galair mar ghuilbneich ghlais.
Pìob Dhòmhnuill do cheòl na Cruinne,
Crannaghail bhreoite 's breun roi' shluagh,
Cathadh a mùin tro mala grodaidh,
Bo 'n tuil ghrainnde robaich ruaidh:
Ball Dhòmhnuill is dòs na pìoba,
Da bheist chursta ' chlaigeinn mhaoil,
Seinnidh Corra-ghluineach a ghathuinn
Fuaim trùlleach an tabhainn sheirbh.

Do-cheòl do bhi 'n ifrinn iochdrach,
Faobnar phìoban nan dòs cruaidh,
Culaidh a dhùsgadh nan deamhan,
Liùgail do mheuir reamhair ruaidh.
Air fheasgar an earraich mìn,
Mar gheum mairt caòile teachd gu tlus,
Thig sgreadail a chroinn riabhaich,
Mar bhr... tòine 'n di..... duibh.
Chuir Vèuns a bha seal an Ifrinn,
Mar dhearbhachd sgeul gu fir an Domhain,
Gur h-e corranach bhan is pìob ghleadhair,
Da leannan ciuil cluas nan Deamhan.

* * * * * *
* * * * * *

Fàileadh a ch .. dheth na mhàla
'S fàileadh a mhàla dheth 'n phìobair.

Note.—The Author of this piece is *Niall mòr Mac-Mhuirich*. We have heard the following anecdote, in illustration of this poem. Neil had lately returned to his father's house from the bards' college, in Ireland, from whence, along with the stores of genealogical and other lore with which he had stored his head, he had in addition, brought over a back-burden of the small-pox, and was lying asleep, on a settle bed, at the back of the house near the fire, when John and Donald M'Arthur, two pipers, came in, and, sitting down on the bed-stock, began tuneing their pipes preparatory to playing. The horrid and discordant sound of the pipes roused the bard, who, bursting with indignation, in the true style of his profession, began to inveigh against the pipers, in the following mock genealogy of the bag-pipe. It would appear from this, as well as from hints in other poems, that the bag-pipe was never a favourite with the bards; but was rather regarded by them as trenching on their province. The poem was evidently intended to resent the intrusion of the pipers on the bard's slumbers. Nor did it fail of the desired effect; for, the pipers it seems, had intended to make good their quarters for the night; but, on hearing the odd and ludicrous invective against their favourite instrument, enunciated from behind them, they started from their seats with astonishment looking round for an explanation. But when the swollen and pocky countenance of Neil met their view, wrought up we may suppose with no ordinary excitement, terror added wings to their feet, and they fled in the utmost consternation. Neil's father on hearing the poem to the end exclaimed " *Math thu fein a mhic, tha mi faicinn nach bu thuras caillt' a thug thu dh' Firinn ;*" i e. " Well done my son, I see your errand to Ireland has not been lost."

IAIN DUBH MAC IAIN 'IC-AILEIN.

JOHN M'DONALD, commonly *Iain Dubh Mac Iain 'Ic-Ailein*, i. e. John of black locks, son of John, the son of Allan, was a gentleman of the Clanronald family, and was born about the year 1665. He received all the advantages of education, together with the opportunities that the times in which he lived offered to a man of observation. He was immediately descended from the Muer family—a great branch of the Clanronalds—of whom many individuals were highly distinguished for prowess, wit, and poetical powers. He resided in the island of Eig, on the farm of Grulean.

Mr M'Donald was not a poet by profession, although he was considered by good judges not inferior to any bard of his age. He lived in easy circumstances. Amid his rural pursuits, he had ample time to woo the muses, or pass his leisure as inclination or opportunity occurred. He, therefore, put himself under no restraint, but sung when inspired, and made observations on men and manners; and his remarks were generally allowed to be shrewd and just. Few anecdotes can be expected of a man who passed a quiet life in such circumstances. He always held a respectable rank in society. His poems display taste and elegance, and his compositions, occasional and gratuitous as they were, must have been numerous.

ORAN DO MHAC-MHIC-AILEIN.

A Bhliadhna gus an Aimsir so,
  Gu'm b' fhoirmeil sinn an Ormaicleit,
'N cùirt an leoghainn mhearcasaich,
  Ge fear-ghalach ro mhorghalach,
Ge smachdail, reachdail calmar' thu,
  'S ro-anamanta neo morchuiseach,
Am beul o'm blasd' thig argamaid,
  'S tu dhearbhadh le ceart eòlas i.

Gur h-e fhad 's o'n dh' fhalbh thu uainn,
  Dh' fhag ime-cheisteach an combnaidh sinn,
Gu'm b' fhearr leinn thu bhi sealgaireachd,
  Air talamh garbh na mor-thìre,
Thu féin 's do bhuidheann ainmeineach,
  Na n cìreadh farragradh fòpa-san,
Bhiodh sunndach lughor arm-cleasach,
  Sluagh garbh-bhuilleach, garg, comhragach.

Gu'm bi fid a ghcala-bhratach,
  'S neo-chearbach an tùs comh-stri i,
Tha chuis ud ar a dhearbhadh leibh,
  Aig ro mhiad fearrdha 's cròdhalachd,
A liuthad òigear barrcaideach,
  A bhuaileadh tailm le stròic-lannabh,
O Sheile ghlas nan geala-bhradan,
  Gu Iubhear gainmhich Mor-thìre.

Tha Cana 's Eig a' geilleachdainn,
  Do 'n treun fhear ud mar uachdaran,
O'n 's ann leatsa dh' eireas iad,
  Deun féin gach treud dhiu' bhuachailleachd,
Am fiubhaidh gasda threubhach sin,
  Nach labhar beuirtean truaillidh leo,
An laochraidh thaitneach gheur-lannach,
  A théid air ghleus gu funthasach.

IAIN DUBH MAC IAIN 'IC-AILEIN.

A Uidhist thig na ceudan ort,
  Fir bheur' a reubadh chuainteannan,
Nach gabhadh sgreamh no deistinne,
  Roimh fhrasan geur a cruaidh-shneachda,
Bhur samhail riabh cha d' èirich dhuibh,
  An làthair feum no cruaidh-chuise,
Gu cnoidheach, lotach, bèumanach,
  Gu fuilteach, creuchdach, luath-lamhach.

'S mor a bhuaidh 's na tiolaicean,
  'S an inntinn ata fuaighte riut,
Tha gràdh gach duine chi thu ort,
  Cha 'n eòl dhomh fhin fear fuatha dhut,
Fear sgipidh, measail, firinneach,
  Fear sithmalte, sèamh, suairceil thu,
Fear sunndach, mùirneach, briodalach,
  Sàr chùirteir gu'n ghniomh buathanta.

Fear borb rò-gharg do-chaisgt thu,
  Na'n èireadh strì no tuasaid ort,
Do bhuirb ri t-fheirg ga miadachadh,
  'S tu 'n leoghann neimneach, buan-thosgach,
Mar bhuinne reothairt fior bhras thu,
  Mar thuinn ri tìr a bualadh thu,
Mar bharr na lasrach fior-loisgeach,
  'S tu an dreagan ri linn cruadh-chogaidh.

Mo chionsa an t-àrmunn prìseil ud,
  Mo sheobhag fior-ghlan uasal thu,
An onoir ghleidh do shinnsireachd,
  'S e miad an gniomh a fhuair dhaibh i,
Gu'n d' fhàg iad daingheann sgrìobht agad,
  Fo lamh an rìgh le shualcheantas,
Bhiodh t-àrd fhear coimheid dìlis air,
  'N uair dh-fhas an rioghachd tuair-shreupach.

Cur ro glan na friamhaichean,
  'S a fhìon-fhuil as 'n do bhuaineadh tu,
Mo Raonullach bras mìleanta,
  Cruaidh ciunteach de mhein-chruaghach thu,
Ar caraig dhaighean dhileas thu,
  Cha 'n ann gu'n strì theid gluasad ort,
Ar ceanna-bheairt 's ar sgiath dhìdein thu,
  'S ar claidheamh direach buan-sheasach.

Bu blàth ann àm na sìochdhaimh thu,
  'S bu phrìunnsalach ma t-uaislean thu,
Air mhiad 's ge 'n coag thu chìsin ris,
  Cha 'n fhaic thu dìth air tuathanach,
Do bhanntraichean 's do dhìleachdain,
  Gur h-e do nì-sa dh' fhuasgladh orr',
Deanamaid urnaidh dhìcheallach,
  Gu 'n cumadh Criosda suas dhuinn thu.

MARBHRANN
DO MHAC MHIC-AILEIN.

A bhliadhna leuma d'ar milleadh,
  An coig-deug 's a mìl' eile,
'S na seachd ceud a roinn imeachd,
  Chaill sinn ùr-ros ar finne,
'S geur a leus air ar cinneadh ra'm beò.
  'S gèur a leus air, &c.

Mo sgèul cruaidh 's mo chràdh cridhe,
  Ar triath Raonullach dlitheach,
Dh-ordaich Dia dhuinn mar thighearn'
  Gu là-bhràth nach dean tighinn,
'S tu 'n Inbhir-Phephri fo' rithe na'm bòrd,
  'S tu 'n Inbhir-phephri, &c.

Marcach sunndach nam pillein,
  Air each cruidheach nach pilleadh,
Nach d' ghabh cùram no giorag,
  An àm dùblachaidh 'n teine,
Mo sgeul geur bha do spiorad ro-mhor,
  Mo sgeul geur, &c.

Cuirtear aigeantach, mìleant'
  Muirneach, macnasach, fior-ghlic,
Ga 'n robh cleachdadh gach tìre,
  Agus fasan gach rìoghachd
Teanga bhlasda ri innse gach sgeòil.
  Teanga bhlasda, &c.

Leoghann tartarach, meanmnach,
  'S cian 's as fad a chaidh ainm ort,
Beul a labhradh neo-chearbach,
  Bu mhor do mheas aig fir Alba,
'S tu toirt brosnachadh calma du'n t-shlògh.
  'S tu toirt brosnachadh, &c.

Fiuran gasda, deas, dealbhach,
  'Sgàthan tlachdar na h-Armailt,
'N uair a dh eireadh am fhearg ort,
  B' ann air ghile 's fiamh dearg oirr,
Cha rùin pillidh bha meamna 'n laoich òig.
  Cha rùin pillidh, &c.

Bha thu teom ann 's gach fearra-ghniomh,
  Bu tu sgiobair na fàirge,
Ri là càs 's i tighin gailbheach,
  'N uair a dheireadh i garbh ort,
'S tu gu'n diobradh an t-anabhar ma bòrd.
  'S tu gun diobradh, &c.

'N àm siubhal a gharbhlaich,
  Bu tu taghadh an t-shealgair,
As do laimh bu mhòr m'earbsa,
  Air an fhiadh bu tu 'n cealgair,
'S tu roinn gaoith' agus talmhuinn ma shròin.
  'S tu roinn gaoith, &c.

Oirnne dh' imich am fuathas,
　An sgrìob so thàinig o thuath oirnn,
Tha ar càbaill air fuasgladh,
　Chaidh ar n-eirthire sguabadh,
A's sinn mar chuileanan cuaine gu'n treòir.
　A's sinn mar chuileanan, &c.

Chaill sinn reulta nan dualamh,
　Chaidh ar rìaghailt a ghluasad,
Ar cairt-iuil air falbh uainne,
　Bhrist ar stiuir; mo cheud truaighe,
Sinn mar luing ann n' chuan 's i gu'n seòl.
　Sinn mar luing, &c.

Sinn mar lìnne gun mhàthair,
　Mar threud gun bhuachaille gnàthaicht
Sinn fo bhruid aig ar nàmhaid,
　H-uile fear a' toirt tair dhuinn,
'S na coin luirge gach là air ar tòir.
　'S no coin luirg, &c.

Dhuinn 's neo-shubhach an geamhradh,
　An ruaig a thug sinn gu Galltachd,
Cha bu bhuannachd ach call dhuinn,
　Nis mar choluinn gun cheann sinn
O roinn Raonull a's t-shambradh uainn fàlbh.
　O roinn Raonull, &c.

A gnnùis a b' àillidh ri sirreadh,
　An t-shùil bu bhlaithe gu'n tioma,
Au leoghann àrd nir dheagh-oilean,
　'Nach d' chuir ùigh an gniomh foilleil,
Ach an rìoghalachd shoilleir gu'n leòin,
　Ach an rìoghalachd, &c.

'S oil leam càradh do chéile,
　'S beau na h-aonar a'd' dhéidh i,
'N deigh a sgaradh o ceud-gradh,
　Mhic 'Ic-Ailein o'n dheug thu,
Fhir a leanadh an fheisd mar bu chòir.
　Fhir a leanadh, &c.

Ach fhir thug Maois as an Euphaid,
　'S a sgoilt a mhuir na clàr réidh dhaibh,
Thug an triuir as an èigin
　O bhidaghadh an creuchdan;
A Rìgh nan rìgh na leig eucoir da'r còir.
　A Rìgh na'n rìgh, &c.

MARBHRANN
DO SHIR IAIN MAC-ILLEAIN TRIATH DHUBHAIRT.

Iomraich mo bheannachd,
　Gu Bainn-tighearna Thomair,
Beau 's am beil barrachd,
　De charantachd nàduir;

Chunaic mise gu dligheil,
　A suilean ri snithe,
'S i 'g àireamh mar mhi-àdh,
　Sior lain da fàgail:
Bha dòrainn a cridhe,
　Cho mòire ga ruighinn,
'S mar gu 'm biodh e air tighinn,
　O dhearbh nighean a màthar:
Gu cronachadh sgéula,
　Bhiodh fada 'na dhéigh sin,
Thug Mairiread na féile,
　Spòr gheur do'n fhear-dhàna.

Nach ionghnadh ri chlàistin,
　Gu'm beil mise o cheann fada,
Ann an turcaduich cadail,
　Agus m' acaid ro-chraiteach;
Tha cneidh air mo ghiùlan,
　S mi leisg air a dùsgadh,
Air eagal le ' bùrach,
　Gun ùraich i'm bàs dhomh,
Gidheadh cha sgeul-rùine,
　Ach sgeula 's mor cùram,
Sir Iain gu'n dùsgadh,
　An dlù chiste chlaraibh;
B'e so an fhras chlùraidh,
　A mhill ar n-abhall's ar n-ubhlan:
Roinn ar dosgainn a chrùnadh,
　Fhrois am flùr bhàrr a ghàraidh.

B'e féin ar crann dosrach
　A chomhdaich le choltas
Gur á coilltichin solta
　'N dh-fhas toiseach a fhreamha
Gu'n dreadhunn gu'n chrìonach,
　Gun chritheann gu'n chrìn-fhiodh,
Ach geugan ro phriseil,
　Do dh-fhìon-fhuil na Spàine,
Bha fios aig luchd leubhaidh,
　'S aig seanachaidhean geura,
Air ar teachd o Ghathelus,
　As an Euphold a thàinig,
Sliochd mhilidhean treuna,
　Fhuair ceannas na h-Eireann,
Mar bha fir na féile,
　Agus Eirimou dàna.

O'n ghin sibh o Scota,
　Bha bhunaidh air bhur cordai,
A' dearbhadh 's a còmhdach,
　Am pòr as an d' fhàs sibh,
Far an gabhadh sibh còmhnaidh,
　Bu leibh ceannas na fòid sin,
Le iomadaidh còrach,
　Agus moran a bhàrr air,
Ciad nighean Mhic-Dòmhnuill,
　Mar mhairiste pòsda,
B'e n seanalleir còmbraig,
　'N ciad Thòisich a's àrmainn.

IAIN DUBH MAC IAIN 'IC-AILEIN.

* * * * * * * *
* * * * * * * *
* * * * * * * *
* * * * * * * *

O'n shuidhich sibh lù-chairt,
  Bha dh-àilleachd 'nar n-ùrais,
Gur h-iomarcach dùthaich,
  Bh'air an cùinneadh le pairt dhibh,
Bha de dh-àirde 'nar giubhsaich,
  'S nach tugadh càch pùic dhibh,
'S nach bu tric le luchd diumba,
  Ar lubadh le tàire,
Ach 's e n rud a thug sgiùrs oirbh,
  Gu'm bu chinne le crùn sibh,
'S gu'm b'e dligh bhur dùthchais,
  Bhidh san iùil dheth 'm biodh iadsan,
Ge d' bha sin ann sa tìm sin,
  Na mblos 's na mhor mhislean,
Tha e nis gu truagh lìonte,
  Daor trì-fillte pàighte.

Tha seann-fhacal eil ann,
  Tha cho fior 's mar a their iad,
Ge þ'e neach air am beir e,
  Bi'dh cbneidh dheireannach craiteach,
Ge d' tha sinne ri achdain,
  Na dh-fhalbh o cheann fad orinn,
Bhiodh ar dùil ri bhi' beartach,
  Na m biodh againn na dh-fhàg sin,
Ach tha ar nadur cho truaighe,
  'S nach faic sinu ar buannachd,
" Cha léir math an fhuarain,
  Gus an uair sin an tràigh e,"
Tha e nios na ni' soilleir,
  Da'r nàbuidhean comuinn,
Gun do bhristendh mar phronnaig,
  Gara'-droma nan Gàël.

Fear gasda gun chrìne,
  Bha ainmeil san rìoghachd,
Cha bu tric a luchd mi-ruin,
  Ri n innseadh no 'n àireamh,
Bu chompanach rìgh thu,
  Am fear meamnach mor fir-ghlic,
Cha 'n fhaicte e fo dhiobradh,
  Ach am prìsealachd stàta,
Ann an cogadh luchd strìthe,
  Cha robh masl' air ri innse,
Ghleidh e onoir a shinnsridh,
  'S ann a mhiodaich e n-àrdachd,
Cha robh e, cha b' fhiach leis,
  Bhi falbh fo bhrat fillte,
Eadar e bbiodh na mhìn-fhear,
  Agus finid a làithean.

Bha e mor ann a miadachd,
  Bha e mor gu bhi rìoghail,
Bha e mor ann an grìde,
  Ann am firinn 's an càirdeas,
Bu mhor e ri fhaiinn,
  Bu mhor air gach achd e,
Bu mhor e na phearsa,
  Na ghastachd 's na àilleachd,
Bha e mor air son diulaoich,
  Bha e mor gu bhi sùgach,
Bha e mor an dheagh ghiùlan,
  Ann an cuirteannan àrda,
Bha e mor ann a misnich,
  Bha e mor ann an gliocas,
Bha e mor gun cheist idir,
  'S sàr ghibhteannan nàduir.

Na m biodh e ri fhuasgladh,
  O n bhàs a thug buaidh air,
Gur a h-iomadh laoch crundail,
  A ghluaiseadh 'na fhabhar,
An t-ainm coitbcheanta mor sin,
  Ri'n gairte Clann-Dòmhnuill,
O thoiseach an còrdais,
  'S iad bu phòr da chiad màthair,
Agus uaislean nan Leòdach,
  Thaobh fala agus feola,
Mur lanain ùr phòsda,
  Leis 'm bu deonach bhi' gràdhach,
Chunnacas mar phuthar,
  An gruaidhean air dubhadh,
Mar gun deanadh làn phiuthar,
  Geur chumha ma brathair.

Cia ma 'n fàgainn an dìochuimhn',
  Dream eile da dhìslean?
Bha na cinn bu mhò prìs dhiu,
  Ro dhìleas am pàirt dhut,
Fir ghasda gun chrìne,
  Bha ainmeil 's an rìoghachd,
Mar bha'n cinneadh mor prìseil,
  So shiolaich o Bhàncho,
O thoiseach an dualchais,
  Cha robh smal air an cruadal,
Ach 'm beagan beag suarach,
  So fhuair iad an dràsda,
'S e n tabhar a lot sinn,
  Nach e gniomh a bha lochdach,
Ach an dearbha mhi-fhortun,
  Bha'n toisench 's an àbhar.

Na m b'aithne dhomh innse,
  Bha e mor ann san rìoghachd,
Ann am fala gun isle,
  'S ann an lìonmhoireachd chairdean,
Le seanachas ri fìrinn,
  O thoiseach an lìune,
'S e féin 's Iarla-Shì-Phort,
  Sliochd dìreachd da brathar,
Agus triath Ghlinne-Garaidh,
  Ann an dlù-cheangal fala,

E cho teann air a cheangal,
  S nach e sgaradh a b'àill leo,
'S e leanntainn o'n tìm sin,
  Gu'n mhiosguinn gu'n mhì-ruin,
'S nach gluasear le innleachd,
  Gu dilinn 's gu bràth e.

Bu cheart sheannachas, 's cha tagradh,
  Thaobh falachd is caidreamh,
Dhut Caiptin Chlann-ra'uill,
  Bha mar riut, sa' ghàbhadh
Do chois-nàbhaidh taitneach,
  'S do chompanach leapa,
N am marcachd a's astair,
  'S 'nuair stadadh am màrsal,
Bha thu ad t-fhiannis air sileadh,
  A chréuchdan, cho-mire,
Ri bras easraich pinne,
  'S a spiorad 'ga fhàgail,
Agus uaislean a dhùthcha,
  Iti caoidhearan tùrsach,
'S an cridh air a chiùrradh,
  Ma mbùirneinn nan Gaël.

Thaobh dligh' agus dualchais,
  Bu daimheil ma d' ghuailibh,
Mac-Néill o na cuaintaibh,
  'S a dhaoln' uaisle gu'n tàire,
'Nuair a dheireadh oirbh trioblaid,
  'S ann da lunnsaidh a thigeadh,
Le iarrtas cho bige,
  Ri Litir a làimhe,
Chunnaic each é cho soilleir,
  Teachd le cabhlaichin troma,
De luchd nan gath loma
  Na choinnidh do dh-Aros,
'N uair a thachradh e riu,
  Mar Thriath 's mar chcann-uidhe,
Dheanadh fhiontan iad subhach,
  'S bu bhuidheach 'n àm fhàgail.

Mar choir bho na fhlaitheas,
  Bha ranntanan mhatha,
Mac Iomhuinn an t-Shratha ;
  'S cha ghabhadh e fàth air:
Ann an aimsir na ruaige,
  'N uair a ruigeadh luchd fuath e,
Bu ghasda an ceann sluagh e,
  'N uair a ghluaiste leis àrmuinn :
Bha e-san 's an tìm sin,
  Gu'n mhasla, gun mhì-chliù,
Ann am fochar a shinnsridh,
  Le gniomharadh dàna ;
Nis o chaochail iad cleachdadh,
  As an àite bu cheart daibh,
Chluinn sibh fein mar a thachair,
  Dhaibh ann an cath Mhàra.

Ach 's e raghainn a ni mi,
  Bheir mi glòir so gu finid,

'S nach gliocas no criondachd,
  Dhomh mhiad 's tha mi 'g ràite,
Gur h-e Fionnachd san tìm sibh,
  Ann an àireamh no 'n innseadh,
'N uair a bha sibh gu'n diobradh,
  'N-ar miad is 'n-ar àirde,
Eadar Sgalpa 's caol-Ile,
  Ge do b' fharsuinn na crìochan,
Bba roinn do gach tìr dhiu
  Fo chis duibh a' pàigbeadh,
Nis o thuit na stuic fhion-fhuil,
  Ris an abairt na righrean,
Tha na geugan bu dìls' dhaibh,
  Air crionadh 'na'n aobhar.

ORAN
NAM FINEACHAN GAELACH.

'S i so 'n aimsir a dhearbbar
  An targanach dhuinn,
'S bras meamnach fir Alba
  Fo 'n armaibh air thùs ;
'N uair dh' éireas gach treun-laoch
  Nan éideadh glan ùr,
Le rùn feirg' agus gairge
  Gu seirbhis a chrùin.

Theid mathaibh na Gàëltachd
  Gle shanntach sa chùis,
'S gur lionmhor each scang-mhear
  A dhambsas le sunnd,
Bi'dh Sasunnaich caillte
  Gun taing dhaibh ga chionn,
Bi'dh na Frangaich nau campaibh
  Gle theann air an cùl.

'N uair dh' éireas Clann-Dòmhnuill
  Na leoghainn tha garg,
Na beo-bheithir, mhòr-leathunn,
  Chonnspunnaich, gharbh,
Luchd sheasamh na còrach
  G'an òrdugh lamh-dhearg,
Mo dhoigh gu'm bu ghòrach
  Dhaibh toiseachadh oirbh.

Tha Rothaich a's Ròsaich,
  Gle dheonach teachd 'nar ceann,
Barraich an treas seòrsa,
  Tha chombnaidh measg Gball ;
Clann Donachaidh cha bhreug so
  Gun eireadh libh 's gach àm,
Mar sin is clann Reabhair
  Fir ghleusta, nach éisd gu'n bhi annt.

'S iad Clann-an-Nab an seòrsa
  A théid boldheach nan triall,
'S glan còmhdach nan comhlainn
  Luchd leonadh nam fiadh ;

IAIN DUBH MAC IAIN 'IC AILEIN.

Iad féin a's Clann-Phàrlain
  Dream àrdanach, dian,
'S ann a b' àbhaist gun àireamh
Bhi 'm fàbhar Shiol-Chuinn.

Na Leòdaich am pòr glan
  Cha b' fhòlach 'ur siol,
Dream rioghail gun fhòtus
Nan gòrsaid, 's nan sgiath,
Gur neartmhor, ro-eolach
  'Ur n-oig-fhir, 's 'ur liath,
Gur e crudal 'ur dualchas
A dh' fhuasgail sibh riamh.

Clann Iomnhuinn o'n Chréithich
  Fir ghle ghlan gu'n smùr,
Luchd nan cuilbheirean gleusda
Nam feuma nach diult;
Thig Niallaich th' air sàile
  Air bhàrcaibh nan sùgh,
Le 'n cabhlach luath làn-mhor
O Bhàghan nan tùr.

Clann-Illean o'n Dreollainn
  Theid sunndach san ruaig,
Dream a chlosadh aineart,
  Gun taing choisinn buaidh ;
Dream rioghail do-chlosaicht,
  Nach striochda do'n t-sluagh,
'S iomadh mile deas, direach,
  Bheir inntinn dhuibh suas.

Gur guineach na Duimhnich
  'N am bhriseadh cheann,
Bi'dh cnuachdan gan spnachdadh
  Le cruadal 'ur lann,
Dream uasal ro uaimhreach,
  Bu dual bhi san Fhraing,
'S ann o Dhiarmad a shiolaich
  Pòr lionmhor nach gann.

Tha Stiùbhartaich ùr ghlan
  Nam fiurain gun ghiomh,
Fir shunndach nan lù-chleas
  Nach tionndaidh le fiamh,
Nach gabh cùram roi mhùiseag
  Cha b' fhiù leo bhi crion,
Cha bu shùgradh do dhù-ghall
  Cùis a bhuin dhibh.

Gur lionmhor lamh theoma
  Aig Eoghann Loch-iall,
Fir cholganda, bhorganda,
  'S oirdheirce gniomh,
Iad mar thuilbheum air chorra-ghleus,
  'S air chon-fhadh ro dhian
'S i mo dhùilse nam rùsgadh
  Nach diult sibh dol sios.

Clann-Mhuirich nach sòradh
  A chonnspairn ud ial,
Dream fhuilteach gun mhòr-chùis
Ga'n còir a bhi fial,
Gur gaisgeil fior-sheolta,
  Ar mòr thionail chiad,
Ni sibh spòltadh air feòlach
  A stròiceadh fo 'n ian.

Tha Granndaich mar b' àbhaist
  Mu bhràidh uisge Spé,
Fir laidir ro-dhàicheil
Theid dàn anus an streup,
Nach iarr cairdeas no fàbhar
  Air nàmhaid fo'n ghrein ;
'S i n-ur lùmhach a dh' fhùgas
  Fuil bhlàth air an fheur.

Tha Frisealaich ainmeil
  Aig seanachaibh nan crioch,
Fir gharbha ro chalma,
  'Ur fearg cha bu shi ;
Tha Catanaich foirmeil
  Si 'n armachd am miann,
'An cath gairbheach le 'r n-armaibh
  A dhearbh sibh 'ur gniomh.

Clann-Choinnich o thuath dhuinn
  Luchd bhuannachd gach cis ;
Gur fuasgailteach, luath-lamhach
  'Ur n-uaislean san strì ;
Gur lionmhor 'ur tuadh-cheathairn
  Le 'm buailtibh de nì ;
Thig sluagh dùmhail gu'n chunnta
  A dùthaich Mhic-Aoidh.

Nis o chuimhnich mi m' iomrall,
  'S fàth iunntraichinn iad,
Fir chunnabhalach chumaite,
  Ni culinse le 'n laimh,
Nach dean iomluas mu aona-chuis
  Chionn iunntais gu bràth,
Gur muirneach ri 'n iomradh
  Clann-Fhiunnlaidh Bhrài'-bhàrr.

Thig Gòrdanaich, 's Greumaich,
  Grad gleusd as gach tìr ;
An cogadh rìgh Tearlach
  Gum b' fheumail dha sibh ;
Griogaraich nan geur-lann
  Dream speiseil nam plos,
Air leam gum bi 'n eucoir
  'Nuair dh' éighte sibh sios.

Siosalaich nan geur-lann
  Theid treun air chùl arm,
An Albainn 's an Eirinn
  B' e 'ur beus a bhi gàrg,

An àm dol a bhualadh
B' e 'n cruadal 'ur calg,
Bu ghuineach ur beuman
'N uair dh' éireadh 'ur fearg.

Nam biodh gach curaidh treun-mhor
Le chéile san ùm,
Iad air aon inntinn dhìrich
Gun fhiaradh, gun chàm,
Iad cho cinnteach ri aon fhear,
'S iad titheach air geall,
Dh' aindeoin mùisgag nan dù-Ghall,
Thig cùis thar an ceann.

CROSDHANACHD

FHIR NAN DRUIMNEAN.

Tha bith ùr an tìr na Dreollainn,
'S coir dhuinn aithris,
Tha moran deth tigh'n am biochionnt'
Ri gnàs Shasuinn,
Ni 'm beil duin' uasal, no iosal,
No fear fearainn,
Leis nach àill, gu moran buinig,
Ceird a bharrachd.
Tha ceird ùr aig fear nan Druimnean,
Th' air leinn tha cronail;
B'àill leis fein a dhol an àite
Mhaisteir Sgoile,
An t-òide sin féin a rinn fhoghlum,
Le gloir Laideann,
Ghlacadh leis, gun chead a chairdean,
A cheaird a bh'aige.

Labhairt—'S e an t-aobhar a thug do dhaoine aire thoirt do shannt an sgoileir so, 'nuair a mhlannaich se cheaird do bhi aig oide foghluim, nach laimhsicheadh e i, mar laimhsicheadh an t-oide foghluim féin i. Oir 'nuair a ghabhadh an t-oide foghluim air a dhaltachan, 's ann a ghabhadh e air na leanabain, ach 's ann a ghabhadh an sgoileir sanntach so air na daoine ùrsaidh mar au ceudna. 'Nuair ghabhadh an t-oide foghluim air a dhàltachan, 's ann a ghabhadh e air na ciontaich, ach 's ann a ghabhadh an sgoileir sanntach air na neo-chiontaich. 'S ann uaith sin a dubhradh—" Saoilidh am fear a bhios na thàmh, gur e féin a's fearr lamh air an stiùir," ach cha mhò gur h-e.

Cha'n ionnsaich e clann, no leanabain,
Mar bu chòir dha,
Gus am bi iad ma'n daoin' ùrsaidh
Fo 'n làn fheòssaig.

Cha tugadh an Cillmocheallaig
Breath bu chlaoine,*
No ni rinn an ceann a b' aird',
A' màs 'ga dhioladh.
Gabhail do chrios an aois ùrsaidh,
Air màs sean-duin',
'S fada ma'n ionnsaich an gniomh sin
Ciall do theangaidh,
Ge be labhras ris an fhear ud,
Còir, no ea-coir,
Gabhar air a ghiort' de stràcaibh,
Le crios féilidh.

*Labhairt—*Agus b'fhior do'n duine sin, cha d'fhuaireadh riamh rud a dh'ionnsachadh teanga droch mhuinte, bu mheasa na gabhail air na màsan ann an aobhar na teanga, agus an teanga thuigsinn gur h-ann na h-aobhar féin a fhuair am màs am mor-ghleusadh sin. Mar deanadh sin a ciall ni bu mheasa, cha deanadh e idir ni b'fhearr i. Uaith sin a dubhradh—" Am fear nach ionnsaich laimh ri ghlùn, cha'n ionnsaich laimh ri uilean."

A chuideachd da'm bu chòir bhi diamhair,
'S a ghnà 'n falach,
Cha d'fhagadh da'n dion bho chunnart,
Sion de dh' earradh,
Bha iad aon uair an luthair fianais,
An taigh gréusaich.
Dubhairt nighean Shomhairle†
Le rabhart, sa gnàs siomhailt,
'S còir gu'm beannaich sinn gu saibhear,
Cuid gach Criosduidh.
B'fhearr leam ge nach eil mi maoineach,
No luach gearrain,
Gu'm biodh coltas do thriuir
Gu turn aig Calum.‡

Labhairt—'S e aobhar thug do'n mhnao. bheusaich, cheart, chòir, so a radh, a rùn deugh cneasta, chum gu'm biodh aig a fear féin a leithid, sa bhiodh aig a nàbaidhean ; 's nach suil ghointe, no lombais, a bh' aic air cuid a cuimhearsnaich. Mar bh'aig Gillebride Mac-an-t-Saoir ann an Ruthaig, an Tirithe, a mhort an ceithir-fichaid ceare le aon bheum-sula, 's a bhris long mhòr nan cuig crannag, a dhaindeoin a cablaichean sa h-acruichean. Uaith a sin a dubhradh—" Sann de'n cheaird a chungaidh."

Tha bith ùr an tìr na Dreollainn,
A thog am Baron,
Air gach aon fhear a labhras buna-chainnt,
Rusgadh feamain,
Ma sgaoileas air feadh gach tìre,
Am bith thog T'earlach,

* See note, page 38. † The shoemaker's wife.
‡ The shoemaker who had no children.

AN T-AOSDANA MAC-MHATHAIN.

'S teann as nach feudadh ri b-uine,
E-fein bhi pàighte.
Ma rigeas an gearan so Seumas,
Breitbeamh sàr-mhath,
Cha tog e dochair mu dheibhinn,
Ach glag mòr gaire.

Labhairt—Agus bha aobhar na dha aig an t-Siorramh choir air gàir a dheanadh, thaobh gu'n d'rug tinchioll-ghearradh airsan, le coimhearsnachd ban-Spaintich do thachair ris. 'S ann uaith sin a dubhradh, " An duine ni teine math deanadh e-féin a gharadh ris.

Note—The laird of Druimin kept an old schoolmaster in his house, in the double capacity of tutor to his children and goer of errands. The dominie was one day sent to a shoemaker who lived on the laird's grounds, with a message ordering a pair of new shoes for his master. The souter declined the honour intended him, alleging as a reason that it was a standing rule with him, "never to make a pair of shoes for any customer till the last which he had got were paid for." But there was another, if not rather a piece of the same, reason of the shoemaker's unwillingness to make the shoes—the laird was a *dreach payer*; one, in fact, who would run on an account to any conceivable length without ever thinking it time to settle it. Well, the wielder of the ferula returned, and reported to his master the *ipsissima verba* of the son of St Crispin. The laird was so exasperated at the insolence of his retainer, that he immediately determined to be revenged on the souter; and, lest he should have the hardihood to deny his own words, he took the schoolmaster along with him. Now, the souter was a regular lickspittle; a mean, cringing, fawning, malicious, yet cowardly wretch; for, when the laird said to him, " Did you say to this gentleman," pointing to the dominie, "that you would make no more shoes for me till I had paid for the last I got ?" " Oh no, no, Sir," said the shoemaker, with an air of surprise, " most willingly would I convert all the leather in my possession into shoes for your honour. I have but too much time to work for those who are not so able to pay me, and am therefore *always* at *your* service." The poor dominie was thunder-struck at the barefaced impudence of the "*fause loon*;" but, ere he had time to utter a word in explanation, the laird had not only laid the flattering unction to his own soul, but seizing the preceptor by the throat, placed his head between his own knees in a twinkling, and clutching Crispin's footstrop in the one hand, and lifting the dominie's philabeg with the other, he therewithal plied him on the bare buttocks, so hotly and heavily, that he had well nigh expended the "wrath" which he had so carefully been "nursing" for the rascally souter. How many stripes the wight received deponent hath not said, but true it is, the number far exceeded that prescribed by the law of Moses. Indeed it is doubtful whether "the man of letters" might not have lost his "precious spunk," if the shoemaker's *better*-half had not flown to his rescue. Gentle dame ! well have I designated thee thy chuilish husband's " *better*-half!" for though the poor schoolmaster was both disgraced and pained through thy default, his eyes were blind and his heart hard as the " nether millstone." And though it may be that no grey stone points out the place of thy sepulture, yet has the bard embalmed thy name in his song.

AN T-AOSDANA MAC-MHATHAIN.

This poet flourished in the seventeenth century. He lived in Lochalshe, Ross-shire, where he had free lands from the Earl of Seaforth, and was called his bard. He was a poet of great merit, and composed as many poems as would occupy a large volume; but as they were not committed to writing, they suffered the same fate with the productions of Nial Mac-Mhurrich, and were lost by being trusted to memory alone. The two pieces given here is all that can now be found of his works. " *Cabar Féigh*" was not composed by him, as stated by some collectors of poetry. The first song given here was composed on the Earl of Seaforth, on his embarking at Dorny, of Kintail, for Stornoway. It has been imitated in English by Sir Walter Scott.

ORAN DO'N IARLA THUATHACH.
TRIATH CHLANN-CHOINNICH.

Deoch slainte 'n Iarla thuathaich,
A thriall an de thar chuaintean bhuain,
Le sgioba laidir luasganach,
Nach pilleadh càs na fuathas iad,
Muir gàireach air gach guallainn dh'i ;
Air clar do lùinge luaithe,
Gabh mi cead dhiot is fhuair mi 'n t-òr.

Gu'n cumadh Dia bho bhanghal thu,
Bho charraid cuain 's bho chaolasan,
Bho charraig fhuair gun chaomhalachd,
Seachd beannachd tuath is daonachd dhut,
Buaidh làrach ri do shaoghail ort,
Fhir ghaoil ga t-fhaicinn beò.

Gur gaoth a deas a dh-eighinn dhut,
Gu'n chruas gu'n tais a sheideadh rith',
Fear bearta beachdail, geur-chuiseach,
Gu sunndach, bras, neo-eisleanach,
Bbi fuasgladh pailteas eudaich dh'i,
Ga bhreideadh air gach bòrd.

Gu'n innsinn gniomh do stiùireadair,
Fear cuimhneach, ciallach, curamach,
'Dh' aithnicheadh fiamh a chùlanaich,
A chuireadh srian ri cùrsaireachd,
Mu 'm bristeadh trian a chuirnean oirr',
A mhuchadh e fo sròin.

T-fhear eolais laidir, fradharcach,
Deas labhrach, gaireach, gleoghairach,
Min chinnteach, seolta, faighidueach,
Crann geadba 'na 'd laimh adhairtaich,
Mac Samhail rasg mhic-fraoire,
Sud mar thaghainn dhut na seoid.

Ma chaidh thu null thar chuainteanan,
Air darach naomh a ghluaiseadh tu,
Fir bhuille saoir a 'dh fhuaigheas i,
Bidh barrantas dhaoin' uaisle leat,
Bidh beannach bhochd, a's tuatha dhut,
Cha 'n eagal baoghal fuadaich dhuibh,
Bidh Dia ma 'n cuairt da d' sheol.

Mu sheol thu barc air fairge bhuainn',
Thu féin 's do choirneal Calumanach,
Fhuair cliù 'n cùirt na 'n Albannach,
Gur h-iomadh tùrn a dhearbhadh leat,
Be sùd an leoghunn ainmeil,
Bu mhor seanachas air gach bòrd.

Gur tagha calla dh-innsinn dhut,
'N deidh na mara Sì-phortaich,
Thu dhol gu fallain, firinneach,
Do Steornabhaidh bho linnteantan,
Bithidh ro-fhial gheala teinteannan,
Aig fir 's aig mnai 's toil-inntinn orra,
Iti linn thu theachd gu 'n cors.

Gur h-iomadh sruthan firinneach,
Tha 'n linntichean an t-Sì-phortaich,
Tha triath na h-Earradh dileas dhut,
Le 'n counspainn fhearail innsgineach,
A Lochlainn thig na milltean,
Air chuan-sgith gu teach Mhic-Leoid.

'Nuair cruinneichens na Sàileich leat,
'S do chinneadh neartmhor tàbhachdnch,
Bidh mire, 'a cluich, is gaireachdaich,

Sa'n ionnad ann an tàrladh siùh,
Cha 'n ioghnadh thu bhi ardanach,
Su liuthad fion-fhuil àluinn,
A tha cairdeach ga do phòr.

Bidh Tòrmod òg na shiubhal leat,
Siol-Leòid nan rò-seol uidheamach,
Fhir stòlta, chomhnart, shuidhichte,
Bidh òl gu leoir nam suidhe dhaibh,
Bidh fion is beoir le sùbhachas,
Air piosaibh bùidhe òir.

MARBHRANN

DO DIF ALASDAIR DUBH GHLINNE-GARAIDH.

Fhuair mi sgeula moch di-ciadain,
Air laimh fheuma bha gu creuchdlach,
'S leòir a gheurad ann sa 'n leumsa,
A nall o'n treud bha buaghar.

O Dhùn-Garannach ùr allail,
Na'n tùrp meara, 's nan steud seanga,
Nan gleus glana, 's ceutach sealladh,
Beuchdail, allaidh, uaimhreach.

Gur dubhach, deòrach, tha Clann Dòmhnuill,
Mu chreach Chnòideirt neart nan ròiseol,
Gaisgich chrùdha, nach tais 'n àm còmhraig,
Mo chreach mhòr 's mo chruadal.

Gur goirt an sgaradh tha'n Gleann-garadh,
O'n dh' fhalbh leannan nau arm glaua,
Da 'm b' ainm Alasdair, ceann nam beannachd,
Glac nan geal lann cruaghach.

Bu chall curaidh do dh' Alb' uile,
O dh' fhalbh cuilein, nan arm guineach,
Bu gharg turas, 'n sealg nan cunnart,
'N àm dha bhuille bhualadh.

'S an rìoghachd so féin bu fhlathail t-fheum,
'S bu sgathail bèum do chlaidheimh géir,
Do shamhuilt fein cha'n fhac o'n dh' èug thu,
Ghuisgeich èuchdaich, bhughaich.

Ge b'e dhuisgeadh t-ain-iochd,
Bu dlùth dha carraid, 'n tùs tarruinn
Rùsgadh lannan, surd air ghearradh,
Bruchdau fal air ghuaillean.

'S tu 'n Dòmullach dian, connspunn nan triath,
Morghalach fial, ro lòdrnich nan cliar,
Leis an òilte fion, agus òr ga dhìol,
Ann an aitribh nan criach slugbail.

A shliochd rìgh Fionnaghaill,
Nan còrn geala-ghlaic 's nan sròl balla-bhreac,
'M pòr nach cearbach, dol fo 'n armaibh,
'N àm nan garbh-chath ruaidhneach.

Ach buaidh a's slàinte an fhir a dh-fhàg thu,
Duineil, bràithreil, cinneil, càirdeil,
Gaol bho nàmhaid, gràdh bho chàirdean,
A shliochd nan àrmunn uasal.

AN T-AOSDANA MAC-'ILLEAN.

HECTOR MACLEAN, commonly called *Eachann Bacach an t-Aosdàna*, lived in the seventeenth century, and was poet to Sir Lachlan M'Lean, of Duart, from whom he had a small annuity. After much inquiry, we have not been able to procure any particulars of his life worth publication, or seen any more of his productions than are published in this work. The following elegy attracted the particular attention of the late Sir Walter Scott, and he has published an imitation, or free translation, which is every way worthy of that great bard.

MARBHRANN DO SHIR LACHUINN MAC-GHILLEAIN

TRIATH DHUBH-AIRD.

THRIALL ar bunadh gu Phàra,
 Co b'urrainn da sheanchas?
Mac-Mhuirich,* Mac-Fheargais,
 Craobh a thuinich rè aimsir,
Fhriamhaich bun ann an Alba,
 Chuidich fear dhiu' cath-Gairiach.
Fhuair sinn ullaidh fear t-ainme theachd beò-
 Fhuair sinn, &c.

Cha chraobh chuire cha phlannta,
 Cha chnòdh bho'n uraidh o'n d' fhàs thu,
Cha bhlà chuirte ma bhealltainn,
 Ach fàs duillich a's meanglain,
A miar mullaich so dh' fhàg sinn,
 Cuir a Chrìosd tuilleadh an àite na dh' fhalbh.
 Cuir a Chrìosd, &c.

'S mor puthar an ràith-se,
 'S trom an dubhadh-sa dh'fhàs oirnn,
Gur ro cumbann leinn t-àrdach,
 'N ciste luthaidh na'n clàran,
'S fad is cuimhne leinne càradh nam bòrd.
 'S fad is cuimhne, &c.

Chaidh do chiste 'n taigh geamhraidh,
 Cha do bhrist thu chno shamhua,
Misneach fear Innse-Gall thu,
 'S mor is miste do ranntaidh,
Nach do chlisg thu roi' naimhdean,
 Fhir bu mheasail an campa Mhontroise.
 Fhir bu mheasail, &c.

Fhir bu rìogbaile cleachdadh,
 'S tu bu bhìoganta faicinn,
A dol sios am blàr machrach,
 Bhiodh na mìltin ma d' bhrataich,
Chuid bu phrìseile 'n eachdraidh,
 Luchd do mhì-ruin na'n caist ort,
'S ann a dh' innste leo t-fhasan,
 'Nuair bu sgì leo cuir sgapaidh na'm feòil.
 'Nuair bu sgìth, &c.

Cha bhiodh buannachd do d' nàmhaid,
 Dol a dh' fhuasgladh bhuat làmhuinn,
Bha thu buadhach 's gach àite,
 Cha b'e fuath mhic a mhàile,
Fear do shnuadh theachd na fhàrdaich,
 Cha dath uaine bu bhlà dhut,
'Nuair a bhuaileadh an t-àrdan ad phòr.
 'Nuair a bhuaileadh, &c.

* Clerk-Register of Icolumkill.

Gu'm b' aithriseach t-fheum dhaibh,
'N àm nan crannan a bheumadh,
Chum nan deannal a sheideadh,
Bhiodh lann thana chruaidh, gheur ort,
'S tu fad là air an t-sheirm sin,
　Cha tigeadh lag-bhuile meirbh bho do dhòrn.
　　Cha tigeadh, &c.

'N àile chunaic mi aimsir,
'S tu ri siubhal na senlga,
Cha bu chuing ort a' gharbhlach,
Pic de'n inbhar cha d' fhàs i,
Chuireadh umhal na spàirn ort,
　Cha bhiodh fuithil a tàrruinne,
'Nam biodh lutha na crannaghail,
　Chuireadh siubhal fo earr-ite 'n còin.
　　Chuireadh siubhal, &c.

Glac chòmhnart an càradh,
'M bian rùineach an t-sheana bhruic,
Cinn stòrach o'n cheardaich,
　Cha bhiodh òirleach gu'n bhàthadh,
Eadar smeòirn agus gàine,
Le neart còrcaich a Flànras,
Cha bhiodh feolach an tearmad,
　Air an seoladh tu'n crann sin ad dheòin.
　　Air an seoladh, &c.

Cha b'e sin mo luan-Càisge,
'Nuair a bhuail a ghath bàis thu,
'S truagh a dh' fhàg thu do chairdean,
Mar ghàir sheillein air làraich,
'N deigh a meulunnan fhàgail,
　No uain earraich gu'n mhàthair,
'S fada chluinnear an gàraich mu'n chrò.
　　'S fada chluinnear, &c.

Gu'm bu mhath do dhìol freasdail,
'N taigh mor am bial feasgair,
Uisge beatha nam feadan,
　Ann am piosan ga leigeil,
Sin a's clàrsach ga spreigeadh ri ceòl.
　　Sin a's clàrsach, &c.

Bhuinendh dhinne na ùr-ros,
　Fear ar taighe 's ar crùn nir,
Ghabh an rathad air thùs uainn,
　Liuthad latha ri chùnntas,
Bh'aig maithibh do dhùthcha,
　Miad an aighear 's a mùirne,
Bha mi tathaich do chùirte,
　Seal mu'm b' aithne dho 'n turlar a dh'fhalbh,
　　Seal mu'm b' aithne, &c.

D'eòl dhomh innse na bh'aca,
Gu'm ba'nn do mhiannan Shir Lachuinn,
Bhiodh 'g òl fiona 'n taigh farsuinn,
Le muaidh rìmheach neò-as-caoin,
Glòir bhinn agus macnais,
　Ann 'san am sin 'm bu ghnà leibh bhi pòit.
　　Ann 'san am sin, &c.

'N am na fàire bhiodh glasadh,
Bhiodh chlàrsach ga creachadh,
Cha bhiodh ceòl innte an tasgaidh,
Ach na meòir ga thoirt aiste,
Gu'n leòn làimhe gu'n laige,
　Gus 'm bu mhianach leibh cadal gu fòill.
　　Gus 'm bu mhianach, &c.

Bhiodh na cearraich ri braise,
Iomairt thàileasg ma'n seach orr',
Fir fòirne ri tartar,
Toirm a's màthadh air chairtean,
Dolair spàinteach a's tastain,
　Bhi' ga'n dìoladh gu'n lasan na'n lòrg.
　　Bhi ga'n dìoladh, &c.

Thug càch teist air do bheusan,
Bhà gradh a's eagal mhic Dhé ort,
Bha fàth seirce ga d' chéill ort,
Bha aoigh deiseach a's deilbh ort,
Cha robh ceist ort mar threun fhear,
　Bhiodh na sgriobhtair ga'n leubhadh,
　Ann ad thalla ma'n eireadh do bhòrd.
　　Ann ad thalla, &c.

Ge bu lionmhar ort frasachd,
Chum thu direach do d' mhacabh,
Do bhreid rìmheach gu'n srachdadh,
　Cha do dhìobair ceann slait thu,
O'n 's e Criosd a b' fhear beairt dhut,
'Sin an Tì a leig leat an taod-sgòid.
　　'Sin an Tì a leig, &c.

A mhic mo ghlacas thu'n stiùir so,
　Cha bu lhlathas gun dùchas,
Dhut bhi' grathuinn air h-ùrnaigh,
　Cuir da caitheamh an triuir oirr',
Cuir an t-Athair ann tùs oirr',
　Biodh a Mac na fhear iuil oirr',
An Spiorad Naomha ga giùlan gu nòs.
　　An Naomha, &c.

ORAN

DO LACHUNN MOR MAC GILLEOIN
TRIATH DHUTH-AIRD.

A Lachuinn òig gu'n innsinn ort,
  Sgeul is binn ri àireamh,
Nis o rinn e craobh-sgaoileadh,
  'S na bheil an taobh so dh'fhairge,
Tha thu làn do dh' fhìnealtachd,
Cho ceart sa dhìnnseadh seanchas,
Gur mac Iain Ghairbh da rireamh thu,
An àm dol sìos an garbh-chath.

A Lachuinn òig gu 'm faic mi thu,
  Mar treigeadh bòrd na bàs mi,
Gu'm faic mi fo cheann bliadhn' thu,
  Mar glac am fiabhras àrd mi,
A ghnùis sholta, 's am beul o'n sochdrach gàire,
Do dheud gu'n stòir o'm binn thig glòir,
O'n faighinn pòg a's fàilte.

'S e Ceannard Chlan-'Illeain,
  Dh'fhàs flathasach le cruadal,
Sgaoil e feadh gach tighearnais,
  Gu'n ghleidh thu dligheil t-uaisle,
Ach 's iomadh neach bu shùgradh leis,
  Crùbadh ann an truailleachd,
Ach rinn thu beairt bu cliùtaiche,
  Air an dùchas mar ba dual dhut.
    A Lachuinn òig gu 'm faic mi thu, &c.

'S e na chuir mi dh'eòlas ort,
  Dh' fhàg an ceò ma m' shùilean,
Aig a mhiad sa fhuair mi dheth,
  Gu'n leig mi ruaig an tùs ort,
Dh' aithnichinn air an fhaiche thu,
  A lùb nan cas-chiabh ùr-ghlan,
Gu'm b' ursann-chath air gaisgeich thu,
  Na'n tigeadh creach a d' dhùthaich.
    A Lachuinn òig gu 'm fuici mi thu, &c.

B' e sid an gasan leis bu taitneach,
  Pìcean dait' a lùbadh,
'N t-iubhar nuadh ga lagh gu chluais,
  'M beatha bhuat bu shiùbhlach,
Ceir a's ròsaid dlù fo t-òrdaig,
  Ite an eòin gu h-ùr-ghlan,
Mu chul an fhèidh ma'n gearr e leum,
Bhidh fhuil na leine brùite.
    A Lachuinn òig gu 'm faic mi thu, &c.

Sid na h-airm a ghlacainn dut,
  A dhol air sraid an fhùdair:
Cuilbhair a ghleis shniamhanaich,
  A bheul o'n cinnteach cuimse,

Spàntach làdair, fulangach,
  'N laimh a churaidh chliùtaich,
'S a 'n sgiath bu tric an taisbeanadh,
Air ghaoirdean deas nan lù-chleas.
    A Lachuinn oig gu 'm faic mi thu, &c.

Mo ghaoil a 'm fear caiteanach,
  A leubh a chairt 's rinn gual d'i,
Leis an eireadh na brataichean,
  A 's teach o ghlaic nam fuar-bhennn,
'N àm dùsgadh as an cadal daibh,
  Gu'n d' bhuail thu pais ma'n chluais orr',
'S thilg thu steach an teachdaireachd,
  'S an ceart air bhachd an guaile.
    A Lachuinn oig gu 'm faic mi thu, &c.

'S iomadh bratach shuaicheanta,
  'N robb smuais a's cruas a's càirdeas,
Eadar rutha Chuirteirnis,
  Gu Dubh-airt thun a Garbh-lead,
Dh' eireadh fir Aird-ghobhar leat,
  Fir fhoghainteach neo-sgàthach,
Dhearbhainn fhìn gu'n geileadh dhut,
  Fir ghleusta bho Bhra'-chàrnaig.
    A Lachuinn oig gu 'm faic mi thu, &c.

Ghluaiseadh leat s na h-eileanan,
  Dream nach ceil an gràdh ort,
Thigeadh ort a mor-Innis,
  A bhratach leòghannt' làidir,
Chite sid gu follaiseach,
Fir fhoirnnidh ann an Aros,
Na fir ùra nach diùltadh,
  Sgiùrs thoirt air an nàmhaid.
    A Lachuinn oig gu 'm faic mi thu, &c.

Dh' eireadh seòid o'n Mhuidhe leat,
  Nach cuireadh bruthach spàirn orr',
Nan ceanna-bheairtean glana,
  Nan lannan geal 's nan targaid,
Nan cuilbheirean caol acuinneach,
  Aig gaisgich nan gnìomh gailbheach,
A dheanadh luath a chaisleacha,
  'N uair dh' eireadh srad bho theannchair.
    A Lachuinn oig gu 'm faic mi thu, &c.

Bratach aig Clann-Dòmhnuill,
  'N a'm biodh ad chòir gu'n b' fheairrde,
Dh' fhàs gu seasmhach, cruadalach,
  'N uair ghluaiseadh iad na'n armadh,
Ann an gliocas fìrinneach,
  Cho math sa sgrìobh an seannchas,
Sid an dream bha innsgineach,
  Iti 'n innseadh nach robh leanabail.
    A Lachuinn oig gu 'm faic mi thu, &c.

LACHUNN MAC THEARLAICH.

LACHLAN M'KINNON, alias *Lachunn Mac Thearlaich Oig*, flourished about the middle of the seventeenth century. He was a native of Strath, Isle of Skye, and a lineal descendant of the *Ceann-taighe* of the M'Kinnons of that place. His parents were in comfortable circumstances, and although we have no data to ascertain the extent of his scholastic acquirements, it is obvious from a cursory glance at his productions that he was not unlettered,—while the purity and critical correctness of his Gaelic, furnishes ample proof that he studied and understood the structure of that language. He was an excellent musician, and was in the habit, when a young man, of carrying his violin about with him from place to place—more for recreation and amusement, than for any sordid considerations of pecuniary remuneration. The habits and predilections of his countrymen, their excessive fondness of poetry, music and dancing, always secured for such gifted individuals as M'Kinnon, the warmest grasp of hospitality's right hand wherever he went. He seems, however, to have discontinued the practice—in consequence of a low, unmanly attack upon his character and motives by a wandering bard of the name of M'Lennan.

Talents and genius are very seldom bestowed upon any individual without a copious mixture of impulses, that too often seek their gratification in improper indulgences. Burns and Byron were constituted after this manner. Lachlan M'Kinnon happened at one time to be perambulating the Main land, in the district of Lochalsh, where he put up for the night in the house of a respectable farmer. After supper, one of the daughters went out to prepare a bed for the cherished stranger in an out-house or barn. She was accompanied by a little favourite pug called *Coireal*, and the poet soon followed. Fairly ensconced with the fair and artless maid, and privacy favouring his designs, Lachlan yielded to the impulses of his heart, and the result was an illegitimate daughter, who seems to have inherited the broad humour and poetic genius of her father. Many of her repartees and witticisms have descended to us by oral recitation, but space remonstrates against our noticing but one, which may serve as a specimen of the whole. Some time after her father married, her stepmother was going from home, and meeting her about the door accosted her thus:—" You're my *first-foot*, and pity you if you are not lucky to meet with!" " Ask my father," rejoined the young woman, " and he will tell you that I am the most unpropitious omen that could come in your way." " Dear me! how that?" eagerly inquired the stepmother. " Because," continued the other, " I was the first person he himself met, while on his way to marry you, and God knows it was the most unlucky journey he ever made!" But we are digressing, and had almost forgot to say, that during M'Kinnon's struggle to deflower the farmer's daughter, little Coireal sounded so loud an alarm, that he seized it by the hind legs, and dashed out its brains against the wall! This has been made the subject of a very merry song, in which our author comes in for a pretty round flagellation.

Lachlan M'Kinnon died at a good old age, and was buried in his native parish, where some of his grandchildren are still living and much respected.

LATHA' SIUBHAL SLEIBHE.

Marbhphaisg ort a mhulaid,
Nach do dh'fhuirich thu nochd uam
'S nach do leig thu cadal domh,
S an òidhche fada, fuar,
Ma's ann a dh'iarraidh cunntais orm,
A lunn thu air mo shuain,
Bheir mise greis an dràsda dhut
Air àireamh na tha bh'uat.

Latha' siubhal sléibhe dhomh
'S mi falbh leam féin gu diù,
A chuideachd anns an astar siu
Air gunna glaic a's cù,
Gun thachair clann rium ann sa' ghleann
A' gal gu fann chion iùil:
Air leam gur h-iad a b'àillidh dreach
A chunnacas riamh le m' shuil.

Gu'm b'ioghnadh leam mar thàrladh dhaibh
Am fàsach fad air chùl,
Coimeas luchd an aghaidhean
Gu'n tagha de cheann iùil,
Air beannachadh neo-fhiata dhomh
Gu'n d'fhiaraich mi :—" Co sùd ?"
'S fhreagair iad gu cianail mi
A'm briathraibh mìne ciùin.

" Iochd, a's Gradh, a's Fiùghantas,
'Nar triuir gur h-e ar n-ainm,
Clann nan uaislean cùramach,
A choisinn cliù 's gach ball,
'Nuair phàigh an fhéile cis d'an Eug
'S a chaidh i-féin air chall,
'Na thiomnadh dh'fhag ar n-athair sinn
Aig mathaibh Innse-Gall.

" Tòrmod fial an t-shùgraidh,
Nach d'fhàs m'a chuinneadh cruaidh,
A bha gu feurail fiùghantach,
'S a chum a dhùthchas suas ;
'S ann air a bha ar taghaich,
O'n thugadh Iain bh'uainn,
'S beag m' fharmad ris na feumaich
O'n a bheum na cluig gu truagh !

" Bha'n duin' ud ro fhlathasach,
'S e mathasach le ceill,
Bha e gu fial fiùghantach,
'S a ghiulan math 'ga reir ;
Ge farsuinn eadar Arcamh,
Cathair Ghlas-cho 's Baile-Bhòid :
Cha d' fhuaras riamh oid-altrum ann,
Cho pailt' ri teach Mhic-Leòid.

" Chaidh sinn do Dhun-Bheagain
A's cha d'iarr sinn cead 'na thùr,
Fhuair sinn, fàilte shuilbheara,
Le furbailt a's le mùirn :
Gu'n ghlac e sinn le acarachd
Mar dhaltachan 'nar triùir,
A 's thogadh e gach neach againn
Gu macant' air a ghlùn.

" Fhuair sinn greis 'gar n-àrach,
Aig Mac-Leòid a bha san Dùn,
Greis eile gle shaibheir
Aig a bhrathair bha'n Dun-Tuilm ;"
Sin 'nuair labhair fiùghantas
Dalt ùiseil Dhombnuill ghuirm :—
" Bu tric leat a bhi sùgradh rinn,
'S cha b' fhasan ùr dhuinn cuirm.

" N am eiridh dhuinn neo-airtneulach
'S biadh maidne dhol air hòrd,
Gheibhte gach ni riaghailteach,
Bu mhiannach leat ga d' chòir ;
Cha d' chuir thu duil am priobairtich,
Cha b' fhiach leat ach ni mòr ;
Bu chleachdadh air do dhitheid dhut
Glain' fhiona mar ri ceòl.

" Am fear a bh' air a Chomraich
Bu chall soillear dhuinn a bhàs
Ann an cuisibh diulanais,
Cha b' iùdmball e' measg chàich
Lamh sgapaidh òir, a's airgeid e
Gu'n dearmad air luchd dhàn,
A's mhionnaicheadh na clàrsairean
Nach e bu tàire lamh.*

* Alluding to an Irish Harper of the name of *Cailean Cormac*, who, in consequence of a misunderstanding, left his master and fled to Scotland, at that time the saving ark of refugees, whether children of prose or verse. During his peregrinations in the hyperborean regions of Caledonia, he visited, according to the custom of the times, many of the Highland Chieftains and families of distinction, whose ears were not yet sufficiently refined to disrelish music, and who, consequently, appreciated his abilities and performances. Among others in whose families the Hibernian minstrel was well received, was that of the Laird of Applecross. On the day of his departure, Applecross, whose generosity was worthy of his country and high rank, gave Cormac a handful of gold pieces out of his right hand, and a similar quantity or silver ones out of his left. Such a splendid instance of genuine Highland liberality, could not but awake sentiments of the most lively gratitude in the naturally feeling bosom of the minstrel ; who, upon his arrival in the Emerald Isle, lost no opportunity of trumpeting forth the praises of his benefactor. The tide of his quondam employer's rage having now subsided, and a reconciliation having been effected between the parties,

" Thug sinn ruaig gu'n sòradh
Gu Mac-Choinnich mòr nan cuach,
Be'n dulu' iochd-mhor, teò-chridheach,
S bu leoghannt e air sluagh,
Bha urram uaisl' a's ceannais aig'
Air fearaibh an taobh-Tuath ;
Cha chuirt' as geall a chailleadh e
Ge d' fhalaich oirn e 'n uaigh !

" O'n rinn an uaigh 'ùr glasadh orm,
'S nach faic mi sibh le'm shùil ;
'S cumhach, cianail, craiteach, mi,
'S neo-ardanach mo shùrd,
'S mi cuimhneachadh nam braithrean sin
A b'àillidh dreach a's gnùis,
Gur tric a chum sibh coinnidh rium
Aig Coinneach anns a' Chùil.

" Ailpeannaich mhath chiar-dhuibh,
'Gam bu dùthchas riabh an Srath,
D'an tigeadh àirm gu sgiamhach
Ge bu riabhach leinn do dhath,
Bu lamh a dheanamh fiadhaich thu,
Gu'n dial bu bhiatach tnath,
'S a nise bho na thriall thu bh'uainn,
Cha'n iarrair sinn a staigh.

" Bu chuimir glan do chalpannan,
Fo shliasaid dhealbhnich thruim,
'S math thigeadh breacan cuachach ort,
Mu'n cuairt an fhéile chruinn,
'S ro mhath a thigeadh claidheamh dhut,
Sgiath laghach nam ball grinn,
Cha robh cron am fradharc ort,
'Thaobh t-aghaidh 's cùl do chinn.

" Nam togail màll do dhùthchannan,
'S ga 'n dlùthachadh riut féin ;
Bhi'dhmaid air 'nar stiubhartan
'S 'nar triuir gu'm bi'dhmaid réidh,
Cha do thog sinn riabh bò Shambna dhut,
No Bealltainn cha b'e'r beus,
Cha mhò thug òleh air tuathanach,
Bu mhò do thruas ri fheum."

Bha'n duin' ud na charaid dhomh,
'S cha chàr dhomh' chliù a sheinn,
Mas can eùch gur masgall e,
Leig tharais e na thìm ;
Do bhàs a dh-fhàg mi muladach,
'S ann chluinnear e 's gach tìr,
Cha b'ioghna' mi ga t-iondrann,
Ann am cunntais thoirt 's an t-shuim.

his master asked Cormac :—" Creid i 'n lamh bo fheile do fhuair tu 'n Albainn ?" i. e. which was the most liberal hand you found in Scotland ? To which he replied :— " Lamh dheas fhir na Comraich "—The right hand of Applecross.—" Creid i 'n ath te ?" which was the next ? —" Lamh chlith fhir na Comraich," or the left hand of Applecross, was the minstrel's prompt and quaint reply.

'S mi smaointeach air na snoidheann sin
'S a bhi ga'n caoidh gu truagh,
'S amhuil gheibh mi bhuinig ann,
Bhi taghaich air luirg fhuair,
An taobh a chaidh iad tharais,
'S ann tha dachaigh nil' an t-shluaigh,
Dh'eug Iannraic priunsa Shasuinn ;
'S cha dùisg e gu là-luain !

Note.—This beautiful and pathetic song was composed by Mackinnon after the death of some of his relations. It would appear that while they lived, and while his own circumstances continued prosperous, he was much respected throughout the country, and was not unfrequently the guest and companion of the best gentry in the Highlands. No sooner, however, had death deprived him of his friends, and misfortune had robbed him of his gear,∗ than he began to experience, from the world and his former patrons, the bitter indifference and coldness which poverty too often brings in her train. This he experienced in an especial manner, when, on a Christmas evening having gone to the Castle of Dunvegan, where the rest of the country gentry were, as usual on such occasions, enjoying the hospitality of the chief, poor Mackinnon was not only unnoticed and neglected, but repulsed from the hall, where, in worthier days, and under a worthier laird, he and his fathers were wont to be welcome guests. In consequence of this unhandsome treatment, the indignant bard returned instantly to Strath. While pursuing his homeward journey through the lonely glen, beneath the towering *Culcens*, and while the fever of his resentment still burned within his bosom, he met, or imagined he met, *Generosity*, *Love*, and *Liberality*, outcasts, like himself, from the hearts and halls of highland lairds, and bitterly inveighing against the tyranny that thus exiled them, unfed and unclothed, from the abodes where they were accustomed to reign and revel. At length having reached his home, he went to bed, probably supperless, and gentle sleep not deigning to woo him, but in its stead the weeping muse, he composed, and, for the first time, sung this song. It was highly esteemed by the Highland bards and *seanachais*, the latter of whom entitled the tune to which it is sung, " *Tri-amh Fonn na h-Alba*," or the third best air in Scotland ;—we have not been able to ascertain what airs were considered the first and second. In reference to the time and place where it was first sung, we may mention that it was a custom of the old highlanders, when they could not sleep, to sing on their beds, and that loud enough to waken all the inmates of the house, who, if the song was good, never grudged their slumbers being thus musically broken.

ORAN

DO NIGHEAN FHIR GHEAMBAIL.

Mocu sa' mhadainn mi 's lau airtneil,
Tha mi 'g achdain m' iuundrainn,
An aite cadail air mo leabaidh,
Carachadh sa tiunntadh.
Na 'm faighinn cead, gun rachainn grad,
Am still gn'n stad, gu'n aon-tamh ;
A dh' fhios an àit' nm fiosrach càch,
Gu 'm beil mo ghradh-sa 'n Geambail.

∗ Lest this statement may be mistaken, it is only to be inferred that his predecessors had been obliged to dispose of their lands, but that he still had some of the proceeds upon which he lived ; but funds in cash, even if considerable, were not regarded in those days so honourable as even a very limited competency arising from a paternal estate.

LACHUNN MAC THEARLAICH.

'S ge fad air chuairt, mi 's tamull bh'uam,
  An aisling bbuan so dhùisg mi ;
Tbu bhi agam, ann am ghlacaibh,
  Bhean bho 'n tlachd-mhor sùgradh.
A dhainean buinig 's fada m' fhuireach,
  Ann an iomal dùthcha,
O choin a chiall ! gu 'm be mo mhianh,
  Bhi 'n diugh a triall ga t-iunnsaidh.

Air t-iunnsaidh théid mi 'n uair a dheireas,
  Mi gu h-eatrom sunndach ;
Gach ceum de'n t-shlighe, dol ga d' ruidhinn,
  Bi'dh mo chridhe sùgach
Mo mhiann bhi 'n ceart-uair air bheag cadail
  Ann ad chaidridh greannar ;
Mo dhuil gun chleith, le dùrachd mhath,
  Gur h-e mo bheatha teann ort.

Ach oigh na maise 's òr-bhuidh falt,
  'S do ghruaidh air dreach an neioncin ;
Tha éideadh grinn, mu dheud do chinn,
  'S do beul bho 'm binn thig òran.
Rosg thana chaoin, fo d' mhala chaoil,
  'S do mheall-shuil, mhìn ga seòladh ;
S i'n t-sheire tha t-eudainn ghreas gu eug mi,
  Mar toir cléir dhomh còir ort.

Gu'n choir air t-fheutainn, òigh na féile,
  Ghreas mi féin gu an-lamh ;
Fhuair thu 'n iosnd buaidh bho Dhiarmad,*
  Tha cuir ciad an geall ort.
Ciochan geala, air uchd mealluidh,
  Miann gach fir 'n am sealltain ;
Do chion fallaich th' air mo mhealladh,
  'S e na eallach throm orm.

Tha ruin nam fear, fo d' ghùn am falach,
  Seang chorp, fallain, sunndach ;
Slios mar eala, cneas mar chanach,
  Bho cheann tamull m' iuil ort.
Bho bharr do chinn, gu sàil do bhuinn ;
  'S tu dhamhsadh grinn air ùrlar ;
Bhi ga t-aireamh 's gu'n tu lathair,
  Ghreas gu làr mo shùgradh.

Mo shugradh cheil 's duil ruit mar bhean,
  Oigh nan clabh glan faineach ;
T-aon bhroilleach geal, trom-cheist nam fear,
  'S uasal an t-ion ban-righ.
Tha seirc, a's beusan, tlachd, a's ceutaidh,
  Mar ri chéile fas riut ;
Do ghaol gach lò so rinn mo leòn,
  Cho mor 's nach eol dhomh aireamh.

Cha 'n eol domh aireamh, trian de t-àilleachd,
  Gus do'n bhas gun geill mi ;

* Bha 'm " Bad-seirc" aon an grualdnean Dhiarmaid.

Ceillidh, cliutach, beusach, muirneach,
  Ceud fear ùr tha 'n deidh ort.
Bi'dh airnean bruit aig pairt de 'n chunntais, sin,
  Dha 'n diult thu caoimbness ;
Bi'dh slaint' as ùr, le fàilte chinil,
  Aig fear ni lub san roinn ort.

SGIAN DUBH

AN SPROGAIN CHAIM.

Du' innsinn sgeul mu mhalairt duibh,
  Na 'm fanadh sibh gu fòill,
Mur dh' eirich do 'n chall bhreamais domh,
  'Nuair chaidh mi do Dhun-gleòis ;
Air bhi thall an Sgulpa dhomh,
  Air cuirm aig Lachunn òg ;
Fhuair mi bhiodag thubaisteach,
  Le a caisein-uchd' bha mòr.

Bu mhath a chuirm a bh'an', an sin,
  'S mo bheannachd-sa na deigh ;
'N fhear ud duine chunnaic i,
  A dhi-miol i gu leir ;
Ach fhuair mi fhin blaidh biodaig ann
  Nach tig an là ni feum,
A's stiallaire mor feòsaig oirr',
  Mur fhear d'a seòrsa fhein.

Mas oil leibh an athais ud,
  Gu 'n robh i agabh riamh ;
Loinidean a's òghnalchean,
  An cònuidh dhuibh bu bhiadh ;
Ged' dheanadh sibh cruinneachadh,
  Tuilleadh a's coig ciad ;
'S tearc fear gun chaisein-uchd aige,
  Cho gharbhe ri torc-fiadh.

Chuir an tir so 'n duileachd mi,
  'Nuair chunnaic iad mur bhà ;
Bha gach neach ga choisrigeadh,
  Roimh 'n dòs a bh'air 'a barr ;
Bha sgonn do mhaide seilich innt ;
  Bu gheinneanta rinn fàs ;
Bheireadh saor neo chronail aisde,
  Crosg da'n loinid bhàin.

Chuir Mac-Ionmhuinn bairlinn,
  An trath so mach sa 'n tìr,
Chuir e na soachd barranntais,
  Gu Donncha Mac-a-Phì ;
Gabhail gu caol Arcaig leo,
  Mu 'n ghabh i tàmh sa 'n tìr,
'Sa muinntir fein thoirt coinne dh' i,
  'S gur soilleir i do m' dhìth.

Cha 'n ion-mholaidh ghràth-bhat sin,
Thug thu steach thar chaol,
An t-arm a bha gun chaisrigeadh,
'Sa b' olc leam air mo thaobh ;
'S mairg sliasaid air am facas i,
A bhiodag phaiteach mhaol ;
B' iomlaideach air bhòrdaibh i,
Sgian dubh a sgòrnain chaoil.

B' i sud an bhiodag rusadach,
A b' olc leam air mo chliath',
'Si ruadh-mheirg nile 's coltas d' i,
Fo dhos de dh' fhionnadh liath,
Bha mailde reamhar geinneach iuut'
'S car na h-amhaich fiar
Cha ghearradh i sgiath cuileige,
Le buille no le riach.

'Nuair chaidh mi dh' iarraidh breathanais,
Cha d' fhuair mi leithid riamh ;
Sin nuair thuirt an Sàileanach,
('Nuair chàirich e rium biasd ;
Mathalt do chuirc Mhòr-thirich,
Da'm beil an roibein liath ;
Duirceall dubh gun fhaobhar,
'N am taobhadh ris a bhiadh.)

" Bu mhath sa bhruthainn chaorainn i,
'Sa'n caonnag nam fear mòr ;
'S e Fionn thug dh'i an latha sin,
An t-ath-bualadh na dhòrn ;
Thug e na brath-mhionnan sin,
Nach dh' fhag i duine beò ;
'S nach robh neach ga 'm beanadh i,
Nach gearradh i' gu' bhròig."

Thuirt mi fhin cha'n fhior dhut sin,
'S ann chaill thu d' ciall le aois ;
Coid a chuimhne 's faid' agad,
On stad i gu bhi maol ;
Chaidh mi air mo ghlùn d' i,
Mu 'n do rùisg i rium a taobh ;*
'S thug i na seachd sgairtean aisd,
Gus 'n tug Mac-Talla glaodh.

Bu cheithir bliadhna-fichead d' i,
Bhi 'n citsein mhorair-Gall ;†
'S fhuair i urrain còcaireachd,
Thar moran de na bh' ann ;
Bha Mac-Aoidh ga teachdaireachd,
Mu 'n drach e chòmhraig theann,
'S b' fhoirmeal anns a chogadh i,
Sgian dubh an sprògain chaim.

Ged thigeadh Clann-Domhnuill,
'S na seòid a tha mu thuath,
Mac-Aoidh an tùs feachda leo,
'S garbh bhratach an taobh tuath ;
'Nuair thig a bhratach Cheann-Sàileach.
'S a thairnnear ridhe suas ;

* Pulling it out of the sheath.   † Lord Caithness.

'S tearc fear gu'n chaisein gaoiseid air,
Bho smeig gu mhaodail sios.

Note.—The poet happened to be one of a party at the house of Lachunn Og, a relative of his own, when, upon the company "getting fou an' unco happy," they fell to playing at a sort of game called Ionulaid bhiodag. The manner in which it is played is this :—The lights are extinguished, and every man casts his dirk under the table. The dirks are then shuffled with a staff, after which a person, having his right hand tied to his side, and a glove on his left, is blindfolded and put under the table to hand out one by one in rotation to every man who had cast a dirk in : and every body had to keep the dirk which fell to him in this way. M'Kinnon's dirk was by far the best in the whole collection, but he lost it in the lottery, and got in its stead an old coarse dagger belonging to a Kintail man who was present. This person was one of those termed " *Clann 'Ic Rath Mholach,*" *i. e.* Hairy M'Raes. M'Kinnon was far from pleased with his lot, and he composed this song on the occasion.

CURAM NAM BANTRAICHEAN.

LUINNEAG.

Hùg hoireann hŏ-rŏ hùra-bho,
Bi'dh cùram air na bantraichean,
Hùg hoireann hŏ-rŏ hùra-bho,
Bi'dh cùram air na bantraichean.

Bidh cùram air na mnathan òga,
'S mòran air na bantraichean,
Hug hoireann ho-ro, &c.

Bi'dh cùram tim an Earraich orra,
Gu'n bi 'n t-aran gann aca,
Hug hoireann ho-ro, &c.

Bi'dh cùram mor a's eagal orra,
Theagamh nach bi clann aca,
Hug hoireann ho-ro, &c.

'Nuair bhios cach gu cuirealdach,
Bi'dh iads a cumh 'an t-shean-duine,
Hug hoireann ho-ro, &c.

'Nuair shineas tu air mireadh riudh',
Silidh iad mar alltanan,
Hug hoireann ho-ro, &c.

Bi'dh 'n dosan siar san 'm breidean flar,
Air cualan liath nam bantraichean,
Hug hoireann ho-ro, &c.

Bi'dh dealg a'm bun au fheamain ac,
'S breamanach a dhamhsas iad,
Hug hoireann ho-ro, &c.

Ged bhidhinn fhin gun òr gu'n spréigh,
Bu bheag mo spóis do sheann te dhubh,
Hug hoireann horo, &c.

Note.—This song was composed on M'Kinnon hearing that a friend of his was about to marry a rich old widow.

AN CLARSAIR DALL.

RODERICK MORISON, the far-famed harper and poet, commonly called *An Clàrsair Dall* was born in the Island of Lewis*, in the year 1646. His father was an Episcopalian Clergyman in that place, a man of great respectability and goodness of heart, and a descendant of the celebrated *Britheamh Leòghasach*. He had other two sons, Angus and Malcolm. At an early age, the three, who were all designed for the pulpit, were sent to Inverness to their education. They were not long there, when the small-pox made its appearance in the town with great virulence; our three pupils were seized with it, and although the best medical skill was in requisition, so severe was the malady, that Roderick lost his eye-sight, and had his face—otherwise a very fine, open and expressive one,—dreadfully disfigured and contracted by it. His brothers were more fortunate,— they followed up their clerical aspirations, and having gone through the *curriculum* of their order, Angus got a living in the parish of Contin, and Malcolm was appointed to the Chapel of Poolewe, in the parish of Gairloch, Ross-shire. Balked in his juvenile anticipations, and now incapacitated for any active, civil, military, or other profession, Rory directed his attention to the study of music, for which nature had furnished him with a first-rate genius. In this divine science he greatly excelled, and although he was no mean performer on other musical instruments, the silver-toned harp seems to have been his favourite. On this instrument, he left all other Highland amateurs in the rear.

His superiority as a musician, and his respectable connexions soon served him as a passport to the best circles in the North. He was caressed and idolized by all who could appreciate the excellence of his minstrelsy. Induced by the fair fame of his fellow-harpers in Ireland, he visited that country, and probably profited by the excursion. On his return to Scotland, he called at every baronial residence in his way; the Scotch nobility and gentry were at the time at the Court of King James in Holyrood-House—Rory

---

* The Messrs Chambers of Edinburgh, in their Journal, Number 451, of Saturday, September 19th, 1840, say, on the authority of Mr Bunting, that blind Rory was an Irishman. This is incorrect. We know how much Journalists are at the mercy of others, and how easily they are misled; but without at all expecting any thing like *omniscience* in the Messrs Chambers, we think, that before lending the weight of their columns to give currency to the mis-statement, they ought to have informed *themselves* of the facts.

Of Mr Bunting, we know nothing or almost nothing; but we sympathize with him in his literary researches, and attempts to resuscitate the musical spirit and ancient melody of his country. We protest, however, against his robbing us of our sweetest minstrel—not for the world would we accord to Hibernia the honour of having given birth to Rory Dall—and for this one reason, that he was *bona fide* born and brought up in the Highlands of Scotland; and, if a man must be born a second time, it does not necessarily follow, that that event must take place in Ireland. Mr Bunting's blind Rory, goes by the sonorous name of O'Cahan,—we have no objection to this; neither do we lay claim to any of the estates which descended to the said Rory O'Cahan as his patrimonial inheritance, but we claim for ourselves the honour of consanguinity with Roderick Morison, the blind harper. We have given his birth and parentage;—we have pointed to the manses of his two brothers,—we have given his own history as a poet, harper, and farmer, and until these facts are disproved, the Irish historian must rest satisfied with *his own* Rory, and the Messrs Chambers must understand that such things as erroneous statements can be imported over the Irish channel, much easier than a Ross-shire Highlander can be made an Irishman.

wended his way to Edinburgh, where he met with that sterling model of a Highland Chieftain, John Breac M'Leod of Harris, who eagerly engaged him as his family harper. During his stay under the hospitable roof of this gentleman, he composed several beautiful tunes and songs, and, among the rest, that fascinating melody—" Feill nan Crann," which arose out of the following circumstance: Rory, sitting one day by the kitchen fire, had chanced to drop the key of his harp in the ashes which he was raking with his fingers, as M'Leod's lady entered and inquired of one of the maids—" Ciod e tha dhìth air Ruairidh ?" "Mhuire! tha a chrann—chaill e san luath e," was the reply—" Ma tu feumair crann eile 'cheannach do Ruairidh;" continued Mrs M'Leod; and the gifted minstrel, availing himself of the forced or extended meaning of the word crann, forthwith composed the tune, clothing it in words of side-splitting humour, and representing the kitchen maids as ransacking every mercantile booth in the land, to procure him his lost implement!

Shortly after this period, we find our author located as a farmer at Totamòr in Glenelg, at that time the property of his liberal patron M'Leod, who gave him the occupancy of it rent-free. Here he remained during his friend's life, and added largely to the stock of his musical and poetical compositions.

An Clàrsair Dall was fondly attached to his patron, whose fame he commemorated in strains of unrivalled beauty and excellence. The chieftains of the clan M'Leod possessed, perhaps, greater nobleness of soul than any other of the Highland gentry; but it must be observed, that they were peculiarly successful in enlisting the immortalizing strains of the first poets in their favour—our author and their own immortal Mary. Rory's elegy on John Breac M'Leod, styled, " Creach nan Ciadan," is one of the most pathetic, plaintive and heart-touching productions we have read, during a life half spent amid the flowery meadows of our Highland Parnassus. After deploring the transition of M'Leod's virtues, manliness and hospitality from the earth, he breaks forth in sombre forebodings as to the degeneracy of his heir, and again luxuriates in the highest ingredients of a Lament. Oran mor Mhic-Leoid, in which the imaginative powers of the minstrel conjure up scenes of other days, with the vividness of reality, is a master-piece of the kind. It comes before us in the form of a duet, in which Echo (the sound of music), now excluded like himself from the festive hall of M'Leod, indulges in responsive strains of lamentation that finely harmonize with the poignancy of our poet's grief.

This last song was composed after his ejectment from his farm, and while on his way to his native Isle of Lewis. It is not true, as stated by Mr Bunting, that Rory Dall was a wandering minstrel. He indeed occasionally visited gentlemen's houses, but that was always under special invitation—he was born a minister's son, and did not require to earn his bread by wandering from place to place. Rory Dall was much respected in his age and country for those high musical powers which have contributed so much to the pleasure and delight of his countrymen—talents which have obtained for himself the imperishable fame of being one of the sweetest and most talented poets of our country. He died at a good old age, and was interred in the burying ground of I, in the Island of Lewis. Peace be to his manes! never we fear, shall the Highlands of Scotland again produce his like.

A CHIAD DI-LUAIN DE'N RAIDHE.

A chiad di-luain de'n ràidhe,*
　Ge d' bhà mi leam fhìn,
Cha d' fhuair mi duine an là sin,
　A thàinig am ghaoith,
Dh-fhiaraich cia mar bhà mi,
　Na'm bàil leam dhol sìos,
An Tota-mòr so fhàgail,
　Nach b' àite dhomh e,
'Soilleir dhuinne thar chach uile,
　Nach robh duin' a's tìr,
A chumadh fear mar chàch mi,
　Mar b' àbhaist dhomh bhi.

Sin 'nuair chuala Fearachar,
　Mi'n dearmad aig càch,
Thàinig e na m' chòdhail,
　On b' eòl dha mo ghnàs,
Thug e leis air sgòid mi,
　Gu seòmar a mhnà,
Anna lìon an stòp dhuinn,
　'S na sòr oirn' a làn,
Ge d' tha e falamh 's ro mhath 'n airidh,
　'Ghlaine fo thoirt dhà,
'S gu'm faigheadh e luchd eòlais,
　Na m bioidh a phòca làn.

Labhair a bhean chòir sin,
　Gu banail eolach glic,
Fhalc thu 'n t-uan gu'n mhàthair,
　An clàrsair gu'n chruit,
An leabhar gu'n leubhair,
　'S e bheus a bhi druit,
S' an dorlach gu'n fhuasgladh,
　A suaineach a bhruic,
Ge d' tha thu falamh 's ro mhath 'n airidh
　Ghlaine so thoirt dhut,
'S gu'n òlamaid a dhà dhiu'
　Air slàinte an fhir bhric. †

An tì so thù mi 'g iomradh,
　'S a 'g iomagainn do ghnà,
Cha cheil mi air do mhuinntir,
　Gach puing mar atà,

Ge h-eibhinn leam r'a chluinntinn,
　An saoidh a bhidh slàn,
Sgeul nach taitneach leamsa,
　Ma dh' iomalaid thu gnàs,
Fàth mo ghearain a bhi falamh,
　'S mi tamull o d' laimh,
"'S faide 'n fhead no t-eigheach,
　'S an fhéusag air fàs."

Ge d' fhuilligear gach ni 's feudar,
　'S neo-éibhinn le m' rùn,
Thusa bhidh 'n clar-sgìthe,
　'S mi 'n tìr air do chùl,
Le m' fheòsaig leathuinn leòmaich,
　Gu ròibeineach dlù,
'S thusa a' glùlan màlaid,
　A ghnà ann san Dùn,
Fhir bhric bhallaich, meall na bharail,
　'M fear a thuirt o thùs—
"'S fad o'n chridhe cheudna,
　Na 's céin bho bheachd sùl."

Ge d' thà mise an dràsda
　Da m' àrach fad uat,
Sloinnidh mi mo phàirt,
　Ris gach nàbaidh m'an cuairt,
Ma 's beag ma's mor a db' fheudas mi,
　Spréidh A chuir suas,
Bioidh sid fo iochd nan sàr-fhear,
　Nach sàraich am fuachd,
Ri là gaillionn an àrd bheannabh,
　'S iad nach gearain uair,
'S tric an siubhal seallbhach,
　Air shealg do 'n taobh-tuath.

Tha fir ghasda theòghant',
　Aig Eòghann Loch-iall,
Nach seachnadh an tòireachd,
　'N àm tòghbhail nan triath,
Rachadh iad gu'n sòradh,
　An còdhail nan ciad,
'S math am fulang dòrainn,
　'S tha cròdhachd nan gniomh,
Fir ro ghasda nach 'eil meata,
　Nach d'fhnair maaladh riamh,
Mhathas mo chuid dhòmh-sa,
　'S mi 'n dòchas gur fìor.

'S iad Clann-Mhic-'Ill-Ainmhaidh,
　'S oirdheirce gniomh,
Luch shiubhal a gharblaich,
　'S a mharbhadh nan fiadh,

---

* The Highlanders had a practice in the olden times that is still partially observed in certain parts even at the present day, and that tended to keep alive and fan those habits of hospitality and friendly feelings among the inhabitants of particular districts for which they are so justly celebrated. The custom to which we allude, was to meet at an appointed house, on the first Monday of every quarter, to drink a bumper to the beverage of the succeeding, and wish it better or no worse than the present.

† John Breac Macleod.

Cha d' fhuair iad aobhar oilbheum,
 Mar falbhadh iad sliabh,
Cha dean iad a bheag oirnsa,
 'S nach lorgair mi 's fiach,
Mo chreach ma 'n coinnidh 's i fo'n comraic,
 'B'e an comunn mo mhiann,
Buachaillean mo threud,
 'N uair nach léir dhuibh a ghrian.

Tha sliochd Iain Mhic-Mhàrtainn,*
 Gu tàbhachdach treun,
Raghainn air an naimhdeas,
 An cairdeas, gu'n bhreug,
Cha bhuin iad ri fàl-bheairt,
 Mo lamhsa nach spéis,
" Far an ial' an gàradh,
 Cha ghnà leo a leum,"
Na fir ghasda gu'n bhi meata,
 'S iad nach seachainn stréup,
Le 'n toirear buaidh 's gach spàirne,
 Ann 's gach àite dha 'n téid.

Clann-a-Phì † ri' n seanachas,
 'S neo-leannabaidh na seòid,
Buidhean nan sgiath balla-bhreac
 A dhearbhadh an gleòis,
'S iad nach seachnadh fuathas,
 'N àm bhualadh nan sròn,
Ge b' e chuireadh fearg orr'
 Cha b' fharmadach dhò,
'N àm tarrainn nan lann tana,
 Caisgear carraid leò,
" Buille 'n corp cha bhuail" iad,
 Tha uaisle nam pòr.

Tha Clann-'Ille-Mhaoil mhùinte,
 Bha cliù orra riamh,
Buidhean tha do-cheannsaicht,
 Is ceannsgalach triall,
Iti faicinn an naimhdean,
 'S neo-sgàthach an triath,
B' annsa leibh ruaig shinndach,
 No tionntadh le fiamh,
Laochraidh guineach nan arm fuileach,
 'S mairg ri 'n bhuin sibh riamh,
Tha ninb a's neart 'n-ar naimhdeas,
 'S 'ur càirdeas gu'n fhiar.

Tha aig Colla còmhlainn,
 Nach conn-lapach gleus,
Luchd nam feudan dùbh-ghorm,
 Nach diùltadh ri feum,
'N-àm na graide dhùsgadh,
 Gu 'n dùbladh bhur feum,
Bha fios aig Mac-an-Tòisich,
 Nach sòradh iad ceum,

* Dochanassie men, a very brave little clan at that time.
† Locharknig men, followers of Locheil.

Dol na choinnidh sa'n là shoilleir,
 'S gu'n iad coimeas cheud,
B' annsa dol da bhualadh,
 No buaile 'n fir théud.

'S iad sliochd Cholla chìs-mhoir,
 Da rìreadh a th' ann,
Nach leigeadh le mùiseag,
 An cùis thar an ceann,
Misneach cha do threig sibh,
 'N streup chlanna Ghall,
Cha bu dual daibh mìo-stà'
 No mì-thùrachd ghann,
Na fir churanta fhuair urram,
 Re h-àm iomairt lann,
O minig luchd an aobhair,
 Gu craobhach a call.

Maille ris gach suairceas,
 Bha fuaite ri'r gné,
Tharrainn sibh mar dhualchas,
 An uaisle 'n ar cléith,
Gu creachadh cha do ghluais sibh,
 Cha chuala mi e,
B' annsa leibh eun cluaise,
 Thoirt uam le m' thoil féin,
Na mo chreachadh 's an dol seachad,
 'S mi na un' airc mu'm spréidh,
'S mi gu'n eagal tuairgnidh,
 'S mo bhuaile fo' r méin.

Tha Gleann-Garadh ceannsgalach,
 Connspunnach, cruaidh,
Chumadh ri luchd aimhreit,
 A chounspaid ud suas,
Na 'm tharrainn gu sanntach,
 An lann as an truaill,
Bu mhath do'r luchd gamhlais,
 San àm ud bhi bhuaibh,
Biodh ceun cridheil air reang tri-ear,
 Cha gleidh bruinne bualdh,
Aig bùldheann a mhoir cheann-aird,
 Nach teann mo chuid bhuam.

Tha 'n taic na laimhe,
 An Ceann-tàile so thall,
Fir ghàsda neo sgàthach,
 Ga'n b' àbhaisd bhi teann,
Ri faicinn a nàmhaid,
 Nach failinnach greann,
Is tric a fhuair buaidh làrach,
 Le àbhachd an lann,
Neart a chlaidhe be air raghainn,
 Nach dh-fhàs futhast fanu,
Coille 's i gu'n chrionach,
 Gur lìoumhor a clann.

AN CLARSAIR DALL.

'S iad marcaich na Mòidhe,
Fir chrò nam buadh,
'M beil aithn' agus eòlas,
Nach sòradh an duais,
Clann-Choinnich nan rò-seol,
Na'n cròdh' mbilean sluaidh,
Na beathraichean beòdha,
Ga còir a bhi cruaidh,
Dream gu'n laige ri am troide
Ceann a chabraich suas,
Aig luchd na gorm lann nàimhdeach,
Nach sanntaich mo bhuar.

Note.—When the harper composed this song, he was residing in *Tuta-Mòr*, in Glenelg, as a farmer, and the few of the clans he alludes to were people that he had good reason to fear would rob him, or, in other words, carry away his cattle—a very prevalent practice in those days. As, therefore, he had little or no means of defending himself, he immediately called his harp and his muse to his aid, and composed this song, in which those dreaded enemies are invested with all the attributes of honour, honesty, and good neighbourhood; and, as far as the bard was concerned, they always acted towards him in the characters his muse was willing to believe they actually possessed.

ORAN

DO DH-IAIN BREAC MAC-LEOID.

Tha mòran, mòran mulaid
An deigh tuineachadh am chòm,
Gur bliadhna leam gach seachduin,
Bho nach facas lain donn ;
Na 'n cluinninn ged nach faicinn,
Fear do phearsa thigh'nn dò 'n fhonn,
Gu'n sgaoileadh mo phràmh 's m' airsneul,
Mar shneachd òg ri aiteamh trom.

Their mi hò-rò ghealla beag,
'S na hò-rò challan h-ì,
Their mi hò-rò ghealla beag,
'S na hò-rò challan h-ì ;
Challan hì ho hù-rà bhò,
'S na hò-rò challan hì,
Gur fada bho na tràthan sin,
Nach robh mo ghràdh san tìr.

A luchd comuinn so, na 'n eisdeadh sibh,
Ri cuid de m' sgeul, gu'n mheang,
'S mi caoidh an uasail bheadarnaich,
Tha bhuam an fheadhs' air caball ;
Cha robh cron ri fhaotainn ort,
Ach thu bhi faoilidh ann,
Bho 'n fhuair mi gu h-ùr éibhinn thu,
'N Dun-éideann, a measg Ghall.
Their mi ho-ro, &c.

Thug mi ionnsaidh fhada,
As do dheigh 's mi 'n cladach cruaidh,
Thug mi ionnsaidh bhearraideach,
'S a chàmhanaich Di-luain ;
Cha d'fhuaras an t-òg aigeantach,
Bu mhacanta measg sluaidh,
'S cha 'u fhaodainn a mhisg àicheadh,
'S do dheoch-slainte dol m' an cuairt.
Their mi ho-ro, &c.

Thug mi ionnsaidh sgairteal,
As do dheigh an cladach doirbh,
Ged nach tug mi capull leam,
Na agair mi na lorg ;
Gu 'n robh mo choiseachd adhaiseach,
'S an rathad a bhi dorch,
Le breislich mhic-nan-cliathan,*
'S do lamh f'hial ga dhioladh orm.
Their mi ho-ro, &e.

Fhir so tha mi g' iomradh ort,
Ga t-ionndrain tha mi bh' uam,
Sròn ardanach an fhiùghantais,
Cha b' fhiù leat a bhi crion ;
Na 'n cluinninn féin 's gu 'n tigeadh tu,
Fhir chridhe dhios nan crioch,
Gu'n òlainn do dheoch-slainte,
Ga do phàighinn ì, de dh' fhion.
Their mi ho-ro, &c.

Beul macanta, ciùin, rabhairtach,
'N uair tharladh tu 's taigh-òsd,
A dh'fhàs gu seirceil, suairce,
Gaol na'm ban, 's nan grungach òg ;
'S iomadh maighdeann cheutach,
A bha deigheil air do phòig,
Le 'm b' ait bhi cunntadh spreidhe dhut,
'S a deas-lamh féin le deòin.
Their mi ho ro, &c.

Cha robh fuath na greathachd ort,
Ri t-amharc bha thu caoin,
Saighdear foinnidh, flathail,
Air an gabbadh gach neach gaol ;
Euchdach, treabhach, urramach,
Bha 'n curaidh glan gu'n ghaoid,
Gu fearail, meanmnach, measail,
Air nach faighte an tiotal claon.
Their mi ho-ro, &c.

Saighdear fearail, fuasgailteach,
Fear cruadalach, gu'n mheang,
Ceann-feadhna air thùs na brataich e,
Ga taisbeauadh san Fhraing ;
Thig airm air reir a phearsa,
Air an laoch bu sgairteil greann,
'Nuair dh' eireadh airde lasrach ort,
'S mairg a' chasadh riut san àm.
Their mi ho-ro, &c.

* An t-uisge-beatha.

Thig claidheamh socrach, stailinn dhut,
De 'n t-seòrs as fear sa bhùth,
'S e fulangach bho bharra-dheis,
Gu 'n ruig a cheanna-bheairt duirn ;
Faobhar air a gheur chruaidh sin,
Nach gabhadh leum na lùh,
Lann air dhreach na daolaig',
'S i air taobh deas-laimh mo rùin.
Their mi ho-ro, &c.

'S e sud an t-airm a thaghainn dut,
'S tu 'n deigh an retreut,
As paidhir dhag nach diùltadh,
Agus fùdar gorm da reir ;
Do ghunna 'n deigh a falmachadh,
'S tu marbhtach air an treud,
Ann san laimh nach greagara,
'S tu leantainn as an deigh.
Their mi ho-ro, &c.

'S fhada leam a chomhnaidh so,
Th' aig Eoin a measg nan Gall,
Cha ghiorra leam an oidhche,
Bhi ga chuimhneachadh 's gach am :
Dh' fhaoiltichinn na 'm falcinn thu,
Tigh'nn seachad ann sa ghleann,
Cha ghabhinn fein bonn faiteachais,
Ge d' ghlacadh tu mo gheall.
Their mi ho-ro, &c.

Corr agus tri rùidhean,
Tha thu d' chadal sàmhach bh' uain,
Gu'n t-fhaiciun bho na dh'fhàg thu sinn,
'S ar cridhe ghnàth fo ghruaim ;
A nis bho 'n chuir thu cùl ruinn,
'Sa laidh smùrnein air do ghruaidh,
Mar sholas and deigh dorachadais,
Tha Tòrmod mar bu dual.
Their mi ho-ro, &c.

'S e Tormod òg mo shubhachas,
Air bhuidheachas shiol-Leòid,
Ma 's mac an àit' an athar thu,
Thig fathast gu bhi mòr ;
Ann san Dùn gu flathail,
'N robh do chinneadh roi beò,
Mac-ratha dhùisgeas eibhneas domh,
Le aighear thréig mi bròn.
Their mi ho-ro, &c.

Ma thuirt iad ogha Thòrmoid riut,
B' i sud an fhoirm fhuil ghlan,
Ma thuirt iad iar-ogha Ruairidh riut,
B' i 'n àrd-fhuil uaibhreach mhear ;
'S ogha 'n Eoin gun truailleadh,
Thug suairceas air gach neach,
Mac an fhir nach b'fhuathach leum,
An nochd thog suas mo ghean.
Their mi ho-ro, &c.

CREACH-NA-CIADAIN.*

Tha muid, tha mulad,
Lion muilad ro mhòr mi,
'S ge d' is eigin domh fhulang,
Tha tuille 's na's leoir orm ;
Thromaich sac air mo ghiulan,
Le dùmhladas dòrainn,
Dh' amais dosgaich na bliadhn orm,
Creach-na-Ciadain so leon mi !

Creach-na-Ciadain so leon mi,
Dh' fhàg mi breòite gu'n fhiabhras,
A dh'fhògair mo shlainte,
'S tearc mo bhrathair 's na criochan ;
Agam glaodh an loin bhrònaich,
'N deigh a h-eoin 's i 'ga iargainn,
Dh' fhalbh gach sòlas a b' àbhaist,
'S dh' fhuirich càillein a m' fhiacail.

Dh' fhuirich càillein a m' fhiacail,
So i bhliadhn' a thug car dhomh,
Dh' fhag puthar fo m' leine,
Nach faothaich leigh tha air thalamh,
Mo leigheas cha'n fheudar,
Cha ré domh bhi fallain,
Fhuair mi dluneir là Càisge,
'S cha b' fheairrde mo ghoin i.

Cha b' fheairrde mo ghoin i,
Ge do bha mi mu'n chò'roinn,
'N dlugh gur buan domh ri aithris,
Gu'n bhuail an t-earrach so bròg orm ;
Mi mu'm mùighsteir glè mhath,
'S fad a leus orm nach beò e,
Ge do racha mi seachad,
Cha'n fhaigh mi facal dheth chòmhra.

Cha'n fhaigh mi facal dheth chòmhra,
Chlenchd mi mòran deth fhaotainn,
'N dlugh dh' fhaodas mi ràite,
Gur uan gu'n mhàthair san treud mi,
'S ann is gna dhomh bhi tùrsach,
Gu'n bhrath furtachd as eugais,
'S o'n a chaochail e àbhaist,
'S tearc a chaoidh mo ghàir éibhinn.

'S tearc a chaoidh mo ghàir eibhinn,
Cha bheus domh bhi subhach,
Ghabh mi tlachd ann bi tùrsach,
Chuir mi ùigh ann bi dubhach,
Mu'n ti tha mi 'g iomradh,
Chuir an cuimhne mo phutar,
Nis o'n fhuair an uaigh e-san,
Chaidh an caisend mo bhrutbaich.

* This lamentation was composed on the death of John Breac Macleod.

Chaidh an caisead mo bhruthaich,
  'S mi fo chumha da direadh,
Dol an truimead 's an àirde,
  An diugh a thainig mo dhlubhuil :
Dh' fhalbh mo luitheichean éibhinn,
  O'n a thréig sibh Clàr-sgìthe,
Tha mo thaic ann sna h-Earadh
  'N deigh fhalach 'na aonar.

'N deigh fhalach 'na aonar,
  Bi'dh e daonnan 'an uaigneas,
Sgeul mu'n gearranach daoine,
  'S mnai chaointeach nan luath-bhos,
'S ind a' co-strì r'a chéile,
  Ceol gun éibhneas seachd truaighe!
Leum mo chridhe 'na spealtaibh,
  M' an chaismeachd 'n uair chualas.

Gur h-i chaismeachd so chualas,
  A luathaich orm tioma,
Dh' fhàg to m' osnaich fuil bhrùite,
  A' sior-dhrùthadh air m' innigh,
'S fhaide seachduin na bliadhna,
  O'n a thriall sibh thair linne,
Le frìnmbach na fialachd,
  Dh'ann san lion-bhrat air fhilleadh,

'S ann san lion-bhrat air fhilleadh,
  Dh' fhàg mi spionnadh nan anfhann,
Ceann-uidhe luchd-ealaidh,
  Mar ri earras luchd-seanachais.
Agus ulaidh aos-dàna,
  Chuir do bhàs iad gu h-imcheist ;
'S o'n a chaidh thu sa chiste,
  Cha bu mhis a chùis fhàrmaid.

Cha bu mhis a chùis fharmaid,
  Ghabh mi tearbadh o'n treud sin,
Far an robh mi a'm mheaubh-ghair,
  'An toiseach aimseir mo chéitein,
'S ann an deireadh a Charbhais,
  A dhearbhadh ar feuchain
Chaill mi 'n ùr-ghibht, a chreach mi,
  Ann an seachduin na Céusda.

Ann an seachduin na Céusda,
  Diciadain mo bhristidh,
Chaill mi iuchair na h-éudail,
  Cha mhi aon neach is mist e,
Gu'n bhrath faighinn gu bràth oirr',
  Sgeul a shàraich mo mhisneach ;
'S ann fo dhiombaireachd m' àirnean,
  A tharmaich mo niosgaid.

A tharmaich mo niosgaid,
  Cha'n fhaidh mise bhi slàn deth,
Se fear tinn a chinn-ghalair,
  A ni'n gearan bochd cràiteach,

'S ann air ata 'n easlaint,
  Nach d' fhiosraich a nàbaidh,
'S cha mho dh' fhairaich e thiunneas
  Leis 'n do mhilleadh a shlainte.

Far 'n do mhilleadh mo shlaint-s',
  'S ann a tharmaich dhòmh m' easlaint,
Gu'n d' chuir aimsir na Càisge,
  Mi gu bràth fo throm airsneal,
Gheibh gach neach do na dh' fhàg thu,
  Rud 'an àite na bh' aca,
Ach mis agus Mhàiri,
  A chuir a bràthair 'an tasgaidh.

Chaidh do bhrùthair 'an tasgaidh,
  'Se mo chreach-sa gur fior sud,
'S ann an diugh tha mi 'g acain,
  Mar tha mhac na mhaol-ciarain,
Agus ise bochd brònach,
  'N deigh a leonadh o'n chiadain,
Thug mo mhaighstir math uamsa,
  Leis 'n do bhuaineadh mo phian-bhron.

Mo phian-bhron a Mhàiri,
  Mar tha thu fo chumha,
Nach faic thu do Bhràthair,
  Mar a b' àbhaist gu subhach,
An sean-fhacal gnàthaichte,
  An diugh 's fior e mar thubhairt :—
" Cha robh meoghail ga miad,
  Nach robh na deigh galach, dubhach."

Nach robh na deigh galach, dubhach,
  'Se 'm fear subhach am beairteas,
Cha'n fhaigh piuthar a bràthair
  Ach gheibh bean àluinn leth-leapach,
Thainig àr air an dùthaich,
  Dia a dhùbladh an carta,
'S ga cumail an uachdar,
  Gus am buadhaich do mhac e.

Gus am buadhaich do mhac e,
  'N déigh a ghlasadh le gruagaich,
Lan saibhris is sonais,
  Ann san onair bu dual dut,
Lean cùis 's na bi leanbail,
  'S na bidh marbh-ghean air t-uaislean,
Cum an coimeas ruit féin iad,
  'S na toir beum dha t-ainm Ruairidh.

Ruairidh reachdar, run-meanmach,
  Tartach, toirbeartach, teannta,
Do shi-seanair o'n tainig,
  Cha b'ion do nàmhaid dol teann air,
'S Ruairidh gasda 'na dheigh,
  Cha b'e roghainn bu tàire,
'S an treas Ruairidh fa dheireadh,
  Cha b'e'n gainneanach fàs e.

An treas Ruairidh de'n dream sin,
　A choisinn geall 's cha b' e mi-chliu,
Cha b' e 'n coilleanach gann e,
　Ach an ceannsgalach mileant'
Ma 's tusa roinn suas,
　An ceathramh Ruairidh, na dearmad,·
Lean ri sinnsireachd t-aiteam,
　'S u a toir masladh dha 'n ainm sin.

Na toir masladh dha 'n ainm sin,
　'S cuir leanabas fo d' bhrògan,
Na biodh daoin' ann am barail,
　Ge d' tha car aig an òig ort,
Bidh gu fiùghantach smachdail,
　Rianail, reachdmhor, 'n triath Leòdach,
" Na faic frìd an sùil brìdean,"
　Cha chùis dìon do Mhac-Leòid e.

Cha chùis dìon do Mhac-Leòid,
　A bhi dòlum 's rud aige,
Lean an dùthchas bu chòir dhut,
　'S biodh mòr-chuis na t-aigneadh,
Ach ma leigeas tu dhìot e,
　Bi'dh na ciadan ga t-agairt,
'G ràdh gur crann shlatag chrìon thu,
　'N àit' a ghniomharaich bheachdail.

Maide dh' fhàs na chraoibh thoraidh,
　Fo bhlà onarach àluinn,
Ann an lios nan crann éuchdach,
　Bha tlachd nan ceud ann 's gach àit' air,
Lean an dùthchas bu chathair,
　A mhic an athar a chràidh sinn,
Na bidh ad chrìonaich gu'n duilleich,
　Ann 'san ionad 'n do thàmh thu.

ORAN MOR MHIC-LEOID.

[EADAR AN CLARSAIR AGUS MAC-TALLA.]

Mi AD a mhulaid tha 'm thaghall,
　Dh' fhag treoghaid mo chléibh gu goirt
Aig na rinn mi ad dheighidh,
　Air m' aghairt 's mo thriall gu port.
'S ann bha mis' air do thoir,
　'S mi meas robh còir agam ort;
A dheagh mhic athar mo ghràidh,
　B tu m' aighear, 's m' àdh, 's m' olc.

Chaidh a chuibhle mu'n cuairt,
　Gu'n do thionndaidh gu fuachd am blàthas,
Naile chuna' mi nair,
　Dùn flathail nan cuach a thràigh.

Far biodh taghaich nan duan,
　Ioma' inathas gu'n chruas, gu'n chàs;
Dh' fhalbh an latha sin bhuain,
　'S tha na taighean gu fuaraidh fàs.

Dh' fhalbh, mac-tall' as an Dùn,
　'N am sgarachdainn duinn r' ar triath;
'S ann a thachair e rium,
　Air seacharan bheann, san t-shliabh.
Labhair e-san air thus—
　" Math mo bharail gur tu ma 's fior,
Chunna' mise fo' mhùirn,
　Roi 'n uiridh an Dùn nan cliar."

A Mhic-talla, nan tùr,
　' Se mo bharail gur tusa bhà,
Ann an teaghlach an fhìon',
　'S tu g-aithris air gniomh mo lamb :
" 'S math ino bharail gur mi,
　'S cha b' urasd dhomh bhi mo thàmh ;
G-eisdeachd brosluim gach ceòil,
　Ann am fochar Mhic-Leòid an àigh."

A Mhic-talla so bha,
　Anns a bhaile 'n do thar mi m' iuil ;
'S ann a nis dhuinn as léir,
　Gu'm beil mis' a's tu féin air chùl.
A reir do chomais air sgeul,
　O'n 's fear comuinn mi-féin a's tu ;
'M beil do mhulnntearas buan,
　Aig an triath ud, da'n dual an Dùn ?

" Tha Mac-talla fo ghruaim,
　Anns an talla 'm biodh fuaim a cheòil ;
'S ionad taghaich nan cliar,
　Gu'n aighear, gu'n mhiagh, gu'n phòit.
Gu'n mhire, gu'n mhùirn,
　Gu'n iomracha dlù nan còrn ;
Gun chùirm, gu'n phailteas ri dàimh,
　Gu'n mhaenas, gu'n mhùran beoil.

" 'S mi Mac-talla, bha nair
　'G eisdeachd fathrum nan duan gu tiugh ;
Far bu mhuirneach am beus,
　'N am cromadh do'n ghréin san t-sruth.
Far am b' fhoirmeal na seòid,
　'S iad gu h-òranach, croimhinor, clùth ;
Ged nach faicte mo ghnùis,
　Chluinnt' aca sa'n Dùn ino ghuth."

" 'N am eiridh gu moch,
　Ann san teaghlaich, gu'n sproc, gu'n ghruaim ;
Chluinte gleadhraich nan dòs,
　'S an céile na' cois os n-suain :
'Nuair a ghabhadh i làn,
　'S i gu'n cuireadh os n-aird na fhusir ;
Le meoir fhileanta bhinn,
　'S iad gu ruith-leumach, dionach, luath."

" Bhiodh a rianadair féin,
Cuir an ìre gur h-e bhiodh ann ;
'S e g-eiridh na measg,
'S an éibhe gu tric na cheann.
Ge d' a b' ard leinn a fuaim,
Cha tuairgneadh e sinn gu teann ;
Chuireadh tagradh am chluais,
Le h-aidmheil gu luath, 's gu mall.

'Nuair a chuirt' i na tàmh,
Le furtachd na fàrdaich féin ;
Dhomb-sa b' fhurasda ràdh,
Gu'm bu churaidench gàir nan téud.
Le h-iomairt dha làmh,
A cuir a binneas do chàch an céill ;
'S gu'm bu shiubhlach am chluais,
A moghunn lughar le luasgan mheur.

" Ann sa' fheasgar na dheigh,
N am teasa na gréin tra nòin ;
Fir chneatain ri clàir,
'S mnai' freagairt a ghnà cuir leò.
Da chomhairleach ghearr,
A labhairt 's gu 'm b'àrd an gloir ;
'S gu'm bu thitheach an guin,
Air an duine gu'n fhuil, gu'n fheoil."

" Gheibhte fleasgaich gu'n ghrain,
Na do thalla gu'n sgràig, gu'n fhuath ;
Mnai' fhionna 'n fhuilt réidh,
Cuir buineis an céill le fuaim.
Le ceileireachd beoil,
Bhiodh gu h-ealanta, h-ordail, suairc ;
Bhiodh fear-bogha 'nan còir,
Ri cuir meo-ghair' a mheòir nan cluais.

" Thoir teachdaireachd bhuam,
Le deutain, gu Ruaridh òg ;
Agus innis dha féin,
Cuid de chunnard ged 'se Mac-Leòid.
E bhi'g amharc na dheigh,
Air an laiu * a dh-éug, s' nach beò ;
Ge bu shaibhir a chliù,
Cha'n fhàgadh e 'n Dùn gu'n cheòl."

Note.—This song was a favourite with Sir Alexander M'Kenzie, of Gairloch, who paid a person to sing it to him every Christmas night. One of Sir Alexander's tenants went to him one day to seek a lease of a certain farm. The laird desired him to sit down and sing *Oran Mòr Mhic-Leòid* till he should write the document. The tenant remarked that he certainly set great value on that song. " Yes," was his reply, " and I am sorry that every Highland laird has not the same regard for it."

* John Breac M'Leod was one of the last chieftains that had in his retinue a bard, a harper, a piper, and a fool,—all of them excellently and liberally provided for. After his death, Dunvegan Castle was neglected by his son Roderick, and the services of these functionaries dispensed

CUMHA

DO DH-FHEAR THALASGAIR.*

DH-FHALBH sòlas mo latha,
Dhòrchaich m' oidhche gu'n aighear,
Cha 'n eil lanntair na m' radhad,
'S gu'n mo chainnlean a' gabhail,
Tha luchd 'm foineachd na 'n laidhe sa'n ùir orr.

Bàs an Eoin so ma dheireadh,
Rinn ar leònadh gu soillear,
Sa chùir ar sòlas an gainnead,
Dhùisg e bròn an Eoin eile,
Dh-fhag e doirt-thromach eire mo ghiùlain.

Co chunnaic no chuala,
Sgeul 's trùime sa 's truaidhe ?
Na'm beum guineach so bhuail oirnn,
Sa dh' fhag uile fo ghruaim sinn,
Eadar islean a's uaislean do dhùthcha.

Se siol Leòid an siol dochair,
Siol gu'n sòlas, gu'n suchair,
Siol a bhroin a's na bochain,
Siol gu'n cheòl a's gu'n bhroslium,
An siol dorainneach 's goirt a ràg sgiùrs orr.

Se'n clàr-sgith an clàr ro sgith,
Clàr na diobhail 's na dòsgainn,
Clàr gu'n eibhneas lann osnaidh,
Clàr nan deur air na rosgaibh,
An clàr geur, an clàr goirt, an clàr tùrsach.

Cneidh air chneidh 'sa chneidh chràiteach,
Na seana chneidhean ga 'n àrach,
Na 'n ùr chnàmhain an dràsta,
Sgrìob gach latha gar fàsgadh,
Gur tric taghaich a bhàis a toirt spuill dhinn.

Tha mi 'gràite le ceartas,
Thaobh aobharachd m' acaid,
Nach " fearr e ri chlàistinn
An t-olc cràiteach na fhaicinn,"
'S claon a dh-fhag an sean-fhacal o thùs e.

with to make room for grooms, gamekeepers, factors, dogs, and the various *et cetcras* of a fashionable English establishment. We here beg the reader to note, that we have not said Rory was an English gentleman, but only hinted that he aped the manners of one. Eight stanzas of this song are purposely omitted, as we think their insertion would be an outrage on our readers' sense of propriety.

* Mr John M'Leod, son of Sir Roderick M'Leod.

AM PIOBAIRE DALL.

John M'Kay, the celebrated piper and poet was born in the parish of Gairloch, Ross-shire, in the year 1666. Like his father, who was a native of Lord Reay's Country, he was born blind, but with perhaps the exception of a slight shade on their eyes, it would be difficult to the most acute observer to perceive that they had not their sight. When John had acquired the first principles or elementary parts of music from his father, he was sent to the College of Pipers in Skye, to finish his musical studies under the auspices of the celebrated Mac-Criummein. There were at this time no fewer than eleven other apprentices studying with this celebrated master-piper; but in the articles of capacity and genius so superior did *Iain Dall* prove himself to his fellow-students, that he outstripped them all in a very short time. This superiority, or pre-eminence naturally gained him the envy and low-souled ill-will of the others, and many anecdotes have traditionally come down to us illustrative of their rivalry and wounded pride. On one occasion as John and another apprentice were playing the same tune alternately, in the highest key of rivalry, Mac-Criummein reprimandingly asked the other, "why he did not play like *Iain Dall?*" to which the chagrined aspirant replied, " By Mary, I'd do so if my fingers had not been after the skate!"—alluding to the conglutinous touch of his fingers on the chanter-holes after having forked at some of that fish at dinner. Hence originated the taunt which the north country pipers, conscious of their own superiority, are in the habit of hurling at pipers of the more Southern districts—" *Tha mheòircan as deighe na sgait!*" Genius is never at a loss for developing itself, and where there is actually no *casus*, its fertility of invention finds abundant materials to work upon. Our youthful piper, it appears, was somewhat unfortunate in the appointment of his bed, during the early period of his apprenticeship; in short, he was infested with certain marauders, which detracted from his comfort and sleep. This circumstance he commemorated in the composition of a *piobaireachd* appropriately called *"Pronnadh nam Mial,"* which, although his first effort, both as regards its variations and general structure, is equal to any thing of the kind.

One of the Mac-Cruimmeins, a celebrated musician known by the cognomen of Padruig Caogach, owing, we suppose, to his inveterate habit of twinkling or winking with his eyes, was about the time composing a new pipe tune. Two years had already elapsed since the first two measures of it became known and popular; but owing to its unfinished state, it was called *"Am port Leathach."* Some of the greatest poets have experienced more difficulty in supplying a single line or couplet than in the structure and harmonization of the entire piece—musicians, too, have experienced similar perplexities—and *Padruig Caogach* had fairly stuck. The embryo tune was every where chanted and every where applauded, and this measure of public approbation tended to double his anxiety to have it finished—but no! the genius of composition seemed to exult at a distance, and to wink at *Caogach's* perplexity. Tender of his brother's reputation, our blind author set to work, and finished the tune which he called, " *Lasan Phàdruig Chaognich*"—thus nobly renouncing any share of the laudation which must have flowed upon the completion of the admired strain. Patrick, finding his peculiar province usurped by a blind beardless youth, became furiously incensed, and bribed the other apprentices to do away with his rival's life! This they attempted one day while walking together at Dun-Bhorraraig, where they threw their blind friend over a precipice of twenty-four feet in height! John alighted on the soles of his feet, and suffered no material injury : the place over which he was precipitated was shown to us, and is yet recognised as *Leum an Doill.* The completion of "*Lasan Phàdruig Chaogaich*" procured great praise for our young musician, and gave rise to the following well-known proverb—" *Chaidh an fhòghluim os-ceann M'hic-Cruimein.*" i. e. " the apprentice outwits the master."

After being seven years under the tuition of Mac-Cruimmein, he returned to his native parish, where he succeeded his father as family-piper to the Laird of Gairloch. He was enthusiastically fond of music, and the florid encomiums which every where flowed in upon him, gave his inventive powers an ever-recurrent stimulus. During his stay in this excellent family, he composed no fewer than twenty-four piobaireachds, besides numberless strathspeys, reels and jigs—the most celebrated of which, are " *Cailleach a Mhuillear,*" and "*Cailleach Liath Rasaidh.*"

Finding himself ultimately in comfortable circumstances, he married, and had two children, a son and a daughter—the former of whom was a handsome man. His name was Angus, and he was equal to any of his progenitors in the science of music. When our author became advanced in years, he was put on the superannuated list, with a small but competent annuity ; and he passed the remaining part of his life in visiting gentlemen's houses, where he was always a welcome guest. His visits or excursions were principally in the country of Reay and the Isle of Skye. It was during one of these peregrinations, that, hearing in the neighbourhood of Tong, of the demise of his patron, Lord Reay, he composed that beautiful pastoral "*Coire'an-Easain,*" which of itself might well immortalize his fame. It is not surpassed by any thing of the kind in the Keltic language—bold, majestic, and intrepid, it commands admiration at first glance, and seems on a nearer survey of the entire magnificent fabric, as the work of some supernatural agent.

After the death of Sir Alexander M'Donald of Slate, John paid a visit to his old rendezvous, now occupied by his friend's son. The aged bardic-piper soon experienced the verification of the adage—new kings, new laws—instead of being honoured with a seat in the dining-room as usual, he was ushered into the servants' hall immediately *below*—an indignity he was by no means disposed to pass *sub silentio*. As the young chief was taking dinner, a liveried servant made his appearance in the hall, and addressing John said—" My master wishes you to play one of those tunes he often heard his father praise"—" Go back to your master," replied *Iain Dall* warmly, " and tell him from me, that when I used to play to his father it was to charm and delight his *ears*, and not to blow music *up* in his a——!"

Having returned to Gairloch, he never again went from home. He died in the year 1754, being consequently 98 years of age, and was buried in the same grave with his father, Ruairidh Dall, in the clachan of his native parish, Gairloch.

BEANNACHADH BAIRD DO SHIR ALASDAIR MAC-CHOINNICH,

TRIATH GHEARR-LOCH; AIR DHA NIGHEAN THIGHEARNA GHRANND A POSADH.

Gu'm beannaiche Dia an teach 's an tùr
'S an tì thainig ùr 'n-ur ceann,
Geug shonna, sholta gheibh cliù,
'Ni buannachd dùthcha 's nach call.

A gheug a thainig 's an deagh uair,
Dha 'm buadhach mùirn agus ceòl
Ogha Choinnich nan rùn reidh,
'S Bharoin Shrath-Spé nam bò.

O Iarla Shì-phort an tòs
Dhiuchd an òigh is taitneich béus
'S o'n tuitear Shàileach a ris.
A fhreasdaileadh an rìgh na fheum.

'S bithidh Granndaich uime nach tìm,
Bu treubhaich iomairt 's a gach ball.
O Spé a b' iomadaich linne,
A 's feidh air tirichean àrd,

'S ann o na Cinnidhean nach fànn,
Thainig ann òigh is glaine cré,
Gruaidh chorcair, agus rosg mall,
Mala chaol, cham, 's cul réidh.

Tha h-aodann geal mar a chaile,
'S a corp sneachaidh air dheagh dhealbh,
Maoth leanabh le gibtean saor,
Air nach facas fraoch no fearg.

Tha slios mar eala nan sruth,
'S a cruth mar chanach an fheoir,
Cul cleachdach air dhreach nan téud,
No mar aiteal gréin air òr.

Bu cheòl-cadail i gu suain,
'S bu bhuachaill' i air do-bhéus
Cainneal sholuis feadh do theach,
A frithealadh gach neach mar fheum.

Gu meal thu-féin t-ùr bhean òg,
A 'Thriath Ghearr-Loch nan còrn fial
Le toll chairdean as gach tìr,
Gu meal thu ì 's beannachd Dhia,

Gu meal sibh breath, agus buaigh,
Gu meal sibh uaill, agus mùirn,
Gu meal sibh gach beannachd an céin,
'S mo bheannachd féin diubh air thùs.

'S iomadh beannachd agus teist,
Th'aig an òigh is glainne slios,
'S beannachd dha'n tì a thug leis,
Rogha nam bàn an guè, sa meas.

DAN COMH-FHURTACHD.

DO SHIR ALASDAIR MAC-DHOMHNUILL SHLEIBHTE.

[Air dha thighinn dhachaigh a Lunnainn do chaisteal Armadail sa'n Eilean Sgiathanach, agus a Bhain-tighearn' òg mhaiseach a bhi màrbh a staigh, air chinn da thighinn. Tharladh dha na phlubaire dhall a bhi staigh aig an àm, agus sheinn e 'n dàn a leanas na dhàil, a nochdadh dha gu'n chàill iomadh tréun a's flath an ceud ghràdh, d's b'eigin fadheoigh sòlas a ghlacadh.]

Beannachd dhut o'n ghabh thu 'n t-àm,
O chrìch nan Gall gu do thìr,
Dùthchas tha ri slios a chuain
'S tric a choisinn buaigh dha'n rìgh.

Do bheatha gu do thìr féin,
'Dheagh Mhic-Dhomhnuill nan sèud saor,
'S àit le maithibh Innse-Gall,
Do ghluasad a nall thar chuol.

'S àit le fearaibh an Taobh-tuath,
Gu'n bhuannaich thu mar bu chòir
Trotairnis uil' agus Slèibhte,
Uidhist nan eun a's nan ròn.

'S àit le fearaibh an Taobh-deas,
Gu'n shuidhicheadh tu ceart gu leor,
'S tu shliochd nan rìrean o shean,
Dha'n robh miagh fainear air ceòl.

Ach 'sann dhomh-sa b'aithne 'm béus,
Na ghabh rium fein diu' o thùs,
Croinn-iubhair le brataichean sròil,
Loingeas air chòrs a's ròs-iùil.

Long a's leoghann a's lamh-dhearg,
Ga'n cuir suas an ainm an rìgh,
Suaicheantas le 'n eireadh neart,
'N uair thigeadh 'ur feachd gu tìr.

Na 'n tàrladh dhuibh' bhi air lèirg,
Fo mhéirgh' dha'm biodh dearg a's bàn
Gu maiseach, faicilleach, treun,
Chuireadh sibh *ratreut* air càch.

Gu h-àrmach, armailteach, òg,
Neo-chearbach an tòir uan ruag,
'S gach àite 'n cromadh an ceann,
Bu leo na bhiodh ann, 'sa luach.

B'aithne dhomh Sir Seumas mòr
'S b'eòl dhomh Dòmhnull a mhac,
B'eòl dhomh Dòmhnull eile ris,
Chumadh fo chìs na slòigh ceart.

B'eòl dhomh Dòmhnull nan trì Dòn'ull
'S ge b'òg e, bu mhòr a chliù,
Bhi'dh fearaibh Alb' agus Eirinn,
A 'g èiridh leis anns gach cùis.

B'eol domh Sir Seumas na ruin,
T-athair-sa mhic-chliùtaich féin,
'S tus a nis an siathamh glùn
Dhordaich Rìgh nan dùl na'n dèigh.

Na'n tuiteadh m' aois cho fad a mach,
'S do mhac-sa theachd air mo thìm—
B'e sin dhomh-s' an seachdamh glùn,
'Thainig air an Dùn ri' m' linn.

'S cha 'n ionghadh dhomh-sa bhi crion,
A's mo chiabhag a bhi liath
'S gach aon diu' le cridhe mòr
Toirt dhomh airgeid a's òir riamh.

'S gach aon diu' ga m' àrach cluth,
Thuigeadh iad uam guth nam meur,
'S tha iadsa sàbhailt an diugh,
Anns a bhruth am b'eil iad fein.

'S tha mis' air fuireach sa'n àr,
'S mi cuir a bhlàir mar bha riamh,
'S mo chridhe 'g osnaich na'n déigh,
Mar Oisian an déigh, nam Fiann!

Gu meal thu t-oighreachd, 's do chliù,
Dheagh Mhic Dhomhnuill nan ruin réidh,
'S ged dh'imich uat t-ùr bhean òg
Na biodh ort-sa bròn na déigh.

'Sa liughad òigh thaitneach gun di,
Tha eadar Clàr-sgìth a's Mon-ròs
'S ma dha thaobh Arcamh a chùain
Deus a's tuath, thall sa bhòs.

Agus iad uil' ort an dèigh
Bheireadh dhut iad-féin 's an cuid,
Oighean taitneach nam beul binn,
Nam mèur grinn, 's nam bruine buig.

Chaill rìgh Bhreatainn, a's ba bhèud,
A leabaidh féin leug a ghaol
'S o na tharladh sud na chàr,
B'eigin dha bhi seal gu'n mhnaoi.

Mac-rìgh Sorcha * sgiath nan àrm
Gur h-e b'ainm dha Maighre borb,
Chaill e gheala-bhean mar ghéin,
'S dh fhurich e-féin na deigh beò!

Chaill rìgh na h-Easpailt a bhean,
An ainnir gheal nigh'n rìgh Greig,
'S gach aon diubh gabhail a null,
'S dh'imich o Fhionn a bhean féin.

On tha'n saoghal-so na cheò,
'S gur doigh dha bhi dol mu'n cuairt ;
Bidh'maid subhach annain féin
'S beannachd leis gach ni chaidh uainn.

* As Myro, son of the king of Sora,* was one day sailing in his little barque along the Irish coast, he came to a bay, remarkable for its beautiful seclusion. As his eye wandered here and there over every part of the smooth expanse, it at length rested on a group of nymphs desporting themselves, as they thought unseen, and enjoying the cool of a fine summer's eve among the waters. For a time, he fancied them mermaids, or daughters of the sea, and continued to gaze on them with admiration and awe ; but observing, as he drew nearer, that their forms were entirely human, he made all sail to ascertain who they were! On observing his approach, they darted like lightning to conceal themselves in the crevice of an adjoining rock, whither fear and modesty compelled them to seek a hasty retreat. Determined to make captive of the fairest, whosoever she might be, he moored his skiff, and went in pursuit. He soon pounced upon them in their concealment, and carried off the most handsome. Awed with terror, and suffused with tears, she on her knees implored him for liberty,—telling him that her name was "*Fàine-Soluis,*" *i. e.* beam of light, and that her father was king of that part of Ireland Unmoved by her entreaties, he conveyed her to his boat, and bore her off to his own country, where she lived with him for some time, as the partner of his bed. To her, however, Sora was a place of torment,—for the thoughts of kindred and of home embittered every hour of her existence. Goaded to despair, she formed the resolution of attempting her escape, and, having sallied forth one day, as had been her custom, to the beach, she observed Myro's *curach* afloat, and no one within view, which she unmoored, and committing herself to the mercy of the elements, nimbly leaped on board. Spreading all sail, and a favourable breeze having sprung up, she was soon driven upon the coast of Scotland, at a spot where Fingal and his attendants were refreshing themselves after the fatigues of the chase. Her eyes beamed with joy as she recognised the hero. After mutual salutations, she informed the king of Morven of what had happened ; and, imploring his protection, as her husband was in pursuit, she assured him of her determination to die rather than return, Fingal promised her his aid ; but, hardly had her troubled mind composed itself to rest, when the prince of Sora landed in the bay, and demanded his wife from him. The hero, true to his plighted promise, refused. The prince of Sora drew his sword, and menaced defiance.

* The island of Sorcha is frequently mentioned in the poems of Ossian. It is uncertain where it lay, but it seems to have been noted for the cruelty of its inhabitants.—*Dr Smith.*

CUMHA CHOIR'-AN-EASAIN.

Mi 'n diugh a' fàgail na tìre,
'Siubhal na frìth air an leath-taobh,
'S e dh'fhàg gun airgeid mo phòca,
Ceann mo stòir bhi fo' na leacan.

'S mi aig bràige 'n alltain riabhaich,
A 'g iarraidh gu beallach na featha,
Far am bi damh dearg na crùice,
Mu Fhéill-an-ròid a dol san dàmhair.

'S mi 'g iarraidh gu Coir'-an-easain,
Far a tric a sgnpadh fùdar,
Far am bi'dh miol-choin ga 'n teirbeirt,
Cuir mac-na-h-èilde gu dhùbhlan.

Coire gu'n easbhuidh gu'n iomrall,
'S tric a bha Raibeart ma d' chomarsich,
Cha n'eil uair a ni mi t-iomradh,
Nach tuit mo chridhe gu troma-chràdh.

" 'S e sin mise Coir'-an-easan,
Tha mi m' sheassidh mar a b'àbhaist,
Ma tha thu-sa na t-fhear ealaidh,
Cluinneamaid annas do làimhe."

An àill leat mis' a rùsgadh ceòil dut,
'S mi 'm shuidhe mar cheò air bealach,
Gu'n spòis aig duine tha beò dhiom,
O'n chaidh an Còirneil fo' thalamh.

Mo chreach! mo thùrsa, 's mo thrunighe!
Ga chuir san uair-s' dhomh an ìre,
Mhuinutir a chumadh rium uaisle,
Bhi'n diugh ann san uaigh ga m' dhì-sa.

Na'n creideadh tu uam a Choire,
Gur h-e doran sud air m' inntinn,
'S euid mhòr a ghabhuil mo leisgeil,
Nach urrainn mi seasamh ri seinn dut.

" Measar leam gur tu mac Ruairidh,
Chunna mi mar ris a chòirneal,
'N uair a bha e beò na bheatha
Bu mhiann leis do leathaid na sheòmar.

"Tòrachd a ta orms' air muir,
Laoch is mòr guin air mo lorg,
Mac righ Sorcha sgiath nan arm,
Triath d'an ainm am Maighre borb."

'S glacam do chomraich a bheau,
Ro aon fhear a th'air do thì;
'S a dh' aindeoin a Mhaighre bhuirb,
Bidh tu am bruth Fhinn aig sìth.

Tha talla nan creag aig laimh,
Aite tàimh clanna nam fonn,
Far am faigh an t-annrach bàigh,
A thig thar bhàrca nan tonn.

'Sin chunnacas a tighinn' mar steud
Laoch a bha mheud thar gach fear,
A caitheamh na fairge gu dian
An taobh ciand' a ghabh a bhean.

B' ard a chroinn, bu gheal a shiùil,
Bu mhìre 'n t-siuil na cobhar sruth;
" Thig a mharcaich nan steud stuadhach
Gu cuilm Fhinn nam buadh an diugh."

Bha chlaidhe trom toirteil nach gann
Gu teann air a shlios gu rèidh,
Sgiath dhrimneach dhubh air a lois,
'S e 'g iomairt chloas air a clò.

Thug Goll mac Morna 'n urchair gheur,
As air an treun do thilg e sleagh;
B' i 'n urchair bu truime beum,
D'a sgèith do rinn si da bhlòidh.

Dh' eirich Oscar 's dh' eirich Goil
Bheireadh losga lòin 's gach cath;
'S dh' eirich Iad uile na slòigh
A dh' amharc còmhraig nam flath.

Sin thilg Oscar le làn-fheirg
A chraosach dhearg le lainh chlì,
Do mharbhadh leis bean an fhir
'S mor an eion do rinneadh l'i.

Thiodhlaiceadh leinn aig an Eas,
Fàlne-Solais bu ghlan lìth,
'S chuir sinn air barraibh a meòir,
Fàin òir mar onair gin righ.

Upon which, Gaul, the son of Morni, stepping forth, encountered the stranger. But, valiant as was the arm of Gaul, he had well nigh been overpowered. Oscar, however, the son of Ossian, taking advantage of an exception to the Fingalian law, "not to aid either party in single combat with the *right hand*," hurled a dart at the young chief of Sora with his *left*; but which, missing its aim, unhappily pierced *Fàine-Soluis* to the heart. Confounded at the sight, Myro became unnerved, and was overpowered and bound by Gaul. *Fàine-Soluis* was buried where she fell, and the young chief returned to Sora. The episode concerning the Maid of Craca, in the third book of Fingal, is to be regarded as another version of the same story, though perhaps the following poem, entitled "*Cath Mhaighre mhòir mhic righ Sorcha*," is the more correct. There are indeed several editions of this piece, all of which are good, but this, in our judgment, is the best. It furnishes internal evidence of its antiquity.

Là do Fhinn le beagan sluaigh
Aig Eas-ruadh nan cubha mall,
Chunnacas a' seòladh o'n lear
Curach còd agus bean ann.

'S b' e sin curach bu mhath gleus
A' ruith na steud air aghaidh cuain,
Cas cha d' rinneadh leis na tàmh
Gus an d' rainig e 'n t-Eas-ruadh.

'S dh' eirich as maise mnà,
B' ionann dealradh dh'i 's do'n ghrèin,
'Sa h-uchd mar chobhar nan tonn,
Le fliuch-osnaich trom a cléibh.

Is sheas sinn uil' air an raon,
Na flaithean caoin a's mi féin;
A bhean a thainig thar lear,
Bha sinn gu leir roimpe séimh.

" 'S mo chomraich ort ma 's tu Fionn,"
('S e labhair ruim am maise mnà)
" 'S i d' ghnùis do'n ànrach a ghrian,
'S i do sgiath ceann-uighe na luigh."

'S a gheug na maise fo dhriùchd bròin,
'S e labhair gu fòil mi fhéin,
Ma 's urra gorm-lannan do dhion,
Bidh ar cri nach tiom d'an réir.

A PIOBAIRE DALL.

" Bu lion'ar de mhalthean na h-Eireann,
Thigeadh gu m' réidhleau le h-ealaidh,
Sheinnead Ruairidh dall dhomh fàilte,
Bhiodh Mac-Aoidh 's a chàirdean mar ris."

O'n tha thus' a' caoidh nan àrmunn,
Leis am b' àbhaist bhi ga d' thaghall,
Gu'n seinu mi ealaidh gu'n duais dut,
Ge fada bhuam 's mi gu'n fhradharc.

'S lionmhor caochla teachd sa'u t-saoghal,
Agus aobhar gu bhi dubhach,
Ma sheinnealh san uair sin dut fàilte,
Seinnear an trà so dhut cumha.

" 'S e sin ceòl is binne thruaighe,
Chualas o linn Mhic-Aoidh Dhòmhnuill,
'S fada mhaireas e am chluasan,
Am fualm a bh'aig tabhunn do mheòirean.

" Beannachd dhut agus buaidh-làrach,
Ann 's gach àite 'n dean thu seasaidh,
Air son do phuirt bhlasda, dhionach,
Sa ghrian a' teaunadh ri feasgar."

'S grianach t-ursainn féin a choire,
'S gun fhéidh a' tearnadh gu d' bhaile,
'S iomadh neach da m' b' fhiach do mholadh,
Do chliath chorrach, bhiadhchar, bhainneach.

Do chlub, do bhorran, do mhilteach,
Do shlios a Choire gur lionach,
Lubach, luibheach, dalte, dionach,
'S fasgach do chuile 's gur fiarach.

Tha t-éideadh uil' air dhreach a chanaich,
Cìrein do mhullaich cha chrannaich,
Far 'm bi' na fóidh gu torrach,
'G eiridh farumach ma t-fhireach.

Sleamhuinn slios-lhad do shliochd àraich,
Gu'n an gàrt no'n càl miu t-iosal,
Manngach, màghach, adhach, tearnach,
Graidheach, craiceach, fradharc frithe.

Neòineineach, gucagach, mealach,
Lònanach, lusanach, imeach,
'S bòrcach do ghorm luachair bhealaich,
Gu'n fhuachd ri doinionn ach cidheach.

Seamragach, sealbhagach, duilleach,
Min-leacach gorm-shliébbteach, gleannach.
Biadhchar, riabhach, riasgach, luideach,
Le 'n diolta cuideachd gun cheannach.

'S cruiteal leam gabhail do bhraighe,
Biolaire t-uisge mu t-innsibh,
Miodar, màghach, cnochdach eàthair,
Gu breac blàth-mhor an uchd min-fheoir.

Gu gormanach, tolmanach, àluinn,
Lochach, lachach, dòsach, crai-ghia'ch,
Gadharach, faghaideach, bràidbeach,
G-iomain na h-eilde gu nàmhaid.

Bùireineach, dubharach, bruachach,
Fradharcach, cròichd-cheannach, uallach,
Feòirneunach uisge nam fuaran,
Grad ghaisgeant' air ghàsgan cruadhlaich.

Colg-shuileach, fàileanta, biorach,
Spang-shronach, eangladhrach, corrach,
'S an annnoch is meanbh-luath sireadh,
Air mhire a' direadh sa Chòire.

'Sa mhadainn ag èiridh le'r miol-choin,
Gu mùirneach, maiseach, gasda, gniomhach,
Lubach, leacach, glacach, sgiamhach,
Cracach, cabrach, cnagach, fiamhach,

'N am da'n ghréin dol air a h-uilinn,
Gu fuilteach, reubach, gleusda, gunnach,
Snapach, àrmach, ealgach, ullamh,
Itiachach, marbhach, tarbhach, giullach.

'N am dhuinn bhi' tearnadh gu d' réidhlean,
Tinnteach, cainteach, cainnleach, eóireach,
Fìonach, cùrnach, ceòlar, teudach,
Ordail, eòlach, 'g òl le réite

Sguirdh mi nis' dhiot a Choire,
O'n tha mi toilicht' dheth do seanachas,
Sguiridh mise shiubhal t-aonaich,
Gus an tig Mac-Aoidh do dh'Alba

Ach 's e mo dhùrachd dhut a Choire,
O'n 's mòr dhùil ri dol tharad,
O'n tha sinn tuisleach sa mhonadh,
Bi'dh'mid a' teannadh gu baile.

ALASDAIR MAC MHAIGHSTIR ALASDAIR.

ALEXANDER M'DONALD, commonly called *Alasdair Mac Mhaighstir Alasdair*, was born in the beginning of the eighteenth century. His father resided at Dalilea, in Moidart, and was Episcopalian clergyman at Ardnamurchan. He always travelled on foot, there being no roads in that rugged country, in his time, and returned the same day. He was a man of great bodily strength, which his weekly labours and travels required. His strength was, however, sometimes necessarily exerted on other occasions. In his time the people of Moidart and Suainart often met at interments in *Eilean-Fionain*, then the common burying-ground of both districts; and, as was the custom in former ages, consumed an anchor or two of whisky, and then fought. The presence of the clergyman was often required; and it was not seldom that his strength also was exhibited in parting the combatants. His character and prowess were so well-known that few men dared dispute his right as umpire. All were obliged to succumb to the pacificator; but the Suainart men alleged that he generally laid a heavy hand on them, the Moidart men being his own friends and relatives.

The Rev. gentleman had a large family of sons and daughters. The latter all died of the small-pox, after they had families of their own. An anecdote is still related concerning them. The small-pox raged in Moidart when his children were young, and Mr M'Donald removed with them to Eilean-Fionain, (not the burying-place but another island farther up in Loch-Sheil,) that they might escape the contagion that proved fatal to so many. And they did then escape. But nothing can more clearly evince our want of foresight and utter incompetency to judge of what is best than the result of the Rev. gentleman's care—that is, even taking it for granted that it was a consequence; for his daughters all died of the very malady from which he had been so anxious to guard them, and that at a time which to superficial thinkers would seem to have rendered the calamity awfully more distressing—when their death left several families of motherless children. The distress, we are but too apt to think, would have been greatly lessened if they had been taken away when their father consulted their safety by flight. But the ways of Providence are inscrutable to our dim vision!

Four of Mr M'Donald's sons lived to a good old age. Angus, the eldest, and his descendants, continued tacksmen of Dalilea for a century. Alexander, the subject of this memoir, was the second. His two younger brothers were settled in Uist as tacksmen.

The CLANRONALD of that day countenanced young men of merit. He wished young Alexander, of whom early hopes were entertained, to be educated for the bar. His father wished him to follow his own profession, and gave him a classical education. But our poet, like many a wayward genius, followed his own inclination—and disappointed both his chief and his father. His abilities and qualifications fitted him for any calling; yet there seems to be a kind of fatuity attending those who woo the Muses, which often prevents them from adopting the most prudent and advantageous pursuits.

When attending college, it is certain, however, that he did not neglect his studies, as he was a good classical scholar. His genius was not of that kind which too easily indulges in the indolence and inactivity of life. His powers were great; and his energy of mind adequate to any task in which his will inclined him to act. But he was inconsiderate, or improvident. He entered into the married state before he had finished his studies, and soon found it necessary to attend to other avocations.* His marriage gave rise to the vulgar error, that he was intended to have been made a priest; but that, disliking the office, he disqualified himself by that rash step; whereas, he was a protestant of the English church.

As teaching is the usual and most proper occupation of students who must do something towards their own support, the poet, whose studies had been interrupted by his marriage, betook himself to that most useful, but arduous labour. It is said that he was at first teacher to the Society for propagating Christian knowledge.

We find him afterwards parochial schoolmaster of Ardnamurchan, and an elder; consequently a presbyterian. He lived on the farm of Cori-Vullin, at the base of Ben-Shiante, the highest mountain in that part of the country, and adjacent to the noble ruins of Castle Mingarry, a romantic situation on the Sound of Mull, directly opposite to Tobermory, whose rural scenery aided the frequent inspirations of the bard; for, while he wielded the ferula, he neglected not the muses. There many a scene witnessed their delightful amours. He might have devoted more of his time to them than could be well spared from the labours of the farmer, and the duties of the instructor; yet the poet would have his own way, as well as please his own mind. As might have been expected, complaints were preferred against him; and the Presbytery appointed a committee to examine the school. His best friends must have allowed that there was just ground of complaint; yet, the examiners were not inclined to be rigorous. To give a specimen of the progress the scholars were making, the schoolmaster called up a little boy † who had entered the school at the preceding term, and then commenced to learn the alphabet. He read now the Scriptures fluently and intelligibly. The Reverend gentlemen were well pleased with the specimen, and gave a favourable report of the school.

* " He was married to Jane M'Donald, of the family of *Dail-an-eas*, in Glenetive. He composed a song on her, which is not remarkable for tenderness or affection, but cold and artificial, when compared with his lofty and impassioned strains in praise of Mòrag."—*Memoir prefixed to the Glasgow edition of* 1839.

† Duncan M'Kenzie, Kilchoan, who lived to the great age of ninety-four; and, in 1828, communicated to us this information. He also told us that in the ensuing summer he was taken from school to attend cattle; and that some time thereafter Mr M'Donald left his school and farm and joined the Prince. " Poor man," added he, " he lost his all." He also mentioned that the country was in an unsettled state for some time, and that he lost the opportunity of getting any more education.

A bard was, even in our poet's time, a conspicuous character, and that not only as the "man of song:" he was highly esteemed in war and in peace. He was first in council; consulted in all matters of importance as a man of acknowledged talent; as being shrewd, cautious, and intelligent. An anecdote will show the opinion entertained of our bard even in the eighteenth century. One day the clergyman and he met. They went to have a drink, and some conversation. "There is little public news, and what is the private?" enquired the clergyman. "Very little," was the answer. "Have you heard of any thing at all in my parish that is worth relating, or any thing the reverse?" "Nothing." "Then," said the minister, "I have a piece of news for you." "We shall hear it." "Yes; and it is, that one of my elders has got his nurse in the family way." "Is it possible!" "I understand that it is very true." The poet wondered that he had not heard of it. "How can any thing be known in the country, and I ignorant of it?" said he to himself. They parted. The poet felt chagrined: could not get over it. When he went home, he mentioned to Mrs M'Donald the piece of intelligence communicated by the minister, but could not think who the elder was. She smiled, and told him it was himself,—she being in the family way, and nursing.

Of the changes and troubles of the year 1745, our author had his share. He laid down the ferula and took up the sword; abandoned his farm, and lost his all, in a cause which to cool reflection must have appeared hopeless. Prince Charles must have esteemed him as a highly accomplished scholar and a soldier, enthusiastic in his cause, so much attached to his interest, but, above all, as a bard. He was the Tyrtæus of his army. His spirit-stirring and soul-inspiring strains roused and inflamed the breasts of his men. His warlike songs manifested how heartily he enlisted in, and how sanguine he was in the success of the undertaking. He received a commission.

He not only changed his profession, and put all he had on the chance of the Prince's success, but he also changed his religion: he became a Roman Catholic. We need not wonder at this, as he was now among his friends and countrymen of that persuasion,— especially as he was given to changes. He was brought up a member of the Church of England; he was a member of the Church of Scotland when parochial schoolmaster and elder; and he became a member of the Church of Rome among his own clan and relations. The Mull bard, his constant antagonist, hit upon the true cause of his last change when he says:—

"Cha be 'n creideamh ach am brosgul,
Chuir thu ghiulan crois a phàpa."

After the year 1745, the bard and his elder brother, Angus, a man of a diminutive size, but of extraordinary strength,* escaped the pursuit of their enemies, and concealed

---

* Some good anecdotes are still current in Moidart about this great little man. He is called *Aonghas beag Mac Mhaighstir Alasdair*. We deem the following worth preserving:—*Culla bàn* M'Donald, of Burnsdale, came one day to a ford of the Lochie which he was meaning to cross, and found Angus sitting on a stone taking off his shoes and stockings preparatory to going over also. The river was considerably swollen at the time, and Burnsdale, who was a strong and tall man, accosted Angus as follows:—"My little fellow, keep on your shoes and stockings, as they

themselves in the wood and caves of Kinloch-na-nua, above Borradale, in the district of Arisaig. Their local knowledge of the country, and the care and attention of friends, enabled them to elude all search, surmount difficulties, and endure privations to which many fell a sacrifice.

A well-authenticated anecdote of the poet and his brother demonstrate the courage of the soldier and the spirit of the times. One day, as they were removing from one place of concealment to another, Angus, observing that his brother's hair was grey, (the side of his head next the ground, cold and frozen, became quite grey the night before,) contemptuously declared him an old man. " I should not wonder," replied Alexander, " were it not a dwarf that called me ' a poor old man.' " Angus, turning instantly round, dared him to repeat his words. They were in imminent danger. The least noise or indication of persons concealing themselves might have betrayed the place of concealment, and it would not have been safe for them to remain any longer in that part of the country. Regardless of the situation and critical circumstances, the poet could not pass over an occasion of cracking a joke, and the spirit of the manikin was too high to suffer any contempt. The fear, however, of provoking the resentment of the redoubtable hero, made the bard observe silence.

After this eventful period, Alexander M'Donald lived poor. He was invited to Edinburgh by Jacobitical friends, residing in the metropolis, to take charge of the education of their children, and where he had a better opportunity of finishing the education of his own. From Edinburgh he returned to the Highlands, being disappointed of the expected encouragement, and took up his residence in Moidart. He and Mr Harrison, the priest, lived not on the best terms, and therefore he removed to Knoydart, and resided at Inveraoi.* He latterly returned into Arisaig, and resided at Sandaig till his death.

will make you wade the better, and make haste come over with me and keep in my wake; I will break the force of the stream, which will enable you to get over with the greater ease." Angus knew him, and thanked him for his goodness; he did also as he was bidden. When they were in the most rapid part of the stream, Barasdale was like to be overpowered by the current, and was for returning; which Angus dared him on his peril to do; and, placing himself between Coll and the stream, dragged him by sheer force to the other side. Then said Angus to him, " You called me ' *little fellow*' on the opposite side of the water; who, think you, might with greater propriety be called ' *little fellow*' on this side ? Take advice: Never call any man *little* till you have proved him; and always try to form your estimate of a man's character by something more substantial than mere appearance. Remember, also, great as you are, that had it not been for a greater man than yourself you might have been meat for all the eels in the Lochie."

* He composed a number of songs after this: and one of them, entitled " *Iomraich Alasdair à Eigneig do dh' Inner-aoidh*," displaying curious traits of the irritable and discontented temper that embittered his life when in *Eigneig*. While there, he represents all things, animate and inanimate, rocks and thorns, thistles and wasps, ghosts and hobgoblins, combining to torment and persecute him. He speaks of Mr Harrison as follows :—

" Am fear
Dheanadh as-caoin-eaglais chruaidh orm,
Mu'n cluinneadh a chluais tri chasaid." *

On the other hand, he represents *Inveraoi*, in Knoydart, a place like paradise,—full of all good things, blooming with roses and lilies, and flowing with milk and honey,—free of *ghosts, hobgoblins,* and *venomous reptiles*. How long he remained in this rocky paradise is not known; but he appears to have lived some time in Morror, as he composed a very elegant song in praise of that country.

* For this song see the Glasgow edition of 1839, page 88.

He died at a good old age, and was gathered to his fathers in *Eilean-Fionain*, in Loch-Sheil.

Like most men of genius, who make some noise in the world, *Mac-Mhaighstir Alasdair* has been much lauded on the one side by the party whose cause he espoused, and as much vilified, and, in some instances, falsefied, by the other party. Mr Reid, in his book, "Bibliotheca Scoto-Celtica," seems to have had his information from the last mentioned source. We have taken our account of him from undoubted authorities. We have seen individuals who knew and were intimate with him; and have been acquainted with many of his relatives, and some of his descendants. Let us now proceed to his works. The first given to the public was his "Gaelic and English Vocabulary," published under the patronage of the Society for propagating Christian knowledge in the Highlands and Islands of Scotland,—a work of acknowledged merit and great usefulness in the schools, and which is very creditable to the author. It appeared in 1741, and was the first Vocabulary or Dictionary of the language ever published in a separate form. It is not alphabetically arranged, but divided into subjects. His poems were first published at Edinburgh, in 1751, and but for their being in Gaelic must certainly have brought on their author the vengeance of the law agents of the crown, for it is scarcely possible to conceive of language more violent and rebellious than that of many of his pieces. The longest and most extraordinary of his poetical productions is his "Birlinn Chlainn Raonuill." "He has in his 'Birlinn,'" says Mr Reid, "presented us with a specimen of poetry which, for subject matter, language, harmony, and strength, is almost unequalled in any language." He must have had the greatest command of the Gaelic language to have composed on a subject that would exhaust the vocables of the most copious.

From 1725 to 1745 he composed his descriptive poems, &c. "*Alt-an t-Siucair*" is an ignoble stream passing between the farm he occupied and the next to it, which he immortalizes in flowing strains. As a descriptive poem, it is perhaps unequalled by any in the language. Every object which the scene affords is brought to bear upon, and harmonize with, and give effect to the picture with a skill and an adaptation which bespeak the master-mind of the artist. Nowhere does poetry seem more nearly allied to painting than in this admirable production of our bard. His "*Oran an t-Samhraidh*," or "Ode to Summer," in which he is said to be delightfully redundant in epithets, like the season in its productions which he describes, he composed at Glencribisdale, situated on the south side of Loch-Suainart, in the parish of Morven. He came there on a visit the last day of April; and rising early next morning, and viewing the picturesque scenes around, was powerfully impressed with the varied beauties of nature, displayed in such ample profusion. His "Ode to Winter" is longer, and indicative of even greater powers of genius. The reason why this poem is not so popular as the forementioned is probably because it contains so many recondite terms and allusions. If it were as generally understood it would doubtless be as well appreciated. It was composed in Ardnamurchan, as well as many others in which scenes and events have been described which enable us to point out the locality and relate the circumstances that gave occasion to them. But after leaving Ardnamurchan, a subject presented itself that required all his energy, exertion, and enthusiasm,—and he was not wanting in either of them. His powers, both bodily and mental, were roused to action. His soul was fired with the prospect in view. He invoked the Muse, and she was auspicious. The few that remain of his Jacobite poems and songs are known to excel all other productions of this mighty son of song. The " Lion's Eulogy" breathes Mars throughout: so does the Jacobite song, sung to the tune of " *Waulking o' the Fauld*," beginning " *A chomuinn rioghail rùnaich.*" The song entitled " *Am Breacan Uallach*" is equally spirited and warlike.

We have good authority for saying that a tenth of these poems and songs have not been given to the world. His son Ronald had them all in manuscript; but having published a collection of Gaelic poetry, and not meeting with much encouragement for a second volume, he allowed his MS. to be destroyed. Dr. M'Eachen, a friend and connexion, had the mortification of seeing leaves of them used for various purposes through the house.

Mr M'Donald could bear no rival. He often selected indifferent subjects to try his own powers. For instance, " The Dairy Maid," and " The Sugar Brook." But, while as a poet he merits the highest praise, he is not to be excused for his immoral pieces, which of course are excluded from the " BEAUTIES OF GAELIC POETRY."

MOLADH AIR AN T-SEANA CHANAIN GHAELACH.

Gun h-i 's crioch àraid
Do gach cainnt fo'n ghréin,
Gu ar smuaintean fhàsmhor
A phàirteachadh r'a chéil';
Ar n' inntinnean a rùsgadh,
Agus rùn ar cri,
Le 'r gniomh, 's le 'r giùlan,
Sùrd chuir air ar dìth.
'S gu laoidh ar beoil
A dh'iobradh Dhia nan dùl,
'S e h-ard chrìoch mhòr,
Ge bi toirt dòsan cliù.
'S e'n duine féin,
'S aon chreutair reusant ann,
Gu'n tug toil Dé dh'a,
Gibht le bheul bhi cainnt:
Gu'n chum e so,
O'n-uile bhrùid gu léir;
O ghibht mhòr phriseil-s'
Dhealbh na iomhaidh féin!
Na'm boirte balbh e,
'S a theanga marbh na cheann,
B'l n iarguin shearbh e,
B' fhearr bhi marbh no ann.

'S ge h-iomadh cànan,
O linn Bhabel fhuair
A'sliochd sin Adhamh,
'S i Ghàelig a thug buaidh.
Do'n labhradh dhàicheil,
An t-urram àrd gun tuairms',
Gun mheang, gun fhàilinn,
Is urrainn càch a luaigh.
Bha Ghàelig, ullamh,
Na glòir fior ghuineach cruaidh,
Air feadh a chruinne
Ma'n thuilich an Tuil-ruadh.
Mhair i fòs,
'S cha téid a glòir air chall
Dh'ain-deoin gò,
A's mi-run mhòr nan Gall.
'S i labhair Alba,
'S Galla-bhodaiche féin ;
Ar flaith, ar priunnsai,
'S ar diùcunnan gun éis.
An taigh-comhairl' an rìgh,
'Nuair shùidheadh air beinn' a chùirt,
'S i Ghàelig liobhta,
'Dh' fhuasgladh snaim gach cùis.

'S i labhair Calum
Allail! a chinn-mhòir,
Gach mith, a's maith,
Bha 'n Alba beag a's mòr.

'S i labhair Gaill, a's Gaeil,
Neo-chleirich, a's cléir
Gach fear a's bean,
A ghluaiseadh teang' am béul.
'S i labhair Adhamh,
Ann a Pàrrais féin,
'S bu shiubhlach Gàelig
O bheul àluinn Eubh'.
Och tha bhuil ann!
'S uireasach gann fo dhìth,
Glòir gach teanga
A labhras cainnt seach i.
Tha Laideann coimhliont',
Toirteach, teann ni's leoir;
Ach sgalag thràilleil e
Do'n Ghàelig chòir.
Sa'n Athen mhoir,
Bha Ghrèuguis còr na tim,
Ach b'ion d' i h-òrdag
Chuir fo h-òr chrios grinn.
'S ge mìn, slìm, bòidheach,
Cuirteil, rò bhog liobht',
An Fhraingeis lòghmhor,
Am *pàilis* mòr gach rìgh ;
Ma thagras càch orr',
Pairt d'an ainbhfheich' féin,
'S ro bheag a dh' fhàgas
Iad de dh-àgh na cré.

'S i 'n aon chànan
Am beul nam bàrd 's nan éisg,
'S fearr gu càineadh,
O linn Bhabel féin.
'S i's fearr gu moladh
'S a's torrunnaiche gleus,
Gu rann no laoidh,
A tharruinn gaoth tro' bheul.
'S 's fearr gu comhairl',
'S gu gnodhach chuir gu feum,
Na aon teang' Eòrpach,
Dh' ain-deoin bòsd nan Greug.
'S 's fearr gu rosg,
'S air chosnbh a chuir dhuan ;
'S ri cruaidh uchd cosgair,
Bhrosnachadh an t-sluaigh.
Ma chionneamh bàr,
'S i 's tàbhachduich bheir buaidh,
Gu toirt a bhàis
Do 'n eucoir dhàicheil, chruaidh.
Cainnt laidir, ruitheach,
Is neo-liotach fuaim ;
'S i acadhail, sliochdmhor,
Brisg-ghloireach, mall, luath.

Cha'n fheum i iasad,
'S cha mhò dh'iarras bhuath' ;
O 'n t-sean mhathair chintach,
Lan do chiadamh buaidh!
Tha i-féin daonnan,
Saibhir, maoineach, slàn ;
A taighean taisge,
Dh'fhaclan gasda làn.
A chànain, sgapach,
Thapaidh, bhlasda, ghrinn !
Thig le tartar,
Neartmhor, o beul cinn.
An labhairt shiolmhor,
Lìonmhor, 's milteach buaidh.
Sultmhor, brìghor,
Fhìr-ghlan, chaoidh nach truaill !
B' i' n teanga mhilis,
Bhinn-fhaclach 's an dàn ;
Gu spreigeil, tioram,
Ioraltach, 's i làn
A chànain cheòlmhor,
Shòghmhor, 's glòrmhor blas,
A labhair mòr-shliochd
Scòta 's Ghàeil ghlais.
'S air reir Mhic-Comb,
An t-ùghdar mòr ri lùaigh !
'S i's freumhach òir,
'S ciad *Ghràmair* glòir gach sluaigh !

MOLADH MORAIG.

AIR FONN—"*Piobaireachd.*"

Urlar.

'S truagh gun mi 's a' choill
'N uair bha Mòrag ann,
Thilgeamaid na croinn
Co bu bhòich' againn ?
Inghean a chùil duinn,
Air am beil a loinn,
Bhi'maid air ar broinn
Feadh na ròsanan ;
Bhreugamaid sinn-fhìn,
Mireag air ar blìon,
A buain shobhrach mìn-bhuī'
Nan còsagan ;
Theannamaid ri strì
'S thaghlamaid san fhrìth
'S chailleamaid sinn fhìn
Feadh nan sròineagan.

Suil mar ghòrm-dhearc driùchd
Ann an ceò-mhadainn ;
Deirg' is gil' na d' ghnùis
Mar bhlà òirseidin.

Shuas cho mìn ri plùr :
Shios garbh mo chulaidh-chiùil ;
Grian nam planad cùrs,
A measg òigheannan ;
Reulla ghlan gun smùir
Measg nan rionnag-iùil ;
Sgathan mais' air flùra
Na bòichid thu ;
Ailleagan glan ùr,
A dhallas ruisg gu'n cùl ;
Ma's ann de chriaghaich thù
'S aobhar mòr-loughnaidh.

O'n thainig gnè de thùr
O m' aois òige dhomh,
Nir facas creutair dhiù,
Ba cho glòrmhoire ;
Bha Malli dearbha caoin,
'S a gruaidh air dhreach nan caor ;
Ach caochlaidheach mar ghaoith,
'S i ro òranach ;
Bha Pegi fad an aois,
Mar be sin b'i mo ghaol ;
Bha Marsaili fìr aodrum,
Làn neònachais ;
Bha Lili taitin rium,
Mar be a ruisg bhi fionn ;
Ach cha ba shà buirn-ionnlaid,
Do'n Mhòraig-s' iad.

Siubhal.

O! 's coma leam, 's coma leam,
Uil' iad ach Mòrag ;
Ribhinn dheas chulach
Gun uireasbhuidh foghlum ;
Cha'n fhaighear a siunnailt,
Air mhaise no bhunailt,
No'm beusan neo-chumant',
Am Muile no'n Leoghas.
Gu geamnuidh, deas furanach.
Duineil gun mhòr-chuis ;
Air thaghadh na cumachd,
O mullach gu brògan ;
A neul tha neo-churaidh,
'S a h-aghaidh ro lurach ;
Go brìodalach, cuireideach,
Urramach, seòlta.

O guili-gag ! guili-gag !
Guili-gag Mòrag !
Aice ta chulaidh
Cu cuireadh nan òigear ;
B' é'n t-aighear 'sa sulas,
Bhi sìnte ri t-ulaidh,
Seach daonnan bhi fuireach
Ri munaran pòsaidh.
D'am phianadh, 's d'am ruagadh
Le buaireadh na feola ;
Le aislingean-connain
Na colla d' am leonadh ;

'Nuair chidh mi ma m' choinneamh,
A ciochan le coinneil,
Théid m'aigneadh air bhoile,
'S na theine dearg sòlais.
O fair-a-gan ! fair-a-gan !
Fair-a-gan ! Mòrag !
Aice ta chroiteag
Is *toite* san Eorpa ;
A ciochan geal criostoil,
Na fuice' tu stoit' iad,
Gu'n tairrneadh gu beag-nair',
Ceann-eaglais na Ròimhe.
Air bhuigead 's air ghilead,
Mar lìli nan lòintean ;
'Nuair dheana tu'n dinneadh
Gu'n cinneadh tu deonach ;
An deirgead, an grinnead ;
Am mìnead, 's an teinnead ;
Gu'm b'àsainn chur spionnaidh,
Agus spioraid am feoil iad.

Urlar.

Thogamaid ar fonn,
Anns an òg-mhadainn ;
'S *Phœbus*' dath na'n tonn,
Air fiamh òreusin ;
Fa'r céill cha bhiodh conn,
Ar sgà' dhoir' a's thom,
Sinn air daradh trom
Le'r cuid gòr-aileis ;
Direach mar gu'm biodh
Maoiseach's boc a frìth,
Crom-ruaig a chéile dion
Timcheall òganan ;
Chailleamaid ar cli
A' gàireachdaich linn-fhìn,
Le bras mhacnas dian sin
Na h-ògalachd.

Siubhal.

O dastram ! dastram !
Dastram, Mòrag !
Ribhinn bhuidh bhastalach,
Leac-ruiteach ròsach ;
A gruaidhean air lasadh,
Mar lasair-chlach dhaite,
'S a deud mar an sneachda,
Cruinn-shnait' an dlù òrdugh.
Ri *Bhenus* cho tlachdmhor,
An taitneachdainn fheol'or ;
Ri *Dido* cho maiseach,
Cho' snasmhor 's cho còrr r'i ;
'S e thionnsgan dhomh caitheamh,
'S a laodaich mo rathan,
A bhallag ghrinn laghach,
Chuir na gathan-sa m'fheol-sa.

'S mar bithinn fo ghlasaibh,
Cruaidh phaisgte le pòsadh,

Dh'iobrainn cridhe mo phearsa,
Air an altair so Mòrag,
Gu'n liubhrainn gun airsneul,
Ag stòlaibh a cās e ;
'S mar gabhadh i tlachd dhiom,
Cha b' fhada sin beò mi.
O 'n t-urram! an t-urram!
An t-urram! do Mhòraig!
Cha mhor nach do chuir i ;
M'fhuil nil' as a h-òrdugh ;
Gu'n d'rug orradh ceum-tuislidh,
Fo iomachd mo chulslean,
Le teas agus murtachd,
O mhoch-thra Di-dòmhnaich.

'S tu reulla nan cailin,
Làn lainnir gun cheò ort ;
Fior chomhnart gun charraid,
Gun arral, gun bheòlam ;
Cho mìn ri cloidh-eala,
'S cho geal ris a ghaillionn ;
Do sheang shlios sèamh fallain,
Thug barrachd air mòran.
'S tu ban-rìgh nan ainnir,
Cha sgallais an còmhradh ;
Ard fuinnidh na d' ghallan,
Gun bhailleart, gun mhòr-chuis ;
Tha thu coimhliont' na d' bhallabh,
Gu h-Innsgineach athlamh ;
Caoin, meachair, farasd,
Gun fhurum, gun ròpal.

Urlar.

B'fhearr gu bithinn sgaoilt'
As na còrdaimhsa,
Thug mi tuille gnoll
A's bu choir dhomh dhut ;
Gu 'n tig fa dhulne taom,
Gu droch ghniomh bhios claon,
Cuireadh e cruaidh-shnuim
Air o'n ghòraich sin :
Ach thug i so mo chiall,
Uile bhuam gu trian ;
Cha'n fhaca mi riamh
Siunnailt Mòraig-sa,
Ghoid i bhuam mo chri,
'S shlad i bhuam mo chli,
'S cuiridh i 'san chill,
Fo na fòdaibh mi.

Siubhal.

Mo cheist agus m'ullaidh
De'n chunnaic mi d' shèòrs thu,
Le d' bhroilleach geal-thuraid,
Nam mullaichean bòidheach ;
Cha'n fhaigh mi de dh'thuras,
Na ni mionaid unt fuireach,
Ga d' thu buarach na dunach

D'am chumail o d' phòsadh.
Do bheul mar an t-sirist,
'S e milis ri phògadh,
Cho dearg ri bhermillian,
Mar bhileagan ròsan :
Gu'n d'rinn thu mo mhilleadh,
Le d' *Chupid* d'am bhioradh,
'S le d'shaighdan caol, biorach,
A rinn ciorram fa m' chòta.

Tha mi lan mulaid,
O'n chunnaig mi Mòrag,
Cho trom ri clach-mhuilinn,
Air lunnan d'a seòladh :
Mac-samhail na cruinneig,
Cha'n eil anns a chruinne ;
Mo chrì air a ghuin leat,
O'n chunna' mi t-òr-chul
Na shlamagan bachallach.
Casarlach, còrnach ;
Gu fainneagach, clenchdagach,
Dreach-lubach, glòrmhor ;
Na reullagan cenrclach ;
Mar usgraichean dreachmhor,
Le fudar san fhasan
Grian-lasda, ciabh òr-bhuidh.

Do shlios mar an canach ;
Mar chainneal do phògan ;
Ri *Pheonix* cho aineamh ;
'S glan lainnir do chista :
Gu mùirninneach banail,
Gun àrdan gun stannart ;
'S i corr ann an ceanal,
Gun ainnis gun fhòtus.
Na faicte mo leannan
'S a mbath-shluagh di-dònaich,
B'l coltas an aingeal,
Na h-earradh's na combradh ;
A pearsa gun talach
Air a gibhtean tha barrachd ;
A'n, Ti dh' fhàg thu gun aineamh,
A rinn do thalamh rud bòidheach.

Urlar.

Tha 'n saoghal lan de smaointeannan feolar,
Mumon bi'dh 'g ar claonadh
Le ghoisnichean ;
A cholainn bheir oir'n gaol
Ghabhail gu ro fhaoiln,
Air striopachas, air craos,
Agus struthalarhd :
Ach cha do chreid mi riamh
Gu'n do sheas air slinbh,
Aon te bha cho ciutach
Ri Mòraig-sa ;
A subhailcean 's a ciall,
Mar gu'm biodh ban-dia.
Leagh an crì am chliamh
Le cuid òrrachan.

Siubhal.

Ar comhairle na ceilibh orm.
Ciod eile their no ni mi?
Ma'n ribhinn bu tearc ceileireadh,
A sheinneadh air an fhìdeig:
Cha'n fhaighear à lethid eile so,
Air tìr-mor no 'n eileanan;
Cho iomlan, 's cho eireachdail.
Cho teiridneach, 's cho biogail,
'S ni cinnteach gur ni deireasach
Mar ceileir so air Sìne,
Mi thuiteam an gaol leath-phairteach,
'S mo cherenion ga'm dhiobhail;
Cha'n eil do bhùrn a Seile sid,
No shneachd an Cruachan eilideach
Na bheir aon fhionnachd eiridneach
Do'n teine th'ann am innsgin.

'Nuar chuala mi ceol leadanach
An fheadain a bh'aig Mòrag,
Rinn m'aigneadh damhsa' beadarach,
'S e freagra dha le sòlas;
Sèamh ùrlar, suchrach, leadarra
A puirt, 's a meoir a breabadaich;
B'e sid an òr-fhead eagarra,
Do bheus nan creaga' mòra,
Ochòin! am feadan baill-eughach,
Cruaidh sgal-eughach, glan ceolmhor,
Nam binn-phort stuirteil, trileanta,
Ri min-dhionachd, bog rò-chaoin;
A màrsal comhnard staideil sin,
'S e lùghmhor grasmhor caiseamachd;
Fìor chrunluath, brig, spalpara,
Fa clia-lù na bras-chaoin sporsail.

Chinn prois, is stuirt, n's spraicheulachd,
Am ghnuis 'n uair bheachdaich gùamag,
A seinn an fheadain ioraltaich,
B'ard iolach ann am chluasan;
A smain-cheol, sithe mir-annach;
Mear stoirmeil, pungail, mionaideach;
Na b' fhuirmeile nach sireamaid,
Air mhirid ri h-uchd tuasaid.
O'n buille meoir bu lomarra,
Gu pronnadh a phuirt unimhrich!
'S na h-uilt bu lùghmhor cromainean
Air thollaibh a chroinn bhundhaich!
Guu slaod-mheoirich, gun ronnaireuchd,
Brisg, tiornm, suchdair, colaideach;
Geal-lùdag nan gearra-cholluinnean,
Na craplù, loinneil, guanach!

Urlar.

Chasgamaid ar n-iot
Le glan fhion an sin,
'S bhunlamaid gu dian
Air gloir shiomhalta:
Tuille cha bhiodh ann,
Gus an tigeadh àm,

A bhi cluich air dàm,
Air na tiodhan sin:
Dh'òlaimaid ar dràm,
Dh'fhògradh uainn gun taing,
Gach ni chuireadh maill
Air bhi mìog-chnisench;
Maighdean nan ciabh fann,
Shniamhanach nan clann;
Mala chaol, dhonn, cham,
Channach, fhinealta.

An crunluath.

Mo cheann tha làn de sheillennaibh
O dheilich mi ri d'bhriodal;
Mo sbròn tha stoipt' á dh-*elebor*
Na deil, le teine dimbis;
Mo shuilean tha cho deireasach,
Nach faic mi gnè gun *telescop*,
'S ge d'hhiodh meudach beinn' ann,
'S ann theirinn gur h-e frìd I.
Dh'fhalbh mo cheudfaidh còrporra
Gu docharach le bruadar,
'N uair shaoil mi fortan thor chairt domh,
'S mi'm thorroichim air mo chluasaig:
Air dùsgadh as a chaithream sin
Cha d'fhuair mi ach aon fhailleas d'i,
An ionnd na maoin bearraideach
A mbeal mi gu seachd uaireau.

Ach, ciod thug mi gu glan fhaireachadh,
Ach carachadh rinn cluanag:
'S co so, o thus, bha Mh'rag ann,
Ach Sìne an òr-fhuilt chunchaich;
'Nuair thùr i gu'n do lagaich mi,
'S gu feumainn rag chuir stalenidh ann,
Gu'n d'rinn i druoidhenchd-chadail domh,
Rinn cruaidh fior rag de m luaidhe.
Bha cleasachd-sa cho innealta,
'S cho innleachdach ma'n cuairt d'i,
Nach faodainn fhin thaobh sì-mhaltachd,
Gun dlighe crìon thoirt uam dh'i;
Gu'n thiunndaidh mi gu h-ordail r'i;
'S gu'n shaoil mi gu'm b'i M'rag i;
Gau d' aisig mi mo phogan dù,
'S cha robh d'a coir dad uaipe.

Note.—This is one of the finest productions of the Keltic muse. The bard appears to have been really enamoured, and he pours forth his elegant, rapid, and impassioned strains in a torrent of poetry which has never been equalled by any of his contemporaries. Mòrag was a common country girl; and it is said that the poet's wife became jealous of her rival. The bard had talked of the marriage ties with the greatest contempt, and regretted that he was fettered with the bonds of wedlock. This raised a storm, and the bard sacrificed the mistress to appease the wife, and composed his "*Mi-mholadh.*" Here is an instance of his disregard to truth and common decency, as well as of moral and poetical justice. As the praise was exaggerated and extravagant, the censure was cruel, unmanly, and undeserved. He first raised the object of his admiration to the skies, with the most hyperbolical praise—and then, without any provocation, he suddenly wheels round and overwhelms his goddess with the most slanderous, foul-mouthed and unfeeling abuse. His "*Mi-mholadh Mòraig*" is printed in the *Glasgow complete edition of his works of* 1839.

ORAN AN T-SAMHRAIDH.

Air fonn—"*Through the wood, laddie.*"

An déis dhomh dùsgadh 's a'mhadainn,
'S an dealt air a chòill,
Ann a madainn ro shoillrir,
Ann a lagan beag doilleir,
Gu'n cualas am feadan
Gu leadurra seinn ;
'S mac-talla nan creagan
D'a fhreagairt bròn bhinn.*

Bi'dh am beithe deagh-bholtrach,
Urail dosrach nan càrn,
Iti maoth-bhlàs driùchd còitean,
Mar ri caoln-dhearsadh gréine,
Brùchdadh barraich tro gheugan,
'S an mhios cheutach sa Mhàigh :
Am mios breac-laoghach, buailteach ;
Bhainneach, bhunghach, gu dàir !

Bi'dh gach doire dlù uaignidh
'S trusgan unin' ump a' fàs ;
Bi'dh an snothach a direadh
As gach friamhach a's isle,
Tro 'na cuislinnean snioinhain,
Gu miadachadh blà ;
Cuach, a's smeòrach 's an fheasgar,
Seinn a leadain 'n am bàrr.

* We have heard it broadly asserted, that the commencing stanza of this song is a mere translation of the first stanza of a certain song in "Ramsay's Tea Table Miscellany." That there is a general similarity between these two stanzas, is admitted at once : and that M'Donald may have seen the "Miscellany," and also read the stanza in question, is likewise conceded. But that the similarity between the two is such as to warrant the conclusion that *he must have seen it*, we cannot allow. As to its being a translation, if our opinion were asked, we would say at once "It is not." But we subjoin the lines from the "Miscellany," that the reader may have the better opportunity of judging :—

"As early I wak'd,
On the first of sweet May,
Beneath a steep mountain,
Beside a clear fountain,
I heard a grave lute
Soft melody play,
Whilst the echo resounded
The dolorous lay."

Ramsay's Tea Table Miscellany, Vol. I.

A mios breac-uigheach, braonach,
Creamhach, maoth-rosach, àdh !
Chuireas sgeadas neo-thruaillidh,
Air gach àite d'a dhuaichnenchd ;
A dh'fhogras suicachd le chuid fuachd,
O gheur-ghruaim nam beann àrd ;
'S aig meud eagail roi *Phœbus*,
Theid's na speuraibh 'na smàl.

A mios lusanach, mealach,
Feurach, faileannach, blàth ;
'S e gu gucagach, duilleach,
Luachrach, ditheanach, lurach,
Beachach, seilleanach, dearcach,
Ciurach, dealltach, trom, thà ;
'S i mar chuirneanan daimein,
Bhratach bhoisgeil air làr !

'S moch bhios *Phœbus* ag òradh
Ceap nam mòr-cruach 's nam beann ;
'S bi'dh 'san uair sin le sòlas,
Gach eun binn-fbaclach boidbeach.
Ceumadh meur-buillean ceòlar,
Feadh phres, ògan, a's ghleann ;
A chorruil chuirteach gun sgrendan,
Aig pòr is bendarraich greann !

'S an am tighinn do'n fheasgar,
Co-fhreasgradh aon am,
Ni iad co'-sheirm, shéimh, fhallain,
Gu bileach, binn-ghobach, allail,
A seinn gu lù-chleasach daigheann
A measg ur-mheaghain nan crann ;
'S iad féin a beucail gu foirmeil,
Le toirm nan òrgan gun mheang.

Bi'dh gach creutair do laigid
Dol le suigeart do'n choill ;
Bi'dh an dreadhan gu balcant',
Foirmeil, talcorra, bagant',
Sir chuir fàilt air a mhadainn,
Le rifeid mhaisich, bhuig, bhinn ;
Agus *Robin* d'a bheusadh
Air a ghéig os a chinn.

Gur glan gall-fheadan *Richard*
A seinn na'n cuislinnin grinn,
Am bàrr nam bilichean blàthor,
'S an dòs na lom-dharag àrda,
Bhiodh 's na glacagan fàsaich
As cubhraidh fàile na'm fion ;
Le phuirt thriolanta shiubhlach
I'bronnair lùghor le dion.

Sid na puirt a's glan gearradh,
'S a's ro ealanda roinn ;
Chuireadh m'inntinn gu beadradh,
Clia-lù t-fheadain ma'n eadradh,

'N am do'n chrodh bhi g'an leigeadh,
An innis bheitir's a' choill ;
'S tu d' leig air baideil ri ciouthar,
An grianan aou-chasach croinn.

Bi'dh bradan seang-mhear an fhior-uisg',
Gu brisg, slinn-leumnach, luath ;
Nam bhuidhnean tarra-ghealach, lannach,
Gu h-iteach, dearg-bhallach, earrach,
Le shoillsean airgeid d'a earradh,
'S min-bhreac lainnireach tuar ;
'S e-féin gu crom-ghobach ullamh,
Ceapadh chuileag le cluain.

A bhealltuinn bhog-bhailceach, ghrianach,
Lònach, lianach, mo ghràidh,
Bhainnench, fhionn-mheagach, uachdrach,
Omhannach, loinideach, chuachach,
Ghruthach, shlamanach, mhiosrach,
Mhiodrach, mhiosganach làn,
Uannach, mheannanach, mhaoineach,
Bhocach, mhaoiseach, làn àil !

O ! 's fior éibhinn r'a chluintinn,
Fann-gheum laoigh anns a chrò
Gu h-ùral, min-bhallach, àluinn ;
Druim-fhionn, gearr-fhionnach, fàili,
Ceann-fhionn, colg-rasgach, cluas-deàrg,
Tarra-gheal, guaineiseach, òg,
Gu mògach, bog-ladhrach, fàsor,
'S e leum ri bàraich nam bò !

A shòbhrach gheala-bhui' nam brunachag,
Gur fanna-gheal, snuaghar, do ghnùis !
Chinneas hadannach, cluasach,
Maoth-mhìn, baganta luaineach ;
Gur tu ròs is feurr cruadal
A ni gluasad a h-ùir ;
Bi'dh tu t-eideadh as t-earrach
'S c' ch ri fulach an sùl.

'S cùraidh fàileadh do mhuineil,
A chrios-Chu-chulainn nan càrn !
Na d' chruinn bhabaidean riabhach,
Lòineach, fhad-luirgneach, sglamhach,
Na d'thuim ghiobagach, dreach-mhìn,
Bharr-bhuidh, chasurlaich, àird ;
Timcheall thulmanan diamhair
Ma'm bi'm biadh-iannin a fàs.

'S gu'm bi froineiseau hoisgeil
A thilgeas foincal ni's leoir,
Ar guch lù-ghart de neoinein,
'S do bharraibh sbeamragan lòmhar ;
Mar sin is leasachan soilleir,
De dh-fheadn-coille nan còs,
Timcheall bhoganan loinneal,
A's tric an eilid d'an còir.

'Nis treigidh coileach á ghucag,
'S caiteau brucach nan craobh,
'S théid gu mullach nan sliabh-chnoc',
Le chirc ghearr-ghobaich riabhaich,
'S bi'dh'gn suiridh gu cùirteil
Am pillein cùl-gorma fraoich :
'S ise freagra le tùchan :—
" Pì-hŭ-bù tha thu faoin."

A choilich chraobhaich nan gearr-sgiath,
'S na falluine dùi',
Tha dubh a's geal air am miosgadh,
Go ro oirdheirc na t-itich ;
Muineal lainnireach, sgipi,
Uaine, slis-mhìn, 's tric crom !
Gob na'n pongannan milis
Nach faict' a sileadh nan ronn !

Sid an turaraich ghlan, loinneal,
A's ard coilleag air tom,
'S iad ri bù-rù-rùs seamh, céutuch
Ann a feasgar bog céitean ;
Am bannal geal-sgirtench, uchd-ruadh ;
Mala ruiteach, chaol, chrom ;
'S iad gu h-uchd-ardach, earra-gheal,
Ghrian-dhearsgnaidh, dhruim-dhonn.

Note.—The poet here uses a redundancy of adjectives, epithets and alliterations, with more pedantry than becomes pastoral poetry: but, with all its faults, the poem contains many beautiful passages. The address to the primrose is peculiarly elegant and happy—the description of the love of the grouse is also very good—and the address to the black cock is lively and graphic, though it ends with an unlucky and far-fetched conceit.

ORAN A GHEAMHRAIDH.

Air Fonn—"*Tweedside.*"

Tharruinn grian rìgh nam *planad* 's nan rèull,
Gu *sign Chancer* di-ciadain gu beachd,
A riaghlas cothrom nan crìochnaich e thriall,
Da mhios-déug na bliadhna ma seach ;
Ach gur h-e 'n dara, di-sathuirn' na dhéigh,
A ghrian-stad-shamraidh, aon-déug, an là's faid ;
'S a sin tiuntaidh e chùrsa gu seimh,
Gu seas-ghrian a gheamhraidh gun stad.

'S o dh'imich e 'nis uainn m'an cuairt,
Gu'm bi fuachd oir'n gu'm pill e air ais,
Bi'dh gach là dol an giorrad gu féum,
'S gach oidhche do réir dol am fad :
Sruthaidh luibhean, a's coill, agus feur,
Na fùs-bheodhn crion-éugaidh iad as ;
Teichidh snodhach gu friamhach nan crann,
Sùighidh glaoghan an sùgh-bheath' a steach.

Seachdnidh géugan glan cùbhraidh nan crann,
Bha's an t-samhradh trom-stràc-te le meas,
Gu'n torr-leum an toradh gu làr,
Gu'n sgriosair am bàrr far gach lios.
Guilidh feadain a's creachainn nam beann,
Sruthain chriostail nan gleann le trom sprochd,
Caoidh nam fuaran ri meacuinn gu'n cluinn,
Deoch-shuunta nam maoiseach 's nam boc.

Laidhidh bròn air an talamh gu léir,
Gu'n sognaich na sléibhtean's na cnuic ;
Grad dubhaidh caoin uachdar nam blàr,
Fal-rùisgte, 's iad fàillinneach bochd
Na h-eoin bhuchallach' bhreac-iteach, ghrinn,
Sheinneadh basganta, binn, am barr dhòs,
Gu'n téid a ghlas-ghèib nr am beul,
Gun bhodha, gun teud, 's iad nan tost.

Sguiridh bùirdisich sgiathach nan speur,
D'an ceileiribh grianach car greis,
Cha seinn iad a' *maidnean* gu h-àrd,
No *feasgaran* chràbhach 's a' phreas ;
Cadal cluthor gu'n dean anns gach còs,
Gabhail fasgaidh am fròganh nan creag ;
'S iad ag ionndrainn nan gathanan blàth,
Bhiodh ri dealaradh o sgàile do theas.

Cuirear daltachan srian-bhuidh nan r's
Bharr mhìn-chioch nan òr-dhitheau beag,
'S inghean gucagach lili nan lòn,
Nam fluran, 's gheal noinein nan eug ;
Cha deoghlair le beachan nam bruach,
Cròdhaidh fuarachd car enairt iad na sgeap ;
'S cha mho chruinuicheas seillein a mhàl,
'S thar gheal-ùr-ros chroinn garaidh cha streap.

Tearnaidh bradan, a's sgadan, 's gach iasg,
O t-iarguinn gu fin-ghrunnd nan loch ;
'S gu fan air an algein dù-dhonn,
Ann an doimhneachd nam fonn a's nan slochd.
Na bric tharra-ghealach, earra-ghobhlach shliom,
Leumnidh mearagant', ri usgraichean chop,
Nan cairteslan geamhraidh gu'n tàmh,
Meirbh, sàmhach, o thàmh thu fu'n *ghlob*.

Chàs a's ghreannaich gach tulach, 's gach tòm,
'S dùite lom chinn gach fireach, 's gach glac ;
Gu'n d' obhraich na sitheanan feoir,
Bu lusanach, froirneannach brat ;
Thiormaich monainean, 's ruadhnich gach fonn ;
Bheuchd an fhairge 's ro thonn-ghreanunch gart ;
'S gu'n sgreitich an dùlachd gach long,
'S théid an cabhlach na long-phort a steachd.

Néulnich paircean a's miodair gu bàs,
Thuit gach fàsuch, 's gach àite lo bhruid ;
Chiaraich monadh nan iosal 's nan ard ;
Theirig duthanan gràsmhor gach luig ;

Dh.fhalbh am fàileadh, am *musg*, a's am fonn ;
Dh-fhalbh am mnise bharr lombair gach buig ;
Chaidh an eunlaidh gu caoidhearan truagh,
Uiseag, smeòrnch, a's cuach, agus druid.

A fhraoich bhadanaich, ghaganaich, ùir,
D'am b'ola's d am b'fhudar a mhil,
B'i bhlàth ghrian do *bhalet's* gach uair,
Gu giullachd do ghruaige le sgil ;
'S a mhadainn iuchair'nuair bhoisgeadh a ghnùis,
Air bhuidhinnin driùchdach nan dril,
B'fhior chùbhraidh 's gu'm b'eibhinn an smùid
So dh'eireadh bharr chuiruein gach bil.

Gu'n theirig suth-talmhuinn nam bruach ;
Dh'fhalbh an cunnasach le'n trom-lubadh slat,
Thuit an t-ubhall, an t-siris, 's a pheur,
Chuireadh bodha air a ghéig anns a bhad.
Dh-fhalbh am bainne bho'n callach air chùl,
Ma'm bi leanaba bi ciùcharan bochd ;
'S gu'm pill a grian gu *sign Thaurus* nam buadh,
'S treun a bhuadhaicheas, fuachd, agus gort.

Théid a ghrian air a thurus man cuairt,
Do *thropic Chapricorn* ghruamach gun stad,
O'n tig fearthuinn chruinn, mheallanach, luath,
Bheir air mullach nan cuairteagan sàd ;
Thig tein'-adhair, thig torunn na dhéigh,
Thig gaillionn, thig éireadh nach lug,
'S cinnidh uisge na ghlaineachan cruaidh,
'S na ghlas-léugaibh, mìn, fuar-lienach rag.

A mios nuarranda, garbh-fhrasach dorch',
Shneachdach, cholgarra, stoirm-shionach bith ;
Dhisleach,dhall-churach,chathach,fhlinch.chruai,
Bhiorach, bhuagharra, 's tuath-ghaotharh cith ;
Dheibheach, lia -rotach,ghlib-shleamhain gharbh,
Chuireas sgiobairean fairge nan ruith ;
Fhlinchach, fhuntuinneach, ghuineach, gun tlàs ;
Cuiridh t-anail gach chaileachd air chrith.

A mios cratanach, casadach, lòin,
A bhios trom air an t-sonn-bhrochan dubh ;
Churraiceach, chasagnch, lachdunn a's dhonn,
Bhrisneach,stocainneach,chom-chochlach,thiugh,
Bhrògach, mhiotagach, pheitragach bhàn,
Imeach, aranach, chàisrach, gun ghruth ;
Le miann bruthaiste, muirt-fheoil a's càl ;
'S ma bhios blàth nach dean tàir air gnè stuth.

A mios brotagach, toiteanach sòigh
Ghionach, stròitheal, fhior ghròcach gu muic ;
Liteach, làghanach, chabaisteach chòrr,
Phoitcach, ròmasach, ròiceil, gu sult ;
'S an taobh-muigh ge do thugh sinn ar c' m,
Air an fhàile gheur-thoilltach gun thus,
'S feudar dram òl mar linnigeadh clèibh,
A ghrad fhadas tein'-cibhinn 's an uchd.

ALASDAIR MAC MHAIGHSTIR ALASDAIR.

Bi'dh grean'-dubh air cuid mòr de'n Roinneorp,
O lagaich sgéamh òrdha do theas,
Do sholus bu shòlas ro mhòr,
Ar fragharc a's ar lochrann geal deas ;
Ach 'nuair thig e gu *Gemini* a rìs,
'S à lainnir 's gach righeachd gu'n cuir,
'S buidh soillsein nan coirean's nam meall,
'S riochdail fianıh nan òr-mheall air a mhuir.

'S théid gach salmadair ball-mhaiseach ùr,
Ann an crannaig chraobh-dhlù-dhuillich chais,
Le 'n seol féin a sheinn laoidh 's a thoirt cliu,
Chiunn a *phlanaid-*s' a chùrsadh air ais ;
Gu'm bi coisir air leth anns gach géig,
An *dusgaibh* éibhinn air réidh-shlios nan slat,
A toirt lag iobairt le'n ceileir d'an Triath,
Air chaol chorraibh an sgiath anns gach glaic.

Cha bhi creutair fò chupan nan speur,
'N sin nach tionndaidh ri 'n speurad's ri'n dreach,
'S gu'n toir *Phœbus* le buadhan a bhlàis,
Anam-fàs daibh a's càileachdain ceart
Ni iad ais-éiridh choitcheann on uaigh
Far na mhiotaich am fuachd iad a steach,
'S their iad :—*guileag-doro-hidola-hann*,
Dh-fhalbh an geamhra 's tha'n samhradh air teachd.

ORAN NAM FINEACHAN GAELACH.

A CHOMUINN rìoghail rùinich,
S'ar ùmhlachd thugaibh uaibh,
Biodh 'ur ruisg gun smùirnean,
'S gach crì gun treas gun lùb ann ;
Deoch-slainte Sheumais Stiùbhairt,
Gu muirneach cuir ma'n cuairt !
Ach ma ta gionih air bith 'n 'ur stamaig,
A chàileis naomh' na truaill.

Lìon deoch-slainte Thearlaich
A mheirlich ! stràic a chuach ;
B'i sid an ioc-shlant' àluinn,
Dhath-bheothaicheadh mo chàileachd
Ge d'a bhiodh am bàs orm,
Gun neart, gun àdh, gun tuar.
A Rìgh nan dùl a chuir do chàbhlach,
Oirn thar sàil' le luathas.

O ! tog do bhaideil àrda,
Chaol, dhìonach, shàr-gheal nuadh,
Ri d'crannaibh bì-dhearg, làidir,
Gu taisdeal nan tonn gàireach ;

Tha *Æolus* ag raitinn
Gu 'seid e rap-ghaoth chruaidh,
O'n aird an ear ; 's tha *Neptun* dìleas,
Gu mineachadh a chuain.

'S bochd ata do chàirdean
Aig ro mhead t-fhàrdail nainn ;
Mar ùlach mhaoth gun mhathair ;
No beachainn breac a ghàraidh,
Ag sionnach 'n dèis a fàsachd',
Air fàillinn feadh nam bruach.
Aisig cabhagach le d' chabhlach,
'S leighis plàidh do shluagh.

Tha na dée ann an deugh rùn dut ;
Greas,ort le sùrd neo-mharbh,
Thar dhronnaig nan tonn dù-ghorm,
Dhruim-robach, bharr-chas, shiubhlach,
Ghleann-chlaghach, cheann.gheal, shù'-dhlù,
Na mothar chul-ghlas, ghairbh ;
Na cuan-choireun, greannach, stuadh-thorthach,
'S crom-bhileach, molach, falbh.

Tha muir a's tìr cho-réidh dhut,
Mar deann thu féin a seirg ;
Doirtidh iad na'n ceudan,
Nan laomabh tingha, tréunna,
A Breatunn a's à Eirinn,
Ma d'*standard* breid-gheal dearg ;
A ghasraidh sgaiteach, ghuineach, rìoghail ;
Chreuchdach, fhior.luath, gharg!

Thig do chinneadh féin ort,
Na treun-fhir laomsgair gharbh,
Na'm beitheiribh gu reubadh ;
Na'n leoghannaibh gu creuchdadh ;
Na'n nathraichean grad-leumneach,
A lotas geur le 'n calg,
Le'n gathan faobharach, rinn-bheurra
Ni mor cuchd le'n arm.

'N àm bhrataichean làn-éideadh,
Le deallas geur gun chealg,
Thig Dòmhnullaich, nan deigh sin ;
Cho dìleas dut ri d'leine ;
Mar choin air fasdadh eile ;
Air chath-chrith geur gu sealg ;
'S mairg n'mhaid do'n nochd iad fraoch,
Loug, leoghann, craobh, 's laimh-dhearg.

Gu neartaich iad do chàmpa
Na Caim-beulaich gu dearbh,
Au Diuc Earraghalach mar cheann orr',
Gu mòrghalach mear prìonnsail ;
Ge b'e bheir air iunsaidh,
B'e sid an tionsgnadh searbh,
Le lannan lotach, dù-ghorm, toirteil,
Sgoltadh chorp gu'm balg.

u

Gu tarbartach, glan, caisramachd,
Fior thartarach na'n ràne,
Thig Cluainidh le chuid Pearsanach,
Gu cuannda gleusda grad-bheirteach ;
Le spaintichean teann-bheirteach
'S cruaidh fead ri sgailceadh cheann ;
Bi'dh fuil d'a dòrtadh, 's smuais d'a spealtadh,
Le sgealpaireachd 'ur lann.

Druididh suas ri d' mheirghe,
Nach meirbh an am an àir,
Clann'Illeoin * nach meirgich
Airm ri uchd do sheirbheis ;
Le'm brataichean 's snuadh fòirg orra,
'S an leirg mar thairbh gun sgàth ;
A foirne, fearail, nimheal, arrail,
'S builleach, allamh làmh !

Gun thig na fiùrain Leòdach ort,
Mar sheochdain 's eoin fo spùig ;
Na'n tuireamh lann-ghorm, thinnisneach ;
Air chorra-ghleus streup gun tiomachas ;
An reiseamaid fior ionnalta,
'S fàth gioraig dol na dùil ;
Am bi iomadh bùchdan fuilteach, foirmeil,
Theid le stoirm gu bàs.

Thig curaidhnean Chlann-cham-shroin ort,
Theid meanmnach sios na d' spàirn ;
An fhoireann ghuineach, chaithreamach,
'S neo-fhiamhach an am tarruinne ;
An lainn ghlas mar lasair dealanaich,
Gu gearradh cheann, n's lamh ;
'S mar luthas na drèige, 's cruthas na crèige,
Chluinnte sgread nan cnàmh.

Gur cinnteach dhuibh d'ar coinneachadh,
Mac.Choinnich mor Chinn-Tàile :
Fir laidir, dhàna, cholmhneala,
Do'n fhior-chruaidh nir à foinneachadh,
Nach gabh fiamh no somultachd,
No sgreamh ro' theine bhlàr ;
'S iad gu nàrach, fuileach, foinnidh,
Air bhoil gu dhol na d'chàs.

Gur foirmeil, prìseil, òrdail,
Thig Tòisichean nan ràne,
Am màrsail stàtoil, còmhnard ;
Gu pìobach, bratach, sròl-bhui ;
Tha rioghalachd a's mòrchuis,
Gu'n sòradh anns' n dream ;
Daoine laidir, neartmhor, crùdha,
'S iad gun ghò, gun mbeang !

Thig Granndaich gu ro thartaruch,
Neo fhad-bheirteach do d' champ

* Clann 'Illean.

Air phrìoblosgadh gu cruadal,
Gu snaidheadh cheann, is chluas diu ;
Cho nimheil ris na tigeribh
Le feachdraidh dian-mhear, dàn',
Chuireas iomad fear le sgreadail,
'S a bhreabadaich gu làr.

Thig a ris na Friscalaich,
Gu sgipi le neart garbh ;
Na seòchdaibh fior-ghlan, togarrach,
Le fuathas bhlàr nach bogaichear ;
An còmhlan fearradha, cosgurach,
'S mairg neach do nochd iad fearg ;
A spuir gblas aig dlùs an deirich
Bi'dh nan òilean dearg.

Nan gasraidh ghaisgeil, lasgurra,
Thig Lachunnaich gun chàird ;
Na saighdean dearga puiseanda ;
Gu claidheach, sgiathach, cuinnsearach ;
Gu gunnach dagach, ionnsaichte,
Gun chunntais ac' air àr ;
Dol nan deanmamh 'n aodainn pheileir,
Teachd o theine chàich.

Gabhaidh phàirt do t-iorghaills',
Clann-Iomnhuinn's oirdheire chàil ;
Mar thuinn ri tìr a sior-bhunladh ;
No bile lasrach dian-loisgeach ;
Nan treudan luatha, fior-chonfach,
Thoirt griosaich air an nàmh ;
An dream chathach, Mhuileach, Shrathach,
'S math gu sgathadh chnàmh.

'S mòr a bhio's ri corp-rusgadh,
Na'n closnichean's a bhlàr,
Fithich anns a rocadaich
Ag itealaich, 's a cnocaireachd ;
Ciocras air na cosgaraich,
Ag òl's ag ith an sàth.
Och's tùrsach fann a chluinntir moch-thra,
Ochanaich nan àr !

Bi'dh fuil is gaor d'a shùidreadh ann,
Le lù-chleasan 'ur làmh ;
Meangar cinn, a's dùirn dhiu ;
Gearrar ùilt le smuaisridh ;
Closnaichear am biùidh,
D'an dù-losgadh, 's d'an cnàmh ;
Crùnair le poimp Tearlach Stiùbhart ;
'S Frederic Prionns fo shàil.

Note.—This address to the Highland clans is a stately spirit-stirring martial poem, where the bard describes the various Jacobite clans coming forward in warlike array to place Charles on the throne, and leave the Hanoverians under his feet. The satirist (*Aireach Mhuile*) represents the poet travelling through the country to excite the Highlanders to arms, and it is probable that this song was composed on that occasion. It was well calculated to rouse the warlike clans to the approaching conflict.

ORAN.

Air fonn—"*Cille-chragaidh.*"

Tha deagh shoisgeul feadh nan garbh-chrioch,
Sùrd air armaibh còmbraig ;
Uird ri darnraich deanamh thargaid
Nan dual ball-chruinn boidheach ;
Chaidh ar seargadh le còm earraghloir
Sluaigh fior chealgach Shùrais,
O's sgeul dearbhta thig thar fairge,
Neart ro gharbh d' ar fòirinn.

Thig thar lear le gaoith an ear oirn,
Toradh deal ar dùchais,
Le mhilte fear, 's le armaibh geal,
Prionns' ullamh, mear, 's e dù-chaisgt ;
Mac Righ Seumas, Tearlach Stiubhart,
Oighre chrùin th'air fògar,
Gu'n dean gach Breatuinneach làn umhlachd,
Air an glùn' d'a mhùrachd.

Ni na Gàëil bheodha, ghasda,
Eiridh bhras le srolamh ;
Iad nan ciadan nim' ag iathadh,
S cultas dian cuir gleois orr' ;
Gu'n fhiamh 's iad fiata, claidheach, sgiathach,
Gunnach, riaslach, stròiceach,
Mar chonfadh leoghannaibh fiadhaich,
'S acras dian gu feoil orr'.

Dèanamh ullamh chum ar turuis,
'S bithibh guineach, deònach ;
So an cumasg, am bi na builean,
An deantar fuil a dhòrtadh ;
Och a dhuin' is lionmhor curaidh
Is fior sturrail co-strì,
A leigir fear eile mar chuileann,
Dh' fhaotuinn fuil air Sebras !

'S iomadh neach a théid air ghaisge,
Tha fior lag na dhòchus,
Gus a nochdar *standard* brat-dhearg,
An righ cheart-s' tha òirne,
Ge do bhiodh e na fhior ghealtair,
Gur cruaidh rag gu bhròig e,
Ceart cho gairge ris an lasair,
A losgadh asbhuain eorna.

Mhoir is sgairteil, foirmeil, bagant,
Ghèil ghasda, chrodha ;
Gach aon bhratach slos do'n bhaiteal
Le 'n gruaidh laisde ròsg-dearg ;
Iad gun fhiamh, gun fheall, gun ghaiscadh ;
Rioghail, beachd-bhorb, pròiseal ;
Gu no-lapach ri linn gaisge,
Spàinnteach ghlas nan dòrnaibh.

'S binn linn plapraich nam breid bhratach,
Srannraich bras ri mùr-ghaoith,
An glachdaibh gaisgeich nan ceum staiteil,
Is stuirteil, sgairteil, *mòision* ;
'S lann ghorm sgaiteach, do shàr-shlacan
Geur gu srachdadh shròn' aige,
Air hac cruachain an fhir bhrataich,
Gu cuir tais air fògradh.

'S furbaidh tailceannt, 's cumta pearsa,
Treun-laoch spraiceal, doid-ghral ;
Pìob d' a spalpadh, suas na achlais,
Mhosglas lasan gleois duinn ;
Caismeachd bhras bhinn, bhrodadh aigne,
Gu dian chasgairt slòigh leis,
Chuireadh torman a phuirt bhaisgeil,
Spioraid bhras 'n 'ar phraibh.

Bithibh sunndach, lughor, bèumach,
Sgriosach, geur, gu frolach,
'S bi'dh *Mars* creuchdach, cogach, reubach,
Anns 'na speur d' ar seoladh ;
Soirbhichidh gach ni gu leir libh,
Ach sibh-fein bhi deonach ;
Màrsailibh gun dàil, gu'n eislein,
Lughor, eudrom, ceol-mhor.

Màrsailibh, gun fheall, gun airsneul,
Gach aon bhratach bholdheach ;
Cuideachd shuaicheanta nam breacan,
'S math gu casg na tòireachd ;
'Nuair a ruisgeas sibh na claisich
Bi'dh smuis bhreac feadh feòir libh ;
Gaor a's eanachuinn na spadul,
'S na liath-shad feadh mhointich.

Sliocraich, slacraich, nan cruaidh shlacan,
Freagra basgur sheannsair ;
'Nuair a theid a ruaig gun stad libh
Gur ro fad a chluinntear,
Feadraich bhuillean, sgoltadh mhullach,
Sios gu bun an rumpuill ;
Ruaig orr' uile mar mhoim tuile ;
Chaoidh cha 'n urr' iad tiunntadh.

'S iomadh fear a dh' oladh lionta,
Slainte an righ-s' tha oirne,
Spealgadh ghlaineachan aig gtiosaich,
'S e cur beinn air Seòras ;
Ach 's onaraiche anis an gniomh,
Na cuig-ceud mile bòla ;
'S fearr aon *siola* a db'fhuil 's an fhrìth
No galoin fhion air bhùrdaibh.

Dearbhaidh beachdaidh sibh bhi ceart d'a,
Eiwdh grad le 'r slùghaibh ;
Gu'n 'ur mnathan, clann, no beirteas,
Chuir stad-leachd 'n 'ur dòchus ;

Ach gluasad inntinneach, luath, cinnteach,
Rioghail, liont' de mhòr-chuis;
Mar an raineach a dol sios duibh,
Sgriosadh dian luchd clèochdan.

'Ur ceathairne ghruamach, nimheil,
Làn do mhire cruadail;
'S misg dhearg chatha, gu bàrr rath orr',
'S craobh dhearg dhath nan gruaidhean;
Iad gun athadh sios le 'n claidbean
Ri sior sgathadh chnuachdan;
Lotar dearganaich le 'r gathan,
'S le'r fior chrathadh cruadhach.

'S beagan sluaigh, a 's tric thug buaidh,
An iomairt chruaidh a chòmhraig;
Deanamaid gluasad gu'n dad uamhuinn,
'S na biodh fuathas oirne;
Doirtidh uaislean an taobh-tuath,
Mac Shim nan ruag, 's Diuc-Gòrdon;
Le mharc-shluagh is nuarrant gruaim;
'S ruaim aimhi fhuar nam pòramh.

ORAN RIOGHAL A BHOTAIL.

Air fonn—"*Let us be jovial, fill our glasses.*"

Biodhmaid subhach, 's blar deoch linn,
Osnaich 'n ar fochar cha tàmh,
Na smaointicheamaid ar bochdainn,
Fhad 's a bios an copan làn.

LUINNEAG.

*Hò-rò air falldar-àraidh
Ho air m'alldar-ràraidh rò,
Hò-rò air m'alldar-raridh
Fàlldar, ralldar, ràraidh hò.*

Olamaid glainneachean làn',
Air slainte an t-Seumais ata uainn;
Cuireamaid da shlaint' an càraid,
Tosda Thearlaich stràic a chuach.
Ho-ro, &c.

Ma ta stamac anns a chuideachd,
Nach dean a chuidsa d' ar miann,
Siapaidh e 'mach as ar carabh,
Mar an carran as an t-shlol.
Ho-ro, &c.

Cuireadh ar cupachan tharsta;
Aisig càs an còrn m'an cuairt;
Faicear èibhinneachd air lasadh,
Le flor sgairt 'n ar beachd, 's 'n ar gruaidh.
Ho-ro, &c.

Biodh ar cridhachan a dambsa,
Linn an drams' a dhol na thruaill,
Mar gu 'm biodhmaid 's a cheart am-sa,
Dol do 'n chàmp a dh'fhaotainn buaidh.
Ho-ro, &c.

De'n dibh' bhridhear neartar bhlasda,
'S milse no mil bheach gu pòit,
Lion an soitheach sin amach dhuinn,
De 'n stuth bhlasdar ud 'san stòp.
Ho-ro, &c.

'S-ioma fearsta, falachaidh, tlachdmhor,
Tha 'm mac-na-bracha r'a luaigh;
Rinn sin e na leannan do mhiltean,
'S na mhilsein prìseil do'n t-sluagh.
Ho-ro, &c.

Sgaolaidh e ghruaim far a mhuigein;
Ni e finghantach fear cruaidh;
Ni e cruadalach fear gealtach,
Gus an teid e feachd no 'n ruaig.
Ho-ro, &c.

Ni e cainntcach am fear tostach;
Ni e brosgulach fear dùr;
Ni e suireach am fear nàrach;
'S fàgaidh e dàn' am fear diùid.
Ho-ro, &c.

Ni e pògach am fear àilleant
Nach fuiligeadh cailin 'na chòir;
Sparraidh e damhs' anns na casan,
Nach d' rinn riamh aon chùr d' an deoin.
Ho-ro, &c.

Fagaidh e neo shanntach acrach;
Toinnidh se cùs am fear sliom;
Bheir e caitean air fear sleamhainn;
'S ni e sprendbail am fear tiom.
Ho-ro, &c.

An t-airgead a bha d'a sticleadh,
An sporan nan chripleach riamh,
Bheir e furtachd dha á priosan,
Le fuasgladh cruaidh-shnaim nan ia l.

Ni e aoigheal am fear doichleach;
Ni e socharach fear teann;
Ni e duin' uasal do'n bhalach;
Ni e fathrumach fear fann.
Ho-ro, &c.

Ni e saor chridheach fear duinte,
'S fuoisididh e rùn a chrì;
Saoilidh an lag gur h-e 'n laidir,
Gus an dearbh e chàil 'san stri.
Ho-ro, &c.

Tairrnidh e mulad gu aiteas;
Tiunndaidh e airsneul gu fonn;
Mionach nan sporan gu spiol e
Le ghob biorach chriomas lom.
Ho-ro, &c.

Thigeadh meanmna, 's falbhadh airsneul
Air chairstealan uainn do'n Ròimh;
Seinneam òrain cheolmor, ghasda,
Shunndach, bhras, nach lapach gloir.
Ho-ro, &c.

'Nuair bheirear botul a stapul,
'S a chromar ri cap a cluas;
'S eibhinn a ghogail là earraich,
Cogair searraig ris a chuaich!
Ho-ro, &c.

'S milse no ceilearadh smeòraich,
Le luinneag ceolmhor air gèig,
Creatraich shridengach do sgòrnain;
Cratan 's bùiche fo 'na ghréin!
Ho-ro, &c.

'S binne na luinneag eoin-bùchainn,
Bhiodh ri tùchan am barr thonn,
Guileag do mhuineil a's guig ort;
Cuisle-chiuil a dhùisgeadh fonn.
Ho-ro, &c.

'S binne no cluig-chiuil an Ghlascho,
T-fhuaim le bastul dol 's a chòrn;
Sid an fhàilt a ghleusadh m' aigne,
Mac-na-bràch a teachd le pòig.
Ho-ro, &c.

Lìon domh suas an t-slige-chreachainn;
Cha 'n ion a seachnadh gu dràm;
'S math Ghàëlig oirr' an creathanu;
An t-slig' a chreach sinne a t' ann.
Ho-ro, &c.

'S binne no ceol coilich choille,
Bhiodh ri coilleig air an tom,
Dùrdail a bhotail ri glainne;
Crònan loinnteal thoilleadh bonn!
Ho-ro, &c.

Teicheadh liun-dubh as 'ur comunn;
Falbhadh gainne; 's pailt 'ur n-òr;
Na biodh spèuclair oirbh gu ganntar,
Fheadh 's a bhio's an dram 'n 'ur srèin.
Ho-ro, &c.

Biodh 'ur ceann-agaidh uile 'n ceart uair,
Cho ruiteach ri dreach nan ròs,
'Nuair a théid 'ur full air ghabhail,
Le beirm laghach Mhic-an-Tòis.
Ho-ro, &c.

Gur dionusaireach, spinnsearach, t-fhàilcadh,
'S teas-ghradhach do shnàg tro' m' chliabh
Fadadh blàis air feadh mo mhionaich;
Gur ro mhioragach do thriall!
Ho-ro, &c.

Gur gucagach, coilleagach, brisg-gheal,
Bruicheal, neo-mhisgeach do thuar,
'N a d' shlabhraidhean criostail a dòrtadh,
Iti binn-chronanaich am chluais.
Ho-ro, &c.

Sgaoileamaid o altair *Bhachuis:*
A chleirich taisg a chaills uat;
Dh-fhalbh ar fuachd; 's ciod 'ta dhì oirn?
Thugamaid bàig' criun do 'n t-suain.
Ho-ro, &c.

Ach freasdal sinn air ghairm na maidne,
Le t-ioc-shlaint aghmhor lan bhuadh,
'S their dhùinn aon ghloic-nid 'n ar leabaidh
A bheir crith-chlaiginn oirn m'an cuairt!
Ho-ro, &c.

ALLT-AN-T-SIUCAIR.

AIR FONN—"*The Lass of Patie's Mill.*"

A dol thar Allt-an-t-siùcair,
A' madainn chùbhraidh Chéit,
'S paideirean geal dlù chnap,
De 'n driùchd ghorm air an fheur,
Bha *richard* 's *robin*, brù-dhearg
Ri seinn, 's fear dhlù na bhèus;
'S goic moit air cuthaig chùl-ghuirm,
'S *gùg-gùg* aic' air a ghéig.

Bha smeòrach cur na sinùid dh'i
Air bacan cuil le' féin;
An dreadhann-donn gu sùrdail,
'S a rifeid chiuil na bheul;
Am breacan-beith' a's lùb air,
'S e 'gleusadh lùgh a theud;
An coileach-dubh ri dùrdan;
'S a chearc ri tùchan réidh.

Na bric a gearradh sbùrdag,
Ri plubraich dhlù le chéil',
Taobh-leumnaich mear le lù-chleas,
'S a bhùrn, le mùirn ri gréin;
Ri ceapadh chuileag siùbhlach,
Le 'm briseadh lùghor féin;
Druim-lann-ghorm, 's ball-bhreac giùran;
'S an lainnir-chuil mar lèig.

Mil-dheocla sheillein strianach,
Le crònan 's fiata sranu,
'N an dithibh baglach, riabhach,
Ma d' bhlathaibh grianach chrann ;
Sraibh-dhriucain dhonna, thiachdlaidh,
Fo shinean ciochan t-fhe'òir,
Gun theachd-an-tìr no bhladh ac',
Ach fàileadh ciatach rès.

Gur milis, brisg-gheal, bùrn-ghlan,
 Meall-chùirneannach, 's binn fuaim,
Bras-shruthain Uillt-an-t-siùcair,
Ri tormau siubhlach luath ;
Gach biolair, 's luibh le 'n ùr-ròs'
A cintinn dlù ma bhruaich ;
'S e toirt dhaibh bhuadan sùghor,
Ga 'n sui bheathacha m'an cuairt.

Bùrn tana, glan, gun ruadhan,
Gun deathach, ruaim, no ceò,
Bheir anam-fàs, a's gluasaid,
D'a chluanagan ma bhòrd.
Gaoir bheachainn bhui' 's ruadha,
Ri diogladh chluaran òir,
'S còir mheala d' a chuir suas leo,
An ceir-chuachagan 'nan stòr.

Gur sòlas an ceòl-cluaise,
Ard-bhairich buar ma d' chrò ;
Laoigh cheann-fhionn, bhreaca, ghunnach
Ri freagra' nuallan bhò ;
A bhanàreach le buaraich,
'S am buachaille fa còir,
Gu bleothan a chruidh ghuaillinn,
Air cunich a thogas cròic.

Bi'dh lòchrainn mheal' a lùbadh
Nan sràbh, 's brù air gach gèig,
Do mheasan milis cùbhraidh,
Nan ùbhlan 's nam pèur ;
Na duilleagan a liùgadh,
A's fallas cùil diu fèin ;
'S clann bheag a' gabhail tùchaidh,
D' an iulich dlù le 'm beul.

B' e crònan t-easan srùlaich,
An dùrdail mhùirneach Mhàigh :
'S do bhoirichibh daite, sgùm-gheal,
Tiugh, flùranach, dlù, tlà ;
Le d' mhantul do dhealt ùr-mhìn,
Mar dhùra cùil na d' bhlà ;
S air calg gach feòirnein dùir-fhe'ir,
Gorm neamhnad dhriùchd a fàs.

Do bhrat lan shradag daoimein,
De bhraon ni soills' air làr ;
A *chapet's* gasda foineal,
Gun cho-*fine* ann a *Whitchall ;*

Ma d' bhearra gorm-bhreac coillteach,
Ann chiun a loinn te h-àl,
Na sobhraichean mar choillean,
Na 'n coilleiribh na d' sgàth.

Bi'dh guileag eala tùchan,
'S eoin bhùchuinn am barr thonn,
Ag iubhear Uillt-an-t-siùcair,
Snamb lù-chleasach le fonn ;
Ri seinn gu moiteil, cuirteil,
Le muineil-chiuil, 's iad crom,
Mar mbàla piob a's lùb air ;
Ceòl tiamhaidh cluin, nach trom.

O! 's grinn an obhair ghrùbhail,
Rinn nàdur air do bhruaich,
Le d' lurachain chreabhach, fhèsor,
'S am buicein bhàn orr' shuas;
Gach saimeir, neoinean, 's màsag,
Min-bhreachd air làr do chluain ;
Mar rèulltan reòt an dearsadh,
Na spangan àluinn nuadh.

Bi'dh cruinn, 's am bàrr mar sgàrluid,
Do chaorran aluinn ann ;
'S craobhan bachlach, àrbhuidh,
A faoisgneadh àrd ma d' cheann ;
Bi'dh dearcan, 's suithean sùghor,
Trom lùbadh an luis fèin,
Caoin, neachdai, blasdadh, cubhraidh,
A call an drùis ri gréin.

'S co lan mo lios ri Phàrrais,
De gach cnuns a 's fearr an coill ;
Na rèidhlich arbhar fasaidh,
Bheir piseach àrd 's sgoinn ;
I'òr reachdmhor, minear, fasor,
Nach cinn gu fàs na laom ;
'S eo reambar, luchdmhor càileachd,
'S gu sgàin a ghràn o dhruim !

Do thachdar mar' a's tìre,
Bu theachd-an-tìr leis fèin ;
Na 'n treudan fèidh 'n a d' fhrìtheann ;
'S na d' chladach 's miltean èisg :
Na d' thr'igh tha maorach llonmhor ;
'S air t-uisge 's fior-bhras leus,
Aig oganachaibh rìmheach,
Le morgha' fior-chruaidh gèur.

Gur h-ùròil, sliochdor, cuanda,
Greidh-each air t-fhuarain ghorm,
Le 'n iotadh tarruinn suas riut,
Le cluinntinn nuall do thoirm ;
Bi'dh buicein binneach 's rundhag,
'S minu-mheanbh-bhreac, cluais-dearg, òg
Ri h-ionaltradh gu h-uaigneach,
'S ri ruideis luath ma d' lòn.

ALASDAIR MAC MHAIGHSTIR ALASDAIR. 119

Gur damhach, adhach, laoghach,
 Maugach, maolseach, t-fhonn ;
Do ghlinn le seilg air laomadh,
 Do gharbhlach-chraobh 's do lom ;
Gur h-àluinn barr-fhionn, braonach,
 Do chanach caoin-gheal thom,
Na mhaiheuibh caoin, mao-mhin ;
 Na d' mhointich sgaoth-chearc donn.

B' e sid an sealladh èibhinn,
 Do bhruachan glò-dhearg ròs,
S iad daite le gath gréine,
 Mar bhoisguich leug-bhuil' òir ;
B' iad sid an geiltre glò ghrinn,
 Cinn déideagan measg feoir,
De bharraibh luibhean ceutach ;
 'S foirm bhinn aig tèud gach eoin.

O lìli rìgh nam flùran !
 Thug bàrr mais air ùr-ros gheug,
Na bhabagan cruinn, plùir mhin,
 'S a chrùn geal, ùr mar ghréin ;
Do'n uisge ud Allt-an-t-siùcair,
 'S e cùbhraidh d'a o bheud
Na rionnagan ma lùbaibh,
 Mar reullan-iùil na spéur.

Do shealbhag ghlan 's do lunchair
 A bòrcadh suas ma d' choir ;
Do dhìthein lurach, luaineach,
 Mar thuairneagan de'n òr ;
Do phreis làn neada cuachach,
 Cruinn, cuairteagach, aig t-eoin ;
Barr bhraonan 's an t-sail-chuachaig,
 Na'n dòs an uachdar t-fheoir.

B' e sid an leughas lèirsinn,
 De luingeas bréid-gheal, luath,
Na 'n sguadronaibh seoil-bhréid-chrom,
 A bordadh geur ri d' chluais ,
Nan giubhsaichibh beb ghleusda,
 'S au cainb gu léir riu shuas ;
'S Caol-Muile fuar d'a reubadh,
 Le anail speur bho thuath.

'S cruaidh a bhairlinn fhuair mi,
 O'n fhuaran 's blasda glòir,
An caochan 's mò buadhan,
 Ata fo thuath 's an Eòrp ;
Lion ach am bòla suas deth,
 'S do bhranndaidh fhuair ni's cbir ;
Am pulnse milis, guanach,
 A thairrneas sluagh gu ceòl !

Muim' altrom gach pòr uasail,
 Nach meith le fuachd nan speur,
Tha sgiath fo 'n airde tuath oirr',
 Dh'fhag math a buar, 's a feur ;

Fonn deas-oireach, fior uaibhreach,
 Na spèuclar buan do'n ghrein ;
Le spreidh theid duine suas ann,
 Cho luath ri each na leum !

'S aol is gronnd d'a dhaillibh,
 Dh-fhàg nàdur tarbhach iad ;
Air a meinn gu'n toir iad arbhar,
 'S tiugh, stàrbhannch ni fàs ;
Bi'dh dearrsanaich shearr-fhiaclach,
 D' a lannadh sìos am boinn,
Le luinneagan binn nionag ;
 An ceol a 's inìsle, roinn !

An Coir' is fearr 's an dùthaich,
 An Coir' is sùghor fonn ;
'S e Coirean Uillt-an-t-siucair,
 An Coirean rùnach lom ;
'S ge lom, gur molach, ùrail,
 Bog miadar dlù a thom,
'M beil mil is bainn' a brùchdadh,
 'S uisg' ruith air siùcar pronn.

An Coire searraclach, uanach,
 Meannach, uaigneach àigh ;
An Coire gleannach, uaine,
 Blìlochdach, luath gu dàir ;
An Coire coillteach, luachrach,
 An goir a chuach 's a Mhàrt ;
An Coir' a faigh duin-uasal,
 Biast-dubh, a'sruadh 'na chàrn !

An Coire brocach, taobh-gl.orm ;
 Torcach, faoilidh blàth ;
An Coire louach, naosgach,
 Cearcach, craobhach, gràidh ;
Gu bainneach, baileacht, braouach,
 Breacach, laoghach, blàr ;
An sultor mart, a's caore,
 'S a 's torach laomsgair bàrr !

An Coire am bi na caoirich
 Na 'n caogadaibh, le 'n àl ;
Le 'n reamhad 'g gabhail faoisgnidh,
 A 'n craicnibh maoth-gheal tlà ;
B' iad sid am biadh, 's an t-aodach,
 Na t-fhaoin-ghleannaibh 's na t-ard ;
An Coire luideach, gaolach,
 'S e làn do mhaoinibh gràis !

An Coirc lachach, dràcach
 'M bi guilbneich 's tràigh-gheoidh òg ;
An Coire coileachach, lan-damhach,
 'S moch, 's is an-moch spòrs ;
'S tim dhomh sgur d' an àireamh,
 An Coire 's fasor pòr
Gu h-innseach, doireach, blàrach,
 'S imeacach, càiseach bò !

Note.—This piece is an animated and faithful description of a beautiful scene in the country, on a summer morning. The bard walks abroad and sees the dew glittering on every leaf and flower—the birds warbling their songs—the animals grazing, and the bees collecting their stores—the fishes are leaping out of the water, and all nature rejoicing in the return of spring, or the luxuriance of summer! The very rivulet seems to partake of the common joy, and murmurs a more agreeable sound—the cows low aloud, and the calves answer responsive—while the dairy-maid is busily engaged at her task. The ground is bespangled with flowers of richer hues than the most costly gems. The horses gather together in groups to drink of the streamlet, and the kids are sporting and dancing about its banks. The ships, with all their white sails bent to the gentle breeze, are passing slowly along the Sound of Mull. The poet selects the most natural, lively, and agreeable images in the rural scene. All good judges admit that there is not a descriptive poem, in Gaelic or English, fit to be compared with this exquisite production.

ORAN LUAIGHE NO FUCAIDH.

LUINNEAG.

Agus hò Mhòrag, no ho-rò,
'S no ho-rò-gheallaidh.

A Mhòrag chiatach a chuil dualaich,
Gur h-è do luaigh a th' air m'aire.
Agus ho Mhorag, &c.

'S ma dh'imich thu null thar chuain uainn',
Gu ma luath a thig thu thairis.
Agus ho Mhorag, &c.

'S cuimhnich thoir leat bannal ghruagach,
A luaigheas un clò ruadh gu daingheau.
Agus ho Mhorag, &c.

O! cha leiginn thu do'n bhuala,
Ma salaich am buachar t-anart.
Agus ho Mhorag, &c.

De cha leiginn thu gu cualach;
Obair thrumillidh sin nan cailrag.
Agus ho Mhorag, &c.

Gur h-ì Mòrag ghrinn mo ghnamag,
Aig am beil an cuailean barr-fhionn.
Agus ho Mhorag, &c.

'S gaganach, bachlagach, cuachach,
Clabhag na gruagaiche ghuine.
Agus ho Mhorag, &c.

Do chùl peuchdach sios na dhualaibh
Dhalladh e uaislean le lainnir:
Agus ho Mhorag, &c.

Sios na fheoirneincan ina d' ghuaillean,
Leadan cuachagach na h-ainnir:
Agus ho Mhorag, &c.

Do chùl pèurlach, òr-bhui, luachach,
Timcheall do chluasan na chlannaibh.
Agus ho Mhorag, &c.

A, Mhòrag! gu beil do chuailean
Ormsa na bhuaireadh gu'n sgainnear.
Agus ho Mhorag, &c.

'S ge nach iarr mi thu ri d' phùsadh,
Gu'm b' e mo rùin a bhi mar riut.
Agus ho Mhorag, &c.

'S ma thig thu a rithist am lùbaibh,
'S e 'n t-èug a rùin ni ar sgaradh.
Agus ho Mhorag, &c.

Leanaidh mi cho dlù ri d' shàilean,
'S a ni bairneach ri sgeir mhara.
Agus ho Mhorag, &c.

Shiubhail mi cian leat air m' eòlas,
Agus spailp de'n stroichd ar m' ain-eol.
Agus ho Mhorag, &c.

Gu leanainn thu feadh an t-saoghail,
Ach thusa ghaoil theachd am fharruid.
Agus ho Mhorag, &c.

Gu'n chuireadh air mhisg le d' ghaol mi;
'S mear aodrum a ghaoir ta m' bhallaibh.
Agus ho Mhorag, &c.

'S a Mhòrag 'g am beil a ghruaidh chiatach:
'S glan a fiaradh thar do mhala.
Agus ho Mhorag, &c.

Do shùil shuilbhear, shochdrach, mhòdhar,
Mhireagach, chombnart, 's i meallach.
Agus ho Mhorag, &c.

Dèud cailce shnasda na ribhinn,
Snaite mar dhìsn' air a gearradh.
Agus ho Mhorag, &c.

Maighdean bhoidheach, na 'm bòs caoine,
'S iad cho maoth ri cloidh na h-eala.
Agus ho Mhorag, &c.

Ciochan leaganach nan gucag,
'S fàilendh a mhusga d' a h-anail.
Agus ho Mhorag, &c.

'S iomadh oigear a ghabh tlachd dhiot,
Eadar Mor-thir agus Manuinn.
Agus ho Mhorag, &c.

ALASDAIR MAC MHAIGHSTIR ALASDAIR.

'S iomadh guisgeach do ghàël,
Nach obadh le m' ghrùdh-sa tarruinn:
Agus ho Mhorag, &c.

A reachadh le sgiath, 's le clàidheamh,
Air bheag sgà gu bial nan *cannon :*
Agus ho Mhorag, &c.

Chunnardaicheadh dol nan òrdaibh,
Thoirt do chòrnch, 'mach a dh' ain-deoin.
Agus ho Mhorag, &c.

'S iomadh àrmunn làsdail, trèubhach,
Ann an Dun-eideann, am barail.
Agus ho Mhorag, &c.

Na faiceadh iad gnè do dhuais ort,
Dheanadh tarruinn suas ri d' charraid.
Agus ho Mhorag, &c.

Mo chionn gu'n dheanadh leat éridh,
Do Chaiptin féin Mac-'Ic-Ailein:
Agus ho Mhorag, &c.

Gu'n theann e roi' ro chàch riut,
'S ni e fàsd e, ach thig thairis:
Agus ho Mhorag, &c.

Gach duine, tha 'n Uidhist a Muideart,
'S an Arasaig dhù-ghorm a bharraich;
Agus ho Mhorag, &c.

An Cana, an Eige, 's am Morror;*
Reiseamaid chorr ud Shiol-Ailein!
Agus ho Mhorag, &c.

'N am Alasdair,† a's Mhontròs',
Gu 'm bu bhòchdain iad air Ghallaibh.
Agus ho Mhorag, &c.

Gu'n d' Ibairich là Inbher-Lòchaidh,
Co bu stròicich ann le lannaibh.
Agus ho Mhorag, &c.

Am Peairt, an Cill-Saoidh,‡ 's an Allt-Eireann,
Dh-fhag iad Rèubalaich gu'n anam.
Agus ho Mhorag, &c.

Alasdair mor Ghlinne-Cothann,
'S bragad coimheach Ghlinne-garadh.
Agus ho Mhorag, &c.

Mar sin is an t-Armunn Sléibhteach,
Ge d' a tha e-fein na leanamb.
Agus ho Mhorag, &c.

* Mòr-Thir. † Alasdair Mac Cholla. ‡ Kilsyth.

Dh'éiridh leat a nall o'n Rùdha,
Anntrum lù'-chleasach nan seang-each.
Agus ho Mhorag, &c.

Dhruideadh, na Gàël gu leir riut,
Ge b' e dh'eireadh leat no dh'fhanadh.
Agus ho Mhorag, &c.

Shuath, deich mìle dhiu air clè dhuibh,
An cogadh rì Seurlus nach maireann.
Agus ho Mhorag, &c.

'S iomadh clò air 'n tug iad caiteau,
Eadar Cat-taobh agus Anuinn.
Agus ho Mhorag, &c.

Bha càch diultadh teachd a luagh dhuibh,
'S chruinnich iad-san sluagh am bannail.
Agus ho Mhorag, &c.

A rì! bu mhath 's an luagh-lamh iad,
'Nuair a thàirrneadh iad na lannan!
Agus ho Mhorag, &c.

H-uile clò a luaigh iad riamh dhuibh,
Dh-fhag iad e gu ciatach daingheann;
Agus ho Mhorag, &c.

Teann, tiugh, daingheann, fìte, luaite,
Daite ruadh, air thuar na fala.
Agus ho Mhorag, &c.

Greas thairis le d' mhnathan luaighe,
'S theid na gruagaichean-sa mar riu.
Agus ho Mhorag, &c.

Note.—This song has been always highly popular, and is certainly the most spirited and elegant of all our Jacobite songs. Charles is represented under the similitude of Mòrag—a young girl with flowing locks of yellow hair waving on her shoulders. She had gone away over the seas, and the bard invokes her to return with a party of maidens (i. e. soldiers) to dress the red cloth, in other words, to beat the English red coats. The allegory is kept with elegance and spirit, and the poet introduces himself as one who had followed Mòrag in lands known and unknown, and was still ready to follow her over the world if required.

SMEORACH CHLOINN-RAONUILL.

LUINNEAG.

Holuibh o iriag hùroll ù,
Holuibh o iriag hòro ì,
Holuibh o oriag hùroll ù,
Smeòrach le Clann-Raonuill mi.

Gur h-e mis' an smeòrach chreagach,
An déis leum bharr chuaich mo nidein,
Sholar bidh do'm ianaibh beaga,
Sheinneam ceol air bhàrr gach bidein.
Holuibh o iriag, &c.

Smeòrach mise do Chlann-Dòmhnuill,
Dream a dhìthicheadh, 's a leonadh,
'S chuireadh mis' an riochd na smeòraich
Gu bhi seinn, 'sa cuir ri ceol daibh.
Holaibh o iriag, &c.

Sa chreig ghuirm a thogadh mise
An agireachd Chaisteil duibh nan cliar
Tir tha daonnan a' cuir thairis
Le tuil bhainne, meal', a's fion.
Holaibh o iriag, &c.

Sliochd nan Eun o'n Chaisteil-thiream,
'S o Eilean-Fhianain nan gallan,
Moch, a's feasgar togar m'iolach,
Seinn gu bileach, milis, mealach.
Holaibh o iriag, &c.

Tha mi de'n ghùr rioghail, luachach,
'S math eun fhaotainn á nead, uasal,
Ghineadh mi gun chol, gun truailleadh,
Fo sgiathaibh Ailein mhic Ruairidh.
Holaibh o iriag, &c.

Cinneadh, glan gun smùr, gun smodan
Gun smàl gun luaith runidh, no ghrodan,
'S iad gun ghìomh, gun fheall, gun sodan,
'S treum am buill' an tiugh nan trodan.
Holaibh o iriag, &c.

Cinneadh rioghail, th'air am buaineadh,
A meribh mearra na cruadhach,
'S daoimein iad gun spàr gun truailleadh,
Nach gabh stùr, gnè, smal, no ruadh-mheirg.
Holaibh o iriag, &c.

Cinneadh mor gun bhòsd gun sparan,
Suairce, siobhalta, gun ràpal,
Caomhail, cineadail ri'n càirdean,
Fuilteach, faobharach, ri namhaid.
Holaibh o iriag, &c.

Raonullaich nan òr chrios taghach,
Nan lùireach, nan sgiath, 's nan clogaid,
A théid sios gu gunnach, dagach,
Na fir ghasda shunndach, chogach.
Holaibh o iriag, &c.

Sud na h-aon daoine th'air m'aire,
Nach dianadh air spùileadh cromadh,
Dhianadh anns an uraich gearradh
Cinn gu'n sgaradh, cuirp ga'm pronnadh.
Holaibh o iriag, &c.

Ach mur tig mo righ-sa dhachaigh
Triallaidh mi do dh-uambaig shlocnich,
'S bithidh mi'n sin ri caoidh, 's ri bàsraich,
Gus am faigh mi bàs le osnaich.
Holaibh o iriag, &c.

Ach ma thig mo phriunnsa thairis
Cuirear mis' an cliabhan lurach,
'S bithidh mi canntaireachd gu buileach
'S ann 'san àrois ni mi fuireach.
Holaibh o iriag, &c.

Madainn chéitean am barr gach badain
Sgaoileadh ciùil o ghlaic mo ghuibein,
'S àluinn mo chruiteach, 's mo ghlagan,
Stailceadh mo dha buinn air stuibean.
Holaibh o iriag, &c.

Gur e mise cruit nan cnocan,
Seinn mo leadain air gach bacan,
'S mo chearc féin gam' bheus air stocan,
'S glan ar glocan air gach stacan.
Holaibh o iriag, &c.

Crith chiuil air m'ugan da bhogadh,
'S mo chom tur uile làn beadraidh,
Tein-eibhinn am uchd air fadadh,
'S mi air fàd gu damhs' air leagail.
Holaibh o iriag, &c.

'Nuair chuirean goic air mo ghogan,
'S thogain mo shailm air chreagan,
Sann orm féin a bhiodh am fragan,
Ceol ga thogail, 's bròn gu leagail.
Holaibh o iriag, &c.

Eoin bhuchalach bhreac na coille,
Le'n òrganaibh òrdail mar rinn,
'S feadag ghlan am beul gach coilich,
'S binn fead-ghuil air gheugaibh baraich.
Holaibh o iriag, &c.

'S mis an t-eunan beag le m'fheadan,
Am madainn dhriùchd am barr gach badain,
Sheinneadh na puirt ghrinn gu'n spreadan,
'S ionmhuinn m'fheadag feadh gach luguin.
Holaibh o iriag, &c.

Togamaid deoch-slainte na h-armailt,
Dh-eirich le Tearlach o'n gharbhlaich,
Na fir ghasda dheanadh searr-bhuain
Air feoil 's cnàimhean nan dearg chot.
Holaibh o iriag, &c.

Olamaid fliuchadh ar slugain,
'S cuireamaid mu'n cuairt lan nogain,
'Slainte Sheumais suas le sulgeart,
Tosta Thearlaich sios le sogan.
Holaibh o iriag, &c.

Slaint' an teaghlaich rioghail inbheich
Olamaid gu sunndach, geanail.
'S nigheamaid ar sgornain ghlonaich
Le dram milis, sulleach, gluineach.
Holaibh o iriag, &c.

Cuireamaid sios feadh ar mionaich
Tosta nan curaidhnean clannach,
Nan colg gasda, sgaiteach, biorach,
'S ro mhor sgil air còmhrag launach.
Holaibh o iriag, &c.

O tha mi teannadh gu eir-thir,
Ullaicheam m'acair gu cala,
Tosta Mhuideirt ceann nan Seileach,
'S an t-slaint eil' ud triath nan Garrach.
Holaibh o iriag, &c.

Lionaibh suas a's olaibh bras i,
Slainte Raonuill òig o's deas i,
Sguiribh dh'amharc thugaibh as i,
Siabaibh leibh i as a teas i.
Holaibh o iriag, &c.

Stràc suas a ghlaine cheudna,
Cuimhnicheamaid slaint an t-Stéibhtich
Ridir òg gasda na eireadh,
Dol le sgairt a shracadh bheistean.
Holaibh o iriag, &c.

Slaint Iarl Antrum s' tosta prìseil,
'S na tha 'n Eirinn chlannaibh Mìlidh,
Tha mo shile bàthadh m'iataidh
Chionn gu'm beil mo bheul lan mislein.
Holaibh o iriag, &c.

Diolamaid gu foirmeil, frasach,
Slainte Bhaosadail mu'n stad sinn,
Laoch treun a dh'eireadh sguirtail,
Chuir *retreat* air bheistean Shasuinn.
Holaibh o iriag, &c.

Lion suas duinn glaine do'n Deasach,
Learganaich nan gorm lann claiseach,
Laochraidh sgathadh cheann, a's leasruidh,
Na suinn sheasmhach, shundach, mhaiseach.
Holaibh o iriag, &c.

Co namhaid sin riu sheasadh,
'S cruaidh ruisgte nan duirn gu slaiseadh?
Anns an ruaig nuair ghabhadh teas iad,
Le lù-chleasan bhualadh *shaisean*.
Holaibh o iriag, &c.

Greasam gu finid gun stopadh,
Ach cha mhiann leam a bhi bacach,
Puirt chiùil na smebraich dosaich,
Tostam fior sheobhac na Ceapaich.
Holaibh o iriag, &c.

Togamaid slainte nan Gleannach,
O chothunn nam bradan earrach
Bheireadh air bocnuaibh pillendh,
Cha bu ghioracach iad air bealach.
Holaibh o iriag, &c.

Cuireamaid mu'n cuairt gu toileach,
Slainte Mhic Dhùghaill o'n Bharraich,
Cridhe rìoghail, reambar, solais,
Tha na bhroilleach shios am falach.
Holaibh o iriag, &c.

Chuimhnicheam Iain Ciar a Latbuirn,
Aig nach robh an *stoidhle* cumhann,
Gheibh e mùirn, a's onair fhathach,
A's caitheadh *drais* mar as cubhnidh.
Holaibh o iriag, &c.

Ciod am fath dhaibh bhi ga'r tagradh?
'S nach urr' iad chuir rinn cluigean,
Sguiribh de'r boilich 's de'r splagain,
'N rud tha agaiun, 's Dia thug dhuinne.
Holaibh o iriag, &c.

ORAN DO PHRIONNSA TEARLACH.

LUINNEAG.

O hi-ri-rì tha e tighinn,
O hi-ri-rì, 'n rìgh tha uainn,
Gheibheamaid ar n'airm 's ar n'éideadh
'S breacan-an-fhéilidh an cuaich!

'S KIBHINN leam fhìn tha e tighinn,
Mac an rìgh dhlighich tha uainn,
Slios mòr rìoghail d'an tig Irmachd,
Claidheamh a's targaid nan dual.
O hi-ri-ri, &c.

'S ann a tighinn thar an t-shàile,
Tha 'm fear ard a's àille snuadh,
Marcaiche sunndach nan stéud-each,
Ruchadh gu h-eutrom san ruaig.
O hi-ri-ri, &c.

Sambuilt an fhaoillich a choltas,
Fuaradh froise 's fadn-cruaidh,
Lann thana 'na 'laimh gu cosgairt,
Sgoltadh chorp mar choirc' air cluain.
O hi-ri-ri, &c.

Tòrman do phloba 's do bhrataich,
Chuireadh spiorad bràs san t-sluagh,
Dhèireadh ar n-àrdan 's ar n-aigne,
'S chuirt' air a phrasgan ruaig!
O hi-ri-ri, &c.

Tairneanach a *bhombh* 's a *channain*,
Sgoilteadh e'n talamh le' chru'as,
Fhreagradh dha gach beinn a's beallach,
'S bhodhradh a mhac-tall ar cluas!
O hi-ri-ri, &c.

Gur mairg d'an éideadh san là sin,
Còta granda 'n mh'.dar ruadh,
Ad bhileach dhubh a's coc-àrd innt',
Sgoilteas mar an chàl ro'u chruaidh.
 O ki-ri-ri, &c.

ORAN EILE

DO PHRIUNNSA TEARLACH.

LUINNEAG.

Thug hò-o, laill hò-o,
Thug o-ho-rŏ 'n àill leibh,
Thug hò-o, laill ho-ŏ,
Seinn o-ho-rŏ 'n àill leibh.

Moch 'sa mhadainn 's mi dùsgadh,
'S mor mo shunnd 's mo cheol-gàire;
O'n a chuala mi 'n prionnsa,
Thigh'n do dhùthaich Chlann-Rà'ill.
 Thug ho-o, &c.

O'n a chuala mi 'n prionnsa,
Thig'n do dhùthaich Chlann-Rà'ill;
Grainne mullaich gach rìgh thu,
Slan gu'm pill thusa Thearlaich.
 Thug ho-o, &c.

Grainne mullaich gach rìgh thu,
Slan gu'm pill thusa Thearlaich;
'S ann tha 'n fhior-fhuil gun truailleadh,
Anns a ghruaidh is mor nàire.
 Thug ho-o, &c.

'S ann tha 'n fhior-fhuil gun truailleadh,
Anns a ghruaidh is mor nàire;
Mar ri barrachd na h-uaisle,
'G eiridh suas le deagh nadur.
 Thug ho-o, &c.

Mar ri barrachd na h-uaisle,
'G eiridh suas le deagh nadur;
'S na 'n tigeadh tu rithisd,
Bhiodh gach Tighearn' na 'n àite
 Thug ho-o, &c.

'S na 'n tigeadh tu rithisd,
Bhiodh gach Tighearn' na 'n àite;
'S na 'n càrnicht' an crùn ort,
Bu mhuirneach do chairdean.
 Thug ho-o, &c.

'S na 'n chraicht a crùn ort,
Bu mhuirneach do chairdean;
'S bhiodh Loch-iall mar bu choir dha,
Cuir an ordugh nan Gàël.
 Thug ho-o, &c.

'S bhiodh Loch-iall mar bu choir dha,
Cuir an ordugh nan Gàël;
A's Clann-Dòmhnuill a chruadail,
Choisinn buaidh anns na blaraibh.
 Thug ho-o, &c.

A's Clann-Dòmhnuill a chruadail,
Choisinn buaidh anns na blaraibh;
'S iad gu 'n cumadh a cho-stri,
Ri luchd chòtaichean màdair.
 Thug ho-o, &c.

'S iad gu 'n cumadh a cho-stri,
Ri luchd chòtaichean màdair;
Sud a chuideachd bhiodh foirmeil,
Boinneid ghorm a's coc-àrd orr'.
 Thug ho-o, &c.

Sud a chuideachd bhiodh foirmeil,
Boinneid ghorm a's coc-àrd orr;
'S bhiodh am féilendh 'sa'n fhasan,
Mar ri gartanan sgàrlaid.
 Thug ho-o, &c.

'S bhiodh am féilendh 'sa'n fhasan,
Mar ri gartanan sgàrlaid;
Eile cuaich air bhachd easgaid,
Paidhir phiostal 's lann Spainnteach.
 Thug ho-o, &c.

Eile cuaich air bhachd easgaid,
Paidhir phiostal 's lann Spainnteach
'S na 'm faighinn mo dhùrachd,
Bhiodh an diùc air dhroch càradh.
 Thug ho-o, &c.

'S na 'm faighinn mo dhùrachd,
Bhiodh an diùc air dhroch càradh;
Gu 'm biodh bùidsear na feola,
Agus corcach m'a bhràghad!
 Thug ho-o, &c.

Gu 'm biodh bùidsear na feola,
Agus corcach m'a bhràghad;
'S gu 'n gibhtinn a mhaighdeann,
Mar oighreachd d'a bhrathair.
 Thug ho-o, &c.

'S gu 'n gibhtinn a mhaighdeann,
Mar oighreachd d'a bhrathair—
Ach slàn gu'n tig thu 's gu 'n ruig thu,
Slàn gu'n tig thusa Thearlaich.
 Thug ho-o, &c.

FAILTE NA MOR-THIR.

LUINNEAG.

H-eitirin àirinn uirinn òth-h-o-rò,
H-eitirin àirinn h-ó-rò.

Failt' ort féin a mhòr-thir bhoidheach,
Anns an òg-mhios bhealltainn.
H-eitirin, &c.

Grian-thir òr-bhuidh, 's uaine còta,
'S froinidh ròs ri h-alltaibh.
H-eitirin, &c.

Le biadh 's le dibh a' cuir thairis,
Cha téid Earrach teann orr.
H-eitirin, &c.

'S ianach, lurach, slios a tulaich,
'S duilleach 'mullach chrann iunt.
H-eitirin, &c.

A choill gu h-uile fo làn-duilleach,
'S i na culaidh-bainnse.
H-eitirin, &c.

'S bainneach, bailceach, braonach glacach,
Bruachan tachdrach, Ailleart.
H-eitirin, &c.

Uisge fallain nan clach geala,
Na do bhaile Geamhraidh.
H-eitirin, &c.

'Slionach, slatach, cuibhleach, breacach,
Seile ghlas nan samhnan.
H-eitirin, &c.

Mor-thir ghlan nam bradan tarra gheal,
'S airgeadach cuir lann orr'.
H-eitirin, &c.

Tir lan sonais, saor o dhonus,
Gun dad conais dràundain.
H-eitirin, &c.

Seirceach, caidreach, gun dad sladachd,
Saor o bhraid, 's o anntlachd.
H-eitirin, &c.

'S àluinn a beinnean, 'sa sraithean,
'S èibhinn dath a gleanntan.
H-eitirin, &c.

Greidhean dhearg a' tàmh mu fireach,
Eilid bhiornch, 's mang aic.
H-eitirin, &c.

Boc air daradh timcheall daraig,
'N déigh a leannain cheann-deirg.
H-eitirin, &c.

Searrach bhuicin anns an ruicil,
'S e sior chruiteil dhambsaidh.
H-eitirin, &c.

Na meinn bheaga 's iad ri beadradh,
Anns na creagan teann air.
H-eitirin, &c.

Coilich choille, 's iad ri coilleig,
Anns an doire chranntail.
H-eitirin, &c.

Cnothach, caorach, dearcach, braonach,
Glasrach, raonach, aibhneach.
H-eitirin, &c.

'S deiltreach, lnomach, meiltreach, caointeach,
A fuinn mhaoineach, leamhnach.
H-eitirin, &c.

'S cùbhraidh 'smthan, 's badach luibhean,
Ris a bhruthainn ann-teas,
H-eitirin, &c.

'S feurach, craobhach, luideach, gaolach.
An tir fhaoilidh sheannsail.
H-eitirin, &c.

Grian ag èiridh 'gòradh sléibhe,
'S beachan gheug ri srannraich.
H-eitirin, &c.

Seillein ruadha dioglndh chluaran,
'S mil ga buain le dranndan.
H-eitirin, &c.

Breac le sùlas leum a bhuinne,
Ruidh nau cuileag greannar.
H-eitirin, &c.

Bàrr gach tolmain fo bhrat gorm-dhearc,
Air gach borrachan alltain.
H-eitirin, &c.

Lusan cùbhraidh mach a' brùchdadh,
'S cuid diubh cùl-ghorm bainn-dearg.
H-eitirin, &c.

'S ceolar, éibhinn, bàrr gach géige,
'S an eòin féin a damhs' orr'.
H-eitirin, &c.

Crodh air dàir am bàrr an fhàsaich,
N fhèoir nach d'fhàs gu craiuntidh.
H-eitirin, &c.

'S iad air theas a' ruith le 'm buaraich,
'S tè le cuaich gan teann-ruith.
H-eitirin, &c.

'S miosrach, cuachach, leabach, luachrach,
Dol gu buaile 's t-sàmhradh.
   ll-eitirin, &c.

'S òmhnach, uachdrach, blàthach, cnuachdach,
Lòn nam bunchaill annta.
   ll-eitirin, &c.

'S imeach, gruthach, meogach, sruthach,
An imirich shubhach, shlambach.
   ll-eitirin, &c.

Deoch gun tombas dol far comhair,
Gun aon ghlothar gaiuntir.
   ll-eitirin, &c.

IORRAM CUAIN.

Gun neo-aoidheil turas faoillich,
Ge d' bhiodh na daoine tàbhachdach.
   Tha m' fhearann saibhir hò-a hò,
   Ho-rì hi-rò na b' àile leat mi :
   Tha m' fhearann saibhir hò-a hò.

An fhairge molach, bronnach, torrach,
Giobhach, corrach, ràpalach.
   Tha m' fhearann, &c.

'S cruaidh ri stiuireadh bial-mhuir duldaidh,
Teachd le bruchdail chàrsanach.
   Tha m' fhearann, &c.

Clagh a chulain cha b'e 'n sùgradh,
'S e rì bùirein bàchdanach.
   Tha m' fhearann, &c.

An cùlanach féin cha n e 's fasadh,
Agus lasan àrdain air.
   Tha m' fhearann, &c.

Teachd gu dlù' u deighe chéile,
Agus geummaich dàir orra.
   Tha m' fhearann, &c.

An fhairge phàiteach, 'sa biul farsuinn,
Agus acras araidh oirr'.
   Tha m' fhearann, &c.

'S mairg a choimeas muir ri mointich,
Ge d' bhiodh mor-shnenchd stràchd orra.
   Tha m' fhearann, &c.

Neoil a' genladh oidhche shalach,
Gun aon chalu sàbhailte.
   Tha m' fhearann, &c.

Dubh-ra-dorcha gun dad ghealaich,
Oir-thir ain-eoil' ard-chreagach.
   Tha m' fhearann, &c.

Gaoth a' seideadh, muir ag ciridh,
'S fear ag eubhach ard ghuthach :—
   Tha m' fhearann, &c.

" Sud e' tidbinn 's cha n'ann ruighinn,
Croc-mhuir, friothar, bàsanach.
   Tha m' fhearann, &c.

" Cum ceann caol a fiodha direach,
Ri muir diolain, dàsunnach."
   Tha m' fhearann, &c.

Ach dh'aithnich sinn gun sheol sinn fada,
A mach san t-sàmh 's bu ghabhaidh sin.
   Tha m' fhearann, &c.

'S leag sinn a croinn a's a h-aodach,
'S bu ghniomh dhaoine caileachdach.
   Tha m' fhearann, &c.

'S chuir sinn amach cliathan rìghne,
Is bu ghrinn an àlach iad.
   Tha m' fhearann, &c.

'S shuidh orr' ochdnar, throma, throma,
A' sgoilltendh tonnan stàplainneach.
   Tha m' fhearann, &c.

Héig air chungaibh, hùg air mhaidean,
'S cugall bhac air t-àbhranaibh !
   Tha m' fhearann, &c.

Iad a mosgladh suas a chéile,
'S masgadh trenn air sàil uca.
   Tha m' fhearann, &c.

Sginean lochdrach ràmh a Lochluinn,
'Bualadh bhoc air bhàirlinnean.
   Tha m' fhearann, &c.

Iad a' traoghadh suas na dìle,
Le neart fior gharg ghàirdeanan.
   Tha m' fhearann, &c.

Cathadh mara 's marcachd-shine,
'S stoirm nan sion, da 'n sàrachadh.
   Tha m' fhearann, &c.

Lasraichean srad theine-shiunnachain,
Dearg o'n iumradh chàileachdach.
   Tha m' fhearann, &c.

Iad ag obair as an lòintean,
" Hùg a's théid 'da ràmh' aca."
   Tha m' fhearann, &c.

Iorram ard-bhinn shuas aig Eamun,
Ann an cléith ràmh brághada.
 Tha m' fhearann, &c.

Aonghas Mac-Dhonnachaidh da réir sin,
A ri! bu treun a thàirrneadh e.
 Tha m' fhearann, &c.

Donnacha Mac-Uaraig a luagh leo,
'S b' fhada buan a spàlagan.
 Tha m' fhearann, &c.

Bha fuaim aon-mhaide air chléith ac'
Bualadh spéicean tàbhachdach.
 Tha m' fhearann, &c.

Raimh dam pìanadh, 's fir dan spìanadh,
'N glachdaibh iarnaidh àrd-thounach.
 Tha m' fhearann, &c.

Gallain chiatach, leoghar, lìaghach,
'S fuirbinean da'n sàrachadh.
 Tha m' fhearann, &c.

Lunnan mìne, 's duirn da'n sìneadh,
Seile sìos air dhearnainean.
 Tha m' fhearann, &c.

Muir ag osnaich shuas ma toiseach.
Chuip-gheal, cholp-gheal, ghàir-bheuchdach.
 Tha m' fhearann, &c.

Suas le sguradh saoidh ri bùirein,
Le sior dhurachd sàr iomaraidh.
 Tha m' fhearann, &c.

Slabhraidh chuirneineach ri dùirdail,
Shios bha stiur a fàgail ann.
 Tha m' fhearann, &c.

Gaoth na deannan 's i ri feannadh,
Na'n tonn ceann-fhionn ràsanach.
 Tha m' fhearann, &c.

Na fir lughmhor an deigh an rùsgaidh,
A' cur smùid dheth an àlaichean.
 Tha m' fhearann, &c.

Chaoidh cha mhiticheadh a misneach,
Na fir sgibidh th' bhachdach.
 Tha m' fhearann, &c.

Rìgh an eagail, Neptun ceigeach,
Ri sior sgreadail—" bàthar sibh!"
 Tha m' fhearann, &c.

Gu'm b'fhad' uamhuinn muir ri nualraich,
'S cathadh cuain a stràradh orr',
 Tha m' fhearann, &c.

'Ghuidh an sgiòba geur na dùilin,
'S fhuair an urnaigh gràfadh dhaibh.
 Tha m' fhearann, &c.

Smachdaich Æolus na spèuran,
'S a bhuilg shèidibh àrd-ghaothach.
 Tha m' fhearann, &c.

Gun d' rinn Neptun fairge lòmadh,
Mar bhiodh glaine sgàthain ann.
 Tha m' fhearann, &c.

Sgaoil na neòil bha tònn-ghorm ciar-dhubh,
'S shoilsich grian mar b' ùbhaist dh'ì.
 Tha m' fhearann, &c.

'S mhothaich an sgioba do dh' fhearann.
'S ghlac iad cala sàbhailte.
 Tha m' fhearann, &c.

Ghabh iad pronn, a's deoch, a's leabaidh,
'S rinn iad cadal samhach orr'.
 Tha m' fheaiam, &c.

A BHANARACH DHONN.

LUINNEAG.

A Bhanarach dhonn a 'chruidh,
Chaoin a chruidh, dhonn a chruidh ;
Cailin deas donn a cruidh,
Cuachag an f hàsaich.

A Bhanarach mhìogach,
'S e do ghaol thug fo chìs mi ;
'S math thig lamhainnean sìoda,
Air do mhìn-bhasan bàna.
 A Bhanarach dhonn, &c.

'S mor bu bhinne bhi t-eisteachd,
An am bhi bleothan na spreidhe :
N'an smeòrach sa' chéitein,
Am barr géig an am fàs-choill.
 A Bhanarach dhonn, &c.

'Nuair a sheinne tu coilleag,
A leigeil mairt ann an coille ;
Thaladh eunlaidh gach doire,
Dh' eistenchd coireall do mhùrain.
 A Bhanarach dhonn, &c.

Ceol farasda fior-bhinn,
Fonnar, farumach, dìonach :
A sheinn an caillin donn mìogach,
A bheireadh biogadh air m' àirneann.
 A Bhanarach dhonn, &c.

'S ge b' fheunar an fhiodhull,
'S a teudan an rithidh ;
'S e bheireadh damhs air gach cridhe
Ceol nighin na h-àiridh.
A Bhanarach dhonn, &c.

Tha deirg agus gile,
A gleachd an gruaidhean na finne',
Beul min mar an t-shirist,
O'm milis thig gàire.
A Bhanarach dhonn, &c.

Deud snasda na ribhinn,
Suaite, cruinn, mar na disnean ;
Gur h-i 'n donn-gheal, ghlan smideach,
'S ro mhìog-shuileach fàite.
A Bhanarach dhonn, &c.

Chuireadh maill' air do leirsinn,
Ann am madainn chiuin chéitein,
Na gathannan greine,
Thig bho teud-chul cas, fàinneach.
A Bhanarach dhonn, &c.

'S ciatach nuallan na gruagaich,
A' bleothann cruidh ghuaillinn ;
A' toirt torroman air cuachaig,
'S bothar fhuaim'aig a clàraibh.
A Bhanarach dhonn, &c.

'S taitneach siubhal a cuailein,
Ga chu athadh mu cluasan ;
A' toirt muigh air seid luachraich
An taigh buaile, an gleann fàsaich.
A Bhanarach dhonn, &c.

A' muineal geal boidheach,
Mu'n iathadh an t-òmar,
A' dhath féin air gach seòrsa,
Chite dortadh tre bràghad.
A Bhanarach dhonn, &c.

Dà mhaoth-bhois bu ghrinne,
Fo 'n dà ghàirdein bu ghile ;
'N uair a shìnt iad gu h-innealt',
Gu sinean cruidh Chàsgadh.
A Bhanarach dhonn, &c.

Gu'm bu mhothar mo bheadradh,
Teachd do'n bhuaile mu eud-thra,
Séamh sult-chorpach beitir,
'S buarach ghreasaid an àil aic'.
A Bhanarach dhonn, &c.

Glac gheal a b' ard gleodhar,
A' stealladh bainn' an cuaich bleothainn ;
A' seinn luinneangan seadhach,
An gobhal na blaraig.
A Bhanarach dhonn, &c.

'N uair thogadh tu bhuarach,
Cuach u's cùrrusan na buaile ;
B'ao-coltach do ghluasad
Ri guanag na sràide.
A Bhanarach dhonn, &c.

ORAN,

MAR GUM B'ANN EADAR AM PRIONNS' AGUS NA GAEIL.

AIR FONN—" *Good night an' joy be wi' you a'.*"

AM PRIONNSA.

Mile marbhaisg air an t-saoghal,
'S carach baoghalach a dhàil ;
Cuibhl' an fhortain oirn air caochladh,
Cha do chleachd sinn moim ro' chàch ;
Tha sinn a nis air ar sgaoileadh,
Air feadh ghleann, a's fhraoch-beann àrd ;
Ach teanailidh sinn fòs ar daoine,
'N uair a dh' fhaodas sinn gu blàr.

Misneach mhath a mhuinntir ghaolach,
'S gabhaidh Dia dhuinn daonnan càs ;
Cuiribh dòchus daingheann, faoilteach,
Anns an aon Tì ni dhuin stà :
'S buanaichibh gu rìgheil, adhrach,
Traisgeach, uirneach, caoineach, blà ;
'S bi'bh dileas do chach a chéile,
'S duinear suas ar creuchdan bàis.

Ach 's feudar dhomhs' a nis bhi falbh uaibh,
A Ghàëlibh càlma mo ghràidh ;
Bu mhor m' earbsa' às ar fònadh,
Ge do hd' fhonadh dhuinn 's an àr,
'S iomadh sua-cothrum a choinnich
Sinn, 's an choinnidh bha gun àgh ;
Ach gabhaidh mis' a nis mo chead dhibh,
Uine bheag : ach thig mi tràth.

Leasairhidh mi fòs ar callsa,
Churaidhnean gun fheall, gun sgàth ;
A dhilse dhliodhach, rìgheil, threuna,
A dheanadh euchd ri uchd nam blàr ;
'S cinna's coluinn chuir o chéile,
Sinn', 's sibh-féin a sgaradh fàs ;
Ach togaibh suas ar misneach gleusda,
'S cuiream féin r' ar creuchdan plàsd.

NA GAEIL.

A Mhoire sinn th' air ar cùsadh !
Air dhi-céille, sinn gun chàil ;
Tearlach Stiubhart Mac righ Séumas,
A bhi na cigiun anns gach càs ;

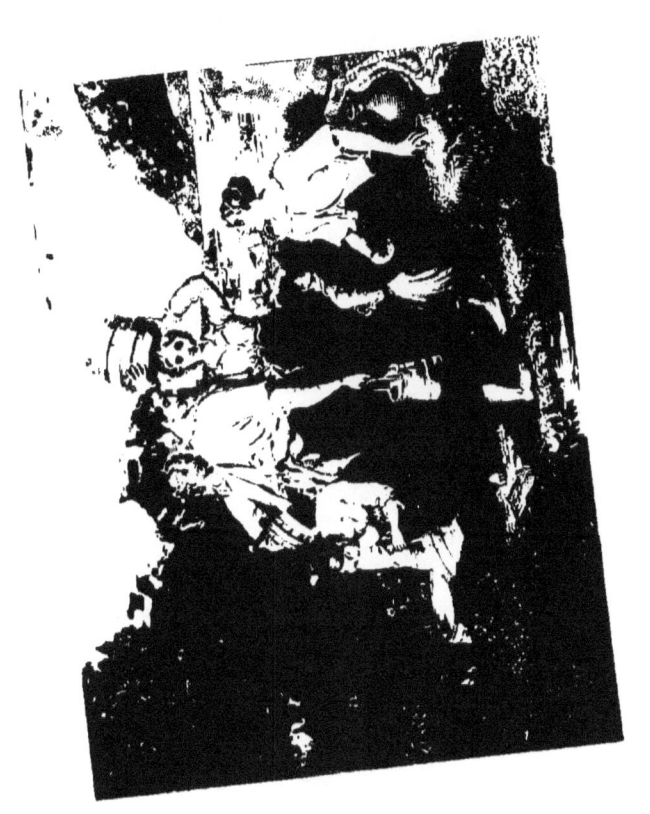

Gur h-e sin a rinn ar lèireadh,,
Gur h-e 's feudar dha gu'm fàg ;
Sinn na dhèigh gun airm, gun èideadh,
Falbh 'n ainm Dhé; ach thig a ghràidh.

Ar mìle beannachd na d' dheigh,
'S Dia do d' ghleigheadh anns guch àit' ;
Muir a's tìr a bhi cho réidh dhut :
M' urnaigh gheur leat fein os àird ;
'S ge do sgar mio-fhortan deurach
Sinn o chéile, 's ceum ro'n bhàs ;
Ach soraidh leat a mhic rìgh Seumas,
Shùgh mo chéille thig gun chaird.

Chaill sinn ar stiuir, 's ar buill-bheairte ;
Thugadh uainn ar n-acair-bàis ;
Chaill sin ar compaisd 's ar cairtean,
Ar reull-iuil 's ar beachd gach là ;
Tha ar cuirp gun chinn, gun chasan,
Sinn marr charcaisich gun stàth ;
Ach gabh thus' a ghràidh do t-astar,
Dean gleas tapaidh 's thig gun dail.

AM PRIONNSA.

Beannachd gu lèir le Clann-Dòmhnuill,
Sibh a dh' fhoirinn orm na m' chàs,
Eadar eileanan, a's mhòr-thìr,
Lean sibh deonach, rium gach trà ;
'S iomadh beinn, a's muir, a's mointeach,
A shiubhail sin air chòrsa bàis ;
Ach theasraig Dia sinn air fuar-fhòirneart,
Nan con sròn-ghaoth 'bha ri 'r sàil.

Sibh a rinn fo-laimh na Trianaid,
Mis' a dhìon o mhì-ruin chlich ;
Mo dhearg-naimhdean, neartmhor, lìonmhor,
Chuir an lion feadh ghleann a's àrd.
A mhiad 's a thaisbean sibh d' ar dìlseachd,
'S còir nach dì-chuimhnich gu bràth ;
A charr, gur sibh is luaithe shìn rium,
Toic air tìr 's an talamh-ard.

NA GAEIL.

Ochan ! ochan ! cruaidh an dearmad,
Bhi 'g ar tearbadh bhuat gun bhàs ;
B'i 'n fhoir èibhinneachd, 's am beirteas,
Bhi d' a t-fhaicinn gach aon là ;
Bi'dh ar rùisg lan tìm a frasadh ;
Ar cri lag-chùiseach gun chàil,
Gu 'm pill thus' a ris air tuis oirn,
Beannachd leat le neart ar gràidh.

AM PRIONNSA.

O ! tiormaichibh a suas 'ur sùilean,
'Chomuinn rùnaich 'fhuair 'ur cràdh,
Bi'dh sibh fàs, maoineach, mùirneach,
N 'ur gàrd dùbailt' ma *Whitehall*,

'Nuair a bhios an reubal lùbach,
Ri bog chrùban feadh nan càrn,
Gu 'm bi sibhs' an caithream cùirte,
Lasdail, lù-chleasach, làn àidh.

AM BREACAN UALLACH.

LUINNEAG.

Hé 'n clò-dubh,
Hò 'n clò-dubh,
Hé 'n clò-dubh,
B'fhearr am breacan.

B' FHEARR leam breacan uallach,
Ma m' ghuaillean, 's a chuir fo m' achlais,
Na ged gheibhinn còta,
De 'n chlò is fearr thig á Sasuinn.
He 'n clo-dubh, &c.

Mo laochan fein an t-éideadh,
A dh-fheumadh an crios d' a ghlasadh,
Cuaicheannach an éilidh,
Déis eiridh gu dol air astar.
He 'n clo-dubh, &c.

Eilidh cruinn nan cuachan,
Gur buadhach an t-earradh gaisgeich ;
Shiubhlainn leat na fuarain,
Feadh fhuar-bheann ; 's bu ghasd' air faich thu.
He 'n clo-dubh, &c.

Fior chulaidh an t-saighdear,
'S neo-ghloiceil ri uchd na caismeachd ;
'S ciatach 's an *adbhans* thu,
Fo shranntraich nam piob 's nam brutach.
He 'n clo-dubh, &c.

Cha mhios anns an dol sios thu,
'Nuair sgrìobar á duille claiseach ;
Fior earradh na runige,
Gu luaths a chuir anns na casan !
He 'n clo-dubh, &c.

Bu mhath gu sealg an fhéidh thu,
'N am eridh do 'n ghréin air creachunn ;
'S dh-fhalbhainn leat gu lodhar,
Di-dòmhnaich a dol do'n chlachan.
He 'n clo-dubh, &c.

Laidhinn leat gu cearbail,
'S mar earbaig gu 'm briòsgainn grad leat,
Na b' ullamh air m' armachd,
Na deargancich, 's mosgaid ghlagach.
He 'n clo-dubh, &c.

I

SAR-OBAIR NAM BARD GAELACH.

'N am coilich a bhi dùrdan,
Air stùcan am madainn dhealta.
Bu ghasda t-fheum 's a chùis sin,
Seach mùtan de thrustar càsaig.
　　Ile 'n clo-dubh, &c.

Shiubhlainn leat a phòsadh,
'S bharr feoirnein cha fhrosainn dealta ;
B' i sid a' t-sunach bhòidheach,
An òg-bhean bha moran tlachd dh'i.
　　Ile 'n clo-dubh, &c.

B' aigeantach 's a' choill' thu,
D a m' choireadh le d' bhlàths 's le t-fhasgath,
Bho chathadh, a's bho chrion-chur,
Gu 'n dionadh tu mi ri frasachd.
　　Ile 'n clo-dubh, &c.

Air t-uachdar gur a sgiamhach
A laidheadh a sgiath air a breacadh ;
'S claidheamh air chrios ciatach,
Air fhiaradh os-ceann do phleatan.
　　Ile 'n clo-dubh, &c.

'S deas a thigeadh cuilbheir,
Gu suilbhearra leat fa 'n asgaill ;
'S a dh-aindeoin uisg' a's urchaid,
No tuil-bheum gu 'm biodh air fasgath.
　　Ile 'n clo-dubh, &c.

Bu mhath anns an oidhch' thu ;
Mo loinn thu mar aodach-leapa ;
B' fhearr leam na 'm brat lin thu,
Is priseile thig a Glascho.
　　Ile 'n clo-dubh, &c.

S' baganta grinn bòidheach,
Air bannis a's air mòd am breacan ;
Suas an éileadh-sguaibe,
'S dealg-gualainn a' cur air fasdaidh.
　　Ile 'n clo-dubh, &c.

Bu mhath an là 's an oidhch' thu,
Bha loinn ort am beinn 's an cladach,
Bu mhath am frachd 's an sìth thu ;
Cha righ am fear a chuir as dut.
　　Ile 'n clo-dubh, &c.

Shaoil leis gun do mhaolaich, so
Faobhar nan Ghèl tapaidh,
Ach 's ann a chuir e géur orr',
Ni 's beurra na deud na h-ealltainn :
　　Ile 'n clo-dubh, &c.

Dh-fhàg e iad làn mi-ruin,
Cho cloerasach ri coin acrach ;
Cha chaisg deoch an iotadh,
Ge b' fhion i, ach fior fhuil Shasninn.
　　Ile 'n clo-dubh, &c.

Ged spion sibh an Crì asainn,
'S ar broilleichean sios a shracadh,
Cha toir sibh asainn Tearlach,
Gu bràth gus an tèid ar tacadh !
　　Ile 'n clo-duhh, &c.

It' ar n-anam' tha e fuaighte,
Teann, luaite cho cruaidh ri glasan ;
'S uainn cha' n fhaodar fhuasgladh,
Gu 'm buainear am fear ud asainn.
　　Ile 'n clo-dubh, &c.

Cleas na mnatha-siùbhla,
'Gheibh tuillinn mu'm beir i' h-asaid ;
An ionad a bhi'n duimbh ris,
Gun dùbhail d'a fear a lasan.
　　Ile 'n clo-dubh, &c.

Ge d' chuir sibh oirne buarach,
Thiugh, luaighte, gu 'r falbh a bhacadh,
Ruithidh sinn cho luath,
'S na 's buaine na féidh a ghlasraidh.
　　Ile 'n clo-dubh, &c.

Tha sinn 's na t-seau nàdar,
A bhà sinn ro am un *acta* ;
Am pearsannan 's an inntinn,
'S 'n ar rìghealachd cha tèid lagadh.
　　Ile 'n clo-dubh, &c.

'S i 'n fhuil bha 'n cuisl' ar sinnsridh,
'S an innsginn a bha n' an aigne,
A dh-fhagadh dhuinn' mar dhileab,
Bhi rìgheil.—O ! sin ar paidir !
　　Ile 'n clo-dubh, &c.

Mallachd air gach seòrsa,
Nach deonaicheadh fòs dol leat-sa,
Co dhiù bhiodh nea cùmhdach,
No cùmhruiste, lòm gu 'n chraiceann.
　　Ile 'n clo-dubh, &c.

Mo chion an t-òg fearragha,
Thar fairge chaidh uainn air astar :
Dùrachd blàth do dhùthcha,
'S an ùrnaigh gu lean do phearsa.
　　Ile 'n clo-dubh, &c.

'S ge d' fhuair sibh lamh-an-uachdar,
Aon uair oirn le seòrsa tapaig,
An *donus* blàr ri bheò-sa,
Ni feòladair tuilleadh tapaidh.
　　Ile 'n clo-dubh, &c.

TEARLACH MAC SHEUMAIS.

Air fonn—"*Black Jock.*"

O! Tearlaich mhic Sheumais,
Mhic Sheumais, mhic Thearlaich,
Leat shiubhlainn gu h-eutrom,
N am èubhachd 'bhi mhrsal,
'S cha b' ann leis a phlàigh ud,
A tharmaich o 'n mhuic.
Bheireadh creideamh a's reusan
Oirn òiridh mar b' àbhaist,
Leis an ailleagan cheutach,
'Shliochd éifeachdach Bhànchu;
Mo ghrìdh a ghruaidh àluinn,
A dhearsadh orm stuirt.
Thu 'g iomachd gu sùrdail,
Air tùs a bhatailí,
Cha fhrosainn an driùchda,
'S mi dlù air do shàilean;
Mi eadar an talamh
'S an t-adhar a seòladh,
Air iteig le aighear,
Misg-chath, agus shòlais;
'S caismeachd phìob' mòra,
Bras-shròiceadh am puirt.

O 'n eibhinneachd ghlòrmhor,
An t-sòlais a b' airde!
G' ar lìonadh do spionnadh,
Air slinneinibh Thearlaich,
Gu 'n calcadh tu àrdan
An càileachd ar cuirp;
Do làthaireachd mhòr-chuiseach,
Dh-fhògradh gach fàilinn,
Gu 'n tiuntadh tu feudar
Gach feola gu stàilinn,
'Nuair sheal'maid gu sunndach,
Air fabhra do rùisg.
Gu gnùis torrach de chrundal,
De dh' uaisle, 's de nàire,
Nach taisicheadh fuathas,
Ito' lunidhe do nàmhaid;
'S mar deanadh fìr Shasuinn
Do mhealladh, 's do thrèigsinn,
Bhiodh an crùn air a spalpadh,
Le d' thapadh air Sèurlas,
A dh-aindeoin na bèist'.
Leis an d' éirich na h-uile.

Gu 'm b' fhoirmeil leam tormau
Na 'n òrghanan àluinn!
'S teìn'-èibhinn a lasadh
Gu bras-gheal air sràidibh!
'S na croisibh ri h àrd-ghaoir,
Mhòir Thearlaich ar Prionns'!

Gach uinneag le fuineal
A boisgeadh le dearsadh,
Le solus nan coillean,
'S deas mhaighdeann d'an smàladh;
'S gach ni mar a b' araidh.
'G cuir fàilt' air le puimp!
Na *canoin* ri bùirich,
'S iad a' stùradh an fhàilidh,
A' cuir crith air gach dùthaich
Le muiseag pan Gàël;
Agus sinne gu lù'-chleasach,
Mùirneach lan àrdain,
Am marsail gu miùinte,
Ard-shundach m' a shailean—
'S gann bha cudrom 's gach fear dhuinn,
Tri chairsteil a phuinnt!

MO BHOBUG AN DRAM.

Air fonn—"*The bucket you want.*"

LUINNEAG.

Ho rò mo bhobug an dràm,
Hò ri mo bhobug an dràm,
Hò rò mo bhobug an dràm,
'S e chuireadh an sòdan na m' cheann.

Fhearabhi ta'r suidhe ma 'n bhìrd,
Le 'r glaineachean cridheil n-'ar dòrn,
Na leanamaid ruidhinn air òl,
Ma mill sinn ar bruidhinn le bòl.
Ho ro mo, &c.

Na tostachan sigeanta fial,
'Ga'n aiseag gu ruige mo bhial;
Bu mhireagach stuigeadh, a's triall,
Am màrsal le ciognilt tro' m' chliabh.
Ho ro mo, &c.

* The above chorus is not by Macdonald—it belongs to an old Uist song. Here are two stanzas of the original:—

Cha tèid mi'n taigh-òsd' tha sud thall,
Cha'n fhiach an sineòibhar a th' ann,
Ge d' olainn am buideal le srann,
Gu'n grulan mo choluinn mo cheann.
Ho rò mo, &c.

Thuir cailleach cho libeasd' sa bh' ann,
'Nuair fhuair i blas air an dràm :—
" O! tairrnibh 'ur casan a chlann,
'S bheir mise mo char air an uamhe'."
Ho rò mo, &c.

'S tu chuireadh an cuireid' san t-slugh,
'N am eugaidh ri aodainn nan ruag,
Gun olamaid sgaile dhiot gu luath,
Ma sguidseamaid slacain a truaill'.
   Ho ro mo, &c.

'S tu dh' fhagadh sinn tapaidh san tòir,
'N am tarruinn nan glas-lann ri sròin,
'Nuair thilgte na breacain de 'n t-slògh,
'S á truaill, bheirt a mach claidhe mòr.
   Ho ro mo, &c.

Ge tu mo leannan glan ùr,
Cha phòg mi gu dìlinn thu 'n cùil;
Ach phògainn, a's dheodhlainn thu rùin,
Nuair thig thu 's *Jacobus* na d' ghnùis:
   Ho ro mo, &c.

An t-ainm sin is fearr ata ann,
Ainm Sheumais a chuir air do cheann;
'S e thogadh an sògan fo m' chainnt,
'S a dh-fhagadh gu blasda mo dhràm.
   Ho ro mo, &c.

Fadamaid teine beag shios,
Na lasraichean ciuin a ni grìos,
A gharas ar claigeann 's ar cil',
'Sa dh-fhògras ar n'airteal, 's ar sgìos.
   Ho ro mo, &c.

Gur tu mo ghlaineag ghlan lom,
Mo leannan is cannaiche fonn;
Ged rinneadh thu dh' fheamain nan tonn,
Gur mòr tha do cheanal na d' chòm.
   Ho ro mo, &c.

O fair a ghaoil channaich do phòg,
Leig clannadh d' a t-anail fo' m' shròin,
Gur cubhraidh leam fannal do bheoil,
No tùis agus *mire* na h-Eòrp.
   Ho ro mo, &c.

O aisig a ghlaine do phòg!
Cuir speirid n' ar teangaidh gu ceòl;
An ìoc-shlainte bheannaichte chòir,
A leasaicheas cnàmhan a's feoil!
   Ho ro mo, &c.

MARBHRANN

DO PHRATA CALUMAN, A MHARBHADH LE ABHAG.

'S tùrsach mo sgeul ri luaidh,
'S gun chlich gha d' chaoidh,
Ma bhàs an fhir bu leanabail' tuar,
'S dà mheanbh ga chaoidh.

'S oil leam bàs a Choluim chaoimh,
Nach b' anagrach gnàs,
A thuiteam le madadh d'a 'm bèus,
Dòran nan càrn.
'S tu 's trungh linn de bhàs nan ian;
Mo chràdh nach beò,
Fhir a b' iteagach, miotagach triall,
Ge bu mheirbh do threòir;
B' fheumail' do Noah na chèh,
'N am bhàrcadh nan stuadh,
Ba tu 'n teachdair' gun seacharan d' à,
'Nuair thraigh an cuan;
A dh' idreachdainn do dh-fhalbh au tuil,
Litir gach fear;
Dùghall is Colum gu'n chuir
Deagh Noah thar lear;
Ach chaidh Dùghall air seacharan cuain,
'S cha do phill e riamh;
Ach phill Colum le iteagaich luath,
'S a fhreagra na bhial.
Air thùs, cha d' fhuair e ionad d' a bhonn
An seasadh e ann,
Gus do thiormaich dile nan tonn,
Thar mullach nam beann;
'S an sin, a litir-san leugh an duine bha glic,
Gu 'n thiormaich a bhaile,
'S gu'm faigheadh a mhuirichinn, cobhair na'n
Agus fuasgladh na 'n aire, [teire,
Le neart cha spùilte do nead,
Ge do thigte dha d' shlad;
Bhiodh do chaisteal fo bhearradh nan creag,
Ann an daingnichibh rag;
Bha do mhodh sìolaich air leath bho chàch,
Cha togradh tu suas,
Ach a durraghall an taca ri d' ghràdh,
'S a cuir eagnir 'n a cluais.
Cha do chuir thu duil ann airgead no spréidh,
No fèisd am biodh sùgh,
Ach sploladh, a's criomadh an t-sil le d' bheul;
'S ag òl a bhùirn;
Aodach, no anart, sioda, no sròl,
Cha cheannaicheadh tu 'm bùth;
Bhiodh t-éideadh de mhin-iteacha gorm,
Air nach drùidheadh an driùchd;
Cha do ghabh thu riamh paidir no creud,
A ghuidh nan dùl;
Gidheadh, cha 'n eil t-anam am pèin
. O chaidh tu 'null,
Cha 'n e gun chiste no anart
Bhi comhdach do chrò,
Fo lic anns an ùir,
Tha mise ge cruaidh e, 'g acain gu léir,
Ach do thuitean le eù.

Note.—This is the best of his smaller pieces, although it contains more of sparkling conceit than tenderness or pathos. It is probable that it was composed before he became a member of the Church of Rome, as he says that the pigeon never repeated *paternoster* or *creed*.

MOLADH

A CHAISM-BEULAICH DHUIBH.

Ge beag orts' an Caim-beulach dubh,
Gur toigh leams' an Caim-beulach dubh ;
Biodh e dubh, no geal, no gris-fhionn,
Gràdh mo chri-s' an Caim-beulach dubh.
Ge h-ainnisgeach air an t-seòrs' thu,
Na 'm b' aithne dhomsa do phùrsa,
Chuirinn moran fios do 'n dò-bheirt,
'N an dubh dhlùintibh fhòtusach, tiugh.

'Suilean cuirpt' bh' ann an droch chrùth,
A fhuair oilbheim do 'n fhear gheal-dubuh,
Do 'n dream oirdheirc 's foirmeile fuil ;
'S duilich tolg a chuir 'n a chruaidh stuth.
'S tric le madraidh bhi ri dealunn,
An òidhche reòt' ris a' ghealaich ;
B' ionann sin, 's eifeachd t-ealaidh,
Air cliù geal a Chaim-beulaich dhuibh.

'S cia mar fhuair thu db' aodann no ghnuis,
Caineadh uasail gun mhodh, gun thus ?
Fhior dhearc-luachrach chinnich a lus ;
Ma t-aoir bhacaich tachdam thu bhruic.
Sgiùrsaidh mi gu gu 'm bi thu marbh thu ;
Cha bhi ach mo theang' de dh'arm riut ;
A rag-mheirlich, bhradaich, a gharbhlaich,
'S ioma gharbh-mhart dh'fheanu thu le d' chuic.

Do'n t-siol chruithneachd chuireadh gu tiugh ;
Cha b' e 'n fhideag, no 'n coirce dubh,
Ach por priseil, 's ro sgaoilteach cur,
Feadh gach rioghachd air tìr, 's air muir.
Gur iongantach leam, a dhuine,
Mar robh mearan ort air tuinneadh,
Ciod man do bhuin thu do 'n urr' ad ;
Curaidh ullamh, 's cuireideach fuil ?

Dream nan geur-lann gu reubadh cuirp,
Cruaidh 'g a feachainn air beulamh trùp ;
S' math 's is gleust' iad gu bualadh phluic,
'N am *retrèata* dh' èibheach le stuirt.
Cha "bhreac breun-loln" idir Cailean,
Ach do dh' fbion-fhuil ard Mhic-Cuilein ;
Teugblach ùiseil Iarla-Bhealaich ;
'S buadhach caithbream ri uchd an truid !

'S cinnteach thiotadh gheibh thu do mhurt,
Ma t-aoir chiotaich, mhiosguinnich churt ;
Ge do dh' eirich gu robh ort stuirt,
Bi'dh a bhlodag ridleadh do chuirp.
Claigeann gun eanachainn, gun mheadrach,
Sa faodadh na h-iolairean neadadh ;
Cia mar fhuair thu ghnùis do sgiodar,
Ghluasad idir an ionad puirt ?

Eisg bhochd, chearbaich, seargaidh mi tur,
Do theanga chealgach a chearbaire dhuibh,
Rinn an t-searbhag gun chair' a n'iuigh ;
Asad dh' earbinn "cealgaireachd cruidh."
Cha fhior-ragair ge d' bhiodh fearg air
Do 'n d' rinn thus' a dhuin' an t-searbhag ;
Ach òg faighidneach guu earra-ghloir ;
Lan do dh' fearra-ghniomh, dhearbh e le ghuin.

Bha thu mi-mhoil a toirt dh'a guth ;
Cràg a chobhair gu màgradh gruth ;
Leòbas odhar a ghlaimseadh suth,
Deis dh'a leaghadh, 's e ruidh na shruth.
Cha bu bheudagan gu sàbaid
Ach fior leoghann stolda, staideil,
Do 'n d' rinn us' an t-orau pràbach ;
Ach fior ghaisgeach ; 's am blàr 'ga chur.

Sparram cinnteach ort a ghlas-ghuib ;
Losgadh peircill, corcadh, a's cuip
Air son ascaoin chealgach do bhuis ;
B' fhearr gu 'm bithinn-sa fagasg dhut.
Ge do bhiodh tu caineadh ghàël,
Anns gach siorramachd a dh' àirinn,
Seachainn muinntir Earra-ghàël,
'S gun a Cheòlraidh fabharach dhut.

'S mairg a dh' èireadh ri siol an tuirc,
Gasraidh ghleusda nach èaradh cluich ;
Cha bu bheus dhaibh bhi ris a mhurt,
Ach cath trèun, a's cothrom r' an uchd'.
Ge beag ort-sa mile cuairt e,
'S ioma sonn aigeanntach ullach,
Eadar Asainn, 's Clunigh nan luath-long,
A 's trom luaigh air Caim-beulach dubh.

Suil na seòca, 's ro bheòchail cur,
An ceann rò-bhinn nam bachalag dubh ;
Cha b' i "fròg-shuil, ròigair' a chruidh ;"
Fior fhiamh seoid air còr ann an sult
'S geal 's a's dearg do leac, a's t-nugas,
Ge thubhuirt iad "peirceall caol riut ;"
Cha b' ionann as sligeas-gaoisneach,
'S fiasag-p**-laoigh ort nach eil tiugh.

'S ge d'reachadh tu 's na spèuraibh
Chum a Chaim-beulach dhuibh èisgeadh,
Tuitidh tusa mar a bhéisteag,
'N a t-ionad féin am buachar mairt.
Thusa bhreinen, magaran cac ;
E-sau ghlè-ghlan lomlan do thlachd ;
Thus a dhéistinn 's muig ort air àt,
Mar bu bhèus do dhòran no chàt.

Aodann craineig, fharr-aodann tuirc ;
Com a chnaimh-fhì'ch, 's nadur na muic ;
Beul mhic-lamhaich, 's fàileadh a bhruic ;
Spàgan clàrach ; sailean nan cùsp'.

De dh' oirlichean aoiridh bàrdail,
Toiseam o d' bhathais, gu d' shàil thu ;
'S feannam do leathar a thràill dhiot,
Chionn gu'n chàin' thu'n Caim-beulach dubh.

Cha 'n fhear sgipi thus' ach fior ghlug ;
'S beairt gun teagamh bi'dh tu fo bhruid ;
T-iasag failidh, t-fhalt, a's do ruisg ;
Tuitidh t-fhiaclan 's falbhaidh do thuigs'.
'S coltach nach b' aithne dhut mise,
'Nuair a bha mi so gun fhios dut ;
Na 'm b' eol, cha ghlacadh tu mhisneach,
Rbine riobadh as an fhear dhubh.

Note—The Black Campbell was a cattle-lifter, and stole some cows from M'Lean of Lochbuy. For this M'Lean's *direach*, or herdsman, composed the satire. At the end of the song he calls on all the bards to join him in lashing the thief. When M'Donald heard this he composed his song in praise of Campbell and against the satirist—without any cause of love or hatred to either party. It is only an exercise of his wit ; but it shows his usual talents and powers of invention, and felicity of language. After that the herdsman composed a very severe satire on M'Donald himself. We give a few verses of the satire on Campbell as a specimen :—

" An Caim-beulach dubh á Cinn-tàile,
Iar-ogh' mhortair 's ogha 'mheirlich ;
Am Braid-Alban fhuair e àrach,
Siol na ceilge 's meirleach a chruidh.
'S obhar, ciar, an Caim-beulach dubh,
'S oilteil, fiadhaich, amharc sa' chruth ;
'S lachlan liath-ghlas, dubh cha'n fhiuch e ;
'S fear gu'n mhiadh an Caim-beulach dubh !

" Cuiream tuath e, cuiream deas e,
Cuiream siar e, cuiream sear e ;
Cuiream fios gu bàird gach fearainn,
Gus an caill e 'n craiceann na shruth."
'S obhar, ciar, &c.

MOLADH AN LEOGHAINN.

Air fonn—" *Cabar Feidh.*"

Failt' an leoghainn chreuchdaich,
Is eugsamhuil spracalachd,
'Nuair dheirreadh do chinn-fheadna,
Bu mheaghrach am brataichean,
'Nuair chruinnicheadh gach dream dhiu,
Gu ceannsgalach tartarach,
Bhiodh promnadh agus calldach,
Air naimhdean a thachradh ribh ;
Iad gu h-oirdheirc air bharr corr-ghleus,
Teinteach foir-dhearg, lasrachail,
'S ard an stoirm air mhire-choubhaidh,
'S lainn nan dorn ri spealtaireachd,
Le'n geur cholg ri stracadh bholg,
A' gearradh cheann is chorpunnan ;
'S cha sluagh gun chruaidh gun cheannsgal,
Le'n lann bheireadh fosadh orr.

Dùisg a leoghainn enchdaich,
'S dean èirigh gu farumach,
Air brat ball-dearg, breid-gheal,
'S fraoch sleibhe mar bharan air ;
Tog suas do cheann gu h-eatrom,
'S na spenraibh gu caithreasach,
'S théid mi-fhìn cho géire,
'Sa dh'fheudas mi d' arabhaig ;
Togam suas do mholadh priseil,
'S do cheann righeil farasda,
Cha'n 'eil ceann no corp san rìgheachd,
An cruaidh-ghniomh thug barrachd ort,
An ceann cruadalach ard sgiamhach
Maiseach, fior-dheas, arranta,
'S tric thug sgairt ri h-uchd an fhuathais,
Ri h-àm luchd t-fhuatha tarruinn ruit.

Co b'urrainn tàir no di-bleachd,
Gu dìlinn a bharalacha ?
No shamhlaicheadh riut mi-chlìb,
A righ nan ceann barrasach ;
A chreutair ghasda, rìmheich,
'S garg fior-dheas do tharruinnse,
Air brat glan de'n t-sioda,
Ri min-chrann caol gallanach ;
E ri plaphraich ri crann-brataich,
A' stailee chàs gu h-eangarra ;
Is còmhlain ghasda lan do ghaisge,
Teanailt bras gu leanailt ris,
Fearg gu casgairt 'nan gnùis dhaite,
Fraoch a's fras gu fearachas ;
Bhi'dh sgrios a's lannadh sios,
Air luchd mi-ruin a bheanadh riut.

Cha robh garta gleòis,
Air an t-seòrsa o'n ghineadh tu,
An dream rathail mhòr-chùiseach ;
Chòmhragach, iomairteach ;
Bu ghunnach, dagach, òr-sgiathach,
Gàirseidench, nimheil iad ;
Bu domhain farsuinn creuchdach,
Cneidh euchdach am firlonnach ;
Iad gu sùrdail losga' fùdair,
Toirt as smuid bho lasraichean ;
Na fir ùra, gheala, lùghar,
A ghearra smuais a's nisnichean ;
Lannan dù-ghorm, geura, cùl-tiugh,
'N glaic nam fiurun aigeantach,
A' sgolta chorp a sios gu'n rumpaill,
Sùrd le sunnd air stracaireachd.

'S foinni, fearail, laidir,
Cunnda, dùicheil, cinneadail,
Sliochd nan Collaidh lamh-dhearg,
'S iad lan do dh' ard spiorad annt.
Cho dian ri lasair chrò-dheirg,
'S gaoth Mhàirt a' cuir spiònnaidh in

ALASDAIR MAC MHAIGHSTIR ALASDAIR.

Gun mheang, gun mheirg, gun fhàillin,
'Nar càileachd ge d' shìrear sibh ;
Na fir chogach théid 's na trodaibh,
Nach biodh ro lotaibh gioragach ;
Nach iarr brosna' ri h-àm cosgraidh,
A phronna chorp a's mhionaichean,
A' sgatha cheann, a's lamh, a's chas, diubh,
Ann san tuit le mire-chath,
Na fir bhèurra, threin, fheavrdha,
Gheur, armach, fhincadail !

An cinneadh maiseach, treubhach,
Nan rèidh-chuilbheir acuinneach,
Nach diultadh dol air ghleus,
Ri h-àm feuma gu grad-mharbhadh,
Madaidh ri ùird ghleusta,
Gu beuma nau sradagan,
A' conas dearg ri chéile,
A' cuir eibhlean gu lasraichean.
Frasan deulanach dearg pheileir,
Teachd o'r teine tartarach,
A' spadadh, 's a pronnadh, 's a leadairt,
Nan corp ceigeach, casagach.
Lannan dù-ghorm dol gan dùlan,
A gearra smùis is aisnichean,
Aig na treunaibh cruaidh, bheumnach,
'S luath bhuala speachannan.

Clann- Dòmhnuill tha mi 'g ràite,
'N sàr chinneadh urramach,
'S tric a fhuair 's na biàraibh,
Air nàmhaid buaidh iomauach ;
Iad fearra. :apuidh, dàna,
Cho làn de nimh-ghuineadeach,
Ri nathraichean an t-sléibhe,
Le'n geur-lannaibh fulangach.
Iad gu sitheach, glensta, cos-luath,
Rùnach, bos-luath, fulasgach,
Cruas na craige, luathas na draige,
Chluinnte fead am buillinneau ;
Na fir dhàna, lùghar, uàrach,
Fhoinnidh, làidir, urrandu,
Cho garg ri tuil-mhaoim sléibhe,
No falaisg gheur nam munainean !

A charraig dhaingheann dhileant,
Nach dìobair gu'n acarachd,
Gluais suas gu spòrsail rìgheil,
Ro d mhìlinibh gaisgeauda ;
'S iad mire geal na cruadhuch,
Gun truaille, gun ghaiseadh anut',
'S bòcain a chuir ruaig iad,
Bheir bunidh le 'n sluagh bras-bhuilleach.
'S ioma fleasgach cùl-bhui dòid-gheal,
Is garbh dorn is slinneinean,
A dh' éireas leat an tùs na co'-strì,
A ni comhrag min-bhuailteach,

Iad gu bonn-mhall, bas-luath, cròdha,
Saitheach, stròiceach, iomairteach,
A' dol a sios an àm na teugbhail,
'S lèoghunn bèuc air mhire aca.

A leoghuinn bheucaich, ghruamaich,
'Bheil cruadul air tuineacha,
Is tric a dhearbh an cruàidh chùis,
'S na bunn ruagaibh cumasgach.
'Nuair a spailpte suas thu,
Le d' bhuaidh ri crann fulangach ;
Chite conadh ruaimleach,
'An gruaidhean na h-uile fir.
'S daingheann, seasmhach, rung do fhleasgach,
'Nuair bhiodh deise tarruinn orr,
Cha toir eagal nàmhaid eag aunt,
'S iad mar chreag nach caraicheadh.
S glan am preas iad, chaoidh cha teich iad,
'S fiodh nach peasg, de'n darach lad :
S tric a fhuair sibh air 'ur nàmhaid,
'S na blàraibh bunidh-chaithreamach.

Nan tigeadh ortsa foirneart,
Gu d' leon o chrich alneolaich,
Coigrich le rùn dò'-bheirt,
Gu d' chòir thoirt a dh-aindeoin diot :
'S iomad làn cheann-ileach,
'S luinn liobhta 'm beairt dhaingheann ann,
A thairneadh suas ri d' shìoda,
Dheth t-fhior-fhuil d'a t-anuglndh.
Fuiribin chomusach nach cromadh,
Ro fhrois tholladh phearsunnan ;
Nach biodh somult dhol air cholluin,
'N am bhi sonnadh chlaigeannan.
Crùn-luath lomarra 'ga phronnadh,
Air piob loinneich thartaraich,
A chuireadh anam ann sua mairbh,
A dhol gu fearr-ghleus guisge leo.

Stoc Chlann-Dòmhnuill dh' èireadh,
Le'n geugaibh 's le meanganaibh,
B'i sid a choille cheutach,
A h' eugsamhuil 's bu cheannardaich.
'Nuair thàirrneadh iad ri chéile,
Gach treubh dhiu gu fearachail,
'S mairg a spiola feusag
Nan leughann, ga ghreannachadh.
Bhiodh cinn is dùirn ga sgathadh dhiubh-san,
Ann an dùiseal lannaireachd,
Fuil ri feur-imeachd 's ri srùladh,
Feadh nan lùb 's nan camhanan.
Bhiodh lannan lotach dù-ghorm,
Cuir smùidrich de cheannaibh Ghall,
Is caoidhrean cruaidh a's rànaich,
'S au àraich gu gearanach.

C' ait am beil san rìgheachd,
Am fear-ghniomh thug barrachd oirbh ?

Nam brosnaichte chum stri sibh,
  A mhilidhnean barraideach ;
Na tuirin sgairteil priseil,
  De'n fhior-chruaidh nach fannaicheadh :
D'am b' àbhaist a bhi dileas,
  'S nach diobradh na ghealladh iad,
Gaodhair chatha théid mar sbaigheid,
  Sios le'n claidhe' dealanaich.
Nach toir atha gun dad athais,
  Gus an sgath iad bealach romp ;
Cuirp gan sgatha 's cruaidh ga crathadh,
  'S orra pathadh falanach ;
Chluintear fead ar claidhean,
  Truagh ghair agus langanaich.

Tha iomadh mìle an Alba,
  De gharbh-fhearaibh fulasgach,
Sliochd Ghàöil ghlais á Scòta
  Thig deonach m' ar culuraibh.
Gun tig iad le rùn cruadail,
  'S gum fuaigh iad gu bunailteach,
Ri teanchair ghairg an leoghainn,
  'S ri spògaibh dearg fuileachdach.
Togaibh leibh gun aire gun easbhuidh,
  Trom fheachd seasmhach cumhhalach,
De laochraidh dheise, shunndach, threiseil,
  Théid neo-leisg 's an iomairt sgleo.
Cha'n fhacas riamh na suinn 'nan geiltibh
  Dol 'an teas nan cumasgan ;
Teichidh iad o'r stròiceadh,
  'S o'r sròlaibh breac, duilleagach.

BEANNACHA LUINGE,

MAILLE RI BROSNACHA FAIRGE, A RINNEADH DO
SGIOBA DIRLINN THIGHEARNA CHLANN RAONUILL.

Gu'm beannaiche Dia Long Chlann-Raonuill,
  A cheud là do chaidh air sàil',
E-fein, 's a threin fhir ga caitheamh,
  Treun a chaldh thar mathas chàich ;
Gu'm beannaich an Co-dhia naomh,
  An iunrais anail nan speur,
Gu'n sguabta garbhlach na mara,
  G'ar tarruinn gu cala réidh.
Athair a chruthaich an fhairge !
  'S gach gaoth a sheideas as gach àird,
Beannaich ar caol-bharc 's ar gaisgich,
  'S cum i-fein 's a gasraidh slàn.
A Mhic beannaich féin ar n-achdair
  Ar siùil, ar beirtein, 's ar stiùir,
'S gach droinip tha crochta r'ar crannaibh,
  'S thoir gu cala siu le t-iùil.

Beannaich ar rachdan 's ar slat,
  Ar croinn 's ar taodaibh gu léir
Ar stadh, 's ar tarruinn cum fallain,
  'S na leig-sa 'nar caramh beud.
An Spiorad Naomh biodh air an stiùir,
  Seoladh è 'n t-iuil a bhios ceart ;
'S eol da gach long-phort fo'n ghréin,
  Tilgeamaid sinn féin fo bheachd.

Beannuchadh nan Arm.

Gu'm beannaiche Dia ar claidhean,
  'S ar lannan spainnteach, geur ghlas,
'S ar lùirichean troma màilleach,
  Nach gearr-te le faobhar tais ;
Ar lannan cruadhach, 's ar gòrsaid,
  'S ar sgiathan an-dealbhach dualach ;
Beannaich gach armachd gu h-iomlan,
  Th' air ar n-iomchar 's ar crios-guaile ;
Ar boghannan foinealach iubhair,
  'Ghabhadh lugha ri uchd tuasaid ;
'S na saighdean beithe nach spealgadh,
  Ann am balgan a bhruic ghruamaich,
Beannaich ar biodag, 's ar daga ;
  'S ar n-èile gasd ann an cuaicheau,
'S gach trealaich cath agus còmhraig,
  Tha'm bàrc Mhic-Dhòmhnuill san uair so.
Na biodh simplidheachd oirbh no taise,
  Gu'n dol air ghaisge le cruadal,
Fad 's a mhaireas ceithir bùird d'i,
  No bhios càrad shùth dh'i fuaighte ;
'M fad 's a shnàmhas i fo 'r casan,
  Na dh'fhainess cnag dh'i an uachdar,
A dh-aindeoin aon fhuathas gam faic sibh,
  Na meataicheadh gart a chuain sibh ;
Ma ni sibh cothacha ceart,
  'S nach mothaich an fhairge sibh dibli,
Gun islich a h-àrdan 'sa beachd,
  'S gar cothacha sgairteil gu'n strìochd I.
Do chéile comhraig air tìr,
  M' ar faic i thu cinntinn tais,
'S dàch' i bhoghachadh 's an stri,
  No chinntinn idir ui's brais ;
'S amhuil sin a ta mhuir mhor,
  Colsinnidh le colg 's le sùrd,
'S gun ùmhlaich i dhut fa dheoigh,
  Mar a dh' òrdaich Righ nan dùl.

Brosnachadh iomraidh gu ionad scùla:dh.

Gun cuirt an iubhrach dhubh-dhealbhach,
  An àite seòlaidh,
Sàthaibh a mach cleathan rìghne,
  Liath-lom còmhnard ;
Ràmhan mìn-lunnacha dealbhach,
  Socair, eutrom,
A ni 'n t-iomradh toirteil, calma,
  Bos-luath, caoir-gheal ;

ALASDAIR MAC MHAIGHSTIR ALASDAIR.

Chuireas an fhairge 'na sradaibh,
Suas 's 'na'n speuraibh,
'Na teine-siunnachain a' lasadh,
Mar fhras éibhlean;
Le buillean gailbheacha, tarbhach,
Nan cleth troma,
A bheir air bochd-thuinn thonnaich,
Lot le'n cromadh,
Le sgionan nan ràinh geal, tana,
Bual a chulluinn,
Air mullach nan gorm-chnochd, ghleannach,
Gharbhlach, thomach.
O! sinibh 's tàirrnibh, agus lùbaibh,
Ann sna bacaibh!
Na gallain bhas-leathunn, ghiùbhsaich,
Le lùs ghlac-gheal.
Na fuirbinean troma, treuna,
A' laidhe suas orr,
Le'n gaoirdeanaibh dòideach, feitheach,
Gaoisneach, cnuachdach,
'Thugas 's a' leagas le chéile,
Fo aon ghluasad,
A gathan liath-reamhar, réithe,
Fo bhàrr stuadhan;
Iurghuilich garbh 'an tùs clòithe,
'G eubhach suas orr;
Iorram dhùisgeas an speurad,
Ann sna guailleau;
'Sparras a Bhirlinn le sëitrich,
Tro gach fuar-ghleann;
Sgoltadh na bòchd-thuinn a' beucaich,
Le sàimh chruaidh-chruim,
Dh-iomaineas beanntainean beisdeil,
Ro dà ghualainn.
Hùgan! air cuan, nuallan gàireach,
Heig air chnagaibh!
Farum le bras-ghaoir na bàirlinn,
Ris na maidibh;
Ràimh gam pianadh, 's bolgan ful',
Air bhos gach fuirbi;
Na suinn laidir gharba thoirteil,
'S cop gheal iomradh,
'Chreanaicheas gach bòrd dheth darach,
Bigh a's iarann;
'S lannan gan tilgeil le staplainn,
Chnap ri sliasaid;
Foirne fearail, a bheir tulga,
Dugharra, dàicheil,
'Sparras a chaol-bharc le giubhsaich,
'N aodann àibheis,
Nach pillear le friogh nan tonn dù-ghorm,
Le lùghs ghàirdein;
Sud an sgioba neartmhor, sbùrdail,
Air chùl àlaich,
Phronnas na cuairteagan cùl-ghlas,
Le roinn ràmhachd,
Gun sgios gun airtneal gun lùbadh
Ri h-uchd gàbhaidh.

An sin an deigh do na sia-fearaibh-deug, suidhe
air na ràimh, a chum a h-iomradh, fo'n ghaoith
gu ionad seolaidh, do ghlaodh CALUM GARBH,
MAC-RAONAILL NAN CUAN, Iorram oirre, 's
è air ràmh-bràghad, agus 's i so i:—

'S a nis o rinneadh 'ur taghadh,
'S gur coltach dhuibh bhi 'n-ar roghainn,
Thugaibh tulga neo-chladharra dàicheil.
Thugaibh tulga, &c.

Thugaibh tulga neo-chearbach,
Gu'n airsneal gun dearnad,
Gu freasdal na gaille-bheinne skil-ghlais.
Gu freasdal, &c.

Tulga danarra treun-ghlac,
A ridheas cnàmhan a's féithean,
Dh-fhàgas soilleir a ceumannan ùlaich.
Dh-fhagas, &c.

Sgobadh fonnar gun éislein,
Ri garbh bhrosnacha chòile,
Iorram gleust ann bho bheul tir a bràghad.
Iorram gleust, &c.

Cogull ràmh air na bacaibh,
Leois, a's rusgadh uir bhasaibh,
'S ràimh d'an snìomh ann an achlaisean ard-
'S ràimh, &c. [thonn.

Biodh 'ur gruaidhean air lasadh,
Biodh 'ur bois gu'n leòb chraiciun,
Fallas mala bras chrapa gu làr dhibh.
Fallas mala bras, &c.

Sinibh, tàirnnaibh, a's luthaibh,
Na gallain liath-leothar ghiubhais,
'S dianaibh uighe tro shruthaibh an t-sàile.
'S deanaibh, &c.

Cliath ràmh air gach taobh dh'i,
Masgadh fairge le saothair,
Dol 'na still ann an aodann na bàirlinn.
Dol 'na still, &c.

Iomraibh cò'-lath glan gleusta,
Sgoltadh bòc-thuinn a' beucaich,
Obair shunndach gun eislein gun fhàrdal.
Obair shunndach, &c.

Buailibh co-thromach tréin i,
Seallitainn tric air a chéile,
Dùisgibh spiorad 'n-ar féithean gu laidir!
Dùisgibh spiorad, &c.

Biodh a darach a' collainn,
　Ris na fiadh-ghleannaibh bronnach
'S a da shliasaid a' pronnadh, gach bàrlainn.
　'S a da shliasaid, &c.

Biodh an fhairge ghlas thonnach,
　Ag ăt 'na garbh mhothar lonnach,
S na h-ard-uisgeachan bronnach 'sa ghàraich.
　'S na h-ard-uisgeachan, &c.

A ghlas-fhàirge sior chopadh,
　A steach mu dà ghualainn thoisich,
Sruth ag osmirh a' sloistreadh a h-earr-linn.
　Sruth ag osnaich, &c.

Sinibh, tàirrnibh, a's lùbaibh,
　Na gathain mhìn-lunnach chùl-dearg,
Le iumaircidh smuis 'ur garbh ghàirdean.
　Le iumaircidh smuis, &c.

Cuiribh fothaibh an rugh' ud,
　Le fallas mhailean a' sruthadh,
'S togaibh siùil ri bho Uidhist nan crà-ghiadh.
　'S togaibh siùil, &c.

Dh-iomair iad 'an sin gu ionad seòlaidh.

An sin thàr iad na seoil shìthe,
　Gu fìor ghasda,
'Shaor iad na sia-ruimh-dheug,
　A' steach tro' bacaibh,
Sgathadh grad iad sios r'a sliasaid,
　Sheachnadh bhac-bhreid.
Dh-ordaich Clann-Raonuill d' an-uaislean,
　Sàr-sgiobairean cuain a bhi aca,
Nach gabhadh eagal ro fhuathas,
　No gnè thuairgneadh a thachradh.

*Dh-òrdaicheadh an deigh an taghadh na, h-uile
duine dhol 'an seilbh a ghram' àraidh féin 's
na cho-lorg sin ghlaodhadh ri fear na stiùrach
suidh air stiùir anns na briathraibh so :—*

Suitheadh air stiùir trom laoch leathunn,
　Neartar, fuasgailt',
Nach tilg bun no bàrr na sùmaid,
　Fairge bhuaithe ;
Claireanach taiceil, lan spiunnaidh,
　Plocach, màsach,
Min-bheumnach, faiclench,
　Furachail, lan nàistin ;
Bunnaidh cutromach,
　Garbh, sòcair, scolta, lugh'or ;
Eirmseach, faighidneach, gun ghriomhag,
　Rih-uchd tùilin ;
'Nuair a chluinn e 'n fhàirge ghiobach,
　Teachd le bùirein,

Chumas a ceann caol gu sgibidh,
　Ris na sùghaibh ;
Chumas gu socrach a gabhail,
　Gun dad luasgain.
Sgòd a's cluas ga riun le ambarc,
　Suil air fuaradh ;
Nach caill aon òirleach na b.òrdaig,
　Deth cheart chùrsa ;
'Dh-aindeoin bàrr sùmadain màra,
　Tenchd le sùrdaig ;
Theid air fuaradh leatba cho daingheann,
　Mas a h-èigin,
Nach bi lann, no reang 'na darach,
　Nach tòir eibh asd ;
Nach taisich a's nach téid 'na bhreislich,
　Dh-aindoin fuathais,
Ge do dh-atadh a mhuir cheanna-ghlas
　Suas gu chluasnibh ;
Nach b'urrainn am fuiribi chreanachadh,
　No ghluasad,
O ionad a shuidh, 's e tearainnte,
　'S ailm 'na asguil,
Gu freasdal na seana mhara ceanna-ghlas,
　'S gleann-ghaoir ascaoin,
Nach crithnich le fuaradh cluaise,
　An taod-aoire,
Leigeas leath ruith a's gabhail,
　'S làu a h-aodaich ;
Cheanglas a gabhail cho daingheann,
　'M barr gach tuinne,
Falbh direach 'na still gu calu,
　'N aird gach buinne.

Dh-òrdaicheadh a mach fear-beairte.

Suidheadh toirtearlach garbh dhòideauh,
　'An glaic beairte,
A bhios staideil lan do chùram,
　Grainear, glac-mhor ;
Leigeas cudthrom air ceann slaite,
　Ri h-àm cruaidhich,
Dh-fhaothaichens air crann 's air neuinn,
　Bheir dhaibh fuasgladh ;
Thuigeas a ghaoth mar a thig i,
　Do réir seòlaidh,
Fhreagras min le fearas beairte,
　Beum an sgòid-fhir :—
'Sior chuideachadh leis an neuinn,
　Mar fàilnich buill bhesirte
　　Reamhar ghaoiste.

Chuireadh air leth fear-sgòide.

Suitheadh feas sgòid' air an tota
　Gaoirdean laidir,
Nan righinin gaoisneach, feitheach,
　Reamhar, cnàmhach ;

Cràgan tiugha, leathunn, clianach,
  Meur gharbh chròcach:
Mach's a steach an sgoid a leigeas,
  Le neart sgròbaidh ;
'An àm cruaidhich a bheir thuig i,
  Gaoth ina sheideas,
'S 'nuair a ni an oiteag lagadh,
  Leigeas beum leis.

Dh-òrdaicheadh air leth fear-cluaise.

Suitheadh fear crapara, taiceil,
  Gasda, cuanda,
Lainnhsicheas a chluas neo-lapach,
  Air a fuaradh ;
Bheir imirich sios sa suas i,
  A chum gach urracaig,
A reir 's mar thig an soirbheas.
  No barr urchaid ;
'S ma chi e 'n iunnrais a 'g éiridh,
  Teachd le h-osnaich,
Lomadh e gu gramail treun-mhor
  Sios gu stoc i.

Dh-òrdaicheadh do'n toiseach fear-iùil.

Eireadh mar-nialach na sheasamh,
  Suas do'n toiseach,
'S deanadh e dhuinn eolas seasmhach,
  Cala a cholsneas ;
Sealladh e 'n ceithir àirdean,
  Clan an adhair,
'S innseadh e do dh-fhear na stiùrach,
  'S math a gabhail.
Glacadh e comharadh tìre,
  Le sàr-shùl-bhearhd,
O'n 'se sin a's Dia gach side,
  'S reull-iuil duinn.

Chuireadh air leth fear-calpa na tàirrne.

Suitheadh air calpa na tàirrne,
  Fear gu'n soistinn,
Snaomanach fuasgailteach, sgairteil,
  Foinnidh, sòlta ;
Duine cùramach gu'n ghriobhag,
  Ealamh gruamach ;
A bheir uaip a's dh'i mar dh-fheumas,
  Gleusda, luaineach ;
Laitheas le spòghannan troma,
  Treun' air tarruinn ;
Air cudthrom a dhòid a' cromadh,
  'Dh-Ionnsuidh daralch ;
Nach ceangail le sparraig mu'n urracaig,
  An taod-frithir ;
Ach gabhail ulme gu daingheann seolta,
  Le lùb-rithe ;
Air eagal 'n uair sgairte an t-ausadh,
  I chuir stad air,
Los i ruith 'na stilll le crònan,
  Bharr na cnaige.

*Chuireadh air leth fear-innse nan uisgeachan, 's
  an fhàirge air cinntinn tuilleadh a's moluch,
  agus thuirt an Stiùireadair ris : —*

Suitheadh fear-innse gach uisge,
  Làmh ri m' chluais-sa,
'S cumadh e a shùil gu biorach,
  'An cridh' an fhuaraidh.
Taghaibh an duine leth eagalach,
  Fiamhach sicir,
'S cha mhath leam e bhi air fad,
  'Na ghealtair' riochdall ;
Biodh e furachair 'nuair chi è,
  Fuaradh froise,
Co dhiubh bhios an soirbheas,
  Na deireadh no na toiseach ;
'S gu'n cuireadh e mis air m' fhaicill,
  Suas d'am mhosgladh,
Ma ni e gnè chunnairt fhaicinn,
  Nach bi tostach.
'S ma chi e coltas muir bhàite,
  Teachd le nuallan,
A sgairteas cruaidh:—" ceann caol a fiodha,
  Chumail luath ris."
Biodh e ard labhrach, céillidh,
  'G-eubhach " bàirlinn ;"
'S na ceileadh air fear na stiùrach,
  Ma chi gàbhadh.
'Na biodh fear innse nan uisgean,
  Ann ach e-san ;
Cuiridh glamhag, briot, a's gusgul,
  Neach 'na bhreislich.

*Dh-òrdaicheadh a much fear-taomaidh, 'san
  fhàirg' a' bàrcadh air am muin rompa 's nan
  déigh.*

Fresadladh air leabaidh na taoime,
  Laoch bhios fuasgailt',
Nach fannaich gu bràth 's nach tiomaich,
  Le gàir chuaintean ;
Nach lapaich, 's nach meatnich,
  Fuachd, sàil', no clach-mheallain
Laomadh mu bhroilleach 's mu mhuineal,
  'Na fuar steallaibh ;
Le crùmpa mor cruinn tiugh fiodha,
  'Na chiar dhòidibh,
Sior thilgeadh a mach na fàirge
  A steach a dhoirteas ;
Nach dìrich a dhruim lùghor,
  Le rag earlaid,
Gus nach fag e sile 'n grunnd,
  Nan làr a h-earluinn ;
'S ge do chinneadh a buird cho tolltach
  Ris an ridil,
Chumas cho tioram gach enag dh'i,
  Ri clàr buideil.

*Dh-òrdaicheadh dithis gu dragha nam ball chul-
aodaich, 's coltas orra gun tugta na siùil uapa
le ro ghairbhead na side.*

Cuiribh curaid laidir chnàmh-reamhar,
    Gairbneach, ghnoistneach,
Gum freasdaladh iad tearuinnt treun ceart i,
    Buill chul-aodaich ;
Le smuais a's le miad lùgbis,
    An ruighean treunna,
'N am cruaghaich bheir orr a steach,
    No leigeas beum leis,
Chumas gu sgiobalta a staigh e,
    'Na teis meadhon,
Dh-ordaicheadh Donnacha Mac-Chormaig,
    A's Iain mac Iain,
Dithis starbhanach theoma, ladorn,
    De dh-fhearaibh Chana.

*Thaghadh seisir gu feuras ùrlair, an earalas
yum fùilnicheadh a h-aon de na thuirt mi, no
gu'n spionadh onfadh na fàirge mach thar
bord è, 's gu'n suidheadh fear dhiù so 'na
àite.*

Eireadh seiseir ealamh, ghleusta,
    Lambach, bheotha,
Shiubhlas, 'sa dh-fhalbas, 's a leumas,
    Feadh gach bòrd dh'i,
Mar ghearr-fhiadh am mullach sléibhe
    'S coin d'a copadh ;
Streupas ri cruaidh bhallaibh réidhe,
    De'n chaol chòrcaich,
Cho grad ri feòragan céitein,
    Ri crann rò-choill ;
A bhios ullamh, ealamh, treubhach,
    Falbhach, eolach,
Gu toirt dh'i, 's gu toirt an ausadh,
    'S clausail òrdail,
Chaitheas gun airtsneal gun èislean,
    Long Mhic-Dhòmhnuill.

*Do bha nis na h-uile goireas a bhuineadh do 'n
t-seoladh, air a chuir 'an deagh riaghailt, agus
theann na h-uile laoch tapaidh gun taise, gun
fhiamh, gun sgàthachas chum a cheairt ionaid
an òrdaichadh dha dol; agus thog iad na
siùil ma èiridh na greine là-fheill-Bride, a'
togail a mach o bhun Loch-Aineirt, ann 'an
Uidhist-a-chinne-deas.*

Grian a faoisgneadh gu h-òr-bhuidh',
    A's a mogul,
Chinn an speur gu dùbhuidн dòite,
    Lan de dh-oglachd ;
Dh-fhàs i tonn-ghorm, tiugh, tàrr-lachdunn,
    Odhar, iargalt ;
Chinn gach dath bhiodh ann am breacan,
    Air an iarmailt.

Fada-cruaidh san aird an iar orr,
    Stoirm 'na coltas,
'S neoil shiubhlach aig gaoth gan riasladh,
    Fuaradh frois orr.
Thog iad na siuil bhreaca,
    Bhaidealacha, dhiònach ;
'S shin iad na calpannan raga,
    Teanna, righne,
Ri fiodhanan arda, fada,
    Nan colg high dhearg ;
Cheangladh iad gu gramail, snaompach,
    Gu neo-chearbach,
Tro shùilean nan cormag iarrainn,
    'S nan cruinn ailbheag.
Cheartaich iad gach ball de'n acuinn,
    Ealamh, dòigheil ;
'S shuidh gach fear gu freasdal tapaidh,
    'Bhuill bu choir dha ;
'N sin db' fhosgail uinneagan an adhair.
    Ballach, liath-ghorm,
Gu séideadh na gaoithe greannaich,
    'S bannail iargalt ;
Tharruinn an cuan a bhrat dù-ghlas,
    Air gu h-uile,
A mhantul garbh caiteanach, ciar-dhubh,
    Sgreitidh buinne,
Dh-ät e 'na bheannaibh, 's na ghleannaibh,
    Molach ròbach.
Gun do bhòchd an fhairge cheigeach,
    Suas na cnocaibh ;
Dh-fhosgail a mhuir ghorm na craosaibh,
    Farsuinn, crùcach,
'An glaicibh a chéile ri taosgadh,
    'S caonnag bhàs-mhor.
Gum b'fhear-ghniomh bhi 'g amharc 'an aodann
    Nam maom teinntidh,
Lasraichean sradanach sionnachain,
    Air gach beinn diubh.
Na beulanaich arda liath-cheann,
    Ri scarbh bheucail ;
Na cùlanaich 's an clagh dùdaidh,
    Ri fuaim gheumnaich.
'Nuair dh-eirinnid gu h-allail,
    Am barr nan tonn sin,
B' eigin an t-ausadh a bhearradh,
    Gu grad phongail :
'Nuair thuiteamaid le aon slugudh,
    Sios 's am gleanntaibh,
Bheirte gach seòl a bhiodh aice
    'Am barr nan crann d'ì :
Na ceòsannich arda, chroma,
    Teachd 's a bhàirich,
M'an tigeadh iad idir 'n-ar caramh,
    Chluinnt' an ghirich.
Iad a sguabadh nan tonn beaga,
    Lom gan sgiursadh,
Chinneadh i 'na h-aon mhuir bhàsor,
    'S eùs a stiùireadh.

'Nuair a thuiteamaid fo bharr,
  Nan ard-thonn giobach,
Gur beag nach dochaineadh an sàil,
  An t-aigeal sligeach ;
An fhairge ga maistreadh 's ga sluistreadh,
  Troimhe chéile,
Gun robh ròin a's mialan mòra,
  'Am barrachd eigin.
Onfadh a's tonnan na mara,
  A's falbh na luinge,
A' sradadh an eanchainean geala,
  Feadh gach tuinne.
Iad ri nuallanaich ard-uambaineach,
  Searbh thùrsach ;
'G eubhach, gur h-iochdarain sinne,
  Dragh chum bùird sinn :
Gach min-iasg a bh'ann san fhairge,
  Tarr-gheal, tlunndait' ;
Le gluasad confach na gailbheinn,
  Marbh gun chunntas.
Clachan a's maorach an aigeil,
  Teachd an uachdar,
Air am buain a nuas le slacraich,
  A chuain uaimhreich.
An fhairge uile 'sì 'na brochan,
  Strioplach, ruaimleach,
Le fuil 's le gaor nam biast lorcach,
  'S droch dhath ruadh orr.
Na bèistean adharcach iongach,
  Pliutach, lorcach ;
Lan cheann-sian nam beoil gun gialaibh,
  'S an craos fosgailte.
An aibheis uile lan bhochdan,
  Air cragradh,
Le spògan 's le earbuill mor-bhiast,
  Air magradh.
Bu sgreamhail an robhain sgriachach,
  Bhi 'ga eisdeachd,
Thogadh iad air cnogad milidh,
  Eatrom céille.
Chaill an sgioba càil g'an claisteachd,
  Ri bhi 'g éisteachd,
Ceileirean sgreadach nan deomhan,
  'S m'òthar bhéistean.
Fa-ghàir na fairge 'sa slacraich,
  Gleachd ri darach,
Fosghair a toisich a sloistreadh,
  Mhuca-mara.
A' Ghaoth ag ùrachadh a fuaraidh
  As an iar-aird ;
Bha sinn leis gach seòrsa buairidh,
  Air ar pianadh.
S sinn dall le cathadh fairge,
  Sior dhol tharuinn,
Tairneannach aibheiseach rè oidhche,
  'S teine dealain.
Peileirean bethrich a' losgadh,
  Ar cuid acuinn ;

Fàileadh a's deathach na riofa,
  Gar glan thachadb :
Na dùilean uachdrach a's iochdrach,
  Ruinn a' cogadh ;
Talamh, teine uisg a's sion-ghatb,
  Ruinn air togail.
Ach 'n uair db'artlaich air an fhairge,
  Toirt oirn stribchda,
Ghabh i truas le fàite gàire.
  Rinn i sith ruinn.
Ge d'rinn, cha robh crann gun lubadh,
  Seol gun reubadh ;
Slat gun sgaradh, rac gun fhillin,
  Ràmh gun èislein.
Cha robh stagh ann gun stuadh-leumnach :
  Beairt ghaisidh,
Tarruinn, no cupull gun bhristeadh,
  Fise ! Faise !
Cha robh tota no beul-mor ann,
  Nach tug aideach,
Bha h-uile crannaghail a's goirens,
  Air an lagadh.
Cha robh achlachan no aisne dh'i,
  Gun fhuasgladh ;
A slat-bheoil 'sa sguitchinn asgail,
  Air an tuairgneadh.
Cha robh falmadair gun sgoltadh,
  Stiùir gun chreuchadh ;
Cnead a's diosgan aig gach maide,
  'S iad air déasgadh.
Cha robh crann-tarrunn gun tarruinn,
  Bòrd gun obadh ;
H-uile lann bha air am barradh,
  Ghabh iad togail.
Cha robh tarrunn ann gu'n tràladh,
  Cha robh calp' ann gu'n lubadh ;
Cha robh ball a bhuineadh dh'i-se,
  Nach robh ni's measa na thùradh.
Ghairm an fhairge siochaint ruinne,
  Air crois Chaol Ile,
'S gu'n d'fhuair a gharbh ghaoth,
  Shearbh-ghlòireach, ordugh sìnidh.
Thog i uainn do ionadaibh uachdrach
  An adhair ;
'S chinn i dhuinn na clàr réidh min-gheal,
  'N deigh a tabhunn.
'S thug sinn buidheachas do'n Ard-Rìgh,
  Chum na dùilean,
Deagh Chlann-Ranouill a bhi sàbhailt,
  O bhàs bruideil.
'S an sin bheum sinn a siuil thana, bhallach,
  Do thùillin ;
'S leag sinn a croinn mhìn-dearg ghasda,
  Air fad a h-ùrlair.
'S chuir sinn a mach ràimh chaol bhasgant,
  Dhaite mhine,
Do'n ghiubhas a bhuain Mac-Bharais,
  'An Eilean-Fhionain.

'S rinn sinn an t-iomra rèidh tulganach,
Gun dearmad ;
S ghabh sinn deag long-phort aig barraibh,
Charraig Fhearghuis ;

Thilg sinn Acraichean gu socair,
Ann san ròd sin ;
Ghabh sinn biadh a's deoch gun aircess,
'S rinn sinn combnuidh.

IAIN MAC CODRUM.

John M'Codrum,* the North Uist bard, commonly called *Iain Mac Fhearchuir*, was contemporary with the celebrated Alexander M'Donald. He was bard to Sir James Macdonald, who died at Rome. The occasion of his obtaining this situation was as follows :—He made a satirical piece on all the tailors of the Long Island, at which they were so exasperated that they would not work for him on any account. One consequence of this was, that John soon became a literal tatterdemalion. Sir James meeting him one day, inquired the reason of his being thus clad. John explained. Sir James desired him to repeat the verses—which he did ; and the piece was so much to Sir James's liking, that John was forthwith promoted to be his bard, and obtained free lands on his estate in North Uist. In a letter from Sir James Macdonald to Dr Blair of Edinburgh, relating to the poems of Ossian, dated Isle of Skye, 10th October, 1763, we find Sir James speaking as follows of Mac Codrum :—" The few bards that are left among us, repeat only detached pieces of these poems. I have often heard and understood them, particularly from one man called John Mac Codrum, who lives on my estate, in North Uist. I have heard him repeat, for hours together, poems which seemed to me to be the same with Macpherson's translations."

The first of M'Codrum's compositions was a severe and scurrilous satire. Being young, and unnoticed, he was neglected to be invited to a wedding to which he considered he had as good a right to be bidden as others. He was very indignant, and gave vent to his feelings in the most severe invectives. He had the prudence to conceal his name. The wedding party being minutely characterized, several of them lampooned, and held up to derision, the poem gave great offence to some of those concerned. Although the author was concealed, the satire could not be suppressed. Several individuals were suspected, while the real author enjoyed the pleasure of knowing himself to be at the same time a person of some consideration, and amply revenged for the neglect of those who should have acknowledged it. His father only knew him to be the author. He was alone about the farm ; John was in the barn, whither his parent went, as he could hear no

---

* The Mac Codrums are not properly a clan, but a sept of the M'Donalds. They belong to North Uist.

one thrashing; but, on approaching nearer, he heard his son rehearsing his poem. He admonished him to attend more to his work than to idle songs, and left him, without thinking of the verses he had heard till the fame of the satire was spread abroad, and a noise was made about it throughout the country. The verses then recurred to his mind, and he had no doubt of the real author. He spoke to John most seriously in private. He was himself a pious and a respectable man, and was much affected at the thought that any of his family should disgrace his fair reputation. He was sensible of the ill-will and hatred that John would incur were he known to be the author; and he, moreover, disapproved of the license taken with the characters of individuals. The young poet promised him that he would give him no more occasion of regret on that score; and he kept his word. Respect for his parent's authority restrained him; for he composed no more of the kind while his father lived, nor any so severe afterwards. He must have had great command over himself, as well as submission to the will of a parent. It is no easy task for a young author, while hearing his compositions recited and applauded, not to indicate the interest which he feels. Although unnoticed and unknown, while feeling all the flattering suggestions which popularity must have incited within him, yet a revered parent's authority checked the progress of the young aspirant in the career of fame.

After his father's death, M'Codrum concealed no longer the flame which he had been smothering in his breast. His name became known, and he was acknowledged to be the most famous bard in the Long Island since the time of Neil M'Vurich, the family bard of Clanronald. John M'Codrum was, like most of the bards, indolent. The activity of the body, and the exertion of mental qualities, go not always together. An anecdote will better illustrate this part of his character than any description we can give:—A gentleman sent for his neighbours to assist in draining a lake. The country people assembled in numbers; and, exerting themselves, soon finished the work, much sooner than the poet had expected they would have done: he just came in time to see the last of it. The gentleman was determined to punish him for his sluggish and indifferent behaviour. When he ordered some provisions and a cask of whisky for the people, he told them to sit down, and called on the poet to act as chaplain, and ask a blessing. The bard was not regarded as a man of *grace*. All were attentive, thinking him for once out of place. He, however, spoke in a most reverential manner—his grace was brief and pithy, couched in verse, and was longer remembered than the sumptuous repast. While he expressed gratitude to the bestower of all good gifts, he turned the operations of the day into ridicule.

When Mr M'Pherson was collecting "Ossian's Poems," he landed at Lochmady, and proceeded across the moor to Benbecula, the seat of the younger Clanronald. On his way thither he fell in with a man, whom he afterwards ascertained to have been *Mac Codrum*, the poet: M'Pherson asked him the question, "*Am beil dad agad air an Fhéinn?*" by which he meant to inquire whether or not he knew any of the poems of Ossian relative to the Fingalians, but that the terms in which the question was asked, strictly imported whether or not the Fingalians owed him anything, and Mac Codrum, being a man of humour, took advantage of the incorrectness or inelegance of the Gaelic in which the question was put, answered as follows:—*Cha'n eil, is ged do bhitheadh cha ruiginn a leas iarraidh nis, i.e.* No; and should I, it is long since proscribed; which sally of Mac Codrum's wit seemed to have hurt M'Pherson's feelings, for he cut short the conversation and proceeded to Benbecula.

We will not attempt to select any parts of the poems of this author. All indicate the master-hand of the performer. One trait is striking in his character as a poet—his disposition to satire. He is perhaps the first satirist of the modern Gaelic poets. M'Donald and M'Intyre attacked like men determined to take a stronghold by open force, in defiance of all resistance: Mac Codrum held up the object of his animadversion in a light that exposed him to ridicule and contempt, and he made others his judges.

His fame as a poet and wit soon spread, and so delighted Alexander M'Donald that he determined to visit him. On meeting Mac Codrum a few yards from his own door, the visitor, naturally enough, inquired "*An aithne dhut Iain Mac Codrum?*" "'*S aithne gu ro mhath,*" replied John. "*Am beil fhios agad am bheil e'stigh?*" was M'Donald's next question, to which the facetious bard answered with an arch smile, "*Mu ta bha e 'stigh nuair a bha mise 's cha drinn mi ach tighinn amach.*" M'Donald, yet ignorant that he was speaking to the individual about whom he was inquiring, proceeded to say, "*Caithidh mi' n oidhche nochd mar-ris, ma's àbhaist aoidhean a bhi aiga.*" "*Tha mi creidsin,*" replied the witty John, "*nach bi e falamh dhiù sin cuideachd mu bhios na cearcan a breith (uibhean).*"*

In purity and elegance of language Mac Codrum comes nearest to Macdonald, who appears to have been his model. Some of his pieces appear to us as servile copies of great originals. When he chooses to think and compose for himself, he appears to more advantage; witty, ingenuous, and original. His satire on "*Donald Bain's Bagpipe*" is a masterpiece of its kind; full of wit and humour, without the filth and servility that disgrace the satires of Macdonald and other Keltic poets. His poems on "*Old Age*" and "*Whiskey*" are excellent. They first appeared in Macdonald's volume, without the author's name; but Mac Codrum's countrymen have claimed them for him. He never published any thing of his own, and many of his poems are now lost. In his days the only poets who ventured to send their works to the press were Macdonald and Macintyre; and, it is probable, that their great fame prevented our author from entering the lists with such formidable competitors.

* Mac Codrum's skill in the Gaelic was exquisite, and he was in the practice of playing on words of doubtful or double meaning, when used by others. He was once on a voyage, and the boat put into Tobermory, in the island of Mull, when the inhabitants, as usual, gathered on the shore to learn from whence the strangers came. One of them asked the crew, "*Cia as a thug sibh an t-iomrudh?*" "*As na gairdeanan,*" answered the bard. Another asked, "*An ann bho thuath a huinig' sibh?*" to which Mac Codrum again rejoined, "*pàirt bho thuath a's pàirt bho thighearnan.*"

IAIN MAC CODRUM.

SMEORACH CHLANN-DOMHNUILL.

LUINNEAG.

Holaibh o iriag huroll ò,
Holaibh o iriag hòro ì,
Holaibh o iriag hùroll ò,
Smeòrach le Clann-Dòmhnuill mi.

Smeòrach mis air urlar Phabaill;
Crubadh ann an dùsal cadail,
Gun deorachd a theid ni's faide ;
Truimeid mo bhròin thòirleum maigne.
Holaibh o iriag, &c.

Smeòrach mis ri mulach beinne,
'G amharc grèin' a's speuran soilleir,
Thig mi stolda choir na coille,
'S bidh mi beò air treudas eile.
Holaibh o iriag, &c.

Smeòrach mis air bharr gach bidean,
Dianamh muirn ri driùchd na maidne,
Bualadh mo chliath-lù air m' fheadan,
Seinn mo chluil gun smùr gun smòdan.
Holaibh o iriag, &c.

Ma mholas gach eun a thir fein,
Ciod am fath nach moladh mise—
Tir nan curaidh, tir nan cliar ;
An tir bhiachar, fhialaidh, mhiosail ?
Holaibh o iriag, &c.

An tir nach caol ri cois na mara,
An tir ghaolach, chaomhach, chanach,
An tir laogbach, uanach, mheannach,
Tir an arain, bhaineach, mhealach.
Holaibh o iriag, &c.

An tir riabhach, ghrianach, thaitneach ;
An tir dhionach, fhiarach, fhasgach ;
An tir lianach, ghiaghach, lachach,
'N tir 'm bi biadh gun mhiagh air tacar.
Holaibh o iriag, &c.

An tir choirceach, eornach, phailte ;
An tir bhuadhach, chluanach, ghartach ;
An tir chruachach, sguabach, ghaisneach
Dlù ri cuan, gun fhuachd ri sneachda.
Holaibh o iriag, &c.

'S i 'n tir sgiamhach tir na mhachrach,
Tir nan dithean, miadar, daite ;
An tir laireach, aigeach, mhartach,
Tir an aigh gu bràch nach gaisear.
Holaibh o iriag, &c.

An tir a's bòiche ta ri faicinn ;
'M bi fir òg an comhdach dreachail ;
Pailt ni 's leoir le p.r na machrach ;
Spreigh air mòintich ; òr air chlachan.*
Holaibh o iriag, &c.

An cladh Chòthan rugadh mise,
'N aird na h-Unnair chaidh mo thogail ;
Fradharc a chuain uaimhrich, chuislich,
Nan stuadh guanach, cluaineach, cluicheach.
Holaibh o iriag, &c.

Measg Chlann-Domhnuill fhuair mi m-altrom,
Buidheann nan seol, 's nan sròl daite ;
Nan long luath air chuaintean fursninn,
Aiteam nach ciuin rusgadh ghlas-lann.
Holaibh o iriag, &c.

Na fir eolach, stoilde, stàideil,
Bha 's an chomh-stri stroiceach, sgaiteach,
Fir gun bhròn, gun leon, gun airsneal,
Leanadh tòir, a's tòir a chasgadh.
Holaibh o iriag, &c.

Buidheann mo ghaoil nach faoin caitean,
Buidheann nach gann greann san aisith ;
Buidheann shunntach 'n am bhi aca,
Rusgadh lann fo shranntaich bhratach.
Holaibh o iriag, &c.

Buidheann uallach an uair caismeachd,
Leanadh ruaig gun luaidh air gealtachd :
Cinn a's guailean cruaidh gan spealtadh,
Aodach ruadh le fuaim ga shracadh.
Holaibh o iriag, &c.

Buidheann rioghail, 's fir-ghlan, alla,
Buidheann gun fhiamh, 's iotadh fal orr ;
Buidheann gun sgàth 'm blàr na'n deannal,
Foinnidh, nàrach, laidir, fearail.
Holaibh o iriag, &c.

Buidheann mor 's am pòr nach troicheil,
Dh-fhas gu meanmnach, dealbhach, tairteil ;
Fearail fo'n airm, 's mairg d'a nochdadh,
Ri uchd stoirm nach leanabail coltas.
Holaibh o iriag, &c.

Suidheam' mu'n bhord, stoilde, beachdail,
An t-shuil san dorn nach òl a mach i,
Slainte Shir Seumais thigh'n' dachaigh ;
Aon mhac Dhé mar sgéith d'a phearsa.
Holaibh o iriag, &c.

* Alluding to kelp

COMHRADH,

[MAR GU 'M D' ANN]

EADAR CARAID AGUS NAMHAID AN UISGE-BHEATHA.

CARAID.

Mo ghaol an lasgaire spraiceil,
Fear nan gorm-shuilean maiseach,
Chuireadh foirm fo na macaibh,
'Nuair a thachradh iad ris.
'Nuair a chruinnicheadh do chòisir,
Cha b' i chuilm gun a chòmhradh ;
Gheibhte rainn agus òrain,
'S iomadh stòri na measg :
Gille beadarrach, sùgach,
Tha na chleasaiche lùghor ;
'S ro mhath bhreabadh an t-ùrlar,
Agus tiunntadh gu brisg.
'S e dhamhsadh gu h-uallach,
Gu h-aucaideach, guanach ;
Gun sealltainn air truailleachd,
Ach uaisl' agus meas.

NAMHAID.

'S mairg a dheanadh an t-òran,
'S nach deanadh air chòir e ;
Gun bhi moladh an do'-fhir.
Bha na rògaire tric.
Fear a sheargadh an conach,
Thiunntadh mionach nan sporan
Dh-fhàgadh leanbain air aimhbheirt,
Ann an carraid 's an drip.
An struthaire di-bhuan,
Tha gu brosgulach, briagach ;
Fear crosta mi-chiullach,
Gun riaghailt, gun mheas.
Call mor tha gun bhuinnig,
Ann an sòlas ro dhìomhuan ;
S fear stòrais is urrainn
A bhi cumantas ris.

CARAID.

'Mhic-an-Tòisich, mhic-bhracha,
'Fhir comhraig nan gaisgeach.
A chuireadh buillch 's na claigneann,
Sa chuireadh casan air chrith !
Bu tu cleòca na h-aitribh,
'N aghaidh reòt' agus sneachda,
Dheanadh notion do dh-fhrasan ;
'S chuireadh seachad an cith.
Dheanadh dàna fear saidealt' ;
Dheanadh lag am fear neartor ;
Dheanadh daibhir fear beairtench,
Dh-ain-deoin pailteas a chruidh ;
An ceart aghaidh na th' aca,
De mhuirn, no mheoghail, no mhaenus,
'S tu raghainn is taitneich.
De chùis mhacnuis air bith.

NAMHAID.

A dhuin ! an cual' thu, no'm fac' thu,
Riamh ni 's miosa chuis mhacnuis,
Na bhi 'n a d' shìneadh 's na claisean,
Gun chlaisteachd, gun ruith ?
Air do mhùchadh le daoraich ;
'G a do ghiulan aig daoine,
'N a d' chùis-bhùird aig an t-saoghal,
Far nach faodar a chleith ;
'S e bhi 'g coinneachadh Rati,
Ni do lomadh ma d' bheartas ;
Luchd a chomuinn, 's a chaidrimh,
Ni e 'n creachadh gun fhios.
'S e ciall-sgur a bhios aca,
Bhi ri buillean, 's ri cnapadh ;
Gu 'm bi fuil air an claigneann,
'S bi 'm batachan brist.

CARAID.

Mo ghaol an lasgaire suairce,
Chleachd bhi 'n caidreamh nan uaislean ;
'S iomadh tlachd, a's deagh bhuaidh,
Ata fuaite ri d' chrios.
Biorach, gorm-shuileach, meallach,
Beachdail, colgarra, fallain,
Laidir, caoin, air deagh tharruinn,
Gu fogradh gaillionn a' chuirp.
Far an cruinnich do phàistean,
Gu 'm bi mir' ann a's màran,
Agus lomadh cool-gàire ;
'S iad neo-chràiteach mn 'n cuid.
Bheir e 'n t-umaidh gu sòlas ;
Ni e glic am fear gòrach ;
Ni e suundach fear brònach ;
'S ni e gòrach fear glic.

NAMHAID.

'M b' e sin raghainn nam macabh,
Bhi gu'n fhradharc, gu'n chlaistearhd ;
'Nuair bu mhiann leò dhol dachaigh,
'S e ni thachras ni's mios'.
Gur e 'n ceann is treas eas dalibh,
Lom-làn mheall, agus chnapan ;
Gach aon bhall ga 'm bi aca,
Goid a neart uath' gun fhios.
Iad na 'n tamhaisg gun toinisg ;
Iad a labhairt an donuis ;
Iad ro lamhach gu conus,
'S nach urr' iad cuir leis :
Bi'dh an nodnaibh 'g an sgrùbadh,
Bi'dh an audach 'ga shròiceadh ;
Cha 'n fhaod iad bhi stòlda,
'S iad an comhnuidh air mhisg.

CARAID.

Nach boidheach an spòrs,
Bhi suidhe ma bhòrdaibh,
Le cuideachda chòir,
A bhios 's an tòir air an dibh !
Bi'dh mo bhotal air sgòrnan,
Iti toirt cop air mo stòpan ;
Nach toirteil an ceòl leam
An crònan, 's an glig ?
Gu 'm bi fear air an daoraich ;
Gu 'm bi fear dhiu ri baoireadh ;
Gu 'm bi fear dhiu ri caoineadh ;
Nach beag a shaoileadh tu sid ?
Ni e fosgaoilt' fear dionach ;
Ni e crosta fear ciallach ;
Ni e tostach fear briathrach,
Ach ann am *blialum* nach tuig.

NAMHAID.

Nach dona mar spòrs,
Bhi suidhe ma bhòrdaibh ;
Na bhi milleadh mo stòrais,
Le gòraich gun mheas.
Le siarach, 's le stàplaich ;
Le briathran mi-ghnàthaicht' ;
Ri spearadh, 's ri sàradh
An Abharsair dhuibh.
Bi dh an donus, 's an dòlas,
De chonas, 's do chomh-strì :
'S do tharruinn air dhòrnaibh,
Anns an chomhail nach glic :
Ri fuathas, 's ri sgainneal ;
Ri gruaidhean 'g an pronnadh,
Le gruagan 'g an tarruinn,
Le barrachd de 'n mhisg.

ARAID.

Mo ghaol an gille glan éibhinn,
Dh-fhàs gu cineadail spéiseil ;
Dh-fhàs gu spioradail treubhach,
'Nuair a dh-éireadh an drip.
Bhiodh do ghillean ri sòlas,
Iad gu mireagach bòidheach,
Iad n' sireadh ni 's leoir,
'S iad ag òl mar a thig.
Iad gu h-aigheurach fonnor,
Iad gun athadh, gun iompais ;
Iad ro mhath air an ronngas,
'Nuair a b' anntlachd an cluich.
Cuid d'a fasan air uairean,
Duirn, a's bat, agus gruagadh,
Dh-aithnte dhìreach air an spuacan,
Gu'n robh bruaidlein 's a' mhisg.

NAMHAID.

Tha mhisg dona 'n a nàdur,
Lom-làn mòrchuis a's ardain ;
Lom-làn bòsd agus spàraig,
Anns gach càs air an tig.
Tha i uambarra, fiadhaich,
Tha i murtaidh 'n a h-iarbhail ;
Tha i dustach, droch-nialach,
Lan de dh-fhiabhras, 's de fhriodh.
Gu 'm bi fear dhiu 'n a shineadh ;
Gu 'm bi fear 'n a chùis-mhì-loinn ;
Gu 'm aithlise lìonor ;
'S iad am maoidheadh nam pluic'.
Tha i tuar-shreupach foilleil ;
Iomadh uair air droch oilean ;
'S gun do dh-fhuasgladh fa-dheireadh,
Ach 's i bu choireach a mhisg.

CARAID.

Mo ghaol an cleasaiche lùghor,
Fear gun chensad gun chùim ;
Fear gu'n cheiltinn air cùineadh,
'N am bhi dlùthachadh ris.
Bheireadh tlachd a's a mhùigean ;
Dheanadh gealtair de 'n diùdhlach ;
Dheanadh dàn' am fear diùid,
Chum a chùis a dhol leis.
Fear a's fearr an taigh òsd' thu ;
Fear a's ùrfhailteach òraiu ;
Fear nach fuiligear 'n a ònar,
Ach a bhòilich 's an drip.
Fear tha màranach, ceolar ;
Cridheil, càirdeach, le pògan ;
'S a lamh dheas air a phòca,
'S sgapadh stòrais le misg.

NAMHAID.

A chinn-aobhair a chonais,
'S tric a dh-fhobhaich na sporain ;
Fhir nach d' fhoghlum an onair,
B' e bhi 'g a d' mholadh a bhleid :
'Nis on's bùanna ro dhaor thu,
Tha ri buaireadh nan daoine,
Dol mon cuairt air an t-saoghal,
Chum na dh-fhaodas tu ghoid.
Fear ri aithreachas m'r thu ;
Fear ri carraid, 's ri comh-strì ;
Fear ri geallam ; 's cha tòram ;
Thug sid leonadh do d' mheas.
Ni thu 'm pòltear 'n a striopaich,
Ni thu striopaich 'n a pòltear ;
'S iomadh mìle droch codhail,
A tha'u tòir air a mhisg.

CARAID.

Ge b' e thionnsgan, no dh-inndrig,
Air ann ionnstramaid phriseil,
'S duine grunndail na iunsgiu,
Bha gu h-intinneach glic.
Thug bho arbhar gu sìol e ;

Thug bho bhraich, gu ni a's brigheil';
Thug á prais 'na cheo-liath e,
'Mach tro chliath nan lùb tric.
Thug á buideal gu stòp e,
Rinn e 'n t-susbainte còladh,
Thogadh sligeachan reòta ;
Dheth fir bhreoite gun sgrid.
An donus coinneamh no còdhail,
No eireachdas mor-shluaigh,
Gun do cheileireachd bhoidheach,
Cha bhi sòlas na measg.

NAMHAID.

Ge be thionnsgan an aimhlisg,
'S olc an grunnd bha na eanachainn,
'S mor a dhùisg e de dh-argamaid,
'S de dhroch sheanachas mar ris.
Dheilbh e misg agus daorach,
Rinn e breisleach san t-shaoghal.
B'fhearr nach beirte gu aois e ;
Ach bàs na naoidheachan beag.
Dhùisg e trioblaid a's comh-stri,
Ruisg e biodag an dùrnaibh,
Chuir e peabar san dòmhnach,
'Nuair a thoisich a mhisg.
Cha chùis buinig ri leamhuinn,
Ach cuis guil agus falmhachd,
Sa chaoidh cha'n urr' thu ga sheanachas,
Mar a dh-fhalbh do chuid leis.

DI-MOLADH
PIOB' DHOMHNUILL BHAIN.

A'chainnt a thuirt Iain
Gu'n labhair e cearr i,
'S feudar dhuinn àicheadh
Is pàidheadh d'a cinn.
Dh-fhag e Mac-Cruimein,
Clann-Duilidh a's Tearlach ;
Is Dòmhnullan Bàn
A tharruinn gu pris.
  Orm is beag mòran sgeig,
  Agus bleid chòmhraidh,
  Thu labhairt na h-urrad
  'S nach b'urrainn thu chòmhdach,
  Ach pilleadh gu stòlda
  Far 'n do thòisich thu dian.

An cual' thu cia 'n t-urram
An taobh-sa do Lunnulnn?
Air na piobairean uile
B'e Mac-Cruimein an rìgh :

Le ponganuan àluinn
A b'fhonnaire fàilte,
Thàirrneadh 'an càileachd
Gu slàinte fear tinn.
  Caismeachd bhinn, 's i bras dian,
  Ni tais' a's fiamh fhògradh ;
  Gaisg' agus cruadal,
  Tha buaidh air an binsich,
  Muim uasal nan Leòdach,
  Ga spreotadh le spìd.

A' bhàirisgeach spòrsail
Bh' aig Tearlach 'ga pògadh,
An t-àilleagan ceòlar,
Is bùiche guth cinn.
Tha na Gàöil cho dèigheil
Air a mhàran aic èisdeachd,
'S na tha'nn 'an Dun-eideann
A luchd beurl' air an ti.
  Breac nan dual is neartmhor fuaim,
  Bras an ruaig nàmhaid,
  Leis 'm bu cheòl leadurra,
  Feadannan spàineach,
  Luchd dhéiseachan màdair
  Bhi cràidbt' air droch dhìol.

Nan cluinnt' ann am Muile
Mar dh-fhàg thu Clann-Duili,
Cha b'fhuilear leo t-fhuil
Bhi air mulach do chinn.
'S i bu ghreadanta dealachainn
Air deas làimh na h-armachd ;
A' breabadh nan garbh-phort,
Bu shearbh a dol sìos.
  Creach nach gann, sibh gun cheann,
  Fo bhruid theann Sheòrais ;
  Luchd nam beul fiara
  'Gar piannadh 's 'gur fògradh ;
  Rinn iad le foirneart
  Bhur còir a bhuin dibh.

Cha tug thu taing idir
Do bhriogardaich Thearlaich,
Mach o fhear bhàile
Bhi ghnà air a thi.
Mhol thu ' chorr' ghliogach
Nach dligeadh de bhàidse,
Ach deannan beag gràin,
No màm de dhroch shil.
  Shaoil thu suas maoin gun ghruaim,
  Craobh nam buadh ceòlmhor,
  Chuireadh fonn fo na creagan
  Le breabadaich mheoirean ;
  'S nach fuiligeadh òdrochain !
  A thogail a cinn.

Cha'n fhaigh a' chùis-bhùirt ud
Talla 'm bi mùirn,

IAIN MAC CODRUM.

Ach àth air a mùchadh
Le dùdan 's le sùith.
Cha bhi cathair aig Domhnull
'S cha 'n éirich e conard,
Ach suidh' air an t-sòrn
Agus sòpag ri dhruim.
  Plàigh bloigh phuirt, gàir dhroch dhuis,
  Fàileadh cuirp bhreòite ;
  Ceòl tha cho sgreataidh
  Ri sgreadail nan ròcus,
  No iseanan òga
  Bhiodh leòinte chion bidh.

Nach gasta chùis-bhùrt'
A bhi cneatraich air ùrlar
Gun phronnadh air lùtha
Gun siubhlaichean grinn,
A' sparradh *od-ròch-ain*
A'n earball *od-ròch-uin!*
A' sparradh *od-ròch-ain*
An tòn *òd-ro-bhì*.
  Màl' caol càm le thaosg chrann,
  Gaoth mar ghreann reòta,
  Tro na tuill fhiara
  Nach diònaich na meoirean,
  Nach tuigear air dòigh
  Ach "*òth-hedìn*" 's "*òth-hì l*"

Diùdhadh nam fiùidhidh
Bha aig Tubal Cain,
'Nuair sheinn e puirt Ghàülig
'S a dh'àlaich e phìob.
Bha i tamull fo 'n uisge
'Nuair dhruideadh an àirce.
Thachair dh'i cnàmhadh
Fo uisge 's fo ghaoith.
  Thàinig smug agus dus
  Anns na duis bhreòtach,
  Iomadach drochaid
  G'a stopadh na sgòrnan.
  Dh-fhàg i le crònan
  Od-ròch-ain, gun brìgh.

Bha i seal uair
Aig Maol Ruainidh O' Dornan,*
Chuireadh mi-dhòighoil
Thar ordugh na fuinn.
Bha i treis aig Mac-Bheatrais
A sheinneadh na dàin,
'Nar theirig a' chlàrsach
'S a dh'fhàillig a prìs.
  Shéid Balàam 'na màla
  Osna chràmh chrònaidh.
  Shearg i le tabhann
  Seachd cathan nam fiantan.

* A wandering Irish piper, whose music the Highlanders could not appreciate.

'S i lagaich a' chiad uair
Neart Dhiarmaid a's Ghuill.

Turruraich an dòlais,
Bha greis aig Iain òg dh'i.
Chosg i ribheidean conlaich
Na chòmhnadh le ni.
Bha i corr is seachd bliadhna
'Na h-atharais-bhialain
Aig Mac-Eachuinn 'ga riasladh
Air sliabh Chnoc-an-lìn.
  An fhiudhidh shean nach dùisg gean,
  Ghnùis nach glan cbmhdach :
  'S mairg dha 'm bu leannan
  A' chrannalach dhòinidh.
  Chàite gràn eòrna
  Leis na dh-fhognadh dh'i ghaoith.

Mu'n cuirear fo h-inneal
Corra-bhinneach na glaodhaich,
'S inneach air aodach
Na dh-fheumas i shnàth.
Cha bheag a' chuis dhéistinn
Bhi 'g éisdeachd a gùoraich ;
Dhianadh i aognaidh
An taobh a bhiodh blàth.
  Riasladh phort, sgriachail dhos,
  Fhir ri droch shaothair,
  Bheir i chiad éubha
  'N àm séideadh a gaoithe,
  Mar ronncan bà caoile
  'S i faotainn a' bhàis.

Tha'n iunsramaid ghlagach
Air a lobhadh na craiceann ;
Cha'n fhuirich i 'n altan
Gun chearcaill g'a tàdh'.
'S seirbh' ì na'n gabhann
Ri tabhann a crùnluath,
Tròmpaid a dhùisgeadh
Guch lùdas fhuair bàs.
  Mar chòm geur'ich 'ga chreuchdadh
  Shéideadh làn gaoithe,
  Turraich nach urra' mi
  Siunnailt da innseadh,
  Ach rodain ri sianail
  No sgiambail laoigh òig.

Com caithte na curra
Is tachdadh 'na muineal,
Meoir traiste gun fhurus
Cur triullin 'an dàn,
Sheinneadh a brollaich
Ri solus an eòlain,
Ruidhle gun òrdugh
An còmhnuidh air làr.
  'N aognaidh lòm, gaoth tro tholl,
  Gàir gun fhonn còmhraig,

A thaisicheadh cruadal,
'S a luathaicheadh teoltachd,
Gu beachdail don-dùchais
Mu 'n t-sòrn am bi ghràisg.

Bi'dh gaoth a' mhàil' ghrodaidh
Cur gàir anns na dosaibh,
I daonnan 'na trotan
Ri propadh " ŏd-rŭ."
Bi'dh seannsair caol, crochtach
Fo chaonnaig aig ochdnar,
Sruth staonaig 'ga stopadh,
Cur droch cheol 'na thàmh.
Fuaim mar chlag fhuadach each,
Duan chur as frithe:
Cha 'n abair mi tuille
Gu di-moladh pioban,
Ach leigeidh mi' chluinntinn
Gu'n phill mi Mac-Phàil.

A' CHOMH-STRI.

Gur h-e dbùisg mo sheanchas domh
Cùis mu'm beil mi dearmalach,
Gach Turcach 's gach Gearmailteach,
Gach Frangach 'an rùn marbhaidh dhuinn ;
Muir no tìr cha tearmunn duinn.

Tha mo dhùil 's gur fìrinneach,
Gach muiseag tha mi cluinntinn deth,
Nach dean iad unnsa dhìreadh oirn,
S nach buinig iad na h-Innsean oirn,
Gu 'n sguir iad far 'n do dh-inntrig iad.

On chaidh na h-airm 'an tasgaidh oirn,
Ge tric a' ghairm gu faigh sinn iad,
Nach foghnadh claidhean maide dhuinn
Gu seasamh a' chrùin shasunnaich,
Mar thug an diùc a db'fhasan duinn ?

Ge morghalach rìgh Phruisia
'S na righrean mòr tha 'n trioblaid ris,
'S co neònach learns' am Frisealach,
'S am Bàideanach le measrachadh,
Bhi deanamh rèit 's nach bris iad i.

Bha mise uair 's gu'm faca mi
Nach creidinn bhuaithe facal deth,
Nach bithinn suas 'nuair thachradh e,
A liughad gruag a's baguisde,
Bha fuasgladh anus an t-subaid ud.

'Nuair dh-inntrigeadh an ascaoineis,
Is àrd a chluinnte 'm Pabaidh iad ;
Fhreagair coill a's clachan daibb ;
Cha bhiodh bean 'an àite faiciun daibh,
Iad féin 's mac-talla bàs-bhualadh.

'Nuair bhiodh iad sgì 's na tagraichean,
'Se crìochnacha ' bhiodh aca-san,
A'g iarraidh insad bhatachan,
Gach tuairisgeul ri chlaistinn ann,
Nach cualas riamh o bhaisdeadh sinn.

Gur mairg a bhiodh 'san ùbaraid
'Nuair ghabhadh iad gu tùirneileis.
Bhiodh fàsgadh air na sùilean ann ;
Bu lìonmhor duirn a's glùinean ann ;
A's breaban cha bhiodh cùmhn' orra.

Bhiodh rocladh air na claigeannan ;
Bhiodh sgòrnanan 'gan tachdadh ann ;
Bhiodh meoirean air an cagnadh ann ;
Bhiodh cluasan air an sracadh ann ;
Bhiodh spuaicean air an cnapadh ann.

'Nuair thuiteadh iad gu mi-cheutaidh,
Bhiodh rùsgadh leis na h-lneau ann ;
Bhiodh piocadh leis na bidengan ;
Bhiodh riabadh air na circannan ;
Bhiodh cus de'n uile mì-loinn ann.

Mu'm biodh a' chomh-strì dealaichte,
Bhiodh dòrnagan 'g an sadadh ann ;
Bhiodh sgrìobadh air na malaidh ann ;
Bhiodh beoil a's sileadh fal' asda ;
'S nis leòr aig fear dha aithris ann.

'Nuair theirgeadh giubhas Lochlainneach
'S a' choill' an dòis a stopadh oirn,
Bu mhath na h-airm na budchrunnan ;
Bu sgiobailt iad an àm bogsaigeadh ;
Cha bhriseadh e na cogaisean.

'S ann do 'n tìr bu shamhach so ;
Bu shòlas inntinn bàilli e ;
Bu lìonmhor fear gu'n àiteach' ann,
Dol gu fianais 's fiamh a bhàthaidh air,
Caoidh mu mhnai 's mu phèistean ann.

Bha Uidhist air a nàrachadh.
Bha Iutharn air a fàsachadh.
Le guidheachan na càraid ud
Bha sòlas air an àbhairsear.
Bu nebnach leis nach tàinig iad.

Cluinnidh Mac-Cuinn an toiseach e.
Cluinnidh a rìs an Dotor e,
Mar chrìochnaichear na portaibh ud.
Cha tairg e làn a' chopain domh,
Gu 'm bàraig e dà bhotul rium.

Innsidh mi do dh-Uisdean e,
D'fhear Bhàile páirt do'n t-sùgradh, ud,
Do'n Bhàili thair an dùthaich e;
Air chàch cha dean mi cùmhnadh air,
Bheir iad bàidse a's dùrachd dhomh.

ORAN,

DO SHIR SEUMAS MAC-DHOMHNUILL SHLEIBHTE.

Air tuiteam a' m' chadal
  A nis o cheann fada
Gu'n thachair dhomh acaid
  A stad ann am bhràghad,
Tha chnead air mo-ghiùlan
  Tha ùmhgharach ciùrrta.
Cha bhi mi 'ga mùchadh,
  Gu rùisg mi os-airde i.
Ach Dia bhi 'ga chùmhnadh
  'S a riaghladh a ròidean!
An tì 'm beil mo dhòchas
  Fo chùmbnadh an Ard-righ,
Lagaich mo dhòrainn,
  Neartaich mo shòlas,
Chuir mi an dòchas
  Bhi ni 's òige na tha mi.

'S iomadach buille
  So b'eudar dhuinn fhulang.
Bha chuing air ar mùineal
  'S bu truim' i na phràiseach
Cho trom ri clach-mhuileinn
  'Na sineadh air lunnan,
Ri iargain nan curaidh
  'S iad uil' air ar fàgail.
Gradan a' gheamhraidh
  A lagaich gu teann sinn,
'Nuair a chaill sinn ar ceannard,
  Nach robh shambla measg Ghàël,
Connspunn na h-aoidhealachd,
  Leòghann na rìoghalachd,
Dòrainn r'a innseadh
  Dha 'n linne nach tàinig:

Dòrainn r'a innseadh,
  An dòrainn a chlaoidh sinn,
Thoirleum u-ar n-inntinn
  Cho iosal ri 'r shilean;
Ar Ceann-feadhna mòr prìseil
  Bu mhòr urram san rìoghlachd,
Gu'n do bhuin an t-eug dhinn e,
  Ar mi-fhortan làidir!
Fhir a chunnaic ar cruadal,
  Leig umainn am fuaradh,

Bi thusa 'na d' bhuachaill
  Air na fhuair sinn 'na àite.
Cuir dhachaidh Sir Seumas
  Gun aiceid, gun ìslean,
Gu chuideachda féin;
  Mhuire 's éibhinn a tharsuinn.

Chriosda, giéidh dhùinne
  Ar buachaille cliuiteach,
Ar n-uachdaran dùthcha;
  Tha chùram an dràsd oirn.
Allail ar fiùran,
  Smiorail, a's grunndail,
Fearail ri dhùsgadh
  'Nan tionntadh a mhòran,
Ar baranta mùirneach,
  Carraig ar bunndaisd,
Ar n-iùil 's ar cairt dhùbailt
  S ar crùn a's an thileasg,
An rìmh nach 'eil bristeach,
  Ar lann ann am trioblaid,
Ar ceannard 's ar misneach,
  Fear briseadh a' bhàire.

An dùsgadh no'n cadal duinn,
  'N ùrnuigh no'n achanaich
Ar déirce ga nasgadh,
  Thu thigh'n' dachaidh sàbhailt.
Muint' ann an chleachdadh thu,
  Cliùiteach ri d' chlaistinn thu,
Muirneach ri t-fhaicinn
  Air each no air làr thu,
Ar 'n-aighear 's ar sòlas,
  Ar fìon air na bòrdaibh,
Ar mire 's ar ceòl thu,
  'S ar doigh air ceòl-gàire:
Ar connspunna féile
  A dheònaich Mac Dhé dhuinn
Gu còir chur air stéidhe,
  'S gu eucoir a smàladh.

Gur h-innealt' an connspunn
  Ceann-cinnidh Chlann-Dòmhnuill,
Fear iriosal stòlda
  Gun tòir air an àrdan;
Eireachdail, coimhliont',
  Soilleir 'an eòlas,
Canair 'n am togbhail ris,
  Bòchdan, mo lamhsa,
Cùirteir na sìobhaltachd,
  Urla na h-aoidhealachd,
Tlusail ri dìleachdain 's
  Cuimhneach air airidh,
Aigeantach Innsgineach,
  Beachdail air rìoghalachd,
Gaisgeach ro mhilten
  Nan sineadh e 'n ghirdenn.

Mo rùn an sàr ghaisgeach,
Fear òg a' chùil chleachdaich,
Fear mòrghalach gasda,
Gun ghaiseadh, gun thàire.
Curaidh nam brataichean
Guineach ri 'm bagairt iad,
Chuireadh an t-sradag
'Na lasair gun smàladh.
A bhuaileadh a' chollaid
Mu 'n chluain air an cromadh iad
A ghluaiseadh neo-shomalt'
An coinneamh an nàmhaid
Le spàintichean loma,
Le mosgaidean troma,
Le fùdar caol meallach
'N àm teannadh ri làmhach.

Ge fad a bha 'n acaid
'Na còmhnuidh fo m'asgail,
Fàgraidh mi as i,
Thig aiteas 'na h-àite.
Cuiridh mi airtneal
Air fuadach gu chuirtealan,
Nuair chuireas Dia dhuchaidh
Na dh-aisig mo shlàinte.
Moladh dha 'n Iéigh
A dh-fhàg fallain mo chreuchdan,
Tharruinn mo spéiread
Ni 's tréine na b'àbhaist !
Aghaidh Shir Seumais,
Aghaidh na féile,
Taghadh gach speuleair
Thug an léirsinn ni b'fhearr dhomh.

Aghaidh na stàidealachd,
Aghaidh na sgairtealachd,
Aghaidh na maisealachd,
Tlachd agus àilleachd :
Aghaidh na fearalachd,
Aghaidh na smioralachd,
Aghaidh is glaine
Bheir sealladh 'an sgàthan.
Aghaidh na stòldachd,
Aghaidh na mòrchuis,
Aghaidh an leòghainn,
Ach tòiseachadh cearr air !
Buinidh dha 'n òigear
Bhi currant 'an comh-stri,
'S gur iomadh laoch doru-gheal
Bheir Còireachd mas aill leis.

Cha sùgradh ri chlaistinn
Bhi dùsgadh do chuismeachd,
Bhi rùsgadh do bhratach
Gu h-aigeantach stàdail.
Pìob thollrach 'ga spalpadh
Sìor-phronnadh nam brus-phort,
Fraoch tomach nam bodan
Ri brat-crann da chàradh.

Barant de dh-uaislean
A' tarruinn mu 'n cuairt dì ;
Gu'm b'fhearail an dulachas
'N am buannach buaidh-làrach.
Ceathairne ghruamach,
Gun athadh roimh luaidhe,
Dh-fhàl gadh gun gluasad
Cuirp fhuair anns an àraich.

Gur h-iomadh sàr-ghaisgeach
Tha urranta smachdail,
A theannadh a steach riut
'N am aisith no cnàmhain :
Le 'n spaintichean sgaiteach
Cho geur ris an ealtainn,
'N am bhualadh nan claigeann
Gu 'n spealtadh iad cnàimhean.
Gu fireachail aotrom,
Air mhir' anns a' chaonaig,
Bhiodh fuil air na fraochaibh
Mu 'n traoghadh an ardan :
Le comunn gun chlaopadh,
Gun somaltachd gaoirdean,
'N àm Iomadh nam faobhar
Ri aodainn an nàmhaid.

Na'm faicte Sir Seumas
'S gu'n cuireadh e feum air,
Gur h-iomadh taobh dh-éireadh leis
Réisimeid làidir.
'An Alb' a's 'an Eirinn
Cho dedhnach le chéile,
O Chluaidh nan long gleusta
Gu leum e Phort-phàdruig.
Uaislean Chinn-tìre
Bu dual da o shinnsir,
Gu rachadh iad sìos leis
Gun di-chuimhn, gun fhàilinn.
Gu'm biodh iad cho tìdheach
'S gu'n dianadh iad mi-stath
Mar leòghnunan miannach
'S gun bhiadh aig an àlach.

Dh-éireadh na Leòdaich,
Dh-éireadh 's bu chòir dhaibh,
Dh-éireadh, 's bu deònach
Thaobh eòlais 's càirdeis.
Thigeadh am mòr-shluagh
Brisg ann an òrdugh,
Sgiolta na connspuinn
An tòiseachadh blàir iad.
Dearbhadh na fearalachd
Calma 'n àm tarruinn iad,
An calg mar na nathraichean
'S fearann 'ga reiteach.
Stròicench le lannaibh iad,
Dòrtach air falanan,
Còcairean ealamh
Air cheannan 's air chàlmhean.

IAIN MAC CODRUM.

Dhùisgeadh 'na d' charraid
Fir ùr Ghlinne-garadh,
B'e 'n dearmad gu'n ghainne
   Siol Ailein da fhàgail.
Daoine cho fearail,
Chu saoireach air launaibh,
Gu faicte neul fal' orr'
Gan tarruinn a *sgàbard*,
Inntinneach, togarach,
Iupidh cha 'n obadh iad,
Fior chruaidh gun bhogachadh
   'S obair air làrach.
Calma mar churaidhnean,
'S mairg air an cuireadh iad;
Chuireadh am buillean
   Gu fulang na spaintich.

Dh-éireadh fir Mhuile
Le éibhe nan cluinneadh iad,
Dh-éireadh iad uile
   Gu h-urranta làidir.
Dualchas a chumadh iad,
Gualainn ri uileann iad,
Buailidh iad buillean
   Mu 'm fuilig thu tàmailt.
'S cràiteach ri innseadh
Bhi 'g àireamh bhur diobhail,
Na thuit de'n dream rìoghail
   Am mi-fhortan Thearlaich.
Iadsan cho iosal
Fo shàilean nan Duineach,
Na cairdean cho dileas
   'S a bha *inc* ris a' phaipeir.

MARBHRANN

DO SHIR SEUMAS MAC-DHOMHNUILL SHLEIBHTE.

[A DH-EUG 'S AN ROIMH.]

Mocu 'sa maduinn 's mi 'g éirigh,
Cha 'n e 'n cadal tha streup rium,
'S fliuch mo leaba gun seasdar, gun sàmhchair.
   'S fliuch mo leaba gun seasdar, &c.

Cha 'n eil agam na dhóigh,
'N déis mo thaic-sa 'gam thréigsinn,
Ach maille claisteachd a's léirsinn a's tàbhachd.
   Ach maille claisteachd, &c.

'S trom a' chuing-s' air ar muineal,
Air ar lionadh le mulad,
Tha sinn sgìth 's cha 'n ann ullamh a ta sinn.
   Tha sinn sgìth, &c.

Sinn ri iargainn nan curaidh
Nach robh 'n iasad ach diombuan,
Gun fhear liath a bhi uil' air an làraich.
   Gun fhear liath, &c.

Daoine mòrchuiseach measail,
Daoine còrr ann an iochd iad,
Daoine cròdha gu bristeadh air nàmhaid.
   Daoine cròdha, &c.

Ann an ùine dà fhichead
Gur diòbhail ar briseadh,
Chuir e dùbhailt a nis oirn e làthair!
   Chuir e dùbhailt, &c.

Chaill sin chigneas no seisir
Do na connspuinn bu treise,
Nach robh beò ann am Breatann an àicheadh.
   Nach robh beb, &c.

Ann an uaisle 's an urram,
Anns gach deagh bhuaidh bh'air duine;
Ann an cruadal gu buinig buaidh-làrach.
   Ann an cruadal, &c.

'S bochd an ruaigs' oirn an còmhnuidh,
Dh-fhàg ar gualainn 'nan ònar,
Bhi sguabadh ar n-òigridh gun dàil uainn.
   Bhi sguabadh ar n-òigridh, &c.

Thàinig meaghoil gu bròn duinn,
Thàinig aighear gu dòrainn,
Chaill sinn amharc a's sòlas ar sgùthain.
   Chaill sinn amharc, &c.

Bàs ar n-uachdarain prìseil,
Sgeul a's cruaidhe ri chluinntinn;
Fhuair luchd fuath' agus mi-ruin an àilleas.
   Fhuair luchd fuatha, &c.

Gur h-e 'm fuaradh-s' an uiridh
Chuir ar gluasad 'an trumad,
So 'n ruaig tha 'gar n-iomain gu annrath.
   So 'n ruaig tha gar n-iomain, &c.

Bhi fo phuthar an sgeoil ud
Gach aon latha ri'r beo-shlaint,
Air bheag aighear, no sòlais, no slàinte.
   Air bheag aighear, &c.

Fhuair sinn naigheachd ar leatrom,
Fhuair sinn naigheachd na creiche,
Sin an naigheachd thug leagadh d'ar n-ardan.
   Sin an naigheachd, &c.

'S trom an galar 's is diubhail
Mòran uallaich ri ghiùlan,
Rinn ar n-anail a mhuchadh 's ar dàna.
   Rinn ar n-anail, &c.

Nis on 's dileachdan bochd mi,
Oighre direach air Oisian,
Bha 'g innseadh chruaidh fhortain do Phàdruig.
　Bha 'g innseadh chruaidh, &c.

Mi 'g innseadh cruas m'fhortain,
Mar a dh-inntrig e 'n toiseach ;
Cha'n 'eil brigh dhomh, no toirt bhi 'ga àireamh.
　Cha'n 'eil brigh, &c.

Ach an sgrìob thug a' chreach oirn,
Dh-fhàg a chaoidh sinn 'ga h-acain,
So i 'n dile chuir brat air na thàinig.
　So i 'n dile chuir, &c.

Dh-fhalbh ar ceannard òg maiseach,
Bha gun àrdan, gun ghaiseadh,
Muir a thàinig gu grad a thug *bhàrc* oirn.
　Muir a thàinig gu grad, &c.

Chuir ar leabaidh san droigheann,
'S gun ar cadal thar faighinn,
Ar sùil frasach o'n naigheachd a thàinig.
　Ar sùil frasach, &c.

O nach dùil ri Sir Seumas,
'S beag ar rùn 'an gàir eibhinn,
Bi'dh sinn tùrsach 'na dhòidh gu 's a bàs duinn.
　Bithidh sinn tùrsach, &c.

Chaill sinn duilleach ar géige,
Gràinne mullaich ar déise,
So an turus chuir éis air ar n-armuinn.
　So an turus chuir, &c.

'S eudar fuireach ri siochaint,
O nach urrainn air strì sinn,
Ach bhi fulang gu 'n strìochd sinn d'ar n-àmhaid.
　Ach bhi fulang, &c.

Ma thig oirn foirneart no bagradh,
Sinn gun dòigh air am bacadh ;
Tha sinn leointe 'nar pearsa 's 'n-ar chileachd.
　Tha sinn leointe, &c.

O'n là thainig am briseadh,
A thug tearnadh 'nar meas duinn,
Ar Ceann-tànach 's ar misneach g'ar fàgail.
　Ar Ceann-tànach, &c.

Dh-fhag e sinne bochd tùrsach,
Ann an ionad ar cùrraidh,
Gun e philleadh g'a dhùchannan sùbhailt.
　Gun e philleadh, &c.

Thug e sgrìob air n-uaislean,
Chaoidh' cha dìrich an tuath e,
Tha sinn mi-gheanach truagh air bheag staths.
　Tha sinn mi-gheanach, &c.

Sinn mar chaoirich gun bhuachaill,
'N déis an t-aoghair thoirt uatha,
Air ar sgaoileadh le ruaig 'Ille-mhàrtuinn.
　Air ar sgaoileadh, &c.

Ar toil-inntinn 's ar s'las,
Craobh a dhìdeann ar còrach,
Ann an cathair na Ròimh' air a chìradh.
　Ann an cathair, &c.

Thu bhi 'n cathair na Ròimhe,
'S goirt ri innseadh na sgeoil sin !
'Dhé! cha dìrich Clann-Domhnuill ni 's àirde.
　'Dhé! cha dìrich, &c.

O'n là sgathadh ar n-ùgan,
A' chraobh bu fhlatbaile còmhdach,
Gun a h-abhall air dòigh dhuinn a tharail.
　Gun a h-abhall, &c.

Mòr an sgeul san Roinn-Eòrp e,
Mòr a bheud do righ Seòrsa,
Mòr an éis air do sheòrsa gu bràth e !
　Mòr an éis air do sheòrsa, &c.

Cha do dhùineadh an còta,
'S cha do ghiùlan na brògan,
Neach an cunntadh iad còladh do phàirtean.
　Neach an cunntadh, &c.

Ann an gliocas, 's 'an eòlas,
Ann an tuisge 's am mòrchuis,
Is na gibhteanan mòr a bha fas riut.
　Is na gibteanan, &c.

Tha sinn deurach, bochd, tùrsach,
Gun ghair eibhinn, gun duil ris,
Mar an Fheinn agus Fionn air am fàgail.
　Mar an Fheinn, &c.

Sinn gun Oscar, gun Diarmad,
Gun Gholl osgarra fialaidh,
Gach craobh thoisich air triall uainn gu Pàrrais.
　Gach craobh thoisich, &c.

Cinn nam bluidheannan calma
Leis an d'òmhlaicheadh Alba,
'S iomadh ùghdar thug seanchas mar bha sin.
　'S iomadh ùghdar, &c.

'S bochd a chrìochnaich ar n-aimsir,
Mar Mhaol-ciaran gun Fheurchair,
Sinn ag iargainn na dh-fhalbh uainn 's nach tainig
　Sinn ag iargainn, &c.

'Se ni 's cosmhuil ri sheanchas,
Lìon sinn copan na h-aingeachd,
Gus 'na bhrosnaich sinn fearg an Tì 's àirde.
　Gus 'na bhrosnuich, &c.

IAIN MAC CODRUM.

Se'n Ti phriseil thug uainn e
Chum na rioghachd is buaine;
O Chriosda, cum suas duinn na bràithrean.
    O Chriosda, cum suas, &c.

Note.—The poet laments the untimely death of five or six of the M'Donalds of Slate. Sir Alexander died, a young man, in 1746; and his son, the amiable and accomplished Sir James, died at Rome in 1766, aged 25. This family prudently avoided committing themselves in the rebellion of 1745; but the bard appears to have been a thorough Jacobite.

MOLADH CHLANN-DOMHNUILL.

AIR FONN—"*Oran a ghunna da' b' ainm an spàinteach.*"

Tapadh leat, a Dho'ill 'Ic-Fhionnlaidh,
Dhùisg thù mi le pàirt de d' chombradh.
Air bheagan eòlais san dùthaich,
Tha cunntas gur gille còir thu.
Chuir thu do chomaine romhad,
'S feairde do ghnothach an còmhnuidh
'S cinnteach gar a leat ar bàidse:
'S leat ar cairdeas 'm fad a's beò thu.

Mhol thu ar daoine 's ar fearann,
Ar mnaithean baile, 's bu chòir dhut.
Cha d'rinn thu di-chuimhn' no mearachd;
Mhol thu gach sean is gach òg dhiubh.
Mhol thu 'n uaislean, mhol thu 'n islean.
Dh-fhag thu shios air au aon dòigh iad.
Na bheil de 'n ealain ri chluinntinn,
Cha chion dicheil a dh-fhag sgòd oirr'.

Teannadh ri moladh ar daoine,
Cha robh e saoirbheach air aon dòigh;
An gleus, 'an gaisge 's 'an teòmachd,
Air aon aobhar thig 'nan còdhail
Nochdadh an eudann ri gradan
Cha robh gaiseadh anns a' phòr ud,
Cliù a's pailteas, mais' a's tàbhachd;
Ciod e 'n càs nach faight' air chòir iad?

Cha bu mhist' thu mise laimh riut,
'An am a bhi 'g aireamh nan connspunn,
Gu inns' am maise 's an uaisle,
An gaisge 's an cruadal 'n am togbhail.
B'iad sud na fir a bha fearail
'Philleadh an-seasgair 'an tòireachd,
'S a dh'fhagadh salach an arnich
Nam fanadh an nàmhaid ri 'n còmhrag.

Ach nam faiceadh tu na fir ud
Ri uchd teine 's iad 'an òrdugh,
Coslas fiadhaich a dol sios orr',
Falbh gu dian air bheagan stòldachd;

Claidheamb ruisgt 'en laimh gach aon fhir,
Fearg 'nan aodann 's faobhar gleois orr',
Iad cho nimheil ris an iolair.
'S iad cho frioghail ris na leòghainn.

Cha mhòr a thionnal nan daoin' ud
Bha ri fhaotainn san Roinn Eòrpa.
Bha iad fearrail 'an am caonnaig,
Gu fuileach, faobharrach, strbiceach.
Nam falgheadh tu iad 'an gliocas
Mar bha 'm misneach a's am mòrchuis,
C' ait' am feudadh tu aireamh,
Aon chinne' b'fhearr na Clann-Dòmhnuill.

Bha iad treubhach, fearail, foinnidh,
Gu neo-lomara mu 'n stòras.
Bha iad cunbhalach 'nan gealladh,
Gun theall, gun charachd, gun ròidean.
Ge de dh-iarrta nuas an sinnsir,
O mhullach an cinn gu'm brògan,
'N donas cron a bha ri inns' orr',
Ach an rioghalachd mar sheòrsa.

Ach ma mhol thu ar daoin' uaisle,
C'uim nach de luaidh thu Mac-Dhòmhnuill?
Aon Mhac Dhé bhi air 'na bhuachaill'
G'a ghleidheadh buan duinn 'na bheò-shlàinte!
On 's curaidh a choisneas buaidh e,
Leanas ri dhualchas 'an còmhnuidh,
Nach deachaidh neach riamh 'na thuasaid
Rinn dad buannachd air au comh-stri.

C'ait an dh-fhag thu Mac 'Ic-Ailein
'Nuair a thionaileadh e mhòr-shluagh,
Na fir chrodha bu mhòr alla,
Ri linn Alasduir 's Mhontrùis?
'S mairg a dhùisgeadh ruinn bhur n-aisith
No thionndadh taobh ascaoin bhur cleirca,
Ge b'e sùil a bhiodh 'gan amharc
Cromadh sios gu abhainn Lòchaidh.

Ach ma chaidh tu 'nan sealbhaidh,
C'uim nach de sheanchais thu air chòir iad,
Teaghlach uasal Ghlinne-garadh
'S nam fiùrain o ghleannaibh Chnoideart.
'S iomadh curaidh laidir uaimhreach
Sheasadh cruaidh 's a bhuaileadh strbicean,
O cheann Loch-Uthairn nam fuar-bheann
Gu bun na Stuaidhe am Mòr-thir.

An dh-fhag thu teaghlach na Ceapaich
'S mòr a' chreach nach 'eil iad còmhslan,
Dh-éireadh leinn suas 'an aisith
Le 'm piob 's le 'm brataichean sròile.
Mac Iain a Gleanna-Cothan,
Fir chothanta 'n am na comh-stri,
Daoine foinnidh, fearail, fearradha
Rùsgadh arm a's fearg na'n sròman?

Dh-fhag thu Mac Dhùghail a Lathurn,
(Bu mhuirneach gabhail a chòmhlain,)
Cuide ri uaislean Chinnitire,
O'n Roinn Ilich 's mhaol na h-Odha.
Dh-fhag thu Iarl Antrum á Eirinn
Rinn an t-euchd ain blàr na Bòine.
'Nuair a dhlùthaicheadh iad ri chéile,
Co chunntadh féich air Clann-Dòmhnuill?

Alba, ge bu mhòr ri innse' e,
Roinn iad i o thuinn gu mòintich.
Fhuair an còir o làimh Chlann-Domhnuill,
Fhuair iad a rìs an Ròta ;
'S ioma currai mhòr bha innte
Cunntaidh Antrum ge bu mhòr i.
Sgrios ind as an naimhdean uile,
'S thuit Mac Ghuilbinn san tòireachd.

Bhuinig iad baile 's leth Alba ;
'S e 'n claidheamh a shealbhaich coir dhaibh.
Bhuinig iad latha chath Gairbheach,
Rinn an argumaid a chòmbdach.
Air bheagan cùnaidh gu trioblaid
Thug iad am bristeadh a mòran,
Mac' Ill- Iain ann le chuideachd,
'S Lachann cutach Mac-an-Tòislch.

Nan tigeadh feum air Sir Seumas,
Gun éireadh iad uile còmhluth
O roinn Ghall-thaobh gu roinn Ile,
Gach fear thug a shinnsir còir dhaibh.
Thigeadh Mac-Choinnich á Brathainn,
Mac-Aoidh Strath-Nàbhair 's diùc Gordon,
Thigeadh Barraich, 's thigeadh Bànaich,
Rothaich a's Sùilich a's Ròsaich.

Ar luchd dàimh 's ar cairdeau dileas
Dh-eiridh leinne a sios 'au comh-stri.
Thigeadh uaislean Chloinne-Lean
Mu'n cuairt cho daingheann ri d' chòta,
Iad fo ghruaim 'an uair a' chatha
Cruaidh 'nan lamhan sgathadh feòla,
Tarruinn spàinteach laidir liobhar
Sgoilteadh direach cinn gu brògan.

Bhuidheann fhuilteach, glan nan geur-lann,
Thigeadh reiseamnid nan Leòdach,
Thigeadh reiseamnid nan Niallach
Le loingheas lionmhor 's le seòltaibh,
Fuirbeisich 'a Frisealaich dh-éireadh,
'S thigeadh Clann- Reubhair 'an òrdugh.
'Nuair a dhùisgeadh fir na h-lubhraich,
Co thigeadh air tùs ach Tòmas !!

Note.—There are several hills in the Highlands which still bear the name *Tom-na-h-Iubhraich*, all haunted by the fairies. One of them is near Strachur, Lochfine side; another near Inverness. According to popular belief, Thomas the Rhymer was captain of the fairy troops.

ORAN DO'N TEASAICH.

Air fonn—" *Daibhidh gròsgach crom ciar.*"

'S mise chaill air geall na carachd,
Bha eadar mi-féin sa chailleach,
Gu'n tug i dhiom brigh mo bharra,
Cul mo chinn a chuir ri talamh.
M' fhuil a's m' fheoil thug i dhiom,
Chuir i crònan am chliabh,
Be 'n droch codhail domh 'bhiasd,
Gu robh tòireachd ga diol.

Chuir i boil am cheann is bu mhòr i,
Faicinn dhaoine marbh a's beodha,
Coltas Hector mor na Tròidhe,
S nan gaisgeach bha 'm feachd na Ròimhe.
Cailleach dhuathsach, chrom, chiar,
Bha lùn tuaileis a's bhriag,
Chuir mi'm bruailean 's gach iall,
'S chuir i 'm fuadach mo chiall.

'S bochd a fhuair mi bhuat am fughar,
'S mi gun luaigh air buain no ceanghal,
Mo cheann iosal a's mi am laidhe,
Bruite tinn a's sgios am chnaimhean.
Bha mo chnaimhean cho sgith,
'S ged do sgathadh iad dhiom,
Gu'n robh am padhadh gam chlaoidh,
'S gun tràighinn abhainn le mhiad.

'S bochd an t-àite leap' ann fiabhras,
Dh-fhagas daoine fada, riabhach,
Glagaich lag le fada 'n iargainn,
Gann de dh' fhalt a's pailt de dh' fhiasaig
Pailt de dh' fhiasaig gu'n tlachd,
Chuir am bial air droch dhreach,
Deoch no biadh theid a steach,
A dha thrian innte stad.

Do chota fàs is e gun lìonadh,
T-òsan roenach air dhroch fhiaradh,
Cnol do choise nochdaidh pliuthach,
Ionan cho fad ri cat fiadhaich.
Casan pliuthadh gun sùgh,
Fo'n da shleasaid gu'n lùgh,
Gur pailt liagh dhaibh no lunn,
Cha bhean fiar dhaibh nach lùb.

Bidh do mhuinneal fada, feathach,
'S taisnichean mar chabar cleibhe,
Easgadan glogach gun spéirid,
Gluinean ri tachas a chéile.
Gluinean geura gun neart,
'S iad cho ciar ris a chairt,
Thu cho creubhi ri cat,
B' fhearr an t-eug gad sgath as.

A bhonaid da uiread sa b'àbhaist,
Air uachdar currachd nach àluinn ;
Cluasan gu'n uireasbhaidh fàsa,
Ceann cho lòm ri crì na dearnaidh.
  Cha be 'n còmpanach caomh,
  Dh-fhag cho lom mi 's cho maol,
  Riun mo chorn mar phreas caoil,
  Mar mhac-samhla do'n aog.

Bidh tu coltach ri fear misge,
Gun dad òl gun aon mhir ithe,
Chionn nach bi lùghs na d' dha iosgaid,
Bidh tu null sa nall mar chlismich.
  Bi'dh tu d' shiachaire lag,
  'S ceann do shlithe gun neart,
  Ann ad ghniomh cha bhi tlachd,
  Na d' chus mhio-loinn air fad.

ORAN NA H-AOISE.

Air fonn—" *The pearl of the Irish nation.*"

Cha tog mise fonn,
  Cha 'n eirich e leam,
Tha m' aigne ro throm
  Fo easlain' ;
Tha 'n crì tha 'na m' chom
Mar chloich 's i na deann,
'S i tuiteam le gleann,
  'S cha 'n eirich ;
Tha 'n gaisgeach nach tiom
Rinn a' cogadh, 's a' strì,
Cha 'n fhaigh sinn a chaoidh
  Bhi reidh ris ;
On is treis' e na sinn,
Théid leis-an ar claoidh,
'S cha teasnirg aon ni
  Fo 'n ghréin sinn !

'S cuis thùrsa gu dearbh
  Bhi 'g ionndrain mar dh-fhalbh,
Ar cruitheachd, ar dealbh
  'S ar 'n eugasg,
Ar spionnadh, 's ar neart,
  Ar cumadh, 'sar dreach,
Ar cur an ann gleachd',
  A's streupa ;
Mar a sgaoileas an ce'
  Air aodainn an fhroir,
'S a chaochailleas neoil
  'S na 'n speuran,
Tha 'n aois a' teachd oirn
  Cumhach, caointeach, làn bròin,
'S neo-shocrach ri leòn
  An té ud.

Aois chasadach gharbh,
  Cheann-trom, chadalach, bhalbh,
Ann an ion 's a bhi marbh
  Gu'n speirid ;
Cha ghluais thu ach mall,
  Agus cuaill' ann do laimh,
Dol mu'n cuairt air gach àllt,
  A's féithe ;
Cha chuir thu gu bràth,
  'S cha chumhaidh dhut e,
Geall ruithe, no snamh,
  No leuma,
Ach fiabhras, a's cradh
  Ga t-iarraidh gu bàs,
Ni 's lionmhoir' na plàigh
  Na h-Eiphit.

Aois chianail ro bhochd,
  Ri caoidh na rug ort,
Neo brigheil gun toirt,
  Gun spòis thu ;
Do luchd comuinn, a's gaoil
  Fo chomhair an aoig,
Gun chonnas a h-aon
  Diu eirigh ;
Dh-fhalbh t-earnais, 's do chuid,
  Dh-fhalbh slainte do chuirp,
Thig ort failliunne tuigs',
  A's reasain,
Thig di-chuimhne, thig bà'chd,
  Thig diomhanas dha,
Thig mi-loinn do chairdean
  Féin ort.

Aois òghar gun bhrigh
  Ga t-fhògar gu cill,
Dh-fhagas bòdhaig a chinn
  Ro éitidh,
Aois bhòdhar nach cluinn,
  Gun tuighe, gun suim ;
Gun chàr foghainteach stri,
  No streupa,
Aois acaideach thinn
  Gun taice, gun chli,
Gun ghaisge, gun spid,
  Gun speirid,
Lan airtneal, a's cràidh
  Gun aidmheil bhi slàn,
Gun neach dha'm beil càs
  Dheth t-éigin.

Aois ghreannach bhochd thruagh,
  'S measa sealladh, a's tuar,
Maol, sgallach, gun ghruaig,
  Gun déudaich,
Roc aodainneach, chruaidh,
  Phreasach, chraicneach, lom, fhuar,
Chrùbach, chrotach,
  Gun ghluasad céuma ;

Aois lobhar nan spìoc
  Bheir na subhailcean dhinn,
Co san domhainn le'm binn
  Do shéis-sa?
Aois ghliogach gun chàil,
  'S tu 's miose na 'm bàs,
'S tu 's tric a rinn tràill
  De 'n treun-fhear.

Aois chiar-dubh a bhròin,
  Gun riomhachd, gun spòrs,
Gun toil inntinn ri ceol
  Do éisdeachd;
Rob fhiasagach ghlas,
  Air dhroch sheasamh chàs,
Leasg, sheotail, neo-ghrad
  Gu eirigh;
Cha'n fhuilig thu 'm fuachd,
  'S olc an ùrr' thu 'n càs cruaidh
'Se do mhuinghinn an tuath,
  'S an déirce;
Cha 'n eil neach ort an tòir,
  Nach e aidmheil am beoil
Gur fada leo beò
  Gun fheum thu.

Aois uain' a's olc dreach,
  Orm is suarach do theachd,
Cha 'n eil tuarnisgeul ceart
  Fo 'n ghréin ort,
Gun mhire, gun mhùirn,
  Gun spiorad, gun sùth;
Far an cruinnich luchd-ciùil
  Cha téid thu,
Aois chairtidh 's olc greann,
  Aois acaideach mhall,
Aois phrab-shuileach dhall
  Gun leirsin,

Chas fheargach gun sùth,
  Lan farmaid, a's thù,
Ri fear meanmach, beo,
  Lùghmhor, gleusda.

Faire! faire! dhuin' òig,
  Cia do bharantas mòr,
'Ne do bharail bhi beò
  'S nach éug thu?
Tha'n saoghal, 's an fheoil,
  Fior aontach gu leoir,
Air do chlaonadh o chòir
  Gu h-eacoir.
Co fad 'sa tha 'n dàil
  Thig ort teachdair o'n bhàs,
Na creid idir gur faisneachd
  Bhreig e;
Biodh do *gheard* ort gle chruaidh,
  'S tha do namhaid mu'n cuairt;
Cha taigh crabhaidh
  An uaigh dha'n téid thu.

Ach fàrdach gun tuar
  Bhreun, dhaolagach, fhuar
Anns an earaich iad suas
  Leat féin thu;
Co mor 's tha e d' bheachd,
  Dheth d' stòr cha téid leat,
Ach bòrduin bheag shnaighte,
  A's lòine,
Ach 's e cùram as mò,
  Dol a dh-ionnsaidh a mhòid,
Thoirt cunntas an còir,
  'S an ea-coir,
Far nach seasamh do ni
  Dhut dad dheth d' chuid feich,
'S mo an t-ragal
  Bhi 'm priosan péine!

EACHUNN MAC-LEOID.

EACHUNN MAC-LEOID, or HECTOR M'LEOD, the South Uist bard, lived after the year 1745, on the main land, chiefly in the districts of Arisaig and Morar. He composed and sung as he was moved by those internal powers of which the generality of men appear but little sensible. There are some individuals that appear heavy and destitute of parts, who are possessed of powers which attract the attention and merit the esteem of those who are more intimately acquainted with them: our poet was one of these. What occasioned his removal from the Long Island we know not. It is not unlikely that he was sent hither to watch and give information of what was going on in those troublesome times. He went often to Fort-William, as if doing something of no consequence, while in reality he was hearing all the news of the day, which he related to friends who durst not appear themselves. Shrewd and intelligent, he concealed those talents from strangers, to whom he seemed fooling, which character he could assume as occasion required. As he was frequently going and returning the same way, he was suspected and brought as a spy before the Governor of the Fort: on being examined and interrogated, he acquitted himself so well, under the assumed character, that he was dismissed as a fool.

MOLADH DO CHOILEACH SMEORAICH.

Moch madainn shamhrai' am mios fàs nam meas,
'Nuair bu ro aluinn leinn sgiamh gach luis,
Bha cuibhrig, air dhreach criostail de 'n dealt,
Na dhlù bbrat a' còmhdach gach cnuic.

'Nuair bhios seilleau le lan shòlas
Deilleanachd a measg nan dithean,
Cop meala mu ghob a chrònain,
A' deoghladh nan geugan mine.

Sin àm anns, am mulaich le duillearh gach craobh,
'S ro bhoidheach gach tulluch fo bhlà,
A's nuallanach gach uile spréidh,
A' geimnich ri chéil' iad fein, 's an cuid àil.

'Nuair bhitheas gach àilean, 's gach doire,
Le blà uaine fo làn toraidh,
A's menuglain gach craoibh sa' choille
Cromadh fo throm nam meas milis.

An ceann leath dara mios an t-samhraidh,
'Nuair a's grianaich gach aon ardan,
'S gach fiadhbair gu mion-bhreac, boidheach,
Le meilbheig, le nòinean, 's le slàn-lus,

Chualas co-sheirm binn, ceolmhor,
Beagan roimh eirigh na gréine,
Aig coltas coileich na smeòraich,
'S maighstir mac-talla 'g a bheusadh.

An sin a chualadh mi'n cheileireachd binn,
Bu curaideich seinn, gu cuimir, 's gu luath,
Air feadan ga m'fhreagradh, gach seilan sa' bhein
Ann an eirigh na greine, sa' mhadainn di-luain.

B'e sin an ceol caoin gun tuchan, gun sgread,
Gun eislean, na stad na chliabh, no na ghob,
Bu mhilse na binneas nan teud air fad,
'Nuair ghearradh e fead air deireadh gach puirt.

'S iad sin na puirt a bha binn, mion, bras,
Socrach ri 'n seinn, gun ochan, gun chnead,
Bu glan sgeimh eudaich an eoin, ge bu lag,
'San robh urrad de thlachd, na laidh air a nead.

B'annsa leam na fiodhall, a's piob,
Bhi tamull dhe m'aimsir na m'shuidh na chòir,
On aig tha na puirt as fior chanaiche rainn,
'S a's ealanta seinn gun aon bhuile meoir.

Bheirinn combairle trà air gach nighin, 's mnai,
Gach laidir, a's lag, gach beartach, a's bochd,
Iad a mholadh oid-iunnsaich an eoin, gu beachd,
Le h-inntinn cheart, gu h-au-moch, 's gu moch.

MOLADH EAS MOR-THIR.

Eas Mhor-thir sòraidh le d' stoirm,
Bu mhorghalach, gleodhraich do thriall,
Bu bharra-gheal fliuch dortadh nam bàre,
Bha toirleum le braidhe do chlèibh.

Na maoth-linntean tha bàlbh, mall,
Far nach bith saobh-shruth a' leum,
'S gile 'n cop ri 'n taobh tha tàmh
Na caineichean Ululnn an t-shlèibh.

'S a choille tha timcheall do bhruach,
Bu cheolmhor ceileireadh ian,
Gu lurach air bharraibh nan geug,
'N am do ghrein togail o nial.

As t Samhradh nar thigeadh am blàthas,
Bu chubhraidh faileadh nan ròs
A dh-fhasadh 's na fàsnichean fraoich,
Tha 'n taobh-s' d'an eas mheadhrach mhòr.

'San fhobhar anns a choill sin Crois,
Nam biodh tu coiseachd na measg,
Chitheadh tu croit air gach gàs,
A lubadh fo chudrom a meas.

Bu nuallanach, binn-ghuthach sprèidh,
Geimhich, iad fhein 's an cuid àil,
Mu innis mhullaich an tùir,
Far am bith 'n t-sobhrach a' fàs.

'Nuair thigeadh am buachaill a mach,
'S a ghabhadh e mu chul a chruidh,
Mu'n cuairt do Bhad-nan-clach-glas,
A bhuail' air 'm bu tric am bliochd.

Thigeadh banarach na sprèidhe,
Ballag do uighinn chruinn àlulnn,
Falt clannach, fionn-bhuighe, dualach,
Mu'n cuairt da guaillean gu fàineach.

Shealladh i air feadh na spreidhe,
'S dh-eubhadh i " Buigheag, a's Blàrag,
Niosag a's Donnag a's Guaillionn,
Brinne 's an t-Agh-ruadh a's Cùsag."

Shuigheadh i gu combard cruinn,
'S cuman eadar a dà ghlùn,
'S ghabhadh i 'n t-òran gu binn :—
" Tobr am bainne a bho dhonn."

'Nuair thigeadh an sprèidh a ris,
Dh' Acha-Uladail air fhodar,
B' òranach, ceolar, clann Iain,
Nan suidheadh fo'n chrodh g'am bleodhan.

Bu bhinne na cuachan an fhàsaich,
Nuallan nan gruagaichean boidheach,
Ann', a's Catriona a's Màiri,
Fionnaghal a's Beathag a's Seònaid.

Lionadh iad gach uile shoitheach,
'S cha b' eagal gu'n traghadh an dì,
Ged thigeadh an sluagh san radhad,
Gheibheadh iad linntean na dibhe;

Gu slamanach, finne-mheogach, òmach,
Mulchagach, miosganach, blathach,
Muigheach, miosrach, miodrach, cunchach,
Gruthach, uuchdrach, sligeach, spaineach.

Bu ruideasach gàmhnan agus laoigh,
Bu mhigeadeach meinn a's uain,
B' aigionntach fiadh agus earb,
A' direadh 's tearnadh nan cruach.

B' ebhinn an sealladh o'n tràigh
Loinggeas a' snàmh troimh na caoil ;
Turadh, a's teas anns gach aird,
'S an fhàirge na clàr comh-reidh caoin.

'Nuair stadaimid aig a bhaile
An deighe bhi sgith 's a mhonadh,
Bhiodh duil againn ri làn glaine
A searrag Màiri Nic-Cholla.

MOLADH COILLE CHROIS.

M'ionmhuinn, m'annsachd, 's mo thlachd,
  Ga 'n tug mi toirt;
Cha'n aicheadhain do'n chléir nach deanain stad,
  Sa' choill sin Crois.
'S binn cruit cheolmhor, a's clàrseach cheart,
  'S pìob le cuid dùs;
Ach 's binne na h-eoin a' seinn mu'n seach,
  Sa' choill sin Crois.
Dh-aon iunleachd d'an d' fhuaradh amach,
  Gu'r dion o'n olc,
B' fhearr dubhar nan craobh le smuaintean ceart,
  Sa' choill sin Crois.
Ged' bhi'dh tu gun 'radharc sùl gun lùgh do chos,
  A d' dheòire bochd;
Na'm bu mhath leat do shlainte philleadh air ais,
  Ruig coille Chrois.
Aig àilleachd a lùis a's misleachd a meas,
  'S aig feabhas a blàis;
Cha'n iarradh tu sholas nam biodh tu glic,
  Ach coille Chrois.
Am beil ceol-cluaise san t-saogul-sa bhos,
  Cho binn 's cho bràs?
Ri sior-bhorcadh stòir mil an eas,
  Ri taobh coill' Chrois.
Tearnadh a bhuinne le creag,
  Gun uireasbhuidh neart;
Nach traoth, 's nach tràigh, 's nach fàs beag,
  Nach reòdh 's nach stad.
Is lionmhor bradan tarra-gheal, druim-bhreac,
  A leumas ris;
Cho luath 's a tharas iad as,
  A comh-ruith bho'n Eas.

AN TAISBEAN.

Moch madainn Chéitein ri ceò,
'N am do'n ghréin tugail bho neoil,
Chunna' mi sealladh sa' bheinn,
'S eibhinn ri eisdeachd mo sgeoil'.

Bha dearsa le teas a' cur smùid
A bruachanan moluch fraoich,
'S bha dealradh nan gathanan bl'.th
Cur sgeimh air cuirnean nam braon.

Bha dealt a' driùchdadh gu grinn,
'N am sgapadh do dhulachd an cheò,
Na paidirean air an fhear,
Mar leugan fo sgéimh an òir.

Bha maghanan milteach feoir,
Bu mheillbheagach', dhitheanach' blà,
Air gach taobh dhe'n uisge chruaidh,
Bu luath mu thuath a ruith bàlbh.

Bha neonain, a's sòbhrach gu dlù,
Creamh, agus biolair a' fàs,
Air àileanaibh almh-reidh, 's air Rìn,
Fa' 'm bu lionmhoire ròs geal, a's dearg.

Bu cheolmhor, ceileireach, eoin
Air ghriananan eireachdail ard',
A' freagradh a chéile gu grinn,
Cha'n fhaighte 'n cùirt righ ni b'fhearr.

Chunna' mi 'n uaigneas leis fein,
Ag eisdeachd ri torghan nan eun,
Air leam, de'n chruthachd bheò,
An aon duin' òg a b'àillidh sgeimh.

O nach robh de dh-fhearaibh chaich,
Ach e-san, a's mi-féin sa' ghleann,
Smuaintich mi gu'n gabhainn sgeul,
Co e na'm faighinn deth calmnt.

Thainig e gu tosdach, mall,
Gu foighidneach, foistineach, ciuin;
Labhair e fosgara, reidh,
" A ghabhail sgéil a thainig thu."

Mu 's math leat naigheachd a thoirt uam
Gu maithean Alba gu leir,
Amhairc gu geur fada bhuat,
'S chi thu na sluaigh na'n làn fheirg.

Chunna' mi'n fhairge mar choill'
Le crannaibh loingheis làn ard,
Le brataichean anasach, ùr,
Air leam gu'm b'ann as an Spainn.

Chunna' mi cabhlach ro mhor,
Gu ghireach gabhail gu tir,
Bu luchdmhor, làn athaiseach iad,
Suaicheantas Frangach na'n croinn.

Thainig na sluaigh sin gu tìr,
'S cha b'uaigneach an gluasad o thràigh,
Bha lamhach nan canon, 's am lasin,
A' gluasad air chrith na'm beann àrd'.

Chualadh mi coileach 's e gairm,
'S e bualadh a sgiathan gu cruaidh,
A's thuirt an duine math sin rium:—
" Cluinn coileach na h-Airde-tuath'."

Chunna' mi tighinn air thùs
Stiubhartaich, cinneadh an righ,
Na'm bòcanan gioraig san léirg,
'Dhearg an airm le fuil san stri.

L

Thainig Ciann-Dòmhnuill na'n deigh,
Mar chonaibh confach gun bhiadh,
Na'm beathraichean guineach, geur,
An guailean a chéile gu gniomh.

B'àluinn, dealbhach, am breid sròil
Air a cheangal ri crann caol,
An robh caisteal, bradan, a's long,
Lamh dhearg, iolair a's craobh.

Bha fraoch os ceann sin gu h-ard'
Ceangailt' am barr a chrainn chaoil,
Bha sin ann, a's leoghann dearg,
'S cha b'àite tearmuinn a chraos.

Thàirrneadh na sloigh air sliabh l'ife,
An coinneamh ri cath a chur,
Fhuair iad brosnachadh tior mhear,
Thug eirigh le buirbe na'm fuil :—

" A Chlannaibh mìllidh mosgailibh,
Is somalta, ciun 'ur cadal,
Teannaibh ri dioladh Chullodair,
Dh-òt na fiachan so fada.
Toisichibh gu h-urdanach,
Gu bras, rioghail, moralach,
Gu mear, leumnach, dearg-chneadhach,
Gu luath-lamhach, treun-bhuilleach.
Gu aigneach, innsginneach,
Gu an-athach, nàmhadach,
Gu mion-chuimhneach, dioghaltach,
Gu gruamach, fiata, an-tròcaireach.
Gun tearmunn, gun mhathanas,
Gun ath-thruas, gun bhuigeachas,
Gun innidh, gun eagal,
Gun umhail, gun fhaicill.
Gun fhiamh, gun an-mhisneich,
Gun chùrum, gun ghealtachd,
Gun taise, gun fhaiteachas,
Gun saidealtachd, gun uamhann.
Gun eiseamail, gun ùmhlachd,
Gun athadh do nàmhaid
Ach a gabhail romhaibh thoirt iubhair
A' cosnadh na cath-laruich."

Chunnaic mi air leath o chéeh
Tri leoghainn a b'fharsuinne craois
Thug iad tri sgairtean cho ard'
'S gu'n sgain creagan aig mead an glaodh.

Bha leoghann diu sin air chreig ghuirm,
Dha'm b'ainm Iain Muideartach òg,
O'n Chaisteal thiream, 's o Bhòrgh,
De shliochd nan Collaidh bu bhorb colg.

Thog sean leoghann luath a cheann,
'S a chas rioghail an Duntuilm,
Dh'a'm bu shean eireachdas riamh,
Buaidh nan sliabh an càs a chrùinn,

Thainig an treas leoghann diù
O'n choill', 's o gharaidh nam bàrc,
A's dh'ordnaich iad pairt dhe'n cuid sluaigh
Dhol a thiolaiceadh nam marbh.

Labhairt.—San an sin a thagh iad oifigich an-diadhaidh, an-trocaireach, an-aobbach, anathach, an-iochdmhor. Agus thagh iad cuideachd de bhorb, bhrothach, bhodach, dha'm b'airm chosanta spaidean, agus sluasaidean, gu tiolacadh nam marbh, agus gu glanadh na h-àraich. Aonghas amharra á Eigneag—Calum crosda á Grulninn—Eoghann Iargalta á Créasabhaig—Dughall Ballach á Gallnbaidh—Niall Eangharra á Rainisgearaidh—agus Domhnull Durrgha á Gearas.

Chunna' mi Gleann soileir uam,
An robh eireachdas thar gach glinn,
B'airde cheileirich', cheolmhoir' fuaim,
Glaodhaich nan cuach os a chinn.

Theid fargradh feadh Bhreatuinn gu léir ;
Eirigh gu feachd fir gu leoir,
Chi sibh na Gàèil a' triall
Le rioghalachd mar bu chòir.

Note.—The poet was a stanch Jacobite. In this Ode he describes what he and many others in his day most earnestly desired, and to which they eagerly looked, notwithstanding what they suffered at, and after the battle of Culloden. The bard gives full scope to his imagination ; poetically describing scenes which his active fancy draws before him. It was not safe, in his time, to express the real sentiments entertained on a subject so near and dear to the heart, and so full of danger to all concerned. He therefore makes use of the style and metaphors adopted, that the poem might be intelligible to those alone who contemplated the dark events of futurity.

GILLEASPUIG NA CIOTAIG;

OR,

ARCHIBALD M'DONALD, THE UIST COMIC BARD.

We know little more of this distinguished poet than the following songs contain, one of which was composed to the chief of the clan Cameron, who resided on his estate in Lochaber, when the poet visited that country. Having met with great kindness from the chief, the poet made the only return he could have made, and which was considered no small requittance in those days—he sung his praise. It was a tribute of gratitude. Another was composed to ridicule a vain young man; who, it is still believed, had a better right to the property of Lovat than the person who succeeded to it; but being guilty of murder, was obliged to fly the country. He used to appear in a dress which, in his estimation, completed the gentleman; but in the eyes of others made him ridiculous. Happening to be at a wedding in his full dress, with his hanger, or dirk, dangling at his side in the dance, and buckled shoes, the piper imprudently played the tune " *Tha biodag air mac Thòmais,*"—a satire composed by our bard to the identical man. He, incensed, drew his dirk, which all supposed he would sheathe in the bag of the piper, but, in his fury, mortally wounded him. He escaped to America, and durst not appear to claim the estate. His other poems remind us of similar pieces by Burns. Men of genius have similar ideas, and make use of the same means to expose such as they observe laying themselves open to ridicule.

*** We omit the poem in praise of Lochiell, as inferior to the bard's humorous pieces. It is in " Stewart's Collection," page 103.

MARBHRANN DO DH' IAIN RUADH PIOBAIR.

Fhuair mi sgeula bho'n ghobha,
Cha'n aobhar meoghail, ach gruaim,
E-fein fo mhi-ghean, 's fo thrioblaid,
Iti iarunn cist' do dh' Iain Ruadh.*
Saoir a' locaradh, 'sa' sàbhadh,
'S a chulaidh bhhis 'ga cuir suas,
Samhach cadal na corra,
Cha chluinnear tuilleadh a fuaim.

Chaidh na maidean á òrdugh,
Cha'n aithne dhomh-s an cuir suas,
Tha'n gaothair air stòpadh,
Tha'n dà dhòs na'n trom-shuain.

Challl an seannsair a chluisteachd,
Tha'n gleus air a ghrad leigeadh suas,
O'n tric a thainig ceòl taitneach,
Ragha caismeachd mo chluais.

Ceol bu bhlasd' a's bu bhinne,
'Dhùsgadh spiorad do'n t-sluagh,
Ceol bu tartarnaich' siubhal,
Thionndadh tioma gu cruas:
Ceol mar smeòrach a ghlinne,
Ceol a's binne na cuach;
Meoir gun bhraise, gun ghiorradh,
Dian ruith-leumnach, luath.

Bu sgiolta sealleadh do sheannsair,
Air port, 's air crunn-luath, 's air cuairt,
Prounadh cnaparra, lùghmhor,
Caismeachd shuonntach 'san ruaig;

---

* John M'Quilthen, a piper in South Uist. He was a great companion and favourite of the bard. This elegy was composed while the piper was living.

Pheanadh gaisgeach de'n sgliùraich,
Chuireadh diùn-laoch na luaths,
Claidheau glasa 'gan rùsgadh,
Claigneau bruit' aig luchd fuath.

'S iomadh aon tha ga' iundrain,
O'n chaidh ùir ort san uaigh;—
An toiseach labhair an spliùcan,
Bhiodh tu giùlan gach uair.
" Tha mi féin gun tombaca,
Cha b'e cleachdadh a fhuair,
'S tric chuir Iain fo m'aiune,
Greim, a's cairteal, a's cuach."

Thuirt a ghloin' a bha'n Asdain,
" Mo sgeul craiteach, ro chruaidh!
Dh-fhalbh mo shùgradh, 's mo mhàran,
Thug am bàs leis Iain Ruadh;
Fear a chluicheadh a chlàrsach,
Dheanadh dàn, agus duan,
Cha b'e Caluinn a chràmpaidh
Fònn a b'fhearr leis 'g a luaidh."

Thuirt am pigidh bha lamh ris,—
" Faigh an t-arca gu luath,
Cuir am chlaigeann-sa spàirt e,
Tha tart 's gach àite mu'n cuairt.
Thainig con-tràigh na pl..ighe,
Tha nithe gnàthaichte bhuainn,
Cha bhi reothart gu bràth ann,
'S ann a thràigheas an cuan."

Thuirt am buideal, 's am botal,
Thuirt an gòc ris an stòp,
Thuirt an copan, 's an t-slige;
" 'S mor an sgrios th'air tigh'n oirn.
Tha gach sruth air a dhùnadh,
Bha cuir a dh-ionnsaidh nan lòn,
Cha'n fhaighear drap air an ùrlar,
A fhliuchas brù Dhòmhnuill òig."

O'n dh-fhalbh an companach sàr-mhath,
Dh-fhalbh an ràbhart, 's an spòrs,
Dh-fhalbh beannachd na cloinne,
'S e sheinneadh an ceòl.
Nis o rinneadh do chàradh
'N ciste chlàraich nam bòrd,
'S mor as mist iad am Phàro,
Gun fhear do ghnàis a bhi beò.

Dh-fhalbh an deagh ghille cuideachd,
Nach robh sgrubail san òsd';
Dh-fhalbh fear tràghadh nan searrag,
Chosgadh barrachd thar stòp.
Dh-fhalbh fear deanadh nan duanag
Leis an luaighte gach clò,
Cha b'e ghnas a bhi gearan,
Ge h-ioma glain' thug dha pòg.

'S beag mo shuunt ri lath féille,
'S beag mo speis dheth gach ceòl,
'S beag mo thlachd dhe bhi 'g eisteachd,
Gnoir theud fhir nan cròc.
Leam a b'annsa do bhruidhean,
'N àm suidhe mu bhòrd,
Na droch dhreòchdan air fidhill,
Mar fhuuinn suithe an lòin.

Bha thu d' dhamhsair air ùrlar,
Bha thu siubhlach air snàmh;
Bha thu d' chairiche lùghmhor,
Cha bhiodh tu d' luireich fo chàch.
Urram leum, agus ruithe,
Glac threun a ruitheadh an ràmh,
'San am caitheadh na cloiche,
Bu leat an toiseach air c..eh.

Thoir mo shoraidh-sa tharais,
Dh-ionnsuidh 'n fhearainn ud thall;
O nach faod mi bhi mar ribh,
'S leibh mo bheannachd san àm.
Biodh an uaigh air a treachladh,
Aun am fasan unch gann;
Buideal rùm aig a chasan,
'S rol tombac aig a cheann.

AISEIRIGH IAIN RUAIDH.

LUINNEAG.

*Ho-ro gu'm b'éibhinn leom,
'Chluintinn gu'n do dh-éirich thu,
'S ann leam a's ait an sgéula sin,
On chaidh an t-Eug cho teann ort.*

CHUALADH mi gu'n chailleadh thu,
'S gu'n do rinneadh t-fhalaire,
'S e cùla mu'n robh mi gearanach,
Do bhean a bhi na bantraich.
Ho-ro, &c.

Thug iad bho na h-òsdairean
Buidealan gu tòrradh dhut,
Mu bheireas mi gun òl orra,
'S e ni sinn seòrsa balunse.
Ho-ro, &c.

On tha ginbhas sàbhte agad,
'S gu'n d'rinn an gobha tàirnean dut,
'S ann theannas sinn ri bàta,
Theid do Phàro dh-iarnaidh Branndai.
Ho-ro, &c.

Cha bhi dad a dh'éis oirre,
Gheibh i gach ni db'fhéumas i,
Ni'n liou aodach a *main*-seol d'i,
'S gu'n dean na speicean crann d'i.
 Ho-ro, &c.

Cha'n easbhuidh nach bi ballaibh ann,
Gu cuplaichean, 's gu tarruinnean,
Tha ròpaichean gun ghainn' againn,
'S gu'n ceangail sinn gu teann iad.
 Ho-ro, &c.

Cha'n eil m'inntinn gearanach,
O'n chuir thu dhiot an galar ud,
'S ann tha do phìob na deannal,
A toirt caithream air ceol damhsaidh.
 Ho-ro, &c.

'Nuair bha thu ann san réiseamaid,
Bu sgairtail, tapaidh, treubhach, thu,
Na h-uile fear a leumeadh ort,
Ghreadadh tu gun taing e.
 Ho ro, &c.

'Nuair bha thu na t-òganach,
Bu lìonmhor àit' am b'eòlach thu,
Chunna' mis' an clòsaidean,
Ag òl an Amsterdam thu!
 Ho-ro, &c.

ORAN CNAIDEIL

DO 'N OLLA LEODACH.

LUINNEAG.

Thugaibh, thugaibh, bò! bò! bò!
An Doctar Leòdach 's biodag air,
Faicill oirbh s-an taobh sin thall
Nach toir e 'n ceann a thiota dhibh.

NUAIR bha thu a d'fhleasgach òg,
Bu mh'. rchuiseach le claidheamh thu,
Chaidh Ailean Muillear riut a chòmhraig,
'S leon e le bloidh spealnn thu.
 Thugaibh, &c.

Bha thu na do bhasbair chrr,
'S claidheamh-mòr an tarruinn ort,
An saighdear 's measa th'aig rìgh Deòrs',
Chòmhraigeadh e Alasdair.
 Thugaibh, &c.

Gu' bhiodh sud ort air do thaobh,
Claidheamh caol sa ghliogartaich ;
Cha'n eil falcng thig o'n tràigh,
Nach cuir thu oarr nan iteau d'i.
 Thugaibh, &c.

Biodag 's an deach an gath-séirg
Air crios seilg an luideulaich ;
Bha seachd oirlich oirr' a roheirg,
Gur mairg an rachadh bruideadh dh'i.
 Thugaibh, &c.

A bhiodag 's mios' th' anns an tìr,
'S a beart-chinn air chrith oirre,
Chnàmh a faobhar leis an t-suith,
'S cha ghearr i 'n ìm na dh' ithendh tu.
 Thugaibh, &c.

Claidheamh, agus sgàbard dearg,
S cearbach sud air amadan,
'Ghearradh amhaichean nan sgarbh,
A dh-fhagadh marbh gun anail iad.
 Thugaibh, &c.

Cha nè deoch bhainne, na mheig,
'S cinnteach mi rinn ucsa dhiot ;
Ach biadh bu docha leat nan t-im,
Giobainean nan gùgachan.
 Thugaibh, &c.

'S iomad farspag rinn thu mharbhadh,
A's sùlair garbh a rug thu air,
A bhlianna sin, mu 'n deach thu 'n arm,
Chuir uibhean sgarbh cioch-shlugain ort.
 Thugaibh, &c.

'Nuair théid thu na chreig gu h-ard,
Cluinnear gàir nan iseanan ;
'S mu thig am fulamair a d' dhail,
Sathaidh tu do bhiodag ann.
 Thugaibh, &c.

'Nuair a theid thu sa' Chreig-bhàin,
Cha mhòr do stà 'sna sgorrachan ;
Cha tig na h-eunlaidh a'd' dh'ìl,
Le fàileadh do chuid drogaichean.
 Thugaibh, &c.

'Nuair a théid thu air an ròp,
A righ bu mhor do cudthrom air ;
Mu thig an cipean a's a ghrund,
Cluinnear plumb 'nuair thuiteas tu.
 Thugaibh, &c.

Bu tu theannaicheadh an t-areang
Cha'n bhi i fann mar bris thu i,
Direadh 's na h-iseanan a d' sgéith,
Air leam gu'm feum thu cuideachadh.
 Th'gaibh, &c.

Cha mharbh thu urrad ri càch,
Ge leathan laidir mogur thu ;
'S t-àirm cha dian a bheag a stà,
Mur sgriobhar clàr, na praise leo.
Thugaibh, &c.

Note.—Dr M'Leod, the subject of this song, was a native of St. Kilda. He was some time abroad as surgeon to a Highland regiment, and on his return home he used to go about in his full uniform, in which the poet thought he made rather an odd figure.

BANAIS CHIOSTAL-ODHAIR.

LUINNEAG.

A bhanais a bhu'n Ciostal-odhar,
Ann an Ciostal-odhar, odhar,
A bhanais a bha'n Ciostal-odhar,
Cha robh othail chòir oirre !

Thainig fear a staigh ga'm ghriobadh,
Dh-innse gu'n tainig am pigidh,
Fhuaras botul lionadh slige,
Bu bhinn glig a's crònan.
A bhanais, &c.

Thainig fear a nuas le mi-mhodh,
Gu e-féin a chuir an ìre,
Thòisich e air bleith nan luean,
Gu mi-fhìn a sgròbadh.
A bhanais, &c.

Ach labhair mise gu fiadhaich :—
" Mas e mi-stath tha thu 'g iarraidh,
Gur dòcha gu'n cuir mi'n fhiacail,
Air iochdar do sg' rnain ! "
A bhanais, &c.

Smaointich mi eiridh 'n-am sheasamh,
On bu ghnà leam a bhì 'g eadradh,
Ole na dheigh gu'n d'rinn mi ' leagadh,
'S bhuail mi breab san tòin air.
A bhanais, &c.

'Nuair a chaidh na fir gu riasladh,
Gu'n robh ceathrur dhiu sa ghriosaich ;
Am fear bu laige bha e'n iochdar,
'S thug iad mirean beò as.
A bhanais, &c.

'Nuair a thoisich iad air buillean,
Cha robh mi-fhìn a' cur cuir dhiom,
Gus na mhùigh iad air mo mhuinneal,
'S air duileasg mo shròine.
A bhanais, &c.

An sin 'nuair a dh' eirich an trioblaid,
Thainig iad far an robh mise,
Thog iad mi mach thun na sitig',
Theab gu'n ithte beò mi.
A bhanais, &c.

Thug iad a mach thun nan raointean,
Mar gun reachadh cù ri caoirich,
'S am fear nach do sgròb iad aodann,
Bha aodach ga shròiceadh.
A bhanais, &c.

'Nuair thoisich iad air a chéile,
Stràdadh na fal' anns na speuran ;
Bha 'mis' an lite gan éisdeachd,
'S gun b' éibhinn an spòrs iad.
A bhanais, &c.

Bhuail iad air a chéile chnagadh,
Leig iad air a chéile shàdadh,
Shin iad air aithris na braide,
'S air cagnadh nan òrdag.
A bhanais, &c.

Fear ri caoineadh, fear ri aighear,
Fear na sheasamh, fear na laidhe,
Fear a pògadh bean-an-taighe,
Fear a gabhail òrain !
A bhanais, &c.

Cha robh ann ach bengan dibhe,
Leig iad a dh-iunnsaidh an cridhe,
Bha fear a's fear aca rithist,
Gun bhruidhinn gun chòmhradh.
A bhanais, &c.

Sin 'nuair a labhair am fidhleir :—
" Chuir sibh mo phuirt feadh na fidhle ;
'S mis am fear gu'n tig an dìlinn,
Nach toir sgriob air ceòl duibh."
A bhanais, &c.

DUGHALL BOCHANNAN.

DUGALD BUCHANAN was born in the parish of Balquidder, Perthshire, in the year 1716. His father was a small farmer, who also rented a mill. His mother was an excellent and pious woman; but, unfortunately for him, she died when he was only six years old. His father gave him such education as he could afford; and that appears to have been more than was commonly taught at country schools at that time. When he was only twelve years of age, he was sent to teach in another family, where he did not improve in his morals, as he learned to curse and swear. When he was farther advanced in life, he became loose and immoral, associating with bad company, and apparently regardless of the pious example that had been set before him by his mother. When he grew up, he was apprenticed to a house-carpenter in Kippen, where he did not continue long, till he removed to Dumbarton. Here he continued the same course of profane and sinful practice that afterwards caused him much trouble and remorse of conscience during many years, until he at last obtained peace with God, and became a sincere and eminent Christian. He does not appear to have settled long in any place, till the "Society for Propagating Christian Knowledge" appointed him schoolmaster and catechist at Kenloch Ranoch, in the year 1755. In this remote place he laboured with great pains and diligence in his calling during the remainder of his days; and here he composed those hymns which will render his name as lasting as the language in which they are written. Besides the hymns, he wrote a diary, which was published in the year 1836, with a memoir of the author prefixed. From this memoir we shall copy a short abstract of his labours and diligence at Kenloch Ranoch. Although he was not a regular licentiate, he acted as a kind of missionary; and exhorted, preached, catechised, and reproved, till he wrought a great reformation on the people in that district:—" Ranoch is an extensive district, in the parish of Fortingall. It is situated at a great distance from the church, and the clergyman visited it at long intervals. The people, therefore, instead of assembling on Sabbath to worship God, generally met to play at foot-ball. Moved with zeal for the glory of God, and grieved at the sins he witnessed, he zealously set about reforming the people, by convincing them of the sinfulness of their ways. Finding it impossible to bring them together for prayer or exhortation, he would follow them to the scene of their sinful amusements, and there reason with them about death and judgment to come. By the great and disinterested anxiety he manifested for their spiritual welfare, some of them were brought to a better observance of the Sabbath, by uniting with him in the worship of God. The impression made on the minds of those who came to hear him was such, that they persuaded their friends and neighbours to come also, which gradually drew a more numerous attendance. His piety and excellence of character becoming now generally known, the numbers who flocked from all parts to hear him were so great, that the house in which they had hitherto met was insufficient to contain them: he therefore adjourned with the people to a rising ground on the banks of the Ranoch. Nor was he attended by those only among whom he lived, but by many from other remote parts, who were attracted by the fame of his piety. In addressing the people, his meek and gentle spirit led him to dwell most on the loftier motives—the more tender appeals with which the gospel abounds; but, to stubborn and determinate sinners, he was severe in discipline, encountering them with the terrors of the Lord, that he might win them to Christ."

It is said that Buchanan assisted Mr Stewart of Killin in translating the New Testament into the Scottish Gaelic, and that he corrected the work while passing through the press at Edinburgh, in the year 1766. During his stay there he availed himself of the opportunity of attending the classes for Natural Philosophy, Anatomy, Astronomy, &c., which made a great impression upon his mind, and gave him more extensive views of the omnipotence and wisdom of the Divinity. He was, during either of these years, introduced to the celebrated David Hume the historian, who, having been informed of his excellent character, received him with great affability, and entered very familiarly into conversation with him on various topics.

While discussing the merits of some authors, Mr Hume observed that it was impossible to imagine any thing more sublime than the following lines which he repeated:—

> "The cloud-capt towers, the gorgeous palaces,
> The solemn temples, the great globe itself,
> Yea, all which it inherits shall dissolve,
> And like the baseless fabric of a vision—
> Leave not a wreck behind."

Buchanan at once admitted the beauty and sublimity of the lines, but said that he had a book at home from which he could produce a passage still more sublime, and repeated the following verses:—" And I saw a great white throne, and him that sat on it, from whose face the earth and the heaven fled away; and there was found no place for them. And I saw the dead, small and great, stand before God: and the books were opened; and another book was opened, which is the book of life: and the dead were judged out of those things which were written in the books, according to their works. And the sea gave up the dead which were in it; and death and hell delivered up the dead which were in them: and they were judged every man according to their works." *

He published his "*Hymns*" about the year 1767. The demand for this little work has continued since, and every year adds to its popularity—a sure proof of its merit. There have been at least fifteen editions of it printed; while of the works of the celebrated bards, Macdonald and Macintyre, there have been only four editions.

* Rev. xx. 11—13.

Our author continued his useful and pious labours at Ranoch till his death, which happened on the second of June, 1768, when he was seized with fever, which carried him off in the fifty-second year of his age. During his illness he was frequently delirious, and in that state would sing of the "Lamb in the midst of the throne." In his lucid intervals he expressed his full hope in the resurrection of the just, and his desire to depart and be with Christ. The people of Ranoch wished his remains to be buried among them, but his relations carried the body away to their own country, and he was buried in the burying-ground of the Buchanans at Little Lenny, near Callander. In his person he was considerably above the middle size, and rather of a dark complexion, but upon a close inspection his countenance beamed affection and benevolence. Among his intimate acquaintance he was affable, free, jocular and social, and possessed much interesting information and innocent anecdotes, in consequence of which his company was much sought after by all the families in the country. In his dress he was plain and simple, wearing a blue bonnet and a black dress, over which he generally wore a blue great-coat. After his death his widow removed to Ardoch, where she remained till the time of her death. He left two sons and two daughters: one of the latter was alive in 1836.

As a poet, Buchanan ranks in the highest class. Endowed with great power of imagination, and full of moral and religious enthusiasm, his poetry is at once fervid, lofty, and animated; and invariably calculated to promote the cause of religion and virtue. Those distinguishing qualities have rendered him the most popular poet in the language; and we may safely assert, that his popularity will endure as long as the language in which he has written is understood.

"*The Day of Judgment*" is the most popular poem in the language. It displays great force of imagination, and fixes the mind on the sublime and awful scenes of a world brought to an end, amidst the wreck of elements, and the assemblage of the whole human race to judgment.

"*The Scull*" is full of good poetry, with appropriate reflections on the vanity of mortal enjoyments. It shows the fierce tyrant and the lowly slave—the haughty chief and the humble tenant—the mighty warrior and the blooming virgin—the mercenary judge and the grasping miser—all reduced to one level, the grave; to feed the lowly worm and the crawling beetle.

"*The Dream*" contains useful lessons on the vanity of human pursuits, and the unsatisfactory rewards of ambition. The following lines ought to be remembered by every one who envies greatness:—

> " Cha 'n 'eil neach o thrioblaid saor,
> A' measg a' chinne-daonn' air fad
> 'S co lionmhor osna aig an righ,
> Is aig a neach is isle staid."

"*The Winter*" begins with a vivid description of the effects of that season, and the preparation of men and animals to provide food and shelter. The poet then draws a comparison between the winter and the decline of human life, warning the old man to prepare for his future state, as the husbandman prepares food and fuel for winter—to imitate the prudent foresight of the ant and the bee, and not the idle and improvident fly, dancing joyously in the sunbeams till he perishes by the winter's frost. This excellent poem is deservedly admired as one of the finest specimens of didactic poetry in the Gaelic language.

LATHA' BHREITHEANAIS.

Am feadh 'ta chuid is mo de'n t-saogh'l
Gu'n ghaol do Chriosd, gu'n sgionn d'a reachd,
Gu'n chreideamh ac' gu'n tig e ris,
'Thoirt breith na firinn air gach neach.

An cadal peacaidh 'tu'd nan suain,
A' bruadar pailteas de gach ni:
Gu'n umhail ac'n' uair thig am bàs,
Nach meul iad Pàrras o'n àrd Righ.

Le cumhachd t-fhacail Dhé tog suas,
An sluagh chum aithreachais na thrà,
Is beannaich an Dàn so do gach neach,
Bheir seachad éisteachd dha le gràdh.

Mo smuaintean talmhaidh Dhé tog suas,
'S mo theanga fuasgail ann mo bheul ;
A chum gu'n labhrainn mar bu chòir,
Mu ghloir 's mu uamhunn latha Dhé.

Air meadhon oidhch' 'nuair bhios an saogh'l,
Air aomadh tharais ann an suain ;
Grad dhùisgear suas an cinne-daoin',
Le glaodh na trompaid 's airde fuaim.

Air neul ro aird ni fhoillseach' féin,
Ard aingeal treun le trompaid mhoir ;
Is gairmidh air an t-saogh'l gu léir,
Iad a ghrad éiridh chum a mhòid :—

" O cluinnibhs uile chlann nan daoin,
Nis thainig ceann an t-saogh'l gu beachd ;
Leumaibh 'nar beatha sibhs 'ta marbh,
Oir nis gu dearbh 'ta los' air teachd."

Is seididh e le sgal cho chruaidh,
'S gu 'n cuir e sleibhte 's cuan 'nan ruith ;
Grad chlisgidh na bhios marbh 'san uaigh,
Is na bhios beo le h-uamhunn crith.

Le osaig dholuionnaich a bheil,
An saogh'l so reubaidh e gu garg,
'S mar dhùn an t-seangain dol 'na ghluais,
Grad bhrùchdaidh 'n uaigh a nios a mairbh.

'N sin cruinnichidh gas cas in lamh,
Chaidh chur san àraich fad o chéil ;
'S bidh farum mor a measg nan cnàmh,
Gach aon diu' dol 'na àite féin.

Mosglaidh na fireanaich an tùs,
Is dùisgear iad gu leir o'n suain,
An anamaibh turlingidh o ghloir,
Ga'n còmh'lachadh aig beul na h-uaigh.

Le eibhneas togaidh iad an ceann,
'Ta àm am fuasglaidh orra dlù ;
Is mar chraoibh-mheas fo iomlan blàth,
Tha dreach an Slànuifheir 'nan gnùis :

Tha obair Spiorad naomh nan gràs
Air glanadh 'n nàduir o 'n taobh steach ;
'S mar thrusgan glan 'ta ùmhlachd Chriosd,
Ga'n deanamh sgiamhach o'n taobh 'mach.

Dùisgear na h-aingidh suas 'n an déigh,
Mar bhéisdibh guirisneach as an t-slochd ;
'S o ifrinn thig an anama truagh ;
Thoirt coinneamh uamhasach da 'n corp.

'N sin labhraidh 'n t-anam brònach truagh,
R'a choluinn oillteil, uamhar, bhreun,
" Mo chlaoidh ! ciod uim' an d'éirich thu
Thoirt peanas dùbailt oirn le chéil ?

" O ! 'n eigin dòmhsa dol aris,
Am prìosan neo-ghlan steach a'd' chré ?
Mo thruaighe mi, gu'n d'aontaich riamh,
Le t-anamianna brùdeil féin !

" O'm faigh mi dealach' riut gu bràth !
No 'n tig am bàs am feasd a'd' chòir !
'N drùigh teine air do chnaimhean larin !
No dibh-fheirg Dhé an struidh i t-fheoil !"

Eiridh na righrean 'e daoine mòr,
Gun smachd gun òrdugh ann nan làimh ;
'S cha'n aithn'ear iad a measg an t-sluaidh,
O 'n duine thrugah bha ac' na thràill.

'S na daoine uaibhreach leis nach b' fhiù,
Gu 'n ùmhlaicheadh iad féin do Dhia ;
O faic anis iad air an glùn' ;
A' deanamh ùrnuigh ris gach sliabh :—

" O chreagan tuitibh air ar ceann,
Le sgàirneich ghairbh de chlachan cruaidh,
Is sgriosaibh sinn á tir nam beò,
A chum 's nach faic sinn glòir an Uain."

Amach ás uamhnidh gabhaidh 'thriall
An diabhol 's a chuid aingle féin,
Ge cruaidh e 's éigin teachd a làth'r,
A' sluodadh shlàbhraidh a's a dhéigh.

'N sin fhsaidh ruthadh ann san spéur
Mar fhàir na maidne 'g éiridh dearg ;
Ag innse gu'm beil losa féin,
A' teachd na déidh le latha garbh :

Grad fhosglaidh a's a chéil na neòil,
Mar dhorus seòmair an àrd Rìgh,
Is foillsichear am Breitheamh mì r,
Le glòir is greadhnachas gun chrìch.

Tha 'm bogha-frois mu'n cuairt da cheann,
'S mar thuil nan gleann tha fuaim a ghuth ;
'S mar dhealanach tha sealladh sùl,
A' spùtadh a's na neulaibh tiugh.

A ghrian àrd-lòcharan nan spéur,
Do ghloir a phearsa géillidh grad ;
An dealradh drillseach thig o ghnùis,
A solus mùchaidh e air fad.

Cuiridh i uimpe culaidh bhròin,
'S bidh 'ghealach mar gun dùirt' oirr' fuil,
Is crathar cumhachdan nan spéur,
A' tilgeadh nan réull a's am bun.

Bidh iad air uideal ann san spéur,
Mar mheas air géig ri ànradh garbh ;
Tuiteam mar bhraonaibh dh-uisge dlù,
'S an glòir mar shùilean duine mhairbh.

Air charbad teine suidhidh e,
'S mun cuairt da béucaidh 'n tairneanach,
A' dol le ghairm gu crioch na nèamh,
'S a'reub nan neul gu doinionnach.

O chuibhlibh 'charbaid thig amach,
Sruth mor de theine laist' le féirg ;
Is sgaoilidh 'n tuil' ud air gach taobh,
A' cur an t-saogh'l na lasair dheirg.

Leaghaidh na Dùile 'nuas le teas,
Ceart mar a leaghas teine céir ;
Na cnuic 's na sléibhte lasaidh suas,
'S bidh teas-ghoil air a' chuan gu léir.

Na beanntan largalt nach tug seach,
An stòras riamh de neach d'an deòin,
Ta iad gu fialaidh taosgadh 'mach,
An ionmhais leaght' mar abhainn mhòir.

Gach neach bha sgriobadh cruinn an òir,
Le sannt, le dò-bheirt, no le fuil ;
Làn chaisgibh 'nis 'ur 'n iotn mòr,
'S a nasgaidh òlaibh dbeth o'n tuil.

O sibhse rinn 'ur bun do'n t-saogh'l,
Nach tig sibh 's caoinibh e gu geur,
'N uair tha e 'gleacadh ris a bhàs,
Mar dhuine làidir dol do'n eug.

A chuisle chleachd bhi falluin fuar,
Ri mireag uaibhreach feadh nan gleann,
'Tha teas a chléibh 'ga 'n smùidreadh suas,
Le goilibh buaireis feadh nam beann.

Naich faic sibh 'chrith tha air mu'n cuairt,
'S gach creag a' fuasgladh ann 's gach sliabh,
Nach cluinn sibh osnaich throm a bhàis,
'S a chridhe sgàineadh stigh 'n a chliabh.

An cùrtein gorm tha null o'n ghréin,
'S mu'n cuairt do'n chruinne-ché mar chleòc,
Crupaidh an lasair e r'a chéil,
Mar mheilleig air na h-eibhlean beò.

Tha 'n t-adhar ga thachd' le neula tiugh,
'S an toit 'na meallaibh dubh dol suas
'S an teine millteach spùtadh 'mach,
'Na dhualaibh caisreagach mu'n cuairt.

Timcheall a' chruinne so gu léir,
Borb-bheucaidh 'n tàirneanach gu bras ;
'S bidh 'n lasair lomadh gloir nan speur,
Mar fhaloisg ris na sléibhte càs.

Is chum an doinionn ata suas,
O cheithir àirdibh gluaisidh 'ghaoth ;
Ga sgiùrs' le neart nan aingle treun,
Luathach an léir-sgrios o gach taobh.

Tha obair na sè là rinn Dia,
Le lasair dhian ga cuir 'fa sgaoil,
Cia mor do shaibhreas Rìgh na 'm feart,
Nach iunndrain casgradh mhile saogh'l !

'M feadh tha gach ni 'an glaic an éig,
'S a chruitheachd gu léir dol bun-oscyann,
Teannaidh am Breitheamh oirne dlù,
A chum gach cùis a chur gu ceann.

'N sin gluaisidh e o àird nan spéur,
Air cathair a Mhòrachd féin a nuas,
Le greadhnachas nach facas riamh,
'S le dhiadhachd sgeadaichte mun cuairt.

Ta mìle thirneanach 'us laimh,
A chum a naimhde sgrios am feirg,
Is fonn-chrith orr' gu dol an greim,
Mar choin air dill ri h-am na seilg.

Aingle gun àireamh tha 'na chuirt,
Le 'n sùilean suidhicht' air an Rìgh,
Chum ruith le òrdughsan gun dàil,
'S na h-uile àit ga'n cur au gniomh.

O Iudas thig a nis a lathair,
'S gach neach rinn bràithreas riut a'd ghniomh,
An dream a dh'aicheadh creideamh Chriosd,
Na reic e air son ni nach b'fhiach.

A shluagh gun chiall thug miann d'n òr,
Roimh ghloir is eibhneas flaitheas Dé,
'Ur malairt ghòrach faicibh nis,
'S an sgrios a thug sibh oirbh féin.

'S a mhuinntir unibhreach leis 'm bu nàr,
Gu 'n cluinnte crùbhadh dh'i 'n'ur teach ;
Faicibh a ghlòir 's na b' ioghnadh leibh,
Ged dhruid e sibh á rìogh'chd amach.

O Ierod faic a nis an Rìgh,
D' an tug thu spid is masladh mor,
Ga sgeadachadh le trusgan ruadh,
Mar shuaineas sgallais air a ghlòir.

Nach faic thu Breitheamh an t-saoghail gu léir,
'S mar rudach uime 'n lasair dhearg ;
A' teachd thoirt duais do dhaoine còir,
'S a sgrios luchd dò-bheirt ann am feirg.

Is thusa Philat tog do shuil,
'S gu'm faic thu nis' a mùthadh mòr ;
An creid thu gur h-e sud an Tì
A rinn thu dhiteadh air do mhòd ?

An creid thu gur e-sud an ceann,
Mun d' iath gu teann an sgitheach geur,
Na idir gur i sud a ghnùis,
Air na thilg na h-Iùdhaich sile breun !

'M bu leoir gu'n theich a ghrian air chùl,
A' diultadh fianuis thoirt do'n gniomh ?
Ciod nim' nach d'fhuair a chruitheachd bàs,
'N uair chéusadh air a chrann a triath?

Cuiridh e aingle 'mach gach taobh,
Chum ceithir ghaothaibh 'n domhain mhòir,
A chuairteachadh gach aon do'n t-sluagh,
A steach gu luath a dh'ionnsuidh 'mhòid.

Gach neach a dh' àitich coluinn riamh,
O'n ear 's o'n iar tha nise' teachd,
Mar sgaoth de bheachaibh tigh'n mu ghéig,
An dòidh dhaibh eiridh 'mach o'n sgeap.

'N sin togaidh aingeal glormhor suas,
Ard bhratach Chriosd da'n suaich'neas fuil ;
A chruinneachadh na ghluais sa choir,
'S da fhulangas rinn dòigh a's bun.

Do m'ionnsuidh cruinnichibh mo naoimh,
Is tiouailibh gach aon de'n dream,
A rinn gu dìleas is gu dlù,
Le creideamh 's ùmlachd ceangal leam.

'N sin tionsgnaidh 'm Breith' air cùis an là,
A chum a nàimhde chur fo bhinn,
Is fosglaidh e leabhraichean suas,
Far am beil peacadh 'n t-sluaigh air chuimhn';

Fosglaidh e 'n cridhe mar an ceudn',
Air dhoigh 's gur léir de'n h-uile neach,
Gach uamharrachd bha gabhail tàmh,
Air feadh an àrois ud a steach :

'N uair chi' an sealladh so dhiubh féin,
Is dearbh gur léir dhaibh ceartas Dhia ;
'S bidh 'n grunaidh a leaghadh as le nàir
Nach lugha cràdh na teine dian.

Togaidh an trompaid 'ris a fuaim,
" Na labbradh a's na gluaiseadh neach ;"
Air chor gu'n cluinn gach beag a's mòr,
A bhreith thig air gach se' rs' amach.

" A dhaoine sanntach thréig a chòir,
'S a leag 'ur dòchas an 'ur toic,
A ghlais gu teann 'ur cridhe suas,
'S a dhruid 'ur cluas ri glaodh nam bochd.

" An lomnochd cha do dhion o'n fhuachd,
'S do'n acrach thruagh cha d'thug sibh biadh,
Ged liou mi féin 'ur cisd' de lòn,
'S 'ur treuda' chur a'mòd gach bliadhn'.

" Ni bheil sibh iomchuidh air mo riogh'chd,
As enginhais firinn, iochd, a's graidh ;
'S o reub sibh m' iomhaidh dhibh gu léir,
Agraibh sibh féin 'nar sgrios gu bràth.

* * * *
* * * *
* * * *

" A nathraiche millteach 's oillteil greann,
Cha binn leam ceol 'ur sranntaich àrd,
'S cha 'n éisd o'r teangaidh ghobhlaich cliù,
Le driùchd a phuinnsein air a bàrr.

" Is sibhs' thug fuath da m' òrduigh naomh,
Is leis nach b'ionmhuinn caoimh mo theach ;
Leis 'm bu bhliadhna suidhe uair,
Am àros tabhairt cluais do m' reachd.

" Cionnas a mhealas sibh gu bràth,
A'm' sheirbhis sàbaid shiorruidh bhuan
Na cionnas bheir 'ur n-anam gràdh,
De'n ni da'n tug 'ur nàdur fuath?

"'Luchd mi-ruin agus farmaid mh' ir
Da'n doruinn iomlan sonas chàich,
Le doilghios geur a' cuàmh 'ur cri,
Mu aon neach oirbh féin bheir barr.

" Cia mar a dh-fheudas sibh gu bràth,
Làn shonas àiteach ann an glòir ;
Far am faic sibhse milte dream,
Ga'n ardach' os bhur ceann gu mòr?

" Am fad 's bu léir dhuibh feadh mo rìogh'chd,
Neach b' àirde inbhe na sibh féin ;
Nach fadadh mi-run 's farmad cùirt,
Teiu' ifrinn duibh a'm flaitheas Dé?

" Is sibhs' 'an slighe na neo-ghloin ghluais,
'S gu sònraicht' thruaill an leaba phòsd :
Gach neach a thug do m' naomhachd fuath,
Ga'n tabhairt suas gu toil na feol'.

" Mar b' ionmhuinn leibh bhi losgadh 'n teas,
'Ur n-uabhair, dheasaich mi dhuibh fearg,
Leaba dearg theth 'san laidh sibh sìos,
Am brachaibh-lìu de lasair dheirg.

" Ged bheirinn sibh gu rìoghachd mo ghlòir,
Mar mhucan steach gu seòmar rìgh ;
'Ur nàdur neoghlan bhiodh ga chràdh,
Le'r miannaibh bàsachadh chion bìdh.

" Gach neach tha iomchuidh air mo rìogh'chd,
Teannaibh sibhse chum mo dheis,
Is cruinnichibh seachad chum mo chlì,
A chrìonach o na crannaibh meas."

'N sin tearbainidh e chum gach taobh,
Na caoraich o na gobhraibh lom ;
Ceart mar ni'm buachaille an tréud,
'N uair chuairtaicheas e spréidh air tom.

'N sin labhraidh e ri luchd a dheis,
" Sibhse ta deasaichte le m' ghràs,
Thigibhse, sealbhaichibh an rìoghachd,
Nach faic a sonas crìoch gu bràth.

" Spealg mise 'n geat' bha oirbhse dùinnt',
Le m' ùmhlachd 's m' fhulangas ro-ghéur ;
'S dh-fhosgail an t-sleadh gu farsuinn suas,
Am leith-taobh dorus nuadh dhuibh féin.

" Chum craoibh na beath' ta 'm Pàrrais Dé,
Le h-éibhneas teannaibh steach da còir ;
'S a fearta iongantach gu léir,
Dearbhadh 'ur n-uile chréuchd 's bhur leòn.

" An claidhe ruisgte bha laist ga dìon,
O laimh 'ur sinnsir Adhamh 's Eubh,
Rinn mise truaill dhe m' chridhe dhà,
'S a lasair bhàtb mi le m' fhuil féin.

" Fo dosraich ùrair suidhibh sios,
Nach searg 's nach crìon am feasd a blàth ;
'S mar smeòraichean a measg a geug,
Chum molaidh gléusaibh binn bhur càil.

" Le 'maise sàsaichibh 'ur sùil,
Is oirbh fo sgàil cha drùigh an teas,
O 'duilleach cùraidh ùlaibh slàint ;
Is bith'bh neo-bhàsmhor le a meas.

" Gach uile mheas tha 'm Pàrrais Dé,
Ta nis gu leir neo-thoirmisgt' dhuibh ;
Ithibh gun eagal o gach géig,
A nathair nimh cha téum a chaoidh.

" A's uile mhiann 'ur n-anma féin,
Lan sàsaichibh gu léir 'an Dia,
Tobar na firinn, iochd, a's gràidh,
A mhaireas làn gu cian na 'n cian.

" Mòr-innleachd iongbantach na slàint,
Sior rannsaichibh air aird 's air leud,
'S feadh oibriche mo rioghachd mhòir,
'Ur n-eòlas ciocrach cuiribh' meud.

" Ur n-eibhness, mais' 'ur tuigs', 's 'ur gràdh,
Bitheadh gu siorruidh fàs ni 's mò ;
'S cha choinnich sibh aon ni gu bràth,
Bheir air 'ur n-anam cràdh no leòn.

" Cha 'n fhaca sùil, 's cha chuala cluas,
Na thaisg mi suas de shonas duibh,
Imichibh, 's biodh 'ur dearbhachd féin,
Sior-innse sgéul duibh air a chaoidh."

Ach ris a mhuinntir th'air a chlì,
O ! labhraidh e 'na dhìogh'ltas cruaidh,
" A chuideachd nach d'thug gràdh do Dhia,
A chum an diabhuil siubhlaibh uam.

" 'S mo mhallachd maille ribh gu bràth,
A chum 'ur cràdh 's 'ur cur gu pian,
Gluaisibhse chum an teine mhòir,
Ga'r ròsdadh ann gu cian nan cian."

Mar sgàin an talamh a's a cheil,
'N uair gabh e teaghlach Chòrach steach,
Ceart laimh ri fosglaidh 'n uaigh a beul,
'S i miannanaich air son a creich.

Is mar a shluig 'mhuc-mhara mhòr,
Ionas 'n uair chaidh 'thilgeadh 'mach,
Ni slugan dubh an dara bàis,
A charbad iathadh umpa steach.

San uamhaidh taobhaidh iad ri chéil,
A ghluais nam beath' gu h-éucorach ;
Luchd mhionn a's mort a's fianuis bhréig ;
Luchd misg a's reubainn 's adhaltrais.

Mar chualaig dhris an ceangal teann,
An slabhraidh tha gach dream leo féin ;
'S an comunn chleachd bhi 'n caidreamh dlù,
Mar bhioran rùisgte dol nan cré.

Mar leoghan garg fo' chuibhreach cruaidh,
Le thoscaibh reubadh suas a ghlais ;
An slabhraidh cagnaidh iad gu dian,
'S gu bràth cha ghearr am fiaclan phrais.

Bidh iad gu siorruidh 'n glacaibh 'bhais,
'S an cridh' ga fhàsgadh asd' le bròn,
Ceangailt air cuan de phronnusg laisd'
'S a dheatach uaine tachd an srðn.

Mar bhàirneach fuaighte ris an sgeir,
Tha iad air creagaibh goileach teann ;
Is dibh-fheirg Dhé a' seideadh 'chuain,
Na thonnaibh buaireis thar an ceann.

'N tra dhùineas cadal cruaidh an sùil,
Teas feirg 's an-dochas dùisgidh iad ;
A chuulmh nach bàsaich 's eibhle beò,
A' cur an dòruinn shiorruidh 'meud.

Air ifrinn 'n uair a gheibh iad sealbh,
S làn-dearbhah co gu'n toir iad eis,
Faodaidh sinn pàirt d'an gearan truagh,
Chuir anns na briathraibh cruaidh so sios.

" O staidh na neo-ni 'n robh mi 'm thàmh,
Ciod uime dh-àrdach Dia mo ceann !
Mo mhile mallachd aig an là,
'N do gabh mo mhathair mi' na broinn.

" Ciod uime fhuair mi tuigse riamh?
No ciall a's reusan chum mo stiuir?
Ciod uin' nach d'rinn thu cuileng dhiom?
Na durrag dhibhlidh ann san ùir?

" Am mair mi 'n so gu saogh'l nan saogh'l !
'N tig crioch no caochladh orm gu bràth,
Am beil mi nis san t-siorr'achd bhuan,
A' snàmh a' chuain a ta gun tràigh !

" Ged àireamh uile reullta nèimh,
Gach féur a's duilleach riamh a dh-fhàs,
Mar' ris gach braon a ta sa' chuan,
'S gach gaineamh chuairticheas an tràigh.

" Ged chuircam mìle blindhna seach,
As leith gach aon diubh sud gu léir,
Cha d'imich seach de'n t-siorr'achd mhòir,
Ach mar gu 'n tòisicheadh i 'n dé.

" Ach O ! 'n do theirig tròcair Dhia !
'S am pian e mi gu saogh'l nan saogh'l !
Mo shlabhraidh 'n lasaich e gu bràth !
No glas mo làmh an dean e sgaoil !

" 'M bi 'm beul a dh-ordaich Dia chum seinn,
Air feadh gach linn a chliù gun sgìos,
Mar bhalngan-séididh fadadh suas,
Na lasraich uain' 'au ifrinn shios !

" Ged chaidh mo thruaighe thar mo neart,
Gu deimhinn féin a's ceart mo bhinn ;
Ach c'fhada bhios mi 'n so ga m' chràdh,
Mu'm bi do chcartas shìtheach dhiom !

" No 'm bi thu dìo'lte dhiom gu bràth,
'N deach lagh an nàdulr chuir air cùl?
Mo thruaighe mi ! 'n e so am bàs
A bhagair thu air Adhamh 'n tùs?

" Air sgh do dhio'ltais 'm bi thu 'sniomh
Snàthain mo bheath' gu siorruidh caol?
Nach leoir bhi mile bliadhn' ga m' losg'
As leith gach lochd a rinn mi 's t-saogh'l ?

" Ged lean de dhìo'ltas mi gu m' chùl,
Cha 'n àrdaich e do chliù, a Dhé,
'S cha'n fhiu dò d' Mhorachd t-fheary a chosg,
Air comharadh cho bochd rium féin.

" O Dhia ! nach sgrios thu mi gu tùr ?
'S le d' chumhachd cuir air 'm anam crioch,
'S gu staid na neo-ni tilg mi uait,
Far nach 'eil fulang, smuain, no gniomh.

" Ach O ! se so mo thoillt'neas féin
Is ni'm beil éu-coir buntainn rium ;
Oir dhiùlt mi tairgse shaor de Chriosd,
'S nior ghabh mi d'a fhuil phriseil suim.

" Mo choguis dìtidh mi gu bràth,
An fhianuis bha ga 'm chàineadh riamh ;
An-iochd no éu-coir ann mo bhàs,
Cha leig i chàradh 'm feasd air Dia.

" Aitheanta thilg mi air mo chùl,
A's ruith mi dùrachdach gu'm sgrios,
Is 'fhianuis féin a' m' chridhe mhùch,
A' druid' mo shùile roimh mo leas.

" Cia meud an dìogh'ltas tha dhomh' dual
A's leith mo phrcacaidh uamhor dàn
Am peac' thug dù'lan do dh-fhuil Chriosd,
'S a dh-fhàg gun éifeachd brigh a bhàis.

" Gidheadh nach 'eil de Bhuadhan féin,
Neo-chriochanach gu léir o chian ?
'S an tuir mo chiont air iochd a's gràdh,
Gu'm fàs iad criochnaicht' ann an Dia?

" An comas dut mo thilgeadh uat
Far nach cluinn do chluas mo sgread ?
'M beil dorchadas an ifrinn féin
Far nach bu léir do Dhia mo staid ?

    *   *   *   *   *
     *   *   *   *   *
      *   *   *   *

" Ge truagh mo ghuidhe cha'n eisdear i,
A's fois no fòth cha'n fhaidh mi chaoidh'
Ach beath' neo-bhàsmhor teachd as ùr,
Gu'm neartach' ghiùlan tuille claoidh."

Ach stad mo rann a's pill air t-ais
O shlochd na casgraidh dhein a nìos,
Is feuch cionnas a bheir thu seòl
Do'n dream tha beò nach teid iad sìos.

A leughadair a'm beil e fìor,
Na chuir mi cheana sìos am dhàn ?
Ma se 's gu'm beil thig s' lùb do ghlùn
Le ùrnuigh 's aithreachas gun dàil :—

" A dh-ionnsuidh Iosa teich gu luath,
A' gabhail gràin a's fuath do d' pheac',
Le creideamh fìor thoir ùmhlachd dhà,
An uile àith'nta naomh a reachd.

" Gabh ris na h-oifigibh gu léir,
'S ri h-aon diubh na cuir féin do chùl ;
Mar Fhàidh, mar Shagart, 'us mar Rìgh,
Chum slàinte, dìdean, agus iuil.

" Biodh eiseimpleir am beach do shùl,
Chum d' uile ghluasachd 'stiùir da reir,
'S gach meadhon dh-ordaich e chum slàint'
Bi fein g'an gnàthachadh gu leir.

" As 'fhireantachd dean bun a mhàin,
'S na taic gu bràth ri d' thoill'tneas fein ;
'S mas àill leat eifeachd bhi na ghràs,
Na h-altrum peacadh dàimh a'd' chré.

" Mar sin ged robh de chionta mòr,
Chum glòir do Thighearn' saorar thù,
Is chum de shonais shiorruidh féin,
Air fead gach rè a' seinn a chliù."

AN CLAIGEANN.

'S mi 'm shuigh aig an uaigh,
  Ag amharc ma bruaich,
Feuch claigeann gun snuadh air làr ;
  Is thog mi e suas,
  A' tiomach' gu truagh,
Ga thionndadh mu 'n cuairt am làimh.

Gun àille gun dreach,
  Gun aithne gun bheachd ;
Air duine theid seach 'na dhàil ;
  Gun fhiacail 'na dheud,
  No teanga 'na bheul,
No slugan a ghleusas càil.

Gun ruthadh 'na ghruaidh
  'S e rùisgte gun ghruaig ;
Gun eisdeachd 'na chluais do m' dhàn ;
  Gun anail na shròin,
  No àile de'n fhòid,
Ach lag far 'm bu chòir bhi àrd.

Gun dealradh 'na shùil,
  No rosg uimpe dùn',
No fradharc ri h-iuil mar b' abh'sd.
  Ach durragan crom,
  A chleachd bhi san, tom,
Air cladhach' da tholl 'nan àit.

Tha n' eanachainn bha 'd chùl,
  Air tionndadh gu smùr,
Gun tionnsgal no sùrd air t-fheum ;
  Gun smuainteach' a'd' dhàil,
  Mu philleadh gu bràth,
A cheartach' na dh-fhag thu 'd dheidh.

Cha 'n innis do ghnùis,
  A nise co thù,
Ma's rìgh mo ma's diùc thu féin
  'S Ionann Alasdair mòr,
  Is traill a dhì lòin,
A dh-eug air an òtrach bhreun.

Fhir chlaghach na h-uaigh ;
  Nach cagair thu 'm chluais,
Co 'n claigeann so fhuair mi 'm laimh ?
  'S gu 'n cuirinn ris ceisd,
  Mu gnàth mu 'n do theasd ;
Ge nach fregair e' m' feasd mo dhàn.

'M bu mhaighdean deas, thu,
  Bha sgiamhach a'd' ghnùis,
'S deargh shuidheach' a'd' shùil da reir ?
  Le d' mhaise mar lìon,
  A' ribeadh mu chrì',
Gach òganaich chi'dh thu fein.

Tha nise gach àdh,
  Bha cosnadh dhut graidh,
Air tionndadh gu grain gach neach ;
  Marbhaisg air an uaigh,
  A chreach thu do'n bhuaidh,
Bha ceangailt' ri snuadh do dhreach.

No 'm breitheamh ceart thù,
  Le tuigse' agus iùil,
Bha reiteach gach cuis do'n t-sluagh ;

Gun aomadh le pàirt',
Ach diteadh gu bàs,
Na h-eucoir bha daicheil cruaidh?

No 'n do reic thu a chòir,
Air ghlacaid de'n òr,
O 'n dream da 'n robh st' ras pailt?
Is bochdainn an t-sluaigh,
Fo fhoirneart ro chruaidh,
A fulang le cruas na h-airc.

'S mar robh thusa fior,
Ann a t-oifig am binn,
'S gun d'rinn thu an direach fiar;
'S cho chinnteach an ni,
'N uair thainig do chrìoch,
Gu 'n deachaich do dhìt' le Dia.

No n' robh thu a'd' leigh,
A' leigheas nan creuchd,
'S a' deanamh gach eugcail slan?
A t-ioc-shluintibh mòr,
A' deanamh do bhòsd,
Gu 'n dìbreadh tu chòir o'n bhàs?

Mo thruaighe ' gun thréig,
Do leigheas thu fein,
'N uair bha thu fo eugcail chruaidh;
Gu'n fhognadh gun stà,
Am purgaid no m' plàsd,
Gu d' chumail aon trà o'n uaigh.

No 'n seanalair thù,
A choisinn mor chliù,
Le d' sheoltachd a stiùireadh airm?
Air naimhdean toirt bualdh,
Ga 'n cur ann san ruaig,
'S ga 'm fàgail nan cruachan màrbh.

'N robh do chlaidheamh gun bheirt,
No 'n dh-fhàg thu do neart,
'N uair choinnich thu feachd na h-uaigh,
'N uair b' eigin dut geill',
A dh-aindeoin do dhéud,
Do dh' armailt' de bhéistean truagh?

Tha na durragh gu treun,
Ri d' choluinn' cur scìs,
'S a' coisneadh ort feisd gach là;
Is claigeann do chinn,
'Na ghearasdan dion,
Aig daolagan diblidh 'n tàmh.

Pàirt a' claodhach' do dhéud,
A steach ann a' d' bheul,
'S cuid eile ri reub' do chluas;
Dream eil nan sgùd,
Tigh'n amach air do shùil,
A' spùinneadh 's a' rùsg' do ghruaidh.

No m' fear thu bha pòit,
Gu tric 's an taigh òsd,
'S tu cridheil ag òl nan dràm?
Nach iarradh dhut fein
De fhlaitheanas Dé,
Ach beirm ù bhi 'g eiridh a' d' cheann?

Nach iarradh tu 'cheòl,
Ach mionnan mu'n bhòrd,
Is feuchainn co 'n dòrn bu chruaidh:
Mar bha no mar each,
Gun tuigse, gun bheachd,
'S tu brùchdadh 'sa sgëith mu'n chuaich?

Na 'n duin' thu bha ghluas'd
Gu ceanalta suairc,
Gu measara stuam mu d' bhòrd;
Le miannaibh do chrè,
Fo chuibhreachadh geur,
'N am suidhe gu feisd 's gu sògh?

No 'n geòcaire mòr,
Bha gionach air lòn,
Mar choin an am feòlach dearg;
A' toileach' do mhiann,
Bha duilich a riar,
'S tu geilleadh mar Dhia do d' bholg?

Tha nise do bhrù,
Da 'n robh thu a' lùb',
De ghaineamh 's do dh' ùir gle làn,
'S do dheudach air glas,
Mu d' theangaidh gun bhlas,
Fo gheimhlencbaibh prais a bhàis.

No 'm morair ro mhòr,
A thachair am dhòrn,
Neach aig an robh còir air tìr;
Bha iochdmhor ri bochd,
A' clùthach' nan nochd,
Reir pailteas a thoic 's a nìth?

No 'n robh thu ro chruaidh,
A' feannadh do thuath,
'S a' tanach' an gruaidh le màl;
Le b-agartas geur
A glacadh an spréidh
'S am bochdainn ag èigheach dùil?

Gu'n chridh' aig na daoin',
'Bh'air lomadh le h-aois,
Le 'n claigeannan maola truagh;
Bhi seasamh a' d' chòir,
Gun bhoineid 'nan dòrn,
Ge d' thollaidh gaoth reòt' an cluas.

Tha nise do thràill,
Gun urram a' d' dhàil,
Gun ghearsom', gun mhàl, gun mhùd;

Mor-mholadh do'n bhàs,
A chasgair thu trà,
'S nach d' fhuilig do stràic fo'n fhòd.

No 'm ministeir tbù,
Bha tagradh gu dlù,
Ri pobull 'an ùghdaras Dé ;
Ga 'm pilleadh air ais,
Bha 'g imeachd gu bras,
Gu h-ifrinn na casgradh dhein ?

No 'n robh thu gun sgoinn,
Mar mhuinne mu chloinn,
Gun chùram a h-oighreachd Dhé ;
Na 'm faigheadh tu 'n rùsg,
Bha coma co dhiù,
M' an t-sionnach bhi stiùireadh 'n treud ;

Leam 's cinnteach gun d' fhuair,
Do dheanadas duais,
'N uair rainig thu 'm Buachaill' mòr ;
'N uair chuartich am bàs,
A steach thu 'na laith'r,
Thoirt cunntas a' d' thàlant' dò.

No 'n ceann thu bha làn,
De dh-innleachdan bàis,
Gu seolta ga 'n tath' r'a cheil' ;
G'an cur ann an guiomh,
Gun umhail gun fhiamh,
A freagra' do Dhia 'nan deigh ?

'N robh teanga nam breug,
Gun chuibhreach fo d' dheud,
A' togail droch sgeul air càch ;
Gath puinsein do bheil,
Mar naithir a' teum,
'S a' lotadh nan ceud gach là ?

Tha i nise na tamh,
Fo cheangal a bhàis,
Gun sgainneal a' plàigh na dùthch' ;
A's durraga grannd,
Air lobhadh 'na h-àit,
An deigh dhaibh cnàmh gu cùl.

'S mu lean thu do ghnàths,
Gu leabaidh do bhàis,
Gun tionndadh' na thrà ri còir ;
Car tamull na h-uair,
Dean flaitheas de'n uaigh,
Gus an gairmear thu suas gu mòd.

Mar losgann dubh grànnd,
Ag iomairt a smàg,
Gu 'n eirich thu 'n aird o'n t-slochd ;
Thoirt coinneamh do Chriosd,
'Na thighinn a rìs,
A dh' fhaotainn làn diol a' t-olc.

'N uair theid thu fo bhinn,
Ni cheartas do dhit' ;
Ga d' fhògradh gu siorruidh uaith ;
Gu lasair ga d' phian,
Chaidh dheasach' da'n Diabh'l,
'S a mhallachd gu dian 'ga d' ruag.

'N sin cruaidhichidh Dia
Do chnaimhean mar iar'n,
'Is t-fheithean mar iallaibh prais ;
Is teannaichidh t-fheòil
Mar innein nan òrd,
Nach cnàmh i le moid an teas.

No 'n ceann thu 'n robh ciall,
Is eolas air Dia,
'S gu'n d' rinn thu a riar 'sa chòir ;
Ged tha thu 'n diugh ruisgt',
Gun aithe', gun iùil,
Gun teanga, gun sùil, gun sròn.

Gabh misneach san uaigh,
Oir eiridh tu suas,
'N uair chluinneas tu fuaim an stuic,
'S do thruailleachd gu leir,
Shios fàgaidh tu'd' dheigh,
Aig durragan breun an t-sluic.

Oir deasaichidh Dia,
Do mhaise mar ghrian,
Bhiodh ag eiridh o sgiath na m' beann ;
'Cur fradharc ro gheur,
'S na suilean so féin,
'S iad a' dealradh mar reullt' a 'd cheann.

Do theanga 's do chàil,
Ni ghleusadh gun dàil,
A chantainn 'na àros cliù ;
Is fosglaidh do chluas,
A dh-eisteachd ri funim,
A mholàidh th' aig sluagh a chòirt.

'N uair dhealraicheas Criosd,
Na thigheachd a rìs,
A chruinneach' na 'm fìrean suas ;
'N sin bheir thu de leum,
Thoirt coinneamh dha féin,
Mar iolair nan speur aig luaths.

'N uair dh-eireas tu 'n àirú,
Grad chuiridh ort fàilt,
A mhealtainn a chàirdeas féin,
Gun dealach' gu bràth,
R'a chomunn no ghràdh,
A steach ann am Pàrras Dé.

Fhir 'chluinneas mo dhàn,
Dean aithreachas trà,
'M feadh mhairaes do shlaint 's do bheachd ;

M

Mu'n tig ort am bàs,
Nach leig thu gu bràth,
Air geata nan gràs a steach.

AM BRUADAR.

Air bhith dhomhsa ann am shuain
A' bruadar diamhain mar tha càch,
Bhi glacadh sonais o gach ni ;
Is e ga'm dhibreadh ann's gach àit.

Air leam gun tainig neach am chòir,
'S gu'n dubh'rt e rium :—" Gur gòrach mi,
Bhi smuainteach greim a ghlei'dh do'n ghaoith,
No fos gu'n lion an saogh'l mo chrì.

" Is diamhain dut bhi 'g iarraidh slaimh,
'N aon ni' no'n ait air bith fo 'n ghréin ;
Cha chlos do d' chorp an taobh so 'n uaigh,
No t-anam 'n taobh so shuaimhneas Dé.

" An tra dh'ith Adhamh 'a meas an tùs,
Am peacadh dhrùigh e air gach ni :
Lion e na h-uile ni le saoth'r,
Is dh-thàg é 'n saogh'l na bhriste crì'.

" Air sonas 'anma chaill e chòir,
Mar ris gach sòlas bha'nn sa gharr'
O sin ta 'shliochd nan deoiribh truagh ;
Mar unn a mearachd air a mhàth'r.

" Ri meilich chruaidh ta'd ruith gach ni,
'An duil gu 'm faigh an inntinn clos ;
Ach dhaibh tha 'n saogh'l gun iochd no truas,
Mar mhuime coimheich fhuair gun tlùs.

" Mar sin tha iad gun fhois no tàmh,
Ga 'n sàrach' glacadh faileas breig ;
'S a' deoth'l toil-inntinn o gach ni,
Is iad mar chiochan seasg nam beul.

" Bidh teanndachd eigin ort am feasd,
'S do dhòchas faicinn fuasgladh t-fheum,
An còmhnuidh dhut mar fhad do làimh ;
Ach gu brath cha'n fhaigh dheth gréim.

" Cha teagaing t-fheuchain 's dearbhadh thù,
O dhùil is eurbsa chuir sa' bhreig,
A rinn do mheallladh mile uair,
'S cho fhada bhunt an diugh san dé.

" An ni bu mho da'n tug thu miann,
Nach dh-fhag a mhealtuinn riamh e searbh ?
Tha tuille sonais ann an dùil,
Na tha'nn an crùn le bhi na sheilbh.

" Ceart mar an ròs a ta sa' ghàr',
Crion seargaidh bhlà 'nuair theid a bhuain ;
Mu'n gann a ghlacas tu e d' làimh,
Grad threigidh fhàileadh e 'sa shnuadh.

" Cha 'n eil neach o thrioblaid saor,
Am measg a 'chinne daoin' air fad,
'S co lionmhor osna aig an righ,
Is aig an neach is isle staid.

" Tha 'smùdan fein ós ceann gach fòid
Is dòruinn ceangailt' ris gach math ;
Tha'n ròs a fàs air drisean geur,
'S an taic' a cheil tha mhil san gàth.

" Ged fhaic thu neach 'an saibhreas mòr
Na meas a shòlas bhi thar chàch ;
An tobar 's gloine chi do shùil,
Tha ghrùid na lochdar gabhail tàmh.

" 'S mu chuireas t-anail e 'na ghluais,
Le tarruinn chabhaig suas a'd' bheul,
Dùisgidh an ruaghan dearg a níos,
'S le gaineamh lionaidh e do dheud.

" 'S ged fhaic thu neach 'an inbhe aird,
Tha e mar nead am bàrr na craoibh ;
Gach stoirm a bagra' thilgeadh nuas,
Is e air luasgadh leis gach gaoith.

" An neach is fearr tha 'n saogh'l a riar,
Tha fiaradh eiginn ann 'na staid,
Nach dean a sheòltachd a's a strì,
Am feast a dhireachadh air fad.

" Mar bhata' fiar an aghaidh cheil,
A ta o shuidheach' féin do-chur ;
A reir mar dhireas tu a bharr,
'S cho chinntearh ni thu cam a bhun.

" Na h-ludhaich thionail beag no mor,
Do'n Mhana dhòirteadh orra 'nuas ;
'N tra chuir gach neach a chuid's a chlar,
Cha robh air bàrr no dadum uaith.

" Mar sin a ta gach sonas saogh'lt,
A ta thu faotainn ann a d' làimh,
Fa chomhair saibhreas, 's inbhe còirt
Tha caitheamh, cùram agus cràdh.

" Ged chàrn thu òr a'd' shlige suns,
Fa chomhair fàsaidh 'n luaith da reir,
Is ge do chuir thu innte riogh'chd,
A mheidh cha dìrich i na deigh.

" Tha cuibhrionn iomchuidh aig gach neach,
'S ged tha thu meas gur tuille b' fhearr ;
Cha d' thoir an t-anabharr tha'nn an sud,
Am feasd an cudrom a's a' chràdh ;

" O iomluas t-inntinn tha do phian ;
A' diùlta' 'n diug na dh'iarr thu 'n dé ;
Cha chomasach an saogh'l do riar,
Le t-anamianna 'n aghaidh chéil.

" Na 'm faigheadh toil na feol a rùn,
D'a mianna brudeil dh'iarradh sath ;
Fluitheas a b' aird' cha'n iarrach i,
Na annta sud bhi siorruidh 'snàmh.

" Ach ge do b' ionmhuinn leis an fhe:il,
Air talamh còmhnachadh gach ré ;
Bhiodh dùrachd t-ardain agus t-uaill,
Cho ard a shuas ri Cathair Dhé ;

" Ach nam b' aill leat sonas buan,
Do shlighe tabhair suas do Dhia,
Le dùrachd, creideamh agus gràdh,
Is shsaichidh e t-uile mhiann.

" Tha 'n cuideachd sud gach ni san t-saogh'l,
Tha 'n comas dhaoine shealbhach' fior ;
Tha bhiadh, a's eudach agus slàint,
Is saorsa, càirdeas, agus sith."

'An sin do mhosgail a's mo shuain,
Is dh-fhag mo bhruadar mi air fad ;
Ghrad leig mi dhiom bhi ruith gach sgàil,
Is dh-fhás mi toilichte le m' staid.

AN GEAMHRADH.

Nis theirig an samhradh,
'S tha 'n geamhradh teachd dlù oirn,
Fior nàmhaid na chinneas,
Teachd a mhilleadh ar dùthcha ;
  Ga saltairt fo chasaibh,
  'S d'a maise ga rùsgadh ;
  Gun iochd ann ri dadum,
  Ach a' sladadh 's a' plùnndruinn.

Sgaoil oirne a sgiathan,
'S ohuir e ghrian air a chùlthaobh ;
As an nead thug e 'n t-àlach,
Neo-bhàigheil 'gar sgiùrsadh ;
Sneachd iteaguch gle-gheal,
O na speuran tigh'n dlù oirn,
Clacha meallain 's gaoth thuathach,
Mar luaidhe is mar fhùdar.

'N uair shéideas e anail,
Cha 'n fhag anam am flùran ;
Tha bhilean mar shlosar,
Lomadh lios de gach br-ros ;

Cha bhi sgeadach air coille,
No doire nach rùisg e ;
No sruthan nach tachd e,
Fo leachdannan dù'-ghorm.

Fead reòta a chleibhe,
Tha seideadh na duinionn,
Chuir beirm ann san fhairge,
'S a dh' āt' garbh i na tonnan ;
'S a bhinntich an clàmhuinn,
Air àirde gach monaidh,
'S ghlan sgùr e na reulltan,
D' ar púile le'n solus.

Tha gach beathach a's duine,
Nach d' ullaich 'na sheasan,
Ga 'n sgiùrsadh le gaillionn
Gun talla' gun eudach ;
'S an dream a bha gniomhach,
'Fas iargalt mi-dhéirceil ;
Nach toir iasad do leisgean,
Ann san t-sneachda ged éug e.

Tha 'n seillein 's an seangan,
A bha tional an stòrais,
Le gliocas gun mhearachd,
A' toirt aire do'n dòruinn ;
'G ithe bidh 's ag òl meala,
Gun ghainne air lòn ac,
Fo dhion ann san talamh,
O anail an reòta.

Tha na cuileagan ciatach,
'Bha diamhair san t-samhradh,
'S na gathanan gréine
Gu h-eibhinn a' damhsa ;
Gun deasach 'gun chùram,
Roi' dhùlachd a gheambraidh ;
A nise a' dol bàs',
Ann 's gach àite le teanntachd.

Ach eisd rium a shean-duin',
'S tuig an samhladh tha 'm *stòri*',
Tha 'm bàs a tighin teann ort,
Sud an geamhradh tha 'm òran ;
'S ma gheibh e thu a' d' leisgein,
Gun deasach' fa' chòdhail,
Cha dean àithreachas crìche.
Do dhionadh o'n doruinn.

Gur mithich fàs diaghaidh,
'S do chiabhan air glasadh,
'Na 'm beàrnaibh do dheudach,
Is t-eudann air casadh,
Do bhathais air rùsgadh,
'S do shùilean air pràbadh,
Agus crùit ort air lùbadh,
Chum na h-uire do leaba'.

Tha na sruthanan craobhach,
Bha sgaoileadh a' d' bhallaibh,
Gu mireagach buailteach,
Clis gluasadach tuna ;
A nise air traoghadh
O n' taomachadh thairis,
O'n a ragaich 'sa dh-fhuaraich
Teas uabhar na fala.

Balg-seididh na beatha,
Tha air caitheamh gun fheum ann,
'S o chrup ann a' d' chliabh e,
Gur h-e phian bhi 'ga shéideadh
Tha 'n corp a chruit chiùil ud,
Air diùltadh dhut gleusadh ;
'S comhar cinnt' air a thasgaidh,
Bhi lasach' a theudan.

Theich madainn na h-òige,
'S trebir mheadhon latha
Tha 'm feasgar air ciaradh,
'S tha ghrian ort a laidhe ;
'S mu bha thusa diamhain,
Gun gniomb is gun mhaitheas ;
Gu h-ealamh bi d' dhùsgadh,
Mu'n dùinear ort flaitheas.

'Reir caithe na beatha,
'S tric leatha gun crioch i ;
Bidh an cleachadh fàs làidir,
Do-fhàsach o'n inntinn ;
Na labhair an sean-fhacal,
'S deimhinn leam 's fior e,
" An car theid san t-seana-mhaid'
Gur h-ainmic leis direadh."

Ach ògnaich threibhich
Thoir-s' éisdeachd do m' òran,
'S leig dhiot bhi mi-chóillidh,
Ann an céitein na h-òige ;
Tha aois agus eu-slaint,
Air do dheigh ann an tòir ort ;
'S mu ni h-aon aca gréim ort,
Pillidh t-eibhneas gu bròn dut.

An aois a tha 'n tòir ort,
Bheir i leon ort nach saoil thu ;
Air do shuilean bheir ceathach,
Is treabhaidh si t-aodann ;
Bheir i crith-reodh' mu d' ghruaig',
Is neul uaine an aoig leis,
'S cha toig aiteamh na grian ort,
'Bheir an liath-reodh a chaoidh' dhiot.

Bheir ni's measa na sud ort,
Failue tuigs' agus reusain ;
Dith leirsinn a' t-inntinn ;
Dith cuimhn' agus géire ;

Dith gliocais chum gnothaich ;
Dith mothaich a'd' cheudfath
'S gu'm fàs thu mar leanabh,
Dhì spionnaidh a's cóille.

Fàsaidh 'n cridhe neo-aithreach,
'S neo-ealamh chum tionndadh,
Aon tagra' cha drùigh air,
'S cha lùb e d'a ionnsuidh ;
Ceart mar tha 'n talamh,
'N am gaillionn a's teanndachd ;
Ged robh millteau 'dol thairis,
Cha dean aile sa' chausair.

Faic seasain na bliadhna,
'S dean ciall uath a tharruinn ;
'S mas àill leat gu'm buain thu,
Dean ruadhar 'san earrach ;
Dean connadh san t-samhradh,
Ni sa' gheamhradh do gharadh ;
'S ma dhibreas tu 'n seasan,
Dhut 's eigin bhi fàlamh.

'S mar cuir thu siol fallain,
Ann an earrach na h-òige,
Cho chinnteach 's am bàs dut,
Cuiridh Sàtan droch phòr ann ;
A dh-fhàsas 'na dhubhaile,
'S 'na luidheannan feòlmhor ;
'S bidh do bhuain mar a chuir thu,
Ma's subhaile no dò-bheirt.

Ma bhios t-òige gun riaghladh,
'S t-anamiannan gun taod riu,
Gum fàs iad cho fiadbaich,
'S nach srian thu ri t-aois iad ;
Am meangan nach suiomh thu,
Cha spion thu 'na chraoibh e ;
Mar shineas e ghéugan,
Bidh fhreumhan a' sgàoileadh.

Tha do bheatha neo-chinnteach
O 'n teinn a bheir bàs ort,
Uime sin bi ri dicheall
Do shith dheanamh tràthail ;
'S e milleadh gach cùise
Bhi gun chùram cur dàil innt' ;
'S ionann aithreachas criche,
'S bhi cur sil mu Fheill-màrtuinn.

Tha ghrian ann sna speuraibh
A' ruith róise gach latha ;
'S i 'giorrach' do shaoghail,
Gach oidhche a laidheas ,
'S dlù ruitheas an spàla,
Troi' shnathaibh do bheatha ;
Tha' fighe dhut leine,
Ni beisdean a chaitheamh.

'S ma ghoideas e dlù ort,
Gun do dhùil bhi r'a thighinn;
'N sin fosglaidh do shùilean,
'S chi thu chùis thar a mithich;
Bidh do choguis 'ga d' phianadh,
Mar sgian ann a d' chridhe;
'S co-ionann a giùlan,
'S laidhe ruisgt' ann an sgitheach.

Faic a chuileag 'ga diteadh
Le sionntaibh an nàduir,
'S o na dhìbhir i 'n seasan,
Gur h-eigin d'i bàsach';
Faic gliocas an t-seangain,
Na thional cho tràthail,
'S dean eiseimpleir leanail,
Chum t-anam a shàbhal'.

DAIBHIDH MAC-EALAIR.

DAVID MACKELLAR, commonly called *Daibhidh nan Laoidh*, was another religious poet. The time of his birth is not known. He lived in Glendaruel after the beginning of last century. He was blind, and the people in that country still preserve some traditionary accounts of him and of the manner in which his hymn was composed, the most striking of which is that after having composed it his sight was restored. In his youth he composed some profane pieces. The time of his death is likewise uncertain, but a grand-daughter of his lived in Glasgow not many years ago. This hymn was first published in Glasgow about the year 1752. It was so very popular in the Highlands that many persons got it by heart that had never seen the printed copy.

LAOIDH MHIC-EALAIR.

MOLADH do'n Tì 's airde glòir,
An Tì 's modha no gach neach;
Cruithear an t-saoghail gu lèir,
Da'n cubhaidh dhuinn géill' air fad.

'S tu rinn an domhan 's na th' ann,
Na cuaintean domhain, 's am fonn;
'S chuir thu iasg g'a altrum ann,
'S thug thu ciall gu ghlacadh dhuinn.

Rinneadh leat gealach a's grian,
Thogail fianuis air do ghlòir;
Cha'n sithris mi a mìle trian,
De chruthachadh an Dia is mò.

'S tu rinn na reulltan air fad,
A riaghlachadh gu ceart nan tràth;
Gheall thu maraon fuachd a's teas,
Foghar ma seach agus Màirt.

'S tu rinn na h-ainglean air fad,
Tha 'n t-abharsair fo d' smachd gu mòr:
Air slabhruidh laidir aig do Mhac,
Cumail a neart o theachd oirnn'.

Itinneadh leat an duine' ris,
A réir t-iomhaidh chum do ghlòir;
Ach chaill e 'n oidhreachd ud gun luach,
'S cha'n fhuasgalar i le òr.

'S tu chuir am fradharc na cheann,
Chuir thu falt tro chlaigeann lom;
Thug thu cluas gu éisteachd dha,
'S gluasad a chuirp o na bhonn.

Chuir thu Adhamh an cadal trom,
Chaidh léigh nan gràs os a cheann;
'S de dh-aisinn bho thaobh do riun
A bhean, o'n do ghin gach clann.

Chuir thu e 'n gàradh nan seud,
Far an robh éibhneas a ghràidh;
Dh-ith a bhean an sin a meas,
'S dh-fhuillig i 's a sliochd am bàs.

Cha robh a teasargain aig neach,
O'n a chumhnanta rinn i bhris;
'N trà ruisgeadh an sgeudachadh ceart,
Bha chuis na h-cagal an sin.

Ach moladh do dh' Ard-Rìgh nam feart,
O nach b'àill leis teachd d'ar sgrios ;
'Nuair chunnaic e Adhamh na airc,
Rinn e cumhnant' nan gràs ris.

Thainig Iosa 'nuas le thoil,
Thug e suas mar iobairt fhuil ;
Mac na firinn, Uan gun chron,
M'ar cloutain-ne fhuair e ghuin.

Crochadh e ri crann an aird,
'S an t-sleagh sàite tro a chorp ;
Crùn geur na péine chuir mu cheann,
Fhuair mac Dhé le nàimhde lot.

Crùn sgithich, an aite crùn rìgh,
Mar thailceas, 's mar dhì-meas mòr ;
Domblas agus fion geur,
'N deoch a thug iad dha ri h-òl.

Na tàirnean g'an cur an sàs,
Am bosaibh a lamh le òrd ;
'S fuil a chridhe ruith á thaobh,
Ceannachd bu daoire nan t-òr.

'Nuair chaidh Criosd gu péin a bhàis,
'S a dh' fhuilig e air son an t-sluaigh ;
Sgoilt brat an teampuill sios gu làr,
'S dhùisg na mairbh an aird o'n uaigh.

Chreathnaich an talamh trom, le crith,
Air a ghrein gu'n tainig smal ;
Le feirg Dhé, do chrath e 'n sin ;
Dh-fhuilig Criosd am bàs rè seal.

Dh-adhlaic iad an t-Uan fo lic,
Thug e buaidh, san uaigh cha d' fhan ;
As a bhàs thug e gheur-ghuin,
'S dh-eirich an treas là gun smàl.

Na shuidh' aig deas-laimh athar a tà,
Criosd le gràsan os ar ceann ;
A' cur oifig sagairt an gniomh,
A' deasachadh a rioghachd dhuinn.

Thig an t-am san tig mac Dhé,
Creidibh sud gur sgeula fior ;
Le miltibh mil' de dh' ainglibh treun,
Thoirt oirnne breith a réir ar gniomh.

'N sin seinnear an trompaid gu h-ard,
Leis na h-ainglean 's àille snuagh ;
Eiridh na mairbh an aird o'n ùir,
'S bheir e cùuntas uaith' an cuan.

Liubhraidh gach uaigh na fhuair i-féin,
'S cha bhi neach de'n treud air chall ;
Nochdar lad uil' am fiadhnuis Dé,
'S e Mhac féin is breitheamh ann.

Bithidh iadsan soilleir an sin,
Mar sholus dealrach an dreach ;
Thig Criosd nan coinneamh le gean,
'S bidh sìth an comunn nam flath.

Ni thu 'n sin teurbadh air gach neach,
'S dionaidh tu o'n theirg na's leat,
Mhead 's tha air an dearbhadh dhut,
Cuirear iad fo dhion do bhrait.

Cuirear na gobhair air laimh chlì,
Chum triall gu priosan a' bhròin ;
Druidear suas, 's gur cruaidh an sgeul,
Flath-Innis Dhé air an sròin.

Mallaichidh 'n nighean a mathair,
Mallaichidh mhathair a clann ;
'S mallaichidh 'n t-athair a mhac,
Nach do ghabh a smachd 'na àm.

'S iomadh sgairteach, a's gul geur,
Ri h-am cluintinn sgeul an cràidh ;
Mallachadh a chéile gu léir,
Sgarachdainn ri Uan a ghràidh.

Sin là an dealachaidh bhochd,
G'an sgarachdainn a dh'aindeoin riut ;
G'an sgiursadh gu h-aineal an loisg,
'S gun duil aig anam tigh'n' as.

An teach d'a milleadh cuirear iad,
Fo dhioghaltas an Ard-Rìgh ;
Gun duil ri furtachd no ri bàs,
Gu bràth, cha tig iad a nios.

Fasaidh 'n cuirp cho chruaidh ri prais,
Mar iarunn an cas san lamh ;
G'an cumail beo ann an sìor phian,
Teine dian gun fhurtachd là.

Gach aon là mar bhlianna bhuan,
An lagan loisgneach, cruaidh an sàs ;
G'an liodairt le teas a's fuachd,*
Sud an dunais ge fad an dàil.

* The ancient Caledonians entertained the idea that
hell was a cold and inhospitable place, as the following
stanza from an old poem will show :—

" 'S mairg a roghnaicheas Ifrinn fhuar,
'S gur h-i uamh nan droipheann geur,
Is beag arm Ifrinn fhuar, fhliuch,
Aite bith-bhuan is searbh deoch."

The following lines from *Dàn an Fhir Chlaoin* give it
this character :—

" I sin allaidh na freòine,
Led' thiugh-cheò as le t-uamh-bhéisdean
A thir nam pian gun bhiadh gun bhàigh,
Dol ad dhàil be sud mo dhéudain."

Latha cha bhi ann na dheigh,	M' achanaich riuts', air sgáth do mhic,
Falaichear na roulltan 's a ghrian ;	Meadaich mo ghliocas le gràs ;
Sgriosar an saoghal gu léir,	'S thoir dhomh mathanas 's gach cùis,
'S neach cha téid an toll bho Dhia.	Seal m'an druid mo shuil le bàs.

ROB DONN.

ROBERT MACKAY, otherwise called *Rob Donn*, was born in the winter season of the year 1714, at *Allt-na-Caillich*, in the parish of Durness, in the county of Sutherland, and in that part of the county, properly enough, till of late, designated by its inhabitants and others, " Lord Reay's country," and in the native tongue " *Dùthaich Mhic-Aoidh*," or, " The country of the Mackay." The bard was not the eldest son of his father ; he had three brothers, of whom nothing remarkable is remembered. His father, Donald Mackay, or Donald Donn, is not remembered to have been of any poetic talent ; but his mother's talents of that description are known to have been more than ordinarily high. She was remarkable for the recital of Ossian's poems, and the other ancient minstrelsy of the land. She lived to a very advanced age ; and we have heard an instance of singular female fortitude evinced by her at the age of eighty-two. Having had the misfortune to break her leg, while tending her sheep at a considerable distance from home, she bound it up, contrived to get home unassisted ; and while afterwards enduring the operation of setting the fracture, she soothed the pain by *crooning* a popular air.

If local scenery could be really imagined conducive in any way to the formation or training of poetic genius, of a truth the nursery of our bard might well lay claim to that merit—"the emblem of deeds that *were* done in its clime." The surrounding localities of his native spot, we believe, are not surpassed in picturesque grandeur by any other in the Highlands of Scotland.

Rob Donn might say of himself, with Pope, that " he lisped in numbers." Ere he had yet but scarcely obtained even the power of lisping, an anecdote is recorded of his infant age of no ordinary description, though homely enough in its history. At the wonted season of making provision for the winter, according to the country's fashion, by slaughtering of beeves, our bard's father, on one occasion, happened to slaughter two, one of which was found inferior in quality to the other. The small-pox, at the time, was committing mournful devastations among the youth of the neighbourhood. While busied in the necessary avocation of curing their winter's beef, the father says, " Now, the best of this beef is not to be touched till we have seen who survives the small-pox to share it." The infant bard, scarcely yet able to articulate or walk, on hearing this, exclaimed, "'S olc a' chuid sin do 'n fheur a dh' fhalbhas!" i. e. " He who departs will have a bad share of it, then!" " True, my boy," said the father, "and yours will never be a bad share, while you remain able to use it."

The first verse he is said to have composed, was when he had attained only his third year. Its occasion indeed testifies that his age could not have been much more at the time. It was the country's fashion for children, when they had little more than left the nurse's lap, to be dressed in a short frock, or cassock, formed close to the body round the waist, and buttoned at the back. A tailor had fitted our youthful author with such an habiliment, and next morning the child was anxious to exhibit it; but his mother, and the domestics, having been summoned early to some out-door pursuits, Robert became anxious to get abroad in his new garb, but found himself quite defeated in every attempt to button it on. He took the alternative of sallying forth in a state of nudity; when, being met by his mother coming towards the house, she chided him for being seen in this state. Robert's defence was made in the following stanza:—

> " 'S math dhomhsa bhi 'n diugh gun aodach,
> Le slaodaireachd Mhurchaidh 'Ic Neill,
> Mo bhroilleach chur air mo chùlthaobh,
> 'S gun a dhùnadh agam fhéin!"

reproaching the tailor for the trick he had played him, in placing the buttons behind, and lamenting his own inability to accommodate the new dress to his person. His next exhibition of poetic promise was given in the same year, we are told, in the harvest season, when all the inmates of the family were employed in reaping. An old woman, who acted as nurse to the children, was on this occasion called to the sickle. She complained that the more active labourers had jostled her out of her place, and left her only to reap the straggling stinted stalks that grew in the border furrow. While muttering her disappointment, Robert, scarce able but to creep at his nurse's elbow, endeavoured to rally her with a verse:—

> " Bi-sa dol a null 's a nall,
> Gus a ruig thu grunnd na clais',
> Cha 'n 'eil air, ma tha e gann,
> Ach na tha ann a thoirt as."

At the age of six or seven years, he attracted the particular attention of Mr John Mackay, the celebrated *Iain Mac-Eachuinn*, a gentleman of the family of *Sherray*, then living on the neighbouring farm of *Musal*. This gentleman, of poetic talents himself, prevailed with our author's parents to allow their child to come into his service, or rather into his family, at the early age we have mentioned. In this family our author remained as a servant from this age till the period of his marriage. Here he experienced liberal treatment, and sincere, unvaried kindness, of which he ever retained a lively and grateful recollection, especially towards his master; and it is no trifling praise to both, that though they once or twice latterly had a difference, the bard's esteem and affection returned when the casual excitement had passed; and when it lay upon his mind, he was never once known to have given it the least utterance in any shape bordering upon disrespect, and after his death the bard composed an admirable elegy to his memory, which combines as forcible, energetic description of character and conduct, with as pure poetic power as can be found in any poetry of its kind. The bard most feelingly and pathetically concludes it with a solemn appeal of his having mentioned no virtue or trait of which he was not himself a witness.

A youth of our author's poetic mind could not be expected to remain long a stranger to the more tender susceptibilities of his nature. Nor has he left us in ignorance of his first love. It is the subject of one of his finest songs:—"'S trom leam an àiridh," &c. Here his passion breathes with an innocent, simple faithfulness, with an ardour and truth of poetic recital, that no lays of the kind can perhaps surpass.

After his marriage, Rob Donn first resided at the place of *Bad-na-h-achlais*, then probably forming a part of his late employer's tenure. It was, we believe, soon after this period, that Robert was hired by Lord Reay to the office of a cow-keeper, at that time an office, though a humble one, of considerable responsibility and trust. In this station he continued for the greater part of his after life-time. We have not been able to ascertain dates with precision, to say whether it was before or after having accepted this office that our bard enlisted as a private soldier in the first regiment of Sutherland Highlanders, which was raised in 1759. He did not enlist so much as a soldier, as he was urged by the country gentlemen holding commissions in that corps, and as he himself felt inclined to accompany them. The regiment was reduced in 1763, and our bard returned to his home.

Though we have said that he spent mostly the after period of life, since he entered the service of Lord Reay, in that office, it was not without interruption. He left his servitude at one time, and we are inclined to think it was then he went into the military service. While he had charge of Lord Reay's cattle, and his wife of the dairy, during the summer months, it was also his province to look over them during the winter months : and it became a part of his duty, or an employment connected with it, to thresh out corn for supplying the cattle with fodder. To the laborious exercises of the flail, the bard could never submit. He employed servants to perform this part of his duty. That was, however, taken amiss, and he was told that he must himself wield the flail or leave the situation. He chose the latter alternative ; and removed, with his family, to the place of Achmore, in that part of the parish of Durness which borders upon Cape Wrath. Indeed, though we have no decided authority for the supposition, we are inclined to believe that the difference between him and his noble employer originated in another cause than that ostensibly alleged. The bard had been dealing his reproofs rather freely. No feeling of dependance, no awe of superior rank or station, ever restrained him from giving utterance to his sentiments, or from enjoying his satire, whenever what he conceived to be moral error, or evil example, called for reproof. And this was dealt with the dignity that belongs to virtue, refusing, as he always did on such occasions, to compromise that dignity by indulging in personal invective. But whatever was the cause of the difference that occasioned his removal, he was soon recalled, and left not the service again during the life of the chief.

Robert continued to attend his usual avocations till within a fortnight of his death, which took place on the 5th August, 1778, being then aged 64 years. The death of the bard caused a universal feeling of sadness, not only in his own native corner, but over the whole county. It might be said that there was no individual but mourned for him as a friend: those only excepted whose continued immoralities and errors had rendered them objects on which fell with severity the powerful lash of his satire.

His stories of wit and humour were inexhaustible; and, next to superior intelligence and acuteness of mind, formed perhaps in his every-day character the most distinguishing feature. He had ever a correct and delicate feeling of his own place; but if any one, high or low, superior or equal, drew forth the force of his sarcasm upon themselves, by assuming any undue liberty on their part, it was an experiment they seldom desired to repeat. His readiness and quickness of repartee often discovered him where he had been personally unknown before. At one time, when travelling northward through a part of Argyllshire, he met by chance with Mr M'Donald of Achatriochadan, well known in his own country as a man of notable humour and distinguished talents. Robert addressed to this gentleman some question relative to his way; and giving a civil answer, Mr M'Donald added, "I perceive, my man, by your dialect, you belong to the north—what part there?" "To Lord Reay's country." "O! then, you must know Rob Donn!" "Yes I do, as well as I know myself. I could point him out to you in a crowd." "Pray do inform me, then, what sort of person he is, of whom I have heard so much." "A person, I fear, of whom more has been spoken than he well deserves." "You think so, do you?" The last answer did not please the inquirer, who was poetic himself, thinking he had met with too rigid a censurer of the northern bard, and the conversation ceased, while they both proceeded together on their way. After a pause, Mr M'Donald, pointing to Ben-Nevis, which now rose in the distance before them, says, "Were you ever, my man, at the summit of yonder mountain?" "I never was." "Then you never have been so near to heaven." "And have you yourself been there?" "Indeed I have." "And what a fool you have been to descend!" retorted the bard, "are you sure of being ever again so nigh?" M'Donald had caught a tartar. "I am far deceived," said he, "if thou be not thyself Rob Donn!" The bard did not deny it, and a cordial friendship was formed between them.

To Rob Donn's moral character testimony has already been borne. It was uniformly respectable. To those acquainted with what may well be denominated the moral and religious statistics of the bard's native country at that time, and happily still, it will furnish no inconsiderable test not only of his moral but of his strictly religious demeanour, that he was chosen a ruling elder, or member of the Kirk Session of the parish of Durness. In that country such an election was never made where the finger of scorn could be pointed at a blemish of character. It scarcely requires to be told, that his society was courted not alone by his equals, but still more by his superiors in rank. No social party almost was esteemed a party without him. No public meeting of the better and the best of the land was felt to be a full one, without Rob Donn being there.

In the bosom of his own humble but respectable family, we have good authority for saying that he was a pattern in happiness and in temper. A family of thirteen were mostly all spared to rise around him, trained to habits of industry and of virtue. None of them became celebrated as inheriting their father's genius; but some of his daughters possessed more or less of the "airy gift;" and from their attempts at repartee and impromptu, the father used frequently to draw much mutual and harmless enjoyment. His wife had a musical ear and voice unrivalled in the country; and any ordinary pastime of their winter evenings was for the family and parents to join their voices in song; while we believe, that when the father's absence did not prevent, they never ceased to exemplify the most sacred lineaments of the immortal picture in "The Cottar's Saturday Night."

Rob Donn's compositions may be classed into four kinds—Humorous, Satirical, Solemn, and Descriptive; all these severally, with few exceptions, belonging to the species of poetry commonly called Lyrical. He was illiterate; he knew not his alphabet. The artificial part of poetry, if poets will grant that expression legitimate, was to him utterly unknown. Perhaps he never took more than an hour or two to compose either his best or his longest songs. Even the most of the airs to which he composed are original, which presents as a single circumstance the resources of his mind to have been of no ordinary extent. His works were published in Inverness, with a memoir prefixed, in 1830.

In forming an estimate of the moral and poetical merits of Rob Donn, his biographer has been more guided by the opinions and prejudices of his countrymen, than by a just and impartial examination of the poet's works. In poetry, as in religion, we may be allowed to judge men by their fruits. Rob has been held up as a man of high moral and religious worth; but the editor himself admits, that many of his pieces are too indelicate for publication.

Many of his published pieces are such as no good man ought to have produced against his fellow creatures. His love of satire was so indiscriminate, that he often attacks persons who are not legitimate objects of ridicule. Little men and women are the unceasing objects of his satire; and he does not spare the members of his own family.

He was proud of his own powers of satire, and seemed to enjoy the dread of those who feared the exercise of his wit. His satire is not rancorous and vindictive, but playful and sportive; more calculated to annoy than to wound. If he was not invited to a feast or wedding, next day he composed a satire, full of mirth and humour, but too indelicate to be admitted into his book. He has not the wit and poignancy of Macintyre, who composed his satires while in a state of irritation to punish his enemies.

As a writer of elegies, he is more distinguished for sober truth, than poetical embellishment. He hated flattery; and, in closing an elegy on the death of a benefactor, he declares that he had recorded no virtue that he had not himself observed.

As a poet he cannot be placed in the highest rank. He is deficient in pathos and invention. There is little depth of feeling, and very slender powers of description to be found in his works; and, when the temporary and local interest wears away, he can never be a popular poet.

Yet, Rob Donn has been honoured more than any of his brother poets in the Highlands. A subscription having been raised among his countrymen for a monument to his memory, it is now erected in the parish burying-ground of Durness, over his grave. Its foundation stone was laid on 12th January, 1829, with masonic honours, and a procession to the burying-ground, not only of the whole parish, but joined by numbers from the other parishes of "Lord Reay's country," headed by Captain Donald Mackay, of the 21st regiment of foot, who has done himself honour worthy of record by his activity and zeal in raising the subscription, and bringing, with his other coadjutors, this intention to its completion. The monument now stands a record of the bard's fame, and an honourable testimony of his countrymen's feelings. It is of polished granite, on a quadrangular pedestal of the same enduring material, and bears the following inscriptions:—

[*First Side.*]

IN MEMORY
OF
ROB DONN, OTHERWISE ROBERT MACKAY,
OF DURNESS,
THE REAY GAELIC BARD.
THIS TOMB WAS ERECTED AT THE EXPENSE OF A FEW OF HIS COUNTRYMEN,
ARDENT ADMIRERS OF NATIVE TALENT,
AND EXTRAORDINARY GENIUS.
1829.

[*Second Side.*]

"POETA NASCITUR NON FIT."
OBIIT 1778.

[*Third Side.*]

"BU SHLUAGH BORD SINN GUN BHREITHEANAS,
NUAIR A DH-FHALBH THU, MUR SGATHADH SUD OIRNN.

"Δέγεις· ἰδὼ γάρ εἰμ' ὁ σοροῦναι τάδε
Γνοὺς τὴν παροῦσαν τέρψιν, ἦ ὁ' εἶχεν πάλαι."

[*Fourth Side.*]

"SISTE VIATOR, ITER, JACET HIC SUB CESPITE DONNUS,
QUI CECINIT FORMA PRÆSTANTES RURE PUELLAS;
QUIQUE NOVOS LÆTO CELEBRAVIT CARMINE SPONSOS;
QUIQUE BENE MERITOS LUGUBRI VOCE DEFLEVIT;
ET ACRITER VARIIS MOMORDIT VITIA MODIS."*
ÆTATIS 64.

* The above lines, in memory of the bard, were written by the late Rev. Alexander Pope, minister of Reay.

ORAN DO PHRIONNSA TEARLACH.

An diugh, an diugh, gur reusontach
Dhuinn éiridh ann an sanntachas,
An tri-amh lath' air criochnachadh,
De dhara mios a' gheamhraidh dhuinn;
Dean'maid comunn failteach riut,
Gu bruidhneach, gàireach, òranach,
Gu botalach, copach, stòpanach,
Le cruit, le ceòl, 's le damhsaireachd.

Dean'maid comunn failteach
Ris an là thug thun an t-saoghail thu;
Olamaid deoch-slàinte nis
An t-Seumais òig o 'n d' inntrig thu;
Le taing a thoirt do 'n Ard Righ shuas,
Gu 'n d' fhuair do mhàthair liobhraigeadh,
Dheth h-aon bha do na Gàèil,
Mar bha Dàibhidh do chlainn Israeil.

Tha cupall bhliadhn' a's ràidhe,
O 'n là thàinig thu do dh' Alba so;
'S bu shoilleir dhuinn o 'n tràth bha sin,
An fhàilte chuir an aimsir oirnn.
Bha daoine measail, miadhail oirnn,
'S bha àrach nì a' sealbhach' oirnn,
Bha barran troma tìr' againn,
Bha toradh frith' a's fairg' againn.

An diugh, an diugh, gur cuimhne leam,
Air puing nach còir a dhearmad ort,
Mu bhreith a' phrionnsa rìoghail so,
Dhe 'n teaghlaich dhìrich Albannaich;
Togamaid suas ar sùilean ris,
Le ùrnuigh dhlù gun chealgaireachd,
Ar làmhan na 'm biodh feum orra,
Le toil 's le eud 's le earbsalachd.

Togamaid fuirm a's meanmnadh ris,
Is aithnichear air ar dùrachd sinn,
Le latha chumail sunndach leinn,
As leth a' phrionnsa Stiùbhartaich;
Gur cal' an àm na h-éigin e,
Ar carraig threun gu stiùireadh air;
Thug bàrr air cheud am buadhannan,
'S tha cridhe 'n t-sluaigh air dlùthadh ris.

Cha 'n ioghnadh sin, 'n uair smuainichear
An dualachas o 'n tàinig e;
'N doimhne bh' ann gu foghluimte;
Gun bhonn do dh' éis 'n a nàdur dheth,
Mar Sholamh, 'n cleachdadh reusanta,
Mar Shamson, treun an làmhan e,
Mar Absalom, gur sgiamhach e,
Gur sgiath 's gur dion d' a chàirdean e.

Nach fhaic sibh féin an spéis
A ghabh na speuran gu bhi 'g ùmhladh dha;
'N uair sheas an reannag shoillseach,
Anns an *line* an robhsa stiùireadh leis;
An comhar' bh' aig ar Slànuighear,
Ro Theàrlach thigh'n do 'n dùthaich so,
'N uair chaidh na daoine ciallach ud
G' a iarraidh gu Ierusalem.

A nis, a Theàrlaich Stiùbhairt,
Na 'm biodh an crùn a th' air Seòras ort,
Bu lionmhor againn cùirtearan,
A' caitheamh ghùn is chleòcaichean;
Tha m' athchuing ris an Tì sin,
Aig am beil gach nì ri òrduchadh,
Gu 'n teàrnadh e o 'n cheilg ac' thu,
'S gu 'n cuir e 'n seilbh do chòrach thu.

ORAN NAN CASAGAN DUBHA.

[A rinn am bàrd 'n uair chual' e gu 'n do bhacadh an t-éideadh Gàëlach le lagh na rìoghachd; agus muinntir a dhùthcha fein bhi uile air taobh righ Deòrsa 's a' bhliadhna 1745.]

Lamh' Dhé leinn, a dhaoine,
C' uime chaochail sibh fasan,
'S nach 'eil agaibh de shaorsa,
Fiù an aodaich a chleachd sibh;
'S i mo bharail mu 'n éighe,
Tha 'n aghaidh fhéileadh a's osan,
Gu 'm beil caraid aig Teàrlach,
Ann am Pàrlamaid Shasuinn.

Faire! faire! 'Righ Deòrsa,
'N ann a spòrs' air do dhilsean,
Deanamh achdachan ùra,
Gu bhi dùblachadh 'n daorsa;
Ach on 's balaich gun uails' iad,
'S fearr am bualadh na 'n caombna,
'S bidh ni 's lugha g'a t-fheitheamh,
'N uair thig a leithid a risd oirnn.

Ma gheibh do nàmhuid 's do charaid
An aon pheanas an Albainn,
'S iad a dh-éirich 'na t-aghaidh,
Rinn an roghainn a b' fhearra dhiubh;
Oir tha caraid math cùil ac',
A rinn taobh ris na dh' earb ris,
'S a' chuid nach d' imich do 'n Fhraing leis,
Fhuair iad *pension* 'nuair dh-fhalbh e.

Cha robh oifigeach Gaëlach
Eadar *Serjent* 's *Cùirneil*,
Nach do chaill a *chomision*,
'N uair chaidh 'm briseadh le foirneart ;
A' mheud 's a fhuair sibh an uiridh,
Ged bu dìombuan r'a òl e,
Bheir sibh 'm bliadhn' air ath-philleadh,
Air son uinneagan *leòsain*.

Cha robh bhliadhna na taic so,
Neach a sheasadh mar sgoileir,
Gun *chomision* righ Breatainn,
Gu bhi 'n a Chaptein air onair ;
Chaidh na ficheadan as diubh,
Nach do leusaich sud *dolar*,
Ach an sgiùrsaigeadh dhachaidh,
Mar chù a dh-easbhuidh a *choilair*.

Ach ma dh-aontaich sibh rìreadh,
Ri bhur sior dhol am mugha,
Ged a bha sibh cho rioghail,
Chaidh bhur cìsean am modhad ;
'S math an airidh gu 'n faicte
Dream cho tais ribh a' cumha,
Bhi tilgeadh dhibh bhur cuid bhreacan,
'S a' gabhail chasagan dubha.

Och ! mo thruaighe sin Albainn !
'S tòr a dhearbh sibh bhur reuson,
Gur i 'n roinn bh' ann bhur n-inntinn,
'N rud a mhill air gach gleus sibh ;
Leugh an *Gùbharment* sanut
Anns gach neach a thionndaidh ris féin dhibh,
'S thug iad baoight do bhur glonaich,
Gu 'r cuir fo mhionach a chéile.

Ghlac na Sasunnaich fàth oirbh,
Gus bhur fàgail ni 's laige,
Chum 's nach bitheadh 'g ur cunntadh,
'N ur luchd-comh-stri ni b' fhaide ;
Ach 'n uair a bhios sibh a dh-easbhuidh
Bhur n-airm, 's bhur n-acuinnean sraide,
Gheibh sibh *searsaigeadh* mionaich,
Is bidh bhur peanas ni 'a graide.

Tha mi faicinn bhur truaighe,
Mar ni nach cualas a shamhuil,
A' chuid a's feàrr de bhur seabhaig,
Bhi air slabhruidh aig clamhan ;
Ach ma tha sibh 'n ar leoghainn,
Pillibh 'n dòghruinn s' 'na teamhair,
'S deanaibh 'n deudach a thrusadh,
Mu 'n téid bhur busan a cheangal.

'N uair thig bagradh an nàmhaid,
Gus an hit anns do phill e,
'S ann bu mhath leam a chàirdean,
Sibh bhi 'n àireamh na buidhne,

D' am biodh spioraid cho Gaëlach,
'S gu 'm biodh an sàr ud 'n an cuimhne,
Gus bhur pilleadh 's an abhainn,
Oir tha i roimhibh ni 's doimhne.

Nis, a Thèarlaich òig Stiùbhaird,
Riut tha dùil aig gach fine,
Chaidh a chothachadh crùin dhut,
'S a leig an dùthaich 'n a teine ;
Tha mar nathraichean folnicht',
A chaill an earradh an uraidh,
Ach tha 'g ath-ghleusadh an gathan,
Gu éiridh latha do thighinn.

'S iomadh neach a tha guidhe,
Ri do thighinn, a Thèarlaich,
Gus an éireadh na cuingean,
Dheth na bhuidheann tha 'n éigin ;
A tha cantainn 'u an cridhe,
Ged robh au teanga 'g a bhreugadh,
" Làm do bheatha gu t-fhaicinn,
A dh' ionnsuidh Bhreatainn a's Eirinn."

'S iomadh òganach aimsichte,
Tha 'a an àm so 'n a chadal,
Eadar bràighe Srath-Chluanaidh,
Agus bruachan Loch-abair ;
Rachadh 'n cùisibh mhic t-athar,
'S a chrùn, 's a chathair r' an tagradh,
'S a dh' ath-philleadh na Ceathairn,
A dhìoladh latha Chulodair.

Ach a chàirdean na cùirte,
Nach 'eil a' chùis a' cur feirg oirbh,
Na 'n do dh' fhosgail bhur sùilean,
Gus a' chùis a bhi searbh dhuibh ;
Bidh bhur duais mar a' ghobhar
A théid a bhleodhan gu tarbhach,
'S a bhith'r a' fuadach 's an Fhoghar
Is ruaig nan gaothar r'a h-earball.

Ma 's e 'm peacach a 's modha
'S còir a chumhachd a chlaoidheadh ;
Nach e Seumas an Senchdamh
Dhearbh bhi seasmhach 'n a inntinn ?
" C' uim' an diteadh sibh 'n onair,
Na bhiodh sibh moladh na daoidhenchd ?"
'S gur h-e dhlùitheachd d' a chreideamh
A thug do choigrich an rioghachd.

Fhuair sinn rìgh á Hanobhar,
Sparradh oirnne le achd e,
Tha againn prionnsa 'n a aghaidh,
Is neart an lagha 'g a bhacadh ;
O Bhith, tha shuas 'na do bhreitheamh,
Gun chron 's an dithis nach fac thu,—
Mar h-e a th' ann, cuir air agbairt
An t-aon a 's lugha 'm bi pheacadh.

ISEABAIL NIC-AOIDH.

AIR FONN—*Piobaireachd.*

An t-ùrlar.

Iseabail Nic-Aoidh,
Aig a' chrodh laoigh,
Iseabail Nic-Aoidh,
'S i 'n a h-aonar,
Iseabail Nic-Aoidh,
Aig a' chrodh laoigh,
Iseabail Nic-Aoidh,
'S i 'n a h-aonar;
Iseabail Nic-Aoidh,
Aig a' chrodh laoigh,
Iseabail Nic-Aoidh,
'S i 'n a h-aonar;
Seall sibh Nic-Aoidh
Aig a' chrodh laoigh,
Am bonnabh nam frìth'
'S i 'n a h-aonar.

An ceud Siubhal.

Mhuire 's a Rìgh!
A dhuine gun mhnaoi,
Ma thig thu a chaoidh,
'S i so do thìm;
Nach faic thu Nic-Aoidh,
Aig a' chrodh laoigh,
Am bonnabh nam frìth',
'S i 'n a h-aonar.
Mhuire 's a Rìgh!
A dhuine gun mhnaoi,
Ma thig thu a chaoidh,
'S i so do thìm;
Nach faic thu Nic-Aoidh,
Aig a' chrodh laoigh,
Am bonnabh nam frìth',
'S i 'n a h-aonar.
Comharradh duibh
Nach 'eil gu math,
Air fleasgach amh
Bhi feadh a so,
'N uair tha bean-taigh'
Air Riothan nan Damh,
Muigh aig a' chrodh,
Gun duine mar-ri.
Comharradh duibh
Nach 'eil gu math,
Air fleasgaich amh
Bhi feadh a so,
'N uair tha bean-taigh'
Air Riothan nan Damh,
Muigh aig a' chrodh,
'S i na h-aonar.
Iseabail Nic-Aoidh, &c.

An dara Siubhal.

Seall sibh bean-taigh
Air Riothan nan Damh,
Muigh aig a' chrodh,
Gun duine mar-ri;
Seall sibh bean-taigh
Air Riothan nan Damh,
Muigh aig a chrodh,
'S i 'n a h-aonar.
Seall sibh bean-taigh
Air Riothan nan Damh,
Muigh aig a' chrodh,
Gun duine mar-ri;
Seall sibh bean-taigh
Air Riothan nan Damh,
Muigh aig a chrodh,
'S i 'n a h-aonar.
Duine sam bith
Th' air son a' chluich',
De chinneadh math,
Le meud a chruidh,
Deanadh e ruith,
Do Riothan nan Damh,
Gheibh e bean-taigh,
'S cuireadh e rith'.
Duine sam bith
Th' air son a' chluich',
Do chinneadh math,
Le meud a chruidh,
Deanadh e ruith,
Do Riothan nan Damh,
Gheibh e bean-taigh,
'S i 'n a h-aonar.
Iseabail Nic-Aoidh, &c.

An Taobhluath.

Nach faic sibh an *oibseig*
Tha coslach ri glacadh,
Am bliadhna 'g a cleachdadh,
Ri crodh agus eachaibh,
Air achadh 'n a h-aonar.
Nach faic sibh an *oibseig*
Tha coslach ri glacadh,
Am bliadhna 'g a cleachdadh,
Ri crodh agus eachaibh,
Air achadh 'n a h-aonar.
'S neònach am fasan,
Do dhaoine tha dh' easbhuidh
Nan nithean bu taitneich'
Dhaibh féin e bhi aca,
Bhi fulang a faicinn,
Am bliadhna 'g a cleachdadh,
Ri crodh agus eachaibh,
Air achadh 'n a h-aonar.

'S neònach am fasan,
Do dhaoine tha db' easbhuidh
Nan nithean bu taitneich'
Dhaibh féin e bhi aca,
Bhi fulang a faicinn,
Am bliadhna 'g a cleachdadh,
Ri crodh agus eachaibh,
Air acadh 'n a h-aonar.
Iseabail Nic-Aoidh, &c.

An Crunluath.

Seall sibh air a' cheannaidheachd,
An iomallan nam mullaichean,
Am bliadhna 's i gu muladach,
Na h-uile là 'n a h-aonar.
  Seall sibh air a' cheannaidheachd,
An iomallan nam mullaichean,
Am bliadhna 's i gu muladach,
Na h-uile là 'n a h-aonar.
Innsidh mis do dh-iomadh fear,
'S an rannuidheachd 'n uair chluinnear i,
Gu'm beil i air a cumail
As na h-uile h-àite follaiseach,
Le ballanan a's cuinneagan,
An iomallan nam mullaichean,
Am bliadhna 's i gu muladach,
Na h-uile là 'n a h-aonar.
  Seall sibh air a' cheannaidheachd,
An iomallan nam mullaichean,
Am bliadhna 's i gu muladach,
Na h-uile là 'n a h-aonar.
Iseabail Nic-Aoidh, &c.

Note.—This song was composed in praise of a young lady, the daughter of *Iain mac Eachuinn*, the bard's early friend, to the well known air of the pipe tune, "*Fàilte Phriunns'*." To those who have attended to the variations of that air, as played properly upon the great Highland bag-pipe, it cannot but appear as a very respectable effort, that the bard has met all its variations, quick and slow, with words and with sentiments admirably suited both to the air and to his subject.—*Vide Memoir of Edit. 1849.*

PIOBAIREACHD BEAN AOIDH.

Urlar.

Thogaireadh bean Aoidh,
Thogaireadh bean Aoidh,
Thogaireadh bean Aoidh
Unin do dh-Aisir,
Thogaireadh bean Aoidh
'N aghaidh na gaoith',
'S rinn iad Mac-Aoidh
Aig Lochan-nan-Gluimhidheach.
'S folluiseach a dh-fhalbh i,
Callaidheachd an dèigh Aoidh,
Thoilich i ' bhi 'n a mnaoi,
'N àiteachan fàsachail ;
Chunna' mise mar bha i,
Turraban an dèigh Aoidh,
'M bealach eadar dà bheinn,
B' àill leo gu 'n tàmhadh iad.
Chunnaic mi rud eile ris,
Dh-innis domh nach robh sibh saor,
H-uile h-aon de an nì,
Sgaoilt' feadh nan àiridhnean.
'S chunnaic mi thu féin, Aoidh,
'N uair a rinn thu 'm pill,
Gurraidh cruinn anns a' bheinn,
'S duilich dhuibh 'àicheadh.

Siubhal.

'S suarach an t-uidheam,
Do ghruagach no nighin,
Bhi pronnadh 's a' bruidhean,
Is càb oirre ghireachdaich.
Triall thun na h-uighe,
Gun ghnothuch no guidhe,
A' mhealladh le bruidhean,
Pàisteachan bà-bhuachaill.
Ma tha agaibh de chridhe,
Na philleas mo bhruidhean,
Théid mis air an t-slighe,
'S feuchaidh mi 'n t-àite
An robh sibh 'n 'ur suidhe,
'N 'ur laidhe 's 'n ur suidhe,
'S mu 'n ruitheadh beul duibhe,
B' fheàrr gun a chlàistinn.
'S suarach an t-uidheam, &c.

Crunluath.

Na càirdean bu dealaidh bha staigh,
Chàirich iad iomadh fear roimh',
Dh' fheuchainn an cumadh iad unith,
Ailleas nach b' fheàirde i,
Thionndaidh i 'bus ris an fhraigh,
'S bhòidich nach pilleadh i troigh,
Chaoidh gus an ruigeadh i 'n taigh,
Am b' àbhaist d'i fàth fhaighinn.
Dh-fuàg i 'n t-arau a' bruich',
'S dh-fhalbh i o philleadh a' chruidh,
Dh-àicheadh i cumhairl' 's am bith,
'S mhàrsail i dh-Aisir bhuainn.
Mhuinntir a thachair a muigh,
'S iad a fhuair sealladh a' chluich ,
Anna 'n a ruith, teannadh o 'n taigh,
'N dòigh 'Ille chràcanaich.
Na càirdean bu dealaidh, &c.

RANN AIR LONG RUSPUINN.

[Sean long bheag, a bha air a càradh le ceannaiche, bha 'n a shean duine, agus a bhrist roimhe sin; chàraich e an long so, le spruilleach luinge chaidh a bhriseadh ri stoirm geamhraidh air tràigh fagus do Ruspunn; bha 'n ceannaiche pòsd' ri seann nighin tacan ro'n àm sin, 's iad gun chlann. 'N uair rinn e suas an long, 's ann le luath ranaich mar luchd a chaidh e leatha air a' cheud siubhal.]

Seana mharaich, seana cheannaich,
Le seana chailcig, 's iad gun sliochd ;
Gun tuar connich air a' chual chrannaich,
Is luath rainich air cheud luchd.
Bha sean acair, gun aon taic innt',
Air sean bhacan, ri sean taigh ;
Leig an sean tobha gun aon chobhair,
An sean eithear air seana chloich.
Bha triùir ghaisgeach gun neach caisrigt',
Air dhroch eistreadh 'n an caol ruith.
Gu long *Ruspuinn* nach pàigh cuspunn,
An t-seana chupuill nam plàigh rith'.
'S mòr an éis e do fhear *pension*,
Bha 's na rancaibh fada muigh,
Bhi air chùl fraighneach air stiùir Sìne,
Gun dùil sìneadh ri deagh chluich.

ORAN NAN SUIRIDHEACH.*

Fhearamh òg' leis am miannach pòsadh,
Nach 'eil na sgeòil so 'g 'ur fàgail trom ?
Tha chuid a 's dìomhair' tha cur an lìn dibh,
Cha 'n eil an trian diubh a' ruigheachd fuinn.
Tha chuid a's faighreachail' air an oighreachd s',
O 'm beil am *prise* a' dol air chall,
Mar choirean làidir, cur maill' air pàirtidh,
Tha barail chàirdean, a's gràdh gun bhonn.

Tha fear a' suiridh an diugh air inighean,
Gun bharail iomraill nach dean e tùrn ;
Bha i uair, 's bu chumha huairidh,
A ghuth d' a cluais, a's a dhreach d' a sùil.
An sean ghaol ciunteach bha aig ar sinusir',
Nach d'fhuair cead imeachd air feadh na dùthch',
Nach glan a dhearbh i, gu 'n deach' a mharbhadh,
'N uair ni i bàrgan, 'nuair thig fear ùr.

'S iomadh caochladh thig air an t-saoghal,
'S cha chau an fhìrinn nach 'eil e crosd',
Na h-uile maighdean a ni mar rinn i,
Tha fois a h-inntinn an cunnart feasd.
An duine treubhach, mur 'eil e spréidheach,
A dh' aindeoin eud, tha e féin 'g a chosg,
'S le comhairl' ghòraich a h-athair dhùlum,
'G a deanamh deònach le toic, 's le trosg.

* For the air, see " The Rev. Patrick M'Donald's Collection of Highland Airs," page 17, No. 112.

O 'n tha 'n gaol ac' air fàs mar Fhaoilleach,
Na bitheadh stri agaibh ri bhi pòsd',
'A seasmhachd inntinn cha 'n 'eil thu cinnteach,
Itè fad na h-aon oidhch' gu teacnd an lò ;
An tè a phàirticheas riut a chàirdeas,
Ged tha i 'gràdh sud le cainnt a bheòil,
Fo cheann seachduin, thig caochladh fleasgaich,
'S cha 'n fhaigh thu facal dh'i rè do bheò.

Ach 's mòr an nàire bhi 'g an sàrachadh,
Oir tha pàirt dhiubh de 'n inntinn stòlt',
Mach o phàrantan agus chàirdean,
Bhi milleadh ghràidh sin tha fàs gu h-òg ;
Mur toir i aicheadh do 'n fhear a's fearr leath',
Ged robh sud craiteach dh'i fad a beò,
Ni h-athair fearguch, a beatha searbh dh'i,
'S gur fearr leis marbh i, na 'faicinn pòsd'.

Faodaidh reason a bhi, gu tréigeadh
An fhir a 's beusaich' a théid 'n a triall ;
Ged tha e cairdeach, mur 'eil e pàgach,
Ud ! millidh pràcas na th' air a mhiann ;
Tha 'n duine suairce, le barrachd stuamachd,
A' call a bhuannnchd ri tè gun chiall ;
'S fear eile 'g éiridh, gun stiu ach léine,
'S e cosnadh gèill dh'i mu 'n stad e srian.

Mur 'eil stuamachd a' cosnadh grungaich,
Och ! ciod a' bhuaidh air am beil a geall ?
Nach mor an neònachus fear an dùchuis so,
Gun bhi chòdach ni 's modha bonn ;
Fear eile sìneadh le mire 's taosnadh,
Le comunn faoilteach, no aigneadh trom,
'S ge math na trì sin gu cosnadh suntachd,
Cha 'n eil a h-aon diubh nach 'eil a' call.

Ma tha e pagach, ma tha e sgathach,
Ma tha e nàrach, ma tha e mear ;
Ma tha e sanntach, ma tha e greannar,
Ma tha e cainnteach, a's e gun chron ;
Ma tha e bòidheach, ma tha e seolta,
Ma tha e còmhnard, ma tha e glan ;
Ma tha e dìomhain, ma tha e gnìomhach,
Ud, ud ! cha 'n fhiach le a h-aon diubh sin !

Ma tha e pàgach, tha e gun nàire,
'S ma tha e sgathach, cha bheag a' chrois ;
Ma tha e gaolach, tha e 'n a chuora ;
'S ma tha e faoilteach, tha e 'n a throsg ;
Ma tha e gnìomhach, their enid, " Cha 'n fhiach e,
Tha 'n fear ud mìodhair, 's e sud a chron ;"
'S ma tha e faillìgeach ann an aiteachadh,
" Cha bhi barr aig', is bi'dh e bochd."

Cò an t-aon fhear air feadh an t-saoghail,
A tha nis cinnteach gu 'n dean e tùrn ;
'S nach 'eil a h-aon de na tha mi 'g innseadh,
Nach 'eil 'n a dhiteadh dha air a chul.

N

An duine meanmnach, 's e toimbseil, ainmeil,
Cha chluinn thu 'ainm ach mar fhear gun diù ;
'S nach fhaic thu féin, air son iomadh reusoin,
Gu 'n deach' an spréidh os ceann céille, 's cliù.

Tha fear fòs ann, a dh-aindeoin dùchais,
A dh' fhaodas pòsadh gun mhòran char ;
Na'm biodh de chiall aig' na dh' aithnich riamh,
Gu 'n do dh-éirich grian anns an àirde 'n ear ;
Dean 'n a dhuaire e, a rugadh 'n cuaran,
Thoir baile 's buar dha, a's treabhair gheal ;
Leig labhairt uair dha, ri athair gruagaich,
'S bheir mi mo chluas dhut mar fhaigh e bean.

AM BRUADAR.

AIR FONN—"*Latha siubhal sléibhe dhomh.*"

CHUNNA' mise bruadar,
 Fhir nach cuala, thig a's cluinn ;
Ma 's breisleach e, cur casg air ;
 'S ma tha neart ann, bi 'g a sheinn ;
Na m' b' fhìor dhomh féin gu 'm faca mi,
 Am Freasdal, 's e air beinn ;
Gach ni a's neach 'n a amharc,
 Is e coimhead os an cinn.

Chunna' mi gach seòrsa 'n sin,
 A' tigh'nn 'n an cròthaibh, cruinn ;
'S na 'm b' fhìor dhomh, gu 'n robh mòran diubh,
 A b' eòl domh ri mo linn ;
Ach cò a bha air thòs dhiubh,
 Ach na daoine pòsd' air sreing,—
'S a' cheud fhear a thuirt facal diubh,
 Cruaidh chasaid air a mhnaoi.

Labhair glagair àraidh ris,—
 " 'S tu leig mo naimhdeas leam,
N uair phòs mi ghobach, àrdanach,
 Nach obadh cnàmhan rium ;
'S e 's cainnt an taobh mo leapa dh'i,
 An uair is pailte rùm,
Gu cealgach, feargach, droch-mheinneach,
 ' 'S an droch-nair, teann a null.'

" Their i ris, gu h-ain-meinneach,
 'N uair dh' éireas fearg 'n a sròin,
Gu 'm b' olc mi ann an argumaid,
 'S nach b' fheàrr mi thogail sgeòil,—
Cha b' ionann duit 's do c' ainm e sud,
 'S deagh sheannachaidh e 's taigh-òsd',
O ! 's buidhe dhi-s' thug dhachaigh e,
 B' e féin am fleasgach còir.

" 'Nuair chlosas mis' ri smuaineachadh,
 Gach trualghe thug mo shàr ;
Their i, sgeigeil, beumach, riutn,
 Gur ro mbath dh-éisdinn sgeul ;
Is their i ris na labhras mi,
 Gu 'n canadh clann ni b' fhearr ;
Aon ghnìomh, no cainnt, cha chinnich leam,
 Nach di-mol i le 'beul."

Thuirt ise :—" Gu 'm b' cudach sud,
 'S gu 'n robh e breugach, meallt',"
Is thug i air mar b' àbhaist d'i,
 Nach abradh 'bheul-sa drannd ;
" Tha 'n adharc sgorrach, éitidh ;
 Ach o 'n 's éigin d'i bhi ann,
O ! ciod e 'n t-àite 'n cùra dh'i
 Bhi fas, na air a' cheann."

Thubhairt fear de 'n àireamh ud,
 Bu tàbhachdaiche bh' ann,
" A Fhreasdail, rinn thu fàbhor rium,
 Am pàirt 'nuair thug thu clann ;
Ged thug thu bean mar mhàthair dhuibh,
 Nach dean gach dàrna h-àm,
Ach h-uile gnìomh a 's tarsuinne,
 Mar ' thachras thigh'n 'n a ceann."

Fhreagair Freasdal reusonta,—
 " 'S e 's feumail dhut bhi stuaim',
'S a liuthad là a db' éisd mi riut,
 Is tu 'na t-éigin chruaidh ;
Mu 'n do chumadh léine dhut,
 Bha 'n céile sin riut fuaight',
Is ciod iad nis na fàthan,
 Air am b' àill leat a cur bhuat ?"

" Nach bochd dhomh, 'nuair thig *strainsearan*,
 Bhios ceòlmhor, cainnteach, binn,
'Nuair 's math leam a bhi fialaidh riuth',
 'S ann bhios i fiata ruinn ?
'N uair dh' òlas mi gu cùirteil leath',
 'S e gheibh mi cùl a cinn,
'S bidh mise 'n sin 'n am bhreugadair,
 Ag ràdh gu 'm beil i tinn.

" Cha tàmh i 'm baile dithribh leam,
 Cha toigh leath' gaoth nam beann,
An t-àite mosach, fàsachail,
 Am beil an cràbhadh gann ;
'S ged chuir mi làmh ri eaglais i,
 Cha 'n fhada dh' fhanas ann,—
' An t-àite dona, tàbhurnach,
 Bidh sluagh cur neul 'n a ceann." "

Sin 'n uair thubhairt Freasdal ris,—
 " 'S e thig do 'n neach ni chòir ;
A bhi ni 's dlùith' r' a dhleasannas,
 Mar 's truime crois 'g a leòn ;

Ged shaoileadh tu gu 'm maitheadh dhut,
Na pheacaich thu gu h-òg;
Cha 'n fhear gun chamadh crannchair thu,
Fhad 's bhios a' cham-chomhdh'l s' beò.

" Cha 'n fhac thu féin o rugadh tu,
Aon cheum de m' obair-s' fiar,
Ged chunnaic mi mar chleachdadh tu,
Do dhreachdan 's do chiall ;
Cia h-iomadh *tric* gu beartas,
Bh' air an ditheadh steach 'n ad chliabh,
Nach fhaic thu gur h-aon aisinn dhiot,
A chum air ais sud riamh.

" Aidich féin an fhìrinn,
Agus chi thu 'n sin mar bha,
A' mheud 's a ghabh mi shaothair rith',
Gus an caoch'leadh i ni b' fhearr ;
Dh-fheuch bochdain agus beartas dh'i,
Is euslaint agus slàint',
Is thainig mi cho fagus d'i,
'S a bagairt leis a' bhas.

" 'Nuair a dh' fheuch mi bochdain dh'i,
'S ann ortsa chuir i 'm *fàt;*
'S cha mhò a rinn an t-socair i
Ni b' fhosgarraich' ri càch ;
Le h-euslaint' 'nuair a bhun mi rith',
S ann frionasach a dh-fhas ;
An t-slainte bhuam cha 'u aidich i,
'S cha chreid i bhuam am bàs."

Cò sin a chite tighinn,
Dol a bhruidhean ris gu teann,
Ach duine bha cruaidh chasaid
Air a' mhuaoi bu ghasd' a bh' ann ;
'S e 'g radh :—" 'Nuair théid mi 'n taice rith',
'S ann bhios oirr' gart a's greann,
'S 'nuair their mi chainnt a 's dealaidh rith',
Gu 'n cuir i càr 'n a ceann.

" Gur h-e trian mo dhitidh oirr',
Nach bi i faoilidh rium ;
Ni i sgeig a's cnaid orm,
Gun ghair' a' tigh'nn á còm ;
'Nuair bhitheas sinn 'n ar n-aonaran,
Bidh 'cainnt 's a h-aogas trom,
Ach 'n uair thig na fir gu fuirmeil,
Gheibh sinn òl, a's cuirm, a's fonn.

" A Fhreasdail, rinn thu seirbhe dhomh,
'S ann orm a chuir thu chuing,
'S gu 'm b' eòl dut gu 'n robh m' aimsir,
Is mo mheanmuadh air an claoidh ;
B' fhurasd' dhut 's na bliadhnaibh ud,
Mo riarachadh le mnaoi
Bhiodh ùmhail, cairdeil, riannil dhomh,
'S nach iarradh fear a chaoidh."

" Dh' fhaodainn-sa do phòsadh
Ris an t-seòrsa tha thu 'g ràdh,
Ach 's aonan as a' chiad dhiubh,
Bheireadh riarachadh dhut ràidh ;
An tè de 'n nadur nebnach ud,
'S nach toireadh pòg gu bràth,
Aon dràm no deoch cha 'n blar leath',
'S cha dheònaich i do chàch."

Air an dara dùsal dhomh,
'N déigh dùsgadh as mo shuain,
Chunnaic mi na daoine sin,
Ag sgaoileadh mach mu 'n cuairt ;
S na h-uile bean bha pùsda sin,
A' dol 'n an dùnaibh suas,
Ach 's aon tè as an fhichead dhiubh,
Bha buidheach leis na fhuair.

Labhair aon bean iunnsaicht' dhiubh,
Bu mhodba rùm na càch :—
" Am biadh, an deoch, 's an aodaichean,
Cha 'n fhaodainn bhi ni 's sathaicht' ;
Ach gu m' fhagail trom, neo-shunndach,
Cha 'n eòl domh pung a's dàch',
Na gealltanas mo thìlleachadh,
Gun choimhlionadh gu bràth.

" An duine sin tha mar rium,
Tha sior ghearan air mo shuund,
Dhearbhainn féin air 'fhiacaill,
Ged nach d' iarr mi, nach do dhiùlt ;
Bidh mòran diubh mi-reusonta,
'Nuair gheibh thu 'n sgeul gu grunnd,
Tha dùil ac' gu 'n ghluais mireag riuth',
An spiorad nach 'eil aunt'.

" 'S nei nach leam an dràsda 'n so,
Sior àbhaist nam fear pòsd',
Their gu ladarn' dùna,
Nach do thoirmisg aithne pìg ;
Cia mòr au diùbhcas beusan
Th' eadar eucoir agus còir,
Cha 'n eòl domh aite-seasaimh,
Gun a chos air aon diubh dhò."

Chunnaic mi 's an àite sin,
Ni àbbachdach gu leòir,
Is shaoil mi gu 'n bu reuson e,
O 'n tigeadh eudach mòr ;
Ciod bh' ann ach fear gnu chomas,
'G iarraidh comuun tè gun chòir,
'S bha fior dhroch bheachd aig ceud deth,
'S a bhean féin 'g a chur an spòrs.

Chuireadh e neul 'n am eanchainn-s',
A bhi 'g ainmeachadh le caiunt,
A' mheud 's a bh' ann de dh-argumaid,
'S do chomunn gearrta greann' ;

Bha na ceadan pears' an sud,
'N an seasamh ann an ràuc,
'S bha casaidean aig mòran diubh,
Ma 'n aon neach bha toirt taing.

AN DUINE SANNTACH

AGUS AN SAOGHAL, A' GEARAN AIR A CHEILE.

AN DUINE.

'S mi-chomainneach thusa, Shaoghail,
 'S b' abhaist dhut,
'S olc a leanadh tu ri duoine
 A leanadh riut ;
Am fear a cheangail sreang gu teann riut,
 Leis a' ghlut ;
'Nuair tharruinn gach fear a cheann féin d'i,
 'S es' a thuit.

AN SAOGHAL.

Is sibhse tha mar sin, a dhaoine,
 'S b' abhaist duibh,
'S olc a leanadh sibh ri saoghal
 A leanadh ribh ;
Ged chuir mise sorchan fodhaibh,
 'S air gach taobh,
Mas sibh féin tha gabhal teichidh,
 Soraidh leibh !

AN DUINE.

O, na 'n gleidheadh tu mis', a shaoghail,
 Bhithinn dha do réir,
Oir tha na h-uile ni a's toigh leam
 Fo na ghréin ;
C' uim' an leigeadh tu gu dilinn
 Mi gu péin,
'S nach 'eil flaitheas cho priseil dhomh
 Riut féin.

AN SAOGHAL.

S ann bu chòir dhut bhi cur t-eòlais
 Ni bu deis',
Far am biodh na h-uile sòlas
 Ni bu treis',
Ged ni mis' an t-umaidh àrach
 Ri car greis,
'N uair a thogras e féin m' fhagail,
 Leigeam leis.

ORAN DO'N OLLA MOIRISTON.

LUINNEAG

Binn sin uair-eigin,
 Searbh sin òg,
Binn sin uair-eigin,
 Searbh sin òg ;
Binn sin uair-eigin,
 'N comunn so dh' fhuaraich,
Air an robh earball glé dhuaineil,
 Ge bu ghuanach a shròn.

A' bhliadhna na caluinn-s',
Bu gheur am faobhar a ghearradh an teud,
Bh' eadar Dòmhnull 's am Morair,
'S iad mar aon ann an comunn 's an gaol ;
Ach cia b' e ni bha 's na cairtean,
Chaidh e feargach oirnn seachad an dé ;
'S cò a 's dùcha bhi coireach,
Na 'm fear a dh-fhagas am baile leis féin ?
 Binn sin uair-eigin, &c.

Chunnaic mis' air a' bhòrd thu,
Bhliadhna ghabh Sine Ghòrdon an t-àt,
'S cha chuireadh tu t-aodunn
Ann an comunn nach slaodadh tu leat ;
Ach 'nuair shaoil leat do shorchan,
Bhi cho laidir ri tulchainn a' ghcat',
Shliob na bonna-chasan reamhar
Dheth na loma-leacan sleamhuinn gun taic !
 Binn sin uair-eigin, &c.

Dearbh cha ghabhainn-sa ioghnadh
As an leac so chuir milteau a muigh,
Dhe na corra-cheannaich' bhriosgach,
Aig am faicte 'n dà iosgaid air chrith ;
Ach an trostanach treubhach,
Chuireadh neart a dhà shléisd' an an sìth,
Ma thuit es' aig an dorus,
Cia mar sheasas fear eile 's am bith ?
 Binn sin uair-eigin, &c.

'S ann tha ceumanan Freasdail
Toirt nan ceudan de leasanan duinn,
Deanamh iobairt de bheagan,
Gu 'm biodh each air an teangasg r' an linn ;
Ach' ma thuiteas fear aithghearr,
Le bhi sealltuinn ro bhras os a chinn,
Cha 'n 'eil fhios agam, aca,
Co a 's ciontaich' an leac no na buinn.
 Binn sin uair-eigin, &c.

Tha mise féin ann an eugal,
'G iarraidh fàsaich no eag do mo shàil,
Is mi falbh air an leacaich,
Air an d' fhuair daoine seasmhach an sàr ;

Ach tha m' earbsadh tre chunnart,
Mo gharbh-chnaimhean uile bhi slàn,—
Oir ged a thàrladh dhomh clibeadh,
Cha 'n 'eil àird' aig mo smigeid o 'n làr.
  Binn sin uair eigin, &c.

An duin' òg s' tha 'n a léigh,
Tha mi clàistinn tha tighinn á 'dhéigh,
Fhuair e *leasan* o dhithis,
Chum gu 'n siùbhladh e suidhicht' 'n a cheum;
Ach mu 'n chùis tha d' a leantuinn,
Cuiream cùl ri bhi cantuinn ni 's léir;
Ach na 'm biodh brìgh na mo chomhairl',
So an t-àm am beil Somhairl' 'n a feum.
  Binn sin uair-eigin, &c.

Ian Mhic-Uilleim 's an t-Srathan,
Faodaidh deireadh do lathach'-s' bhi searbh,
Ged tha 'n aimsir-s' cho sìtheil,
'S nach 'eil guth riut mu phris air an tàrbh;
Chaidh luchd-fàbhoir a bhriseadh,
Na bha 'n dreuchd eadar Ruspunn 's am Pàrbh ;
Am fear a thig le mòr urram,
Gheibh e ceud mìle mallachd 's an fhalbh.*
  Binn sin uair-eigin, &c.

Note.—Dr Morrison, the hero of this song, was for a long time in high esteem and favour in the family of Lord Reay; but at length a misunderstanding arising between them, he found cause to leave the family, reflecting, at the same time, on the fluctuating temper and unsteady favour of the great, and repeating the old Gaelic adage, "*Is sleamhuinn an leac a th'aig dorus an taigh' mhòir.*"

MARBHRANN.

[Do dhithis mhinistear ro ainmeil 'nan dùthaich, Mr Iain Munro, Ministeir Sgìre Eadarachao'ais, agus Mr Dòmhnull Mac-Auidh, Maighstir-sgoile, 'gtre Fair.]

  Air Fonn—"*Oran na h-aoise.*"

'S e mo bheachd ort, a bhàis,
 Gur bras thu ri pàirt,
Gur teachdair' tha laidir, treum, thu ;
 An cognadh no 'm blàr,
Cha toirear do shàr,
 Aon duine cha tàr do thréigsinn ;
Thug thu an dràsd
 Dhuinn buille no dhà,
Chuir englaisean bàn, a's foghlum ;
 Is 's fhurasd dhomh ràdh,
Gur goirid do dhàil,
 'S gur tric a' toirt beàrn 'n ar Cléir thu.

Bhuin thu ruinn garbh,
 Mu 'n dithis so dh-fhalbh,
'Nuair ruith thu air lòrg a chéil' iad ;
 C' uime nach d' fhàg thu

* " Hate dogs their flight, and insult mocks their end "
       Johns. Van. Hum. Wishes.

Bhuidhean a b' àirde,
 A bhiodh do chàch ro fheumail ;
A bhruidhean a b' fheàrr
 A' tighinn o 'm beul,
'S an cridheachan làn de reuson ;
 Chaidh gibhteachan gràis
A mheasgadh 'n an gnàths,
 'S bha 'n cneasdachd a' fàs d' a réir sin.

Dithis bha 'n geall
 Air gearradh á bonn,
Gach ain-iochd, gach feall, 's gach eucoir ;
 Dà sholus a dh-fhalbh
A earrannan garbh',
 Dh-fhàg an talamh-sa dorch d' a réir sin ;
Ge d' tha e ro chruaidh,
 Gu 'n deach' iad 's an uaigh,
Tha cuid a gheibh buaidh a's feum dheth ;
 Mar ris gach aon ni,
Dh-aithris iad dhuinn,
 Chaidh 'n gearradh á tìm an leughaidh.

Dithis a bh' ann,
 Bu chomhairl' 's bu cheann,
Do phobull fhuair àm g' an éisdeachd ;
 Dithis, bha 'm bàs
'N a bhriseadh do chàch,
 Gidheadh gu 'm b' e 'm fàbhor féin e ;
Cha ladurn gu dearbh,
 Dhuinn chreidsinn 'nuair dh-fhalbh,
Gu 'n d' fhreagair an earbs' gu léir iad ;
 A dh' aindeoin an aoig,
B' e 'n cairide gaoil,
 'Nuair sgair e o thìr nam breug iad.

Tha sgeulan r' a inns'
 Mu dhéighinn na dìth's,
A 's feumail a bhi sna ceudan ;
 Feudaidh mi ràdh,
Cia teumach am bàs,
 Nach tug e ach pairt d' a bheum uninn.
Ged thug e le tinn,
 An corpa do 'n chill,
Bidh iomradh ro bhinn 'n an déigh orr' ;
 Is iomadh beul cinn,
Ag aithris 's gach linn,
 Na labhair, na sheinn, 's na leugh iad.

Sinne tha làthair,
 Tuig'maid an t-stràchd-s',
Is cleachdamaid trà air reuson ;
 Nach faic sibh o'n bha,
An lathachan s' geàrr,
 Gu 'n ruith iad ni b' fhearr an réis ud ;
'S mac-samhuil dhuinn iad,
 Ged nach 'eil sinn cho àrd,

Anns na nitheannaibh cràbhaidh, leughant';
Na earb'maid gu bràth,
Gu 'n ruig sin an t-àit-s'
Mur lean sinn ri pàirt d' an ceumau.

Tha 'n teachdair s' air tòir
Gach neach a tha beò,
'G an glacadh an còir no 'n eucoir ;
Na gheibh e 'n a dhòrn,
Cha reic e air òir,
Iti gul, no ri deoir cha 'n eisd e.
Chi mi gur fiù
Leis tighinn do 'n chùil,
Gu fear th' ann an èlùd mar éideadh ;
'S ged dheanamaid dùn,
Cha cheannaich e dhuinn,
Aon mhionaid de dh-ùin o 'n eug sin.

An dithis so chuaidh,
Cha rachadh cho luath,
Na 'n gabhadh tu uainn an èirig ;
Cha leig'maid 'n an dìth's
Iad as an aon mhios,
Na 'm b' urradh sinn diol le seudan :
Ach 's teachdair ro dhàn'
Thu, tighinn o 's hìrd,
Buailidh tu sthtaibh 's déircean ;
Cha bhacar le 'prìs,
Air t' ais thu a rìs,
'S tu dh' easbhuidh an aoin mu 'n téid thu.

Glacaidh tu chloinn
A mach bho na bhroinn,
Mu 's faic iad ach soills' air éigin ;
Glacaidh tu 'n òigh,
Dol an coinneamh an òig,
Mu 'm feudar am pòsadh éigheachd.
Ma 's beag, no ma 's mòr,
Ma 's sean, no ma 's òg,
Ma 's cleachdamh dhuinn còir no eucoir ;
Ma tha sinn 'n ar beò,
Is anail 'n ar sròin,
Cuirear uile sinn fo na féich ud.

Tha 'm bàs os ar cinn,
'G ar glacadh le tinn,
'S le fradbrac ar cinn cha lèir e ;
Ach tha glaodh aig' cho cruaidh,
'S gu 'm faodadh an sluagh,
A chluinntinn le cluasan reusoin.
Nach dearc sibh a chùl,
Is fear aig' fo iùil,
'S e sealtuinn le 'shùil gu geur air ;
An diugh cìod am fàth,
Nach bidh'maid air gheàrd,
'S gu 'n bhuin e ar nàbuidh 'n dé bhuainn.

A chumhachd a tha
Cur chugainn a bhàis,
Gun teagamh nach pàighear 'fhéich dha ;
Tha misneachd a's bonn
Aig neach a tha 'n geall,
Air tagradh na gheall do bheul dha.
Oir 's athair do chlann
A dh' fheitheas a th' ann,
'S fear-taighe do 'n bhantraich féin e ;
'S e'n Cruithear a th' ann,
A bheir gu neo-ghann,
Na thoilleas sinn onns a' chreutair.

MARBHRANN,

DO MHAIGHSTIR, MURCHADH MAC-DHOMHNUILL,
MINISTEAR SGIRE DIUIRINNIS
AN DUTHAICH MHIC-AOIDH.

'S e do bhàs, 'Mhaighstir Murchadh,
Rinn na h-àitean so dhorchadh,
'S ged chaidh dàil ann do mharbhrann,
Labhraidh balbhachd ri céill.
Na 'm biodh a' Chriosdaidheachd iomlan,
Cha rachadh di-chuimhn' air t-iomradh,
No do ghniomharan iomlaid,
Ach leantadh t-iomchan-s' gu léir ;
Gur h-e chràdh mi 'n am mheanmnaidh,
'S do luchd-gràidh agus leannhuinn,
Meud do shaothrach mu 's d' fhalbh thu,
'S lugh'd a lnirg as do dhéigh ;—
Bheir cuid leasanan buadhach,
O bhruaich fasanan t-uaghach,
Nach tug duiseachan suarach,
As na chual iad bhuat féin.

Fior mhasgull chionn pàidhidh,
No stad gealtach le gàbhadh,
Bhrigh mo bheachd-s' ann an dànaibh,
'S mi nach deanadh, 's nach d' rinn :
Ach na 'm biodh comain no stà dhut,
Ann a t-allndh chur os àird dut,
Co ach mis' do 'm bu chàra,
'S co a b' fheàrr na thu thoill ?
Bhuidhean mholtach-s' a dh-fhàg sinn,
Ged nach urr' iad a chlàistinn,
'S còir bhi 'g aithris am phàirtean,
Gun fhàbhor, 's gun fhoill ;
Oir 's buain' a' chuimhne bheir bàrda,
Air deagh bhuadhannaibh nàduir,
Na 'n stoc cruinn sin a dh-fhàg iad,
Is comh-stri chùirdean 'g a roinn.

Bha do ghibhtean-sa làidir,
Air nm measgadh le gràsan,
Anns n' phearsa bha àluinn,
Lom-lan de na chéill ;

An tuigs' bu luchdmhoir' gu gleidheadh,
An toil a b' èasgaidh gu matbeadh,
'S na h-uile h-aigneadh cho flathail,
  Fad do bheatha gu léir.
Bhiodh do chomhairl' an còmhnuidh,
Le do chobhair 's do chòmhnadh,
Do luchd-gabhail na còrach,
  Réir 's mar sheòladh tu féin ;
Dheanadh tu 'n t-aindeonach deònach,
Is an t-aineolach eòlach—
'S b' e fior shonas do bheòsblaint,
  Bhi tabhairt còrr dhaibh de léirs'.

Bha thu caomh ri fear feumach,
Bha thu saor ri fear reusont',
Bha thu aodannach, geurach,
  Mar chloich, ri cucòireach, cruaidh ;
Bu tu 'n tabhairteach maoineach,
Bu tu 'n labhairteach saoithreach,
Bu tu 'n comhairleach tìmeil,
  'S crìoch a' ghaoil ann ad fhuath ;
Tha e 'n a ladarnas gàbhaidh,
Bhi le h-eagal ag àicheadh,
Nach 'eil stoc aig an Ard-Rìgh,
  Ni an àird na chaidh ualnn ;
Ach 's fàbhor Freasdail, 's a's ioghnadh,
No 'n ni a 's faisge do mhìorbhuil,
Am bèarn so th' againn a lìonadh,
  Gu blas mìannach an t-sluaigh.

Leam is beag na tha dh' fhoighneachd,
Mu na thubhairt, 's na rinn thu,
'S mu na chliù sin a thoill thu,
  O 'n là chaill sinn thu féin ;
Ach mòran tartar is stroighlich,
Air son féich, agus oighreachd,
Fàgnaidh beartaich mur fhinc e,
  Air an cloinn as an déigh ;
'S e ni a 's minig a chi mi,
Dh' aindeoin diombunachd tìme,
Gu'm beil giounich nan daoine,
  Tarruinn elaonadh 'n an céill ;
Ach cha 'n 'eil iomairt no mòtion,
Anns na freasdail so dhomhsa,
Nach toir leasan 'n am chòdhail,
  Le seann nòt bho do bheul.

Toigheach, faicilleach, fiamhach,
Smuainteach, facalach, gnìomhach,
Ann do ghnothachaibh diomhair,
  Gun bhi dìomhain aon uair ;
Chaith thu t-aimsir gu saoithreach,
Air son sonas nan daoine ;
'S cha b' e truaillìdheachd shaoghalt
  No aon ni chur suas.
'Nuair tha nitheana taitneach,
Dol a mugh' u chion cleachdaidh,
B' e chùis fharmaid fear t-fhasain,
  'S cha b' e beartas a's uaills',

A' dol o 'n bheatha bu sheirbhe,
Tre na cathan bu ghairbhe,
Dh-ionnsuidh Flaitheas na tairbhe,
  Gu buan shealbhachadh duais.

Gu'm beil cealgaireachd chràbaidh,
Air a dearbhadh gu gàbhaidh,
Tha 'n a gairisinn r' a clàistinn,
  Is ro chràiteach r' a luaidh ;
Nuair a thuit thu le bàs bhuainn,
Mar gu 'm briseadh iad bràighdean,
Dhùisg na h-uile sin a b' àbhaist,
  A bhi an nàdur an t-sluaigh ;
Gu'm beil cath aig an Ard-Rìgh,
Gu bhi gabhail nam pàirtean,
Anns na chruthaich e grùsan.
  Thug air aghairt gach buaidh ;
Rinn sud sinne 'n ar fàsach,
Anns an talamh-s' an trà so,
So a' bharail th' aig pàirt diubh,
  Trìc 'g a ràtainn air t-ualgh.

An duine thigeadh a suas riut,
Ann an guth 's ann an cluasan,
Cha 'n fhacas riamh a's cha chualas,
  Is 's e mo smuaintean nach cluinn ;
Ged bu bheartach do chràbhadh,
Bha do mheas air gach tàlann,
'S tu a thuigeadh na dàna,
  'S am fear e dheanadh na rainn ;
Chuid a b' àirde 's a' bhuaidh sin,
Tha 'd air stad dheth o 'n uair sin,
Ach na daiseachan suarach,
  Tha mu 'n cuairt duinn a' seinn ;
'Nuair a cheilear a' ghrian orr'.
Sin 'n uair ghoireas na biastan,—
Cailleach-oidhch' agus strìannch,
  An coilltean fiadhaich, 's an glinn.

'S eòl domh daoine 's an aimsir-s',
Dh-fhàs 'n an cuideachd glé ainmeil,
Tigh'nn air nitheanan talmhaidh,
  Ann an gearrabhaireachd gheur ;
Ach 'n uair thogar o 'n làr iad,
Gus na nithibh a's àirde,
S ann a chluinneas tu pàirt diubh,
  Mar na pàisdean gun chéill ;
Fhuair mi car ann do rianaibh-s',
Le do ghibhtean bha fialaidh,
Nach do dhearc mi, ma 's fior dhomh.
  An aon neach riamh ach thu féin,—
Càil gach cuideachd a lìonadh,
Leis na theireadh tu dìomhan,
'S crìoch do sheanchais gun fhiaradh,
  Tighinn gu diadhaidheachd threun.

Bha do chuid air a sgaoileadh
Gu bhi cuideachadh dhaoine,

'S fhad 's a bha thu 's an t-saoghal,
  'S tu nach faodadh bhi pàidht';
Chuid bu taitneich' 'n an iomchainn,
Cha 'n 'eil facal mu 'n timcheall,
Cha bhi ceartas mu 'n iomradh,
  Ach le 'n imrich, 'n am bàs.
'S truagh am peanas a thoill sinn,
Thaobh nan ciontan a rinn sinn,—
Bhi sìor ghearradh ar goibhlean,
  'S ar cuid theaghlaichean fàs;
Gun cheann laidir gu fhoighneachd,
Co ni 'n àirde na chaill sinn,
Cuid, d' an cràdh, là is oidhche,
  Nach tig t-oighre 'na t-àit.

CUMHA DO MHR. MURCHADH.

[A rinn am bard an ceann bliadhna an déigh bàis an duin' uasail sin, air iarrtas a mhic am flor Gàël suairc ionnsaichte, Mr Padruig Mac-Dhòmhnuill, ministear Sgìre' Chille-moire an Earraghàël, air dha thighinn do 'n dùthaich, agus a bhi aig àm àraidh an cuideachd a' bhàird.]

CO-SHEIRM.

'S cianail, a's cianail,
  O! 's cianail a tha mi,
'N ceann na bliadhna,
  O! 's cianail a tha mi,
A Mhaighstir Murchadh,
  'S tu air m' fhàgail,
'S mairg nach d' fhuair sinn,
  Làmh no dhà dhiot.

Chridhe na féile,
  A bhéil na tàbhachd,
Cheann na cúille,
  'S an fhoghluim chràbhaidh,
Làmh gun ghanntair
  An am dhut paigheadh,
An uachdar a' bhùird,
  A ghnùis na fàilte.
    'S cianail, &c.

Tha mise 'n am aonar,
  Mar aon ann am fàsach,
'S ni gun fheum dhomh,
  Aobhar ghàire,
Cuims' ann an cainnt,
  Ann an rann no dànachd,
Chionn 's nach 'eil thu ann
  G' an clàistinn.
    'S cianail, &c.

Chaochail iad riamh,
  O chioslaich am bàs thu,
Cha 'n 'eil meas am bliadhna,
  Air ciall, no air cràbhadh;
Thionndaidh na biastan
  Gu riastradh gràineil,
Leo-san leig Dia,
  Srian o 'n là sin.
    'S cianail, &c.

Rinn cuid bròn
  Fa choir do bhàis-sa.
Ach ghabh iad sgìos,
  Ann am mìos no dhà dheth;
Cha 'n 'eil mis' mar iadsan,
  Riaraicht' cho trà dheth,—
An ceann na bliadhna,
  'S cianail a tha mi.
    'S cianail, &c.

'S caomh leam an teaghlach,
  'S a' chlann sin a dh-fhàg thu,
'S caomh leam na fuinn,
  Bhidhte seinn ann ad fhàrdaich;
'S caomh leam bhi 'g ùrachadh
  Chliù nach tug bàs dhiot;
'S caomh leam an ùir th' air do thaobh,
  Dheth na Bhàghan!
    'S cianail, &c.

ORAN A' GHEAMHRAIDH.

Air fonn—"*Through the wood, laddie.*"

Moch 's mi 'g éiridh 's a mhadainn,
  'S an sneachd air a' bheinn,
Ann an lagan beag monaidh,
  Ri madainn ro dhoinid,
'S ann a chuala mi 'n lonan,
  Chuir an loinid o sheinn,
Is am pigidh ag éigheach
  Ris na speuraibh, 's cha bhinn.

Bithidh am beithe crion, crotach,
  Sìor stopadh o 'fhàs;
Mar ri gaoth gharbh shéididh,
  Agus ioma-chathadh 'g éiridh,
Cròcan barraich a' géilleadh,
  Mìos éigneach an àil;
A' mhìos chneatanach, fhuachdaidh,
  Choimheach, ghruamach, gun tlàths'.

Bi'dh gach doire dubh uaigneach,
'N dùil fuasgladh o bhlàth ;
Bithidh an suodhachd a' traoghadh,
Gus an fhreumh as na shìn e,
Crupaidh chairt ris gu dìonach,
Gus an crìon i gu làr ;
'N lon-dubh anns a' mhadainn,
Sìor sgreadail chion blàiths.

Mbìos dheitheasach, chaoile,
Choimheach, ghaothach, gun bhlàths',
Chuireadh feadail na fuarachd,
Anns gach badan bu dualaich',
Dhbirteadh sneachda 'n a ruathar,
Air chruach nam beann àrd',
'S an àm teichidh na gréine,
Caillidh *Phœbus* a bhlàths'.

Mhìos chaiseanneach, ghreannach,
Chianail, chainneannach, gheàrrt',
'S i gu clachanach, currach,
Chruaidhteach, sgealpanach, phuinneach,
Shneachdach, chaochlaideach, fhrasach,
Reòtach, reasgach, gu sàr ;
'S e na chaoirneinean craidhneach,
Fad na b-oidhch' air an làr.

'S ann bhìos *Phœbus* 'n a reòtachd,
An ceap nam mòr chruach 's nam beann ;
Bidh 's an uair sin 's cha neònach,
Gach eun gearra-ghobach gòineach,
Spìoladh iomall an otraich,
Cur a shròin anns an dàm ;
Còmhradh ciùrrta gun bheadradh,
Le bròn a's sgreadal 'n an ceann.

'S an àm tighinn an fheasgair,
Cha bhi an acaras gann ;
Ni iad còmhnuidh 's gach callaid,
Buileach anmhunn a's callaidh,
Sgrìobadh ùir as na ballaibh,
Mìos chur doinionn nan gleann,
'S iad a' beucail gu toirmneach,
'S cha bhi 'n eirbheirt ach mall.

Ach nach daochail 's a' gheamhradh,
Fann ghéim gamhna chion febir,
Gnùgach, caol-dromach, fearsnach,
Tioram, tarra-ghreannach, àrsaidh,
Biorach, sgreamhanach, fuachdaidh,
Silteau fuaraidh r' a shròin,
'S e gu sgrog-laghrach ghagach,
Fulang sàrach' an reòt.

Bidh gach creutair d' a threisead,
'G iarraidh fasgaidh 's a' choill,
Bidh na h-ùrlaichean cabrach,
Gnùsdach, airtnealach, laga,

Gabhail geilt dheth na mhadainn,
Le guth a' chneatain 'n an ceann,
Is na h-aigheau fo euslaimh,
Air son gun thréig iad a' bheinn.

Sud na puirt bu ghoirt gearradh,
Is bu shalaiche seinn,
Ghabhadh m' inntinn riamh eagal,
Roimh bhur sgreadail 's a' mhadainn,
'N àm a' chruidh bhi air ghadaibh,
'S an cuid fodair 'g a roinn,
'S iad 'n am baideinibh binniceach,
Gu h-àsruidh, tiotna-chasach, tinn.

Am bradan caol bharr an fhìor uisg',
Fliuch, slaod-earballach, fuar,
'S e gu tàrr-ghlogach, ronnach,
Chlamhach, ghear-bhallach, lannach,
Soills na meirg' air 'n a earradh,
Flamh na gainn' air 's gach tuar,
'S e gu crom-cheannach, burrach,
Dol le buinne 'na chuaich.

An t-samhainn bhagarach, fhiadhaich,
Dhubhrach, chiar-dhubh, gun bhlàths,
Ghuineach, ana-bhliochdach, fhuachdaidh,
Shruthach, steallanach fhuaimneach,
Thuileach, an-shocrach, uisgeach,
Gun dad measaich ach càl,
Bithidh gach deat, a's gach misench,
Glacadh aogais a' bhàis.

Note.—This song appears to be a parody on twelve of the stanzas of M'Donald's " *Ode to Summer.*"—" We are inclined to think that on a journey the poet made to the Isle of Skye, he might have heard M'Donald's ' *Summer Song*' and composed this in imitation of it."—*Memoir to Edit.* 1829.

'S TROM LEAM AN AIRIDH.

[Rinn am bàrd an t-òran so d' a leannan, Anna Moirlston, nighean òg ro chliùiteach, d' an tug e cheud ghaol; bha e tada 'g a h-iarraidh, agus ise car leam-leat, gun bhi 'g a diùltadh no 'g a gabhail ; ach turus a thug e chun na b-àiridh far an robh i aig an am, 's ann a dhearc e nirre an cuideachd an t-saoir bhàin, d' am b' ainm Iain Moraidh, ghabh e gu ro-throm i a chur cùl ris féin. Phòs i an saor bàn an déigh so, agus 'se uithris an t-sluaigh—nach robh i riamh toilichte gu 'n chuir i cùl ri Rob Donn ; agus cha mho a dhearbh an saor bàn e féin 'n a chéile ro thaitneach.]

'S TROM leam an àiridh,
'S a ghàir so a th'innt',
Gu'n a phairt sin a b'àbhaist,
Bhi 'n dràsd air mo chìnn ;

Anna chaol-mhalach, chioch-chorrach,
  Shlip-cheannach, ghrinn,
'S Iseabail a bheoil mhilis ;
  Mharanaich, bhinn.
    Heich ! mar a bhà
    Air mo chinn ;
'S e dh-fhag mi cho craiteach,
'S gu'n sta dhomh bhi 'g innis'.
    Heich ! &c.

Shiubhail mis' a bhuail' ;
  Agus shuas feagh nan craobh,
'S gach àit' unns am b'àbhaist,
  Bhi tàthladh mo ghaoil,
Chunna 'mi'm fear bàn,
  A's e màran r'a mhnaoi
'S b' fhearr leam nach tarainn
  An trà ud na ghaoith.
    'S e mar a bha,
    Air mo chinn,
  A dh' fhag air bheag tàth mi
  Ge nàr e ri sheinn.
    'S e, &c.

Anna bhuidhe nighean Dòn'uill,
  Na'm b'eol dut mo nì,
'S e do ghradh, gu'n bhi pàidht',
  Thug a mhàn bhuam mo chlì :
Tha e dhomh ás t-fhianais
  Cho ghniomhach, 's trà chi.
Diogladh 's a' smuaiseach,
  'S gur ciuirrt' tha mo chrì.
    Air gach trà
    'S mi unn an strì,
  'Feuchainn ri àicheadh,
  'S e fàs rium mar chraoibh.
    Air, &c.

Labhar i gu h-àilleasach,
  Fàilteagach rium :—
" Cha tàr thu bhi làmh rium,
  Gu càradh mo chinn :
Bha siathnar ga m' iarraidh,
  Car bliadhna de thim ;
'S cha b' airidh thar càch thu
  Thoirt barr os an cinn.
    Hà ! hà ! hà !
    An d' fhàs thu gu tinn
  Mas e 'n gaol a bheir bàs ort
  Gu'm pàidh thu ga chinn !
    Ha ! &c.

Ach cia mar bheirinn fuath dhut
  Ged' dh-fhuaraich thu rium ?
'Nuair a's fearguich mo sheannachas,
  Ma t-ainm air do chùl,
Thig t-iomhaigh le h-annsachd
  Mar shamhladh na m' uidh,

As saoilaidh mi gur gaol sin,
  Nach caochail a chaoidh.
    'S théid air a ràdh,
    Gu'n dh-fhas e as ùr,
  'S fasaidh e 'n trà sin,
  Cho airde ri tùr !
    'S théid, &c.

On a chualas gu'n gluaisear thu,
  Bhuain leis an t-saor,
Tha, mo shuain air a buaireadh
  Le bruadairean gaoil,
Gu'n an càirdeas a bha sid
  Cha tàr mi bhi saor.
Ga mo bhàrnaigeadh lainnh riut
  'S e ghnà dhomh mar mhaor.
    Ach ma thà
    Mi ga do dhì,
  B'fheairde mi pàg bhuat
  Mas fagadh tu 'n tìr.
    Ach ma tha, &c.

AN RIBHINN ALUINN EIBHINN OG.

Tha Deòrs' air a' Mhàidsear
  Ito dhan' ann an cainnt,
    An ribhinn àluinn, éibhinn, òg.
Sior chur an cèill,
  Gu robh é-san fo *staint* *
    An ribhinn àluinn, éibhinn, òg.
Ach 'nuair théid an t-òsd,
  Mu 'n bhòrd ann an rancaibh,
Olaidh e gu càirdeach,
  Deoch-slàinte na balutighearn,
Bidh h-uile fear do chàch,
  Mach o Sàluidh, toirt taing dha,
    An ribhinn àluinn, éibhinn, òg.

Mu 'm faca mo shùil thu,
  'S e 'n cliù ort a fhuair mi,
    A ribhinn àluinn, éibhinn, òg.
Mar gu'm bu bhan-dé thu,
  Gu 'n gèilleadh an sluagh dhut,
    A ribhinn àluinn, éibhinn, òg.
Shaoil leam gu'm bu bhòsd,
  A chuid mhòr bhnsa luaidh riut,
Gus na shin an ceòl,
Sa sin gun tug iad a suas mi,
Ach chreid mi h-uile drannd dheth,
  'S an dunns 'nuair a ghluais thu,
    A ribhinn àluinn, éibhinn, òg.

* E bhi cheana pòsd'.

Shuidh mi ann an cùil,
Mar gu 'n dùisgteadh é *trannn* mi,
  A rìbhinn àluinn, éibhinn, òg.
Is dh'amhairceadh an triùir ud,
Le 'n sùileau, 's le sannt ort,
  A rìbhinn àluinn, éibhinn, òg.
Do réir mar a dh-fhaodainns'
A h-aodann a raunsachadh,
Dhùraigeadh Sàlaidh,
Am Maidsear 'n a bhantraich ;
Tha aoibhneas air Deòrsa,
Mu 'n bhròn bh' air a' Ghraundach,
  A rìbhinn àluinn, éibhinn, òg.

Cha 'n 'eil a h-aon,
'S a' *Bhatàilleun* d' an eòl thu,
  A rìbhinn àluinn, éibhinn, òg.
Nach 'eil ort a bruadar,
Mas fuasgailt' no pòsda,
  A rìbhinn àluinn, éibhinn, òg.
Gus an ruig e Tearlach,
Am maisdear a b' òige ;
Ged bu chruaidh 'ainm
Ann an armailt rìgh Deòrsa,
Chaoch'leadh e faobhar,
Le gaol fa do chòir-sa,
  A rìbhinn àluinn, éibhinn, òg.

Am fear a bhios an gaol,
Cha 'n fhaodar leis 'fhuadach,
  A rìbhinn àluinn, éibhinn, òg.
'S ann is cruaidh a 'chàs,
Gus am pàidhear a dhuais dha,
  A rìbhinn àluinn, éibhinn, òg.
Fuiligidh mi sùil,
No fuiligidh mi cluas dhiom,
Ma tha aon de 'n triùir ud,
As tric thasa luaidh' riut,
Cho tinn le do ghaol,
Ris an aon fhear a's fuath leat,*
  A rìbhinn àluinn, éibhinn, òg.

'S e 'n t-aobhar nach ordaichinn,
Salaidh do 'n Chòirneil,
  A rìbhinn àluinn, éibhinn, òg.
Eagal gu 'm bitheadh càch
Ann an naimhdeas r' a bheò dha,
  An rìbhinn àluinn, éibhinn, òg.
Creutair cho caoimhneil riut,
Is maighdeann cho bòidheach riut,
Ri ! bu mhòr an diobhail,
Gu 'n cailleadh tu g' a dheòin iad,
Suiridhich an t-saoghail,
Le aon fhear a phòsadh,
  An rìbhinn àluinn, éibhinn, òg.

* Be Rob Donn féin "an aon fhear ab' fhuath leatha."

ORAN EILE
DO 'N MHAIGHDEINN CHEUDNA.

Air fonn—"*Sweet Molly.*"

LUINNEAG.

Fear a *dhunnsas, fear a chluicheas,*
Fear a leumas, fear a ruitheas.
Fear a dh-éisdeas, no ni bruidhean,
Bi 'n creidheach' aig Sàlaidh.

Dh-fhalbh mi dùthchan fada, lenthan,
'G amharc inigheannan a's mhnathan ;
Eadar Tunga 's Abar-readhain,
Cha robh leithid Sàlaidh.
  Fear a dhannsas, &c.

An Dun-éideann 's an Dun-didhe,
'S a h-uile ceum a rinn mi dh-uighe,
Cha 'n fhaca mi coltach rithe,
Bean mo chridhe Sàlaidh.
  Fear a dhannsas, &c.

'S math a claistinn, 's math a fradharc,
Blasd' a caill agus na their i,
'S math do 'n fhear a thuradh 'n gaire,
Do dhoireachan Sàlaidh.
  Fear a dhannsas, &c.

'S math a muigh, 's is math a staigh i,
'S math 'n a guth i, is math 'n a dath i';
'S math 'n a suidhe 'n ceann na sreath' i,
Sann na laidhe 's feàrr i.
  Fear a dhannsas, &c.

Fear a dh' iarras i 's nach fhaigh i,
'S fear nach iarr i a chionn aghaidh,
Cha robh fhios a'm co an roghainn
Thaghainn as na dhà sin.
  Fear a dhannsas, &c.

Caiptein treun nan *Grenadeer,*
'S airde leumas, 's fearr a ruitheas,
Cha 'n 'eil àit an dean i suidhe,
Nach bi e-san laimh rith'.
  Fear a dhannsas, &c.

Na 'n racha' dealbh a chur 's a' bhratnich,
Ann an arm an Iarla Chataich,
Bhiodh iad marbh mu 'n dèant' a glacadh,
Ged bhiodh neart a' Phàp' orr'.
  Fear a dhannsas, &c.

Note.—Sally Grant, the subject of the foregoing two songs, was a girl of easy virtue, who followed the Sutherland fencibles. She was at first mistress to the Earl who commanded; she then served the officers, and finally the privates and drummers. Rob composed another song, called "*Mòr nigh'n a Ghicbarlain,*" on the same girl, but the Editor has left it, and a number of others of the same description, out of the book on account of their indelicacy.

BRIOGAIS MHIC RUAIRIDH.

[Rinneadh an t òran so leis a' bhàrd aig banais " Iseabail Nic-Aoidh," nighean Iain 'Ic-Eachainn, air dh'i bhi pòsda ri Iain, mac Choinnich Sutharlain. Bha cruinneachadh anabarrach sluaigh air a' bhanais de dh-uaislean na dùthcha; ach air do dh-Iain Mac-Eachuinn agus am bàrd cur a mach air a chéile goirid roimh 'n am sin, cha d' fhuair am bàrd cuireadh thun na bainnse, ged bha e chòmhnuidh ann an àite fagus do laimh. Ach air do Choinneach Sutharlan, athair fhir na bainnse, thighinn air an ath mhadainn an déigh a' phòsaidh, agus Rob Donn ionndrainn, thubhairt e ri Iain Mac-Eachuinn, gu 'm b' fhearr cuireadh a thoirt do 'n bhard 'n a thràth, no gu 'n cluinnte sgeula mu 'n bhanais fathast. Bha fios aig Iain Mac-Eachuinn, nach tigeadh am bàrd air 'àillcas-sa, ged chuireadh e fios air, An sin chuir na h-uaislean uile, 'n an ainm féin, fios air, agus mur tigeadh a leis an teachdaireachd sin, gu 'n rachadh iad fein uile g' a shireadh. Thàinig Rob Donn gu toileach; oir bha mòr spéis aig do dh-Iain Mac-Eachuinn, 's d' a theaghlach, ged thainig eadar iad aig an àm sin. Air an t-slighe dh-ionnsuidh taigh na bainnse, dh-fhoighnich Rob Donn ris an teachdaire thainig d' a iarraidh. An do thachair ni àmhuilteach 's am bith 'n am measg o thòisich a' bhanais? Thuirt an teachdaire nach cual e-san ach aon rud—Gu 'n do chaill " Mac Ruaraidh beag," gille thainig an cois fhir na bainnse, a bhriogais. Bu leoir so leis a' bhàrd, agus mu 'n d' rainig e taigh na bainnse, ged nach robh ann ach astar dà mhile, bha 'n t-òran déanta; agus cho luath 's a shuidh e, thoisich e air a ghabhail.]

LUINNEAG.

An d' fhidir, no 'n d' fhairich,
  No 'n cuala sibh,
Cò idir thug briogais
  Mhic Ruairidh leis?
Bha bhriogais ud againn
  An am dol a chadal,
'S 'nuair thainig a' mhadainn
  Cha d' fhuaradh i.

Chaidh bhriogais a stampadh,
Am meadhon na connlaich,
'S chaidh Uisdean a dhumhs',
  Leis na gruagaichean;
'Nuair dh-fhàg a chuid mlsg e,
Gu 'n tug e 'n sin briosgadh,
A dh-iarraidh na briogais,
  'S cha d' fhuair e i.
An d' fhidir, &c.

Na 'm bitheadh tu làimh ris,
Gu 'n deanadh tu gàire,
Ged bhidheadh an sintaig
  Na d' chruachanan;
Na faiceadh tu 'dhronnag,
'Nuair dh-ionndrain e 'pheallag,
'S e coimhead 's gach callaid,
  'S a' suaithenchau.
An d' fhidir, &c.

Iain Mhic Eachuinn,
Ma 's tusa thug leat i,
Chur grabadh air peacadh
  'S air buaireadh leath';
Ma 's tu a thug leat i,
Cha ruigeadh tu leas e,
Chaidh t-uair-sa seachad
  Mu 'n d' fhuair thu i.
An d' fhidir, &c.

Chaitriona Nigh'n Uilleim,*
Dean briogais do 'n ghille,
'S na cumadh sud sgillinn
  A' thuarasdal;
Clod am fios nach e t-athair,
Thug leis i g' a caitheamh,—
Bha feum air a leithid,
  'S bha uair dheth sin.
An d' fhidir, &c.

Briogais a' chonais,
Chaidh chall air a' bhanais,
Bu liutha fear fanaid
  Na fuaidheil oirr';
Mur do ghléidh Iain Mac-Dhòmhnuill,
Gu pocan do 'n òr i,
Cha robh an Us-mhòine
  Na luaidheadh i.
An d' fhidir, &c.

Mur do ghléidh Iain Mac-Dhòmhnuill,
Gu pocan do 'n òr i,
Cha robh an Us-mhòine
  Na ghluaiseadh i.
Mu Uilleam Mac-Phàdruig,
Cha deanadh i stà dha,
Cha ruigeadh i 'n àird'
  Air a' chruachan dha.
An d' fhidir, &c.

Tha duine 'n Us-mhòine
D' an ainm Iain Mac-Sheòrais,
'S gur iongantas dhomhsa
  Ma ghluais e i;
Bha i cho cumhang
Mur cuir e i 'm mugha,
Nach dean i ui 's modha
  Na buarach dha.
An d' fhidir, &c.

Na leigibh ri bràigh' e,
'M leadh 'sa bhios e mar tha e,
Air eagal gu 'n sàraich
  An luachair e;

* Bean Iain Mhic Eachain.

Na leigibh bho bhail' e
Do mhòinteach nan coille,
Mu 'n tig an labballan,
'S gu buail i e.
  An d' fhidir, &c.

Na 'm faiceadh sibh ' leithid,
Bha bann oir' de leathair ;
Bha toll air a speathar,
'S bha tùthag air,
'S bha feum aic' air cobhair,
Mu bhréidean a gobhail,
Far am biodh am fear odhar,
A' suathadh rith'.
  An d' fhidir, &c.

Ach Iain Mhic-Choinnich,*
'S ann ort a bha 'n sonas,
Ged 's mòr a bha dhonadas
Sluaigh an so ;
'Nuair bha thu cho sgiobalt,
S nach do chaill thu dad idir,
'S gur tapaidh a' bhriognis
A bhuannaich thu !
  An d' fhidir, &c.

ORAN AIR SEAN FHLEASGACH,

AGUS SEANA MHAIGHDEAN,

MU 'N ROBH SGEUL IAD DHI DOL A PHOSADH.

THA mhaighdean 's an àite-s'
Tha lireamh de bhliadhnaibh,
Is shaoil leam nach pùsadh
Neach beò i, chion brìodhad ;
Ach 's garbh-dheanta calg-fhionnach
Calbhar r' a bhiadhadh,
An gille dubh ciar-dhubh,
Tha triall 'na gaoith.
  'S e 'n gille dubh ciar-dhubh,
  Ciar-dhubh, ciar-dhubh,
  'S e 'n gille dubh ciar-dhubh,
  Tha triall 'na gaoith.

A Mhairiread, cha chòir dhut
Bhi gbrach no fiata,
Tha mairist ni 's leòir dhut,
An còmhnuidh 'ga t-iarraidh ;
Ni 's gràinnde cha 'n eòl domh.
'S ni 's bòidhche cha b' fhiach thu,
Na 'n gille dubh ciar-dhubh,
Tha triall 'na d' ghaoith.
  'S e 'n gille dubh ciar-dhubh, &c.

* Fear na bainnse.

Tha ministeir còir ann,
Is mòran de chiall aig' ;
'N a thaoitear do 'n inghean,
Gun iomrall gun fhiaradh ;
Is b' fhear leis, an òigh
Bhi gun phòsadh seachd bliadhna,
Na 'n gille dubh ciar-dhubh
Bhi triall 'na gaoith.
  'S e 'n gille dubh ciar-dhubh, &c.

Ged bhiodh ann a phòcaid,
De dh-òr na th' aig Iarla,
Bu mhòr a' chùis bhròin e
Do 'n òigh tha e 'g iarraidh ;
Sùilean a's sròn,
Agus feasag, a's fiaclan
A' ghille dhuibh chiar-dhuibh,
Tha triall 'na gnoith.
  'S e 'n gille dubh ciar-dubh, &c.

'S olc an leannan òinid
An t-òlach s' 'n a fhionnlg,
'N a laidhe 'n a chòtn,
'N a rbgaire mìodhoir,
A shàiltean 'n a tbòin,
Is a shròn ris a' ghriosaich ;
'S e 'n gille dubh ciar-dhubh
Tha triall 'na gnoith.
  'S e 'n gille dubh ciar-dhubh, &c.

Tha pung ann a chàileachd,
Thug bàrr air na ciadan ;
Tha 'aogas ro ghràннda,
'S e air fùileadh 'n t-srianaich ;
An uair bha e an Grùididh,
Cha taobhaicheadh fiadh ruinn,
Leis a' ghille dhubh chiar-dhubh,
Bhi triall 'n an gaoith.
  'S e 'n gille dubh ciar-dhubh, &c.

Ged tha e cho daochail,
Is aogas cho fiadhaich,
Bithidh feum air 's an tìr so,
Air tìoman de 'n bhliadhna,
A thoirt ghabhraidh air mheann,
'S a chur chlann dheth na ciochan ;
'S e 'n gille dubh ciar-dhubh
Tha triall 'na gaoith.
  'S e 'n gille dubh ciar-dhubh, &c.

'Nuair a bha sinn cruinn
Anns a' bheinn, 's sinn ri fiadhach,
Bu tric a bhiodh tu 'n sàs
Anns an t-sàuce-pan, is biadh ann ;
Bhiodh eagal air bàis oirnn,
Gu 'n cnàmhadh tu bian oirnn,
A ghille dhuibh chiar-dhuibh,
Tha triall 'nn gnoith.
  'S e 'n gille dubh ciar-dhubh, &c.

ORAN NAN GREISICHEAN BEAGA.

Air fonn—" *Crò nan Gobhar.*"

Chunna' mi crannanach,
Cuimir ri ceannaireachd,
'N Achn-nn-h-Annaid,
Cur feannag á chúile;
Sheall mi le annas air,
'S shin mi ri teannadh ris,
Thug mi mo bhoineid dhiom,
'S bheannaich mi féin da.
*Tha mi ro bhuidheach
Air chomhairl' nam breitheamhnan,
Dh-òrdaich gach dithis dhiu
Bhi le aon chéile;
Faodaidh sliochd tighinn
An dèigh na buidhinn so,
Fathast a bhitheas
'N an iongantas féille.*

Chaidh mi air m' aghairt,
Is shàraich e m' fhoighidinn,
Feuchainn le a' lughad
C' ait' am faighinn da céile :
Fhuair mi 'n taigh Choinnich i,
C' uime gu 'n ceilinn,
'S a h-aparan deiridh
Cho ghoirid r' a fhéileadh-s'.
Tha mi ro bhuidheach, &c.

Tòmas a's Dòmhnull,
Seòras a's Alasdair,
'S coltach 'n an colluinn
A' cheathrar r' a chéile ;
B' fheàrr leam tè thapaidh
Bhiodh seachad air leth-cheud,
Na a faicinn air leth-trath,
Aig fear dhiubh mar chéile.
Tha mi ro bhuidheach, &c.

Tha iomadh sgeul eile
Tha againn gu barantach,
Naidheachd 'g a h-aithris
A buile Dhun-éideann,
Nach 'eil uile cho àit'
Ann an oibrichibh freasdail,
Ri faicinn nam peasan
A' *maitseadh* a chéile.
Tha mi ro bhuidheach, &c.

Tha mise fo chachdan,
Nach urradh mi leasachadh,
Nach fhaigh mi aon fear dhiu
Ni *moitse* do Chéitidh ;

Tha truas aig mo chridhe
Ri seasgaich' na h-ighinn,
Nach faigh sinn aon leighich,
Chuireas dithis ri chéil' diu.
Tha mi ro bhuidheach, &c.

Cuirear do 'n eilean iad,
'S thugar mir fearainn dhaibh,
'S bheir iad an air'
Air na gearrain 's a' chóitein ;
Air eagal am pronnaidh
Ri fiodh no ri bolla,
Tha tub aig a' Mhorair
Ni taigh dhaibh le chéile.
Tha mi ro bhuidheach, &c.

Tha agam-sa tuilleadh
De leithid an fhirionnaich-s' ;
'S air chor a's gu'n cluinnear iad,
Seinneam air séis iad ;
Dòmhnull beag biorach,
Air pòsadh an uraidh ,
'S tha dithis de 'n fhine
Aig a' mhinisteir féin diu.
Tha mi ro bhuidheach, &c.

Na grèisichean beaga,
Oir 's iad is maoir caglais,
Tha dùil ac' mo thagradh,
Air son magaidhnean beumach ;
Bithidh mise fo eagal,
'Nuair chluinneas mi 'm bagradh,
O 'n thachair mi eadar
An sagart 's an cléireach.
Tha mi ro bhuidheach, &c.

Tha dùil a'm gur duilich leis
Mis' chur an cunnart,
'S gu 'n do chaomhain mi 'n cuilean,
'S gu 'm bu mhuileach leis féin e ;
'S ma chreideas mi 'm ministeir,
An déigh 's na dh-innis e,
'S e 'm *moncaidh* an uiridh,
Mu mhire na 'n Gréibhear.
Tha mi ro bhuidheach, &c.

Tha sgeula r' a h-aithris,
Mu Bhaile-na-Cille,
Gu 'n robh iad fo iomas
An uiridh le chéile ;
Am bliadhna 'n an dithis,
E-féin 's an cù buidhe,
Gun triall ac' gu uidhe,
Ach 'n an suidh' aig na h-éibhlean.
Tha mi ro bhuidheach, &c.

'S bòidheach am baganach
Sebras na h-eaglais,
Chualas na creagan
Toirt freagairt d' a èigheachd ;
Shamhlaich mi 'm fleasgach ud
Ris a' gbarra-ghartan,
Cho biogach r' a fhaicinn,
'S cho neartmhor r' a èisdeach.
Tha mi ro bhuidheach, &c.

Tha Curstaidh fo chachdan,
Mur bhailich mi 'macan,
Gu 'n abrainn an garran,
Ri fleasgach cho treun ris ;
Seas thusa fa 'chomhair,
Is amhairc a chrodhan,
'S an tè thug an dreobhan air,
Thomhais i féin e.
Tha ri mo bhuidheach, &c.

ORAN NA CARAIDE BIGE.

Tha dithis anns an dùthaich-s',
Tha triall gu dhol a phùsadh ;
'S gur beag an t-aodach ùr,
Ni gùu dhoibh a's léine.

Hei tha mo rùn dut,
Hò, tha mo rùn dut,
Hèi tha mo rùn dut,
A rùin ghil' na tréig mi.

Dithis a tha òg iad,
Dithis a tha bòidheach,
Dithis tha gun òirleach
A chùrr air a chéile.
Hei, tha mo run duit, &c.

Ma bhios macan buan ac',
'S gu 'n téid e ris an dual'chas,
Cuiridh e gu luath
An cù-ruadh as an t-saobhaidh.
Hei, tha mo run duit, &c.

Ach ma théid a chrùsach,
Sgaoilt' air feadh na dùthcha,
Théid *prospig* ris na sùilean,
Tha dùll a 'm, mus léir iad.
Hei, tha mo run duit, &c.

ORAN.

[Do dh' fhear chaidh a chòrdadh ri nighin òig, ach cha bhiodh e toilichte mu 'n tochradh, mur tugadh iad dhà gamhuinn elle bharrachd air na bha iad toileach thoirt seachad ; agus air so a dhiùltadh dha, thrèig e a leannan.]

'S ann a bhunil an iorghuill,
Air an t-suiridheach tha 'n so shios,
Chuir e 'ùigh' air céile,
'S gu 'n do rèitich iad 'n an dios ;
Shaoil mi féin 'n uair thèisich iad,
Gu 'n còrdadh iad gun sgios ;
Ach chum àsraidh beag do ghamhuinn iad,
Gun cheangal còrr is mios.

Sin, 'n uair thuirt a' mhaighdean,
Nach folgbnich sibh rium fior,
Is innsidh mi a rirendh,
Gu 'm bu chaochlaideach a rian ;
Gu robh e cheart cho deònach,
Ri duin' òg a chualas riamh ;
'S a nis gu 'n ghabh e bhuar dhiom,
O nach d' fhuair e 'n gamhuinn ciar.

Cha e sin air aghairt,
'S ann do Shaghair chaidh e 'n tùs,
Chuir iad fios 'n a dhéighidh,
Thigh'nn air aghaidh ann a chùis ;
'S e roghnaich es' an tàillearachd—
'S i b' fheàrr leis na bhi pùsd' ;
O nach d' fhuair e 'n gamhuinn àsraidh,
Ged fhaigheadh e 'm bàs de 'n spùt.

Dh-aithnich mi 's an amharc ort,
Gu robh do thomhas gann,
Chunnaic mi air t-iomchuinn,
Gu robh 'n iom-chomhairl' 'n ad cheann ;
'S nach robh do spiorad dìomhair,
'G a do ghriosadh 's a' cheart àm ;
'Nuair b' fheàrr leat gamhuinn caoile,
Na do bhean, 's do ghaol, 's do chlann.

Il-uile fear a chi thu,
'G a do dhìteadh air do chùl,
Ged leasaich sinn an t-airgead dhut,
Mu cheithir mhàrg 's ni 's mò,
'S e their gach fillibh fuenil riut,
Gu *spot* chur air do chliù,
Gu 'n d' rinn an gamhuinn bacainn,
Do *chontract* ' chuir air cùl.

'S mis a fhuair mo chàradh,
Leis na fearaibh as gach taobh,
A' mheud 's a bha 'g am iarraidh dhiubh,
'S nach b' fhiach leam duin' ach thu ;

Shaoil mi féin 's an fhoghar,
'Nuair a thugh mi thu á triùir,
Nach fanadh tu cho fada bhuam,
Ged b' fhiach an gamhuinn crùn.

AM BOC GLAS.

On tha mi na m' aonar,
  Gu'n teann mi ri spòrs ;
Gu'n cuir mi mar dh-fhaodas mi,
  'M boc air sheol.
'S gu'n leig mi fios dhachaigh
  A dh-iunnsaidh nan Catach,
Gur h-e 'm boc glas,
  A bhios ac air an tòs.
      *Pë hò funndurai feininn ŏth-orò,
      Hithili funndurai feininn ŏth-orò,
      Fa-thel-oth funndurai feininn ŏth-orò,
      Hithili shiubhal e,
      Hunndurai hith-horŏ,
      Fu-thel-ŏth, fa-thel-ŏth.*

'S iomadh òganach smearail,
  Bha fearail gu leòr ;
A chunna' mis
  Ann an cogadh righ Deòrs',
'S cha'n fhaca mi boc,
  Ga thogail air fenchd,
Ach aonn bhoc glas
  A Bh' aig mac an Iarl' òig.
      Pë he funndurai, &c.

'Nuair thigeadh am Foghar,
  Co dhianadh a bhuain ?
Co dhianadh an ceanghal,
  No sgrùdhadh an sguab ?
Co chuireadh na siamanan,
  Ceart air na tudanan ?
Ach am boc luideach,
  Na'm faigheadh e duais.
      Pe he funndurai, &c.

Gu'n tug iad a' chobhair ud,
  Bhuaine gun fhios ;
A's dh' fhagadh na gobhair
  Gun bhaine gun bhliochd ;
Tha sine nigh'n Uilleim,
  A caoine 'sa tuireadh,
'Sa suilean a' sileadh
  Air son a bhuic ghlais.
      Pe he funndurai, &c.

Note.—This song was composed on a rake in Sutherland-
shire, who, having got a number of young women in the
family way, was obliged to take refuge in the Sutherland
fencibles, where the poet gave him the name of *Boc Glas*
—a name that he retained during life. The tune is excel-
lent, and may justly be entitled the first of the Sutherland-
shire pipe jigs. It was the poet's own composition. He
also composed several other popular airs of great merit.

ORAN.

[Do dh' fhear a bha suiridh air nighinn òig, agus fear eile
bhi 'g a toirt bhuaithe ; bha mathair na h-inghinn (a tha
labhairt 's a' cheud rann) 'n a banàraich aig Morair
Mac-Aoidh, agus e-san 'n a bhuachaille ; agus am fear
bha toirt na h-inghinn bhuaipe 'n a bhreabadair.—Tha
t-òran air a sgriobhadh do reir dearbh Ghàëlig a bhàrd
féin oir cha ghabhadh e sèinn air caochladh oòigh.]

LUINNEAG.

Tha 'n gille math ruadh,
  'S e luidir, luath,
Cha 'n urr' e bhi suas
  'S nach d' fhuair e i.
Tha 'n gille math ruadh,
  'S e luidir, luath,
Cha 'n urr' e bhi suas,
  'S nach d' fhuair e i.

I hleasgaich tha 'g imeachd
  An aghaidh na gnoith',
Gun dùil aig mo nighinn
  Thu thighinn a chaoidh ;
Gu 'm b' fheàrr a bhi shuas leat
  Am buaile Mhic-Aoidh,
Na fleasgach na fighe,
  Le fhichead bò laoigh.*
      Tha 'n gille math ruadh, &c.

Cha 'n urradh mi dhearbhadh
  Mar chearb air bhur clann,
Gur ann anns na clàirdean
  Thu mhèirl' air am fonn,
'Nuair thèid gach mearachd
  A chrounchadh tholl,
Bidh faigheall an innich
  'S an ime cho trom.
      Tha 'n gille math ruadh, &c.

Tha Seumas Mac-Cullach,
  'N a dhuine 'n beil spèis,
Tha onoir bho 'leanabas
  'G a dhearbhadh 'n a bheus ;
Tha fear anns a' bhaile-s'
  Gun chul ach an sprèidh,
Tha e 'n uidheam na goide
  Ni 's faide no èis'.
      Tha 'n gille math ruadh, &c.

Mo chomhairl' a nighean,
  'S na suidhich do bhoun,
Air rud bhios 'n a pheanas,
  'S 'n a mhearachd dhut tholl,
Tha dùil agad achdaidh
  Ri beartas 'n a steoll,
Le fuighlench an innich,
  'S cha chinnich e boll.
      Tha 'n gille math ruadh, &c.

* Fichead maide na beairte.

Na 'm faiceadh sibb 'm fleasgachau
Tapaidh a th' againn,
Ag iomart nan casan
Mu seach air na maidean,
Le 'iteachan innich
A' pilleadh 's a' glagartaich,
Cnap aig a' mhuidh,
'S an t-slinn a' feadaireachd.
Tha 'n gille math ruadh, &c.

ORAN FHAOLAIN.

[Sgalag a bh'aig a' bhàrd, air an robh Faolan aca mar leas-ainm. Cha robh Faolan ach 'n a chreutair fuchanta, agus b' àbhaist do dh' inghennan a' bhàird a bhi 'g a thilgeadh air a chéile mar leannan.]

LUINNEAG.

Gu neartaich an scallah,
'S gu leasaich an seulbh,
An t-abhagan màrbh ud, Faolan.
Gu neartuich an seulbh,
'S gu leasuich an seulbh,
An t-abhagan màrbh ud, Faolan.

Thig Ealasaid Mhoràldh,
'Nuair chromas a' ghrian,
O 'n eirthir a nios do 'n dithreabh,
Oir chual' i 'n a chagaraich' bheagu aig càch,
An t-urram bha ghnà aig Faolan.
Gu neartuich an seulbh, &c.

Thàinig oirnn Iain le naidheachd a nuas,
Cha chreid mi nach cual' an sgir' e,
Gu 'n deachaidh uainn Curstaidh
Le briosgadh do Chlurraig,
Eagal bhi dlù air Faolan.
Gu neartuich an seulbh, &c.

Tha Curstaidh a's Deònaidh,
A's Céitidh nigh'n Debrsa,
Is Màiri bhuidh' òg nan caorach,
'G an deasachadh mòr, gu leasachadh prùis,
A fhreasdal 's gu 'm pòs iad Faolan
Gu neartuich an seulbh, &c.

Tha Curstaidh bheag Dhonn,
'S a cridhe ro throm,
Air eagal nach crom rith' Faolan ;
Tha Màiri ag ràdh nach dean e dh'i stà,
Nach 'eil e ni 's feàrr no caolan !
Gu neartuich an seulbh, &c.

An uair a fhuair Ceitidh sealladh dheth ris,
'S e thubhairt i féin a's faoilt oirr'.
Ged nach 'eil mi 'g a fhaicinn
Cho sgiobalt ri pàirt,
'S ann tha e ni 's feàrr na shaoil mi.
Gu neartuich an sculbh, &c.

Cha 'n aithne dhomh nighean,
No bean air an fhòd,
A bheireadh d' an deòin an gaol dà,
O 'n tha e gu siognideach, rugaideach, marbh,
Cha bhoc, is cha tarbh, ach laus-boc.
Gu neartuich an seulbh, &c.

Gu'm beil a' bhean againn 'n a laidhe ri làr,
'S i 'g acain gu bràth a caol-druim
Cha chuir i dhuinn tuilleadh
A' mhin air a' bhùrn ;
Ach dheanadh i toobh ri Faolan.
Gu neartuich an seulbh, &c.

Tha bean-an-taigh' againne
Leth-cheud do bhliadhnaibh,
'S tha i cho liath ri caora,
'S ged nach 'eil fiacaill idir 'n a ceann,
Cha lughad a geall air Faolan.
Gu neartuich an seulbh, &c.

Tha Ceitidh a's Curstaidh, gu briosgant' an cùil,
O 'n tha iad an dùil ri daoine ;
'Nuair bhios mi beartach,
Gu 'n toir mi dhuibh gùn,
Na 'n deanadh iad mùn air Faolan.
Gu neartuich an seulbh, &c.

Combairl' a bheirinn a nis ort a l'hàduidh,
O 'n nach 'eil nàir 'na t-aodann,
'Nuair ni mi 'n ath chrathadh
Gun toir mi dhut greim,
Na 'n leigeadh tu br * *m air Faolan.
Gu neartuich an seulbh, &c.

Shaoil leam nach labhradh e
Mu'n a' bhuntàt',*
Ach bidh e ni's paight' no shaoil leis,
Na 'n tigeadh an donas do 'n bhail-s' 'na dheann,
Gu tugainn air cheann da Faolan.
Gu neartuich an seulbh, &c.

* The bard and *Faolan* being one day planting potatoes in a field near a public-house, some acquaintances of the former came that way, who went in to have some refreshment, and took him along with them. Faolan also followed, and got his "shell," but instead of returning again to his work, he went home and told the bard's wife that his master had abandoned the potatoe planting and went on the *spree*, and that *he* could not work by himself. On Rob returning home at night, Faolan's story was related to him, and before supper was ready this song was composed on him.

TURUS DHAIBHI' DO DH' ARCAMH.

[Bha Daibhidh so 'n a bhuachaille, agus 'n a àireach, aig duin' uasal àraidh, ann am bail' eile, beagan mhiltean bho 'àite féin ; agus 'nuair a bha Daibhidh dol dachaigh leis an im agus leis a' chàise, gu mhaighstir, fhuair e air bàta ceilpe, bha dol an rathad ; ach 's ann chuireadh leis an stoirm iad air tìr ann an Arcamh, 's ged a b' ann 's a' ghrunnd a rachadh Daibhidh, cha deanadh na nàbaidhnean mòran caoidh air a shon.]

Nach cruaidh, craiteach, an t-aisreag,
A fhuair Dhaibidh do dh' Arcamh,
Dh-fhalbh an càise, 's a' cheilp, a's e-féin.
    Nach cruaidh, &c.

O 'n chaidh a bhàs dheanamh cinnteach,
Shuas mu bhraighe Loch-Uinnseard,
Gu'm bu ghàireach gùth minn as a dhéigh.
    O 'n chaidh, &c.

Thubhairt nigh'n Dho'uill 'Ic Fhiunnlaidh,
Ris an t-Siorramh neo-shunndach,
Dearbh cha mhise an t-aon neach tha 'n cìs.
    Thubhairt nigh'n, &c.

Ma chaill thusa t' fhear impidh,
Chaill mise m' fhear aon-taigh ;
Co nis is fear-punndaidh do 'n spréidh ?
    Ma chaill thusa, &c.

Bha do nàbaidhnean toigheach,
Anns gach bhgh 'g iarraidh naidheachd,
'S leis a' chradh bh'orr', cha'n fhaigheadh iad deur
    Bha do nàbaidhnean, &c.

Ach o 'n chual iad thu philleadh,
O na cuaintean, gun mhilleadh,
Shin an sluagh ud air sileadh gu léir.
    Ach o 'n chual iad, &c.

Mach o acaraich thrailleil,
Bhios a' streup mu do cheairde,
Cha bhi creutair gun chràdh as do dheigh.
    Mach o acaraich, &c.

Ach ma 's bàs dut mas tig thu,
'S ann bhios deuchainn a ghliocais,
Aig an fhear bhios cur lic ort le spéis.
    Ach ma 's bàs, &c.

Sgrìobhar sios air a braighe—
" So am ball 's am beil Daibhidh,
A luchd na h-eucoir, thig bàs oirbh gu léir."
    Sgrìobhar sios, &c.

Sgrìobhar suaicheantas Dhaibhidh ;
Ceann gaibhre, a's càbag,
Rotach gleadhrach, a's faladair geur.
    Sgrìobhar suaicheantas, &c.

Ceann griomach a bhagair,
Sùil mhìogach nam prabam,
Beul blogach nan cagar 's nam breug.
    Ceann grìomach, &c.

'S ann tha 'n eachdairidh ghàbhaidh,
Nis mu ais-eiridh Dhaibhidh,
'S e tighinn dachaigh 'n a stàirneanach treun.
    'S ann tha 'n eachdairidh, &c.

Leis gach deoch a bha blasda,
Is iomadh biadh nach do chleachd e,
'S ann is fearr e 'na pheursa mar cheud,
    Leis gach deoch, &c.

Dh-fhas e stailceanach, pùinnseach,
'S ann is treis' air gach puing e,
Cuiribh 'cheist ris a' mnuaoi aige féin.
    Dh-fhas e stailceineach, &c.

Tha mnathan uaisl' anns a' mhachair,
O na chual iad mar thachair,
Chuid bu stuama an cleachdaibh 's am beus.
    Tha mnathan uaisl' &c.

A bhiodh deònach gu 'n tachradh,
Gnothuch còir anns na cairtean,
Bheireadh oirnn' dol a dh' Arcamh gu léir.
    A bhiodh deònach, &c.

* * * * *
* * * * *
* * * * *

ORAN AN AINM DITHIS NIGHEAN

IAIN MHIC EACHAINN.

[Tè dhiubh air tighinn dachaigh bho sgoil, agus gun spéis aice ris, na 'm b' fhios, do 'n dùthaich ; agus an tè eile, nach robh riamh o 'n bbaile, a' moladh na dùthcha.]

Cia b' e dheanamh mar rinn mis',
    Bu mhisd se e gu bràth,
Dhol do 'n bheinn, an aghaidh m' inntinn,
    Mhill e mi mo shlaint' ;
Pairt de m' acain, braigheach Mheirceinn,
    'S àit gun mharcnid e.
Ach spain a's copraich, 's bà-theach fosgailt',
    'S graine shop ri làr.

Cha 'n 'eil sebmar aig Righ Breatainn,
    'S taitneich' leam na 'n Càrn,
Oir tha e unignidheach do ghruagaich,
    'S ni e fuaim 'nuair 's àill ;

Feur a's coille, blà a's duille,
'S iad fo iomadh neul,
Is ise le echo, mar na teudan,
Seirm gach séis a 's fearr.

Cha b' àite còmhnuidh leam air Dhòmhnach,
A bhi 'n ròig no 'n càrn,
Oir, mur robh strianach ann air bliliadhna,
Cha robh riamh ni b' fhearr ;
Fuaim na beinne, 's gruaim a' ghlinne,
'S fuathach leam a' ghàir ;
O! cràdh mo chridhe, reubadh lighe,
An t-àit an tighe 'm feur.

Ciod am fath mu 'n tug thu fuath sin,
Do na bruachaibh ard ?
Nach fhaic thu fein, 'nuair thig an spreidh,
Gur feumail iad le 'n àl ?
Cha chradh cridhe, air làrach shuidhe,
Fuaim na lighe lain,
Do 'n gnàth bhi claghach roimh a h-aghaidh,
Is feur na delghidh a' fàs.

Na bha firinneach dheth t-amhran,
'N fhad 's bha 'n sambradh blàth.
Rinn e tionndadh oidhche-Shamhna,
'S bheir an geamhradh 'shàr ;
Duille shuidhicht' barr an fhiodha,
Dh-fàs i buidhe-bhàn,
'S tha mais' 'n t-Sruth' air call a dhath,
Le steall de chathadh-làir.

Gleidhidh 'n talamh thun an t-sambraidh,
Sin a chrann e 'n dràsd,
Beath a's calltunn latha-bealltuinn,
Geallta nach air fàs ;
Bidh gruth a's crathadh air na srathan,
'S tèirgidh 'n caitheadh-làir,
Nach grinn an sealladh, glinn a' stealladh,
Laoigh, a's bainne, 's bàrr !

'S barail leam-sa gu 'n do chaill sibh,
Air na rinn sibh chàis ;
Dhol do shliabh, gun chur, gun chliathadh,
'S nach robh biadh a' fàs ;
B' fhear bhi folluiseach an Goll-thaobh,
Na bhi 'n comunn ghràisg,
Air mo dholladh leis an chonnadh,
Laimh ri bolla fàil.

Note.—This is a contrast between the pleasures of a town and a pastoral life, as if by two young ladies, (daughters of the celebrated "*Iain Mac-Eachunn,"*) one of them returned from the town of Thurso, where she had been sent to school, and the other, yet ignorant of town, upholding the pleasures of rural retirement. The beauties of the bard's own native strath are delineated in strains so sweet that we have only to regret that he did not more frequently indulge his muse in descriptive poetry.

MARBHRANN IAIN GHRE,

ROGHAIRD.

[Agus e air caochladh ann an Siorramachd Pheairt, air a shlighe dol dachaigh do Chat-taobh.]

Tha rògairean airtnealach, trom,
'N taobh bhos agus thall do na *Chrasg,*
O 'n chual iad mu 'n cuairt an Ceann-cinnidh,
Gu 'n do db-eug e an Siorramachd Pheairt ;
Dh-aindeoin a dhreachdan 's a chiall :
Cha do chreid duine riamh a bha ceart,
Aon smid thainig mach air a bheul
'S cha mhò chreid e féin Rìgh nam feart.

Cha 'n aithne dhomh aon ni cho laidir,
'S an t-saoghal-s', ri bàs, gu toirt teum ;
'N t-stràc thug e an dràsd' oirnn air aghairt,
Gun do mharbh e fear Roghaird do leum.
Tha Sàtan ro bhrònach, 's cha 'n ioghnadh,
Ged fhaigheadh e 'n t-aon-sa dha féin,
Air son nach 'eil fathast air sgeul aig'
Fear a sheasas dha 'àite 'na dhéigh.

'S fad a bho chunnacas, 's a chualas,
Gur teachdaire gruamach am bàs ;
Gidheadh gu'm bell euid bh' ann an daoch ris,
Toirt rud-eigin gaoil da an dràsd' :
Tha dùil ac' an Cat-thaobh 's an Gall-thaobh,
Nach urr' iad a mholadh gu bràth,
Air son gur h-e féin thug a' cheud char
A fear thug cùig ceud car á càch.

Sibhse tha mòr agus mion,
Sibhse tha sean 's a tha òg,
Thugaibh cheart air' air a' bhàs,
'Nuair is beartaich' 's is làine bhur cròg ;
Oir thig e mar mhèirleach 's an oidhch',
Ged robh sibh uile cruinn mu na bhòrd ;
'S cha 'n fheudar a mheallladh le foill,
'S gu 'n do mheall e Ceann-feadhna nan ròg.

Rinn deamhnan is triùcairean talmhaidh,
Election mu chealgair bhiodh treun,
Co bu stàraich', bu chàraich', 's bu cheilgeich',
'S a b' fhearr chuireadh lìth air a' bhréig ;
B' e Sàtan am breitheamh bu shine,
Da 'm b' aithne gach fine fo 'n ghréin ;
'S b' i 'bharail nach fhaigheadh e leithid,
Mur robh e 's na Grèadhaich iad féin.

Bu mhath leam an ciontach a bhualadh,
'S cha b' àill leam duin' uasal a shealg ;
'S ged chuireas mi gruaim air a' choireach,
Cha gabh an duin' onarach fearg ;

Tha Caiptein Rob Grè air a dhiùltadh,
  Le breitheanas Prionnsa nan cealg ;
Rinn coimeasgadh Reothach a chumadh,
  Gu uails' agus duineulas gharg.

Tha breugan a's coir air am fàgail,
  Do 'n fhear a 's feàrr tàlann g' an inns' ;
Cha cheadaich a' chùis e do Bhàtair,
  Tha onoir a's àrdan 'n a ghrìd ;
Ge comasach Iain a bhràthair,
  Cha 'n fhaigh e an dràsd' i chion aois ;
Ach an sin gheibh e obair an t-Sàtain,
  Ceart comh-luath 's is bàs do fhear Chraoich.

MARBHRANN,

UILLEM MHUILLEIR, AN CEARD.

O 'nuair 's a chaidh Uilleam fo 'n ùir,
Gur tearc againn sùil tha gun deur,
Do mhuilleir, a bhrachair, no 'chòcair,
No 'mhnathan da 'n nòs bhi ri sprèidh ;
Cha mhodha na clamhain a's gaothair,
Tha subhach 's an fhoghar-s' 'n a dhèigh ;
Air son gu 'm buin iomall na cloinne,
Gach ubh a's gach eireag dhaibh féin.

'S glan a tha 'n talamhs-s' 'n a fhàsach,
O 'nuair chaidh thu bàs o cheann mìos ;
Ge maiseach na macain so dh-fhàg thu,
Cha seas iad dhuinn t-àitse 'n an dìos ;
'S ann a tha acuinn do cheàirde,
Mar rud chaidh 'n an clàraibh 's an dìosg ,
An t-òrd a's am balg ris an teine,
An rusp, a's an t-innein, 's an t-iosp.

'S glorra mo sgil, na mo dhùrachd,
Gu innseadh do chliù mar is còir ;
'S minig a dhearc mi do chruinn-leum
Do 'n àite 'm bu chinntich' do lòn ;
Sgiathan do chòta fo t-achlais,
Is neul an tombac' air do shròin ;
Bhiodh gaoir aig na coin 'g a do ruith,
Agus mir air dhroch bhruich ann do dhòrn.

Air fhad 's a théid cliù ort a leantuinn,
Cha 'n urrainn mi chantainn gu leòir ;
'S tu dh-fhuineadh, a ghuiteadh, 's a chriathradh,
'S tu dh-itheadh, 's a dh-iarradh an còrr ;
'S tu rachadh do 'n t-sruthan a chlisgeadh,
'Nuair ghabhadh na h-uisgean gu lòn :
Bu choltach ri rapus na seilcheig,
An easgann mu thimcheall do bheòil.

Cha'n aithne dhomh neach feadh na talmhainn-s
A' choiteir, a' shearbhant, no 'thuath,
Nach ionndraineadh Uilleam, as aodann
Oir shiùbhladh e 'n sgire ri uair ;
Nis o 'n a chual iad gu 'n deach' e,
Tha rud-eigin smal air daoin' uails',
Air son nach 'eil neach ac 's a' mhachair,
A ghlanas taigh-cac no poit fhuail.

MARBHRANN,

DO THRIUIR SHEANN FHLEASGACH.

[CLANN FHIR TAIGH RUSPUINN.]

AIR FONN—"*Latha ' siubhal sleibhe dhomh.*"

'N an laidhe so gu h-ìosal,
  Far na thìodhlaic sinn an triùir,
Bha fallain, làidir, inntinneach,
  'Nuair d' iuntrig a' bhliadhn' ùr ;
Cha deach' seachad fathast,
  Ach deich latha dh'i o thùs ;—
Ciod fhios nach tig an teachdair-s' oirnn,
  Ni 's braise na ar dùil?

Am bliadhna thim' bha dithis diubh,
  Air tighinn o 'n aon bhroinn,
Bha iad 'n an dà *chomrad*,
  O choinnich iad 'n an cloinn ;
Cha d' bhris an t-aog an comunn ud,
  Ged bu chomasach dha 'n roinn,
Ach gheàrr e snàith'n na beath-s' ac',
  Gun dàil ach latha 's oidhch'.

Aon duine 's bean o 'n tàinig iad,
  Na bràithrean ud a chuaidh,
Bha an aon bheatha thinneil ac',
  'S bha 'n aodach de 'n aon chlòimh ;
Mu 'n aon uair a bhàsaich iad,
  'S bha 'n nàdur d' an aon bhuaidh ;
Chaidh 'n aon siubhal dhaoine leo,
  'S chaidh 'n sìneadh 's an aon uaigh.

Bu daoine nach d' rinn briseadh iad,
  Le fiosrachadh do chàch ;
'S cha mhò a rinn iad aon dad,
  Ris an can an saoghal gràs ;
Ach ghineadh iad, a's rugadh iad,
  Is thogadh iad, a's dh-fhàs—
Chaidh stràc de 'n t-saoghal tharais orr',
  'S mu dheireadh fhuair iad bàs.

Nach 'eil an guth so labhrach,
  Ris gach aon neach againn beò ?
Gu h-àraidh ris na seann daoine,
  Nach d' ionnsuich an staid phòsd' ;

Nach gabh na tha 'nan dleasanas,
A dheasachadh no lòn,
Ach caomhnadh ni gu falair dhaibh,
S a' falach an cuid bìr.

Cha chaith iad féin na rinn iad,
Agus oighreachan cha dèan,
Ach ulaidhnean air shliabh ac',
Bhios a' biadhadh chon a's éun ;
Tha iad fo 'n non diteadh,
Fo nach robh, 's nach bi mi fhéin,
Gur duirche, taisgte 'n t-òr ac',
Na 'nuair bha e 'n tùs 's a mhèinn.

Barail ghlic an Ard-Righ—
Dh-fhàg e pàirt de bhuidhean gann,
Gu feuchainn lochd a's oileanachd,
D' an dream d' an tug e meall ;
C' arson nach tugta pòrsan,
Dhe 'n cuid stòrais nig gach àm,
Do bhochdan an Ti dheùnalcheadh,
An còrr a chur 'na cheann ?

An déigh na rinn mi rùsgadh dhuibh,
Tha dùll agam gun lochd,
'S a liuthad facal firinneach
A dhirich mi 'n ur n-uchd,
Tha eagal orm nach éisd sibh,
Gu bhi feumail do na bhochd ;*
Ni 's mò na rinn na fleasgaich ud,
A sheachduin gus a nochd.

Note.—Two of these bachelors were somewhat remarkable, having been born together, brought up together, and died within a night of each other. They were buried in the same hour, in the same grave, and by the same company of men. Their whole study, from their youth, was to hoard up money, and had much of it hid under ground, which they neither had the heart to use themselves, nor to bestow upon their friends, none of which has yet been found.

MARBHRANN

DO DII' IAIN MAC-EACHUINN.

[An duin' uasal, aig an do thogadh am bàrd, 'n a theaghlaich, o 'n bha e 'n a bhalachan òg ; agus bu duin' e a choisinn a leithid a chliù, o a luchd-eòlais air fad, 's gu 'n d' aidich iad uile, gu 'n robh am marbhrann so gun mhearachd, agus gu h-àraidh na briathran mu dheireadh dheth, 's gu 'n abradh gach neach mar an ceudna a chluinneadh am marbhrann, agus d' am b' eòl Iain Mac-Eachainn gu'n robh e ceart]

IAIN Mhic-Eachainn, o dh-eug thu,
C' àit an téid sinn a dh-fhaotainn
Duine sheasas 'n ad fhine,
An rathad tionail no sgaoilidh.

* It is said that a wandering beggar called upon them for alms seven days previous to their death, whom they refused to relieve, a circumstance at which the bard hints above.

'S ni tha cinnt' gur beart' chunnairt,
Nach dean duine tha aosd' e,
'S ged a bheirt' de 'n àl òg e,
'S tearc tha beò fear a chì e.

Dearbh cha b' ionann do bheatha,
'S do dh' fhir tha fathast an caomhnadh,
Thiouail airgead a's fearann,
'S bi'dh buidhean eile 'g un sgaoileadh ;
Bhios iad féin air an gearradh,
Gun ghuth an caraid 'g an caoineadh,
Air nach ruig dad do mholadh,
Ach " Seall sibh fearann a dhaor iad."

Tha iad laghail gu litreil,
'S 'n an deibhtearan geura,
Is iad a' pàidheadh gu moltach,
Na bhios ac' air a chéile ;
Ach an còrr, théid a thasgaidh,
Gur cruaidh a cheiltinn o 'n fhéile,
Is tha 'n sporan 's an sùilean,
Cheart cho dùiut' air an fheumach.

Leis an leth-onoir riataich-s',
Tha na cladan diubh faomadh,
Leis am feàrr bhi fo fhìnchan,
Fad aig Dia na aig daoine ;
Thig fo chall air nach beir iad,
'S e ceann mu dheireadh an dìteadh,
" C' uim nach tug sibh do 'n bhochd,
Am biadh, an deoch, a's an t-audach ?"

Ach na 'm b' urrainn mi, dhùraigbdinn
Do chliù-s' chur an òrdugh,
Ann an litrichean soilleir,
Air chor 's gu 'm beir an t-àl òg' air ;
Oir tha t-iomradh-s' cho feumail,
Do 'n neach a théid ann do rùidean,
'S a bha do chuid, fhad 's bu mhuireann,
Do 'n neach bu ghainn' ann an stòras.

Fhir tha 'n latha 's an comas,
Ma 's àill leat alla tha fiughail,
So an tìm mu do choinneamh,
An còir dhut greimeachadh dlù ris ;—
Tha thu 'm batal a' bhàis,
A thug an t-àrmunn-s' do 'n ùir uainn,
Glacadh gach fear agaibh 'oifig,
'S mo làmh-s' gu 'n cothaich i cliù dhuibh.

Oir ged tha cuid a bhios fachaid,
Air an neach a tha fialaidh,
'S i mo bharail-s' gur achdaidh
Bu chòir an achuing so iarraidh ;—
Gu 'm bu luath thig na linnean,
Ni chuid a's sine dhinn ciallach,
Nach dean sinn iobairt do bhith-bhuantachd,
Air son trì fichead de bhliadhnach'.

'S lionmhor neach bha gun socair,
  A chuir thu 'n stoc le do dhéilig,
Agus bàth-ghiollan gòrach,
  Thionail eùlas le t-éisdeachd ;
Dearbh cha 'n aithne dhomh aon neach,
  Mach o ùmaidhnean spréidhe,
Nach 'eil an inntinn fo cudthrom,
  Air son do chuid, no do chéile.

Fhir nach d' ith mìr le taitneas,
  Na 'm b' eòl dut acrach 's an t-saoghal,
Fhir a chitheadh am feumach,
  Gun an éigh' aig' a chluinntinn ;
B' fheàrr leat puund dheth do chuid bhuat,
  Na unusa cuid-throim air t-inntinn ;
Thilg thu t-aran 's na h-uisgean,
  'S gheibh do shliochd iomadh-fillt' e.

Chi mi 'n t-aim-beartach uasal,
  'S e làn gruamain a's airtneil,
'S e gun airgead 'n a phòcaid,
  Air an taigh-òsda dol seachad ;
Chi mi bhantrach bhochd, dheurach,
  Chi 'n déirceach làn acrais,
Chi mi 'n dilleachdan ruisgte
  Is e falbh anns na ragaibh.

Chi mi 'n ceòl-fhear gun mheas air,
  Cull a ghibhtean chion cleachdaidh,
Chi mi feumach chion comhairl',
  A' call a ghnothuich 's a thapadh.
Na 'm bitheadh air' agam fhiarachd,
  Ciod e is ciall do 'n mhòr acain-s',
'S e their iad uile gu léir rium :—
  "Och ! nach d' eug Iain Mac-Eachuinn!"

Chi mi 'n t-iomadaidh sluaigh so,
  'N an culaidh-thruais chionn 's nach beò thu,
'S ged e 'n call-s' a tha 'n unchdar,
  Chi mi buannachd nan òlach ;—
O 'n a thaisbeann domh 'm bliadhna,
  Iomadh biadhtach nach b' eòl domh,
Mar na reannagan riallaidh,
  An déigh do 'n ghrian a dhol fo orr'.

'S tric le marbhrannan moltach,
  A bhios cleachdach 's na dùthchaibh-s',
Gu 'm bi coimeasgadh masguill,
  Tigh'nn a steach annt' 'n a bhrùchdan
Ach ged robh mis' air mo mhionnan,
  Don Ti tha cumail nan dùilean,
Cha do lunidh mu 'n duine-s',
  Ach buaidh a chunnn' mo shùil air.

MARBHRANN EOGHAINN.

LUINNEAG.

'S cian fada, gur fada,
  'S ciun fada gu leòir,
O 'n là bha thu fo sheac-thinn,
  Gun aon ag acain do bhròin ;
Mu tha 'n tìm air dol seachad,
  'S nach d' rinn thu cleachdudh air chòir,
Ged nach dàil dut ach seachduin,
  Dean droch fhasan a leòn.

'S tric thu, Bhùis, cur an céill dhuinn,
  Bhi sior éigheachd ar cobhrach ;
'S tha mi 'm barail mu 's stad thu,
  Gu 'n toir thu 'm beag a's am mòr leat ;
'S ann o mheadhon an fhoghair,
  Fhuair sinn rabhadh a dh-fhòghnadh,
Le do leum as na cùirtean,
  Do na chùil am beil Eòghann.
    'S cian fada, gur fada, &c.

Ach na 'n creideadh sinn, Aoig, thu,
  Cha bhiodh 'n saoghal-s' 'g ar dalladh,
'S nach 'eil h-aon de shliochd Adhaimh,
  Air an tàmailt leat cromadh ;
'S i mo bharail gur fìor sud,
  Gur àrd 's gur iosal do shealladh ;*
Thug thu Pelham á mòrachd,
  'S an d' fhuair thu Eòghann 's a' Pholladh ?
    'S cian fada, gur fada, &c.

Tha thu tigh'nn air an t-seòrs' ud,
  Mu 'm beil bròn dhaoine mi ra,
'S tha thu tighinn air muinntir,
  Mu nach cluinntear bhi chine ;
Cha 'n 'eil aon 's an staid mheadhoin,
  Tha saor fathast o dhòghruinn,
Do nach buin a bhi caithris,
  Eadar Pelham n's Eòghann.
    'S cian fada, gur fada, &c.

Tha iad tuiteam mu 'n cuairt duinn,
  Mar gu 'm buailt' iad le peilear,
Dean'maid ullamh, 's am fuaim so,
  Ann ar cluasan mar fharum ;
Fhir a 's lugha measg mòran,
  An cual thu Eòghann fo ghalar ?
Fhir a 's mò anns na h-àitean-s',
  An cual thu bàs mhaighstir Pelham ?
    'S cian fada, gur fada, &c.

* " Pallida mors æquo pulsat pede pauperum tabernas,
Regumque turres."—*Hor. Carmin. lib.* I. *Carmin* iv.

Ach a chuidheachd mo chridhe,
  Nach toir an dithis-s' oirn sgathadh!
Sinn mar choinneil au lanntair,
  'S an dà cheann a' sìor chaitheamh;
C' àit an robh anns an t-saoghal,
  Neach a b' ils' na mac t' athar-s'?
'S cha robh aon os a cheann-sa,
  Ach an rìgh bh' air a chathair.
    'S cian fada, gur fada, &c.

Note.—Among Rob Donn's elegies, it would be difficult to distinguish the best. But as a test of his own abilities as a poet we would at once fix upon *Marbhrann Eoghainn*, where he makes his subject a general one—the uncertainty of time, and the calls to preparation for death sounded to mankind in the simultaneous fall of the high and the low, the rich and the poor. The use made of the circumstances that led to it exhibits a poet's mind. Rob Donn had heard accounts of the death of Mr Pelham, the first minister of state. The same day when this intelligence reached him, he took a stroll to the neighbouring mountains of Durness, in search of deer. He was for that day unsuccessful; but judging, as a sportsman can on such occasions, that better fortune might attend him the following morning, instead of returning home he determined to spend the night, and await the dawn, at a solitary house situated at the head of Loch Erribol, that he might be the more nigh to surprise his game when morning arrived. The bleak dreariness of this spot of itself might present almost to any mind a striking contrast to all that we deem comfortable, social, or desirable in life. Here was a solitary hut (still standing), where the bard was to pass the night. And here was a solitary man, decrepid in old age, stretched on his wretched bed of straw, or heath, and so exhausted by a violent attack of asthma, that the bard pronounced him, in his own mind, surely in the very grasp of the King of Terrors. The idea of Mr Pelham's death, called away from the summit of ambition and worldly greatness, contrasted with this individual's state, set our author to the invoking of his muse. Ewen was unable from weakness to converse, or even to speak with the bard, who, kindling a fire for himself, sat down, and the elegy being composed, he was humming it over. He soon found, however, that Ewen had still his bodily sense of hearing, and his mental sense of pride. When the bard came to the recital of the last verse, the concluding lines of which may be thus metrically rendered, though we acknowledge not poetically,—

"Among men's sons where could be found
  One lowly, poor, like thee?
And where in all this earth's wide round,
  But kings, more high than He?"

Ewen, summoning the remains of his strength to one effort of revenge for the insult in the former two lines, seizing a club, crept out of bed, and was at the full stretch of his withered arm wielding a blow at the bard's head, who only observed it just in time to avoid it. He used, we may believe, the mildest measures to pacify Ewen's choler. He related the circumstance afterwards to some of his friends; and, though others frequently spoke ot it as a good joke, the bard could never indulge, we are told, even in a smile, upon the subject. He spoke of it with solemnity; and did not desire to hear the circumstance repeated. Ewen's elegy has been frequently compared to the well known Ode of Horace, "*Solvitur acris hiems*," &c.; and had Rob Donn studied Horace, we would doubtless say that he had at least in view the lines, "*Pallida mors æquo pulsat pede*," &c.⁴—*Memoir.* 1829.

R A N N.

[A rinn am bàrd, air madainn, ann an taigh ministear 'Shléibhte, air an turus bha e san eilean-sgiathanach. Thainig bàrd de mhuinntir an Eilein do thaigh a' mhinistear, agus iad ri 'm biadh-maidne. Dh-iarr am ministear air rann a dheanamh air;—" Sgiath chogaidh, im, muc, plomb-thombaca, agus Sagart." Rinn am bàrd Sgiathanach so, mar chithear; agus thubhairt Rob Donn, "'S bochd dh-fhag thu 'n Sagart," agus ann an tiota rinn e féin a'n rann mu dheireadh.]

THUIRT AM BARD SGIATHANACH.

A' mhuc mar bhiadh,
'S an sgiath mar bhòrd,
'S an Sagart nach itheadh an t-ìm,
Sparrainn a' phlob 'n a thòin.

THUIRT ROB DONN.

Bhiadhainn an Sagart gu grinn—
Bheirinn dha 'n t-ìm air a' mhuic;
An targaid air a làimh chlì,
A's piob-thombaca'n a phluic!

* Regarding this elegy, an anecdote is recorded, which exhibits the estimation in which it was held by the author's countrymen best able to judge of poetic merit. Mr Mackay (*Iain Mac Eachuinn*) happened to be on a visit to Mr Murdoch Macdonald, minister of Durness, when on a Sabbath morning the weather became so very boisterous that Mr Macdonald expressed doubts whether it were proper to go to church, or to detain the people by the usual length of service—expressing a fear, at the same time, that if once begun, he might forget himself, and detain them long. His guest urged the propriety of not detaining the people—"But I will tell you," said he, "what you had better do; just go to church, and sing to them '*Marbhrann Eoghainn*,'—it will be greatly more instructive than any sermon you can give." Mr Macdonald's esteem for Ewen's elegy did not go *quite* so far, as to cause him to adopt the advice.

DONNACHADH BAN.

DUNCAN MACINTYRE, commonly called *Donnacha Bàn nan òran* was born at Druimliaghart, in Glenorchay, on the 20th March, 1724. He spent the early part of his life in fishing and fowling, in which he always took the greatest pleasure. Although he discovered an early inclination to poetry, he produced nothing worthy of being preserved till after the memorable battle of Falkirk, in which he fought, under the command of Colonel Campbell, of Carwhin, on the 17th of January, 1746. He engaged as the substitute of a Mr Fletcher, of Glenorchay, for the sum of 300 marks, Scots, to be paid on his return. Mr Fletcher gave him his sword, which he unfortunately lost, or rather threw away, in the retreat; and as he returned without it, he was refused the stipulated pay. It was then, and for that reason, that he composed his poem, entitled " The Battle of Falkirk," in which he has given a minute and admirable description of what passed under his eye; and especially of the sword (*Claidheamh ceannard Chloinn-an-Leisdeir.*) He endeavours to excuse himself for his retreat, and more especially for parting with such a useless weapon; and he could have entered the army of the prince with much more zeal, had he been among the Jacobites. He, therefore, indulges his inclination in the descriptions he gave. The resentment of a bard, was not, in former days, incurred with impunity. The poem was known every where, recited in all parts. The famous battle of Falkirk was enough to give it publicity; and the ridicule so ingeniously, though indirectly, aimed at the gentleman who refused so paltry a sum of money to one who risked his life on his account, was well understood in the whole country. But Macintyre was not satisfied with all he said of the useless sword. He complained of the injustice done him, to the Earl of Breadalbane, who obliged Mr Fletcher to pay him his wages.

The first time he saw Macintyre after paying him, was at a market; being incensed at him for daring to complain of him, and more so because of his audacity in lampooning him, he stepped up, and taking his staff, struck him, exclaiming, " Go, fellow, and compose a song to *that*." The humble poet of nature was obliged to submit in silence, to the unworthy treatment, and, shrugging his shoulders, walked away. But the pain he felt was momentary; not so the wound of the passionate man, inflicted by the sharp edge of genius. It was probed by the disapprobation of all who witnessed his conduct, which recoiled on himself as a more severe punishment than he had given to the young poet of rising fame.

Duncan Macintyre, being a good marksman, was appointed forester to the Earl of Braidalbane, in *Coire-Cheathaich*, and *Beinndòrain;* and afterwards to the Duke of Argyle, in *Buachaill Eite.* In these situations he invoked the rural muse, on the scenes of his delightful sports, when he described them in the celebrated poems, entitled " Beinndòain," and "*Coire-Cheathaich*," in strains that are inimitable, and have rendered his name immortal. Good judges of Gaelic poetry seem to be at a loss to which of these productions to give the preference. The first required powers, and knowledge of the noble amusement of the chase, and of the music of the bagpipes, to which few can aspire. And while we affirm that he was never equalled in this species except by the celebrated M'Donald, in his praise of Mòrag, we must conclude it to be his master-piece. And where is any to be compared to the last? which is indeed unrivalled.

Public schools were but thinly established in the Highlands of Scotland in his early days; and his place of residence was distant from the parochial school, so that our author derived no benefit from education. He possessed no advantage in reading the works of others, nor had he an opportunity of getting his own productions written. One advantage he had that was common to all lovers of song—he heard the poetry of his country recited; and, so tenacious was his memory, that not a line, or a word, of his own composition escaped it, which had only been written when sent to the press. A clergyman transscribed them from oral recitation. The first edition of his poems and songs was published in 1768. He went through the Highlands for subscribers, to defray the expense. During his life his work came to three editions, and since then, one edition was printed in Glasgow, in 1833.

He afterwards served in the Earl of Breadalbane's Fencible regiment, during the period of six years, (1793—1799) until it was discharged; he was a considerable time in the city guard of Edinburgh; and after that lived a retired life, subsisting on what he could have saved of the subscriptions of the third edition, which he published in 1804. The collection contains lyric, comic, epic, and religious compositions, all of merit, and composed solely by himself, unassisted in any way but by the direction and power of his own genius. His poetical talents, therefore, justly entitle him to rank among the first of the modern bards. He died at Edinburgh, in October, 1812. In his younger days he was remarkably handsome, and throughout his whole life possessed an agreeable and easy disposition. He was a pleasant and convivial companion; inoffensive, and never wantonly attacked any person; but, when provoked, he made his enemy feel the power of his resentment. See his verses to Uisdean and others. Neither he nor M'Donald knew when to set bounds to their descriptions, and in their satires went on beyond measure.

Duncan Macintyre lived to see the last edition of his poems delivered to his subscribers. The Rev. Mr M'Callum, of Arisaig, "saw him travelling slowly with his wife. He was dressed in the Highland garb, with a checked bonnet, over which a large bushy tail of a wild animal hang; a badger's skin fastened by a belt in front, a hanger by his side, and a soldier's wallet was strapped to his shoulders. He was not seen by any present before then, but was immediately recognised. A forward young man asked him 'if it was he that made Ben-dourain?' 'No,' replied the venerable old man, 'Ben-dourain was made before you or I was born, but I made a poem in praise of Ben-dourain.' He then enquired if any would buy a copy of his book. I told him to call upon me, paid him three shillings, and had some conversation with him. He spoke slowly; he seemed to have no high opinion of his own works; and said little of Gaelic poetry; but said, that officers in the army used to tell him about the Greek poets; and Pindar was chiefly admired by him."

Of his works, the poems and songs composed when following the pursuits of his youthful pleasures, are incomparably the best. It would be endless to attempt to mark the particular beauties in them. The reader must peruse them all in their native garb, the natural scenes of his darling pursuits are well known, but in his description every thing assumes a novel appearance, and in the enchanted scenes that rapidly pass, we wonder that we never observed such beauties before in so bewitching colours. His soul was poured out in the animating and interesting strains. His language is simple and appropriate; chaste and copious. He is most felicitous in the choice of words, idioms, and expressions. He was a man of observation and thought, and revolved the subject of his study often in his mind. M'Donald is learned, and indicates the scholar on all occasions; he was the pupil of nature. M'Donald could not compose on the spur of the moment, a reply *impromptu*. There is, however, an instance in which Macintyre proved that he was not deficient in that manner. When he composed the inimitable panegyric of John Campbell of the bank, he waited on that gentleman, repeated the poem, and demanded a bard's gift. "No;" replied Mr Campbell, "what reward do you deserve for telling the truth? You must confess that you could say no less of me; and, moreover, I doubt that you are the author; of that you are to convince me; let us hear how you can dispraise me, and then, I shall know, if you have been able to compose what you have repeated." Well, Macintyre commenced in the same measure, and continued in flowing and ready numbers till the gentleman was glad to stop him by giving him his reward.

Of his love songs the best is that composed to his wife "Màiri Bhàn òg." It seems an inexhaustible subject, in which he pours out the happy thoughts and elevated sentiments of the lover, in similes and comparisons taken from the most delightful scenes of nature, and the field of mental enjoyments. The 6th and 7th stanzas are truly beautiful.

The Lament of Colin Campbell, Esq. of Glenure, would alone immortalize his name. The subject was well adapted to awaken melancholy feelings of the most poignant nature. Mr Campbell fell the victim of envy and ill-will, arising from ill-founded suspicion. What pathos and tenderness! The mournful strains that so eloquently describe the fatal events were not those of a mercenary bard; they were the painful feelings of a fosterbrother, poured out in the most earnest and pathetic effusions of a mind alive to the sentiments of an unfeigned sympathy.

His final leave of the mountains, dated 19th September, 1802, is full of tenderness, and sentiment, appropriate to his age and reminiscences.

ORAN DO BHLAR NA H-EAGLAISE BRICE.*

AIR FONN—"*Alasdair á Gleanna-Garadh.*"

LATHA dhuinn air machair Alba,
Na bha dh-armailt aig a chuigse,
Thachair iad oirnne na reubail,
'S bu neo-eibhinn leinn a chuideachd ;
'Nuair a chuir iad an ratreut oirnn,
'S iad 'nar deigh a los ar murtadh,
'S mur deanamaid feum le'r casan,
Cha tug sinne srad le'r musgan.

'S a dol an coinneamh a l'hrionnsa,
Gu'm bu shunndach a bha sinne,
Shaoil sinn gu'm faigheamaid cùis dheth,
'S nach ro dhuinn, ach dol g'a sireadh ;
'Nuair a bhuail iad air a chéile,
'S ard a leumamaid a pilleadh,
'S ghabh sinn a mach air an abhainn,
'S dol g'ar n-amhaich ann san linne.

'N am do dhaoine dol nan éideadh,
Los na reabalaich a philleadh,
Cha do shaoil sinn, gus na ghéill sinn,
Gur sinn féin a bhite 'g iomain ;
Mar gu'n rachadh cù ri caoirich,
'S iad 'nan ruith air aodainn ghnne,
'S ann mar sin a ghabh iad sgaoileadh
Air an taobh air an robh sinne.

Sin 'nuair thàinig càch 'sa dhearbh iad
Gu'm bu shenrbh dhuinn dol nan cuideachd ;
Se'n trùp Ghallda g'an robh chàll sin,
Bha Coluinn gun cheann air cuid diubh :
'Nuair a thachair ribh Clann-Dòmhnuill,
Chum iad cùmhail air an uchdan,
Dh-fhàg iad creuchdan air an rèubadh,
'S cha leighiseadh léigh an cuislean.

Bha na h-eich gu crùitheach, srianach,
Girteach, iallach, fiamhach, trùpach ;
'S bha na fir gu h-armach, fòghluimt',
Air an sonrachadh gu murta.
'Nuair a dh-aom sinn bharr an t-sléibh',
Is mòran feum againn air furtach,
Na bha beo bha cuid dhiubh leoint',
'S bha sinn brònach mu 'na thuit ann.

Dh-eirich fuathas ann san ruaig dhuinn,
'Nuair a ghluais an sluagh le leathad ;
Bha Prionns' Tearlach le chuid Frangach,
'S iad an geall air teachd 'nar rathad :

* This is the author's first song.

Cha d' fhuair sinn facal comand'
A dh-iarraidh ar nàimhdean a agathadh ;
Ach comas sgaoileadh feadh an t-saoghail,
'S cuid againn gu'n fhaotain fhathasd.

Sin 'nuair thàinig mise dhachaigh
Dh-ionnsuidh Ghilleaspuig o'n Chrannaich,
'S ann a bha e 'u sin cho fhiata,
Ri broc liath a bhiodh an garraidh ;
Bha e duilich ann san àm sin,
Nach robh ball aige r'a tharruinn,
'S mòr an diùbhail na bha dhì air,
Claidheamh sinnsireachd a sheanar.

Mòran iarruinn air bheag faobhair,
Gu'm be sud aogas a chlaidheimh ;
'Se gu lùbach, leumnach, bearnach,
'S bha car càm ann, ann san amhaich ;
Dh-fhàg e mo chruachainne brùite
Bhi 'ga ghiùlan feadh an rathaid,
'S e cho tròm ri cabar fearna,
'S mairg a dh-fhairdeadh au robh rath air.

'Nuair a chruinnich iad nan ceudan
'N là sin air sliabh na h-eaglais,
Bha ratreud air luchd na Beurla,
'S ann dailbh féin a b' éigin teicheadh ;
Ged' a chaill mi ann san am sin
Claidheamh ceannairt Chloinn-an-Leasdair ;
Claidheamh bearnach a mhi-fhortain,
'S ann bu choltach e ri greidlein.

Am ball-teirmeisg a bha meirgeach,
Nach d'rinn seirbheis a bha dleasach ;
'S beag an diùbhail leam r'a chunntadh,
Ged' a dh-ionndrain mi mu fheasgar,
An claidheamh dubh nach d'fhuair a sgùradh,
'S neul an t-suthaidh air a leath-taobh,
'S beag a b'fhiù e 's e air lùbadh,
'S gu'm b'e diuthadh a bhuill-deis e.

An claidheamh braoisgeach, bh'aig na daoine,
Nach d'rinn caonnag 's nach tug buillean,
Cha robh eugas air an t-saoghal,
'S mairg a shaoraich leis an cuimeasg ;
An claidheamh dubh air 'n robh an t-aimhleas,
Gu'n chrios, gun chrambait, gun duille,
Gu'n roinn, gun fhaobhar, gun cheana-bheart,
'S mairg a thàrladh leis an cunnart.

Thug mi leam an claidheamh bearnach,
'S b'olc an asuinn e sa' chabhaig,
Bhi ga ghiùlan ar mo shliasaid,
'S mairg mi riamh a thug o'n bhail' e;
Cha toir e stobadh no sàtbadh,
'S cha robh e làidir gu gearradh;
Gu'm b'e diuthadh a bhuill airm e,
'S e air meirgeadh air an fharadh.

Chruinnich uaislean Earraghàèil,
Armaillt làidir de *Mhalisi*,
'S chaidh iad mu choinneamh phrionns' Tearlach,
'S duil aca r'a chàmp a bhristeadh;
'S ioma fear a bh' ann san àit ud
Nach robh shbhailt mar bha mise,
A'mheud sa dh-fhàg sinn ann san àraich,
Latha blàr na h-Eaglais'-brice.

ORAN DO'N MHUSG.

Air fonn—" *Mo dhuth an Tomaidh.*"

'S iomadh car a dh-fheudas,
Thigh'n air na fearaibh,
Is theang' gu'n gabh iad gaol
Air an tè nach faigh iad;
Thug mi fichead bliadhna
Do'n chiad tè ghabh mi,
Is chuir i rithisd cùl rium,
Is bha mi falamh.

Is thàinig mi Dhun-éideann
A dh-iarraidh leannain,
Is thuirt an Caiptein Caimbeul,
'S e 'n geard a bhaile,
Gu'm b'aithne dha banntrach
Ann bite falaich,
'S gu'n deanadh e hird
Air a cur a'm' charabh.

Rinn e mar a b'àbhaist
Cho mhath 's a gheailadh,
Thug e dhomh air làimh i,
'S am paigheadh mar ri;
Is ge b'e bhi 's a feòraich
A h-ainm no sloinneadh,
Their iad rithe Sebnaid,
'S b'e Debrsa seannair.

Tha i suitheamh, suairce,
Gun ghruaim, gun smalan,
Is i cho àrd an uaisle
Ri mnaoi san fhearann;

Is culaidh a m' chumail suas i,
O'n tha mar rium,
Is mòr an t-aobhar smuairein
Do'n fhear nach faigh i.

Leig mi dhìom Nic-còiseam
Ged' tha i mairean,
Is leig mi na daimh chròcach
An taobh bha 'n aire,
Is thaobh mi ris an òg mhnaoi,
'S ann leam nach aithreach
Cha n'eil mi gu'n stòras
O'n phòs mi 'n ainnir.

Bheir mi fhein mo bhriathar
Gum beil i ro mbath,
Is nach d'aithnich mi riamh oirro
Cron am falach,
Ach gu foinneamh, finealta,
Dìreach, fallain,
Is i gu'n ghabid gu'n, ghiomh,
Gu'n char fiar, gu'n chamadh.

Bithidh i air mo ghiùlan,
'S gur math an airidh,
Ni mi fhéin a sgùradh
Gu math 's a glanadh;
Chuirinn ri an t-ùilleadh
Ga cumail ceanalt,
Is cuiridh mi ri m' shùil i,
'S cha diùlt i aingeal.

'Nuair bhios cion an stòrais
Air daoine ganna,
Cha leigeadh nigh'n Dheòrsa
Mo phòca falamh;
Cumaidh i rium òl
Ann 's na taighean leanna,
'S pàidhidh i gach stòpan
A ni mi cheannach.

Ni i mar bu mhiann leam
A h-uile car dhomh,
Cha 'n innis i bréug dhomh,
No sgeula mearachd;
Cumaidh i mo theaghlach
Cho math 's bu mhath leam,
Ge nach dean mi sonthair
No obair shaluch.

Sgìthich mi ri gnìomh,
Ged' nach d'rinn mi earras,
Thug mi bòid nach b' fhiach leam,
Bhi ann a'm sgalaig;
Sguiridh mi g'am phianadh,
O'n thug mi 'n aire,
Gur h-e'n duine diomhain
Is faide mhaireas.

DONNACHADH BAN.

'S i mo bheanag ghaolach
Nach dean mo mhealladh,
Föghnaidh i dhomh daunuan
A dheanamh arain ;
Cha bhi fkillinn aodaich
Orm no anart,
'S chaidh cùram an t-saoghail
A nis as m'aire!

Le chuid seòlaidhean ;
Gheibhte sud ri àm
Pàdruig anns a' ghleann,
Gillean a's coin sheang,
'S e toirt orduidh dhaibh ;
Peileirean nan deann,
Teine g'an cuir ann,
Eilid nam beann àrd,
Théid a leònadh leo.

MOLADH BEINN-DORAIN.

AIR FONN—"*Piobaireachd.*"

Urlar.

AN t-urram thar gach beinn
Aig Beinn-dòrain!
Na chunnaic mi fo 'n ghréin,
Si bu bhòiche leam ;
Monadh fada, réidh,
Cuile 'm faighte féidh,
Soilleireachd an t-sléibhe
Bha mi sònnrachadh ;
Doireachan nan geug,
Coill' anns am bi feur,
'S foinessach an spréidh,
Bhios a chòmhnaidh ann ;
Greadhainn bu gheal còir,
Faoghaid air an dòigh,
'S laghach leam an sreud
A bha sròineiseach.
'S aigeannach fear eutrom,
Gun mhòrchuis,
Théid fasanda na éideadh,
Neo-spòrsail ;
Tha mhanntal uime féin,
Caidhtiche nach tréig,
Bratach dhearg mar chéir
Bhios mar chòmhdach air ;
'S culuidh g'a chuir éug,
Duin' a dheanadh téuchd,
Gunna bu mhath gléus,
An glac òganaich :
Spòr anns am biodh bearn,
Tarran air a ceann,
Snap a bhuaileadh teann
Ris na h-ordaibh i ;
Ochd-shlisneach gun fheall,
Stoc de'n fhiodh gun mheang,
Lotadh an damh seang,
A's a leònadh e.
'S fear a bhiodh mar cheaird,
Riu' sònnraichte,
Dh-fhòdhnadh dhaibh gun taing,

Siubhal.

'Si 'n eilid bheag, bhinneach,
Bu ghuiniche sraonadh,
Le cuinnein geur, biorach,
A sireadh na gaoithe,
Gasganach, speireach,
Feadh chreachainn na beinne,
Le eagal ro' theine,
Cha teirinn i 'n t-aonach ;
Ge d' théid i na cabhaig,
Cha ghearain i maothan ;
Bha sinnsreachd fallain,
'Nuair a shineadh i h-anail,
'S toil-inntinn leam tanasg,
Ga' lannigan a chluinntinn,
'Si 'g iarraidh a leannain
'N àm darraidh le caoineas,
'S e damh a chinn allaidh
Bu gheal-cheireach feaman,
Gu caparach, ceannard,
A b' fharamach raoiceadh,
'S e chòmhnuidh 'm Beinn-dòrain,
'S e eolach m'a fraoinibh.
'S ann am Beinn-dòrain,
Bu mhòr dhomh r'a innseadh
A liuthad damh ceannard,
Tha fanntuinn san fhrìth ud ;
Eilid chaol, eangach,
'S a laoighean 'ga leantuinn,
Le 'n gasgana geala,
Ri bealach a direadh,
Ri fraoidh Choire-chruiteir,
A chuideachda phiceach ;
'Nuair a shineas i h-iongan
'S a théid i na' deannaibh,
Cha saltradh air thalamh,
Ach barran nan lnean,
Cò b'urrain g'a leantuinn,
A dh-fhearaibh na rioghachd?
'S arraideach, farumach,
Carach air grine,
A chòisridh nach fhònadh
Gnè smal air an luntin,
Ach caochlaideach, curaideach,
Caol-chasach, ullamh,
An aois cha chuir truim' orra,

Mulad no mi-ghean ;
'Se shlànaich an culaidh,
Feoil mhais, agus mbuineil,
Bhi tàmhachd am bunailt,
An cuile na frithe ;
Le àilleas a fuireach,
Air fàsach 'nan grunna,
'Si 'n àsainn a mhuime,
Tha cumail na ciche,
Ris na laoigh bhreaca, bhallach,
Nach meathlaich na siauntan,
Le 'n cridheacha meara,
Le bainne na cloba.
Griseanach, eangach,
Le 'n girteagan geala,
Le 'n corpannan glanna,
Le fallaineachd fior-uisg ;
Le farum gun ghearan,
Feadh ghleannan na milltich ;
Ge d' thigeadh an sneachda
Cha 'n iarradh iad aitreabh,
'S e lag a Choir'-altrum
Bhios aca g'an dìdean :
Feadh stacan, a's bhacan,
A's ghlacagan diomhair,
Le 'n leapaichean fasgach
An taic Eas-an-t-sìthan.

Urlar.

Tha 'n eilid anns an fhrìth
Mar bu chòir dh'i bhi,
Far am faigh i millteach
Glan-feòirneanach ;
Bruchorachd a's clob,
Lusan am bi brìgh,
Chuireadh sult a's igh
Air a lòineinibh.
Fuaran anns am bi
Biolaire gun dìth,
'S millse lea' na 'm fion
'S e gu'n òladh i ;
Cuiseagan a's riasg,
Chinneas air an t-sliabh,
B' annsadh lea' mar bhiadh
Na na fòghlaichean.
'S ann do'n teachd-an-tir
A bha sòghar lea',
Sobhrach a's eala-bhi
'S barra neòineanan ;
Dobhrach, bhallach, mhin,
Ghubhlach, bharrach, shlìom,
Lòinteau far an cluu
I'na mòthraichean ;
Sud am pòrsan bidh
Mheudaichendh an cli
Bheireadh iad a nios
Ri àm dò-licheinn ;
Chuireadh air an druim

Brata saille cruinn,
Air an carcais luim
Nach bu lòdail.
B' e sin an caidreamh grinn
Mu thrà-neòine,
'Nuair a thionaladh iad cruinn,
Anns a' ghlòmuinn :
Air fhad 's ga'm biodh an oidhch',
Dad cha tigeadh ribh,
Fasgadh bhun an tuim
B' àite còmhnuidh dhaibh ;
Leapaichean nam fiadh,
Far an robh iad riamh,
An aonach farsuinn fial,
'S ann am mòr-mhonadh.
'S iad bu taitneach fiamh,
'Nuair bu daitht' am bian,
'S cha b'i 'n aire am miann,
Ach Beinn-dùrain.

Siubhal.

A bhein lusanach, fhaileanach,
Mheallanach, liontach,
Gun choimeas 'ga falluinn
Air thalamh na Criosdachd ;
'S ro-neònach tha mise,
Le bòichead a sliosa,
Nach 'eil còir aic' an ciste
Air tiotal na rìoghachd ;
'S i air dùbladh le gibhtean,
'S air lùisreadh le miosan,
Nach 'eil bichiont' a' bristeadh
Air phriseanaibh tire ;
Làn trusgan gun deireas,
Le usgraichean coille,
Bàrr-gùc air gach doire,
Gun choir' ort r'a innseadh ;
Far an uchd-ardach coileach,
Le shrutaichibh loinneil,
'S coin bhuchalach bheag' eil
Le'n ceileiribh lìonmhor.
'S am buicean beag sgiolta,
Bu sgiobalt' air grine,
Gu'n sgiarradh, gu'n tubaist,
Gu'n tuisleadh, gu'n diobradh,
Crodhanadh, biorach
Feadh coire 'ga shireadh,
Feadh fraoich agus firich,
Air mhire 'ga dhireadh ;
Feadh ranaich, a's barraich
Gu'm b' araideach inntinn,
Ann an losal gach feadain,
'S air àirde gach creagain
Gu mireanach, briceasach,
Easgonach, sinteach ;
'Nuair a thèid o 'na bhoile
Le clisge sa' choille,
A's e ruith feadh gach doire,

Air dheireadh cha bhi e ;
Leis an eangaig bu chaoile
'S e b' eutruime sinteag,
Mu chnocauaibh donna
Le ruith dara-tomain,
'S e togairt an coinneamh
Bean-chomuinn o's 'n iosal.
  Tha mhaoisleach bheag bhrannga
Sa' ghleannan a chòmhnaidh,
'S i fuireach san fhireach
Le minneinean òga :
Cluas bhiorach gu clàisteachd,
Sùil chorrach gu faicinn,
'S i earbsach 'na casan
Chur seachad na mòintich :
Ged' thig Caoillte 's Cuchullainn,
'S gach duine de'n t-seòrs' ud,
Na tha dhaoine 's do dh-eachaibh,
Air fasta rìgh Deòrsa,
Nan tèarnadh i craiceann
O luaidhe 's o lasair,
Cha chual' a's cha 'n fhac i
Na ghlacadh r'a beò i ;
'S i grad-charach, fad-chasach,
Aigeannach, neònach,
Geal-cheireach, gasganach,
Gealtach roi' mhadadh,
Air chaisead na leachdainn
Cha saltradh i còmhnard :
Si noigeanach, groigeasach
Gug-cheannach, sòrnach ;
Bior-shuileach, sgur-shuileach,
Frionasach, furachair,
A fuireach sa' mhunadh,
'Sna thuinich a seòrsa.

Urlar.

Bi sin a' mhaoisleach luaineach,
Feadh òganan ;
Biolaichean nam bruach
'S àite-còmhnuidh dh'i,
Duilleagan nan craobh,
Bileagan an fhraoich
Criomagan a gaoil,
Cha b'e 'm fòtrus.
A h-aigneadh eutrom suaire,
Aobhach ait gun ghruaim,
Ceann bu bhraise, ghuanaiche,
Ghòraiche ;
A' chré bu cheanalt' stuaim,
Chalaich i gu buan
An gleann a' bharraich uaine
Bu nòsaire.
  'S tric a ghabh i cluain
Sa' chreig mhòir,
O'n is miosail leatha bhi 'Luan
A's a Dhòmhnach ann :
Pris an deau i suain

Bidhionta mu'n cuairt,
A bhristeas a' ghaoth tuath,
'S nach leig deò oirre,
Am fasgadh doire-chrò,
An taice ris an t-sròin,
Am measg nam faillean òga
'S nan còsagan.
Masgadh 'n fhuarain mhòir,
'S e paillte gu leòir,
'S blasda le' na'm beòr
Gu bhi pòit orra.
  Deoch de'n t-sruthan uasal
R'a òl aice,
Dh' fhàgas fallain,
Fuasgailteach, òigeil i :
Grad-charach ri uair,
'S eathlamh bheir i cuairt,
'Nuair thachradh i'n ruaig,
'S a bhiodh tòir oirre.
'S mao-bhuidh daitht' a snuagh,
Dearg a dreach sa tuar,
'S gurro-lomadh buaidh
Tha mar chòladh oirr' ;
Fulangach air fuachd,
Is i gun chum' air luath's ;
Urram clàisteachd chluas
Na Rinn-eòrpa dh'i.

Siubhal.

Bu ghrinn leam am pannal
A' tarruinn an òrdugh,
A' dìreadh le farum
Ri carraig na Sròine ;
Eadar sliabh Craobh-na-h-ainnis,
A's beul Choire-dhaingheiu,
Bu bhiadhchar greidh cheannard
Nach ceannaich am pòrsan ;
Da thaobh choire-rannoich
Mu sgèith sin a' bhealaich,
Coire rèidh Beinn-Achaladair,
A's thairis mu'n chonn-lon :
Air lurgain na Laoidhre
Bu ghreadhuach a' chòisri,
Mu làrach-na-Féinne
'S a' Chraig-sheilich 'na dhèigh sin,
Far an cruinnich na h-éildean
Bu neo-spéiseal mu'n fhòghluich :
'S gu'm b'e 'n aighear a's an éibhneas
Bhi falcheachd air rèidhlein,
'A comh-mhacnus r'a chéile,
'S a' leumnaich feadh mòintich ;
Ann am pollachaibb daimseir
Le sodradh gu meamnach,
Gu togarrach mearrachdasach,
Ain-fheasach gòrach.
'S cha bhiodh iot air an teangaidh
Taobh shois a' Mhill-teanail,
Le fion-uillt na h-Annaid,

Blas meala r'a òl air ;
Sruth brioghmhor geal tana,
'S e sluthladh tor 'n ghaineamh,
'S e 's millse na'n caineal,
Cha b' ain-eolach oirnn e :
Sud an ioc-shlàinnte mhaireann,
A thig a iochdar an talaimh,
Gheibhte lionmhoireachd math dh'i
Gu'n a cheannach' le stòras ;
Air faruinn na beinne
Is daicheala sealladh,
A dh'fhàs anns a' cheithreamh
A' bheil mi 'n Rinn-ebrpa :
Le gloinead a h-uisge,
Gu mao-bhlast a brisg-gheal,
Caoin, caomhail, glan, miosail,
Neo-mhisgeach ri pòit' air :
Le fuarainibh grinne
Am bun gruamach no biolair,
Còineach uaine mu'n iomall,
A's iomadach seòrsa :
Bu ghlan uachdar na linne
Gu neo-bhuaireasach milis,
Tigh'n 'na chuairteig o'n ghrlnneal
Air slinnein Beinn-dòrain.
  Tha leth-taobh na leachdainn
Le mais' air a còmhdach,
'S àm fridh-choirean creagach
'Na shesamh g'a chòir sin,
Gu stobanach, stacanach,
Slocanach, laganach,
Cnocanach, crapanach,
Caiteanach, ròmach ;
Pasganach, badanach,
Bachlagach, bòidheach
A h-aisgirine corrach,
'Nam fasraichsan mollach,
'Si b'asadh dhomh mholladh,
Bha sonas gu leòir oirr' :
Cluigeanach, gucagach,
Uchdanach, còmhnard,
Le dithean glan, ruiteach,
Breac, misleanach, sultmhor :
Tha 'n fhridh air a busgadh
San trusgan bu chòir dh'l.

Urlar.

'S am monadh farsuinn faoin
Glacach, srònagach ;
Lag a' Choire-fhraoich
Cuid bu bhòiche dheth ;
Sin am fearann caoin
Air an d'fhàs an aoidh,
Far am bi na laoigh
'S na daimh chròcach ;
A's e deisearach ri gròin,
Seasgaireachd g'a réir,
'S neo-bheag air an èildeig

Bhi chòmhnaidh ann.
'S glan fallain a crè,
Is banail i 'na beus ;
Cha robh h-anail breun,
Ge b'e phògadh i.
'S e 'n coire choisinn gaol
A h-uil' òganaich,
A chunna' riamh a thaobh,
'S a ghabh eòlas air :
'S lionmhor feadan caol
Air an èirich gaoth,
Far am bi na laoich
Cumail còdhalach ;
Bruthaichean nan learg
Far am biodh greidh dhearg,
Ceann-uighe gach sealg
Fad am beò-shlainnt' ;
A's e làn do'n b-uile maoin,
A thig amach le braon,
Fàile nan súth-chraobh,
A's nan ròsann an.
  Gheibte tachdar èisg
Air a còrsa,
A's bhi 'gan ruith le leus
Anns na mòr-shruthan ;
Mordha cumhann geur,
Le chrann giubhais fèin,
Aig fir shubhach,threubhach
'Nan dòrnaibh :
Bu shòlasach a' leum'
Bric air buinne réidh,
A' ceapadh chuileag eutrom
'Nan dòrlaichean ;
Cha 'n'eil muir no tìr
Am beil tuille brìgh,
'S tha feadh du chrìch'
Air a h-òrdachadh.

An Crunluaith.

Tha 'n eilid anns a ghleannan so,
Cha 'n amadan gu'n eòlas
A leanndh i mar b aithne dha
Tig'n farnsda na còdhail,
Gu faiteach bhi 'na h-earalas,
Tig'n' am faigse dh'i mu'n caraich i,
Gu faicilleach, gle earraigeach,
Mu'm fairich i ga còir e ;
Feadh shlochd, a's ghlac, a's chamhauan,
A's chlach a dheanadh falach air,
Bhi beachdail air an talamh,
'S air a' char a thig na neoil air ;
'S an t-asdar bhi 'ga tharruinn air
Cho mucanta 's a b' aithne dha,
Gu'n glacadh e ga h-aindeoin i
Le h-anabharra seòltachd ;
Le tùr, gun ghainne baralach,
An t-sùil a chuir gu danarra,
A' stiùireadh' na du'-bannaiche,

'S a h-aire ri fear-cròice ;
Bhiodh rùdan air an tarruinn
Leis an lùbt' an t-iarrunn-earra,
Bheireadh ionnsai' nach bi'dh mearachdach
Do'n fhear a bhiodh 'ga seòladh ;
Spòr ùr an déis a teannachadh,
Buill' ùird a' sgailceadh dainghean ris,
Cha diùlt an t-srad, 'nuair bheanas i
Do'n deannaigh a bha neònach :
Se 'm fùdar tioram tean-abaich
Air chùl an asgairt ghreannanaich,
Cuir smùid ri acuinn mheallanaich
A baraille Nic-Còiseam.

B'ionmbuinn le fir cheanalta,
Nach b'aineolach mu spòrsta,
Bhi timcheall air na bealaichean
Le fearalachd na h-òige :
Far am bi na féidh gu farumach,
'S na fir 'nan déigh gu caithriseach,
Le gunna bu mhath barrandas
Thoirt aingil 'nuair bu chòir dh'i ;
S le cuilean foirmeal togarrach,
'G am biodh a stiùir air bhogadan,
'S e miol'airteich gu sodanach,
'S nach ob e dol 'nan còdhail ;
'Na fhurbuidh làidir, cosgarrach,
Ro Ionntinneach, neo-fholstinnach,
Gu guineach, sgiamhach, gob-easgaidh,
San obair bh'aig a sheòrsa ;
'S a fhriogan cuilg a' togail air,
Gu maildheach, gruamach, doichealach,
'S a gheanachan cnuasaichd fosgailt',
'Comh-bhogartaich r'an sgòrnan.

Gu'm b' araideach a' charachd ud,
'S bu chabhagach i 'n còmbnuidh,
'Nuair a shìneadh iad na h-iongannan
Le h-athghoirid na mòintich ;
Na beanntaichean 's na bealaichean
Gu'm freagradh iad mac-talla dhut,
Le fuaim na gairme gallanaich
Aig farum a' choin ròmaich ;
'Gan tearnadh as na mullaichean
Gu linnichean nach grunnaich iad,
'S ann a bhith's iad feadh na tuinne ;
Anns an luineinich 's iad lebinte
'S na cuilcineau gu fulasgach
'G an cumail air na munealaibh,
'S nach urrainn iad dol tuillendh as,
Ach fuireach, 's bhi gun deò annt',
'S ge do thuirt mi began riu,
Mu'n innsinn uil' an dleasnas orra,
Chuireadh iad a' m' bhreislich mi
Le deisimearachd chòmraidh.

COIRE-CHEATHAICH.

Se Coire-cheathaich nan aighean siùbhlach,
An coire rùnach, is ùrar fonn,
Gu lurach, miadh-fheurach, mìn-gheal, sùghar,
Gach lusan flùar bu chùbhraidh leam ;
Gu molach dù-ghorm, torrach lùisreagach,
Corrach plùireanach, dlù-ghlan grinn ;
Caoin, ballach, dìtheanach, cannach, misleanach,
Gleann a' mhìlltich, 'san lionmhor mang.

Tha falluinn dhùinte, ga daingbean, dùbailt',
A mhaireas ùinne, mu'n rùisg i lòm,
Do'n fheur is cùl-fhinne dh' fhàs na h-ùrach,
'S a bhàrr air lùbadh le driùchda tròm,
Mu choire guanach nan torran uaine,
A' bheil luibh a's luachair a suas g'a cheann ;
'S am fasach guamach an càs a bhuanadh,
Nam b' àite cruidh e, 'm biodh tuath le'n suim

Tha trusgan faoilldh air cruit an nonnich,
Chuir suilt is aoidh air gach taobh a d' chòm,
Mìn-fheur chaorach is barraibh bhraonan,
'S gach lus a dh' fheudadh bhi 'n aodainn thòm;
M'an choir' is aoidhealn tha r'a fhaotain,
A chunnaic daoine an taobh so 'n Fhràing ;
Mur dean e caochladh, b' e 'n t-aighear saoghalt'
Do ghillean aotrom bhi daonnan ann.

'S ann m'an Ruadh-aisrigh dh'fhàs na cuairtagan,
Clùthar, cuaicheanach, cuannar, àrd,
Na h-uile cluaineag 's am bàrr air luasgadh,
'S a ghaoth 'g an sgunbadh a null 'sa nall :
Bun na cipe is làr a' mhìlltich,
A chuiseag dhìreach, 's an fhiteag cham ;
Muran brìoghar, 's an grunnasg lionmhor,
M' an chuillidh dhìomhair, am bi na suinn.

Tha sliabh na làirig an robh mac-Bhaidi,
'Na mhothar fàsaich, 's na stràchda tròm ;
Slios na bàn-lenchdainn, cha 'n i is tàire,
'S gur tric a dh' àraich i 'n làn damh donn :
'S na h-aighean dàra nach téid a 'n bhà-thaigh,
A bhios le 'n àlach gu h-àrd 'nan grunn,
'S na laoigh gu h-ùiseil a là 'sa dh'oidhche,
'S na h-uiread cruinn dlubbair druim Clach-fionn.

Do leacan chaoimhneil gu dearcach, braoilcagach,
Breac le foireagan is cruinn dearg ceann
'N creamh 'na charaichean, am bac nan staidh-
Stacan fraoineasach nach bu ghann :   [richean,
Am beanrnan-brìde, 's a pheighinn rìoghail,
S an cannch mìn-gheal, 's am mislean ann ;

'S a h-uile mir dheth, o'n bhun is isle
Gu h-ionad cirean na crich' is àird'.

'S rìmheach còta na craige mòire,
'S cha 'n 'eil am fùlach a' d'choir 'san àm,
Ach mèunan còinntich, o 's e bu nàsaire,
Air a chòmhdachadh bhos a's thall :
Na lagain chòmhnard am bun nan srònag,
Am bi na sòghraichean, 's nebinein fann,
Gu bileach, feòirneineach, mills, roineagach,
Molach, rùmach, gach sebrs' a th' ann.

Tha mala ghruamach, de'n bhiolar uaine,
Mu'n h-uile fuaran a th' ann san fhonn ;
Is doire shealbhag aig bun nan garbh-chlach,
S grinneal gainbheich' gu meanbh-gheal, pronn ;
'Na ghlugaibh plumbach air ghoil gun aon teas,
Ach coileach bùirn tighin' á grunnd eas lòm,
Gach struthan uasal 'na chuailean cùl-ghorm,
A' ruith na spùtaibh, 's na lùbaibh steoll.

Tha bradan tarra-gheal sa choire gharbhlaich,
Tha tig'n o'n fhairge bu ghailbheach tonn,
Le luinneis mheamnach a' ceapa mheanbhchuil-
Gu neo-chearbach le cham-ghob crom :   [eag,
Air bhuinne borb, is e leum gu foirmeil,
'Na éideadh colgail bu ghorm-glas druim,
Le shòilsean airgeid, gu h-iteach meana-bhreac,
Gu lannach, dearg-bhallach, earr-gheal sliom.

'S Coire'-cheathaich an t-aighear prìseil,
'S an t-àite rìoghail mu'm bidht' a' sealg,
Is bidh féidh air ghiùlan le làmhach fùdair,
A' cur luaidhe dhù'-ghorm gu dlù nan calg :
An gunna gleusda, s' an cuilean eutrom,
Gu fuileach, feumanach, treubhach, garg,
A ruith gu siùbhlach, a gearradh shùrdag,
'S a dol g'a dhùlan ri cùrsan dearg.

Gheibhte daonnan mu d' ghlacaibh faoine,
Na h-aighean maola, na laoigh, 's na maing.
Sud bu mhiann leinn 'am madainn ghrianaich,
Bhi dol g' an an iarraidh, 's a' fiadhach bheann,
Ged thigeadh siontan oirnn' uisg a's dìle,
Bha seòl g'ar dìdean mu'n chrich san àm,
An creagan iosal am bun na frìthe,
S an leabaidh dhlona, 's mi m' shìneadh ann.

Sa'mhadainn chluin-ghil, an àm dhomh dùsgadh,
Aig bun na stùice be 'n sùgradh leam ;
A' chearc le sgiùcan a' gabhail tùchain,
S an coileach cùirteil a dùrdail cròm ;
An dreathan sùrdail, 's a ribheid chiùil aige,
A' cur nan smùid deth gu lùghor binn ;
An druid s am brù-dhearg, le mòran ùinich,
Ri ceileir suundach bu shiubhlach rann.

Bha eoin an t-sléibhe 'nan ealtain gle-ghloin,
A' gabhail bheusan air ghéig sa' choill,
An uiseng cheutach, 's a luinneag féin aice,
Fendan spéiseil gu réidh a seinn :
A chuach, 'sa smebrach, am bàr nan ògan,
A' gabhail òrain gu ceolmhor binn :
'Nuair ghoir an cuannal gu loinneil, guanach,
'S o 's gloin' a chualas am fuaim sa' ghleann.

'Nuair thig iad còmhla' na bheil a' d' chòirse
De'n h-uile sebrsa bu chòir bhi ann ;
Damh na cròice air srath na mòintich,
'S e gabhail crònain le drebcam àrd ;
A' dol san fhéithe gu bras le h-éibhneas,
A' mire-leumnaich ri éildeig dhuinn ;
Bi sin an ribhinn a dh'fhas gu mìleanta,
Foinneamh, finealta, dìreach, seang.

Tha mhaoiseach chùl-bhui air feadh na dùs-
Aig bun nam fiùran 'gan rùsga' lòm,   [luing
'S am boc gu h-ùtluidh ri leaba chùirteil,
'S e 'ga bùrach le rùdan cròm ;
'S am minnean riabhach bu luime cliathach,
Le chunnein fiata, is fiadhaich ceann,
'Na chadal guamach an lagan uaigneach,
Fo bhàrr na luachrach na chuairteig chruinn.

Is lìonmhor cnuasachd a bha mu'n cuairt dut,
Ri àm am buain gum bu luaineach clann,
Ri tional guamach, gu fearail suairce,
'S a' roinn gu h-uasal na fhuair iad ann ;
Céir-bheach na cnucaibh, an nead na chuairteig,
'S a mhil 'ga buannachd air cruaidh an tulm,
Aig seillein riabhach, breaca, srinnach,
Le'n crònan cianail is fiata srann.

Bha cus ra' fhaotainn de chnothan caoine,
'S cha b' ind na caochagan aotrom gann,
Ach bagailt mhaola, bu taine plaoisg,
A' toirt brìgh á laoghan na maoth-shlait fann :
Srath nan cnochan 'na dhosaibh caorainn,
'S na phreasnibh caola, làn chraobh a's mbeang ;
Na gallain ùra, 's na faillein dhlùtha,
'S am barrach dùinte mu chòl nan crann.

Gach àite timcheall nam fàsach iomlan,
Màm a's fion-ghleann, 's an tuilm ga chòir :
Meall-tionail làimh ris, gu molach, tlàthail,
B'e chulnidh dh'àrach an àlaich òig ;
Na duimh 's na h-éildean a'in madainn choitein
Gu moch ag éirigh air réidhlein febir ;
Greidheln dhearg dhiù air taobh gach leargain,
Mu 'n Choire gharbhlaich, 'g an ainm an Cró.

ORAN DO'N GHUNNA
GA 'N AINM NIC-COISEAM.

LUINNEAG.

Horo mo chuid chuideachd thu,
Gur muladach leam uam thu ;
Horo mo chuid chuideachd thu,
'S mi direadh bheann a's uchdunan,
B'ait leam thu bhi cuidir rium,
'S do chudthrom air mo ghulainn.

'Nuair chaidh mi do Ghleann-Lòcha,
'Sa cheannaich mi Nic-Chiseam,
'S mise nach robh gòrach,
'Nuair chuir mi 'n t-òr ga fuasgladh.
  Horo mo chuid, &c.

Thug mi Choire-cheathaich thu,
'Nuair bha mi fhéin a taghaich ann,
'S tric a chuir mi laidhe leat,
Na daimh 's na h-aidhean ruadha.
  Horo mo chuid, &c.

Thug mi Bheinn-a-chaistil thu,
'S do'n fhàsach a tha 'n taice ri,
Am Màm a's Creag-an-aparrain,
Air leaca Beinn-nam-fuaran.
  Horo mo chuid, &c.

Thug mi thu Bheinn-dòrain,
An cinne na daimh chròcach,
'Nuair theannadh iad ri crònan,
Bu bhòidheach leam an nuallan.
  Horo mo chuid, &c.

Thug mi Choire-chruiteir thu,
O's àite grianach tlusail e,
Gu biachar, fiarach, lusanach,
Bhiodh spuirt ann aig daoin'-uaillse.
  Horo mo chuid, &c.

Ghiùlain mi Ghleann-éite thu,
Thog mi ris na créisean thu,
Se mheud 'sa thug mi spéis dut
A dh'fhàg mo cheum cho luaineach.
  Horo mo chuid, &c.

'S math am Meall-a-bhùiridh thu,
Cha mhiosa 'm Beinn-a-chrùlaist thu,
'S tric a loisg mi fùdar leat,
An Coire-chùl-na-cruaiche.
  Horo mo chuid, &c.

Thug mi Lùirig-ghartain thu,
O's aluinn an coir-altrum i,
'S na féidh a deanamh leapaichean
Air Creachuinn ghlas a bhuachaill.
  Horo mo chuid, &c.

Thug mi thu do'n fhàs-ghlaic
'Sa Ghleann am bi na làn-daimh,
'S tric a chaidh an àrach
Mu bhraidhe Cloich-an-tuairneir.
  Horo mo chuid, &c.

Chaidh mi do dh'Fheadha- chaorainn,
Le aighear Choire-chaolain,
Far an robh na daoine,
A bha 'n gaol air a ghreidh uallaich.
  Horo mo chuid, &c.

Thug mi Bheinne-chaorach thu,
Shireadh bhoc a's mhaoiseach,
Cha b'eagal gun am faotainn,
'S iad daonnan 'san Tòrr-uaine.
  Horo mo chuid, &c.

'Nuair théid mi ris a mhunadh,
'S tu mo roghainn de na gunnachan,
O'n fhuair thu féin an t-urram sin,
Cò nis a chumas bhuat e?
  Horo mo chuid, &c.

Ged' tha mi gann a stòras,
Gu suidhe leis na pòitearan,
Ged' théid mi do 'n taigh-òsda,
Cha 'n òl mi ann an cuaich thu.
  Horo mo chuid, &c.

ORAN SEACHARAN SEILG.

LUINNEAG.

Chunna' mi 'n damh donn
'S na h-eildean,
Direadh a bhealaich le chéile ;
Chunna' mi 'n damh donn
'S na h-eildean.

'S mi tearnadh á Coire cheathaich,
'S mòr mo mhighean 's mi gun aighear,
Siubhal frìthe rè an latha,
Thilg mi spraidhe nach d'rinn feum dhomh.
  Chunna' mi, &c.

Ged' tha bacadh air na h-armaibh,
Ghleidh mi 'n spainteach thun na seilge,
Ge do rinn i orm de chearbaich,
Nach do mharbh i mac na h-éilde.
  Chunna' mi, &c.

'Nuair a dh'éirich mi sa' mhadainn,
Chuir mi innte fùdar Ghlascho,
Peallair teann a's trì puist Shasnach,
Cuifean asgairt air a dhógh sin.
  Chunna' mi, &c.

Bha 'n spòr ùr an déighe breacadh,
Chuir mi ùille ris an acuinn,
Eagal driùchd bha mùdan craiceinn
Cumail fasgaidh air mo chòile.
　　Chunna' mi, &c,

Laidh an eilid air an fhuaran,
Chaidh mi farasda mu'n cuairt d'i,
Leig mi 'n deannal ud m'a tuairmse,
Leam is cruaidh gu'n d'rinn i éiridh.
　　Chunna' mi, &c,

Ràinig mise taobh na bruaiche,
'S chosg mi rithe mo chuid luaidhe;
'S 'nuair a shaoil mi i bhi buaillte,
Sin an uair a b' aird' a leum i.
　　Chunna' mi, &c,

'S muladach bhi siubhal frìthe,
Ri là gaoith', a's uisg', a's dìle,
'S ordugh teann ag iarraidh sìthne,
Cuir nan giomanach 'nan éigin.
　　Chunna' mi, &c,

'S mithich tearnadh do na gleannaibh
O'n tha gruamaich air na beannaibh,
'S ceathach dùinte mu na meallaibh,
A' cuir dalladh air ar léirsinn.
　　Chunna' mi, &c,

Bi' sinn beò an dòchas ro-mhath,
Gu'm bi chùis ni's fhearr an ath la',
Gu'm bi gnoth, a's grian, u's talamh,
Mar is math leinn air na sléibhtean.
　　Chunna' mi, &c,

Bithidh an luaidhe ghlas 'na deannamh,
Siubhal réidh aig conaibh seanga;
'S an damh donn a sileadh fala,
'S àbhachd aig na fearaibh gleusda.
　　Chuna' mi, &c,

CEAD-DEIREANNACH

NAM BEANN.

Bha mi'n dé* 'm Beinn-dòrain,
　'S na còir cha robh mi aineolach,
Chunna mi gleanntan
　'S na beanntaichean a b'aithne dhomh;
Be sin an sealladh éibhinn
　Bhi 'g imeachd air na slèibhtibh,
'Nuair bhiodh a ghrian ag éiridh,
　'Sa bhiodh na féidh a langanaich.

　　* 19th September, 1802.

'S aobhach a ghreidh uallach,
　'Nuair ghluaiseadh iad gu farumach,
'S na h-éildean air an fhuaran,
　Bu chuannar na laoigh bhallach ann;
Na maoisichean 's an ruadh-bhuic,
　Na coilich dhubh a's ruadha,
'S e'n ceòl bu bhinne chualas
　'Nuair chluinnt' am fuaim 'sa chamhanaich.

'S togarach a dh' fhalbhainn
　Gu sealgaireachd nam beallaichean,
Dol 'mach a dhireadh garbhlaich,
　'S gu'm b'ana-moch tigh'nn gu baile mi;
An t-uisge glan 'san t-àile
　Thar mullach nam bean arda,
Chuidich e gu fàs mi;
　'Se rinn domh slàinnt a's fallaineachd.

Fhuair mi greis am' àrach
　Air àiridhean a b' aithne dhomh,
Ri cluiche, 's mire 's màran,
　An caoimhneas bliàth nan caileagan,
Bu chùis on aghaidh nàduir
　Gu'm maireadh sin an dràst ann,
'Se b' éigin bhi da'm fàgail
　'Nuair thàinig tràth dhuinn dealachadh.

'Nis o'n bhuail an aois mi,
　Fhuair mi gaoid a mhaireas domh,
Rinn milleadh air mo dheudach,
　'S mo léirsinn air a dalladh orm;
Cha'n urrainn mi bhi treubhach,
　Ged' a chuirinn feum air,
'S ged' bhiodh an ruaig am' dhóigh-sa,
　Cha dean mi ceum ro chabhagach.

Ged' tha mo cheann air liathadh,
　'S mo chiabhagan air tanachadh,
'S tric a leag mi mial-chù
　Ri fear fiadhaich ceannartaich;
Ged' bu toigh leam riamh iad,
　'S ged' fhaicinn air an t-sliabh iad,
Cha téid mi 'nis ga'n iarraidh
　O'n chaill mi trian na h-analach.

Ri àm dol anns a bhùireadh,
　Bu dùrachdach a leanainn iad,
'S bhiodh uair aig sluagh na dùthcha,
　'Toirt brain ùra 's rannachd dhaibh:
Greis eile mar ri cùirdean,
　'Nuair bha sinn anns na Càmpan,
Bu chridheil anns an àm sinn;
　'S cha bhiodh an drùm oirnn annasach.

'Nunir bha mi 'n toiseach m' òige,
　'S i ghòraich a chum falamh mi;

'S e fortan tha cuir oirne
　　Gach aon ni còir a' ghealladh dhuinn ;
Ged' tha mi gann a stòras,
　　Tha m' inntinn làn de shòlas,
O'n tha mi ann an dòchas
　　Gu'n d'rinn nigh'n Dheòrs' an t-aran domh.

Bha mi 'n dé 'san aonach,
　　'S bha smaointean mòr air m' aire-sa,
Nach robh 'n luchd-gaoil a b'àbhaist
　　Bhi siubhal fàsaich mar rium ann,
'Sa bheinn is beag a shaoil mi,
　　Gu'n deanadh ise caochladh ;
O'n tha i 'nis fo chaoirich,
　　'S ann thug an saoghal càr asam.

'Nuair sheall mi air gach taobh dhiom,
　　Cha'n fhaodainn gun bhi smalanach,
O'n theirig coill' a's fraoch ann,
　　S na daoine bh'ann, cha mhaireann iad ;
Cha'n 'eil fiadh r'a shealg ann,
　　Cha'n 'eil eun no earb ann,
'M beagan nach 'eil marbh dhiubh,
　　'Se rinn iad falbh gu baileach as.

Mo shoraidh leis na frìthean,
　　O's miobhailteach, na beannaibh iad,
Le biolair uainne a's fìor-uisg,
　　Deoch uasal rìmheach, cheanalta,
Na bhàrran a tha priseil,
　　'S na fàsaichean tha lìonmhor,
O's àit a leag mi dhiom iad,
　　Gu bràth mo mhìle beannachd leo !

CUMHA CHOIRE-CHEATHAICH.

S DUILLICH leam an càradh
　　Th' air coire gorm an fhàsaich,
An robh mi greis da'm' àrach
　　'S a bhràidhe so thall ;
S iomadh fear a bharr orm,
　　A thaitneadh e r'a nàdur,
Na 'm biodh e mar a bha e,
　　'Nuair dh' fhàg mi e nall ;
Gunnaireachd a's làmhaich
　　Spuirt a s aobhar ghaire,
Chleachd bhi aig na h-àrmuinn
　　A b'àbhaist bhi sa' ghleann ;
Rinn na fir ud fhàgail—
　　'S Mac-Eoghainn t'ann a 'drùsta,
Mar chloich an ionnad càbaig
　　An àite na bh' ann.

Tha 'n Coir' air dol am fàillin,
　　Ged' ithear thun a bhlàir e,
Gun duin' aig am beil càs deth
　　Mun àit ann san àm ;
Na féidh a bh' ann air fhàgail,
　　Cha d' fhuirich gin air àruinn,
'S cha 'neil an àite-tàmha
　　Mar bha e sa' ghleann.
Tha 'm Baran air a shàrach'
　　Is dh'artlaich air an tàladh,
Gun sgil aig air an nàdur
　　Ged' thàinig e ann :
B' fhearr dha bhi mar b' àbhaist,
　　Os ceann an t-soithich chàtha,
'Sa làmhan a bhi làn d'ì,
　　Ga fàsgadh gu teann.

Se mùghadh air an t-saoghal
　　An coire laghach gaolach,
A dhol anis air faoin-tragh,
　　'S am maor a theachd ann :
'S gur h-e bu chleachdadh riamh dhut,
　　Bhi trusa nan cearc biata,
Gur tric a rinn iad siathnail,
　　Le piannadh do lùmh.
Is iad nu 'm baidnibh riabhach,
　　Mu-amhaich 's ann ad' sgiathan,
Bhiodh itealaich a's sgiabail
　　Mu-thlaclan san àm :
Bu ghiobach thu ri riaghailt,
　　Mu chidsin taighe 'n iarla,
Gar nach b'e do mhiann
　　Bhi culr bhian air an stàing.

Ged' tha thu 'nis sa' bhràighe,
　　Cha chòmpanach le càch thu,
'S tha h-uile duine tàir ort
　　O'n thàinig thu ann ;
'S éigin dut am fàgail
　　Ni 's measa na mar thàinig
Cha talntinn thu ri 'n nàdur
　　Le cnàmhan, 's le cainnt :
Ged' fhaiceadh tu ghreidh uallach,
　　'Nuair racha tu mun-cuairt daibh,
Cha dean thu ach am fuadachadh
　　Suas feadh nam beann ;
Leis a ghunna nach robh buadhar,
　　'S a mheirg air a toll cluaise,
Cha 'n eirmis i na cruachan,
　　An cuaille dubh cam.

Se 'n Coire chaidh an déis-laimh,
　　O'n tha e nis gu'n fhéidh ann,
Gun duin' aig am spéis diubh,
　　Ni feum air an cùl ;
O'n tha iad gu'n fhear-gléidhte,
　　Cha'n fhuirich iad r'a chéile,

'S ann a ghabh iad an ratreuta
Seach rèidhlean nan lùb.
Cha 'n 'eil prìs an ruadh-bhuic,
An coille na air fuaran,
Nach b' éigin da bhi gluasad
Le ruaig feadh na dùthcb';
'S cha' n' eil a nis' mun cuairt da,
Aon spuirt a dheanadh suairceas,
No thaitneadh ri duin-uasal
Ged' fhuasgladh e chù.

Tha choille bh' ann san fhrìth ud,
Na cuislean fada, dìreach
Air tuiteam a's air crìonadh
Sìos as an rùsg ;
Na preasan a bha brìoghar
Na dosaibh tiugha lìonmhor,
Air seachda' mar gu'n spìont' iad
A nìos as an ùir ;
Na failleanan bu bhòiche,
Na slatan a's na h-ògain,
'S an t-àit am biodh an smeòrach,
Gu mòdhar a sénn ciùil ;
Tha iad uil' air caochladh,
Cha d' fhuirich fiodh no fraoch ann ;
Tha mullach bharr gach craoibhe,
'S am maor 'ga thoirt diù.

Tha uisge srath na dìge,
Na shruthladh dubh gun sìoladh
Le barraig uaine lìogh-ghlais
Gu mi-bhlasda grannd ;
Feur-lochain is tàchair
An cinn an duileag-bhàite
Cha 'n 'eil guè tuille fàs
An san àit' ud san àm ;
Glumagan a chàthair,
Na ghlugaibh domhain, sàmhach,
Cho tiugh ri sùghan càtha,
'Na làthaich 's na phlàm ;
Sean bhùrn salach ruadhain
Cha ghloinne ghrunnd na uachdar,
Gur coslach ri muir ruaidh e,
Na ruaimle feadh stanng.

Tha 'n t-àit an robh na fuarain
Air fàs na chroitean cruaidhe,
Gun sùbhrach gu'n sail-chuaich,
Gun lus uasal air càrn
An sliabh an robh na h-òildean,
An àite laidhe 's diridh
Cho lòm ri cabhsair féille,
'S am feur chinn e gann :
Chuir Alasdair le ghéisgeil
A ghraidh ud as a chéile,
'S air leam gur mòr an eucoir
An fheudail a chall ;

Cha lugha 'n t-aobhar mìo-thlachd,
Am fear a chleachd bhi tlorail,
A' tearnadh a's n dìreadh
Iti frith nan damh seang.

Ach ma's duine de shliochd Phàdruig
A théid a nis do'n àite,
'S gu 'n cuir e as a làraich
An tach'ran a th' ann ;
Bi'dh 'n coire mar a bha e,
Bi'dh laoigh is aighein dàr ann,
Bi'dh daimh a dol san dàmhair,
Air fasach nam beann ;
Bi' buic s'na badain blatha,
Na bric san abhainn làimh riu,
'S na féidh an srath na làirge
Ag' arach na mang ;
Thig gach uile ni g'a àbhaist,
Le aighear a's le àbhachd,
'Nuair gheibh am Baran bairlinn,
Sud fhagail gun taing.

ORAN GAOIL.

A Mhairi bhàn gur barrail thu,
'S gur barraicht' air gach seòl thu,
O'n thug mi gaol cho daingean dut,
'S mi t'fharraid anns gach codhail :
'S earbsach mi a'd' cheanaltas,
'S na fhuair mi cheau' ad' chòmhradh,
Nach urrainn càch do mheallladh uam
'N déis do ghealladh dhòmh-sa.

'S chuala mi mar sheau-fhacal
Mu'n darach, gur fiodh còrr e :—
"'S gur geinn' dheth fhéin 'ga theannachadh
A spealtadh e 'na ìrdaibh :"
'S mi 'n dùil, a réir na h-ealaidh sin,
Gur math leat mi bhi d' shebrsa,
Nach tréig thu mi, 's gu 'm faigh mi thu
Le bannaibh daingean phòsda.

'S e chum an raoir mi m' aireachadh
An spéis a ghabh mi òg dhiùt ;
Bha smaointean tric air m' aìrese
Mu'n ainnir is fhearr fòghlum :
Cha 'n 'eil cron r'a àireamh ort,
O' d' bhàrr gu sàil do bhròige,
Ach ciallach, fialaidh, fàbharach,
Air fiamh a ghàir' an còmhnuidh.

'S do chùl daichte làn-mhaiseach
Mu'n cuirt a'd' bhràigh' an ordugh,

Air suiamh, mar theudan clàrsaiche,
Na fhàineachan glan nòsar:
Gu lidh-dhonn, pleatach, sàr-chleachdach,
Gu dosach, fàsmhor, dòmhail,
Gu lùbach, dualach, bachlach, guairsgeach,
Snasmhor, cauchach, òr-bhuidh.

Tha t-aghaidh nàrach bhanail,
Dà chaol mhala mar ite eòin ort;
Rosgan réidhe, fallaine
'S dà shùil ghorm, mheallach, mhòthar:
Do ghruaidh mar chaorann meangain,
A thug barrachd air na ròsan;
Do dheud geal, dreachmhor, meachair, grinn,
'S do bheul, o'm binn thig òran.

Tha do phòg mar ùbhlan gàraidh,
'S tha do bhràighe mar an neòinein;
Do chiochan liontach, mulanach,
'S an slod' g an cumail còmhnard:
Corp seang, geal, guéadhail, furanach,
Deagh-chumachdail, neo-spòrsail;
Do chalpa cruinne lùghara,
'S an troigh nach lùb am feòirnean.

'S e m fàth mu'n biodh tu talach orm,
Gur ro-bheag leat mo stòras;
'Bha dà-rud-dheug a' tarruinn uam
Na thionail mi de phòrsan:
Bhiodh òl, a's fóisd, a's banais ann;
Bha ceòl, a's beus, a's ceannaichean,
N' fhéill, 's na gibhtean leannanachd,
An amaideachd 's an òige.

'S a nis nam faighinn mar' rium thu,
Cha leanainn air an t-seòl sin;
Dheanainn àiteach fearainn,
A's crodh-bainne chur mu chrò dhut;
Mharbhainn iasg na mara dhut,
'S am fiadh sa' bhealach cheòthar,
Le gunna caol nach mearachdaich,
'S a mhealladh fear na cròice.

'S mòr an gnol a ghabh mi ort
Le ro bheagan a dh-eòlas,
S mi 'n dùil gur tu bu leannan domh,
'S nach mealladh tu mi m' dhòchas:
Ge d' bhlodh am bàs an carabh dhomh,
Gu'n bharail ri tigh'n beò uaith,
'S e dh'fhàgadh slàn mi n' ribhinn mhùlda,
Mairi bhàn o Lòch-lairig.

AN NIGHEAN DONN OG.

'S i nighean mo ghaoil
An nighean donn òg;
Nam biodh tu ri m' thaobh,
Cha bhithinn fo' bhròn.
'S i nighean mo ghaoil
An nighean donn òg.

'S i Mairi Nic-Neachdalnn
Is dàicheile pearsa,
Ghabh mis' uiread bheachd ort
Ri neach a tha beò.
'S i nighean, &c.

'Nuair sheallas mi t-aodainn,
'S mi 'n coinneamh ri t-fhaotainn,
Gur math leam nam faodainn
Bhi daonanu a'd' chòir.
'S i nighean, &c.

O'n a thug thu dhomh gealladh,
'S ann dutsa nach nithreach,
'S cha'n fhaic iad thu 'n ath-bhliadhn'
A'd' bhanaraich bhò.
'Si nighean, &c.

Cha téid thu do'n bhuaile,
A bhleothan cruidh ghuaillfhionn;
Cha chuir thu ort cuaran,
'S gur uallach do bhròg.
'S i nighean, &c.

Cha 'n fhòghnadh le m' chruinneig,
A' bhurach no chuinneag,
'S cha chluinnear gu'n cumadh tu
Cuman a'd' dhòrn.
'S i nighean, &c.

Cha d' théid thu Bhad-odhar
A leigeadh nan gobhar,
'S minu bheag as an deodhaigh
'G an deothal mu'n chrò.
'S i nighean, &c.

Cha leig mi thu 'n fhireach
Thoirt a' cruidh as an innis
Air eagal na gailean
Bhi sireadh do phòig
'S i nighean, &c.

Cha taobh thu duin'-uasal
'S cha 'n aill leat am buachaill,
'S cha 'n fhearde fear-fuadainn
Bhi cruaidh air do thoir.
'S i nighean, &c.

Cha taobh i fear idir,
Air eagal mo thrioblaid ;
'S cha toilich tè mise
Ach ise le deòin.
   'S i nighean, &c.

S i ribhinn a bhaile,
Tha sìr-thigh'n air m' aire,
Nam bitheadh i mar rium,
Cha dh' fharraid mi stòr.
   'S i nighean, &c.

Bheir mis' thu Dhun-éideann
A dh'ionnsacha' beurla,
'S cha 'n fhàg mi thu t-èigin,
Ri spréidh an fhir-mhòir.
   'S i nighean, &c.

A'nighean na gruaige,
Cha chreidinn ort tuaileas ;
O'n a tharruinn mi suas riut,
Cha 'n fhuath leam do shebl.
   'S i nighean, &c.

'S e mheudaich mo ghaol ort
Gu'n d' fhàs thu cho aobhach,
'S gu'n leumadh tu daonnan
Cho aotrom 's na h-eoin.
   'S i nighean, &c.

'S i 'n togarrach laghach
A thogainn mar roghainn,
Nam bithinn a' taghall
'S an taigh am bi 'n t-òl.
   'S i nighean, &c.

Gu'm b' fhearrde daoin'-uaisle
'N àm thionnda' nan cuach thu,
A thoirt luinncagan-luaidh dhaibh
Mu'n cuairt air an stòp.
   'S i nighean, &c.

'S leat urram an damhsaidh,
'S an fhidbeal 'na teann-ruith ;
Bu chridheil san àm thu,
'S an dràm air a' bhòrd.
   'S i nighean, &c.

'S tu fhreagradh gu h-inneallt
Am feadan 's an ribheid,
A sheinneadh gu fileanta,
Ruith-leumach ceòl.
   'S i nighean, &c.

'S tu thogadh mo spiorad,
'Nuair a théid thu air mhire,
Le d' cheileirean binne,
'S le grinneas do bheòil.
   'S i nighean, &c.

Leis na gabh mi do cheisd ort,
Am madainn 's am feasgar,
Dheanainn riut cleasachd
A's beadradh gu leòir :
   'S i nighean, &c.

Dheanainn riut furan
Am bliadhn' a's an uiridh ;
Bu docha nan t-uireasbhuidh,
Tuill' a's a' chòir.
   'S i nighean, &c.

ORAN D'A CHEILE
NUADH-POSDA.

A Mhàiri bhàn òg,
'S tu 'n òigh th'air m'aire,
Ri'm bheò bhi far am bithinn fhéin ;
O'n fhuair mi ort còir
Cho mòr 's bu mhath leam,
Le pòsadh ceangailt' o'n chléir,
Le cùmhnanta teann
'S le banntaibh daingean,
'S le snaim a dh'fhanas, nach tréig ;
'S e t' fhaotain air làimh
Le gràdh gach caraid
Rinn slàinnte mhaireann a'm' chré.

'Nuair bha mi gu tinn
'S mi 'n cinnseal leannain,
Gun chinnt cb theannadh rium féin,
'S ann a chunna' mi 'n òigh
Air bòrd taigh-leanna,
'S bu mhùthar ceannlt' a beus ;
Tharruinn mi suas rith',
'S fhuair mi gealladh
O'n ghruagaich bhanail bhi 'm réir ;
'S mise bha aobhach
T' fhaotain mar' rium,
'S crobh laoigh a' Bharain a'd' dheigh.

Madainn Di-luain,
Ge buan an t-slighe,
'Nuair ghluais mi, ruithinn mar ghaoth,
A dh-fhaicinn mo luaidh
'S rud bhuainn n-ar dithis
Nach dual da rithist gu'n sgaoil ;
Thug mi i 'n uaigneas
Uair a bhruidhinn,
'S ann fhuair an nighean mo ghaoil,
A's chluinneadh mo chluas
Am fuaim a bhitheadh
Aig luathas mo chridhe ri 'm thaobh.

Sin 'nuair chuir *Cupid*
An t-uldach a'm' bhroilleach,
G'a shaighdean corranach caol,
A dhrùidh air mo chuislean,
Chuir luchd air mo choluinn,
Leis thuit mi ge b'oil leam a's dh'aom
Dh'innis mi sgeul
Do'n tè rinn m' acain,
Nach léigh a chaisgeadh mo ghaoid;
'Se leighis gach creuchd
I fhéin le feartan
Theachd réidh a'm' ghlacaibh mar shaoil.

Bheirinn mo phòg
Do'n òg-mhnaoi shomult'
A dh-fhàs gu boinneanta, caoin,
Gu mileant, còmhnard,
Seòcail, foinnidh,
Do chòmhradh gheibh mi gu saor.
Tha mi air sheòl
Gu leòir a'd' chomain,
A mhòid 'sa chuir thu gu faoin
De m' smaointean gòrach,
Pròis nam boireannach,
'S còir dhomh fuireach le h-aon.

Chaidh mi do'n choill'
An robh croinn a's gallain,
Bu bhoisgeil sealladh mu'n cuairt,
'S bha mianu mo shùl
Do dh'fhiùran barruicht'
An dlù's nam meauganan shuas;
Geug fo bhlàth
O bàrr gu talamh,
A lùb mi farrasda nuas;
Bu duilich do chàch
Gu bràth a gearradh,
'S e 'n dàn domh 'm faillean a bhuain.

Shuidhich mi lìon
Air fior-uisg tana,
'S mi stri 'ga tharruinn air bruaich,
'S thug mi le sgrìob
Air tìr a ghealag,
S a lìth mar eal' air a' chuan;
'S toilicht' a dh'fhàg
E 'n là sin m' aigneadh,
An roinn a bh'agam san uair;
B'i coimeas mo cheud mhna'
Reull na maidne,
Mo chéile cadail 's mi 'm shuain.

'S e b'fhasan leat riamh
Bhi ciallach banail,
Ri gnìomh, 's ri ceanal mnà-uails';
Gu pàirteach, bàigheal,
Blàth, gun choire,

Gun ghìomh, gun ghoinne, gun chruas,
Gu déirceach, daonntach,
Faoilidh, farrasd',
Ri daoin fanna, bochd, truagh;
Is tha mi le'd' sheòl,
An dòchas ro-mhath,
Gur lòn do t-anam do dhuais.

Chuir mi air thùs ort
Iùil a's aithne,
Le sùgradh ceanalta, suairc,
'Nuair theannain riut diù,
Bu chùraidh t' anall
No ùbhlan meala 'gam buain:
Cha bhiodh sgeul ruin,
A b'lùil domh aithris,
A b' fhiù, nach mealladh i bhuam;
Nan cuireadh i cùl rium
'S diùlta' baileach,
Bu chùis domh anart a's uaigh.

Do bhriodal blàth
'S do mhàran milis,
Do nàdur grinneas gach uair,
Gu beulchair, gàireach,
Aluinn, coineil,
Gun chàs a thoille' dhut fuath;
Chuir i guin bhàis
Fad ràith' am mhuineal
Dh'fhàg làn mi mhulad 'sa ghruaim,
'Nuair thuig i mar bha,
'Sa thàr mi 'n ulaidh,
Ghrad spàr i 'n cunnart ud bhuam

'S ann thog e mi 'm pris
O'n tàm so 'n ulridh,
An ni 'san urrainn a fhuair',
'Sguab do'n ìre
Fhìor-ghloin chruineachd,
An sìol is urramaich buaidh;
Sin na chuir mi
Co-rìmheich umad,
Bha t' inntinn bunailteach, buan:
Llonadh do sgiamhachd
Miann gach duine,
An dreach, fiamh, an cumachd, 's an snuagh.

Do chuach-fhalt bàn
Air fàs cho barrail,
'S a bhàrr làn chamag a's dhual;
T-aghaidh ghlan, mhàlda,
Nàrach, bhanail,
Do dhà chaol mhala gun ghruaim;
Sùll ghorm, liontach,
Mhìn-rosg, mheallach,
Gun dìth cur fal' ann ad' ghruadh,
Deud gheal lobhraidh

Dìonach, daingean,
Beul bìdh nach canadh ach stuaim.

Shiùbhladh tu fàsach
Airidh glinne
'San àit an cinneadh an spréidh,
G' am bleothan mu chrò,
'S bhi chòir na h-innis,
Laoigh òg a' mireadh 's a' leum;
Cha mhiosa do làmh
'S tu làimh ri coinnil
No 'n seòmar soilleir ri gréin,
A' fuaidheal 's a' fàitheam
Bhann a's phionar,
An àm chur grinnis air gróus.

Do chneas mar an éiteag
Glè ghlan, fallain,
Corp seang mar chanach an t-slòibh;
Do bhràigh co-mhìn,
'S do chìochan corrach
S iad lìontach, soluis le chéil:
Gaoirdein tlà geal
Làmh na h-ainnir,
Caol mheoir, glac thana, bàs réidh;
Calpa deas ùr,
Troigh dhlù 'm bròig chumair
Is lùghar innealta ceum.

'S ann fhuair mi bhean chaoin
Aig taobh Mhàm-charraidh.
'S a gaol a'm' mhealladh o'm chéill;
Bha cridhe dhomh saor,
'Nuair dh'fhaod mi tharruinn,
Cha b'fhaoin domh bharail bhi d' réir
'S ioma' fuil uasal,
Uaibhreach, fharumach,
Suas ri d' cheann-aghaidh fhéin,
Gad' chumail am prìs
An Rìgh 's Mac-Cailein
'S tu shìol nam fear a bha 'n Slèibht'.

'Nam faighinn an dràst
Do chàradh daingean
An àite falaich o'n éug;
Ge d' thigeadh e d' dhàil,
A's m' fhàgail falamh.
Cha b' àill leam bonn eil' n'd' dhòigh:
Cha toir mi gu bràth dhut
Dranndan teallaich,
Mu'n àrdaich aileag do chléibh,
Ach rogha' gach màrain,
Gràdh a's furan,
Cho blàth 'sa b'urrain mo bheul.

Dheanalan dut ceann,
A's crann, a's t-earrach,

An àm chur ghearran an éill,
A's dheanainn mar chàch
Air tràigh na mara,
Chur àird air mealladh an éisg:
Mharbhainn dut geoidh,
A's roin, a's eala,
'S na h-eoin air bharra nan geug;
'S cha bhi thu ri d' bheò
Gun seòl air aran,
'S mi chòmhnuidh far am bi féidh.

O R A N

DO LEANADH-ALTROM.

ISEABAL òg
An òr-fhuilt bhuidh,
Do ghruaidh mar ròs,
'S do phòg mar ubhal,
Do bheul dreachmhor,
Meachair, grinn,
O'm faighte na h-òrain
Cheòl-mhor bhinn.

'S tu 's gloine 's cannaiche
Bhanaile snuadh,
Gur deirge na'n t-suthag
An ruthadh tha d' ghruaidh,
Do mhìn rosg lìontach,
Siobhailt, suairc,
Gnùis mhàlda, nàrach,
Làn de stuaim.

'S e cosail na h-ainnir
An eal' air an t-snàmh,
Do chneas mar an cannch
Co cheanalta thlà,
Do chìochan corrach
Air bhroilleach geal bàn,
Do bhràigh mar ghrian,
'S do bhian mar chnàimh.

Do chuach-fhalt bachallach,
Cas-bhuidhi, dhlù,
Gu h-amlagach, daite,
Làn chaisreng a's lùb,
'Na chiabhannaibh cleachdach
Am pleata' gu dlù
Air sniamh gu léir
Mar theudan ciùil.

'S ioma' fuil uasal
Gun truaille', gun tùr,
Tha togail 'na stuaidheanaibh
Suas ann ad' bhàrr,
Clann-Domhnuill a' chruadall
Fhuair buaigh anns gach blàr,

Gus an tàin' an là sunrach
Thug bhuath' an deas làmh.

'S ban-Chaimbeulach dhìreach
An rìbhinn dheas òg,
Cha strìochadh do dhìlsean
A luchd mì-ruin tha beo ;
'S gach car tha dol dìotsa,
Ga d' shìr-chur am mùid,
'S thu tbeaglach an Iarla
Shliochd Dhiarmaid nan sròl.

Tha Cinneadh do sheanamhar
Mòr ainmeil gu leòir,
Na Cama-shronaich mheamnach
Bu gharg air an tòir ;
'S iomadh àit anns' na dhearbh iad
Le fearra-ghleus an dùrn,
Bhi marbhtach le'n armachd
Air dearganaich Dheòrs'.

'S 'n ainnir bu taitnich'
A bh' ac' ann s s'tìr,
A thachair bhi agam
'Ga h-altrom le cìch ;
'Nuair a sheasas i fathast
Air faidhir an rìgh,
Bidh ioma' fear fearainn
A' faraid,—" Cò i ?"

Gruagach gheal, shomulta,
Shoilleir gu leòir.
'S i fiuealta, foinnidh,
Gun chromn', gun sgeòp ;
Calpa deas cosail,
A choisicheadh ròd,
Troigh chulmir, shocair
Nach duchuinn a' bhròg.

'S math thig dhut 'san fhasan
Gùn daithe de'n t-sròl,
Le *staidhs* 'ga theannadh
Cho daingean 's bu chòir
Fainneachan daolmein
Air roinn gach meòir,
Bidh *rufles* a's ribein
Air lseabail òig.

———

ORAN DO'N T-SEANN

FHREICEADAN GHAELACH.

Deoch Slàinnt' an Fhreiceadain,
'S àill leinn gun cheist i,
Si an fhàillte nach beag oirnn
Dhol deisal ar cléibh,

Cha'n fhàg sinn am feasd i,
O'n tha sinn cho dleasanach,
Do na h-àrmuinn bu sheircèile
Sheasadh an sreud ;
Na curraldhnean calma,
G'am buineadh bhi 'n Albainn,
Feadh mhonainean garbhlaich
A' sealg air na féidh,
Fhuair mis' orra seanachas,
Nach mios' an cois fairg' iad,
Bhi'dh an citcheanan tarbhach
Le marbhadh' an éisg.

Buaidh gu brath air na Fleasgaich,
Fhuar an àrach am Breatunn,
Chaidh air sàil' o cheann ghreis uainn,
Dhol am freasdal ri feum,
An loingeas làidir thug leis iad,
Nach shraicheadh seagan,
Muir a' garruch gan greasa'
'S i freagradh dhaibh féin,
Chuir gach làmh mar bu deise,
Buill de'n chòrcaich bu treise,
Ri barr nan crann seasmhacha
Leth-taobh gach bréid,
'S 'g imeachd air chuaintibh,
'Nuair a dh'éirich gaoth tuath le,
B'ainmeil air luath's i,
'S i gluasad gu réidh.

'Nuair a chuir iad na h-àrmuinn
Air tìr ann an *Flànnhras*,
S iad fada bho'm pàirti,
'S o'n àiteachan féin,
Bha onoir nan Gàël
An earbsa r'an tàbhachd,
Bha sin mar a b' abhaist
Gun fhàillinn fo 'n ghrein
Tha urram an dràsd
Aig gach tìr anns an d'fhas iad,
Le feobhas an àbhaist,
An nàduir 'sam beus,
Bhi dìleas d'an chìrdean,
Cur sìos air gach nàmhaid,
'S iomadh rìoghachd an d'fhag iad,
Full bhlath air an fheur.

'S là *Fontenoi*
Thug onoir gu leòir dhaibh,
'Nuair a chruinnich iad coladh,
'Sa thòisich an streup ;
Bu tartraich ar Coirneal,
Cur ghaisgench an ordugh,
Na lasgairean òga,
Chaidh deònach na dhéigh,
Na gleachdairean còmhraig
Is fearr th'aig' Righ Deòrsa,

A fhuair fasan a's foghlum
A's eolas ga reir ;
'S dùil am bheil mise
'Nam rùsgadh na trioblaid,
Gun tugadh a fichead dhiù
Briseadh á ceud.

Fir aigeannach mheamnach,
Le glas-lann an ceanna-bheart,
'S i sgaitench gu barra-dheis,
'S i ana-barrach geur,
An taice ri targaid,
Crios breac nam ball airgeid,
'S an dag nach robh cearbach
Gan tearmunn nan sgéith,
Le'n gunnacha glana,
Nach diùltadh dhaibh aingeal,
Spoir ùr air an teannadh
Gu daingeann uan gleus,
Gu cuinnsearach, biodagach,
Fùdarach, miosarach,
Adharcach, miosail,
Gu misneachail treun.

Na spealpan gun athadh
A chleachd bhi ri sgathadh,
Nach seachnadh dol fhathasd
An rathad sin fhein,
An t-asdar a ghabhail
S an ceartas a thaghaich,
Tri-chhlaiseach na'n lamhan
Leis an caitheadh iad beum
Dol madainn gu mathas
Cha 'n iarradh iad aithis,
Gu deire an latha
'S am laidhe do'n ghrein ;
'S deas fhaclach an labhairt
Le caisimeachd chatha,
S e 'n caisteal a'n claidheamh,
Ga'n gleidheadh bho bheud.

Fir acuinneach armach,
Le'm brataichean balla-bhreac,
Bu tlachdmhor an armailt' iad,
'S b' ainmeil am feum ;
Sliochd altrom nan garbh-chrioch,
Am feachd a tha earbsach,
Nach caisgear an ain'eas
Gu'n dearbh iad nach geill.
Leinn is fad' o'n a dh' fhalbh sibh
Air astar do'n *Ghearmailt*,
Chur as do gach cealgair
Chuir fearg oirbh fein,
An glacadh 'sa marbhadh,
'S an sgapadh mar mheanbh-chrodh,
'S na madaidh ga'n leanmhainn
Air leargainn an t-sléibh.

Sliochd fineachan unsal
A gin o 'na tuathaich,
'S an iomairt bu dual dhaibh
Dol suas air gach ceum,
Gach càs mar bu luaithe,
'S gach laimh mar bu chruaidhe,
'San ardan an uachdar
A' bualadh nan speic ;
Bu gnath le'n luchd fuatha,
Bhi 'san àraich gun ghluasad,
S a phairt dhiubh dh'fhalbh uatha,
Bhiodh an ruaig air an deigh ;
Le lamhach nan gillean,
'S le lannan geur biorach,
Bhiodh an naimhdean air iomain
A' silleadh nan creuchd.

Bu cliùtach na lasgairean
Ura deas gasda,
Miann sùl iad ri'm faicinn
Do gach neach leis an léir,
Gach seol mar a chleachd iad,
Le'n comhdacha dreachmhor,
Le 'n osanan breaca,
'S le'm breacana 'n fheil :'
Tha mo dhuil ri'n tigh'n dhachaigh,
Gun an ùin' a bhi fada,
Le cumhnanta ceartais
Fir Shasuinn gu leir,
Le stiùireadh an aigeil,
Muir dhù-ghorm chur seachad,
'S nach cum an cuan farsuinn
Orr' bacadh, no éis.

'Nuair a thainig an trioblold,
'S i a *Dha-san-du-fhichead*,[*]
Bha dàna le misneach,
'S le mios orra fein,
Bras, ardanach, fiosrach,
Gun fhaillin, gun bhriseadh,
'S cuid araidh ga'n gibhtean'
Bhi'n gliocas 's an céill ;
Tha talanndan tric'
Aig a phairt ud bithchionnt,
'S na h-uil' àit' anns an tig iad,
No idir a théid.
Co an drast a their mise,
Thig an aird ribh a chlisge?
Mar fàg sibh e nis'
Aig an t-sliochd thig n'ar deigh.

[*] 42d Regiment.

ORAN GHLINN-URCHAIDH.

Mu'n tig ceann bliadhna tuille,
Cha bhi sinn uile 'n Tora-mhuilt :
Théid sinn thar nam bealaichean,
Do'n fhearann an robh 'n tùs :
Far am beil ar dìlsean,
Ann san tìr am beil ar cuid ;
'S an t-àit an còr dhuinn crìochnachadh
'S an tiodhlaicear ar cuirp.

'S an Clachan-an-Dìseirt,
Bu ghrinn bhi ann an diugh,
Suidhe 'n eaglais mhìorbhuileach,
An dàsg bu rìmheach cur ;
Ag' eisdeachd ris na dh'innseadh dhuinn,
Am fear bu sbìobhailt guth ;
Is e toirt sgeul a Bhìobaill duinn,
'S a bhrigh a'tig'n gu buil.

Gleannan blàth na tìoralachd,
An ro-mhath 'n cinn an stuth
Far am beil na h-innseagan,
Am beil an sìol an cur :
Cinnidh arbhar craobhach ann
Cho caoin gheal ris a ghruth,
Gu reachdmhar, biadhchar, brìoghar,
Tròm, torach, lìontach, tiuth.

Bu chrìdheil bhi sa' gheamhradh ann,
Air bainnsean gheibhte spuirt ;
Fonn cheol réidh na pìobaireachd,
'S cha bhiodh sgìos mu sgur :
Fuaim nan tend aig fidheilrean,
A sheinneadh sìos na cuir ;
'S an lulnneag féin aig nìonagan,
Bu bhinne mhillse guth.

Gheibhte bradan fìor-uisg ann,
A dìreadh ris gach sruth ;
Eoin an t-sléibh gu lìonmhor,
'S na milltean coileach dubh ;
Earba bheag an sgrìobain,
Na minnein chrìon 's na buic,
'S a ghleann am beil na frìtheachan,
'S na glomanaich 'n am bun.

O'n a thàinig mi do'n fhearann so,
Cha 'n fhaigh mi prìs an eòin,
'S cha 'n eil fàth bhi bruidhinn
Mu'n fhear-bhuidh air 'm bi 'n cròc :
Cha b'ionnan 's bhi mar b'àbhaist domh,
Aig brùigh doire-chrò,
Far am bi' na làn-daimh,
Ni 'n dàmhair ann sa cheò.

Mo shoraidh do Ghleann-urchaidh
Nan tulchan glasa febir,
Far am beil na sealgnirean,
'S a fhuair iad ainm bhi còrr ;
A dhìreadh ris na garbhlaichean,
Am biodh greidh dhearg na's leòir
'S bhìodh gillean tròm le eallachan
A dh'fhàgadh tarbhach bord.

'S an uair a thigte dhachaigh leo,
Gu'm b'fhasanta bhur sebl,
A suidhe 'san taigh-thàirne,
'S bhi damhsa mar ri ceòl ;
Cridhealas r'a chéile,
'S na béin a bhi 'ga'n òl ;
'S cha 'n fhaicte cùis 'na h-éigin
An àm óigheach air an stòp.

MOLADH DHUN-EIDEANN,

'S a baile mòr Dhun-éideann,
A b'éibhinn leam bhi ann,
Aite fialaidh farsuinn,
A bha tlachdmhor anns gach ball ;
Gearasdain a's bataraidh,
A's rampairean gu teann,
Taighean mòr a's caisteal,
Anns an tric a stad an càmp.

'S tric a bha càmp Rìoghail ann,
'S bu rìmheach an luchd-dreuchd ;
Tràp' nan srann-each lìonmhor,
Gu dìleas air a gheard :
Bhiodh gach fear cho eòlach
'S na h-uile seòl a b'fhearr,
Na fleasgaich bu mhath fòghlum
A dhol an òrdugh blàir.

'S iomadh fleasgach uasal ann,
A bha gu suairce grinn,
Fùdar air an gruagan,
A suas gu bàrr ann cinn ;
Leadainn dhonna, dhualach
Na chuachagan air snìomh ;
Bàrr dosach mar an sìoda,
'Nuair liogadh e 'le cìr.

'S mòr a tha do bhain-tighearnan
A null 'sa nàll an t-sràid,
Gùntaichean de'n t-sìoda orr',
Ga'n sliogadh ris a bhlàr ;
Stòise air na h-ainnirean
Ga'n teannachadh gu h-àrd.
Buill mhais air eudainn bhòidheach,
Mar thuilleadh spòrsa dhaibh.

Na h-uile té mar thigeadh dh'i,
Gu measail a' measg chlich,
Uallach, rìmheach', ribeannach,
Cruinn, min-geal, giobach, tlà ;
Trusgan air na h-oigheanan,
Ga'n còmhdachadh gu làr ;
Bròg bhiorach, dhionach, chothromach,
'S bu chorrach leam a sàil.

'Nuair chaidh mi staigh do'n Abailte,
Gu'm b'ait an sealladh sùl
Bhi 'g amharc air na dealbhanan,
Righ *Fearghas* ann air thùs ;
A nis o'n rinn iad falbh uainn,
Tha Alba gun an Crùn :
'Se sin a dh'fhàg na garbh-chriochan
'S an aimsir so á cùirt.

Bi lòchrainn ann de ghloineachan,
A's coinneal anns gach àit,
A meudachadh an soillearachd,
Gu sealladh a thoirt daibh :
Cha lagha 'n t-aobhar éibhneis,
Cluig-chluil ga'n éisdeachd ann,
S gur binne na chuach chòitein iad,
Le'n toragan éibhinn ard.

Bi farrum air na *coitseachan*,
Na'n trotan a's na'n deann,
Eich nan cruaidh cheum socrach,
Cha bhiodh an coiseachd mall ;
Cùrsain mheamnach, mhìreanach,
A b'airde binneach ceann ;
Cha'n e am fraoch a b'innis daibh,
Na firichean nam beann.

Is ann an *clous* na *Pàrlamaid*
A chi mi thall an t-each,
Na sheasamh mar a b'àbhaist da,
Air lòm a chabhsair chlach ;
Chuir iad srian a's diallaid air,
'S e'n Righ a tha n'a glaic,
Ga'n robh còir na rìoghachd so,
Ge d' dhìobair iad a mhac* :

Tha taigh mòr na *Pàrlamaid*
Air ardachadh le tlachd,
Aig daoin-uailse ciallach,
Nach tug riamh ach a bhreith cheart :
Tha breitheanas air thalamh ann,
A mhaireas 's nach téid as,
Chum na thoill a chrochadh,
'S thig na neo-chiontaich a mach.

A's chunna' mi taigh-leighens ann
Aig leighichean ri feum,

* King James VII. was the brother of Charles II. whose statue is here described.

A dheanadh slàn gach dochartas
A bhiodh 'an corp no'n crè ;
Aon duine bhiodh an eu-slainnte,
No'n freasdal ris an léigh,
Be sin an t-àite dleasannach,
Gu thensairginn o'n éug.

Tha Dun-éidean bòidheach
Air iomadh seòl na dha,
Gu'n bhaile anns an rìoghachd so
Nach deanadh strìochda dha ;
A liuthad fear a dh'innsinn ann
A bheireadh cis de chàch,
Daoin' uaisle carg an iota,
A g' òl air fìon na *Spàinnt*.

Ge mòr a tha de dh' astar
Eadar Glascho agus Peairt,
Is cinnteach mi ged' fhaicinn
Na tha dh'aitreabh ann air fad,
Nach 'eil ann is taitnìche
Na'n Abait a's am *Banc*,
Na taighean mòra rìmheach,
'Am bu chòir an Righ bhi stad.

ORAN DUTHCHA.

LUINNEAG.

Hoirionn ò ho hi-ri-rio,
Hoirionn ò ho hi-ri-rio,
Hoirionn ò hi-ri-ho,
'S i mo dhùthaich a dh'fhàg mi.

Ged a tha mi car tamaill,
A tàmh measg na Gallaibh,
Tha mo dhùthaich air m'aire,
'S cha mhath leam a h-àicheadh.
Hoirionn o ho, &c.

Ged' is éiginn dhuinn gabhail
Leis gach ni thig 'san rathad,
Gu'm b'fhearr na na srathan,
Bhi taghaich 'sa bhràidhe.
Hoirionn o ho, &c.

Ged' is còmhnard na sràidean,
S mòr a b'fhearr bhi air àiridh,
Am frìth nam Beann àrda,
'S nam fàsaichean blàtha.
Hoirionn o ho, &c.

Beurla chruaidh gach aon latha,
'N ar cluais o cheann ghrathainn,
'S e bu dual duinn o'r n-athair,
Bhi labhairt na Gàëlig.
Hoirionn o ho, &c.

Ged' is cliùteach a Mhachair,
Le cùnnradh 's le fasan,
Be air dùrachd dol dachaigh,
'S bhi 'n taice r'ar càirdean:
Hoirionn o ho, &c.

Bhi 'n Clachan-an-Diseirt,
A faicinn air dillsean,
Gum b'àit leinn an tìr sin,
O'n a 's i rinn air 'n àrach.
Hoirionn o ho, &c.

Cha be fasan nan daoin' ud,
Bhi 'n conas na 'n caonnaig,
Ach sonas an t-saoghail,
'S bhi gaolach mar bhràithrean.
Hoirionn o ho, &c.

N àm suidhe 's taigh-òsda,
Gu luinneagach, ceolmhor
Bu bhinn ar cuid òran,
'S bhi 'g-òl nan deoch-slàinnte.
Hoirionn o ho, &c.

Luchd dhìreadh nan stùicean,
Le'n gunnachan dù-ghorm,
A lolsgeadh am fùdar,
Ri ùdlaiche làn-daimh.
Hoirionn o ho, &c.

S e bu mhiann leis na macaibh,
Bhi triall leis na slatan,
A chuir srian ris a bhradan,
Cha be fhasan am fàgail.
Hoirionn o ho, &c.

Gu fiadhach a mhunaidh,
No dh' iasgach air buinne,
Anns gach gniomh a ni duin
'S mòr urram nan Gàël.
Hoirionn o ho, &c.

ORAN
DO DIP-IARLA BHRAID-ALBANN.

AIR FONN.—"*An Tuileur Acuinneach.*"

Deoch-slainnt' an Iarla
Cuir dian na'r caramh i,
'S mo gleibh sinn làn i,
Gu'm fàg sinn falamh i ;
'Nuair thig i oirnne
Gu'm bi sinn ceòlmhor,
'S gu'n gabh sinn brain
Ga h-òl gu farumach.

'S e'n t-armuun suairce
A ghluais á Bealach leinn,
'S na sàr dhaoin-uaisle
R'a ghualainn mar ris ann ;
O'n dh'éirich sluagh le
Gu feum 'sa chruadal,
A réir do dhualchais
Bi'dh buaidh a dh'ain-deoin leat.

Gur deas am fiùran
Air thùs nan gallan thu,
'S cha ghabh thu cùram
Ito ghnùis nan aineolach ;
Led' chòmhlain ùra
'S thu féin ga'n stiùireadh,
A's fir do dhùthcha
Ri d' chùl mar bharantas.

'S tu ceann na ringhailt
Tha ciallach, carthanach,
Na daoin' a thriall leat
Gu'r briagh am pannal iad ;
'S tu thog na ciadan
A shliochd nam Fiauntan,
'S an àm a ghnìomha,
Bu dian 'sa charraid iad.

Ma thig na Frangaich
A nàll do'n fhearann so,
Bheir sinn tràth dhaibh
Cion-fàth an aithreachais
Théid cuid gu bàs dhiubh,
'S cuid eile bhàthadh,
Mu'm faigh iad bàta,
'S mu'm fàg iad tharais sinn.

O'n fhuair sinn gunnachan
Gu'r ullamh, calamh iad,
'S cha 'n'eil gin uile dhiubh
Nach freagair aingeal dhuinn,
Cha'n fhaic na curraidhean
Dol sìos na chunnart dhaibh
'S gur rìoghail urramach
A dhìoladh falachd iad.

'Nuair théid gach treun-fhear
Na éididh ceannardach,
Le'm armaibh gleusda
Cho geur 's bu mhath leinn iad
Bithidh iomadh creuchdan
Le'm buillean beumach,
Cha leigheas lòigh iad,
'S cha ghléidh e'n t-anam riu.

'S i sin a garbh bhratach,
A dh' fhalbh o'n bhaile leinn,
'S iad fir Bhraid-Albann

Gu dearbh a leannas i,
Fir ùra, chalma,
A tha lughmor, meamnach,
Ma dhùisgear fearg orra,
'S mairg a bheanas dhaibh.

Tha connspuinn àraidh
A bràigh ghlinn-fallach leinn,
A fhuair buaidh-làrach
'S gach àit 'n do tharruinn iad,
Le luchd an làmhaich
Ri uchd an nàmhaid,
Bithidh cuirp 'san àraich
Air làr gun charachadh.

Cuid eil' an phàirti,
Gu dàn le fearalachd,
Théid lionmhor, làidir
'S an àit a gheallas iad ;
Fir shunndach dhàicheil,
A grunnd Earr-Ghàël,
Nach diult 's na blàraibh
Le làmhach caithriseach.

Na h-Urrachaich eireachdail
Le'n urachair sgallanta,
Cuir suas nam peileirean
Nach cualas mearachdach,
S iad buaghar iomairteach
'S cha dualchas giorag dhaibh,
'S an ruaig cha philleadh iad,
'S gur cruaidh le'n lannan iad.

Na h-uaislean Eileannach,
'S ann nain nach fannadh iad,
'S fir chualrteach beinn' iad,
'S air chuan, na'm maraichean ;
Luchd bhualadh bhuillean iad
'S a fhuair an t-urram sin,
A's fuaim an gunnaireachd
Cho luath ri dealanaich.

'S ann tha air naimhdean
'S an àm so amui-leach,
'S a mhisneach ard
Tha 'nar ceann,'s a dh'fhannas ann ;
Tha 'n Rìgh ag earbsadh
Gu'n diol sinn argamaid,
Le stri na h-armailt
Mar dhearbh ar 'n-athraichean.

'Nuair thog iad sròl
'S na fir mhòra tarruinn ris,
'S o'n fhuair ind eòlas
Air fòghlum cabhagach.
Cha'n fhaicear eb-ladh
De ghaisgich òga,

Am feachd Rìgh Debrsa,
Aou phòr thug barrachd orr'.

Tha'n Samhradh blàth ann
O'n dh'fhag an t-earrach sinn,
Ma ni sinn càmp
'S e bhios ann dhuinn fallaineachd :
Tha ni air gleanntaibh
Cha bhi sinn gann dhiu,
'S gur lionmhor Gàll
Tha cuir aird air aran dhuinn.

'S e 'n togail inntinn
Cho grinn 'sa b'aithne dhomh,
Bhi'n cùirt an Rìgh
Gu'n bhi stri ri sgalngachd ;
Cha dean sinn feòraich
Air tuille stòrais,
'S cha teirig lòn dhuinn
Ra'r heb air Gearasdan.

IAIN CAIMBEUL A' BHANCA.

Iain Chaimbeul a' bhanca,
Gu'm faicean thu slàn,
Fhir a chumail na dàimh,
'Gam buineadh bhi mòr :
Le d' chridhe fial, fearail,
A thug barrachd air càch,
An Iomadaibh càs
A thuilleadh nan slògh.
Fhuair thu meas, nach 'eil bichiont'
A measg Bhreatuinneach,
Banc an òir bhi fo d' sgòd,
Ann an còir dhleasannach ;
Na th' ann, cha 'n e 'm beagan
Is e 'm freasdal ri d' stàit,
Fo leagadh do làmh
'S gu freagradh do bheòil.

'S tu mareach nan sraun-each,
Is farramaich ceum,
Le 'm fallaireachd féin
Gu furasda, fòil :
Air dhlollaid nan còrsan
Bu dùbailte sròin,
'S tu bhuidhneadh gach réis,
A shiubhladh an ròd.
Na h-eich bhearcasach, chalma,
Bhiodh garbh, cumachdail,
Is iad gu h-anmadail, meamnach,
Le 'm falbh gurilleamach,

DONNACHADH BAN.

Cruidheach, dlù-thairgneach,
Mear, aineasach, fuasgailteach,
Ceannardach, cluas-bhiorach,
Uallach gu leoir.

B'e do roghainn a dh'armachd,
An targaid chruinn ùr,
Gu meanbh-bhallach dlù,
Buidh' tairgneach cruaidh seolt ;
Is claidheamh chinn airgeid,
Cruaidh, calma, nach lùb,
Lann thana, gheur-chùil,
Gu daingean a'd dhòrn ;
Mar ri dag ullamh, grad,
A bhiodh a snap freasdalach,
Nach biodh stad air a sraid
Ach bhi 'mach freagarach ;
Fudar cruaidh, sgeilceara,
'M feadan gle dhìreach,
A'd lamhan geal, mìne,
'S cuileabhar caol, gorm.

Bu cheannard air feachd thu,
An am gaisgidh no feum,
Fhir mhisneachail, threin
A b' fhiosrach 's gach seòl ;
A fhuair foglum, a's fasan,
Is aiteas g'a réir,
Tur paillte le céill
A' cur aignidh am mòid.
An am suidhe na cùirte,
No dùbladh an t-seisein,
An uchd bearraidh no binne,
'S i t-fhirinn a sheasadh:
Deag theang-fhear gu *deasput*,
Bu fhreagarach cainnt,
A bhuidhneadh gach geall
'S n chumadh a chòir.

S e do shùgradh bha earailteach,
Ceannalta, suairc,
An am tional nan uaislean
Mar riut a dh-òl ;
Gu failteachail, furanach,
A cuireadh a suas,
Gach duine de'n t-sluagh,
G'am buineadh bhi d' chòir :
Na diùcan bu rìmhiche,
A chit' ann am Breatunn,
Is bu chompanach rìgh thu,
Le firinn 's le teisteas,
Fhir ghreadhnaich bu sheirceile
Sheasadh air blàr,
Fo 'n deise bhiodh lan.
De lastanan òir.

'S math thig dhut san fhasan,
An àd a's a ghrung,

Air an deasachadh suas
Am fasan an t-slòigh
Gu camagach, daithte,
Lan chaisreag a's chuach,
Gu bachlach mu'n cuairt,
Le maise ro-mhòr :
Tha gach ciabh mar do mhiann,
Air an snìomh cumachdail,
Fiamh dhonn, torrach, tròm,
Gu'n aon bhonn uireasbhuidh,
Amlagach, cleachdach,
Cruinne cas-bhuidh tlà,
Cho gasda ri barr,
Th' air mac san Roinn-eòrp' ;

'S i t-aghaidh ghlan, shoilleir,
Bha caoineil ro suaire,
Caol mhala gun ghruaim,
Sùil mheallach bu bhòidhch' ;
Gnùis àillidh mar chanach,
Bu cheanalta, snuagh,
Mìn, cannach, do ghruaidh,
Mar bharra nan ròs.
Cha 'n eil àilleachd air clch,
Nach tug pairt urram dhut ;
Foinnidh, finealta, dìreach,
Deas fir chumachdail,
Calpa chruinn, cothromach,
Corrach, gu d' shàil,
Gun chron ort a' fàs,
O mhulach gu bròig.

Do smaointeanna glice,
Le misnich 's le céill,
Do thuigse ghlan, gheur,
'S deagh thuiteamas beoil ;
Gun tuirsneadh, gun bhristeadh,
Gun trioblaid, fo'n ghréin,
A b' fhiosrach mi féin,
Is misd thu bhi d' chòir.
'S ioma gibht' a tha 'nis,
Lionmhor tric minig ort,
Iuil a's fios, muirn a's mios,
Flùr a' measg finnich thu,
An uaisle le spiorad,
Air mhireadh a' d' chàil,
'S tu irìosàl, baigheil,
Cinneadail, còir.

Gheibhte sud ann ad' thalla,
Fion geal is math tuar,
Deoch thana gun druaip,
'S i fallain gu pòit ;
Bhiodh sunnd agus farum
Air aire an t-sluaigh,
Deadh ghean ann san uair,
A teannaidh r'a h-òl ;

Q

Ann san taigh bu mh' r seadh,
  Leis nach dragh aithnichean,
Mùirn n's caoin, a bhios air fheadh,
  Cupa 's gloin, canachan,
Coinnleirean airgeid,
  'S dreòs dheàlrach o chéir,
Feadh t-aitreamh gu léir,
  'S iad pailte gu leòir.

B'e do mhiann a luchd ealaidh,
  Pìob sgalanta, chruaidh,
Le caithream cho luath,
  'S a ghearradh na meòir;
Puirt shiùlacha, mheara,
  Is fior allail cur suas,
Ann an talla nam buadh
  Bu bharrail mu'n stòr
Cruite ciùil, torman ùr,
  Is e gu dlù ruith-leumach,
Feadain lom, chruinne, dhonn,
  Thogadh fonn mireannach,
Clàrsach le grinneas,
  Bu bhinn-fhaclach fuaim,
'S cha pilleadh tu 'n duais,
  'Nuair a shireadh tu ceòl.

'S iomadh àit am beil do charaid,
  A t-fharaid mu'n cuairt,
An deas a's an tuath,
  Cho dleas'nach 's bu chòir;
Diùc Earraghalach ainmeil,
  Ceann armailt' nam buagh,
Leis na dhearbadh làmh chruaidh,
  Is ris an d'earbadh gu leòir:
An t-Iarla cliùiteach g'an dùthchas
  Bhi 'n Tùr Bhenlaich,
A chuir an ruaig le chuid sluaigh,
  Air na fuar Ghallaich;
Mòrair Loudon nan seang-each,
  Ard sheanalair càimp,
Fhuair urram comannd,
  Far na bhuidhin na seòid.

Tha iomadh càs eile
  Nach ceilinn san uair,
Tha tarruinn ort buaidh,
  A mhaireas ri d' bheò;
Fuil rioghail air lasadh
  Amach ann ad' ghruaidh,
Cuir t-aigneadh a suas
  Le àiteas ro-mhòr;
Tha bunntam a's léirsinn,
  Gu léir ann ad' phearsa,
Fhir shunntaich na féile,
  Sgeul éibhinn a b' àit leam—
Na 'm faicinn a'mhàireach
  Le àbhachd 's le mùirn,

Bhi 'd chàradh fo 'n chrùn
  An àite rìgh Debra'.

CUMHADH IARLA
BHRAID-ALBANN.

'S TRUAGH r'a éisdeachd an sgeul
  Fhuair mi féin tuille 's a luath;
Rinn an t-éug ceann na céille
  'S nam beus a thoirt uainn:
Cha'n 'eil léigh tha fo 'n ghréin,
  Dheanadh feum dhut 's an uair:
'S bochd a'd' dhéigh sinn gu léir,
  'S cha 'n'eil feum bhi 'ga luaidh.

Tha do chairdean làidir, liomhor
  Anns gach tìr a tha mu'n cuairt;
So na dh-fhàg an aigneadh iosal,
  Do chorp prìseil bhi 'san uaigh:
Is iad mar loingeas gun bhi dìonach,
  Fad o thìr air druim a' chuain;
'S tusa b'urrainn an toirt sàbhailt,
  Ge do bhiodh an gàbhadh cruaidh.

'S ann an diugh a chaidh do chàradh
  'An ciste chlàr 's ad leabaidh fhuair;
Is muladach a'd' dhéigh an tràths'
  A' chuid is airde do d' dhaoin' uails.
Tha gach duin' agad fo phràmh,
  'S goirt an càs am bheil an tuath;
'S iad do bhochdan a tha chràiteach;
  Thugadh an taic' làidir uath'.

'S iomadh dìlleachdan òg falamh
  Bha le h-ainnis air dhroch shnuagh,
Seann daoine 's banntraichean fanna
  Bha faotainn beathachaidh uair:
'S ann bu truaigh a' ghaoir a bh'aca,
  'S debir gu frasach air an gruaidh,
Caoineadh cruaidh, a's bualadh bhasan,
  'S bhi toirt pàirt de 'm falt a nuas.

'S muladach an nochd do dhùthaich,
  'S dubhach tùrsach tha do shluagh;
Cha 'n ioghnadh sin, 's mòr an diùbhail
  An tionndadh so thigh'n oirnn cho luath,
Am fear b'àbhaist bhi le dùrachd
  Gabhail cùram dhiubh gach uair,
Dh'fhàg iad 'na laidhe 'san ùir a
  Far nach dùisg e gu Là-luain.

'S ann an tràthaibh na Feill-brìde
  Thàinig crìoch air saoidh nam buadh,

'S lòm a thug an t-eug an sgrìob oirnn,
 Och! mo dhìth cha deic a luath's,
Bhuail an gath air flàth na fìrinn
Bha 'gar dìonadh o gach cruas:
'S goirid leinn do ré 'san àite,
God' their càch gu'n robh thu buan.

Cha do sheall thu riamh gu h-ìosal
 Air ni chuireadh sìos an tuath;
Bu chùl-taic dhaibh anns gach àit thu,
 'S tu bha ghnàth 'gan cumail suas.
Cha bu mhiann leat togail ùlaimh;
 Sin a' chùis d'an tug thu fuath:
Bha thu faotainn gaoil gach duine,
 'S ghléidh thu'n t-urram siu a fhuair.

Bha thu léirsinneach le suaircoas;
 Dh'fhàs a'd' chòm an uaisle mbòr;
Ciall a's misneach mar ri cruadal,
 Fhuair thu 'n dualchas sin o d' sheòrs'.
Bha thu fiosrach, glic, neo-luaineach;
 Bha t-Inntinn buan anns a' chòir.
O'n a thog iad air ghiùlan sluaigh thu,
 'S aobhar sin a luathaich deòir.

Chan'eil aoibneas ann am Bealach,
 Cha'n'eil farum ann, no ceòl;
Daoine dubhach, 's mnathan galach,
 A's iad gun ealaidh ach am brò;
O'n a chaidh do ghiùlan dachaigh
 O'n mhachair air mhùthadh seòil,
'N àit' an éididh sin a chleachd thu,
 Ciste, 's léine, 's brat de'n t-sròl.

'Nam bu daoine bheireadh dhinn thu,
 Dh'éireadh milltean air an tòir,
O bheul Tatha gu Lathuirn-iochdrach,
 Sin fo chis dut agus còr:
Far an d'fhàs na gallain fhìor-ghlan,
 A's iad lìonmhor ann gu leòir,
A rachadh togarrach gud' dhìoladh,
 Nach obadh dol sìos le deòin.

'S ann tha chùis ni's fearr mar tha i,
 Dòchas làidir thu bhi beo
Am measg nan aingeal a tha 'm Phàrras,
 Ann an g'.irdeachas ro-mhòr:
Gur e 'n Tì a ghlac air làimh thu,
 'Thug 'san àite sin dhut còir
Air oighreachd is fearr na dh'fhàg thu,
 'An àros àghmhor Rìgh na glòir.

Ged' tha 'm fear a thig a' t-àite
 Thall an tràths' thurr chuaintean mèr,
Guidheam dlù gu'n tig e sàbhailt
 (Soirbheas àrd ri cùl gach sebil)
A dh' fhaotainn seilbh air an t-saibhreas,
 'S nir an oighreachd sin bu chòir;

A ghabhail cùram ga chuid fearainn,
 'S ga chuid daoine sean a's òg.

CUMHA' CHAILEIN
GHLINN-IUDHAIR.

SMAOINTEAN truagh a th'air m'aigne,
 Dh' fhàg orm smuairean, a's airsneul,
An àm gluasad am leabaidh,
 Cha chadal ach dùisg;
Tha mo ghruaighean air seacadh,
 Gun dìon uair air mo rasgan,
Mu'n sgeul a chualas o'n Apuinn,
 A ghluais a chaismeachd ud dhuin',
Fear Ghlinn-iubhair a dhìth oirnn,
 Le puthar luchd mì-ruin,
Mo sgeul dubhach r'a lunseadh
 Thu bhi d' shìneadh 'san ùir;
'S truagh gach duine de d' dhìlsean,
 O'n a chaidh do chorp prìseil,
An ciste chuthainn, chaoil, dhìonaich,
 'S ann an lìon-anart ùr.

B'e sinn an corp àluinn,
 'Nuair bha thu roimhe so d' shlàinnte,
Gun chion cumachd no fàs ort,
 Gu foinnidh, dàicheil deas ùr;
Suairce, fuisinneach, fàillteach,
 Uasal, iorasal bàidheil,
Caoimhneil, cinneadail, càirdeil,
 Gun chron r'a ràit' air a chùl;
Làn do ghliòcas, 's do léirsinn,
 Gu dàna, misneachail, treubhach,
Gach àit an sirte gu feum thu,
 'S ann leat a dh'éireadh gach cùis;
B'e do choimeas an drèagan,
 No 'n t-sothag 's na speuraibh,
Co bu choltach r'a chéile
 Ach iad féin agus thu?

'S cruaidh an teachdair a thàinig,
 'S trugah mar thachair an dràsta,
Nach do sheachainn thu 'n t-àite,
 'N do ghlac am bàs thu air thùs;
Suas o chachaile ghàraidh,
 Fhuair thu 'n tacaid a chràidh mi,
'S gun do thaic a bhi làimh riut,
 'Nuair ghabh iad fàth ort o d' chùl,
Air do thaobh 's thu gun chl,mhradh,
 S'an àm 'n do chaochail an deò bhuat,
T-fhuil chraobhach, dhearg, bhòidheach
 A gabhail dòrtadh 'na brùchd,

Le gniomh an amadain ghòraich,
A bha gun aithne gun eòlas,
A reic anam air stòras,
Nach do chuir an tròcair a dhùil.

B'e 'n cridhe gun tioma, gun déisein,
Gun àdh, gun chinneas, gun cheutaidh,
A chuir làmh a'd' mhilleadh gun reusan,
Le cion céill' sgus tùir ;
'S e glac mar chomharl' an eucoir,
'S boc an gnothaich mar dh'éirich,
Dh-fhàg e sinne fo eu-slaiunt,
Is e féin 'na fhear-cùirn ;
'S ge nach sàmhach a leabaidh,
Le eagal a ghlacadh,
Cha 'n e tha mi 'g acain,
Ach mar a thachair do'n chùis ;
An t-armunn deas, tlachdmhor,
A tha 'n dràst' an Ard-chatain,
An dóigh a chàradh an tasgaidh,
An àite cadail nach dùisg.

'S e do chadal gu sìorruidh,
A dh'fhàg m' aigne cho tiomhaidh,
'S tric smaointeanna diomhain ;
A tigh'n gu dian orm as ùr,
'S tròm a dh'fhàs orm an iargainn,
Is goirte thrsa nam fiabhras,
Mo chomh-alt àluinn, deas, ciatach,
An déigh's a riabadh gu dlù ;
Mìle mallachd do'n làimh sin,
A ghabh cothrom is fàth ort,
A thug an comas do'n làmhach,
'Nuair chuir e 'n sphinteach r'a shùil ;
Sgeula soilleir a b' àill leam,
Gu'n cluinnt' am follais aig càch,
E bhi dol ri crommaig le fàradh,
Gus am miosa dhà-sa na dhuinn.

Ge b'e neach a rinn plot ort,
Le droch dhùrachd o thoiseach,
Bu dàna chùis dha tigh'n ort-sa,
Na do lotadh as ùr ;
Bha 'na rùn bhi gu h-olc dhut,
'S gu'n a chridh' aig aodainn a nochadh,
'S ann a thain' e sàmhach mu'n chnocan,
'S a ghabh ort socair o d' chùl.
'S e mo dhiùbhail a thachair,
An àm do'n fhàdar ud lasadh,
Nach robh ad' chàirdean an taic riut,
Na bheireadh aicheamhail diubh ;
'S a liuthad fiuran deas, tlachdmhor,
Nach gabhadh cùram ro' bhagra,
A chuireadh smùid ris an Apuinn,
A chionn gu'm faiceadh iad thu.

'S tròm a phàigh sinn an iobairt,
A chuir ar nàmhaid a dhìth oirnn,

Ged' tha 'n aichmhail gu'n dioladh,
Thlg fhathasd liontan mu'n chùis,
Chuireas càch an staid iosail,
Air son an àillengain phrìseil,
Bh' ann san àite mar fhìrean,
A chleachd firinn a's cliù :
'S bochd an naidheachd r'a àireamh,
Gur ann an nasgaidh a tha thu,
Nach tainig fhathasd mu'n chàs ad,
Na dheanadh àbhachd thoirt duinn ;
Ach air fhad 's gam bi dàll ann,
Cheart cho fior 's tha mi 'g ràite,
Bidh an falachd ud pàighte,
Mu'n d' téid an gàmhlas air chùl.

'S iad na fineachan laidir,
Bu mhath a gabhail do phàirti,
An rìgh, a's diùc Earraghàël,
Nach fhaiceadh fàllinn a'd' chùis ;
Iarla dligheach Bhraid-Albann,
Air thùs a tighinn gu'n chearbaich,
'S gur ioma' fear armach,
A shensadh calma r'a chùl ;
Mac-Aoidh 's a luchd-leanmhuinn,
Leis an éireadh suinn nach bu leanbaidh,
Na laoich bhuidhneach, mhòr, mheamnach,
Le'n lanna ceann-bheartach, cùil ;
Mac-Dhomhnuil duibh, 's Cloinn-Chamroln,
S gu lebir a thighearnan ainmeil ;
S fhad o'n chuala sinn seanchas,
Gu'n do dhearb iad an cliù.

S ghabh thu àite le ordugh,
Air pairt do Shrath-llcha,
'S cha b' ann air ghaol stòrais,
'Na los am pòrsan thoirt diùbh ;
Ach a sheasamh an còrach,
Le meud do cheisd air an t-seòrs' ud,
'S an òidhre dleasnach air fògra,
G'am bu chòir bhi 'sa chùirt ;
'S ge do theireadh luchd faoineachd,
Gun robh t-aire-sa daonnan,
Bhi sgainueart nan daoin ud,
Na 'n leigeadh sgaoilteach air chùl ;
Chite fhathasd a chaochladh,
N'am faighe tu saoghal,
Gur e bhi tarruinnn luchd gaoil ort,
As gach taobh, a bha d' rùn.

Bu tu cridhe na féile,
Dh' fhàs gu tighearnuil, ceutach,
An làthair brìtheamh Dhun-èideann,
'S tric a reitich thu cùis ;
'S oil leam càradh do cheud-mhna,
'S òg a bhanntrach a'd' dhéigh i,
Lion càmpar gu léir i,
O'n dh'òug a céillidh deas, ùr ;
Fhuair mi 'n sealladh nach b'eibhinn,

An uaigh mu d' choinneamh 'ga réiteach,
'S truagh gach commun thug spéis dhut,
O'n chaidh tu féin anns an ùir,
'S gun dùil a nis ri thu dh-éiridh,
'S e dh'fhàg mise fo eu-slainnt,
Bhi 'n diugh ag' innseadh do bheusan,
'S nach tig thu dh-éisdeachd mo chliù.

ORAN AN T-SAMHRAIDH.

'Nuair thig an Sàmhra' geugach oirnn,
Théid siann nan speur o'n ghruamaiche,
Thig tlus a's blàs a's aoibhneas—
Théid gach ni g'a réir am buadhalachd.
Thig feart le neart na gréin' oirnn,
Ni 'n saoghal gu léir a chuartachadh;
Thig teas o slios 'nuair dh'éireas i
Ni feum, 's cha tréigear uainne e.

Bidh pòr ann an tìr ghràiselrean,
Chur sil ann san tim ghnàthaichte;
A' toirt bridh as an ùir nàdurra,
O'n bhlàr g'a bhàrr a ghluaiseas e:
Gu reachdmhor, breac, neo-fhàillineach,
Trom-chuinleanach, garbh-ghràineanach,
Gu diasach, riabhach, càileannach,
Gu biadhchar, làn, 'nuair bhuainear e.

'S glan fàileadh nan gcug liobhara,
Mu ghàradh nan seud lionmhora.
Am biodh àileagain glé rìomhacha
Le blath's a' sìr chur snuadh orra ;
Gu h-ùbhlach, peurach, figiseach,
Glan, brìoghmhor, dlomhair, guamaiseach
Gach sràid is àillidh grineachan,
Mar Phèalas rìgh r'an cuartachadh.

'S ro-ghreannar gach gleann fior-mhonaidh,
Cur iombaigh ghrinn an uachdar air ;
Gach lus le bhàrr cho mhior'ailteach,
A' fàs fo mhile suaicheantas ;
Gu duilleach, lurach, dìtheanach,
Glan, rìmheach, lìonmhor, cuaicheanach,
Gu ròpach, dosach, mìsleanach,
Gu millteachail, mìn uain-nealach.

Bi'dh fonn air gach neach nàdurra,
Bhiodh sealltainn gach ni gnàthaichte,
Am blàr lom a' cur dreach fàsaich air,
Gach là cur stràc neo-thruaillidh air,
Gu molach, torach blàth-mhaiseach,
'S na craobhan làn de chruasachdan

Gu h-ùrar, dù'-ghorm, àileanta,
Le frasan bl: tha, bruaidleanach.

Bi'dh gach frìth gu lionntach, feurach ;
'S théid na féidh 'nan éideadh suaicheanta,
Gu h-ullach, binneach, ceumannach,
Grad-leumanach, Lior-chluaisennach ;
Gu cròeach, cabrach, cóir-ghcalach,
Gu maungach, eangach, éildeagach,
'Gan grianadh sa' mhios chéiteanach,
Air slios an t-sléibh mu'n cuartaich iad.

Bi'dh laogh ri taobh gach nighe dhiubh,
'Nan laidhe mar is còir dhaibh ; bi'dh
Gach damh a's mauug cho aighearach,
'Nuair thig l'ill-leathain ròid orra :
Bu tuille lòin a's saoghail,
Do gach neach a ghabhadh gaol orra,
Bhi tric ag amhare caol orra
'S a 'g éisdeachd gaoir an crònanaich.

Bi'dh maoisleach a chinn ghuannich,
A cur dreach a's snuadh a's tuar oirre,
'S i tilgeadh cuilg a' gheamhraidh
A chuir gurt a's greann a's fuachd oirre:
O'n thàinig blàthas an t-Sàmhraidh oirnn,
Cuiridh si màunntal ruadh oirre,
S tha inntinn ghrinn g'a rèir aice,
Gu fallain, féitheach, funsgailteach.

Bi'dh am minnein ùrar meanbh-bhallach,
Gros tioram air a ghnùis bu sgeinmeile ;
Gu mireineach, lùghor, anmadail,
Ri slinnean na h-earb an guilleachan.
Bu chlis feadh phreas mu an-moch iad,
Gu tric fo iochd nam mean'-chuileag,
Gu sgrideil, gibeach, gearra-mhasach,
An sliochd 'g an ainm na ruadhagan.

Bi'dh gach creutair fàillineach,
A bha greis an càs na fuaralachd,
A togail an cinn gu h-àbhachdach,
O'n a thàinig blàth's le buaidh orra:
Na h-eoin sa' phong a b'àbhaist daibh,
Gu ceolmhar, fonnmhor, fàilteachail,
Feadh phreas a's thòm ri gàirdeachas,
Gun chàs a dh'fhàgadh truaillidh iad.

'S neo-thruaillidh am pòr lionmhor ud,
'S gur spéiseil grinn a ghluaiseas iad ;
Le'm beus a 'seinn mar fhileirean,
Gur h-aoibhinn binn ri m' chlusan iad ;
'S glan luinneagach, fior-inntinneach,
A' chànain chinn thig uatha-san ;
'S iad gobach, sgiathach, clreineach
Gu h-iteach, dionach, cluaineiseach.

Bi'dh an coileach le thorman tùchanach,
Air chnocanaibh gorm a dùrdanaich,

Puirt fhileanta, cheolmhor, shiùblacha,
  Le ribheid dlù chur se' l orra ;
Gob crom nam pongan lùgh'ora,
  'S a chneas le dreach air a dhùblachadh,
Gu slios-dubh, girt-gheal, ùr-bhallach,
  'S dà chirc a sùgradh bòidheach ris.

Thig a chuthag sa' mhìos chéitein oirn,
  'S bidh riabhag 'na seuchdan còmhladh ri,
'S an dreathan a gleusadh sheannsairean
  Air a ghélg is aird a mhòthaicheas e.
Bidh chòill' gu léir 's na gleanntaichean,
  Air chrathadh le h-aoibneas canntaireachd,
Aig fuaim a chunail cheannsalaich,
  Feadh phreas, a'a chrann, a's òganan.

Na doireachean coill' bu dlomhaire,
  'S na croinn mu'n iadh na smeoraichean
Theid gach craobh an clatuichead,
  Bi'dh caochladh fiamb a's neòil orra ;
Gu meanganach, direach sniomhanach,
  Théid cridhe nam friamh an sòghaireachd,
Le trusgan ùr g'a mhiadnchadh,
  Bar-gùc air mhlaraibh nòsara.

Bi'dh am beatha gu cuisleach, fiùranach,
  Gu faileanach, slatach, ùr-fhasach ;
Thig snothach fo 'n chairt a's druisealachd,
  Bidh duilleach a's rùsg mar chòmhdach air ;
Le bruthainn théid brigh na duslain ann
  Am barrach dlù nan òganan'
Gu plùireineach, caoin, maoth-bhlasda,
  Mo roghainn de shnaoisean sròine e.

'S a bhiolaire luidneach, sliom-chluasach,
  Ghlas, chruinn-cheannach, chaoin, ghorm-
Is i fàs glan, uchd-ard, gilmeineach, [neulach,
  Fo bàrr-geal, iomlan, sònraichte ;
Air ghlaic, bu taitneach cearmonta,
  Le seamragan 's le nebineinean ;
'S gach lus a dh'fheudain ainmeachaidh,
  Cuir anbharra dhreach bòichead air.

Gur badanach, caoineil, mileanta,
  Cruinn, mopach, mìnchruth, mongoineach.
Fraoch groganach, dù'-dhonn, gris-dearg,
  Bàrr cluigeanach, sinnteach, gorm-bhileach ;
Gu dosach, gasach, uain-neulach,
  Gu cluthor, cluaineach, tolmagach ;
'S a mhil 'na fùdar gruaige dha,
  'Ga chumail suas an spòrsalachd.

'S i gruag an deataich rìmhich i,
  'S mòr a brigh 's is lionmhor buaidh oirre,
Céir-bheach nan sgeap a cinntinn oirr',
  Seillein breac feadh tuim 'ga chruasachd sud ;
Gu cianail, tiamhaidh, srann aige,
  Air bhàrr nam meas a' dranndanaich,

Bhiodh miann bhan-òg a's bhaln-tighearnan
  Na fhàrdaich ghreannar, ghuamaisich.

Is e gu stritench, riabhach, ciar-cheannach,
  Breac, buidh, stiallach, sriau-bhallach.
Gobach, dubhanach, riasgach, iargalta,
  Iti gniomh gu dian mar thuathanach ;
Gu sardail, grunndail, dianadach,
  Neo-dhiombanach 'na uaireanan ;
'S e fàile lusan fiadhaiche
  Bhi's aige bhiadh 'sa thuarasdal.

Gach thin is àirde chruiunicheas
  Do'n àiridh uile ghluaiseas iad ;
Thig bliochd a's dàir gun uireasbhuidh,
  Craobh àrd air cuman gruagaiche ;
Na h-aighean is òige làidire,
  Nach d'fhiosraich tràth na buaraichean ;
Bi'dh luinneag aig ribhinn chùl-duinn dhaibb,
  'Gam briodal ciùin le duanagan.

'S fior ionmhuinn mu thràth nebine
  Na laoigh òga chòir na buaile sin,
Gu tarra-gheal, ball-bhreac, bòtainneach,
  Sgiùthach, drulm-fhionu' sroin-fhionn, guaill-
Is iad gu lìth-dhonn, ciar-dhubh, càruideach, [inneach ;
  Buidh, gris-fhionn, crà'-dhearg, suaichionta,
Seang, slios'ra direach, sàr-chumpach,
  Cas, bachlach, bàrr an suainiche.

Bi'dh foirm a's colg air creatairean,
  Gu stoirmeil, gleust' 'g ath-nuadhachadh ;
Le forgan torchuirt feudalach,
  An treud, 's an spréidh, 's am buachaille :
An gleann, barrach, bileach, réidhleanach,
  Creamh, rainneach, réisg a's luachaireach,
'S e caoin, cannach, ceutach, mìn chruthach,
  Fireach, sléibhteach, feurach, fuaranach.

Bi'dh mionntain, camomhll, 's sòghraichean,
  Géur bhileach, lònach, luasganach,
Cathair thalmhanta, 's carbhinn chròc-chean-
  Gharg, amlach, ròmach, chluas-bhiornch, [nach,
Suthan-làir, 's fàile ghròiseidean ;
  Làn lilidh' 's ròsa cuaicheanach,
Is clann-bheag a trusa leòlaichean,
  Buain chòrr an còs nam bruachagan.

Bi'dh 'm blàr fo stràchd le ùrairenchd,
  Oidhch iuchair bhruinneach, cheb-bànach,
Gach sràbh 'sa bàrr air lùbadh orra
  Le cudthrom an driùchd 's le lòdalachd ;
'Na phaideirean lionmor, cùirneineach,
  Gu briogmhor, sùghmhor sòlasach,
Cuiridh ghrian gu dian 'na smùidean e,
  Le fiamh a gnùis 's an òg-mhadainn.

'Nuair a dhearsas a gnùis bhaoisgeil,
Gu fial, flathail fiamh, geal, caoineil oirnn,
Thig mathas a's gnìomh le sàibhireachd,
Chuir loinn air an Roinn-eòrpa so ;
Le aoibneas gréine soillseachadh,
Air an speur gu réidh a spaoileas i,
Cuir an géil gach feum a rinn i dhuinn,
G'a fhoillseachadh 's g'a mhòideachadh.

ORAN NA BRIOGSA.

AIR FONN—"*Sean' Triuthais Uilleachan.*"

'So tha na briogais liath-glas
Am bliadhna cuir mulaid oirnn,
'S e'n rud nach fhacas riamh oirnn,
'S nach miann leinn a chumail oirnn ;
'S na'm bitheamaid uile dìleas
Do'n rìgh bha toirt cuireadh dhuinn,
Cha'n fhaicte sinn gu dìlinn,
A striochda do'n chulaidh so.

'S olc an seòl duinn, am Prionns òg
A bhi fo mhòran duilichinn,
A's Rìgh *Debrsa* a bhi chùmhnaidh,
Far 'm bu chòir dha tuineachas ;
Tha luchd-eòlais a toirt sgeòil duinn
Nach robh còir air Lunnainn aige,
'S e *Hanòbhar* an robh shebrsa,
'S colgreach oirnn an duine sin—
'S e'n Rìgh sin nach buineadh dhuinn,
Rinn di'-mheas na dunach oirnn,
Mu'n ceannsaich e buileach sinn,
B' e'n t-àm dol a chumasg ris ;
Na rinn e oirnn a dh' ann-tlachd,
A mhì-thlachd, a's a dh' àimhreit,
Air n-eudach thoirt gu'n tàing dhinn,
Le ain-neart a chumail ruinn.
'So tha na briogais, &c.

A's ò'n chuir sinn suas a bhriogais,
Gur neo-mhiosail leinn a chulaidh ud,
Ga'n teanadh ma na h-iosgannan,
Gur trioblaideach leinn umainn iad ;
'S bha sinn roimhe misneachail,
'S na breacain fo ar criosan oirnn,
Ged' tha sinn am bichiontas
A nis a' cuir nan sumag oirnn :
'S air leam gur h-olc an duais
Do na daoine chaidh 'sa chruadal,
An eudaichean thoirt uapa

Ge do bhuadhnuich Diuc Uilleam leo:
Cha'n fhaod sinn bhi suigeartach,
O'n chaochail ar culaidh sinn,
Cha'n aithnich sinn a chéile
La-féile no cruinneachaidh.
'So tha na briogais, &c.

'S bha uair-eigin an t-saoghal
Nach saoilinn gu'n cuirinn orm,
Briogais air son aodaich,
'S neo-aoidheil air duine i ;
'S ged' tha mi deanamh ùis deth,
Cha d'rinn mi bonn sùlas
Ris an deise nach robh dàimheil
Do'n phàirti ga'm buinnin-sa ;
'S neo-sheannsar a chulaidh i,
Gur grannda leinn umainn i,
Cho teann air a cumadh dhuinn,
'S nach b'fheairde leinn tuilleadh i ;
Bidh putanan na glùinean,
A's bucalan ga'n dùnadh,
'S a bhriogais air a dùbladh,
Mu chùl-thaobh a h-uile fir.
'So tha na briogais, &c.

Gheibh sinn adan ciar-dhubh,
Chur dian air ar mullaichean,
A's casagan cho shliogta,
'S a mhuicheadh muillean iad ;
Ged' chumadh sin am fuachd dhinn,
Cha'n fhag e sinn cho uallach,
'S gu'n toillich e ar n-uaislean,
Ar tuath no ar cummanta ;
Cha taitinn e gu bràth ruinn,
A choiseachd nan gleann-fàsnich,
'Nuair a rachamaid do dh' àiridh,
No dh' àit 'm biodh cruinneagan :
Se *Debrs'* a rinn an eucoir,
'S ro dhìombach tha mi féin deth,
O'n thug e dhinn ar n 'éideadh,
'S gach eudach a bhuineadh dhuinn.
'So tha na broigais, &c.

'S bha h-uile h-aon de'n Phàrlamaid
Fàllsail le'm fiosrachadh,
'Nuair chuir iad air nà Caimbeulaich
Teanndach nam briogaisean ;
'S gu'r h-iad a rinn am feum dhaibh
A bhliadh'n a thàin' an strèupag,
A h-uile h-aon diubh dh'èiridh
Gu léir 'am *Milisi* dhaibh ;
'S bu cheannsalach duineil iad,
'S an àm an robh 'n cumasg ann,
Ach 's gann daibh gu'n cluinnear iad
A chàmpacha tuille leis ;
O'n thug e dhinn an t-eudach,
'S a dh' fhàg e sinn cho-fhaontra'ch,

'S ann rinn e oirn na dh' fheudadh e,
Shaoileadh e chuir mulaid oirnn.
So tha na briogais, &c.

'S ann a nis tha fios againn
An t-iochd a rinn Diuc Uilleam ruinn,
'Nuair a dh' fhàg e sinn mar phriosannaich,
Gun bhiodagan, gun ghunnachan,
Gun chlaidhe, gun chrios tarsuinn oirnn,
Cha'n fhaigh sinn prìs nan dagachan;
Tha comannd aig Sasunn oirnn,
O smachdaich iad gu buileach sinn—
Tha angar a's duilichinn
'S an àm so air iomadh fear,
Bha'n Càmpa Dhiuc Uilleam,
A's nach fheaird iad gu'n bhuithinn e;
Na'n tigeadh oirnne TEARLACH,
'S gu'n éireamaid 'na chàmpa,
Gheibhte breacain chàirneit,
'S bhiodh aird air na Gunnachan.
'So tha na briogais, &c.

ORAN DO'N EIDEADH GHAELACH.

FHUAIR mi naidheachd as ùr,
Tha taitinn ri rùn mo cridh
Gu faigheamaid fasan na dùthch
A chleachd sinn an tùs ar tìm.
O'n tha sinn le glaineachan làn,
A' bruidhinn air màran binn,
So i deoch-slàinnte Mhontrois,
A sheasamh a chùir so dhuinn,

Chunna' mi 'n diugh an Dun-éideann,
Comunn na féile cruinn,
Litir an fhortain thug sgeul,
Air toiseach an éibhnis dhuinn.
Piob gu loinneil an gleus,
Air soilleirenchd réidh an tuim;
Thug sinn am follais ar 'n éideadh,
A's cò a their réubail ruinn?

Deich bliadhna fichead a's còrr,
Bha casag de'n chlò m'ar druim,
Fhuair sinn ad agus cleòc,
'S cha bhuineadh an seòrs' ud dhuinn:
Bucail a' dùnadh ar bròg,
'S e 'm barr-iall bu bhòiche leinn;
Rinn an droch fhasan a bh'oirnn',
Na bodaich d'ar 'n ùigridh ghrinn.

Mhill e phàirt d'ar cumachd
O'n bhlàr, gu mullach ar cinn;

Bha sinn cho làn de mhulad,
'S gu'n d'fhàs gach duine gu tinn;
'S ann a bha 'n càs cho duilich,
'S a thàinig uile ri'm linn,
'Nuair a rinn pàirti Lunnainn,
Gach àit a's urram thoirt dhinn.

'S fhada bha 'n onair air chall,
Is fasan nan Gàll oirnn diù,
Còta ruigeadh an t-sàil,
Cha tigeadh e dàicheil dhuinn :
B'éigin do'n bhrigis bhi ann,
'Nuair a chaidh ar comannd cho ciùin
'S gu'n d'rinneadh gach finne nan tràill,
'S gach fireannach fhàgail rùisgt'.

Tha sinn anis mar as math leinn,
'S gur h-àrd ar caraid 'sa chùirt,
A chuir air na daoin' am fasan,
Rinn pàrlamaid Shasuinn thoirt' diù';
Beannachd gu bràth do'n mharcus,
A thagair an dràst ar cùis;
Fhuair e gach dlighe air ais dhuinn,
Le ceartas an rìgh 'sa chrùin.

Fhuair e dhuinn comas nan arm,
A dheanamh dhuinn sealg nan stùc,
'S a ghleidheadh ar daoine 'sa chàmp,
Le fàgail an naimhdean brùit.
Thogadh e misneach nan *Clann*,
Gu iomairt nan lann le sunnd,
Piob, a's bratach ri crann,
'S i caiseamachd àrd mo rùin.

Fhuair sinn cothrom an dràst,
A thoilicheas gràdh gach dùthch',
Comas ar culaidh chur oirnn,
Gun fharaid de phòr nan lùb:
Tha sinn a nis mar is còir,
A's taitnidh an seòl r'ar sùil;
Chuir sinn' a bhrigis air làr,
'S cha tig i gu bràth á cùil.

Chuir sinn a suas an deise,
Bhios uallach, freagarach, dhuinn,
Breacan an fhéile phreasach,
A's peiteag de'n endach ùr;
Còt' a chadadh nam ball,
Am bitheadh a' chàrnaid diù,
Osan nach ceangail ar ceum,
'S nach ruigeadh mar réis au glùn.

Togaidh na Gàüil an ceann,
Cha bhi iad an fanng ni's mò,
Dh' fhalbh na speirichinn teann
Thug orra bhi mall gun lùgh :
Siubhlaidh iad fìrench nam beann,
A dh'iarraidh dhamh seanng le'u cù;

S eutrom théid iad a dhambsa,
Fregraidh iad srann gach ciùil.

Tha sinn an comain an uasail
A choisinn le chruadal cliù,
Chuir e le teòmachd làidir,
Faoineachd dhàich air cùl,
Oighre cinn-feadhna nan Gràmach,
'S ioma fuil àrd na ghnùis ;
'S ann tha marcus an àidh
Am mac thig an àit an diùc.

ORAN A BHOTAIL.

'Nuair a shuidheas sinn socrach
'S a dh-òlas sinn botal,
Cha'n aithnich ar stoc bhuainn
Na chuireas sinn ann ;
Thig onoir a's fortan
Le sonas a chopain,
Ga'r son nach bi deoch oirnn
Mu'n tog sinn ar ceann ?
Bheir an stuth grinn oirnn
Seinn gu fileanta,
Chuir a thoil-inntinn
Binneas n'ar cainnt,
Chaisg i ar 'n iota
'N fhior dheoch mhillis,
Bu mhuladach sinne,
Na 'm biodh i air chall.

Deoch shlàinnte nan galsgeach
Nan Gàùlibh gasda,
Ga'm b' àbhaist mar fhasan,
Bhi pòit air an dràm,
Luchd gaoil an stuth bhlasda,
'S air dhaoirid an lacha,
Nach caomhnadh am beartas
A sgapadh 'san àm.
 Fear g'am boil ni
 Gheibh e na shireas e,
 Fear a tha crionda
 Fanadh e thàll ;
 Fear a tha mi'or
 Cha'n fhuilig sinn' idir e,
 S am fear a bheil grinneas
 Théid iomain a nàll.

'S ro rìoghail an obair
Sruth briogar na togalach,
Ioc-slainnt a bhogaicheas
Cridhe tha gann ;

'S e chuireadh an sòdan
Air fear a bhiòdh togarrach,
'S chuireadh e 'm bodach
A' fearr á bhiodh teann.
Cha 'n 'eil e 'san tìr,
Uasal no cumanta,
Nach 'eil air thì
Gach urram a th' ann,
Ge do bhiodh strì
Mu thogail na muirichinn,
Cia mar is urrainn sinn
Fuireach bho'n dràm ?

Tha e fionnar do'n chreabhaig
A h-uile la gréine
Thig teas o na speuraibh
Thar sléibbteau nam beann,
'S e math ri la reòta
Chuir blàth's ann am pòraibh
An fhir théid g'a dheòin
An taigh-òsda na dheann.
 Cuiridh e sunnd
 Air muinntir eireachdail,
 Timcheall a bhùird
 S cuid eile dhiubh damhs' ;
 Thogamaid fonn neo-throm
 A's ceileirin,
 'S freagarrach shinneas sinn
 Deireadh gach rann.

O'n shuidh sinn cho fada,
'S gu'n dh-òl sinn na bh'-againn,
'S i chòir dol a chadal
O'n thàinig an t-àm,
Cha'n fhòghnadh ach pailltens
Thoirt sòlas ga' n' aigneadh,
Deoch mhòr anus a mhadainn
Gu leigheas ar ceann.
 Am fear tha gun chlì,
 Cuiridh e spiorad ann,
 Togaidh e crì
 Gach fir a tha faun,
 Théid am fear tinn
 Gu grinn air mhirreadh ;
 'S e leigheas gach tinnis,
 Deoch mhillis an dràm.

ORAN A BHRANNDAI.

LUINNEAG.

Di-haal-lum, Di-haal-lum,
Di-i'-il-i'il, hanndan,
Di-dir-ir i-hal-hi'-il-lum,
Di-dir-ir-i hal haoi-rum;
Di-i'il-hal dir-ir-i,
Ha-ri-ha'al-haoi-rum,
Di-i'il-haal-dil-il-i'il,
Dor-ri-ho'ol-hann-dan.

Tha fortan ann bi deoch againn,
Na biodh an cŏpan gann oirnn,
Tha pailliteas anns na botalaibh,
Cha'n 'eil an stoc air chall oirnn ;
'S feairrde sinn an toiseach e,
Gu brosnachadh ar cainnte,
Ged' bhiodh a h-uile deoch againn,
'S e 's docha leinn am *Branndai.*
Di-haal-lum, &c.

'S e sinn an sruthan mireanach,
An tobair millis seannsail,
Tha binneas mar ri grinneas
A chuir spiorad am fear fann ann ;
'S feairrde sinn na shireas sinn,
Cha chulaidh mhilleadh cheann e ;
'S ro mhath 'n seise muineil
Do gach duine ghabhas rann e.
Di-haal-lum, &c.

Na fir anns am beil cridhealas,
Nach 'eil an cridhe gann ac,
Companaich na dibhe,
A ni suidhe leis an dràm iad ;
Iarraidh iad a rithisd e,
Mu bhitheas beagan ann deth,
Nuair chluinneas iad an fhidheall,
Bi' iad fighearach gu dàmhsa.
Di-haal-lum, &c.

'Nuair gheibh sinn de na barrailean,
Na 's math leinn fa'r comanuda,
Na cupain a tha falamh
Bhi le searraig a cuir annta ;
Gach caraid bhios a taitneadh ruinn,
Gu'm b'ait leinn e bhi cainnt ruinn,
Nuair thig a ghloinne bhasdalach,
Air bhlas an t-siucair-*channdai.*
Di-haal-lum, &c.

Cha chunnart duinn e theireachdainn,
Tha seileir anns an Fhràing dheth ;

Cha'n eil eagal gainne
Air na loingeas thug a nàll e ;
Their sinne on bu toigh leinn e,
Nach dean a choire call oirnn ;
Air fhad 's ga'n dean sinn fuireach ris,
Bhi gabhail tuille sannt air.
Di-haal-lum, &c.

Na fir a tha na 'n sgrubairean,
Nach caith an cuid 's an àm so,
Cha'n imir iad bhi cuidirinn,
Na'n tubaisdean le ganntar ;
Cha sir iad dol an cuideachd,
A's cha'n iarr a chuideachd ann iad;
Mar cuir am bùrn am paghadh dhiubh,
Cha'n fhaigheadh iad am *Branudai.*
Di-haal-lum, &c.

ALASDAIR NAN STOP.

LUINNEAG.

Alasdair nan stòp
Ann an sràid a chùil,
Sin an duine còir
Air am beil mo rùn.

'S coma leat an *siola,*
B'annsa leat an *stòp,*
Cha'n e sin bu dochadh
Ach am *botal mòr.*
Alasdair nan stòp, &c.

Theid thu do'n taigh-òsda,
'S òlaidh tu gu fial ;
Cha robh gainne stòrais
Air do phòca riamh.
Alasdair nan stòp, &c.

Bha thu greis dheth t-aimsir
Ann an àrm an Righ,
Cumaidh sin riut airgead,
'S fhearra dhut e na ni.
Alasdair nan stòp, &c.

Gheibhendh tu led' cheanal
Leannan anns gach tìr,
Ged' a bhiodh tu falamh
Cha bhiodh bean a'd' dhi'.
Alasdair nan stòp, &c.

Tha thu math air fairge,
'S tric thu marbhadh èisg,
Cùs a shiubhal garbhlaich,
Theid thu shealg an fhèidh.
Alasdair nan stòp, &c.

Ged' thuirt Callum breac
Nach robh thu tapaidh riamh,
Cò a chreideadh sin
Ach duine bha gun chiall?
Alasdair nan stòp, &c.

'Nuair a théid mi Ghlascho
'S taitneach leam bhi 'g ol,
Ann an taigh mo charaid
Alasdair nan stòp.
Alasdair nan stòp, &c.

NIGHEAN DUBH RAINEACH.

AIR FONN—"*Cuir a chinn dìleas.*"

CHUIR nighean dubh Raineach
Orm farran a's miothlachd,
Nach cuir mi dhìom
  Le cabhaig an dràst,
Ghoid i mo sporan,
'S na dollair gu lìonmhor,
Bh' agam fos n-ìosal
  Feitheamh ri m' làimh.

Nam biodh a chail' ud
Gu daingeann am prìosan,
Rachainn g'a dìteadh
  Dh'ionnsaidh a bhàis ;
A chionn gu'n do ghoidh i
'N rud beag bha sa chlùdan,
Bh' agam sa' chùil
  Nach d' innis mi chàch.

'S muladach mise
Gun fhios clod a nì mi,
O'n a tha mi
  Gun searrach, gun làir,
Gun chaora, gun òisg,
Gun ghabhar, gun mhiseach,
Gun a mart mìn
  A chrìmeas am blàr.

Cha robh mi gun airgead
Gus an d' fhalbh e gu mì-mhail,
Leis an te chrìon
  Nach d'amhairc air mo chàs ;
Rinn i mo chreachdadh
'S bu pheacach an nì dh'i
Mise chuir sìos,
  Gun i féin chuir an àird,

Cia mar a cheanaulchens mi
Camraig na eìde?

Na 'n leig mi dhìom e
  Tuilleadh gu bràth?
Ged' thig a marsant
  Le phaca do'n tìr,
Cha 'n fhaigh sinn aon sìon
  Bhios aige air dàil.

Bha mo chuid stòrais
Am phòca cho uallach,
'S ged a bhiodh buaile mhart
  Air mo sgàth ;
'S i rinn an eucoir
A bhèisd a thug uam e,
'S tha mi fo ghruaim
  'O mbadainn Di-màirt.

A righ nach robh mearlaich
Na cearna so'n rioghachd,
Anns a mhuir Iosail,
  Fada bho thruigh ;
Is caile dhubh Raineach
'S an fheumain an iochdar,
Chuideacha bidh
  Do phartan nan spàg.

RANN GEARRADH-ARM.

CHUNA' mi 'n diugh a chlach bhuaghach,
'S an leug àluinn,
Ceanglaichean de'n òr mu'n cuairt dh'i
  Na chruinn mhàilleadh ;
Bannan tha daingean air suaicheantas
  Mo chairdean,
A lean gramail ra'n seann dualchas
  Mar a b' àbhaist.

Inneal gu imeachd roimh chruadal,
  Le sluagh làidir,
Fir nach gabh giorag no fuathas,
  Le fuaim làmhaich ;
Fine is minig a ghluais
  Ann an ruaig nàmhaid,
Nach sireadh pilleadh gun bhuannachd,
  No buaidh làrach.

Bha sibh uair gu grinn a seòladh
  Air tuinn sàile,
Chaidh tarrunn á aon de bhòrda
  Druim a bhàta,
Leis a chabhaig spàrr e 'n òrdag
  Sìos na h-àite,
'S bhuail e gu teann leis an òrd i,
  'S ceann dh'i fhàgail.

An onoir a fhuair an saor Slèibhteach,
Leis gach treun'tas a dh'fhàs ann,
Ghleidheadh fathasd ga shliochd féin i,
A dh'aindeoin eucorach gach nàmhaid ;
Na h-airm ghaisge, ghasda, ghléusda,
Dh' òrduigh an Righ gu féum dhàsan,
Cho math 'sa th' aig duine 'n dream threun sin,
Sliochd Cholla cheud-chathaich Spàintich.

Dorn an claidheamh, a's làmh duin'-uasail
Le crois-tàraidh,
Iolairean le 'n sgiathan luatha,
Gu cruas gàbhaidh,
Long ag imeachd air druim chuaintean
Le siùil àrda,
Gearradh arm Mhic-an-t-Shaoir 'o Chruachàn,
Aonaich uachdrach Earraghàël.

Tha do dhaoine tric air fairge,'
Sgiobairean calma, neo-sgathach ;
Tha 'n aogas cumachdail, dealbhach,
'S iomadh armailt 'am beil pàirt dhiu' ;
Thug iad gaol do shiubhal garbhlaich,
Moch a's anmoch a sealg fàsaich ;
Cuid eile dhiubh 'nan daoin' uaisle,
'S tha cuid dhiubh 'nan tuath ri àiteach.

'S rioghail eachdraidh na chualas
Riamh mu'd phàirti,
S lionmhor an taic, na tha suas dhiubh,
Na'm biodh càs ort ;
Tha gach buaidh eile ga' reir sin,
An Gleann-Nodha fein an tàmhachd,
Piob a's bratach a's neairt aig Seumas,
An Ceann-cinnidh nach treig gu bràth sinn.

ORAN LUAIDH.

LUINNEAG.

Ho rò gu'n togainn air lùgan fhathasd,
Ho rò i-o mu'n téid mi luidhe ;
Ho rò gu'n togainn air lùgan fhathasd.

Togamaid fonn air luadh a' chlòlain ;
Gabhaidh sinn ceol, a's òrain mhatha.
Ho ro gu'n togainn, &c.

B' fheaird' an clò bhi chòir nan gruagach,
A dheanadh an luadh le'n lamhan ;
Ho ro gu'n togainn, &c.

'Nuair a thionndas iad air clèith e,
Chluinnte fuaim gach té dhiubh labhairt.
Ho ro gu'n togainn, &c.

Orain ghrinne, bhinne, mhilse,
Aig na ribhinnean 'gan gabhail ;
Ho ro gu'n togainn, &c.

Luinneag ac' air luadh an eudaich,
Sunndach, snothrachail ri mathas.
Ho ro gu'n togainn, &c.

Thogamaid fonn gu cèol-mhor, aotrom,
Air n' chlò bu daoire dathan.
Ho ro gu'n togainn, &c.

An clò brionnach, ballach, citach,
Triuchanach, stiallagach, gatbach ;
Ho ro gu'n togainn, &c.

An clò taitneach, basach, bòisgeil,
Laisde, daoimeineach, 's e leathunn.
Ho ro gu'n togainn, &c.

Gu'm bu slàn a bhios na caoraich
Air an d' fhàs an t-aodach flatbail.
Ho ro gu'n togainn, &c.

Beannachd aig an laimh a shniomh e,
'S i rinn gniomh na deagh bhean-taighe :
Ho ro gu'n togainn, &c.

S ann is coltach ris an t-siod' e,
Dh' fhàg i mìn e, 's rinn i math e ;
Ho ro gu'n togainn, &c.

Snàth cho rithinn ris na teudan,
'S e chorèidh 'sa dh' fheudta shnaitheadh :
Ho ro gu'n togainn, &c.

Cha robh pluc, no meall, no gaog ann,
No giog chaol, no slinsaid reamhar.
Ho ro gu'n togainn, &c.

'Nuair a théid an clò a'n mhàrgadh,
'S e ni 'n t-airgead air an rathad
Ho ro gu'n togainn, &c.

Cha bhi slat a sios o chrùn deth,
Miann gach sùl e anns an fhaidhir.
Ho ro gu'n togainn, &c.

Cha bhi suirighich' anns an dùthaich
Nach bi 'n dùil ri pàirt deth fhaighinn.
Ho ro gu'n togainn, &c.

'S ann a tha 'n toil-inntinn aodaich
Aig na daoin' a bhios 'ga chuitheadh.
Ho ro gu'n togainn, &c.

Thogainn am fonn a dh'iarradh pòitear,
A's luaidhinn an clò bu mhiann le mnathan.
Ho ro gu'n togainn, &c.

'S olc an obair luadh no fùcadh,
Ma bhios tùchadh oirnn le padhadh.
Ho ro gu'n togaina, &c.

Chuireadh e sunnt air muinntir òga,
Suidheadh mu bhòrd ag òl gu latha.
Ho ro gu'n togainn, &c.

Puinnse le gloineacha' làna,
Deochana-slàinnte 'gan gabhail;
Ho ro gu'n togainn, &c.

Greis air fìon, a's greis air branndai,
Greis air dràm de'n uisge-bheatha;
Ho ro gu'n togainn, &c.

Greis air fìdhleireachd 's air damhsa,
Greis air canntaireachd 's air aighear
Ho ro gu'n togainn, &c.

'Nuair théid sthirn an àird an aodainn,
'S ro-mhath 'n t-àm do dhaoine laidhe.
Ho ro gu'n togainn, &c.

AOIR AN TAILEIR.

A dhomhnuill Bhàin Mhic O' Neacainn
Tha 'n droch nàdur a d' phearsa,
Cha gnàthaich thu 'n ceartas,
Gus am blàsaich thu 'n pheacadh,
'S mairg àit anns na thachair,
Am ball-sampuill gun chneastachd,
 'A rinn graineil an sgaiteachd ud oirnn,
 'A rinn graineil, &c.

Fhir a tholsich ri ealaidh,
Bha thu gòrach a d' bharail,
'Ga seòladh am' charabh,
'S gu'n mi t-fheòraich, no t-fharaid,
Chuir thu agleò dhìot a's fanaid,
Co dhiubh 's deoin leat no 's ain-deoin,
 Tha mi 'n dòchas gu'm faigh thu do leòir,
 Tha mi 'n dochas, &c.

Dhomhsa b'aithne do bheusan;
Tha thu ain-eolach, beumnach,
Is do theangaidh mar reusar,
Le tainead 's le géireid,
Thug thu deannual dhomh fhéin d'i,
O's ann agad tha 'n eucoir,
 Com' nach paighinn thu 'n cìrig de sgeòll,
 Com' nach plàighinn, &c.

'S tu chraobh ghrodlaich air crionadh,
Lan mosgainn, a's fhìonag,

A dh'fhas croganach, ìosal,
Goirid, crotach, neo-dhìreach,
Stoc thu togairt na ghrìosaich,
A tholll do losgadh mar iobairt,
 Leig thu 'n Soisgeul air di-chuimhn' gu mòr,
 Leig thu 'n Soisgeul, &c.

Bu bheag an diùbhail e thachairt
An la thùr thu na facail,
Da phunnd agus cairteal
De db'fhùdar crunidh, sgairteal,
A bhi a d'bhroinn air a chalcadh,
'S bhi 'gad' sgaineadh le maitse,
 Gas am fasadh tu t-ablach gun deb,
 Gas am fasadh, &c.

'S bliònach ruithinn gun fheum thu,
Ge do bhitheadh tu 'm féithe,
Coin is fithich a' d' theumadh,
Cha bhiodh an dìol bèidh ac'.
'S tric thu teann air 'na h-cìbhlean,
Bhreac do shuimeir gu t-éislich,
 Blàth an tein' air do shléisdean gu mòr,
 Blàth an tein', &c.

O' nach taileir is fhiù thu,
Chuir càch as a chùirt thu;
Bidh tu ghnà unns na cuiltean,
A' caradh nan lùireach,
Bu tu asuinn nan clùitean,
'S tric a shuidh thu 'san smùraich,
 'Nuair a bhithinns' air cùl fir nan cròc,
 'Nuair a bhithinns' &c.

'S e do choltas r'a innseadh,
Fear sop-cheannach, grìmeach,
Gun bhonaid, gun phìorbhuic,
Gu'n bhad-mullaich, gun chirean,
Lòm uil' air a spionadh,
Car gu t'uilinn a sìos ort,
 Stràc na dunach de'n sgrìobaich mu'd chebs,
 Stràc na dunach, &c.

'S iomadh àit anns na thachair,
An tailer Mac-Neacainn,
Eadar Albainn a's Sasunn,
Bailtean margaidh a's machair;
'S tric a shealg thu air praisich,
O' nach d' fhalbh thu le clapa,
 Chaoidh' cha mharbh e duin' aca de'n t-slùgh,
 Chaoidh' cha mharbh, &c.

'S duine dona gun mhios thu,
Dh-fhas gun onair gun ghliocas,
Fear gun chomas gun bhrìosgadh,
Chaill do spionnadh 's do mhisneach,
Leis na rinn thu de'n bhidseachd,
Bu tu 'n slaightire misgeach,

'S cian o'n thoill thu do cuipeadh mu'n òl,
'S cian o'n thoill thu, &c.

'S iomadh ceapaire ròmais,
Rinn thu ghlacadh na d' chrògan,
Is bhi ga stailceadh le t-òrdaig,
Ann ad' chab-dheudach sgòrnach,
'S reamhar farsuinn do sgòrnan,
Brù mar chuilean an òtraich,
  Fhuair thu urram nan gebcach ri d'bhe*,
  Fhuair thu urram, &c.

Bi'dh na mnathan ag ràite
'Nuair a rachadh tu'n hìridh
Gun tolladh tu'n t-àras
Ann 'sam bitheadh an clàise ;
'Nuair a dh'itheadh tu pàirt deth,
'S a bhiodh tu air trasgadh,
  Anns a' mhuidhe gu'n spàrr thu do chròg,
  Anns a' mhuidhe, &c.

'S tu 'n tollaran cnàimhteach,
Ge bu ghlonach do mhàileid,
Tha do mhionach air t-fhàgail,
Gu'n chrioman deth làthair ;
Cochall glogach ma t-àruinn,
Tha do sgamhan a's t-àinean
  Làn gulair, a's fàslaich, a's chùs,
  Làn galair, &c.

Beul do chléibh air a thachdadh,
Air scideadh 's air brachadh,
'S e gu h-eididh air malcadh,
'S mòr t-fheum air a chartadh,
Gach aon eugail a' d' phearsuinn,
Caitheamh, éitich, a's casdaich,
  Gus an d' éirich do chraicean o t-fheoil,
  Gus an d' éirich, &c.

Tha do chreuchdan, 's do chuislean,
Làn cucail a's trusdair,
'S thu feurnach air furtach,
Tha 'n dòideadh a' d' phluicean,
'S thu t-éiginn le clupaid,
T-anail bhreun, gu tròm, murtaidh,
  'S mairg a dh'fheuchadh dhìot moch-thra do
   'S mairg a dh'fheuchadh, &c. [thòchd,

Do dheud sgròb-bhearnach, cabach,
Am beil na sgòrr-fhiaclan glasa,
Mosgain, còsacha, sgealpach,
Liùbte, grannda, cam, feachdte,
A null 's a nall air an tarsuinn,
Cuid diubh caillt' air dol asad,
  'S nam beil ann diubh nir spagadh do bheoil,
  'S nam beil ann diubh, &c.

Bi'dh na ronnan gu silteach,
'N an tonnaibh gorm, ruithteach,

A ghabhail toinneamh o d' liopan,
Thar cromadh do smige ;
'S dorcha, doilleir, do chlisneach,
Cheart cho dubh ris a phice,
Uchd na curra ort, ceann circ, 's gob geòidh,
Uchd na curra, &c.

Do mhaol chruacach air failleadh,
Gun chluasan, gun fhaillean ;
Tha thu uain-nealach, tana,
Cho cruaidh ris an darach ;
'S tu gun suaineach, gu'n anart,
'S aobhar truais thu ri d' ghearan,
  'S gur fuair thu na gaillean an reòt',
  'S gur fuair, &c.

Tha ceann binneach 'na stùic ort,
Geocach, leith-cheannaich, giùgach,
Eudann brucannaich, grùgach,
Sròn phlucach na mùire,
Tha croit air do chùl-thaobh,
'S mòran lurcaich a'd' ghlùinean,
  Da chois chama, chaol, chrùbach, gun treòir,
  Da chois chama, &c.

Cha 'n eil uiread nau shìltean,
Aig a phliutaire spàgach,
Nach 'eil cuspach a's gàgach,
Tha thu d' chrioplach 's ad' chràigeach,
'S lionmhor tubaist an tàileir,
Dh-fhàg an saoghal 'na thràill e,
  'S mairg a shaothraich air t-àrach 's tu òg,
  'S mairg a shaothraich, &c.

Ma tha thu de shliochd Adhamh,
Cha choslach ri càch thu,
Aig olcas a dh' fhàs thu,
O thoiseach do làithean ;
Cha tig cobhair gu bràth ort,
Gus am foghainn am bàs dut,
  'S do chorp odhar a chàradh fo 'n fhòd,
  'S do chorp odhar, &c.

AOIR ANNA.

Anna nigh'n Uilleam a'n Crompa,
Bean gun chonn 's i fhéin air àimhreith,
Nuair chaidh mi 'n toiseach g'a sealltainn,
Cha n e 'm fortan a chuir ann mi ;
Bhruidhinn mise slobhailt, suairce,
Mar dhuin-uasal anns an àm sin ;
Thòisich ise mar chù crosda,
Bhiodh anns na dorsan a dranndail.

'S ann aice tha beul an sgallais,
Gu fanaid a dheanamh air seann-duin',
Nach urrainn a dheanadh feum dh'i
Mar a bha i féin an geall air ;
Chunna' mise latha ghluaisinn
Leis na gruagaichean mar chàirdeas,
Dh'aithnich i gun dh'fhalbh an uair sin,
'S chuir i uaithe mi le *angar*.

Innsidh mi dhuibh teisteas Anna,
O'n is aithne dhomh 'san am i,
Bean a dh'òl a peighinn phisich,
Cha bheo idir gun an dràm i ;
Cha neònach leam i bhi misgeach,
'S i 'n còmhnuidh a measg a Bhranndai,
'S tric a bha 'na broinn gu leòir dheth,
'S bha tuille 'sa chòir 'na ceann deth.

Cha 'n'eil a leannan r'a fhaotainn,
Cia mar dh'fhaodar e bhi ann d'i ?
Breunag ris ann can' iad gaorsach,
A bha daonann anns na càmpan ;
'Sa bha rithist feadh 'n t-saoghail
A giùlan adhaircean aig ceardan ;
Cha d'fhuair i 'n onoir a shaoil i,
'N t-urram fhaotainn air na bàrdan.

'S mòr an treunntas le Anna,
Bhi cho gheur le sgainneil chainnte,
'S mairg air 'na thachair bean bheumach,
Aig am beil am beul gun fhaitheam ;
'M fear a bheir ise dhachaigh,
'S ann air thig a chreach 'san calldach,
'Nuair shaoil e gum bu bhean cheart i,
'S ann thachair e ri bhana-mhaighstir.

A bhana-chleasaiche gun ghrinneas,
'S mairg fleasgach a thóid na caramh,
'S tric i tuiteam leis na gillean,
Ceap tuislidh i do na fearaibh ;
A bhean bhruidhneach, mhisgeach, ghionach,
Ghlearach, lonach, shanntach, shallach,
Roinn gu reubadh air a teangaidh,
Coltach ri gath geur na nathrach.

Còmhdach nach falaich a craiceann,
Leomach gun sobl air cuir leis ann,
Cha'n 'eil brògan sl' n mu' casan,
Cha'n 'eil còta 'n-aird mu leasaibh ;
Oirre tha aogas na glaistig,
Neul an aoig 'na h-aodainn preasach,
Closach i air searga' luchdainn,
'S coltach i ri dealbh na Leisge !

Taigh tha làn de mhnathan misgeach,
'S olc an t-àit an d'rinn mi tachairt,

Ged thàine' mi ann gun fhios domh,
'S fhearr falbh tràth na fuireach aca :
Bana-mhaighsdir a chomuinn bhristich,
ANNA tha ainmeil 'san eachdraidh ;
Mu gheibh càch i mar fhuair mis i,
Cha tig iad gu bràth g'a faicinn.

AOIR UISDEAN PHIOBAIR'.

TURAS a chaidh mi air astar
A Chinn-tàile,
Chunna mi daoin-uailse tlachdmhor,
Caolmhneil, pàirteach ;
Bha aon bhallach ann air banais,
A thug dhomh tàmailt,
O 'n a bha e-san mar sin dòmh-sa,
'S ann mar so bhios mise dhà-san.

'S ann an sin a thòisich Uisdean,
Mar a ni cù an droch nàduir,
Tabhunaich ri sluadh na dùthcha,
'S be rùn gu'n gearradh e 'n sàiltean
'S math an còmpanach do'n chù e,
'S dona 'n còmpanach le càch e,
Cha chuideachd e bhàrd no phìobair,
Aig a mhìombalachd 'sa dh'fhàs e.

Aidich fhéin nach 'eil thu 'd phìobair,
'S leig dhìot bhi 'm barail gur bàrd thu ;
Daoine cridheil iad le chéile,
'S bithidh iad gu léir a tàir ort ;
Fear ciùil gun bhinneas gun ghrinneas,
Fuadaichidh sinn as ar pàirt e,
Mar a thilgeas iad craobh chrìonaich
O 'n fhlonan a mach as a ghàradh.

Mu chi thusa bàrd no filidh
No fear dàna,
Mu bhios aon diubh 'g iarraidh gille'
Ghiùlan màlaid,
Lean an duine sin le dùrachd,
Los gu'n tiùbhla' tu h-uil àite ;
'S mòr an glanadh air do dhùthaich,
I chuir cùl riut 's thu g'a fagail.

No ma chi thu fear a sheinneas
Pìob no clàrsach,
Faodaidh tusa 'n t-inneal ciùil
A ghiùlan dà-san,
Gus am bi craiceann do dhroma'
Fàs na bhallaibh loma, bàna,

Mar a chi thu mille' srathrach
Air gearran a bhios ri àiteach.

Cia mar a dheanadh e òran,
Gun eòlas, gun tuigse nàduir,
O nach deanadh e air dòigh e,
S ann bu chòir dha fuireach sàmhach ;
Bruidhinn ghlugach 's cuid di mabach,
Mòran stadaich ann am phìrt d'i,
Na ni e phlabartaich chòmbraidh,
Cha bheo na thuigeas a Ghàëlig.

'S sgimealair cheanna na'm bòrd thu,
Far am faigh thu'n t-òl gun phàigheadh ;
Cia mar chunntas sinn na geòcaich,
Mar bi Uisdean òg 'san àireamh ?
Cha robh do bhrù riamh aig siochadh,
Gus an lìonadh tu bhiadh chàich i :
'S mòr an t-òl na chaisgeadh t'-iotadh,
'Nuair chìte thu 's do ghloc pàiteach.

'S tric do leab' an lag an òtraich,
No'n cùl gàraidh,
Bi do cheann air con-tom còmhnard,
'S ro mhath 'n t-àit e ;
Bidh na coin ag iomlaich t'fheòsaig,
A toirt diot a bheoil 'sa chàirean,
Do chnaos dreammach toirt phòg salach
A'd dhearbh bhràithrean.

Na'n cluinne' sibh muc a rùcail,
Gebidh a's tunnagan a ràcail,
'S ann mar sin a bha plob Uisdean,
Brònach muladach a rànaich ;
Muineal gun' aolmann air tùcha,
'N ribheid cha'n fheud bhi làidir,
'S e call daonnan air a chùl-thaobh,
Na gaoith bu chòir dol an 'sa mhàla.

Bha lurga coin air son gaothair'
A'd chraos farsuinn,
'S culaidh sin a thogail plàigh
'S an cnal' air maleadh ;
Rinn e t'anail salach bréun,
Ma théid neach fo'n Ghréin an taic riut,
'S fhearr bhi eadar thu 'sa ghaoth,
Na seasamh air taobh an fhasga.

Cia mar a ni Uisdean òg dhuibh
Ceòl gu damhsa,
Nuair a chitheadh tu sruth ròun
O'n h-uile toll a bh' air an t-seannsair :
'Sgeul tha fior a dh'innseas mise,
Gur h-e dh'fhàg e 'nis cho manntach
Gu'n tug iad dheth leis an t-siosar
Barr na teanga.

Séididh Uisdean plob an ronngain,
'S mòr a h-anntlachd,

Bithidh i coltach ri gaoir chonnsbeach
A bhiodh an cnoc fraoich a dranndail ;
An Circeapoll laimh ri Tonga,
A' baigearachd air muinntir bainnse,
Fhuair mise plobaire 'u rùmpuill,
'S dh'fhàg mi ann e.

AOIR IAIN FAOCHAIGH.

IAIN F'HAOCHAIG* ann an Sasunn,
'S mor a mhasladh 'us à mhì-chliù,
Chaill e na bh' aige de chairdean,
'S tha 'naimhdean air cinntinn lìonmhor.
Ge b' fhad' a theich e air astar,
Chaidh a ghlacadh, 's tha e ciosnaicht ;
Chàrnich iad e fo na glasan,
'S tha 'n iuchair taisgt' aig maor a phriosain.

Tha e 'nis' an àite cumhann,
'S e 'u a chrùban, dubhach, deurach,
A chas daingeann ann an iarunn,
'G a phianadh, a's e 'n ù eigin.
B' fhasa dha 'bhi anns an fhiabhras
Na 'n larguin a tha 'n ù chréubhaig ;
'S e 'n sin o cheann còrr a's bliadhna,
A h-uile là ag iarraidh réite.

Ach, na'm faigheadh tusa réite
An éirig na rinn thu 'sheannachas,
B'aobhar-misnich do gach béist e
Gu'm faodadh iad féin do leanmhainn ;
Fear gun seadh, gun lagh, gun réusan,
'S anns an éucoir a ta t-earbsa ;
Theann thu mach o achd na cléire,
'S thug thu bòid nach éisd thu searmoin !

Thug thu di-meas air an Eaglais,
Air a chreideimh, 's air na h-àintean
Chuir thu brèugan air an Trianaid
'S air na h-iarrtasan a dh' fhàg iad ;
Tha e 'nis' 'n ù ghnothach cosuil,
'Réir an t-soisgeil 'tha mi claistinn,
Gu'n do chuir thu cùl ri sochair
Na saors' a choisinn ar Slàn'ear.

Chuir thu cùl ri d' bhòidean-baistidh,
'S mòr a mhasladh dhut an nicheadh,
Chaill thu 'chùirt 'am biodh an ceartas,
Roghnaich thu 'm peacadh 'n a h-àite ;
Ghleidh thu 'n riaghalt 's an seol-stiùiridh
A bh'aig Iudas, do dhearbh bhrathair ;
'S mòr an sgainneal air do dhùthaich
Thusa, bhrùid, gu'n d' rinn thu fàs iunt

* John Wilks.

Ach, ged a sheallte 'h-uile doire,
Cha robh coille riamh gun chrìonach,
'S tha fios aig an t-saoghal buileach
Nach bi 'choill uile cho dìreach :—
'S tusa 'chraobh 'tha 'n deigh seacadh,
Gun chairt, gun mheangain, gun mheuran,
Gun snomhach, gun sùgh, gun duilleach,
Gun rùsg, gun urad nam freumhan.

'S tu an t-eun a chaidh 's an deachamh,
'S e nead creacht' an deachaidh t-fhagail ;
'S tu 'm fitheach nach d' rinn an ceartas,
A chaidh air theachdaireachd o 'n àirc ;
'S tu 'm madadh-allaidh gun fhiaclan,
S' mairg a dh'iarradh 'bhi mar tha thu,
'S tu 'n ceann-cinnidh aig na biastan,
'S tha gach duin' a's fiach a' tàir ort.

Cha-n ioghnadh leam thu 'bhi 'd bhalach,
'S 'bhi salach ann ad nàdur,
O'n a thin thu ris an dùthchas
A bh' aig na sgiùrsairean o'n tain' thu !
'S tu 'n t-isean a fhuair an t-ùmaidh
Ris an t-siùrsaich air na sraidean :
'S i 'n droch-bhcairt a thog 'ad chloinn thu,
'S ann 'ad shloightire 'chaidh t-àrach !

Thoisich thu 'n toiseach gu h-iseal
Air a' chrìne 's air a' bhochdainn ;
S e 'n donas thug dhut a bhi spòrsail
'S ann bu chòir dhut bhi 'gad chosnadh,
'S lochd nach d' fhan thu aig do dhùthchas,
'Ad bhrùthair, a' bruich nam poitean,
A' cumail dibhe ris gach grùdair'
'Nuair a dhrùigheadh iad na botail.

Bha thu, greis 'ad thìm, 'ad bhaigear,
'S laidh thu 'n fhad sin air na cairdean,
A bhi oidhche 's gach taigh a's dùthaich,
A dhùraigeadh cuid an tràth' dhut ;
A mheud 's a bha de dh' ainfheich ortsa
Chuir thu cuid nam bochd g' a phàidheadh :
Ciod e 'nis' a chuir an stoc thu
Ach an robaireachd 's a mhèirle?

Shaoil thu gu'm faigheadh tu achain,
(Bu mhasladh gu'm biodh i 'd thùirgse)
Cead suidhe 'am parlamaid Bhreatuinn,
Gun chiall, gun cheartas, 'ad eanchainn.
Duine dall a chaidh air seachran,
Nach 'eil beachdail air na 's fhearra dha,
Le còmhradh tubaisdeach, tuisleach,
'S le sìr droch-thuiteamas cearbach.

Duine gun fhearann, gun oighreachd,
Gun nì' gun staoile, gun airgiod,
Gun bheus, gun chreidhimh, gun chreideas,
Gun ghin a chreideas a sheanachas ;

Duine misgeach, bristeach, breugach,
Burraidh tha na bheisd 's n'a ainmhidh,
'S trioblaid-inntinn, le itheadh dèisneach,
Gu tric a' téumadh a chridhe chealgaich.

Tha thu sònraicht' ann ad chonan
A' togail connais 'am measg dhaoine,
Cha chualas roimhe do choimeas
A bhi dhonas air an t-saoghal,
Ach an nathair an garadh Edein,
A mheall Eubh aig bun na craoibhe,
A chomhairlich gu buain a mhios i,
A dh'fhag ris an cinne-daoine.

Thoisich thu 'n toiseach 's an éucoir
Ag innse bhreugan air rìgh Deòrsa,
Cha chreid duine bhuat an sgéul ud,
'S cha toir iad éisdeachd do d' chòmbradh ;
'S beag a dhrùigheas do dhroch-dhùrachd,
Air oighr' a' chrùin a's na còrach
S a liuthad neach a tha, gu toileach,
A' toirt onorach d' a mhòrachd.

Ge beag ortsa Morair *Loudain*,
B' aithne dhòmhs' an sonn o'n d' fhàs e,
Duin-uasal foisinneach, fonnar,
Cridhe connar, aigne àrda ;—
Seanalair, air thùs na h-armailt,
A bha ainmeil anns san blàraibh ;
Cha mhisd e madadh air bhaothal
A bhi tabhannaich an tras' ris.

'S gòrach a labhair thu mòran
Air cùl Iarla Bhòid, an t-armunn,
Cònnspunn onorach, le firinn
A' seasamh na rìoghachd gu laidir ;
S e gu h-àrd-urramach, prìseil
Ann an cùirt an rìgh 's na bàn-righ'n
A dh' aindeoin na Faochaig 's nam biasdan
Leis am ' fhiach dol ann am pàirt ris.

Bhruidhinn thu gu leir mu Albainn,
'S b' fhearr dhut gu'm fanadh tu samhach,
Na'n tigeadh tu 'n còir nan Garbh-chrioch,
Bu mhairg a bhiodh ann ad àite ;
Bhiodh tu 'm priosan ri do làthan
'Dh 'aindeoin na ghabhadh do phàirt-sa ;
'S an eirig na rinn thu 'dhroch-bheairt,
Bheirteadh chroich mar ghalar-bais dhut.

Cha'n ioghnadh dhut bhi fo mhulad,
Fhuair thu diùmb gach duin' an àl so ;
'S e sin fein a bha thu 'cosnadh,
'S creutair crosd thu o'n a dh' fhàs thu ;
'S lionar mi-run ann ad chuideachd,—
Mallachd na Cuigse 's a' Phàp ort !
Mallachd an t-saoghail gu leir ort !
'S mo mhallachd fein mar ri càch ort !

R

RANN

A GHADHAS MAIGHDEAN D'A LEANNAN.

Cha 'n eòlas graidh dhut
Uisge shruibh na shop,
Ach gràdh an fhir thig riut,
Le blaths a tharruinn ort ;
Eirich moch Di-dòmhnuich
Gu lic chomhnairt phlataich,
'S thoir leat beannachd pobuill,
Agus currachd sagairt ;
Tog sud air a ghualainn
Agus sluasaid mhaide,
Faigh naoi gasan rannaich,
Air an gearradh, le tuaigh,
A's tri chnaimhean seann-duine,
Air an tarruinn á uaigh ;
Loisg air teine crìonaich e,
Dean sud gu lèir na luath,
Suath sin ra ghealn-bhroilleach,
An aghaidh na gaoith tuath ;
'S théid mise 'n ra 's am barrantas,
Nach falbh 'm fear ud bhuat.

MARBH-RANN DO CHU

A CHAIDH BATHADH 'SA MHAIGHEACH TARSAINN
NA BHEUL.

Latha do Phàdruig a sealg,
'Am fireach nan learg air sliabh,
Thug e ghleann Artanaig sgrìob,
'S ann thachair e 'm frith nam fiadh.
Leig e na shiubhal an cù,
A bha luath, laidir, lùghar, diann,
Cha robh a leithid riamh san tìr ;
Ach bran a bh'aig righ nam Fian.

Gaothar, bu gharg calg a's fionnadh,
Cruaidh, colgara, fhàil a's malla,
Bu mhath dreach, a's dealbh, a's cumachd,
A churraidh bu gharg sa churraid,
Bheirreadh e 'm fiadh dearg a mullach,
'S am Boc-earb, a dhuthas a bharraich,
B'e fhasan bhi trinll don mhunadh,
'S cha tain' e riamh dhachaigh fallamh.

Culaidh leagadh nan damh donn,
Air mullach na'n tòm 's nan cnoc,
Namhaid n'am biasd dubh a's ruadh,
'S ann air a bha buaidh nam broc.

Bha mhaigheach tarsainn na bheul,
Thuit iad le cheil ann an slochd ;
Bha iad bàlte bonn ri bonn,
A's muladach sin leam a nochd.

RANN CO'-DHUNAIDH.

Tha mise 'm shuidh air an uaigh,
Tha 'n leaba' sin fuar gu leòir,
Gu'n fhios agam cia fhad an tìm,
Gus an teannar mi fhein da còir :
Còmhdach flaluin 's léine lìn,
A's ciste dhubh dhlonach bhòrd,
Air mheud 's ga 'n cruinnich mi ul,
Sud na thòid leam sìos fo'n fhòd.

'S beag ar cùram ro 'n bhàs,
'M fad 'sa bhios sinn làidir òg,
Saoilidh sinn mu gheibh sinn dàil,
Gur e ar 'n àite fuireach beo ;
Faodaidh sinn fhaicinn air cách,
'S iad g'ar fàgail gach aon lò,
Gur nadurra dhuinne gach tràth,
Gum beil am bas a' teannadh oirnn.

Tha mo pheaca-sa ro throm,
'S muladach sin leam an drast ;
Tha mi smaoinencha' gu tric,
Liuthad uair a bhrist mi 'n àithn,
Le miann mo dhroch lnntinn féin,
Leis an robh mo chreubhag làn ;
Gun chuimhn air Ughdarras Dé,
Le dùrachd am bheul n'am laimh.

Ged' is mòr mo pheaca gnìomh,
'S mi 'n cionta ceud pheacaidh Adh'mh,
Cheannuchu' mi le fuil gu daor,
A dhòirte sgaoilteach air a bhlàr ;
Tha mo dhùil, 's cha dòchas faoin,
Ri iochd fhaotainn air a sgàth,
Gu'n glacar m'anam gu sìth,
Le fulangas Chriosd amhàln :

Tha mo dhòchas ann an Criosd
Nach diobair e mi gu bràth,
'Nuair a leagar mo chorp sìos
Ann an staid iosail fo'n bhlàr ;
Gu'n togar m'anam a suas,
Gu rìoghachd nam buadh 's nan gràs,
Gu'm bi mo leaba fo' dhion
Cois cathrach an Tì is aird.

Cha bhiodh m'eagul ro' an nog,
Ged' thigeadh e 'm thaobh gun dàil,

N'am bithinn do pheaca saor,
'N déigh's a ghaoil a thug mi dha;
Tha mo dhùil anns an Dia bheo,
Gu'n dean e tròcair orm an dràst,
Mo thoirt a 'steach a' dh'ionad naomh,
'N cuideachd Mhaois a's Abraham.

Gabhaidh mi 'nis mo chead an t-sluagh,
Le'n toirt suas daibh ann am' chainnt,
Fàgaidh mi aca na chnuasaich
Na stuaghan a bh'ann am cheann ;
'Los gu'n abair iad ra' chéile,
" Mar a leugh sinn féin gach rann,
Cò air an d'théid sinn gu'n sirreadh ?
'Nis cha'n 'eil am Filidh ann.".

MARBH-RANN AN UGHDAIR,

DHA FEIN.*

Fura tha 'd sheasamh air mo lic
Bha mise mar tha thu'n dràst ;
Si mò leaba 'n diugh an uaigh,
Cha'n'eil smior no smuais a'm' chnàimh :
Ged' tha thusa làidir, òg,
Cha mhair beo, ged' fhuair thu dàil ;
Gabh mo chomhairle 's bi glic,
Cuimhnich tric gu'n tig am bàs.

Cuimhnich t-anam a's do Shlànuigh'r,
Cuimhnich Phàrras thar gach àit ;
Gabh an cothrom gu bhi sàbhailt
Ann an gàirdeachas gu bràth :
Ged' a thuit sinn anns a ghàradh
Leis an fhàilling a rinn Adh'mh,
Dh'éirich ar misneach as ùr
'Nuair fhuair sinn Cùmhnant' nan Gràs.

Cuimhnich daonnan a chur romhad,
Gu'n coimhead thu a h-uile àithn',
O'se cumhachdan an ard righ
Rinn am fàgail air dà chlàr ;

* The Author's Epitaph, by himself.

Chaidh sin liubhairt do Mhaois ;
Rinn Maois an liubhairt do chàch ;
Na'm b'urrain sinne ga'm freagradh,
Cha b'aobhar eagail am bàs.

Caochladh beatha th' ann 's cha bhàs,
Le beannachadh gràsmhor, buan ;
Gach neach a ni a chuid is fearr,
'S math 'n t-àit am faigh e dhuais
Cha bhi'n t-anam ann an càs,
Ged' tha'n corp a' tàmh 's an uaigh,
Gus an latha'n tig am Bràth
'S an éirich sliochd Adhaimh suas.

Seinnear an trompaid gu h-àrd,
Cluinnear 's na h-uile àit' a fuaim ;
Dùisgear na mairbh as a bhlàr
'N do chàràich càch iad 'nan suain ;
'S mheud 'sa chailleadh le an-uair,
No le annradh fuar a chuain ;
Gu sliabh Shioin théid an sluagh,
Dh' fhaotain buaidh le full an Uain.

Gheibh iad buaidh, mar fhuair an sìol,
A chinn lìonmhor anns an fhònn ;
Cuid deth dh'fhàs gu fallain, dìreach,
'S cuid na charran ìosal crom ;
Gleidhear a chuid a tha lionntach,
'Am beil brìgh a's torradh tròm ;
Caillear a chuid a bhios aotrom,
'S leigear leis a ghaoith am moll.

Cha'n'eil bean na duine beò,
Na lànain phòsda nach dealaich ;
Bha iad lìonmhor seau a's òg
Ar luchd-eòlais nach 'eil maireann :
Cha b'e sin au t-aobhar bròin
Bhi ga'n cuir fo'n fhòd am falach,
Na'm biodh am bàs na bhàs ghnà,
Cha bu chàs talamh air thalamh.

Ghabh mi 'nis mo chead do'n t-saoghal,
'S do na daoine dh'fhuirich ann ;
Fhuair mi greis gu sunndach aotrom,
'S i 'n aois a rinn m' fhàgail fann :
Tha mo thàlantan air caochladh,
'S an t-aog air tighinn 's an àm ;
'S e m' achanaich air sgàth m' Fhear-saoraidh,
Bhi gu math 's an t-saoghal thall.

FEAR SRATH-MHAISIDH.

Mr LAUCHLAN MACPHERSON, of Strathmasie, was born about the year 1723, and died in the latter end of the last century. He was a gentleman and a scholar; and gave his able assistance to Mr James M'Pherson in his arduous and successful translations of Ossian's poems. His own works have not been printed in a collected form, and the most of them have, therefore, never been committed to press.* Mr Macpherson was not a poet by profession; he invoked his muse only when an object of approbation or animadversion presented itself, and attracted his notice: his observations and remarks were made on the customs and manners of men; his humour was directed against, and his ridicule exposed, excesses. He had the felicity of expressing himself in terms most appropriate to the posture and light in which men stood, who exposed themselves to censure; and he never failed in placing them in a position in which no one would wish to be found, yet into which many often fall.

CUMHA DO DH' EOBHON MACPHEARSON, TIGHEARNA CHLUAINIDH.

[AIR DHA TEICHEADH DO 'N FHRAING.]

Gur lìonmhor trioblaid sìnte,
Ris an linn a chi 'n droch shaoghal so,
Tha plàigh, claidheamh 's mi-run ann,
Tha gaol na fìrinn aotrom ann,
Tha fear na foille dìreadh ann,
Tha 'n eri-aon-fhillt' a' tearnadh ann,
S na lasas eas' a rìreamh riu
Gheibh daoine dìreach aomadh ann.

Ged dh'eirinn le rìgh Seumas,
Agus dol air ghleus fo m' armachd leis,
Mar saoil mi gur h-e'n eu-còir é,
An ni chòir gu'n eight' am chealgair mi?

Ma ni sinn mar a's léir dhuinn
Cha bhi Rìgh na Gréin cho feargach rùinn,
Ach 'se clann nan daoin' a's géir-breithich,
S gur fad is éis air Alba sin.

O! is iomadh gaisgeach sàr-bhuilleach,
A laodnich blàr an cunntais oirn,
Thug Tearlach a's na fàsaichean,
Chaill fuil an dail nan Stiubhartach,
Nan cadal trom 's na h-àraichean,
'S a'n cùl ri làr 's cha dùisgear iad,
Bha croich a's tuagh toirt bàs orra,
'S bha cuid dhiu dh'fhag an Dùthchannan.

---

* All the poems that we have ever heard or seen attributed to him are in the collection, with the exception of four: viz., *A Hunting Song*, in the form of a dialogue between the sportsman and the mountain deer, in which President Forbes's Unclothing Act is loudly declaimed against; *The Advice*, in which the poet labours to curb ambition, and to modify inordinate worldly desires; *An Amorous Piece*, and *Aoir nan Luch*. These last two we have captured in an old Manuscript, together with the song we have classed first in his section of this work. We have had considerable difficulty in deciphering it; but the Love ditty we found partly erased and partly unintelligible, and *Aoir nan Luch*, although not destitute of merit, is not much to our liking.

Am fear a dh'fhag an dùtbaich so,
Bu mhath air chul na Cruadhach e,
Be'n Gàël sgalteach, cliùteach e,
'S bu duthasach air Cluainidh e:
Be'n crann chuir croiseal diùbhalach
A dhruid a null thar chuaintean e ;
Thug teisteas fir thar cheudan leis,
" A chaoidh nach meud a bhuadhaicheas."

Gu'm b'fhearail, smiorail, anmant e
Bu lasair fhearg 'nuair dhùisgeadh e
Bu bheo na fheol 's na mhealbhainn e,
Bu bhealach far am bruchdadh e,
Mar thuinn ri carraig fhairgeach e,
Mar fhaoilleach 's stoirm ga dùbhlachadh,
Mar thein air fraoch nan garbhlaichean,
'S mar easraich gharbh an ùr uisge.

Cha chuireadh failcas gruaimean air
'S cha chuireadh fuathas càmpar air,
Cha bu raghainn tuasaid leis,
'S na b'fheudar dha bu luath-lamhach,
Bha luim, a's greim, a's crundal ann,
'S bu treun a' bualadh nàmhaid e,
Mar ealtainn gheur fo'n fheur uain e
Gun gearrte sluagh san aimhreit leis.

Cha bu bhrais gun reusan e
'S cha mhò bu leumach, gòrach e,
Biodh lamh a casg na h-eu-corach
S lamh eile treun sa' chomraig aig.
Bha truas a's iochd ri feumaich ann,
'S b'i sìth a's reit a b'òrdugh dha,
'S cha'n fhaca mis le'm leirsinne
No'n neach fo'n ghrein ri foirneart o.

Cha bu duine gòrach e,
A chuireadh bòsd á thruacantas
Mu nàdur gu dearbh b'colach mi,
Bha cuid de'm sheorsa dh'eireadh leis :
Mas buidheann ghasd an còmhraig sibh,
Bidh na *Naoidh* an conaidh beusadh dhuibh,
'S mas bratach thais an co-strì sibh,
Cha chluinnear beoil a' sèis umaibh.

'Nuair thrialladh brais na feirge dheth,
Bu mhàlta tlà mar mhaighdcinn e,
Bu bhlath mar aiteal gréin mhoich e,
Bu chiùin mar spéur an anamoich e
Mar ghlacair oigh fo ceud-bharra,
'S i tighinn gu réith gu caoimhnealachd,
Bha scan a's òg cho speiseil dheth,
'S nach fac iad treun cho toillteannach.

'Nuair bha'n saoghal bruailleanach,
S gluasad air luchd nàthsaichean

Nuair bhiodh an cinn gun chluasagan,
Gun tàmh le buail' a's bàthaichean,
Thug Eobhon sgriob thoirt fuasgladh dhuinn,
'S ghlais e suas a Ghàëldachd,
'S cha'n iarradh iad mar bhuachaillean
'S an taobh-tuath ach na fàsaichean.

Ach dh-fhalbh e nis a's dh'fhag e sinn,
'S co chaisgeas lamh na h-eacorach ?
Ged fhaicte 'n chòir ga sàrachadh,
Gu'n chaill sinn làmh ar treundais,
Mo bheannachd suas do Phàrrais leis,
Bho'n dh' fhill am bàs na éideadh e,
'S a dh'aindean rìgh a'a parlamaid,
Rinn Righ nan gràsan réite ris.

COMUNN AN UISGE-BHEATHA.

FEAR mo ghaoil an t-uisge-beatha,
Air am bi na duoin' a feitheamh !
'S tric a chuir e saoi 'na laidhe
Gun aon chlaideamh rùsgadh.
Ciod eile chuireadh sunnt oirn,
Mur cuireadh bean a's liunn e?

'Nuair chaisgeas gach sluagh am pathadh,
'S a théid mac nam buadh air ghabhail,
'S lìonmhor uaisle feadh an taighe
'S biasd nach caitheadh cùinneadh.
Ciod eile, &c.

Cha b'e sud an comunn suarrach.
'S mairg a dh'iarradh an taobh shuas daibh.
'S iad nach cromadh thun na fuaraig,
Ge bu dual daibh 'n lùireach.
Ciod eile, &c.

Gheibht' an sin gach làmh bu chruaidhe,
'S cò b'fhearr na clann na tuatha?
'M fear bhiodh aig an amar-fhuail,
Gu 'm buaileadh e aon triùir dhiubh.
Ciod eile, &c.

Bi'dh iad làn misnich is cruadail,
Gu h-aigeantach brisg 'san tuasaid.
Chuireadh aon fhichead san uair sin
Tearlach Ruadh fo 'n chrùn duinn !
Ciod eile, &c.

Chluinneadh fear a bhiodh gun chluais iad,
Nan deanadh luinneag a's fuaim e ;

Comunn teangach, cainnteach, cnachach,
Damhsach, suairc', neo-bhrùideil.
 Ciod eile, &c.

Comunn aoidheil, òlmhor, pàirteil,
Pògach, dornach, srònach, gàbhaidh,
Spòrsail, ceòlmhor, còrnach, gàireach,
Nach cuir càs gu smuirein.
 Ciod eile, &c.

Gar am pàidhear an fheill-màrtuinn
'S ged' rach an rìgh — mhàthair,
Leanaidh iads' an ìoc-shlaint àdmhor
Gus am fàg an lùghs iad.
 Ciod eile, &c.

'M fear a chaidh choimhead na h-oidhche,
Leig a chasan air a dhruim e;
Thug e staigh an rud nach d'rinn e,
'S b'oilltcil a bha chùltaobh.
 Ciod eile, &c.

Dh'éirich am fear a bha làimh ris
Theicheadh ro bholadh an fhàilidh,
Thuit e anns a' mhuighe-làgain,
'S mhill a' chàth a shùilean.
 Ciod eile, &c.

Dh'éirich an treas fear gu dàicheil
Chum 's gu'n tearnadh e'm fear bàite,
Chuir e ghrìosach as le mhàsan,
'S còta Spàinneach ùr air.
 Ciod eile, &c.

'N sin dar dh'éirich iad uile
Thuirt fear, "Gabhar greim do 'n duine,
Fhuair e masladh, 's cha b'e munar:
Loisgeadh mu 'na ghlùn e."
 Ciod eile, &c.

Thuirt caraid an fhir a chaidh losgadh
"Tha thu fìor bhreugach, a losgain.
Bi mach fhad 's tha 'n dorus fosgailt',
Oglaich, lobhte dhùisg so."
 Ciod eile, &c.

San uair a 's fearr a bhios aca
Bi'dh làmh air gach cuail' a's bata,
Bi'dh fear buailte, 's fear ga thachdadh,
'S fear fo 'n casan ciùrrte.
 Ciod eile, &c.

Fear eile thig aileag 'na bhràgad,
Stiuiridh e'm broilleach a bhràthar
Aran pronn, n's im a's càise,
Bruaach, blàth, cur smùid dheth.
 Ciod eile, &c.

Their bean-an-taighe gu dìblidh—
"Dhuin', is olc an càradh bidh sin,
'S mòr a b'fhearr dhomh agam fhìn e,
'S mòid a phrìs a's dùthaich."
 Ciod eile, &c.

'N sin dar thig na coin sa chom-ith,
Leigidh iad air cinith camith.
Leasaichidh fear eile an nollaig
Le gleus ronnach ùrar.
 Ciod eile, &c.

'Nuair dh'fhàsus a' bhangaid goirid,
Chuid nach tainig ach mu dheireadh,
O nach faigh iad làn an goile,
Goiridh iad gu diùmach.
 Ciod eile, &c.

Théid iadsan a nis anns sa chòile,
'S chi gach mad' e féin 'an dòigh lainnh,
Bi'dh surd air na h-armaidh glèusta,
'S deudaichean 'gan rùsgadh.
 Ciod eile, &c.

'S ann an sin a bhios a' chaonnag,
Firum, farum, chon a's dhaoine,
Chaun a' rànaich, mnài ri caoine,
'S baobhail crost' a' chùirt iad.
 Ciod eile, &c.

'S ma chreideas gach fear na chual e,
'S meas' e na thuirt Callum Ruadh rium.
'S iad na coin a bhios 'an uachdar,
'S bi' daoin' uaisle mùchta.
 Ciod eile, &c.

A BHANAIS BHAN.

LUINNEAG.

*Mo rùn air a chomunn ud
Cha somalta neo-thomadach,
Mo dhùrachd do 'n chomunn ud
Gun bhà gun bhollu gann daibh.*

An cuala' sibhs' a bhanais bhàn,
Bh'aig Eobhon Mac-Dhùghaill Dì-mairt,
Ann am Pac-ulla gu h-ard
Aig na thràilg iad àngar.
 Mo run, &c.

'Nuair a thainig iad a nìos
Rinn iad achanaich ri Brian

Iad a bhi uille cho liath,
Ro ciabhag fhir na bainnse.
Mo run, &c.

Labhair fear na bainse fein
Tha dath airgeid oirn' gu leir
Ciod an cron tha oirn fo 'n ghrein
Mar dean fear-beurra ranu oirn?
Mo run, &c.

Thuirt Pàdruig Mac-Mhuirich gu foil
Agam-sa 'tha bhratach shròil
Is mar sguir am bàrd d'a sgleò
Mar tha mi beo theid sreang air.
Mo run, &c.

Labhair an Cleireach gu dàn'
Agam-sa ta ceart thar chàch ;
Theid am Ministeir am' phàirt
'S gun téid am bàrd sa phrangas.
Mo run, &c.

Thuirt am Maighisdir-Sgoile liath
Mu 'se gleus-air-mas a mhiann,
Mo roghuinn-s' e th'air seachd clad
'S i cheaird bha riamh cuir ann domh.
Mo run, &c.

Thuirt fear bu dàine na càch
Agam cha'n'eil spéis d'ar dàn,
Eiribh 's cuimt' an t-ùrlar blà'
'S gu'n lion mo lamh-sa dràm dhuibh.
Mo run, &c.

Dh'éirich iad uil cho bhras
'S ann an sud bha farum chàs,
Mar gu'm bitheadh an trùp ghlas,
Ag dol am baiteal *Frangach.*
Mo run, &c.

Cha di-chuimhnich mi gu bràth
Gus an téid mi anns an làr
Comunn ciar-dubh glas mo gràidh
A bha san trà so damhsadh.
Mo run, &c.

A BHRIGIS LACHDUNN.

LUINNEAG.

'S coma leam a bhrigis lachdunn,
B' annsa 'm feile-beag 'sa m breacan,
'S beug a ghubh mi riamh de thluchd,
De 'n fhasan a bh'aig clann nan Gall.

Cha Chleirichean 's cha 'n Easbuigean,
Chum a bharr an t-seisein mi ;
Ach a bhrigis leibideach,
Nach deanadh anns na preasan clann!
'S coma leam, &c.

Ged tha bhrigis mlothlachdar,
Gur feumail anns na criochan i,
Gach fear a bhios ri diolanas,
Gu 'n toir i striochdadh air gun taing.
'S coma leam, &c.

Ach cuiribh air na mnathan i,
'S ann orra 's fearr a laidheas i,
Gur sglobalt' air feadh taighe i,
'S b' e 'n ceol am faighinn innt a dambs'.
'S coma leam, &c.

Gur mise bh' ann 'sa 'n eisdeachd,
'S na mnathan 'g radh ri cheile,
Gu 'm b' fhearr leo orra fhein i,
Na bhi ceusadh an fhir chlaim!
'S coma leam, &c.

Cha mhath gu direadh bruthaich i,
S cha 'n fhiach leinn thun an t-siubhail i,
'S cha 'n eil mi idir buidheach,
Air an fhear a luthaig i bhi ann.
'S coma leam, &c.

Cha mhath an t-eideadh idir i,
'Nuair theid sinn anns an uisge lea,
'Nuair lubas i m' ar 'n iosgaidean,
Gu 'n d' thoir i niosgaid air gach ball.
'S coma leam, &c.

Bhrigis dubh gun sianadh,
Chuir as an t-aodach briatha,
Bhiodh fosgailt air ar bialthnobh,
'S nach iarradh a chumail teann.
'S coma leam, &c.

Chuir i mach do Shasunn sinn,
Le surd a bhi sgairteil oirnn,
'S leig i rithisd dhachaigh sinn,
Gun fhiù a Chaiptein air ar' ceann.
'S coma leam, &c.

Ged thug iad dhuinn 'sa 'n fhasan i,
Cha 'n eil i idir taitneach leinn,
'S truagh a Righ ! nach robh e tachte,
'M fear* a thug an t-achd a nall.
'S coma leam, &c.

* Duncan Forbes, of Culloden, was Lord President of the Court of Session in the eventful period of the Rebellion, 1745.

IAIN RUADH STIUBHART.

JOHN ROY STUART, not less celebrated for his invocations of the muse than for his prowess in the field of battle, was a native of Kincardine, in Badenoch. Being of the middle class, and the son of a respectable tacksman, to whose farm he succeeded, he had the benefit of a good education. His scholastic advantages, combined with his extraordinary genius, soon procured him the reputation of a "knowing one." Like many other votaries of the muse, he manifested a strong and early predilection for hunting and fishing, which in themselves are a species of poetry. At an early period of his existence he copiously imbibed the principles of Jacobinism. These principles grew with his growth, and strengthened with his strength ;—and he was always proud to trace his descent from the royal family of the Stuarts. We do not mean here to enter on the moral or constitutional dissection of a poet; but history and observation have combined to impress us with the fact, that people of colonel Stuart's mental structure are, some how or other, more liable to fall into companies than men of solid clay. The continual demands upon his presence at the festive board led to some irregularities, upon which censoriousness might animadvert, but over which we are disposed to draw the veil of oblivion. This we are the rather inclined to do, as he himself always stood forth as " king's evidence" against his own eruptions at the shrine of Bacchus. His genuine sallies of wit have established his reputation as an arch wag; and his more plaintive strains are characterized throughout by originality and great pathos.

Stuart's mind was of that fabric which delights in the jostle of the elements of strife; and his puissant arm, coolness of courage, and intrepidity of action, trumpeted his fame far and near. It is needless here to recount his adventures and " hair-breadth 'scapes," in the memorable civil war of 1715,—history already records them. On the first outbreaking of that war he was in Flanders, actively engaged in belligerent operations against the British government, when the Duke of Cumberland was called home to lead the Hanoverian forces against the Prince. Roy Stuart also hurried to his native country, now distracted with intestine broils and civil war; and when at Culloden, he signalized himself in hewing and cutting down the red-coats, and spreading havoc and death on all hands, the Duke, pointing to the subject of our memoir, inquired who he was: " Ah !" replied one of his aides-de-camp, " that is John Roy Stuart." " Good God!" exclaimed the Duke, "the man I left in Flanders doing the butcheries of ten heroes! Is it possible that he could have dogged me here ?" It is told of Colonel Stuart that he strongly urged for a day's truce before attacking the Government forces at Culloden. This, however, Lord George Murray overruled; and the prognostications of the Colonel were but too fully verified in the result of a precipitate and unequal combat. The sombre feelings whose dark current chafed his soul in consequence of the extinguishment of the Jacobites' hopes on that day, are beautifully embodied in two fine and pathetic songs. In one of these he directly charges Lord George with treachery, and pours forth torrents of invective and revenge. His martial strains thunder along with the impetuosity of the mountain torrent—racy, sinewy, and full of nerve. He was so firm in his opinion of his Lordship's sinister motives, that he rushed from rank to rank that he might "hew the traitor to pieces." His elegiac muse was also of a very high order; his "*Lament for Lady M'Intosh*," whose attachment to the Jacobin party is well known, is at once lofty in sentiment, poetical in its language, and pathetic in its conceptions. We do not mean to ascribe to poetic or military genius all the recklessness which a sober-plodding world compliments it with; and we, therefore, suppress a gossiping story in which our warrior-poet figures with the Lady of the Lord Provost of Glasgow. After lurking for some time in the caves, woods, and fastnesses of his native country, he escaped to France with other faithful adherents of Charles, where he paid the debt of Nature, leaving behind him an imperishable fame for the genuine characteristics of a warrior and a poet.

LATHA CHUILODAIR.

AIR FONN.—"*Murt Ghlinne-Comhann.*"

O! gur mor mo chuis mhulaid,
 'S mi ri caoine na guin a ta 'm thir,
A righ! bi laidir 's tu 's urrainn,
 Ar naimhdean a chumail fo chis
Oirnne 's laidir diuc Uilleam,
 'N rag mheirleach tha guin aige dhuinn;
B'e sud salchar nan stealag,
 Tigh'n an uachdar air chruineachd an fhuinn.

Mo chreach Tearlach Ruadh, boidheach,
 Bhi fo bhinn aig righ Deorsa nam biasd;
B'e sud diteadh na còrach,
 An fhirinn 'sa beul foipe sios;
Ach a righ mas a deoin leat,
 Cuir an rioghachd air seol a chaidh dhinn,
Cuir righ dligheach na còrach,
 Ri linn na tha beo os ar cinn.

Mo chreach armailt nam breacan,
 Bhi air sgaoileadh 's air sgapadh 's gach ait,
Aig fior bhalgairean Shasuinn,
 Nach no ghnathaich bonn ceartas na 'n dail;
Ged a bhuannaich iad baiteal,
 Cha b'ann da 'n cruadal na 'n tapadh a bha,

Ach gaodh n-iar agus frasan,
 Thigh'n a nios oirnn bharr machair nan Gall.*

S truagh nach robh sinn an Sasunn,
 Gun bhi cho teann air ar dachaigh sa bha,
'S cha do sgaoil sinn cho aithgheart,
 Bhiodh ar dicheall ri seasamh n'a b' fhearr;
Ach 's droch dhraoidheachd a's drachdan,
 Rinneadh dhuinne mu 'n deachas na 'n dail,
Air na frithean eolach do sgap sinn,
 'S bu mhi-chomhail gu'n d' fhairtlich iad oirnn.

Mo chreach mhor! na cuirp gble-gheal,
 Tha na 'n laidh' air na sleibhtean ud thall,

* Allusion is here made to Nairn, where the Duke of Cumberland was celebrating his birth-day on the night preceding the battle. Thither the Highlanders wended their way, expecting to take him by surprise; but it blew in their faces a tremendous storm of rain and wind, and frustrated the attempt. The storm continued next day, and tended materially to discomfit the operations of the mountaineers in the commencement, and ultimately to their total and precipitate rout.

Gun chiste gun leintean,
  Ga 'n adhlaiceadh fhein anns na tuill ;
Chuid tha beo dhiu 'n deigh sgaoileadh,
  'S iad ga fògar le gaothan thar tuinn ;
Fhuair a Chuigs' a toil fein dinn,
  'S cha chan iad ach " réubaltaich" ruinn.

Fhuair na Gaill sinn fo 'n casan,
  'S mor a nàire 'sa masladh sid leinn,
'N deigh ar dùthcha 's ar 'n àite,
  A spùilleadh 's gun bhlaths againn ann ;
Caisteal Dhuinidh 'n deigh a losgadh,
  'S e na laraich lom, thosdach, gun mhiagh ;
Gu 'm b'e 'n caochala' goirt e,
  Gu 'n do chaill sinn gach sochair a b' fhiach.

Cha do shaoil leam, le m' shùilean,
  Gu 'm faicinn gach cùis mar a tha,
Mur spùtadh nam faoilleach,
  'N am nan luidbean a sgaoileadh air blàr ;
Thug a chuibhle car tionndaidh,
  'S tha ioma fear ainne-cheart an càs ;
A Rìgh seall le do chaoimhneas,
  Air na fir th' aig na naimhdean an sàs.

'S mor eucoir 'n luchd orduigh,
  An fhuil ud a dhortadh le foill ;
Mo sheachd mallachd aig Deorsa,*
  Fhuair e 'n lath' ud air ordugh dha fein ;
Bha 'n da chuid air a mheoirean,
  Moran glogan gun trocair le foill ;
Mheall e sinne le chòmhra',
  'S gu 'n robh ar barail ro mhor air r'a linn.

Ach fhad 'sa 's beo sinn r'ar latha,
  Bi'dh sinn caoidh na ceathairn chaidh dhinn,
Na fir threubhach bha sgairteil,
  Dheanadh teugbhail le claidheamh 's le sgiath ;
Mur biodh siantan n' ar n' aghaidh,
  Bha sinn shios air ar n' aghairt gu dian,
'S bhiodh luchd Beurla na 'n laidhe,
  Ton-air-cheann, b'e sid m'aighear 's mo mhiann.

Och nan och ! 's mi fo sprochd,
  'S mi 'n dràsda ri osnaich leam fein
'G amharc feachd an dù-Rosaich,
  'G ithe féur agus cruineachd an fhuinn ;
Rothaich iargalt a's Cataich,
  Tigh'n a nall le luchd chasag a's lann,
Iad mar mhiol-choin air acras,
  Siubhal criochan, charn, chlach, agus bheann.

Mo chreach ! tìr air an tainig,
  Rinn sibh nis clar reidh dh'i cho lom,
Gun choirce gun ghnàisich,
  Gun siol taght' ann am fàsach na 'm fonn,
Pris na circ air an spàrdan,
  Gu ruige na spàinean thoirt uainn,
Ach sgrios na craoibhe f'a blà dhiubh,
  Air a crionadh fo barr gus a bonn.

Tha ar cinn fo 'na choille,
  'S eigin beanntan a's gleannain thoirt oirnn,
Sinn gun sùgradh gun mhacnus,
  Gun eibhneas, gun aitneas, gun chebl,
Air bheag bidhe no teine,
  Air na stùcan an laidheadh an ceò,
Sinn mar chomhachaig eile,
  Ag eisdeachd ri deireas gach lò.

ORAN EILE,

AIR LATHA CHUILODAIR.

O ! gur mis' th' air mo chràdh,
  Thuit mo chridhe gu làr,
'S tric snithe gu m' shàil o m' leirsinn.
  O ! gur mis', &c.

Dh'fhalbh mo chlaistinneachd bhuam,
  Cha chluinn mi 'sa n' uair,
Gu mall na gu luath ni 's éibhinn.
  Dh'fhalbh mo, &c.

Mu Phriunns' Thearlach mo rùin,
  Oighre dligheach a chruin,
'S e gun fhios ciod an tùbh a theid e.
  Mu Thearlach, &c.

Fuil rioghail nam buadh,
  Bhi 'ga dìobairt 's an uair,
'S mac diolain le 'shluagh ag éiridh.
  Fuil rioghail, &c.

Siol nan cuilean a bha,
  Ga 'n ro mhath chinnich an t-àl,
Chuir iad sinn' ann an càs na h-éigin.
  Siol nan cuilean, &c.

Ged a bhuannaich sibh blàr,
  Cha b' an d' ur cruadal a bha,
Ach gun ar shluaghainn' bhi 'n dùil a chéile.
  Ged a bhuannaich, &c.

Bha iad iomadaidh bhuainn,
  Dheth gach finne mu thuath,
'S bu mhiste sinn' e ri uair ar féuma.
  Bha iad iomdaidh, &c.

Coig brataichean sròil,
  Bu ro mhath chuireadh an lò,
Gun duine dhiubh chòir a chéile.
  Coig brataichean, &c.

---

* Lord George Murray.

Iarla Chrompa le shlòigh,
Agus Bàrasdal òg,
S Mac-'Ic-Ailein le sheoid nach geilleadh.
Iarla Chompa, &c.

Clann-Ghriogair nan Gleann
Buidheann ghiobach nan lann
'S iad a thigeadh a nall na 'n eight' iad.
Clann-Ghriogair, &c.

Clann-Mhuirich nam buadh,
Iad-san uile bhi bhuainn,
Gur h-e m' iomadan truagh r'a leughadh.
Clann Mhuirich, &c.

A Chlann-Domhnuill mo ghaoil,
'Ga 'm bu shuaithcheantas fraoch,
Mo chreach uile! nach d' fhaod sibh eiridh.
A Chlann-Domhnuill, &c.

An fhuil uaibhreach gun mheang,
Bha buan, cruadalach, ann,
Ged chaidh ur bualadh an am na téugbhail.
An fhuil uaibhreach, &c.

Dream eile mo chreach,
Fhuair an lainhhseacha' goirt,
Ga 'n ceann am Frisealach gasda, treubhach.
Dream eile, &c.

Clann-Fhiunnlaidh Bhraidh-Mharr,
Buidheann ceannsgalach, ard,
'Nuair a ghlaoidhte adbhans 's iad dh' eireadh.
Clann-Fhiunnlaidh, &c.

Mo chreach uile 's mo bhron,
Na fir ghasd' tha fo leòn,
Clann-Chatain nan srol bhi dhéis-laimh.
Mo chreach uile, &c.

Chaill sinn Dòmhnull donn, suairc,
O Dhùn Chrompa so shuas,
Mar ri Alasdair ruagh na feile.
Chaill sinn Dòmhnull, &c.

Chaill sinn Raibeart an àigh,
'S cha bu ghealtair e' m blàr
Fear sgathadh nan cnamh 's nam feithean.
Chaill sinn Raibeart, &c.

'S ann thuit na rionnagan gasd ;
Bu mhath aluinn an dreach,
Cha bu phàigheadh leinn mairt na 'n éirig.
'S ann thuit, &c.

Air thus an latha dol sios,
Bha gaodh a cathadh nan sian,
As an adhar bha trian ar leiridh.
Air thus an latha, &c.

Dh' fhàs an talamh cho trom,
Gach fraoch, fearunn a's fonn,
'S nach bu chothrom dhuinn lom an t-sleibhe.
Dh' fhàs an talamh, &c.

Lasair theine nan Gall,
Frasadh pheileir mu 'r ceann,
Mhill sid eireachdas lann 's bu bheud e.
Lasair theine, &c.

Mas fior an dàna g'a cheann,
Gu 'n robh Achan* 'sa champ,
Dearg mheirleach nan raud 's nam breugan.
Mas fior an dàna, &c.

'S e sin an Seanalair mo
Ghràin a' smallachd an t-sloigh,
Reic e onoir 'sa chòir air eucoir.
'S e sinn an, &c,

Thionndaidh choileir 'sa chleòc,
Air son an sporain bu mhò,
Rinn sud dolaidh do sheoid righ Seumas.
Thionnaidh, &c.

Ach thig cuibhle an fhortain mu 'n cuairt,
Car bho dheas na bho thuath,
'S gheibh ar 'n eas-caraid duais na h-eucoir.
Ach thig cuibhle, &c.

'S gu 'm bi Uilleam Mac Dheòrs',
Mur chraoibh gun duilleach fo leòn,
Gun fhreamh, gun mheangan, gun mheoirean
'S gu 'm bi Uilleam, &c. [géige.

Gu ma lom bhios do leac,
Gun bhean, gun bhrathair gun mhac,
Gun fhuaim clàrsaich, gun lasair chéire.
Gun ma lom, &c.

Gun sòlas, sonas, no seanns,
Ach dòlas dona mu d' cheann,
Mur bh' air ginealach Chlann na h-Eiphit.
Gun solas sonas, &c.

A's chi sinn fhathasd do cheann,
Dol gun athadh ri crann,
'S eoin an adhair gu teann ga réubadh.
A's chi sinn, &c,

'S bidh sinn uile fa-dheòidh,
Araon sean agus òg,
Fo 'n righ dhligheach 'ga 'n coir duinn géilleadh.
'S bidh sinn, &c.

---

* Lord George Murray is here alluded to; his father to preserve his estates whatever the upshot of the conflict might be, sent Lord George to join the Prince, while his oldest son took up arms in support of the government forces—each having instructions to measure their adherence or fidelity according to the probabilities of success.

URNAIGH IAIN RUAIDH.*

Aig taobh sruthain na shuidhe 's e sgìth,
  Tha 'n Criosdaidh bochd Iain Ruadh,
Na cheatharnach fliuthasd gun sìth,
  Sa chàs air tuisleadh sa 'n tìm gu truagh.

Ma thig Duimhnich no Cataich a'm dhàil,
  Mu 'n slaosaich mo lùighennnan truagh,
Ged thig iad cho tric a's is àill,
  Cha chuir iad orm lamh le luath's.

Ni mi 'n ubhaidh† rinn Peadar do Phàl,
  'S a lùighean air fàs leum bruaich,
Seachd paidir 'n ainm Sagairt a's Pàp,
  Ga chuir ris na phlàsd mu'n cuairt.

Ubhaidh eile as leith Mhuire nan gràs,
  'S urrainn creideach dheanadh slan ri uair ;
Tha mis' am chreideamh gun teagamh, gun dail,
  Gu'n toir sinn air ar naimhdean buaidh.

Sgeul eile 's gur h-oil leam gu'r fior,
  Tha 'n drasd anns gach tir mu 'n cuairt,
Gach fear gleusda bha feumail do 'n rìgh,
  Bhi ga 'n ruith feadh gach frìth air an ruaig.

Bodaich dhona gun onair, gun bhrigh,
  Ach gionach gu ni air son dunis,
Gabhail fàth oirnn 's gach àit ann sa'm bi—
  Cuir a chuibhle so' Chriosda mu'n cuairt !

Ma thionndas I deiseal an dràsd,
  'S gu'm faigh Frangaich am Flannras buai',
Tha 'm earbs' as an targanachd bh'n,
  Gu 'n tig armailt ni stà dhuinn thar chuan.

---

* Having sprained his ankle when under hiding, after the battle of Culloden, and while resting himself beside a cataract, keeping his foot in the water, he composed the above piece as a prayer, and the following stanzas in English ; both of which he seems to have couched in the style of language peculiar to the Psalms.

JOHN ROY STUART'S PSALM.

The Lord's my targe, I will be stout,
  with dirk and trusty blade,
Though Campbells come in flocks about,
  I will not be afraid.

The Lord's the same as heretofore,
  he's always good to me,
Though red-coats come a thousand more,
  afraid I will not be.

Though they the woods do cut and burn,
  and drain the waters dry ;
Nay, though the rocks they overturn,
  and change the course of Spey :

Though they mow down both corn and grass,
  and seek me under ground ;
Though hundreds guard each road and pass,
  John Roy will not be found.

The Lord is just, lo ! here's a mark,
  he's gracious and kind,
While they like fools grop'd in the dark,
  as moles he struck them blind.

Though lately straight before their face,
  they saw not where I stood ;
The Lord's my shade and hiding-place—
  he's to me always good.

Let me proclaim, both far and near,
  o'er all the earth and sea,
That all with admiration hear,
  how kind the Lord's to me.

Upon the pipe I'll sound his praise,
  and dance upon my stumps,
A sweet new tune to it I'll raise,
  and play it on my trumps.

† An incantation of great antiquity, handed down to us from the classic era of Homer. It has still its class of sturdy believers in many remote and pastoral districts of the Highlands. The Editor well recollects with what self-complacency and sang froid the female Esculapii of his native glen used to repeat the "Eòlas sgiuchaidh fuithe," over the hapless hobbler of sprained ankles. With the success or result of the procedure we have nothing to do ; its efficacy was variously estimated. The "Cantatum orum" was a short oration of Crambo, in the vernacular language ; and if the dislocated joints did not jump into their proper places during the recitation, the practitioner never failed to augur favourably of comfort to the patient. There were similar incantations for all the ills to which human flesh is heir ; the toothach, with all its excruciating pain, could not withstand the potency of Highland magic ; dysentery, gout, dysury, &c., had all their appropriate remedies in the never-failing specifics of incantation. Nor were these cures confined to the skilful hand of the female necromancer alone ; an order of men, universally known by the cognomen of the "Cliar-shcana-chain," were the legitimate practitioners in the work. Two of these metrical incantations we may briefly quote as specimens of the whole. The first relates to the cure of worms in the human body and runs thus :—

"Mharbhainn dubhag 's mharbhainn doirbheag,
  A's naoi naoinear dheth a scòrsa,
'S fiolar crionn nan casan lionmhor,
  Bu mhor pianadh air feadh feòla," &c.

Here follows the other, denominated "Eòlas a Chronachaidh," or "Casg Beum-Sula." During its repetition, the singular operation of filling a bottle with water, was being carried on ; and the incantation was so sung as to chime with the gurgling of the liquid, as it was poured into the vessel ; thus forming a sort of uncouth harmony, according well with the wild and superstitious feelings of the necromancers. From the fact that one or two Irish words occur in it, and that the charm was performed in the name of St Patrick, it is probably of Irish origin ; but we know that it held equally good in the Highlands of Scotland as it did across the Channel.

Deanamsa dhutsa, eolas air sul,
  A uchd 'Ille Phàdruig naoimh,
Air at amhaich a's stad earabuill,
  Air naoi conair 's air naoi connachair,
As air naoibean seang sìth,
  Air suil seanna-ghille 's sealla seanna-mhna,
Mas a suil fir i, i lasadh mar bhigh,
  Mas a sùil mnath i, i bhi dh'easbhnidh a eich,
I'aleadair fuar agus fuarachd da full,
  Air an ni, 's air a daoine,
Air a crodh, 's air a caoirich fein.

Gu'n toir Fortan dha didean le gràs,
  Mur Mhaois 'nuair a thraigh a mhuir ruadh,
S gu'm bidh Deòrsa le 'dhrealainibh bàit,
  Mur bha 'n t-amadan Pharaoh 's a shluagh.

'Nuair bha Israel sgìth 'san staid ghràis,
  Rinneadh Saul an là sin na rìgh,
Thug e sgiùrsadh le miosguinn a's plàigh,
  Orra fein, air an àl 's air an nì.

Is amhuil bha Breatuinn fo bhròn,
  O 'na thréig iad a chòir 's an rìgh;
Ghabh flaitheas rìun corruich ro-mhor,
  Crom-an-donais! chaidh 'n scòrsa 'n diasg.

A Rìgh shocraich Muire nan gràs,
  Crom riumsa le baigh do chluas;
'S mi 'g umhladh le m' ghlùn air an làr,
  Gabh achanaich araid bhuam.

Cha'n eil sinn a sireadh ach còir,
  Thug Cuigs agus Dheorsa bhuainn;
'Reir do cheartais thoir neart dhuinn a's treoir,
  A's cum sinn bho fhoirneart sluaigh! *Amen.*

CUMHA DO BHAINTIGHEARNA

MHIC-AN-TOISICH*

Cia iad na dée 's na Dullean trèun,
  Theid leamsa sa'n sgeul' bhroin?
Tha ghealach fòs, 's na reulltan glan,
  'S a ghrian fo smal gach lò,
Gach craobh, gach coill, gach bean 's cloinn,
  Dha 'm beil na'm broinn an deò,
Gach luibh, gach feur, gach ni 's gach spreidh,
  Mu'n tì rinu boisge mòr.

Mar choinneal chéir, 's i lasadh treun,
  Mar carr na grein ro nbin,
Bha reull na mais, fo shiontaibh deas,
  A nis thug frasan mor,
Oir bhris na tuinn 's na tobair bhuinn:
  'S le mulad dhruigh na neoil,
'S e lagaich sinn, 's ar 'n-aigne tinn,
  'S gu'n ruith ar cinn le deòir.

Mu'n ribhinn àilt nan ioma gràs,
  A choisinn gràdh an t-slùigh,

* For the Air, see the Rev. Patrick M'Donald's Collection of Highland Airs, page 16—No. 106.

Mo bheud gu bràth do sgeula bais,
  An taobh ud thall de'n Gheòrp,
Ainnir ghasd' nan gorm-shuil dait,
  'S nan gruaidh air dhreach nan ròs,
'S e do chuir fo lic a chlaoidh mo neart,
  'S a dh'fhag mi 'm fensd gun trebir.

Do chorp geal, seang, mar lili bàn,
  'Se 'n deis' a charadh 'n sròl,
A nis a ta gach neach fo chràdh,
  'S tu 'n ciste chlàr nam bòrd,
A gheug nam buadh is aillidh snuadh,
  Gur mis tha truagh 's nach beò,
Do chuimhn' air chruas, ri linn nan sluagh,
  Gur cinnte' dh'fhuasglas deòir.

Tha Mac-an-Toisich nan each seang,
  'S nam bratach srannmhor sròil,
Gun aobhar gàirdeachais ach cràdh,
  Mu ghràdh 's nach eil i beò,
A ribhiun shuairc a b' aillidh snuadh,
  O Chaisteal Uainh nan còrn,
An gallan réidh o cheannard treun,
  An t-sloinne Mheinnich mhòir.

Note.—This lament was composed on the celebrated Lady M'Intosh of Moyhall, whose firm attachment to the Chevalier's interest is well known. A story is told of this lady which exhibits her character in a very bold and masculine light. Prince Charles had arrived at Moy, on his return from England, two or three days before his followers came through Athol and the wilds of Badenoch. M'Intosh and his clan were from home with the other Jacobites, and the place was altogether unprotected. Some keen-sighted loyalist had seen the Prince, and forthwith communicated the intelligence to Lord Louden, then stationed at Inverness with 500 soldiers. His Lordship immediately marched towards Moy, taking a circuitous route, however, to avoid detection. Intimation was carried to Lady M'Intosh of his Lordship's approach—it was a moment of awful and anxious incertitude. She immediately sent for an old smith, one of M'Intosh's retainers, and a council of war was held. "There is but one way," said her Ladyship, "of saving Prince Charles—your own Prince; and that is by giving them battle." "Battle!" exclaimed the smith, "where are our heroes? alas! where to-night are the sons of my heart?" It was ultimately arranged that Prince Charles should be placed under hiding, and that the son of Vulcan, with other six old men who were left at home, should give them battle. Armed with claymore, dirk, and guns, together with a bagpipe and old pail (drum), our octogenarian little army lurked in a dense clump of brush-wood until the red-coats came up. It was now night, and the sound of Lord Louden's men was heard—they were within a mile of Moy! The smith and his followers, as instructed by her Ladyship, fired gun after gun, until the six were discharged; he then roared out "Clan M'Donald, rush to the right—Cameron, forward in a double column in the centre—M'Intosh, wheel to the left, and see that none will escape!" This was enough; the red-coats heard—stood, and listened—all the clans were there—so, at least, thought Lord Louden, and away they fled in the greatest disorder and confusion, knocking one another down in their flight, and not daring to look behind them until they had distanced the smith by miles!

COINNEACH MAC-CHOINNICH.

KENNETH M'KENZIE was born at *Caisteal Leauir*, near Inverness, in the year 1758. His parents were in comfortable circumstances, and gave him the advantages of a good education. When he was about seventeen years of age, he was bound an apprentice as a sailor, a profession he entered with some degree of enthusiasm. Along with his Bible, the gift of an affectionate mother, he stocked his library with other two volumes, namely; the poems of Alexander M'Donald and Duncan M'Intyre. These fascinating productions he studied and conned over on "the far blue wave," and they naturally fanned the latent flame of poetry which yet lay dormant in his breast. His memory was thus kept hovering over the scenes and associations of his childhood; and, represented through the magic vista of poetic genius, every object became possessed of new charms, and so entwined his affections around his native country and vernacular tongue, that distance tended only to heighten their worth and beauties.

He composed the most of his songs at sea. His "*Piobairachd na Luinge*" is an imitation of M'Intyre's inimitable "*Beinn-dòrain*," but it possesses no claims to a comparison with that master-piece. We are not prepared to say which is the best school for poetic inspiration, or for refining and maturing poetic genius; but, we venture to assert, that the habits of a seafaring man have a deteriorating influence over the youthful feelings. This has, perhaps, been amply exemplified in the person of Kenneth M'Kenzie. He was evidently born with talents and genius; but, notwithstanding the size of his published volume, we find only four or five pieces in it which have stepped beyond the confines of mediocrity: these we give, as in duty bound.

M'Kenzie returned from sea in the year 1789, and commenced going about taking in subscriptions, to enable him to publish his poems. With our own veneration for the character of a poet, we strongly repudiate that timber brutality which luxuriates in insulting a votary of the muses. Men of genius are always, or almost always, men of sensibility, and nice and acute feelings; and it appears to us inexplicable how one man can take pleasure in showing another indignities, and hurting his feelings. The itinerant subscription-hunting bard, has always been the object of the little ridicule of little men. At him the men of mere clay hurl their battering-ram; and our author appears to have experienced his own share of the evil. Having called upon Alexander M'Intosh, of Cantray Down, he not only refused him his subscription, but gruffly ordered him to be gone from his door! Certainly a polite refusal would have cost the high-souled *gentleman* as little as this rebuff, and apologies of a tolerably feasible nature can now be found for almost every failing. Our bard, thus unworthily insulted, retaliates in a satire of great merit. In this cynic production he pours forth periods of fire; it is an impetuous torrent of bitter irony and withering declamation, rich in the essential ingredients of its kind; and M'Intosh, who does not appear to have been impenetrable to the arrows of remorse, died, three days after the published satire was in his possession.* Distressed at this mournful occurrence, which he well knew the superstition and gossip of his country would father upon him, M'Kenzie went again among his subscribers, recalled the books from such as could be prevailed upon to give them up, and consigned them to the flames: a sufficient indication of his sorrow for his unmerciful, and, as he thought, fatal castigation of M'Intosh. This accounts for the scarcity of his books.

Shortly after this event, his general good character and talents attracted the attention of Lord Seaforth and the Earl of Buchan, whose combined influence procured him the rank of an officer in the 78th Highlanders. Having left the army, he accepted the situation of Postmaster in an Irish provincial town, where he indulged in the genuine hospitality of his heart, always keeping an open door and spread table, and literally caressing such of his countrymen as chance or business led in his way. We have conversed with an old veteran who partook of his liberality so late as the year 1837.

In personal appearance, Kenneth M'Kenzie was tall, handsome, and strong-built; fond of a joke, and always the soul of any circle where he sat. If his poems do not exhibit any great protuberance of genius, they are never flat; his torrent may not always rush with impetuosity; but he never stagnates; and such as relish easy sailing and a smooth-flowing current, may gladly accept an invitation to take a voyage with our sailor-poet.

MOLADH NA LUINGE.

LUINNEAG.

'S beag mo shunnt ris an liùnn,
   Mòran bhùirn 's beagan brachà;
B'annsa leam cuismeachd mo rùin,
   Air cuan dù-ghorm le capull.

Ge d' a tha mi ann san àm,
   Air mo chrampadh le astar,
'S tric a thug mi greisean gàrbh,
   Air an fhàirge ga masgadh.
     'S beag mo shunnt, &c.

Greis le beachd a deanamh iùil,
   'S greis cuir siùil ann am pasgadh,

Greis air iomairt, 's greis air stiùir,
   'S greis air chul nam ball-acuinn.
     'S beag mo shunnt, &c.

'S e mo cheist an capall grinn,
   Rachadh léum air an aiseag,
'S taobh an fhuaraidh, fos a cinn,
   S muir ri slinn taobh an fhasgaidh.
     'S beag mo shunnt, &c.

Uair a bhiodh i fada shios,
   Anns an iochdar nach faict' i,
'S greis eile 'n-aird nam frìth,
   S i cuir dh'ì air a leath-taobh.
     'S beag mo shunnt, &c.

---

* This happened in the year 1792, in which our author published.

'S i nach pilleadh gun cheann-fà',
'S i neo-sgàthach gu srachdadh,
A gearradh tuinn' le geur roinn,
'S cudrom gaoith' air na slatan.
　'S beag mo shunnt, &c.

'Nuair a chuirt i air a dòigh,
'S a cuid seòl ris na racan,
Chuirt' a mach an t-aodach sgeòid :
Sud a sròn ris an as-caoin.
　'S beag mo shunnt, &c.

Bhiodh I turraban gun tàmh,
'S chluinnte g'àinich fo'n t-sac i,
'S bhiodh gach glùn dh'i dol fillt',
'S chluinnte bid aig gach aisinn.
　'S beag mo shunnt. &c.

Chite muir na thonnan àrd,
'S chluinnt' i gàraich gu farsuinn,
'S bheireadh ronn ard nan steoll,
Buille thròm ann gach achlais.
　'S beag mo shunnt, &c.

Ann an as-caoineachd a chuain,
'S ann am fuathas na fraise,
Thugaibh faicell air a ghaoth ;—
"Fhearabh gaoil cumaibh rag I."
　'S beag mo shunnt, &c.

Chluinnte farum aig an fhairg',
Molach garbh anns an ath-sith,
Beucach, rangach, torrach, searbh,
Srannach, anabharadh, brais i.
　'S beag mo shunnt, &c.

Buill bu treis de'n chorcraich ùir,
Croinn de'n ghiubhsaich bu daite,
Eideadh cainb nach biodh meanbh,
'S chite geala-dhearg a bhrataich.
　'S beag mo shunnt, &c.

Se mo ruin na fearadh gleust',
'S iad nach tréigeadh 'an caltean,
Chluinnte langan nam fear òg,
'S iad nach deonaicheadh gealtachd.
　'S beag mo shunnt, &c.

Tha'n cridheachan farsuinn mòr,
'S tric a dh'òl iad na bh'aca,
Damhs a's inghinean a's ceòl,
'Nuair bu chòir dol gu 'n leabaidh.
　'S beag mo shunnt, &c.

Bi'dh iad gu fuireachar geur,
'N am do'n ghrein dol a chadal,
Ceileireach, luinneagach, réidh,
N am bh'i 'g éiridh sa' mhadainn.
　'S beag mo shunnt, &c.

AM FEILE PREASACH.

LUINNEAG.

'S e féile preasach tlachd mo rùin,
'S osan nach ruig fuisg an glùn,
'S còta breac nam busan dlù,
'S bonaid dhù-ghorm thogarrach.

B' annsa leam am féile cuaich,
Na casag de 'n aodach luaight',
'S brigis nan ceannglaichean cruaidh,
Gur e'n droch-nair a thogainn dh'i.
　'S e féile preasach, &c.

Tha mo rùn do'n cideadh làs,
Cuach an fhéillidh nan dlù bhàs,
Shiubhlain leis 's na sléibhtean càs,
'S rachainn brais air obair leis.
　'S e féile preasach, &c.

Ge'd a tharlainn ann sa' bhéinn,
Fad na seachduin 's mi leam féin,
Fuachd na h-oidhch' cha dean dhomh beud,
Tha 'm breacan fhéin cho caidearach.
　'S e féile preasach, &c.

Shiubhlain leis feadh ghleann a's sleibh,
'S rachainn do'n chlachan leis fhéin,
Tlachd nan gruagach 's unill nan steud,
S è deas gu feum na'n togramaid.
　S e féile preasach, &c.

'S ealamh eadrom è sa' ghleann,
'S cuilbheir réidh fo' sgéith gun mheang,
A dh'fhagaidh udlaich ceir-gheal fànn,
A bheireadh srann sa leagadh e.
　'S e féile preasach, &c.

Am fóileadh air am beil mi'n geall,
Dealg nar guaillibh suas gun fheall,
Crios ga ghlasadh las neo-thenam,
'S biodh e gach am gu baganta.
　'S e féile preasach, &c.

'S ann leam bu taitneach è bhi n-àird,
Nam dhomh tachairt ri mo ghràdh,
B'fhearr leam seachduin dheth na dhà
De bhrigis ghrainnde rag-sheallach.
　'S e féile preasach, &c.

'S caomh a'n t-èide 'm breachdan ùr,
'S ann air féin a dh'eireadh cliù,
Mar sin 's buaigh-larach ann 's gach cùls,
'S e dheanadh tùrn gun eagal air.
　'S e féile-preasach, &c.

'N am do ghaisgich dol air feum
Gàèil ghast gu sracadh bhéin,
Piob ga spalpadh 's anail réidh,
A chuireadh eud a's fadadh annt.
   'S e fcile preasach, &c.

B'e sud caismeachd àrd mo rùin,
Cronan gàireach, bàrr gach ciùil,
Brais phuirt mheara, leanadh dlù,
Cliath gu lùghor grad-mheurach.
   'S e fei'e preasach, &c.

Nuair a ghlact' san achlais ì,
Beus bu taitnich chunna' mì,
Siunnsair pailt-thollach gun dì—
Os cionn a chinn gu fad-chrannach.
   'S e feile preasach, &c.

'S i 's boiche dreach 'sa 's tlachdmhor snuagh,
Tartrach, sgairteil, brais phuirt luath,
Muineal cròm air uchd nam buagh,
Chluinnte fuaim 'nuair ragadh i.
   'S e feile preasach, &c.

A' ri! bu ruith-leumach na meoir,
Dàmhsa brais mu'n seach gun leon,
Is iad air chrith le mire gleòis,
Chluinnte sròl gu farumach.
   'S e fcile preasach, &c.

Bheireadh i air ais gu fònn
An cridhe dh'fhàs gu tùrsach, tròm,
'S chuireadh i spiorad 's gach sonn
 Gu dol air am gu spadaireachd.
   'S e fcile preasach, &c.

Fhuair i 'n t-urram thar gach ceòl,
Cuiridh i mìsneach 's gach feoil,
Togaidh i gu aird nan neoil,
Inntinn seoid gu baitealach
   'S e fcile preasach, &c.

MAIREARAD MHOLACH MHIN.

LUINNEAG.

Mo rùn Mairearad mhìn mholach,
'S mo rùn Mairearad mholach mhìn,
Mo rùn Mairearad mhìn mholach,
 'S iomadh fear a th'air a tì.

'S ioma gille tapaidh bàrra-ghast,
Eadar Dealganros nam frìth,
S ceann Loch-nis nam bradan tarra-gheal,
Tha le ime-cheist air a tì.
   Mo rùn, &c.

'N àile chumainn trod ri naoinear,
Ged' a dh'aomadh iad gu strì
'S cha leag mì gu bràth le duin' ì,
On a dh'fhas ì molach mìn.
   Mo rùn, &c.

'S truagh nach sinn bha air àiridh,
Air ar fàgail ann leinn fhin,
S chumadh ì bho'n fhuachd mi sàbhailt,
On a dh'fhàs i molach mìn.
   Mo rùn, &c.

Ge d' a gheibhinn tàirgse bhùintigh'rn,
'S neo-ar-thaing a bheirinn d'ì,
'S mòr gum b'fherr leam Nic-'Ill-Eanndrais,
Tha na th'ann d'i molach mìn.
   Mo rùn, &c.

Buaidhean mo chruinneig cha léir dhomh,
An cuir an géill cha dean mi 'n inns',
Thug nàdur db'i tuigs as reasan,
Agus ceill nam beusan fìllt.
   Mo rùn, &c.

Tha i sgeudaichte le h-àilteachd,
'S a chirdeas mar ghrian air pill,
Sèimh, fallain, ùr, 's cumaite dh'fhàs ì,
O mullach gu sàil a buinn.
   Mo rùn, &c.

Leam a b'ait a bhi ga pògadh,
Beul òn tig an t-òran binn,
Gruaidh mar dhearcaig, suil is mòdhair,
'S mor mo bhòsd a glòir à cinn.
   Mo rùn, &c.

B'annsa leam a bhi ga h-eisdeachd,
Na smeorach sa Chéitean shìl,
Na fonn fidhle nam binn theudan,
'S na tha cheòl 'an Eirinn chrì.
   Mo rùn, &c.

Do Chuilodair gu'n tig gàisgich,
Gillean tapaidh as gach tir,
'S bi'dh gach fear an geall air fuireach,
Mar ri Màirearad mholach mhìn.
   Mo rùn, &c.

Dheanainn cur, a's àr, a's buain dh'ì,
'S dheanainn cruach gun chiorram dh'ì,
S bheirinn aithion o uchd fhuar-bheann,
'S bheirinn ruaig air cualntean sgl.
   Mo rùn, &c.

Shiubhlain latha 's shiublain òldhche,
Is ghleidhinn sàibhreas dh'ì gun dì,
S on is caomh leam Nic-'Ill-Eanndrais,
'S caomh le Nic-'Ill-Eanndrais mi.
   Mo rùn, &c.

AN TE DHUBH.

Air fonn—"*A Mhòrag na dean mar sin.*"

LUINNEAG.

Hoireann ò eile
'S na hi-ri-ri eile
Horeann h-ò 's na h-o eile
Gur mor mo speis do'n te dhuibh.

S trungh nach robh mi air m' fhàgail
Le m' leannan 's an fhàsach,
Far nach fhaicinn mo chairdean
Tha toir tàir' do'n te dhuibh!
Hoireann, &c.

An seilbh gleannain gun chonnlach,
'S air mulach nam beanntan,
Ghleidhinn aran do m' annsachd,
Geg tha 'n ceann oirre dubh.
Hoireann, &c.

Dheanainn cuir agus buain d'i,
S bheirinn turus thar chuaintean,
'S cha bhiodh uireasbhuidh uair oirr'—
Ged tha cuallean cho dubh.
Hoireann, &c.

Dheanainn treabhadh ri oireadh
'S dheanainn cur anns an oidhche;
Dheanainn mire ri maighdein—
'S chuirinn *daoimein* air *trumph!*
Hoireann, &c.

Ge suarach aig càch i,
Tha uaisle na nàdur,
Tha suairceas na ghire—
Ged tha 'm barr oirre dubh!
Hoireann, &c.

Thug nadur dh'i gliocas,
Mar gheard air a tuigse,
'S I làn de dheagh ghlibhtean,
'S a ceann nach miste bhi dubh!
Hoireann, &c.

Ciochan corach is mìne,
Air uchd soluis na ribhinn,
Deud gheal mar na disnean,
'S beul o 'm binn a thig guth.
Hoireann, &c.

O gualainn gu h-òrdaig,
Fhuair urram bhan òga,
Glac gheal nan caol-mheòirean,
'S a ghàirdean feola cho tiugh.
Hoireann, &c.

S math thig *staidheas* le faomadh,
Air a bodhaig is gaolaich,
'S gur gil i fo h-aodach,
Na chuld is caoine de 'n ghruth.
Hoireann, &c.

Cruinn chalpa na gruagaich,
Gun dochair mu 'n cuairt d'i,
Troidh chuimir 's i cuanta
Nach cuir cuagach brog dhubh
Hoireann, &c.

Gnùis is aillidh ri sireadh,
Cliùin tlà ann an iomairt,
'S le snathaid ni grinneas,
Nach dean iomadh te dhubh!
Hoireann, &c.

Ged a tha i gun stòras,
Tha taitneas na còmhradh,
B'annsa furan a pòige,
Na'n te ga'n leòm a cuid cruidh.
Hoireann, &c.

S na 'm bitheadh i riarach,
Air fuireach seachd bliadhna,
Chennnaichean breid d'i gun iarraidh,
Mu'm biodh a sia dhiù air ruith.
Hoireann, &c.

Dh-olainn 's cha neònach,
De dh-uisg' a phuill mhòine,
Air a slainte gu debnach—
Gùr mise dh-oladh de'n t-sruth!
Hoireann, &c.

DROBHAIR NAN CAILEAGAN.

Air fonn—"*Cabar Feidh.*"

'S a nise bho'n a théig sinn,
Le chéile bhi farasda,
Bheirinn combairl' fheumail,
Dhut fhein ann san dealachadh;
Na toir do rùn gun reason,
Do thò dheth na caileagan,
Oir 's duilich leam gun d'éist mi,
Droch sgeula ma fhearaiginn;
Na bi cho tric a' dol na measg,
Mar chraoibh gun mheas, na caileagan,
Ge d' shaoileadh tus, gun robh iad dhut,
Cho mìn ad t-uchd ri bainne dhut,

Nam suidhe steach, le eibhneas ait,
Iti cuir ma seach nan dramachan,
Bi'dh cuir nan cinn a'g èiridh,
'S gach tè dhiù ri fanaid ort!

Tha na gillean òga,
Nan dòchas cho amaideach,
'S ind le'm barail ghòrach,
'An tòir air na caileagan,
Ach fhad sa bhios an suilean,
Cho duinnte, cha'n aithnich iad,
'S cha 'n fhaic iad Gloc-air-gàradh,*
Ged' tharladh i maille riu.
A chaoidh cha'n fhaic sibh, iad cho ceart,
Mar gabh sibh beachd le ghlaineachan,
'S mus e 's gun dearc sibh, mo 's faisg,
Gun tig a ghart, san t-eanach dhibh:
Mar bheathach bochd, a bhios gun toirt,
'Nuair theid a ghoirt a's t-earrach ann,
'S ceart ionann 's mar ni ghòraich,
Air dròbhar nan caileagan.

* A clamorous vain young woman, whose custom was, when she saw any strangers passing by, to get up on some eminence, and call the hens from the corn, or cry to the herd to be careful, for no other reason than that she might be taken notice of. The cognomen is one of general application, but the bard had a particular dame in view;— and we have been told on undoubted authority, when she heard of her new name, that she gave up all concern about the hens and the herd-boy, to the great comfort and ease of both. Her father, however, suffered by the assumed modesty of his daughter—the herd-boy slept, the cows followed the hens into the corn fields, and destroyed them so much, that the old man was heard to swear if he came in contact with the poet, he would give him a hearty flagellation for making his daughter worse than useless to him at outside work!

Ge b'è chuireas dùil annt',
An dùrachd cha'n aitbnich è,
Ge d' dheanadh i do phògadh,
'S ge d' òladh i drama leat,
'S ge d' ghealladh i le dòchas,
Gum pòsadh i 'neathrar thu,
'Nuair thionnta' tu do chùl-thaobh,
Bi'dh 'n sùilean gan camadh riut.
Mar sud their ise, ged' tus 's glic',
Gun deanainn tric, nach aithne dhut,
'S ge mor do bheachd, cha rachainn leat,
Mar biodh do bheartas màile riut,
'S mar be dhomh 'n leisg, a bhi am leis,
Cun deanainn reic a's ceannach ort,
'S 'nuair bhios tu falamb chùinncadh,
Gum feuch mi cùl-thaobh bhaile dhut.

'S ge be ghabhas fàth orr',
Ga bràch bi'dh air aithreachas,
'S ma dh' fheuchas i dha cairdeas,
Cha'n fhearr bhios a bharail oirr';
'S mo theid e mo is dàna—
Thig tàir' agus farran air,
'S mo gheibh i e sa ghàradh,
Cha tàr e dhol tharais air :
Bi'dh e cho glic ri duin' air mhisg,
'S bidh càch ga mheas mar amadan ;
Nuair bhios e glaot' mar ian an snàp,
'S nach urr' e chas a tharruinn as;
'S a chaoi le tlachd, cha 'n fhaigh e las,
Mur brist e 'n acuinn theannachaidh,
'S ma sc 's nach cuir e brèid oirr',
'S an-éibhinn ri latha dha.

UILLEAM ROS.

William Ross, was born in Broadford, parish of Strath, Isle of Skye, in the year 1762. His parents were respectable, though not opulent. His father, John Ross, was a native of Skye, and of an ancient family of that name, whose ancestors had lived in that country throughout a long series of generations. His mother was a native of Gairloch, in Ross-shire, and daughter of the celebrated blind piper and poet, John Mackay, well known by the name of *Piobaire Dall.*

It appears that when William was a boy, there was no regular school kept in that part of the country: and as his parents were anxious to forward his education, they removed with him and a little sister from Skye to Forres. While attending the Grammar school of the latter place, he discovered a strong propensity to learning, in which he made such rapid advances as to attract the notice and esteem of his master; and the pupil's sense of his obligations was always acknowledged with gratitude and respect. This teacher, we are informed, declared, that on comparing young Ross with the many pupils placed under his care, he did not remember one who excelled him as a general scholar, even at that early period of life.

After remaining for some years at Forres, his parents removed to the parish of Gairloch, where the father of our bard became a pedlar, and travelled through Lewis, and the other western Isles—and, though William was then young and of a delicate constitution, he accompanied his father in his travels through the country, more with the view of discovering and making himself acquainted with the different dialects of the Gaelic language, than from any pecuniary consideration—the desire of becoming perfectly familiar with his native tongue, thus strongly occupying his mind even at this early period of life. And he has often afterwards been heard to say, that he found the most pure and genuine dialect of the language among the inhabitants of the west side of the Island of Lewis.

In this manner he passed some years, and afterwards travelled through several parts of the Highlands of Perthshire, Breadalbane, and Argyleshire, &c., seeing and observing all around him with the eye and discernment of a real poet. At this period, he composed many of his valuable songs; but some of these, we are sorry to say, are not now to be found.

Having returned to Gairloch, he was soon afterwards appointed to the charge of the parish school of that place, which he conducted with no ordinary degree of success. From the time of his entering upon this charge, it was generally remarked, that he proceeded in the discharge of his duties with unremitting firmness and assiduity, and in a short time gained a reputation for skill in the instruction of the young committed to his trust, rarely known in the former experience of that school. He had a peculiar method and humour in his intercourse with his pupils, which amused and endeared the children to him: at the same time it proved the most effectual means of impressing the juvenile mind and conveying the instructions of the teacher. Many of those who were under his tuition still speak of him with the greatest enthusiasm and veneration.

In the course of his travels, and while schoolmaster of Gairloch, he contracted an intimacy with several respectable families, many of whom afforded him testimonies of friendship and esteem. His company was much sought after, not only on account of his excellent songs, but also for his intelligence and happy turn of humour. He was a warm admirer of the songs of other poets, which he often sung with exquisite pleasure and taste. His voice, though not strong, was clear and melodious, and he had a thorough acquaintance with the science of music. He played on the violin, flute, and several other instruments, with considerable skill; and during his incumbency as schoolmaster, he officiated as precentor in the parish church.

In the capacity of schoolmaster he continued till his health began rapidly to decline. Asthma and consumption preyed on his constitution, and terminated his mortal life, in the year 1790, in the twenty-eighth year of his age. This occurred while he was residing at Badachro, Gairloch. His funeral was attended by nearly the whole male population of the surrounding country. He was interred in the burying ground of the *Clachan* of Gairloch, and a simple upright stone, or *Clach-chuimhne*, with an English inscription, marks his " narrow house."

In personal appearance, Ross was tall and handsome, being nearly six feet high. His hair was of a dark brown colour, and his face had the peculiarly open and regular features which mark the sons of the mountains; and, unlike the general tribe of poets, he was exceedingly finical and particular in his dress. As a scholar, Ross was highly distinguished. In Latin and Greek he very much excelled; and it was universally allowed that he was the best Gaelic scholar of his day.

It is not to be wondered at, that a being so highly gifted as was Ross, should be extremely susceptible of the influence of the tender passion. Many of his songs bear witness that he was so. During his excursions to Lewis, he formed an acquaintance with Miss Marion Ross of Stornoway (afterwards Mrs Clough of Liverpool,) and paid his homage at the shrine of her beauty. He sung her charms, and was incessant in his addresses,—

"Every night he came
With music of all sorts, and songs composed
To her:"

But still he was rejected by the coy maid; and the disappointment consequent on this unfortunate love affair, was thought to have preyed so much on his mind, as to have impaired his health and constitution, during the subsequent period of his life. To this young lady he composed (before her marriage) that excellent song expressive of his feelings, almost bordering on despair, " *Feasgar luain a's mi air chuairt.*"

In the greater number of his lyrics, the bard leads us along with him, and imparts to us so much of his own tenderness, feeling, and enthusiasm, that our thoughts expand and kindle with his sentiments.

Few of our Highland bards have acquired the celebrity of William Ross—and fewer still possess his true poetic powers. In purity of diction, felicity of conception, and mellowness of expression, he stands unrivalled—especially in his lyrical pieces. M'Donald's fire occasionally overheats, and emits sparks which burn and blister, while Ross's flame, more tempered and regular in its heat, spreads a fascinating glow over the feelings, until we melt before him, and are carried along in a dreamy pleasure through the Arcadian scenes, which his magic pencil conjures up to our astonished gaze. If M'Intyre's torrent fills the brooklet to overflowing, the gentler stream of Ross, without tearing away the embankment, swells into a smooth-flowing, majestic wave—it descends like the summer shower irrigating the meadows, and spreading a balmy sweetness over the entire landscape. If it be true that *"Sermo est imago animi,"* the same must hold equally true of a song—and judging from such of his songs as have come into our hands, our author's mind must have been a very noble one—a mind richly adorned with the finest and noblest feelings of humanity—a mind whose structure was too fine for the rude communion of a frozen-hearted world—a mind whose emanations gush forth, pure as the limpid crystalline stream on its bed of pebbles. It is difficult to determine in what species of poetry William Ross most excelled—so much is he at home in every department. His pastoral poem " *Oran an t-Samhraidh,*" abounds in imagery of the most delightful kind. He has eschewed the sin of M'Intyre's verbosity and M'Donald's anglicisms, and luxuriates amid scenes, which, for beauty and enchantment, are never surpassed. His objects are nicely chosen—his descriptions graphic—his transitions, although we never tire of any object he chooses to introduce, pleasing. We sit immoveably upon his lips, and are allured at the beck of his finger, to feed our eyes on new and hitherto unobserved beauties. When we have surveyed the whole landscape, its various component parts are so distinct and clear, that we feel indignant at our own dulness for not perceiving them before—but as a finished picture, the whole becomes too magnificent for our comprehension.

Ross possessed a rich vein of humour when he chose to be merry;—few men had a keener relish for the ludicrous. His Anacreontic poem *"Moladh an Uisge-Bheatha,"* is a splendid specimen of this description. How vivid and true his description of the grog-shop worthies—not the base and brutalized debauchees—but that class of rural toppers, who get *Bacchi plenus* once or twice in the year at a wedding, or on Christmas. This was a wise discrimination of the poet: had he introduced the midnight revelry, and baser scenes of the city tavern, his countrymen could neither understand nor relish it. But he depicts the less offensive panorama of his country's bacchanals, and so true to nature—so devoid of every trait of settled libertinism, that, while none is offended, all are electrified—and the poet's own good taste and humour expand over the singer and the entire group of auditors.

Among his amorous pieces, there are two of such prominent merit, that they cannot be passed over.—" *Feasgar luain;*" so intimately connected with the poet's fate, has been already noticed. Its history like that of its author, is one of love and brevity—it was composed in a few hours to a young lady, whom he accidentally met at a convivial party—and sung, with all its richness of ideality and mellowness of expression, before they broke up. "*Moladh na h-òighe Gàëlich*," although not so plaintive or tender, is, perhaps, as a poetical composition, far before the other. Never was maiden immortalized in such well-chosen and appropriate strains—never did bard's lips pour the incense of adulation on maiden's head in more captivating and florid language, and never again shall mountain maid sit to have her picture drawn by so faithful and powerful a pencil.

Without going beyond the bounds of verity, it may be affirmed that his poetry, more perhaps than that of most writers, deserves to be styled the poetry of the heart—of a heart full to overflowing with noble sentiments, and sublime and tender passions.

ORAN DO MHARCUS NAN GREUMACH;

AGUS DO 'N EIDEADH-GHAELACH.

Bu trom an t-arsneul a bh'air m'aigne,
Le fadachd 's le mi-ghean,
A bhuin mo threoir 's mo thàbhachd dhiom,
Cha ghabhadh ceòl na màran rium
Ach thanig ùr thosgair' da m' Iunnsaidh,
'Dhùisg mi as mo shuain,'
'Nuair fhuair mi 'n sgeul bha mor ri éigh'd
Gun d'eadròmaich mo smuain.

Is làtha sealbhach, rathail, dealarach,
Alail, ainmeil, àgh-mhor,
A dh'fhuasgail air na h-Albannaich,
Bho mhachraichean gu garbhlaichean,
Bho uisge-Thuaid* gu Arcamh-chuain,
Bho Dheas gu Tuath gu léir;
Is binne 'n srann feadh shrath a's ghleann
Na òrgan gun mheang glèus,

A Mhareuis òig nan Grèumach,
Fhir ghleust' an aigne rioghail,
O! gu'm a buan air t-aiteam thu,
Gu treubhach, buadhach, macanta,
'S tu 'n ùr-shlat aluinn 's muirneil blàth
De'n fhiubhaidh aird nach crion,
Gur tric na Gàëll 'g òl do shlaint',
Gu h-armunnach air fion.

    * The Water of Tweed.

Mo cheist am firean foinnidh, direach,
Maiseach, fior-ghlan, ainmeil,
Mo sheobhag sùl-ghorm, amaisgeil,
Tha comhant, cliùiteach, bearraideach,
A b'aird' a leumadh air each-sreine,
'M barrachd euchd thar chàich;
'S tu bhuinig cuis a bharr gach cùirt,
'S a chuir air chùl ar càs!

Air bhi air farsan dhomh gach là
Gur tus tha ghnà air m' inntinn,
Mo rùin do'n tir o'n d'imich mi,
'S mo shuil air fad gu pilleadh ri :
'S ann thogas orm gu grad mo cholg
Le aigne meanmach, treun—
Mo chliabh tha gabhail lasadh aigheir,
'S àit mo naigheachd féin.

Thainig *fasan* anns an achd
A dh'òrdaich pailt am feileadh,
Tha eiridh air na breacanan
Le farum treun neo-lapanach,
Bi'dh oighean thapaidh sniomh 'sa dath
Gu h-eibhinn, àit, le uaill
Gach aon diù 'g eideadh a' gaoil fein
Mar 's réidh leo anns gach uair

Biodh cogadh ann no sìo-chainnt,
Cha chuir sin sìor-euchd oirn,
An arm no feachd ma thogras iad,
No 'n àr-amach cha 'n obamaid,
Le'r teanadh suas ri uchd an fhuath's',
Le'r n'earadh uasal féin ;
Le lannan cruaghach, neart-mhor, buan,
A lenntain ruaig gun sgios !

On fhuair sinn *fasan* le'r sàr-chleachdadh,
Dùisgeadh beachd ar sinnsir,
Le rùn gun cheilg 's na h-uile fear,
'S gun mheirgh' air leirg nan Lunnuinneach,
Le sunnt a's gleus, a's barrachd spéis
Toirt àite* fein do'n Rìgh,
Mo bhàs gun éis mar b'fhearr leam fein sin,
No ge d' éibht' an t-shìth !

Note.—This song, as its title indicates, was composed on the repeal of President Forbes's unclothing act, and an anecdote is related of its first rehearsal, which we deem not unworthy of a place here: Our author, like all other poets of his day and country, was a staunch Jacobite, while his father was equally firm in his adherence to the family of Hanover. William had composed the song during one of his excursions through the country, where he probably heard of the erasure of the obnoxious act from the Statute Book, and sung it for the first time to a happy group of rustics who were in the habit of congregating nightly at his father's ingle to hear his new compositions. When he came to the last stanza, in which he indirectly lampoons his Majesty, " Ah !" said his father, involuntarily laying his hand on a cudgel, " ye clown, you know where and when you sing that." " Really, father," replied the poet, " I would sing it in the House of Commons if *you* were not there !"

ORAN AN T-SAMHRAIDH,

Air fonn—"*Wat ye wha I met yestreen.*"

O ! mosg'leamaid gu suilbhear ait,
Le sunntachd ghasd', a's cireamaid,
Tha mhadainn-sa le furan caomh
Toirt cuireadh faoilteach, éibhinn, duinn ;
Culreamaid fàilt air an lò,
Le cruitean cèolmhor, teud-bhinneach,
'S biodh ar cridhe deachdadh fuinn
'S ar beoil a seinn le speirid dha.

Nach cluinn thu bith-fhuaim suthain, seamh,
'S a bhruthalan sgeamhail, bhlà-dhealtrach,
'S beannachdan a nuas o neamh
A dortadh fial gu làr aca :
Tha nadur a cnochladh tuar
Le caomh-cruth, cuannda, pairt-dhathach,
'S an cruinne iomlan, mu'n iath grian,
A tarruinn fiamhan gràsail air !

* Hanover.

Nach cluinn thu còisir stolda, suairc',
'S an doir' ud shuas le'n branan,
Seinn cliù dha'n Cruthadair fein,
Le laoidhean ceutach, solasach,
Air chorralbh an sgiath gun tamh
Air mheangain ard nan rò-chrannaibh,
Le'n coileirean toirt moladh binn,
Dha'n Tì dh'ath-phill am bèotachd riu.

Gu'm b'fhearr na bhi'n cadal an tamh,
Air leabaidh stàta chloimh-itich,
Eiridh moch sa mhadainn Mhàigh,
Gu falbh na fàsach fheolrneinich,
Ruaig a thoirt air bharr na driùchd,
Do dhoire dlù nan smeòraichean,
Am bi tùls is curaidh na fion,
Le fàile clatach ròsanan.

Tha feartan toirbheartach, neo-ghann,
'S an am so gun ghreann dubhlachdach,
Cuir trusgan trom-dhait' air gach raon,
Le dealt, 's le braon ga'n ùrachadh
Tha *Flora* cnodachadh gach cluain,
Gach glaic, a's bruach le fliùraichean,
S bi'dh neòinean, ròsan, 's lili bàn,
Fo'n dìthean aluinn, chùl-mhaiseach.

Tha *Phœbus* fein, le lòchrann aigh,
Ag òradh àrd nam beanntaichean,
'S a' taomadh nuas a ghathan tlà,
Cuir dreach air blàth nan gleanntanan ;
Gach innseag 's gach coirean fraoich
Ag tarruinn faoilt na Bealltainn air ;
Gach fireach, gach tulach, 's gach tom
Le foirm cuir fuinn an t-samhraidh orr'

Tha caoin, a's ciùin, air muir a's tir,
Air machair mhìn 's air garbh-shleibhtean,
Tha cuirnean driùchd na thùir air làr,
Ri aird 's ri àin na geala-ghreine ;
Bi'dh coill', a's pòr, a's fraoch, a's fèur,
Gach iasg, gach éun, 's na h-alamhidhean
Ri teachd gu'n gnàsalachd 's gu nòs,
Na'n gnè, 's na'n doigh, san aimsir so.

Gur éibhinn àbhachd nlonag òg,
Air ghasgan feoir 'sna h-aonaichean,
An gleanntaibh fàsaich 's iad gu suairc',
A falbh le buar ga'n snodachadh ;
Gu h-urail fallain gun sgios,
Gu maiseach, finlaidh, faoilteachail,
Gu neo-chiontach 'gun cheilg, a's gràs
Nan gnol a snàmh nan aodannan.

Uain' gach mì-ghean, sgios a's gruaim,
'S na bidheamaid uair fo'n aineartan,
Crathamaid air chùl gach bròn,
Le fonn, le cèol, 's le canntaireachd ;

'S binn' an tathaich sud mar cheud
No gleadhraich eitidh chàbhsairean,
S mi 'm pillein chùrai', chul-ghorm f hraoich,
'S na brughaichean saor on chàmparaid.

Bitheadh easlaint eitigeach, gun chli
An didean rìmheach sheòmraichenn
Bitheadh éugailean gun spúis, gun brìgh,
'N aitribh righrean, 's mor-uaislibh,
Biodh slainte chonnabhalach gach ial,
Am buthaibh fial gun stròthalachd,
Aig Gàüil ghasd' an éididh ghearr,
Fir spéiseil, chairdeil, rò-gheanach !

ORAN AIR GAOL NA H-OIGHE

DO CHAILEAN.

Ann am madainn chiùin cheitean,
'San spreidh air an lòn,
Agus cailin na buaile,
Gabhail 'n-uallain mu'n còir :
Do bhi gathanan *Phœbus*,
A cuir an ceill tro' na neoil,
Latha buadhach, geal, òibhinn,
'S las na speuran le ròs.

Ach cha b'e 'n tàn, bha'd a tional,
Anns an Innis sa' ghleann,
So bhuin m'aigne gu luasgan,
'S mi air chuairt anns an am,
Ach an cailin bu dreach-mhoire',
Mìne mais', agus loinn,
Bh'air an tulaich na'm fochar,
Gu ciùineil, foistineach, grinn.

Shnàmh mo smaointean an ioghnadh,
'S thuit mi 'n coachladh ro-mhòr,
Sheas mi snasaicht mar lombaidh,
'G amharc dian air an òigh,
'S ge do bhrosnaich mo dhùrachd mi
Dh'eisdeachd ùr-laoidh a beoil,
Stad mi rithist le mùnadh,
'Sdheachd mi rùn gu bhi fòil.

Ach gur deacair dhomh innseadh,
Leis mar dhiobrainn an cainnt,
Dreach na finn' ud, sa h-àilteachd,
A thug barr air gach geall ;
Tha slios geala-mhin mar eala,
No mar chanach nan gleann,
'S a h-anail chùraidh mar chaineal,
O beul meachair gun mheang.

Bha falt cam-lùbach, bòidheach,
Bachlach, òr-bhuidh', na dhuail,
Càs-bhuidh', sniomhanach, faineach,
An neo-chàradh mu'n cuairt,
Do bhraghad sneachdaidh a b' fhior-ghlain
Fo' lic bu mhìn-dheirge gruaidh,
Gun innleachd bhà, ach buaidh naduir,
A toirt gach barr dhut gun uaill !

Aghaidh bhaindidh, ghlan, mhòdhar,
Bu bhinne, rùs-dheirge, beul,
Suil mheallach, ghorm, thairis,
Caol-mhala, 's rosg réidh,
Uchd sòluis, lan sònais,
Geala bhroilleach mar ghréin
'S troidh mhìn-gheal, chaoin, shocrach,
Nach doich'neadh am féur

Ach gu dubhar na coille,
Am binne 'n goireadh a chuach,
Bha 'm fochar na h-Innse,
Gus an tionailt' am buär,
Gun do dh'imich an cailin,
Mìn, farasda, suairc' ;
Ghleus i guth, 's ghabh i bran,
'S bu rò-bhinn chèol bheireadh buaidh.

B ann air gaol bha i tighinn,
S rùn a cridhe, sa bualdh,
Do dh'òg-laoch nan ciabh òr-bhuidh',
An leitir Laomuinn nan cuach,
Do dhluchd uiseag, a's smeòrach,
Am barraibh rò-chrannaibh suas,
A's sheinn cho binn an co'-ghleus d'i,
'S gun do dh'éisd mi cár uair.

" O chailean ! O Chailean !"
Do sheinn cailin nau gaol,
" Cia fath nach tigeadh tu tharais,
Do ghleannan falaich nan craobh ?
Is nach iarrain-s' air m'òrdugh,
De stòras, no mhaoin,
Ach bhi laidhe na t-asgail,
Fo' do bhreacan san fhraoch,

" Gu'm b'òg mis' agus Cailean,
Ann an gleannan na cuaich,
A's sinn a tional nan dìthean,
Leinn fhìn feadh nan cluan ;
A s sinn 'gar leagadh nar sìneadh,
'Nuair bu sgì leinn air bruaich
'S bhiodh na cruitearan sgiathach,
Cuir ar cionalais bhuain.

" Gu'm bu neo-chlontach màran
Mo gràidh ann sa' chòill ;
A's sinn a' mireadh n-ar 'n-aonar,
Gun smaointinn air foill ;

Sinn gun mhulad, gun fhadachd,
O mhadainn gu h-òidhch',
Agus *Cupid* g'ar tàladh,
Gu toirt gràidh, 's sinn nar cloinn.

" 'S ge do thainig an samhradh,
'S mi sa' ghleann so ri spréidh,
Gur e's tric leam am fagail,
'S bitbidh càch as an deigh ;
'S ann a dhiucas mi tharais
Do na ghàran leam fein,
Gu bhi taomadh mo dhosgainn
Ann am fochar nan gèug.

" Tha mo chairdean fo ghruaim rium,
O là chual' iad mar tha—
Gur annsa leam Cailean
Na fear-baile le thàn ;
Ach cha treiginn-s' mo cheud-ghradh,
Gus an géillein do'n bhàs ;
On a gheall e bhi dìleas,
Cia fath mu'n dìbrinn-sa dha?"

So mar sheinn an caomh chailin,
Tòsan tairis a gràidh,
'S a bold sheasmhach da ceud ghaol,
A's nach dìbreadh gu bràth,
Gach òigh' eile da cluinn so.
Gun robh a h-inntinn gu bàs,
Gu bhi leantainn an t-samh'l ud,
Gu'n a h-an-toil thoirt dha.

Ach air bhi grathuinn na m' thamh dhomh,
'S mi gun àbhachd san ròd,
'S mo chliabh air lasadh le h-éibhneas
A' tabhairt éisdeachd da'n òigh—
Chunnacas òganach gasda
Teachd o' leacain a chrò,
'S e le uile shàr imeachd,
'S b'ann gu Innis nam bò.

Bha dhreach, 'sa dhealbh mar bumbiannach,
Le bigh iarraidh dh'i féin,
An tùs briseadh an rùnachd,
'S i fo h-ùr bhlà air féill ;
Beachd a b'f hearr, bu neo-fhurasd
A thabhairt tuille na dheigh,
Air an òganach mhaiseach,
A teachd o leacain nan gèug.

Ach suil dha'n tug an t-òg gasda
Bu rioghail mais' air gach taobh,
Dhearc air òigh nan ciabh cas-bhuidh',
Siar fo' asgail nan craobh ;
Dheachd a chridhe le furtachd
Gu'm b'e sud cuspair a ghaoil,
A's ghuidh e beannachd da 'n chodhail,
A bheag am bròn dalbh araon.

Is ann an glacaibh a chèile,
Le mor spéis mar bu mhiann,
Ghlais an dìth's ud le éibhneas,
'S an rùn réidh ga'n cuir dian ;
'S o'n bha furan cho tairis,
'S nach b'fhuras aithris cho fial,
Ghuidh mi sònas gun dìth dhaibh,
Gu là 'n crìch a's mi triall.

Note.—The circumstances that called forth the foregoing beautiful song were these :—Our author in his excursions was perambulating the Highlands of Perthshire, where he happened to alight on a sheiling, or mountain dairy, in the occupancy of a respectable farmer's daughter attended by a young man one of her father's servants. The bard was warmly invited to remain with them in this humble but hospitable hut for some days to rest himself and to bear them company. The invitation was accepted. A person of the poet's penetration could not long remain ignorant of the fact that the artless maiden was uneasy in her mind ; and, as they had now arrived at that stage of intimate familiarity which justifies the disclosure of secrets ; upon being questioned, she told him that her affections were fixed upon a neighbouring swain—a handsome, young fellow, whose advances, however, were discountenanced by her parents in consequence of his poverty. Ross possibly entered with enthusiasm into his friend's romantic love-affair—at all events, he was not the man to do violence to the feelings of the human heart for the sake of pounds, shillings, and pence. Short as his stay was in the sheiling, he had frequent opportunities of seeing the young lover and the milk maid meet in the solitude of a contiguous dell. Spurning the threatened wrath of parents, they were speedily married—the poet was invited to the marriage feast, where he sung this song so tenderly expressive of the bliss which had its consummation in the union of his fair friend with the man of her affections.

MARBH-RANN DO PHRIUNNSA TEARLACH.

CO-SHEIRM

*Soraidh bhuan dha'n t-snaithneas bhàn,
Gu là-luain cha ghluais o'n bhàs ;
Ghlac an uaigh an suaithneas bàn
'S leacan fuaraidh tuaim' a thàmh!*

Air bhi dhomh-sa triall thar druim
Air di-dòmhnaich, 's comhlan leam,
Leughas litir naigheachd leinn,
'S cha sgeul' ait a thachair innt',
Soraidh bhuan, &c.

Albainn arsaidh ! 's fathunn bròin,
Gach aon mhuir bàit' tha bàrcadh oirn,
T-oighre rioghail bhi san Ròimh,
Tirc' an caol chist' liobhta bhùrd !
Soraidh bhuan, &c.

'S trom leam m'osnaich anns gach là
'S tric mo smuaintean fad' o laimh—
Cluain an domhain truagh an dàil,
Gur cobhartach gach febil do'n bhàs!
Soraidh bhuan, &c.

Tha mo chridh' gu briste, fann,
'S deoir mo shùl a' ruith mar àllt,
Ge do cheilin sud air am,
Bhrùchd e mach 's cha mhiste leam.
Soraidh bhuan, &c.

Bha mi seal am barail chruaidh,
Gu'n cluinnte caisimeachd mu'n cuairt;
Cabhlach Thearlaich thigh'n' air chuan,
Ach thréig an dàil mi gu là-luain,
Soraidh bhuan, &c.

'S lionmhor laoch a's mili treun,
Tha 'n diugh an Albainn as do dhéidh,
Iad fo's n-iosal silleadh dheur,
Rachadh dian leat anns an t-sréup.
Soraidh bhuan, &c.

'S gur neo-shubhach, dubhach, sgì,
Do threud ionmhuinn anns gach tìr,
Buidheann meamnach bu gharg clì,
Ulamh, àrm-chleasach 's an t-srì.
Soraidh bhuan, &e.

Nis cromaidh na cruitearan binn,
Am barraibh dhòs fo' sprochd an cinn,
Gach leò bhiodh ann an srath na'm beinn
A cnoidh an co'-dhosgainn leinn.
Soraidh bhuan, &c.

Tha gach beinn, gach cnoc, 's gach sliabh,
Air am faca sinn thu triall,
Nis air call, an dreach 's am fiamh,
O nach tig thu chaoidh nan cian.
Soraidh bhuan, &c.

Bha'n t-àl òg nach fac thu riamh,
'G altrum graidh dhut agus miagh,
Ach thult an cridhe nis na'n cliabb,
O na chaidil thu gu sìor.
Soraidh bhuan, &c.

Ach biodh ar n' ùirnigh moch gach là
Ris an Tì is aird' a ta,
Gun e dhioladh oirn' gu bràth,
Ar 'n éucoir air an t-suaitheas bhàn.
Soraidh bhuan, &c.

Ach's eagal leam ge math a chléir,
'S gach sonas gheallair dhuinn le'm beul,
Gu'm faicear sinn a' sileadh dhéur,
A choinn an suaithneas bàn a thréig.
Soraidh bhuan, &c.

Cuireamaid soraidh bhuainn gu réidh
Leis na dh'imicheas an céin,
Dh'ionnsaidh an àit' na laidh an reull,
Db'fhògradh uainn gach gruaim a's neul.
Soraidh bhuan, &c.

S bitheamaid toillicht' leis na tha,
O nach d' fhaod sinn bhi na's fearr,
Cha bhi n-ar cunirt an so ach geàrr,
A's leanaidh sin an suaithneas bàn,
Soraidh bhuan, &c.

MIANN AN OGANAICH GHAELICH.

Air Fonn—" *We'll go no more a roving.*"

Tha sud do ghnà air m'inntinn,
Le iompaidh chinnteach, réidh,
'S gur fada bho'n bu mhiannach leam,
Gu'n triallamaid dha réir ;
'S a nis' bho nach urrainn mi
Ga chumail orm gu léir,
Bi'dh mi fadheoidh ag aideachadh
Na th'agam dhut de spéis.

An sin treigeamaid am fursan,
'S gu'm b' fhearr na bhi air chuairt,
Bhi maille ris a' chailin sin,
Le furasdachd gun ghruaim.
An sin treigeamaid, &c.

Gach aon a chi mi 's beartaiche,
Bitbidh spailp'orr' as am maoin,
Ach sud cha b'urrainn m' iasgach-sa,
Ge d' liathain leis an aois,
Mo nadur ge d' bhiodh iarratach,
Dha' mhiann 's nach tugainn taobh,
Le snaim cho dian cha shuasaichinn,
Mar glacte mi le gaol.
An sin treigeamaid, &c.

Na ged' bu shamhl' an stòras mi,
Ge neonach sud leibh féin.
Dha'n neach is liugh' còraichean,
Tha 'm Breatuinn mhòr gu leir
Ge soilleir inbhe 'n stàta sin,
Cha tàladh e mi ceum,
'S air mhiltean òir cha lubainn-s'
Ach an taobh dha 'm biodh mo dhéidh.
An sin treigeamaid, &c.

Gach fear dha'm beil na smaointean so,
  Bithidh m'aonta dha gu mor,
Air chumha gun ghnè theng-mhaladh,
  It'a fhaotainn bhi na dhòigh ;
A rùn-sa 'nuair a d'fhiosraichinn,
  Na'm measainn bhi air chòir,
Gu'm molainn gun a dìobairt dha,
  Cho fad sa bhiodh e beò.
    An sin treigeamaid, &c.

Gu'm b'àit leam cailin fìnealta,
  S' i maiseach, fìor-ghlan, ciùin,
Ged' nach biodh ni, no airgead aic',
  Ach dreach a's dealbh air thùs
Ach sud na'n tàrladh aic' a bhi
  'S ga réir bhi pailt' an cliù,
Cha chreidinn gu'm bu mhìst' i e,
  'S i fein bhi glic air chùl.
    An sin treigeamaid, &c.

Cha treiginn féin a bharail sin,
  A dh'aindeoin 's na their càch,
Le iomluas gu bhi caochlaidheach,
  'S nach aontaichendh mo chàil,
Gach fear bi'dh mar a's toileach leis,
  Gun choireachd bhuam gu bràth,
'S a leanas e gu dicheallach,
  A bheairt a chi e 's fearr.
    An sin treigeamaid, &c.

MIANN NA H-OIGHE GAELICH.

[AIR AN FHONN CHEUDNA.]

Na'n tarladh dhomh sin fheatainn,
  Cha b'eigin leam no càs,
Bhi 'g iomlaid gaoil gun fhadal ris,
  'S gu réidh ga aidmheil dha,
'Sa dh' aindeoin uaill a's gòraich
  Nan òighean òga, bàth,
'S e sud an teuchd gu dìdeanadh,
  An cridheachan gu bràth.

  Gu'm b' annsa na bhi m'ònar,
    Mo lamh 's mo ghaol thoirt uam,
  Maraon a's lùbadh furasda,
    Le òigear fearail suairc.
    Gu'm b'annsa, &c.

Na'n deanadh fortan fabhar rium,
  'S an dàil sin chuir ma m' chòir,
Le òigear maiseach, mileanda
  Gun anbharr, no dìth stòir,
A chuir an taobh a bithinn-sa,

'S mi fein am nighinn òig,
  Gun easbhuidh seadh no pàirtean air
Cha'n aich'ain e ach fòil.
  Gu'm b' annsa, &c.

B'e sud an céile thaghainn-sa,
  'S cha chladhaire neo-threun,
Dha'm biodh làn nan còbhraichean,
  Dheth 'n òr 's gun treòir dha réir ;
A threudan a' tigh'n' tharais air,
  Le barrachd dheth gach séud,
Cha'n fhagadh saibhreas sona mi,
  Gun toileachas na dhéigh.
    Gu'm b' annsa, &c.

Gu'n cumadh Ni-math bhuam-sa sud !
  Fear gabhaidh, cruaidh, gun chliù,
Na fhionalg dhriopail, ghleur-chuisich,
  Bhios leirsinneach le shùil,
Gun tomad a measg dhaoine dheth,
  Gun ghean, gun fhaoilt, na ghnùis,
Gun fhailteachd, chairdeil, fhuranach—
  Gun uirghioll aig a's fiù.
    Gu'm b' annsa, &c.

Ach òigear dreachmhor, tabhachdach
  Neo-ardanach na ghnè,
Bhios calma 'nuair as éigin da,
  'S rei'-bheartach dha reir ;
Gun stòras bhi tigh'nn tharais air,
  Gun alm-bheartas gu leir,
'S e sud na'm faighinn m'iarrutas,
  A mhiannaichinn dhomh fein.
    Gu'm b' annsa, &c.

ORAN

AR AISEADH AN FHEARUINN DO NA CINNFHEADHNA
SA' BHLIADHNA—1782.

LUINNEAG.

  Their mi hòro hùgo hoiriunn,
  Ho i hòiriunn hòro,
  Their mi hòro hùgo hoiriunn.

Thug m' inntinn air fad gu beadradh,
  Mar nach leagadh bròn i.
    Their mi horo hugo hoiriunn, &c.

Bith'maid gu mhranach, geannach,
  Fearail, mar bu chòir dhuinn.
    Their mi horo hugo hoiriunn, &c.

Cuirt am bòla breac na tharruinn,
'S glaineachan air bòrd dhuinn.
Their mi horo hugo hoirinnn, &c.

Chuala mi naigheachd a Sasunn,
Ris na las mo shòlas.
Their mi horo hugo hoiriunn, &c.

Na Suinn a bha 'n iomairt Thearlaich,
Thigh'n' gu dàil an còrach.
Their mi horo hugo hoiriunn, &c.

'S ge d' tha cuid diu sud a thriall uainn,
Tha 'n iarmad air fōghnadh.
Their mi horo hugo hoiriunn, &c.

Feudaidh mac bodaich a réiste,
Bhi cuir bleid a stòras.
Their mi horo hugo hoiriunn, &c.

Cosgamaid bòla de chuineadh
Nan Suinn nach eil beò dhiu.
Their mi horo hugo hoiriunn, &c.

Tostamaid suas gach ceann-finne,
Bh'anns an iomairt mhòir ud.
Their mi horo hugo hoiriunn, &c.

Tostamaid suas luchd ga leanmhuinn,
Gun dearmad air Deòrsa:
Their mi horo hugo hoiriunn, &c.

Sluagh Bhreatuinn agus Eirinn,
Geilleachdainn da mhòrachd.
Their mi horo hugo hoiriunn, &c.

Ge bu duilich leinn an sgeul ud,
Mac Rìgh Seumas fhògradh.
Their mi horo hugo hoiriunn, &c.

Cha'n eil stà a bhi ga iunndran
Ge b'e 'm priunnsa còir e.
Their mi horo hugo hoiriunn, &c.

'S gnn tig tuisleadh air na rìghrean
Mar a dhìobras blach,
Their mi horo hugo hoiriunn, &c.

Fonn an cinnich fior shìol coirce,
Cinnidh fochan òtraich;
Their mi horo hugo hoiriunn, &c.

Mar thug mi gu ceann mo luinneag,
Sguiridh mi gu stòlda,
Their mi horo hugo hoiriunn, &c.

FEASGAR LUAIN.

FEASGAR Luain, a's mi air chuairt,
Gu'n cualas fuaim nach b' fhuathach leam,
Ceòl nan teud gu h-òrdail, réidh,
A's coisir da reir os a chionn;
Thult mi 'n caochladh leis an ioghnadh,
A dh-aisig mo smaointean a null,
'S chuir mi 'n ceill gu'n imichinn céin,
Le m'aigneadh fein, 's e co'-strèap rium.

Chaidh mi steach an ceann na còisir,
An robh òl a's ceòl as dàmhs',
Ribhinnean, a's fleasgaich òga,
'S iad an ordugh grinn gun mheang;
Dhearcas fa leath air ua h-òighean,
Le rōsg foll a null 'sa nall,
'S ghlacadh mo chridhe, 's mo shùil cò'ladh,
S rinn an gaol mo leòn air ball!

Dhiuchd mar aingeal, ma mo choinneamh,
'N ainnir òg, bu ghrinne snuadh;
'Seang shlios fallain air bhlà canaich,
No mar an eal' air a chuan;
Suil ghorm, mheallach, fo chaoil mhala
'S caoin' a sheallas 'g amharc uath,
Beul tlà, tairis' gun ghnè smalain,
Dha'n gnà carthannachd gun uaill.

Mar ghath gréin' am madainn cheitein,
Gu'n mheath i mo leirsinn shùl,
'S i ceumadh ùrlair gu réidh, iompaidh,
Do reir pugannan a chlùil;
Ribhinn mhòdhail, 's fior-ghlan fòghlum,
Dh-fhion-fhuil mhòrghalach mo rùin,
Reull nan òighean, grian gach cùlsridh,
'S i'u chiall chòmhraidh, cheòl-bhinn, chiùin.

'S tearc an sgeula sunnailt t-éugaisg,
Bhi ri fheatainn san Rolun-Eōrp,
Tha mais', a's feile, tlachd, a's ceutaidh,
Nach facas leam fein fa m' chòir,
Gach cliù a' fàs riut mùirn, 's an àillteachd
An sùgradh, 's a màran beoil,
'S gach buaidh a b'àilli, bh' air *Diana*,
Gu leir mar fhagail, tha aig Mùir,

'S bachlach, duallach, cùs-bhuidh', cuachach,
Càradh suaineas gruaig do chinn,
Gu h-àluinn, bòidheach, faineach, òr-bhuidh',
An càraibh seòlghu' 'san òrdugh grinn,
Gun chron a'fàs riut, a dh' fheut' aireamh,
O do bharr gu sàil do bhuinn;
Dhiuchd na buaidhean, òigh, mu'n cuairt dut,
Gu meudachdain t-uaill 's gach puing!

Bu leigheas éugail, slan o'n Eug,
Do dh' fhear a d' fheudadh bhi ma d' chòir
B' fhear na'n cadal bhi na t-fhagaisg,
'G éisdeachd agallaidh do bheoil ;
Cha robh *Bhenus* a measg leugaibh,
Dh' aindeoin féucantachd cho boidh'ch,
Ri mùirninn mhìn, a leon mo chrìdh',
Le buaidhean, 's mi 'g a dìth ri m' bheò.

'S glan an fhion-fhuil as na fhriamhaich
Thu, gun fhiarradh mhiar,'no mheang,
Cinneadh mòrghalach, bu chrodha,
Tional cò'ladh cho'-stri lann,
Bhuin'eadh cùis a bharr nan dù'-Ghall,
Sgiursadh iad gu'n dùthchas thall,
Leanadh ruaig air Càtaich fhuara,
'S a toirt buaidh orr' anns gach ball.

Tha cabar-féidh an dlùth's do reir dhut,
Nach biodh easlaineach san strì,
Fir nach òbadh leis ga'n togail
Dol a chogadh 'n aghaidh rìgh,
Bu cholgail, faiceant' an stoirm feachdaidh,
Armach, breacanach, air tì
Dol 'san iomairt gun bhonn gioraig,
'S nach pilleadh gu dhol fo chìs.

'S trom leam m' osna', 's cruai' leam m'fhortan
Gun ghleus socair, 's mi gun sunnt,
'S mi ri smaointinn air an aon rùn,
A bhuin mo ghaol gun ghaol d'a chlonn.
Throm na Dùilean peanas dùbailt,
Gu mis' umhlachadh air ball,
Thàladh *Cupid* mi san dùsal,
As na dhùisg mi bruite, fann!

Beir soraidh buam do'n ribhinn shuaire',
De'n chinneadh mhòr a's uaisle gnàs,
Thoir mo dhùrachd-sa g'a h-ionnsaidh,
'S mi 'n deagh rùn d'a cùl-bhuidh' bàn.
'S nach bruadar cadail a ghluais m'aigne,
'S truagh nach aidich è dhomh tàmh,
'S ge b'ann air chunirt, no thall an cuan,
Gu'm bi mi smuainteach ort gu bràth.

MOLADH A BHAIRD

AIR A THIR FEIN.

On is fàrsan leam gach là,
Bi'dh 'n sràchd so gu Braid-Albann,
A d'fheuch a fearr a gheibh mi slaint,
A thigh'n' gu àrd nan garbh-chrioch,
S ge do dhìrich mi Làirc-Ila.
Tha mo spìd air falbh bhuam,
Ge tùs bliann' ùir' e 's beag mo shùrd,
Ri brughaichean Choire-Choramaic.

A thaigh Chill-Fheinn, cha bhuanachd leinn,
Air chinnt' ge d' tha thu bòidheach,
A bhi ri sneachd' a dìol mo leapa,
Dha'n t-Sasunnach dhòite,
'S i'n tìr fo thuath dha mòr mo lunidh sa,
Ghluais mo smuain gu òran,
'S mi air benlach triall ri gaillion,
Gu fearann nach còl domh.

A Shrath Chinn-Fhaolain nam bà-maola
'S nam fear-caola, luatha,
'S mi nach tagh'leudh, air do ghaol thu,
Nochd gur faonraidh fuar thu ;
Thuirt beul an ràfaird rium gum b'fhearr,
Na Gearr-loch an taobh-Tuatha,
Fhearann gortach, lan de bhochdain,
Gun socair aig tuath ann.

Beir mo shoraidh 'thìr a mhonaidh,
A's nam beann còrrach, àrda,
Frìdh nan gaisgeach 's nan sonn gasda,
Tir Chlann-Eachuinn Ghearr-loch,
Gur uallach, eangach, an damh breangach,
Suas tro' gleannan fàsaich,
Bi'dh euach sa bhadan, seinn a leadainn,
Moch sa mhadainn, Mhàighe,

Gum b'e Gearr-loch an tìr bhaigheil,
'S an tìr phairteach, bhiadhar,
Tir a phailteis, tir gun ghainne,
Tir is glaine fialachd,
An tìr bhainneach, uachdrach, mhealach,
Chaomhach, chanuach, thiorail,
Tir an arain, tir an tachdair,
Sithne, a's pailteas iasgaich,

Tir an àigh i, tìr nan àrmunn,
Tir nan sàr-fhear gléusda ;
Tir an t-suairceis, tir gun ghruaimean,
Tir is uaisle fùile.
An tìr bhòrcach, nam frìth ro-mhor,
Tir gun leon, gun gheibhinn,
An tìr bhraonach, mhachrach, raonach,
Mbàrtach, laoghach, fheurach.

Gu'u ti nollaig mhòr le sonas,
Gu comunn gun phràbar,
O'n's lionmhor gaisgeach le sàr acuinn
Theid gu feachd na tràghad,
Mar shluagh Nhic-Chù'll le cruai' fhiùbhai',
Ruaig gun chùin' air sràchdan ;
Bi'dh Muireardach maide fo' bhinn chabar
Gu stad i sa Bhràidhe.

Ge do tha mi siubhal Galldachd,
Cha'n ann tha mo mhì-chuis,
Ge d' tha mi 'n taobh-s' ann
Tha mo rùin do'n chomunn chiùin nach priobal

'N'am teirce' do'n là thig sibh o'n tràigh,
Gu seòmar bàn nam pìsean ;
Bi'dh ceòl nam feadan 's Eoin da spreigeadh
Gu beagadh 'ur mi-ghean.

Bi'dh bòla làn air bhord na'n dàil,
Cuir surd fo chàil na còisir,
Bi'dh laoidh mu'n cuairt nach cluinnt' a luach.
Aig suinn chuir cuairt na h-Eòrpa
Bi'dh lungh a's luinneag, duan a's iorram,
'S cuairt le sgil bho'n bisich,
Aig buidhean ghasda, nan arm sgaiteach.
Treunmhor air feachd comh-strì.

'Nuair tharladh sibh 'san taigh-thabhairn,
Far an tràighte stòip leibh,
Cha b'e'n cannran bhiodh n'ur pairt,
An uair a b'airde pòit dhuibh,
Ach mir', a's màran, gaol, a's cairdeas
'S iomairt làmh gun dò-bheirt
'S bu bhinn ri éisdeachd cainnt 'ur béul,
Seach iomairt mheur air bigh-chèol.

Cho fad sa dh'imich cliù na h-Alba,
Fhuaradh ainm na dùch' ud,
An am a h-uaislean dhol ri cruadal
'S Eachunn ruadh air thùs dhiubh,
O là *Raon Flodden* nam beum tròm'
A shocraich bonn na fiùdhaidh,
Gu h-uallach, dòsrach, suas gun dòsgainn,
Uasal bho stoc mhùirneach.

ORAN A RINN AM BARD
ANN AN DUN-EIDEANN

Air fonn—"*The Banks of the Dee.*"

Sa' mhadainn 's mi 'g eiridh,
'S neo-éibhinn a ta mi,
Cha b' ionann a's m' àbhaist,
Air airidh nan gleann,
O 'n thaluig mi 'n taobh-s',
Chuir mi cùl ris gach màran,
'S cha bheag a chuis-ghraine leam,
Cannran nan Gall :
Cia mar dh'fheudainn bhi subhach,
S mo chrì an àit' eile ?
Gun agam ach pàirt dheth,
Sa 'n àit' anns am beil mi,
Fo dhubhar nam mòr-bheann,
Tha 'n còrr dheth 's cha cheil mi,
'S gur grain' leam bhi 'g amharc,
Na th'agam na gheall.

O ! 's tric bha mi falbh leat,
A gheala-bhean na féile,
Ann a doire nan géug,
A's air reidhlein na driùchd ;
'S air srathaibh a ghlinne,
Far bu bhinne gùth smeòraich.
'S air iomair nan nòineincan,
Fheòirneanach chùr',
A dìreadh a mhulaich
'S a tional na spréidhe,
Gu Innseag na tulaich,
Air iomain sa' chéitean,
Bu neo-chionntach màran,
Mo ghruidh-sa gun bheud ann ;
'S gu 'm b'àit leam bhi 'g eisdeachd
Ri sgeula mo ròin.

ORAN ANNS AM BEIL AM BARD
A MOLADH A LEANNAIN,—AGUS A DHUTHAICH FEIN.

Air fonn—"*O'er the muir amang the heather.*"

Gur e mis' tha briste, bruite,
Cia b'e ri'n leiginn mo rùnuchd.
Mu'n ainnir is binne sùgradh,
'S mi ri giulan a cion-falaich.

E ho rò mo rùn an cailin
E ho rò mo rùn an cailin
Mo rùn cailin suairc' a mhàrain,
Tha gach là a' tigh'n' fo' m'aire.

Tha mo chridhe mar na cuaintean,
Mar dhuilleach nan crann le luasgan,
No mar fhiadh an aird nam fuar-bheann ;
'S mo chadal luaineach le faire.
E ho ro, &c.

Shiubhail mi fearann nan Gàël,
'S earrainn de Bhreatuinn air fàrsan
S cha'n fhacas na bheireadh barr,
Air Finne bhàn nan tlà-shul meallach.
E ho ro, &c.

Bu bhinne na smeòrach Chéitein
Leam do ghlòir, 's tu comhradh réidh rium,
'S mo chlіabh air lasadh le h-éibhneas,
Tabhairt éisdeachd dha d' bheul tairis.
E ho ro, &c.

Bu tu mo chruit, mo cheol, 's mo thailleasg,
'S mo leug phrìseil, rìmheach, aghmhor,
Bu leigheas eugail o na bhàs domh,
Na'm feudainn a ghnà bhi mar riut.
E ho ro, &c.

Gu muladach mi 's mi smaointinn,
Air cuspair mo chion' gun chaochladh,
Oigh mhìn, mhaiseach, nam bàs maoth-gheal
'S a slios caoin-tlà mar an canach.
E ho ro, &c.

Thà do dhealbh gun chearb, gun fhiarradh,
Min-gheal, fior-gblan, direach, lionta,
'S do nadur cho seamh 's bu mhiannach,
Gu pailt, fialaidh, ciallach, banail,
E ho ro, &c.

Air fad m' fhuireach an Dun-éideann,
Cumail comuinn ri luchd Beurla
Bheir mi 'n t-soraidh so gu'n treigsinn
Dh' ionnsaidh m' éibhneis ann 'sna glenn-
E ho ro, &c. [naibh.

Ge do thurladh dhomh bhi 'n taobh-sa,
Gur beag mo thlachd dheth na dù'-Ghaill.
'S bi'dh mi nis a' cuir mo chùl riu,
'S a deanamh m' iùil air na beannaibh,
E ho ro, &c.

Gur eatrom mo ghleus, a's m' iompaidh,
'S neo-lodail mo cheum o'n fhonn so,
Gu tìr àrd nan sàr-fhear sunntach,
'S a treigsinn Galldachd 'nam dheaunamh.
E ho ro, &c.

Diridh mi gu Tulach-Armuinn,
Air leth-taobh Srath mìn na Làirce,
'S tearnaidh mi gu Innseag blà-choill
'S gheibh mi Finne bhàn gun smalan.
E ho ro, &c.

MOLADH AN UISGE-BHEATHA.

LUINNEAG.

*Hò rò gur toigh leinn drama,
Hò rò gur toigh leinn drama,
Hò rò gur toigh leinn drama,
'S iomu fear tha'n geall air.*

Mo ghaol an coilgearnach sprniceil,
Dh-fhàs gu foirmeil, meanmach, maiseach,
Dh-fhàs gu spéiseil, treabhach, tapaidh,
Neo-lapach san aimhreit ;
Ho ro, &c.

Ach trocair g' an d' fhuair a chailleach,*
Bha uaireigin anns na h-Earadh,
Cha mheasa ni mi do mho.adh,
Ge do lean mi 'm fonn aic'.
Ho ro, &c.

Thagh i 'm fonn so, 's sheinn i clià dhut,
Dh-aithnich i'n sgoinn a bh'ann san drùthaig,
'Nuair a bhiodh a broinn san rùpail,
B'e rùn thu bhi teann oirr'.
Ho ro, &c.

Ach 's tu 'm fear briodalach, sùgach,
Chuireadh ar mi-ghean air chùl duinn,
'S a chuireadh teas oirn san dùlachd,
'Nuair bu ghnù an geamhradh,
Ho ro, &c.

Stuth glan na Tòiseachd, gun truailleadh,
Gur loc-shlaint choir am beil buaidh è ;
'S tu thogadh m'inntinn gu suairceas,
'S cha b'è druaib na *Frainge.*
Ho ro, &c.

'S tu 'n gill' éibhinn, meanmnach, boidheach,
Chuireadh na cailleachan gu bòilich,
Bheireadh seanachas as na h-òighean
Air ro-mhòid am baiudeachd,
Ho ro, &c.

Chuireadh tu uails' anns a bha'-laoch,
Sparradh tu uaill anns an arachd,
Dh-fhàgadh tu cho suairc' fear dreamach,
'S nach biodh air' air dreanndan.
Ho ro, &c.

'S tu mo laochan soitheamh, siobhalt,
Cha bhi loinn ach far am bi thu,
Fograi' tu air falbh gach mi-ghean
'S bheir thu sìth á aimhreit'.
Ho ro, &c.

'S mor tha thlachd air do luchd tòireachd,
Bithidh iad fialaidh, pailt ma'n stòras,
Chaoidh cha sgrubair 's an taigh-òsd iad,
Sgapadh òir nan deann leo.
Ho ro, &c.

---

* The bard here alludes to the celebrated Mary M'Leod the poetess, who is said to have been a little *dry* in her last years. Tradition has it that, when Mary paid a visit to any of her friends, if the *shell* was not in immediate requisition, she feigned to be suddenly seized with colicks—raising such lugubrious moans and shrieks as could not but alarm the inmates. "Oh! Mary, dear daughter," they would exclaim in their simplicity, "what ails you—what can do you gnod?" Mary, who was musical even in her distress, would reply in the words of the chorus—" *Hò rò gur toigh leam drama*".

Cha' n'eil cleireach, no pears eaglais,
  Crabhach, teallsanach, no sagart,
Dha nach toir thu caochladh aigne—
  Sparra' cèill san amhlair.
    Ho ro, &c.

Cha' n'eil cleasaich anns an rioghachd
  Dha' m bu leas a dhol a strì riut,
Dh-fhagadh tu e-san na shìneadh,
  'S pìoban as gach ceann deth.
    Ho ro, &c.

Dh-fhagadh tu fear mosach fialaidh,
  Dheana' tu fear tosdach briathrach,
Chuire' tu sòg air fear cianail,
  Le d' shoghraidhean greannar.
    Ho ro, &c.

Dh-fhaga' tu cho slàn fear bacach,
  'S e gun ich, gun òich, gun acain,
'G eiridh le sunnt air a leth-chois,
  Gu spailpeil a dhàmhsa.
    Ho ro, &c.

Chuire' tu bodaich gu beadradh,
  'S na cromaichean sgrògach, sgreagach,
Gu éiridh gu frogail, sa cheigeil,
  Iti sgeig air an t-sheann aois,
    Ho ro, &c.

Bu tu sùiriche mo rùin-sa,
  Ge d' thuirt na mnathan nach b'fhìh thu,
'Nuair a thachras tu sa' chùll riu,
  Bheir thu cùis gun taing dhiù.
    Ho ro, &c.

Bu tu cairid an fhir-fhacail,
  Bheireadh fuasgla' dha gu tapaidh.
Ged nach òl e dhiot ach cairteal,
  'S blasmhoirid a chainnt e.
    Ho ro, &c.

Tha cho liugha buaidh air fàs ort,
  'S gu là-luain nuch faod mi'n aireamh,
Ach 'se sgaoil do chliù 'a gach àite,
  Na bàird a bhi 'n geall ort.
    Ho ro, &c.

Thogadh ort nach b'fheairde mis thu,
  Gun ghoid thu mo chuid gun fhios uam
Ach gun taing do luchd do mhiosgainn
  Cha chreid mise drannd dheth.
    Ho ro, &c.

Bha mi uair, 's bu luach-mhor t-fheum dhomh,
  Ge nach tuig mal-shluagh gun chéill e,
Dum amabam, sed quid refert,
  Na ghràisg quæ amanda.
    Ho ro, &c.

MAC-NA-BRACHA.

LUINNEAG.

'S toigh linn drama, lion a ghlaine,
  Cuir an t-searrag sin an nall;
Mac-ma-brach' an gille gasda,
  Cha bu rapairean a chlann.

Ge b'e dhi-mol thu le theangaidh.
  B'olc an aithne bha na cheann.
Mar tig thu fhathast na charamh,
  Gu'm beil mo bharail-sa mealt'.
    'S toigh linn drama, &c.

Na'm b'e duine dha nach b'eòl thu,
  Dheana' fòirneart ort le cainnt,
Cha bhidheamaid fein dha leanmhuinn,
  Chionn 's gu'm biodh do shealbh air gann,
    'S toigh linn drama, &c.

Ach fear a bha greis na d' chomunn,
  Cha b'e chomain-s' a bh'ann
Bhi cuir mi-chliù air do nadur,
  Gur an dha-sa bhios a chall,
    'S toigh linn drama, &c.

Co dh'àoireadh fear do bhòusan?
  Ge do bheirt' e fein sa'n *Fhraing*,
No dhi-mholadh stuth na Tòiseachd?
  Ach trudar nach bladh dràm.
    'S toigh linn drama, &c.

Stuth glan na Tòiseadh gun truailleadh,
  An ìoc-shlaint is uaisle t' ann,
S fearr gu leigheas na gach lighich,
  Bha no bhitheas a measg Ghall.
    'S toigh linn drama, &c.

Cia mar a dheanamaid banais?
  Cumhnanta, no ceangal teann?
Mar bi dràm againn do'n Chleireach,
  Bu leibeideach feum a pheann.
    'S toigh linn drama, &c.

* When our author's celebrated preceeding song in praise of whisky became generally known, Mr John Mac-Donald, the author of the excellent love-ditty, the second set of *Mairi Laghach*, invoked his muse and composed a parody on it systematically overthrowing every thing Ross had said in its praise. Our author having heard of this, again tuned his lyre—sustained the positions he formerly assumed—castigated the vilifier of *aqua vitæ* and at still greater length celebrated the inspiring qualities of it.

Tha luchd cràbhaidh dha do dhiteadh,
Le cùl-chaint a's briodal fcall,
Ge d' nach aidich iad le'm beoil thu,
Olaidh iad thu mar an t-àilt.
  'S toigh linn drama, &c.

A Chléir fein, ge seunt' an còta,
Tha'n sgornanan ort an geall,
Tha cuid ac' a ghabhas fraoileadh,
Cho math ri saighdear sa' champ,
  'S toigh linn drama, &c.

An t-Olla Mac-Iain* le Bheurla,
Le 'Laideann a's 'Ghreugais-chainnt,
Gu'n dh-fhag stuth ualbhreach nan Gàël,
Teang' a chànanaich ud mall.
  'S toigh linn drama, &c.

'N uair thug e ruaig air feadh na h-Alba,
'S air feadh nan garbh-chrioch ud thall
Dh-fhag Mac-na-brach' e gun lide
Na amadan liotach, dall.
  'S toigh linn drama, &c.

Gu'm b'àit leam fein, fhir mo chridhe,
Bhi mar ri d' bhuidhean 's gach àm,
'S tric a bha sinn ar dithis
Gun phìob, gun fhidheil, a damhs!
  'S toigh linn drama, &c.

MOLADH NA H-OIGHE GAELICH.

Air fonn—"*Mount your baggage.*"

A Nighean bhòidheach
An òr-fhuilt bhachalaich,
Nan gorm-shùl miogach,
'S nam mìn bhàs sneachda-gheal,
Gu'n siubhlain reidhleach
A'n sleibhtean Bhreatuinn leat,
Fo earradh sgaoilte
De dh'aodach breacain orm,

'S e sud an t-éideadh
Ri 'n eireadh m'aigne-sa,
'S mo nighean Ghàëlach,
Aluinn agam ann;
O bheul na h-òidhche
Gu soills' na madainne,
Gu'm b'àit n-ar sùgradh
Gun dùsal cadail oirn.

  * Dr Samuel Johnson.

Ge d' tha na bain-tighearn\`an
Gallda, fasanta,
Thug òigh na Gàëlig,
Barr am mais' orra,
Gur annir sheòighn i
Gun sgòid ri dearc' oirre,
Na h-earradh glé-mhath
De dh'eudadh breacanach.

Gur foinnidh, mileanta
Direach, dreachmhor, i,
Cha lùb am feoirnean
Fo bròig 'nuair shaltras i;
Tha deirge a's gile
Co-mhire gleachdanaich,
Na gnùis ghil, éibhinn,
Rinn ceudan airtneulach.

Réidh dheud chomhnard
An ordugh innealta,
Fo bhilibh sàr-dhaitht',
Air blàth *bhermillian* ;
Tha h-aghaidh nàrach
Cho làn de chinealtachd,
'S gun tug a h-aogas,
Gach aon an ciomachas.

Gur binne còmhradh
Na òraid fhileanta,
Tha guth ni's ceòlmhoir',
Na òigh-cheol binn-fhaclach,
Cha laidheadh bròn oirn,
No leon, no iomadan,
Ri faighinn sgeul duinn
O bheul na finne sin.

'Nuair thig a Bhealltainn,
'S an Sambradh lùsanach,
Bi'dh sinn air àiridh,
Air àrd nan uchdanan,
Bi'dh cruit nan gleanntan
Gu canntair, cuirteasach,
Gu tric gar dùsgadh
Le sùrd gu moch-eiridh.

'S bi'dh 'n crodh, 's na caoirich,
'S an fhraoch ag inealtradh,
'S na gobh'raibh bailg-fhionn,
Gu ball-bhreac, bior-shuileach,
Bi'dh 'n t-àl 's an leimnich
Gun cheill, gun chion orra,
Ri gleachd 's ri còmhrag
'S a snòtnach bhileagan.

Bi'dh mise, a's Màiri
Gach là 's na glacagan,
No'n doire géugach
Nan éunan breac-iteach,
Bi'dh cuach, a's smeòrach,
Ri ceòl 's ri caiseamachd,
'S a gabhail òrain
Le sgòrnain bhlasda dhuinn.

Note.—" WILLIAM ROSS chiefly delighted in pastoral poetry, of which he seized the true and genuine spirit—'*Moladh na h-òighe Gaelich*' or his ' Praise of the Highland Maid' is a masterpiece in this species of composition. It embraces every thing that is lovely in a rural scene ; and the description is couched in the most appropriate language."—BIBLIOTHECA SCOTO-CELTICA.

AN LADIE DUBH.

LUINNEAG.

Hò ro ladie dhui',
Hò ro eile,
Hò ro ladie dhui',
Hò ro eile,
Hò ro ladie dhui',
Hò ro eile,
Gu'm b'éibhinn le m'aigneadh
An ladie na'm feudadh.

Nach mireagach *Cupid*,
'S e sùgradh ri mhathair,
Dia brionnach gun suilean,
An duil gur ceòl-gàir' e,
A' tilgeadh air thuaiream,
Mu'n cuairt anns gach àite,
A shaighdean beag, guineach,
Mar's urrainn e'n sàthadh.
Ho ro ladie dhui,' &c.

Bha sagart 's na criochan,
'S bu diaghaidh 'm fear-leughaidh,
Air dunadh le creideamh,
'S le eagnachd cho eudmhor ;
'S b'ann á cheann-eagair,
A theagasg bhi bèusach
Gun ofrail a nasgadh
Aig altairean *Bhenuis*.
Ho ro ladie dhui', &c.

'Nuair a chunnaic a bhan-dia,
Fear-teampuill cho dùire,
Gun urram dh'a maildeachd,
Gun mbiagh air a sùgradh,
Chuir i 'n dia dalldach,
Beag, feallsach, gun sùilean,
'Dh-fheuchain am feudadh e,
A ghlèusadh gu h-ùrlaim.
Ho ro ladie dhui', &c.

'Nuair dhiuchd an dia haothar,
Beag, faoilteach, mu'n cuairt da,
Gun thilg e air snigbead,
O chailin na bùaile
Chaidh 'n sagart na lasair,
S cha chuirt as gu là-luain e,
Mar bhitheadh gun gheill e,
Do *Bhenus* san uair sin.
Ho ro ladie dhui', &c.

S b'e aidmheil an *Lebhit*,
'Nuair a b' éigin da ùmhlachd,
Gu 'm b' fheairrde gach buachaille
Gruagach a phùsadh,
'S bha cailin na buaile,
Cho buan ann a shuilean,
'S gun robh i na aigneadh,
Na chadal 's na dhùsgadh.
Ho ro ladie dhui', &c.

'S e fàth ghabh an sagart,
Air caidridh na h-òighe,
Air dha bhi air madainn,
Ga h-aidmheil na sheòmar,
A glacadh 'sa leagadh,
Air leabaidh bhig chòmhnaird,
'S mu's maitheadh e pencadh,
Bhi tacan ga pògadh.
Ho ro ladie dhui', &c.

Ach tilgidh na Cinnich,
Mar ilisgeau oirnne,
Mar tha sinn cho déidheil,
Air éibhneas na h-òige
Luchd-creideimh a's cràbhaidh,
Toirt stràcan gu gòraich,
'S a bristeadh nan àintean
Le barr am buill-dòchais !
Ho ro ladie dhui', &c.

Note.—The foregoing cynical song was composed on a rigidly righteous Highland School-master, who, fancying that his ferula and cassock were sufficient to sustain him in his self-lauded innocence, was notorious in the countryside for his scorching tirades against all delinquents—especially such as had incurred the rebuke of the kirk-session.—Our bard, although free from the grosser immoralities, being a little amorous in his disposition, came once or twice under the lash of this censor.—But alas ! the instability of human virtues—"holy Willie", himself got an illegitimate child! The *fama* of the Saint's sin ran from one corner of the Parish to the other by getting his servant maid in the *family way*.—The poet readily availed himself of the opportunity to retaliate upon the Dominie, and applied the lash with great skill.—Nothing excels the irony and sarcasm of our bard in this production; if he does not exult a little too loudly over a fallen enemy.

CUMHADH A BHAIRD

AIR SON A LEANNAIN.

Air Fonn—" *Farewell to Lochaber.*"

Ged' is socrach mo leabaidh,
  Cha'n e'n cadal mo mhiann,
Leis an luasgans' th'air m'aignendh,
  O cheann fad' agus cian,
Gu 'm beil teine na lasair,
  Gun dol as na mo chliabh,
Tabhairt brosnachadh gèur dhomh,
  Gu bhi 'g éridh 'sa triall.

CO-SHEIRM.

Seinn éibhinn, seinn éibhinn,
  Seinn éibhinn an dàil,
Seinn éibhinn bhinn éibhinn,
  Seinn éibhinn gach là,
Seinn éibhinn, binn eatrom,
  Seinn éibhinn, do ghnà
Seinn éibhinn, seinn éibhinn,
  Chuireadh m' easlain gu làr.

Tha mi còrr a's trì bliadhna,
  Air mo lionadh le gaol,
'S gach aon là dhiu stiùireadh,
  Saighead ùr ann mo thaobh;
Cia mar 's leir dhomh ni taitneach,
  Dh'aindeoin pailteas mo mhaoin?
'S mi as éugmhais do mhàrain,
  Bhiodh gun ardan rium saor,
    Seinn eibhinn, &c.

'S e do mhàran bu mhiann leam,
  'S e tigh'n' gun fhiabhras gun ghruaim,
Mar ri blasdachd na h-òraid;
  'S e bu cheòl-bhinne fuaim;
Dh'eireadh m' inntinn gu h-àbhachd,
  Ri linn bhi 'g aireamh gach buaidh,
A bha co'-streup ri mo leannan
  Baindidh, farasda, suaire'.
    Seinn eibhinn, &c.

'S gur gile mo leannan
  Nau eal' air an t-snàmh,
Gur binn' i na'n smebrach,
  Am barraibh rò-chrann sa mnàigh,
Gur e geamn'achd a beusan,
  'S i gun cacoir na càil,
A lùb mise gu geilleadh
  Air bheag eigin na gradh.
    Seinn eibhinn, &c.

Gu'm beil maise na h-eudann,
  Nach feudainn-s' a luaidh,
Tha i pailt ann an ceutaidh,
  'S an ceill a thoirt buaidh,
Gun a coimeas ri featainn
  Ann an speis, san taobh-tuath,
M' òg mhìn-mhala bhaindidh,
  Thogadh m' inntinn o ghruaim,
    Seinn eibhinn, &c.

'S ge do bhithinn an éugail,
  Agus leigh air toirt dùil,
Nach biodh furtachd an dàn domh,
  Ach am bàs an gearr ùin',
Chuireadh eugas mo mhìn-mhal',
  Mo mhi-ghean air chùl,
Ghlacainn binneas na smeòraich
  A's gheibhinn sòlas as ùr.
    Seinn eibhinn, &c.

Ge binn cuach 's ge binn smebrach,
  'S ge binn coisir 's gach crann,
Seinn ciùil dhomh 'n coill smùdain,
  Theich mo shùgradh-s' air chall—
'Tha mi daonnan a smaointeach,'
  Air mo ghaol ann sa' ghleann
'S mi air tuiteam am mi-ghean,
  Gun a briodal bhi ann.
    Seinn eibhinn, &c.

'Nuair a bhithinn-'s 's mo mhìn-mhal'
  An gleannan rìmheach na cuaich,
No 'n doire fasgach na smebraich,
  Gabhail sòlais air chuairt;
Cha mhalairtin m' éibhneas
  O bhi ga h-eugmhais cèr uair,
Air son stòras fhir-stàta,
  Dh' aindeoin airdead an uaill.
    Seinn eibhinn, &c.

Ge bu righ mi air Albainn,
  Le cuid airgeid a's spréidh,
B'e mo raghainn mo mhìn-mhal',
  Thar gach ribhinn dhomh fein,
Cha bu shuaimhneas gu bàs domh
  'N aon àite fo 'n ghréin,
'S mi as eugmhais do mhàrain,
  Gus mo thearnadh o bheud.
    Seinn eibhinn, &c.

Ach mosg'leam tharais a mi-ghean,
S cuiream dìth air mo ghruaim,
Beò ni's faide cha bhi mi
Gun mo mhìn-mhala shuaire!
Oig mhìn beir mo shoraidh
Leat na choirean so shuas,
Seinn mo rùin ann sa' ghleannan.
'S tuigidh 'n caillin e bhuat.
Seinn cibhinn, &c.

CUACHAG NAN CRAOBH.*

Chuachag nan craobh, nach trua'leat mo chaoi'
'G òsnaich ri òidhch' cheòthar—
Shiubhlainn le'm' ghaol, fo dhubhar nan craobh,
Gu'n duin' air an t-saoghal fheòraich,
Thogainn ri gaoith am monadh an fhraoich,
Mo leabaidh ri taobh dòrain—
Do chrùtha geal caomh sìnte ri m' thaobh,
'S mise ga'd chaoin phògadh.

Chunna' mi féin aisling, 's cha bhreug,
Dh-fhag sin mo chré brònach,
Fear mar ri tè, a pògdh a beul,
A briodal an deigh pòsaidh,
Dh'ùraich mo mhiann, dh'ath'rich mo chlall,
Ghul mi gu dian, dòimeach,
Gach cuisle agus féith, o iochdar mo chléibh
Thug iad gu leum co'-lath!

Ort tha mo gheall, chaill mi mo chonn,
Tha mi fo throm chreuchdan,
Dh'aisigeadh t-fhonn slainte do'm chom,
Dhiuchdadh air lom m' cibhneas,
Thiginn ad dhàil, chuirinn ort fàilt',
Bhithinn a ghraidh réidh riut—
M'ulaidh 's mo mhiann, m' aighear 's mo chiall,
'S ainnir air fiamh gréin' thu!

* The poet, crossed in love, suffered such poignancy of grief that it ultimately brought on a consumption and he was for sometime bed-ridden. On a fine evening in May, he rose and walked out through the woods to indulge his melancholy alone.—Arriving at a large tree, he threw himself on the green sward beneath its branches, and was not long in his sequestered sylvan situation ere the cuckoo began to carol above him.—" The son of song and sorrow" immediately tunes his lyre, and sings an address to the feathered vocalist.—He pours out his complaints before the shy bird, and solicits its sympathies.—Had Burns been a Gaelic Scholar, we should have no hesitation in accusing him of plagiarism when he sung:—
"How can ye chaunt, ye little birds
While I'm so wae an' fu' o' care?"
But Ross embodies finer feelings and sentiments into his fugitive pieces than even the bard of Coila.

Thuit mi le d'ghàth, mhill thu mo ràth,
Striochd mi le neart dòrain
Saighdean do ghaoil sàit' anns gach taobh,
'Thug dhiom gach caoin co'-lath,
Mhill thu mo mhais, ghoid thu mo dhreach,
'S mheudaich thu gal bròin domh;
'S mar fuasgail thu trà, le t-fhuran 's le t-fhùilt'
'S cuideachd am bàs dhomh-sa!

'S cama-lubach t-fhàlt, fanna-bhui' nan cleachd
'S fabhrad nan ròsg àluinn ;
Gruaidhean mar chaor, broilleach mar aol,
Anail mar ghaoth gàraidh—
Gus an cuir iad mi steach, an caol-taigh nan leac
Bidh mi fo neart cràidh dheth,
Le smaointinn do chleas, 's do shùgradh ma seach,
Fo dhuilleach nam preas blàth'or.

'S milis do bheul, 's comhnard do dheud,
Suilean air lidh àirneig,
'Ghiùlaineadh bréid, uallach gu feill,
'S uasal au reull àluinn—
'Strua' gun an t-éud tha'n uachdar mo chleibh,
Gad bhualadh-s' an ceud àite—
Na faighinn thu réidh pùsd' on a chléir
B'fhasa dhomh-féin tearnadh.

'S tu 'n ainnir tha grinn, mìleanta, binn,
Le d' cheileir a sinn òran,
'S e bhi na do dhàil a dh'òidhche sa là,
Thoilicheadh càil m' òige:
Gur gile do bhian na sneachd air au fhiar,
'S na canach air sliabh mointich,
Nan deanadh tu rùin tarruinn rium dlù'
Dheanainn gach tùrs' fhògar.

Càrair gu réidh clach agus cré
Ma'm leabaidh-s' a bhrì t-uaisle—
'S fada mi 'n éis a feitheamh ort féin
'S nach togair thu ghéug suas leam,
Na b'thus a bhiodh tinn, dheanainn-sa luim,
Mas biodh tu fo chuing truaighe,
Ach 's goirid an dàil gu'm faicear an là,
'M bi pràsgan a' trà'l m'uaigh-sa !

Mallachd an tùs, aig a mhnaoi-ghlùin',
Nach d' adhlaic sa chùil beò mi !
Mu'n d' fhuair mi ort iùil ainnir dheas ùr,
'S nach dùirig thu fiù pòg dhomh,
Tinn gu'n bhi slàn, dùisgt' as mo phràmh,
Cuimhneachach dùin pòsaidh
Mo bheannachd ad dheigh, cheannaich thu-fein,
Le d' leannanachd gle òg mi.

ORAN EADAR AM BARD,

AGUS CAILLEACH-MHULLEADH-NAN-DAN.

AM BARD.

Ach gur mise tha duilich,
'S mi gu muladach truagh,
Cha'n urra' mi aireamh
Mar a tha mi 's gach uair,
Gu'm beil dòrain mo chridhe,
Dha mo ruighinn cho crbaidh,
Leis a' chion 'thug mi'n ribhinn,
O nach dìrich mi suas.

A' CHAILLEACH.

Tosd a shladai', 's dean firinn,
'S na bi 'g innsea' nam bréug,
Cha chreid mi bhuat fathasd,
Nach eil da'ich do sgéul,
Ma tha i cho maiseach,
'S cho pailt ann an ceill,
'S nach urra' mi t-aicheadh,
Bheir mi barr dh'i thar chéud.

Ma's i ribhinn do leannan,
Faire! faire! *brabhoe!*
Cha bhi t-onoir gun anabharr;
Your servant, my Lord,
Mar a foghainn leat grungach,
Ach te uasal le sròl,
Gus am faic mi do bhanais,
Cha chan mi ni's mò.

AM BARD.

Tha mo leannan ni's àilte,
Na tha sa'n Roinn-eòrp,
Gur gile, a's gur glain' i
Na caunach an fheòir

* The woman here introduced as a hypercritic in song was a particular friend of the poet.—Ross began, in her presence, to sing the praises of "the girl of his affections" and his own certainty of a premature grave in consequence of her refusal of him.—The old wife heard the first stanza, and by way of episode or running commentary, endeavours to cure him of his passion.—She thus continues her intervening remarks to the end of his ditty.—The poet was so struck with the shrewdness and point of her episodes that he immediately versified them.—The song, therefore, comes before us in the shape of a duet—the woman, however, singing two stanzas for the poet's one.—Ross does every thing as he should—he well knew the garrulousness of women, and their privilege to have the last word in every controversy!

Gur binne na chlàrsach
Leam àbhachd a beoil,
Aig a mhiad s' thug mi ghaol d'i,
Cha 'n fhaod mi bhi beò!

A' CHAILLEACH.

'S tu d' fhosgail thar chòir e,
'S nach sòradh a bhreng,
'S a liughad gnùis rò-ghlan
'S an Roinn-eorpa gu leir,
Ma's a samhladh dh'i 'n canach,
Cha'n' althne dhomh fheum;
Ma's e 'gaol a bheir triall ort,
Deagh bhliadhu' as do dhéigh.

Ma's a binne na chlàrsach
Leat àbhachd a beoil,
Gur neònach nach cuala' sinn
Luaidh air a ceòl;
Mar a h-ealaidh os 'n iosal
Ann an diomhaireachd mhòr,
Ris an eireadh a chridhe,
Gun ach tri-'ear ma còir.

AM BARD.

'S i mo Leannan an *eucag*
Air na ceudan thug barr,
Gnùis shoillear, caol-mhala',
Suil thairis, ghorm, thlà,
Beul min mar an t-shirist
O' milis thig fàilt',
Gruaidh dhearg mar na caoran,
Sud aogais mo ghràidh.

A' CHAILLEACH.

Mar b'e iteach na *Pecaig,*
Cha bhiod spéis dh'i no diù
Cha'n 'eil math innt' no doluidh
Mar a toillich i 'n t-sùil
Chuir a h-ionan, sa casan,
Mi-dhreach air a mùirn,
Ge d' tha spailp as a h-éideadh,
Gur cum i nach fiù.

Gnuis shoillear, caol-mhala,
Suil thairis, ghorm, thlà,
Ge d' tha taltneachdain seal annt,
Cha mhair iad ach gearr,
Iathaidh bilibh dearg, daite,
Teangaidh sgaiteach, lom, ghearrt',
'S mar tha seirc nan gruaidhean,
Cha bhuain' iad na chch!

BRUGHAICHEAN GHLINN'-BRAON.

LUINNEAG.

Beir mo shoraidh le dùrachd,
Do ribhinn nan dlù-chiabh.
Ris an tric bha mi sùgradh,
Ann am Brughaichean Ghlinne-Braon.

Gur e mis' tha gu ciannail,
'S mi cho fad bhuat am bliadhna,
Tha liunn-dubh air mo shiarradh,
'S mi ri iargain do ghaoil.
Beir mo shoraidh, &c.

Cha 'n fheud mi bhi subhach,
Gur he 's beus domh bhi dubhach,
Cha dirich mi brughach,
Chaidh mo shiubhal an laoid
Beir mo shoraidh, &c.

Chaidh m' astar a maillead,
O nach faic mi mo leannan,
'S ann a chleachd mi bhi mar riut,
Ann an gleannan a chaoil.
Beir mo shoraidh, &c.

Anns a choill' am bi smùdan
'S e gu binn a seinn ciùil duinn,
Cuach a's smeòrach 'g ar dùsgadh,
A cuir na smùid diù le faoilt'.
Beir mo shoraidh, &c.

'S tric a bha mi 's tu mireadh,
Agus càch ga n-ar sireadh,
Gu 's bu deònach linn pilleadh,
Gu Innis nan laogh,
Beir mo shoraidh, &c.

Sinn air faireadh na tulaich,
'S mo lamh thar do mhuineal,
Sinn ag eisdeachd nan luinneag,
Bhiodh a' mullach nan craobh.
Beir mo shoraidh, &c.

Tha mise 'ga ràite,
'S cha 'n urra mi aicheadh,—
Gur iomadach sàr
Thig air airidh nach saol.
Beir mo shoraidh, &c.

Gur mis' tha sa' champar,
S mi fo chis anns an am so,
Ann am priosan na *Frainge*,
Fo ain-neart gach aon.
Beir mo shoraidh, &c.

Ann an seòmraichean glaiste,
Gun cheòl, no gun mhacnas,
Gun ordugh a Sasuinn,
Mo thoirt dhathaigh gu saor.
Beir mo shoraidh, &c.

Cha b'ionnan sud agus m' àbhaist.
A siubhal nam fàsach,
'S a direadh nan àrd-bheann,
Gabhail fàth air na laoich.
Beir mo shoraidh, &c.

A siubhal nan stùc-bheann,
Le mo ghunna nach diultadh;
'S le mo phlasgaichean fùdair,
Air mo ghlùn anns an fhraoch
Beir mo shoraidh, &c.

ORAN CUMHAIDH.

[A rin am bàrd an 'nuair a chual e gu'n phòs a leannan (Mor Ros) air dh'i dhol dhachaigh do Shasuinn maille ri còmpanach.]

AIR FONN—"*Rubai dona gòrach.*"

Ge fada na mo thamh mi
Tha 'n damhair dhomh dùsgadh,
Cia fàth ma'n thriall mo nùaran,
'S gum b'àbhaist dhomh sùgradh?
C'arson a bhithinn brònach?
Ma'n bigh 's gun a diù dhomh,
Ge'd ghlac i 'n luib a gràidh mi,
Le amhailtean *Chupid.*

Gach fear a bhios a feoraich,
Mar leonadh le gaol mi,
Tha raghainn sud do'n tuathdaidh,
On 's dual da bhi smaointinn;
Cha 'n aidich mi ach fòil e,
'S cha mhò ni mi saoradh
Thig m' ùr-sgeul bho *Apollo,*
Mar sheolas na *Naoinear.*

Ach sud mar sheinneadh Cormaic,*
'S e dearmad a cheud ghaoil,

---

* Tradition says that this Cormac, whom the Bard mentions so often in the above song, was an Irish Harper, who came to Scotland and visited several of the Highland Chiefs. He at length went to the family of Macleod of Lewis, and served him for several years as a Harper. Having fallen in love with Macleod's eldest daughter, he

'S e gabhail cruit da iunnsaidh
Le inneal ciùil da gléusadh,
On chuir finne 'n diù-chall,
Mo shùgradh 's mo bhéusan,
Gu'm bath ml'n guth an òrghain,
Le toraghan mo spéis dh'i.

'Nuair dh'eirich Cailean Cormaio
Air chorra-ghleus gu fàrsan,
Gu'n d'fheòraich am fear òg
An e goraich a dh'fhas ann,
'S a liughad cailin beul-dhearg,
Cho béusach 's cho nàrach,
A's finne a th'air an fheill,
A tha feumach air màran.

'Nuair chual' am Macan-baoth sin,
'S a ghaol bhi do-mhùchte.
'S e smaointich e gu thearbadh,
Bhi falbh as a dhùthaich
Ach nochdadair na h-aobhair,
'S e 'n caoin ruith le tùrsa,
Gun ghlac e cruit a's sheinn e,
Le binn-cheòl as ùr e.

Bha feiteach air an an òrghan,
Aig Cormaic ri ard-cheol,
Mas biodh an fhinne 'n uachdar,
Air duan na fuaim clàrsaich,
Ach cha d' fhuair mise sgeul
Ann am Beurla no Gàëlig,
A dh'innseadh dhomh mar d'fhaodainn
An gaol ud a smàladh.

O! teirmeasg air a ghaol sin,
Nach faodainn a threigsinn,
A's gur h-é chuir a laoid mi
Bhi smaointinn bean t-éugais,

resolved, on the first opportunity, to fly with her to Ireland. One night, after supper, Cormac tuned his harp, and played a tune of the name of "Deuchain-ghleust' Mhic-O'-Chormaic," which had the power to lull all to sleep who were within hearing of it. By this magic music the whole of Macleod's household fell into a deep slumber. Cormac then drew a large dagger, which he used to carry about him, called Madag-achlais, to cut Macleod's throat. As he was drawing near the chief with his knife, Macleod's eldest son came in, after returning from his daily mountain sports, and seeing Cormac approaching his father with such a dreadful weapon, exclaimed—"Cormac! Cormac! what do you intend to do—are you mad?" Cormac replied, "Mad, my young man! think you so? I am not; but I have a regard for your fair sister, whom I am resolved to take with me to Ireland; and as your aged father will not gratify my desire, I must sever his head from his body and clear my way." On hearing this, the youth replied, "You had better not, as you may get your choice of a thousand virgins in Scotland, much fairer than my sister, without committing so cruel a deed." Cormac said, "You speak truly, my young man; hand me my lyre, that I may banish the virgin's love with the sound of my harp." The Bard uses this history as a text to the above song, where he complains that Cormac, with the melody of his harp, had cured his love, while a remedy for his own was never to be found.

'S 'n teirc a bha 'n ad ghnùis-ghil,
A lub mi gu eugnil,
'S nach deann Lighich' slàn mi,
Och! b'fhearr gum b'e 'n t-éug e.

Is ciomach ann do ghaol mi
Ri smaointinn bean t-ailteachd,
Cha chadal anns an òidheh' dhomh,
'S cha 'n fhois anns 'an là dhomh,
Cha n' fhacas ri mo ré,
'S cha 'n fhaigh mi sgeul gu bràth air
Ni b'annsa' na bhi réith 's tu,
A gheug nam bàs bàna.

Gur binne leam do chòmhradh
Na smeorach nan geugan,
Na cuach sa mhadainn Mhàighe,
'S na clàrsach na'u teudan,
Na'n t-Easpuig air la Dòmhnaich
'S a mòr-shluagh 'ga eisdeachd,
Na ge do chunnte stòras
Na h-Eorpa gu léir dhomh.

C'arson nach d' rugadh dall mi,
Gun chainnt no gun leirsinn?
Mas facas t-aghaidh bhaindidh,
Rinn aimhleas nan ceudan,
O'n chunna' mi air thùs thu,
Bu chliùteach do bheusan,
Cha n' fhasa' leam nam bàs
A bhi lathair as t-éugmhais!

Ach 's truagh! gu'm beil do rùn-sa,
Cho dùr dha mo leanmhuinn,
'S mo chridhe steach 'ga ghiulan,
A h-uile taobh dha falbh mi,
An cadal domh no dùsgadh
A sùgradh no seanachas,
Tha sud da m' ruagadh daonnan,
'S mi sgaoilte gun tearmunn!

Ach fusgaidh mi mo dhuthaich
Gu 'n diùch'naich mi pairt dheth,
Ro-mheud sa thug mi rùn
Dha do chul buidhe, faineach,
Air triall dhomh thar m' eolas
A dh'ain-deoin mo chàirdean
Tha saighead air mo ghiùlan,
A lùbas gu làr mi!

'S a nise bho'n a thriall thu,
'S nach b' fhlach leat mo mhàran,
A chionn 's nach robh mi stòrasach,
Mòr ann an stàta,
Ach sud ge d'robh da 'm dhi'-sa,
Cha 'n islich mi pairtean,
Tha m' aigue torrach, fior-ghlan,
Nach diobair gu bràth mi.

Ach mu's a triall gun dail dut,
  Gu aite nam mor-sheol,
Gu'n fhuireach ri do chairdean,
  Do dhàimh, no luchd t-eòlais,
Biodh soirion air na speuran,
  Gun eiridh air mor-thonn,
A dh' aiseageus le réidh ghaoith
  Gun bheud thu gu seol-ait.

Mar sud bha ur-sgeul Chormaic
  Cho dearbhta sa' sheinn e,
E-fein sa' chomunn òg
  'S ind gle bhronach ma thimcheall,
E gabhail cead le pòig dh'i,
  Gu'n chòmhradh gun impidh
'S e dioladh guth an còdhail,
  Na h-òighe gu 'm pill e.

ORAN EILE,

AIR AN AODHAR CHEUDNA.

Tha mise fo' mhulad sa'n àm
  Cha'n òlar leam drùm le sunnt,
Tha dùrrag air ghùr ann mo chàil
  A dh-fhiosraich do chàch mo rùin,
Cha 'n faic mi 'dol seachad air sràid
  An cailin bu tlàithe sùil ;
'S e sin a leag m'aigneadh gu làr
  Mar dhuilleach bho bharr nan craobh.

A ghruagach is bach'liche cùl
  Tha mise ga t-iundran mòr,
Ma thagh thu deagh àite dhut fein
  Mo bheannachd gach ré ga 'd' chòir :

Tha mise ri osnaich 'na d' dheigh,
  Mar ghaisgeach an déis a leòn ;
Na laidhe san àraich gun fhuom
  'S nach teid anus an t-srùup ni's mō !

'S d' fhag mi mar iudmhail air trèud,
  Mar fhear nach toir spéis do mhuàoi,
Do thuras thar chuan fo' bhreid,
  Thug bràs shileadh dhéur om shùil—
B'fhearr nach mothaichinn fein
  Do mhaise, do cheill, 's do chliù,
Ne suairceas milis do bheil
  'S binne no séis gach ciùil.

Gach anduin' a chluinneas mo chàs
  A cuir air mo nadur fiamh ;—
A cantain nach eil mi ach bàrd
  'S nach cinnich leam dàn is fiach—
Mo sheanair ri pàigheadh a mhàil,
  'S m'athair ri mùlaid riamh
Chuireadh iad gearainn nu crann,
  A's ghearain-sa rann ro' chind.

'S fad a tha m' aigne fo ghruaim
  Cha' mhosgail mo chlùaln ri ceòl,
'M breislich mar ànrach a chuan
  Air bharraibh nan stuadh ri ceò.
'S e iunndaran t-àbhachd bhuam
  A chaochail air snùadh mo neòil,
Gun sùgradh, gun mhire, gun uaill,
  Gun chaithream, gun bhuadh, gun treòir!

Cha duisgear leam ealaidh air àill',
  Cha chuircar leam dùn air dòigh,
Cha togar leam fonn air clàr
  Cha chluinnear lenm gàir nan òg.
Cha dirich mi bealach nan àrd
  Le suigeart mar bha mi'n tòs,
Ach triallam a chadal gu bràth
  Do thalla nam bàrd nach beò !

AILEAN DALL.

ALLAN M'DOUGALL, better known by the soubriquet of *Ailean Dall*, or blind Allan, was a native of Glencoe, in the county of Argyle. He was born about the year 1750, of poor but honest and industrious parents. When a young man, he was bound apprentice to a tailor, who, in conformity with the custom of the time and country, itinerated from farm to farm, "plying his needle" in every house where his services were required. The excursive nature of this occupation, accorded well with Allan's disposition—the house in which they wrought, was literally crammed every night with young and old, who passed the time in reciting old legends—tales of love, of war, of the chase—intermingled occasionally with songs and recitations of ancient poetry. Thus nurtured, Allan soon became famed for his fund of legendary lore. His mind became imbued with the yet lingering spirit of chivalry, which characterized his countrymen in former times. He heard the encomiums bestowed upon the *bards*, and his youthful breast felt the ardent flame of emulation. From the first stages of puerility, he was remarkable for his sallies of wit, and quickness of repartee—there was an *archness* about him, which indicated future eminence. It is said that as he was sitting one day cross-legged, sewing away at his seam, he retorted so keenly and waggishly on a fellow-apprentice, that the other, wincing under the lash, thrust his needle into Allan's eye;—in consequence of this, the assailed organ gradually melted away, and the other, as if by sympathy, wore off in the course of time. Thus, like Mœnides and Milton "wisdom at one entrance was clean shut out," from poor Allan. Nature, however, is an excellent compensator—we seldom find a man deprived of one faculty, who does not acquire others, in a pre-eminent degree. Such was the case with *Ailean Dall*. He possessed a lively imagination, an excursive fancy, and a retentive memory.

Incapacitated from pursuing his trade, he turned his attention to music, and soon acquired a tolerable knowledge of that science as a fiddler. But he never became eminent as a musician, and was chiefly employed at country weddings and raffles, and so earned a miserable pittance. About the year 1790, he removed with his family to Inverlochy, near Fort-William, where he was accommodated with a hovel and a small pendicle of land by Mr Stewart, who then held the salmon-fishing on the river Lochy, and the occupancy of an extensive farm. The change had materially bettered our bard's circumstances—his family did all necessary agricultural operations, and Allan's fiddle and muse were in ceaseless demand, and were occasionally successful in the realization of some little cash, or other remuneration.

We utterly repudiate the doctrine that hardships and indigence are, or can be fertile in the productions of genius;—difficulties may spur to invention, but it is ease and comfort that can yield time and temper to give a polish to literary or poetic productions. The former may let off the whizzing squib of momentary excitation—it is the latter that can light up the bright-burning and pellucid torch of genius. During his stay at Inverlochy, he composed the most of his songs—his fame spread, and his reputation as a poet became ultimately stamped. His style is fine—his manner taking—his subject popular—and his selection of airs exceedingly happy. But while we are prepared to give our author a respectable position among the minstrels of our country, we are by no means disposed to place him in the first class.

Induced by the popularity his poems had acquired, Allan bethought him of preparing them for publication;—and with this view, he consulted the late Mr Ewan M'Lachlan, of the Grammar School, Aberdeen, who was then employed as a tutor in the neighbourhood. Mr M'Lachlan, himself an assiduous votary of the muse, entered with his characteristic zeal and enthusiasm into the poet's prospects. He took down our author's compositions in manuscript, and as they would not of themselves swell even into a respectably sized volume, the amanuensis added a few of his own productions, together with several other select pieces. The volume thus "got up" soon became exceedingly popular—especially in that part of the country: to say that it possessed merit, is saying too little—but there were one or two obscene pieces which we would like, for the sake of moral purity, had been omitted.

Shortly after the appearance of his poems in a collected form, the far-famed Colonel Ronaldson M'Donald of Glengary, took Allan under his patronage, and gave him a comfortable cottage and croft near his own residence. And now might the palmy days of our minstrel be said to have commenced—he occupied the proud and enviable position of family-bard to the most famed *Ceann-taighe* in the Highlands. He laid aside his blue, home-made great-coat, and *hat*, and was equipped in habiliments suited to his newly acquired rank. Never was there a more marvellous transition outwardly; and we venture to presume that the buoyancy of his feelings kept pace with his improved exterior. Allan now appeared in Glengary's retinue, clad in tartan trews, plaid, belt and bonnet, on all festival days and occasions of public demonstration. His minstrelsy tended to enliven the scene, and to inspire the party with the almost dormant chivalric spirit of their country. His panegyrics on Glengary were elaborate and incessant; and, as poets like other mortals, must have some slight ingredient of selfishness about them, if our author stepped beyond the bounds of propriety or truth in this respect, he has his equal in Robert Southey, the poet-laureate—and this we should think sufficient apology! He annually accompanied his patron to the gymnastic games at Fort-William; and various anecdotes of his ready wit are related by the people of that place. He previously composed appropriate songs for these exhibitions, and sung them at the games, as if they had been strung together on the spur of the moment—always making sure of having his lyre tuned by two or three copious draughts, not of *Helicon*, but of *Benevis!* On one occasion, after the sports of the day were over, Glengary having seen Allan quaff his third *shell*, stepped forward and said—"Now, Allan, I will give you the best cow on my estate, if you sing the proceedings of this day, without mentioning my name!" The bard adroitly and at once replied:—

> "Dheanainn latha gun ghrian,
> A's muir blian gun 'bhi sailt,
> Mu'n gabhainn do na Gàüil dàn,
> Gun fhear mo ghràidh 'n aird mo rainn!"

i. e. I would sooner create daylight without a sun, and call into being a sea of fresh water, before I would celebrate a gathering of Highlanders, without Glengarry figuring the first in my verse.

But although Allan became Glengarry's family bard, he did not give up composing pieces of general interest—and quite detached from the connexions of his proper calling. Indeed many of his productions while with the "proud chieftain," are, if any thing, better and more popular than his first. In the year 1828, he travelled the counties of Argyle, Ross, and Inverness, taking subscriptions for a new and enlarged edition of his works; and on procuring 1000 names, he went to press in 1829. But alas! the book was only in progress, when the cold finger of death silenced his harp for ever. He died much regretted, and was interred in the burying-ground of Kilfianan.

In personal appearance, Allan M'Dougall was thin and slender, and somewhat diminutive in size. He commonly wore a black fillet over his eyes. He was seldom out of humour, and very rarely nursed his wrath so long as to lead him to indulge in satire. He was amongst the family bards what Ossian was among the Fingalians—"the last of the race."

ORAN DO MHAC-'IC-ALASDAIR GHLINNE-GARAIDH.

Air fonn—"*Cuir a nall duinn am botal.*"

LUINNEAG.

Faigh a nuas dhuinn am botul,
'S theid an deoch so mu 'n cuairt,
Lion barrach an copan,
Cum socrach a chuach;
Tosda Choirneil na féile
Leis an eireadh gach buaidh,
Oighre Chnoideart a bharraich,
'S Ghlinn-garaidh bho thuath.

Tha ort measair a's adharc,
Agus taghadh nan arm,
Le d' mhiol-choin air lomhainn,
'S iad romhad a' falbh:

'Nuair theid thu do 'n mhonadh,
Bidh fuil air damh dearg;
Cas a shiubhal an fhirich,
Leat 'chinneadh an t-sealg.
Faigh a nuas, &c.

'S tu marbhaich' a choilich,
'S moch a ghoireas air chrann,
Bhuic bhioraich an t-seilich
Agus eilid nam beann:
'S tric a leag thu na lunth's
A chaol-ruaghag 's a mhang,
Nuair a ruigeadh do luaidhe
Cha ghluaiseadh iad eang.
Faigh a nuas, &c.

AILEAN DALL.

'S tu namhaid na h-eala,
  Lamh a mhealladh a gheoidh ;
B' fhearr leat 'fhalciun 's an adhar,
  Na na laidhe air lòn,
Air iteig ga chaitheamh,
  'S luaidhe neimh' air a thoir
Dho ghunna beoil chumpaich.
  'S cha bhiodh ùin' aige beò.
    Faigh a nuas, &c.

Lean do chruadal, 's do ghaisge,
  'S am fasan bu dual
A bhi colgarra, cosant'
  Gu brosnachadh sluaigh :
Gu h-armailteach, treubhach,
  Gu geur lannach, cruaidh ;
'S tu shliochd nam fear treuna,
  Nach geilleadh 's an ruaig,
    Faigh a nuas, &c.

Tha 'n naidheachd so fior
  Aig luchd innse nan duan,
Gur sgeul e ro chinnteach,
  Air do shinnsir bha buaidh ;
Nach do dhìbir an deas-lamh,
  Ach seasamh 's gach uair,
'S i bhuidhneadh a chìs
  Iti uchd strìthe le fuaim.
    Faigh a nuas, &c.

Ghabh thu tlachd a's deagh-cheutaidh,
  Do 'n bheus a bh' aig càch,
Luchd bhreacan an fheilidh
  A dh' eireadh a' d phairt :
Toirm fheadan ga 'n gleusadh,
  Leat is éibhinn an gàir',
Mar ri binneas nan teud,
  'S a bhi g' eisdeachd nam bàrd.
    Faigh a nuas, &c.

Tog suas an crann direach,
  'S brat rimheach gun sgàth,
Le *cularaibh* rioghail
  A dh' innseas co iad ;
'S cha 'n òb do chuid gillean
  Dol an iomairt na spàirn,
'S tu fein air an toiseach
  A toirt mosglaidh da 'n càil.
    Faigh a nuas, &c.

Tog colg ort, fhir ghasta,
  Bi gaisgeil 's gu 'm faod ;
Thig marcaich, a's coisichean
  Ort as gach taobh ;
A sheasamh do chòrach,
  Clann-Domhnuill an fbraoich ;

Thig do chinneadh a d' chombnadh,
  A chraobh chòmhraig nan laoch !
    Faigh a nuas, &c.

Tha fir chalma ro fhearail,
  Ann a 'd fhearannaibh fein,
Eadar Cnoideart 's Gleann-Garadh,
  'Theid barraicht' air ghleus :
'Chuireas cul air an naimhdean ;
  Tha 'n ceannard ga 'u reir :
'S cha ghabh thu bhi ceannsaicht'
  Le Ghranndaich Shrath-Spé.
    Faigh a nuas, &c.

'S leat cairdeas, le dùrachd
  Fir ùr Innse-Gall,
Nach gabh giorag na mùiseag,
  'N àm rusgadh nan lann ;
Na 'n cluinneadh iad stri riut,
  Bhiodh miltean diubh 'nall ;
Mu 'n leigeadh iad cùs ort
  'S iad a dhùbhladh do ràuc.
    Faigh a nuas, &c.

Thig a d' choinneamh le farum
  Buidhean bhras nan arm cruaidh
A bhualleadh na buillean
  'S a chuirendh an ruaig
'Bha gu h-ardannch,reachdmhor,
  Gu fenchd a dol suas
Bho Cheapaich nan craobh,
  'Dh-fhag na glaoidh 's a Mhaol-ruaidh.
    Faigh a nuas, &c.

Bho Chomhann nam bradan,
  Is gasd' thig fo thriall,
Clann Iain gun ghealltachd,
  Bha 'neart-san leat riamh,
Le 'n airm an deagh ordugh,
  Luchd a leonadh nam fiadh,
'S a dheanadh an tolladh
  Mu 'n cromadh a ghrain.
    Faigh a nuas, &c.

Co 'thàirneadh riut riobadh
  Nuair 'thig nam bell bhuat ?
Iarl' *Antrum* á Eirinn
  Leis an eireadh na sluaigh ;
Mac-'Ic-Ailein nan geur lann,
  Dheanadh euchd air a chuan,
Aig am beil na fir ghleusda
  'Dhol a reubadh nan stuadh.
    Faigh a nuas, &c.

Thig iad sid ort le dùthchas
  Bho thùr nan clach réidh,
Braithrean Dhomhnuill, Cloinn-Dhùghaill,
  Marcaich shunntach nan stéud :

Clann an t-Shaoir bho thaobh Chruachainn,
Bha cruadalach trèun ;
Ge d chaill iad a chòir
'Bh' aigan seòrs' ann an Slèibht',
Faigh a nuas, &c.

ORAN DO NA CIOBAIREAN
GALLDA.

Thainig oirnn do dh-Albainn crois,
Tha daoine bochd nochdte ris,
Gun bhiadh, gun aodach, gun chluain ;
Tha 'n Airde-tuath an deigh' a sgrios :
Cha 'n fhaicear ach caoirich a's uain,
Goill mu 'n cuairt dhaibh air gach slios ;
Tha gach fearann air dol fàs,
Na Gàüil 's an cinn fo fhliodh,

Cha 'n fhaicear crodh-laoigh air gleann,
No eich, ach gann, a' dol an éill ;
'S ann do 'n fhaisinneachd a bh' ann
Gun reachadh an crann bho fheum :
Chaidh na sealgairean fo gheall,
'S tha gach cuilbheir cam, gun ghleus :
Cha mharbhar maoiseach no meann,
'S dh-fhuadaich sgriachail Ghall na feidh.

Cha 'n eil àbhachd feadh nam beann,
Chaidh giomanaich teann fo smachd ;
Tha fear na cròice air chall,
Chaidh gach eilid a's mang as ;
Cha 'n fhaighear ruagh-bhoc nan allt,
Le cù seang ga chur gu srath ;
An eirig gach cuis a bh' ann,
Feadaireachd nan Gall 's gach glaic.

Cha chluinnear geum ann am buaile,
Chaidh an crodh-guaillionn á suim ;
Cha 'n eisdear luinneag no duanag,
Bloodhan mairt aig gruagaich dhuinn :—
Bho 'n chaidh ar cunllach an tainead,
'S tric a tha padhadh g' ar claoidh,
N àite nan cairdean a bh' againn,
Linnseach ghlas am bun gach tuim !

Mar gun tuiteadh iad fo 'n chraoidh,
Cunomhan caoich 'dol aog sa bharrach ;
'S ann mar sid a tha seann daoine,
'S clann bheag a h-aognis bainne ;
Thilgeadh iad gu iomall cùirte,
Bho 'n dùthchas a bh' aig an seannair ;
B' fhearr leinn gun tigeadh na Frangaich
A thoirt nan ceann deth na Gallaibh.

Dh-fhalbh gach pòsadh, threig gach banais—
Sguir an luchd-ealaidh bhi seinn ;
Chuala sibhse tric ga aithris,
" Caidseircan a teachd air clélbh ;"
'S ionnan sid 's mar thachair dhomh-sa,
Cha dean iad m' fheòraich air feill,
Far am b' àbhaist dhomh bhi mùirnench,
'S fearr leo cù ga chuir ri spréidh.

Gach aon fhear ' fhuair lamh-an-uachdar,
Dh-fhogair iad uatha gach neach
A reachadh ri aghaidh cruadail,
Na 'n tigeadh an ruaig le neart :
Na 'n eirendh cogadh 'san rìoghachd,
Bhiodh na ciobairenn na 'n aire ;
'S e sid an sgeula bu bhinn linn,
Bhi ga 'n cuir gu dìth air fad ! !

Eiridh iad moch la sàbaid,
'S tachraidh iad ri càch-a-chéil',
'S nuair a shìneas iad air *stòri*,
'S ann g' an còmhradh, tigh'n' air feur,
Gach fear a faoigbneachd ri nàbuidh,
" Cia mar sin a dh' fhag thu 'n treud ?
Ciod i phris a rinn na muilt ?
No 'n do chuir thu iad gu féill ?"

" Cha 'n aobhar talaich am bliadhn' e,
Rinn iad a sia-diag a's còrr ;
Ma tha thus' ag iarraidh fios air,
Cheannaich mi 'mhìn leis a chloimh ;
Dh-fhalbh na crogaichean air dhìl ;
'S ma ghleidheas mi 'n t-àlach òg,
Ge do gheibh an trian diù 'm bàs,
Ni mi 'màl air na bhios beo."

'Nuair dhìreas fear dhiù ri beinn,
An àm dha eiridh gu moch,
Bi'dh sgread Ghallda 'm beul a chleibh,
'G eighenchd na deigh a chuid con ;
Ceol nach b' éibhinn linn, a sgairt ;
Bracsi na shac air a chorp :
E suinte na bhreacan glas ;
Ua' -mhialan na fhalt 's na dhos.

'Nuair thig e oirnn sa ghaoth,
'S mairg a bhios air taobh-an-fhasga,
Cha 'n fhaod fhaileadh a bhi caoin,
'S e giulan nam maodal dhachaigh ;
'S tric e ga fhoileadh 'sa ghnorr,
Sios bho chaol-druim gu chasan,
'S ge be reachadh leis a dh' òl,
'S feudar dhaibh an sròn a chasadh.

Nuair shuidheas dithis no triùir
'S an taigh-òsd' an cùis 'bhi réidh,
Chitear aig toiseach a bhùird,
Ciobair agus cù na dhéidh ;

Bu choir a thilgeadh an cùil,
  'S glùn a chur am beul a chleibh,
Iomain a mach thun an dùin,
  'S gabhadh e gu smiùradh fein.

S olc a chuideachd do chàch,
  Neach nach àbhaist a bhi glan;
Cha chompanach dhaoine 'is fiach
  Fear le fhiaclan a spòth chlach,
Ann an garrabhuic air a ghluinean,
  Le chraos ga 'n sùghadh a mach;
'S ma leigeas tu 'n deoch ri bheul,
  Na dheaghaidh na fiach a blas,

Amach luchd chràgairt na h-òluinn,
  Ma 's a h-àill leibh comunn ceart!
Druidibh orra suas a chòmhla,
  'S na leigibh a sròn a steach:
Bho nach cluinnear aca '*stòri*,
  Ach craiceinn agus clòimh ga reic,
Cunntadh na h-aimsir, 's gach uair
  'Ceannach uan mu 'n teid am breith.

Suidhidh sinn mu bhòrd gu h-éibhinn,
  Gu ceolach, teudach, gun smalan,
Caoimhneil, carrantach, ri chéile,
  'S na biodh aon do 'n treud n' ar carabh;
Olaibh deoch-slainte Mhic-Choinnich,
  'S Chòirineil Ghlinne-Garaidh,
Chionn gur beag orra na caoirich,
  'S luchd dhaorachaidh an fhearuinn.

ORAN LEANNANACHD.

Nam faighinn gille r'a cheannach,
  A bheireadh beannachd gu Màiri,
'S mo shoraidh le caoimhneas
  A dh-fhios na maighdinn' a chraidh mi;
Ga nach a tug mi dhut faoidhrean,
  Ann am foill dhut cha d' fhàs mi:
'S mar a math leam thu fallain,
  Nar a mheal mi mo shlainte!

Nar a mheal mi mo chòta,
  Mar b'e mo dheoin a bhi lumh riut,
'S a bhi briodal ri 'm leannan,
  An seomar daingeann nan clùraidh,
An iuchair fhaotainn am' phòca,
  S gun au tòir a bhi laimh ruinn,
'S mi gun deanadh do phògadh,
  Gun fheòraich de ra' chairdean.

Gun fheòraich do m' chairdean,
  'S fada a dh'fhalbhuinn a d' choinnidh
Far an deanainn riut còdhail,
  Cha bhidhinn beo gun a cumail;
Tha mo dhuil ann sa mhaighdein
  Nach treig do chaoimhneas mi uile;
'S mar do chaochnil thu àbhaist,
  Gheibhinn t-fhàilt' agus t-fhuran.

'S e t-fhuran a leon mi
  A dh' fhag am bron so air m' aigneadh,
A thromaich m' inntinn fo' éislein,
  Cha dean mi eiridh le graide:
Tha mo chridhe neo-shunntach,
  Tha mi bruite fo'm aisnean,
Aig a mheud 's thug mi 'ghaol dut,
  'S nach fhaod sinn ' bhi tachairt.

Nach faod sinn 'bhi tachairt
  An àite falaich no 'n uaigneas,
Far an deanainn riut beadradh,
  A 's tacan cleasachd air uairean;
Ach se lagaich mo mhisneach,
  Nach faod mi tric 'bhi mu 'n cuairt dhut:
B' fhearr a phog na 'bhi falamh,
  Mar a faigh mi do bhuannachd,

Cha 'n eil m' éibhneas air thalamh,
  Mar a falgh mi thu 'Mhàiri!
Cha dual domh bhi fallain
  Ma bhios mi fada mar tha mi:
Cha ghuidhinn mo ghalar
  Do m' charaid no 'm nàmhaid;
Chaidh acaid am chridhe,
  'S cha dean lighichean stà dhomh!

Beul millis, dearg, daite,
  Deud snaighte mar dhisnean,
Suil ghorm is glan sealladh
  Fo 'n chaol mhal' aig an ribhinn
Tha cul buidhe mar òr ort,
  Is boidhche nan dithean;
Blas na meal' air do phògun,
  'S be mo dhebin bhi riut sinnte.

Ge d' chum mi falach an sgeula
  Tha mi 'n deigh bho cheann greis ort;
Aig a mhiad 's thug mi ghaol dut
  Tha m' aodunn air preasadh:
Dh-fhas glaise 'nam ghruaidhean,
  'S bochd a bhuaidh th' air an t-sheire sin,
A chaochail mo shnuagh dhiom,
  Mar dhuine truagh 'thig á teasaich.

Mar dhuine truagh thig á teasaich,
  A bhiodh fad ann am fiabhras,
'S ann a dh-fhas mi mar fhuathaich',
  Cho cruaidh ris an iarunn;

Ach bho tholseach ar sinnsridh,
"'S trì ni thig gun iarraidh,
An gaol agus eagal,
'S gun leith-sgeul an t-ladach."

DUANAG DO 'N UISGE-BHEATHA.

Fonn.—"*Tha'n oidhche tighinn a's mise leam fin.*"

Tha faileadh gun fhotas
Bho 'chneas Mhic-an-Tòisich,
Chuireadh blàths' ann am pòraibh,
Là reòt a's gaoth tuath.

O! sid i 'n deoch mhilis
Nach pilleamaid uainn,
Chuireadh blàths air gach cridhe,
Ge do bhitheadh iad fuar :
O! sid i 'n deoch mhilis
Nach pilleamaid uainn.

Bu taitneach an ceòl
A bhi g' eisdeachd a chrònain,
Ga leigeadh a stòp,
A' cuir cròic air a chuaich.
O! sid i 'n deoch, &c.

'S e gogail a choilich,
Ga ghocadh ri gloine,
Ceol inntinneach, loinneil,
A thoilleadh an duais ;
O! sid i 'n deoch, &c.

Ma chreidear mo sheanachas,
Bu mhath leinn 'bhi sealg ort,
Le h-urchair gun dearmad,
Fras airgeid mu d' chluais.
O! sid i 'n deoch, &c.

'Nuair chluinnte do ghlugan
Ga tharruinn á buideal,
Bu mhath le ar slugain
Am fliuchadh gu luath.
O! sid i 'n deoch, &c.

'S tu culaidh an damhsa
Nuair thigeadh an geamhradh,
A bheireadh air seann-duine
'Cheann' thogail suas.
O! sid i 'n deoch, &c.

Bu mhath thu air banais,
Ga 'r cumail na 'r caithris,
Nuair bhitheadh luchd-ealaidh
Iti caithreаm na 'r cluais.
O! sid i 'n deoch, &c.

Be sid an stuth neartmhor,
Dh-fhas misneachail, reachd-mhor,
Ni saighdear do 'n ghealltair,
Gu spealtadh nan cnuac.
O! sid i 'n deoch, &c.

Sùgh brìgheil na thirnne,
bho fheadan na pràise ;
Tha spioradail, laidir,
An caileachd 's an snuagh.
O! sid i 'n deoch, &c.

Ann an coinnidh, 's an codhail,
Bheir daoine gu còmbradh,
'S binn luinneagan orain
Mu bhord ga 'n cuir suas.
O! sid i 'n deoch, &c.

Tha thu cleachdta 's gach dùthaich,
N àm reiteachadh cùmhnant,
Ma bhios sinn as t-iunnais,
Bi'dh sùgradh fad bhuain.
O! sid i 'n deoch, &c.

Tha thu d' lighich' neo-thuisleach,
A dh' fhiachas gach cuisle,
Gun iarmailt no duslach,
Air nach cuir thu ruaig.
O! sid i 'n deoch, &c.

Gun eugail na fùilinn
Tha 'n clannaibh nan Gàül,
Nach toir thu gu slaint',
Agus phaighear dhut dhuais.
O! sid i 'n deoch, &c.

Nuair 'shuidheamaid socrach,
'S e 'ghlaodhte na bodaich,
Cha h' ionnan 's am brochan,
Thoir boslach dheth' nuas.

O! sid i 'n deoch, mhilis
Nach pilleamaid uainn,
Chuireadh blàths air gach cridhe,
Ge do bhitheadh iad fuar :
O! sid i 'n deoch mhilis
Nach pilleamaid uainn.

Note.—We have printed this song as we took it down from the poet's own recitation in 1829.

ORAN DO 'N MHISG.

Air fonn—"*An am dul sios bhi deònach.*"

An àm dhomh gluasad anns a mhadainn,
Cha 'n 'eil m' aigneadh sunntach,
'S e Mac-na-bracha 'rinn mo leagadh
Ann an leabaidh dhùinte ;
Mo chliabh na lasair, air a chasadh,
S airtneulach mo dhùsgadh,
'S e sud an gleachdair fhuair fo smachd mi,
'S dh' fhag e m' aisnean bruite.

Nuair a shuidh sinn san taigh-òsda,
Chaidh na stoip thar chunntas,
Gu tric a tighinn, cha bu ruighinn,
Iad na 'n ruith a m' ionnsuidh,
Gun iarraidh dàlach a sior phaigheadh
'G òl deoch-slainte 'Phrionnsa ;
'S cha 'n iarrainn fein a dh' aobhar ghàir',
Ach Ràonull a toirt cliù dhomh.

Nuair a ghluais mi gu tigh'nn dachaigh,
Lagadh a chion lùis mi,
Gun d' fhalbh mo neart gun leirsinn cheart,
Gun chaill mi 'm beachd bha m' shùilean ;
Feadh na h-oidhche 's mi gun soillseinn
Air mo shlaoic 'san dùnan ;
Cha robh air chomas domh ach àrusg,
'S bha mo chairdean diùmbach.

'S leir dhomh 'n diugh gur mor an tàmailt
Càch a bhi ga m' ghiulan,
'S mi fein an duil gun robh mi laidir
Gus an d' fhag mo thùr mi ;
Ge do chuir i 'n èis mo cholunn,
'S e mo sporan 'dhiubhail
Air gniomh na misge 'shlaid gun fhios mi,
Mar tig gliocas ùr dhomh.

'S olc an ealaidh bhi ga leanailt,
'S aimideach an tùrn 'bhi
'Suidh' air bhord a glaodhaich òil,
'S mo phòcannan ga 'n tionndadh,
A' sgapadh stòrais le meud-mhoir,
Ag iarraidh phòg 's na cùiltean ;
'S fad sa mhaireadh mo chuid òir,
Cha chuireadh òsdair cùl rium.

'S coir dhomh nise thoirt fos' near
An t-althreachas a dhùbladh,
Mo bhoid gu gramail thoirt a'n Eala,
Dh' fheuch an lean mo chliù rium ;
Cha teid deur a staigh fo m' dheudaich,
'S feudar tigh'n as iùnais ;
Cha 'n fhaigh fear falamh seol air aran
Ach le fallas gnuise.

Labhair Raonull—" Na biodh sprochd ort,
'S theid mi nochd air t-ionnsuidh,
Gleidhidh mi dhut bean a's tochradh,
Cho coltach 's tha 's dùthaich ;
Ge do bhiodh tu gann de stoc,
Na faicear bochd do ghiulan ;
'S c'arson nach glaodhamaid a'r hotul
Ann an toiseach cùmhnant ?"

SMEORACH CHLOINN-DUGHAILL.

LUINNEAG.

Ho-i, ri na, ho-ro, hù-o,
Ho-lib ho-i na, i-ri, ù-o ;
'S smeòrach mise le Cloinn-Dùghaill
A seinn cihil, an dluths' gach gèige.

Cha dean mi bròn an còs falaich,
Tha seileir mo loin gun ainnis :
Gheibh gach sebrsa seol air aran,
'S cha churam dhomhsa 'bhi falamh.
Ho-i, ri na, &c.

Nuair a dh'eireas grian an earraich,
Diridh an ianlaith 's na crannaibh ;
Tha 'm beatha-san diant' air thalamh
Bho 'n luimh gus am bial, 's i ro mhath.
Ho-i, ri na, &c.

Gur a mise a smeòrach ghleannach,
Sheinninn ceol air bhàrr gach meangain ;
Ribheid ùr an siunnsair fallain,
'S math mo chàil, gun sàs air m' anail.
Ho-i, ri na, &c.

Madainn chéitein, 'n àm dhomh dùsgadh,
'Seinn gu h-éibhinn, eutrom, siubhlach ;
Dealt nan speur air gheugan chraidh,
Grian ag eiridh, 's feur a' brùchdadh.
Ho-i, ri na, &c.

Ghineadh mi 's an tir nach coimheach,
'S chaisginn m' iotadh le brigh Chomhalun ;
Tobar ioc-shlainte nach reodhadh,
'G éiridh 'nios bho 'n dilinn dhomhain.
Ho-i, ri na, &c.

U

Air taobh greine, gleann mo chridhe,
Far an robh éibhneas mo dhibhe;
Ge do bhiodh an t-eug a tighinn,
Bheireadh slaint' do 'm chreubhsa rithist.
 Ho-i, ri na, &c.

'S an tir àigh do 'n gnà 'bhi cridheil,
Chaidh m' àrach gun fhaillinn bidhe,
Air neoil sàbhailte gun snithe;
 'S gheibhinn blaths' air sgà Chloinn Iain.
 Ho-i, ri na, &c.

Tha mi nise measg Chloinn-Cham'roin,
Cinneadh mòr bha 'n seòrs ud ainmeil;
'N eath 's an còmhail, sgòlta, calma;
 'Dol gu còmhrag, stroiceach, marbhtach.
 Ho-i, ri-na, &c.

'S piudhar mi do 'n chuthaig shamhraidh,
Le 'n dheoin cha teid mi gu Galltachd;
Bho 'n is i Ghàëlig is cainnt domh,
 'Measg mo chàirdean talar ann mi,
 Ho-i, ri na, &c.

Nuair theid fianlach feadh na coille,
Cruinnichidh ianlaith gach doire;
Thig gach ian gu nead le coilleig,
 Sràbh ga shniomh am bial gach coilich.
 Ho-i, ri na, &c.

'S ionnan sid 's mar dh'eireas domhsa;
Ma phiocas càch mi le dòruinn,
Falbhaidh mis' "an riochd na smeòraich,"
 'S theid mi 'm ghearan far an còr dhomh.
 Ho-i, ri na, &c.

Gu Dùn nan Cliar thriallainn dàna,
'Dhol fo sgiathaibh nan triath stàtail;
Ged nach eil Eoin Ciar a lathair,
 'S maireann am fear liath a's Pàdruig.
 Ho-i, ri na, &c.

Dùn-olla nan tùireid arda,
Nam fear fuileach, builleach, stràcach,
'Sheasadh duineil luchd an cairdeis,
 'Choisneadh urram ri uchd namhaid.
 Ho-i, ri na, &c.

'S smeòrach mi bho chaisteal uaibhreach,
Nan steud prìseil, rìoghail, suairce,
Dream gun spìd, bha 'n sinnsir uasal,
 Bu mhor prìs ri linn Raon-Ruairidh.
 Ho-i, ri na, &c.

Dughallaich nan geur-lann aisneach,
Guineach, beumach, spelceach, sgaiteach,
Dol ri feum le treundas gaisgidh,
 Garg 's a streup, 's bha 'n leus ri fhaicinn.
 Ho-i, ri na, &c.

Cha robh 'm Brusach na chuis fharmaid,
Iti fhuil cha chumadh iad earbsa,
Mu 'n do sguir sibh, bha e searbh dha,
 'S bu bheag leis a chuid de dh' Alba,
 Ho-i, ri na, &c.

Chuir sibh, Roibeart an cuil chumhainn,
Ghabh e gu fogradh car siubhail;
Cha robh dhaoine snor bho phuthar,
 Fad 's a bha bhur taobh-sa 'buidhinn.
 Ho-i, ri na, &c.

Cha b' iongnadh e 'ghabhail grain diu,
'S tric a chuir iad cunnart bais air;
Thug sibh unithe 'sròl 's am braisde,
 'S tha sid an Dun-olla 'lathair.
 Ho-i, ri na, &c.

'S i 'n t-sheann stòri tha mi gluasad,
'S nuidheachd ùr do 'n fhear nach cual i,
Sgeula fior, ge fada bhuaithe,
 Gun do sheas an linn ud cruadal.
 Ho-i, ri na, &c.

Buidheann gun fhiamh, nach d' iarr socair,
Rinn iad aon blar-diag a chosnadh;
Gus an tainig sgrìob na dosgalnn,
 Latha Dail-righ a mhi-fhortain.
 Ho-i, ri na, &c.

'S e bu mhiannach leis a bhuidheann,
Bhi cur ard-raimh'chean fo 'n uidhream,
Seoladh ard air bharr nan sruithean,
 Sgoltadh nam bàrc le car shiubhal.
 Ho-i, ri na, &c.

Luchd a chaitbeamh nan cuan borba,
'S muir a gairich ri h-aird stoirme;
Bheireadh iad gu aite soirbh i,
 Dh' aindeoin barr nan sràc-thonn gorma.
 Ho-i, ri na, &c.

Fir mo ghaoil bho thaobh na tràghad,
Nach robh claon ri h-aodann gabhaidh,
Nach meataicheadh gaoir an t-sàile,
 'Nuair a sgaoileadh iad a h-àlach.
 Ho-i, ri na, &c.

Cha d' innis mi trian da 'r n' àbhaist,
'S tha mo mhuineal tioram tràisgte;
'S olaidh mi nis' bur deoch-slainte,
 A shliochd a Cholla-Chathaich Spaintich.
 Ho-i, ri na, &c.

TROD MNA-AN-TAIGHE RI FEAR,

AIR SON A BHI 'G OL AN DRAMA.

Latha dhomh 's mi 'g òl an drama,
Còmhlath ri oigearan glana,
Ge do bha mo bhean-sa banail,
   'S sgainnealach a trod i rium.

"O! teann a null, 's na tionndaidh rium,
Bho 'n 's e mo dhiumb a choisinn thu ;
Fuirich sàmhach air mo chul-thaobh.
   Sùgradh cha bhi nochd againn."

Labhair ise 'sin na briathran :—
" Fasaidh tu d' shruthaire bringach,
S eagal leam nach paidh thu t-fhiachan,
   'S e do ghniomh tha coltach ris.
      O! teann a null, &c.

" Cha 'n fhuilig mi bonn a d' bheadradh
Air moch, no anamoch, no feasgar ;
'S fearr leat comunn nan stòp beaga,
   'S thoill thu leasan goirt' thoirt dhut.
      O! teann a null, &c.

" Thug thu òg do cheannas-cinnidh
Do Mhac-an-Tòisich an gille ;
'S bho na rinn an t-òl mhilleadh,
   A d' mhire cha 'n 'eil toirt agam.
      O! teann a null, &c.

" Cha 'n fharraid' thu 'm bithinn beo,
Nam faigheadh tu tombac' a's pòit,
Bhi sgapadh airgeid air gach bòrd,
   'S cha 'n 'eil an seol ud fortanach.
      O! teann a null, &c.

"'S olc an an obair dhut bhi daonnan
A tighinn dachaigh air an daoraich ;
Cuiridh tu mise gu caoineadh,
   'S dh' aognaich fear do choltais mi.
      O! teann a null, &c.

" Tha thu gun leine, gun chota,
'S cha dean mise snaithn' ri d' bheo dhut ;
Bho na dh' fhas thu d' dhuine gòrach
   Chuir an t-òl bho chosnadh thu.
      O! teann a null, &c.

" Tha thu gun bhriogais, gun fheileadh,
'S e air tolladh air do shleisnean ;
'S cia mar a ni mi dhut éideadh ?
   Chuir thu fein gu bochdainn mi.
      O! teann a null, &c.

" Phòs mi thu dh' aindeoin mo chairdean,
Gun toil m' athar no mo mhàthar ;
'S bho na ghabh mi nise gràin dhiot,
   Falbh as fag a's droch-uair mi.
      O! teann a null, &c.

" Phòs mi thu le deoin gun aindeoin,
'S bha thu seolt' air thì mo mheallaidh ;
Bho na bha mi òg am amaid,
   Rinn mi ceangal do-charach.
      O! teann a null, &c.

" Ge do bheirinn spreidh a's earras
Do dh' fhear t-àbhaist agus t-ealain,
Chosgadh tu e leis na galain ;
   Ailein ! chaidh an ròsad ort !
      O! teann a null, &c.

" Ge nach robh mo chrodh air buaile,
Bhuininn do dh-fhior fhuil gun truailleadh ;
'S na seallainn beagan mu 'n cuairt dhomh,
   Cha d' fhuair thu mi socharach."
      O! teann a null, &c.

E-SAN A' LABHAIRT

AIR A SHON FEIN

Eisn ! a bhean, do d' ghearan uaibhreach,
'S fuirich siobhalt ann a d' ghluasad,
S na bi maoidheadh ormsa t-uaisle,
   Bho nach d' fhuair mi tochradh leat.

O tionndaidh rium, a's deasaich rium,
'S a ruin ! na bi ri moit orm ;
'S teannaidh mise riut a null,
   Le sugradh mar bu choltach dhuinn.

'N cluinn thu mis', a bhean an taighe ?
Eirich, 's theid mi leat a laidhe ;
Smaoinich fein gun geill na mnathan,
   'S gabhaidh iad le choiteach rud.
      O tionndaidh rium, &c.

A bhi trod rium cha 'n 'eil feum ann,
Cha chuis àbbachd dhuinn le cheil e :—
"Air beul duinnte cha teid féichean,"
   'S e bhi réith is docha leinn.
      O tionndaidh rium, &c.

'S ge do dheanainn stòp a thràghadh,
 Maille ri cuideachda chairdeil,
'S mairg thu 'mhaoidheadh orm gu bràch e,
 Ged do phàidhinn crotag ris.
  O tionndaidh rium, &c.

Ge do dh' òlainn làn an taomain,
Thiginn dachaigh cridheil, gaolach;
'S cha bu chùis gu taigh a sgaoileadh,
 Ge do ghlaodhainn botul dheth.
  O tionndaidh rium, &c.

Ge do labhair thu 's gach doigh rium,
Dh' aindeoin aon ni riamh a dhòl mi,
'S geal do churrachd, 's dubh do bhrogan,
'S dionach, comhnard, socrach, iad.
  O tionudaidh rium, &c.

Ge do dh' fhanadh tu air t-eolas,
Gun tigh'nn riamh a nall á Cnòideart,
Ghelbhinn te le beagan stòrais,
 Bhiodh cho boidheach coltas riut.
  O tionudaidh rium, &c.

Ach sin 'nuair a labhair ise:—
" Smithich togail dhoit a nis',
Chàin thu thu fein, 's dhit thu mise;
'S misd thu nach 'eil fòsadh ort."
  O tionndaidh rium, &c.

GEARAN NA MNATHA AN

AGHAIDH A' FIR, AGUS IAD A FREAGAIRT A CHEILE.

FONN—*" 'S muladach mi fhìn 's mo Dhòmhnull."*

A' BHEAN,

'S cia mar dh-fhaodas mi bhi beo,
'S an duine breoite, truagh agam?
Tha e-san seau, agus mis' òg,
'S ann aig' tha 'n corr mar chuala mi:
Ge do laidheas mi 'ga chòir
 Tha bhial 'sa shroin air fuarachadh,
'S gur mor a chulaidh ghràin a phog,
 Le fhiasaig mhoir 'g a suathadh rium.

AM FEAR.

O! bhean, cha 'n 'eil do labhairt ceart,
Bha neart aunam 'n uair fhuair thu mi;
Dheannainn mire, mùirn, a's macnus,
A's ghleachdainn ris na gruagaichean;

Sean-fhacal a dh-fhaodar innse,
 Sgeula fior a chualas e:—
" Cha lean an sionnach air a shior-ruith,
'S bithidh e sgith dheth uair-eigin."

A' BHEAN.

'S dona ghreis a mhair thu dhomhsa,
 A's cha b'e 'm pòsadh buadhail e;
Dh-fhalbh do mhisneach, 's do threòir
 An uair bu choir dhut cruadhachadh;
Ged bhiodh tu da-fhichead 's corr,
 Cha b' aois ro mhor an tuairmeachd sin;
'S gur lionmhor fear nach 'eil cho òg riut,
 Chuireas pòr mar thuathanach.

AM FEAR.

Dheanainn cliathadh, 's chuirinn crann,
 Na' faigbinn earlaid luathaireach,
Agus cuideachadh ri bantraich,
'S gheibhinn taing, a's tuarasdal;
Ge do chaidh mi nis a prìs,
 Bho 'n tha mi tinn air uaireanan;
Gu 'n robh mi roimhe 'm sgalalg ghrinn,
'S bu mhor 'ga d' dhì na fhuair thu dhiom.

A' BHEAN.

'S a h-uile càs an robh thu riamh,
 Bha teang' ad bhial a dh'fhuasgladh ort;
Na'n creideadh gach neach do sgialu,
 Dhianadh tu na cruachan donh:
Ach caite faca sinn do ghniomh,
 Nam fiachta ris an rùmhar thu?
Bha do dhruim 's do lamh cho diomhainn,
 Sid an giomh a fhuair mi dhut.

AM FEAR.

O! bhean, nach labhair thu gu foil,
 Cha 'n 'eil do chomhradh buannachdach:
'S mu thionndas tu rium a choir,
 Bheir mise 'n corr nach fhuair thu dhut;
Glacaidh mi sùiste 'ann am dhòrn,
'S air ùrlar comhnard buailidh mi,
Bho airde na sparra nuas gu làr,
'S cha 'n fhag mi grainn air sguaib agad.

BHEAN.

'S na 'n togadh tu ort a chroit sin,
 Choisneadh tu do dhuais orm:
Cha chluinnte gu bràch mis' 'g osnaich,
 A's nochdainnse mo shuaircess dhut;
Chuirinn an t-im ann sa bhrochan,
 A's chumainn deoch an uachdar riut;
'S chaidleamaid gu sàmhach socrach
'S cha bhiodh sprochd no gruaim orm.

AILEAN DALL.

AM FEAR.

Shaoil mi bheau gu 'n robh thu bàindi,
A's nach biodh sannt gu tuasaid ort:
Ge do dh-fhàsainnse cho fann,
'S nach tionndainn air do chluasaig riut;
Air leam fein nach eil thu 'n call,
'S do chlann a chuir ri ghuaillibh dhut;
'S ma dh-fhas thu guinideach nad' cheann,
Gur beau tha 'n geall air buaireadh thu.

A' BHEAN.

'S ann agam-sa bba'n ceannfath,
Nuair chithinn càch a' cluaineis riut;
Chaidh a' chuis bho fhaladhà,
A's cha robh stà bhi d' bhuachailleachd;
Ged a's mis' a ghlac do lamh,
Bha te no dhà nach b' fhuathach leat:
'S ma chosg thu riutha do lìunn-tàth,
Tha nis' am fàilt air fuarachadh.

AM FEAR.

Dh-aithnich thusa sin ort fein,
A bheudag dh-fhas thu suarach orm:
Chaill thu nise dhiom do spéis,
'S cha 'n 'eil do reite buan agam:
Bho 'n a chaidh mise nis' bho fheum,
'S e 'n t-eud a rinn do bhualadh-sa:
'S moch 'sa mhadainn chuir thu 'n ceill domh,
Nach robh m' eiridh suas agam.

A' BHEAN.

Is fhir gun stà, gun rath, gun direadh,
Na bi 'g innse tuailens orm:
Nam bidh tusa dhomhsa dìleas,
Cha robh m' inntinn bruailleanach:
Ach 's e bu mhiann leat a bhi briodal,
Ris gach ribhinn chuaileanaich:
'S iomadh ribein agus cìr,
A's deise chinn a fhuair iad bbuat'.

AM FEAR.

Ach c'aite 'n fhuair thu mi 'sa sgàth,
Na'm faca tu 'g an tuairgneadh mi,
Cha robh mi m' mheirleach cho math,
'S nach glaca' tu mi uair-eigin:
'S ma fhuair thu taisgeuladh no brath,
'S e 's fhasa chuir a suas orm,
S na càraich air a mhùin do chas,
Ach leig a mach na chuala tu.

A' BHEAN.

'S ma chuireas tu mi gu m' dhùbhlan,
Bithidh a chuis na 's cruaidhe dhut:
Gheibh a' ministeir an t-umhladh,
A's theid an lùireach shuaicheant ort;

Linnseach, mhaslach air a dùbladh,
Leis gach dunadh tuaisgearra:
'S ge do bhithinns' air do chul-thaobh,
Air son crùn cha 'n fhuasglainn i.

AM FEAR.

Ach gus an càirear mi 's an ùir,
Cha 'n fhaic do shuil mu m' ghuaillean i,
'S ma thig do naidheachd os ceann bùird,
Cha chliù dhut a bhi luaidh sin riun;
A's ge do lasadh t-fhearg le diumb,
Cho ghrad ri fudar buaireasach,
Cha chomhdaichear leat orm-sa chùis,
Nach luunsaich mi le h-ualbhreachas.

A' BHEAN.

'S cha mhor nach cuma leam co dhiù,
Cha robh do thùrn ach suarach leam:
'S an a'r a b' fhearr a bha do shùgradh,
Chunntainnse na h-uaireannan;
Chaidleadh tu cho trom gun dùsgadh.
Air mo chul le smuaisirein:
'S ge do bhiodh mo thaigh 'ga rùsgadh,
Cha robh curam gluasaid ort.

AM FEAR.

'S bheirinn comhairle gu h-eolach,
Air gill' og tha fuasgailteach;
E bhi glic ri àm a phòsaidh,
'S laidhe seolta suas rithe:
'S gun droch cleachdadh thoirt 'g a dheoin,
Do ghòraig nach biodh stuaim iunte,
'S gun fhios nan lngaicheadh a threbir,
Nach ordaicheadh i bhuaithe e.

A' BHEAN.

Am fear nach dean a threabhadh tràth,
'S a mhùirt ged bhiodh e fuar aige,
S culaidh mhagaidh e chion stà,
'S ri latha bhàth cha bhuain e dias;
Bithidh am fearann nige fàs,
Na stiallan bana, 's luachair air,
A's e san broinein! a' dol bàs,
'S na saibhlean làn aig tuathanaich.

AM FEAR.

'S cha 'n fheud mo threabhadhsa bhi mall,
S do chall ri dheannadh suas agam;
Bheir mi oigeich as a' ghleann,
'S theid cuing gu teann mu 'n guailleanusa;
A' Dun-éideann gheibh mi crann,
'S e fasan gallda 's usaile leinn;
Coltar, staillnn, soc, a's bann,
'S gach ball bhos ann theid cruaidh orra.

A' BHEAN.

Bi cho math 's do ghealladh dhombsa,
 'S còrdaidh sinn gun duathalas :
Bho 'n tha sinn cho fada comhla,
 'S am pòsadh mar chruaidh shnuim oirnn ;
'S mor gur fearr leam an t-ole eulach,
 Na fogarach luasganach ;
A's cuiridh sinn ar treis an ordugh,
A's mar a 's coir dhuinn gluaisidh sinn.

AM FEAR.

Is thuirt an sean-fhear, 's cha b'i bhriag,
 Ge d' eireadh sian nan cuartagan :—
"Nach robh soirbheas laidir dian,
 Gun fhiath bhi goirid uaithe sin :"
'S an cogadh bu chruaidh bh' ann riamh,
 Chaidh crìoch le rian air uair-eigin ;
'S cuir thusa, bheau, ri d' theangaidh srian,
 'S bithidh sìth 'ga dìanamh suas againn.

ORAN NA CAILLICH.

AIR FONN—"*Hò hì ho hà mo luadh mo leanamh.*"

Ma theid mi gu feill, gu féisd, no banais,
Bi'dh ise làn eud, 's i fein aig baile
'S ma bheir mi le sùgradh suil air caileig,
Gur diumb a's falachd sid dhombsa.

 O hi o hà, gur cruaidh a chailleach,
 O hì, o ha, gur fuar a chailleach,
 Ho rè, ho rà, 's i ghrain a chailleach,
 Dh'fhàg mise 'nam amadan gòrach.

Ma ni mi 'n taigh-òsda stòp a cheannach,
No suidhe air bòrd 's gun òl mi drama,
Theid faileadh 'na sròin 's a dòrn an tarruinn,
'S bi'dh muinntir a bhaile ri mòd oirnn,
 O hi, o ha, &c.

Mar ceannaich mi tì cha'n fhìnch mi m' fharaid
A leigheas a ciun, 's i tinn a gearan ;
Cha dean i rium sìth, ach strì a's carraid,
 'S ri càran teallaich an combnuidh.
 O hi, o ha, &c.

Bhithinn gu h-éibhinn, eatrom, aighearach,
Aigionnach, gleusda, a' leum 's an Earrachd,
Na 'n deanadh an t-cug bho chéìl' ar sgaradh,
 'S gu 'n cùrainn am falach fo 'n fhòd I.
 O hi, o ha, &c.

Cha 'n airgead, cha 'n òr, cha stòr, cha thrusgan,
 'Chuir mise air a tùir ri moran cùirteis—
Ach dalladh fo sgleò le seòrsa buidseachd—
 'S ann agamsa tha 'n t-uirageul air Seònaid.
 O hi, o ha, &c.

Nuair thig mi bho 'n chrann an àm an earraich,
Le fuachd air mo chall, 's mi 'n geall mo gharaidh,
Cha 'n fhaod mi na taing dol teann air an teallach
Mu 'm buail i gu h-ealamh le bròig mi.
 O hi, o ha, &c.

Cha dian i dhomh feum, 's cha ghreidh i aran,
Cha 'n àraich i feudail, spreidh, no leanamh,
A' laidhe 'sa g eiridh 'g eigheach 's a' gearan,
 'S gu 'n reicinn gu deimhinn air ghròt i.
 O hi, o ha, &c.

Tha cnaimhean cho chruaidh ri cuaille daraich,
A craiceann, 's a tuar cho fuar ris a ghaillionn ;
Cha dean baraile guail aon uair a garradh,
 Gun dusan sac gearrain de mhoine.
 O hi, o ha, &c.

Gun fhaicaill 'na ceann, 's car cam 'na peirceal,
Nuair thogadh i greann an àm an fheasgair
Gu'n teiche' gach clann, gach crann, 's seisreach,
 Aig miad an eagail romh ' gròigeis !!

 O hì, o hà, gur cruaidh a chailleach,
 O hi, o ha, gur fuar a chailleach,
 Ho rè, ho rà, 's i ghrain a chailleach,
 Dh'fhàg mise 'nam amadan gòrach.

BARD LOCH-NAN-EALA.

JAMES SHAW, or *Bàrd Loch-nan-Eala*, was a native of the island of Mull, where he was born about the year 1758. He latterly resided in the parish of Ardchattan, Argyleshire, where he was commonly called the Lochnell poet. Being partly supported by the late General Campbell and his lady; she, it is said, encouraged him to publish some of his works, for which purpose he went to Glasgow to get them printed. Whether he got a printer to undertake the work or failed in the attempt is not known; for, on his return home, he died suddenly on board a Steamboat on his passage to Oban: this happened about the year 1828. He lived in a state of idleness and dissipation; praising those who paid him well for it, and composing satires on those who refused him money or liquor. A few of his poems were printed in Turner's Collection, and many others are preserved in manuscript, but they are chiefly local satires of little merit. "*Bi'dh Fonn oirre Daonnan*" is his *chef d'œuvre* and the only popular piece of all his compositions, except in his own country.

ORAN DO DH' FHIONNLA MARSANTA

[Air son e chuir as a chéile seanna chuirn agus clachan iobairt, à bh'aig na Draoidhcan bho shean]

AIR FONN.—"*Alasdair à Gleanna-Garadh.*"

CHUNNA' mi bruadar air Fionnla,
'S chuir e iongbnadh orm r'a fhaicinn,
'S ghabh mi longandas ro mhor dheth,
Gu sònraicht o 'n bha mi 'n chadal;
Thuirt an guth rium dol da ionnsaidh,
Dh' innse nach e cùis a b' fhasa,
Dol a rusgadh càrn nan Druidhneach,
Na 'n car a thoirt a muinntir Ghlascho.

Ach dh' fharraid mi co as a dh' fhalbh e?
'S fhreagair e le seanachas grad mi,

Thuirt e gu 'n robh a chairdean dileas,
Eadar a Chill 's Allt-na-dacha;
Bha cuid air an Dun so shuas din,
'S bha uair a bha iad na bu phailt' ann;
'S cha 'n eil mi buidheach a dh' Fhionnla,
Dhol ga 'n dùsgadh as an cadal.

'S chi thusa fhathasd le d' shuilean,
Ma bhios tu 's dùthaich ri fhaicinn,
Gu 'n téid an guothach so dhioladh,
Cho chinnteach 'sa bha 'n crùn an Sasunn.

'S goilt e 'n steigh bh' ann an uachdar
Chladhaich e 'n uaigh fo na leacan ;
E gun fhios co dhiù bha innte,
Mac an righ na sliochd a bhaigeir.

'N saoil thu fhein nach robh e dàna,
Marsanta maileid no paca,
Dhol a rusgadh an àit-iobairt,
'S ioma linn a chuir e seachad ;
'N t-aite 'n robh cnaimhean an t-seann-duin,
'N tiolaiceadh ann o cheann fada ;
Mu 'n téid an gnothach gu crìch,
Gur duilghe dha na fiach a *bhlastidh*.

Ma dh' eireas mise 's mo luchd leanmhuinn,
Gu 'm bi gnothach garbh a's dùthaich,
Theid Mac-'Ille-dhuibh a mharbhadh,
'S cha dion a chuid airgeid Fionnla,
Leagar an taigh air sa 'n sabhal,
Sgriosar am bathar 'sa bhùth air,
'S theid Gilleaspuig ri posta,
Agus crochar mac a chùbair.

Eiridh an tubaist do 'n chiobair,
'S laidhe binn air Mac-na-Ceairde,
'S ma dh' òrdaicheas e gu h-olc e,
'S gnothach neo-chiontach sud dàsan,
E na sheirbheiseach aig Fionnla,
Tuilleadh a null gu Feill-Màrtuinn,
'S ma chuireas e uall na leacan,
Ma bhios meachainn ann sann dàsan.

Bhi cuir fudair anns na creagan,
Chuireadh e eagal air bòcain,
Bhi ga 'n tolladh leis an tora,
'S bhi ga 'n sparradh leis na h-òrdan,
Daoine marbha bhi ga 'n glunsad,
'S gnothach uamhraidh gu leoir e,
'S na 'n leanainn e gu grunnd an t-seanchais,
B' aimneil e na aran righ Deòrsa.

'S cha tèid a chorp fhein gu dìlinn,
Thiolaiceadh an aite gràsmhor,
'S ann théid a losgadh mar iobairt,
Air a dhiteadh leis na faidhean,
Theid a luath a chuir le abhuinn,
'N aite nach fhaighear gu bràth i,
'S cha 'n faigh e ach rud a thoill e,
Chionn gu 'n d' rinn e gnothach graineil.

Ach dh' fhalbh an guth 's thug e cheal rium,
Agus thionndaidh e gu h-ealamh,
Thuirt e rium gu 'n d' rinn e diochuimhn,
'S e ga innse dhomh mur charaid,
Fios a thoirt dh' ionnsaidh Dhùghaill,
Gu 'n robh a ghaal a's uird ro ealamh,
Dheanadh torachan do dh' Fhionnla.
Chu'r fùdair an Dail-a-charra.

Smaoiutich mi so ann am inntinn,
Nach bithinn a dìteadh Dhùghaill,
Thuirt mi ris gur duine grinn e,
Do dh' fhuil Righrean nan Stiùbhart,
Tha e fhein na dhuine toileil,
Dheanadh gnothach do dh' fhear dùthcha ;
'S on bha Fionnla na chabhaig,
Cha bu mhath leis bhi ga dhiultadh.

'Nuair a dhùisg mi ghabh mi eagal,
'S e na sheasamh air an ùrlar,
Dh' fheuch am faighinn reidh air falbh e,
Los nach coisninn na lorg diùmba ;
Tha Dùghall trom air an tombaca,
'S tha pailteas deth sin aig Fionnla ;
'S o 'n a labhair mi cho deas ris,
Ghabh e pairt de leith-sgeul Dhùghaill.

'S ann a tha 'n naidheachd so cinnteach,
Ged shaoileadh sibhse gur breid e,
Cha 'n innis mi a neach gu brath e,
Ach do chuideachd arnid eolach ;
Cha robh a leithid riamh ri innse,
Eadar an Sithean 's Lag-Chòthain
Co dhiù th' ann breug no firinn,
Sin agaibh mur dh' innseadh dhomhs e.

BI'DH FONN OIRRE DAONNAN

LUINNEAG.

Bi'dh fonn oirre daonnan,
'S bi'dh aoidh oirr' an cònaidh,
'S dh' fhagadh m' inntinn aobhach
Bhi faicinn t-aodainn bhòidheach,
Le mhiad s'a thug mi ghaol dut,
A's uatromas na h-òige,
Mur a dean mi t-fhaotainn,
Cha'n fhad' a ghaoil is beò mi !

CHUNNA' mise bruadar,
Dh' fhag luaineach an raoir mi'
Bhi' faicinn bean mo ghaoil
Ri mo thaobh fad' na h-oidhche.
Mi thannda' le sòlas,
Gu pòg thoirt do 'n mhaighdinn
An duil gu'n robh i làmh rium,
Ged' bha mi na'm' aonar.
Bi'dh fònn, &c.

Ged' do bha mi' m' shuain,
Gu'm bu luath rinn mi dùsgadh
An duil gu'n robh mo thasgaidh,
An cadal air mo chul-thaobh.

'Nuair shìn mi mo lamh,
Gu mo ghradh tharruinn dlù rium,
Cha robh ann ach sgàile,
Rinn m' fhagail 'nuair dhùisg mi.
Bi'dh fonn, &c.

Mo dhùrachd do'n rìbhinn,
Dh' fhag m' iuntinn-sa craiteach
Bean t-aogais cha leir dhomh,
La-feille na sàbaid.
Do bheusan tha ceutach,
As t-eudainn ro nàrach,
Ach 's trungh mi thug gaol dut,
'S nach faod mi bhi lamh riut.
Bi'dh fonn, &c.

O furtaich air mo chàs-sa,
A ghraidh bhan an t-shaoghail,
Tuig mar tha mo nàdur
An sàs aig do ghaol-sa.
Na fag mi mar tha mi
Dol bàs leis an fhaoineachd,
'S gur tu stagh mo riaghailt,
Mo bhiadh agus m' aodach.
Bi'dh fonn, &c.

'S muladach mi daonnan,
Do ghaol rinn mo leònadh,
Dh' fhalbh mo dhrench as m'aogais,
A's chaochail mo shòlas.
Cha'n 'eil àit' an téid mi
Nach snoil mi le gòraich,
Gum beil mi faicinn t-aodann,
A's aoidh oirr' an conaidh.
Bi'dh fonn, &c.

Chualadh tu mar tha mi,
Gur bàs domh as t-aogmhais,
Tionda-lh ann am blàth's rium
'S na fag nig an aog mi.
Thig a's thoir do laimh dhomh
Do ghradh, a's do chaoimhneas,
S cha 'n iarr mi tiull' a chàirdeas,
No dh' aillens an t-shaoghail.

*Bi'dh fonn oirre daonnan,
'S bi'dh aoidh oirr' an cònaidh,
'S dh' fhagadh m' inntinn aobhach
Bhi faicinn t-aodainn bhoidheach,
Le mhiad s'a thug mi ghaol dut,
A's aotromas na h-oige,
Mar a dean mi t-fhaotainn,
Cha'n fhad' a ghaoil is beò mi.*

ORAN DO BHOINIPART.

LUINNEAG.

*A ri! gur h-aotrom leinn an t-asdar,
Biodhmaid suanntach air bheag airtneil,
Dhol an còdhail Bhoiniparti,
Chionn bhi bagairt air righ Deòrs.*

'ILLEAN cridhe biodhmaid sunntach,
Seasamaid onair ar dùthcha,
Fhad sa mhaireas luaidh' a's fùdar,
Ciod a chuireas cùram oirnn.
A ri! gur aotrom, &c.

Thoisich thu oirnn o chennn fada,
Le bòsd, le bòilich, 's le bagradh,
'S ma thig thu air tir an Sasunn,
Cha téid thu dhachaigh ri d' bheò.
A ri! gur aotrom, &c.

Ged theannadh tu fhein 's na Fràngaich,
Ri tigh'n a Bhreatuinn le d' chabhlach,
Cuiridh sinn a null gun taing thu,
'S b'fhearr dhut fuireach thall led' dheoin.
A ri! gur aotrom, &c.

'Nuair chuir thu 'n Fhràing thair a chéile,
Dh' fhalbh thu mur shlaoighteardo'n Eipheit,
'Nuair a chaill thu 'n cuig-ciad-deug,
Gun theich thu fhein air eigin beò.
A ri! gur aotrom, &c.

Bha luchd nan adaichean croma,
Na 'n laidhe air blàr g'a 'n lomairt,
'S e mo dhiùbhail bh' anns a choinneamh,
Nach d' fhan *Abercrombi* beò.
A ri! gur aotrom, &c.

An t-seann reisimeid dubh mheasail,
An darn te sa 'n da-fhichend,
Nuair fhuair i suas riut a chlisgeadh,
Chuir i bristeadh ann ad chrò.
A ri! gur aotrom, &c.

Nis dh' eirich na *Volunteers*,
'N onair an righ 's mhornir Iain,
Chur nam Frangach gu 'n cridhe,
Chionn bhi bruidhinn tigh'n d' ar còir.
A ri! gur aotrom, &c.

O 'n fhuair sinn deise nan Gàèl,
Boineidean 's cotaichean sgàrlaid,
Suaitheantas an righ mar fhabhar,
Le coc-ard de dh' ite 'n eoin.
A ri! gur aotrom, &c.

'S na 'm biodh againn mar bu dual duinn,
Lann chinn-Illich air ar crunchainn,
A' sgoltadh nan ceann g'a 'n guaillean,
Ga 'in bualadh le smuais nan dòrn.
A ri! gur aotrom, &c.

Gum beil Albainn agus Sasunn,
An guaillean a cheill' an ceart-unir,
Tha iad aig funim an aon fhacail,
Mar shrad eadar clach a's òrd.
A ri! gur aotrom, &c.

Dh' fhalbh thu mar shlaoightear air chuan,
Mu 'n d' ambaire sinne mu 'n cuairt oirnn,
'S ged thug thu Hanobhar bhuainn,
Ge b' oil leat cha d' fhuair thu 'n t-òr.
A ri! gur aotrom, &c.

Ach ma gheibh sinn ann an sàs thu,
'N dearbh cha 'n fhaigh thu moran dàlach,
Do chrochadh an la-'r-na-mbàireach,
Le fiach cota-bhàin a ròp.
A ri! gur aotrom, &c.

Ged thig thu air tìr an Albainn,
'N dòchas losgaidh agus marbhaidh,
Tha againne suas de dh' armailt,
Na shracas t eanchainn agus t-fheoil.
A ri! gur aotrom, &c.

Tha saighdeirean Earraghaèil,
Fearachail, foghainteach, daicheil,
'S chuireadh iad eangal a bhàis,
Air h-uille nàmhaid a ta beò.
A ri! gur aotrom, &c.

DUANAG.

DO MAC-AN T-SAOIR GHLINNE-NOGHA.

LUINNEAG.

Fear-dubh, fear-dubh, fear-dubh, fear-dubh
Fear-dubh, fear-dubh, 's e liath-ghlas,
Fear-dubh, fear-dubh, 's a chridhe gheal,
Le Spiorad glan gun iurgain.

Thoirt beannachdan le dùrachd uam,
Gabh c ram, 's na dean diochuimhn',
A's giulain iad a dh'ionnsaidh 'n fhir,
A's deise, grinne briatharan.
Fear-dubh, fear-dubh, &c.

Na'm b'aithne dhomh-sa seanachas ort,
Na leanamhainn air do fhriambaich,
Gu molainn thu gu dicheallach,
'S air m'fhacal b'fhiach dhomh dhianamh.
Fear-dubh, fear-dubh, &c.

'S tu ceann na teaghlaich onarich,
A bha'n Gleann-nogha riamh sibh,
'S gu'm meal thu fein an stoile sin,
'S do dheagh mhac oighre ' liathadh.
Fear-dubh, fear-dubh, &c.

Cha'n aithne dhomh 's na criochan so,
('S cha mhis' a theid ga t-fhiarhain)
Aon duine a chunas seanachas riut,
'S gun chearb bhi tighinn o d' bhial air.
Fear-dubh, fear-dubh, &c.

Cha smaoinich iad, 's cha'n urrainn ann
Aon duine chunnaic riamh thu,
Cho deis 's a thig an facail ort,
'S nach fhad' theid thu ga'n iarraidh.
Fear-dubh, fear-dubh, &c.

'Nuair a thain' an t-Olla Sasunnach,
Thoirt maslaidh 'n aird an Iar so,
Gur tusa phill gu h-ullamh e,
'S tu b'urrainn dhol g'a dhianamh.
Fear-dubh, fear-dubh, &c.

Gur luinneagach am bail' agad
Le ath-ghairm nan liath-chreag,
A' freagairtt do na smeòraichean
Gu milis, ceolar, tiamhaidh.
Fear-dubh, fear-dubh, &c.

Gu siubhlach, àghar, frengarach,
Gun stad, gun sgread, gun sgriachan,
'Sa mhoch-thra', 'nuair a dhùisgeas tu,
Air madainn chiùin, 'sa ghrian ann.
Fear-dubh, fear-dubh, &c.

'Nuair dhìreadh tu na Lairigean
Led' ghunn' ad' laimh, 's le d' mhiol-choin,
Gu'n leigte feidh san fhireach leat,
'S do ghillean bhi toirt bhian diu.
Fear-dubh, fear-dubh, &c.

Ach 's eigin domh so innseadh dhut,
'S o 's fior e, na gabh miotlachd,
O'n t-shìn thu ris a chiobuireachd
Gun leig thu cheaird s' nir diochuimhn.
Fear-dubh, fear-dubh, &c.

Nam bithinns' ann sa chùirt a nis,
'S gach cùis a bhi gum' ringhladh,
Bhiodh Crunchan le chuid leitirchean
A' tighinn a staigh fo d' chriochan.
Fear-dubh, fear-dubh, &c.

Be sud an rud bha nadura,
'S tha ciunte aig chch gu'm b'fhior e,
S o'n leig sibh uaibh le gòraich e,
Bu choir dhut bhi ga Iarraidh.
 Fear-dubh, fear-dubh, &c.

Ach sguiridh mis' dhe'n iomarbhaidh,
'S nach buin dhomh bhi ga dianamh
Gun fhios nach gabh iad ardan rium
Am finne* dh'araich riamh mi.
 Fear-dubh, fear-dubh, &c.

SEUMAS MAC-GHRIOGAIR.

The Rev. James M'Gregor, D.D., was born at a small farm-house near Comrie, Perthshire, in the year 1762. His parents were not affluent, but they were in circumstances which enabled them to give the benefits of such education as the country afforded, to their son. Young M'Gregor, nurtured amid the sublime and romantic scenery of Lochearn-side, had his mind early imbued with the feelings of poesy; but it does not appear that he produced any thing worthy of preservation until an advanced period of his existence. While yet a young man, he studied the Gaelic language with considerable assiduity and success, and could write it—a very rare attainment in his younger days.

Being of a sedate and serious turn of mind, he was early designed for the ministry; and after going through the various seminaries and halls of learning, he was licensed to preach the gospel when about twenty-one years of age. Mr M'Gregor was conscientiously a dissenter from the Church of Scotland. He belonged to the Anabaptist branch of the Secession-Church, and studied divinity under the tuition of the Rev. W. Moncrieff, of Alloa. Shortly after he was licensed to preach, some colonists in Nova Scotia sent an earnest entreaty to this country, for a person of acknowledged abilities and evangelical piety to preach the gospel to them. After due consideration had been given to this requisition, Mr M'Gregor was fixed upon as an individual well qualified to discharge the arduous duties of such a situation, both from his mental qualifications and robust physical constitution. He readily agreed to this proposal; and, although he had the prospects of an advantageous settlement in his native country he hesitated not to go to a strange land to proclaim the gospel of peace.

In Nova Scotia he entered on a field boundless in extent as in difficulties. The inhabitants were far apart; there were no roads in the country; and when we say that the sphere of his operations included the eastern part of Nova Scotia, and the adjacent islands of Cape Breton and Prince Edward, the reader may form some idea of the Herculean task he had undertaken to discharge. He was, we believe, the first missionary to that country. While traversing from place to place, he encountered difficulties, perils, and

* The Campbells.

hardships, which few men would have undergone, undaunted. The site of Pictou contained only one or two houses—it was no easy matter to travel to the next hamlet through the density of woods and *unbridged* rivulets: marked trees, a pocketcompass, or an unintelligible and unintelligent Indian, were his only guides through the solitary and dreary wilderness—sleep was frequently a stranger to him for several nights,—a plank was his bed,—a potato his fare; yet the expatriated Highlanders around him were in need of the gospel; and that, to Mr M'Gregor, was enough.

Towards the close of this excellent man's life, he conceived the idea of clothing the doctrines of the gospel in versification, that he might unite the best and most wholesome instructions with the sweetest and most fascinating melodies. When entering upon the task, he wrote to a friend of his at Lochearn-side for a copy of Duncan M'Intyre's and M'Donald's Poems. His mind had been so occupied with the various studies necessary to the full and efficient discharge of his ministerial duties, that the airs, to which he wished to sing his contemplated hymns or songs, had escaped his memory. The desiderated volumes were sent; but, through the officiousness of some of his domestics, the fact of their being in the minister's possession became known, and a most unwarrantable, unjust and ungenerous construction was put upon the circumstance. How short-sighted, illiberal, and fanatical it was, to edge out insinuations against the genuineness of Mr M'Gregor's religious principles, simply because the productions of the two most brilliant stars of his native country were on the table of his study in a foreign land! How pitiful, that fanaticism which shrouds itself under the garb of piety—broad, expansive, benevolent piety! We blush for the moral perceptions and enlightenment of our expatriated countrymen, and notice these things simply in justice to departed worth.

Taking advantage of this state of public feeling, almost verging on what is understood in ecclesiastical language, as a schism, a stranger intruded himself about this period on his labours; and to the disgrace of many of M'Gregor's flock, they forsook the ministry of their long-tried friend, and followed the intrusionist. The desertion thus occasioned must no doubt have very much imbittered his cup; but his expansive philosophy—his warm philanthrophy—and above all, his genuine religious views, enabled him to bear it without a murmur. He proceeded cheerfully with his metrical effusions, until he composed as many as swelled into a respectable 18mo volume, which has now reached its third edition.

Mr M'Gregor's Poems are smooth in versification—pleasant in their garb and evangelical in their doctrines. They are almost all composed after the model of his countryman, Duncan M'Intyre, from whom he borrowed many of his ideas, using sometimes not only distichs and couplets, but entire stanzas with some slight alterations. We do not mean, however, to insinuate that our author trafficked wholesale in plagiarism, with the intention of "decking himself in another's feathers." No! his poems are but parodies in many instances, and as such they are respectable and entitled to favourable consideration.

When M'Gregor's character and claims were notified to the Members of the University of Glasgow, the senate unanimously agreed to confer upon him the title of D.D., an honour which he amply merited by his services and attainments, and which, coming unsolicited from his native country, and from so respectable a literary quarter, must have been soothing to his feelings, and have gilded the horizon of the evening shades of his life.

In the spring of 1828, Dr M'Gregor was seized with a fit of apoplexy; and at Pictou, on the first of March, 1830, at the age of 68, he experienced a return which terminated in his death on the third day of that month. His funeral was attended by an immense assemblage of deploring friends, who showed their estimate of his character, worth and talents, by unfeigned expressions of regret.

AN SOISGEUL.

Air fonn—"*Coire-Cheathaich*".

'Se 'n Soisgeul gràdhach thug Dia nan gràs duinn
  A chum ar slìbhaladh dàn mo rùin:
Ach 's eòlas àrd e, air cùisibh àluinn,
  Nach tuig an nàdur a tha gun lùil.
Gur mis' an truaghan 's n'as leòr man cuairt domh
  A' tabhairt cluais da, mar fhuaim nach fiach;
B' e 'n gnothach cruaidh e nach tuig an sluagh e,
  An sgeul as uaisle a chualas riamh.

Tha clann nan daoine gu tur fo dhaorsa,
  Aig dia an t-saoghail-s ag aoradh dhà:
Fo chois am miannan, a tha do-riarach;
  Gun fheart, gun iarraidh air Dia nan gràs:
A' dìanamh tàir air gach ni is àill leis,
  A' briseadh àintean gach là gun sgìos;
E' fad o'n smuaiutibh, 's iad riuth gu luath uaith;
  Chum na trualghe ta buan gun chrìch.

Ge mòr an cùram th'aig Dia nan dùl diubh,
  Cha tig iad dlù dha le ùrnaigh chaoin;
Bu mhòr a' ghràin leo bhi uair 'na làthair,
  An caidreamh blàth ris 'na àros naomh:
Iad ruith na gaoithe, 's ag earbsa daonnan,
  Ri sonas fhaotainn am faoineis bhreug;
Gun fhios, gun aird ac' air doigh n's fearr dhai
  Na greim an dràst air n' n's àill le 'n cré.

Tha 'm barail làidir gur muinntir shlàn iad,
  'S nach 'eil ceann-fàth ac' air gràsau Dé:
Tha 'n Soisgeul faoin leo, seach gean an t-saoghail,
  Tha 'n cridhe aotrom, gun ghaol do'n Léigh

Ach 's àit an sgeul e, air leigheas ceutach
  Do dhuin' euslan, fo chreuchdaibh ciùirt;
'S naigheachd phrìseil, bho Dhia na firinn
  Do neach fo dhìteadh, 's e dìblidh, brùit.

Do neach fo smuairean, le Dia bhi 'n gruaim ris,
  'S a lochdan uamhar 'g a chuartach' dlù ;
Gun fhios nach àite dha ifrinn chràiteach,
  M'an tig am màireach, s' am bàs 'na shùil
Do neach a dh'fhoglum o'n Spiorad Naomha,
  Gur sonas buoth bheir an snogh'l so maith ;
Nach eil ann ach sgàil deth 'san àm tha làthair,
  'S gu 'm bac am bàs e 's nach fàs e buan.

B'e sgeul an àigh e, air beatha 's slàinte,
  O Ios' a bhàsaich 'na ghràdh do dhaoin.
'Si Thuil am plàsd anns am beil an tàbhachd,
  'Nuair théid a chùradh gu bàigheil, caoin,
Ri cridhe leòinte, gun ghean, gun sòlas,
  Ach doilich, brònach, gun seòl air sìth ;
Le Spiorad uasal nam fearta buadhar,
  Nuair thig e nuas air le gluasad mìn.

Sud sgeul ro aoibhneach, air maoin' a's oighreachd,
  Do dhuine daibhir, gun sgoinn do'n t-saogh'l ;
Air crùn, 's rloghachd a chaoi nach crìochnaich
  Gun dragh gun mhìothlachd, ach sìth, 's gaol.
Sud sgeul ro àraidh do dhuine tàireil,
  Air urram àrd ann am Pàrras shuas ;
Le gràdh gun nimhleas, a measg nan ainghlean ;
  'S cha teirig cainnt dàibh, toirt taing do'n Uan.

Deagh sgeul air fuasgladh, do pheacach truaillidh
  O chlonta duaichnidh, nach suail a mheud;
Tre 'n chumbachd bbrìoghar a ta an Iobairt
  An t-Sagairt rìoghail, ta slobhailt, seamh:
'S air feartaibh gràsmhor, ni cobhair tràth dha,
  'Nuair bhios a nàmhaid gu làidir, gleusd,
A' tarruinn teann air chum 'earbs a thionnda
  Tur bun osceann da, le ionnsuidh thréin.

Air gràs, a's tròcair, bheir neart, a's treòir dha,
  Re fad an ròid dh'ionnsuidh glòir an Uain;
'Sna neamhan àrd far am pailt an gràdh dhaibh
  'S cha teirig càil dailbh gu bràth g' a luadh.
'S e cliù an sgeòil ud gur firinn mhòr e,
  Gun fhacal mòr-uaill, no sgleò gun bhrì;
'S e Criosd an éirig as buaine éifeachd,
  An Iobairt rèitich, sàr stéigh na sìth.

Thug an t-Ard-rìgh aon mhac a ghràidh dhuinn,
  A ghabh ar nàdur, 's e bharr a rian;
'S an tug e 'n ùmhlachd, le deòin, 's le dùrachd,
  Thug còir as ùr dhuinn teachd dlù do Dhia:
Sàr umhlachd chlatach do lagh na Trianaid,
  Leis an duin' is Dia ann bha riamh ri feum;
An coslas truaghain de dhnine truaillidh,
  Ach a b'fhearr, 's a b' uaisle na'n sluagh gu léir,

An caraid gaolach a choisinn saorsadh
  Do'n chinneadh dhaonna le caonnaig chruaidh;
A dh'fhuilig tamailt o rug a mhath'r e
  Gu là a bhàis ann an àit an t-sluaigh.
Nuair bu naoidhean òg e, rinn Herod fhògradh
  'S e deare' an comhnui air dùigh an t-sluaigh.
Bha 'bheatha brònach, am fad 's bu bheò e,
  'S e cruaidh an tùir air gu bheò thoirt uaith.

Oir b' e bu ghnà dhaibh bhi deanamh tàir'
  Air Athair gràdhach, 's air àluntean naomh:
'S bhi deanamh dearmaid air slàint' an anma,
  Le cleachda garg, a's le h-ana-gnath baoth.
Na sagairt uaibhreach, 's na h-ard dhaoin' uaisle
  'Nan naimhdean buan da, le fuath gun chrìch:
A' dìanamh dìcheill, le h-iomadh innleachd,
  'Us mòran mi-ruin ga 'shìr chur sìos.

'Us air a lorg bha na diabhaill bhorba,
  Fo phrionns' an dorchadais, colgail, cruaidh:
Ach 'se bu chràitich an ceartas àrd bhi
  Cur claidhe 'n sàs ann, gun bhùi, gun truas
Rug mallachd Dhia air air son na fiachan,
  Bhuin 'Athair fial ris gu fiata garg;
Oir rinn e thréigsinn an àm na h-éigin,
  'Nuair chaidh a cheusadh le eucoir gharbh.

Ach 'a gearr a' chuairt a bha'm bàs an uachdar,
  Gu h-aigheanr fhuair e a' bhuaidh gu slàn;
Oir rinn e éiridh 'n treas lathn 'n déigh sud,
  Gu subhach, treubhach, chum feum do chàch:

Do pheacaich dhìblidh, a bha fo dhìteadh,
  Gu'n dianadh 'fhìreantachd didean daibh;
O chiont an nàduir, 's o'n lochdaibh gràineil.
  'S o chumhachd Shàtain bha ghnà ri foill.

Nis anns na h-àrdaibh, tha neart gu bràth aig
  A chum na's àill leis thoirt sàbhailt suas;
'Us chum a naimhdean a sgrios gun taing dhaibh
  Droch dhaoin' a'saingle, luchd ain meart chruai.
Ach thar gach seòrsa na peacaich mhòra
  Le 'm fuathach eòlas air deòin an Triath:
Nach creid an fhìrinn, ged tha i ciuntench,
  Nach gluais gu dìreach, ach sìr dhol fiar.

Ged bhìodh an criosduidh 'n a laidh am priosan,
  Gu docrach, iotmhor, gun bhiadh, gun slaint,
Ni'n soisgeul siorruidh, tre bheannachd Iosa
  A chridhe tioraíl, le fìor ghean gràidh.
Ged dhùisg a nàmhaid geur leanmhuinn cràiteach
  Gun aon cheann-fàth air ach gràdh, u's sìth:
Tha cridhe aoibhneach, tha ghnùis ro noidheil;
  Tha dàn 'us laoidh aig' gach oidhch gun dith.

E cumail gleachdaidh an aghaidh peacaidh,
  'Sa stiùireadh chleachdaidh, le beachd air Criosd
Tha gaol do'n reachd thar gach ni, 'us neach aig;
  'S cha ghabh e tlachd ann an seachran fiarr.
'Se Dia na tròcair' a neart, 's a chòmhnadh,
  A bhios an còmhnuidh toirt seòlaidh dhà,
Cha lag a dhòchas cha bheag a shòlas,
  Tha aiteas mòr aig' nach cùl do chàch.

A Thighearn, Iosa, gabh truas de'n chriosdachd.
  Tha 'n t-eòlas iosal, 's gach crìoch mun cuairt;
Is bras a dh' eireas gach mearachd éitidh
  'S is beag an t-eud th' aig a chléir san uair'.
Dean creideamh, 's eòlas, dean gaol na còrach,
  A's pailteas sòluis, a dhòrtadh nuas:
Gu daoin' a philltinn, o'n cleachdaibh milltench,
  'S gu naomhachd inntinn bhi ciuntinn suas.

* * * *
* * * *

A Dhè na sì-chaint, craobhsgaoil an fhìrinn,
  Measg slògh nan tìrean, 's nan Innsean cian:
Mar dhaoin' air chall, ann an ceò nam beann lad,
  An oidhche teann orr, 's iad fann gun bhiadh.
Thoir solus glè ghlan, thoir rathad rèidh dhoibh,
  'Us cridhe gleusd a thoirt géill do 'n nan!
Thoir sgeul do shlàinte, tholr fios do ghràidh dhaibh,
  Cuir feart do ghràsan 'nan dàil le buaidh.

AN GEARAN.

Air Fonn—"*Coire gòrm an fhàsaich*".

Is duilich leam mar tha mi
A' siubhal le mo namhaid,
Eas-umhal do na h-àintean,
'S mo ghràdh dhaibh cho fann.
"'S iomadh fear a bhàrr orm"
Tha dol a réir a nàduir ;
'S e 'n lagh tha fulang tàmailt,
'Us tàire nach gann.
Riamh o thuiteam Adhaimh,
'Se 'm pecadh 'n ni a's fearr leinn,
'S mi-chneasd a thug sinn gràdh dha,
'Ga thàlath gach am.
Cha d'fhuair mi fad mo làithean,
Dad buannachd, no dad stà dheth,
Ach daonnan tarrainn sàis orm,
'S 'g am chàradh am fang.

'S e dh'fhàg gach ni a leugh mi,
Gach searmoin riamh a dh' éisd mi,
'S gach guth a labhair beul rium
Gun fheum dhomh, gun stà.
S e mhilleas gealladh Dhé orm,
Nach earb mi ris ach eutrom,
S nach càraich mi rium féin e,
Gu h-éifeachdach, slàn.
'S ann chuir e mi an déis-laimh,
'G am fhàgail ro mhì ghleusda,
Gu h-obair unsal, euchdach,
'S gu treubhantas ard :
Gu gleachdadh ris an eucoir
A bhios a'm' chridhe 'g éiridh,
No chithear ann am bheusaibh,
Gu h-èitich, 's gu grànnd.

Nam bithinn tairis, dìleas,
A leantuinn ris an fhìrinn,
Bhiodh ise dhomh mar dhìdean
Nach diobradh gu bràth.
Ged chuirendh daoine sios mi
Le casaidean, 's lo diteadh,
Gu'n togadh ise ris mi,
'S dhìrinn an aird.
Cha toilleadh I gu dilinn
Dad coire dhomh no mì-thlachd,
Tha ceangal ris an t-sìth aio',
'S is dìreach n gnà :
Ach 's mòr an call, 's an dìth dhomh,
Gu'm beil I tric air di-chuimhn,
'S nach' eil an creideamh cinnteach
A'm' inntinn a tàmh.

Bha amaideachd a's gòraich
A leantuinn rium o m' òige,
'S b' annsa leam gu mòr lad
Na 'n t-eòlas a's fearr.
Nan deanainn leth na còrach
Cha chreidinn nach bu leòir e,
S nach tearnadh sud fa-dheòidh mi,
Gun dòigh air tigh'n' gearr.
Ge mòr an t-aobhar sòlais
Bhi 'n comunn Rìgh na glòire,
'S iad b' annsa leam na h-òrain,
'S bhi 'g òl nan deoch-slàint.
Bu dallag mi nach s' radh,
Bhi cluich air bruaich na dòrainn,
An Diabhol ga mo threòrach
Gu seòlta air làimh.

Gur mòr a' chreach, 's an diùbhail,
Mo chridhe bhi gun dùrachd,
A gabhail Dé nan dùl domh,
Mar Ughdar mo shlàint :
'S e tairgse dhomh 'na chùmhnant,
A neart a bhi mar chùl domh,
'S a ghliocas ard gu m' stiùireadh,
Le cùram, 's le gràdh.
Tha druidheachd air mo shùilean,
'Se 'n rud a ni mo chiùrradh,
D' an ruith mo mhiann gu siùbhlach,
'S mi lùbadh 'na dhàil.
Mo shonas air mo chùl-thaobh,
Mar anabas nach fiù leam ;
'S m' anam an droch rùn da,
'Ga dhiùltadh le tàir.

'S mi 'n duin' as truaigh' san t-saogha.,
Fo chìs aig m' easgar daobhaidh,
Làn fuath do 'n bheath' a's caoine,
'S an gaol air a' bhàs.
Cò sheallas rium a'm' dhaorsa ?
Cò thionndas mi bho chlaonadh ?
Cha'n-aingil, no clann-daoine,
Och ! b' fhaoin iud sa' chàs.
Ach taing do'n Athair naomha,
A dh'ultaich dhomh an t-snorsa,
Làn tearnadh o gach baoghal,
Trìd Aon-ghin a ghràidh.
A Dhe ta iochdmhor, maoineach,
Cia fhad a bhios mi caoineadh !
O greas le d' chobhair chaomh,
Agus saor mi gun dàil !

AN AISEIRIGH.

Air fonn—"*Tha mise fo ghruaim.*"

Thug am bàs oirn mu'n cuairt,
'S ceart gu 'n laidhinn 's an uaigh,
Ach cha téid mi le gruaim 'na chir:
Oir bha Iosa mo rùin,
Greis 'na laidhe 's an ùir,
'S rinn e'n leabaidh ud cùbhraidh dhòmhs',

Thug e'n gath as a' bhàs,
Rinn e caraid de m' nàmh,
A shaoil mo chumail gu bràth fo leòn:
Teachdair m' Athar e nis,
Dh'ionnsuidh m'anma le fios,
E dhol dhachaigh a chlisg chum glòir.

On a dh'éirich e rìs
Sàr Cheann-fheadhna mo shìth,
Gun e dh'fhuireach fad shìos fo'n fhòd:
'Us gu 'n deachaidh e suas,
Ghabhail seilbhe d'a shluagh,
Anns na flaithens, le luathghair mhòir.

Se mo chreidimh gun bhréig,
Gu 'n éirich mise 'na dhéigh,
Measg na buidhne gun bheud, gun ghò:
'Nuair a dh'fhosglar gach uaigh,
'S a théid beò anns gach sluagh,
Chum an togail 's an uair, gu mòd.

Sud an cumhachd tha treun,
Sud am fradharc tha geur,
Chuireas rithisd gach cré air dòigh;
Dream chaidh itheadh le sluagh,
Dream chaidh mheasgadh 'n aon uaigh,
Dream chaidh losgadh 'nan luath 's nan ceò,

'S iomadh colainn bhios ann,
Tha fad air asdar o 'ceann
'S thig iad cuideachd 'san àm, gu foill.
Thig iad uile 'nan taom,
As gach chgh tha 's an t-saogh'l,
'S n ns gach àraich, 's an d' aom na seòid.

Chu'n 'eil àit ga'm beil corp,
Air ard mhonadh, no cnoc,
Ann am fàsach, no sloehd no mhln':
Ann an doimhneachd a' chuain,
No 's na h-aibhnaichean buan,
As nach éirich iad suas, 's iad beò.

Eiridh 'n diùc, 'us an rìgh,
Eiridh 'm bochd bha fa chìs,
Eiridh gaisgeach an strì, 's an deòir'.

Eiridh' bhaintighearna mhaoth,
Eiridh 'n t-amadan baoth,
'S cha bhi dearmad air aosd, no òg.

Eiridh cuidac' le gruaim,
Chi iad fearg air an Uan,
Chuireas crith orr' n's uamhunn mhòr.
Eiridh cuid ac le acidh,
Buidheann uasal nan saoidh,
'G am bi oighreachd a chaoidh an glòir.

AIR FOGHLUM NAN GAEL.

Fonn—"*Chunna mi 'n diugh an Dun-eidann.*"

Bha na Gàèil ro aineolach dall,
Bha ionnsachadh gann nam measg,
Bha 'n eolas cho tana 's cho mall,
'S nach b' aithne dhaibh 'n call a mheas,
Cha chrideadh iad buannachd no stà,
Bhi 'n sgoilearachd ard da 'n cloinn,
Ged fheudadh fhaicinn gach là,
Gu'r i thog o 'n làr na Goill.

Theid aineolas nis as an tìr,
'S gach cleachdadh neo-dhìreach crom,
A's meulaidh sinn sonas a's sìth,
Gun fharmad no strì 'n ar fonn;
Theid sgoilean chuir suas anns gach cearn,
Bi'dh leabhraichean Gàélig pailt,
Bi'dh eolas a's diadhachd a fàs,
Thig gach duine gu stà 's gu rath.

Nis "togaidh na Gàèil an ceann,
'S bha bhi iad am fang ni's mò";
Bi'dh aca ard fhoghlum nan Gall,
A's tuigse neo mhall na chòir:
Theid innleachdan 'n oibribh air bonn,
Chuireas saibhreas 'n ar fonn gu pailt,
Bithidh 'n diblidh cho laidir ri sonn—
'S am bochd cha bhi lom le aire!

Thig na linntean gu cinnteach mun cuairt,
Tha 'n sgriobtur a luaidh thig oirn;
'S an téid Satan a cheangal gu cruaidh,
'S nach meall e an sluagh le sgleò;
Bi dh firinn a's siochaint a's gaol,
A ceangail chloinn daoin' ri chéil;
Chan fhaicear fear dona mi-naomh,
Theid olc a's an t-saogh'l a's beud.

EOBHON MAC-LACHUINN.

Ewen Maclachlan was born at Torracalltuinn, on the farm of Coiruanan, in Lochaber, in the year 1775. Coiruanan was possessed by a family of the name of Maclachlan for many generations. The forefathers of E. Maclachlan came originally from Morven, first to Ardgour and thence to Lochaber, and appear to have been in general, men possessed of superior natural gifts. His great grandfather was *Dòmhnull-Bàn-Bàrd* contemporary with Sir Ewen Cameron of Lochiel. That bard's compositions are justly admired, particularly his elegy on occasion of the death of that chief. The mother of E. Maclachlan was a Mackenzie, descended from a branch of that clan, which had settled in Lochaber many generations back. His father, *Dòmhnull Mòr*, a man of venerable presence and patriarchal bearing, was reckoned one of the most elegant speakers of the Gaëlic language in his day. He was distinguished by the extent and diversity of his traditionary and legendary lore, as well as by the appropriate beauty and purity of the language, in which he told his tale, or conveyed his sentiments to the admiring listeners, who delighted to resort to his humble dwelling.

Though the father was himself illiterate, he was keenly alive to the benefits of education. Besides the subject of our memoir, he had several sons and daughters. Two of the former were afterwards respectable planters in the Island of Jamaica. In the village of Fort-William, where his father now resided, the parochial school of Killmalie had been situated since the middle of last century, and taught by superior teachers. At this school the brothers of Ewen Maclachlan, as well as himself, got the rudiments of their education, which, by their natural abilities and laudable ambition, all of them afterwards extended. Ewen was the youngest son of the family, except one. While he excelled his very clever brothers in mental abilities, he was their inferior in bodily strength; the physical weakness of limb which disqualified him, in some measure, for the playful exercises of his fellow-scholars, tended, among other causes, to direct his views to objects and pursuits of a more exalted character.

His first teacher was the Rev. John Gordon, afterwards minister of Alvie; after him, Dr William Singers of Kirkpatrick-Juxta. He did not remain long under the tuition of these gentlemen, and on account of his father's poverty, was but very indifferently supplied with books. His progress, notwithstanding, was great for his years; it indeed excelled that of all others in the school, and in general, his class-fellows were glad to grant him the perusal of their books, in consideration of his very efficient help to them in learning their lessons.

Mr Maclachlan, at an early age, went out as tutor into the family of Mr Cameron of Camisky, in the parish of Killmonivaig; there his desire for classical studies received a considerable impulse from his intercourse with the father of his host, Cameron of Liandally, then an old gentleman confined to bed. Liandally, like many of the gentlemen of his day in Lochaber, had been well instructed in the knowledge of the Latin tongue, and much exercised in the colloquial use of that ancient language in the parochial school of Killmalie, taught by a Mr Mac Bean. Mr Maclachlan no doubt derived much benefit from his "colloquies" with the venerable classic, who, from his being bed-rid, also derived much amusement, as well as pleasure, from his communings with his young companion.

Mr Maclachlan's next engagement as tutor was, when about fifteen years of age, in the family of Mr Cameron of Clunes. His pupils were Captain Allan Cameron, now of Clunes, and his brother General P. Cameron, H.E.I.C.S. Here Mr Maclachlan made great progress in the study of the Greek and Latin languages. It is said, that he even travelled on the vacant Saturdays, to Fort-William, (whither his parents had removed,) in order to get from his former teacher, an outline of his prospective studies for the subsequent week. Thus he soon became able to translate, with fluency, the Scriptures of the New Testament from the original Greek into his mother-tongue, Gaelic; and frequently did he astonish, as well as instruct and delight, the unsophisticated rustics of the place, by this singular display of erudition.

After the lapse of two years, he engaged as tutor in the family of Mr Mac Millan of Glenpean, a very remote and romantic situation at the west end of Loch-aircaig. In this family, he resided for two years, still devoting his spare hours to the prosecution of his classical, and other studies. So great indeed was his ardour in this respect, that his worthy hostess often deemed it necessary, to insist on his relaxing his application to his books, in order to take healthful exercise in the open air. On such occasions, his favourite walk was along the banks of the "slow-rolling Peàn," so sweetly celebrated in his own ode to that romantic stream, and on whose green borders were composed many of his finest juvenile strains. At this time also, our young bard began to show a *penchant* for instrumental music. He constructed a rude violin, on which he took lessons from an individual, by profession a piper, who lived in the neighbouring district or "country" of Mòror, and came occasionally to Glenpëan. This rustic instrument possessed but few, if any, of the qualities of a Cremona. An individual, who lived in the family at this period, describes it as being no bigger than a *ladle*—" *Cha bu mho i dhuibh na 'n liadh,*" and he himself in the ode to Peàn calls it "*fidheall na ràcail,*" or " dissonant lyre." Afterwards, however, our poet became a tolerable performer on the violin, as well as some other musical instruments.

After residing two years in Glenpëan, he returned to Clunes, and resumed his former office there. Here he remained for six years. In 1795, he fondly cherished the hope of being enabled to enter College, could he be so lucky as procure funds for that purpose. With the view of obtaining aid from certain wealthy namesakes of his, he and his father paid a visit to those gentlemen, and to some humbler persons, relations of his mother. The *latter*, " were willing to contribute something ;" but the *former* met his suit with a discouraging refusal, telling his father, that " he meant to ruin his son by putting such *idle* notions into his head, and that he ought rather to go home, and forthwith bind the lad as apprentice to his own trade,—that of a weaver." With heavy hearts and weary limbs, they returned home. After anxious and earnest deliberation on this important point, by the poet and his parents around their humble ingle, the idea of going to college was, for a time, abandoned ; and the young man resolved to return next day, to the family of Clunes, where he was assured that he should be received with open arms. He accordingly set out for that place ; but as he approached it, his earthly career was very nearly terminated. In those days, there was no bridge over the river Arkaig. He found the stream greatly swoln, and hazardous to ford. Night, however, was approaching, and therefore he ventured out. He had not proceeded far in the rugged channel, when he was carried off his feet, and swept away by the rapid current ; he now thought with himself that his golden dreams of literary and philosophic distinction were at an end : he committed himself, however, to the care of him who hath said, " when thou passest through the waters, I will be with thee ; and through the rivers they shall not overflow thee." On this he was providentially thrown on a stone, a part of which was still above the waters. After resting here a brief space, he made one desperate effort to reach the wished-for bank, and was successful. He there poured out a prayer of gratitude to the Most High for his signal deliverance from so great a danger. Forthwith Mr Maclachlan resumed his labours at Clunes ; at the same time prosecuting his classical studies with unremitting ardour, as his time permitted. Here he composed several pieces of justly admired Gaëlic poetry ; several of these and of his former compositions were published about 1798, in a volume printed in Edinburgh, for Allan M'Dougall, alias "*Dall*," musician, then at Inverlochy, afterwards family-bard to the late Glengarry. Among these were " Dàin nan Aimsirean," a translation of Pope's Messiah, " Dàn mu Chonaltradh," &c., and a translation of part of Homer's Iliad into Gaëlic heroic verse. During the currency of the year 1796, our poet was introduced by Dr Ross of Killmonivaig to the late Glengarry; and that Chief, ever after, continued his warm friend. He yielded him the pecuniary aid which he had in vain solicited from other sources. This kindly aid, together with our poet's own little savings out of his salaries, put him in circumstances to proceed to the University, whither he was accompanied by his anxious and affectionate father.* Arrived at Aberdeen, he determined to enter the lists as a competitor for a *bursary* at King's College. Here, for the first time, he found himself engaged with entire strangers in the arena of literary strife. The various pieces of *trial* being duly executed and given in, the hour for announcing the fate of the champions approached ; the anxious expectants were assembled in the lobby of the great College-Hall, where the Professors were still engaged in earnest judicial deliberation. Meantime the rustic dress of the young Highlander, his diffident manner, and rather awkward appearance, drew upon him the ungenerous gibes and unmerited contempt of several young coxcombs,

* It is said that he travelled to Aberdeen, dressed in the mountain garb.

his rivals. It was sneeringly recommended to him to make a speedy retreat to the *wilds of Lochaber*, while he was comforted with the assurance that he had not the slightest chance of success. Enduring all this banter, with meek, but firm forbearance, he merely advised his assailants not to prejudge his case. The door of the hall was at length opened, the names of the successful competitors were announced, and the officer first called "EWEN MACLACHLAN," as being the best scholar, and chief bursar.

From that moment, he gained and retained the respect and warm regard of his fellow-students. He entered on his studies in Aberdeen with his wonted earnestness and diligence, and greatly distinguished himself in his classes. At the end of the Session, he resumed the charge of his pupils at Clunes; this he continued to do, during the recess annually, whilst he continued in the *gown classes*. At the end of that period, having obtained the degree of A.M., he entered the Divinity-Hall. Through the good offices of the Rev. Dr Ross, our student was presented to a Royal bursary in the gift of the Barons of Exchequer; and about the same time (anno 1800), he was appointed assistant to Mr Gray as librarian of King's College, and teacher of the Grammar School of Old Aberdeen. From the date of these appointments, he took up his permanent residence in that town, of which, at a subsequent period, he was made a free burgess. He continued to attend the Divinity-Hall for eight sessions, and in the enjoyment of the Royal bursary above mentioned. He was, during the period last mentioned, custodier of the library attached to the Divinity-Hall of Marischal College. From this date, the life of our theologian was indeed a life of incessant literary toil and scholastic labour. In addition to the duties of the offices to which he had been recently appointed, he devoted several hours every day to private teaching, in order to eke out the limited income derived from these offices. Many gentlemen, especially from the Highlands, sent to him their sons to be under his effective and immediate superintendence. Even in these circumstances, as well as through life, he displayed great liberality and affection towards his aged parents and his other near relations, by often relieving their wants out of his hard earnings.

After completing his attendance at the "Hall," and delivering his trial-pieces with eclât, he found the bent of his mind, as well as his ambition, directed to a "Chair," in one of the Universities, rather than to the Pulpit. He was encouraged in his aspiration after this object, by several friends, but particularly by Professor James Beattie of Marischal College. The Professor's death, however, in 1810, was a heavy blow to Mr Maclachlan's hopes. A strong mutual friendship had existed between them, amounting to affection. On the melancholy occasion of his friend's death, Mr Maclachlan composed an elegy in the Gaëlic tongue, which for beauty of language, sincerity of sorrow, and unrivalled elegance of composition, can bear comparison with any thing of the kind ever presented to the world. This was not the only composition in which our poet's grateful remembrance of Professor Beattie's friendship was commemorated. In his "Metrical Effusions," (Aberdeen, 1816,) is printed an elegant Latin ode addressed to that accomplished scholar, during his life, and an English ode, entitled "A dream," being an apotheosis on that patron of neglected merit. Some years after his settlement in Aberdeen, Mr Maclachlan turned his attention to Oriental literature, as well as to that of the languages of modern Europe; and his acquirements in these he made subservient to the critical culture of his mother-tongue. About the same time he undertook the arduous task of translating the Iliad of Homer into Gaëlic heroic verse. Of this immortal work, he finished nearly seven books, which still remain in MS. Besides this, he began to compile materials for a Dictionary of the Gaëlic language spoken in Scotland, and that, (as he did every thing else) from his mere regard and affection for every thing tending to promote the honour or improvement of his native land. What was *then* called "the Highland Society of Scotland," (having had reference to the mental culture of their Caledonian countrymen, instead of as now, unfortunately, to the physical development of the points of the inferior animals) had soon after entertained the project of preparing and publishing a Dictionary of that ancient language; and having ascertained the eminent qualifications of Mr Maclachlan, and his progress in compiling the said work, they conjoined him with the late Dr Macleod of Dundonald, in carrying on the national Dictionary, compiled under their patronage. The department assigned to Mr Maclachlan was the Gaëlic-English, and so important and difficult a task could not have been committed to better hands. In the preface to the Dictionary published by Drs Macleod and Dewar, it is well remarked,—" Mr MacLachlan of Aberdeen especially brought to the undertaking great talents, profound learning, habits of industry which were almost superhuman, an intimate acquaintance with the Gaëlic language, and devoted attachment to the elucidation of its principles."

The pages of Mr Maclachlan's MS. of this great national work were enriched with innumerable vocables and phrases kindred to Gaëlic, derived not only from the cognate dialects of the Keltic, but also from the Greek and Latin, as well as from the Hebrew, Arabic, Chaldaic, Persic, and other Eastern languages.

In the winter of 1821 and 1822, he was engaged in transcribing this work for the press, and he expected to have it completed by the following July; but alas! his valuable life was not prolonged to see his hopes realized.

Let us now briefly revert to events somewhat prior in our poet's life. In the Metrical Effusions formerly mentioned, there is printed an ode in the Greek language, "on the *Generation* of Light," which had the honour of gaining the prize given by Dr Buchanan of Bengal to King's College for the best poetical ode upon the above subject. About this period (1816), he, at the request of his friend Lord Bannatyne M'Leod, deciphered several old Gaelic MSS., and transcribed them into the ordinary character. A difficult and laborious task. In 1819, Mr Gray died, and Mr MacLachlan was then appointed Head-Master of the Grammar School of Old Aberdeen, and also principal Session-Clerk and Treasurer of the parish of Old Machar. These promotions increased his income, but greatly added to his labour. He was likewise secretary to the Highland Society of Aberdeen; and in this character, used to wear the full garb of his country when officially attending the meetings of the Society, and on other particular occasions. In 1820, the office of teacher of the classical department of the Inverness Academy became vacant. Many friends and admirers of Mr Maclachlan's great talents made strenuous exertions to procure his appointment to that situation. At the head of these friends was his firm supporter and original patron, Glengarry. Unhappily, the proceedings on that occasion, instead of being conducted with a single regard to public utility, and the rewarding of merit, were mixed up with *local politics* and causeless prejudices. The result was, that after an unprecedentedly keen canvass, and the exercise of every available influence on both sides, Mr Maclachlan was excluded by the mere numerical force of the opposing party. It is plain from the very handsome document obtained from the Professors of Humanity and Greek at St Andrews, upon the occasion of Mr Maclachlan's being on a remit, examined by them, that want of deep scholarship, or talent as a successful teacher, was not the cause of his exclusion from a situation which he would have adorned.

Gifted with exquisite sensibility, he deeply felt the unworthy treatment thus experienced at the hands of his Norland countrymen; and he frequently expressed himself to the effect, that he was resolved never again to expose his peace of mind to the machinations of " ambidexter politicians."

Some short time after this period, his health became affected. His constitution began to yield under his incessant toils. He proceeded, however, to Ayrshire, to visit his colleague, Dr Macleod. There his health rallied considerably, and he continued in the enjoyment of much of that blessing, till the beginning of 1822 ; when again his health was most seriously assailed. He lingered till the 29th day of March, when this amiable man, and distinguished scholar, departed this life at the age of 47 years. It might be said that he died of a gradual decay and debility, induced by professional over-exertion and study. His locks had become, years before his death, silver-grey. In him, unquestionably, died the first Celtic scholar of his day. His premature death caused much regret in the public mind, particularly at Aberdeen, and throughout the Highlands ; and deep sorrow among his numerous friends.

As a general scholar, possessed of varied learning and fine genius, Mr Maclachlan stood very high. The department of philology, however, was his *forte*, and favourite pursuit. In that respect, it is believed, he had few superiors. He was " eximius apud Scotos philologus." His Greek and Latin odes have met with the highest approbation from the *best* critics. The same may be predicated of his Gaëlic poems. His Gaëlic version of the first seven books of the Iliad stands second to the unrivalled original alone. His MS. of the national Gaëlic-English Dictionary (if preserved) affords ample proof of his unwearied diligence and labour, and of his pre-eminent philological and antiquarian acquirements ; notwithstanding it did not receive the final polish from his master-hand. With the true spirit of genius, his mind descended, with grateful elasticity, from those abstruse subjects to the lighter amusements of poetry and music ; cheerful, and often playful conversation.

As a classical teacher, Mr Maclachlan's success is sufficiently evinced by the circumstance, that his pupils annually carried off the largest proportion of the bursaries competed for at the University. His excellencies as a scholar were equalled by his virtues as a man and a Christian. His piety was unfeigned, deep, and, in some respects enthusiastic. He was the very soul of *honour*. None could go before him in moral *purity*, worth and integrity. His manners, withal, displayed the most engaging simplicity. In life, he secured the love and respect of all who knew him; and in death, his memory is by them held in tender remembrance.

Eminently calculated to advance the literature and language of his native land, it is deeply to be regretted that he had not been placed through the munificence of individuals, or the public patriotism of his countrymen, in a situation of ease and comfort, such as a Professorship of Keltic in one of our Universities. There he could have effectually promoted the objects he so fondly cherished: the temperament of his modest nature required the supporting arm of a patron, as the limber vine requires the aid of the oak. But his was the too frequent lot of kindred spirits, to experience the heart-sickening of "hope deferred," and to be allowed to droop and die, the victims of ill-requited toil.

Mr Maclachlan possessed the friendship, and was the correspondent of several persons of distinction—among these might be enumerated, besides the late Glengarry, his Grace Alexander Duke of Gordon, Sir John Sinclair, Dr Gregory, and Lord Bannatyne Macleod. Much of their correspondence, (*if collated*) would be found very interesting.

In conformity with the prevailing feature of his character, this "true Highlander," on his death-bed directed his body to be laid with the ashes of his fathers at the foot of his native mountains; "et dulces moriens reminiscitur Argos." This dying request was religiously complied with. At Aberdeen, every mark of respect was paid to his memory. With all the solemnities usually observed at the obsequies of a Professor of the University, his body was removed from his house to the ancient chapel of King's College, his Alma Mater, and laid in the tomb of Bishop Elfington, the founder of this venerable seminary. Next morning, a great concourse of the most respectable persons in and around Aberdeen, including the Professors of both Universities, the Magistrates of the city and the Highland Society of Aberdeen chapterly, met in the College Hall, to pay their last respects to the remains of departed worth, and thence accompanied the hearse, bearing those remains, some distance out of town, and there bade a long and last adieu. Similar indications of respect and sorrow were evinced in all the towns through which the mournful procession passed. Glengarry, accompanied by a large number of his clansmen dressed in their native garb, paid a tribute of respect to his departed *protegé*, by meeting and escorting his remains, while passing through that chief's country. His Lochaber countrymen were not behind in exhibiting every proper feeling towards the memory of him whom they universally esteemed an honour to belong to their country. All classes of them came out to meet the hearse; so that on entering his native village of Fort-William, the crowd was so dense, that the procession advanced with difficulty. Next day, being the 15th of April, the mortal remains of Ewen Maclachlan, preceded by the "wild wail" of the *piobrachd*, and accompanied by a larger assemblage than that of the preceding day, were conducted to their last resting-place, and laid with those of his fathers, at Killevaoduin in Ardgour. There, "near the noise of the sounding dirge," sleeps "the waster of the midnight oil," without "one gray stone" to mark his grave!

AN SAMHRADH.

Air fonn.—" *An am dol sios bhi deònach.*"

Mocn 's mi 'g èiridh 'madainn chèitèin,
  'S driùchd air feur nan lòintean ;
Bu shunntach èibhinn càil gach creutair,
  'Tigh'n le gleus a'm fròguibh,
Gu blàthas na gréine 'b'àgh'or eiridh,
  Suns air sgéith nam mòr-bheann ;
'S è teachd o'n chuan gu dreachor, buaghach,
  Rioghail, uasal, òr-bhuidh.

Tha cùirtean ceutach cian nan speuran,
  Laith-ghorm, réidh mar chlàraidh,
'S do sgaoil bho chèile neoil a sheideadh
  Stoirm nan reub-ghaoth àrda ;
Gach dùil ag éigheach iochd a's rùite,
  'N teachd a cheud mhios Mhàigh oirnn ;
S gu'm b' ùr neo-thruaillidh 'n trusgan uain',
  Air druim nan cluaintean fàsaich.

Bu chùirteil, priseil, foirm gach eoin,
  An cuantal òrdail, greannar,
Cuir sios ar sgeòil is blasta gloir,
  Air bharr nan òg-mheur samhraidh,
Le 'n ribheid chiùil gu fonmar dlù,
  Na puirt bu shiublaich ranntachd ;
'S mnc-tall' a' freagairt fuaim am feadain,
  Shuas 's na creagan gleanntach.

Bi 'n ioc-shlaint chléibh am fior shruth sléibh,
  O ghlac nam feur-choir' arda.
Le turarnich bhinn th'air bhalbhag min,
  A shiubhlas sios tro 'n àilean,
Mar airgead glas, 'na choilichibh cas,
  Ri tòraghan bras gun tàmh orr',
Cuir sùigh gun truaill 's gach flùran uaine,
  'S dlù mu bhruach nam blàrabh.

B' è m' èibhneas riamh 'nuair dh' èirghe grian,
  Le cheud ghath tiorail blàth oirn,
Bhi ceum a sios gu beul nam min-shruth,
  'S réidh ghorm lith mar sgàthan,
A' snamh air falbh gu samhach balbh,
  Gu cuantaibh gailbheinn sùil ghlais,
Tro lubaibh cam le straithibh ghleann
  Tha tilge greann a Mhàirt diu.

Air uchd an fhior-uisg 's grinn a chitear,
  Oibrean siannta nàduir,
Du-neoil nan speur a' falbh o chéil,
  Air chruach nan sleibhtean arda ;
Gun saoil an t-sùil gur h-ann sa ghrunnd,
  Tha dealbh gach ioghnaidh àghoir ;

Am bun os-ceann nan luibh 's nan crann,
  'S na'm beil sa' ghleann gan àrach.

Bi'dh bradan seang-mhear, druim-dhubh, tarr-
  'S cleoc nan meanbh-bhall ruadh air,   [gheal'
Beo, brisg, gun chearb air bhuinne garbh,
  O'n mhuir is gailbheach nuallan ;
Gu h-itench, earr-ghobhlach, grad-mheamnach,
  Leum air ghearr-sgiath luatha,
Le cham-ghob ullamh cheapa chuileag,
  Bhios feadh shruth nan cuairteag.

Gum faicte loma barr gach tomain,
  Caolrich throma, liontaidh,
Gu ceigeach, bronnach, garbh an tomalt,
  Rusgach, ollach, min-tiugh ;
'S an uanaibh geala, luatha, glana,
  Ri cluaineis mhear a' dian-ruith,
Le mèilich mhaoth m' an cuairt do'n raon,
  A's pàirt san fhraoch gan griamdh.

'S na tràthan ceart thig drùbh nam mart,
  'An ordugh steach do'n bhuaile,
Le 'u ùithibh làn, gu reamhar, làirceach,
  Druim-fhionn, crà-dhearg, guaillionn ;
'S gach gruagach àigh gu cridheil, gàireach,
  Craicneach, snàthach, cunchach ;
Air lom an tothair, fonn air bleothann,
  Steall bu bhothar fuaimrich.

Gur h-ionmhuinn gnoir struth-gheimnich laogh,
  Ri leumnaich fhaoin fea 'n àillein,
Gu seang-brisg, uallach, eutrom, guanach,
  Pòr is uaisle stràiceis,
'S iad dù-ghlas, riabhach, caisfhionn, stiallach,
  Bailgfhionn, ciar-dhubh, barr-lom,
'S an earblaibh sguabach togte suas,
  A' duibh-ruith nuas gu màthair.

O Shàmhraidh gheugaich, ghrianaich, cheutaich,
  Dhuillich, fheuraich, chi in-ghil !
Bho t-anail fein thig neart a's speurad,
  Do gach creutair diùidi,
Bha 'n sàs 'an slabhraidh reot a gheamhraidh,
  Ann an àm na dùdlachd,
'S tha nis n'dumhs, feadh ghlac n's ghleann,
  M' ad theachd a nall as ùr oirn.

'S tu tarbhach renchdor, blachar, pailt,
  Le feart do fhrasan blatha,
A thig nan ciuraich mhaoth-bhuig dbriùchd,
  A' dorta sùigh gun fhàilliun,

'S ann leam is taitneach fiamh do bhrait,
 O fhlùraibh duit a ghàraidh
Cuir dealra boisgeil reull an daoimein,
 'Mach gu druim nan ard-bheann.

Gach fluran mais is àillidh dreach,
 A' fàs 'an cleachdadh òrdail,
Gu rìmheach, taitneach, ciatach, snasmhor,
 Ann 's an reachd bu choir dhaibh ;
An t-seamrag uaine 's barr-gheal gruag,
 A's buidheann chuachach neoinein,
Lili gucagach nan cluigean,
 'S mìle lus nach eol domh.

Bi'dh sobhrach luaineach, gheal-bhui, chluasach,
 Ann am bruach nan alltabh,
'S a bhiolair uain taobh nam fuaran,
 Gibeach, cluaineach, cam-mheur ;
Thig ròs nam bad is boidhche dreach,
 Na neoil na maidne samhraidh,
Gu ruiteach, dearg-gheal, cearslach, dealbhach,
 Air roinn mheanbh nam fann-shlat.

An gleann fo bharruch, réisgeach, cannach,
 Feurach, raineach, luachrach,
Gu min-bhog, mealach, brìghor, bainnear,
 Cib, a's eneamh m' an cuairt ann ;
Bidh lom a bhlàir is reachdair fàs,
 A' dol fo stràc neo-thruaillidh,
'S an saoghall a 'gàirdechas le fàilte,
 A thuobh gu'n dh' fhag am fuachd sinn.

Gur ceann-ghorm loluneil dos gach doire,
 Bhios sa choille chrùchdaich,
Gu sleabhach ard fo iomlan blàth,
 O bhun gu bharr 'n comhdach ;
An snothach sùghor thig o'n dùsluing
 Ann sna fiùrain nòsar,
A' brùchda meas tro shlios nan geug,
 A's tlus nan speur ga'n còmhnadh.

Gach maoth phreas ùr gu duilleach cùbhraidh,
 Peurach, ùbhlach, sòghar,
Trom thorrach, luisreagach, a' lùbadh,
 Measach, driùchdach, lòdail ;
Le cud-throm ghagan dlù dhonn-dhearg,
 A bhios air slait nan cròc-mheur,
'S co milis blas ri mil o'n sgeap,
 Aig seillein breac a chrònain.

Bidh coisridh mhuirneach nan gob lùghor,
 Ann sgach ùr-dhos uaigneach,
Air gheugaibh dlù nan duilleach ùr-ghorm,
 Chuireadh sunnt fo'n duanaig ;
Thig smeòrach chuirteil, druid a's bru-dhearg,
 Uiseag chiùin a's cuachag,
Le h-òran cianail, fann-bhog tiambaidh,
 N glacaig dhiomhair uaine.

M' an innsin sios gach ni bu mhiann leam,
 Ann am briathran seolta,
Cha chuirinn crìoch le dealbh am bliadhn'
 Air ceathramh trian de'n b' col domh,
M' a ghlòir nan speur, 's an t-saogha'l gu lèir,
 A lìon le h-éibhneas mòr mi,
'N uair rinn mi éiridh madainn chéitein,
 'S dealt air feur nan lòintean.

AM FOGHAR.

FONN—"*Nuair thig an Samhra geugach oirnn.*"

GRAD éiridh fonn a's fior-ghleus oirbh,
 Na biodh 'ur 'n inntinn smuaireanach ;
Tha sgeul is ait leam innse dhuibh,
 Cho binn bho chian cha chuala sibh ;
Tha 'm pòr bu taitneach cinntinn duinn,
 Fo'n reachd is brìoghair buaghalachd ;
'S gun teid an saoghal a rinrachadh,
 O dhìchoall gnìomh nan tuathanach.

Tha 'm foghar a' nochda cairdeis duinn,
 'S e bhuilich nm pailteas gnàthuicht oirn
A mhaitheas gu fialaidh pairticbear,
 Gun ghainne; gun fhàiline truacantachd ;
Gheibh duine's brùida shàthachadh
 'O sheileir na dùsluing nàdurra ;
Gun sgaoilear na bùird gu failtenchail
 Ga 'r cuireadh gu làn ar tuarasdail

Theid sgraing an acrais bhiasgaich dhinn,
 'S a ghorta chrion gu'm fuadaichear,
Bu ghuineach, sgaiteach, bior-guineach,
 Géur-ghoint' a ruinn'-ghob nuarranta ;
'S e 'dhecghladh sùgh nan caolan bhuat,
 'Chur neul an Aoig mu d' ghruaim-mhala ;
Gun teid an tarmasg dioghaltach
 A ghreasad null th' ar chuaintenn bhuainn.

Bidh coirce strath nan dù-ghleannabh,
 Fo'n dreach is cùirteil priseileachd,
Trom thorach, diasach, cuinnleanach,
 Ard, luirgneach, suighte, sonraichte ;
'S am pannal ceolmhor, mùirneachail,
 Gu sunntach, surdail, ordamail.
Co gleusta, saoithreach, luath-lamhach,
 'S am barr ga bhuain 'na dhòrlaichean.

Gach te gu dìleas deannadach,
 Le corran cam-ghorm, geur-fhiaclach,
Ri farpuis stritheil, dhiorrasaich,
 Cuir fuinn a sios fo dhuanagan ;

Bidh oigridh, lùghor, mheanmnneach,
  A' ceangal bhann ma sguabannan,
Le 'n diolt am briodal màranach,
  A bheireadh gàir air gruagaichean.

'S an luchar chiatach, ghnothor, théid
  Feur-saoidh na faich' a sgaoileadh leinn
A' ceann nan ringhan caola 'bhios
  Air lom nan raointean uain-neulach;
Na ràchdain làidir liath-ghiubhais
  A tionndadh rolag sniomhanach,
Gu 'n tiormachadh 's na grian-ghathan,
  Cho caoin 's as mianu le tuathanach.

'N uair dh'fhosglas *Phœbus* seòmraichean,
  Na h-aird-an-iar thoirt ordugh dhuinn;
'An dubhar an fheasgair tòisichear,
  Ri cruinneacha feòir 'an cruachannan;
Bidh mulain is gairbhe dòmhladas,
  Gu tomaltach, cuirrichdeach, mor-cheannach;
Grad fhighear na siomain chorr umpa,
  Gù sgiobailte, doigheil, suaicheanta.

Bidh iomairean cinn fo stràcan ann,
  Le doireachan gorm buntàta orra,
Gu glinneach, dosach, cràc-mheurach,
  Bog-mhògach, lairceach, uain-neulach;
Barr-gùc a's dearg-gheal fàs orra,
  'Sa dhreach mar ròs nan gàraidhnean;
Bidh paidirein phlumbas àillidh ann,
  Air mheangain 'nam barr nan cluaranaibh.

Nuair thig an aimsir ghnàthaicht oirn,
  'Sa bhuainear as a làraich è,
Grad-nochdar fras bhuntàta dhuinn,
  Ga chrathadh o'n bharr 'na dhòrlaichean,
Ceud mìle dreach a's dealbh orra,
  Gu faobach, geamhlach, garbh-phlucach,
Cruaidh mheallach, uibcach, ghailbhench iad,
  A' tuiteam mar gharbbhlaich dòrnagan.

'S iad ciochach, dearg-dhubh, breac-shuileach,
  Gu tana min-gheal, leacanach;
Gu plubach, cruinn-gheal, cnapanach,
  'S iad fad-chumpach na uaireannan;
B'e 'n toradh biadhar, feartach è,
  Nach mall a lionn chaiteagan,
'Nuair ghréidhear ann sa phraisich è,
  'S è bhlas is taitneach bunghannan.

'S glan fàile nan cnò gaganach,
  Air ard-shlios nan cròc bad-dhuilleach;
'S trom fàsor am por bagailteach,
  Air bharr nam fad-gheug sùlasach;
Theid brigh nam fiuran slat-mheurach,
  'An cridhe nan ùr-chnap blasadach;
Gur brisg-gheal sùgh a chagannaich,
  Do neach a chagnas dòrlach dhiù.

'S clann-bheag a ghnà le'm pocannan.
  A' streup ri h-ard nan dos-chrannaibh,
A bhuain nan cluaran mog-mheurach,
  Gu lugh'or, docoir, luath-lamhach;
'Nùair dh' fhaoisgear as na mogail iad,
  'S a bhristear plaoisg nan cochall diu,
Gur caoin am maoth-bhlas fortanach,
  Bhios air an fhros neo-bhruaileannach.

'S è mios nam bunidhean taitneach è,
  Bheir pòr an t-sluaigh gu h-abachadh;
O'm fògrar grualan an acrais dinn,
  O's maireann pailteas pòrsain duinn;
Mios bog nan ùbhlan breac-mheallach,
  Gu peurach, plumbach, sgeachagach,
A' lùisreadh sios le dearcagaibh,
  Cir-mhealach, brachach, gròiseideach.

Mios molach, robach, bracuirneach
  'S è catoil ròiceil, tacarach,
Gu h-iolannach, cuirrichdeach, adagach,
  Trom-dhiasach, bhreac-gheal, sguabanach;
Mios miagh nam fuarag, stapagach,
  Buntàtach, feòlar, sgadanach,
Gu h-ìmeach, càisench, ceapairencn,
  Le bheirteas pailt gu truacantachd.

Gu saoithreach, stritheil, lamhachair,
  An òigridh dhileas, thàbhachdach,
Ri taobh nan linngean sàile 'm biodh,
  An sgadan a snamh 's a bhoinneireachd
Snàth-moineis garbh an snàthadan,
  A' funigheal lìon ri 'n bràigheachan,
Gu sreangach, bolach, àreanach,
  Bheir bas do'n nàisein chleòc-lannach.

'Nuair dh'aomas òidhche chiar-ghlas oirn,
  'S a dhubhas an iarmailt cheò-neulach,
Gur h-ullamh, ealamh, iasgaidh, dol
  Air ghleus an iarmaid shonraichte;
Grad bhrùcnidh iad 'nan cladan, as
  Gach taobh 'n uair dhiolar òrdugh dhaibh,
Air bhàrcaibh eutrom luath-ràmhach,
  A' sguabadh a chuain ghorm-ghreannaich.

Gur dàicheil, sùrdail, crudalach,
  Fir ùr nan crunidh lamh conspaideach,
A' stri co fuiribi 's lunithe bhios
  Air thùs an t-sluaigh 's a chonnsacha,
A chollainn nan tonn buaireasach,
  Le neart nan cuaille beo ghiubhais;
Mar dhrùid nan speur cho luath dhut iad,
  Thar stuadh is uaibhreach crònanaich.

Air tàrla dhuibh san ionad, 's am
  Bi o t-iasg ri mire ghoraich, theid
Na lìn a chur ga h-iongantach
  Air uchd a ghriunail bhòc-thonnaich;

'Nuair thogar ann sa mhadainn iad
  Gu trom-lan, breac le lodalachd,
Gur suntach, siubhlach, dhachaigh iad
  Le'n tacar beairteach, sòlasach.

Gu h-aigeantach, eutrom, inntinneach,
  Fir nighearach, ghleust, air linngeannan,
Le saighdean geur nan tri-mheurabh,
  Air ghallanaibh dìreach cruaidh shleagbach;
A' sìreadh an èisg le duibh-lìnsaibh,
  Theid seachad na leum air fìor-uisge;
Na mordhachan reubach, diobhalach,
  Gan tarruinn gu tìr air bhruachannaibh.

'S an oidhche chiùraidh, fhiathail, gum
  Bi sùrd air leois gam pleòiteachadh,
Gum pacar anns na h-urraisgean iad
  Speailt thìoram ùr gu h-ordamail:
Bidh dearg a's cruidh gan giulan ann,
  Chuir smùid a suas gu beò-losgadh,
A ruith nam bradan fad-bhronnach,
  Feadh bhuinne càs nam mor-shruithean.

'S am bradan eutrom, aineasach,
  Brisg, grad-chlis, meamnach, luasgannach,
'Na éideadh liath-ghlais, dhearg-bhallaich,
  Dù-lannach, mean-bhreac, cluaineiseach;
Gur gob-chain, sliosmhor, tarr-gheal è,
  Le stiùir bu shiabach earr-ghobhlach,
Ri lù-chleas bras air ghearr-agiathaibh,
  'An tolrmrich gharbh nan cuairteagan.

Gun d'fhuair sibh dàn a nise bhuam,
  Mar thug mi fios a' tòiseachadh,
Mo bhuaidh nam miosan biotailteach,
  Tha trom le gibhtean sòlasach,
Gu 'm beil da rann thar-fhichead ann
  'S o's mist è tuille ròpaireachd,
Gun cuir mi crìoch gu tìmeil air,
  M' am fàg mi sgìth le bòilich sibh.

AN GEAMHRADH.

Air fonn—"'S i so 'n aimsir a dhearbhar."

Tha *Phœbus* s na speuraibh
  Ag éiridh na thriall,
Roi reulltaichean *Geur-shaighead*,[*]
  Bheumnaich nan sian;

[* Sagittarius and Capricorn, two constellations on the Zodiac or Ecliptic.]

Ur-éifeachd a cheud ghath
  Gu ceiteineach grinn,
A ni feum do gach creutair
  O éireadh d'an dion.

Than a tlà ghathan blàth ud
  A b' fhàbharach dhuinn
Gar fàgail aig nàmhaid
  Na dh' fhàsas a h-ùir;
O na thriall e roi chrìochaibh
  Na Riaghailt[†] a null
Gù *Sign-Adharc- Gaibhre*
  Bu duibh-rcotach iùil.

Tha hoidhealachd nàduir
  A b' fhàiltiche tuar,
Fad an t-saoghail air caochladh
  'S a h-aogasg fo ghruaim:
Tha giùig àir na dùilean
  Le fuinntainn an fhuachd,
Fo dhù-lluun trom-thùrsach,
  Ri ciucharan truagh.

Tha 'm Foghar reachdor, fialaidh,
  Bu bhiadh abaich fàs,
Le cruachannaibh cnuac-mheallach,
  Sguab-thorach, làn,
Air treigsinn a shnuaidh,
  O'n a dh'fhuaraich gach càil,
Roi'n mhios chruai-ghuinneach, ghruamach
  'S neo-thruacanta bàigh.

Le stròiceadh na dòilichinn
  Thoirleum gu làr,
Gorm chomhdach nam mòr-chrann
  Bu chròc-cheannach barr,
Ni fuigh-bheatha sùghor
  Nan ùr-fhaillean àird,
Tro fhéithean nan geugan
  Grad thearnadh gum freumh.

Na h-eòinciuean boidheach
  Is òrdamail pong,
Le'n dlù-fheadain shunntach
  O'n siubhlaiche fonn;
Gum fògrar o'n cheòl iad
  Gu clò-chadal trom;
'S ni iad comhnuidh 's gach còs
  Ann am frògaibh nan toll.

Thlg leir-sgrios nir treudan
  Nam feur-luibhean gorm;
Di-mhilltear gach dìthean
  Bu mhin-ghibeach dealbh:

[† Riaghailt, the Equinoctial line.]

Fior aognaichidh aogasg
  Nan aonach 's nan learg,
Le splonadh nan sianntan
  Dian-ghuineach, garg.

An ciar sheillean srian-bhuidhe
  'S cianaile srann,
Bha dicheallach gniomhach,
  Feadh chiuch nan lus fann,
Gun còmhnuich e'n stòr-thaigh
  Nan seòmraichean cam ;
'S gu leoir aige bheo-shlaint
  Air la-n-mhil nach gann.

Theid a mheanbh-chuileag shamhraidh
  Le teanntachd gu bàs,
Ge b' éibhneach a leumnaich
  'An ceud-mhios a mhàigh :
Gach lùb shruth bu bhùrn-ghlan
  A shiubhladh tro 'n bhlàr,
Fo chruaidh-ghlais de'n fhuar-dheibh
  Is nuarranta càil.

Bi'dh sàr-obair nàduir
  Le fàillinn fo bhròn,
Feadh chàthar, a's àrd-bheann,
  A's fhàsach nan lon :
Cha dearbhar clnith mheamnach
  Nan garbh-bhradan mòr,
'S ni iad tamh-chadal sùmhach
  Fo sgàil bhadaibh gorm.

Theid Æolus, rìgh fiadhaich
  Nan slanntaimnean doirbh,
Gu fuar-thalla gruaim-ghreannach,
  Tuath-fhrasan searbh ;
Grad-fhuasglar leis cruaidh ghlas
  Nan ua'-bhéisdean garg,
Clach luath-mheallain, 's cuairt-ghaoth
  Bu bhunireanta colg.

Thig teann-chogadh Geamhraidh
  Le h-aimhleas a nios,
Ann an dorchadas stoirmibh
  Air charbad nan nial ;
A duibh-fhroiseadh shaighdean
  Tro'n àidhbheis gu dian,
Geur, ruinn-bhiorach, puiscannta,
  Chlaoidheas gach ni.

Bi'dh armachd nan uabhas
  Mu'n cuairt da gach laimh,
Ri beuchdaich a reubas
  Na speuran gu h-àrd :
Ion-stròicear a chròc-choille
  Mhòr us a freumh,
Le spùtadh garbh-sgiùrsaidh
  Na dùdlachd gun tlàths,

Gum bòch a mhuir cheann-ghlas
  Is gaill-bheinneach greann ;
Gur gorm-robach, doirbh-chorrach,
  Borbadh nan tonn ;
Gu h-àrdanch, càir-gheal,
  A' bàrcadh nan deann ;
Agus gàirich a bhàis bi'dh
  Air bhàirlinn gach glinn !

Gum brùchd an fhras chiùrraidh
  D'ar n-ionnsuidh a nuas,
A's bàthar gach àilean
  Fo làn nan sruth luath,
A thaosgas san taomraich
  Nam maom-thuiltean ruadh ;
'S marcachd-sine na dileann
  G'ar miobhadh le fuachd.

Thig clacha-meallain garbha
  Le staireanraich mu'r ceann.
Gar spuacadh mar chruaidh-fhrois
  De luaidhe nan Gall ;
Gaoth bhuaireis ga sguabadh
  O chruachaibh nam beann ;
Luchd-coiseachd gun léireadh
  Le h-òireadh nach gann.

Thig ceò tiugh nan neoil oirn
  O mhèr mheall nan cruach,
Le smùidrich an dù-reothaidh
  Dhinghaltaich, fhuair ;
Ga leir dhuinn lag-éiridh
  Na gréine ri h-uair,
Grad-fhalchaidh i carbad
  Geal, dealrach, sa' chuan.

Le dall-chur na faillbhe
  Gum falchar gach meall ;
Sneachd cléiteagach gle-thiugh
  Nan speur os ar ceann
Gu h-àrd domhainn barr-gheal
  Air fàsaich nan gleann ;
Bi'dh nàdur fo'n stràc ud
  Gu fàillinneach, fann.

Thig iom-chathadh feanntaidh
  Fo shraunaich nan stoirm,
A ghluaiseas an luath-shneachd
  Na fhuar-chithibh doirbh ;
Bi'dh an smùid ud ad' sgiùrsadh
  Le dù-chuthach searbh ;
'Sa léireadh nan sléisnean
  Mar gheur-shalann garg.

Bi'dh gach sùil agus aodunn
  Ag aognachadh fiamh ;
Agus ceòraich an reòt
  Air na feòsagaibh liath :

EOBHON MAC-LACHUINN. 333

Bi'dh spùtadh ua fuuutainn
Is drùightiche sian,
A' tolladh tro d' ghrùdhan
Gu ciùrr-bheumnach, dian.

Mios reub-bhiorach, éireanda,
Chreuchdas gach dùil ;
Mios buaireasach, buailteach,
'S neo-thrucant' a ghnùis ;
Mios nuarranta, buagharra,
'S tuath-ghaothach spùt,
Bhios gu h-earr-ghlaiseach, feargach,
Le stairearaich nach ciùin.

Mios burrughlasach, falmarra,
Gharbh-fhrasach fuar ;
Tha gliob-shleamhain, dìleanta,
Grim-reotach, cruaidh,
Ged robh luirgnean gan ròsladh
Ri deagh theine guail,
Bi'dh na sàiltean gan cràdhladh
Gu bàs leis an fhuachd.

Mios colgarra, borb-chur,
Nan stoirmibh nan deann,
Gu funntainneach, puinnseunta,
'S diughaltach srann :
A' beuchdaich 's na speuraibh
Le leir-sgrios gu call:
Bior-dheilgneach, le gairisinn,
Bu mheill-chritheach greann.

Cha'n àireamh na thainig,
De bhàrdaibh san fheoil,
Gach annradh thug teanntachd
A gheamhraidh g'ar còir ;
Ach, mu'm fairghear mo sheanachas
Gun dealbh air ach sgleò,
Gur tìm dhomh bhi crìochnachadh
Briathran mo sgeòil.

AN T-EARRACH.

Air fonn—"*Thainig oirn do dh' Albainn crois.*"

Thainig Earrach oirn m' an cuairt,
Theid am fuachd fo fhuadach cian
Theid air imrich thar a chuan
Geamhradh buaireasach nan sian :
Ràithe sneachdach, reotach, crunidh,
A dh' atas colg nan luath-ghaoth dian
Sligneach, deilgneach, feanntaidh, fuar,
A lom, 'sa dh' aognaich snuadh gach nì.

Nis o'n phill a ghrian a nall
Tréigidh sid a's annradh gàrg :
Islichear strannuraich nan speur,
'S ceanglar srian am beul gach stoirm ;
Sguiridh na builg shéididh chruaidh
'San àibheis aird, a b' uaibhrich fearg :
Eubhar siothchaimh ris gach dùil,
'S tiunudaidh iad gu mùghadh foirm.

Iompaichear an uair gu blàths,
Le frasaibh o'n aird-an-iar,
Leagbaidh sneachd na shruthaibh luath
O ghuaillibh nan gruaim bheann ciar.
Fosglaidh tobraichean a ghrnimul,
A bhrùchdas nan spùtaibh dian ;
'S deith gu sgealbach, ceilleachdach, dlù,
Le gleadhraich ghairbh gu sgùradh sios.

Sgapaidh dall-cheo tiugh nan nial
As a céil' an iar 's an ear,
Na mheallaibh globach, ceigeach, liath,
Druim-robach, ogluidh, ciar-dhubh, glas,
A' snàmh san fhailbhe mhòir gun cheann,
A null 'sa nall, mar luing fo bheairt ;
'S iathaidh iad nan rùsgaibh bàn
Mu spiodaibh pìcneeh àrd nam bac.

Nochdaidh *Phœbus* duinn a gnùis,
A' dealradh o thùr nan speur,
Le soillse caoimhneil, baoisgeil, blàth,
Gu tlusmhor, bàigheil, ris gach creubh :
Na sgrios a ghaillionn chiurraidh fhuar,
Mosglaidh iad a nuas o'n eug ;
Ath-nuadhaichear a bhliadhn' as ùr,
Gach dùil gu mùirneach ; surd air feum.

Sgeudaichear na lòin 's na blàir,
Fo chomhdach àluinn luisaibh meanbh ;
Sgaoilidh iad a mach ri gréin
An duilleach fein fo mhìle dealbh :
Gu globach, caisreagach, fo'm blàth,
Le'n dathaibh àillidh, fann-gheal, dearg ;
Bileach, mealach, maoth-bhog, ùr,
Luirgneach, sùghmhor, driùchdach, gorm.

Gur h-ionmhuinn an sealladh fonnmhor
A chitear air lom gach leacainn :
'S cùbhraidh leam na fion na Frainge
Fàile thom, a's bheann, a's ghlacag ;
Milseineach, biolairearch, sòbhrach,
Eagach cuach nan neoinein maiseach,
Siomragach, failleineach, brigh'or,
Luachrach, ditheanach, gun ghaiscadh.

Thig mùilleinean de shluagh an fheòir
Beò fo thùs nam fann-ghath tlà,
Le 'n sgiathaibh sìoda, ball-bhreac àir,
'S iad daithte 'm boichead mìos a Mhàigh :

An tuairneagaibh geal nam flùr,
Dùisgidh iad le h-iocbd a bhlàis,
'S measgnaichidh an rìghle dlù
'S a chéitein chlùin nach lot an càil!

Diridh snothach suas o'n fhriamhaich
Tre cham-chuislibh shnìomhain bhad-chrann,
Gu maoth-bhlasda, mealach, cùbhraidh,
Sìor chuir sùigh 's nam fiùran shlatach;
Bi'dh an còmhdach gorm a' brùchdadh
Roi shlois ùr nan dlù-phreas dosrach,
Duilleach, làbach, uasal, sgiamhach,
Dreach nam meur is rìmheach coltas.

Bi'dh eoin bheaga bhinn a chàthair,
A cruinneachadh shràbh gu neadan;
Togaidh iad 's na geugaibh uaigneach
Aitribh chuairteagach ri taice
Laidhidh gu cluthor nan tamh
A blàiteachadh nan cruinn ubh breaca,
Gus am bris an t-slighe làn,
'S au tig an t-àlach òg a mach dhaibh.

Thig éibhneas na bliadhn an tùs,
Mu'n crìochnaich an t-ùr-mhìos Màirt;
Bheir an spréidh an toradh trom
Le fosgladh am bronn gu làr:
Brùchdaidh minn, a's laoigh, a's uain,
Nam mìltibh m'an cuairt do'n bhlàr;
'S breac-gheal dreach nan raon 's nan stùc,
Fo chòisridh mheanbh nan lù-chleas bàth!

Bidh gabhair nan adhaircean cràcach,
Stangach, cam, an aird nan sgealb-chreag;
Rob-bhrat iom-dhathach m'an cuairt daibh,
Caitean ciar-dhubh, gruamach, gorm-ghlas;
S na minneineau laghach, greannar,
Le meigeadaich fhann g'an leanmhuinn:
'S mireannach a chleasachd ghuanach
Bhios air pòr beag lnath nan gearr-mheann.

Caoirich cheig-rùsgach fo chòmhdach;
Sgaoilt air reithlein lòintean-driuchdach:
'A uaineineau cho geal ri cainicheau
Air chluaintibh nan learg ri sùgradh.
An crodh mòr gu liontaidh làirceach,
Ag ionaltradh fhàsach ùr-ghorm;
An dream lith-dhonn, chaisionn, bhan-bhreac,
Ghuaillionn, chra-dhearg, mhàgach, dhùmhail.

'S inntinneach an ceol ri m' chluais
Fann-gheum laogh m'an cuairt do'n chrò,
Ri coi'-ruith timcheall nan raon,
Grad-bhrisg, seang-mhear, notrom, beò;
Stairirich aig an luirgnean luath,
Sios m'an bhruaich gu guannich òg;
'S teach 'sa mach á buaile lain,
'S bras an leum ri bàirich bhò!

'N aimsir ghnàthaichte na bliadhna,
Sgapar siol gu biadh san fhearann,
Ga thilgeadh na fhrasaibh dionn,
'S na h-iomnirean fiara, cama;
Sgalag, a's eich laidir, ghniomhach
Ri straidhlich nan cliath gau tarruinn;
'S tiodhlaicear fo'n dùsluing mhin
An gràinean liontaidh 's brìgh'or toradh.

Sgoiltear am buntàta cnuachdach
Na sgràilleagaibh cluasach, bachlach;
Theid an inneir phronn na lòdaibh
Socach, trom, air chòmhnard achaidh;
Le treun ghearrain chùbach, chàrnach,
Chliabhach, spidreach, bhràideach, shrathrach
Sùrd air teachd-an-tir nan Gàël,
Dh' fhleuch an tàrar e fo'n talamh.

'Nuair a thogas *Phœbus* àigh
Mach gu h-àird nan nial a ceann,
O sheomar dealrach a chuain
Ag òradh air chruach nam beann;
Brùchdaidh as gach cearn an tuath,
'Staigh cha'n fhuirich luath no mall,
Inntrigidh air gniomh nam buadh,
" Buntàta 's inneir! suas an crann!"

Theid an inneal-draibh an òrdugh,
Sean eich laidir mbor a' tarruinn
Nan ionnstramaid ghleadrach, ròpach,
Beairt 'san lionmhor còrd a's amull,
Ailbheagan nan cromag fiara,
Socach, coltrach, giadhach, langrach;
Glige-ghlaige crainn a's iaruinn,
Sùrd air gniomh o'm biadhchor toradh!

Hush! an t-ùrniche 's am bàn-each,
Fear air crann, 's air crann, 'sa chorraig,
Buntàta, 's inneir theith na cliubhaidh
Ga taomadh san fhiar-chlais chorrnich,
Aig bannal clis lòghmhor gleusda,
Cridheil, eutrom, brisg gun sìmulan;
'S gillean òg a' diol na h-àbhachd,
Briathrach, gàireach, càirdeil, fearail.

'Nuair dh' fhalachar san ùir am pòr,
Thig feartan gar còir o'n àird,
A sgirtean liath-ghlas nan nial,
Frasnidh e gu ciatach blàth,
Silteach, sàmhach, lionmhor, ciùin,
Trom na bhrùchdaibh, ciùbrach, tlàth;
'S miorbhuilleach a bhrnonach dhlù,
Iarbhach maoth-mhin, driuchdach, seamh

'S lionmhor suaicheantas an Earraich,
Nach comas domh luaidh le fileachd;
Ràidhe 's tric a chaochail carraidh,
'S ioma car o thùs gu dheireadh;

Ràidhe'n tig am faoileach feannaidh,
Fuar chlach-mheallain, stoirm nam peileir,
Feadag, sguabag, gruaim a Ghearrain,
Crainnti Chailleach is beurra friodhan.

'Nuair spùtas gaoth lom a Mhàirt oirn,
Ni 'n t-sìd ud an t-àl a chrannadh,
Mìos cabhagach, oibreach, saoithreach,
Nam feasgar slaod-chianail, reangach :
Acras a' diogladh nam maodal,
Blianach, caol-ghlas, aognaidh, greannach ;
Deòghlar trian do t' fhior-liunn-tàth bhuat ;
'S mar ghad snìomhain tàirnear fad thu.

Ràidhe san tig tùs annlainn,
Liteach, càbhrach, làdhan lapach,
Druin-fhionn, cean-fionn, brucach, riaspach
Robach, dreamsglach, riadhach, rapach ;
Càl a's feoil, a's cruinn-bhuntàta,
'S aran corca laidir, reachdmhor :
Bog no cruaidh, ma chanar biadh ris,
S e nach diult an ciad ni 's faigse.

'N uair thig òg-mhìos chèitein ciùin oirn,
Bi'dh a bhliadhn an tùs a maise ;
'S flathail, caoimhneil, soillse grèine,
Mìos geal ceutach, speur-ghorm, feartach,
Flùrach, ciùrach, bliochdach, maoineach,
Uanach, caornach, laoghach, martach,
Gruthach, uachdrach' càiseach, sùghmhor,
Mealach, cùbhraidh, drùchdach, dosrach.

Nis théid Earrach uainn air chuairt,
'S thig an samhradh ruaig a nall ;
'S gorm-bhog duilleach geug air choill ;
Eunlaidh seinn air bharr nan crann ;
Driùchdan air feur gach glinn,
S lan-thoil-inntinn sgiamh nam beann :
Theid mi ceum troi 'n lòn a null,
'S tàirneam crìoch air fonn mo rann.

MARB-RANN

DO MR SEUMAS BEATTIE,

[Fear-teagaisg Cànain, 's nan Eolus nadurra, ann an
Aol-taigh Ùr-Obairreadhain,' a chaochail sa' mhadainn
diardaoin, an ceathramh latha de'n ochdamh mios 1810.]

—— κρυερὸν τιταρπόμεθα γοῶο !

Air fonn—"*Mort Ghlinne-Comhann.*"

Och nan och ! mar a ta mi ;
Threig mo shùgradh, mo mhàran, 's mo cheol !
'S trom an aiceid tha 'm chràdh-lot,
'S goirt am beum a rinn sgàinteach 'am fheòil ;

Mi mar ànrach nan cuaintean,
A chailleas astar feadh stuadhan sa cheò ;
O'n bhuail teachdair a bhàis thu,
A Charaid chaoinh bu neo-fhàilteumach glòir.

A Ghaoil ! a Ghaoil de na fearaibh !
'S fuar a nochd air an darach do chréubh
'S fuar a nochd air a bord thu,
Fhiùrain uasail bu stòild ann ad bhèus !
An lamh gheal, fhuranach, chàirdeil,
Is tric a ghlac mi le fàilte gu 'n phléid,
Ri d' thaobh 's an anairt na sìneadh,
Na meall fuar creadha, fo chìs aig an éug !

A mhìog-shuil donn bu tlà sealladh,
A nis air tionndadh gun lannair a d' cheann !
'S sàmhach binn-ghuth nan ealaidh !
'S dùint' am beul ud o'm b' anasach cainnt !
An cridhe firinneach soilleir,
Leis 'm bu spìdeil duais foille, no sannt ;
A nochd gun phlosg air an déile !
Sian mo dhosgainn, nach breugach an rann.

Gun smid tha 'n ceann anns na thàrmaich
Bladh gach eòlais a b' àird ann am miagh ;
Gliocas eagnaidh na Gréige,
'S na thuig an Eadailt bu gheur-fhaclaich brìgh !
'S balbh fear-rèitich gach teagaimh ;
Anns a bheurla chruaidh, spreigearra, ghrinn !
'N uair bhios luchd-foghluim fo dhubhar,
Co na t-ionads a dh' fhuasglas an t-snuim ?

'S balbh an labhraiche pòngail,
Bu tearc r'a fhaotainn a chompanach beoil ;
'Am briathran snaighte, sgéimh-dhealbhach,
A chur na h-ealaidh no 'n t-seanchais air neoil ;
Ge b' è bàrd an dàin chéutaich,
Mu chian-astar Ænéas o Throidh ;
'S firinn cheart nach bu diù leis,
E-fein thoirt mar ùghdair do sgeòil.

Gun smid tha'n gliocair a b' eolach,
Air fad na cruithenchd a dh' òrdaich Mac Dhé !
Gach gnò an saoghal na fairge,
'Sa mhachthir chòmhnaird no 'n garbhlaich an
Gach bileag ghorm a tha lùbadh, [t-sléibh :
Fo throm eallaich nan driuchd ris a ghréin :
'S an rìoghnchd mheantailtich b' àghor,
Do phurp ag innse dhuinn nàdur gach seud.

'S balbh fear-aithne nan ràidean,
A shoillsich aingil a's fàidhean o thùs ;
A's soisgeul ghlormhor na slainte,
Thug fios air tròcairean àrd-Rìgh nan dùl :
'An stòigh gach teagaisg bu ghrasmhoir,
'S tearc pears-eaglais thug bàrr ort. a Ruin !
Dòchas t-anma bu làidir,
'San fhuil a dhoirteadh gu Pàrras thoirt dhuinn.

Riaghlaich t-eòlas 's do ghiulan,
Modh na foirfeachd a b' iuil dut 's gach ceum ;
Do mhòr-chridh uasal gun tnùth ann
Gun ghuimh, gun uabhar, gun lùban, gun bhrèug ;
Cha b' uailse thoigach an fhasain,
Cha dealradh saibhreis a dh-atadh do spéis ;
'Si 'n inntinn fhior-ghlan, a b' fliù leat,
A's foghlum dichill ga stiùireadh le céill.

Mo chreach lèir ! an taigh mùirneach,
'S am faict' a ghreadhain gu suuntach mu'n bhòrd,
Dreòs na céire toirt soillse,
Gach fion bu taitniche fnoileas, fo chròic :
Do chuilm bu chonaltrach, fàiltench,
B' aiseag slainte dhuinn màran do bheoil ;
Bu bhinn a thogail na tèis thu,
'Sa chruit fhonnor ga glèusadh gu ceòl.

'N uair dh' éireadh cùisridh bu choinnealt,
A dhamhs' gu lùghor ri pronnadh nam pòng ;
Gum b' éibhinn crì do mhuà-comuinn,
Do chròilein mauth, 's iad gu tomanach, donn ;
A ghearradh leum air bhòrd loma,
Dol seach a chéile mar ghoireadh am fonn,
Ach dh' fhalbh sid uile mar bhruadar,
" No bristeadh builgein air uachdar nan tonn."

A rìgh ! gur cianail mo smaointean,
Ri linn do t-àrois bhi faontrach gun mhùirn !
Sguir a chuilm 's an ceol-gàire,
Chaidh meoghail ghreadhnach a's màran o'r cùl :
Chinn an talla fuar fàsail,
'S e chuir mullach na fardoich 'na smùr
Ceann na dìdinn, 's na riaghailt,
A bhi sa' chadal throm shiorruidh nach dùisg !

Do bhanntrach bhochd mar iau tiamhaidh,
Ri trungh thùrsa, 'sa sgiathan mu h-àl ;
A neadan creachta, 's i dòlnench,
Mu gaol a sholair an lòu daibh gach tràth :
O'n dh'imich Fir-eun na h-ealtainn,
Tha'n t-searbh-dhìle 'tighinn thart as gach àird !
A Righ nan aingeal ! bi d' dhìon daibh,
'S tionndaidh ascaoin na sìne gu tlàths.

'S ioma sùil ata siltench,
A thaobh ùigh nam fear glic gun bhi buan :
Tha mìltean ùrnuigh ga d' leantainn,
Le mìltean dùrachd, a's beannachd gu t-uaigh ;
A liuthad diùlannach ainnis,
A dh' àrdaich t-ionnsachadh ainneamh gu uaill ;
'S gach là bhios-cairdens air faoineachd,
A Bheattie chliùitich ! bi'dh cuimh' air do luach.

Rinn t-éug sinn uile gun sòlas,
Tha teach nan innleachd, 'san òigridh fo phràmh ;
Chaidh Albainn buileach fo cìslean,
Sgur na Ceòlraidhean Grèugach de'n dàn :

Thainig dall-bhrat na h-òidhch' oirn,
O'n chaidh lochrann na soillse na smàl :
B' e sid an crith-reothadh céitein
A mhill am fochann bu cheutaiche bàrr !

Bu tu craobh-abhull a ghàrnidh,
A chaoidh cha chinnich ni's àillidh fo'n ghrèin !
Dealt an t-sàmhruidh mu blàthaibh,
Lùisreadh dhuilleag air chràcaibh, a geug
Ach thilg dubh-dhoirionn a gheamhraidh,
A bheithir theinntidh le srann as an speur ;
Thuit an gallan ùr, rìmheach,
'S uile mhaise ghrad-chrìon air an fheur !

A Thì tha stiùireadh na cruinne !
'S tu leig d'ar n-ionnsuidh a bhuille bha crunidh !
Sinne cnaill an t-sàr ulaidh,
Neònad prìseil nan iomadaidh buaidh !—
Dh' fhalbh a chombaisd, 's na siùil oirn,
Chaidh an gaisreadh 's an fhiùbhai 'n am bruan,
Gach creag 'na cunnart do'n fhiùraich,
O laidh duibhr' air rèull-iùil an taobh-Tuath.

Och ! nan och, mar a ta mi !
Mo chridhe 'n impis bhi sgàinte le bròn !
Tha 'n caraid-cùirt' an dèigh m' fhàgail,
A sheasadh dùrachdach dan' air mo chòir :
Bi'dh sid am chliabh 'na bheum cnàmhain,
Gus an uair anns an tàr mi fo'n fhòd ;
Ach 's glic an t-Aon a thug cis dhinn,
'S da òrdugh naomh bith'm,id strìochdta gach lò.

SMEORACH CHLOINN-LACHUINN.

LUINNEAG.

Hoilibh o, iriag, ò luil, ò ;
Hoilidh o, iriag, hòrò hì ;
Hoilibh o, iriag, ò luil, ò ;
Smeòraich a sheinn òran mi.

'S smeòrach mise le chloinn-Lachuinn ;
Seinneam ceòl air bharr nan dòsan :
'S tric leam dùsgadh moch am' chadal
'S m'òran maidne 'sheinn le frògan.
Hoilibh o, &c.

Cha mhi 'm fitheach gionach, sgàitench,
Na clamhan a chrom-ghinb shracaich ;
'S cian mo linn o' eoin a chathair
Chleachd tigh'n' beò air sàth nan àblach.
Hoilibh o, &c.

'S mor gu'm b' annsa' an àm bhi 'géiridh
Madainn Shamhraidh fhann-bhuig, chéitein;
Diol nan rann gun ghreann gun eislein,
'S toirm an damhs' air chrann nan géugan.
Hoilibh o, &c.

Bha mi n' còmhnuidh 'n tùs mo laithibh
Aig Peithinn nan seamh-shruth airgeid,
Measg nam flùran driuchdach, tlàtha,
Fhuair mi 'n àrach pàirt de m' aimsir.
Hoilibh o, &c.

Tha mi nis an tìr gun bhruaidhlean,
Tìr tha feartach, reachdor, buaghail;
'S lionmhor àgh tha fàs air uachdar
Tìr nan sealbh da'n ainm na Cluainean.
Hoilibh o, &c.

Tha na h-eoin is labhar coireall,
Feadh na coille 'n dlùths nam badan;
Buidheann phròiseal, cheolmhor, loinneal,
Ard an coilleag,—binn an glaigeal.
Hoilibh o, &c.

Tha gach crann gu trom fo chòmhdach,
Duilleach, badach, meuraoh, cròcach;
Stràc de 'n mheas cur shlios nan ògan,
'S eunlaith 'seinn nam fonn an òrdugh.
Hoilibh o, &c.

Coisridh lughor, mùirneach, greannar,
Seolta gluasad fuaim an seannsar;
Pùr gun sgread, gun reasg, gun teanndachd,
Gleusd' am feadain; deas an ranntachd.
Hoilibh o, &c.

Grian a'g eiridh dealrach, òr-bhui,
Le gath soills' air ghorm nam mor-bheann;
Fàileadh cubhraidh dhriuchd nan lointean,
Sileadh meal air bharr gach feòirnean.
Hoilibh o, &c.

Eoin bheag bhuchlach nam pong ceòlmhor!
Colmh-fbreagraibh leam téis an brain;
Dreach nan cluainean mar bu choir dhomh
Dh' innsinn sios am briathran òrdail.
Hoilibh o, &c.

'S ionnmhuinn leam a chulaidh fhraoich
Dh' fhas air taobh nan luirgnean càs,
Badach, gaganach, caoin, ùr,
'S neoil du'n' mhil a smuideadh às.
Hoilibh o, &c.

'S boidhench treud nan uainean geala
Ruith 'sa réis feadh chluainean bainnear;
'S caoirich bhronnach, throma, cheigeach,
Air 'm bu sheideach blonag shaile.
Hoilibh o, &c.

'S blasda, soilleir uisg am fuaran
Fallain brisg gun mhisg gun bhruaidhlean;
'S cràcach, gibeach, biolair' uaine,
Fàs gu h-ailli laimh ri'm bruachan.
Hoilibh o, &c.

'S labhar fuaim nan sruthan siùblach,
Theid thar bhaibhag dlù nan alltan;
Turraich mhear gach cuailean dù-ghuirm,
Dol feadh lùb tro làr nan gleanntan.
Hoilibh o, &c.

'S taitneach, sgiamhach, maoth-bhog ùr,
Fas do fhlùr is lionmhor dreach;
Mar ghorm rionnagach nan speur,
Dealbh gach seud a sgaoil mu d' bhrat.
Hoilibh o, &c.

Brat nan dithean driùchdach, guamach,
Lurach, luachrach, dualach, bachlach,
Cuachach geal nan neoinean engach,
Sid a sgeadach tha mu'd' ghlacaibh.
Hoilibh o, &c.

Do chrodh-laoigh air lom an àilean,
Reamhar, sultmhor, liontai, làirceach,
Caisionn, druimionn, guaillionn, cra-dhearg,
Bainnear, bliochdach sliochd gun fhaillinn.
Hoilibh o, &c.

Baile feartach coirc a's eòrna,
'S reachmhor fàsar dhailean còmhnard;
Be sid bàrr na mìle sòlas
A chuir sgrainng na goirt air fogradh.
Hoilibh o, &c.

Talamh tarbhach trom gu gnàisich,
Leatromach fo bhàrr buntata,
Chinn gu luirgneach, meurach, màgach,
Cluigeanach le plumbais àillidh.
Hoilibh o, &c.

'S tric do phreasan peurach, ubhlach,
Groiseideach, trom-dhearcach, dù-dhonn;
Luisreadh nios le gagain driùchdach,
'S buan an t-shlaiunt am fàile cùbhraidh.
Hoilibh o, &c.

Baile coisrigte nam beannachd!
Fraochach, flùrach, luachrach, mealach,
Martach, laoghach, caorach, bainneach,
Coillteach, duilleach, geugach, torach.
Hoilibh o, &c.

Nis' tha carbad boisgeil *Phœbuis*
A' marcachd an aird nan speura;
'S o'n tha 'n rann an cuimse faidead,
'S tìm' bhi lasachadh nan teudan.
Hoilibh o, &c.

EALAIDH GHAOIL.

LUINNEAG.

Air faillirin, illirin, uillirin ò,
Air faillirin, illirin, uillirin ò,
Air faillirin, illirin, uillirin ò,
Gur boidheach an comunn,
'Th'aig coinneamh 'n t-Srath-mhòir.*

Gus gile mo leannan
　Na'n eal' air an t-shnàmh,
Na cobhar na tuinne,
　'S e tilleadh bho'n tràigh ;
Na'm blàth-bhainne buaile,
　'S a chuach leis fo bhàrr,
Na sneachd nan gleann dòsrach,
　'Ga fhroiseadh mu'n bhlàr
　　Air faillirin, &c.

Tha cas-fhalt mo rùin-sa
　Gu siùbhlach a sniomh,
Mar na neoil bhuidhe ' lùbas
　Air stùcaibh nan sliabh,
Tha ' gruaidh mar an ròs,
　'Nuair a's bòidhche 'bhios fhiamh,
Fo ùr-dhealt a Chéitein,
　Mu'n éirich a ghrian.
　　Air faillirin, &c.

Mar Bhénus a boisgeadh
　Thar choiltibh nan ard,
Tha a miog-shuil ga m' bhuaireadn
　Le suaicheantas graidh :
Tha bràighe nan séud
　Ann an eideadh gach àidh,
Mar ghealach nan speur
　'S i cur reulltan fo phràmh.
　　Air faillirin, &c.

Bi'dh 'n uiseag 's an smeòrach
　Feadh lòintean nan driùchd,
'Toirt fàilte le'n òrain
　Do'n òg-mhadainn chiùin ;
Ach tha'n uiseag neo-sheòlta,
　'S an smeòrach gun sunnt,
'Nuair ' thoisicheas m' éudail
　Air gleusadh a ciùil.
　　Air faillirin, &c.

'Nuair thig sàmhradh nan noinean
　A comhdach nam bruach,
'S gach eoinean 'sa chròc-choill'
　' A ceòl leis a chuaich,
Bi'dh mise gu h-éibhinn
　'A leumnaich 's a ruaig,
Fo dhlù-mheuraibh sgàileach
　A màran ri m' luaidh.
　　Air faillirin, &c.

---

* The chorus and first stanza of this song are not Maclachlan's. They were composed by Mrs M'Kenzie of Balone, at a time when, by infirmity, she was unable to attend the administration of the Lord's Supper in Strath-more of Lochbroom,—and ran word for word the same except the last two lines of the verse which are slightly altered. Our talented author got them and the air from some of the north country students in Aberdeen. All the other stanzas, however, are original, and worthy of the poetic mind of Maclachlan. The following translation of it by the celebrated author, we subjoin for the gratification of the English reader :—

Nor the swan on the lake, or the foam on the shore,
Can compare with the charms of the maid I adore ;
Not so white is the new milk that flows o'er the pail,
Or the snow that is show'r'd from the boughs of the vale.

As the cloud's yellow wreath on the mountain's high brow,
The locks of my fair one redundantly flow ;
Her cheeks have the tint that the roses display,
When they glitter with dew on the morning of May.

As the planet of Venus that gleams o'er the grove,
Her blue-rolling eyes are the symbols of love ;
Her pearl-circled bosom diffuses bright rays,
Like the moon, when the stars are bedimm'd with her blaze.

The mavis and lark, when they welcome the dawn,
Make a chorus of joy to resound through the lawn ;
But the mavis is tuneless—the lark strives in vain,
When my beautiful charmer renews her sweet strain.

When summer bespangles the landscape with flow'rs,
While the thrush and the cuckoo sing soft from the bow'rs,
Through the wood-shaded windings with Bella I'll rove,
And feast unrestrain'd on the smiles of my love.

RANN DO'N LEISG.

A LEISG reangach, robach, dhuaichnidh,
Mallachd buan bho dhuan nam bàrd dhut,
'S bochd an t-shian do'n tì bheir cluas dhut,
'S dearbh nach dual gu'n dean e tàbhachd,
'S fior an sgeul a sgriubh rìgh Solamh,
" Nach robh sonas riamh ad ghlacaibh ;"
A chairbh rag gun sgrìd gun fhosgladh,
Trom-cheann marbh nach mosgail facal,
'S ronngach fàrdalach gun rùth-bhalg ;
Do sheann chlosach bhruchdach, lachdunn,
'S miann leat coimhearsp bhuan an rosaid,
Dealbh na gorta agaoil mu t-asdail,
Thu fo'n lùirich na d' chuail chnàmhaich,
Reic thu Fàrrais air son cadail,
Drein an Aoig na d' ghrod-chraos bearnach,
Do chràg chearr am muing do phap-chinn.
Sid an sluagh thug bith an tùs dut,
A Mì-chùram 's Dìth-na-sgoinne
Slabhraidh theann de phraisich chruaidh ort,
S dà cheud punnd de'n luaidhe d' dhèireadh.

A Leisg throm ga 'm bodhar spad-chluas
'S tu 'n gadaiche 'shlad na h-aimsir' :

Ged' bhiodh mìle cuip gad' shlaiseadh
Cha tig an stadaich a t-earball.
Sibhs ann sam beil feum a's dìreadh,
Ruithibh grad an tìm gu freagairt;
Mu'n cosgrar sibh fo shlait iarainn
Ban-mhaighstear iaruaidh na sgreatachd.

CLACH-CUIMHNE

GHLINNE-GARAIDH AIG TOBAR-NAN-CEANN.

Fhìa astair! thig faisg a's leubh
Sgeul air ceartas an Dé bhuain;
Eisd ri diol na ceilg a dh'fhàg
A Cheapach na làraich fhuair.
Sgaoil na mìlltich lìon an éig
Mu bhord éibhinn uam fleagh fial
'S mheasgnaich iad an sean 's na h-òig
'S an aon tòrr na'm fuil gun ghiomh.

Mhosgail corruich an t-àrd-thriath,
Ursann dhian uan comhlan cruaidh,
Morair Chlann-Dòmhnuill an fhraoich,
Leoghann nan euchd, craobh nam buadh,
Dh-iarr e 's chaidh Dìoghailt na leum,
Mar bheithir bheumnaich nan nial,
Ghlac e'n dream a dheilbh an fhoill,
'S thug lan duais mar thoill an gniomh.
Lamh riut-sa' ghòrm fhuarain ghrinn,
Dh' ionnlaideadh seachd cinn nan lùb,
'S aig casan a ghaisgich àigh
Thilgeadh iad air làr a dhùin.
Corr as coig fichead bliadhn' deug
Thriall nan speur bho dheas gu tuath,
Bho 'n ghairmeadh Tobar-nan-Ceann,
De'n t-sruthan so 'n cainnt an t-shluaigh.

Mise 'n Seachdamh thar dheich glùin
De fhreumh ùiseil an laoich thréin,
Mac-Mhic-Alasdair m'ainm gnàiths,
Flath Chlann-Dòmhnuill nan sàr euchd,
Thog mi chlachs' air lom an raoin,
Faisg air caochan a chliù bhuain,—
Mar mheas do cheann-stuic nan triath,
'S gu'n cuimhnicht' an gniomh ri luaths.

ALASDAIR MAC-IONMHUINN.

Alexander M'Kinnon was born in Moror, in the district of Arisaig, Inverness-shire, in the year 1770, in which farm his father was tacksman. At the age of 24, he enlisted in the gallant 92d regiment, in which he served with marked distinction till 1801, when, in the famous battle of Alexandria, he received three several wounds, which were the means of breaking up his connexion with that corps. After the battle, Corporal M'Kinnon was found lying among the wounded and dead, " with his back to the field and his feet to the foe," in frozen gore, and on the apparent verge of dissolution. In disposing of the many brave fellows who fell on that memorable day, it was found necessary to dig ditches or pits in which indiscriminately to inter them; and such was the seemingly lifeless condition of M'Kinnon, that he was ordered to be buried among the others. This order would have been executed had not Sergeant M'Lean, a bosom-friend and companion of our bard, been prompted by feelings of the purest friendship, to seek him out amid the heaps of carnage in which he was entombed. The Sergeant, applying his ear to the poet's breast, perceived that everlasting silence had not yet been imposed on his lyre;—his respirations were feeble and slow, but he lived; and his friend insisted upon having him forthwith conveyed to one of the hospital ships.

Upon experiencing the care and attention his situation required, he gradually recovered from his wounds; and it was during his convalescence on board the hospital ship that he composed his truly sublime and admirable poem so descriptive of the battle. M'Kinnon, on arriving in England, was discharged with a pension; but a life of inactivity seemed little to accord with his sanguine temperament,—for he was no sooner able to bear arms than he joined the 6th Royal Veteran Battalion, in which he served all the remainder of his earthly career. He died at Fort-William, Lochaber, in the year 1814, at the age of 44, and was interred with military honours.

Corporal M'Kinnon was prepossessing in appearance; he stood about 5 feet 10 inches in height; he was athletic in form and of very fine proportions and symmetry. As a poet he ranks very high: his mind, indeed, was of that gigantic order, which, by its own propelling powers, could rise equal to any subject he chose to sing. Judging from some of his MSS, now before us, he studied the Gaelic language to good purpose; few have been able so completely to master its idiom and to soar on the syren wings of poesy, sustaining throughout such a sublime and uncontaminated diction. We have not been able to ascertain what his scholastic acquirements were in English, but we feel warranted in supposing these respectable, for he wrote the vernacular tongue with great accuracy, the study of which, it must be recollected, formed none of the school-attainments in his juvenile days.

The four pieces here presented to the reader are of prime quality. They speak for themselves, and need no passing encomiums from us. Any poetaster may string stanzas together *ad infinitum*, and at a hand-gallop; he may infuse something of the spirit of poetry into them, but to give metrical composition a high finish—to put so much excellence into a poem as to ensure its survival, after the interest of the circumstance that called it forth has passed away—to do this, has fallen only to the lot of a few gifted individuals.

No one could be more happy in his choice of subjects than M'Kinnon; and, most assuredly, none could handle his materials better. He was an enthusiastic soldier: he saw and admired the prowess of the British arms, and commemorated their feats in strains which cannot die. The poet that chronicled these feats, was worthy of the indomitable army that performed them. Ossian's heroes are often put beyond themselves through the magnifying vista of poetic description;—and who has not felt how much of the prowess of Ajax and Hector owed its existence to the redundancy of Homer's inventive powers? M'Kinnon has indulged in no fanciful representations;—he has honestly and truthfully recorded such achievements as British valour performed within his ocular cognizance; and one characteristic feature of his muse is, that she was always *on duty*.

It would be out of place here to attempt a formal criticism upon the works of this excellent poet. His heroics, in which he seems most at home, admit of no comparison. We wonder what stuff the poet was made of: the poet, who could wind himself up—yes, and inoculate us, too, with the high, patriotic, and impassioned feelings of his soul, to the highest pitch of enthusiasm, and depict, with more than the fidelity of the painter's hand, the panorama of the most sanguinary battles that ever drew the belligerent powers of two mighty empires face to face! His poem on the battle in Alexandria beginning *"Am Mios deireannach an Fhoghair,"* has all the minuteness of detail of a studied prose narrative, while the vividness of his description, the freshness of his similes, the sublimity of his sentiments, rivet our breathless attention on the various evolutions of the day, from the discharge of the first shot until the whole place is strewed with mangled carcasses, and the dark wing of night overshadows the gory and groaning plain.

His *"Dubh-Ghleannach"* is a nautical production in which his muse appears to great advantage; and we are told by a friend, not likely to be misinformed on the subject, that this was his favourite piece. Mr M'Donald, the proprietor of the yacht, which the poet immortalizes, was so well pleased with the poem, that he gave M'Kinnon £5, and this sum appeared so enormous in the estimation of a boor, a neighbour of M'Kinnon's, that he spoke to him on the subject, saying, "It is a bonny song, to be sure, but faith, neighbour, you have been as well paid for it!" "I tell you, sir," replied the poet, "that every stanza of it—every timber in the '*Dubh-Ghleannach's*' side—is worth a five-pound note!" This retort must be regarded more in the light of a reprimand, than as an empty gasconade. Men of genius, however, cannot be blind to their own merit; and if they ought not to be the trumpeters of their own fame, they are entitled, by the law of self-defence, to retaliate on the narrow-souled detractors of their well-earned laurels. MacKinnon was neither egotistical nor pedantic: he submitted his pieces to the rigid criticisms of his fellow-soldiers, and never hesitated to throw out an idea, a distich, or even a stanza at their bidding. This has, perhaps, tended to the critical correctness of his Gaelic and the excellence of his productions: we read them and are satisfied: there is nothing wanting, nothing extraneous.

ORAN AIR DO'N BHARD A DHOL AIR TIR ANNS AN EIPHEIT.

Air fonn—"*Deoch-slainte an Iarla Thuathaich.*"

Ge fada an dràst gun dùsgadh mi,
Cha chadal sèimh bu shùgradh dhomh,
Ach ragaid chuàmh gun lùghs annta,
Air leabaidh-làir gun chùirteanan,
Gun chaidreamh bho luchd dùthcha,
  'S mi gun charaid-rùin am chòir.
    Gun chaidreamh, &c.

Cha 'n 'eil fear a thàirneas rium,
Na thuigeas an deagh Ghàidlig mi,
Nach innis mi gu'n d' rainig mi,
'N uair dh' imich sinn do 'n àite sin,
Gu 'm b' aobhar giorag nàmhaid sinn,
  Le 'r luingeas àrd fo sheòil.
    Gu 'm b' aobhar, &c.

An t-ochdamh grian do 'n Mhàirt againn,
A nochdadh ar cuid bhàtaichean,
Bu choltach seòlta an Càbhlach iad,
Na 'n trotan mar a b' àbhaist dhaibh,
'S na Breatuinnich na 'm bàrr orra,
  Le 'n cliathan ràmh san reòt'.
    'S na Breatiunnich, &c.

Gu 'n chuir air tìr na saigbdearan,
Na fir gun fhiamh, gun fhoill annta,
Le 'n eireadh grian gu boisgeanta,
Ri lainnir an lann foileasach,
'S an ceannard féin ga 'n soillseachadh,
  Mar dhaoimein a measg òir.
    'S an ceannard, &c.

An darag dhìleas dharaich ud,
Nach dh'fhàg 'san linn so samhail da,
An leòghann rioghail, amaisgeach,
An cliù 's am tìrinn cheannasach,
Tha do ghaol mar anam dhuinn,
Air teannachadh na 'r feòil.
    Tha da ghaol, &c.

A dol gu tìr le d' bhrataichean,
Air cheann do mhìltenn gaisgealadh,
Shaoil Frangaich ghrìmeach, ghlas-neulach,
Le spid gu 'n pillte dhachaigh sinn,
Gu 'n strìochdadh iad da 'r lasraichean,
Bu dhionmhor bras ar sròil.
    Gu 'n striochdadh, &c.

Bu neimheil, smearail, dùrachdach,
Gu danara làn mhùiseagach,
An canoin ann sa bhùireinich,
'S dealanach le fudar dhiu,
Cha bu lèur an traigh le smùidreadh,
Dh'fhàg na spèuran dùinnt' an ceò.
    Cha bu lèur, &c.

Mar biodh cruaidh losgadh iomlan ann,
'San uair is luaithe dh' iomraichte,
Air luchd-cuain a b' ullamh tulgaradh,
Greasadh ri cluais iorghuille,
'S na naimhdean dàna tilgeadh oirn,
Mar ghàradh tiomcheall òb.
    'S na naimhdean, &c.

Choinnich iad 'san uisge sinn,
A tigh'n' air snàmh gu 'n crìoslaichean,
'N uair bheireadh lambach bristeadh dhuinn
An duil gu 'm bàite an tiota sinn,
Gu stàilinneach, làn, misneachail,
Gu sgrios ás na bhiodh beò.
    Gu stàilinneach, &c.

Chòlunich ar fir shomalt iad,
Le roinn nam piosan guineideach,
Ma 'n d'fhàg an tonn fo 'r bonnabh sinn,
Chaill siol na Frainge fuil annta,
'S am bàs bhà iad a cumadh dhuinn,
Fhuair pàirt diù dh'fhulang bròin.
    'S am bàs, &c.

Chuir buillean lann le susbaireachd,
Bho 'n tuinn mar choilltich thuislidh iad,
Gach dara crann a tuiteam dhiu,
Na 'n sineadh sios le 'r cusbaireachd,
Thuig Frangaich nach fann Thurcaich,
Le 'n cuid lann a mhurt an sliigh.
    Thuig Frangaich, &c.

Ri lomairt ghoirt na stàilinne,
Bha iomain cas bho 'n tràigh orra,
Gu 'n fhios co 'm fear bu tàire againn,
A b' ullamh lot le saithidhean,

N am dlùthadh ris an àraich,
'S trom a dhrùigh ar làid na 'm feòil.
    'N am dlùthadh, &c.

'N uair sgaoileadh bh'uainn 's gach àite iad,
Mar chaoirich 's gille-mhàrtainn annt',
'S tric a chìte fàll oirbh,
Na ruith a dhì a mhaighsteir,
Bu lìonmhor marcach tàbhachdach,
Le each air tràigh gun deò.
    Bu lionmhor, &c.

Bha 'm buidheann rioghail Gàëlach,
Gu h-inntinneach, borb, ardanach,
Air thoiseach, mar a b' àbhaist daibh,
Gu lotach, piceach, stailinneach,
Mar nathairichean, gun chàirdeas
Do dh' aon nàmhaid a bha beò.
    Mar nathairichean, &c.

Tha clann nan eilean aon-sgeulach,
Co theireadh gu 'n do chaochail iad?
'S iad fèin an dream nach maol-chluasach,
'N uair thàirnte a mire caonnaig iad,
Mar bheithir thana craoslachadh,
B' fhior fhaoineis tigh'n' ga 'n còir.
    Mar bheithir, &c.

Mar mhiol-chlon sheang, luath-leumnach,
'Eangach, ineach, tunsaideach,
Ri leanailt strì gun fhuarnchadh,
Le siubhal 's i a dh' fhuasgail iad,
Bha Frangaich air an ruagadh,
'S iad na 'n ruith mar chuain gun treòir.
    Bha Franguich, &c.

ORAN

AIR BLAR NA H-EIPHIT.

C' arson nach tòisichinn sa chàmpa,
Far na dh'fhàg mi clann mo ghaoil,
Thog sinn taighean Samhraidh ann,
Le barrach mheang nan craobh,
Bu solas uaibhreach, ceannard,
A bhi gluasad ri uchd naimhdean ann,
'S a dh'aindeoin luaidhe Fhrangach,
B' aobhar dàmsha bbi ri 'r taobh.

Cha chualas ri linn seanachals,
Ann an cogadh arm na 'n strì,
Cuig mile-ding cho ainmeil ruibh,
A tharruinn airm fo 'n Rìgh;

ALASDAIR MAC-IONMHUIN.

B' aobhar cliù an trèun-fhear Albannach,
A fhuair a chuis ud earbsa ris,
Nach cùbahrean a thearbadh leis,
Thoirt gniomh nan àrm gu crìch.

Dh'iarr e moch dì-ciadain,
'S a' chiad diagachadh de 'n Mhàirt,
Gach *comisari* riarachadh,
Ar biadh a mach oirn trà ;
Rùm ' bhi air ar cliathaichean,
Gu h-ullamh mar a dh' iarramaid,
Nach faodadh iad air chiad-lungaidh,
Dol sios leis ann sa bhlàr.

'S ann air dir-daoin a dh'fhàg sinn,
Air sàr chablach fad air chùl,
Na 'm faigheadhmaid rian snàmha dhaibh,
Bu làidir iad na 'r cùis ;
Lean Mac-a-Ghobhn* cairdeil ruinn,
'S gu 'm b' fhoghainteach a bhàtaichean,
A dh' aindeoin gleadhraich nàmhaid,
Chum e smàladh air an sùil.

Bha ar 'n àrd cheann-feadhna toirteil,
Ann san àm ga 'r propadh suas,
Bho dhream gu dream ga 'm brosnachadh,
Cha b' ann le moit na ghruaidh ;
Ghlacadh cuibhle 'n fhortain,
Ann san laimh nach tionndadh toisgeal i,
'S a dhùisgeadh sunnt gu cosnadh dhuinn,
Mar Fhionn a mosgladh shluaidh.

Thàirneadh na laoich shomalta
Na 'n comhlann throma, bhorb,
Bu tàrsiach, làmhan, comasach,
An sradag fhonnidh falbh ;
A g' iarraidh àite an cromadh iad,
Na 'n tugadh nàmhaid coinneamh dhaibh,
Gu 'm fàg-te 'n àrach tonn-fhuileach,
Le stàilinn thollach bholg.

Bho nach tionndadh nàimh gu casgairt,
Bu dlù lasair air an deigh,
'N uair chunnacas gnùis nam Breatunnach,
B'fhearr casan dhaibh na streup;
Thug iad an cùl gu tapaidh ruinn,
A shiubhal gu dlù astarach,
A sior dhion an cùl le marcaichean,
Chum lasachadh na 'm ceum.

Bha gillean lùghar, sgairteil ann,
Nach d' aom le gealtachd riamh,
Mar dh' fhaodadh iad ga 'n leantain,
Philleadh caogad each le 'n gniomh ;

* Sir Sidney Smith.

Bu smaointean faoin d'a marcaicheau,
Nach faighte daoine ghleachdadh iad,
'S na laoich nach faoite chaisleachadh,
Ga 'n caol ruith mach air sliabh.

Bu tric an còmhdach casgairt sinn,
Thug sud oirn stad na dhà,
Bhi gun eòlas ann san astar sin,
'N dùil mhòr ri guisge chàich ;
Dh' fheuch *Ralph* gach doigh a chleachda leis,
'S an dian-te sròil a thaisbeanadh,
'S a dh' aindeoin seòltachd dh' fhairtlich oirn,
An toirt gu casgairt làmh.

Bha sinn làidir, guineideach,
Dàna, urranta 'san strì,
Bha indsan ràideil, cuireideach,
Làn thuineachadh 's an tìr ;
Ghabh iad àird na monaidhean,
Gu 'n dh' fhuair iad àite cothromach,
'S an dianadh làmhach dolaidh dhuinn,
Gu 'n toileachadh r'a linn.

Thairneadh gàradh droma leinn,
De dh' armuinn fhonnidh thréin,
Bho shàil' gu sàil' a coinneachadh
'N trà chromaidh air a ghréin ;
Bu daingean, làidir, comasach,
A phàirc ga m' fhàl na bonaidean,
Cha bu chadal séimh ga 'n comunn,
'S càch ma 'r coinneamh air a bheinn.

Stad sinn ré na h-oidhche sin,
Gu leir an cuim nan àrm,
Bha leannan fein, gu maighdeannail,
Fo sgéith gach saighdear, bàlbh ;
Na 'n tigeadh feum na faoineachd orr',
'S gu tugte aobhar bruidhne dhì,
Bu neamhail-a spéic phuiseanta,
Bho 'n bheul bu chinnteach sealg.

Dh' earbadh dion an 'n anmanan,
Ri Albannaich mo rùin
Fir nach tàirnnte cearbaich orra,
'N àm tharruinn arm gu dlù ;
Rinn iad a chaithris armailteach,
Gu h-ullamh, ealamh, ealachuinneach,
'S na 'n deanadh nàmhaid tairgneachadh,
Bba bàs allabharach na 'n gnùis,

Sinn ullamh air ar connspagan,
Gu dol san tòir gu dion,
An treas madainn diag a shònraich iad,
Le 'r ceannard mòr gu 'n fhiamh;
An dà réiseamaid a b' òige againn,
Na Gréamaich agus Gòrdonaich,
A ruith gu dian an còmhdhail,
Na bha dortadh leis an t-sliabh.

Cho ullamh ris an fhùdar,
  A bha dol na smùid ma 'r ceann,
Ghluais na gillean lù-chleasach,
  Air mhire null do 'n ghleann ;
Thug sinn le teine dùbailte,
Bristeadh as na trùpairean,
Bha Gréumaich nan éuchd fiùghantach,
  'S cha d' éisd iad mùiseag lann.

Mar stoirm a b' iargalt connsachadh,
  A spionadh neòil a's chrann,
A riasladh fàirge mòire,
  Gu pianadh sheòl 's ga 'n call ;
Crualdh diau bha buaidh nan Gòrdonach,
Bu lionmhor sguab a's dorlaichean,
A bhuain iad air a chòmhnard,
  Far an tug na slòigh dhaibh ceann.

Dhlùthaich ar n' arm urramach,
  Gu h-ullamh air ar cùl,
Lion iad an t-sreath fhulangach,
  Rinn guineideach gu smùis ;
Bu naimhdeil diau an gunnaireachd,
A dh'fhàg an sliabh 's nial fuileach air,
Bha cuirp na 'n riadhan uireasach,
  Fo 'n ian gun tuille lùis.

'N àm propadh ris an nàmhaid,
  Sinn g'an smàladh ann sa' cheò,
Las a bheinn mar àmhuinn ruinn,
  A bàrcadh na prais oirn ;
Shaoil sinn gur h-i *Vesavius*,*
A sgàin bho bonn le tàirneanaich,
Airm chaola b' fhaoinein làmh ridhe,
  'S craos na chaoir tigh'n' beò.

Bha craoslach nan geum neimheil,
  Gu bréun, aineolach, sa' cheò,
A bheist bu tréine langhannaich,
  Bu reusan sgreamh do dh' fheòil ;
Bu chailltench dhuinn an dealunach,
'S a liughad saighdear bearraideach,
Bha 'n oidhche sin a mearachd oirn,
  Gu 'n annm air an tòir.

Dh' aindeoin a h-ard bhùrainich,
  Bha làidir, mùiseach, garbh,
Ga b' oil leis an cuid trùpairean,
  Am bruchdadh rinn an arm ;
Ge d' fhuair sinn beagan diùbhalach,
A laoghad cha do lùb sinn daibh,
Bu lionmhor marcach cùl-donn diù,
  Fo 'r casan brùite, màrbh.

  * Vesuvius, poetically rendered *Vesavius*, a volcanic mountain near the bay of Naples.—The first eruption took place in the year 79, when Herculaneum and Pompeii were destroyed.

Thug iad an cùl, 's cha mhasladh dhaibh,
  Chuir casgairt iad na'n teinn,
Sinn ga'n sgiursadh do 's na fasnichean,
  'S gach tùbh na las a bheinn ;
Thionndadh gach cùis taitneach dhuinn,
Bho bhon a cùil 's n càs-mhulaich,
Cha d' fhurich gnùis dhiu gleachda ruinn,
  Nach d' bhrùchd amach na still.

'S càs a throm an ruaig orra,
  Cho cruaidh 's a chualas riamh,
Bha *Abercrombie* suas riutha,
  Le shluadh a dh' fhuasgail fial ;
Mar bhi'dh am baile bhuannaich iad,
Le canain air a chuartachadh,
Bha barachd dhiù 's na h-uaighichean,
  'S a dh' fhuaraich air an t-sliabh.

Thàirneadh gàradh làidir,
  'Dh' arm tabhachdach nach striochd,
Ma choinneamh *Alexandria*,
  Air airde *Aboukier* ;
'N uair rainig sinn an làrach sin,
'S a dhealaich mi ri m' chàirdean ann,
'S ann ghiùlain iad gu m' bhàta mi,
  'S fuil bhlàth fo 'm air an fhiar.

Tha 'n dà Bhaiteal àraidh
  An deagh Ghàùlig ann am chuimhn',
Cha 'n e 'u treas fear bu tàire,
  'S math a b' fhiach e bàrd ga sheinn ;
Tha mi sa' cheaird air mhàgaran,
Cha 'n fhilidh no fear dàna mi,
Na dh' innis mi cha nàr leam e,
  Co chlulnneas c' àit' an d' rinn.

ORAN AIR BLAR NA H-OLAIND

Air fonn—"*Alasdair à Gleanna-Garadh.*"

Ara mios deireannach an fhoghair,
  An dara latha, 's math mo chuimne,
Ghluais na Breatunnaich bho'n fhaiche,
  Dh'ionnsuidh tachairt ris na maimhdean ;
Thug *Abercrombaidh* taobh na mara
  Dhiu le'n canain, 's mi ga 'n cluintinn ;
Bha fòirneadh aig *Mùr** gu daingeann,
  Cumail aingil ris na Fràngaich.

Thriall *Abererombaidh* 's *Mùr* na feile,
  Le 'n laoich éuchdach, thun a bhaitell ;
Tharruinn iad gu h-eolach, treubhach,
  Luchd na beurla ri uchd catha ;

  * General Sir John Moore.

N uair a dhlù na h-airm ri chéile,
Dhubhadh na speuran le 'n deathaich;
S bu lionmhor fear a bha 's an éisdeachd,
Nach do ghluais leis féin an ath oidhch'.

Dh'fhag iad sinne mar a b'annsa,
Fo cheannardachd Mhorair Hunndaidh,
An t-òg smiorail, fearail, naimhdeil,
N au teannadh ain-neart ga 'r n-ionnsuidh;
Le bhrataichenn siod' a strannraich,
Iti 'u cuid crann a damhs' le muiseag;
S na fir a toghairt 's na Fràngaich,
B' iad mo rùinse chlann nach diultadh.

Bha 'n leoghann colgarra gun ghealtachd,
Le mhile fear sgairteil là' ruinn;
An Camshronach garg o'n Earrachd,
Mar ursainn chatha 's na blàraibh;
Dh'aontaich sinn mar aon sa bhaiteal,
Le faobhar lann sgaiteach stailinn;
Cha bu ghniomh le 'r laoich gun taise,
Faoineis air an fhaich' le làmhaich.

Bhruchd na naimhdean le 'n trom làdach,
Air muin chàich an àite teine;
'N uair fhuair Sasunnaich droch chàradh,
Phill iad o'n àraich n' ar coinneamh.
Ghlaodh Ralph uaibhreach ri chuid armunn
Greasaibh na Gàèil n' an coinnidh,
'S tionndaidh iad an ruaig mar b' àbhaist,
An dream ardanach, neo-fhoileil.

Grad air an aghairt 's an àraich,
Ghluais na saighdearan nach pillte;
Mar iolaire guineach, gun chaoimhneas,
Nach b'fhurasda chlaoidh le mi-mhodh,
Thug iad sgrios na'n gathan boisgeach,
Mar dhealanaich tidhche dhilinn;
Iti sior iomain romp nan naimhdean,
'S neul na fal' air roinn am picean.

'N uair a dh'ionndrainn a chonnspuinn
Moruir Gòrdon o uchd buailte;
'S a chual iad gu'n robh e leòinte,
Dh'ùraich iad le deoin an tuasaid;
Mar mhaoim do thuil nam beann mòra,
Bruchdadh bho na neoil mu'r guaillean,
Lean iad an ruaig le cruaidh spùltach,
Gu fuilteach, mor bhuilleach, gruamach.

Bha Camshronaich an tùs a chatha,
Air an losgadh mar an cianda;
Leonadh au Ceann-feodhna sgairteil,
Iti còmhraig bhaitealach a liath e;
Gu sonruicht' coltach an dearcag,
'S an fheoil nach taisicheadh fiamh i;
Mu'n chrom a ghrian fo cleòc-taisgte,
Phàidh sinn air an ais na fiachan.

Ged' bha na Rioghalaich bho Albainn,
Na fir ainmeil, mheamnach, phriseil,
Fada bhuainn ri uair a gharbh chath,
'S buaidh a b' ainm dhaibh ri uchd mhiltean;
Ghreas iad air aghaidh gu colgail,
'N uair a chual iad stoirm nam picean;
Mo creach! luchd nam breacan balla-bhreac,
Bhi le lasair marbh na'n sineadh.

Tha na Fràngaich math air teine,
Gus an teannar goirid uapa;
'S an mar sin a fhrois iad sinne,
Iti deich mionaldean na h-uarach;
Ach, 'n uair dh'fhaod ar laoich gun tioma,
Dhol an àite buille bhualadh,
Bha roinn nan stailinne biorach,
Sàthadh guineideach mu'n tuairmse.

Gu'm bi sin an tuairmse smiorail,
Chinnteach, amaiseach, gun dearmad;
Thug na leoghainn bhorba, nimheil,
Bu cholgail sealladh fo'n armaibh;
Iti sgiùrsadh naimhdean mar fhaluisg,
A's driùchdan fallais air gach calg dhiu;
'S bha Fràngaich a brùchdadh fala,
'S an cùl ri talamh sa ghainmhich.

Mar neoil fhuilteach air an riasladh,
Le gaoth a b'iargalta séideadh;
Ruith nam baidibh ceigeach, liu'-ghlas,
An deigh an cllathadh as a chéile:
Chite na naimhde gun riaghailt,
Teicheadh gu dian o uchd streupa;
'S iad a leaghadh air am bialthaobh,
Mar shneachd am fianais na gréine.

Ged' a phill sinn o ar dùthaich,
Cha d' mhill sinn air cliù an cruadal
Bha sinn gach latha ga'n sgiùrsadh,
Mar chaoirich aig cù ga'n ruagadh.
Dh'aindeoin an cuid slòigh gun chunntas,
Tigh'n o'n Fhràing as ùr ga'r bualadh,
Bu leisg ar gaisgich gu tionndadh,
'Nuair a chòrd an Diùc ri'n uaislean.

'N uair chuireadh am baiteal seachad,
'S a dh-àireadh ar gaisgich threubhach,
Bha ioma Gàèl 's an deachaidh
Le miad am braise 's an streupa,
Fuil a ruith air lotaibh frasach,
Bho luchd nam breacanan féilidh,
'S i sior thaomadh leis na glacan—
'S truagh! nach dh'fhaod ar gaisgich éirigh!

'S bochd gun sinn orra bho luaighe,
On a bha iad cruaidh 'na'n nàdur,
Fulangach gu dhol san tuasaid,
Guineideach 'nuair ghluaist' an àrdan,

Cha robh math d'an nàmhaid gluasad,
Dh'iarraidh buaidh orra' s na blàraibh,
Chaill iad air an tràigh seachd uaircan,
Tuilleadh 's na bha bhuain 'san àraich.

'Nis o'n chuir iad sinn do Shasunn,
Ghabhail ar cairtealan geamhraidh,
Far am faigh sinn leann am pailteas,
Ged' tha Mac-na-praisich gann oirn
Olar leinn deoch-slainte' Mharcuis—
Ar gualann thaice 's ar Ceannard;
Tha siun cho ullamh's a àit leis,
Dhion a bhrataichean bho ainneart.

Note.—Various spurious editions of this unrivalled piece have been published in different collections of Gaelic Poems. It is now printed genuine, for the first time, from the poet's own MS.; and never, perhaps, did poet's lay commemorate prowess in more graphic and burning language.

AN DUBH-GHLEANNACH.

Latha dhomh 's mi 'n cois na tràghad
Chuala mi caismeachd nan Gàèl,
Dh' aithnich mi meoir grinn a Bhràthaich,
Air siunnsair ùr bu lùghor gàirich,
A's thuig mi gu'n a ghluais an t-àrmunn,
Fear thogail nan tùr uasal,* stàtoil.
  Si'n Dubh-Ghleannach a bh' ann!
  Hò rò gheallaidh, na co chuireadh i,
  —*Trom oirre 'seinn*

Bu mhiann leam sunnt nam port eallanta,
Bu chonnabhallach ùrlar a's gearraidhean,
Dionach, lughor, dlù, neo-mhearachdach—
Tionndadh nan siubhlaichean caithreamach,
Dhùisgeadh lùgh na smuis 's na carraidean,
Dùthchus nan lann dù-ghorm tana dhuibh.
  Si'n Dubh-Ghleannach, &c.

Dhìrich mi 'm bruthach le h-éibhneas,
Dh'eisdeachd ri fàilte righ Seumas,
Chunna' mi'n Druimineach dhubh, ghleusda,
Cuir fa-sgaoil a h-aodaich breid-ghil,
Air machair mhìn, sgiamhach, réidhleach,
Mar steud cruitheach—'s i' cuir réise.
  Si'n Dubh-Ghleannach, &c.

Chunna' mi 'n Druimineach dhubh, dhealbhach,
Long Alasdair ghlinnich nan garbh-chrioch,
Mar steud rioghail air bharr fairge,
Togail bho thir le sioda balla-bhreac,
Suaicheantas rioghail na h-Alba,
Ghluaiseadh na miltean gu fearra-ghleus.
  Si'n Dubh-Ghleannach, &c.

* This song was composed on the pleasure-boat of Alexander M'Donald, Esq., of Glenaladale, who endeared himself to his countrymen by the cenotaph he erected for Prince Charles Stuart in Glenfinnan.

'Nuair ghabhaidh I'm fuaradh na sliasaid,
'S gunlla 'n fhasgadh chasadh dian ris,
Ghearradh i'n linn' air a fiaradh,
'N aghaidh gaoithe, sìd a's lionaidh,
Dh' éignich i Corran an diarrais,
'S leum i air iteig mar ian as!
  Si'n Dubh-Ghleannach, &c.

'Nuair gheibheadh i cliathaich fo fhars'neachd,
Soirbheas na sliasnid ga brosnachd,
Mar shiu'ladh mial-chù bras-astrach,
Na ruith air sliabh a's fiadh air thoiseach,
I direadh nan tonn liath 's ga'n sgoltadh,
Shnaitheadh i iad mar iarunn locrach.
  Si'n Dubh-Ghleannach, &c.

Mhionnaich *Neptune* agus *Æolus*,
Bho n' chaidh gaoth a's cuan fo'n òrdugh,
Nach do mhaslaicheadh cho mòr iad
Bho linn na h-Airc a bha aig Noah,
Gu robh 'n righ is airde còmhnadh,
Dion 's a sàbhaladh Chloinn-Dòmhnuill!
  Si'n Dubh-Ghleannach, &c.

Bha *Neptune* agus *Æolus* eudmhor—
Dh-iarr iad builg nan stoirm a shéideadh
Dh-òrdaich iad gach bòrd dh'i reubadh,
'S na siùil a stracadh na'm bréidean,
Le borb-sgread a's fead na reub-ghaoith,
'Cuir slaban thonn na steoll 's na spcuran;
  Si'n Dubh-Ghleannach, &c.

Thoisich ùr-spairn chruaidh mar dh'iarr iad,
Chruinnich neoil dhubha na h-iarmailt,
Na'n trom-lùirichean dlù iargalt',
'S iad a trusadh sùrd 'sn lionadh
Mar dhòrch smùid á fuirneis iaruinn,
Gu bruchadh stoirm bha garbh a's fiadhaich.
  Si'n Dubh-Ghleannach, &c.

'N earalas fo laimh air gabhaidh
Chuir sibh an ceann i gu dàna;
Gach cupall a's stagh 's an robh faillinn—
Sparradh buill thaghta n'an àite;
Slabhraidhean canach air fàraidh,
Theannaich sibh gu daingean laidir.
  Si'n Dubh-Ghleannach, &c.

Bheartaich iad gach ball neo-chearbach,
Ullamh, deas gu gleachd ri fairge;
Tharruinn i le gaoith an earra-dheas,
Ghlac i 'n caol fo' taobh 's bu doirbh e,
'S ged bha *Neptune* snoithreach, stairmeil,
Mhaslaich an saobh-shruth 's an dòrch e!
  Si'n Dubh-Ghleannach, &c.

Nochd an dubhair gnùis gun chaoimhneas,
Sgaoileadh cùirtearan na h-òidhche;

Sgioba na h-iubbraich an gaiuntir
On' chiad duil gu cur Dun-aoibhneis
Phaisg iad trian gach siùil gu teann-chruaidh,
A's lus iad ri cairt-iùil na coinnlean.
Si'n Dubh-Ghleannach, &c.

Iomradh slàn do Chaiptein Alasdair,
Le sgioba tàbhachdach, bearraideach,
Bu mbiann leam fàilt' ur cairdean dealai' dhuibh,
Calla sèamh bho ghàbhadh mharanan,

Coinnidh bhàigheil bhlàth gach caraid dhuibh,
Pòg bhur mathar, mhna 's bhur leannan duibh.
Si'n Dubh-Ghleannach, &c.

Chaidh righ nan soirbheas gu dhòlan,
Aig miad na strannaraich 's na h-ùpraid;
Dh-fhosgail na builg air an cùlthaobh,
Mun gann a fhuair iad an dùnadh,
Bha Maighdeann nam Mor-bheann cuirteil,
An acarsaid fo shròin na dùthcha!
Si'n Dubh-Ghleannach, &c

AM BARD-CONANACH.

Donald M'Donald, commonly called *Am Bàrd-Conanach*, or the Strathconnon Bard, was born in Strathconnon, Ross-shire, in the year 1780. Owing probably to the secluded situation of his native glen, and the supineness of his parents, who deemed education of no essential importance to enable a man to get through the world, or, at least, thought one might weather through tolerably well without it, he got no English education, but could read Gaëlic. The wild and romantic scenery of his birth-place, with its characteristic exuberance of rock, wood, and water, was well calculated to inspire his breast at an early age with those poetical leanings, which, at a more advanced period, transpired in glowing verse. Highlanders, especially in his younger days, never dreamed of training their children up to any useful trade; the oldest son was invariably recognised as his father's legitimate successor in his little farm;—and the other, or junior members of the family, generally got possession of similar pendicles. Thus they married and got themselves established in the world —strangers to the promptings of ambition, and free from the cares, turmoils, and solicitudes of their more affluent neighbours, the Lowlanders.

Donald M'Donald earned his livelihood as a sawyer; an employment that probably suggested itself as being more immediately productive of pecuniary aid than any other common in his country.

Having spent a number of years at the saw in his native glen, he removed to the town of Inverness, where he established himself as a regular sawyer. Like many other sons of genius and song, M'Donald was of a convivial disposition and warm temperament. He committed some youthful indiscretions which had drawn down upon him the combined wrath of his friends and the Kirk Session, and he has not left us in the dark as to the measures which were adopted against him. His parents dreading that he would elope with a young girl, who was reported to be in a state of pregnancy by him, had recourse to the severe measure of putting him in "durance vile." But, although they succeeded in frustrating his every attempt to do justice to his paramour, they failed to improve the morals of their aberrant son. He ultimately married a young girl, a countrywoman of his own, of the name of M'Lennan, with whom he enjoyed a great share of connubial happiness.

The first of the two songs we annex to this notice, he composed in Edinburgh, upon witnessing the demonstrations of joy which took place upon hearing the result of the battle of Alexandria. It is a triumphant piece, and a very respectable effort, exhibiting, as it does, no mean poetical talents. The other is equally good in its way. All his poems were arranged and taken down in manuscript preparatory to their being printed, but our author was seized with Cholera in the year 1832, which terminated his mortal career. The intention of publishing was consequently relinquished for the time, nor have we heard of any measures having been adopted to resume it.

M'Donald was of a middle-sized stature—active and cheerful. He was an excellent companion, and much liked by his acquaintances.

ORAN DO BHONIPART.

Latha soilleir samhraidh dhomh,
　Air cubhsairean Dhun-éideann,
Gu'n faca mi na brataichean,
　A lasadh ris a ghréin ann,
Chuala mi na gunnaidhean,
　A's dh' fhuirich mi ga'n éisdeachd,
'S mac-talla bh'anns na creagan,
　A' toirt' freagairt dhaibh le éibhneas.

'Nuair sheall mi air gach taobh dhiom,
　Feadh na dùthcha fad 's bu léir domh,
Bha ceòl 'sna h-uile taigh a bh' ann,
　'S tein-aighear air na sléibhtean,
On chualas anns na Gàsaidean
　'S gach àite bhi ga leughadh ;
Gun deach' an ruaig air *Bonipart*
　S an onair aig a Ghréumach.

'S lionmhor bratach Albannach,
　Tha ballach, balla-bhreac, boidheach,
Tha eadar a chrioch Shasunnach,
　Gu ruige taigh Iain-Ghròta,
Fir laidir, shunntadh, thogarrach,
　Nach òb a dhol an òrdugh
Gu dol an coinneamh *Bhonipart*,
　Chuir onair air righ Seòras.

C'àite biodh na h-Albannaich ?
　Duin' uaisle calma, treubhach,
Fir shunntach, shauntach, thogarrach,
　Na seòld nach òbadh éiridh,
Ach on nach fiù laimhe leo,
　Do bhàs a thoirt le treun-bheirt,

'S an thilg iad air sgeir thràghad thu,
　'S gu'm bàsaich thu chion béidh ann.

Ach 's beag leam sud mar phianadh ort—
　'S a mhiad sa rinn thu dh' eucòir,
Ach léir-sgrios nan deich plàighean,
　A bh' air Phàroh anns an Eipheld ;
Gu'n laidh iad air do chraiceann,
　Gu do shracadh as a chéile,
'S gu'n cluinnt' air falbh deich mìl' thu,
　A's mi fhin a bhi ga t-éisdeachd.

'S tu chaill do nàire, 'nuair
　A bha thu ann an dòchas,
Gun leige sinn do Shasulnn thu,
　Ged' ghlac thu bhuain Hanòbher,
Ach cuiridh sinne dhachaigh thu,
　S seachdnar air do thòirenchd,
S mar toir thu grad do dhaoine leat
　Cha ruig a h-aon dlù beò thu !

Nach saol thu nach bu ladorn dhut
　Bhi bagairt air rìgh Deòrsa,
An cual thu fear chuir aoduinn air
　Nach daor a phàigh e ghòraich,
Ge do choisinn ainneart dhut
　An Fhràing a chuir fo t-òrdugh,
'S e t-amhaich a bheir diobadh ann
　Le tobha sniobhta cbreaich.

'Nuair thig am morair Sléibhteach ort,
　'S na ceudan de Chlann-Dòmhnuill,
Mar sud a's Mac-'Ic-Alasdair,
　Ghlinn-garaidh agus Chnòideirt,

'Nuair thogas iad am brataichean,
'S an gaisgich a chuir còladh
O! c'àit' am faod thu t-fhalach orr'
Mar sluig an talamh beò thu!

Ma chì iad aona bhaoisgeadh dhiot
Bidh greim ac' air do sgòrnan,
'S chan' eil de dh'eich no dhaoin' agad
Na shaoras tu bho meòirean,
Ged dh-eireadh na deich *legonan*,
Bh'aig Ceasar anns an Ròimh leat,
Cha'n fhaothaich iad air t-amhaich
A's na lamhan aig Clann-Dòmhnuill.

'Nuair thig Mac-Choinnich Bhrathain ort,
Le cheathairn' de dhaoin' uaisle,
Sud a bhratach aigeantach
Le cabar an daimh ghruamaich,
Cha tàr thu na bheir pilleadh orr'
A chruinneachadh mu'n cuairt-dalbh,
'Nuair ruigeas fir Chinn-tàlle
Co an geard a chumas bhuath thu?

'Nuair thig an cinneadh Frisealach,
Tha fios gur daoine bòrb iad,
Gu'n reachadh iad tro theine
Le Mac-Shimidh mòr na Moraich.
Cha tàr thu na bheir pilleadh
Air na fir ud 'nuair bhios colg orr',
'S ged reacha tu fo'n talamh
'S e mo bhaireil gu'm bi lòrg ort.

'Nuair a thig Mac-an-Tòisich,
Le sheòld ort a Srath-Eireann,
Mar sud agus fir Chluainidh,
Is iad uil' an guaile chéile
Ma gheibh an cat na chrubhan thu,
Le dhubhanan beag' geura,
Ged bhiodh càch air bheagan dhiot
Bidh aige-sa choud féin dhiot.

Tha Clann-an-Ab' a bagairt ort,
'S iad o cheann fad an deigh ort,
'S na gheibh iad ann am fagus dut,
Gur grad a bheir iad leum ort,
Bristidh iad do bhrataichean,
Na spealtan as a chéile,
'S bi'dh tus an sin na d' starsaich ann,
Fo chasan nam fear gleusda!

Tha Gòrdonach an toir ort,
'S chan' eil beò na ni do thearnadh.
'Nuair dh-eireas morair Hunndaidh,
Le fhearabh ionnsaicht, laidir,
On se fein a's còirneal,
Air na seòid ga'm buin buaidh-làrach:
'S e chanas sinn gu bicheanta
An dà-fhichead a's na dhà riu.

Ach cùimhnich thus a cheathairne,
Chuir latha *Funtenòi*,
'S a sheasadh ams an àraich,
As càch a chuir air fògar,
Chi thu nis san Fhràing iad
Fo chomannda mhorair Gòrdoin,
Se ni do lamhsa dh' fheum dhut,
An *réusar* chuir ri d' sgòrnan.

Tha Ròsaich agus Rothaich,
'S iad ro choimheach dhut le chéile,
Ma gheibh iad ma do chomhair
Gabh mo chomhairle 's thoir thu fein as!
Ach ma chì thu 'm firean
Tigh'n' le sgrìob ort as na speuran,
Na gheibh i ann na crubhanan
Grad luthaig oirre féin e.

'Nuair chruinnichean na gaisgich,
Thig bho Apuinn-Mhic-Ian-Stiùbhairt
Sliochd nan rìghrean Abannach,
Da'n tig na h-airm a rùsgadh,
Co bheireadh tàire dhaibh
Nach faigheadh pàigheadh dùbhailt,
'S ma gheibh iad ann an sàs thu,
Gu bràch chan fhaic thu d' dhùthaich.

'Nuair chruinnicheas Clann-Ionmhuinn,
Cha sbòr a dol 'san ùspairn,
'S mithich dhut bhi tiomnadh,
'Nuair tha 'n t-iomraidh iad a dùsgadh,
Ma dh-eireas dhut gun tachair sibh,
'S gun fuic iad thu le'n suilean,
Sid na fir a chaitheas,
Anns an adhar na do smùid thu.

Tha Caimbeulaich cho naimhdeil dut,
'S iad sanntach air do mharbhadh,
A Diùc tha 'n Earraghàel,
Agus moralr ard Bhraid-Albann
C'ait am beil na thearnas tu,
S na h-àrmuinn ud a sealg ort,
'S ceart cho math dhut fàladair
A chàradh ri do shealabhan!

'Nuair a thig Clann-Ghriogair ort
'S neo-chliobach a chuir ruaig iad,
'S fir iad nach gabh pilleadh
Le teine no le luaidhe,
Le'n gairdean laidir, smiornil,
'S le lannan biornch, cruaghach,
S ma chì iad fad na h-òirleich dhiot,
Cha bheò na chumas bhuat iad.

Thig Siosalaich Srath-ghlas ort
Na'n lasgairean man cuairt dhut,
Le lannan geur a chinn-aisnich
Tarsuinn air an cruachan,
'Nuair thòisicheas na gaisgich ud
Air tarruinn as an truailleau

Chi thu do chuid brataichean,
 Ga srachadh ma do chluasan !

Thig Mac-'Ill-Lean Dhubbaird ort
 'S gur subhach ni e greim ort,
Le dhaoine laidir lù-chleasach,
 Nach diult a là no dh-òidhche,
Ni iad sin do sgiùrsadh-sa
 Gu cuil an àite slaighteir,
'S théid thu air do ghlùinean daibh
 'Nuair chi thu 'gnùis an saighdear

An sin thig ort na Camshronaich,
 Fir laidir, ainmeant, eòlach,
Da thaobh Loch-iall a's Arasaig,
 As chaisteal Inbher-Lòchaidh,
'Nuair a thig na saoidbean sin
 Bu mhath gu straoiceadh feòla,
Cha mhios air pronnadh mhullach iad,
 'S bu ghnà leo fuil a dhortadh.

Thig Mac-Néill a Bara ort
 Le dhaoine falain fineait,
Daoine bheir a fichead dhiubh,
 Bristeadh a's na miltean,
Baoisgidh iad mar dhealanach,
 Ri òidhche shalach dhile,
'S m'an téid thu ceart na t-fhaireachadh
 —Bidh ainneart mar a's tìr ort.

Thig Clann-an-t-Shaoir á Cruachan ort
 Na fir 's an ruaig nach diobradh,
An am dol anns an chabhaig,
 Sud na gallanan nach pillte,
Sliochd nan Ghël cruadalach,
 Bu dual daibh a bhi dìleas,
Gu dol an coinneamh Bhonipart,
 Chuir onair air an rìoghachd.

'Nuair chruinnchens Clann-Fhiunnlaidh,
 Na fir shunntach tha gun eislean,
Bheir iad tha gu cunntais,
 As na dh' iunnsaich tha de dh' eucoir,
C'àit' am beil de Fhràngaich
 Na cheannsnicheas le sreup iad,
'S gun tugadh iad gu ciosachadh,
 Na miltean leis na ceudan.

Thig fathast diùc Mhontròise ort,
 Le fhearabh mor an deigh ort,
'S ann an sin thig an dòrain ort
 'Nuair thoisicheas na Gréumaich
'S an t-aon fhear tha ri t-aodainn,
 'S e daonnann cuir *retreat* ort,
Cha'n fhad' gu'm bi do cheann alge,
 Ri crann mas e thoil fein e.

Guidheannaid bunigh-làrach,
 Leis na Gùëil anns gach teugbhail,

Toil inntinn aig ar càirdean
 'S gach nàmbaid a bhi geilleadh,
Mar chuala mis a chaiseamachd
 Bha taitneach leam ri éisdeachd,
Air latha soilleir sàmhraidh
 'S mi air càbhsaircan Dhun-éideann.

ORAN D'A LEANAN.

[Agus sgeul' a bhi air a thogail gun robh i torrach aige, 's e 'g innseadh cho math 'sa bhiodh e dh' i ged a b' fhior mar chaidh althris]

Fhuair mi sgéula moch an dè,
 'S cha deach' mi 'n éis ri chluinntinn,
'S cha tug mi geill nach deanainn feum,
 Le gaol do 'n té mu 'n d' innseadh,
'S cha toir mi fuath dh' i, 's beag mo lunidh air
 Ged a fhuair mi cinnt air,
'Sa dh' aindeoin cruadal ga 'n toir cuairt sinn,
 Gheibh sinn bhuainn ri tìm e.

A ghruagach dhonn, ma dh' fhas thu trom,
 Tha mis, air bhonn nach diobair,
Gu 'n seas mi thu, air bhialthaobh cùirt,
 'S cha 'n ann an duil do dhìteadh,
Tha mi air bheachd gu 'n seas mi ceart,
 Ge d' bheir am *Parson* cìs diom,
'S gu 'm pàighinn daor air rà do ghaoil,
 Na 'n tàrainn saor 'sa 'n tìm so.

Gu 'm pàighinn daor gu t-fhàgail saor,
 Mu 'n leiginn t-aodann nàrach',
Fa chomhair cùirt mar fhasan ùr,
 'S nach robh e 'n rùn do nàduir,
Cha n' eil mi 'n dùl thu dhol na 'n luib,
 Mur tig a chuibhle cearr oirnn,
'S ma chumas airgead thù o chis,
 Gu 'n seas mi fhìn na t-àite.

Gur fad a rachainn ann ad leithsgeul,
 Gu do sheasamh cliùiteach,
'S ghabhainn uileadh orm an *seisoin*,
 Gu d' leith-trom a ghiùlan,
'S ged chumadh iad mi ann gun lasadh,
 Gus an àt mo shùilean,
Mar diobair ceartas mi, cha 'n fhaicear,
 Chaoidh thu ac' fo mhùiseag.

Ach 's truadh! nach robh mi agus tu,
 Dol fo na siùil do dh-Eirinn,
Na thìr eile 's faide buainn,
 Nach d' ruig air suaimhneas fheutainn,
'S truagh nach faicinnse bhi seòladh,
 A's sinn air bòrd le chéile,
Gun duil a chaoidh thigh'n' air ar 'n eòlas,
 Do'n Roinn-Eòrp na dheigh sin !

Ach cia mar 's urrainn domh bhi beò,
'S cho mar sa thug mi spéis dut?
Na cia mar dh' fhaodas mi bhi stòilte
'S mi gun chòir air t-fheutainn?
Ged fhaighinn airgead na Roinn-Eòrpa,
Agus òr na h-Euphaid,
Cha chumadh e mi suas car uaire,
S tu bhi bhuam gun sgeul ort.

Ach cùis mo chruadail, 's faide bhuam,
An diugh dà uair na 'n dé thu!
S ma leanas tu mar sin air luaths,
Gu 'm bi sinn cuairt bho chéile,
Ach ma thionndas tu do shlios rium,
'S fiosrach mi mar dh' eireas,
Gur gearr an ùin a thàmhas tu,
'Nuair thig do chùl na dheigh sin.

Mas e gun chuir thu rium do chùl
Ann an dull mo threigsinn,
Gus an cuir iad mi 'sa 'n ùir
Cha dean mi tùrn ad dheighse;
Cia mar dh' fhaodas mi bhi saor,
'S nach dean an saoghal feum dhomh?
Mo chridh air fhalach lo do ghaol,
Gun duil a chaoidh ri fheutainn

Tha gaol nam boireannach o 'n bige,
Mar an ceò 'sa chéitean,
Laidhidh e ri madainn dhriùchd,
Ri làr cho dlù 's nach lóir dhuinn,
Chi mi 'n t-adbar a's an beanntan,
Dol an ceaun a chéile,
Ach sgaoilidh e ri ùin ro ghearr,
Gun fhios cia 'n t-àit' an téid e.

Gur mor a bh' agam ort do mheas,
'S cha tug mi fios do chàch air,
'S o 'n is beairt e tha gun fhios,
Cha 'n innis mis gu bràch e,
Gu'm bell an sean-fhacal o shinnsear',
Tigh'n gu cinnt an drasda—
" Gur faide bhuam an diugh na 'n dé,
A bhean nach d' fheud mi thàladh."

Cha 'n eil mo chadal domh ach cluirt,
'S cha 'n eil mo dhùisg ach ciannil,
Cha n' eil an obair dhomh ach cràdh,
'S cha n' fheairrde mi bhi diamhain,
Cha dean laidhe dhomh ach creuchdan,
'S cha toir eiridh dhiom iad,
Cha toir asdar mi gu slainte,
'S cha 'n fhasa tàmh no gniomh dhomh.

Ged a tha mi 'n so 'sa ghleann,
Cha b' e bhi ann a b' fhearr leam,
'S mar b' e cruaidhead mo chomaund,
Bu luath mo dhennn ga fhàgail,
Gur fada 'n aimsir tha o 'n uair,
A chunlas bhi ga radhainn,
Gur cruaidh an reachd a bhi fo smachd,
'S bidh mise nochd mur tha mi!

Cha b' e chùis bhi nochd an glàis,
Na 'n tiginn aisde a maireach,
Ach bhi 's na fiabhrais fad sheachd bliadhna,
Gun la riamh dhiu tearuinnt;
Cha robh uair gun chuartach ùr dhomh,
Gur ciùirte rinn iad m' fhàgail,
Nis o 'n lagaich iad mo phearsa,
Tha mo sgairt air fallinn!

AM BARD SGIATHANACH.

DONALD M'LEOD, commonly called the "*Skye Bard*," was born in the parish of Durness, Isle of Skye, about the year, 1785.—His parents were in humble circumstances, and consequently unable to give him an extended education: but, whether by self-application, or otherwise, he acquired a tolerable knowledge of the Gaelic language.

In the year 1811 he published an octavo volume—consisting of all his own compositions and a few poems, the productions of other bards, ancient and modern. We cannot, however, say that, with the exception of a few pieces, either the original or selected poems, which it contains, are of a high order. Our author was little more than twenty years when he "came out;" the manhood of his mind was not fully formed;—neither reading nor society had ripened his judgment, or refined his taste; and we are convinced, had he profited by the sage admonition of Pope, and left "his piece for seven years", that the character of his book would be far different from what it is.

Donald M'Leod possesses a fine and delicate musical ear, and so fastidious has he proved himself in the nice discrimination of sounds, that, to preserve the smoothness, cadence and harmony of his pieces, original and select, he actually interpolated them with words of no meaning, or, at least, paid no attention to grammatical rules, but took the cases, tenses and numbers, as it suited his convenience.

In the year 1829, he travelled the Highlands, taking in subscriptions for a new work, the prospectus of which is now before us, and promises a "correct history of *Calum-Cille, Coinneach Odhar, Am Britheamh Leòghasach agus an Taoitear-Sàileach*, from the cradle to the grave." But whether he failed in the attempt of publication, or was otherwise diverted from his object, we cannot say; but the projected volume never made its appearance. This is much to be regretted, for, from the impression made on our minds by M'Leod's talents and legendary lore when we saw him in 1828, we are perfectly warranted in saying that it would amply recompense a perusal. Few men could *speak* the Gaelic with greater fluency and correctness than our author, and there was an archness about him which set off his story and witticism in an admirable light.

Shortly after the period of which we write, the Skye Bard emigrated to America, and of his history or adventures in the western hemisphere, we know nothing. He returned to his native country last harvest, and set up as a merchant in Glendale, near Dunvegan.

His two pieces here given are not destitute of poetic merit. Indeed, they possess some genuine strokes of grandeur, which entitle them to a place among the productions of poets of higher pretensions and fame. M'Leod possesses within him the elements of true poetic greatness; and if these are brought into fair play, under auspicious circumstances, it is within the compass of possibilities that he may yet take his stand amongst the first class of the minstrels of his country.

ORAN DO REISEAMAID MHIC-SHIMIDH,

CEANN-CINNIDH NAM FRISEALACH SA' DHLIADHNA, 1810.

An am ùracha' fhacail domh,
'S cunntas thoirt seachad,
Air cliutachadh fhasain
   Nan gaisgeach tha 'n tràthsa
Air tiunndaidh a steuch oirn,
Gu lù-chleasach, aigeantach,
Làbht' ann am brescain,
   'S paiste ann an sgàrlait;
Is cliùteach a bhratach,
To'n cunntar air faiche sibh,
Thoir leam nach bu chaidrihh,
   Ur tachaird le dàmhair,

Is diù dha na chasas riubh
Tiunndadh le masladh,
Na'n uine bhi paisgte,
   Fo'r casan sa'n aràich,
Cha churam dha'n aitribh,
An dumhlaich ar Caipteinean,
'S diù dhaibh an t-achdsa,
   Bheir easg' as an nàmhaid;
Le iunnsaidh nam bagraidean,
Fudar na lasraichean,
Diù dhaibh cha'n fhaighear

Na bhagras air pàirt' dhiubh ;
An cul-thaobh cha 'n fhaicear,
A tiunndadh le gealtachd,
Cho dlù 's ga 'm bi 'm feachd
A bhios aca mar nàmhaid,
'N am rùsgadh nan glas-lann,
Biodh cunntas gun astar,
'S croinn rùiste gun bhratach
Ga'n stailceadh fo'n sailean.

Cha 'n eil cunntas air fasain
Fo'n chrùn th'aig Rì Shasuinn,
Nach eil ionnsaicht' am pearsa,
Na th'aca de dh'àireamh,
Is mùirneach ri'm faicinn iad,
'S clùiteach ri'n claistinn iad,
'S lùghmhor an casan,
'Sa 's brais an' cath-làmh iad,
'S àluinn an crisleachadh,
Sgàbardach, biodagach,
Stailinneach, pistealach,
Slios-lannach, deàrsach ;
Sgàrlaiteach, leisichte,
An càradh fo itean,
Thug stàtachan meas dhaibh,
Nach fiosraich mo chànan.

Tha *Lovat* 's a dhaingheann,
Na shòlas dha'n fhearunn,
An deònaich iad fanntuinn,
Nan gearasdain laidir ;
'S mòr-chuiseach, ceannasach
'S stroilde ro'n tarruinn iad,
'S neòil an cuid lannan,
Mar lainnir an sgàthain ;
A's feidh nan ceann cabrach
A leumnaich mar bhradain,
A beucail, 's a piabraich,
Iti caismeachd an làmhalch ;
Miann leirsinn, is claisneachd
An' éisdeachd, 's am faicinn,
'S binn gleòraich an caismeachd
A steuch air na sràidean.

O! dhaoin' nach fac iad,
'S beàg ionghna a chleachd sibh,
Mar saoirich sibh 'm fada,
Gu 'm faicinn an càradh,
An' caochla' gu beachdaidh,
Bho 'n nodainn gu'n casan,
Cho aontach dha 'n fhacal,
Cha 'n fhacas air làraich ;
'S pìob mhor a chaol-mhuineil,
A lìrigeadh luinneig,
Tro *ibhiri* cuimir,
A's ribheidean spàintench ;
Siod na chuir uimpe,
'S gaoraich a h-uinneag,

A'g innseadh dha 'n druma'
Mar chuireas i fàilte.

Bi'dh slàinnte *Mhic-Shimidh*,
Na càirdeas dha' chinneadh,
Sa'n t-àl nach do ghineadh,
Bidh sireadh roi' chàch orr' ;
'S ard ann an spiorad e,
'S laidir an' gillean e,
'S barr air an t-shiorachd e,
'S teine e nach smàlair,
'S gàradh ro ghloraig e,
Sàbhaladh cinnedh e,
Slàinte bho thinneas e,
'S tuilleadh air àird air !
Bho 'n thàr e mar ghibhtean,
An hìrd 's a cuid sliochda'
Buaidh-làrach biodh tric leis,
Mu 'm brist' iad am bàra.

Buaidh-làrach air urram,
Do chàradh a *chulair*,
Roi réitichear ullamh
Gu iomal gach sràide ;
'S reull ann an Lunnainn tha,
'S greidhneach do thuras ann',
Eiridh iad uile,
Na t-fhuran 's na t-fhàbhar ;
Séididh na h-uramaich,
Céir nan cuid uinneagan,
'S gleusar gach inneal
Is binne gu cànan ;
Gach stìobal, 's gach druma,
Na pìoban, 's na feadain.
'S na cinn as na tunnaichean
Ruma le t-àilleas.

Ach ge treun thu mar churaidh,
'S deich ceud fo do chumail
Lan-reiseamaid ullamh,
Gheur, ghuineach, neo-sgàthach,
'S e sheulaich do bhuinnig,
Cinn fheodhna na cruinne,
Lan ceill' agus urraidh,
A cumal do phàirte ;
S rioghal do Chaipteinean,
'S aoigheil rì 'm faicinn iad,
S innsginneach, faicileach
'S laisde air paràd iad,
Bho shàilean an casan,
Gu 'm bàrr air a mareadh,
'S òr faineach na mhapaidh,
Gu'n achlais bho 'n àirdid ;

Gu'n cluinnte na's beachdaidh iad,
Sloinnidh mi 'mach dhuibh iad,
Is launtairean laisd' iad,
Cha taisich am blàths iad ;

z

Eacoir, na craichinin,
Dh'eiris 'n ar feachdauain,
'S leir dhomh na chaisgeas e,
  An gaisgeach is màldsear ;
Ge leibh e na ghlaine,
'S bàs millteach e 'n carraid,
Ni shaighdean geur, tana,
  Cuim fhala a thràthadh,
'N glaic diolt' an eich allail,
'S ard srann ann am falas,
'S dheannas mar dhealan,
  A gearradh, 's stràcadh.

'S làmh shéunt' thu na t-earradh,
'S ard larvas do dheannal,
'Sgriob dheuchain na gaillin,
  Sìon chal' gun bhàigh thu ;
'S deuchulneach sealladh
Air iarbhail do ghalair,
Cuirp lionmhor ri talamh,
  Nan earrulnnean geàrrte :
'S tòir' bhiatach thu 'm fallachd,
'S corn iatach na falla',
'S e lion an ni 'n t-annart,
  Is stallceas fo làr iad.
Bheir ioc-shlainnt' an cannan
Ceo fiamha ga 'n dalladh,
A spianas bho 'n talamh,
  Nan deannanan smàil iad.

Ge gruamach a sealladh,
Fo shuaicheantais ballach,
Mar bhualadh na mara,
  Na fulaisge Màirte,
Tha'n suaircens 's an cenneal,
'S am boichead mar leannain,
A buaireadh nan caileag
  'S am meallndh nam pàistean ;
Theid Bainn-tighearnan glana,
Dhe'n cuimhne 's dhe'n aithne'
Cho cinnteach 's dh' amais mi,
  'N eallaidh-sa ràite,
'S biodh banntraichchean fhearaibh,
'S an clann air an dronnaig,
Le geall an cuid bán,
  A bhi falach fo' chàrn leibh.

Note.—The above spirited song is now partly freed from the obscurity which characterized it in the author's own collection—it will still, however, task the understanding of many readers, but we could make no further emendations without manifest danger to the structure of the piece.

SMEORACH NAN LEODACH

LUINNEAG.

Ulibheag ì na ì ri ù o,
Ulibheag ù na ì ri ì ù,
Smeòrach mise 'mach o'n Tùr,
Is gleoghrach cùirn ma bhuird le feusde.

'S mise smeòrach òg a ghrinnis,
Shèinnis ceol mar òrgan milis,
Feadan òrdail fo mo ribheid,
'S fead mo mhebir air comhra fillennt'.
  Ulibheag i na i ri, &c.

Cha b' i crionach liath na mosgan,
Bho na shiolaich treud an fhortain,
Ach flogh miath, nam miar, gun socudh,
Geal mar ghrian, bho bhlau Riogh Lochlainn
  Ulibheag i na i ri, &c.

An caisteil àrd dha'n làidir finne,
Ma'n iath pàrlamaid gun ghiuraig,
Nach iarr bàigh an àite millidh,
A dhludadh bais gun stràc ga'm pilleadh.
  Ulibheag i na i ri, &c.

Ge do dh'eug e cha treig fhasan,
Cha toir streupa na geimh gaiseadh,
As na connspulun eòlach, smachdail,
Nach d'rinn ceò gun feoil a shrachdadh.
  Ulibheag i na i ri, &c.

Gu'n dean glòir nan neòil a phasgadh,
'S nach bi cùmhra' fo shroin peacaich,
Bithidh na Leodaich mar òr daite,
Shensas còir, 's nach fògair casgradh.
  Ulibheag i na i ri, &c.

Ma thig tòir a chòir na h-aitribh,
Theid an connspaid air sheòil gaisgidh,
Snapach, òrdach, tòiteach, speachdach,
Naisgear feòil do dh' eòin an uchaidh.
  Ulibheag i na i ri, &c.

Theid an tarbh fo chalg na maise,
Le shròil balla-bhreac, ri geala ghasan,
Nach leig carabal gu falbh dhuthaigh,
Gu'm bi 'n anaman balbh fo chasan.
  Ulibheag i na i ri, &c.

'S lunnach, lloblnch, disneach, claiseach,
Meachair, finealt', rìmhach, laisde,
Na brais phrìseil, o'n tir fhasgach,
Nach leig cios le strì, na feachdaibh.
  Ulibheag i na i ri, &c.

'Nuair theid dion air sgiath gach bealaich,
S luchd an fhiamha, siaradh tharais,
Car na'm bial 'us liad na'n teangaidu,
'S dorus riabt' air cias gach fear dhiu.
  Ulibheag i na i ri, &c.

'N uair thig sgian bho chliabh gach gille,
A sgoltadh bhlion, 's a dianamh phinne,
Gheibh am fineail biadh gun shreadh,
'S gloine lionta, an ioc-shlaint' spioraid.
  Ulibheag i na i ri, &c.

'N uair a chiaradh grian gu calla',
Thigeadh triall nan diolt-each mearn,
Srannach, sianach, srianach, stailleach,
Ealand', iargalt', lionta an lainnir.
  Ulibheag i na i ri, &c.

Gus an Dùn is mùirneach caitbream,
Dha'm beil lùil gach cùrsa ceannas,
Dha'm beil iuntas dlù mar ghaineamh,
Nach toir spùil gu cuuntas gainne.
  Ulibheag i na i ri, &c.

Far an lionor fion ga mhalairt,
Far an iarrar gniomh fir-eallaidh,
Far an ciatach miann gach seallaidh,
Far a riadhlar ciadan ain-eoil.
  Ulibheag i na i ri, &c.

Seinneam fonnmhor, pongail, m'ealaidh,
As a chom nach trom mar ealach,
Cha tig tonn ma bhonn mo thalla,
Ni mo chall, na ghanntas m'aran.
  Ulibheag i na i ri, &c.

Tha mo chuach na cuairteig mheala,
'S barrach uaine suaineadh tharum,
Air mo chluasaig 's fuaghte m' anail,
'S iomadh dual a luadh le'm theanguidh,
  Ulibheag i na i ri, &c.

Air mo thaobh an craobh nam meangan,
Cha toir gaoth dhiom m'aodach droma,
'S ma thig naoisg a ghaoirich mar rium,
Ni mi soir a sgaoileas tan' iad.
  Ulibheag i na i ri, &c.

'S iomadh bualdh fo stuaidh mo bhalla,
Chuireadh ruaig air sluagh a caraid,
Nach dean gluasad gun ruaim calla,
Dorainn fuathais a chuain fhala',
  Ulibheag i na i ri, &c.

Bratach-shìthe nan trì seallaidh,
Fasda, dhidein, nan crioch cainis,
Glag an stiobla dha'n striochd ain-ochd,
Meirghe na firinn gun lìth sgainneil.
  Ulibheag i na i ri, &c.

Sliochd an Ollaghair a bhorb sheallaidh,
Mic a tholgas le'n gorm lannan
Riochd an fharabhais nach falbh falamh,
Culp na h-Albun, san dearbh dhaingheau.
  Ulibheag i na i ri, &c.

Neart Eoin Tormod cha searg asrall,
'Smaise chraunachar 's gach dearbh eachdraidh
'S pailt na h-armabh na bhaig neuinn,
'S brais a leanumbuinn ga sgala shuapadh.
  Ulibheag i na i ri, &c.

BARD LOCH-FINE.

Evan M'Coll, better known to his countrymen as the "Mountain Minstrel," or "*Clàrsair nam Beann,*" was born at Kenmore, Loch-Fyne-side, in the year 1812. His parents, although not affluent, were in the enjoyment of more comfort than generally falls to the lot of Highland peasants; and were no less respected for their undeviating moral rectitude than distinguished for their hospitality, and the practice of all the other domestic virtues that hallow and adorn the Highland hearth. The subject of our memoir was the second youngest of a large family of sons and daughters. At a very early age he displayed an irresistible thirst for legendary lore and Gaelic poetry; but, from the seclusion of his native glen and other disadvantageous circumstances, he had but scanty means for fanning the latent flame that lay dormant in his breast. M'Coll, however, greedily devoured every volume he could procure, and when the labours of the day were over, would often resort to some favourite haunt where, in the enjoyment of that solitude which his father's fireside denied him, he might be found taking advantage of the very moonlight to pore over the minstrelsy of his native country, until lassitude or the hour of repose compelled him to return home.

His father, Dugald M'Coll, seems to have been alive to the blessings of education; for as the village school afforded but little or nothing worthy of that name, he, about the time that our bard had reached his teens, hired a tutor for his family at an amount of remuneration which his slender means could scarcely warrant. The tutor's stay was short, yet sufficiently long to accomplish one good purpose—that of not only enabling Evan properly to read and understand English, but also of awakening in him a taste for English literature. A circumstance occurred about this time which tended materially to encourage our author's poetic leanings. His father, while transacting business one day in a distant part of his native parish, fell in with a Paisley weaver, who, in consequence of the depression of trade, had made an excursion to the Highlands with a lot of old books for sale. M'Coll bought the entire lot, and returned home groaning under his literary burden, which Evan received with transports of delight. Among other valuable works, he was thus put in possession of the "Spectator," "Burns' Poems," and the "British Essayists." He read them with avidity, and a new world opened on his view: his thoughts now began to expand, and his natural love of song received an impetus which no external obstacles could resist.

Contemporaneous with this literary impulsion, was the artillery of a neighbouring Chloe, whose eyes had done sad havoc among the mental fortifications of our bard: he composed his first song in her praise, and, although he had yet scarcely passed the term of boyhood, it is a very respectable effort, and was very well received by his co-parishioners. The circumstances in which his father was placed, rendered it necessary for him to engage in the active operations of farming and fishing, and he was thus employed for several years.

In the year 1837, he threw off the mask of anonymy, and appeared as a contributor to the Gaelic Magazine, then published in Glasgow. His contributions excited considerable interest, and a general wish was expressed to have them published in a separate form by all Highlanders, with the exception of his own immediate neighbours, who could not conceive how a young man, with whom they had been acquainted from his birth, should rise superior to themselves in intellectual stature and in public estimation. They of course discovered that our youthful bard was possessed of a fearful amount of temerity, and the public, at the same time, saw that *they* were miserably blockaded in their own mental *timberism*. If native talent is not to be encouraged by fostering it under the grateful shade of generous friendship, it ought, at least, to have the common justice of being allowed to work a way for itself, unclogged by a solitary fetter—unchilled by the damping breath of unmerited contempt or discouragement. The high-souled inhabitants of Inverary failed to extinguish the flame of M'Coll's lamp; and now, as they are not probably much better engaged, we recommend them to "see themselves as others see them," in our author's retaliative poem, "*Slochd a Chopair*," in which they are strongly mirrored, and the base metal of which they are made powerfully delineated.

It is well for dependant merit that there are gentlemen who have something ethereal in them: much to their honour, Mr Fletcher of Dunans, and Mr Campbell of Islay, patronized our author, and through the generously exercised influence of either, or both of these gentlemen, M'Coll was appointed to a situation, which he now holds, in the Liverpool Custom-house.

M'Coll ranks very high as a poet. His English pieces, which are out of our way, possess great merit. His Gaelic productions are chiefly amorous, and indicate a mind of the most tender sensibilities and refined taste. The three poems, annexed to this notice, are of a very superior order: one of them comes under that denomination of poetry called *pastoral* or *descriptive*, and evinces powers of delineation, a felicity of conception, and a freshness of ideality not equalled in modern times. The second is an elegiac piece, before whose silver, mellifluent tones we melt away, and are glad to enjoy the luxury of tears with the weeping muse. The love ditty is a natural gush of youthful affection, better calculated to show us the aspirations of the heart than the most elaborate production of art. M'Coll imitates no poet; he has found enough in nature to instruct him—he moves majestically in a hitherto untraversed path; and, if we are not continually in raptures with him, we never tire—never think long in his company. But we are reminded that praises bestowed on a living author subject us to the imputation of flattery:—long may it be ere Evan M'Coll is the subject of any posthumous meed of laudation from us!

LOCH-AIC.

A Loch-aice na guùls' chaoin—
Gnuis ghabh gnol air a bhi ciùin,
'S air an tric an laidh gath-gréin'
Soilleir mar uchd sèamh mo rùin!

'Oide-altruim mhaith nam breac,
Gar an leatsa cath nan tonn,
'S ged nach d' amais long fo bhréid
Air t-uchd réidh riamh chur fa bonn.

'S leat an eala 's grinne com
'S i neo-throm air t-uchd a' snàmh.
Eun a's gile cneas na 'ghrian,
Sneachd nan sliabh, no leannan bàird!

'S leat bho Lochluinn a's bho 'n t-Suain
An lach bheag is uaine cùl;
'S tric 'ga còir—'s cha n-ann 'ga feum,
Falach-fead a's caogadh shùl.

'S leat an luinneag 'sheinneas òigh
'Bleodhan bhò gu tric ri d' thaobh;
'S leat au duan a thogas òg
'S e g' a còir a measg nan craobh.

Seinnidh e—" Tha cneas mo ghràidh
Geal mar chanach tlà nan glac,
'S faileasan a ghaoil 'n a sùil
Mar tha nèamh an grunnd Loch-aic!

C'àit' an taitneach leis an earb'
Moch a's anamoch 'bhi le 'laogh?
C'àit' an trice dorus dearg,
'Fhir nan garbh-chròc, air do thaobh?

C'àit' ach ri taobh loch mo rùin—
Far, aig bun nan stùc ud thall,
'S an robh uair mo chàirdean tiugh
Ged tha iad an diùgh air chall!

O air son a bhi leam féin!
'Siubhal sèimh taobh loch nan sgùrr
'Nuair bhios gath na genlaich chaoin,
Nuas a' taomadh ort mar òr.

'Nuair tha duilleach, fochunn, feur,
Fo 'n òg-bhraon a' cromadh fliuch,
'S gun aon rionnag anns an speur
Nach 'eil céile dh'i 'na t-uchd.

'Nuair tha 'u ciobair ann a shuain
'Faicinn mada'-ruadh 'na threud,
'S e 'dian-stulgeadh nan con luath
Gu bhi shuas mu 'n deau c beud :

Sud an t-àm 's am bi ri d' thaobh
Ceòl a mhaoth'chens clis gach cridh
Sud an t-àm 'san tug thu gràdh,
'Shìne bhàn ! do 'n fhilidh shith.

'Tional ghobhar air dh'i bhi
'N Coir'-an-t-sìth aon fheasgar Màigh,
Chualas guth ro-mhilis, sèamh—
Shaoil i nèamh a bhi aig làimh.

Dh' éisd i,—'s mar bu mhotha dh-éisd,
'S ann bu bhinne teud a chiùil ;
Lean i,—'s mar a b' fhaide lean,
'S anu a b' fhaid' e as, mo dhùil !

Rainig i, mu dheireadh, cnoc,
Dorus fosgailt air a suas,
'S dh' fhairich i gur ann bho sin
Bhrùchd an ceol bu bhlasda fuaim.

" Thig a's taigh, a Shìne bhàn !
Thig, a ghràidh, gun eagal beud ;
Feuch an oidhche dhubh m' an cuairt—
'S fada bhuat do dhachaigh féin."

Chaidh i 's taigh—ma's fior mo sgeul—
Thuit i 'n gaol air fear a chiùil !
Dh' òl i 'n deoch bu deoch do chàch,
'S tuilleadh riamh cha d'fhàg i 'n dùn.

RANNAN AIR BAS BANACHARAID

A BHA ANABARRACH GAOLACH, 'S A CHAOCHAIL
'NA LEANABHACHD.

Chaochail i—mar neulltan ruiteach
'Bhios 'san Ear ma bhriste' faire ;
B' fharmad leis a' ghréin am bòichead,
'S dh'éirich i 'na glòir 'chur sgàil orr' !

Chaochail i—mar phlatha gréine,
'S am faileas 'na réis 'an tòir air ;
Chaochail i—mar bhogh' nan speuran,
Shil an fhras a's thréig a ghlòir e.

Chaochail i—mar shneachd a laidheas
Anns an tràigh ri cois na fairge ;
Dh'aom an làn gun lochd air aghaidh,
'Ghile O ! cha b'fhada shealbhaich.

Chaochail i—mar ghuth na clàrsaich,
'Nuair a's drùidiche 's a's mìls' e ;
Chaochail i—mar sgeulachd hluinn
Mu'n gann 'thòisichear r'a h-innseadh

Chaochail i—mar bhoillsge gealaich'
'S am maraich' fo eagal 's an dòrcha ;
Chaochail i—mar bhruadar milis,
'S an cad'laiche duilich gu'n d' falbh e.

Chaochail i 'an tùs a h-ùille !
Cha seachnadh *Pàrras* as féin i ;
Chaochail I—O ! chaochail Màiri
Mar gu'm bàite 'ghrian ag éiridh !

DUANAG GHAOIL.

Air Fonn—" *'Ille dhuinn, 's toigh leam thu.*"

LUINNEAG.

A nighean donn nam mala crom,
A nighean donn nan caoin-shùl,
A nighean donn bho 'm binne fonn,
Gur mor mo ghaoll air t-fhaolainn.

A nighean donn a's grinne cruth,
A's binne guth 's a's caoine,
Ge geal an cobhar air an t-sruth
'S ann bhiodh e dubh ri d' thaobh sa.
A nighean donn, &c.

Mo rùn a' chaileag luinneagach,
Deagh bhanarach na spréidhe,
'S nach géill 'n seòmar uinneagach
'Dh' aon chruinneig 'tha 'n Dun-éideann.
A nighean donn, &c.

Té eil' air bhith, d' a sgiamhaichead,
'Na t-fhianuis-sa cha leur dhomh ;
S ann tha thu 'measg nan niunagan
Ceart mar tha 'ghrian measg reulltan.
A nighean donn, &c.

O 's truagh 'bhi 'n so air Galldachd
'Nuair tha 'n Samhradh 'us mo cheud rùn
A' stri co 's grinne dheàrsas
Nis air àiridhean Ghlinn-créran !
A nighean donn, &c.

Cha tugainn air bhi 'm dhiùc cead 'bhi
Le m' rùn 'am bothan-gheugan,
'S cha ghabhainn coron òir air son
Bhi 'n sud a' pògadh m' éiteig.
A nighean donn, &c.

A rùin, nam biodh tu deònach air,
'S ar càirdean uile réidh ruinn,
Cha chuirinn tuille dàlach ann,
Am màireach bu leam féin thu !
A nighean donn, &c.

AIREAMH TAGHTA

DE

SHAR-OBAIR NAM BARD GAELACH;

OR

A CHOICE COLLECTION

OF

THE BEAUTIES OF GAELIC POETRY,

ORIGINAL AND SELECT.

The following songs and poems are the productions of gentlemen, who invoked the muse only on rare occasions, and under the impulse of strong feelings excited by extraordinary events;—or, of individuals of whose history little is known to the world, and whose works were not sufficiently voluminous to entitle them to a place among the professed or recognised bards. When the tide of chivalry ran high in the Highlands, and ere the Gaelic ceased to be spoken in the chief's hall, it was deemed no disparagement to people of the highest rank to imbody their feelings on any subject in Keltic poetry. Many of these pieces are of commanding merit, and it is hoped that they will form an appropriate and valuable appendage to this work. So far as practicable, the paternity of the poem is given, and such historical and illustrative notes are interspersed as the full elucidation of the subject seemed to require.

MOLADH CHABAIR-FEIDH
LE TORMOD BAN MAC-LEOID.

Deoch-slainte ' chabair féidh so
  Gur h-éibhinn 's gur h-aighearach;
Ge fada bho thìr fein e,
  Mhic Dhé greas g'a fhearann e;
Mo chrochadh a's mo cheusadh,
  A's m' éideadh nar mheala mi,
Mur àit leam thu bhi 'g eiridh
  Le treun neart gach caraide!
Gur mise chunna' sibh gu gunnach,
  Ealamh, ullamh, acuinneach;
Ruith nan Rothach 's math 'ur gnothach,
  Thug sibh sothadh maidne dhaibh;
Cha deach' Cataich air an tapadh,
  Dh'fhag an neart le engal iad,
Ri faicinn ceann an fhéidh ort
  'Nuair dh'eirich do chabar ort!

Be'n t-amadan fear Fòluis,
  'Nuair thòisich e cogadh riut;
Rothaich agus Ròsaich—
  Bu ghòrach na bodaich iad;
Frisealaich a's Granndaich,
  An clampa cha stadadh iad;
'S thug Foirbeisich nan teann-ruith,
  Gu seann taigh Chuilodair orr'.
Theich iad uile 's cha dh'fhuirich
  An treas duine 'bh'aca-san;
An t-Iarla Catach ruith e dhachaigh—
  Cha do las a dhagachan;
Mac-Aoidh nan creach gun tbar e as,
  'S ann dh'éigh e 'n t-each a b' nigeannaich,
Ri gabhal an ra-treuta,
  'Nuair dh-eirich do chabar ort!

'S ann an sin bha 'm fuathas
  Ga'n ruagadh thar bhealaichean,
An deas dhuinn a's an tuath dhuinn,
  Gu luath ruith roi' d' cheann-eideadh ;
Mar sgaoth a dh'eoin nam fuar-bheann,
  A's gruaim air a h-uile fear,
A tearnadh bho na sleibhtean
  Gu réidhlein 's gu cladaichean.
Dh'eigh iad port 's gu'n d'fhuair iad coit,
  'S bu bheag an toirt mar thachair dhaibh ;
Ciod e'n droch rud rinn am brosnach',
  Le'n cuid mosg nach freagradh srad,
'S a liuthad toirtear dheth na Rothaich,
  Dol air flod thar chlaigeannan ?
'S ann ghabh iad an rutreata,
  'Nuair dh'eirich do chabar ort !

Gu'm faigh mi fein mi dhùrachd—
  ('Se dhùisg as mo chadal mi)
An Tì da'n geill na dùilean,
  'S da 'n ùmhlaich na h-uile ni,
Gun greas e thu gu d' dbùthaich,
  Gu h-uiseil 's gu h-urramach !
Gur tu nach leigeadh cùis,
  Leis na dh-Ghaill nach buineadh dhaibh ;
'S tu bheireadh clotha do' luchd guothaich,
  Gun fhios co a throdadh riut ;
Am fine Rothach chuir thu fothadh
  Ge mor leotha 'n ladornas,
Ga'n cuir romhad le'n ruith-choimhich,
  'S am baile-nodha na shradagan,
'S na lasair anns na speuran,
  Nuair dh'eirich do chabar ort !

Chunna mi m'a thuath thu,
  'S gu'm b'uachdaran allail thu ;
Bha Cataich fo do chùram,
  'S dh' ùmhlaich na Gallaich dhut ;
'S gach tì bha riut an diùmba,
  'S nach dùirigeadh sealladh ort,
A faicinn bhi ga'n sgiùrsadh,
  Gu dùthaich nach buineadh dhaibh.
Le gasraidh fhinealt dheth do chinneadh
  Nach gabh giorag eagalach ;
Luchd chlogaid 's bhiodag 's chorcan bireach,
  Cha philleadh luchd-bagairt iad ;
Thig feachd Mhic-Shimi gu do mhilleadh,
  'S ruithidh iad gu saidealta ;
'S gu'n teich iad o chlàr t-eudainn,
  'Nuair dh'eireas do chabar ort !

Th'am brochan a' toirt sàr dhuibh,
  'S tha 'n càl a' toirt àt oirbh ;
Ach 's beag is misde 'n t-àrmunn,
  'Ur sàth thoirt an nasgaidh dhuibh ;
Ge mòr a thug sibh chàise,
  Thar àiridhean Asainnc,

Cha'n fhacas cuirm a'm Fòlais,
  Ge mòr bha do chearcan ann ;
Caisteal biorach, nead na h-iolair',
  Coin a's gillean gortach ann ;
Cha'n fhaicear bioran ann ri teinne,
  Mur bidh dileag bhrochain ann ;
Cha'n fhaicear mairt-feoil ann am poit ann,
  Mur bi cearc ga plotaigeadh ;
'S ga'n tional air an déirce,
  'Nuair thréigeas gach cosgais iad.

Cha'n eil ian 's na speuran,
  Is breine n'an iolaire,
Cha 'n ionan idir beus d'i,
  'S do dh-fhéidh anns na firichean ;—
Bi'dh iadsa moch ag eiridh,
  A feuchainn a bhiolaire ;
'S bi'dh is' air sean each caoile,
  Iti slaodadh a mhionaich as ;
Chuir i spuir a staigh na churach,
  A's thug i fhuil na spadul as,
An t-ian gun sonas' giarraidh donais,
  Bi'dh na coin a' sàbaid ris ;
'S breun an t-iseun e air iteig,
  Gun fhios c'àit' an stadadh e,—
Mas' olc a lean e abhaist,
  Cha b' fheàrr fur na chaidil e.

Cha'n eil ian 'san t-saoghal
  R'a fhaotainn tha cultach riut,—
Cha'n ithear do chuid sithne—
  Rinn firinn a' mollachadh :
Ged tha ort iteag dhìreach,
  Mar fhior shaighdead corranach,
S ged' thuirt iad riut am fireun,
  Tha ionan an donuis ort !
S ioma buachaille th' air fuar chnoc,
  Agus cuaille bàt' aige' ;
Ni guidhe bhuan do bhuntain bhuath,
  'S a bhuaileas bho do thapadh thu ;
'Nuair bheir thu ruaig air feadh nan uan,
  'S a bhios buaireas acrais ort,
'N uair thachras cabar féidh ort,
  Gu'm feum thu bhi snasadh dha !

Tha cabar-fèarna Dhòmhnuill,
  Mar spòrs' anns an talamhs' ac' ;
Nach innseadh sibh dhomhs' e,
  'S gu'm b'eol domh a charachadh ;
'S chuirinn fios gu h-eòlach,
  Gu Seòras an caraidench,
Gur h-e Fear Dhuin-Dòmhnuill,
  Le lòn chum an t-anam ris ;
'Bhiasd gun mheas, gun mhiagh gun, ghliocas
  Riamh bu tric 's an talamh-s' thu ;
Dh'ol a's dh'ith thu trian do d' phiseach,
  'S tu an t-isean amaideach ;

AIREAMH TAGHTA.

Chuir na Rothaich thu air ghnothach,
S tu an t-amhusg aineolach,
'S ged' thug Clann-Choinnich miadh ort,
Cha b' fhiach thu 'n treas earrainn deth.

Faire! faire! 'shaoghail,
Gur caochlaidheach carach thu,
Chunna mise Si-phort,
'Nam pioban cruaidh, sgalanta,
Nach robh an Alb' a dh'aon-shluagh,
Ged shìneadh Mac-Cailein ris,
Na chumadh riuts an cudann,
'Nuair dh'eireadh do chabar ort!
Dh'eireadh leat an còir 'san ceart,
Le trinn do neart gu bagarach,
Na bh'eadar Asainn, a's fa dheas,
Gu ruig Sgalpa chraganach,
Gach fear a glacadh gunna snàip,
Chaidheamh glas, no dagachan,—
Bu leat Sir Dòmhnull Shléibhte,
'Nuair dh'éireadh do chabar ort!

Dh'eireadh leat fir Mhùideirt,
'Nuair ruisgte do bhrataichean,
Le 'n lannan daite dù-ghorm,
Gu'n ciuirte na marcaich leo;
Mac-Alasdair 's Mac-Ionmhuinn,
Le 'n cuilbheirean acuinneach;
'Nuair rachadh iad 'san iorghuill,
Gu'm b' iogbna mur trodadh iad :—
Bi'dh tu fhathast gabhail aighear,
Ann am Brathuinn bhaidealach,
Bi'dh cinne t-athair ort a feitheamh,
Co bhrathadh bagradh ort?
Bi'dh fion ga chaitheamh feadh do thaighe,
'S uisge-beatha feadanach ;
'S gur lionmhor plob' ga'n gleusadh,
'Nuair dh'eireas do chabar ort!

Note.—Norman M'Leod, the author of the foregoing popular clan song was a native of Assynt, Sutherlandshire. Little is known to us of his parentage except that he moved in the higher circles of his country, and upon his marriage, rented an extensive farm in his native parish. He had two sons whose status in society shows that he was in comfortable, if not affluent circumstances—one of them was Professor Hugh M'Leod of the University of Glasgow; and the other, the Rev. Angus M'Leod, Minister of Rogart in the county of Sutherland. Both sons were men of considerable erudition and brilliant parts,—and Angus's name is still mentioned in the North with feelings of kindness and respect.

Norman M'Leod lived long on a footing of intimate familiarity and friendship with Mr M'Kenzie of Ardloch whose farm was contiguous to that of our author; and "*Cabar-feidh,*" which has single-handed stamped the celebrity of M'Leod, arose out of the following circumstance. The earl of Sutherland issued a commission to William Munroe of Achany, who, with a numerous body of retainers and clansmen, by virtue of said commission, made a descent on Assynt and carried off a great many cattle. This predatory excursion was made in the latter end of summer, when, according to the custom of the country, the cattle were grazing on distant pasturages at the sheilings, a circumstance which proved very favourable to the foragers—for they not only took away the cattle, but also plundered the sheilings, and thus possessed themselves of a great quantity of butter and cheese. Indignant at the baseness and injustice of such cowardly conduct, M'Leod invoked the muse and composed "*Cabar-feidh,*" or the clan-song of the M'Kenzies—making it the vehicle of invective and bitter sarcasm against the Sutherlanders and Munroes, who had antecedently made themselves sufficiently obnoxious to him by their adherence to the Hanoverian cause in 1745.

That a production teeming with so much withering declamation and piquancy of wit should have told upon its hapless subjects, may be reasonably supposed. Munroe was particularly sore on the subject, and threatened that the bard should forfeit his life for his temerity, if ever they should meet. They were personally unacquainted with each other; but chance soon brought them face to face. Munroe was commonly known by a grey-coloured bonnet which he wore, and was called "*L'illeam a bhonnid uidhir.*" One day as he entered Ardguy Inn, there sat Norman M'Leod, on his way to Tain, regaling himself with bread and butter, and cheese and ale. Munroe was ignorant of the character of the stranger; not so M'Leod—he immediately knew Achany by the colour of his bonnet—drunk to him with great promptitude, and then offered him the *horn* with the following extemporary salutation :—

"Aran a's im a's cais,
Mu'n tig am bas air Tormod;
A's deoch do fhir an rothaid,
'S cha ghabh na Rothaich fearg ris."

which may be translated thus—

Bread and butter and cheese to me,
Ere death my mouth shall close ;
And, trav'ller, there's a drink for thee,
To please the black Munroes.

Achany was pleased with the address, quaffed the ale, and when he discovered who the courteous stranger was, he cordially forgave him, and cherished a friendship for him ever after. Years after the events recorded above, the poet's son, Angus, then a young licentiate, waited upon Achany, relative to the filling up of the vacancy in the parish of Rogart.—"And do you really think, Sir," said Achany, "that I would use my influence to get a living for your father's son? *Cabar-feidh* is not forgotten yet." "No! and never will," replied the divine, "but if I get the parish of Rogart, I promise you it shall never be sung or recommended from the pulpit there!" "Thank you! thank you!" said Achany, "that is one important point carried—you are not so bad as your father after all, and we must try to get the kirk for you!" He gave him a letter to Dunrobin and he got the appointment.

"*Cabar-feidh*" is one of the most popular songs in the Gaelic language, and deservedly so. It has been erroneously ascribed to Matheson, the family-bard of Seaforth; but now for the first time, it is legitimately paternized, and the only correct edition, which has yet appeared, is here given. The song itself bears internal evidence that our history of its paternity is strictly correct; and our proofs in corroboration are numerous and decisive. Nothing can surpass the exultation of the bard while he sings the superiority of the clan M'Kenzie over those, who have drawn upon themselves the lash of his satire. The line '*Nuair dh'eireadh do chabar ort!* falling in at the end of some of the stanzas, has an electrifying effect; and, although figurative in its language, is so applicable as to transport us beyond ourselves to those feudal times when our mountain warriors rushed to the red field of battle to conquer or to die. The music, as well as the poem, is M'Leod's, and forms one of the most spirit-stirring airs that can be played on the bagpipe; so popular, indeed, has this tune been in many parts of the Highlands, that it was not danced as a common reel, but as a sort of country-dance. We have seen "*Cabar-feidh*" danced in character, and can bear testimony that, for diversified parts, for transitions, mazes and evolutions, it yields not, when well performed, to any "Cotillon brent new from France."

MALI CHRUINN DONN.

LEIS AN CHEISTEAR CHRUDACH.

AIR FONN—"*Carraig Fhearghuis.*"

O'n thagalch mi'n rathad,
Gu'n tagbail mi monadh
S an tuiteadh an sneachda,
'S a ghaill-shion gu trom ;
'S an talamh neo-chaisrigt',
'S na chaill mi na casan,
Mu'n d' rainig mi'n caisteal
  'N robh *Mali* chruinn donn !
'Nuair a ràinig mi doras
Gu'n dh'fhàs mi cho toilicht,
'S gu'n d' rinn mi gach dosgainn
  A thogail gu fonn ;
A's thàmh mi 's an asdail,
Bha 'n sùil beinn an t-sneachda
Cho blàth ris a chladach
  Bha m fasgadh nan tonn.

Fhir a shiubhlas an rathad,
A dh'ionnsuidh na Dabhaich,
Uam imirich mo bheannachd
  Gu *Mali* chruinn donn ;
Tha thuinnidh sa' ghleannan,
Aig alltan a cheannaich',
S gur daoine gun tabhail
  Nach taghaich am fonn ;
I mar ionmhas an tasgaidh,
Gun chunnart gun gheasan,
Ach a faotainn gu taitneach,
  Dha 'n fhear rachadh ann ;
'S ged bhithinn am Bhàron,
Air dùthaich Chlainn-Eachuinn,
Gu'm foghnadh mar mhaitche,
  Leam *Mali* chruinn donn !

Tha pearsa cho bòidheach,
Tha i tlachdmhor na còmhdach,
Tha taitneas na còmhradh,
  Mar smeòrach nan gleann,
Gu'n d' eiltich mo chridhe,
'Nuair rinn i rium brithinn,
'S bu bheatha dhomh rithist
  Gu tighinn a nall.
Bha h-aogasg gun smàlan
Bha caoin air a rasgaibh,
Bha gaol air a thasgaidh,
  'S a chridhe ' bha na còm :
Gu'n smaoinich mi ngam
Nach ruchain am mearachd,
Ged theirinn gur piuthar
  I dh' Iain geal, donn.

Na meòir sin bu ghile,
Bha còrr air ghrinneas,
A's bòiche ni fighe
  A's fuaidheal glan rèidh ;
Gur cuimir, deas, dìreach,
A shiubhlas tu'n rìdhle,
'Nuair dhùisgear gu cridheil
  Dhut fiodhall nan teud :
'S tu cheumadh gu bòidheach,
'S a thionndadh gu h-eòlach,
'S a fhreagradh gu h-òrdail
  Do cheòlan nam meur ;
Tha'n earbag 'sa mhonadh,
'S math tearmunn o'n ghaillionn,
'S gur sealbhach do'n fhear sin
  A ghlacas a ceum.

O mheacain an t-suairceis,
'S o leasraidh na h-uaisle,
Be t-fhasan 's bu dual dut
  O'n bhuaineadh do sheòrs ;
Gur furanach, pàirteach,
Am preas as an dh'fhàs thu,
Mar rinneadh do chàradh
  O'n An 's o'n t-Srath-mhòr.
Na'm biodh sibh a làthair,
'S an staid mar a b'àill leam,
Cha reicinn 'ur càirdeas
  Air mnai 'na Roinn-Eorp ;
Gu'm beil mi 'n diugh sàbhailt,
O chunna mi Màiri
Gu'n sheas i dhomh àite,
  Na màthar nach beò !

Chuir i fasgadh mu'n cuairt domh,
Mar earradh math uachdair,
Gu'n bhuilich I uaisle
  Le suairceas glan beòil.
Làmh shoilleir neo-spiocach,
'S an cridhe neo chrionta,
Aig nighean Catriana
  'S mo bhriathar bu chòir !
Ge nach faca mi t-athair,
Gu'n cuala mi leithid,
'S gu'm b'urra mi aithris,
  Cuid dh' fhasain an t-scoid :-
Bha e fial ris na muthaibh—
Ceann' cbliar agus cheathairn',
'S bu dhiobhail mar thachair
  Luaths' chaidh e fo'n fhòd.

Bhiodh òl ann, bhiodh ceòl ann,
Bhiodh furan, bhiodh pòit ann,
Bhiodh òrain, bhiodh dòchas
  Mu bhòrd an fhir fhéil :—
Bhiodh iasg ann, bhiodh sealg ann,
Bhiodh fiadh, agus carb ann,
Bhiodh coileach dubh barrughcal,
  Ga mharbhadh air géig.

Bhiodh bradan an fhìor-uisg,
Bhiodh taghadh gach sìthn' ann,
Bhiodh liath-chearcan fraoich
    Anns an fhrìth aig a féin ;
'Nàm tighinn gu bhaile,
'S gu thùrlach gun ainnis,
Bhiodh rusgadh air ealaidh,
    Casg paghaidh, a's sgios.

B' iad sud na fìr uaisle,
Gun chrìne gun ghrualmean
Cha 'n fhaigheadh càch buaidh orr'
    'N tuasaid na'n streup ;
Iad gun ardan, gun uabhar,
Neo smachdail air tuatha,
Ach fearann fo 'n uachdar
    'Fàs suas anns gach nì.

O na dh'imich na h-àrmuinn,
Chaidh an saoghal gu tàire,
'S bi'dh bròn agus pàidh
    Ri chlàistinn na'n deigh :—
'S na 'm fanain ri fhaicinn,
Cho fad' ri mo sheanair,
Gu'm farr'deadh gach fear dhiom
    —" Am faca mi 'n Fhéinn ?"

O na dhi-mich na h-àrmuinn,
'S e n-ar cuid na tha làthair,
Gu mu beannaicht' an *geard*
    Th'air an àlach a th' ann !
Ceud soraidh, ceud fàilte,
Ceud furan gu Màiri,
A dh'fhàg sinn 'sa Mhàigh
    Ann am braighe nan gleann
'S i cuachag na coille,
Na h-uaisle 's na h-oilean,
A dh'fhàg sinn gu loinneil
    An creagan nam beann ;
A ghealu-ghlan gun ainnis,
B'e t-ainm a bhi banail,
'S gu'n dhearbh thu bhi duineil,
    'S nir chluinneam-s' do chall !

Gu'n cluinneam-s' do bhuinig,
Ge nach faic mi thu tuilleadh,
Gar an iarradh tu idir
    Dhol fad' as an fhonn ;
Ach an àite na 's déiseil,
Gun bhlàr, no gun chrengan,
S ma gheibh m' achanaich freagairt
    Cha'n eagal dut bonn ;
Tha uaislean, 's treun-laoich,
Tha truaghain a's feumaich,
'Toirt tuaraisgeul gleusta
    Air t-fheum anns gach ball ;
Tha gach tlachd ort ri innseadh,
Lamb gheal a ni sgrìobadh,
'S gur tuigseach a chiall
    A chuir Dia na do cheann !

Bi'dh mo dhàn agus m' òran,
Bi'dh m' alla mar 's eòl domh,
Gu bràth fhad 's is beò mi
    Toirt sgeùil ort a chaoidh :
Na thunir mi dhe t-fhuran,
Cha'n fhuaraich e tuille,
Ni smaointean mo chridhe
    Riut brithinn nach pill ;
Cha 'n eil Siòrrachd dha 'n téid mi,
Ged ' ruighinn Dun-éideann,
Nach toir mi deagh sgeul ort
    Fhad 'dh' eisdear mo rainn
'S bheir mi Charraig bho Fheargus,
Gu atharrach ainme,
'S leuchd-ealaidh na h-Alba
    D'a sheanchas 's d'a sheinn.

Ceud furan, ceud fàilte,
Ceud soraidh le bàrdachd
Ceud tlachd mar ri àillenchd,
    Air fàs air a mhnaoi ;
Ceud beannachd na dhà dhut,
'S gu'm faiceam-sa slàn thu,
Mu tha idir an dàn domh,
    'Dhol gu bràth do Loch-bhraoin ;
Ged nach sgnlaiche bàird mi,
Cha 'n urrainn mi àicheadh,
Ma thig iad ni 's dàine
    Gu'm paigh iad ris daor :—
'S i bean nan rasg trodhad,
Gun àrdan, gun othail,
'S i Màiri 's glain' budhaig
    —Creag odhar nan craobh.

Creag ghobhar, creag chuorach,
Creag bhenun, agus aonaich,
Creag fhasgach ri gaoith thu,
    Creag laogh, agus mheann ;
Creag chaorau, creag chnothan,
Creag fhiarach, a's chreamhach,
Creag ianach a' labhairt
    Am barraibh nan crann ;
Gu'n cluinnte gùth smeòruch
An uinneag do sheòmair,
'S a chuthag a còmhradh
    Mar a b'eòl d'i bhi cainnt.
'S bi'dh ealaidh a mhonaidh,
Ri cluich anns an dòrus
Mar onair ri *Mhaìl*,
    Bean shona nan Gleann.

O nach urra mi sgrìobhadh,
No litir a leughadh,
Fhir a dhenlaich an dé rium
    Aig càrn an fheidh dhuinn,
'Chuir a chuid gliieun,
'Sa ghenrrain ga'm' shireadh,
Mu'n rachadh mo mhilleadh,
    An curaisde puill ;

O nach urra mi mholadh,
An onair mar choisinn,
Mo bheannachd gu meal e
Gun easlaint a chaoidh!
Fhir a shiubhlas an rathad,
A dh' ionnsuidh na Dubhoich,
Uam imirich mo bheannachd
Gu *Mali* chruinn Donn!

Note.—The above truly admirable song was composed by William M'Kenzie, the Gairloch and Lochbroom catechist, commonly called *An Ceistear Crùbach*, owing to a lameness which he had. He was a native of the parish of Gairloch, and was born about the year 1670. In his early years, M'Kenzie had the reputation of being a serious young man; he committed to memory the whole of the questions of the Shorter Catechism in Gaelic, and was subsequently allowed a small stated salary for going about from hamlet to hamlet in the forementioned parishes, catechising the young, and imparting religious instruction to all who chose to attend his meetings. It was while employed on these missions that he composed the foregoing. It was the dead of winter: the houses were far apart—a tremendous storm came on—and our author, to save his life, was compelled to stand in the shelter of a rock. In this situation he was fortunately discovered, and conveyed on horseback to the house of Mr M'Kenzie of Balone, where he experienced the greatest kindness. He forthwith invoked his muse, and celebrated the praises of his host's sister, then a beautiful young lady, and afterwards Mrs M'Kenzie of Kernsary, in Gairloch. A song of less poetic grandeur and merit might well have immortalized any mountain maid, and established the reputation of the author, and put it beyond the reach of detraction.

M'Kenzie continued to officiate in the capacity of perambulatory catechist for a period of seven years, and was then deposed, under circumstances which we shall briefly recount. He happened to be in Strath Gairloch at a time when the nuptials of one of the native rustics were celebrated; and, contrary to what he might well expect, he was left uncalled to the feast. How he felt in consequence of this indignity, we would probably have been left in the dark, had not two or three others, who had been slighted like himself, congregated where he lived, having with them a bottle of whisky. The glass went round, and various witticisms and epigrams were exploded, manifesting the contempt in which they held the newly-married couple, and the entire round of their relatives and guests. At length it was propounded to the catechist whether he ought not to commemorate the circumstances in a poem or song. Forgetting the sacredness of his office and the tenure by which he held his situation, in the buoyancy of the moment, he sung the following extemporary effusion before they separated:—

ORAN EADAR CARAID OG OIDHCHE, 'M BAINNSE.

Air Fonn—"*Oran na Feannaig.*"

Iar.—'S mithich dhuinne bhi 'g eiridh,
O'n tha sin feumach air cadal,
Bho na rinn sinn m-ar suipeir,
Cha deau sin fuireach na 's faide;
Mas a math an cuid leumnaich,
Biodh iad fein ris gu latha,
An rud sin th'agad a dhuine,
'S au ris is mo n-ar annas,
Gu fios a bhlas.

Eban.—'S fada 'n latha gu h-oidhche,
'S laid' an oidhche na'n latha,
'S iomadh seachdain sa' bhliadhna,
Gu bhi 'g larraidh gu leithid,
'S minde sinne 'sinn gorach,
A dhol a thoiseachadh brais ris,
'S ma ni sinn' n'ar uilleadh,
Gur h-ann is mear an dibhear oir,
'S nach 'eil sinn sean.

Iar.—Ach c'uime 's misde sinn fhiachainn,
Dh'fhiach am fach dhuinn a leantainne,
'S na chi thu fein na chuis ghraiu e,
Cha bhi mi dana ga tagar;
Chuala mis' aig mo mhathair,
Gur ni gnathaicte leithid,
'S gur beag math th'ann sa phosadh,
'S a bhi as aonais an fhosain,
'S e aig gach neach.

Eban.—'S truagh nach robh mi gun phosadh,
Arsa broineau 's e 'g eiridh,
Hu mhodha m' feum air a chadal,
S mi 'n deigh coiseachd au aonich,
Chaill mi craice ann nam meoirean,
Ann 's na brogan 's iad daor dhomh,
'S cha dian mi 'n obair air t-aillea',
Ge bi b' fhearr air an t-saoghal
'S nach 'eil mi 'n sgairt.

Iar.—Di-bidh! air do sheanachas,
'S mairg a dh'fhalbh leat thar aonaich,
'S truagh nach robh mi gun dearc ort,
Ach mi dh'fhaicinn an t-saoghail,
Le do chroma-shlnit gun phiseach,
Nach tig thuige fo'n aodach
'S mairg a fhachair ad chuideachd,
Fhior thrudair nan daone,
'Sa ghlogaidh-both!

Eban.—A Ri! bu mhise chuis thruais leat,
'S moch a fhuair mi mo mhabadh,
Cha bhidh do thoibheim cho luath dhomh,
Na bidh tu stuaime na narach,
Dh'fhaodadh tusa bhi suas leis,
Na'n deanain uair ann san raith' e,
'S mise dh'fhuireadh as aonais,
Thun na h-aois so s tha mi,
Gun dol na char.

Iar.—Dh' altknich mise ort nach b'fhiach thu,
'S gu'm bu shiachaire breun thu,
'S nach robh duine 's na criochan,
Cho measa rian air an fheum riut,
Tha mi dh'easbhuidh do sporsa,
Dh-fhalbh mi phosadh an de leat,
'S mar faigh mi misneachd fo maireach,
A chaoidh cha charaichear breid orm,
'S cha ruig mi leas.

Eban.—Hi tu ann a naire,
Mar a caraichear breid ort,
Bheir gach nabaidh dhut toibheum,
'Nuair a chluinn iad mar dh'eirich;
Ge do ruigeadh tu 'n Parson,
Gu n-ar sgaradh bho cheile;
A chaoidh cha 'n fhaigh thu chead posadh
'S e 'n aghaidh ordugh na cleire,
'S nach 'eil e ceart.

Iar.—Innis thusa dhomh 'n fhirinn,
Na'm beil feum dhomh bhi fuireach,
Na'm beil comas air t-innleachd,
No 'na dhiult thu mi builleach,
Mar e sorhair tha fas ort,
Gu do lamh chuir sa 'n obair,
Fagaidh mis thu cho eolach,
Ris na seoid tha ris cumauta,
Bho chian fad.

Eban.—'Nuair a thainig an oidhche,
'S nach robh soils' ann ach dorcha,
'Sa chaidil an duthaich,
'S nach robh duil ri luchd falbha,
Air an obair gun shin e,
'Nuair a dh'eirich a mheanmam,
'S sheah nach sguireadh e thathasd,
Le mi thaitinn am baragan ad
Ris cho math.

Iar.—'S fearr sud na bhi falamh,
Na ni thu cleachdadh dhoth 'n comhnuidh,
'S mas ann am feoblas a theid thu,
Cha dian mi t-eibhneach na t-olach,
Cha'u 'eil air obair ach sineadh,
'S a bhi ga sir dheanamh comhnuidh,
Cha bhi faiteachan treubhach,
'S bidh don-bidh air fear bronach
Nach teid na char.

This comico-satirical production was soon made public and the author was lauded by one party, and denounced by another. The ministers of Gairloch and Lochbroom shook their beads—shuddered at the profanity of the catechist, and gave intimation from their respective pulpits that the catechistical labours of our author had ceased! He was previously dragged before the Presbytery, examined, and cross-examined, as to the extent and number of his bardic delinquencies. One or two of the elders and ministers had the hardihood to espouse his cause while thus arraigned at the Presbytery's bar, and insisted that the reverend judges should hear the song from his own lips. "I can repeat no song," said the bard, "unless I accompany the words with an air; and to sing here would be altogether unbecoming." This obstacle was removed by consent of the Moderator, and he sung the song with great glee, while his judges were more obliged to their handkerchiefs than to their gravity for the suppression of risibility. It does not appear that M'Kenzie was ever afterwards restored to his situation. He died at a good old age, and was buried in Creaganan-Iubhir of Muckle Greenard, Lochbroom.

CALUM A GHLINNE.*

LUINNEAG

Mo Chailin donn òg,
S mo nighean dubh thogarach,
Thogainn ort fonn,
Neo-throm gun togainn,
Mo nighean dubh gun iarraidh,
Mo bhriathar gun togainn,
S gu'n innsinn an t-aobhar,
Nach eileas 'ga d thograth.
Mo Chailin donn òg.

Gu'm beil thu gu boidheach,
Balnndidh, banail,
Gun chron ort fo 'n ghréin,
Gun bheum, gun sgaiunir;
Gur gil' thu fo d' leine
Na eiteag na mara,
'S tha coir' ngam fein
Gun chéile bhi mar-riut.
Mo Chailin donn og, &c.

Gur muladach mi,
'S mi 'n deigh nach math leam,
Na dheannadh dhut stà
Aig each 'ga mhalairt;
Bi'dh t-athair an combnuidh
'G ol le caithream,
'S e eolas nan còrn
A dh-fhag mi cho falamh.
Mo Chailin donn og, &c.

Nam bithinn a'g òl
Mu bhord na dibhe,
'S gum faicinn mo mhiann
'S mo chiall a' tighinn,
'S e 'n copan beag donn
Thogadh fonn air mo chridhe,
'S cha tugainn mo bhriathar
Nach iarrainn e rithist.
Mo Chailin donn og, &c.

Bi'dh bodaich na dùch'
Iti bùrst 's ri fanaid,
A cantain rium féin
Nach geill mi dh-aiunis;
Ged tha mi gun spréidh,
Tha teud ri tharruinn,
'S cha sguir mi de 'n òl
Fhad 's is beo mi air thalamh.
Mo Chailin donn og, &c.

'S ioma bodachan gnù
Nach dùirig m' aithris,
Le thional air spreidh
'S lad ga threigsinn a's t-earrach
Nach cosg aons a bbliadhna
Trian a ghallain,
'S cha toir e fo 'n ùir
Na 's mù na bheir Calum.
Mo Chailin donn og, &c.

* The author of this popular song was Malcolm M'Lean, a native of Kinlochewe, in Ross-shire. M'Lean had enlisted in the army when a young man, and upon obtaining his discharge, was allowed some small pension. Having returned to his native country, he married a woman, who, for patience and resignation, was well worthy of being styled the sister of Job. Malcolm now got the occupancy of a small pendicle of land and grazing for two or three cows in Glensgaith, at the foot of Ben-fuathais, in the county of Ross. M'Lean during his military career seems to have learned how to drown dull care as well as "fight the French"—he was a bacchanalian of the first magnitude. He does not, however, appear to have carried home any other of the soldier's vices with him. Few men have had the good fortune to buy immortality at so cheap a rate of literary and poetical labour as "Calum a Ghlinne;" on this single ditty his reputation shall stand unimpaired as long as Gaelic poetry has any admirers in the Highlands of Scotland.

The occasion of the song was as follows: M'Lean had an only child, a daughter of uncommon beauty and loveliness; but owing to the father's squandering what ought, under any economical system of domestic government, to have formed her dowery, she was unwooed, unsought, and, for a long time, unmarried. The father, in his exordium, portrays the charms and excellent qualities of his daughter, dealing about some excellent side-blows at fortune-hunters, and taking a reasonable share of blame to himself for depriving her of the bait necessary to secure a good attendance of wooers.

The song is altogether an excellent one, possessing many strokes of humour and flights of poetic ideality of no common order; while its terseness and comprehensiveness of expression are such, that one or two standing proverbs or adages have been deduced from it. His "Nighean dubh Thogarrach," and her husband were living in the parish of Contin, in the year 1769. Malcolm, so far as we have been able to ascertain, never got free of his tavern propensities, for which he latterly became so notorious, that when he was seen approaching an inn, the local topers left their work and flocked about him. He was a jolly good fellow in every sense of the word; fond of singing the songs of other poets, for which nature had provided him with an excellent voice. He died about the year 1764.

Nam bithinn air féill,
'S na ceudan mar rium,
De chuideachda chòir
A dh-òladh drama;
Gun suidhinn mu 'n bhòrd
'S gun tràighinn mo shearrag
'S cha tuirt mo bhean riamh rium
Ach—" Dia leat a Chalum !"*
Mo Chailin donn og, &c.

Ged tha mi gun stòr,
Le òl 's le iomairt,
Air bheagan de ni,
Le pris na mine ;
Tha fortan aig Dia,
'S e fialaidh uime,
'S mo gheibh mi mo shlainte,
Gu 'm pàidh mi na shir mi.
Mo Chailin donn og, &c.

Ge mor le càch
Na tha mi milleadh,
Cha tugainn mo bhòid
Nach olainn tuilleadh,
'S e gaol a bhi mor
Tha m' fheoil a' sireadh—
Tha 'n sgeul ud ri aithris
Air Callum a Ghlinne.
Mo Chailin donn og, &c.

* The virtue of mildness in his wife was often put to the test, and found to be equal to the glowing representation of the poet. Malcolm had occasion to go to Dingwall on a summer day for a boll of oatmeal ; and having experienced the effects of a burning sun and sultry climate, he very naturally went into a public-house on his way to *refresh* himself. Here he came in contact with a Badenoch drover, who, like himself, did occasional homage at the shrine of the red-eyed god. Our "worthy brace of topers" entered into familiar confab ; gill was called after gill until they got gloriously happy. Malcolm forgot, or did not choose to remember, his meal ; the drover was equally indifferent about his own proper calling —and thus they sat and drank, and roared and ranted, until our poet told his last sixpence on the table. After a pause, and probably revolving the awkwardness of going home without the meal, " Well," said Malcolm, " if I had more money, I would not go home for some time yet." " That's easily got," replied his crony, " I'll buy the grey horse from you." The animal speedily changed owners, and another and more determined onslaught on "blue ruin" was the consequence. Our poet did nothing by halves,—he quaffed stoup after stoup until his pockets were emptied a second time, " Egad !" exclaimed M'Lean, making an effort to lift his head and open his eye, " I must go now!" " You must," rejoined his friend, " but I cannot see, for the life of me, how you can face your wife." " My wife !" exclaimed the bard in astonishment, " pshaw ! man, she's the woman that never said or wis say worse to me than " *Dia leat a Chalum!*," that is, God bless you Malcolm. " I'll lay you a bet of the price of the horse and the meal that her temper is not so good, and that you will get an entirely different salutation," replied the drover, who had no great faith in the taciturnity of the female sex. " 'Done !' my recruit," vociferated the bard, grasping the other eagerly by the hand. Away went Malcolm and with him the landlord and other two men, to witness and report what reception

CLACHAN GHLINN'-DA-RUAIL.

LUINNEAG.

*Mo chaileag bhian-gheal, mheall-shuileach,
A dh-fhàs gu fallain, fuasgailt',
Gur trom mo cheum o 'n dhealaich sinn,
Aig clachan Ghlinn'-da-ruail.*

Di-dònaich rinn mi chòlachadh,
Bean òg 's mòdhar glunsad,
Tha 'guth mar cheol na smeòraiche.
'S mar bhil' an ròis a grualdheau.
Mo chaileag, &c.

'S caoin a seang shlios furanach,
Neo-churaidh a ceum uallach ;
Tha 'gairdean bàn gle chumadail ;
'S deud lurach n' a beul guamach.
Mo chaileag, &c.

'S ro fhailcilleach 'n a còmhradh i,
Gun sgilm, gun sgleò, no tuaileas ;
Gur flathail coisenchd shràidean i,
Air bheagan stàit no guaineis.
Mo chaileag, &c.

Ged bheireadh Seòras àite dhomh,
Cho ard 's a tha measg uaislean ;
Air m' fhacal 's mor a b' fhearr leam,
A bhi 'n Coir-chnaimh na m' bhuachaill.
Mo chaileag, &c.

O 's truagh nach robh mi 's m' aillengan
Air airidh cois nam fuar-bheann !
Bu shocair, sèimh a chaidlinn, 's i
Nan m' achlais, air an luachair.
Mo chaileag, &c.

Cha suaimhneas tidhch' air leabaidh dhomh,
Ga t-fhaiclinn ann am brundar ;
'S am Bioball fein cha laimhsich mi,
Gun t-iomhaigh ghràidh ga 'm bhuaireadh.
Mo chaileag, &c.

our drouthy friend should meet. He entered his dwelling, and, as he approached on the floor, he staggered and would have fallen in the fire, placed grateless in the centre of the room, had not his wife flung her arms affectionately about him, exclaiming, " *Dia leat a Chalum*." " Ah !" replied Malcolm, " why speak thus softly to me,—I have drunk my money and brought home no meal." " A heatherbell for that," said his helpmate, " we will soon get more money and meal too." " But," continued the intoxicated poet, " I have also drunk the grey horse !" " What signifies that, my love," rejoined the excellent woman, " you, yourself are still alive and mine, and never shall we want—never shall I have reason to murmur while my Malcolm is sound and hearty." It was enough : the drover had to count down the money, and in a few hours Mrs M'Lean had the pleasure of hailing her husband's return with the horse and meal.

'N uair b' fhilcant' briar' a mhinistelr,
A fiosrachadh mu 'r truaillenchd;
Bha mise colmhead dùrachdach,
Na seirc tha d' shùil neo-luaineach.
Mo chaileag, &c.

Ged shuidheas Cléir na tìre leam,
'S mi sgrìobhadh dluibh le luath-laimh;
'S ann bhios mo smuaintean dlomhaireach,
Air Sìne dhuinn a chuach-fhullt.
Mo chaileag, &c.

Ach 's eagal leam le m' chelleireachd,
Gu 'n gabh an seisein gruaim rium:
Ged fhogras iad do 'n Olaint mi,
Ri m' bheò cha toir mi funth dhut!
Mo chaileag, &c.

Note.—The above popular song has been attributed to so many reputed poets, that we feel great pleasure in putting the reader right on the subject. The Perthshire people claimed it for the late Rev. Dr Irvine of Little Dunkeld; while the others were equally certain that it was the production of Mr Archibald Currie, teacher of the Grammar School, Rothesay. To arrive at a satisfactory conclusion as to its paternity, we have instituted the necessary inquiries, and have now the satisfaction to announce that it is the composition of Mr Angus Fletcher, parochial schoolmaster of Dunoon. We subjoin Mr Fletcher's letter in reply to our communication:—

" I was born at Coirin-t-shee (Coirinti), a wild, sequestered, and highly romantic spot on the west bank of Lochock, in Cowal, early in June, 1776; and was chiefly educated at the parish school of Kilmodan, Glendaruel. From Glendaruel I went to Bute in 1791, where I was variously employed until May, 1801, when I was elected parochial schoolmaster of Dunoon, and that situation I have continued to fill (however unworthily) hitherto.

" The '*Lassie of the Glen*' is my earliest poetical production, and came warm from the heart at the age of 16 years. '*Clachan Ghlinn'-da-ruail*,' I think, was composed in 1807, in compliment to a very '*bonnie Hie-lan' lassie*,' Miss Jean Currie of Coirechnaive, now Mrs B———n. In this song, although I believe the best of the two, the *heart* was not at all concerned. It appeared first in the ' Edinburgh Weekly Journal,' with my initials, and has been evidently copied from that paper into Turner's Collection of Gaelic Songs. The verse beginning ' *Nuair 'shuidheas Cleir na tìre leam*,' has reference to the situation I then held of deputy-clerk to the Presbytery of Dunoon, and to the office of Session-clerk of the united parish of Dunoon and Kilmun, which I still hold."

Here, then, the authorship of " *Clachan Ghlinn'-daruail*" is settled. It is one of the best and most popular of our amorous pieces, and, although the talented author says that " the heart was not at all concerned" in it, we venture to remind him that Nature, that excellent schoolmistress, had taught him to study *her* ways. The air to which it is sung is also very popular, and is known in the Lowlands by the name of *Neil Gow's Strathspey*. But, without wishing to denude that celebrated violinist of any of his laurels, we beg to inform the reader that that air was known in the Highlands centuries before Neil was born. It is called " *Ceilcireachd na Maatha Sìth*," or the " *Fairy's Carol*," and has the following tradition annexed to it. A certain farmer had engaged a young beautiful female as herd and dairymaid, for a period of twelve months. During the first days of her servitude, as her character and history were altogether mysterious, it was necessary to have a sharp eye after her. On one occasion while her employer went out to see whether she was tending the cattle with due care, he found her dancing lightly on the green, and singing a Gaelic song, one verse of which we subjoin:—

" Am bun a chruidh cha chaithris mi,
Am bun a chruidh cha bhi mi;
Am bun a chruidh cha chaithris mi,
'S mo leabaidh anns an t-shìthean."

We beg to translate this for the sake of the English reader,—

I'll tend not long thy cattle, man,
I'll tend not long thy bullock;
I'll tend not long thy cattle, man,
My bed is in yon hillock.

But to return to Mr Fletcher, we are sorry that want of room prevents us from giving the " *Lassie of the Glen*" in Gaelic. We annex, however, an English translation of it which has deservedly become very popular. It is from Mr Fletcher's own pen.

Air—" *Cum an Fhiasag ribeach bhuam.*"

Beneath a hill 'mang birken bushes,
By a burnie's dimpilt linn,
I told my love with artless blushes,
To the Lassie o' the Glen.

*Of the birken bank sae grassic,
Hey! the burnie's dimpilt linn!
Dear to me's the bonnie lassie,
Living in yon rashie glen.*

Lanely Ruail! thy stream sae glassie,
Shall be aye my fav'rite theme;
For, on thy banks, my Highland lassie,
First confessed a mutual flame.
O! the birken, &c.

What bliss to sit and nane to fash us,
In some sweet wee bow'ry den!
Or fondly stray amang the rashes,
Wi' the Lassie o' the Glen!
O! the birken, &c.

And though I wander now unhappy,
Far frae scenes we haunted then,
I'll ne'er forget the bank sae grassie,
Nor the Lassie o' the Glen.
O! the birken, &c.

MALI BHEAG OG.

Nach truagh leat mi 's mi 'm prìosan,
Mo Mhali bheag òg,
Do chairdean a' cuir binn' orm,
Mo chuid de 'n t-snoghal thù.
A bhean na mala mìne,
'S na 'm pogan mar na fìoguis,
'S tu nach fagadh shìos mi,
Le mi-rùin do bheoil.

Di-dòmhnaich anns a' ghleann duinn,
Mo Mhali bheag òg
'Nuair thoisich mi ri cainnt riut;
Mo chuid de'n t-shaogal mhòr.
'Nuair dh'fhosgail mi mo shùilean,
'S a sheall mi air mo chul-thaobh;
Bha marcach an eich chrùthaich,
Tigh'n' dlù air mo lòrg.

'S mise bh'air mo bhuaireadh,
  Mo Mhàli bheag òg,
'Nuair 'thain an 'sluagh mu'n cuairt dninn
  Mo ribhinn ghlan ùr ;
'S truagh nach ann san uair ud,
  A thuit mo lamh o m' ghualainn,
Mu'n db' amais mi do bhualadh,
  Mo Mhàli bheag òg.

Gur bòiche leam a dh'fhas thu.
  Mo Mhàli bheag òg,
Na'n lilli ann san fhàsach,
  Mo cheud ghradh 's mo rùin :
Mar aiteal caoin na gréin'
  Ann am madainn chiùin ag eirigh,
Be sud do dhreach a's t-eugais,
  Mo Mhàli bheag òg.

'S mise a thug an gaol
  Dha mo Mhàli bhig big,
Nach dealaich rium sa'n t-saoghal,
  Mo nighean bhoideach thu,
Tha t-fhalt air dhreach nan teudan,
  Do ghruaidhean mar na coaran ;
Do shuilean, flathail, aobhach,
  'S do bheul-labhairt ciùin.

Shiubhlainn leat an saoghal,
  Mo Mhàli bheag òg ;
Cha fad a's cùl na gréine,
  A gheug a's ailli gnùis
Ruithinn agus leumainn,
  Mar fhiadh air bharr nan sléibhtean,
Air ghaol 's gu'm bithinn réidh 's tu,
  Mo Mhàli bheag òg.

'S truagh a rinn do chàirdean,
  Mo Mhàli bheag òg !
'Nuair thoirmisg iad do ghràdh dhomh,
  Mo chuid de 'n t-saoghal thu ;
Nan tugadh iad do lamh dhomh,
  Cha bhithinn-'s ann san am so,
Fo' bhlau air son mo ghraidh dhut,
  Mo Mhàli bheag òg.

Ge d' bheirte mi bho'n bhàs so,
  Mo Mhàli bheag òg,
Cha 'u iarrainn tuille dàlach,
  Mo cheud ghradh 's mo rùin :
B'annsa 'n saoghal-s' fhàgail,
  'S gu'm faicinn t-aodann ghradhach ;
Gu'n chnimhn' bhi air an là sin,
  'S na dh'fhàg mi thu cliùirt'.

Note.—The above beautiful song was composed by a young Highland officer, who had served under King William on the continent soon after the Revolution. His history, which elucidates the song, was thus :—He was the son of a respectable tenant in the Highlands of Perthshire, and while a youth, cherished a desperate passion for a beautiful young lady, the daughter of a neighbouring landed proprietor. Their love was reciprocal—but such was the disparity of their circumstances that the obstacles to their union were regarded even by themselves, as insuperable. To mend matters, the gallant young Highlander enlisted, and being a brave soldier and a young man of excellent conduct and character, he was promoted to the rank of an officer. After several years' absence, and when at the end of a campaign, the army had taken up their winter quarters, he came home to see her friends—to try whether his newly acquired status might not remove the objections of her friends to their union. She was still unmarried, and if possible more beautiful than when he left her—every feature had assumed the highly finished character of womanhood—her beauty was the universal theme of admiration. Othello-like, the gallant young officer told her of "hair-breadth 'scapes by land and flood" and so enraptured the young lady that she readily agreed to elope with him. Having matured their arrangements, they fled on a Saturday night—probably under the belief that the non-appearance of the young lady at her father's table on Sabbath morning, would excite no surmises in the hurry of going to church. She, indeed, had complained to her father of some slight headach when she retired to rest, and instructed her maid to say next morning that she was better, but not disposed to appear at the breakfast table. Not satisfied with the servant's prevarication, who was cognizant of the elopement, the father hurried to his daughter's bed-room, and, not finding her there, he forcibly elicited the facts from the girl. He immediately assembled his men, and pursued the fugitive lovers with speed and eagerness. After many miles pursuit, they overtook them in a solitary glen where they had sat down to rest. The lover, though he had nobody to support him, yet was determined not to yield up his mistress ; and being well armed, and an excellent gladiator, he resolved to resent any attack made upon him. When the pursuers came up, and while he was defending himself and her with his sword, which was a very heavy one, and loaded with what is called a steel apple, (*ubhal a' chlaidheimh*), she ran for protection behind him. In preparing to give a deadly stroke, the point of the weapon accidentally struck his mistress, then behind him, so violent a blow, that she instantly fell and expired at his feet ! Upon seeing this, he immediately surrendered himself, saying, " *That he did not wish to live, his earthly treasure being gone !*" He was instantly carried to jail, where he composed this heart-melting song a few days before his execution.

Our neighbours, the Irish, claim this air as one of their own, but upon what authority we have been left in the dark. Sir John Sinclair establishes its nativity in Scotland, but falls into a mistake in making an inn the scene of the melancholy catastrophe of the lady's death. The song itself substantiates our version of it. The second stanza was never printed till given by us—the whole is now printed correctly for the first time. It is one of the most plaintive and mellow in the Gaelic language—full of pathos and melancholy feeling. The distracted lover addresses his deceased mistress, as if she were still living—a circumstance that puts the pathetic character of the song beyond comparison, and amply illustrates the distraction of his own mind—a state of mental confusion, and wild melancholy, verging on madness.

MAIRI LAGHACH.

(ORIGINAL SET.)

LE MURCHADH RUADH NAM BO.

LUINNEAG.

Ho, mo Mhàiri Laghach,
  S tu mi Mhàiri bhinn ;
Ho, mo Mhàiri Laghach,
  'S tu mo Mhàiri ghrinn ;

AIREAMH TAGHTA.

Hò, mo Mhàiri Laghach,
'S tu mo Mhàiri bhinn;
Mhàiri bhoidheach, lurach,
Rugadh anns na glinn.

Nuair a thig a Bhealltainn,
Bithidh ' choill fo bhlà,
'S eoin bheaga 'seinn duinn—
A db'òidhch a's a là ;
Gobhair agus caoirich,
A's crodh-laoigh le'n àl,
'S Màiri bhàn gan saodach',
Mach ri aodainn chàrn.
Ho, mo Mhàiri, &c.

'Nuair a thig an Sàmhradh,
B'unsa bhi 's na glinn,
Ged robh an t-aran gann oirn,
Bi'dh 'n t-amhlan tri fillt'
Gheibh sinn gruth a's uachdar,
Buannachd a chruidh laoigh,
As Ionaid a chinn chuachaich,
Chuir mu'n cuairt a mhìng,
Ho, mo Mhàiri, &c.

" A Pheigi," arsa Seònaid,
" 'S neònach leam do chàil,—
Nach iarradh tu 'sheòmar,
Ach Gleann-smeòil gu bràth."—
" Bi'dh mis' dol do'n' bhuaile,
A's m' fhalt mu m' chluas a 'fàs,
'S bi'dh na fir a faigbneachd,
Maighdean a chùil bhàin.
Ho, mo Mhàiri, &c.

'M fear a thig an rathad.
'S math leis tbu bhi ann,
Do ghruaidh mar na caorann,
Bhios ri taobh nan àllt :
Tha thu banail beusach—
Cha leir dhomh do mheang ;
B'annsa bhi ga d'phògadh,
Na pòit fion na Fraing.
Ho, mo Mhàiri, &c.

Na'm biodh Seònaid làidir,
Chuir a làmh 's an lm,
Peigi ris an àl,
A's Màiri mu 'n chrodh-laoigh,—
Bhithinnse gu stàtoil,
Dol gu àiridh leibh,
'S cha bhitheamaid fo phràcas,
Te nach tàmhadh linn.
Ho, mo Mhàiri, &c.

Nuair shuidheas daoin' uaisle,
Mu'n cuairt air a bhòrd,
'G èilteachadh ri chéile,
'S déigh ac' air bhi ceòl,

Cha'n fhaic mis an éis iad,
Air son séis da'm beoil,
Luinneag Mhiri chuachach,
Tha shuas an Gleann-smeòil.
Ho, mo Mhàiri, &c.

Note.—The author of the foregoing popular song was Murdoch M'Kenzie, a Loch-broom Drover, known better in his native country, by the cognomen of "*Murchadh Ruadh nam Bò*," or red-haired Murdoch of the droves. Mr M'Kenzie composed many excellent songs, and had them taken down in manuscript, preparatory to publication : but at the importunity of his brother-in-law, the Rev. Lachlan M'Kenzie, of Lochcarron, he consigned them to the flames. His own daughter, *Mairi Laghach*, was the subject of the above pastoral. Mr M'Kenzie's maid servant, it appears, had absconded from his service at a time when her labours were most required in the sheiling or mountain milk-house, and the parent naturally appreciates the services of his own daughter, who at a very early age showed great expertness in that department. The air is original, and so truly beautiful that the song has attained a degree of popularity, which its poetry would never have entitled it to, if composed to an old, or inferior air. Mr M'Kenzie died in 1831.

MAIRI LAGHACH.

(SECOND SET.)

LUINNEAG.

Hò, mo Mhàiri laghach,
'S tu mo Mhàiri bhinn,
Hò, mo Mhàiri laghach,
'S tu mo Mhàiri ghrinn :
Ho, mo Mhàiri laghach,
'S tu mo Mhàiri bhinn
Mhàiri bhoidheach lurach,
Rugadh anns na glinn.

B'òg bha mis' a's Màiri
'M fasaichean Ghlinn-Smeòil,
'Nuair chuir macan-Bhenuis,
Saighead gheur 'n am fheoil ;
Tharruinn sinn ri chéile,
Ann an eud cho beò,
'S nach robh air an t-saoghal ;
A thug gaol cho mor.
Ho, mo Mhàiri, &c.

'S tric bha mis' a's Màiri,
Falbh nam fàsach fial,
Gu'n smaointean air fàl-bheairt,
Gu'n chail gu droch ghniomh ;
Cupid ga n-ar tàladh,
Ann an cairdeas dian ;
'S barr nan craobh mar sgàil dhuinn,
'Nuair a b' aird' a ghrian,
Ho, mo Mhàiri, &c.

Ged bu leamsa Alba'
A h-airgead a's a maoin,

2 A

Cia mar bhithinn sona
Gu'n do chomunn gaoil?
B' annsa bhi ga d' phògadh,
Le deagh chòir dhomh fhein,
Na ged fhaighinn stòras,
Na Roinn-Eorp' gu léir.
Ho, mo Mhàiri, &c.

Tha do bhroilleach soluis
Làn de shonas graidh;
Uchd a's gile sheallas,
Na 'n eal' air an t-snàmh:
Tha do mhin-shlios, fallain,
Mar channach a chàir;
Muineal mar an fhaoilinn
Fo 'n aodaiun a's àillt'.
Ho, mo Mhàiri, &c.

Tha t-fhalt bachlach, dualach,
Ma do chluais a' fàs,
Thug nadur gach buaidh dha,
Thar gach gruaig a bha:
Cha 'n 'eil dragh, no tuairgne,
'Na chuir suas gach là;
Chas gach ciabh mun-cuairt dheth,
'S e 'na dhuail gu bharr.
Ho, mo Mhàiri, &c.

Tha do chaile-dheud shnaighte
Mar shneachda nan ard;
T-anail mar an caineal;
Beul bho'm banail fàilt:
Gruaidh air dhrench an t-siris;
Min raisg chinnealt, thlà;
Mala chaol gu'n ghruaimean,
Gnùis gheal 's cuach-fhalt bàn.
Ho, mo Mhàiri, &c.

Thug ar n-uabhar barr
Air àilleas rìghrean mor;
B' iad ar leabaidh stàta
Duilleach 's barr an fheoir:
Flùraichean an fhàsaich
'Toir dhuinn cail a's treòir,
A 's sruthain ghlan nan ard
A chulreadh slaint 's gach pòr.
Ho, mo Mhàiri, &c.

Cha robh inneal ciùil,
A thurudh riamh fo 'n ghréin,
A dh'-aithriseadh air chòir,
Gach ceol bhiodh againn fhein:
Uiseag air gach lòinn,
Smeòrach air gach géig;
Cuthag 's gùg-gùg aic',
'Madainn churaidh Chéit'.
Ho, mo Mhàiri, &c.

Note.—The second set of "Mairi Laghach," is the composition of Mr John M'Donald, tacksman, of Scoraig, Loch-broom, a gentleman of great poetical talents. It is infinitely superior to the original set; and, while Mr M'Kenzie has the merit of having composed the air, Mr M'Donald is entitled to the praise of having sung that most beautiful of airs, in language, which, for purity, mellowness, and poetry, was never surpassed. Mr M'Donald now lives in the island of Lewis, where he is much respected; he is the author of many excellent poems and songs, and in him yet the Highland muse finds a votary of ardent devotedness,—of nerve, tact, talent, intelligence, and wit. We subjoin a beautiful translation of five stanzas of this popular song by another gifted Highlander Mr D. M'Pherson, bookseller, London.

CHORUS.

Sweet the rising mountains, red with heather bells,
Sweet the bubbling fountains and the dewy dells;
Sweet the snowy blossom of the thorny tree!
Sweeter is young Mary of Glensmole to me.

Sweet, O sweet! with Mary o'er the wilds to stray,
When Glensmole is dress'd in all the pride of May,—
And, when weary roving through the greenwood glade,
Softly to recline beneath the birken shade.
Sweet the rising mountains, &c.

There to fix my gaze in raptures of delight,
On her eyes of truth, of love, of life, of light—
On her bosom purer than the silver tide,
Fairer than the cana on the mountain side.
Sweet the rising mountains, &c.

What were all the sounds contriv'd by tuneful men,
To the warbling wild notes of the sylvan glen?
Here the merry lark ascends on dewy wing,
There the mellow mavis and the blackbird sing.
Sweet the rising mountains, &c.

What were all the splendour of the proud and great,
To the simple pleasures of our green retreat?
From the crystal spring fresh vigour we inhale;
Rosy health does court us on the mountain gale.
Sweet the rising mountains, &c.

Were I offered all the wealth that Albion yields,
All her lofty mountains and her fruitful fields,
With the countless riches of her subject seas,
I would scorn the change for blisses such as these!
Sweet the rising mountains, &c.

CUIR A CHINN DILEIS.

(ORIGINAL SET.)

LUINNEAG

Cuir a chinn dìleis,
Dìleis, dìleis,
Cuir a chinn dìleis,
Tharum do làmh,
Do ghorm-shuil thairis,
A mhealladh na miltean,
'S duine gun chlì,
Nach tugadh dhut gràdh.

Cha thinneas na feachda,
'S a mhadainn so bhual mi:
Ach acaid ro buan
Nach leigheis gu bràch.
Le sealladh air falche,
De shlait on taigh uasail,
Moch-thra di-luain,
'S mi 'g amharc an là.

Rinn deiseid a pearsa,
Nach facas a thuarmas ;
'G imeachd fo'n chuach-chùil,
Chamagach, thla.
Rinn dealaradh a mais',
Agus lasadh a gruaidhean,
Mis' a ghrad bhualadh,
Tharais gu làr.
Cuir a chinn dileis, &c.

Ach dh' eirich mi rithist,
Le cridhe làn uabhair ;
A's dh' imich mi ruathar,
Ruighinn na dàil.
G'a h-iathadh na m' ghlacaibh,
Ach smachdaich i bhuam sin
Ochan ! is truagh !
A mheath i mo chàil.
Cuir a chinn dileis, &c.

Do dhearc-shuilean glana,
Fo mhulla gun ghruaimean ;
'S daigheann a bhuail iad,
Mise le d' ghràdh.
Do ròs bhilean tana,
Seamh, farasda, suairce,
Cladhaichear m' uaigh
Mar glac thu mo làmh.
Cuir a chinn dileis, &c.

Tar fuasgail air m' anam
On cheanghal is cruaidhe :
Cuimhnich air t-uaisle,
'S cobhair mo chàs.
Na biodham-s' am thraill dut
Gu bràch, on aon uair-s' ;
Ach tiomaich o chruas,
Do chridhe gu tlàs.
Cuir a chinn dileis, &c.

Cha'n fhaodar leam cadal,
Air leabaidh an uaigneas :
'S m' aigne ga bhuaire',
Db' òidhche 's a là.
Ach ainnir is binne,
'S a's griunne, 's a's suairce ;
Gabh-sa dhiom truas,
'S bithidh mi slàn !
Cuir a chinn dileis, &c.

CUIR A CHINN DILEIS.

(MODERN SET.)

'S mi 'm shuidh' air an uilinn
A tuireadh sa caoine ;
Bhuail saighead a ghaoil mi,
Direach gu'm shàil.
Db' fhàs mi cho lag,
'S nach b' urra' mi dìreadh ;
Le goirteas mo chinn,
'S cha d' shìn i dhomh lamh.
Cuir a chinn dileis, &c.

'S mi 'm shuidh' air an tulaich,
An iomal na cùirte ;
A' g amharc mo rùin,
'S i 'n ionad ro ard.
Thug i le fionnaireachd,
Sealladh de sùil domh,
'S thiunndaidh i cul-thaobh,
Seachad air barr.
Cuir a chinn dileis, &c.

Sheall mi am dheighidh,
Gu fradharc dh'i fhaotainn ;
'S chuna' mi h-aodann,
Farasda, tlà.
Chuna' mi sealladh,
A mheallladh na miltean,
'S amaideach mi,
'S nach faigh mi na pàirt,
Cuir a chinn dileis, &c.

Tha mais' ann ad bhilean,
Cha 'n aithris luchd-ciùil e,
Togaidh tu sunnt,
An tallachan ard.
Leagair leat seanchad,
Sàr ghaisgich na dùthch' ;
Le sealladh do shùl,
'S le giùlan do ghnùis.
Cuir a chinn dileis, &c.

Do bhraghad ni 's gile,
Na canach na dìge ;
Chite dol sios,
'M fionn bhaine blàth.
S ioma rud eile—
Cha 'n 'eil i ri faotainn,
Idir san t-saoghal,
Aogais mo ghràidh,
Cuir a chinn dileis, &c.

Do chul mar an canach,
T-fhalt clannach 's cùirn air,
A chumas an driùchd,
Gu dlù air a bharr.
Na chuailean air casadh,
Na chleachdan air lùbadh,
'S do-cheannaicht' an crùn,
Tha giulan a bhlath,
Cuir a chinn dileis, &c.

Do ghruaigh mar an corcur,
Beul socair o'm binn sgeul :
Deud mar na dìsne,
'S finealt a dh' fhàs.
Do shlios mar an eala,
S do mheall-shuilean miogach,

Thaladh thu m' inntinn,
'S cha pill i gu bràch.
Cuir a chinn dìleis, &c.

Note.—The above two beautiful songs are of great antiquity, and their authorship is not known. There is a translation of one of them, by a lady, in Johnson's "Scottish Musical Museum," Vol. II. The English version, however, although very literal and not destitute of merit, conveys no idea of the spirit, felicity, and poetical grandeur of the original.

AN NOCHD GUR FAOIN
MO CHADAL DOMH.

An nochd gur faoin mo chadal dhomh,
Sior acain na'm beil bh'uam,
Do chomunn le deagh chaoimhnealachd,
Dh'fhàg mi bho 'n raoir fo ghruaim.
Gur tric mi ann an aisling leat,
Gach uair da 'n dean mi suain;
Trom-osnaich 'nuair a dhùisgeas mi,
Air bhi dha t-iundrann bh'uam.

Air bhi dhomh 'g-iundrann suaircris bh'uam,
'S tu leagh mo shnuadh 's mo bhlà;
O rinn do ghaol-sa' fuarachadh,
Cha dualach dhomh bhi slàn.
'S ann riut a leiglun m' uir-easbhuidh,
Air ghleus nach cluinneadh càch,
Dh-fhàg t-aogasg mi cho muladach,
'S gur cunnart dhomh am bàs.

Is mor a ta do ghibhtean ort,
A ta gun fhios do chàch,
Corp seang gun fheall gun fhalachd ann,
Gur càs thu mhealladh graidh.
'S u liughad òigear furanach,
A thuilleadh orms' au sàs,
D' an tugadh t-aodann faothachadh,
'S an t-aog ga 'n cur gu bàs.

Cha chuireadh gaol gu geilte mi,
Na 'm freagradh tu mo ghlòir,
Gur h-e do chòmradh maighdeannail,
Mo raghainn dheth gach ceòl.
'S gur h- iomadh òidhch' no-aoibhneach,
Chum do chaoimhneas mi fo leòn ;
Is bi'dh mi nochd a' m' aonaran,
A smaointeach bean do neòil.

Tha bean do neòil am braithreachas,
Iti eala bhàn nan speur :
Gur binne leam bhi màran leat,
Na clàrsaichean nan téud.
Is tha do thlachd a's t-aillidheachd,
Ag cur do ghràidh an ceill ;
Gur cosmhuil thu ri hilleagan,
Da'n umhlaich càch gu léir.

Is beairt a chlaoidh mo shochair thu,
'S a shocraich ort mo ghaol ;
'S gur e mheudaich tùrsa dhomh,
Gu'n thu bhi dhomh mar shaoil.
Sgeul fior a dh' fheudar aireamh leam ;
Gur leir a bhlà 's a chaoin ;
Gu'n d' fhag gach speis a th' agam dhut,
Au nochd mo chadal faoin.

Gu 'n d' rinn mi Alb' a chuartachadh,
O Chluaidh gu uisge Spé;
Is bean do neoil cha chualas,
Bu neo-luainiche na beus.
Is corrach, gorm, do shuilean ;
Gur geal, s gur dlù, do dheud,
Falt buidhe 's e na shunchan ort,
'S a shnuagh air dhreach nan téud.

Thug mise gaol da rìridh dhut,
'Nuair bha thu d' nionaig òig ;
Is air mo laimh nach dibrinn e,
Air mhile punnd de 'n òr :
Ge d' fhaighinn fhin na chrùintean e,
Ga chunntadh dhomh air bòrd ;
Cha treiginn gaol na ribhinne,
A tha 'n Ile ghlas an fheòir.

ORAN AILEIN.
LUINNEAG.

*Hug ò ho-rì ho hoireannan,
Hug ò ho-rì 's na hì ri hù ò,
Hithill ù hòg oircannan,
Hù o ho ri hòg oircannan !*

Ailein, Ailein, is fad an cadal,
Tha'n uiseag a' gairm 's an là glasadh,
Grian a'g èiridh air an leachdainn,
S fada bhuam fhìn luchd nam breacan.
Hug o ho-ri, &c.

Ailein duinn gabh sgoinn 's bi g' eiridh,
Tionail do chlonn, cuimhnich t-fheum orr.
Bi'dh Alba mhor fo bheinn bhèisdean,
Mar a dion a muinntir féin i.
Hug o ho-ri, &c.

Bheir iad Mòrag* mhìn air éigin,
'S eagal leam gu'n dian i géilleadh,
S gu'm bi sliochd gun an coir féin ac.
De Bhreatainn mhòr no de dh-Eirinn.
Hug o ho-ri, &c

'Mhòrag na'm faicinn t-fhear-ceusaidh, †
Ge b' ann air clàbhsair Dhùn-Eideann,
Thàirrgainn na lainn chaola, gheura,
'S dh-fhagainn fhìn e marbh gun eiridh
Hug o ho-ri, &c.

* Prince Charles. † The Duke of Cumberland

ORAN

DO PHRIUNNSA TEARLACH.

Fhir ud tha thall ma àiridh nan Combaichean,
B'fhearr leam fhìn gu'n cinneadh gnothach leat,
Shiùbhlainn Gleann-laoidh a's Gleann'-comhan
Dà thaobh Loch-iall a's Gleann'-tadha leat, [leat,

Hillirin hò-rò ho bha hò,
'S na hillirin hò-rò ho bha hì,
Na hillirin hò-rò ho bha hò,
Mo leann-dubh mòr on chaidh tu dhiom.

Shiùibhlainn moch leat, shiubhlainn ana-moch,
Air feadh choilltean, chreagan, a's gharbhlach,
O! gur h-e mo rùin an sealgair,
'S tu mo raghainn do shluagh Alba.
Hillirin ho-ro ho bha ho, &c.

A Thearlaich òig a chuilein chiataich,
Thug mi gaol dut 's cha ghaol bliadhna,
Gaol nach tugainn do dhiùc na dh'iarla,
B'fhearr leam fhìn nach faca mi riamh thu.
Hillirin ho-ro ho bha ho, &c.

Fhleasgaich ud am beul a Ghlinne,
Le t-fhalt dualach sios ma d' shliunean,
B'annsa leam na chuach bu bhinne,
'Nuair dheanadh tu rium do chòmhradh milis.
Hillirin ho-ro ho bha ho, &c.

Bha do phòg mar fhion na frainge,
Bha do ghruaidh mar bhraileig Shàmhraidh,
Suil chorrach ghorm fo'd'mhala ghreannar,
Do chul dualach, ruadh, a mheall mi.
Hillirinn ho-ro ho bha ho, &c.

A Thearlaich òig a mhic Righ Sèumas,
Chunna mi toir mhòr an déigh ort,
Iadsan gu subhach a's mise gu deurach,
Uisge mo chinn tigh'n' tinn o'm léirsinn.
Hillirin ho-ro ho bha ho, &c.

Mharbh iad m'athair a's mo dhà bhràthair,
Mhill iad mo chinneadh a's cireach iad mo chà-
                              [irdean,
Sgrios iad mo dhùthaich rùisg iad mo mhathair,
'S bu laoghaid mo mhulad nan cinneadh le
Hillirin ho-ro ho bha ho, &c.   [Tearlach.

Note.—The real author of this favourite ditty is not known, and though published on the "lips of thousand fair maidens and fond admirers," this is the first time it has been committed to press. Various MS. copies of it are in our possession, the oldest of which is by a Lady and bears the following title. "Miss Flora Macdonald's Lament for Prince Charles."

CUMHA DO DH' UILLEAM SISEAL,

FEAR INNS-NAN-CEANN AN SRATH-GHLAS
A THUIT LATHA CHUILODAIR.
LE MHNAOI FEIN.

Och! a Thearlaich òig Stiubhairt,
'S e do chùis rinn mo leireadh,
Thug thu bhuam gach ni bh'ngam,
Ann an cogadh na t-aobhar:
Cha chrodh, a's cha chaoirich,
Tha mi caoidh ach mo chéile,
Ge do dh'fhàgte mi m'aonar,
Gun sian 's an t-saoghal ach leine.
            Mo rùn geal òg.

Co uis 'thogas an claidheamh,
No ni chathair a lionadh?
'S gann gur h-e tha air m' aire,
O nach maireann mo chiad ghradh;
Ach cia mar gheibhinn o m' nàdur,
A bhi 'g àicheadh na 's miann leam,
A's mo thogradh cho làidir,
Thoirt gu àite mo rìgh math?
            Mo rùn geal òg.

Bu tu'm fear mor bu mhath cumadh,
O d' mhullach gu d' bhrògan,
Bha do shlios mar an eala,
'S blas na meal' air do phògan;
T-fhalt dualach, donn, lurach,
Mu do mhuineal an òrdugh,
'S e gu cam-lubach, culmeir,
'S gach aon toirt urram d'a bhoicheud.
            Mo rùn geal òg.

Bu tu 'm fear slinneanach leathunn,
Bu chaoile meadhon 's bu dealbhaich;
Cha bu tailear gun eòlas,
'Dheanadh còta math gearra dhut;
Na dheanadh dhut triubhais
Gun bhi cumhann, no gann dut;
Mar gheala-bhradan do chìsean,
Le d' ghearr òsan mu d' chalpa.
            Mo rùn geal òg.

Bu tu iasgair na h-amhunn—
'S tric a thaghaich thu fein i;
Agus sealgair a mhònaidh—
Bhiodh do ghunn' air dheagh ghleusadh;
Bu bhinn leam tabhunn do chuilein,
Bheireadh fuil air mac eilde;
As do laimh bu mhor m' earbsa—
'S tric a mharbh thu le chéil iad.
            Mo rùn geal òg

Bu tu pòitear na diblie—
'N àm suidhe 's taigh òsda,
Ge be dh'oladh 's tu phaidheadh;
Ged' thuiteadh càch mu na bordaibh,
Bhi air mhisg cha 'n e b' fhiù leat,
Cha do dh' ionnsaich thu òg e,
'S cha d' iarr thu riamh cùis,
Air te air chul do mhna pòsda.
    Mo rùn geal òg.

Gur mis th'air mo sgàradh,
'S ge do chanam, cha bhreug e—
Chaidh mo shùgradh gu sileadh,
O'n nach pillear bho'n eug thu,
Fear do chéile a's do thuisge,
Cha robh furast ri fheutainn,
'S cha do sheas an Cuilodair,
Fear do choltais bu treine.
    Mo rùn geal òg.

'S ioma baintighearna phrìseil,
Le'n sioda 's le 'n sròlabh,
Dàn robh mis' am chuis-fhàrmaid,
Chionn gu'n tairgeadh tu pòg dhomh;
Ge do bhithinn cho sealbhach,
'S gu'm bu leam airgead Hanobhar,
Bheirinn cnàc anns na h-àinteun,
Na'n cumadh càch sinn bho phòsadh!
    Mo rùn geal òg.

Och! nan och! gur mi bochdag,
'S mi làn osnaich an còmhnuidh;
Chaill mi dùil ri thu thighinn—
Thuit mo chridhe gu doirteadh;
Cha tog fiodhall, no clàrsach,
Piob, no tàileasg, no ceòl e;
Nis o chuir iad thu'n tasgaidh,
Cha dùisg caidridh duin' òig mi.
    Mo rùn geal òg.

Bha mi greis ann am barail,
Gu'm bu mhaireann mo chéile,
S gu'n tigeadh tu dhathaigh,
Le aighear 's le h-éibhneas,
Ach tha 'n t-àm air dol tharais,
'S cha 'n fhaic mi fear t-eugais,
Gus an teid mi fo'n talamh,
Cha dealaich do spéis rium.
    Mo rùn geal òg.

'S iomadh bean a tha brònach,
Eadar Tròiteirnis 's Sléibhte,
Agus té tha na bantraich,
Nach d'fhuair sàmhla da'm chéile;
Bha mise lan sòlais,
Fhad 's bu bheò sinn le-chéile,
Ach a nis bho na dh'fhalbh thu,
Cha chuis fhàrmaid mi féin daibh!
    Mo rùn geal òg.

Note.—Christiana Fergusson, the authoress of the above elegiac production was a native of the Parish of Contin, Ross-shire, where her father was a blacksmith—chiefly employed in making dirks and other implements of war. She was married to a brave man of the name of William Chisholm, a native of Strathglas, and a near kinsman of the Chief of that name. On the memorable day of Culloden, William was flag-bearer or banner-man of the clan; and most assuredly the task of preserving the "*Bratach Choinnich*" from the disgrace of being struck down, could not have fallen into better hands. He fought long, and manfully; and even after the retreat became general, he rallied and led his clansmen again and again to the charge, but in vain. A body of the Chisholms ultimately sought shelter in a barn, which was soon surrounded by hundreds of the red-coats who panted for blood. At this awful conjuncture William literally cut his way through the government forces. He then stood in the barn door, and with his trusty blade, high raised, and in proud defiance, guarded the place. In vain did their spears and bayonets aim their thrusts at his fearless breast—he hewed down all who came within reach of his sword, and kept a semicircle of eight feet clear for himself in the teeth of his desperate enemies. At length he was shot by some Englishmen, who climbed up to the top of the barn from behind, where he fell as a hero would wish to fall, with seven bullets lodged in his body.

His wife forthwith composed the foregoing beautiful and heart-touching lament, which is altogether worthy of an affectionate woman. She is so full of the idea of her noble-souled husband, that her own personal hardships and privations find no place in the catalogue of her miseries—they have but one great radical source, the death of her beloved. Neither does she pour invective on the depopulators of her country—no! these were too insignificant to draw her mind for a moment from her peerless William Chisholm. With great good taste too, she devotes to the Prince one solitary expression of sympathetic condolence:—

Who now shall wield the burnish'd steel,
Or fill the throne he ought to fill!"

and then, with the wings and wail of a matchless dove, flutters over the mangled carcass of her husband, and depicts his matchless person and soul in language that would melt the sternest heart to sympathy. There are several passages of great beauty, pathos and sublimity in this song; and, apart from the interesting circumstance that called it forth, it possesses all the essential properties or attributes of a first rate production. The air is original.

MORT GHLINNE-COMHANN.

LEIS A BHARD MHUCANACH.*

Lamh Dhé leinn a shaoghail!
Tha thu carach, mar chaochla nan sion,
An ni nach guidheamaid fhaotainn
Mar na sruthaibh ag aomadh a nìos ;
'S i chneidh féin, thar gach aobhar,
Bhios gach duine ri caoine, 's e tinn,
Breth Mhic-Samhain air saoidhean,
Tigh'nn a ghleachd ruinn a thaobh cùl ar cinn.

A Rìgh ! fheartaich na gréine
Tha'n cathair na féile, dean sìth,
Ri cloinn an fhir a bha ceutach,
Nach bu choltach ri féile fir chrìon ;
'N uair a thogta leat bratach,
Croinn chaola, fraoch dait', agus plob,
Bhiodh mnai ghaoil, le funim bhàs
A' caoi laoich nan arm sgaiteach 's an strì.

Gu'n robh aigne duin' uasail
Aig a bhail' agus uaithe a' d' chòir,
Cha b' i ghéire gun tuigse
Bha sa bheul bu neo-thuisliche glòir ;
Ceann na céille 's na cuideachd
Itinn na h-eacoraich cuspair dlieth t'fheoil :
Cha b' e 'm breugair' a mhurtadh
Le luchd shéideadh nam pluicean air stòl.

Ach fear mòr bu mhath cumadh,
Bu neo-sgàthach an curaidh gun ghiomh,
Cha robh barr aig mac duine ort
Anu an àilleachd, 's an uirigleadh cinn :
Anns a bhlàr bu mhath t-fhuireach
Chosnadh làrach, a's urram do'n rìgh ;
Mo sgread chràiteach am fulachd !
A bha 'n taigh chlàraidh 'n robh furan nam pìos.

Cha robh do chridhe mar dhreagon
Tarruinn slighe na h-eacoir a'd' chùrs,
'S tu le d' chlaidheimh ag éiridh
As leth t-athar 's rìgh Seumas a chrùin :
'Taid an Albuinn 's an Eirinn,
Luchd a thaghaich, 'sa réiteach do chùis ;
Bi'dh là eile ga dheuchainn
'S tus' ad laidhe gun éisdeachd fo'n ùir.

B'iad mo ghràdh na cuirp gheala
Bha gu fiùghantach, fearail, neo-chrìon,
'S mairg a chunnaic 'ur n-uaislean
Dol fo bhiun 'ur luchd-fuatha gun dìon ;

Ach nam bitheamaid 'nar n-armaibh
Mu'n do chruinnich an t-sealg air an tìr,
Bhiodh luchd chòtaichean dearga
Gun dol tuilleadh do dh' armailt an rìgh.

Cha robh gnothach aig Iólgh
'Dhol a leigheas nan creuchd nach robh slàn,
A' call am fala fo'n leintean
Bha na fir bu mhor féil' ri luchd-dhàn,
Nam b'e cothrom na Féinne
Bhiodh eadar sibh fein 's clanna Ghall,
Bbiodh eoin mholach an t-sléibhe
Gairsinn salach air chréabhagan chàich.

Cha b'e cruadal an cridhe
Thug dhaibh buannachd air buidheann mo rùin,
Tilgeadh luaidhe na cithibh
'S sibh mo thruaidh ! gun fhios air a chùis :—
Eadar uaislean a's mhithibh
Gun robh bhuaidh ud a' ruith oirn o thùs ;
O'n 's i 'n uaigh ar ceann-uidhe
Bi'dh na sluaisdean a' frithealadh dhuinn !

Cha b'i sud an fhuil shalach
Bha ga taomadh mu'n talamh sa' ghleann,
'S a liuthad ùmaidh mar ghearran
A bha cuir fùdair na dheannabh mu 'r ceann ;
A Rìgh dhùlaich nan aingeal !
Gabhsa cùram da 'r n-anam, 's sibh thall,
Chaidh 'ur cunntas an tainead
Le garbh dhùsgadh na malairt a bh' ann.

Thrùs do chinneadh r'a chéile,
Dheanamh coinneamh an dò anus an Dùn,
Cha d' aithris thu sgeula
Fhir a b' urrainn a réiteach gach cùis ;
Ite dhaingean na'n sgéith thu,
'S am baranta treun air an cùl
Bi'dh là eile ga fheuchainn,
'S mise druidte fo dhéile 's an ùir.

Cha bu chòcairean gioraig
Chumail còmhnard an slinnein ro chàch ;
O'n là thòisich an iomairt
Chaill Chlann-Dòmhnuill ceann-fine no dhà ;
'N gleacair òg 'ur ceann-cinnidh
Chuir a dhòchas 'an smioraibh a chnàmh ;
Gheibheadh cócaire bioradh
Rogha spòltaich o spionnadh a làmh.

Luchd a thràgbadh nam buideal
Bheireadh earrach air rùban de'n fhìon,
'Nuair a thàrladh sibh cuideachd
Bu neo-bhrùideil mu'n chupan ad sibh ;
Ag iomairt thàileasg, a's chluichibh
Air a chlàr bu neo thrù'ail 'ur gniomh ;
Cha bu chearr am measg truid sibh
'N am pàidheadh na cuideachd, 's g'an diol.

* This bard was one of the Macdonalds of Glencoe, and lived in the island of Muck, for which he was called *Am bàrd Mucanach*. After much inquiry this is all the information we could obtain concerning him, nor did we see any more of his productions. But from this piece it may be seen that he was one of the first poets of his day. We took down this version of the poem from the recitation of an old man in Glencoe, *anno* 1833.

Gu'm beil mise fo mhulad
Ag amharc 'ur gunnaidh' air stéill,
Sàr ghiomanaich ullamh
Leis an cinneadh an fhuil anns a bheinn,
Ann am frìth nan damh mullaich
Far an deante libh munasg air seilg,
Ga bu tric sibh gan rùsgadh
Cha d' iarr sibh riamh cunntas 's na béin.

Cha bu sgàthairean gealtach
Bhiodh a' maoitheadh an gaisge gach là,
Tha 's an Eilean na'n cadal
Nach dùisg gus am faicear am bràth,
Luchd dhìreadh nan éit-bheann
Le'n cuilbheirean gleusta na'n laimh,
'S lìonmhor fear nach d'rinn éiridh
Bha na ghìomanach treun air a h-earr.

Righ gur mis tha fo airtneul
Iti am dhomh bhi faicinn 'ur beann,
'S cha lugha mo chùram
Iti bhi 'g amharc bhur dùtchannan thall,
Mur bhithe mar thachair
'S ann leamsa gum b'àit bhi dol ann,
Gus an tainig a chreach oirn
Mar gu'n tuiteadh a chlach leis a ghleann!

'S iomadh fear tha toirt sgainneil
Do'n tighearn òg air an fhearann so thall,
Eadar ceann Locha-Raineach,
Rugha Shléibhte, 's bun Gharaidh nam beann,
Bha thu feicheannach daingean
Far an éiste ri d' theangaidh an cainnt,
Mar urbal peucaig gu tarruinn,
'S mar ghath reubaidh na nathrach gu call.

Leum an stiùir bhàrr a claiginn
Le muir sùigh, 's gun sinn ath-chainnteach dho,
Dh'fhalbh na croinn, 's na buill-bheairte,
'S leig sinn uallach na slait air an sgòd ;
'S bochd an dùsgadh sa' mhadainn
So fhuair sinn gu grad a theachd oirn,
S ma gheibh sinn ùine ri fhaicinn
Bheir sinn fùcadh mu'n seach air a chlò.

Note.—The cruel massacre of the Macdonalds of Glencoe, to which this "Lament" relates, was perpetrated by a party of soldiers under the command of captain Campbell of Glenlyon, in February, 1691. Thirty-eight persons suffered in this massacre ; the greater part of whom were surprised in their beds, and hurried into eternity before they had time to implore Divine mercy. The design was to butcher all the males under seventy that lived in the valley, the number of whom amounted to two hundred ; but some of the detachments not arriving in time to secure the passes, one hundred and sixty escaped. Campbell having committed this brutal deed, ordered all their houses to be burned, made a prey of all the cattle and effects that were found in the valley, and left the helpless women and children, whose fathers and husbands he had murdered, naked and forlorn, without covering, food, or shelter, in the midst of the snow that covered the face of the whole country, at the distance of six miles from any inhabited place. For a particular account of this most unjust action, see " Smollett's History of England."

BHA CLAIDHEAMH AIR IAIN

'S AN T-SEARMOIN.

LUINNEAG.

Bha claidheamh air Iain,
Air Iain, air Iain,
Bha claidheamh air Iain 's an t-searmoin ;
Bha claidheamh air Iain,
Fear deas-laimh mo chridhe,
'S tu 'dheanadh an fhighe neo-chearbach.

Thàinig litrichean bagraidh,
A nall a Lochabar,
'Nuair chualas gu'n deachaidh tu t-armachd ;
Ghabh an ceannard mor chùram,
'S gach freiceadan dhùbail e,
Eagal 's gun dùisgeadh tu Albainn !
Bha claidheamh, &c.

'Se'n sgathdan beag casraidh
A thainig mu dheas oirn,
'Chuir Iain na bhreislich mu 'armachd,
'S ann a mhosgail mo chridhe,
Deagh fhortain 'bhi tighinn,
'Nuair chithinn a chlaidheamh 's an t-searmoin.
Bha claidheamh, &c.

Air là Sliabh an t-siorra
Cha ghabhadh tu giorrag,
'Nuair chaidh na gillean gu stairirich,
'Nuair ghlaoidh iad am bristeadh,
Cha philleadh tu idir—
'S ann dh'fhag thu na ficheadan marbh dhiù.
Bha claidheamh, &c.

Gur mòr a bha d' phòrabh,
De dh'ardan Chlann-Dòmhnuill—
Na'm bitheadh do phòca lan airgeid,
Gu'n tugadh tu dhachaigh dhuinn
Righ fhear na h-Apunn,
A dh'aindeoin fir Shasuinn mar marbht' thu.
Bha claidheamh, &c.

'S iomadh òganach ullamh,
Nach éisdeadh an cumasg,
Bha gun chlaidheamh, gun ghunna, gun targaid,
Gun urad na biodaige,
'M faluch fo chrioslaich ;
Ged' bha Mac-a-Ghiobaich na armachd.
Bha claidheamh, &c.

'S mòr mo chùram mu d' phearsa
Mu t-arm a's mu t-aculnn,
Mu d' shlinnean mu d' chearislean 's mu d'
'S gu'n 'bhrist thu an t-achda   [bhalgan,
'Rinn Deòrsa bha 'n Sasunn,
'Nuair chaidh thu cho spailpeil na t-armachd.
Bha claidheamh, &c.

Chaidh 'n claidheamh air astar,
Do bhraighe Lochabar,
Laidh rua-mheirg le dealt air a bharra-dheis;
Tha'm breabadair againn,
Na chliambuinn do'n t-Sagart,
'S gu'm faigh e bho'n pharson sin tearmad.
Bha claidheamh, &c.

Mu dh-fhaireas sibh cunnart,
'S nach fhaod sibh a chumail,
Cuirbh e thuinidh do'n Gharbh-shliabh;
'S iomadh àite math falaich,
Dà thaobh Locha-Garaidh,
'S tha'u dream ud gle dhealaidh do Bhalgan.
Bha claidheamh, &c.

Note.—The foregoing burlesque is the composition of Angus M'Donald, of Glencoe, commonly called *Aonghas Mac Alasdair Ruaidh.* The subject of it was Iain Gibeach, a weaver, belonging to the same glen. This John was present at the battle of Sherriffmuir in 1715, but deeming "prudence the best part of valour," he made more use of his heels than of his arms. It is said that, in order the more effectually to shield his person from danger, he laid himself down behind a dyke, pulling a portion of that fabric over him, and that thus covered he was rode over by the combatants. On the first safe opportunity, he entirely abandoned the scene of strife, which but indifferently suited his taste. His flight to Glencoe was a rapid one. There, however, he did not fail to give a magniloquent account of his feats of arms at Sherriffmuir, being, at the same time, the first intelligencer of that doubtful action. He afterwards went to *church* with his broadsword slung in his belt in order to indicate his valour, by setting the Act of Parliament for disarming the Highlanders at defiance! This last exploit of our *hero* gave birth to the admirable pasquin, "John wields his sword in the kirk."

FEAR A BHATA.

LUINNEAG.

Fhir a bhàta, na horo-éile,
Fhir a bhàta, na horo-éile;
Fhir a bhàta, na horo-éile,
Gu ma slàn dut, 's gach àit' an téid thu.

'S tric mi sealtainn o'n chnoc a's àirde,
Dh-fheuch am faic mi fear a bhàta:
An tig thu 'n diugh, na'n tig thu maireach?
'S mar tig thu idir, gur truagh a tà mi.
Fhir a bhata, na horo-eile, &c.

Tha mo chridhe-sa briste, brùite;
'S tric na deoiribh a ruith o'm shuilean;
An tig thu nochd, na 'm bi mo dhùil riut?
Na 'n dùin mi 'n dorus, le osna thùrsaich?
Fhir a bhata, na horo-eile, &c.

'S tric mi foidhneachd de luchd nam bàta,
Am fac iad thu, na 'm beil thu sàbhailt;
S ann a tha gach aon aca rium a 'g ràite,
Gur gòrach mise ma thug mi gràdh dhut.
Fhir a bhata, na horo-eile, &c.

Gheall mo leannan domh gùn dhe 'n t-sloda,
Gheall e sud agus breacan riomhach;
Fain' òir auns am faicinn iomhaigh;
Ach 's eagal leam gun dean e diochuimhn'.
Fhir a bhata, na horo-eile, &c.

Cha 'n eil baile beag 's am bi thu,
Nach tàmh thu greis ann, a chur do sgios diot;
Bheir thu làmh air do leabhar riomhach,
A ghabhail dhuanag 's a bhuaireadh niunag.
Fhir a bhata, na horo-cile, &c.

Ged a thuirt iad gu'n robh thu aotrom,
Cha do laghadnich sud mo ghaol ort;
'Bi'dh tu m' aisling anns an òidhche,
A's anns a mhadainn bi'dh mi 'ga t-fhoineachd.
Fhir a bhata, na horo-eile, &c.

Thug mi gaol dut' 's cha'n fhaod mi àicheadh;
Cha ghaol bliadhna, 's cha ghaol ràidhe;
Ach gaol a thòisich 'nuair bha mi m' phàisde,
'S nach searg a chaoidh, gus an claoidh am bàs mi.
Fhir a bhata, na horo-eile, &c.

Tha mo chàirdean gu tric ag innseadh,
Gu'm feum mi t-aogas a chuir air diochuimhn';
Ach tha 'n comhairle dhomh cho diamhain,
'S bhi pilleadh mara 's i tabhairt lionaidh.
Fhir a bhata, na horo-eile, &c.

Tha mo chriosan air dol an airde,
Cha'n ann bho fhidhleir, na bho chlàrsair;
Ach bho stiùlreadair a bhata—
'S mur tig thu dhachaigh, gur truagh mar tha mi.
Fhir a bhata, na horo-eile, &c.

Bi'dh mi tuille gu tùrsach, deurach,
Mar eala bhàn 's i an déis' a reubadh;
Guileag bàis aic' air lochan feurach,
A's càch uileadh an deighidh tréigsinn.
Fhir a bhata, na horo-eile, &c.

ORAN GAOIL,

DO MHAIGHDIN UASAIL 'S AN EILEAN-FHADA.

LUINNEAG.

A Mhàiri bhòidheach, 's a Mhàiri ghaolach,
A Mhàiri bhòidheach, gur mòr mo ghaol ort,
A Mhàiri bhòidheach, gur tu a chluoidh mi,
'S a dh-fhàg mi brònach, gun doigh air t-fhaotuinn.

Muairi bhòidheach gur mor mo ghaol ort,
Gur tric mi cuimhneachadh ort 's mi m'aonar,
Ge do shiubhlainn gach ceum de'n t-saoghal,
Bi'dh t'iombaigh bhòidheach tigh'n beò gach
A Mhairi bhoidheach, &c. [taobh dhiom.

'S truagh nach robh mi 's mo Mhàiri bhòidheach,
Ann an gleannan faoin a's ceò air—
'S ged bu rìgh mi 's an Roinn-Eòrpa,
Cha'n iarrainn pòg ach bho Mhari bhòidheich.
A Mhari bhòidheach, &c.

Ach chitear féidh air sgéith 's na' speuran,
'S chithear lasg air nird nan sléithean,
Chithear sneachda dubh air gheugan,
Mu'm faicear caochladh tig'n air mo spéis dhut.
A Mhairi bhoidheach, &c.

O Mhari!—lughdaich thu mo chiall domh,
Tha mo chridh' le do ghaol air lionadh ;
Tha gach là dhomh cho fad ri bliadhna,
Mur faic mi t'aodainn a ta mar ghrian domh.
A Mhari bhoidheach, &c.

Do shuilean meallach fo d' mhala bhoidheich,
Do bhilean tana air dhath nan ròsan,
Slios mar chanach an gleannan mòintich,
'S do ghruaidh mar chaoran fo séith nam mòr-
A Mhari bhoidheach, &c.   [bheann.

Fhir a shiubhlas thar thonnan uaibhreach,
A dh'ionnsaidh Innseachan cinn nan cuaintean,
Thoir gach siod, agus ni tha luach-mhor,
Dh'ionnsaidh Màiri a rinn mo bhuaireadh.
A Mhari bhoidheach, &c.

Eoin! a's moiche a théid air sgiathan,
'S a dhireas suas ann an aird na h-iàrmailt,
Na bitheadh latha thig fad na bliadhna,
'S nach seinn sibh ceol d'a mo Mbàiri chiataich.
A Mhari bhoidheach, &c.

Ach cha dean Eala air slios nam mor-thonn,
Cha dean smeòrach am badan bòidheach,
Cha dean gach inneal clùil ach crònan,
'Nuair a sheinneas mo Mhàiri bhòidheach.
A Mhari bhoidheach, &c.

Ge do bhi mi gu tùrsach cianail,
'S mi le cùram air mo lionadh,
Ni do ghnùis-sa tha mar a ghrian domh,
Mo chridhe suunmach 'nuair thig thu m'fhianais.
A Mhari bhoidheach, &c.

Gu mo slàn do mo Mhàiri bhòidheich,
Ge b'e àite 's am bi i còmhnuidh,
'S e mo dhùrachd-sa 'm fad 's a's beò mi,
Gu'm bi gach sòlas aig Màiri bhòidheich.
A Mhari bhoidheach, &c.

Note.—This song was composed by a schoolmaster in North Uist, who fell in love with one of the daughters of a family in which he was tutor ; and his attachment to her preyed so heavily on his mind, that he sunk under it, and was consigned to a premature grave.

AN NIGHEAN BHUIDH BHAN.

LE DOMHNULL MAC-AONGHAIS

LUINNEAG.

Mo nighean bhui' bhàn na falbhadh tu leam,
Mo nighean bhui' bhàn na falbhadh tu leam,
Mo nighean bhui' bhàn na falbhadh tu leam,
Gu'n ceannaicheinn gùn de'n t-shioda dhut.

Nighean bhàn th'air cnoc a mhuraìn,
Dha'n tug mi mo ghaol o'n uiridh,
B'annsa leam na òr na cruinne
'Chuilein thu bhi' sìnte rium.
Mo nighean bhui' bhàn, &c.

'S furasd dhomh-sa' ghrnagach t-àireamh,
Do chul dualach, cuachach, fàineach,
Gruaidh thana, dhearg, a's glan' dearsadh ;
'S falt mar bharr nan dithean ort.
Mo nighean bhui' bhàn, &c.

Tha thu gu ro bhòidheach taitneach,
Foghainteach, deas, ann am pearsa,
Cha 'n urra' mi chiall 's a thasgaidh,
Trian dheth do thlachd innseadh dhut.
Mo nighean bhui' bhàn, &c.

'S mall do ròsg, 's gur glan do leirsinn,
Suil ghorm, mar dhearcag an t-sbloibhe,
Mala chaol a's caoine réidhe,
Cha bu bhreug ach firinn sud.
Mo nighean bhui' bhàn, &c.

Calpa bàn nach iarr an gartan,
Troigh shocrach nach dochunn faiche,
'S e mheudaich cho mòr mo thlachd dhiot,
Chionns nach faicte mi-gheun ort.
Mo nighean bhui' bhàn, &c.

Beul is binne sheinneas òrain,
Millis, blasda, socair, còmhnard,
Gu fonnor, farasd, ro dhoigheil,
Cha bhi sgòd ri' inns' oirre.
Mo nighean bhui' bhàn, &c.

Anna ged' nach eil mi stocail,
Cha 'n i'u t-shnùthad mo cheird chosnuidh,
Dheannain aran eorna 's corca
Mar ris an dhroch shide dhut.
Mo nighean bhui' bhàn, &c.

Ma ni thu mar a tha thu labhairt,
'S gu'n cùm thu rium-sa do ghealladh,
So mo làmh gur mi do leannan,
'S nach bi ha-luoch sinte riut.
Mo nighean bhui' bhàn, &c.

ORAN GAOIL

LE NIGHEAN FHIR NA REILIG.

Thig trì nith gu'n iarraidh,
  An t-eagal, an t-iadach, 's an gaol ;
'S gur beag a chùis mhaslaidh,
  Ged' ghlacadh leo mis air a h-aon,
'S a liughad bean uasal
  A fhuaradh sa' chlont an robh mi,
A thug an gaol fuadalun
  Air ro bheagan duaise ga chionn.
    Air fuilirin, illirin,
    Uillirin, othóró luoidh !
    'S cruaidh fortun gun fhios,
    A chuir mise fo chùing do ghaoil.

'Fhir a dhìreas am bealach
  Beir soruidh do 'n ghleannan fo thuath ;
A's innis do m' leannan,
  Gur mairennn mo ghaol 's gur buan,
Fear eile cha ghabh mi
  'S cha 'n fhuilig mi idir a luaidh
Gus an dean thu ghaoil m' àicheadh,
  Cha chreid mi bho chàch gur fuath.
    Air fuilirinn, &c.

Fhir nan gorm shuilean meallach,
  O 'n ghleannan de'm bidheadh an smùid,
Ga 'm beil a chaoin mhala,
  Mar chanach an t-sléibh' fo dhriùchd :
'Nuair readh* tu air t-uilinn,
  Bhiodh fuil air fear dhìreadh nan stùc,
'S nam bi'dh tu ghaoil mar rium
  Cha b' anaid an céile leam thu.
    Air fuilirinn, &c.

Na faicinn thu tighinn,
  'S fios domh gur tusa bhiodh ann ;
Gu'n eireadh mo chridhe
  Mar aiteal na gréin' thar nam beann ;
'S gu'n tugainn mo bhriathar,
  Gach gaoisdean tha liath na mo cheann
Gu'm fàsadh iad buidhe,
  Mar dhìthein am bruthaich nan allt !
    Air fuilirinn, &c.

Cha b' ann air son beartais,
  No idir ro phailteas na spréigh ;
Cha b' fhear do shiol bhodach
  Bha m' osnaich cho trom á dhéidh.
Ach mhac an duin' uasail,
  Fhuair buaidh air an dùthaich gu léir;
Ge do bhitheamaid falamh,
  Tha caraid a chitheadh oirn feum.
    Air fuilirinn, &c.

    * *Reachadh*, poetically rendered.

Mur tig thu féin tuilleadh
  Gur aithne dhomh mhalairt a th' ann
Nach eil mi cho beartach
  Ri cailin an achaidh ud thall.
Cha tugainn mo mhisneachd,
  Mo ghliocas, a's grinneas mo làimh,
Air buaile chrodh balluch
  A's cailin gun iùil na'n ceann.
    Air fuilirinn, &c.

Mu chaidh thu orm seachad,
  Gur taitneach, neo-thuisleach, mo chliù ;
Cha d' rinn mi riut comunn,
  'S cha d' laidh mi leat riamb ann an cùil.
Cha 'n araichinn arachd
  Do dhuine chuir ad air a chrùn ;
On tha mi cho beachdail,
  S gu'n smachdaich mi gaol nach fiù.
    Air fuilirinn, &c.

Bu laoghaid mo thàmailt,
  Na 'm b' airidh ni b' fhearr a bhiodh ann ;
Ach dubh-chail' a bhuacair,
  'Nuair ghlacas i buarach na làimh.
Nuair thig an droch earrach
  'S a chaillear an ni ann sa' ghleann ;
Bitheas is' air an t-shiùlaid
  Gun tuille dheth' bunaltas ann.
    Air fuilirinn, &c.

ES-AN DA FREAGAIRT.

S truadh nach robh mi 's mo leannan,
  'S a channaig air stiùireadh le gaoith,
Na 'm bùthaig bhig bharraich,
  Aig imeal a ghleannain leinn fhìn,
No'n Lochlainn an daraich
  R'a taobh na mara fo thulm,
Gun chuimhn' air a chuilin
  A dh' fhàg mi air àiridh chruidh-laoidh.
    Air fuilirinn, &c.

DUANAG GHAOIL.

LE BAINTIGHEARN ILLE-CHALUM RASA.

LUINNEAG.

Thainig an gille dubh,
  'N ruair na bhaile-so ;
'S trom mo cheum,
  On thréig do ghealludh mi.

Gur mis' tha gu tinn,
  Le goirteas mo chinn ;
'S ged' reach mi na chill,·
  Cha phill mo leannan mi.
    Thainig an gille, &c.

'S e m' ulaidh 's mo ghràdh,
Fear dubh agus bàn ;
Cha'n innis mi chàch,
Gu bràch, do ghealladh dhomh.
   Thainig an gille, &c.

Gur h-ioma' bean òg,
Le sioda agus sròl ;
A chunntadh le deoin,
Ma chrò crodh baine dhut.
   Thainig an gille, &c.

Gur guirme do shùil,
No 'n dearcag fo 'n driùchd ;
'S gur fineall do ghnùis,
Na ùr-ros mheaganan.
   Thainig an gillo, &c.

'N gille dubh caol,
Na laidhe san fhraoch ;
'S a ghunna ri thaobh,
B'e 'n fhaodail fhalaich e.
   Thainig an gille, &c.

'S math thig gunna bheoil chaoil,
An deas-laimh mo ghaoil ;
'S cha chlughaire faoin,
A dh-fhaodadh tarruinn ris.
   Thainig an gille, &c.

'S tu marbhaich an fhéidh,
'S a cholich air géig,
'S a bhric air an leum,
'S gu'n réibte 'n eala leat.
   Thainig an gille, &c.

'S tu sealgair a gheoigh,
'S an lach air an lòn ;
'S nam biodh i na d' chòir,
Gu'n leoint, a mhaigheach leat.
   Thainig an gille, &c.

'Nuair lùbadh tu 'n glùn,
'S a chaogadh tu 'n t-sùll ;
Bhiodh cild nan stùc,
'S a cùl ri talamh leat.
   Thainig an gille, &c.

B'u stiùirich' a chuain,
Air bharaibh nan stuadh,
Ri latha fliuch, fuar :—
  Mo luaidh do dh' fhearaibh thu.
   Thainig an gille, &c.

Ged' bhidheadh a ghaoth,
Ri sgoltadh nan craobh ;
Gu'n cumadh mo ghaol,
A' taobh 's na maranan.
   Thainig an gille, &c.

Mo bheannachd ad dhéigh,
Ma dh-fhag thu mi féin ;
Ach guidheamaid céile,
Beusach, banail, dut.
   Thainig an gille, &c.

MO NIGHEAN CHRUINN DONN.

LUINNEAG.

*Dh-fhalbh mo nighean chruinn, donn,
  Bhuam do' dh-Iuraidh ;
Dh-fhalbh mo nighean chruinn, donn,
Cucas mar cala nan tonn—
  Beul o'm binne thig fonn,
  Leis an deagh iompaidh.*

'S truagh nach robh mi 's mo ghaol
  Ann an gleann cùbhraidh ;
'S truagh nach robh mi 's mo ghaol
Ri h-uisg' ann 's ri gaoith ;
'S fo shileadh nan craobh
  Bhitheamaid sunntach.
   Dh-fhalbh, &c

Nam biodh agamsa spréidh
  Bhithinn glé chùirteil,
Nam biodh agamsa spréidh
Feadh bheann agus sléibh,
B' ùr a gheibhinn thu féin,
  'S cha bu chéil' ùmaidh.
   Dh-fhalbh, &c.

Ged tha thus' an tràth-s'
  Ann an Gleann-lùraidh,
Ged tha thus' ann an thmh,
Tha t-aigne fo phràmh,
Agus mise gun stà,
  Le do ghràdh ciùrrte
   Dh-fhalbh, &c.

Beir mo shorruidh gun dàil
  Bham do dh Iùraidh ;
Beir mo shorruidh le gràdh
Dh-fhios na h-òigh rinn mo chràdh ;
'S 'nuair a chluinn i mar thà,
  Bi'dh si-féin tùrsach.
   Dh-fhalbh, &c.

Cha'n eil aice mar chéil'
  Ach am fir ùmaidh,
Cha'n eil aice mar chéil',
Ach sean bhodach gun spéis,
'S e mar ghearran bho'n fhéill—
  Doirbh, breun, brùdail !
   Dh-fhalbh, &c.

AN NIGHEAN DUBH.

A nigh'n dubh nan gruaidhean craobhach,
Bha uair gu'm bu bhreug a shaoilinn,
Gu'n caidlinn an òidhch' as t-aonais,
Chaidh sid nog a's chnochail e cruth.
 *Tha thu suarach umam an diugh,
 Ge d' bha uair bu toigh leat mo guth ;
 Tha thu suarach umam an diugh.*

'Nuair a bha sinn anns na gleannain,
'Cuallach a chruidh-laoigh mu'n mhainnir,
Shaoil mi fhìn nach robh air thalamh
Fear a mhealladh bean a chinn duibh.
 Tha thu suarach, &c.

A thé sinn a th' aig na gamhnan,
Bha mi uair is bu mhòr mo ghoall ort ;
'S gil' thu na sneachd' air na beanntan,
Ann san àm am bite 'ga chur.
 Tha thu suarach, &c.

'Nuair a thogadh tu gùth t-òrain,
Bu bhinn' thu na chuach 's an 'smeòrach,
'Nuair a sheinneadh iad mar chòmhla,
Madainn cheò air bharrach an stuib.
 Tha thu suarach, &c.

Tha do chneas cho gheal 's an faolag,
Do dha ghruaidh cho dearg 's na caoran ;
Suilean meallach, gorm, na t-aodann,
Mala chaol, mar ite 'n loin-duibh.
 Tha thu suarach, &c.

Tha mi lag, ged' bha mi laidir,
Tha mi sgìth gu siubhal fhàsach ;
'S gur e thug mo chridhe mhàn,
Ro mhiad a gràidh a bhàirig mi dhut.
 Tha thu suarach, &c.

Tha thu bòidheach, tha thu loinneil,
'S duilich leam gu'm beil thu foilleil ;
'S binne thu na guth choilich-choille,
Anns an doire 'n goireadh e moch.
 Tha thu suarach, &c.

Is tric a bha snill air sean each,
Agus pàisean ann an glainne,
Amhuil sin as gaol mo leannain,
Mar chop geal air bharraibh nan sruth.
 *Tha mi suarach umad an diugh,
 Ged' bha uair bu toigh leam do guth,
 Tha mi suarach umad an diugh.*

OCHOIN! MO CHAILIN.

Gu 'n dh'eirich mi moch, air madainn an dé,
'S ghearr mi'n ear-thalmhainn, do bhrì mo sgéil ;
An duil gu'm faicinn-sa rùin mo chélibh ;
Ochòin! gu'n facas, 's a cùl rium féin.
 *Ochòin ! mo chailin, 's mo shùil a d' dhéigh,
 Ochòin ! mo chailin, 's mo shùil a d' dhéigh ;
 Mo Lili, mo Lili, 's mo shuil a d' dhéigh :
 Cha leur dhomh am bealach, le sileadh nan deur.*

Na 'm bidheadh sud agam, mo lùgh 's mo leum,
Mi 'm shuidh air a bhealach, 's mo chù air éill ;
Gu'n deanainn-sa cogadh, gu laidir, treun,
Mu 'n leiginn mo leannan le fear tha fo 'n gréin.
 Ochoin ! mo chailin, &c.

'S am orm-sa tha mulad sa'm fiabhras mòr,
On chualas gun deach' thu le Brian a dh-òl :
Mo chomunn cha dean mi ri mnaoi san fheoil,
O rinn thu mo thréigsinn, 's mi fein a bhi beò.
 Ochoin ! mo chailin, &c.

O! cha 'n 'eil uiseag, no faoilinn bhàn,
Am barr a chaisteil 's an robh mi 's mo gràdh ;
Nach eil ri tuireadh, a dh-òidhche 's do là,
On' chual'iad gu'n ghlacadh mo chailin air làimh.
 Ochoin ! mo chailin, &c.

Note.—This song is said to have been composed by an Irish student, who had taken a fancy for a Highland girl when attending the classes in the University of Glasgow. "Brian," mentioned in this piece, was another Irish student, and a rival of our Hibernian poet.

THA MO CHADAL LUAINEACH.

Tha mo chadal luaineach,
'S an uair so cha 'n fhaigh mi tàmh ;
Cuimhneachadh an uasail,
A ghluais air madainn di-màirt.
Oigear a chuil dualaich,
'S nan cuachagan troma, tlà ;
Ged bhiodh agam buaile,
'S tu dh' fhuasglainn 's cha 'n fhear de chàch.

M' ulaigh agus m' eudail,
Bu réidh leam sealladh do shùl ;
Mar aiteal na gréine,
'S i 'g eiridh moch madainn dhriùchd.
Do bheul tana glé dhearg,
Fo 'n eudann 's guirme suil ;
'S ged bhiodh tu ad leine
B' e m' òibhneas do dh-fhearaibh thu.

M' aighear a 's mo rùin thu,
'S e cuirtear na féile bh' ann ;
Càs dhireadh nan stùc-bheann,
Ceum lùghar air feagh nan gleann.
A mhiad sa thug mi dhiù dhut,
Gu'n dh' fhàg e mo shuilean dall ;
'S gu'n deanainn leat lùbadh
Ged dhiùltainn tri mìle Gall.

On thana' mi 'n tìr so,
Air m' iuntinn gun laidh trom sproc ;
Cuimhneachadh na dh' fhàg mi,
Cha tàmh dhomh 'm baile no port.
Oigear a chul-shniomhain,
Beul siomhalt nach labhair lochd ;
Ged bhidhinn fo mhi-ghean
Gu'n innseinn dhut e le 'm thoil.

'S coma leam 'n seann duine,
Laidheas gu teann ris an stoc ;
Fad na h-òidhche geamraidh,
Cha tuinndaidh 's gu'm bi na thosd.
Laidhidh e gu dìblidh,
Na shineadh air bharr nan sop,
Gu'n tarruinn e t-srannaich,
'S gun tiunndaidh e cul a nòig.

C' arson nach labhrainn caoin riut
A ghaoil, cha cheilinn sid ort ?
Seann-duine cha taobh mi,
Ged dh' fhaodadh cha'n eireadh moch.
Ged' robh aige caoirich,
'S an saoghal a bhi gu thoil ;
'Nuair labhradh e pràmhail
Bu chraiteach mo chridhe 'm chorp.

M' uillidh, 's a mo ghràdh, thu,
Gur ràidhe gach bidhch' ad dhèigh ;
Lamh stiùireadh a bhàta,
Ga sàbhaladh as gach beud.
Paitear san taigh-thàbhairn thu,
A phaidheadh a measg nan ceud,
Glomhanach nan ard-bheann,
'S cha shlàn a biodh mac an fhéidh.

Note.—This song has been sung and admired in Scotland time immemorial, and no tradition now remains of its authorship. The air is of great beauty, and as we have heard a lady, a native of Ireland, sing an Irish song to the same tune, we cannot say whether it belongs to us or to the sister kingdom. Here is the first stanza of the Irish, according to the Scottish orthography :—

"Madainn 's mi gu h-uaigneach,
Air bruach-loch' an Innis-fail ;
A falbh air feadh a chrualaich,
Gu h-uallach 's mo ghunn' am laimh.
6 ann a dhearc' mi stuaire,
Na gruaig fhinn' mhiannoil bhain,
Agus dorlach buaint' aic,
De'n luachair bu ghlaise dh-fhass'."

NIGHEAN DONN NA BUAILE.

A nighean donn na buaile,
Ga'm beil an gluasad farasda ;
Gu 'n tug mi gaol cho buan dut,
'S nach gluais e air an earrach so.
Mheall thu mi le d' shùgradh,
Le d' bhriodal a's le d' chiùine ;
A's lùb thu mi mar fhiùran,
'S cha dùthchas domh bbi fallain bhuat.

Do chùl donn dait' an òrdugh,
Gu bachlach, bòidheach, camagach,
T' aghaidh fhlathail, chòmhnard,
Mar ite 'n eoin do mhalaichean,
Dà shuil chorrach, mhiogach,
Rosg glan a' cumhail dionn orr' ;
Do ghruaidhean meachair, mìne,
'S do phòg mar fhiogois mheanganan.

Mar reull a measg an t-sluaigh thu,
Nam gluasad a chum tionalaidh ;
Cha tugadh *Bhénus* buaidh ort,
'S ard thug do shnuadh-sa barrachd oirr'
Chit' am fion a' dealaradh,
Ann am dol sios tre d' bhragad ;
Gur math thig sioda 'n càradh,
Ma mhuinneal bàn na h-ainnire.

Do sheang chorp, fallain, sunntach,
Nach do chiùrr an an-shocair,
'Nuair reachadh tu air ùrlar,
Bu lùghar anns na caraibh thu ;
Le d' calpannan deas, bòidheach,
Cruinn, cumadail, neo-lùdail ;
Troigh chruinn ann am broigh chòmhnaird,
Nach toir air feòirnean caraobhadh.

Do bheul o'm binn' thig òrain,
Ceol agus celleirean,
Gur binne leam do chòmhradh,
Na smeòrach air na meanganan.
O 'n chuir mi 'n tùs ort eolas,
Gu'n tug mi gaol cho mòr dhut,
'S mar faigh mi thu ri d' phòsadh,
Gu 'n cuir do bhròn fo'n talamh mi.

Na 'm b' e 's gu'm biodh tu deònach,
'S gu'm pòsamaid an ath-ghoirid,
Cha 'n iarrainn leat de stòras,
Ach còmhdacha na banaraich.
Ge b' leamsa 'n Roinn Eòrpa,
'S America le mòr shluagh,
Na 'm faighinn dhomh fhin còir ort,
Bu leat gach stòr 's gach fearann diù.

A ghaoil na creid droch sgeul orm,
Ge 'd robh luchd-bhreug a labhairt riut;
Tha m' inntinn-se cho réidh dhut,
'S nach bi aon seud an an-fhios dut.
Ge d' their iad riut le bòilich,
Gur beag leo mo chuid stòrais ;
A chaoidh cha churam lòn dut,
'S an rìgh cuir seòl air aran duinn.

Note.—The author of this favourite song was the Rev. Duncan Macfarlane, at one time chaplain to a Highland regiment, and lately minister of the Gaelic chapel, Perth.

AN CAILIN DILEAS DONN.

Gu ma slàn a chì mi,
  Mo chailin dìleas donn;
Bean a' chualain réidh,
  Air an deise dh-eireadh fonn ;
'S i cainnt do bheoil bu bhinn leam,
  'N uair a bhiodh m' inntinn trom,
'S tu thogadh suas mo chrì'
  'Nuair a bhi'dh tu bruidhinn rium.

Gur muladach a tà mi,
  'S mi nochd air aird a chuain,
'S neo shunntach mo chadal domh,
  'S do chaidridh fada bhuam ;
Gur tric mi ort a smaointeach ;
  As t-aogais tha mi truagh ;
'S mar a dean mi t-fhaotainn
  Cha bhi mo shaoghal buan !

Suil chorrach mar an dearcag
  Fo' rosg a dh-iathas dlù ;
Gruaidhean mar na caoran,
  Fo 'n aodann tha leam clùin—
Mar d' aithris iad na bhreugan,
  Gun tug mi féin dut rùin ;
'S gur bliadhna leam gach là'
  Bho'n uair a dh-fhàg mi thu.

Theireadh iad mas d' fhalbh mi bh'uat,
  Go 'm bu shearbh leam dhol ad chòir ;
Gu do chuir mi cùl riut,
  'S gu'n dhiult mi dhut mo phòg.
Na cùireadh sid ort cùram,
  A rùin,—na creid an sgleò ;—
Tha t-annil leam ni 's cùraidh,
  Na'n drùlchd air bharr an fheoir.

Tacan mu'n do sheol sinn,
  'S ann a thoiseich càch
Iti innseadh do mo chruinneig-sa,
  Nach pillinn-sa gu bràth.

Na cuireadh sid ort gruaimean
  A luaidh ; ma bhios mi slàn ;
Cha chum dad idir bhuat mi,
  Ach saighead chruaidh a bhàis.

Tha moran de luchd aimlisg,
  'S a sheannachais an droch sgeòil,
An chridheacha mar *phuisean*,
  Cha chuimhnich iad air chòir ;
Ach na creid an sgeula;
  Ma ghelbh a' chléir oirn còir,
'S ma dh' fhanas sinn bho chéile,
  'S I 'n éigin a bbeir oirn'.

Tha 'n snaim a nise ceangailte,
  Gu daigheann agus teann ;
'S e their luchd na fanoid rium
  Nach 'eil mo phròthaid ann ;—
'M fear aig am beil fortan,
  Tha crois aige na cheann,
'S tha mise taingeil, toilichte,
  Ge d' tha mo sporan gann.

Note.—This song is the composition of Hector M'Kenzie, a sailor belonging to Ullapool, Lochbroom. M'Kenzie is still alive—verging upon ninety years of age, and resides either in Glasgow or in Liverpool. He composed several *Duanags* of considerable merit. The air of this song is excellent and original ; the composition, though good, is not so happy. A bad version of it appeared in Turner's Collection with a spurious verse beginning :—

" Tha Caimbeulaich mar chairdeas,
Ga t-ardachadh le strith."

MORAG.

LUINNEAG.

'*S i luaidh mo chagair Mòrag,*
Mo ghaol sa mhadainn Mòrag,
Gu'm b'ait leam agam Mòrag,
Gur taitneach leam a còmhradh.

'S TU Mhòrag rinn mo bhuaireadh,
O chunna' mi di-luan thu,
Tha m'aigne leat a gluasad,
'S cha tàmh e mar bi buaidh leis,
Mur geill thu bi'dh mi truagh dheth.
  '*S i luaidh mo chagair, &c.*

Do shaigidean rinn mo leònadh,
'S iad chuir mi uil' as ordugh,
Cha bhi mi tuille 'n sòlas,
Mur fùilich thu le pòig mi,
'S do lamh a geallndh còir ort.
  '*S i luaidh mo chagair, &c.*

'S tu 'n reull a' measg nan òg-bhan,
Do mhaise lian le bròn mi,

Do ghruaidh dh-fhàg fann na ròsan,
Do dheud dh-fhàg glas na neòinein,
Cha leir dhomh sàmhl' do bhòicheid.
  'S i luaidh mo chagair, &c.

Ge h-ioma tè a chi mi,
Cha téid iad uile 'm prìs riut,
'S tu *Bhenus* measg nam mìltean,
'S e t-eugas thug mo chlì bhuam,
S a dh-fhàg an diugh gun lì mi.
  'S i luaidh mo chagair, &c.

'Nuair bhitheas mi ann a m'aonar,
Nam chadal na mo shebmar,
Thig t-iomhagh làn de bhòichead,
An sinn dùisgidh mi le sòlas,
An duil gu'm beil sinn còmhla.
  'S i luaidh mo chagair, &c.

Gur tric mi air mo ghluasad,
'N àm cuimhneach air na h-uairean,
An robh mi, a's tu cluaineas,
'S a ruith le cèuman luatha,
'S nach pill iad tuille nuadh dhomh.
  'S i luaidh mo chagair, &c.

Chuala tu mar tha mi,
Gu'm bheil mo chridhe 'n gràdh dhut;
Nis cuimhnich air do nàdur,
A's tionndaidh ann am blàs rium,
'S na fag a chaoidh am thrall mi.
  'S i luaidh mo chagair, &c.

Note.—This deservedly popular air became known in the capital of Scotland only fifty or sixty years ago. "The young Highland Rover" and another song, both by Burns, are the only English words hitherto adapted to it.— *M'Pherson's Melodies from the Gäëlic.*

AN GILLE DUBH CIAR-DHUBH.

Cha dirich mi brughach,
  'S cha shiubhail mi mòinteach,
Dh-fhalbh mo ghuth cinn,
  'S cha sheinn mi bran.
Cha chaidil mi uair,
  O luan gu dòmhnach,
'S an gille dubh ciar-dhubh;
  Tighinn fo m' ùidh.

'S truagh nach robh mise,
  'S an gille dubh ciar-dhubh;
An aodainn na beinne
  Fo shileadh nan siantan;
An lagan beag fàsaich,
  Nan àitigin diamhair,
'S cha ghabh mi fear liath
  'S e tighinn fo m' ùidh.

Dh-òlainn deoch-slaint',
  A ghille dhuibh chiar-dhuibh
Do dh-uisge nan lòn,
  Cho deònach 's ge b' fhion e,
Ged tha mi gun òr,
  Tha ni 's leor tigh'n' d'am iarraidh,
'S cha ghabh mi fear liath
  'S e tighinn fo m' ùidh.

Mo ghille dubh bòidheach,
  Ge gòrach le càch thu;
Dheanainn do phòsadh,
  Gun deoin da mo chàirdean;
Shiubhlainn leat fada,
  Feadh lagan a's fhàsach,
'S cha ghabh mi fear liath
  'S tu tighinn fo m' ùidh.

Mo ghille dhubh laghach,
  'S neo-raghainn leam t-fhàgail,
Na 'm faicinn an cuideachd thu,
  Thaghainn ro chàch thu;
Ged' fhaicinn cùig mìl',
  Air chinnt gur tu b' fhearr leam,
Cha ghabhainn fear liath
  'S tu tighinn fo m' ùidh.

'S luaineach mo chadal,
  Bho mhadainn di-ciadain,
'S bruaileanach m' aigneadh,
  Mur furtaich thu chinll mi.
'S mi raoir air dhroch leabaidh,
  Cha'n fhada gu liath mi,
'S an gille dubh ciar-dhubh,
  Tighinn fo m' ùidh.

Note.—This fine little song is attributed to a Highland Sappho of the thirteenth century. Burns became so enamoured of it on hearing it sung by a lady, during his peregrination to the mountains, that he immediately wrote verses to the air, and it then became known for the first time to the English reader. To the same poet's taste we are indebted for the beauties of *simple melody*, and to the same lady's singing we owe the "Banks of the Devon," from "*Banarach dhonn a chruidh,*" p. 127.—*See Burns's Letters.*

CRUINNEAG A CHRUIDH.

Tha mulad mòr ga m' shàrach
Nach faigh mi dol do 'n àiridh,
'S cha'n fhaod mi bhi ga ràite,
  Air angal càch gu leughadh.
    *Mo chailin grinn, meul-shuileach, dubh,
    'S toigh leam fhìn cruinneag a chruidh,
    'Chailin ghrinn, mheal-shuileich,
    Air m' fhalluinn thug mi spèis dhut*

Cha'n e nach bu mhiannach leam,
Gach òidhche laidhe siunte riut,
Ach m' inntinn a bhi 'g innseadh dhomh,
Nach striochdadh tu 's an éa-còir.
Mo chailin grinn, &c.

Tha nise bliadhn' a's còrr,
O'n a dhùiriginn do phòsadh,
'S tha 'n gaol a thug mi òg dhut
An diugh cho beò 's an ceud là.
Mo chailin grinn, &c.

Na'm biodh mo chruinneag deònach,
Cha chumadh Cléir no stòl mi,
Ach dh-fhalbhainn leat thar m' eòlas,
A phòsadh do Dhun-éideann.
Mo chailin grinn, &c.

Thug mi gaol ro òg dhut,
Nach tréig mi fhad 's is beò mi,
An dùil ri t-fhaighinn pòsda,
Le toil a's deòin na Cléire.
Mo chailin grinn, &c.

Tha gruaimean air mo chàirdean,
Gu'n tug mi gaol thar chàch dhut,
Ach cuim' an deanainn t-àicheadh
'S gu'n tug thu gràdh d'a réir sud?
Mo chailin grinn, &c.

Dh-innsinn duibh a h-aogas,—
A gruaidh cho dearg ri caoran,
'S a dà shùil mheallach, chaogach,
Fo mhala chaol na h-euchdaig.
Mo chailin ghrinn, &c.

A bhràighe dealrach rìomhach,
Mu'n àillte thig an sìoda,
'S a broilleach corrach chlochan—
A s gile 'fhiamh na'n éiteag.
Mo chailin ghrinn, &c.

Do phòg air bhlas na'm figis,
O'n bheul dh-fhas meachair, siomhalt;
'S e mheud sa fhuair mi d' bhrìodal,
A ghoid an cridh' a'm' chreubhaig.
Mo chailin ghrinn, &c.

Cha'n e mùid do phòrsain,
A dh-fhàg mo chlon cho mòr ort;
Na'm faighinn thu ri phòsadh,
Cha stòr a bha mo dhéidh air.
Mo chailin grinn, meal-shuileach, dhubh,
'S toigh leam fhin cruinneag a chruidh,
'Chailinn ghrinn meul-shuileich,
Air m' fhalluinn thug mi spéis dhut.

FEAR AN LEADAIN THLAITH.

LUINNEAG.

Fhir an leadain thlàith,
Dh-fhàg thu mi fo bhròn
Tha mi trom an dràsd,
'S e sin fà mo dheoir!

Fhir chuil dualaich, chleachdaich,
'S bòiche fiamh ri fhaiciun,
Tha do ghaol an tasgaidh
N seòmar glaist' na m' fheòil.
Fhir an leadain, &c.

Tha do ghruaidh mar shuthain,
An garaidh nan ubhall,
Binne leam no chuthag,
Uirighill do bheoil.
Fhir an leadain, &c.

An toiseach a Gheamhraidh,
'S ann a ghabh mi geall ort
Shaoil leam gu'm bu leam thu,
'S cha do theann thu'm chòir.
Fhir an leadain, &c.

Fhir an leadainn laghaich,
'S tu mo rùin 's mo raghain,
'Na'n sguireadh tu thaghal
'S an taigh am bi'n t-òl.
Fhir an leadain, &c.

Fhir an leadain chraobhaich,
'S òg a rinn thu m' aomadh,
Thug thu mi bhò 'm dhaoine,
Fhuair mo shaothair òg.
Fhir an leadain, &c.

An gàir' a rinn mi'n uiridh,
Chuir mo cheam an truimead,
'S mis a tha gu duilich,
'S muladach mo cheòl.
Fhir an leadain, &c.

FAILTE DHUT A'S SLAINTE LEAT.

LUINNEAG.

Fàilte dhut a's slainte leat,
Fàilte chuirinn a's do dhéigh:
Fàilte dhut a's slainte leut,
Fàilte chuirinn a's do dheigh.

Se mo rùn an Gàël laghach,
'S tu a thaghalun 's cha be'n Gall;
Ort a thig na h-airm gu sgibidh,
Os ceann adhairc-chrios nam ball.
Failte dhut, &c.

'S tu sealgair a's dìrich amharc,
'S geal an aingeal th' ann ad ghleus;
'S tric do luaidhe ghlas na siubhal,
'S i gu fuilteach, guineach, geur.
Failte dhut, &c.

Bu tu nàmh a chapuill-choille,
'S a bhuic an doire nan stùc;
Marbhaich a bhric ris a choinneil,
'S a choilich anns a choille dhlù.
Failte dhut, &c.

'S math thig sid air do ghiùlan
Flasg anns am bi fùdar gorm,
'S aireach leam nach d' rinn mi chis riut,
Ged a bhiodh an t-ùmhladh orm!
Failte dhut, &c.

Leat cha 'n iarrainn seòmar cadail,
No clàraidh leap' bhi ri m' thaobh;
B' annsa bhi le m' ghaol 's le m aighear,
'N àros nan aigheau 's nan laogh.
Failte dhut, &c.

Ma chaidh tu timicheall air an rugha,
Bi'dh mi dubhach as do dheigh;
'S gus an cluinn mi thu 'bhi tighinn,
Gu'n robh gach slighe dhut réidh.
Failte dhut, &c.

HI-RI-RI 'S HO RA-ILL-O.

LUINNEAG.

Hi-ri-ri 's ho ra-ill-ò,
Raill o ho, raill ò,
Hi-ri-ri 's ho ra-ill o,
Mo nighean donn is bòidhche.

On tha mi fo mhulad air m'aineol,
Anns an tìr nach faic mi cairid,
Ruigidh mi nise mo leannan,
Gus am faigh mi còir oirr',
Hi-ri ri, &c.

Bha' mi òg a measg nan Gall,
'S thug mi greis air feagh nam beann,
'S ge lion'or té on d'fhuair mi cainnt,
'S ann tha mi 'n geall air Mòraig.
Hi-ri-ri, &c.

Còmhdach cinn is àilte snuadh,
'S e'n ordudh nan ioma' dual,
Gus an cuir iad mi 's an uaigh,
Cha toir mi fuath do Mhòraig.
Hi-ri-ri, &c.

Na h-orain mhilis thig od bheul,
'S annsa' leam na ceol nan teud,
'S binne na smeòrach air géig,
Na fuinn thig réidh bho Mhòraig.
Hi-ri-ri, &c.

'S cliùtach, siomhalta, do bheus,
Aigne ciùin, 's e socrach, réidh
Gu seirceil, suairce, soitheamh, gléiste,
Guùis na féile Mòrag!
Hi-ri-ri, &c.

B' annsa leam na òr na spainte,
Do ghnùis fhaicinn le fiamh gàire,
'S e sid a dh-fhag bruite m'àirnean,
Miad mo ghràidh do Mhòraig.
Hi-ri-ri, &c.

'Nuair lionte 'n deoch a bhiodh blàth,
Ma fheasgar 's na cupain bhàn',
Ged dhuisgear sgainneal le càch,
Cha chluinnear cànran Mhòraig.
Hi-ri-ri, &c.

'N uair chuirt an fhiodbal air ghleus,
Gu damhs air an ùrlar réidh,
Bu dlù mo bheachd air gach té,
'S mo chridhe leum gu Mòraig.
Hi-ri-ri, &c.

Na glacadh tu nise mo làimh,
Gu'n leiginn mulad ma làr,
Ghabbainn òran, a's dheanainn dàn,
'S mo làmh gu'n tugainn pòg dhut.
Hi-ri-ri, &c.

Note.—There are various sets of this popular song, we cannot, indeed, say how many. Of these we think this is the best, and we are told it is the original. It was written by the Rev. Charles Stewart, D.D., late minister of Strathchur.

ORAN CUMHAIDH,

DO-DH' EACHUNN RUADH NAN CATH

A MHARBHADH LATHA INBHIR-CHEITEAN.

Gur h-oil leam an sgeul sin,
A dh-éisd mi di-dòmhnaich,
Gun bhi tuille d'a sheanchas,
Ach an fhoill a' rinn Hòburn;
Dh-fhàg iad deagh Mhac-'Illean
A cur a chatha na ònar,
'S theich iad féin troi chéile
Gun fhear-éilidh an òrdugh.
Fail il-an hù-il-an, hi-il-an ò rò;
Fàil il-an hù-il-an, hi-il-an ò ro;
Fàil il-an hù-il-an, hi-il-an o ro;
Fail il-an ò hò: och nan och! mar a tà sinn!

Bu mhor bha dh-uireasbhui' làmh ort,
Ged thug àrdan ort fuireach,
Ach tuille 's an t-ann-bharr
Theachd a nall air an luingis ;
'S mis a chuireadh an geall
Mur biodh ann ach na h-urrad,
Nach bualadh iad baing ort
Ann sa chàmpa le sulas.
Fail il-an, &c.

Chuir thu ghràbhailte chruadhach
Air gruag nan ciabh amlach,
Lann thau' air do chruachan—
'S i na cruaidh chum a barra-dheis ;
Sgiath dhaingeau nan cruai-shnaim,
Agus dual nam breac-meanmnach,
Agus paidhear mhath *Phiostal*
Air chrios nam ball airgeid.
Fail il-an, &c.

Cha bu shlacan aig òinid
Culaidh chòmhraig a ghaisgich,
Dol' an cpinneamh do nàmhaid
Cha chrith-mhàntain so ghlac thu ;
'Nuair a bhuail thu beum-sgéithe,
Dh' iarr thu céile *chombat* riut,
S nuair a thug thu na'n còdhail
Theich Hòburn 's a mharc-shluagh.
Fail il-an, &c.

'S ann a thug thu do dhualchas
O'n fhear a bhuaileadh an Gruinneart,*
Cha robh iomairt gun fhuathas,
'S cha robh buannachd gun chunnart ;
Chluinnte torunn na làmhaich
Agus tairneanach ghunna,
Ri deus-laimh mo ghràidh-sè
'Cuir nan Spainteach gu'm falang.
Fail il-an, &c.

'Nuair a thogta leat *leibhi*,
'S a dh'eighte fear air a mbàrg leat,
'Mhuire ! 's ioma bean baile
Dh-fhàg sud tamull na banntraich,
Agus leanamh beag cithe
Na dhilleachdan ànfhann,
Ach ge duilich do mhuinntir
Cha'n ann ump' tha ar dearmad.
Fail il-an, &c.

Gur h-iomadh laoch dòrn-gheal
Chaidh an òrdugh mu d' bhrataich,
Agus òganach sglamhach
Bha ga riasladh fo eachaibh,.
Agus spailp do fhear-taighe
Nach tugadh atha d'a phearsa,

* Lachunn Mòr, Chief of Maclean, Lord of Duart and Morven, killed at Grunneard in Isla, 5th August, 1598.

A' bheireadh claidheamh a' duille
Bhiodh cho guineach ri ealtuinn.
Fail il-an, &c.

'Nuair a thogamaid feachdan,
A rì ! bu ghasd ar ceann-armailt ;
Ga b'e thigeadh air t-eachdraidh,
Ghabb ind tlachd dhiot air Ghalltachd ;
Bu tu caraid a Mharcuis
A bha 'n Sasunn gun cheann air,
Agus co-ainm an Eachuinn
Leis 'n do ghlacadh an chbhlach.
Fail il-an, &c.

S fad' o dh-imich am fear ud,
'S cha 'n ann da ghearan a tha sinn ;
Ach mar dh-fhògadh gun sealladh
Suil mheallach an àrmuinn ;
Ach gu math an t-aon Dia dhuinn
Gu'r h-e iargain a chràidh sinn,—
Gun robh aoidh fir an domhain
Ann na cho-sheis' a' fàs riut !
Fail il-an, &c.

Ga b'e thug dhut clon-falaich,
Na thog do ealantan litrich,
Ge bi nighean Mhic-Chailein
Bu diol maraiste dh' is' thu ;
Gur mairg i thug gaol dut
Ma chaochlas i 'nis e,
'S nach faic i air talamh
Do mhac-samhail am misnich.
Fail il-an, &c.

M'a dheireadh an t-Samhraidh
Cha robh meamna do sgeul oirn,
'S beag an t-ioghua do ranntachd
Bhi fo chàmpar as t-eugais ;
Agus muinntir do dhùthcha
'Bhi fo chùram mu d' dhéibhinn,
Gun robh 'n t-aobhar ud aca
Ga ruig an Leas agus Treufag !
Fail il-an, &c.

Tha iunntraichinn bhuainne,
'S cha bu sbuarach an call e ;
Gu'm bu mhòr an luach-taisgeil
Ma tha 'n t-ath-sgeul a dearbhadh ;
'So bheireadh daoin' uaisle
As an uachdran ainmeil,
'S as ar tighearna smachdail
'S cha bu lapach an ceannard.
Fail il-an, &c.

C'ait an robh e air thalamh
Boinne fala a b' àilli,
Na t-oighre-sa 'Dhubhairt,
Lochabuidh agus Arois ?

Gu'r iomad beau uasal
A bha gruag air dhroch càradh,
Ged nach dh-fhuair iad de sgeula
Ach gu'n chreuchdadh 'sa bblàr thu.
    Fail il-an, &c.

Tha do phàirc air a dùnadh—
Ionad lùchairt nan Gàël;
Gur deacair sud innseadh
Aig ro dhillsid do phàirtidh;
Tha chraobh a b'fhearr ùbhlan
Air a rùsgadh an dràst diu;
Och! a Mhuire mo dhiùbhail
Chaidh am flùr thar a ghàraidh!
    Fail il-an, &c.

Note.—This beautiful elegy was composed on the death of Sir Hector Roy Maclean, second baronet of Duart and Morven, who was killed in the battle of Inverkeithing, 28th July, 1651. The author of the poem is unknown.

ORAN
DO SHIR EACHUNN MAC 'ILLEAN DHUBHAIRT.*
LE IAIN MAC-ILLEAN.

Dh' fhalbh air thuras fir Alb' uile,
'S na dh-fhàg Lunnainn dùmhail,
'S e fà ar mulaid ceannard Mhuile,
Gu'm b'e a chulaidh ionudrain,
Chunnacas uair thu, linn Raoin-Ruairidh,
Cha tuga luchd-fuatha pùic dhiot,
'S bu treun do gheard gu dol do'n bhlàr,
Ged dh-fhalbh thu 'n dràsd le aon-fhear!

'S an Dreòllainn tha air iomadh fà,
Fir a's mnài fo chùram,
Mu'n tì a chaidh do Shasunn bhuain:
Ga 'm beil an uaisle ghiùlain,
Tha sinn na dheigh mar ian air géig,
Air chridh' am péin ga chiùradh,
Cha'n nochdar leinn aon gair air beul,
Mur faigh sinn sgeul ni 's ùire.

'Nuair chaidh thu d' bhàta moch di-màirt,
Gu fhalbh bharr clàr do dhùthcha,
Gur truagh a bha gach tonn air tràigh,
Le coltas cràidh a's tùrsa,
Chaidh gaoth air ghleus gu grad gu t-fheum,
Gu h-ealamh, gleusda, sùrdail,
Gun feum air neart nan laoch bu leat,
Ach aon-fhear pròp ga stiùireadh.

Bu truagh' nad dhéigh bha gruaim nan speur,
Gun an teas 'sa ghréin bu dù dh'i!
Gun Samhradh féin na chùrsa béis,
Ach mar aimsir gheur na dùlachd!

* This song was composed on Sir Hector M'Lean, fifth baronet, when he went to France in 1721. He died at Rome, July, 1750.

Gun mheas air crann, gun fheur ach gann,
Gun chuthag ann, no smùdan,
Gun sealg nam beann ri fhaotainn ann,
'S gun damh sa' ghleann 'ni bùireadh!

Bha coille 's machair caomh ri Eachunn,
Thaobh gu'm bu ghasd am flùr e,
Mar ùmhlachd dhù fo bhonn a bhròg,
Bha feur nam fòd a' lùbadh,
Na fhianais féin o grad a'g' éiridh,
Suas gu h-eutrom, driùichdach,
'S b'e barail gheur gach neach da'm leir,
Gu'r falbh 'n ad dheigh bu rùn dà!

Cha dù do 'n bhannrinn air aon aobhar,
'Bhi na nàmhaid dhuinne,
Gun seanachas dhaoine riamh ri fhaotuinn,
Gur dream a dh-aom o'n' chrùn sinn,
Gun aon aobhar—dha ri fhaotainn,
Aig luchd-gaoil no diùmba—
Air falbh le aighear do'n Fhraing air bhaideal,
B'e sud an aithis shùl-ghorm.

'S mor an luidheachd thug thu bhuat,
Air son na fhuair thu chùirt air,
Cinneadh greadhnach, feachdail, meadhrach,
Fearann suor, a's dùthaich,
An t-anam féin bha staigh a'd chré,
Chaidh sin na cheudan cùntart,
Do shliochd fo fhuath 's am leat bu chruaidh,
'S nach robh e'n dual no 'n dù dhut.

An talla chomhnuidh 'n robh a shebrsa,
Riamh gu ceòlmhor, mùirneach,
An earradh broin cha'n aoibhneas dò,
Fo fhuaim nan stòp aig dù-Ghaill;
'Nuair fhuair e steach e leum e'n aiteas;
Air leis gu m' chaisteal ùr e,
Bha clach chinn-snait' air caochladh dreach,
Cho geal ri sneachd ri aon-uair.'*

Tha 'n tì rinn ceann dibh air an ranns',
Gu tric fo ainneart spùilidh:—
'Nuair chi e'n t-am ga'r cuir a nall,
Gun bheud, gun chall, gun chunnard,
Bi'dh sibh air sòhg, air cuirm, 's air ceòl;
Air bhlaths gu leoir, 's air sùgradh,
'S gheibh sibh gu ceart bhur còir air ais,
'S dion a dh' aindeoin cùise.

'Na'n abradh neach nach eil so ceart,
Cha'n iarrain dad bu mhò dha,
No teachd fo chall mar tha sinn ann,
Gun rìgh, gun cheann, gun dùthaich,
Ach chi mi 'ghnà gur fior an ràit,
'S gur bristeadh àithn' bho thùs e:—
"Gu'r beag mar chràdh le fear tha slàn,
A chnead tha nàbaidh bùirich."

* This stanza has reference to some wild superstitious story, of which we freely confess our ignorance.

AN LAIR DHONN.

LE MURCHA' MOR MAC MHIC MHURCHAIDH BAR AICHEALAIDH.

Tha mise fo ghruaim,
'S gun mi 'n caidridh a chuain,
Cha chaidil mi uair air chòir.
Tha mise fo ghruaim, &c.

Ge socrach mo ghleus,
Air capull na leum,
Cha chaisgear leam m' fheum le treòir.

Loth philleagach, bhreun,
Fo phillin 's fo shrein,
Aon ghille na deigh bu lòd ;

Cha tugadh i ceum,
Ach duine 's i-féin,
'S gu'n cuireadh i feum air lòn.

Na 'n gabhaidh i sglos,
'S e b' fheudar dol sìos,
'S a treigsinn ge b' fhiamh an tòir ;

Cha b' ionnan 's mo làir,
Air linne nam bàrc,
Bi'dh gillean a ghnà cuir bhòd.

Iubhrach shocrach a chuain
Dha 'n cliù toiseach dol suas,
'S croinn dhosrach nam buadh fo sheòl,

Air bharrabh nan stuadh,
'Cuir daraich na luaths,
'S buill tharuinn nan dual 'n am dhòrn.

'S i b' aighirich ceum,
Dha 'n faca mi-féin,
'S cha chuireadh i feum air lòn ;

Cha 'n iarradh i moll,
No fodar, no pronn,
Ach sodradh nan tonn fo 'sròin.

Reubadh mara le sùrd
Fo bheul sgair agus sùigh,
Deis a barradh gu dlù le òrd ;

Ruith chùip air a clàr,
'S i druite fo shàl,
'S bu chruit leam a gàir fo sheòl.

Be sud m' aighear 's mo mhiann,
Ged ghlasaich mo chiabh,
'S cha shlat agus srian a'm' dhòrn ;

Ged thigeadh an ruaig,
Le caitheamh a chuain,
Cha laidheadh oirn fuachd no leòn.

Fhir a dh'im'cheas an Iar,
Bho nach cinnteach mo thriall,
Bi 'g innse gur bliadhn' gach lò ;

'S beir an t-soraidh so null,
Air fad oir thìr an fhuinn,
Far am faighte na suinn a 'g òl.

Gu Innis an fhéidh,
Gu eirir an eisg,
Far nach diolar leam féich air lòn ;

Gu eilein nan tonn,
Nam ban àlluinn 's nan sonn
Bu mhileanta fonn mu bhòrd.

Gu comunn mo rùin,
Nach cromadh an t-shuil,
'N àm tromachadh dhuinn air pòit ;

'S sinn gun àrdan gun strì,
Gun àireamh air nì
'Cuir sàradh am fìon 's ga òl.

Note.—The author of this piece was Mr Murdoch M'Kenzie of Aicheldy, in Ross-shire, a gentleman of high respectability. In the early part of his life he resided in the island of Lewis, occasionally going to sea, in a vessel of his own. Afterwards he became a cattle-dealer on an extensive scale, purchasing among the tenantry of that island, and exposing them for sale in the English market. He happened to be in England with a drove of cattle, and not getting immediate sale, he was compelled to remain a considerable time. Being thus wholly unoccupied, he hired a gig in which he took short excursions through the adjacent country, and it was when thus employed that he composed his "*Làir Dhonn.*" The air is by himself. He composed several other pieces of merit.

IORRAM* DO SHEUMAS BEATON.

IAR-ODHA DO 'N OLLA MHUILEACH.

LUINNEAG.

*He ho lal ò,
He ho ró hú nàilibh ;
He ho lal ò.*

'S e mo rùnsa Seumas :
He ho lal o, &c.

Fear a bheus a b'àil' leam :
He ho lal o, &c.

Beatonach gun amharus :
He ho lal o, &c.

* This kind of composition is not used by any of our modern poets. Various pieces of this sort are in our possession, but they are generally of little poetic merit, though the airs are sometimes cheering and melodious if well sung. We shall only give the following as a specimen of the whole of the ancient "*Iorrams.*"

Leanach cha'n àicheam ;
 He ho lal o, &c.

Cha b'ioguadh leam idir e ;
 He ho lal o, &c.

'N duine ud a bhi stàtail :
 He ho lal o, &c.

Car' an olla Mhuileach thu,
 He ho lal o, &c.

Fhuair urram 's na blàraibh
 He ho lal o, &c.

Thainig fios o'n Rìgh ort ;
 He ho lal o, &c.

'Dh-innseadh gu'n robh 'm bàs air :
 He lal ho o, &c.

Cha robh feum nau carrachd dhaibh,
 He ho lal o, &c.

A d' mhealladh* cha robh stà dhaibh,
 He ho lal o, &c.

Na'n tachra' tu 'n glacaig orm,
 He ho lal o, &c.

Mheallainn thu do'n fhàsach,
 He ho lal o, &c.

Chàrainn féin mo phlaide fodhad,
 He ho lal o, &c.

'N taigh-coimhead na h-àiridh.
 He ho lal o, &c.

ORAN LE FORSAIR CHOIR' AN T-SI.

Cha be tùchan a chratain,
 'So dhùisg mi sa' madainn,
Ach caumbneach' fir chabair na cròic.

Gu'm beil m' inntinn cho deacair,
 Ri fear sgith 's e 'n deigh astair,
Bhiodh air mhi-gleus gun leabaidh na chòir.

'S ann air cùl choir chreachainn,
 So dhiult thu dhomh lasadh,
Air ùldaiche cabrach nan cròc.

Tha corr a's ochd bliadhna deug,
 Bho'n chaidh sinn 'n carabh a chéile,
'S cha d' rinn thu riamh eacoir bu mhò.

Bha'n spor bhearnach, gheur, thana,
 Am beil-snaip air deagh theannadh,
Ge do dhiùlt thu dhomh aingeal ri òrd.

Na 'n tugadh tu aingeal,
 Chuirinn cunnart air anam,
Ge d' chaillinn ris gearran 'sa' mhòd.

---

* The Beatons were a race of hereditary physicians who lived in Mull from the time of the Druids. Allusion, however, is here made to a time when one of the Scottish monarchs being dangerously ill, and hearing of Beaton's fame, sent for him as the forlorn hope,—the court doctors having pronounced their Royal patient incurable. The physicians in attendance, jealous of our rural Æsculapius, or, at least, anxious to put his skill to the test, brought him, with great pomp and formality, cow-urine instead of that of his Majesty, averring that its colour indicated the desperation of the ailment. Beaton at once detected the fraud, saying, "if it be his Majesty's urine, it smells strongly of the byre ; and if you, gentlemen, open him up, you will find he is with calf!" but upon seeing the proper fluid, he undertook the case, and was successful in effecting a speedy restoration of his Majesty's health.

Many anecdotes have orally come down to us as illustrative of the Beatons' skill. One of these we may give in corroboration:—Sailing along the coast of Mull on a calm summer evening, the song of a milk-maid floated softly on the breeze and arrested the attention of the boatmen. "Is not that a charming voice ?" remarked one of the party to Dr Beaton.—"*S breagh' an guth air uachdar losgainn e!*" was the mysterious and significant reply.—*i.e.* A very fine voice for one who has swallowed a frog ! It subsequently turned out that the young woman whose melody had charmed our navigators, had actually swallowed the amphibious animal ; and, although it did not then annoy her, it soon assumed an alarming aspect, and had almost terminated in her death. We give one other anecdote :—

Beaton was once sent for by a gentleman at *Aros*, who had been long indisposed, and was attended by two eminent physicians. The worthy brace of health-restorers retired as Beaton entered the chamber of sickness, and after a few preliminary questions, he examined the patient's body, exudations, &c. He soon ascertained that the chieftain's complaint arose from a boil on the stomach, and forthwith bethought him how to effect a cure. His knowledge of the human system, and the laws that regulate it, enabled him to foresee that some violent exertion of the lungs would probably have the desired effect ; in short, he put his brains to work to try how he could make the sick man laugh. Beaton, in the presence of his patient, discharged his excrements on a shovel, and then brandered it with culinary skill and care until it was sufficiently dry to be reduced to powder. This ludicrous preparation was then made up in a paper parcel, and left half open on a table beside the astonished patient. Without giving any prescription of a dietary or medicinal nature, he took his leave, promising, however, that he would revisit the chieftain on the following day. He was no sooner gone than the other doctors returned to the object of their solicitude, anxious to ascertain the result of his interview with Beaton. The patient told them that he had received no advice from their rustic brother, but that he had left a powder there on the table, not deigning, however, to give any instructions as to how or when it was to be used. The medical gentlemen were roused to the highest pitch of curiosity to analyze the powder. What could it be ?—It was brown and quite dry. Yielding to the curiosity of the moment, they smelt the *simple*—it was perfectly innocuous ; each took his forefinger and thumb, and seizing a goodly quantity of it, they tasted and swallowed the pulverized excrements of their friend ! The patient knew the history of the preparation—he saw, shook, and burst into an immoderate fit of laughter. It was enough ; the boil burst, and the chieftain vomited a quantity of corrupt matter. A few days after, and the gentleman was foremost in the chase ; and Beaton universally lauded as a man of shrewdness, skill, and penetration.

Leig mi ruith chrios mo bhreacain,
Gus do rùisg air mo chasan,
Mu'n cluinneadh tu tartraich mo bhròg.

Bha mi 'g ealadh mar dh-fhodainn,
Dol an aghaidh na gaoithe,
Mu'n gabhadh tu sraonadh ad shròin.

'Sàr chuirtear na maise,
(Chuir e lùb air gu m' fhaicinn,)
Ga m bu dùthchas bhi 'n creachainn an fheoir.

'Nuair thog thu do cheann rium,
Cha robh ' thrùp aig na Frangaich,
Na chuireadh a deann ud gad chòir.

Gus an cluinn na gu 'm faic mi,
Tuill ùr ann do dheacaid,
Bi mi t-iarraidh car seachduin na dhò.

Bi mi gabhail do sgeula,
Ciod e n' t-iùil nan taobh theid thu,
Mhic an fhir ga'm bi 'n fhéile ro mhòr.

Mhic an fhir a ni 'm bùirean,
'S ga'm bi n anail as cùiridh,
'S tric a chuir mi do lùireach 's an stòp.

'S a chuid eile de'n chùineadh,
Dhol a cheannach an fhùdair,
S pàirt dheth ga shùdhadh am shròin.

Bu tu mislean nan uaislean,
' N robh misneach le cruadal,
Air an dh-fhas na h-airm uallach gun spòrs.

Note.—Forsair Choirr'-an-t-Suil, the author of this song, lived near Kilmun, a hundred and fifty years ago. His real name was John White: he composed several songs, some of which are in our possession, but our limits will not permit us to insert them here.

IORRAM NA TRUAIGHE

DO THIGHEARNA CHILL-DUINN.

LE SACHAIRI MAC-ALLAIDH.

Gur i iorram na truaighe,
Tha mise 's an uair so a seinn ;
Gur e mheadaich droch shnuagh orm,
'S a laghdaich a ghruag bharr mo chinn,
A liuthad sgaradh a fhuair mi,
'O 'n là b' aithne dhomh gluasad leam fhìn
Ach so 'n t-aon bheum 's cruaidhe,
Chuir an saoghal air uachdar ri m' linn.

Gur bochd m' ur-sgeul ri leughadh,
Ge be dheannadh rium éisteachd an dràsd,
Tha mo chridhe ga reubadh,
O 'n là chunla' mi sgeula do bhàis,

Gu'm beil m' inntinn ro bhruite,
'S tric snithe mo shuilean gu làr,
Bho 'n la dh-fhalaich an ùir thu,
Fhir bu fhlathaile gnùis am measg chàich.

Measg chàich bu tu 'chuidenchd,
Air mo laimh cha bu sgrubaire bùird,
Ann an tuigse 's an reusan,
Cha do dh-fhidrich mi féin ort ach cliù,
Ann an ath-truas ri d' dhaoine,
'Nuair chidhe' tu baoghal ri 'n cùl,
Gur tu b' urainn da 'n tearnadh,
Fhir bu tairise blà-senlladh sùl.

Suil bu ghuirme na 'n dearcag,
Fo aghaidh ghlan, ghasta, chùil réidh,
Gruaidh dhearg mar na caorann,
Slios bu gile na faoilinn nan speur ;
Meoir bu grinne gu sgrìobhadh,
Litir bhàn bu glan sgrìob 'o d' pheann geur ;
Nochd gur tùrsach tha m' inntinn,
Air thùs domh bhi g' innseadh do bheus.

Beus a b' ainneamh ri fhaotainn,
Measg clanna nan daoin' anns an fhonn,
Le d' chiall chunabhalach, socrach,
Cha bu leir dhomh aon lochd a bha 'd chòm ;
'S e tholl mo chridhe gu beachdaidh,
Gun tbu thighinn air t-ais oirn le fonn,
Ceannard m' òil agus m' aigheir,
Fo na bòrdaibh na laidhe gu trom.

Bhuainn gu 'n tug iad a nis thu,
Gu là-luain mo shuil silteach ga d' chaoidh,
Gur e fuaigheal do chiste,
Càs bu cruaidhe 'n robh mise na 'm bi,
Ge bu chruaidh b' fheudar fhulang,
Ochoin ! tha mo bhunadh da m' dhìth,
Mo cheol, m' òl, agus m' aighear,
Fo na bordaibh na laidhe 's an I.*

Air an I nnn san t-seapall,
Tha 'n tì bu mhòr ceist air an dùimh,
'S tu nach tròigeadh am feasd lad,
Fhad sa dh-fhaodadh tu 'n tensraiginn slàn,
'S bochd leam gaoir do dhaoin' uaisle,
'S iad mur chaoirich gun bhuachaill air blàr,
A Rìgh ghaolaich ! gabh truas diù,
Nois 'o thug an t-Aog 'uath thu gun dàil.

Dàil cha 'n iarainn a nis,
Ach bhi triall chum do lice mo mhiann,
Dol a dh-iunnsaidh na cathrach,
'Chuir cùram an eallaich so dhiom,
'S beag mo spéis dhiot a shaoghail,
Na 'n creideadh na daoine gur fior ;—
Tha sior ghiùlain a pheacaidh,
Choisinn sgiùrsadh le masladh do Chriosd'.

* A burial place in the island of Lewis, near Stornoway

Ach a Chriosd tha sa' chathair,
Air deas laimh an athar gu buan,
An diugh 's leir dhut mo dhòran,
'S mi n deigh cloidhean an doruis thoirt uam,
Fhir thug maois as an Eiphid,
'S a sgoilt na clàr réidh dha mhuir ruadh,
Fhir a chum mi 'sa dhéilbh mi,
So an Iorram a shéirm mi gu truagh!

Note.—Sachairi, or Zachary Macaulay, the author of this elegy, was born in the island of Lewis, in the beginning of the eighteenth century. He was the son of an Episcopalian clergyman and liberally educated. The subject of this piece was M'Kenzie, the last laird of Kildun, whose widow lady kindly entertained Prince Charles when in Lewise (not "*Tighearn Asaint*," as erroneously stated in the Inverness and other Collections. The last of the lairds of Assaint had been dead some time before our poet was born). This *Tighearna Chill-Duinn*, was a gentleman of literary and poetical taste; he was a relative and great companion of our author. It is said that Macaulay grew melancholy after his death, though in his youth he was somewhat loose, and wrote some wanton pieces, clever enough in their way. The most celebrated of these was the "*Gliogram.chas*," the air of which was a favourite with Burns, as appears from one of his letters to Thomson.

ORAN GAOIL.

LEIS A BHARD CHIANDA.

FONN—"*Tha mo leannan air fàs rium an gruaim.*"

Tha mo chridhe mar chuaintean,
Air beil mulad, a's bruaillean a snàmh,
Gur h-e trom-cheist mo leannain
Mo throm ghalar a's m'euslaint a ghnà,
Tha mo shuilean gu silteach,
Mo dheòir 'tuiteam mar uisge gu làr,
Tha liunn-dubh air mo bhuaireadh,
Rinn mo chaidridh thoirt bhuam 's mo phràmh.

Mu'n ribhinn òig àluinn,
Bann-rìgh na h-uil' mhnà ta fo 'n ghréin,
Ann an deasachd 'a an eolas,
Ann an tuigse 's 'm fòghlum 's an céill,
Ann an geamnachd 'a am mintachd,
Ann am baindeach gun mhì-ruin, gun éud,
Gradh neo-chlonntach, diamhair,
Neo-lochdach, gun ghiamh, 's gun bheud.

* "While they were at lady Kildun's they killed a cow, for which the Prince would have paid, but she at first refused till the Prince insisted upon it. When they left the place they took some of the cow with them, two pecks of meal, and plenty of brandy and sugar, and at parting lady Kildun gave Edward Burk a lump of butter."—*Ascanius*, p. 134, Stirling, 1802.

Ge b' leam ùghdarachd Ailein,*
Ur-labhradh gach sgoile 's ro aird',
Bu ro bheag leam mo chonnas,
Air do dheanamh-sa follais an dàn,
Ach mu 'm pillear san àth mi,
'S mor gur fearr a bhi bàit air an t-snàmh,
Bho 'n a's onair 'n nach mulad,
Leam do mholadh bho d' mhulluch gu d' shàil.

Dh-fhàs air ragha nan òg-bhan,
Cùl sgiamhach, falt còrnach nan cuach,
Ciamhach, cam-lubach, caslach,
Sgiamhach, umalagach, dreach-bhui', gach dual,
Barr gasta chùil or-bhui,
Mar dhreach theudan a's ceol-mhòire fuaim,
B' éibhinn fhaicinn ga réiteach,
'S fiamh laiste na gréin' mu do chluais.

Fuaim òrghain na fidhle,
Ceol toraghain nam plob a's nan teud,
Cha do sheinneadh an sì-bhruth,
Ceol a's binne no piopan do chléibh,
Gaoth mar lusan na frìthe,
Tigh'nn bho uinneagan mìne do bhéil,
Bilean blàth-bhriathrach, àluinn,
Aig an ribhinn a's cnaimh-ghile deud.

'S ceart cho geal tha do bhràgad,
Ri canach no trù-shneach air géig,
'S corrach mìn na tuilichean
Dh-fhàs na mulain air mullach do chléibh,
Bàsan fionalta, bàna,
Meoir ghrinn-chaol ga'm àbhaist cuir ghréis,
Air seudan le òr-shnath,
Dealbh lomhaigh gach éoin a's gach géig.

'Nam biodh na h-urad aig càch ort,
'S a bh' agamsa ghràdh air do nèòil,
Cha bu ràfart no mearachd,
Leo mi labhairt mo bhaireil a's mo ghlòir,
Ach na'n creideadh iad fìrinn,
Cha tréiginn air mhiltean thu 'n òr,
No air airgead nan Innsean,
Do bheadradh, do dhìsleachd, 's do phòg.

Bi'dh mi nis a' co-dhùnadh,
Agus cuiream ri tùrsa gu bràch,
Cha 'n eil sì-shàimh nam aigneadh,
O'n nach meal mi do chaidridh 's do ghràdh:
Bho'n a thug thu làn fhuath dhomh,
Gus an téid mi 'san uaigh leis a bhàs,
Bi'dh ma chridhe mar chuaintean,
Air bi mulad' a's bruaillean a snàmh!

Note.—This song is a lament for the loss of the poet's sweetheart, a coy maiden to whom she was attached, but who preferred and married another. It is questionable, however, whether he was altogether so grieved about the circumstance as he would have us to suppose.

* Allan Ramsay, the poet.

COMHRADH, MAR GU'M B'ANN

EADAR DITHIS NIGHEAN MHIC-DHOMHNUILL DUIDH,
LE IAIN MAC-'ILLEAN.

AIR FONN—"*Tha'n òidhche nochd ro aonarach.*"

Thuirt Mairearad nigh'n' Dòmhnuill,
'S i tòiseachadh gu ciùin,
A phiuthar, ciod an t-òrdugh?
A nis m'an deònach thu :
Mas ionnan dhut 's dhòmhsa,
Bi' t-ùigh, a's gheibh thu cliù ;
'S na iarr dhut féin do shòlas,
Ach pòsadh ris an ùir !

Sin 'nuair labhair Marsaili,
'S bu taitneach leam a glòir ;
A phuithar 's beag mo chiataidh,
Do bhriathran sin do bheoil ;
Gu'm b' fhearr leam a bhi macnus,
Ri mhac sin Eachuinn òig,
Na bhi cràbhadh mar ri sagart,
Agus paidearan na'm' dhòrn.

Ochan! 's bochd an fhaoisid sin,
A phiuthar, ghaolach, òg,
Taonta thoirt do'n t-shaoghal,
'S nach bi thu daonnan beò ;
Gur h-e gniomh a b' fhoghainticb,
Do leabhar a bhi d' dhòrn,
Na bhi falbh an gleanntan fàsaich,
Gun sàilm, ach bàirich bhò.

Air eagal t-fheirg' na t-ardain,
Bi'dh m' aicheadh dhut gu mall,
Gur truagh na smaointean dh-fhàs anuad,
'S gun t-àrach a measg Ghall ;
Gabh féin sgeoil an easpuig,
Fhuair ar creidimhne na cheann,
'Fhiachain nach sean òrdugh,
Am pòsadh a bhi ann

Tha iomadh ni ga chleachdadh,
Le lagh eaglais anns gach àit,
Ach faigh-sa dhomh-sa 'm Bioball :
'S e freamh gach firinn e ;
'S fearr pòsadh, ge be thogradh e,
No losgadh, cùis a chràigh !
Ach ge be nach dean aon chuid diù,
Gur ciunteach gur h-e 's fearr

B' fhearr leam a bhi caiteanach,
Le taitneas, a's le stòr ;
'S a bhi gu beartach, mearracasach
Le airgead a's le òr.

Bhi gu rìmheach, fasanta,
Le pasmunn a's le sròl ;
Na bhi seargadh an taigh-cràbhaidh,
Gun fiù a ghàir', ach brèn.

A bharail a th' aig càch ort,
'S e aobhar nàir as mò,
Gur h-e rud ' chum bho chrùbhadh thu,
Ro mhiad do ghràidh air pòig,
Na biodh tu air t-ùrnaigh moùglaite,
'S tu trodan ris an fheoil,
Gur deibhinn leam gu'n coisneadh tu,
An rìoghachd 's mugha glòir.

An rud ud their na càirdean,
Ciod e 'm fàth dhuinn bhi de 'n rùn,
Gu feairrde bean air bheusaichid,
A céile féin ri glùn ;
An te nach itb am follais rud,
An connaltradh no'n cùirt,
Cha chreid na daoine glice,
Nach ith i cuid an cùil.

Gur bochd na smaointean aigaidh,
Aig mnaoi agaladh do bhéil ;
Ge h-ioma neach tha'n càirdeas,
Cha'n ionnan nàdur 's heus ;
Bi'dh barail aig a phòitear,
Bhios ag òl gach uair ga m' feud,
Gum bi gach neach an gràdh,
Air an dibh laidir mar e-féin.

B' fhearr leam a bhi daonnchdach,
Ri feumanaich do ghnà ;
No bhi ga faoilteach, furanach,
Ro' gach duin ad dhàimh ;
Bho'n 's e 'm beus bu tric a bh'aig,
Gach mnaoi bu ghlic do mhnài,
Na bhi air mo ghlun ag eadarghuidh,
Ri Peadar no ri Pàl.

An t-àite taisge diamhair,
'S am beil t-ulaidh agus t-òr,
Gun ann ach seòrsa phigidheau,
'S bristear iad gu fòil,
Far am beil mo thasgaidh-sa,
Tha glasan air do-leòint' ;
Gum beil mo Stiùbhart saibhir,
'S bheir a làidheal domh mo lòn

Bha gach bean bho'n tainig mi,
Gle stàthail anns gach.euchd,
'S bu luchd a thabhairt dàlach iad,
Do neach air bith am feum,
Bu mhiosail ann an nàisinn iad,
'S uàire 'm miadh do ghléidh ;
'S cha'n iarrainn féin do dh-àilleas,
Ach a bhi mar bhà iad féin.

Gur deacair dhomhsa ràitinn,
'Nach nàdurach do bheus ;
Mar a bha na càirdean,
Gur stàthail bhi da'n réir ;
Gluais thusa mar b'àbhaist,
Feuch an taitin e riut féin,
'S cha toill mise mòran diùmaidh,
Chionn dol ri ùin' ad dheigh.

Note.—John Maclean, the author of this song and another excellent one at page 388, composed on Sir Hector Maclean's leaving his country and going to France in 1721, was a celebrated bard in the island of Mull. He died about the year 1760. When Dr Johnson and Boswell visited that island in 1773, they heard these songs sung by a lady. Boswell observes that "all the company who understood the Gaelic were charmed with the verses."—*Boswell's Journal*, p. 392.

ORAN

DO NIGHEAN FIIIR NA COMRAICH.
LE UILLEAM MAC-CHOINNICH.

'S cianail m' aigne bho na mhadainn,
Ghabh mi cead de 'n ribhinn ;
Ti cho taitneach riut cha'n fhaic mi
Ann an dreach no fiamhachd,
Bu thrian de m' lòn do bhriathran beoil,
A teachd mar cheol a sì-bhruth ;
'S i 'n t-sheirc a ta na d' bhràgad bàn,
A thaisg mo ghradh gu diomhair.

Ciochan corrach, lionta, soluis,
Air do bhroilleach réidh-ghlan ;
Do sheang-shlios fallain mar an eala,
No mar chanach sléibhe.
Bas ionmhuinn, caoin nan geala, mheur caol,
A' dealbh nan craobh air peurlainn ;
'S tu fialaidh, glic—'s do chiall gun tig,
Air diomhaireachd nan reulltan.

Do bhraighe glò-gheal mar ghath gréine,
Taghaidh réidh ghlan mhodhar ;
Siunnailt t-eugais 's teare ri fheutuinn,
Gur tu reull nan òighean.
Gur bachlach, dualach, cas-bhui', cuachach,
T'fhalt ma'n cuairt an ordugh ;
S ann tha gach ciabh mar fhain air sniamh,
'S gach aon air fiamh an òir dhiubh.

'Nighean aingil nan rosg malla,
'S nan gruaidh glana, nàrach ;
Dà shuil ghorm, mheallach, fo'd chaol-mhala,
'S gach aon a' mheallladh gràidh dhiubh.
Tha mais' ad gnùis, gun easbhuidh mhìrn
Beul meachair, ciùin, ni màran,
Do bhriodal caomh, 's do loinn maraon,
A rinn mo ghaol-sa thàradh.

Corp seamhaidh bàn, cho-lionas gradh
Gach ti a tharadh iùil ort ;
'S ann tha do shnuagh, toirt barr air sluagh,
'S tu 'n ainnir shuairce, chliutach.
Do dheas chalpannan ro dhealbhach,
Gu'n bhi meanbh, no dùmhail ;
Troigh chruinn, chomhnard, dh-fhalbhas modhar,
Nach dean feoirn' a lùbadh.

Cho glan is tu 's neo shoilleir dhuinn,
'S mar ghealach thu 'n tùs éiridh ;
Beul tana, muint' a's anail chubhraidh,
'S siunnailt thu do *Bhenus.*
'S e chruu do thlachd deud ùr mar chaile,
Air dlùthadh ceart ri chéile ;
O'n tig an t-òran eatrom, ceol-mhor,
Mar an smeòrach chéitean.

Bho Fhlath nan dùl, tùs rath' fhuair thu,
Bhi modhail, ciuin gun ardan ;
Tha iochd, a's cliù, a's loinn, a's mùirn,
Air glaodhadh dlù' ri d' nadur.
'S tu air do bhuain a freamh nam buagh,
De 'n treun-fhuil uasail, statoil ;
Thu fialaidh, pailt, an gniomh, 's an tlachd
'S do chiall co-streup ri t-àillteachd.

* * * * *

Mi clan o d' chaidridh, 's huan dhomh fhaidid,
Dh-fhag sud m' aigne pianail ;
Osnaich do ghnà, gun fhois, gun tàmh,
A fhrois gach blàth dheth m' fhion-fhuil.
'S e bhrosnaich deoir 's a chlaoidh mo threoir
An ribhinn òg so thriall bh'uainn ;
'S tu 's trom a dh-fhàg mi, òigh mo ghràidh,
Le d' bhròn ata mi cianail.

Note.—William Mackenzie the author of this beautiful song, was the son of a respectable tacksman at Lochcarron, Ross-shire. He lived about the middle of the last century, and was one of three brothers who were all poets. This song was composed on a beautiful young lady, Miss Mackenzie of Applecross. After she departed from his father's house on her way home, William and his brother Alexander accompanied her part of the way, and the song was made on their return. When he repeated it to his brother, Alexander said he could make a better song himself, and would allow his father to judge which of the two were best. He then composed *An t-Aileagan.*★ Alexander died soon afterwards, and then William composed that admirable elegy on his death, which is unequalled in tenderness and pathos by the most celebrated of the Keltic bards.

★ Soraidh slan do'n ailleagan,
  Bha 'o so ma'n tra sa 'n raoir,
Gur barraicht' ann an aileachd thu,
  'S gur lan-mhaiseach do loinn,
Thug the barr air maoi na h-Albann,
  Ann an dreach 'a an dealbh 'a an sgoinn,
Dh-fhag nadur ann an gliocas dhut,
  Gach buaidh dhiu sud os-roinn.

Ge'dana dhomh ri raite sin,
  Thug nadur dhut na 's leor,
Cho mor 's gun d' rinneadh bannrigh dhiot,
  Gun ardan no gne phrois,

CUMHA' ALASDAIR DHUINN

LE BHRATHAIR.

UILLEAM MAC-CHOINNICH CHIANDA.

'S trom an luchd so th'air m'inntinn,
Agus m'uirsgeul ri innse gur truagh,
Thriall mo shùgradh 's mo mhàran,
Lion tùrsa 'n a àite mi 's gruaim,
Tha mo cholll air a maoladh,
'S ni soilleir a shaoil air mo ghruaidh,
'S tearc mo shochair ri fhaotainn,
O'n là ghlacadh le Aog thu cho luath.

'S ann a chiad làtha 'n earrach,
Bhuail an t-éug mi a spealadair lom,
Bhrist air ùbhlan mo ghàraidh,
Leag e m' abhull fo bhlà thar a bhonn,
Rium-sa bhuinn e neo-fharasd,
'Nuair thug e leis Alasdair donn,
Mo chruas iomairt 's mo chearrachd,
'S truaigh dhùinne nach tearuinn sinn bonn.

'S e bhi d' chàradh air eisleig,
Ilinn mo chràladh fo asnaich mo chléibh,
Chuir mo chrì as a chochull,
Chor 's nach suidhich è socrach na dhéidh
Gur luaithe le bhuille,
Na mar ghluaiseas an duilleach air géig,
Chaidh mo shlàinte gu mearan,
Cha 'n eil feum bhi' ga ghearan ri léigh.

    Cha'n eil cron ri aireamh ort,
    A dh-fhaodadh fàs air feoil,
    Am measg ban og a's maighdeannan,
    Ma dhaimeau a measg oir !

    A measg nam ban gur sgathan thu,
    Toirt barr orr anns gach geall,
    'S bachlach, buidhe, sniamhanach,
    Gach ciamh tha air do cheann ;
    Tha do ghruaidh cho dreachmhoire,
    Ri ubhlan dait air crann,
    Suilean gorm mar dhearcagan,
    Ma'u iath na'u raisg tha mall.

    'N taobh staigh do d' bhilean daite,
    Tha deud geal, chailce, ghrinn,
    O'n ceoimhoire thig orain,
    Na na smeoraichean a seinn,
    Mar eile cronn am falach ort,
    'S e bharail am beil sinn,
    Gun thilg thu-fein a's *Bhenus*
    Ann an dealbh, 's an eugais, croinn.

    Trian do mhais cha'n innsear leam,
    A dh-ainean ni da'n can—
    Braghad mar chuan-liongauach,
    Fo'n aghaidh mhin gun smal ;
    Gur corrach geal na ciochan,
    Th'air do bhroilleach lionta, glan,
    Glac ghealla-mheur, faineach, ànealta,
    Tha teom air gniomh nam ban.

    Cho fad sa mhaireas Albannaich,
    Bi'dh iomraidh ort air bhul,
    Slios mar eal' air chnaluteau,
    Aig an oigh a's uaisle fuil,
    Do phos air bhlas nam fiogaisean,
    'S do bheul o'm binn thig guth,
    'Nam eisdeach, fuaim na fidheilleireacdh,
    Gur fionalta do chuir.

'S e bhi' stràcadh air tuillinn,
Chuir mo shlàint' ann an cunnart hochd, fann,
Am breislich bàis bhi ga t'amharc,
Ghres tre m'àirnean an t-snighead gu chnm
Bhrist an t-sriau bha ri m' aigneadh,
Dh-fhalbh mo chiall chaidh fà m' engail air chall,
Chaidh mo ghearadh gu neo-ni,
Beairt a réubaidh mo shonais a bh'ann.

Dhla ullaich-sa féin mi,
'S mi'n deidhigh mo cheill a bhuin diom,
O 'n là bhuinuig an t-Eug dhiom,
An ti 's mo robh m'éibhneas fo Chriosd,
Tha mo bhun ann san Treun-fhear,
A dh-fhuillig a cheusadh da'r dion,
Gu'm beil t'anam am Phàrrais,
'S b' é bhi' mar riut a' màireach mo mhiann.

Tha gach duine dheth d' chàirdean,
Mar ri' d' mhuime 's ri d' bhraithrean fo bhrèn,
'S an aon a phiuthar a dh-fhag thu,
Ri sior chumha 's ri fàsgadh nan dùrn,
Gu'm beil fios aig an àrd-Rìgh,
Ged nach fiosraiche chàch mar tha leòn,
Gach aon neach tha mi' ràitinn,
Gu'm beil an cridheachan cràiteach ni's leòir.

'S beag a t-ioghnadh mar thà iad,
Mar mhuir reobhairt air tràghadh le deòir,
Cha b' è garlaoch na feachda,
Bha sibh 'g àireamh bhi' agaibh mar threòir,
Ach fòghlum, cruadal, a's cleachdadh,
An fhir-thréin bu mhor tapadh 's an tòir,
Da m' bu leannan an uaisle,
Ann ad leanabh, 's gun d'fhuair thu i òg.

B' e sud fiùran na glaine,
Bha gu fiùghantach, fearail, a' fàs,
Muirneach, irìosal, suairce,
Sùgach, binn-fhaclach, buaghach, 's gach càs,
Fear do choimeis cha' chualas,
Thaobh gach subhaile bha fuaite ri d' ghnàs,
Dh-fhag thu uile fo ghruaimean,
Gach tì chunnaig, no chuala do bhàs.

Bha do threabhantas ullamh,
Ann 's gach feum ann's an cuireadh tu làmh,
Chor 's nach cùbaire' b'urrann,
Cùis a bhuinnig de 'n churaidh gun sgàth,
Ge do theireadh luchd-mascuill,
Gur h-i bhreug cuid is ceart tha mi ràdh,
Dhearbh thu féin a bhi tapaidh,
Ge do dh-éireadh dhomh fantainn a'm thàmh.

Fhuair thu tuigse an deagh nàduir,
Agus gliocas bho àrd-Rìgh nan dùl,
Ann an céill bha thu labhar',
'S ann an ceudfaidhean fiathail bha thu,

Ann 's gach ceaird bha thu cosant,
Gu neo-ardanach, foistinneach, ciùin,
Ort ri hireamh bu deacair,
Crom an' càileachd, am pearsa, no 'n cliù.

Shuidhich t'inntinn air cheartas,
Air chinnte, fhir reachdair so dh-eug,
Leis gach neach bha thu taitneach,
Iochdar, caomh-chàirdeach, ceart anns gach
  Gu fial, furanach, nàrach ; [céum
Riamh mar churaidh neo-sgàthach gun bhéud,
Leoghunn fioruchail, tapaidh,
Teò-chridhach, iriseal, macant' am beus.

Thriall gach socair bha agam,
Chaidh mo chòmhnaidh 's mo chadal an laoid,
Tha liunn-dubh agus airsneal,
Da m' tharuinn gu leabaidh am shlaod,
Ga m' sbior ruagadh am shlapan,
Dh-aindeòin cruadail na tapadh ga m' faod,
Tha ma ghualainn gun tàice
On là bhuaileadh ort slacan an Aoig.

Chaidh mo shùgradh fo lithe,
Gur ciùirt' tha mo chridhe am chòm,
Osnaich thùrsach da m' theirbheirt,
Blas mo chùpain gur seirbh e na'n dòmh,
Fhir a chruthaich mi'n ceud uair,
'S a tha stiùireadh nan réull os ar ceann,
Orm furtaich, 's cluinn féin mi,
S tog an luchd so th'air m'inntinn gu trom.

MAIRI DHONN
THORRA-CHAISTEIL.*
LE COINNEACH MAC-CHONNICH.

LUINNEAG.

Mhàiri dhonn, bhòidheach, dhonn,
Mhàiri dhonn 's mor mo thlachd dhiot ;
Thogainn fonn gun bhi trom,
Air nigh'n' duinn Thorra-Chaisteil.

Gum ma slàn do'n mhaighdinn òig,
Tha gu stòlda na cleachdadh ;
Tha gu fiosrach, tairis, tlà,
Tha gu màranach, macant'
  Mhairi dhonn, &c.

'S gile na'n sneachda do bhian,
'S fallain, sgiamhach, do phearsa ;
Gun thu cuidreamach, no caol,
Beathail, aotrom, gun ghaiseadh.
  Mhairi dhonn, &c.

'S ann ort féin a dh-fhàs a ghrung,
Tha na dualaibh gu cleachdach ;
Clannach, dlù gheibh i cliù,
Miann gach sùl bhi 'ga faicinn.
  Mhairi dhonn, &c.

Aghaidh fhlathasach gun sgraing,
'S e do sheallituinn tha taitneach ;
Suil chorrach fo mhala chaoil,
Gorm air aognis na dearcaig.
  Mhairi dhonn, &c.

'S glan an rutha tha na d' ghruaidh,
Bòidheach, snuadh-mhòr, gun ghaiseadh ;
Tha thu eireachdail gu leoir ;
Co tha beò nach gabh tlachd dhiot ?
  Mhairi dhonn, &c.

'S beinn leam ceileirean do bheoil,
Gabhail òrain gu taitneach ;
Do ghùth mar smeòraich sa' choill' ;
'S tric thu seinn aig a Chaisteal.
  Mhairi dhonn, &c.

Bha mi greis an deas 's an tuath,
A' measg ghruagaichean tlachd-mhòr ;
Ach té idir a thug barr,
Ort a Mhàiri cha'n fhacas.
  Mhairi dhonn, &c.

Gu'm fhaic mis' thu aig fear òg,
Dha'm bi stòras, a's pailteas,
Spréidh a's fearann agus fonn,
'S chridhe conn-mhor gu'n airceas.
  Mhairi dhonn, &c.

Bi'dh do thaigh agad le mùirn
Air mo cheanns' anns an fhasan,
Mu thig mi idir na chòir,
Cha'n ann beò théid mi-seachad.
  Mhairi dhonn, &c.

Tha do chairdean lionmhor, treun,
Dheanadh feum anns na baiteil ;
Frisealaich bho'n airde tuath,
'S math gu bualadh nan glas-lann.
  Mhairi dhonn, &c.

MAIRI GHREANNAR.
LEIS A BHARD CHIANDA.

LUINNEAG.

O shaorainn, shaorainn, shaorainn i,
Air m' fhacal fhéin gu'm faodainn sin ;
'S ged bhiodh cuid nach saoileadh e,
Gu'n saorainn Mùiri Ghreannar.

Shaorainn fhein gun teagamh i,
Ged bha mi tric a' beadradh r'i,
Nach d' iarr mi ni mi-dhileasannach,
'S nach freagradh dhomh bhi cainnt air.
  O shaorainn, &c.

* There are several places of the above name in the Highlands, the one referred to in this song is near Creag-Ghobhar in Lochbroom.

Shaorainn fein gu deonach i,
'S cha b' engal leam ged' bhòidichinn,
Nach d' fhuair mi bheag de dh'-fhotus innt',
O 'n ghabh mi eòlas cainnt oirr'.
O shaorainn, &c.

Ma tha cron ri leughadh ort
An gniomh, no 'n gnè, cha lèir dhomh e,
'S a dh-aindeoin beachd an t-saoghail so,
Is tusa daonnan m' annsachd.
O shaorainn, &c.

Tha suairceas, tlachd, a's simhaltachd,
A stri co dhiu a's dilse dhut;
Tha muise, cliù, a's finealtachd,
Ag imeachd air gach laimh dhiot.
O shaorainn, &c.

Gur modhail, socrach, briathrach thu;
Gur aoidheil, caoimhneil, ciallach thu;
S nam biodh gach cùis mar dh-iarrainn iad,
Bu tu mo chiad bhean-bainnse.
O shaorainn, &c.

T'fhalt boidheach, cam-bbuidh, dualagach,
'S a bharr a' fàs gu d' cruachanan—
Do phòg mar mhil nan cuachagan,
'S do shnuadh air dhreach an t-sàmhraidh.
O shaorainn, &c.

Gur soitheamh, banail, beusach thu;
Gur geanail, sunntach, eutrom thu;
Gur connar, fonnar, spéiseil thu;
Gu h-aoidheil, ceillidh, greannar.
O shaorainn, &c.

Cha mhol mi thu, cha'n urra mi,
Cha'n eil mo bhriathran ullamh dhomh,
Do bheusan thug mi 'n t-urram dhaibh,
'S iad chuir mi uile 'n geall ort.
O shaorainn, &c.

Ach dh-innsinn fhìn gu soilleir dhuibh,
Co i, 's co bhunithe a shloinneadh i,
Mur be gun d' fhuair sibh coire dhomh,
Air son na rinn mi chainnt oirr'.
O shaorainn, shaorainn, shaorainn i,
Air m' fhiacal fhéin gu'm faodainn sin;
'S ged bhiodh cuid nach saoileadh e,
Gu'n saorainn Mairi Ghreannar.

Note.—The author of this and the preceding song is Mr Kenneth M'Kenzie, late tacksman of Monkcastle and Strath-na-Scalg, in Lochbroom, Ross-shire. He was a descendant of one of the three brothers already mentioned who were all poets. These two songs were composed on the same girl, who was his own servant. He wrote several other humorous pieces; they are in our possession, but are rather too local for insertion here. Mr M'Kenzie died in 1827.

THA TIGH'N' FODHAM EIRIDH.

LE IAIN MAC DHUGHAILL 'IC-LACHUINN.

DO THIGHEARNA CHLANN-RAONAILL.

LUINNEAG

Tha tigh'n' fodham, fodham, fodham,
Tha tigh'n' fodham, fodham, fodham,
Tha tigh'n' fodham, fodham, fodham,
Tha tigh'n' fodham èiridh.

Sid an t-slainte chùramach;
Olamaid gu sunntach i;
Deoch slaint' an Ailein Mhuideartaich—
Mo dhùrachd dhut gun éirich.
Tha tig'n fodham, &c.

Ged a bhiodh tu fada bh'uam,
Dh-eireadh sunnt a's aigndeah orm;
'Nu 'r chluinninn sgeul a b' aite leam,
Air galsgeach nan gniomh euchdach.
Tha tig'n fodham, &c.

'S iomadh maighdean bharrasach,
G'a math d' an tig an earrasaid,
Eadar Baile-Mhanaich, agus
Caolas Bharraidh 'n dèigh ort.
Tha tig'n fodham, &c.

Tha pairt an Eilean Bheagram dhiubh,
'S cuid 's an Fhràing 's 'san Eadailt dhiu,
'S cha'n eil latha teagaisg nach
Bi 'n Cille-Pheadair treud dhiù.
Tha tig'n fodham, &c.

'Nuair chruinnicheadh am pannal ad,
Breid caol an caradh crannaig orra,
Bidh falus air am malaichean
A' damhs air urlar déile.
Tha tig'n fodham, &c.

Nuair chiaradh air an fheasgar,
Gum bu bheadarach do fhleasgaichean,
Bhiodh pioban mòr 'gan spreigeadh ann,
A's feadanan 'gan gleusadh.
Tha tig'n fodham, &c.

Sgiobair ri là gaillinn thu
A sheoladh cuan nam maranan,
A bheireadh long gu calachan
Le spionnadh glac do threun-fhear.
Tha tig'n fodham, &c.

Sgeul beag eile a dhearbhadh leat,
Gur sealgair sìthne 'n garbhlach thu,
Le d' chuilbheir caol, nach dearmadach,
Air dearg-ghreigh nan ceann eatrom.
  Tha tig'n fodham, &c.

B' e sid an leoghann aigeannach,—
'Nuair nochadh tu do bhaidealan
Lamh dhearg, a's long, a's bradanan,
'Nuair 'lasadh meanmna t'eudainn.
  Tha tig'n fodham, &c.

Note.—This popular and cheerful song was composed on the rising of Allan, the famous Captain of Clanronald, in 1715. He was slain at Sherriffmuir, and the bards vied with one another in lamenting his death. Boswell, the biographer of Johnson, boasted that he could sing *one* verse of this ditty. He relates that "when Clanronald's servant was found watching the body of his master the day after the battle, one asked who that was? the servant replied, 'he was a man yesterday.'"—*Boswell's Journal*, p. 358.

ORAN ALLABAIN SUIRIDH.

LE PIOPAIRE FHIR GHLINN-ALLADAH.

LUINNEAG.

Thug mi 'n òidhche raoir sa 'n àiridh,
Thug mi 'n òidhche raoir 'sa 'n àiridh,
Chaith mi 'n òidhche cridheil, caoimhneil,
Mar ri maighdeannan na h-àiridh.

Mile marbhaisg air an t-sùiridh,
'S bochd le neach da 'n téid i iomrall,
Fagaidh si iuntinn fo iomaguinn,
Gluasad cho simplidh ri mearlach.
  Thug mi 'n, &c.

Oidhche dhomh 's mi 'm bun na tìre,
'S mi goirid o bheagan nìonag,
'Smaointich mi gluasad os 'n iosal,
Nochdadh mo bhriodail le gràdh dhaibh.
  Thug mi 'n, &c.

'Nuair rainig mi taigh-an-Dùnain,
Bha chomhl' ac' air a deagh dhùnadh,
'Sa dh-aindeoin m' òlais a's mo thùir,
Gun thòisich na goid chuil ri rànaich.
  Thug mi 'n, &c.

Labhair mo chompanach runach,
Dean stad 's feuchaidh sinn cleas ùr dh' i,
Faigh thusa boiseag dhe'th 'n bhùrn,
'S fanaidh na lùdagan sàmhach.
  Thug mi 'n, &c.

Fhuair sinn staigh gun dad uamhainn,
'S bha sinn farasda u' ar gluasad,
Rainig sinn leabaidh nan grunnach,
'S chuir mi-fhìn gu suaire mo làmh orr'.
  Thug mi 'n, &c.

Thuirt i rium, na tig ni 's faide,
'S leanabh te eile nam achlais,
Cha 'n eil rùm agad fo 'n phlaide,
'S bi pilleadh dhachaigh mar thainig.
  Thug mi 'n, &c.

Thuirt mise, na bi cho doichleach,
Fuirich gu si-mhalta, socrach,
Dad a mhì-mhodh dhut cha nochd mi,
Gus 'n eirich thu moch a mairench.
  Thug mi 'n, &c.

Thuirt i, ma ta cuir dhiot t-aodach,
Bheir mise nochd mo leath-taobh dhut,
Air eagal 's gu 'n dean thu m' soireadh,
'S cha 'n ann air son gaol do mhàrain.
  Thug mi 'n, &c.

Mu n' d' fhuair mi mi-fhìn gu socrach,
Ciod a rinn am pàist ach mosgladh,
'S a nuair a ghrios mi e bhi tosdach,
Theann e 'san droch-uair air rànaich!
  Thug mi 'n, &c.

Thuirt bean-an-taighe le dearras,
A chlann a chum mi am chaithris,
Ar leam gu 'm feumadh sibh anail
Gur slùbhlach ur teanga le Gàëlig.
  Thug mi 'n, &c.

Chuir a briathran mi o thapadh,
Eadar seorsa nàire 's gealtachd,
'S cha robh driùchd a bha tro 'm chraiceann,
Nach cuireadh cnag air an làr dheth.
  Thug mi 'n, &c.

Dh-eirich i ionunn 'sa bhi rùisgte,
'S theann i ri lasadh a chrùisgean,
'S mu 'n d' fhosgail i ceart a sùileau,
Bha mis air taobh cuil na fàrdaich.
  Thug mi 'n, &c.

Ach fhir tha fuireach 'sa bhaile,
Giùlain mo shoraidh gu Anna,
'S innis d' i gu 'n d' d' rinneadh calaidh,
Do 'n luchd-faire bh' air an àiridh.
  Thug mi 'n òidhche raoir sa 'n àiridh,
  Thug mi 'n òidhche raoir 'sa 'n àiridh,
  Chaith mi 'n òidhche cridheil, caoimhneil,
  Mar ri maighdeannan na h-àiridh.

Note.—This hearty song is the composition of John M'Gilvray, piper to the late Mr Macdonald, of Glenaladale. M'Gilvray composed several other local pieces of no general interest.

ORAN SUGRADH.

LE ALASDAIR OG THRIASLAIN.

LUINNEAG.

Hil ù hilin òrò hó ró hilin éile,
Hil ù hilin òrò hó ró hilin éile,
Hil ù hilin òrò hó ró hilin éile,
'S a nighean donn an t-shùgraidh,
Mo dhùrachd bhi réith 's tu.

Bha mi-fhéin 's mo mhàthair,
Di-màirt ann sa'n t-seòmar,
'S gu robh i rium a g' ràitinn—
" Nach nàr dhut bhi gòrach,
A laidhe leis na caileagan,
Gur amaideach an dòigh e,
'S cha pòs bean gu bràch thu,
'S a ghràisg' ud an tòir ort!"
Hil ù hilin, &c.

Thuirt mi fhìn gu diblidh,
Gur cinnteach gu'm b' fhior sid,
'S nach bu duine fìr-glic,
Bha strì ris a ghniomh sin,
A cosg, a chuid le mi-chliu,
'S le mi-cheutaidh mhiannan,
Ach sguiridh mi ri'm bhcò dheth,
Ochoiu! 's beg mo mhian air.
Hil ù hilin, &c.

Sin 'nuair a thuirt mo mhàthair—
" O b'fhearr leam gu'm b'fhior sin,
Gu sguireadh tu gu bràch dheth,
'S gu'm fasadh tu ciallach,
Ged as iomadh càineadh,
Is àithn thug mi riamh dhut,
'S ann leigeadh tu ma d' chluais iad,
Le buaireadh na 'm biast ud."
Hil ù hilin, &c.

'S ioma' duine b'fhearr na mi,
Dh-fhàilig sa cheum sin,
Ministeirean, pàirt dhiù,
Air airde 's ga leubh iad,
A bhean an cual' thu 'm Pàpa'
Rinn pàist' ann sa Eiphid;
Na 'n cuala tu Rìgh Dàibhidh,
Chaidh dàn air Batseba.
Hil ù hilin, &c.

" Ministeir, na Pàpa'
A dh-fhàilig sa ghniomh sin,
Olc no mhath a rinn iad,
Cha'n fhaighnichear dhlots' e,
'S b' fhearr dhut a bhi céillidh,
Ri ceusadh do mhiannan,

'S ma rinn iadsan eacoir,
'S iad fhein a bheir dial ann.
Hil ù hilin, &c.

" Bu mhath an duinne Daibhidh,
Ged dh-fhàillig e 'n uair sin,
Bha e cneasda, naomha,
'S bha gaol aig an t-sluagh air,
Cha chomharda' do 'n Rìgh sin,
Do mhìsteireachd thruaillidh,
'S mi-loinn aig an t-saoghail,
A ghaolaich dheth d' ghluasad."
Hil ù hilin, &c.

A bhean an cual' thu Sola',
Bha morghalach, fìr-ghlic,
Dha 'n robh urram foghluim,
Eòlais, a's criandochd,
'Nuair phòs e seachd ceud bean,
'S ochd fichead-deug diù dialain,
'S their thusa a bhean nach fhiach
Feur a dh-iaras a sia dhiu,
Hil ù hilin, &c.

" Bha'n duinne sin na shearmonaich,
Alumail sa Bhiobull,
Nach dùna leam do sheanachas,
Cho dearbhta' ga dhìtradh,
Ciod e cho brais sa bhitheadh e,
Mu'n ruitheadh e air mile',
Cha b'fhearde an te ma dheireadh dhiu,
Gu deibhinn os a cinn e,"
Hil ù hilin, &c.

A bhean na 'm bithinns' ann,
Anns an am bha e-féin ann,
'S gu 'm bithinn a cheart làmh ris,
An àit an robh threud sa,
'Nuair bhitheadh e ga shàrachadh,
Ghnà air gach tè dhiù,
Gu'n rachainn greis na àite,
Na 'm b'fheairrde leis fhéin e.
Hil ù hilin, &c.

'Nuair bhios ma chlann-sa laidir,
'S a dh'fhàsas iad crianda'
Gu 'n teid mi null air sàl leo,
Gu sràid Charolina,
Sin a 'nuair a dh-cudar
Gach aon chuir ri gniomh dhiu,
Bidh duine air ceann gach fcuma,
'S mi fein a bhi diambain.
Hil ù hilin, &c.

* * * * *

Note.—This song, in the form of a duet between a young gentleman and his mother, was composed by Alexander, son of the late Mr M'Leod of Triaslan, in the Isle of Skye. On his begetting several illegitimate children, he emigrated to America about thirty years ago.

GAOIR NAM BAN MUILEACH.

LE MAIREARAID NI' LACHUINN.

'S goirt leam gaoir nam ban Muileach,
Iad a caoineadh 's a tuireadh,
Mu na dh-fhalbh 's mu na dh-fhuirich;
Gun Sir Iain an Lunnainn,
E 's an Fhràing air cheann turais;
'S trom an calldach thu dh-fhuireach!
Gur h-e aobhar ar dunaidh,
Gun e leinn, ar ceann-uighe,
'S òg a choisinn e 'n t-urram 's na blaraibh.
'S òg a choisinn e 'n t-urram, &c.

'Mhuire! 's mise th'air mo sgaradh,
O Fheill-bride so chaidh,
O Fheill-micheil, o Shambainn,
Chaidh a sios sliochd ar taighe.
Thainig dile tha ath-'bhuailt!
'S mise an truaghan bochd mhnatha,
A tha faondrach gun fharaid,
Thaobh nàmhaid, no caraid;
Gun cheann cinne thaobh athar, no mathar.
Gun cheann cinne thaobh athar, &c.

Cha 'n e Ailean, no Eachunn,
Leis an eireadh fir Shasuinn,
So tha mise ag acain;
Ach Iarla nam bratach,
Thogadh sioda ri crannaibh,
Nam pios òir, 's nan còrn dàite;
Dheanadh stòras a sgapadh,
B' iad cinn-fheodhnaidh nan gaisgeach,
Sir Iain, a's ceannard Chlann-Rànail.
Sir Iain, a's ceannard, &c.

'S cairdeach Lachunn nan ruag dhut;
Cha neart dhaoine thug bhuainn thù;
Na 'm b'e, dh-eireadh mu d' ghuaillean,
Luchd chlogaidean cruadhach,
Rachadh dàn annsan tuasaid;
Fir chròdha bho thuath dhuinn,
Le airm ghasda, gun rua'-mheirg.
'S bochd an acaid so bhuail mi,
O'n là chruinnich do shluagh ann an Aros.
O'n là chruinnich do shluagh, &c.

A mhic righ nan long siùbhlach,
Ged bu chairdeach do'n chrùn thu.
Co an neach d' aitean bi suilean,
Nach gabhadh da 'n ionnsaidh,
Mar bha choill air a rùsgadh,
'S an robh gach seud cùbhraidh?
Thuit a blà, a's a h-ùr-fhàs;
Fhrois a h-abhul, 'a a h-ùbhlan;
Cha robh leighe a chùireadh am bàs bhuat.
Cha robh leighe a chùireadh, &c.

'S e chuir m'astar am maillead,
Agus m' ambarc an daillead,
A bhi faicinn do chlainne,
A's iad na 'n ceatharnaich choille;
A's cean curam da 'n oilean;
Iad g' am fògairt gun choire,
Mar chaora fhuadain gun aodhair;
Mar sgaoth ianlaidh ro fhaoghaid;
Nach eil fhios co an doire 's an tàmh iad.
Nach eil fhios co an doire, &c.

'S mairg a d'fheumas am fulang,
Gach eugail 's an duine!
Ach, 's mithich dhomhsa nis sgur dhibh,
'S gun toiseacha tuille.
'S e mo chòmhra-sa tuireadh!
'S ann mu 'n taice so 'n uiridh,
A bha sinn aobhach am Muile;
Ach bhris an claidheamh na dhuille,
'N uair a shaoil sinn gu 'n cumadh iad slàn e.
'N uair a shaoil sin gu 'n, &c.

Note.—The real name of the author of this lament was Margaret Maclean, sometimes called *Mairearead Ni' Lachuinn*, from Lachlan being the christian name of her father. She lived in the island of Mull, of which place she was a native. Like all local poets, *Ni' Lachuinn* has been applauded by her countrymen in general, though we must confess that we are blind to any poetic grandeur in her compositions. We have seen twenty-five pieces of composing, but the above seven stanzas is her *chef d'œuvre.*

ORAN SUGRIDH

LE MR IAIN MUNRO.

AIR FONN.—"*Up an' wa'r them a' Willie.*"

LUINNEG.

An téid thu leam, a ghràidhag,
An téid thu leam air sàl-uisg,
An téid thu leam, air bhàrr nan tonn,
Gu tìr nan gleann 's nan àrd-bheann.

'Se d' chumadh dealbhach, àillidh,
Mur dhealradh reult na fàire,
'Se d' nadur ciùin 's do bhàigh, 's do mhùirn,
A leag mo rùin 's mo ghràdh ort.
An teid thu leam, a ghraidhag, &c.

Cha téid mi leat a Ghàidhal,
Mo chairdun gaoil cha-n fhàg mi;
Cha téid mi null gu tìr nam beann,
'S cha-n fhàg mi clann mo mhàthar.
An teid thu leam, a ghraidhag, &c.

Cha téid mi leat a Ghàidhal,
Mo dhùlch a chaol' cha-n fhàg mi;

Gur bochg* am fonn 's tha'n t-aran gann,
'An tìr nan gleann 's nan àrd-bheann.
An teid thu leam, a ghraidhag, &c.

Cha téid mi leat a Ghàidhal,
Cha'n 'eil do thaigh ach tàiral,
Bhìth'nn fo sproc, nam bithinn bochg,
An tìr nan cnoc 's nan àrd-bheann.
An teid thu leam, a ghraidhag, &c.

Tha agum taigh cho àillidh,
Ilis an taigh 'san d'fhuair thu t'àrach,
'S bi'dh cuan 'us fonn riut fiàl gach am,
An tìr nan gleann 's nan àrd-bheann.
An teid thu leam, a ghraidhag, &c.

Mur 'eil mor chrionachg fàs ann,
An tìr nan gleann 's nan àrd-bheann,
Tha bàrr ni's leor, 'us fàs an fheoir,
'An tìr nan lòn 's nan àiridh.
An teid thu leam, a ghraidhag, &c.

Tha agum spré lo'n àiltun,
'S mo mhenna-chrodh air na h-àirdun,
'S bi laoidh, 'us uain, air raoin, 'us cluain,
'S gur taitnach fuaim am bàirich.
An teid thu leam, a ghraidhag, &c.

Ged nach 'eil mo long air sàl-uisg,
Gu saibhrus 'dheanamh 'n àird dhomh,
Théid bàt' 'us lian, gach là gu rian,
'S bi' agud iasg gu t-àillus.
An teid thu leam, a ghraidhag, &c.

Bi' agud éidadh blàth, glan,
'Us breacan mìn mu d' bhràghud,
Cha téid thu mach, gun ghill' us each,
'S bi' h-uile neach riut càirdal.
An teid thu leam, a ghraidhag, &c.

Bi tu fallun, slaintal,
Le gaoith a chuain 's nan àrd-bheann,
'S bi eoin na coill', 's nan sliabh gun fhoill,
Le coiral binn cuir fàilt ort.
An teid thu leam, a ghraidhag, &c.

Bi mis' riut suilbhar, bàighal,
Mar mhadinn shàmhridh bhlàth-ghil,
Cha tig orst béud, nach dean mo chréchg,
On thug mi spéis thar càch dhut.
An teid thu leam, a ghraidhag, &c.

Stad a nis a Ghàidhal,
Mo chrì, mo rùin, 's mo làmh dhut,
Gu'n téid mi null gu tìr nam beann
Oir choisinn fonn do dhàin mi.
An teid thu leam, a ghraidhag, &c.

* This song and the following are printed *verbatim et literatim* from the author's own MS, being what he deemed an improvement on the received system of orthography.

ORAN DUCHA.*
LEIS AN DUIN UASAL CHIANDA.

AIR FONN.—"*The Battle of the Boyne.*"
LUINNAG.

O théid sinn, théid sinn, le suigart agus aoidh,
O théid sinn, théid sinn, gu debnach,
O théid sinn, théid sinn, tharis air an t-Srùidh,
Gu muinntir ar dàimh, 'us ar n-eòlis.

Ged bha sinn bliannlun fada, fada, bhuath,
A'm Baile-Chlualdh' a chònidh,
Tamul beag gu-n tréig sinn, ar gairm 'sa nis gu-n
A dh'fhaotinn an gràdh 'us an cbra, [téid sinn,
O theid sinn, theid sinn, &c.

Gu-n toir sinn cuairst, rithist do-n tnobh-tuath,
Us théid sinn ruaig do Dhòrunch,
'S chì sinn Droit-an-agh, 's fa comhar air gach
Caistalun 'us pàircun 'us lòintun. [taobh,
O theid sinn, theid sinn, &c.

Chì sinn an Caol, air am faca sinn le gaoith,
Bàtichun aotrom a seòladh
Chì sinn na beanntun, a ghledhadh sneachg san
Is chì sinn na h-àbhnichun boi'ach. [t-sàmhradh,
O theid sinn, theid sinn, &c.

Chì sinn na glinn, anns an d'rugadh sinn ;
'S' bu ghnà leinn bhi aotrom, gòrach,
'S chì sinn na coilltun, le aighar 'us toil-inntinn,
'S bu ghnà leinn bhi cluinntinn nan smeòrach.
O theid sinn, theid sinn, &c.

'S chì sinn na cluain air am bithadh laoigh 'us uain
Ri mire gun ghruaim anns an òg-mhios,
'S chì sinn na h-aonich, air an inaltradh na caorich
O'n d'fhuair sinn sàr aodichun còmhdich.
O theid sinn, theid sinn, &c.

Chì sinn na raoin, le blà a bheallidh chaoin,
'S a chéitan bhi's aobhach 'us bòidhach,
Is chì sinn na bruachun fo sgàil 'a bhàrrich uaine
Gu tric anns 'na bhuain sinn an t-sòrach.
O theid sinn, theid sinn, &c.

Chì sinn an lag, 's an t-eas gu bècach, grad,
'S am bradan a léum suas na chùdhail,
Chì sinn am badan, 'sam bithadh coilich bhend-
Ri co-chath 'sa mhadinn chiùin, cheùthar. [rach,
O theid sinn, theid sinn, &c.

Chì sinn gach sliabh, air am bithadh greiglum
Ri mire air riasgun, 's air lòintun, [fhiadh,
Is chì sinn an lagan edar àrd nan cragun,
'S an caidladh au earbag air chòinntich.
O theid sinn, theid sinn, &c.

* Composed by Mr Munro, on the prospect of a visit to his native country.

'S chì sinn gach loch, o'n tric an tugadh steach,
Bric mheana-bhallach, airgidach, òr-bhuil'
'S mu'm bithadh an cù-donn, a shiùladh foan tonn
'S eal' a snàmh os-a-cheaun ann am mòr-chuis.
O theid sinn, theid sinn, &c.

'S chì sinn gun ghruaim, a bhanarach le fuaim,
'Sa bhuaile, gu duanagach, òranach,
A bleothan a chruidh-ghuailllun, is iad a' sgur
Le taitnas toirt cluais agus deoin di [de nualain
O theid sinn, theid sinn, &c.

'S imadh, 's imadh ni, a chì sinn anns an tìr,
Nach saoilte thigh'n ann 'nuair bu chlann sinn
Thar aisig na coit, tha ragha, ragha, droit,
'San àite na croit, baile-Bhanna.
O theid sinn, theid sinn, &c.

'S rathad rìghal, réidh, tre chragun fhraoch us
Is carbadun mhil, air an ordugh   [gheug
Gach là sios le srann 'us gach là suas le deann
Tre-n t-Slignach us bhonn phreas-an-òrdain.
O theid sinn, theid sinn, &c.

'S deagh fhearann ùr, a rinnadh le mor shaoth'r
Bho chrual bhlàrun fraoich, agus mòintich,
'Us imadh lethad cruaidh, bha riamh gu seo, gun
Le òg-ghiuthas uain air chòmhdach.   [bhuaidh
O theid sinn, theid sinn, &c.

Deòlidh sinn as ùr, gaoth is athar cùr,
Bheir slaint agus sùrd dhuinn 'us sòlas,
Ar cairdun bheir dhuinn, aran càis agus ìm,
'S deoch laidir de-n dràm, agus ceòl leis.
theid sinn, theid sinn, &c.

Ged tha sinn an cèin, a nochg o ar tìr,
'S o'r canmh chairdun gaoil, 'us sean eòlich,
Ollidh sinn le rùin, deagh shlainte dhaibh gach-
Is buaidh do dha thaobh Caolas Dhòrnich. [aon
O theid sinn, theid sinn, &c.

Note.—The Author of this and the preceding poem was John Munro, Esq., Accountant, Glasgow, who was born at Sordale, parish of Criech, Sutherland-shire, on the 11th Nov. 1791. He was the eldest son of Andrew Munro, Merchant, Spinningdale, and of Betty, daughter of the late John Ross, Esq. of Inveran. In October, 1794, his father removed to the new Village of Spinningdale in the same parish, where a Cotton Mill and a Weaving Factory had been erected by a Glasgow Company; here he carried on business as a Merchant along with Manufacturing and Bleaching on his own account for a number of years; but various circumstances rendering his efforts unsuccessful, in 1802 he was appointed to manage the Weaving Department of the Company. John, then in his eleventh year, was a good scholar, and able to write his father's books, but on the 19th of April, 1803, he had the misfortune to lose his father by an accidental death in his 38th year. His father was an enterprising man, and highly esteemed, for purity of intention and public spirit. On the death of her husband, Mrs Munro was aided in prosecuting the education of her children by her brothers in Glasgow, who were in flourishing circumstances. John was engaged, during the four winter seasons succeeding the death of his father, teaching in respectable families; and being now 16 years of age, and his uncles having procured a situation for him in Glasgow, he arrived there in March, 1808. He acted as clerk and cash-keeper during the succeeding nineteen years, in Houses of the first eminence, and in 1827, on his employers becoming insolvent, he commenced business as an Accountant.

Previous to this period he visited his native country, and had the melancholy satisfaction of being present at his mother's decease on the 20th Sept., 1825. It was in the prospect of this visit that he composed " O! theid sinn," &c. His acknowledged integrity and industry procured him considerable business without solicitation, from which, along with other successful speculations, he had realized a respectable competence by the period of his decease; which took place on the 27th Nov., 1837.

Mr Munro's mind was early imbued with serious impressions, and his piety increased with his years. During the whole of his life, the closest intimacy never detected a fault in his conduct, which leaned not to the side of virtue. He spent about a fifth of his income in aid of benevolent and religious purposes;—pious men, teachers and students from the Highlands sought his intimacy; and he failed not to patronize piety and talents, and to aid such as he conceived to be deserving. His unassuming manner was no less conspicuous than his independency of mind; he was a diligent student, and in the hours of relaxation from business, he became author of several religious pamphlets and poems. The deep interest he took in promoting Gaelic literature, and in teaching a Gaelic Sabbath School, and for many years acting as Secretary to the Society for the support of Gaelic Schools, rendered his name familiar to the religious portion of his countrymen throughout the Highlands. His early death was much regretted. He was interred in the Necropolis, and a Monument, with a suitable inscription, is there erected to his memory.

GLOSSARY.

A

Abhachd, a harmless gibing or joking
Abran, chimpa, an oar guard, &c.
Achdaidh, certain, self-satisfied
Aibheis, the sea, ocean, the horizon
Aibheiseach, immense, ethereal, &c.
Aimhealach, vexing, uneasy, galling
Aimhidh, sour, sulky, sullen, surly
Aisling-chonnain, a libidinous dream
Amaghadh, tearnadh, protection
Aoi-taigh, university, college
Arsuidh, ancient, old, over-aged
Ausadh or *abhadh*, a jerk, a sea phrase, also the whole canvas of a boat or ship

B

Baile-na-buirbhe, Bergen, the former capital of Norway
Ballag, a spruce neat little woman
Buganta, no *boganta*, tight, compact
Buncho, the progenitor of the Stuarts
Baraiseach, a foolish woman, idiotic
Bistolach, showy, cheering
Batir, neat, clean, tidy, compact
Biadh-iannain, wood-sorrel
Biogach, small, diminutive, dwarfish
Bioganta, lively, smart, apt to start
Bingach, catching at morsels, greedy
Binlum, gibberish, jargon, senseless talk
Borrachan, the banks of a burn or river
Biath, air bhráth, to be found, to the fore, extant
Brideach, a woman wearing the badge of marriage
Brionnach, flattering, coaxing, &c.
Briot, chit-chat, tattle, small talk
Brosluim, excitement, vigour
Brothach, a hairy rough man, a pimpled fellow
Brollaich, unintelligible disjointed talk, unpleasant sounds, jargon
Bruasgadh, a tearing in tatters, or breaking asunder, confusion
Buathanta, foolish, awkward, clumsy in conversation or action
Buidh, a hero, a champion, an enemy
Bunndaist, fee, wages, bounty
Burarus, warbling or purling noise

C

Cairbin, gunna-glaic, a carabine
Cairiche, a wrestler, a tumbler
Caisreagach, wrinkled or creased
Calbhar, lonach, greedy, voracious, gluttonous
Caluman-codhail, a God-send, a propitious omen
Caoidhearan, lamentation
Capull-coille, a capercailzie or mountain cock; this species of fowls is now nearly extinct in the Highlands of Scotland
Ceartlach, abounding in ringlets, round, globular, circular
Cidheach, centhach, mist, fog, vapour
Clagh, surge, a burying-place, &c.
Clámhuinn, cliefeit, gliob, sleet
Clann-fhalt, luxuriant waving hair
Claiseach, a kind of sword, also a rifle gun

Cliaranach, a wandering bard or minstrel, a swordsman, a wrestler
Cluain, attention, retirement, peace, slumber
Cnaideil, scoffing, jeering, derision
Cobhraichean, coffers, money-drawers
Collaid, a contest, a scold, a struggle
Comaraich, direction or tendency forward
Cume. Ich, petition, request, demand
Conach, saibhir, rich, riches
Cosgaraich, conquerors, victors
Cota-ban, fourpence (Western Isles id.)
Crabhaidh, hard, well tempered
Crannaghail, implements, apparatus
Craobhaidh, niggardly, mean
Crap-lh, a musical phrase among pipers
Creadhnaach, cráiteach, hurtful, painful, excruciating
Crios-co-chulainn, no ius-co-chulaim, an herb called "my lady's belt"
Croiteag, slochd-chartach, a kind of mortar, a circular stone hollowed for preparing pot barley or pounding bark
Croilein clann, a circle of children, &c.
Crom-an-dunais, blood and wounds! ogad! zounds!
Cunnnat, cuantal, a company of songsters, a band of musicians
Cuan-sgith, the sea between the Isle of Skye and Lewis
Cuisle-chiuil, a musical vein
Cuisle-shniomhain, the winding veins of trees
Curaisde or *cur-aisde*, a quagmire

D

Daimheach, a friend, companion, a stranger
Daiseachan, low witted insipid poets
Daochail, graineil, disgusting, unpleasant, loathsome
Deal, zealous, keen, earnest
Dealachan, zeal, great glee, hilarity, earnestness
Deatam, anxiety, eagerness, solicitude
Deidreg, rib-grass, a little fair one, a darling, a conceit
Driltanachd, the humming of bees, the barking of dogs
Droch-thunla, decanted drink
Dileant, everlasting, profound, inundating, rainy
Dilinn, endless, never, also an inundation or deluge
Dios, dithis, plural of one; two
Ditheadh, ramming, filling by force
Diuchd, come to me, approach me; *siuc*, away! begone! disperse
Doiuid, extreme cold, hoar frost clemency
Doimidh, loathsome, hateful, contemptible
Draige, Gen. of driug, an ignis fatuus, an atmospheric phenomenon
Duaineil, ridiculous, ludicrous, laughable
Du.chlach, a flint, also a cabalistic stone
Dudaidh, resembling in sound that of a horn, deep intonation
Dulleachd, affliction, sorrow
Duimhneach, the primitive surname of Campbell, *bho Dhiarmad O'Duine*

Duirceall, a half-worn dirk or knife
Dusluing, dusluinn, dust, earth, soil

E

Ealabhuidhe, ealabhi, St John's wort
Eararadh, uraradh, parching corn in a pot preparatory to grinding
Eistreadh, traigh, a rough stony ebb, a sea beach

F

Fachach, a little insignificant man, a puffin
Faidbhe, the aerial expanse, a ring
Faiteal, a hearty cheerful salute, friendly talk, &c., &c.
Faobachadh, act of despoiling, plundering
Farragradh, provocation, enmity; report, surmise
Forpuis, emulation, strife, rivalry
Feudn-coille, the flowers of wood-sorrel
Feara-ghris, hawthorn or briar
Feasgaran, vespers, evening devotions
Fideag, a stalk of corn, a reed
Fiodhair, uncultivated ground, a ley land
Firionn, man (now obsolete), male, masculine
Fruidhidh, fibhnaidh a prince, a valiant chief, an arrow, a company
Foghluin, an apprentice, a pupil
Foirne, a set of rowers, a crew, a brigade, a troop
Fraighe, a scabbard, a sheath, protection wall, shelter
Pulamair, fulmair, a sea-bird peculiar to St Kilda, a species of petrel

G

Gaille-bhrinn, a huge billow, a snow storm
Gall-fheadan, a flageolet, a clarionet
Gaine, goinne, an arrow, a dart, shaft
Garra-gart, no *Gánra-gort, trean-ritrann*, a corncraik, quail
Gaisreadh, gaisridh, warlike troops military
Gasgan, a green, a parterre
Gcambairn, confinement, prison
Gearsom, entrance money, fee paid for admission, (Grassum, Sc.)
Giamhag, fear panic, sudden alarm
Globnin, a St Kildian sausage made of fat from the gullets of fowls
Gloic-nid, sgaic-sheide, a dram in bed before rising in the morning
Gothach, the reed of a bag-pipe, drone
Greathachd, surliness, moroseness, churlishness
Greus, gréis, embroidery, needlework, tambouring
Guamag, a neat tidy woman, a tight drossed girl
Guga, a St Kilda bird, a short-necked hunchbacked man
Guigul, idle talk, clatter, filth, refuse

I

Ian-búchainn, a melodious sea-fowl
Ilisgean, taunts, nick-names, reflections on one's conduct

404 GLOSSARY.

Innidh, entrails, bowels
Innse-Gall, primitive name of the Hebrides, now confined to Isle of Skye
Iomchuinn, conduct, behaviour, deportment
Ireann, a patriarchal woman, a dam, the mother of a race
Isneach, or *oisneach*, a rifle gun
Iùlmhail, a fugitive, a coward, a low feeble fellow
Iurghuilcach, a noisy contentious fellow, a ranter, a bawler
Iulharn, (*frinn*, *irinn*), hell, the abode of demons

L

Langrach, full of chains or fetters
Là-luain, doom's-day, the last day
Lear, the wide ocean, the main
Learg, a small plain or hill, a battle-field, a green goose
Liobasda, slovenly, untidy, awkward, clumsy
Liob, a contemptuous name for the mouth-piece of a bag-pipe, a thick lip
Liobhar, polished, burnished
Loistean, pleasure-boats, lodgings, tents, or booths
Lon, an elk, a blackbird, an ouzle
Lorgair, one that traces or tracks, a dog that follows by scent
Lùb, a roe (now obsolete)
Luch-àrmunn, a pigmy, a dwarf
Lunn, penetrate, a heaving-billow, &c.

M

Mac-fraoir, *sùlair*, the gannet, a voracious fowl or person
Mac-làmhaich, *cat-mara*, *griasaich*, the fish called a sea-devil
Maidnan, matins, morning prayers or devotions
Maighdeunn, a maiden, an instrument for beheading with
M.ol.ciaran, a child of grief, melancholy
Màrsal, *màrsadh*, a march, or marching of troops
Mathalt, a blunt sword, knife, or other weapon
Meardrach, meter, crambo (Irish id.)
Meulag, belly, protuberance
Meara-casach, active, nimble, vigorous
Meirghe, a banner, flag, pennon
Mi-bheag, *meathhag*, a corn-poppy
Mhàn, *sios*, downward, from above
Moghann, sounds of musical instruments
Murreardnach, female fighter or champion, an undaunted female
Muirichian, children, inmates, occupants of one house
Muircinn, (Irish id.) darling, or beloved
Munadh, a hill or hillock, (used poetically for *monadh*)

O

Olach, an eunuch, a fumbler, &c., &c.
Onchd, hospitality, kindness, bounty
Oraid, an oration, a speech, an essay
Ordha, shining like gold, gilded, excellent, precious

P

Pàis, a slap, a blow with the open hand, a box on the ear

Peighinn, a measure of land (not now in use)
Pigidh, *brù-dhearg*, robin red-breast
Plinthach, splay-footed, bandy-legged
Prabadh, botching, bungling, spoiling
Prùbar, the rabble, the refuse of any grain or seed
Prais, *praiseach*, a pot or pot-metal, a still
Priobarlaich, parsimony, meanness, shabbiness
Prioblosgadh, a sudden burning or sense of heat, a twinkling blaze
Pùthar, a wound or hurt, a scar
Pùic, bribe, veil, *cha tug e pùic dheth*, he made nothing of him

R

Rannlannan, title deeds, deeds of conveyance, chattels
Rannlar-bàth, a confused dance without system
Rati, a ludicrous appellation made to signify whisky
Riastradh, outbreaking, immorality, eruption
Rialaich, *diolain*, illegitimate
Robain, towering waves, swelling roaring billows, heavy rains
Roiseal, the lowest and basest rabble, a high swelling wave
Rò-seol, the highest of a ship's sails, top-gallants, full sails
Rosg, prose writing, an eye, eyelids
Ruanach, firm, fierce, steadfast, stony

S

Sàmh, surge, the agitation of waves on the sea-beach, the crest of whitened billows
Saoil, a seal, a mark, an impression
Sàradh, a broaching, a distraining, an arrestment
Seasdar, rest, repose, comfort, pallet, pillow, a place whereon to rest
Seas-ghrian, the equinoctial line
Scis, a musical air, the humming of bees or flies
Scis, one's match or equal, a companion
Scoigha, rare, superior, out of the common order, eccentric
Srol-àit, an anchorage, a harbour
Sgalaiche, a man ready to raise the human cry against his neighbour
Sgibidh, tight, active, handsome, neat
Sgliùrach, a clumsy person, a slattern, a female tattler, a young sea gull
Siataig, *loini*, rheumatism, rheumatic pains
Siogaideach, dwarfish, bony, ill-made
Sùh, a span, a squint, determined position in standing
Siunnachan, *bunnn*, phosphoric fire
Slàn, a defence, a garrison, a protection
Sun-oil, Gen. of *Smal*, *Gleann-smcoil*, the glen of mist
Smeòirn, the end of an arrow next the bow-string
Snaois, a spit of dried fish, &c., &c.
Sòrn, a hearth, the flue of a kiln or oven, a concavity
Spungan, spangles, glittering toys, decorations, embellishments
Speach, a dart, virus, a blow or thrust, a wasp
Spreidh, or *spreigh*, velocity, gallant movement, gliding
Srianach, a badger, a brock

Stairbhanach, an athletic well-built person
Staoneg, *ronnan*, saliva, spittles
Suol, tumours, *tuail* (Ir. id.), wonder
Suchle, filled, saturated, tightened
Sumaire, a coarse cudgel, a lethal weapon, a beetle
Siunnailt, a likeness, a comparison, a resemblance

T

Tarbharnach, *fuaimneach*, noisy, garrulous
Tafaid, the string of a bow for throwing arrows
Taisdeal, a journey, a travel, a march, a voyage
Taobhluath, a division of a pipe tune
Targanach, a prognostication, a prophesying
Trallsanach or *frallsanach*, a philosopher, or astronomer
Teamhair, season, in season, fit time
Teiridneach, *eiridneach*, medicinal, having the power to cure
Tcòltachd, cowardice, cowardliness
Theasd, *chaochail*, *dh'eug*, he died, *theasd e*
Tobha, *ball*, *ròp*, rope, cable
Tògbhail, a feud, a levying of forces, a rising in arms
Tuinhscil, sensible, prudent, frugal
Toiteal, an attack in battle, a warlike movement, a flock of water fowls
Toitearlach, a thick gigantic man, a dense column of smoke
Torroichim, a deep snoring or sleep
Tosan, on onset, beginning, prelude
Tosgair, messenger, harbinger, ambassador
Treabhair, *tighcan*, houses, outhouses, steadings
Trcoghaid, a stitch in one's side, &c.
Triullinn, no *trcalainn*, nonsensical stuff, doggerel
Troghad, *rosg-troghad*, soft rolling eyes, full orbed
Tròidh, Troy, an ancient city which baffled the united efforts of all Greece for ten years
Trosg, a cod, in Sutherlandshire a fool
Tuairneag, a round knob or small cup
Turaraich, a rattling or rumbling noise
Turcadaich, nodding, a sudden jerk from the sensation of sleep
Tuilm, Gen. of *tolm*, a hillock, a mound, a knoll
Tulg, a grudge, an upbraiding, puking
Tuiltin, canvass, sea storm, a shipped wave
Tuinn, ducklings (obsolete), waves
Tairnelteas, a striking of heads against each other as rams, contact, collision

U

Uachdair, farm stock; *fo uachdair*, under stock
Ucsa, *ucas*, the gadus or coal fish, stenlock (Sc.)
Urfhailteach, anecdotal, jocular, cheerful in conversation
Urlainn, the countenance, beauty, the fore part of a ship
Urlar, division of a pipe tune
Urracag, a thowl, an oar pin, a clate
Urraisgean, inundations, overflowings, speats (Sc.)

CLAR-AMAIS

DO REIR EAGAIR NA H-AIBIDIL.

A

	TAOBH-DUILLEIG.
Am beil thus' air sgiathan do luathais,	1
A Chomhachag bhochd na Sròine,	17
An naigheachd so 'n dè.	30
A bhean leasaich an stòp dhuinn,	37
An cuala sibhse an tionndan duineil,	41
Air leith-taobh beinne-buidhe,	42
Alasdair a laoidh mo chéile,	56
Alasdair á Gleanna-Garadh,	50
Aodruman muice hó ì hò ì	67
A bhliadhna gus an aimsir so,	68
A bhliadhna leuma d'ar milleadh,	69
A Lachuinn òig gu'n innsinn ort,'.	79
A chiad di-luain de'n ràidhe,	87
An déis domh dùsgadh sa' mhadainn,	116
A chomuinn rioghail rùinich,	113
A dol thar allt-an-t-siùcair,	117
Agus hò Mhòrag,	120
A bhanarach dhonn a chruidh,	127
An Caimbeulach dubh á Cinn-tàile,	134
A chainnt a thuirt Iain,	148
Air tuiteam am chadal,	151
A bhanais a bha'n Ciostal-odhar,	166
Am feadh ta chuid as mò de'n t-saoghal,	170
Air bhi dhomhsa ann am shuain,	179
An diugh, an diugh, gur reusantach,	180
A' bhliadhna na Caluinnse,	196
An d'fhidir no'n d'fhairich no'n cuala sibh,	204
A mhuc mar bhiadh,	215
An t-uram thar gach beinn aig Beinn-dòrain,	221
A Mhàiri bhàn gur barail thu,	230
A Mhàiri bhan òg,	232
Alasdair nan stòp,	250
A Dhòmhnuill bhàin Mhic-O'Neacàin,	253
Anna nigh'n Uilleam a'n Crómpa,	254
A cuala sibhse bhanais bhàn,	262
Aig taobh sruthain na shuidhe 's e sgìth,	268
Ann am madainn chiùin chéitean,	281
A nighean bhòidheach,	290
Ach gur mis tha gu duilich,	294
Au am dhomh gluasad anns a mhadainn,	305
A Rì gur h-aodrum linn an t-asdar,	313
Air failirin, illirin, uillirin, ò,	338
A leisg, reangach, robach, dhuaichnidh,	338
Air mios deireannach an Fhoghair,	344
An am uracha facail dhomh,	352
A Loch-aic na gnùis chaoin,	357
A nighean donn nam mala cròm,	358

	TAOBH-DUILLEIG.
An nochd gur faoin mo chadal domh,	372
A Mhàiri bhòidheach 's a Mhàiri ghaolach,	377
Ailein, Ailein 's fad' an cadal,	377
A nighean dubh nan gruaichean craobhach,	381
A nighean donn na buaile,	382
An téid thu leam a ghràidbag,	400

B

Bha briseadh na fàire 's an ear,	7
B'fhearr am mòr olc a chluinntinn,	51
Bo so an talamh mi-shealbhach,	55
Bidh cùram air na mnathan òga,	81
Beannachd dhut o'n ghabh thu 'n t-àm,	90
Biodhmaid subhach, 's olar deoch linn,	116
B'fhearr leam breacan uallach,	129
Binn sin uair-cigin searbh sin òg,	196
Bhiadhainn an Sagart gu grinn,	215
Bha mi'n de 'm Beinn-dòrain,	228
Bu trom an t-aisneal a bh'air m'aigne,	279
Deir mo shoraidh le dùrachd,	295
Bidh fonn oirre daonnan,	312
Bha na Gàëil ro aineolach dall,	320
B' òg bha mis a's Màiri,	360
Bha claidheamh air Iain, 's an t-shearmoin,	376
Bha mi-fhìn 's mo mhathair,	399

C

Cha sùrd cadail,	27
Cha tog mise fonn,	157
Chualadh ni gu'n chailleadh tu,	164
Chunna' mise bruadar,	194
Chridhe na feile, a bhéil na tàbhachd,	200
Chaidh a bhrlogais a stàmpadh,	204
Chunna' mi crannanach,	206
Cia be dheanadh mar rinn mis',	210
Chunna' mi 'n damh donn 's na h-cildean,	227
Chuir nighean dubh Raineach,	251
Chunna' mi 'n diugh a chlach bhuaghach,	251
Cha'n eolas gràidh dhut,	258
Cia iad na déc 's na Dùilean treun ?	290
'Chuachag nan craobh,	303
Cha dean mi bròn an còs fhalamh,	305
Cia mar dh'fheudas mi bhi beò ?	508
Chunna' mi bruadar air Fionnla,	311
C'arson nach toisichinn sa chàmpa,	342
Chaochail i mar ncultan ruiteach,	358
Cuir a chlan dìleis,	370

AN CLAR-AMAIS.

TAOBH-DUILLEIG		TAOBH-DUILLEIG	
Cha dirich mi bruathach,	381	Gu'm beil thu gu boidheach, baindidh, banail,	365
Cha b'e tùchan a chnatain,	390	Gur e mis tha briste brùite,	287
		Ge b'e dhi-mol thu le theangaidh,	289
D		Ge is socrach mo leabaidh,	292
		Ge fada na mo thàmh mi,	295
Deoch-slaint' an Iarla thuathaich,	75	Grad eireadh fonn a's fior-ghleus oirbh,	329
Dh-innsinn sgeul mu mhalairt dhuibh,	83	Ge fad an dràst gu'n dùsgadh mi,	341
Dh-fhalbh sòlas mo latha,	93	Gun d' eirich mi moch air a mhadainn an dé,	381
Dh-fhalbh mi dùthchan fada, leathan,	203	Gu mo sàn a chi mi mo chailin dileas donn,	383
Deoch-slainte 'n fhreiceadain,	235	Gur h-oil leam an sgeul sin,	386
Deoch-slaint' an Iarla,	239	Gur i iorram na truaighe,	391
Di-haal-lum, Di-haal-lum,	250	Gur h-e mis tha gu cianail,	395
Deoch-slainte chabair-féidh so,	359		
Dh-fhalbh mo nighean chruinn, donn,	380	**H**	
Dh-fhalbh air thuras fir Alb' uile,	388		
		H-ithill uthill agus ò,	23
E		H-i rim h-ò-rò, h-ò-rò leatha,	41
		Ho rò 's fada 's gur fada,	42
F-hò, hi u o, ro hò eile,	57	Hi-rinn h-à rinn, ho ro h-ò bha hò,	45
E ho rò mo ruin an cailin,	187	H òg hoireann hó ró hu ra-bho,	84
Eas Mhor-thir soraidh le d' stoirm,	160	Hò rò air falldar-araidh,	116
Eisd a bhean do 'd ghearan uaimhreach,	307	Holaibh o irlag horoil ò,	121
		Ho hi-ri-ri tha e tighinn,	123
F		H-eitirinn àirinn, ùirinn, oth-oro,	125
		Ilé 'n clò-dubh, hò 'n clò-dubh,	129
Fhuair mi sgeula moch di-ciadain,	76	Hò rò mo bhobug an dràm,	131
Fàilt ort fein a mhor-thir bhoidheach,	125	Holalbh o irlag horoil ò,	145
Fhearabh ta'r suidh m'an bhòrd,	131	Ho rò gu'm éibinn leam,	154
Fàilt an leoghainn chreuchdaich,	134	Ile tha mo ruin dut,	207
Fhuair mi sgeula bho'n ghobha,	103	Ho ro mo chuid chuideachd thu,	227
Fhearamh òg' leis am miannach pòsadh,	193	Hoirionn ò hò hi-ri-rio,	238
Fear a dhannsas, fear a chluicheas,	203	Ilo rò gu'n tugainn air hùgan fathast,	252
Fhleasgaich tha 'g imeachd an aghaidh na gaoith,	208	Hoireann ò eile 's na hi ri eile,	274
Fhuair mi naigheachd as ùr,	248	Ho rò gur toigh leinn drama,	288
Fhir tha d' sheasamh air mo lic,	259	Hò ro *ladie* dhul' ho rò eile.	291
Fear mo ghaoil an t-uisge-beatha,	261	Ho-i ri, na ho ro, hù ò,	305
Feasgar luain a's mi air chuairt,	285	Hoillibh ò, irlag ò luil ò,	336
Faigh a nuas dhuinn am bord,	300	He mo Mhairi Laghach,	368
Fear dubh, fear dubh, fear dubh, fear dubh,	314	Hùg ò hò ri ho hoireannan,	372
Fhir astair thig faisg a's leubh,	339	Hillirinn ho-ro hò ba hò,	373
Fhuair mi sgeula moch an dé,	350	He ho lal ò he ho ro nailibh,	379
Fhir ud tha thall na àiridh nan comhaichean,	372	Hi-ri-ri 's ho raill ò,	386
Fhir a bhata, na hò ro eile,	377	Hil ù hilin ho rò ho ro hilin eile,	399
Fhir an leadain thlàith,	385		
Failte dhut a's slainnte leat,	385	**I**	
Fail il-au hù-ilan hi-il-an òro,	386		
		I hurabh ò, i h-oiriunn ò,	29
G		Iomraich mo bheannachd,	70
		Iseabail Nic-Aoidh, ris a chroidh laoidh,	191
Ged do théid mi do m leabaidh,	23	Iain Mhic Eachuinn o dh-eug thu,	213
Gur e naigheachd so fhuair mi,	24	Iseabal òg an òr-fhuilt bhuidhe,	211
Ged tha mi m'eun fograidh 's an tir sa,	39	Iain Chaimbeul a bhanca,	240
Gur fad tha mi 'm thàmh,	48	Iain Faochaig ann an Sasuinn,	256
Ge socrach mo leabaidh,	53	'Illean cridhe biodhmaid sunntach,	313
Gur diombach mi 'n iomairt,	60	Is duilich leam mar tha mi,	319
Gur e naigheachd na ciadain,	65		
Gu'm beannaiche Dia an teach 's an tùr,	96	**L**	
Gur h-i 's cìroch àraid,	105		
Gur h-e mis' an smeòrach chreagach,	120	Latha siubhal sléibhe dhomh,	81
Gur neo-aoidheal turas faoillich,	133	Là do Fhionn le began sluaidh,	98
Ge beag orts' an Caimbeulach dubh,	136	Lamh Dhé leinn a dhaoine,	180
Gu'm beannaiche Dia long Chlann-Raonuill,	150	Latha dhuinn ar machair Alba,	219
Gur h-e dhùisg mo sheanachas dhomh,	200	Latha do Phàdruig a sealg,	258
Gu neartaich an ceathla,	238	Latha dhomh is mi g-òl an drama,	307
Ged tha mi car tamaill,	260	Latha dhomh is mi 'n cois na tràghad,	316
Gur lionmhor trioblaid sinte,			

AN CLAR-AMAIS. 407

	TAOBH-DUILLEIG
Latha soilleir samhraidh dhomh,	345
Làmh Dhé leinn a shaoghail,	378

M

Mo bheud 's mo chràdh !	26
Mi'n so air m' uilinn,	30
Moch, 's mi 'g eiridh sa' mhadainn,	47
Mi 'g ciridh sa mhadainn,	49
Ni gabhail Srath Dhruim-uachdair,	50
Marbhaisg ort a mhulaid !	81
Moch sa mhadainn 's mi làn air sneul,	82
Miad a mhulaid tha 'm thaghall,	92
Mi'n diugh a fàgail na tìre,	98
Moch 's mi sa' mhadainn 's mi dùsgadh,	124
Mile marbhaisg air an t-saoghal,	128
Mo ghaol an Iasgaire spraiceal,	146
Moch sa' mhadainn 's mi 'g éiridh,	153
Moch madainn shamhraidh am mios fàs nam mios,	159
Moch madainn chéitean ri ceò,	161
Moladh do'n Tì a's airde glòir,	181
Moch 's mi 'g éiridh sa mhadainn,	200
Mu'n tig ceann bliadhna tuille,	237
Mo rùn air a chomunn ud,	273
Mo rùn Mairearad mhìn mholach,	262
Mo ghaol an coilgearnach spraiceil,	288
Ma theid ni gu feill gu feisd, no banais,	310
Moch 's mi 'g eiridh madainn chéitean,	328
Mo chailin donn òg, 's mo nighean dubh thogarrach,	365
Mo chaileag bhian-gheal, mheall-shuileach,	368
Mo nighean bhui' bhàn na falbhadh tu leam,	378
Mo chailin grinn meall-shuileach dubh,	389
Mhàiri dhonn, bhòidheach, dhonn,	396
Mile Marbhaisg air an t-sùiridh,	398

N

'N dlugh chuala' mi naigheachd,	43
'Nuair bha thu ad fhleasgach òg,	105
Nis theirig an samhradh,	179
Nach cruaidh, cràiteach, an t-aiseag,	210
'N an laidhe so gu h-iosal,	212
'Nuair chaidh mi do Ghleann-Locha,	227
'Nuair thig an samhraidh geugach oirn,	245
'Nuair shuidheas sinn socrach,	249
'Nan tàrladh dhomh sin fheatainn,	284
Nach mireagach Cubid,	291
Nam faighinn gille r'a cheannach,	303
Nach truagh leat mi 's mi 'm Prìosan,	367
'Nuair a thig a bhealltainn,	369

O

O ! càraibh mi ri taobh nan allt,	14
O rò ro seinn, co na b'àill leibh ?	39
O ! 's coma leam fhìn na co-dhiubh sin,	58
Och ! a Mhuire mo dhunaidh,	66
O ! Thearlaich Mhic Sheumais,	131
On tha mi nam' aonar,	209
On uair chaidh Uilleam fo'n ùir,	212
O gur mòr mo chùis mhulaid !	265
O ! gur mis th'air mo chràdh,	266
O ! mosg'leanaid gu suilbhear ait,	280
On a's fàrsan leam gach là,	286
O ! sud an deoch mhilis,	304
O ! teann a nall a's deasaich rium,	307

	AOBH-DUILLEIG
O hì o hà gur cruadh a chailleach,	310
Och nan och ! mar a tà mi,	335
O'n thaghaich mi'n rathad,	362
Och ! a Thcarlaich òig Stiùbhairt,	373
O'n tha mi fo mhulad air m' aineol,	386
O ! shaorainn, shaorainn, shaorainn, ì,	396
O ! théid sinn, théid sinn le suigeard agus théid,	401

R

Ri fuaim an t-saimh,	22
Righ ! gur muladach tha mi,	24

S

'S mi 'm shuidh' air an tulaich,	28
'S tearc an duigh mo chùis ghàire,	36
'S trom 's gur eisleannach m' aigne,	38
Slàn gun dìth dhut a Mharcuis,	43
'S cian 's gur fad a mi 'm thàmh,	51
'S i so bliadhna 's faid' a chlaoidh mi,	58
'S i so 'n aimsir a dhearbhar,	72
'S truadh gun mi sa' choill,	106
'S éibhinn leam fhìn tha e tighinn,	123
'S.tùrsach mo sgeul ri luaidh,	132
'S a nis o rinneadh ar taghadh,	137
'Smeorach mis air ùrlar l'habail,	145
'S mis a chaill air gcall na carachd,	156
'S mi 'm shuidh aig an uaigh,	175
Seana mharaich, seana cheannaich',	183
'S mi-chomainneach thusa Shaoghail,	196
'S e mo bheachd ort a bhàis,	197
'S e do bhàs Mhaighstir Murchadh,	198
'S cianail, a's cianail, a's canail a ta mi,	200
'S trom leam an àiridh,	201
'S ann a bhuail an iorghuill,	207
'S cian fada, gur fada,	211
'S iomadh car a dh-fheudas,	220
'S e Coire.cheathaich nan aighean siùbhlach,	225
'S mi tearnadh á Coire.cheathaich,	227
'S duilich leam an càradh,	229
'S i nighean mo ghaoil a nighean donn òg,	231
'S e baile mor Dhun-éideann,	237
'S truagh r'a éisdeachd an sgeul,	242
Smaointean truagh a th'air m' aigne,	243
So tha na briogais liath-ghlas,	247
'S coma leat an siola-b'annsa leat an stòp,	250
'S coma leam a bhriogais lachdunn,	253
'S beag mo shunnt ris an liùnn,	271
'S e feile preasach tlachd mo rùin,	272
'S truagh nach robh mi air m' fhagail,	274
'S a nise bho na thréig sinn,	275
Soraidh bhuan dh' an t-Sualthneas bhàn,	293
'S a mhadainn 's mi 'g eiridh,	297
'S toigh linn drama, lìon a ghlaine,	289
Seinn éibhinn, seinn éibhinn,	292
'S cia mar dh' fhaodas mi bhi beò ?	308
'S e'n Soisgeil ghradhach thug Dia nan gràs duinn,	317
Smeòraich mise le Clann-Lachuinn,	336
'S mise smeoraich òg a ghrinnis,	354
'S mithich dhuine bhi 'g éiridh,	364
'S mi 'm shuidh air an uilinn,	371
'S tric mi sealltain on chnoc a's airde,	377
'S i luàidh mo chogair Mòrag,	383
'S e mo rùin an Gàel laghach,	388
'S e mo rùin-se Seumas,	389

AN CLAR-AMAIS.

	TAOBH-DUILLEIG
'S cianail m' aigne bho na mhadainn,	394
Soraidh slàn do'n àilleagan,	394
'S trom an luchd so th' air m' inntinn,	395
Shaorainn fein gun gun leagamh i,	396
Sid an t-shlainte chùranach,	397
'S goirt leam gaoir nam ban Mutleach,	400

T

Tri uairean chrath an oidhche,	3
Tha acain am aisling neo-chaoin i	9
Theid mi le'm dheoin do dbùthaich Mhic-Leòid,	21
Tha mis air leaghadh le bròn,	26
Tha mi tinn lcis an eagal,	55
Tha bith ùr an tir na Dreollain,	74
Thriall ar bunadh gu Phàra,	77
Tha moran moran mulaid,	89
Tha mulad, tha mulad,	90
Tharrainn grian righ nam plannad 's nan reull,	111
Tha deagh shoisgeul feadh uan garbh-chrioch,	115
Thug hn-o lail ho-ò,	124
Tha m'fhearann saibhir ho-a hò,	126
Tapadh leat a Dhoill 'Ic-Fhionnlaidh,	155
Thugaibh, thugaibh, bo ! bo ! bò !	165
Thainig fear a staigh ga'm ghriobaih,	166
Togaireachd bean Aoidh,	192
Tha Deòrs' air a Mhàidsear,	202

	TAOBH-DUILLEIG
Tha maighdeann anns an àite-s',	205
Tha mi ro bhuidheach,	206
Tha dithis anns an dùthaich-s',	207
Tha'n gille math ruadh,	208
Tha rògairean airtnealach, trom,	211
Tha fortan ann bi deoch againn,	250
Thogann fonn air luadh a chlòlain,	252
Turas a chaidh mi air astar,	255
Tha mis' am shuidh air an uaigh,	256
Tha sud do ghnà air m' inntinn,	283
Their mi horo hugo hoiriunn,	284
Tha mis fo mhulad san àm,	297
Thainig oirn do dh-Albainn crois,	302
Tha fàileadh gun fhotus,	304
Thig am bàs oirn mu'n cuairt,	320
Tha Peobus 's na speuraibh,	321
Thainig Earrach oirn mu'n cuairt,	333
Thainig litrichean bagraidh,	376
Thig tri ni gun iarraidh,	370
Thainig an gille dubh 'n raoir,	370
Tha thu suarach umam an diugh,	381
Tha mo chadal luaineach,	381
Tha mulad mor g'am shàrach,	384
Tha mise fo ghruaim,	389
Tha mo chridhe mar chuaintean,	392
Thuird Mairearad nighean Dòmhnuill,	393
Tha tigh'nn fodham éiridh,	397
Thug mi'n oidhche raoir sa'n àiridh,	398

A' CHRIOCH.

www.ingramcontent.com/pod-product-compliance
Lightning Source LLC
Chambersburg PA
CBHW051846300426
44117CB00006B/288